安徽省志
Chorography of Anhui Province

民政志
Civil Administration
(1986—2008)

安徽省地方志编纂委员会办公室
Compilatory Commission of Anhui Chorography

方志出版社
Publishing House of Local Records

图书在版编目（CIP）数据

安徽省志．民政志：1986—2008 / 安徽省地方志编纂委员会办公室编．— 北京：方志出版社，2018.9
ISBN 978－7－5144－2459－1

Ⅰ．①安…　Ⅱ．①安…　Ⅲ．①安徽 — 地方志②民政工作 — 概况 — 安徽 — 1986—2008　Ⅳ．① K295.4

中国版本图书馆 CIP 数据核字（2017）第 171369 号

安徽省志·民政志（1986—2008）

编　　者：安徽省地方志编纂委员会办公室
责任编辑：李静

出 版 人：冀祥德
出 版 者：方志出版社
地址　北京市朝阳区潘家园东里 9 号（国家方志馆 4 层）
邮编　100021
网址　http://www.fzph.org
发　　行：方志出版社发行中心
电话（010）67110500
经　　销：各地新华书店
印　　刷：安徽新华印刷股份有限公司

开　　本：889 × 1194　　1/16
印　　张：54.25
字　　数：1224 千字
版　　次：2018 年 9 月第 1 版　　2018 年 9 月第 1 次印刷
印　　数：0001~1500 册

ISBN 978－7－5144－2459－1　　定价：400.00 元

安徽省地方志编纂委员会

曾任安徽省地方志编纂委员会成员

（按姓氏笔画为序）

马新民　王　信　王　洵　王守亚　王宇铭　王佛生

王金山　王林建　王学银　王宜斌　方志华　邓顺华

叶如强　田唯谦　毕美家　吕振凡　朱　宁　朱文根

仲建成　任兆祥　刘　泉　刘成典　刘志祥　刘战平

江明安　孙永吉　孙亚军　李　明　李　斌　李玉华

李迎春　李抗美　李明阳　李维勇　杨本清　杨绿章

肖桂兰　吴　浩　吴韦人　吴世平　吴桂和　余　群

汪华东　汪建国　汪炳瑜　沈　毅　张　永　张少国

张正耀　张华建　张武扬　张岳峰　陈　平　陈亚萍

陈运才　陈素伟　林　红　罗　宏　罗建国　罗曙生

周　庆　周建春　郎　涛　郑　宏　赵卫弘　胡　冰

俞凤翔　洪治社　洪禹候　秦亚东　聂庆义　聂皖辉

莫　欣　夏邦文　夏育才　徐礼国　徐家声　高　莉

高维岭　郭　敏　郭本纯　黄发友　黄玉明　黄红文

黄家华　曹承锋　崔海燕　董　庆　董介林　蒋传华

蒋福亮　谢广祥　楚建平　蔡建平　樊　勇

《安徽省志》总编室

主　　任: 郭德成

副 主 任: 吴　静　吴良琴

成　　员:（按姓氏笔画为序）

王富宏　计媛媛　史五一　朱海滨　孙　平　苏爱梅
杜中文　李宇涵　杨永成　余祖本　张　军　周小平
胡　利　胡卫星　黄志军　章慧丽

《安徽省志·民政志》审稿组

初　　审: 吴良琴　段贤来

复　　审: 吴　静　陈超英

核　　审: 郭德成　于　勇

审查验收

安徽省人民政府

《安徽省志·民政志》编纂委员会

1991 年 7 月，中共中央总书记江泽民（右二）到阜阳市颍上县灾区视察灾情

2008 年 2 月，中共中央总书记胡锦涛（右四）与合肥市庐阳区逍遥津街道义仓社区老人亲切交流

1991 年 7 月，中共中央政治局常委、国务院总理李鹏（右二）视察寿县灾情

1998 年 10 月，中共中央政治局常委、国务院总理朱镕基（右一）视察贵池市灾情

2004 年 4 月，中共中央政治局常委、国务院总理温家宝（右前二）视察怀远县基层民政工作

2003 年 4 月，全国人大常委会副委员长司马义·艾买提（右二）到亳州市看望低保老人

1997年1月，国务院副总理姜春云（左二）视察桐城市生产救灾工作

2006年4月，国务院副总理回良玉（右一）在第二次全国老龄工作会议上接见先进县（市、区）代表时和安徽省代表握手

1992 年 7 月，中央军委副主席张震（左一）视察涡阳县革命烈士陵园

1998 年 8 月，民政部部长多吉才让（左四）检查池州市民政工作

2005 年 4 月，民政部部长李学举（左一）看望淮南市田家庵区西苑社区老年之家老人

1997 年 7 月，民政部副部长李宝库（右二）慰问宁国市福利院五保老人

2002 年 3 月，民政部副部长杨衍银（左一）检查蚌埠市收容遣送站工作

2003 年 5 月，民政部副部长罗平飞（右二）检查省福利彩票发行中心机房

1998 年 7 月，省委书记卢荣景（左三）慰问参加抗洪抢险武警官兵

2002 年 5 月，省委书记王太华（左二）慰问金寨县光荣院老复员军人

1994 年 7 月，省长傅锡寿（右一）走访慰问受灾群众

2005 年 9 月，省长王金山（左一）走访慰问霍山县受灾群众

1996 年 5 月，安徽省老龄工作委员会主任程光华（左二）看望寿县劳模

2000 年 11 月，副省长田维谦（右三）参观“安徽风采”电脑福利彩票首发现场

2003年10月，副省长徐立全（左二）检查霍邱县灾民建房情况

2006年春节前夕，省人大常委会副主任胡连松（左一）慰问阜阳市颍州区三十里铺敬老院老人

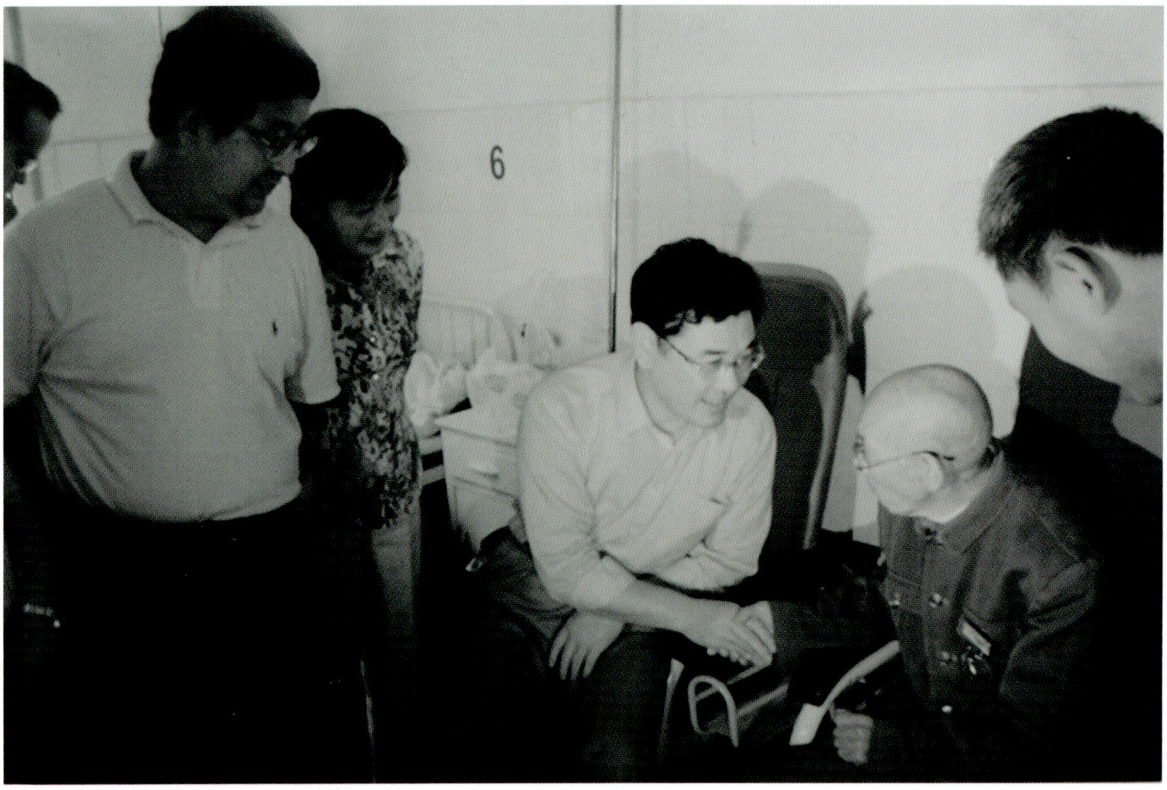

2006 年 10 月，省委常委、常务副省长任海深（左三）看望金寨老红军

2007 年 5 月，副省长赵树丛（左一）检查指导定远县灾后重建工作

1991 年 12 月，省民政厅厅长侯玉琨（右一）看望农村敬老院老人

1997 年 5 月，省民政厅厅长肖尚忠（左三）检查宁国市殡仪馆工作

2000 年 10 月，省民政厅厅长李宏塔（右二）检查临泉县宋集镇刚庄村农作物受灾情况

2010 年 8 月，省民政厅厅长刘健（右一）到当涂县太白镇敬老院检查工作

2012 年 5 月，省民政厅厅长吴旭军（左一）到阜阳市老年公寓检查工作

2018 年 2 月 10 日，省民政厅厅长于勇（左四）慰问六安市金安区敬老院

泗县江上青烈士纪念碑

“幸福港湾,大爱圆梦”集体婚礼

安徽省减灾救灾中心

安徽省荣军医院全貌

安徽省荣康医院开展短期疗养

安徽省首届儿童福利机构开放日节目汇演

泾县月亮湾养老基地

蚌埠市经济技术开发区绿地社区一站式服务大厅

青阳县文明殡葬承诺签名活动

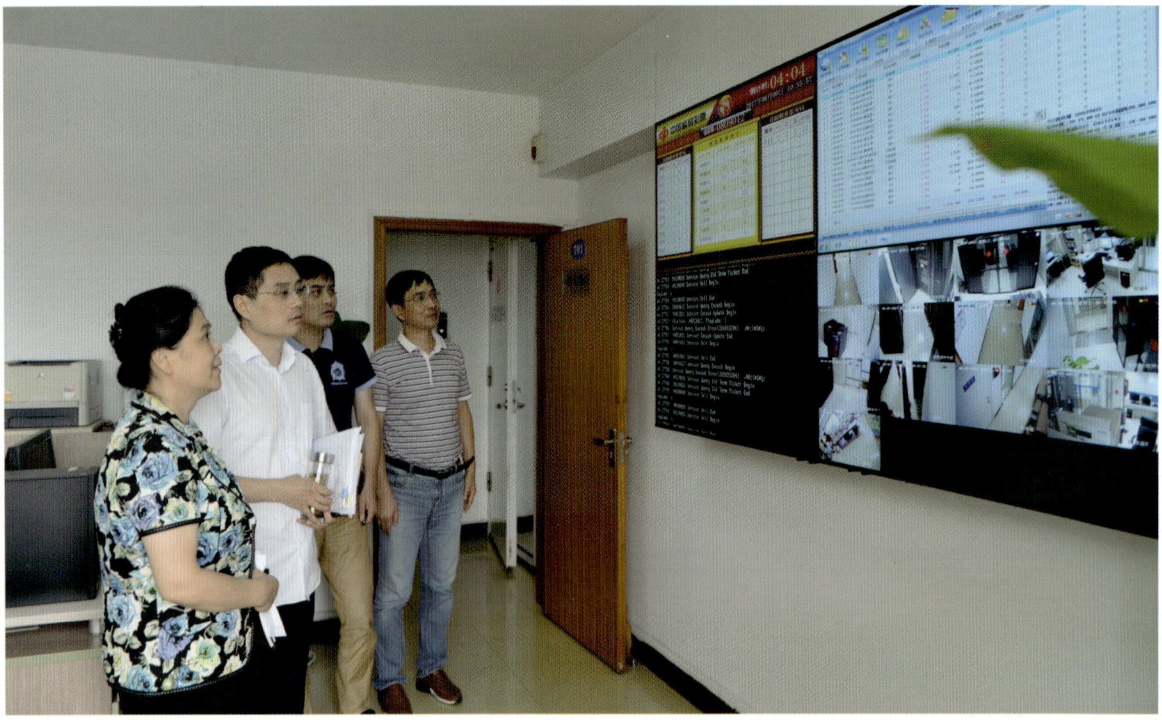

省福彩中心监控大屏

送医到光荣院（六安市第一光荣院）

铜陵市救助管理站通过人脸比对技术成功寻亲

铜陵市老战士祭扫英烈

宣城市腊树园社区志愿文化广场

总 凡 例

一、编纂《安徽省志（1986—2005）》，坚持以马克思列宁主义、毛泽东思想、邓小平理论、“三个代表”重要思想、科学发展观、习近平新时代中国特色社会主义思想为指导，坚持辩证唯物主义和历史唯物主义的立场、观点和方法，全面、客观、系统地记述1986—2005年间安徽省自然、政治、经济、文化、社会等方面的情况。

二、本志贯彻国务院《地方志工作条例》《安徽省地方志工作条例》，依法修志。

三、本志遵循中国地方志指导小组《地方志书质量规定》，力求存真求实、客观公正、全面系统，寓观点于记述之中。

四、本志各分志名称为《安徽省志·××志（1986—2005）》。

五、本志记述的地域范围为2005年的安徽省行政区域；时间上限为1986年，下限为2005年，少数分志的时限根据情况作适当上溯或下延，特色分志不设时限。

六、本志采用述、记、志、传、图、表、录等体裁，以志为主。各分志一般为篇章节条目体，部分为章节条目体，个别分志根据实际需要采用条目体。

七、入志人物坚持生不立传的原则。除人物志外，各分志坚持以事系人、人随事出的原则，不设人物录、人物简介。

八、本志采用规范书面语体文、记述体。表述力求严谨、朴实、简洁、流畅。语言文字、标点符号、计量单位等使用规范，按国家规定执行。

九、本志资料由各承编单位搜集整理，文中不注明出处。

十、本志采用省统计部门公布的法定数据，没有列入统计范围的，采用业务主管部门的统计数据。

十一、本志所涉组织、机构、法律法规、文件、会议等专有名称，第一次使用时用全称，简称括注于全称之后。各类译名以新华通讯社译文为准。

十二、本志所用地图均以安徽省测绘部门和有关部门绘制或审定的为准。

十三、本志设总凡例，各分志设凡例。

凡　　例

一、《安徽省志·民政志（1986—2008）》，实事求是地反映安徽省民政事业的基本情况和重要史实，力求达到思想性、科学性、资料性的统一。本志根据行业的构成采用篇章节目体，全面系统记述安徽省民政事业历史和现状。

二、本志为续修志书。时限为1986—2008年，少数内容为保持史料的连续性、完整性，适当上溯或下延。

三、本志表格按所在篇章编排顺序排列。如“表1–1–1”即为第一篇第一章第一表；“图1–1–1”即为第一篇第一章第一图。

四、本志资料由机关各处（室、局）、厅属各单位提供，部分资料来源于档案、年鉴，以及全省民政工作中形成的相关资料。所有统计数据，均为本省民政系统业务范围内发生的数据。

目　录

概述 …… 1

第一篇　行政区划与地名管理 …… 17

第一章　建制与区划 …… 20

第一节　行政区划变更 …… 21

区划变更原则　行政区划管理　撤地设市　撤县设市　县区调整　撤区并乡　撤乡设镇　撤镇(乡)设街　政府驻地迁移

第二节　行政区域界线勘定 …… 37

勘界组织临时机构　勘界任务　省级界线勘定　县级界线勘定　区域界线管理　界线联合检查　创建平安边界　编制区划地图　勘界成果运用　地名管理

第二章　地名管理 …… 57

第一节　地名管理机构 …… 57

第二节　地名管理内容 …… 58

地名普查　地名规范　地名设标　地名数据库　地名公共服务工程　市、县地名录　地名辞典编纂

第二篇　基层政权和社区建设 …… 69

第一章　基层民主政治建设 …… 72

第一节　农村基层自治组织 …… 72

基层乡政权　基层镇政权　民主选举　村民自治　民主管理　村务公开　民主监督　示范创建

第二节　城市基层自治组织 …… 93

城镇居委会　民主选举　居民自治

第二章　社区建设 …… 100

第一节　城市社区基础建设 …… 100

基层设施建设　创建示范社区

第二节　城市社区公共服务 …… 105

社区服务　创建示范城区　公共服务　农村社区建设试点

第三篇　救灾救济 …………………………………………………… 113

第一章　自然灾害救助………………………………………………… 116
第一节　自然灾害………………………………………………… 116
旱涝灾害　风雹灾害　低温冷冻灾害
第二节　受灾群众生活救助……………………………………… 120
救灾方针　救助形式　冬春临时救助　制度建设　救灾扶贫周转金　救灾合作保险　农业税灾款减免　开仓借粮　救助款物发放
第三节　倒塌民房重建…………………………………………… 136
倒房重建　连片建房　奖金使用
第四节　救灾捐赠管理…………………………………………… 143
救灾捐赠款物管理　规范捐赠渠道　1991 年救灾捐赠　1998 年救灾捐赠及省赈灾义演　2003 年防治非典型肺炎社会捐赠　2003 年洪涝救灾捐赠 2008 年支援汶川特大地震救灾捐赠　经常性社会捐助管理
第五节　救灾资金管理…………………………………………… 155
第二章　灾害信息管理和备灾工作…………………………………… 158
第一节　灾害信息管理…………………………………………… 159
自然灾害情况统计制度　自然灾害情况年度统计　管理原则与注意问题　灾害信息制度
第二节　应急预案体系…………………………………………… 167
规范应急转移安置　规范应急生活救助　协助做好治病防疫工作　制定救灾工作预案
第三节　救灾物资储备…………………………………………… 170
灾害储备特征　救灾物资储备　减灾应急避难场所建设　救灾装备与人员培训
第四节　安徽省救灾减灾中心…………………………………… 173
应急备案　服务灾民
第五节　国际救灾减灾合作……………………………………… 175
国际减灾组织机构　国际交流与合作　接收境外捐赠
第六节　综合减灾………………………………………………… 176
综合减灾机构职责　工程治理举措　生物治理举措　综合预防举措　综合减灾成效
第三章　重大自然灾害纪略…………………………………………… 183
第一节　淮河流域严重洪涝灾害………………………………… 183
1983 年和 1984 年大水灾害　1991 年淮河流域洪涝灾害　2003 年淮河流域洪涝灾害　2007 年淮河流域洪涝灾害
第二节　长江流域严重洪涝灾害………………………………… 191

1996年长江流域洪涝灾害 1998年长江流域洪涝灾害 1999年长江流域洪涝灾害
第三节 严重旱灾 …… 195
1994年严重干旱灾害 1995年严重干旱灾害 2000年严重干旱灾害 2001年严重干旱灾害
第四节 2005年"泰利"台风灾害 …… 197
第五节 2008年低温雨雪冰冻灾害 …… 199

第四篇 城乡居民最低生活保障 …… 203

第一章 城市居民最低生活保障 …… 206
第一节 组织机构与制度建设 …… 206
机构建设 制度建设
第二节 保障对象与标准 …… 211
低保对像 规范管理 低保标准
第三节 城市低保管理 …… 215
资金管理 工作程序 管理实绩
第二章 农村居民最低生活保障 …… 222
第一节 机构与制度建设 …… 222
机构建设 制度建设
第二节 保障对象与标准 …… 227
保障对像 保障标准
第三节 农村低保管理 …… 230
奖金管理 工作程序 监督检查

第五篇 社会救助 …… 235

第一章 社会救济 …… 239
第一节 农村特困对象救助 …… 239
第二节 特殊对象救济 …… 242
特赦宽释人员救济 寺院僧尼救济 麻风病人救济 艾滋病患者及其家庭救助 血吸虫病人救助 安徽城镇下放居民
第三节 上海下放居民救济 …… 248
第四节 20世纪60年代精减下放老职工救济 …… 249
第五节 临时救助制度建设 …… 251
第二章 城乡医疗救助 …… 252
第一节 组织机构与制度建设 …… 253
组织机构 农村医疗救助制度 城市医疗救助制度 建立城乡一体化医疗救助制度

第二节 救助对象与救助标准…………………………………………………… 260
救助对像 救助标准
第三节 救助办法与管理…………………………………………………………… 262
救助办法 工作程序 资金管理 监督检查
第三章 城市流浪乞讨人员救助管理……………………………………………… 269
第一节 从收容遣送到救助管理的变革……………………………………… 269
第二节 收容遣送与救助管理工作……………………………………………… 271
收容遣送站及救助站 收容遣送(站)工作及管理 城市生活无着流浪乞讨人员救助管理
第四章 农村社会养老保险与扶贫工作……………………………………………… 280
第一节 农村社会养老保险………………………………………………………… 280
保险对像与交费标准 奖金筹集与管理 探索实施与划转
第二节 扶贫工作……………………………………………………………………… 287
扶贫机构 扶贫开发 干部包户 科技扶贫 村级救灾扶贫互助储金会

第六篇 社会福利事业 …………………………………………………………… 297

第一章 城市社会福利事业……………………………………………………… 300
第一节 社会（儿童）福利院…………………………………………………… 300
第二节 城市为老服务机构（老年公寓）…………………………………… 310
第三节 星光计划…………………………………………………………………… 315
第四节 明天计划…………………………………………………………………… 318
第五节 养老服务社会化…………………………………………………………… 319
社会化养老进程 养老服务示范创建
第二章 农村社会福利事业………………………………………………………… 324
第一节 农村五保供养……………………………………………………………… 324
分散供养 集中供养 国家供养
第二节 农村敬老院及“五保老人之家”建设………………………………… 335
第三章 福利生产…………………………………………………………………… 342
第一节 福利生产企业……………………………………………………………… 342
第二节 福利企业管理……………………………………………………………… 350
第三节 残疾人社会福利事业…………………………………………………… 355
残疾人普查与技能培训 残疾人发展生产与就业
第四节 社会福利生产单位……………………………………………………… 358
第五节 安徽省假肢厂……………………………………………………………… 361

第四章　福利彩票…………………………………………………………………… 364
第一节　福利彩票种类………………………………………………………… 365
中国社会福利有奖募捐券与中国社会福利奖券　即开型中国福利彩票大奖组　安徽风采电脑福利彩票　中福在线视频彩票
第二节　福利彩票发行………………………………………………………… 368
专业福利彩票发行机构与销售系统　福利彩票批准权限　中国人民银行安徽省分行监管下的福利彩票　财政部门接管福利彩票监管工作
第三节　福利彩票资金管理…………………………………………………… 375
福利彩票资金分配比例　彩票资金帐户管理
第四节　福利彩票公益金使用………………………………………………… 378
公益金使用　大奖得主自愿捐赠公益活动
第五章　老龄工作…………………………………………………………………… 383
第一节　老年人口状况………………………………………………………… 383
人口变化与老年人口　老年人口年龄结构及其分布　人口老龄化　老龄化特点
第二节　组织机构建设………………………………………………………… 396
组织机构沿革　基层老年群众组织
第三节　老龄事业发展………………………………………………………… 401
养老保障体系　医疗保障体系　为老社会服务　老年学习及教育
老有所为与银龄行动　老年文体活动　老年理论研究　老年学术活动　老年产业
第四节　老年人权益维权……………………………………………………… 423
法规制度建设　法规政策实施　老年法律援助
第五节　尊老敬老宣传………………………………………………………… 428
尊老敬老　十大孝星（福星）评选　系统纪念活动　评选表彰　安徽老年报刊
第六章　社会公益与慈善事业……………………………………………………… 438
第一节　慈善协会……………………………………………………………… 438
协会宗旨　机构建设
第二节　慈善活动……………………………………………………………… 441
参加赈灾　开展助医　安老助孤　助残助学　支援救灾　慈善宣传　队伍建设
第三节　捐赠资金管理与使用………………………………………………… 445
资金管理　资金使用
第四节　经常性社会捐助……………………………………………………… 446
工作机制　管理机制　社会支援和群众参与
第五节　社会工作（者）协会………………………………………………… 450
组织建设　年度活动　资金管理
第六节　志愿者协会…………………………………………………………… 456

第七篇 抚恤优待 …… 461
第一章 抚 恤 …… 464
第一节 死亡抚恤 …… 464
追认烈士 换补发烈士证书 烈属抚恤 烈士史料编纂 纪念烈士活动
第二节 残疾抚恤 …… 480
残疾评定 伤残抚恤
第三节 定期定量补助 …… 487
定补标准 定补标准自然增长与社会化发放 定补政策落实
第二章 优 待 …… 502
第一节 优待工作 …… 502
优待标准 优待政策落实
第二节 其他优待 …… 516
第三节 解决优抚对象生活难、住房难、医疗难 …… 519
第四节 走访慰问 …… 522
第五节 优抚基础工作 …… 526
第三章 优抚事业单位 …… 529
第一节 优抚医院 …… 530
第二节 省荣誉军人康复医院 …… 531
服务优抚病员 改善休养条件 攻克技术难关 规范医疗管理 提高医疗质量
第三节 省荣军医院 …… 535
全力服务院民 重视人才培养 规范医院管理 健全用人机制 拓宽服务范围
改造院容院貌
第四节 光荣院 …… 539
第五节 烈士纪念建筑物 …… 543

第八篇 安置和军供 …… 547
第一章 复员退伍军人安置 …… 550
第一节 退伍义务兵安置 …… 551
城镇退役士兵安置 农村退役士兵安置 军地两用人才 两用人才表彰
第二节 转业士官安置 …… 563
第三节 复员干部安置 …… 565
第四节 伤病残军人安置 …… 567
第二章 军队离退休干部安置 …… 570
第一节 接收安置机构 …… 570
组织机构 机构职能

第二节　军休干部安置管理…………………………………………………… 572
接收安置　军队离退休干部安置　无军级职工安置　政治待遇　生活待遇　住房保障
第三节　军休所…………………………………………………………………… 582
工作举措　管理服务
第三章　军供工作………………………………………………………………… 585
第一节　接待转运………………………………………………………………… 585
第二节　安徽省军供站…………………………………………………………… 587

第九篇　双拥工作 …………………………………………………………… 591

第一章　拥军优属和拥政爱民…………………………………………………… 594
第一节　组织机构与政策法规…………………………………………………… 594
历届机构沿革　基层双拥组织　政策法规建设
第二节　拥军优属活动…………………………………………………………… 599
第三节　拥政爱民活动…………………………………………………………… 603
第四节　国防与双拥宣传教育…………………………………………………… 604
第五节　支持部队建设…………………………………………………………… 606
第二章　双拥模范城（县）创建………………………………………………… 610
第一节　军民共建文明…………………………………………………………… 610
第二节　模范创建表彰…………………………………………………………… 612

第十篇　社会组织管理 ……………………………………………………… 617

第一章　社会团体发展与管理…………………………………………………… 620
第一节　社会团体管理体制……………………………………………………… 620
第二节　社会团体登记管理……………………………………………………… 623
清理整顿和复查登记　规范社会团体登记管理　异地商会　社会组织培育
履行行政处罚　政策法规建设
第三节　社会团体管理…………………………………………………………… 639
第二章　民办非企业单位………………………………………………………… 641
第一节　登记管理………………………………………………………………… 641
第二节　自律与诚信建设………………………………………………………… 644
第三节　检查监督………………………………………………………………… 646
第三章　基金会登记与管理……………………………………………………… 650
第一节　基金会登记……………………………………………………………… 650
第二节　基金会管理……………………………………………………………… 651

第三节　基金会清理核查…………………………………………………………… 652
第四节　基金会自律机制…………………………………………………………… 653

第十一篇　社会事务管理 …………………………………………………………… 655

第一章　婚姻登记………………………………………………………………………… 658
第一节　内地婚姻登记………………………………………………………………… 658
宣传婚姻法　婚姻登记管理　登记机关建设
第二节　涉外、涉港澳台及华侨、留学生婚姻登记………………………………… 665
第二章　收养登记管理…………………………………………………………………… 668
第一节　收养登记……………………………………………………………………… 668
第二节　规范管理……………………………………………………………………… 670
收养原则　收养条件　收养办法
第三章　殡葬工作………………………………………………………………………… 674
第一节　殡葬改革……………………………………………………………………… 674
改革土葬　推行火化　规范殡葬
第二节　殡葬管理……………………………………………………………………… 683
法规建设　改善环境
第三节　基础设施建设………………………………………………………………… 689
殡仪馆建设　公墓建设

第十二篇　民政事业管理 …………………………………………………………… 693

第一章　管理机构………………………………………………………………………… 696
第一节　组织机构建设………………………………………………………………… 696
机构沿革　职能变更
第二节　民政机构工作体系…………………………………………………………… 712
市县民政工作体系　基层民政工作体系
第三节　民政政务与法制建设………………………………………………………… 716
第十三次全省民政会议　第十四次全省民政会议　第十五次全省民政会议　第十六次全省民政会议　第十七次全省民政会议　第十八次全省民政会议
第二章　干部人才队伍建设……………………………………………………………… 723
第一节　民政干部教育培训…………………………………………………………… 723
第二节　社会工作专业人才队伍建设………………………………………………… 724
第三章　民政事业计划与事业费管理…………………………………………………… 727
第一节　民政事业计划与民政统计…………………………………………………… 727
编制民政事业计划　民政统计工作

第二节　民政事业费管理 ………………………………………………………… 734
事业费管理体制　事业费增长与需求　事业费监督检查

附录 ………………………………………………………………………… 745

重要文件辑存
《安徽省革命烈士褒恤工作细则（试行）》（1992 年 5 月 20 日）
《安徽省革命烈士纪念建筑物管理工作细则（试行）》（1992 年 5 月 20 日）
关于印发《安徽省灾区重点连片建房暂行办法》的通知（1996 年 9 月 1 日）
《安徽省实施〈中华人民共和国城市居民委员会组织法〉办法》（1997 年 7 月 26 日）
《安徽省乡镇敬老院管理办法》（1997 年 12 月 19 日）
《安徽省殡葬管理办法》（1997 年 12 月 19 日）
关于印发《安徽省城市社会福利事业单位管理暂行办法》的通知（1998 年 3 月 20 日）
《安徽省基层双拥工作纲要（试行）》（1998 年 5 月 26 日）
《安徽省实施〈中华人民共和国村民委员会组织法〉办法》（1999 年 1 月 27 日）
《安徽省村民委员会选举办法》（1999 年 1 月 27 日）
安徽省民政厅、财政厅关于印发《安徽省救灾款使用管理暂行办法》的通知（1999 年 5 月 20 日）
《安徽省拥军优属条例》（2000 年 3 月 27 日）
《关于婚姻登记管理工作统一收归由县级民政部门管理的通知》（2001 年 5 月 22 日）
《安徽省实施〈中华人民共和国老年人权益保障法〉办法》（2001 年 7 月 28 日）
《安徽省地名管理办法》（2001 年 8 月 21 日）
安徽省财政厅、民政厅关于印发《安徽省救灾资金专户管理暂行办法》的通知（2001 年 10 月 9 日）
安徽省人民政府办公厅关于印发《安徽省城镇退役士兵安置任务有偿转移管理暂行办法》的通知（2001 年 11 月 19 日）
《安徽省委办公厅、省人民政府办公厅关于全面推进城市社区建设的意见》（2001 年 12 月 14 日）
《安徽省城市居民最低生活保障实施办法》（2002 年 4 月 26 日）
《安徽省委、省人民政府关于贯彻〈中共中央国务院关于加强老龄工作的决定〉的实施意见》（2002 年 6 月 26 日）
安徽省人民政府关于印发《实行城市居民最低生活保障工作责任制及责任追究的暂行规定》的通知（2002 年 12 月 10 日）
安徽省委组织部、省民政厅关于印发《安徽省村“两委”工作规则（试行）》的通知（2002 年 12 月 19 日）

安徽省委组织部、省农委、省民政厅关于印发《安徽省村委公开暂行办法》的通知（2003年1月17日）

《安徽省社会福利机构涉外送工作的若干规定》（2003年10月20日）

安徽省民政厅、省财政厅关于印发《安徽省部分企业军转干部特困救助实施办法》的通知（2004年2月23日）

安徽省人民政府办公厅转发省民政厅等部门《关于扶持城镇退役士兵自谋职业优惠政策实施意见》的通知（2004年3月12日）

《安徽省城市生活无着的流浪乞讨人员人员救助管理办法》（2004年4月1日）

安徽省人民政府办公厅转发省民政厅等部门《关于建立城市医疗救助制度试点工作实施意见》的通知（2005年8月1日）

《安徽省人民政府办公厅关于进一步加强殡葬管理工作的通知》（2005年8月1日）

编纂始末 …… 849

Main Contents

Overview ······ 1

Part 1 Division and Place-name Administration ······ 17

Chapter 1 Organizational System and the Division ······ 20

Chapter 2 Place-name Management ······ 57

Part 2 Grassroots Power and Community Construction ······ 69

Chapter 1 Grassroots Democracy Construction ······ 72

Chapter 2 Community Construction ······ 100

Part 3 Disaster Relief ······ 113

Chapter 1 Natural Disaster Salvation ······ 116

Chapter 2 Disaster Information Management and Preparedness ······ 158

Chapter 3 Major Natural Disaster Events ······ 183

Part 4 Minimum Life Guarantee System of Urban and Rural Residents ······ 203

Chapter 1 Minimum Life Guarantee of Urban Residents ······ 206

Chapter 2 Minimum Life Guarantee of Rural Residents ······ 222

Part 5 Social Assistance ······ 235

Chapter 1 Social Relief ······ 239

Chapter 2 Urban and Rural Medical Assistance ······ 252

Chapter 3 Assistance Management of Vagrants and Beggars of Urban Area ······ 269

Chapter 4 Work on Social Old-age Insurance and Poverty-relief of Rural Area ······ 280

Part 6 Social Welfare Undertakings ······ 297

Chapter 1 Urban Social Welfare Undertakings ······ 300

Chapter 2 Rural Social Welfare Undertakings ······ 324

Chapter 3 Welfare Production ······ 342

Chapter 4 Welfare Lottery ······ 364

Chapter 5 Work on Aging Population ······ 383

Chapter 6 Public Welfare and Charity ······ 438

Part 7 Pension and Preferential Treatment ······ 461

Chapter 1 Comfort and Compensation ······ 464

Chapter 2 Preferential Treatment ······ 502

Chapter 3 Compensation and Comfort for Public Institution ······ 529

Part 8 Placement and Military Supply ······ 547

Chapter 1 Placement of Ex-servicemen ······ 550

Chapter 2 Placement of Retired Veteran Cadre ······ 570

Chapter 3 Work on Military Supply ······ 585

Part 9 Work on "Two Supports" ······ 591

Chapters 1 Support the Soldiers and Give Preferential Treatment to Their Families and Support the Government and Care about the People ······ 594

Chapter 2 The Establishment of Model City (country) for "Two Supports" ······ 610

Part 10 Management of Social Organization ······ 617

Chapter 1　Community Development and Management …………………… 620
Chapter 2　Private Non-enterprise Organization …………………………… 641
Chapter 3　Registration and Management of Foundation …………………… 650

Part 11　Social Affairs Management …………………………………………… 655
Chapter 1　Marriage Registration ………………………………………………… 658
Chapter 2　Adoption Registration Management ……………………………… 668
Chapter 3　Funeral Work …………………………………………………………… 674

Part 12　Management of Civil Administration ……………………………… 693
Chapter 1　Administration Institutions ……………………………………… 696
Chapter 2　Cadre Talent Team Construction ………………………………… 723
Chapter 3　Civil Administration Plans and Expenses Management ……… 727

Appendix ………………………………………………………………………………… 745
Documents

Epilogue ………………………………………………………………………………… 849

概 述

民政工作、民政事务涉及的范围很广。随着改革开放的深化、社会经济的快速发展和人民群众对社会公共服务与管理需求的增长,民政工作已成为党和政府的重要工作。1978 年至 2008 年,是安徽民政发展的重要阶段。这 30 年,安徽各级民政部门始终坚持"以民为本、为民解困、为民服务"的民政宗旨,以"解决民生、落实民权、维护民利"为核心职责,认真履行依法管理社会行政事务,保障人民群众的基本生活权益和民主政治权利,为促进社会公平,维护社会稳定,构建社会和谐,促进社会进步,加速安徽崛起等方面作出了积极贡献。

一

安徽省行政区划自 1978 年以后,不断变更。先后经历了撤销地区行政公署设立地级市、撤县设市和撤县并市、撤区并乡和乡镇规模调整以及撤乡建镇的调整过程。从 1982 年起,安徽省开始改革地区体制,实行市管县体制,经过撤地设市,至 1986 年年底,省辖地级市已达 8 个,仍有 8 个地区。1992 年,省辖市已达 12 个。1999 年,省辖市达 15 个。截至 2000 年 5 月,全省所有的地区全部撤销,设置 17 个地级市,并设立市级行政区域,实行市管县(市)的行政体制。

为加速具有中国特色的城镇化进程,从 1986 年 4 月起,结合推行市管县体制改革,安徽省先后以县政府驻地城关镇区域设立县级市。经过历次设立、撤销,至 2008 年年底,全省共有宁国、天长、明光、桐城、界首 5 个县级市。

适时进行撤区并乡和乡镇规模调整。按照省委、省政府 1992 年 1 月出台的《关于认真做好撤区并乡工作的通知》要求,全省开展了撤区并乡工作,共撤销 463 个区公所,将 3383 个乡镇合并成 1767 个乡镇。到 2000 年年底,增加至 1849 个乡镇。全省乡镇平均人口约 3 万人,平均面积约 70 平方公里。为配合农村税费改革,2001 年 4 月进行了乡镇机构改革,至 2001 年年底,共撤减 75 个乡镇。2003 年起,全省乡镇行政区划进行全面调整,截至 2005 年年底,全省乡镇总数由 2000 年底 1849 个降至 1455 个,其中镇 948 个,乡 507 个。截至 2008 年年底,全省共有省辖市 17 个,县(市、区)105 个(其中,市辖区 44 个,县级市 5 个),乡、镇 1523 个(其中,街道 254 个,镇 908 个,乡 352 个、民族乡 9 个)。

国务院决定从1996年起，用5年时间完成省、县两级陆地行政区域界线的勘定。安徽省与鲁、苏、浙、赣、鄂、豫6省交界，经过1996年 × 月至2001年 × 月5年的勘界工作，全省共勘定省级界线6条，即皖鲁线、苏皖线、浙皖线、皖赣线、皖鄂线、皖豫线；省级行政区域界线总长4635公里，有6个三省交会点，实地埋设界桩124座。市级界线35条，界线总长4080公里，三市交会点18个，实地埋设界桩273座。县（市、区）级界线159条，界线总长6889公里，三县（市、区）交会点152个，实地埋设界桩428座。乡镇界线3981条，界线总长42221公里，实地埋设界桩981座。勘定的边界线走向经过测绘，通过整理，共形成1042卷约1600万字的成果资料类档案卷和522卷4960幅协议书附图类档案。

2001年，全省勘界工作全面结束，行政区域界线工作重点由界线勘定转向界线管理。2002年7月1日，国务院《行政区域界线管理条例》正式颁布实施，为依法管界提供了法律依据。从此，行政区域界线进入日常管理阶段。行政区域界线联合检查、调处边界纠纷、推进界线管理信息系统建设等工作相继展开。

地名管理工作根据1978年1月国务院批转国家测绘总局等部门《关于成立中国地区委员会的请示报告》精神，安徽省革命委员会决定，成立省地名领导小组，下设办公室，由测绘局代管。1984年5月，省政府决定，省地名领导小组改为省地名委员会，其办公室仍设在省测绘局。1989年12月，根据省编制委员会通知，省地委员会办公室划归省民政厅领导。

1985年至1989年，根据全国的统一部署，相继开展了全省地区普查、地名补查和资料更新的后续工作。此后，又先后开展了国道和省道两侧设置地名标志、城市设置地名标志、政区名称用字读音审定、制定和修订《安徽省地名管理办法》等工作。2005年民政部门在全国启动地名公共服务工程，要求各地用5年时间完成地名规范、地名规划、地名标志和数字地名四个专项任务。此后，这项工作在全省全面展开。

二

从1990年11月起，全省农村在贯彻实施《中华人民共和国村民委员会组织法（试行）》的基础上，开展了村民自治示范活动。1992年4月，省民政厅制定了《村民自治示范村评分标准（试行）》。同年进行“依法建制、以制治村、民主管理”的试点工作，并要求各地结合实际制定《村民自治章程》，将农村工作纳入规范化、科学化、制度化管理的轨道。1994年，省民政厅制订了村民自治示范乡（镇）和村达标规划，至1995年5月，全省建成示范村350个，示范乡（镇）35个。1997年省人民政府授予五河县、宁国市、当涂县“安徽省村民自治示范县（市）”称号，授予宣州市、舒城县、涡阳县为“安徽省村民自治先进县（市）”称号。1998年，省委办公厅和省政府办公厅联合下发了《关于在农村普遍试行村务公开和民主管理制度有关事项的通知》，全省有83个县

（市、区）农村实行了村务公开，占应开展此项工作县（市、区）总数的93.6%。村务公开的主要形式是设立村务公开栏，全省有20871个村设立了村务公开栏，占村总数的68.7%。1999年6月，全国村务公开民主管理工作现场会在合肥召开，对全省村务工作起到了积极推动作用。至同年年底，全省每个村都实行了村务公开，村村达到了“四有”（即有村务公开栏、有监督小组、有运作程序、有监督措施）。2004年4月，省委办公厅、省政府办公厅下发《关于成立省村务公开工作领导小组的通知》，2005年，省民政厅下发《安徽省“村务公开民主管理示范单位”创建活动意见》，全省各地围绕“四个民主”（即民主选举、民主决策、民主管理、民主监督）的落实，结合当地实际，狠抓村民自治示范单位创建活动。先后有11个县（市、区）被民政部命名为全国村民自治模范县（市、区），有19个县（市、区）被省政府命名为省村民自治模范县（市、区）。

自2000年中共中央办公厅、国务院办公厅下发《关于转发〈民政部关于在全国推进城市社区建设的意见〉的通知》以后，全省开始全面推进城市社区建设工作。省委办公厅、省政府办公厅于2001年下发了《关于全面推进城市社区建设的意见》，省人民政府制定下发了《关于加快发展社区服务业的意见》；省委办公厅于2003年制定下发了《关于进一步加强城市社区基础设施建设切实解决“四有”问题的通知》；中共安徽省委、省人民政府于2007年制定下发了《关于加强和谐社区建设的意见》。至此，城市社区建设进入了加快发展的新阶段。

安徽省社区服务从1987年开始试点。2001年5月，省人民政府出台了《关于加快发展社区服务业的意见》。经过10年的努力，截至2001年9月，各中心城市均不同程度地建立了三级社区服务网络，全省各类社区服务设施近2万个，其中区级社区服务中心21个，街道级社区服务中心38个，居委会社区服务站1056个，各种便民利民服务网点1.8万多个，直接吸纳下岗职工27.2万余人。社区服务的内容不断拓展，由面向特困群体的福利性服务拓展为面向社区全体居民的社会性服务。

换届选举工作自1988年开始在全省进行试点；同年4月—7月，全省共有48个市、县，71个村开展了试点工作，进行了第一届村委会换届选举。1989年，全省在农村逐步建立村民会议和村民代表会议制度。1992年12月19日，省第七届人民代表大会常务委员会第三十四次会议通过了《安徽省实施〈中华人民共和国村民委员会组织法（试行）〉办法》。1995年7月，全省30109个村实施了村委会组织法，占全省村总数的96.35%；有17800个村进行了第二次换届选举，占村总数的57.1%。1995年，省政府下发了《关于批转省民政厅〈关于全省村民委员会统一换届意见〉的通知》。根据此通知要求，1996年1月至3月底，全省村委会首次实行了统一换届选举，并统一届期，称为第三届村委会换届选举。1999年1月1日至3月31日，全省村委会进行了第四届村委会换届选举，至9月底，全省30312个村有30248个村完成换届选举，占村总数的99.8%。1999年，省第九届人大常委会第八次会议审定通过了《安徽省村民委员会选举办法》，2月1日起正式实施。2002年1至4月，全省各地开展了第五届村委会换届选举工作。2005 年 1 至 4 月，全省各地开展了第六届村委会换届选举工作，全省 23768 个村有 23152 个村按时完成了换届选举任务，占村委会总数的 97.4%。2008 年全省进行第七届村委会换届选举，截至同年 5 月底，15540 个村委会完成换届选举，完成率达 97.7%。

安徽省城市居民委员会换届选举工作严重滞后于农村村民委员会换届选举工作，还没有正式走上制度化、法制化轨道，仅于 1993 年前后进行了首届换届选举，截至 2008 年年底尚未进行第二次换届选举。

三

安徽省属自然灾害频发省份。1978 年—2008 年，30 年间全省发生重大水旱灾害 10 多次。其中包括 1991 年淮河流域发生严重洪涝灾害、1996 年、1998 年、1999 年长江流域和 2003 年淮河流域的严重洪涝灾害；1994 年、1995 年、2000 年、2001 年全省发生的严重旱灾；2005 年大别山区、巢湖等地受“泰利”台风影响发生严重山洪、泥石流灾害；2008 年低温雨雪冰冻灾害。同时，雨雹、低温冷冻、病虫等其他自然灾害每年不同程度发生。30 年间全省累计受灾人口 49849 万人，农作物受灾面积 76401 万亩，倒塌房屋 622 万间，直接经济损失 2200 亿元。

自 1985 年起，救灾减灾工作方针、救助内容、救助体制以及救助形式都有所发展，政府作为责任主体在灾害救助中的地位不断加强，灾害救助社会化得到有效拓展。1986 年至 2005 年，国家灾害救助方针不断演变。中共十一届三中全会以后，国家对以中央政府为主导的救灾管理体制逐步进行改革，1983 年第八次全国民政会议确立了“依靠群众、依靠集体、生产自救、互助互济、辅之以国家必要的救济和扶持”的救灾工作方针。为适应经济社会发展，2006 年第十二次全国民政会议提出了“政府主导、分级管理、社会互助、生产自救”的救灾工作方针。灾害救助的形式不断拓展。政府救助是灾害救助的主要形式，包括资金救助、实物救助以及服务救助等。为规范灾害救助工作，2005 年民政部制定了《灾害应急救助工作规程》、《冬令春荒灾民生活救助工作规程》和《灾区倒塌民房恢复重建工作规程》。此外，全省各地还采取互济互助、生产自救，建立救灾保险制度以及减免农业税收、开仓借粮、组织接受救灾捐赠以及灾后倒房重建等多种途径，大力开展生产救灾工作，扶持和发放大批救灾款物，使受灾群众基本生活得到保障，被损坏家园及时恢复，生产救灾工作成效显著。

灾害应急预案工作于 1999 年 6 月省政府办公厅下发《关于印发安徽省特大洪涝灾害救灾工作预案的通知》后正式启动。该预案对省境内长江、淮河两流域可能遭受洪涝灾害的情况进行预测评估。此后，各级政府均建立了应对特大洪涝灾害领导组织机构，制定有关应急救灾措施。2004 年，根据省政府统一部署，省民政厅负责牵头制定《安徽省自然灾害救助应急预案》。2005 年 9 月，省人民政府办公厅下发《关于印发安徽省自然灾害救助应急预案的通知》预案正式公布实施。2006年至2007年,省民政厅先后下发《关于市、县(市、区)救灾应急预案制定工作的指导意见》和《关于乡镇和村救灾应急预案制定工作的指导意见》,指导各级民政部门和基层组织制定自然灾害救助应急预案,逐步在全省范围内建立救灾应急预案体系。

安徽省城市居民最低生活保障制度于1995年起步,至1998年12月31日,全省所有的地级市、县级市及县城全部建立了城市居民最低生活保障制度。2002年6月1日起,施行《安徽省城市居民最低生活保障实施办法》,全省城市低保工作步入了法制化轨道。至2006年,全省总共支出城市低保6.81亿元,人均月补差75元。全省低保对象总数一直在100万人左右,保障人数居全国第9位,补差水平居第19位,资金使用总量居第8位。截至2008年听底,全省城镇低保人员99.35万人,支出保障金160436.7万元。

安徽省农村居民最低生活保障制度于2005年开始在淮南等市开展试点工作。淮南在全省率先出台了《淮南市农村居民最低生活保障试行办法》,对家庭年人均收入低于720元的困难群众实施了农村低保,为全省建立农村低保制度积累了经验。2007年春,全省着手实施建立农村低保制度,至6月底,全省141.8万农村困难群众纳入低保范围。截至2008年年底,全省农村低保人数为186.27万人,支出保障金102582.1万元。

全省城乡医疗救助始于2004年6月,按照省民政厅、卫生厅、财政厅联合下发的《关于实施农村医疗救助试点暂行方案的通知》开始试点工作。2005年10月,省民政厅、卫生厅、财政厅下发了《安徽省农村医疗救助实施办法》,至年底,全省有农业人口103个县(市、区)全部实行医疗救助制度,共救助特困群众551692人次,支出医疗救助资金2852.9万元。

2005年8月1日,省政府办公厅印发《转发省民政厅等部门〈关于建立城市医疗救助制度试点工作实施意见〉的通知》后,在全省17个市确定21个区(市)为试点单位。2006年12月,省民政厅、卫生厅、劳动保障厅、财政厅联合下发《关于在全省全面开展城市医疗救助工作的通知》,要求从2007年1月开始,全省全面启动城市医疗救助工作。仅2007年,全省城乡共救助1547024人次,支出医疗救助资金13690.65万元。

城市流浪乞讨人员救助从1982年5月国务院发布的《城市流浪乞讨人员收容遣送办法》起,全国以立法的方式确立了对城市流浪人员乞讨进行强制性收容遣送制度。2003年6月,国务院颁布《城市生活无着的流浪乞讨人员救助管理办法》,停止对流浪乞讨人员进行强制性收容遣送。同年7月,省民政厅转发了民政部《关于废止有关收容遣送制度规章和规范性文件的通知》。8月,民政部《城市生活无养流浪乞讨人员救助管理办法实施细则》正式实施。新办法提出了全新的"自愿受助、无偿救助"的原则,取消了强制手段。2004年4月,安徽省颁布了《安徽省城市生活无着的流浪乞讨人员救助管理办法》。此后,各级民政部门广泛开展了《安徽省城市生活无着的流浪乞讨人员救助管理办法》的学习宣传和贯彻实施活动。省机构编制委员会办公室将全省原

33个救助站统一调整为17个市救助管理站、4个县级救助站，省救助总站和合肥市救助站合署办公。当年救助流浪乞讨人员12800多人次。

四

1984年4月，安徽省政府制发《安徽省农村五保户供养暂行规定》，在此后的20年间，分别于1987年和1995年开展对农村“五保”对象普查登记。1987年全省农村有“五保”对象17.32万户19.55万人，到1997年农村“五保”对象增加到20.69万户，22.08万人，年人均供养标准为1227.59元。随着时间的推移，农村“五保”供养对象逐步增加，“五保”供养范围逐渐扩大，年人均供养标准也逐步提高。1994年，国务院颁布的《农村供养工作条例》开始实施，对“五保”供养对象的资格条件作了明确的界定。1999年全省实行税费改革后，“五保”对象的供养经费由之前的“村提留或乡统筹费列支”改为从“两税附加中列支”。2001年年底，在全省范围内实施农村“五保”供养卡制度。2003年1月，省民政厅要求各市民政局认真做好农村“五保”户善后财产处理工作。2005年4月，省民政厅与财政厅组成联合调查组，对全省“五保”供养对象的供养情况和实际人数进行了全面排查。全省共有“五保”对象45.7万人，其中分散供养有42.3万人，年人均供养标准为1057元。2007年年底，省政府将全省农村“五保”供养对象提标工作列入全省民生工程项目。

1985年，全省有敬老院1378所，工作人员2640人，院民12408人；1986年，农村敬老院统一列入全省民政事业“七五”发展规划；1988年10月，省民政厅制定《安徽省文明敬老院标准（试行）》；1992年2月，省政府颁布《安徽省乡镇敬老院管理办法》，农村敬老院工作步入法制化管理阶段。1994年，全省农村敬老院2472所，其中乡镇敬老院1696个，敬老院乡镇覆盖率95%以上。2002年，全省1897所农村养老院共有床位4.5万张，集中供养3.41万人，入住率76%。2005年12月，安徽省部分地区进行农村综合改革试点，部分乡镇进行撤并，省民政厅要求在乡镇撤并工作中，敬老院的建设只能加强不能削弱，充分利用乡镇撤并和乡办学校合并后形成的闲置办公楼和多余校舍，进行资源整合，改（扩）建成敬老院。2006年至2007年，全省共投入各类资金近2亿元，新建、扩建农村敬老院1500多所，新建“五保老人之家”1600多所。全省农村五保对象集中供养率由2005年的7.9%提高到2007年的集中供养率和集中居住率的16%（其中“五保老人之家”集中居住率占5.4%）。

1987年，全省民政部门兴办社会（儿童）福利院55所，社会办福利院28所，收养2500人。其中十多所福利院开展了自费收养业务。从1989年至2007年，全省先后在阜南、利辛、萧县、合肥、涡阳等地建立了艾滋病孤残儿童救助安置指导中心。1992年开始，各地积极为福利院的孤残儿童寻找国内外合适的符合收养条件的家庭，给他们以家庭的关爱。1995年，全省福利院增至59所，其中儿童福利院8所，拥有床位3676张，收养弃婴、孤儿1840人。1997年，全省各级共投入资金3613万元，新建、改建社会（儿童）福利院面积3.13万平方米，全省福利院危房面积下降至7.8%。根据民政部等级福利院标准，安徽省先后下发了《安徽省一、二、三级福利院评定标准实施细则》，转发了民政部等6部委《关于进一步发展孤残儿童福利事业的通知》，在硬件建设、供养标准、孤残儿童救治等方面提出了具体要求。1999年，新的《中华人民共和国收养法》、《外国人在中华人民共和国收养子女登记办法》颁布实施。2000年，各地按照中共中央、国务院《关于加强老龄工作的决定》要求，大力实施福利院的改扩建工程，不断强化机构养老功能，全省69所福利院全部实现了自费收养业务，其中23所增设了老年公寓，初步尝试福利院和老年公寓并轨。同时，大力拓展民办养老渠道，全省民办老年福利机构达34个，2003年，出台了《安徽省社会福利机构涉外送养工作的若干规定》，全省共有16所儿童福利院开展了涉外收养工作，当年有近千名孤残儿童走入国内和国外家庭。2004年7月，安徽省“残疾孤儿手术康复明天计划”在蚌埠正式启动。截至2008年6月，全省共有520名生活在社会福利机构中的残疾孤儿通过“残疾孤儿手术康复明天计划”接受了手术康复。2007年，民政部“蓝天计划”开始实施，安庆、巢湖、铜陵三市的儿童福利机构建设列入此项计划。截至2008年年底，安徽省通过实施“蓝天计划”争取国家投入资金5470万元，地方配套2.7亿元，先后对11个市级儿童福利机构进行新建和扩建。

社会福利社会化始于1998年9月，决定在合肥、蚌埠、巢湖、淮北四市试点。2000年省民政厅指导各地认真实施《关于推进全省社会福利社会化的意见》。经过努力，全省已基本建成以国家兴办的社会福利机构为示范、其他多种所有制形式兴办的社会福利机构为骨干、社区福利服务为依托、居家供养为基础的社会福利服务网络。2006年，全省养老服务社会化示范单位创建活动启动后，省政府办公厅下发了《关于加快发展养老服务业的通知》，在全省确定8个“养老服务社会化示范区”，在资金上给以支持，以推动整个示范区养老服务业的发展。

安徽省启动社区老年福利服务“星光计划”始于2001年6月，至2004年6月，共建成街道项目53个，社区项目732个，乡镇项目369个，老年福利机构项目59个。全省共建成1213个“星光老年之家”，为初步构筑城乡社区老年福利服务网络打下了坚实基础。

由民政部统一部署的“残疾孤儿手术康复明天计划”于2004年正式启动，对城乡各类社会福利机构中和社会上分散养育的0至18岁具有手术适应症的残疾孤儿实施手术矫治和康复。到2008年年底，全省集中实施“明天计划”的阶段性工作圆满完成，共有520名残疾儿童接受了手术康复治疗，省部两级为此项目共投入福利彩票公益金专款近500万元。

民政部门所属的社会福利企业，主要是为了安置部分家居城市、有劳动能力的盲、聋、哑、残人员和其他部门不能安排的优抚、救济对象就业而兴办的福利生产单位。

1986 年，全省福利生产单位 192 个，其中县以上民政部门办 56 个，城镇厂矿办 55 个，乡村办 81 个；参加福利生产人员 5906 人，其中盲、聋、哑、残人员 2211 人，占生产总人数 37.4%；年产值 3367.7 万元，获利润 274.86 万元，出口创汇 45.6 万美元。1995 年年底，全省福利企业已发展到 1362 个，职工人数 32592 人，其中残疾职工 14155 人，占生产总人数 43.4%；年产值 16.2 亿元，获年利润 1.17 亿元。1997 年以后，由于福利企业在发展中出现不少问题，国家给予福利企业扶持政策的优势逐步弱化，企业发展速度有所回落，企业亏损逐渐增加。当年全省有福利企业 1198 个，此后，分别经过 2003 年的清理整顿和 2004 年的企业改制和产业调整，到 2005 年，全省共保留福利企业 660 个，当年年产值超过1000万元的企业90个；全年销售收入76亿元，利税4.9亿元，减免税金3.5亿元，分别比上年度增加 55%、44% 和 66%。

安徽省发行福利彩票始于 1988 年。当年，全省发行销量为 880 万元。从 1993 年开始，创立了“大奖组”为特色的集中销售模式，到 1994 年，全省发行福利彩票 1.78 亿元，销售 2.08 亿元，销售量为全国第一。1994 年 12 月，民政部决定“福利彩票有奖募捐券”改名为“中国福利彩票”。此后至 2000 年以前，推出“即开型中国福利彩票大奖组”。2000 年，全省福彩发行工作进入重大历史转折期，打破了即开票市场的单一模式，开始销售电视票、电脑票，形成了以“电脑票市场”为主的发行格局，2000 年 11 月 1 日，推出“安徽风采”电脑福利彩票，同时在电脑彩票销售网点开始全国联网发行；2004 年 6 月 15 日，安徽省加入华东六省市的“东方大乐透”联销；同年 12 月底，加入 3D 全国联销。2005 年 5 月，安徽省正式推出“中福在线”视频即开型彩票。省福利彩票发行中心在合肥市大通路创办了全省第一家“中福在线”视频彩票终端网点，标志国际水平的无纸化彩票——“中福在线”正式进入试点发行阶段。

安徽省福彩发行经历了三个不同历史时期：其中，1988 年至 1993 年为起步时期，全省民政部门发行福彩销量从 1123.99 万元上升到 8214.07 万元；1994 年至 1999 年为发展期，全省民政部门发行福彩销量从 12155.09 万元上升到 25035.40 万元；2000 年至 2005 年为上升期，全省民政部门发行福利彩票销量从 16397.84 万元增长到 100089.02 万元。截至 2008 年年底，全省福利彩票销售总量达到 18 亿元。

福利彩票资金分配由三部分组成，即彩票公益金、返奖奖金和发行经费。其中，福利公益金使用情况为：自 1988 年发行彩票起至 2005 年年底，全省共销售福利彩票 35.66 亿元，筹集社会福利资金约 11.38 亿元（其中上缴中央 4.69 亿元，地方留成 6.69 亿元）。资助各类社会福利项目 56224.9 万元；资助的设施项目达 5459 个；资助的非设施项目有 10 多种，金额为 6401.9 万元。2008 年筹集社会福利资金 276057 万元。

安徽省社会福利慈善协会成立于 1994 年 3 月。第一届理事会经过 7 年的努力，到 2000 年年底，共接受并下发中华慈善总会转赠和海内外社会各界捐赠善款 4500 万元，捐赠物资价值 1600 多万元，收益人数 60 多万人次。2001 年 9 月 8 日，省社会福利慈善协会完成首次换届，更名为“安徽省慈善协会”。截至 2007 年年底，募集和发放慈善款物2.9亿元，其中善款8000多万元，善物价值2.1亿元，约有230多万人次受益。慈善协会在赈灾、济困、安老、助孤、助医、助学、助残等活动中发挥了积极作用。自2002年起，每年开展一次“慈善情暖万家”项目活动；2001年4月到2007年年底，实施“微笑列车”助医项目，共投入1500多万元，安全成功地为唇腭裂患者实施手术6018例。同时，在“非典”、雪灾、震灾等灾害事件中，积极募集资金，为灾区人民恢复重建献出一片爱心。省级慈善组织从1994年成立至2008年8月的14年间，共募集和发放慈善款物53494.93万元，有350多万人次受益。

五

全省优抚工作自1985年以后逐渐步入法制化、规范化轨道。1985年省政府颁布了《安徽省农村优待烈属、军属、革命残疾军人暂行办法》；1992年颁布了《安徽省〈军人抚恤优待条例〉实施办法》，省民政厅同时出台了《安徽省农村优待工作细则》《安徽省定期抚恤和定期定量补助工作细则》《安徽省革命军人、革命工作人员因公牺牲和病故抚恤工作细则》等；1995年制定了《优待金社会统筹基本办法》和《拥军优属基金管理使用试行办法》；1996年，省人民政府出台了《安徽省拥军优属若干规定》；2001年，省人大常委会通过了《安徽省拥军优属条例》；2006年省民政厅、财政厅、卫生厅、劳动和社会保障厅印发了《安徽省重点优抚对象医疗保障实施意见（试行）》；省民政厅、财政厅、劳动和社会保障厅出台了《安徽省一至六级残疾军人医疗保障实施办法》；2007年省政府修订出台《安徽省实施〈军人抚恤优待条例〉办法》；2008年省民政厅印发了《安徽省评残工作规范》。此外，全省县（市、区）以上政府也相继出台了地方性优抚规章、政策，形成了全省上下配套、执行顺畅的优抚法规体系。

全省每年按时评定优抚对象，及时足额发放各种优待金。截至2008年年底，全省发放优待金总额72亿元。1987年，全省13.53万名在乡复退军人享受国家定期定量补助，年人均149元，月人均12.4元。随着经济社会发展，抚恤金标准逐年提高，并逐步建立自然增长机制。1997年，在乡复员军人定补标准每人每年提高到720元；至2006年，新中国成立后在乡复员军人生活补助标准每人每年提高到1820元。

烈士褒扬工作是为了“褒扬先进、教育后人”。1985年以来，全省各地先后兴建一批革命烈士纪念建筑物，截至2008年，全省共有烈士纪念建筑物保护单位149个，包括烈士陵园、纪念碑、纪念亭、烈士墓、烈士纪念堂（馆）、烈士事迹陈列室等。省级以上烈士陵园18所，其中4所为全国重点烈士陵园，陈列展出烈士遗（文）物共5181件，瞻仰人数年平均达886.2万人。始建于20世纪50年代初期的烈属光荣院，经过历年发展，至2007年年底，全省共有54所，床位1137张。仅1998—2007年近10年间，中央、省级和市、县级等各级财政（自2000年起包含福利彩票公益金）共投入4015万元，用于光荣院基础设施建设和购置配套设施设备。20年来，全省革命烈士褒扬工作已基本形成了包括烈属抚恤金发放、史料编纂、烈士纪念建筑物建设、光荣院集中供养等在内的比较完善的工作体系。

复员退伍军人安置工作大体经历了三个阶段。第一阶段：从改革开放初期到20世纪80年代末，由政府负责安排工作。基本原则是“从哪里来，回哪里去”，城镇退伍军人实行“按系统分配任务，包干安置”的办法。通过1984年国家制定《中华人民共和国兵役法》和1987年国务院颁布的《退伍义务兵安置条例》等法律形式将这一办法固定下来。第二阶段：从20世纪90年代初期到90年代末期，安置政策有所调整，安置改革开始试点。安置渠道由单一的国企安置到多渠道非国有企业和行政事业单位安置。安置形式由国家单一指令性分配到“供需见面、双向选择”、安置任务有偿转移、均衡负担、鼓励自谋职业、鼓励竞争上岗等多种形式、多种方法安置。全省各地安置部门根据国家政策，结合当地实际，坚持指令性安置与双向选择等多种形式和办法的有机结合，不断拓宽安置渠道。第三阶段：从1998年至2008年，安置政策全面改革并逐步深化。此间，国家出台一系列改革法规政策。1998年国家修改兵役法，鼓励退伍士兵自谋职业；2001年，省政府正式印发《安徽省城镇退役士兵安置任务有偿转移管理暂行办法》；2002年省先于国家出台《自谋职业退役士兵享受优惠政策的通知》和《关于加强退役士兵职业技能培训的通知》；2004年，根据国家有关文件规定，省政府办公厅转发省民政厅等13个部门《关于扶持城镇退伍士兵自谋职业优惠政策的实施意见》。上述法规政策的颁布实施，使安置政策由政府指令性直接安排就业向政府扶持就业转变，逐步形成了自谋职业和安排就业相结合的安置办法。

军队离退休干部移交政府安置工作是党中央、国务院、中央军委从国情、军情出发作出的一项重大决策。自1985年至2008年，全省各地认真落实军休干部的政治、生活待遇，在住房、医疗等方面予以照顾；各军休单位加强军休服务机构基础设施建设，共下拨1801万元用于军休所内部设施和环境改造，全省大部分军休所均建立“五室一场”即阅览室、棋牌室、书画室、台球室、会议室和室外健身场。同时，大力开展文明窗口创建活动，截至2008年，全省共有23个军休所通过省民政厅文行办的验收，达到文明窗口单位标准。

军供工作是国防建设的重要组成部分，军供站是地方政府支援过往部队的组织机构和战备设施，1985年，安徽省按照民政部、总后勤部要求开展军供站正规化建设。截至1990年年底，全省建军人接待站54所。90年代初，南京军区后勤部对战区内军供站进行了调整，确定安徽省铁路沿线的阜阳、宿州、蚌埠车站等8个军供站和长江沿岸的芜湖、安庆、铜陵以及地处皖南的宣城、绩溪为二级常设军供接待转运站，计19个军供站，总计占地面积103566平方米，建筑面积74216平方米，床位1711张，一次军供接待能力达1.6万余人。2005年3月，南京军区召开军供工作会议，安徽省的绩溪军供站、蚌埠军供站、六安军供站、安徽省军供站获得“军事交通运输正规化建设20周年先进单位”。

双拥工作自1985年以来，历届省委、省政府及省军区都将此作为一项重要的政治任务来抓，纳入党政军重要议事日程、时事任务考核范围和国民经济发展规划。1991年以前双拥工作一直作为优抚工作的一项重要工作职能。1991年5月正式成立了省双拥工作委员会及其办公室。由于人事变动和双拥工作的需要，先后于1993年、1996年、1997年、1998年、2001年、2003年、2005年作过调整。2000年8月，在政府机构改革中继续保留省双拥工作办事机构，并在省民政厅内设双拥联络处。

1985年以来，全省双拥工作紧紧抓住实施依法治国方略的历史性机遇，大力加强双拥政策法规建设，先后出台了《安徽省拥军优属若干规定》、驻皖部队拥政爱民有关规定》《安徽省基层双拥工作纲要》《安徽省双拥工作年度考评办法》等一系列政策规章；同时下发了《关于支持驻皖部队后勤保障社会化改革的意见》《安徽省城镇退役士兵安置任务有偿转移暂行办法》《关于自谋职业退役士兵享受有关优惠政策的通知》等政策性意见，基本形成了从省到乡镇、基层单位的双拥工作政策法规体系。自展开双拥模范城（县）评选活动以来，全省先后评选出国家级双拥模范城（县）15个、双拥模范单位36个、模范个人5名；省级双拥模范城（县、区）60个，双拥模范单位115个，先进个人98名。

六

安徽社会组织伴随着改革开放的步伐，经历了三个发展阶段：1978—1997年为恢复发展阶段。此阶段以社会团体为主体的社会组织开始涌现，特别是1989年国务院颁布《社会团体登记管理条例》后，全省社会团体多头审批的混乱状态彻底治理，确定社会组织归口民政部门统一登记管理，实行登记管理机关和业务主管单位双重负责分级的管理体制。1997—2002年为规范发展阶段。1998年10月国务院颁布《民办非企业单位登记管理暂行条例》，修订出台新的《社会团体登记管理条例》。根据党中央、国务院关于加强社会组织管理的法规和政策，省委、省政府制定进一步加强社会组织登记管理的一系列政策，先后对社会团体及其分支（代表）机构和民办非企业单位进行清理整顿，对接人民银行安徽分行转交基金会管理任务，确立规范管理新体制。2002—2008年，为创新发展阶段。全省社会组织为适应经济转轨、政府职能转变、社会转型的需要，进入培育发展、创新管理、发挥作用时期。2003年，制定《安徽省促进行业协会发展指导意见》等60多项政策规定，引导各级社会组织培育发展和规范管理创新发展模式。2004年，全省选择在淮北开展农村专业经济协会培育发展试点。同年11月，省政府召开现场推进会，在全省掀起培育发展农村专业经济协会的热潮。2005年，以蚌埠市发展社区社会组织为示范，推动全省以社区为依托，分服务、乐趣、维权三大类，构建与社区居民生活密切相关的社会组织体系。

社团登记管理是民政部门依照国家法律和政策负责对社会团体成立、变更和注销的审查及对社团活动进行业务指导等工作。1989年，国务院颁布《社会团体管理条例》后，全省各级民政部门开始承担起社会团体的登记管理职责。鉴于当时社会团体数量多、质量参差不齐和分散在各个部门的情况，从1990年到2000年，各级民政部门用10年时间对各类社会团体进行了全面清理整顿和复查登记工作。1990年8月4日，省政府办公厅转发民政厅《关于清理整顿全省社会团体请示的通知》，对违背“四项基本原则”、以营利为目的、不符合社会需要重复设置以及未经批准擅自成立的社会团体，责令解散；对确属社会需要并符合条件的，按《社会团体管理条例》规定的程序补办成立登记手续。此后，依据国家法规政策等出台多次清理整顿。其中，1991年4月，根据中共中央、国务院《关于坚决制止乱收费、乱罚款和各种摊派的决定》精神，省民政厅和省纠风治乱领导小组办公室联合印发《关于清理整顿社会团体收费的紧急通知》，规定清理整顿社团的收费范围、时间、做法和要求。1992年12月，省民政厅、省公安厅、中国人民银行安徽分行联合印发《关于清理社会团体印章和银行账户的通知》；同年10月，省民政厅又印发《关于开展乡镇、街道社团复查登记工作的通知》。1997年6月，省政府决定成立省社会团体清理整顿工作领导小组，同年9月，省社团清理整顿工作领导小组印发《关于进一步抓好社团清理整顿工作的意见》。至2000年11月，安徽省清理整顿和复查登记工作基本完成，全省原有5460个社会团体保留3314个，注销933个，撤销474个，合并85个，待审定654个。其中，省本级原有744个，保留590个，注销27个，撤销111个，待审定16个。2000年以后，社团工作从清理整顿转向以规范管理为重点。2001年8月，为切实加强全省性社会团体的管理，省民政厅研究制定《社会团体重大事项报告制度》；2002年4月，为贯彻省政府“关于行政审批事项进入省政务中心”的要求，安徽省民政厅印发《关于全省性社团年度检查进入省政务服务中心的通知》，规定全省性社会团体的年检材料一律送到省政务中心民政窗口受理。2002年6月，省民政厅、省公安厅联合出台《安徽省取缔非法民间组织预案》，采取多种措施取缔非法民间组织；同年12月，省民政厅又制定《安徽省民间组织专用收据管理实施办法》。2004年2月，省民政厅民间组织管理局印发《关于在全省性部分行业协会中实行互查的通知》，试行行业协会互查制度。2005年9月，省民政厅制定《安徽省示范行业协会标准》，在全省性行业协会中启动示范行业协会创建活动。

民办非企业单位登记管理是从1998年10月25日国务院颁布《民办非企业单位登记管理暂行条例》开始这项工作。1999年12月，民政部出台《民办非企业单位登记暂行办法》，规范对民办非企业单位的登记管理行为，确定民办非企业单位的登记复查登记工作试点。2000年11月至2001年2月，全省性民办非企业单位进行复查登记试点工作，为首批登记的28家民办非企业单位确立法律单位。2001年4月全省民办非企业单位复查登记工作电视电话会议后，全省各级民政部门开展民办非企业单位复查登记工作。2005年起，在全省范围内进一步开展民办非企业单位自律与诚信建设活动。2006年年初，召开全省民办非企业单位开展自律与诚信建设活动表彰动员大会，安徽新华学院等23个单位向全省民办非企业单位发起了自律与诚信建设倡议。各市、县展开动员部署，全省掀起民办非企业单位自律与诚信活动的热潮。截至2008年，全省经民政部门登记的民办非企业单位4157个，有88.4%的民非企业单位按章程制度规范管理，接受服务的群众24.7万多人次，直接社会经济效益2822万多元。

基金会是利用个人或组织捐赠的资产从事公益活动的民间非营利组织。1992年4月，根据国务院颁发的《社会团体登记管理条例》和《基金会管理办法》，省民政厅和中国人民银行安徽省分行联合印发《关于做好基金会登记管理工作的通知》。同年6月1日，基金会重新办理复查登记手续全部完成。1997年，根据中国人民银行、民政部《关于做好社团基金会职责交接工作的通知》要求，经中国人民银行南京分行授权，1999年10月，人民银行合肥中心支行、省民政厅对省辖内16家基金会的监管职责的移交、接交工作顺利完成。2004年2月，国务院正式颁布《基金会管理条例》，进一步确立登记管理机关的监督管理职责。同年，根据民政部统一部署，制定印发《基金会换发证书的通知》和《安徽省基金会换发登记证书实施方案》。从2004年开始，经过三年基本完成基金会换证登记工作。全省16个基金会，通过审查对符合《基金会管理条例》规定条件的13个基金会予以保留，注销3个。截至2007年，全省已登记的基金会19个（其中公募基金会11个，非公募性基金会8个），接受捐款2600.7万元，公益支出2509.4万元，其中援建贫困地区学校54所，捐助贫困大学生、入学儿童7190人，资助残疾人就业197户。

七

婚姻登记管理自1986年3月开始，省民政厅根据民政部修订的《婚姻登记办法》，就全省婚姻登记工作作出规定，各地婚姻登记制度日趋完善。1994年2月，国务院颁布《婚姻登记管理条例》，要求民政部门从原来的婚姻登记向婚姻管理转变，加强了对违法婚姻和婚姻证书等方面的监督管理。2001年4月，全国人大常委会重新修订后颁布《中华人民共和国婚姻法》，2003年8月，国务院颁布新修订的《婚姻登记条例》，标志着婚姻登记法制化进入一个新的阶段。2001年5月和2003年11月，经省政府同意，省民政厅先后发出《关于婚姻登记管理工作统一收归县级民政部门办理的通知》和《关于进一步做好全省婚姻登记集中办理工作的通知》，要求全省婚姻登记收归县级民政部门集中办理、乡镇不再设立婚姻登记机构。2005年5月，根据民政部《关于开展婚姻登记工作规范化建设活动的通知》要求，省民政厅下发《关于全省婚姻登记工作规范化建设的实施意见》，全省婚姻登记机关规范化建设进一步加强。随后，省民政厅制定下发《安徽省婚姻登记工作规范化建设考评标准》等配套文件。同年，省民政厅决定从2006年开始，用两年左右的时间，在全省婚姻登记机关开展文明创建活动，并将婚姻登记机关纳入2006年全省“万人评行风”活动范围。2007年1月，省民政厅为全省

17个市民政局婚姻登记主管科（处）配发1台笔记本电脑，为全省婚姻登记数据联网奠定基础。

涉外婚姻登记管理从1983年开始。当年10月，省人民政府授权合肥市、芜湖市、蚌埠市人民政府民政部门办理内地居民同外国人、香港居民、澳门居民、台湾居民和华侨、留学生的婚姻登记。1992年，此项工作收归省民政厅集中办理。20世纪90年代以来，随着安徽对外开放的扩大和经济社会的发展，全省涉外、涉港、澳、台及华侨、留学生婚姻登记数量呈上升趋势。2000年至2007年，全省年均办理涉外、涉港、澳、台及华侨、留学生婚姻登记均在800对以上，登记合格率达100%。

对公民收养孤残儿童进行依法登记和管理是国家的一项重要社会事务管理工作。1992年4月，《中华人民共和国收养法》和《中国公民办理收养登记的若干规定》颁布实施后，全省国内收养登记由司法公证改由县级民政部门办理，涉外收养登记由省民政厅集中办理。1998年，修订后的《中华人民共和国收养法》扩大了中国公民收养子女登记的范围，全省收养登记数量大幅度上升。2005年，经省机构编制委员会办公室批准设置"安徽省涉外婚姻收养登记服务中心"，涉外收养登记工作人员编制和经费得以保障。2006年，民政部《关于外国收养人和被收养儿童来华寻根回访接待工作的意见》下发后，全省涉外收养家庭和被收养儿童来皖寻根回访接待工作随即展开。2001年至2007年，全省年均办理国内收养登记1700余件，办理涉外收养登记700余件，登记合格率分别达到99%和100%。2006年至2007年，接待到皖寻根回访人员116批364人。

殡葬管理是指国家对社会的殡葬理念、殡葬行为、殡葬习俗进行的改革、调节、监督、疏导与服务。20世纪80年代初期，全省平均火化率仅为7%。1985年2月，国务院下发《关于殡葬改革管理的暂行规定》，省民政厅以此为契机召开了全省第二次殡葬改革工作会议，确定了会后一个阶段的工作目标。1986年8月，省政府下发《安徽省关于殡葬管理的实施办法》，首次制定全省火化区域。1991年，安徽省殡葬协会成立。1992年2月，中共安徽省委下发《关于党政干部和共产党员逝世后丧事改革的通知》；6月，省政府又下发《深化殡葬改革的通知》；10月，召开全省第三次殡葬改革工作会议，由此掀起全省殡葬改革第一次高潮。

从20世纪90年代中期开始，全省殡葬改革全面推进，火化率大幅度提高，跻身于全国殡葬改革先进行列。从1992年到1996年，火化量和火化率增幅连续4年居全国第一。进入21世纪，全省殡葬改革稳步推进。2001年至2004年，部分地区殡葬改革一度出现滑坡。2005年8月，省政府办公厅下发《关于进一步加强殡葬管理工作的通知》，省民政厅及时研究制定《关于开展殡葬管理专项整治活动的实施意见》。从2005年下半年开始，全省各地陆续开展殡葬管理专项整治活动，掀起新一轮的殡葬改革热潮。2006年、2007年，全省平均火化率分别达到78%和80%。

殡葬基础设施建设伴随着全省平均火化率的逐步提高而得到改善。20世纪80年代初，全省建有殡仪馆47个，大部分按照“三五”即5亩地、5万元、5个人的标准建设，条件比较简陋，服务功能单一。20世纪90年代，全省新建殡仪馆20个。2003年下半年开始，全省逐步开放殡葬建设市场，一些地方通过自筹资金和招商引资的方式，对殡仪馆进行了改（扩）建或迁址重建，更新了一部分火化设备。截至2007年年底，全省共建成殡仪馆73个，其中，达到国家一级馆标准6个，二级馆标准10个。全省火化地区的市、县和县级区均建有一个殡仪馆，基本上满足遗体火化和殡仪服务的需要。

八

省民政厅机关是主管全省社会行政事务的省人民政府组成部门。1985年至2009年的20多年间，共历经四次大的机构改革。最早的一次是1989年9月，根据国务院批准《民政部机构改革“三定”方案》确定业务范围，全厅共设立业务处室8个（3室5处）、综合处室6个；机关编制工作人员138人（不含事业单位和二级机构），管辖4个二级事业单位。第二次改革是1995年9月，根据中共中央、国务院《关于安徽省党政机关机构改革方案的通知》和省委、省政府《关于实施省直党政机构改革方案的通知》要求及其所确定职能，全厅共设12个职能处室、7个综合处室；省编办核定行政编制130名。第三次机构改革是2000年，根据中共中央、国务院《关于安徽省人民政府机构改革方案的通知》要求，省民政厅按所承担的职责，全厅共设9个职能处（室、局）、6个综合处室；省编办核定人员编制89名，其中行政编制73名（含纪检监察3名），离退休工作处编制单列5名，机关后勤行政管理服务人员编制11名。第四次机构改革是2009年，根据《中共中央办公厅、国务院办公厅关于印发〈安徽省人民政府机构改革方案〉的通知》，省民政厅按所承担的职责，全厅共设10个职能处（室、局）、7个综合处室；核定厅机关行政编制109名（含纪检监察人员编制3名）。

全省各市、县（市、区）都设有民政局，均属同级人民政府领导的主管社会行政事务部门。2008年年底，全省17个市、44个市辖区、5个县级市、56个县以及包括省民政厅机关在内，全省民政系统行政机关123个，行政编制数共2732人。

民政工作坚持政府主导、部门协作、社会参与的工作机制，在业务开展、政策制定、经费物资、基础建设和人才培养等各方面，得到有关部门的配合、社会各界的支持和人民群众的参与。民政工作直接面向社会公众，救助困难群众，抚恤优抚对象，造福老弱病残，肩负基层政权建设、社会组织管理和其他专项社会事务管理的重任，肩负着“上为中央分忧、下为百姓解愁”的作用。作为人民群众的组织部，民政工作者始终把解决困难群体的基本生活、发展大多数群体的基本生存权作为工作的出发点和落脚点，致力于社会保障体系以及基层民主政权的建设，着力为改善城乡贫困户、城市低保对象、灾民、五保户、优抚对象等弱势群体的基本生活，服务军队和国防建设，发展社会福利事业以及专项社会事务管理工作而不懈奋斗。

改革开放初期的20世纪80年代，安徽民政事业发展基本实现四个转变：即由单纯的生活救济转变为既保障优抚、救济对象的生活，又注重扶持生产，把治标与治本结合起来；由民政部门独家经营社会福利事业转变为社会福利事业社会办，多渠道、多层次兴办各种社会福利事业；由只讲社会效益，转变为既讲社会效益，又讲经济效益，大力发展民政经济；由过去依靠行政手段，忽视法制建设，转变为加强法制建设，做到依法行政，使民政工作逐步走上规范化和法制化。

20世纪90年代以来，民政部门的职能任务有增无减，民政工作的内涵和外延发生重大变化，但民政工作业务仍有20多项，内容纷繁复杂。概括起来有四个方面：一是社会保障，即社会救助和社会福利方面的工作，包括救灾减灾、社会救济和社会福利工作。二是政权建设，即基层政权建设方面的工作，包括城乡基层群众自治组织和基层民主制度建设工作。三是行政管理，即管理专项社会事务方面的工作，包括民间组织、区划地名、婚姻登记、殡葬改革、孤儿收养、收容遣送等事务管理工作。四是国防建设，即服务军队和国防建设方面的工作，包括拥军优属、抚恤安置、烈士褒扬、管理烈士纪念建筑物和军供站工作。

20多年的安徽民政事业发展显示出“三个转向”：即在工作对象上，从过去主要为传统的民政对象服务，转向为城乡困难弱势群体为主的广大群众服务；在工作目标上，从过去主要保障困难群众的生存权，转向既保障群众的生存权，又要维护他们的发展权和民主政治权利；在工作重心上，从过去以农村为主，转向城乡并重。民政事业建设初步实现“五大体系”：即建立和完善以最低生活保障为主体、灾害救济和社会互助为补充、优惠政策为辅助、社区组织为依托的社会救助体系；建立和完善以民主选举、民主决策、民主管理、民主监督为主要内容的城乡基层民主政治体系；建立和完善与新时期国防现代化建设要求相适应的拥军优抚安置工作体系；建立和完善适应市场经济体制要求的、基本满足社会需要的社会化福利服务体系；建立和完善办事高效、运转协调、行为规范、监督有力的专项社会事务管理体系。

第一篇　行政区划与地名管理

行政区划是国家进行分级管理而实行的国土和行政权力的划分。国家根据政治和行政管理的需要,根据有关法律规定,充分考虑经济联系、地理条件、民族分布、历史传统、风俗习惯、地区差异、人口密度等客观因素,将地域划分为若干个层次大小不同的行政区域,并依据法律设置相应的地方国家机关,实施行政管理。

全国人民代表大会审议并决定省、自治区、直辖市、特别行政区的设立、撤销、更名。国务院审批省、自治区、直辖市、特别行政区的行政区划界限的变更与地区(盟、自治州)、地级市、县(自治县、旗、自治旗)、县级市、市辖区、林区、特区的设立、撤销、更名或者改变隶属关系以及县级行政区域界线的重要变更。省、自治区、直辖市人民政府、特别行政区政府审批县级部分行政区域界线的变更与乡、民族乡、镇、街道的设立、撤销、更名或变更行政区域界线。

依据1982年《中华人民共和国宪法》第30条规定,中华人民共和国的行政区域一般划分为三个层级:省、县、乡。但在实际操作上是四级,即省级、地(市)级、县(市)级和乡级。1983年,安徽开始地级行政区划改革,"地区"改制为"市",出现地级市,省辖市改称为"地级市",由之前的地管市、地管县演变为"市管市""市管县"。2005年,安徽省实行局部的省直管县、县级市以外,基本以"四级行政区划制度"为主。21世纪开始推行省直管县改革,取消地(市)这一级,逐步符合《中华人民共和国宪法》的规定。

地名管理是国家有关行政管理部门依据地名管理法律法规,对地理实体进行科学的命名、更名,并采取必要的手段和措施推行地名标准化的行政管理工作。地名管理的最终目标是实现地名标准化,杜绝"一地多名""一名多地"以及地名书写、拼写不规范等混乱现象,向社会提供标准化的地名,以利于社会经济发展和人们日常生活的需要。中华人民共和国成立后,先后清理、更改一批歧视、侮辱少数民族或有损于国家尊严和领土主权的地名,并开展全国性的地名普查和设置地名标志工作,编纂出版一批标准化地名工具书,推进地名标准化和外国地名汉字译写规范化进程。

第一章　建制与区划

建制即政府机关、军队的组织编制和行政区划等制度的总称。国家、省、市、县等政府部门为行政管理需要，进行国家、省、市、县（包括乡、镇、街道、村）区域内的行政区划。民政部门负责行政区划调整，主要是指一定区域内的整建制的调整。

中华人民共和国成立后，安徽省的行政区划变更频繁。1978 年，伴随着计划经济体制向市场经济体制的转变，为适应安徽工业化和城市化水平不断提高的需要，安徽省各级行政区划进行适当调整，并由 1978 年的 9 个地区、8 个地级市、70 个县、3 个县级市、32 个市辖区、3800 多个公社，逐步演变为 2008 年年底的 17 个地级市、5 个县级市、56 个县、44 个市辖区、1269 个乡镇（其中 908 个镇、361 个乡）。

第一节　行政区划变更

1978 年，安徽行政区划开始实施撤县设市和撤县并市；撤社建乡、乡镇规模调整与合并乡镇、撤乡建镇等调整。至 1986 年年底，全省辖 8 个地级市、8 个地区，33 个市辖区、8 个县级市、66 个县，157 个街道、484 个区公所，3463 个乡镇（其中 431 个镇、3032 个乡），在 3032 个乡中有 7 个回族乡、1 个回族满族乡、1 个畲族乡。1987 年，乡、镇行政区划变动较大（见表 1-1-1）。2000 年年底，全省辖 17 个地级市，5 个县级市、56 个县、45 个市辖区，973 个镇、876 个乡、9 个民族乡、209 个街道。

区划变更原则　安徽省行政区划调整工作，遵照国务院《关于行政区划管理的规定》"有利于社会主义现代化建设，有利于行政管理，有利于民族团结，有利于巩固国防"的总体原则，结合实际，同时遵循以下几点具体原则。

1. 科学规划，合理布局。各地行政区划调整时，注意与城市总体规划、区域发展规划、城镇体系规划等相衔接，不断优化全省行政区划格局，为全省经济社会发展打造良好平台。

2. 突出重点，形成规模。扩大现有城镇区域规模和人口规模，拓展发展空间和腹地，做强做优各大中小城市和重点中心镇，形成结构合理、规模适度的城镇体系，促进全省的城市化进程。

3. 整合资源，突出优势。围绕地区生产力布局和产业发展规划，着眼于优化资源配置，打造特色产业，突出规模效应，便于产业集中集聚发展，促进全省的工业化进程。

4. 实事求是，因地制宜。综合考虑区位条件、资源状况、历史渊源、交通状况、产业基础、发展水平、城镇建设规模以及当地群众生产生活习惯等因素，科学合理制定调整方案，不搞一刀切，确保社会稳定。

5. 精简机构，提升效能。便于行政管理，提高管理和服务效能，减轻财政负担。

1987 年安徽省行政区划统计表

表 1-1-1　　　　单位：个

单位	市辖区	区公所	街办	镇	乡
全省总计	35	473	167	442	3008
合肥市小计	4	21	27	21	149
合肥市	4		27	5	11
长丰县		7		4	39
肥东县		7		4	54
肥西县		7		8	45
芜湖市小计	6	11	19	20	89
芜湖市	6		19	1	6
芜湖县		6		6	28
繁昌县				5	16
南陵县		5		5	22
青阳县				3	17
蚌埠市小计	4	27	18	10	170
蚌埠市	4		18	1	10
怀远县		11		5	67
五河县		8		2	44
固镇县		8		2	49
淮南市小计	5	7	20	5	52
淮南市	5		20	3	25
凤台县		7		2	27
马鞍山市小计	4		12	10	29
马鞍山市	4		12	2	6
当涂县				8	23
淮北市小计	3	9	10	15	69
淮北市	3		10	8	7
濉溪县		9		7	62
宿州市			7		6
砀山县		11		12	52
萧县		9		19	53
宿县		15		14	73
灵璧县		13		12	65
泗县		10		12	37
滁县地区小计	35	5	34	227	
滁州市		5	3	19	
天长县		6		4	32
来安县		5		4	25
全椒县		5		3	34
定远县		6		6	49
凤阳县		7		9	36
嘉山县		6		5	32
六安地区小计		49	7	83	304
六安市			7		3
六安县		12		17	68
寿县		7		14	49
霍邱县		8		12	61
舒城县		8		18	41
金寨县		7		12	47
霍山县		7		10	35
巢湖地区小计		37	4	45	215
巢湖市		7	4	10	36
和县		7		3	36
庐江县		8		8	67

续表 1-1-1

单位	市辖区	区公所	街办	镇	乡	单位	市辖区	区公所	街办	镇	乡
铜陵市小计	3		10	4	16	无为县		10		16	60
铜陵市	3		10		1	含山县		5		8	16
铜陵县				4	15	宣城地区小计			5	27	177
安庆市	3		14	2	9	宣州市			5	5	31
黄山市小计	3	25	3	19	159	郎溪县				6	12
黄山市	3	5	3	4	35	广德县				5	26
歙县		8		5	52	宁国县				4	38
休宁县		6		7	37	泾县				4	32
黟县				2	11	旌德县				1	17
祁门县		6		1	24	绩溪县				2	21
阜阳地区小计		116	6	46	639	安庆地区小计		78		32	418
阜阳市			3		2	怀宁县		7		3	26
亳州市		10	3	3	64	桐城县		8		5	52
阜阳县		12		8	70	枞阳县		11		3	49
临泉县		13		4	81	潜山县		7		3	35
太和县		14		6	75	太湖县		9		2	48
涡阳县		13		6	67	宿松县		8		3	40
蒙城县		11		3	49	望江县		6		2	29
阜南县		11		3	80	岳西县		8		1	61
颍上县		14		7	66	贵池县		5		2	27
界首市		6		2	30	东至县		9		3	41
利辛县		12		4	55	石台县				5	10
宿县地区小计		58	7	69	286						

在行政区划调整中，省民政厅遵照行政区划管理原则，根据安徽省各地不同的经济社会发展水平、行政区划存在的实际问题和平原、丘陵、山区不同的人口密度、交通、通信、资源、水系、历史、人员等因素，坚持实事求是，对各地的行政区划调整事项，开展有针对性的指导。在行政区划调整沟通过程中，对市辖区调整和政府迁址，民政部门注意将单个调整方案放到区域经济社会发展的大背景中去评判，同时结合本地区行政区划设置的总体设想及分步实施计划进行综合衡量，力求单个方案既符合近期发展，又符合城市总体规划设想，为实现区域发展蓝图奠定基础。对乡镇行政调整，民政部门相对关注做大做强县城镇和国家、省确定的重点中心镇，从优化资源配置和生产力布局考虑。

对一般乡镇的调整，注意考虑区位条件、城镇规模、经济实力、历史影响、生活习惯和群众意愿。在行政区划调整中，民政部门提出的指导意见得到地方政府的认同。

行政区划管理　2001年，省人民政府第80次常务会议专门研究并布置全省乡镇行政区划调整。2003年，中共安徽省委办公厅、省人民政府办公厅联合下发《关于做好乡镇行政区划调整工作的通知》，全面部署乡镇行政区划调整工作。2004年3月，中共安徽省委、省人民政府在芜湖市召开乡镇行政区划调整会议，省领导带领有关部门负责人，深入县（市、区）和乡镇调研，指导乡镇行政区划调整工作。在乡镇调整期间，各级党委、政府成立由党委、政府主要领导为组长的领导机构，统一领导乡镇行政区划调整工作，协调解决调整中遇到的各种问题。各部门各司其职，协调一致，互相配合，妥善解决调整中的人事安排、资产和债务等问题。宣传部门充分利用新闻媒体广泛宣传乡镇行政区划调整的意义，营造良好的工作氛围，保障全省乡镇行政区划调整工作稳步进行。

行政区划体系是国家上层建筑的一个重要组成部分。行政区划设立、调整或撤销，涉及到拥有众多人口和成百上千平方公里地域上政权的兴废，关系到地方的发展进程。因此，民政部门在审核各地的行政区划调整事项时，主要着眼于是否有利于整合资源、优化布局，解决行政区划与地区经济发展要求不相适应的问题；是否有利于优化城镇体系格局，拓展城市发展空间，理顺城市管理体制，促进城市统一规划、建设和管理，加快地区城市化进程和经济社会发展。同时也重视被调整区域内各级政府、人大、政协、相关部门以及群众的意见，并要求随文附详细的相关座谈会记录，以避免行政区划调整的盲目性和随意性，保证行政区划调整科学合理，维护社会稳定。

2005年，根据民政部的要求和中共安徽省委、省人民政府领导的指示，省民政厅与省直相关部门联合编制《安徽省行政区划调整规划》。《安徽省行政区划调整规划》以中共十六大报告提出的发展战略和有关方针政策为指导，以适应和推动经济社会发展和城镇化进程为目标，认真总结新中国成立以来特别是改革开放以来行政区划工作经验，科学分析全省经济社会、城镇化发展情况和行政区划设置现状、存在问题和未来趋势，围绕提高行政效率、降低行政成本、整合行政资源，解放思想，深入调研，统筹兼顾，科学论证，集中民智，充分听取专家学者意见和人大、政协历年来的提案、议案，于2005年年底完成《安徽省行政区划调整规划》的编撰工作。《安徽省行政区划调整规划》从2005年至2020年，对全省的行政区划调整分为近、中、远三期进行统一规划，为全省行政区划调整决策提供重要的依据。由于全省行政区划调整规划制定较为科学、合理，2005年至2008年，省内各项行政区划调整内容基本和规划相吻合，避免行政区划调整主观随意性，使行政区划调整顺应工业化进程不断加快、城市化水平日益提高的需要，促进全省经济社会健康快速发展。

撤地设市　1978年《中华人民共和国宪法》规定，省、自治区人民政府在所属各地区设立行政公署作为自己的派出机关。1982年修改通过的《中华人民共和国地方各级人民代表大会和地方各级人民政府组织法》规定，省、自治区人民政府在必要时，经国务院批准，可以设立若干行政公署作为其派出机关。

1980年1月29日，安徽省革命委员会报经国务院批准，撤销池州地区，所辖太平、石台2县划入徽州地区；贵池、东至2县划入安庆地区；青阳县划入宣城地区；将徽州地区宁国县划入宣城地区管辖。为有利于发展工农业生产，解决地市同地矛盾，经报请国务院批准，改芜湖行署为宣城行署，行署驻地由芜湖市迁至宣城县；所辖芜湖县划归芜湖市领导。

1982年，为打破城乡间的壁垒，推动城乡经济协调发展，中共中央发出《关于改革地区体制、实行市管县体制的通知》，作出“改革地区体制，推行市领导县体制”的决定。年末首先在江苏试点，次年开始在全国范围内试行。改革的目的是将大中城市周围的农村地区划归城市统一领导，以充分发挥中心城市的作用，加快城乡一体化建设，逐步形成以大、中城市为依托的经济区，并使经济区与行政区的范围基本一致；实行市制改革与地区体制改革相结合。由于安徽省省级人民政府管辖的幅度太大，经国务院批准，省以下划分地区，每个地区包括若干个县级行政区，设置地区行政公署，作为省政府的派出机构，代表省政府管理该地区的社会公共事务。在实际的运作过程中，地区行政公署实质上发挥一级政府机构的作用。但由于地区一级不是正式的行政区划，地区领导机构不是一级政权机构，没有地区人民代表大会建制，不利于地方公共事务管理和地方民主政治的发展。在未能大幅度地增加省级行政区数量、缩小其规模的情况下，由地级市领导原来地区行政公署的辖县，成为解决这些问题的有效途径。根据中共中央提出改革地区体制的要求，安徽采取改革的方式以“地市合并”或“撤地建市”为主。“地市合并”是将原来的地区与原有的地级市合并，由新组建的地级市政府领导市区和原来地区行政公署的辖县。

1987年11月27日，为理顺管理体制，使黄山自然景观与徽州人文景观密切结合，国务院对安徽省人民政府《关于撤销徽州地区和屯溪市、黄山市设立地级黄山市的请示》作出批复：同意撤销徽州地区、屯溪市和县级黄山市；设立地级黄山市，市政府驻原屯溪市；设立黄山市屯溪区，其行政区域包括原屯溪市、歙县篁墩乡和休宁县梅林乡；设立黄山市黄山区，以原县级黄山市行政区域作为其行政区域；设立黄山市徽州区，其行政区域包括歙县岩寺镇及潜口等7个乡；黄山市管辖歙县、休宁、黟县、祁门4个县；将石台县划归安庆地区，将原徽州地区所辖旌德、绩溪2县划归宣城地区。

1988年8月17日，省人民政府针对安庆市政府与安庆行署同驻一地，政出多门，互相掣肘，且城乡分割，妨碍商品合理流通，报经国务院批准，撤销安庆市和安庆地区，合并设立地级安庆市，安庆市辖迎江、大观、郊区3个区和桐城、怀宁、枞阳、潜山、太湖、宿松、望江、岳西8个县，市人民政府驻大观区。

1992年12月20日，经国务院批准，同意撤销滁县地区和县级滁州市，设立地级滁州市和滁州市琅琊区、南谯区；滁州市辖琅琊、南谯2个区和天长、来安、全椒、定远、凤阳、嘉山6个县，市人民政府驻琅琊区。

1996年1月1日，经国务院批准，同意撤销阜阳地区和阜阳市（县级），设立地级阜阳市，辖颍州、颍东、颍泉3个市辖区和亳州、界首2个市及利辛、临泉、涡阳、颍上、蒙城、阜南、太和7个县，市人民政府驻颍州区。原阜阳地区的亳州、界首2个县级市由省直辖。

1998年2月，省人民政府决定亳州市由省直接管理。随区划变动，各行政管理部门均由省直接管理。同年12月，经国务院批准，撤销宿县地区和宿州市（县级），设立地级宿州市，辖埇桥区和萧县、砀山、灵璧、泗县4个县，市人民政府驻埇桥区。

1999年7月9日，国务院批准撤销巢湖地区和巢湖市（县级），设立地级巢湖市，辖居巢区和庐江、无为、含山、和县4个县，市人民政府驻居巢区。同年9月2日，国务院批准撤销六安地区和六安市（县级），设立地级六安市和六安市金安区、裕安区，六安市辖金安、裕安2个区和寿县、霍邱、舒城、金寨、霍山5个县，市人民政府驻金安区。

2000年5月，撤销县级亳州市，设立地级亳州市，以原县级亳州市的行政区域设立谯城区，区人民政府驻文化巷；将阜阳市管辖的涡阳、蒙城、利辛3个县划归亳州市管辖，市人民政府驻谯城区；调整后的阜阳市辖颍州区、颍东区、颍泉区和临泉县、颍上县、阜南县、太和县。县级界首市由安徽省直辖，省委托阜阳市代管。

2000年6月25日，国务院批准同意撤销池州地区和贵池市（县级），设立地级池州市和县级贵池区，池州市辖新设立的贵池区和东至、石台、青阳3个县，市人民政府驻贵池区；撤销宣城地区和宣州市（县级），设立地级宣城市和县级宣州区，区人民政府驻叠嶂中路。宣城市辖新设立的宣州区和郎溪、广德、泾县、旌德、绩溪6个县（市），市人民政府驻宣州区；原宣城地区的县级宁国市由省直辖，省委托宣城市代管。至此，全省所有的地区全部撤销，设置17个地级市并设立市级行政区域，实行市管市、市管县的体制，共有106个县（市、区），其中5个县级市、56个县、45个市辖区。

2005年年底，全省辖17个地级市，44个市辖区、5个县级市、56个县（见表1.2）。截至2008年12月31日，安徽省辖17个地级市、5个县级市、56个县、44个市辖区、1269个乡镇（其中908个镇、361个乡）、254个街道。

撤县设市　1978年以前，安徽省4个县级市基本上都是按“切块模式”设立，即各县城关镇分别设立县级市，农村区域仍为县。中共十一届三中全会以后，城乡交流日益增多，市、县矛盾渐为突出。为适应城乡一体、城乡协调发展的需要，安徽开始探索“整县改市”的设市模式。

1978年，因六安县城关镇为大别山区物质集散地、皖西地区政治、经济、文化中心，且为国务院确定人民防空工程重点城镇之一，经报请国务院批准，设立六安市（县级），以六安县城关镇和周围9个农业生产大队为其行政区域，隶属于六安地区。

1979年9月，安徽省革命委员会报经国务院批准设立宿州市（县级），以宿县城关镇行政区域为其行政区域，由宿县地区管辖。

1983 年 4 月，省人民政府通知滁县行署，经国务院批复，同意撤销滁县，设立滁州市，以原滁县的行政区域为滁州市的行政区域，由滁县行署领导。

1986 年 3 月，省人民政府以亳县为中药材生产基地，药材贸易遍及 20 个省、市、自治区，发展前途广阔为据，经报请国务院批准，撤销亳县，设立亳州市（县级市），以原亳县行政区域为其行政区域，隶属阜阳地区。

1986 年 4 月，为促进具有中国特色的城镇化进程，推动中国城市总体布局逐步趋于合理，结合推行市管县体制改革，根据国务院批转《民政部关于调整市设立标准和市管县条件的报告》，安徽省以县政府驻地城关镇区域设立县级市，农村区域仍为县的“切块设市”模式转变为“整县设市”的设市模式。

1987 年 6 月，省人民政府以宣城县为宣城行署驻地。宣杭铁路建成后，当地成为重要铁路枢纽。经报请国务院批准，撤销宣城县，设立宣州市，以原宣城县的行政区域为其行政区域，隶属于宣城行署。

1988 年 8 月，省人民政府以贵池县非农业人口及年国民生产总值基本达到国务院规定设市的标准，经国务院批准，撤销贵池县，设立县级贵池市，以原贵池县的行政区域为贵池市的行政区域，隶属于池州地区。

1989 年 9 月，省人民政府以界首县已成为皖西北、豫东南地区重要物资集散地，全国四大牲畜交易市场之一，非农业人口及年国民生产总值接近国务院规定设市的标准，经报请国务院批准，撤销界首县，恢复县级界首市（1953 年 6 月，界首市改为界首县），以原界首县的行政区域为界首市的行政区域，隶属于阜阳地区。

1992 年 11 月，撤销宿州市、宿县，合并设立县级宿州市，以原宿州市和宿县的行政区域为宿州市的行政区域；撤销六安市、六安县，合并设立县级六安市，以原六安市和六安县的行政区域为六安市的行政区域；撤销阜阳市、阜阳县，合并设立县级阜阳市，以原阜阳市、阜阳县的行政区域为阜阳市行政区域。

1993 年 9 月，撤销天长县，设立县级天长市，以原天长县的行政区域为天长市的行政区域；是年年底，通过县改市，全省县级市增加到 9 个。

1994 年 5 月，报请国务院批准，撤销嘉山县，设立县级明光市，以嘉山县的行政区域为明光市的行政区域。

1996 年 8 月 20 日，撤销桐城县，设立县级桐城市，以原桐城县的行政区域为桐城市的行政区域；1997 年 3 月 11 日，撤销宁国县，设立县级宁国市，以原宁国县的行政区域为宁国市的行政区域。经过设立、撤销，当年底，全省有县级市 12 个。

由于一些县级市与原来的地区同驻一地，撤地设市时被撤销，到 2001 年年底，全省尚有 5 个县级市。至 2005 年年底，全省有宁国、天长、明光、桐城、界首 5 个县级市。截至 2008 年年底，全省仍然保持宁国、天长、明光、桐城、界首等 5 个县级市。

县区调整　1979 年 10 月 8 日，省机构编制委员会批准撤销马鞍山市郊区；12 月 14 日，安徽省革命委员会办公厅批准马鞍山市四新区更名为金家庄区。

1980年5月8日，省人民政府批准蚌埠市重设郊区，淮北市增设杜集区和烈山区。7月30日，省人民政府批准铜陵市向阳区和红星区分别更名为铜官山区和狮子山区。10月3日，国务院批准淮南市古沟区更名为潘集区。

1983年6月7日，省人民政府发出通知，确定六安地区所属肥西县和巢湖地区所属肥东县划归合肥市管辖；宿县地区所属怀远、固镇、五河3县划归蚌埠市管辖；宣城地区所属繁昌、青阳、南陵3县划归芜湖市管辖；宣城地区所属当涂县划归马鞍山市管辖；九华山管理处划归芜湖市领导。同年9月6日，批准恢复马鞍山市郊区。同年10月8日，为避免市县矛盾，省人民政府报请国务院批准，撤销巢县，其行政区域并入巢湖市。同年12月中旬，省人民政府为开发黄山旅游业，经报请国务院批准，撤销太平县，设立黄山市（县级市），以太平县和歙县黄山公社、石台县广阳公社行政区域及黄山管理局所辖区域为其行政区域，由省直辖。

1984年2月，省人民政府批准撤销淮北市郊区，其行政区域分别划归相山区、烈山区、杜集区。同年10月29日，批准撤销马鞍山市郊区，其行政区域划归向山区。

1986年3月11日，经国务院批准，撤销亳县，设立亳州市（县级），以原亳县的行政区域为亳州市的行政区域。

1986年6月，中共安徽省委、省人民政府鉴于黄山地区条块分割，影响旅游业，决定：黄山管理局受省和徽州地区双重领导，业务上以省为主；黄山市由徽州地区代管，其国民经济和社会发展计划单列（由省戴帽下达徽州地区）。

1987年6月10日，经国务院批准，撤销宣城县，设立宣州市（县级）；以原宣城县的行政区域为宣州市的行政区域。8月17日，经国务院批准，撤销铜陵市铜山区，将其行政区域划归铜陵市郊区。11月27日，经国务院批准，撤销徽州地区、屯溪市和黄山市（县级）；设立黄山市（地级），市人民政府驻原屯溪市；设立黄山市屯溪区，其行政区域包括原屯溪市、歙县篁墩乡和休宁县梅林乡；设立黄山市黄山区，以原黄山市（县级）为其行政区域；设立黄山市徽州区，其行政区域包括以歙县岩寺镇和潜口、呈坎、罗田、西溪南、洽舍、福溪、杨村7个乡和郑村乡的瑶村；将徽州地区的石台县划归安庆地区管辖，旌德、绩溪2个县划归宣城地区管辖。

1988年8月17日，经国务院批准，撤销贵池县，设立贵池市（县级），以原贵池县的行政区域为贵池市的行政区域。

1989年9月27日，民政部批复，撤销界首县，恢复界首市（县级），以原界首县的行政区域为界首市的行政区域。

1990年2月28日，民政部批复，撤销芜湖市裕溪口区、四褐山区、郊区3个市辖区，设立鸠江区。以原裕溪口区、四褐山区及郊区的大桥镇、四山乡、官陡乡、西江乡（不含棠桥村、香店村）、鸠江乡（不含新建村、杨场村）的行政区域为鸠江区的行政区域，区人民政府驻四褐路。将原郊区的赭山乡的高砻村、赭山村和鸠江乡新建村、杨场村划归镜湖区管辖；将原郊区的赭山乡的卜家山村、龙桥村、戈矶山村和西江乡的棠桥村、香店村划归新芜区管辖；将原郊区的马塘乡和赭山乡的铁桥村、爱国村划归马塘区管辖。

1992年11月20日，民政部批复，同意撤销阜阳市、阜阳县，重新组建阜阳市（县级），以原阜阳市和阜阳县的行政区域为新的阜阳市的行政区域，其政府驻地不变；撤销六安市、六安县，重新组建六安市（县级），以原六安市和六安县的行政区域为新的六安市的行政区域，其政府驻地不变；撤销宿州市、宿县，重新组建宿州市（县级），以原宿州市和宿县的行政区域为新的宿州市的行政区域，其政府驻地不变。

1992年12月20日，国务院批准，撤销滁县地区、滁州市，设立滁州市（地级）和滁州市琅琊区、南谯区，市人民政府驻琅琊区育新路。琅琊区辖东门、南门、西门、北门、琅琊、清流、扬子7个街道办事处，区人民政府驻丰乐路；南谯区辖南谯街道办事处和乌衣、沙河、章广、珠龙、大柳、黄泥岗、汪郢、腰铺、黄圩、花山、大王、城郊、施集13个乡镇，区人民政府驻东大街。

1993年1月18日，琅琊、南谯2个区正式成立。9月18日民政部批复，撤销天长县，设立天长市（县级），由省直辖，以原天长县的行政区域为天长市的行政区域。1994年5月31日，民政部批复，撤销嘉山县，设立明光市（县级），以原嘉山县的行政区域为明光市的行政区域。

1996年，阜阳地区撤地设市，辖12个县级行政区划单位。设立阜阳市颍州区，区人民政府驻颍南大道，颍州区辖鼓楼、颍西、清河3个街道办事处和王店、程集、西湖、九龙、三十里铺、马寨6个乡镇；设立阜阳市颍东区，区人民政府驻北京东路，颍东区辖河东、向阳、新华3个街道和插花、枣庄、老庙、口孜、袁寨、冉庄、正午、杨楼、王古同9个乡镇；设立阜阳市颍泉区，区人民政府驻人民东路，颍泉区辖中市、颍泉、周棚3个街道和伍明、宁老庄、闻集、行流、苏屯、姜堂、邵营、苏集8个乡镇。

1998年12月6日，国务院批准撤销宿县地区和县级宿州市，设立地级宿州市；设立埇桥区，以原宿州市的行政区域为埇桥区的行政区域。区人民政府驻胜利路。

1999年7月9日，国务院批准撤销巢湖地区和县级巢湖市，设立地级巢湖市；新设立的居巢区以原县级巢湖市的行政区域为居巢区的行政区域；区人民政府驻东风路。

1999年9月2日，国务院批准撤销六安地区和县级六安市，设立地级六安市；设立金安区、裕安区。金安区辖原县级六安市的东市、中市、三里桥3个街道和九里沟、望城岗、翁墩、淠东、城北、先生店、中店、横塘岗8个乡及马头、东桥、木厂、双河、孙岗、椿树、三十铺、张店、毛坦厂、东河口、施桥11个镇。区人民政府驻人民路；裕安区辖原县级六安市的鼓楼、西市、北市、南市4个街道和平桥、罗集、狮子岗、单王、青山、西河口、石板冲7个乡及新安、顺河、丁集、固镇、徐集、江家店、独山、苏埠、城南、分路口、石婆店、韩摆渡12个镇。区人民政府驻云露街。

2000年，阜阳市人口约1387万人，面积约1.8万平方公里，分别占全省的22%和13%强，人口约占全国1%，管辖幅度过大。合理调整行政区划，适当缩小管理幅度，有利于阜阳市加强行政管理，加快社会经济发展。同时，阜阳市代管的县级亳州市已发展成为皖西北地区经济社会的次中心，具备了建立地级市的条件。2000 年 5 月，经国务院批准，调整阜阳市行政区划，划亳州、涡阳、蒙城、利辛 4 市县设立地级亳州市。

此时，合肥、蚌埠、马鞍山、芜湖、安庆等市设立较早，其市辖区行政区划格局基本上是计划经济体制下形成的，呈城区小、郊区大且城区被郊区（县）包围之势。随着改革开放的深入和市场经济的发展，这种市辖区行政区划布局弊端日渐显露：因城区空间狭小而强行向郊区突破，城郊结合部建筑物、居民交叉严重，行政管理难度大；城市资源难以合理配置利用，影响城乡协调发展。因此，这些市陆续提出了调整市辖区行政区划的要求。

2001 年 7 月，省人民政府批准，撤销马鞍山市向山区，将原向山区的慈湖乡划归金家庄区，霍里镇、濮塘镇划归花山区，向山镇、雨山乡、佳山乡划归雨山区管辖；马鞍山市市辖区的行政区划调整，体现了“精简、效能”的原则，对加快该市未来社会经济的发展具有重要意义，同时也为其他市的市辖区行政区划调整积累了可资借鉴的经验。

2001 年 12 月、2004 年 11 月，将铜陵县的西湖镇划归铜陵市狮子山区管辖，将铜陵县的大通镇划归铜陵市郊区管辖。

2002 年 2 月 23 日，经国务院批准，省人民政府发出《关于调整合肥市部分行政区划的通知》，同意合肥市东市区更名为合肥市瑶海区，将合肥市郊区的长淮、方庙两个街道和城东乡、七里塘镇、大兴镇，以及肥东县的磨店乡和龙岗镇的三合、刘大郢、油坊、大彭、罗岗、马岗、王岗、史城 8 个村及新站、大店 2 个居委会划归瑶海区管辖；原中市区更名为合肥市庐阳区，将合肥市郊区的三十岗乡、杏花村镇、大杨镇划归庐阳区管辖；原西市区更名为合肥市蜀山区，将合肥市郊区的井岗镇划归蜀山区管辖；原郊区更名为合肥市包河区，将原西市区的巢湖路、芜湖路、宁国路 3 个街道划归包河区管辖。

2003 年 3 月，将芜湖县的清水镇划归芜湖市鸠江区管辖。

2004 年 1 月，将当涂县的银塘镇划归马鞍山市雨山区管辖；2 月 3 日，省人民政府发出《关于调整蚌埠市部分行政区划的通知》，将蚌埠市东市区更名为龙子湖区，中市区更名为蚌山区，西市区更名为禹会区，郊区更名为淮上区；调整蚌埠市龙子湖区、蚌山区、禹会区、淮上区的行政区划；市人民政府驻蚌山区东海大道。龙子湖区辖原东市区的东风、治淮、东升、解放和曹山 5 个街道；原中市区的延安街道；原郊区的李楼乡、长淮卫镇，雪华乡的曹彭、仇岗、孙郢、山南 4 个村；区人民政府驻解放路。蚌山区辖原中市区的天桥、青年、纬二路、胜利和黄庄 5 个街道；原东市区的宏业村、龙湖新村 2 个街道及烟墩村；原西市区朝阳街道的新建、东方红 2 个居委会，钓鱼台街道的友谊、雅郢 2 个居委会和施徐村；原郊区的燕山乡，雪华乡的邱桥、纪郭、沈圩 3 个村，长青乡的陶店、金圩 2 个村，秦集镇的仲集村；区人民政府驻南山路。禹会区辖原西市区的大庆、张公山、纬四 3 个街道，朝阳街道的红旗里、平安里、新风、创新、新村 5 个居委会，钓鱼台街道的继红、钓鱼台、安平、燕山路、迎河桥 5 个居委会；原郊区长青乡的许庄、九龙、山香、黄山、王岗、石巷 6 个村，秦集镇的秦集、九塘、河北、东周、姜顾、花郢、西朱、禹会、大徐、高埂、前郢、冯东、冯西、宗洼、草寺、大孔、老贯徐、三尖塘、彭巷、仁和、枣林、周蔡、杭刘、广德 24 个村；区人民政府驻红旗一路。淮上区辖原郊区的小蚌埠镇、吴小街镇；原中市区的淮滨街道；原怀远县的梅桥乡；原固镇县的曹老集镇；区人民政府驻小蚌埠镇。

2004 年 5 月，将合肥市长丰县的孔店、三和、孤堆、孙庙、史院、杨公、曹庵 7 个乡镇分别划归淮南市的大通、田家庵和谢家集区管辖。7 月，将歙县郑村镇的上朱村划归黄山市徽州区岩寺镇管辖；8 月，将濉溪县的新蔡镇划归淮北市烈山区管辖。

2005 年 5 月，省人民政府批复同意调整安庆市部分行政区划。将安庆市郊区的老峰镇、龙狮桥乡、长风乡、新洲乡划归安庆市迎江区管辖；将安庆市郊区的十里铺乡（不含眉山、象册、苏岗、砂桥、罗冲 5 个村）和怀宁县的海口镇、山口乡划归安庆市大观区管辖；安庆市郊区更名为安庆市宜秀区，将怀宁县的大龙山镇、五横乡和桐城市的罗岭镇划归宜秀区管辖。宜秀区人民政府驻地由迎江区青少年宫路迁至大龙山镇。

同年 7 月，将繁昌县的三山镇划归芜湖市原马塘区管辖。9 月，国务院批准调整芜湖市部分行政区划，撤销芜湖市新芜区、镜湖区，设立新的芜湖市镜湖区；将原新芜区、镜湖区的行政区域和鸠江区的荆山街道以及湾里镇的广福、莲塘 2 个居委会划归镜湖区管辖；镜湖区人民政府驻北京东路；设立芜湖市三山区，将马塘区的三山、保定 2 个街道和繁昌县的峨桥镇划归三山区管辖；三山区人民政府驻三华路；马塘区更名为弋江区；将芜湖县火龙岗镇划归弋江区管辖；弋江区人民政府驻利民路。2006 年 2 月 9 日，芜湖市人民政府根据《安徽省人民政府关于调整芜湖市部分行政区划的通知》《关于同意将芜湖县清水镇划入市区的批复》《关于同意芜湖市市辖区部分行政区划调整的批复》和《关于同意芜湖市马塘区行政区划调整的批复》，2 月 10 日正式实施上述调整。

2006 年 3 月，将原濉溪县钟楼乡整建制划入相山区渠沟镇；分别将濉溪县原赵集乡与原古饶镇合并，成立新的古饶镇，同时划入烈山区。2006 年 5 月、2006 年 12 月，分别将肥西县的南岗镇、原烟墩乡划归合肥市蜀山区、包河区管辖；2006 年 9 月，将阜南县的袁集镇划为阜阳市颍州区管辖。

撤区并乡 随着经济社会的发展，工业化、城市化水平的提高，交通道路的改善和行政区划的调整，安徽省部分市、县（区）、乡（镇）政府办公场所有的位于商贸集中区，道路狭窄、交通不便，且办公楼建筑年代较早，质量较差，办公面积不足；有的县（区）、乡（镇）政府不在所辖区域内，跨区办公；有的位靠河流，地势低凹，易涝易淹，制约城镇建设发展，影响群众生产、生活。安徽省人民政府按照积极发展小城镇的城市发展方针和 1984 年国务院批转的《民政部关于调整建镇标准的报告》规定的标准，根据农村经济、社会发展的实际，适当增加镇的数量。1993 年年底，全省有 816 个镇，到 2001 年年底，增加到 1002 个镇，占乡镇总数的 56%。后来，经过乡镇行政区划调整撤并，到 2007 年底，全省已有 912 个镇，占全省乡镇数的 71.6%。

1992 年 1 月 22 日，中共安徽省委、省人民政府发出《关于认真做好撤区并乡工作的通知》，工作的总体要求：撤销 463 个区公所，乡镇区划调整后总数控制在 2000 个以内。设区的县（市、市辖区），在撤销市辖区的同时要并乡；未设区的县（市、省辖市郊区），从实际出发，需要合并的乡镇同时进行区划调整。截至9月底，全省撤区并乡工作基本结束，全省共撤销了463个区公所，将3383个乡镇合并成1767个，减少1616个，撤并比例为47.8%。到2000年年底，增加至1849个乡镇。全省乡镇平均人口约3万人，平均面积约70平方公里。其中，1万人以下的乡镇200多个。

随着经济结构战略性调整、农村税费改革和乡镇机构改革，一些规模偏小的乡镇经济总量小、财政收入少，在一定程度上制约经济、社会的发展。2001年4月，为配合农村税费改革和乡镇机构改革，省人民政府确定在全省开展调整乡镇规模和布局的试点工作。省民政厅下发《关于开展调整乡镇规模和布局试点工作的通知》，就调整全省乡镇规模和布局进行了部署。同年9月，省民政厅、省机构编制委员会办公室、省体制改革委员会办公室、省建设厅、省财政厅、省国土资源厅、省农业委员会《转发民政部等七部门〈关于乡镇行政区划调整工作的指导意见〉的通知》，明确规定调整的原则：撤并规模过小的乡镇，调大县城镇和省政府确定的200个中心镇。到2001年年底，宁国、绩溪、泾县、广德、青阳、东至、石台、五河、泗县、宣州、贵池等11个县（市）、区进行调整，共撤减75个乡镇。

2003年6月，中共安徽省委办公厅、省政府办公厅下发《关于做好全省乡镇区划调整工作的通知》。提出这次乡镇区划调整的基本原则：因地制宜，科学合理；突出重点，加强城镇；尊重历史，平稳操作；优化布局，促进发展。调整的目标：根据安徽省地理环境、人口密度和乡、村现状，通过撤并规范较小、发展乏力的乡镇，扩大和强化县城和中心建制镇，形成规模适度、布局合理的乡镇区划格局。规定：（一）乡、村人口规模。平原地区乡镇在50000人左右，行政村在4000人左右；丘陵地区乡镇在30000人左右，行政村在3000人左右；山区乡镇在15000人左右，行政村在1500人左右。平原、丘陵、山区的县城人口应分别达到10万、8万和5万人以上；中心镇的人口应分别达到7万、5万和2万人以上。（二）乡镇政府所在地选址。调整后的乡镇政府驻地，应方便人民群众办事，充分利用条件较好的原乡镇政府驻地，并加强完善基础设施建设。被撤并的乡镇政府房舍等设施，可开发用于教育、养老、文化等公益事业。（三）关于乡镇建制。调整后属于“撤乡并镇”的，以“镇”的建制确定；“撤镇并乡”的，以“乡”的建制确定。城区规模较大、人口密集且基本具备小城市功能的县城，可进行撤镇设立街道办事处的试点，其人口规模不得小于当地乡镇的规模。调整后的乡镇不得设立管理片之类的中间层次。全省乡镇区划和村的调整工作于年底基本完成。

2004年3月底，中共安徽省委、省人民政府在芜湖市召开全省乡镇行政区划调整工作座谈会，乡镇行政区划调整工作全面展开。当年，全省共有76个县（市、区）进行乡镇行政区划调整，其中有16个县（市、区）还进行第二次调整。2005年，枞阳县将原石矶镇整建制并入枞阳镇，原仪山乡整建制并入汤沟镇，原老湾乡整建制并入老洲镇，原后方乡整建制并入横埠镇，原杨湾乡整建制并入义津镇。岳西县撤销茅山、前河、岩河、西坪4个乡，分别并入五河、店前、菖蒲、冶溪4个镇。泾县将原11镇、10乡调整为9镇、2乡。同年，休宁县秀阳乡并入海阳镇，洪里乡与商山乡合并，设立新的商山乡；西田乡并入五城镇，汊口乡并入东临溪镇，渠口乡并入渭桥乡，南塘乡并入蓝田镇，蓝渡乡并入齐云山镇，冰潭、江潭两乡并入溪口镇，回溪乡并入陈霞乡，山后乡并入汪村镇，郑湾乡的藏溪村、酒店村、文田村、岭上村、岭下村划入榆村乡管辖，郑湾乡的万金台村划入源芳乡管辖。

2005年7月30日，巢湖市人民政府批复同意庐江县将原28个乡镇调整为17个镇：撤销罗埠乡、石山乡、戴桥乡、福元乡、新渡乡、许桥乡、杨柳乡、黄屯乡、砖桥乡、陈埠乡、沙溪乡；调整庐城镇、冶父山镇、石头镇、白山镇、同大镇、郭河镇、盛桥镇、白湖镇、缺口镇、矾山镇、柯坦镇、泥河镇的行政区域，并将缺口镇更名为龙桥镇。庐城镇：将原罗埠乡整建制并入。冶父山镇：将原石山乡整建制并入。石头镇：将原戴桥乡的钱渡村、白河村并入。白山镇：将原戴桥乡的戴桥居委会、马鞍村、李墩村、金墩村、五爱村、朱井村、站岗村并入。同大镇：将原新渡乡整建制并入。郭河镇：将原福元乡整建制并入。盛桥镇：将原许桥乡整建制并入。白湖镇：将原杨柳乡整建制并入。矾山镇：将原砖桥乡整建制并入。柯坦镇：将原陈埠乡整建制并入。泥河镇：将原沙溪乡整建制并入，将缺口镇的同心村并入。龙桥镇：缺口镇更名为龙桥镇。将同心村划出；将原黄屯乡整建制并入。保留汤池镇、万山镇、罗河镇、乐桥镇、金牛镇。

2005年12月6日，巢湖市人民政府批复无为县乡镇行政区划调为：将原31个乡镇调整为23个乡镇。撤销仓头镇、三汊河乡、凤凰桥乡、黑沙洲乡、太平乡、百胜镇、土桥镇、六店乡。调整无城镇、汤沟镇、陡沟镇、白茆镇、石涧镇、蜀山镇、牛埠镇、开城镇、严桥镇的行政区域。将仓头镇整建制并入无城镇。将三汊河乡整建制并入汤沟镇。将凤凰桥乡整建制并入陡沟镇。将黑沙洲乡整建制并入白茆镇。将太平乡整建制并入石涧镇。将百胜镇整建制并入蜀山镇。将土桥镇整建制并入牛埠镇。将六店乡的六店居委会和竹山、独山、南闸、西都、保胜、石山、六峰、新胜、河山、孙桥、六店、瓜棚、毛公、高王14个村委会并入开城镇。将六店乡的尚礼居委会和大丰、湖塘、沿河、赵魏、象山、福泉、坳口7个村委会并入严桥镇。保留二坝镇、襄安镇、高沟镇、姚沟镇、红庙镇、赫店镇、泉塘镇、福渡镇、刘渡镇、泥汊镇、昆山乡、洪巷乡、十里墩乡、鹤毛乡等14个乡镇。

2005年12月7日，巢湖市人民政府分别批准含山县、和县、居巢区的乡镇行政区划调整。含山县将原10个乡镇调整为8个镇，具体为：撤销河刘镇、东关镇。调整仙踪镇、林头镇的行政区域。林头镇：将原东关镇整建制并入。仙踪镇：将原河刘镇整建制并入。撤销昭关乡，以原昭关乡的行政区域设立昭关镇，实行镇管村（居）体制。保留运漕镇、铜闸镇、陶厂镇、环峰镇、清溪镇等5个镇。和县将原15个乡镇调整为10个镇：撤销城南乡、雍镇乡、五显集镇、腰埠乡、绰庙乡。调整历阳镇、沈巷镇、白桥镇、香泉镇、西埠镇、石杨镇的行政区域。历阳镇：将原城南乡整建制并入。沈巷镇：将原雍镇乡整建制和五显集镇的黄山寺、五显集2个居委会及孙庄、宝圩、民安、大葛、丁陈、大蒋6个村委会并入。白桥镇:将原五显集镇的兴隆村委会并入。香泉镇:将原西埠镇的新建、工农、孙堡3个村委会并入。西埠镇:将原腰埠乡整建制并入,将原西埠镇的新建、工农、孙堡3个村委会划出。石杨镇:将原绰庙乡整建制并入。保留姥桥镇、功桥镇、乌江镇、善厚镇等4个镇。居巢区将原17个乡镇、5个街道,调整为12个乡镇、6个街道,具体为:撤销沐集镇、中庙镇、赵柳镇、司集镇、西峰乡。调整槐林镇、黄麓镇、栏杆集镇、苏湾镇、夏阁镇的行政区域。槐林镇:将原沐集镇整建制并入。黄麓镇:将原中庙镇的临湖居委会和元觉、张岗、玉华、河东4个村委会并入。栏杆集镇:将原赵柳镇整建制并入。苏湾镇:将原司集镇整建制并入。夏阁镇:将原西峰乡整建制并入。设立中庙街道:将原中庙镇的中庙居委会和胜利、古塘、河西、龙桥、旭东5个村委会的区域设立中庙街道,为区政府的派出机构。保留散兵镇、银屏镇、柘皋镇、坝镇镇、烔炀镇、中垾镇、庙岗乡7个乡镇和5个街道。

2005年12月28日,经安徽省政府同意,安徽省民政厅下发《关于同意青阳县乡镇行政区划调整的批复》:撤销青阳县五溪镇,并入蓉城镇;撤销竹阳乡、木镇镇,设立新的木镇镇;撤销沙济镇、南阳乡、陵阳镇,设立新的陵阳镇;其他乡镇行政区划不变。

2005年12月,合肥市人民政府批准同意肥西县乡镇由12个镇、17个乡调整为11个镇、5个乡:撤销新仓镇、长岗乡、大柏乡、江夏店乡、金桥乡、聚星乡、金牛乡、孙集乡、董岗乡、刘河乡、洪桥乡、四合乡、袁店乡。将原桃花镇的田埠村并入上派镇。将原严店乡的九联村、建设村并入三河镇。将原刘河乡整建制并入严店乡。将原长岗乡的长岗居委会和岗北、焦湖、贾郢、南仓、南庄5个村委会并入高刘镇。将原大柏乡整建制和原长岗乡的新民、将军、段冲、马岗、袁中5个村委会并入小庙镇。将原金牛乡、洪桥乡整建制并入山南镇。将原江夏店乡、金桥乡整建制并入官亭镇。将原孙集乡、董岗乡、四合乡整建制并入花岗镇。将原新仓镇整建制并入丰乐镇。将原袁店乡整建制并入柿树岗乡。将南分路乡更名为铭传乡,并将原聚星乡整建制并入。将农兴镇更名为紫蓬镇。保留南岗镇、高店乡、烟墩乡。

截至2005年年底,全省乡镇总数由2000年底1849个降至1455个(镇948个、乡507个),共撤减394个,减幅为21.3%。进行乡镇撤并的县(市、区)乡镇人口规模,平原地区5万人以上,县城和中心镇在10万、7万人以上;丘陵地区3万人以上,县城和中心镇在8万、5万人以上;山区1.5万人以上,县城和中心镇在5万、2万人以上。

2006年,省民政厅下发《关于同意将肥西县南岗镇整建制划归合肥市蜀山区管辖的批复》,将肥西县南岗镇划归合肥市蜀山区管辖;将肥西县烟墩乡划归合肥市包河区管辖。同意将濉溪县钟楼乡划归淮北市相山区管辖;将濉溪县古饶镇(包括原赵集乡)划归淮北市烈山区管辖;将含山县清溪镇汤下山村委会和三星村委会的赵庄、石罗堡2个村民组,景林村委会的新村、林庄、方庄、景坳郑4个村民组划归巢湖市居巢区半汤街道办事处管辖。

撤乡设镇　镇为县以下基层行政区域单位,其政府驻地集镇建设通常具有一定的规模，高于农村一般集镇的建设水平，逐渐成为农村剩余劳动力向工商业领域转移的从业地及人口聚居地。安徽省人民政府按照积极发展小城镇的城市发展方针和1984年11月国务院批转的《民政部关于调整建制镇标准的报告》规定的标准，根据农村经济、社会发展的实际，适当增加镇的数量。即：凡县级地方国家机关所在地，均应设置镇的建制。总人口在2万以下的乡，乡政府驻地非农业人口超过2000的，可以建镇；总人口在2万以上的乡，乡政府驻地非农业人口占全乡人口10%以上的，也可以建镇。少数民族地区、人口稀少的边远地区、山区和小型工矿区、小港口、风景旅游、边境口岸等地，非农业人口虽不足2000人，如确有必要，也可设置镇的建制。凡具备建镇条件的乡，撤乡建镇后，实行镇管村的体制；暂时不具备设镇条件的集镇，应在乡人民政府中配备专人加以管理。

1984年6月，中共安徽省委、省人民政府召开全省小城镇建设会议。这次会议集小城镇建设与小城镇理论研讨于一体。全国政协副主席、社会学家费孝通以及于光远、薛葆鼎等著名学者到会并作学术报告。6月26日，中共安徽省委、省人民政府发布《关于小城镇建设若干问题的暂行规定》，从8个方面提出建设小城镇的要求，即：建立以小城镇为中心，多层次的村镇体系（即区划调整方面的要求）；采取多种形式，积极扶持和发展小城镇工业、建筑业、运输业和商业；建立贸易中心，发展合作事业和个体商业；加速发展文化事业；积极开发和引进人才、技术；积极筹集小城镇建设资金；认真搞好小城镇的规划、建设和管理（涉及区划调整）；切实加强对小城镇的领导。

到1986年年底，全省建制镇由1984年5月的153个发展到418个，增加1.7倍。这对于促进城乡经济建设，改善生产力布局，已经并将继续发挥积极作用。但是，在一些地方的建镇和行政区划管理工作中，也还存在一些亟待解决的问题。主要是：建镇不按标准，一哄而起；建镇不按程序报批，先造成事实，再要求批准；行政区划变更频繁，时而合并，时而分开；镇的行政地位不准确，有的实行以镇带乡，有的自行将建制镇升格为副县级镇，并设置科、股、办等；这些问题不及时解决，势必造成行政区划管理上的混乱和机构、人员的大量增加，不利于小城镇建设的健康发展。

1987年2月，中共安徽省委办公厅转发省委组织部、省机构编制委员会、省民政厅《关于加强建镇工作中行政区划管理的意见的报告》，要求进一步加强小城镇建设和行政区划管理工作，制止随意增加机构和人员等现象。同时规定：各地在设置建制镇和需要变更行政区划时，应认真按照国务院《批转民政部关于调整镇标准的报告的通知》、《关于行政区划管理的规定》以及省人民政府《关于进一步做好建镇工作的通知》执行，不能越权办理，各行其是。区、乡、镇及街道的设立、撤销、命名、更名、改变隶属关系和行政区域界线变更及驻地迁移等，均应按省政府办公厅1986年7月26日的通知规定执行。凡未按规定程序报批的，一律不予承认。镇的行政地位必须根据《中华人民共和国宪法》的有关规定，乡、镇同属基层政权，镇不能管乡。为减少管理层次，作为县的派出机构的区，除少数所属乡、镇数量过多和边远山区、交通不便的县，可以保留外，一般不设区。凡设立镇政府的地方，不再设乡政府，由镇管村。乡、镇同在一地的撤乡并入镇。区、镇同在一地的撤区留镇，其原所带的乡由县直接领导。以上乡、镇、区的调整工作，要因地制宜，逐步进行，要求在1986年年底前，按调整行政区划的有关规定报省人民政府审批。乡、镇同属一级，镇的人员应与乡一样按职务和任务分工配备。乡、镇的党政领导干部一般不要交叉兼职，其他人员分工不宜过细，不要求与上级部门对口。已设立科、股、委、办的，应予撤销。城关镇及非农业人口达15000人以上的县属镇，确因工作需要，可设若干个小组进行综合管理，不要一事设立一职。城关镇、非农业人口达8000以上的镇和重点风景旅游区的镇的党政领导班子的正职应配强一些，可以按副县级配备，但镇的规格和其他干部的级别，不得随之而升格、提高。此后，各行署和市、县人民政府根据国务院规定的“各级民政部门分级负责行政区划的管理工作”，充分发挥民政部门的职能作用；积极协同有关部门，共同做好行政区划管理、调整和纠正工作。

2000年，经省人民政府批准，青阳县撤销东堡、杨田乡设立杨田镇。黄山市黄山区撤销耿城乡设立耿城镇。旌德县撤销白地乡设立白地镇。宁国市撤销东岸乡设立天湖镇。庐江县撤销郭河乡设立郭河镇。五河县撤销武桥乡设立武桥镇、撤销头铺乡设立头铺镇、撤销大新乡设立大新镇。太和县撤销大庙乡设立大庙集镇。阜阳市颍州区撤销三十里铺乡设立三十里铺镇；颍泉区撤销姜堂乡设立姜堂镇。繁昌县撤销平铺乡设立平铺镇。全椒县撤销西王乡设立西王镇；撤销小集乡设立小集镇。当涂县撤销马桥乡设立马桥镇。寿县撤销大顺乡设立大顺镇。霍山县撤销上土市乡设立上土市镇；撤销大沙埂乡设立大沙镇；撤销三板桥乡设立东城镇。霍邱县撤销曹庙乡设立曹庙镇；撤销夏店乡设立夏店镇；撤销冯井乡设立冯井镇；撤销众兴集乡设立众兴集镇。

1986年年底，全省共有431个镇；1990年年底，增加到466个；1993年年底，全省有816个镇，增加42%。2000年年底，增加到973个，占乡镇总数的56%。最高的是2002年，全省有1020个镇。到2004年年底，减少到968个，占乡镇总数的56%；2005年年底，减少到917个（见图1.1）。后期，经过乡镇行政区划调整，有的镇被撤并，到2008年年底，全省共有908个镇，占全省乡镇总数的65.2%。

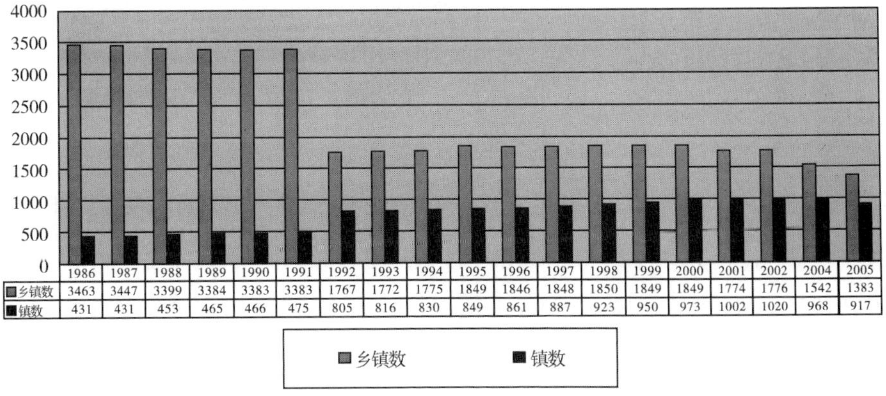

	1986	1987	1988	1989	1990	1991	1992	1993	1994	1995	1996	1997	1998	1999	2000	2001	2002	2004	2005
乡镇数	3463	3447	3399	3384	3383	3383	1767	1772	1775	1849	1846	1848	1850	1849	1849	1774	1776	1542	1383
镇数	431	431	453	465	466	475	805	816	830	849	861	887	923	950	973	1002	1020	968	917

图1-1-1　安徽省1986年至2005年乡镇数量变化图

撤镇（乡）设街 街道是城市的基层行政区域单位，街道办事处是市辖区（县级市）人民政府的派出机构。随着经济社会发展，城区建设的拓展，经省人民政府批准，相继将城区周边经济、城市化水平较高的部分乡镇撤销，改设街道。1986 年，全省共有 157 个街道，到 2005 年，全省增加到 241 个街道（含地级市人民政府批准的增设街道）。

2000 年，黄山市黄山区设立新城街道办事处。

2004 年，合肥市庐阳区撤销杏花村镇设立杏花村街道办事处。同年，合肥市包河区撤销骆岗镇设立骆岗街道办事处。2006 年，安徽省民政厅《关于同意将肥西县烟墩乡整建制划归合肥市包河区管辖的批复》：同意将肥西县烟墩乡划归合肥市包河区管辖。2007 年，合肥市对包河区行政区划进行调整：撤销 2 个街道 2 个乡，新设 2 个街道 2 个镇，并调整 3 个街道的管辖范围。即撤销巢湖路、宁国路 2 个街道；调整芜湖路、骆岗、常青等 3 个街道管辖范围；新设立包公街道、望湖路街道；调整义兴镇行政区域并将其更名为淝河镇；撤销大圩乡、烟墩乡，分别设立淝河镇、大圩镇；保持义城镇行政区划不变。

2008 年，省民政厅与中共蒙城县委、县人民政府对蒙城县城城关镇管理体制进行论证，提出将 27 万人口的城关镇撤销，改设 3 个街道办事处，作为县政府的派出机构，并待省人民政府批复后付诸实施。同时，完成合肥市、马鞍山市上报的镇改街道办事处和淮北市增设街道办事处审批工作；完成舒城县柏林乡、定远县三和乡政府的迁址申报、批复工作。

2010 年 9 月，经省人民政府同意，省民政厅批复，同意合肥市撤销包河区烟墩镇、义城镇，设立烟墩街道、义城街道。新设立的烟墩街道和义城街道为包河区人民政府的派出机构，面积、人口不变。烟墩街道办事处驻原烟墩镇政府驻地；义城街道办事处驻原义城镇政府驻地。

政府驻地迁移 必要的政府迁址，有利于城市和小城镇规划的实施，健全完善城区功能，提高城镇辐射带动作用；有利于城镇的建设发展，推进工业化、城市化进程，促进区域经济持续性发展；有利于改善城镇环境，方便群众生产、生活，构建稳定和谐社会。

1998 年 9 月，经国务院批准，同意怀宁县城由石牌镇迁至高河镇。

2000 年，宣州市养贤乡政府由仁村湾迁山沙镇。

2002 年，怀宁县政府机关在高河镇正式挂牌办公；2005 年 9 月，合肥市政府由庐阳区淮河路迁至蜀山区东流路。2004 年至 2007 年，经省政府批准，和县、含山 2 个县政府和巢湖市居巢区政府（新旧址均在同一乡镇或办事处区域内），以及祁门县的闪里镇、黟县的美溪乡、舒城县的柏林乡、安庆市宜秀区的百泽乡政府已迁至新址办公。

2006 年 9 月 26 日，国务院《关于同意安徽省合肥市人民政府驻地迁移的批复》，同意合肥市人民政府驻地由合肥市庐阳区淮河路迁至合肥市蜀山区东流路。

2008 年 8 月 21 日，国务院批准，马鞍山市人民政府驻地由马鞍山市花山区湖北路迁至马鞍山市雨山区太白大道。

第二节　行政区域界线勘定

地区的民族团结，维护边界地区的社会稳定，促进边界地区的经济社会发展。

安徽省地处华东腹地，跨淮河、长江、新安江三大流域。境内地形多样，地貌复杂，山地、丘陵、平原各占三分之一。安徽周边与山东、江苏、浙江、江西、湖北、河南六省交界。长期以来，由于各级行政区域界线走向模糊，特别是省、县两级界线不清，造成边界地区社会管理责任不清，边界纠纷不断，如皖苏线上的石臼湖、固城湖，皖浙线上的清凉峰，边界争议都始于清代，历经调处未能解决；皖鄂线上的龙感湖，双方渔民从1953年开始械斗直到1997年；皖赣线上的东至波阳段，从1974年到1993年，双方大大小小冲突不断，甚至酿成多起血案，几千亩树林被毁，整个村庄被烧，牲畜被抢。建国以来仅省际边界纠纷就达80多起。

2005年安徽省行政区划统计表

表1-1-2　单位：个

单位	辖区	街办	镇	乡	单位	辖区	街办	镇	乡
合肥市	4	39	35	20	霍邱县			22	13
瑶海区		13	1	1	舒城县			15	6
庐阳区		11	1	1	金寨县			11	15
蜀山区		8	2		霍山县			12	4
包河区		7	2		马鞍山市	3	13	12	6
长丰县			8	7	花山区		5		
肥东县			11	7	雨山区		4	2	1
肥西县			10	4	金家庄区		4		1
淮北市	3	15	17	1	当涂县			10	4
相山区		8	1		巢湖市	1	6	65	5
烈山区		5	3		居巢区		6	11	1
杜集区		2	3		庐江县			17	
濉溪县			10	1	无为县			19	4
亳州市	1	6	75	10	含山县			8	
谯城区		3	20	2	和县			10	
涡阳县			24	2	芜湖市	4	30	22	
蒙城县		3	12	2	镜湖区		14		
利辛县			19	4	弋江区		6	1	

续表 1–1–2

单位	辖区	街办	镇	乡	单位	辖区	街办	镇	乡
宿州市	1	12	71	23	三山区		2	1	
埇桥区		12	15	9	鸠江区		8		
萧县			18	5	芜湖县			6	
砀山县			13		繁昌县			6	
灵璧县			13	6	南陵县			8	
泗县			12	3	宣城市	1	13	56	29
蚌埠市	4	19	36	19	宣州区		7	14	5
龙子湖区		6	1	1	宁国市		6	8	5
蚌山区		7		2	郎溪县			8	4
禹会区		5	1	1	广德县			5	4
淮上区		1	3	1	泾县			9	2
怀远县			10	9	旌德县			5	5
五河县			13	2	绩溪县			7	4
固镇县			8	3	铜陵市	3	13	7	5
阜阳市	3	13	119	38	铜官山区		6		
颍州区		5	7	1	狮子山区		4	1	
颍东区		3	8	1	郊区		3	2	1
颍泉区		2	4		铜陵县			4	4
界首市		3	12	3	池州市	1	8	36	9
临泉县			21	10	贵池区		8	9	
太和县			26	5	东至县			12	3
颍上县			21	9	石台县			6	2
阜南县			20	9	青阳县			9	4
淮南市	5	19	25	21	安庆市	3	17	96	57
大通区		1	3	1	迎江区		6	1	3
田家庵区		9	3	2	大观区		7	1	2
谢家集区		5	4	2	宜秀区		2	3	2
八公山区		3	2		桐城市		2	12	
潘集区		1	5	5	枞阳县			13	9
凤台县			8	11	怀宁县			15	5
滁州市	2	15	82	12	潜山县			11	5

续表 1-1-2

单位	辖区	街办	镇	乡	单位	辖区	街办	镇	乡
琅琊区		8			太湖县			10	5
南谯区		2	8		宿松县			9	13
天长市		1	14		望江县			8	2
明光市		4	12	1	岳西县			13	11
来安县			8	4	黄山市	3	6	50	51
全椒县			10		屯溪区		4	5	
定远县			16	6	徽州区		1	4	3
凤阳县			14	1	黄山区		1	8	6
六安市	2	10	104	55	歙县			13	15
金安区		5	11	6	休宁县			9	12
裕安区		5	12	7	黟县			4	4
寿县			21	4	祁门县			7	11
全省总计	44	241	948	507					

全省各县县界大多只有“四至”（即古代地理图书称东、西、南、北四正为四至）和“八到”（即东南、西南、东北、西北四隅为八到），模糊不清，边界纠纷时有发生，如：枞阳无为线上的黄龙桥、枫沙湖段边界纠纷解放前即存在，“文化大革命”期间因山林、水利之争多次发生大规模的械斗。中共安徽省委、省人民政府从 20 世纪 50 年代至 70 年代做过 4 次大的调处，因情况复杂均未能从根本上解决问题。肥东居巢线上的大官山段，历史上双方群众为山场放牧、林业资源、矿山开采多次发生打架斗殴，有多人死伤，形成“小打一三五，大打三六九”的局面。1997 年 9 月，双方群众 400 多人为争采铁矿，携带雷管、炸药及其他凶器准备械斗。边界纠纷的存在，严重地影响边界地区的社会稳定和经济发展。为调处纠纷，牵扯了各级政府大量的精力，但由于边界线粗略，调处仅限于控制事态发展，治标不治本，不能从根本上解决问题。东至波阳段边界纠纷，双方县委、县政府 5 次协商，双方省政府 4 次协商，甚至林业部出面协调，也未能解决矛盾。

勘界组织临时机构　1995 年 11 月，国务院召开全国第一次勘界工作会议，统一部署全面勘界工作。准备用 5 年时间完成省、县两级陆地行政区域界线的勘定。

1996年2月，安徽省人民政府第92次常务会议决定成立安徽省勘界工作领导小组。领导小组的组成：组长杨多良（省政府副省长），副组长张锋生（省政府副秘书长）、副组长肖尚忠（省民政厅厅长），成员马平（省公安厅副厅长）、陈先森（省财政厅副厅长）、陈文华（省民政厅副厅长）、王文（省林业厅副厅长）、赵锡琨（省水利厅副厅长）、邵国荷（省农经办副主任）、吴玉龙（省地矿局副局长）、卢卫峰（省土地管理局副局长）、江长喜（省测绘局局长）、陈洪真（省农垦农工商联合总公司副总经理）、蒋传华（省政府法制局副局长）。省勘界工作领导小组是省人民政府领导下的主管全省勘界工作的议事协调机构，主要职责是：贯彻执行国家关于勘界工作的方针、政策和法规，研究制定全省勘界工作实施办法；落实国务院赋予的省际间勘界工作任务、部署全省勘界工作；协调处理勘界工作中的重大问题，代表省人民政府行使省际边界争议协议权和省内县级边界争议裁决权；承办国务院勘界工作领导小组和省政府交办的其他工作。

同时，省勘界工作领导小组根据省人民政府的要求，负责制定和组织实施全省勘界总体方案及国家下达的与毗邻省边界线的勘定，部署和指导市（地）边界线勘定工作；各市（地）勘界工作领导小组负责上报境内县级界线勘定工作规划，实施省勘界工作领导小组下达的与毗邻市（地）边界线的勘定工作，各县（市、区）勘界工作领导小组负责制定、上报境内乡镇界线勘定方案，实施市（地）下达的与毗邻县（市、区）边界线的勘定，统一实施乡镇界线的勘定工作。

省勘界工作领导小组下设办公室，办公室设在民政厅，与区划地名处合署办公。由民政厅副厅长陈文华兼办公室主任。其主要职责是：指导、督促省内县级勘界工作的实施；处理勘界工作中的政策性、技术性问题；审定各市（地）关于县级和乡级勘界工作的政策、规定和实施方案；审核各市（地）、县（市、区）上报省政府的勘界文件；负责全省县级行政区域界线详图及全省行政区划图的编制工作；负责勘界的其他日常工作。

勘界任务 1996年4月，省人民政府召开第一次全省勘界工作会议，拉开全面勘界工作的序幕。同年9月6日，省人民政府转发《国务院〈关于开展勘定省、县两级行政区域界线工作有关问题的通知〉的通知》，全面勘界工作正式展开。

1996年至2001年，全省各级勘界部门先后勘定省、市（地）、县（市、区）、乡镇四级行政区域界线4179条，总长度57825公里，其中省界6条，长度为4635公里，三交点6个；市（地）界35条，长为4080公里，三交点18个；县（市、区）界159条，长为6889公里，三交点149个；乡镇界3979条，长为42221公里。实地埋设界桩1806个，其中，省界124个，市（地）界273个，县（市、区）界428个，乡镇界981个。勘定的边界走向经过测绘，形成一整套勘界资料，通过认真的整理，共形成了1042卷约1600万字的成果资料类档案卷宗和522卷4960幅协议书附图类档案。

1996年度勘界任务。省界：勘定皖鲁线，确定皖鲁豫、皖鲁苏、皖浙赣3个三省交会点；地市界：勘定阜阳淮北线、蚌埠淮南线、滁州巢湖线、合肥六安线、芜湖马鞍山线、黄山宣城线、池州宣城线，确定阜阳淮北蚌埠、阜阳蚌埠淮南、蚌埠淮南滁州、合肥六安淮南、合肥六安巢湖、六安巢湖安庆、合肥滁州巢湖、宣城芜湖马鞍山、池州宣城黄山、池州芜湖铜陵、马鞍山芜湖巢湖、铜陵巢湖安庆、安庆铜陵池州13个三地市边界线交会点。

同年，省界勘定任务完成，其中，皖鲁线是1996年全国14条省界中第一条 全部完成勘定工作任务的。地市界勘定当年任务总长的92.7%，其中，芜湖马鞍山线、滁州巢湖线、蚌埠淮南线、阜阳淮北线全线贯通，13个地市三交点勘定9个。

1997年度勘界任务。省界：勘定皖苏线，确定苏浙皖三省交会点；地市界：勘定合肥淮南线、芜湖铜陵线、淮南六安线、安庆池州线、蚌埠淮北线、阜阳六安线6条边界线，确定合肥淮南滁州、芜湖铜陵巢湖、淮南阜阳六安、蚌埠淮北宿县4个三地市交会点。各级勘界办一手抓当年任务，一手抓1996年扫尾工作，取得新的阶段性成果。省界苏皖线勘定约占全长的95%，苏浙皖三交点如期勘定；地市界完成当年84.5%，其中阜阳六安线、蚌埠淮北线、淮南六安线全线贯通，确定5个地市三交点。

1998年度勘界任务。省界：勘定皖豫线，确定皖赣鄂、皖豫鄂两个三省交会点；地市界：勘定蚌埠滁州线、合肥巢湖线、马鞍山巢湖线、芜湖宣城线、黄山池州线、铜陵安庆线、阜阳蚌埠线、六安安庆线、滁州淮南线、宣城马鞍山线、铜陵芜湖线11条边界线，确定芜湖宣城池州三交点。经过全省勘界工作者的攻坚克难，取得大成绩。省界顺利完成当年任务，并解决皖苏线两处难点问题；完成当年的13条地市界和1个三地市交会点，解决前两年地市界上的部分遗留问题。

1999年度勘界任务。省界：勘定皖鄂线；地市界：勘定淮北宿县线、蚌埠宿县线、淮南阜阳线、合肥滁州线、芜湖巢湖线、宣城池州线6条边界线，解决前3年的所有遗留问题。经各级勘界工作者的共同努力，1999年取得勘界的全面胜利。省界提前勘定，受到国务院的表彰，副省长杨多良在国务院办公厅召开的全国部分省、区勘界工作会议上代表安徽省在皖鄂线贯通图上签字；完成10条地市界的勘定任务。经各地、市的共同努力，地、市境内的县（市、区）界、乡镇界也全部勘定，省内界勘定工作位居全国第五。

2000年度勘界任务，勘定皖浙线和皖赣线，解决苏皖线的遗留问题。皖浙线于4月份实现图上贯通，皖赣线于6月份贯通，皖苏线的遗留问题也于7月底经艰难磋商全部解决。省内三级界线全部分别通过省、市（地）勘界办的检查验收，并于11月3日前经省政府批准为法定界线。

2001年完成所有的立卷归档、上报工作，并于2001年10月前经国务院批准为法定线。省内界也完成立卷归档和档案移交工作。

5年勘界，解决一大批历史上长期遗留的“老大难”问题。边界线勘定，为各级政府合理保护、科学利用资源创造良好的社会环境，保证边界地区资源按照划定的边界进行开发，促进边界地区经济的健康发展。同时在边界线勘定过程中，各地以维护边界地区人民群众的生产、生活作为勘界的基本原则，最大程度地保障当地群众的基本利益，从而促进边界地区的社会稳定。

省级界线勘定　安徽省与鲁、苏、浙、赣、鄂、豫6省交界，毗邻省际界线有6条：皖鲁线、苏皖线、浙皖线、皖赣线、皖鄂线、皖豫线，有6个三省交会点，省际行政区域界线总长4635公里。

皖鲁线　界线代号3437，西起安徽、山东、河南三省边界线交会点，东止江苏、安徽、山东三省边界线交会点（三省井），全长40.8公里。皖鲁线地处黄河冲积平原，位于安徽省北端，山东省西南部，边界线两侧地势平坦，交通便捷。边界线大体呈东西走向，界线北侧为山东省的单县，界线南侧为安徽省的砀山县。边界线大部分沿黄河故道行，少部分按土地接边线划分。1951 年 12 月，砀山、单县两县人民政府签订《单砀划界协议书》，明确以黄河故道内子河为界。及时化解矛盾，基本保持了边界地区的稳定。

起止点的勘定：苏皖鲁三省交会点于 1996 年 9 月 5 日由苏皖鲁三省勘界办公室在安徽省砀山县协商确定。该点位于三省交会处的三省井，界桩点编号 323437 Ⅰ。

皖鲁豫三省交会点于 1996 年 11 月 3 日在由皖鲁豫三省勘界办公室在山东省济南市协商确定。该点位于砀山县苹果园西南角向南约 47 米处，界桩点编号 343741 Ⅰ。

边界线的勘定：1996 年 4 月 24 日至 28 日，两省勘界办公室在安徽省合肥市举行皖鲁线勘定工作第一次协商会议，形成《鲁皖界勘定工作第一次协商会议纪要》，商定勘定皖鲁线的具体方法、步骤和时间。

1996 年 10 月 4 日至 6 日，在北京市召开皖鲁线勘定工作第二次协商会议，10 月 30 日至 11 月 3 日，在山东省济南市召开皖鲁线勘定工作第三次协商会议。两省商定，除边界起止点外，在黄河故道地段东端边界线拐点处设置一双立界桩。

1996年11月12日，安徽省勘界办公室及技术人员，到实地核对边界线并标绘地图。13 日，山东省勘界办公室带领有关技术人员，到实地进行边界线核对。16 日，两省勘界办公室会集安徽省砀山县进行边界线的核对和确定工作，皖鲁线全线贯通。

埋桩测绘：1996 年 11 月 20 日，安徽省第一测绘院进入皖鲁线现场实施测绘工作，历经 8 天，于 11 月 28 日完成了皖鲁线的测绘任务。

界线勘定后的简况：经过实地勘定的皖鲁线全长 40.8 公里，包括皖鲁豫、苏皖鲁三省交会点，全线埋设界桩 3 颗，其中：三面大型界桩 1 颗；同号双立界桩 2 颗。标绘协议书附图（1 ∶ 1万）5 幅。

苏皖线 界线代号 3234，北起苏皖鲁三省交会点，南止于苏浙皖三省交会点，全长 1697.1 公里。边界地区自北向南依次为平原、丘陵、山地，地形复杂多样。两省交界共涉及 14 个市 37 个县（市、区），即江苏省徐州市丰县、铜山县、睢宁县，宿迁市宿豫县、泗洪县，淮安市（原淮阴市）盱眙县、金湖县，扬州市高邮市、仪征市，南京市六合县、浦口区、江浦县、江宁区（原江宁县）、溧水县、高淳县，常州市溧阳市、无锡市宜兴市；安徽省宿州市（原宿县地区）砀山县、萧县、埇桥区（原县级宿州市）、灵璧县、泗县，淮北市杜集区，蚌埠市五河县，滁州市明光市、来安县、天长市、南谯区、全椒县，巢湖市（原巢湖地区）和县，马鞍山市金家庄区（原向山区被撤划入）、花山区（原向山区被撤划入）、雨山区（原向山区被撤划入）、当涂县，宣城市（原宣城地区）宣州区（原县级宣州市）、郎溪县、广德县。

起止点的勘定：苏皖鲁三省交会点于 1996 年 9 月 5 日由苏皖鲁三省勘界办公室在安徽省砀山县协商确定。该点位于三省交会处的三省井，界桩点编号 323437 Ⅰ。

苏浙皖三省交会点。于 1997 年 11 月 5 日由苏浙皖三省勘界办公室在杭州市萧山区(原萧山市)联合勘定。三省商定该三交点不埋设界桩,点位坐标由江苏省负责测绘。1998年5月,三省共同到实地确定三交点位置并进行测绘,界桩点编号323334 Ⅰ。

边界线的勘定:1997年6月12日至14日,苏皖两省勘界办公室在南京市举行苏皖线勘界工作第一次协商会议,拟定《安徽省和江苏省联合勘定行政区域界线实施方案》。

1997年6月19日,在马鞍山市举行联合勘定苏皖线第一次联席会议,讨论并商定《联合勘定苏皖线工作计划》。同年9月、10月,分别召开第二次和第三次协商会议。1997年年底,两省共划定边界线约1590公里。

难点地段解决:苏皖线难点地段共12小段计21处,即砀山县和丰县(2处),萧县与铜山县(1处),埇桥区与铜山县(1处),灵璧县与铜山县(1处),明光市与盱眙县(4处),天长市与金湖县(1处),天长市与六合县(1处),当涂县与高淳县(4处),宣州区与高淳县(1处),郎溪县与高淳县(1处),郎溪县与溧阳县(3处)和广德县与宜兴市(1处)。由双方县(市、区)协商解决的有5处,由两省勘界办公室直接协商解决的有2处。在国务院勘界工作领导小组办公室的协调下,由两县(市)协商解决的有4处,由双方省、市(地)、县(市、区)三级勘界办公室共同协商解决的有8处,由国务院勘界工作领导小组办公室提出协调意见,两省表示服从的有2处。至2000年7月29日,苏皖线的遗留问题全部解决,苏皖线实现全线贯通。

埋桩测绘:1999年上半年,两省共同完成苏皖线界桩制作、埋设工作,测绘工作于11月完成。

2001年6月4日至8日,两省勘界办公室技术人员在合肥市对勘界测绘成果进行验收。

界线勘定后的简况:苏皖线经勘界测绘后,图上量取的界线长度为1697.1公里。除南北两端的两个三省交会点外,共设54个界桩点位。两省行政区域界线协议书,共5个部分计20条,约12.6万字;协议书附图共241张,其中1∶1万地形图239张,1∶5万地形图1张,1∶5千地形图1张。

皖豫线　界线代号3441,北起皖鲁豫三省边界线交会点,南至皖豫鄂三省边界线交会点,全长1365公里。双方接壤的共有9个市、24个县(市、区),即安徽省宿州市的砀山县、萧县,淮北市的濉溪县,亳州市的涡阳县、谯城区,阜阳市的太和县、界首市、临泉县、阜南县,六安市的霍邱县、金寨县;河南省商丘市的永城市、夏邑县、虞城县、睢阳区,周口市的鹿邑县、郸城县、沈丘县、项城市,驻马店市的平舆县、新蔡县,信阳市的淮滨县、固始县、商城县。北段以平原为主,个别地段处于黄河故道。南段以山地和河流为主,地形地貌复杂。

起止点的勘定:皖鲁豫三省交会点于1996年11月3日在由皖鲁豫三省勘界办在山东省济南市协商确定。该点位于苹果园西南角向南约47米处,界桩点编号343741 Ⅰ。

皖豫鄂三省交会点于 1998 年 6 月 13 日由皖豫鄂三省勘界办公室在河南省信阳市协商确定。该三交点不埋设界桩，点位坐标从 1 ∶ 5 万安徽、河南、湖北三省行政区域界线交会点协议书附图上量取。界桩点编号 344142 Ⅰ。

边界线的勘定：1998 年 4 月 9 日至 11 日，皖豫两省勘界办公室在河南省郑州市召开联合勘界工作第一次协商会议，明确了联合勘界的实施原则、方法步骤和时间要求。

1998 年 4 月 25 日至 27 日，皖豫两省联合勘界工作会议在河南省商丘市召开，会上，双方毗邻县（市）进行图上核界，一次贯通边界线 576 公里，在商丘会议后的一个多月时间里，其余各段均完成图上定界和签字工作。

1998 年 6 月 12 日至 13 日，皖豫鄂三省勘界办公室在河南省信阳市召开三省边界线交会点协商会议，顺利确定三省边界线交会点，并标绘在 1 ∶ 5 万地形图上，标志着皖豫线实现全线贯通。

埋桩测绘：1998 年 9 月 23 日至 25 日，在安徽省黄山市黄山区召开联合勘界工作第二次协商会议，通过《安徽河南两省行政区域界线勘界测绘技术设计书》。9 月 26 日至 10 月 15 日，沿线有关市、县按照两省确定的界桩点位和分工要求，完成皖豫线界桩的制作和埋设工作。10 月 16 日至 12 月中旬，两省测绘部门按照分工完成对界桩的测绘和边界线的调绘工作。12 月下旬，两省勘界办公室对勘界测绘成果分别进行检查验收。

界线勘定后的简况：皖豫线上共设置 32 个界桩点位，实地埋设界桩 42 颗，标绘协议书附图 195 幅，其中 1 ∶ 1 万地形图 183 幅，1 ∶ 5 万地形图 9 幅，1 ∶ 5 万地形图中局部地区以 1 ∶ 1 万放大补充图 3 幅。

皖鄂线　界线代号 3442，北起皖豫鄂三省交会点，南止于皖赣鄂三省交会点，全长 554 公里。双方接壤的共有 3 个市、10 个县（市），即：安徽省六安市（原六安地区）的金寨县、霍山县，安庆市的岳西县、太湖县、宿松县；湖北省黄冈市的麻城市、罗田县、英山县、蕲春县、黄梅县。北段属大别山区，人烟稀少，交通不便，南段大多是丘陵地区，部分为湖泊、圩区，全线地形复杂。

确定三省边界线交会点：皖豫鄂三省交会点于 1998 年 6 月 13 日由皖豫鄂三省勘界办公室在河南省信阳市协商确定，该三交点不埋设界桩，点位坐标从 1 ∶ 5 万安徽、河南、湖北三省行政区域界线交会点协议书附图上量取。界桩点编号 344142 Ⅰ。

皖赣鄂三省交会点于 1998 年 4 月 15 日由皖赣鄂三省勘界办公室在湖北省武汉市联合勘定。该三交点不埋设界桩，点位坐标从 1 ∶ 5 万安徽、江西、湖北三省行政区域界线交会点协议书附图上量取，界桩点编号 343642 Ⅰ。

边界线的勘定：1999 年 3 月 30 日，在安徽省贵池市（现为池州市贵池区）召开皖鄂线勘定工作第一次协商会议，通过《安徽省和湖北省联合勘定行政区域界线实施方案》。

1999 年 4 月 7 日，太湖英山段、太湖蕲春段贯通。4 月 8 日，金寨英山段贯通。4

月9日,金寨麻城段、霍山英山段贯通。4月11日,岳西英山段贯通。4月12日,宿松蕲春段贯通。4月17日,皖鄂两省勘界办公室在安庆市召开皖鄂线勘定工作联席会议。4月22日,金寨罗田段贯通。6月14日,安庆、黄冈两市勘界办公室在安庆市召开解决黄梅与宿松段争议点的协商会议,对黄梅与宿松尚剩的两个争议段（太阳山、龙感湖）达成一致意见,至此,两省界线全线贯通。

埋桩测绘:1999年5月6日,两省在黄冈市召开第二次协商会议,确定皖鄂线界桩点位原则上设在相毗邻的三县交会点和公路过境处。全线共设计界桩19个。

2000年11月9日至11日,皖鄂两省勘界办公室在合肥市对皖鄂线勘界测绘成果进行检查验收。

界线勘定后的简况:皖鄂线经勘界测绘后,图上量取的界线长度为554公里。两省界线协议书,共5部分计16条,约1.9万字;协议书附图为总参测绘局出版的1 ∶ 5万地形图,共16幅。

浙皖线　界线代号3334,西起于浙皖赣三省交会点,东止于苏浙皖三省交会点,全长483公里。边界地区大部分为山区,地形复杂,交通不便。双方接壤的共有5个市(地)、10个县（市）,涉及浙江省衢州市的开化县,杭州市的淳安县、临安市,湖州市的安吉县、长兴县;安徽省黄山市的休宁县、歙县,宣城市(原宣城地区)的绩溪县、宁国县、广德县。

起止点的勘定:苏浙皖三省交会点于1997年11月5日由苏浙皖三省勘界办公室在杭州市萧山区（原萧山市）联合勘定。三省商定该三交点不埋设界桩,点位坐标由江苏省负责测绘。1998年5月,三省共同到实地确定三交点位置并进行测绘,界桩点编号323334Ⅰ。

浙皖赣　三省交会点于1996年8月24日由浙皖赣三省勘界办公室在浙江省开化县联合勘定。点位坐标从1 ∶ 1万浙江、安徽、江西三省行政区域界线交会点协议书附图上量取,界桩点编号333436Ⅰ。

边界线的勘定:2000年2月25日,浙皖两省勘界办公室在合肥市召开第一次协商会议,通过《浙江省和安徽省联合勘定行政区域界线实施方案》,同时双方毗邻县（市）开始核定界线。

1999年3月29日,长兴广德段、安吉广德段、安吉宁国段贯通。

1999年4月11日至14日,在淳安县召开浙皖线勘界联席会议。会上,开化休宁段、淳安休宁段、淳安歙县段、临安宁国段在双方市（地）勘界办公室参与下,由两县（市）勘界办公室协商,实现贯通。

难点地段解决:经过双方市（地)、县（市）的多轮协商,浙皖线仍剩下临安歙县段、临安绩溪段4处难点,特别是临安与绩溪的清凉峰边界纠纷尤为突出。

2000年4月11日至14日,在浙皖线勘界工作联席会议期间,在国务院勘界工作领导小组办公室的协调下,两省协商确定临安与绩溪清凉峰段约21.2公里和临安与绩溪的昱岭关段约1.1公里、石耳尖南约400米处1094.1米高程点至羊金前东南约460

米处670.9米高程点段约1.4公里的边界线。对临安与歙县清凉峰段约6.5公里的界线，国务院勘界工作领导小组办公室提出明确的协调意见，两省表示服从。

埋桩测绘：2000年12月19日，在黄山市召开第二次协商会议，通过《浙江、安徽两省行政区域界线勘界测绘技术设计书》，确定浙皖线界桩点位设计原则和界桩点位。2001年4月底完成测绘工作。

界线勘定后的简况：浙皖线经勘界测绘后，图上量取的界线长度为483公里，共设20个界桩点，实地埋桩9颗。两省行政区域界线协议书，共5部分15条，约5.4万字，协议书附图为浙江省测绘局、安徽省测绘局编绘出版的1∶1万地形图，共84幅。

皖赣线　界线代号3436。界线大体为东西走向，西起皖赣鄂三省交会点，东至浙皖赣三省交会点，全长495公里。双方接壤的有6个市、11个县，即江西省九江市的九江县、湖口县、彭泽县，景德镇市的浮梁县，上饶市的波阳县、婺源县；安徽省安庆市的宿松县、望江县，池州市的东至县，黄山市的祁门县、休宁县。皖赣线边界虽短，但涉及的市县较多，地形复杂，任务艰巨。

起止点的勘定：浙皖赣三省交会点于1996年8月24日由浙皖赣三省勘界办公室在浙江省开化县联合勘定。点位坐标从1∶1万浙江、安徽、江西三省行政区域界线交会点协议书附图上量取，界桩点编号333436Ⅰ。

皖赣鄂三省交会点于1998年4月15日由皖赣鄂三省勘界办公室在湖北省武汉市联合勘定。该三交点不埋设界桩，点位坐标从1∶5万安徽、江西、湖北三省行政区域界线交会点协议书附图上量取，界桩点编号343642Ⅰ。

边界线的勘定：2000年1月在北京召开全国勘界办公室主任会议期间，江西省勘界办公室将草拟的《安徽省与江西省联合勘定行政区域界线实施方案》交给安徽省勘界办公室进行修改。经过双方研究和协商，两省就联合勘界的组织领导、确定边界线的要求及参照标准、实施步骤、工作要求等问题达成共识。2000年3月6日至2000年6月8日，两省经过反复多次的协商，实现皖赣线全线贯通。

重要问题的处理：鉴于历史形成的边界地区复杂情况，为不扰民和有利于边界地区的稳定，两省商定：两省联合勘定的行政区域界线，只作为皖赣两省的行政区域界线，不作为确定自然资源权属的依据。除彭泽县在东至县香隅镇、青山乡的三处飞地已在图上标明外，沿边界线两侧的插花山（地）、飞山（地）均未在协议书附图上标明，其自然资源权属和管理仍保持勘界前的现状不变。凡勘界前有关资源权属、经营管理双方达成一致的协议继续有效；界线两侧群众现实生产、生活状况不变；资源纠纷问题由有关部门处理。界线勘定后，双方各级政府和部门今后达成的解决权属纠纷的协议、纪要，不得改变已确定的行政区域界线。

埋桩测绘：2000年8月22日，在江西省景德镇市召开皖赣两省联合勘界联席会议，部署皖赣线全线贯通后的埋桩、测绘工作。勘界测绘工作于2000年9月底基本完成。

界线勘定后的简况：皖赣线勘定后从1∶5万勘界工作用的地形图上量取的界线

长度为 495 公里，设计界桩号 9 个，埋设界桩 10 颗。两省行政区域界线协议书，共 5 部分 18 条，约 1.9 万字；协议书附图为总参测绘局 1959 年至 1978 年出版的 1 ： 5 万地形图，共 21 幅。双方在勘界中使用的工作用图是总参测绘局 1959 年至 1978 年出版的 1 ： 5 万地形图，共 30 幅。

县级界线勘定　勘界前的县级行政区域界线状况：1996 年勘界以前，全省共有 11 个省辖市、5 个地区、9 个县级市、58 个县、38 个市辖区。省内共有县级界线 254 条，总长约为 8782 公里（不含区界），其中市（地）界 33 条，涉及 92 条县（市、区）界线，市（地）境内的县（市、区）界 162 条。省内县级界线中法定界线仅为 126 公里，争议线约为 466 公里，其余均为习惯线。安徽省的勘界工作遵循的基本方法，统筹规划，分级负责，分批实施，先易后难。

统筹规划：即由省勘界工作领导小组拟定全省市（地）、县（市、区）界线的勘界工作五年规划和年度计划；各市（地）、县（市、区）领导小组再根据全省勘界规划、计划拟定本级负责的勘界工作任务实施方案。

分级负责：安徽省勘界任务分为三个层次，由各级政府组织实施，各负其责。省勘界工作领导小组负责制定和实施国家赋予的与毗邻省边界线联合勘定方案；部署和指导省内市（地）之间界线勘定工作。各市（地）勘界工作领导小组负责制定和实施省制定的与毗邻市（地）边界线联合勘定方案，组织勘定市（地）境内的县（市、区）之间的界线。各县（市、区）勘界工作领导小组负责制定和实施与毗邻县（市、区）边界线联合勘定方案。属于三市（县、市、区）界交会点，分别由省、市勘界办组织毗邻的三市（县、市、区）共同确定。

分批实施：全省市（地）、县（市、区）界的勘定任务由省勘界办分年度下达并分级组织实施。

先易后难：在勘界过程中，先从界线明确无争议的法定线、传统习惯线入手，核定法定线、法定习惯线；对未划分过、实地不清的或有争议的边界线，严格按《行政区域边界争议处理条例》及有关规定执行。

勘界工作的实施步骤。制定联合实施方案：根据国家及本省的勘界有关文件精神，毗邻两市（地）和两县（市、区）勘界工作领导小组在对有关界线进行深入细致地调查研究、摸清情况的基础上，共同制定联合勘界实施方案，报省勘界工作领导小组审批。

确定边界线的具体走向：联合勘界实施方案批准后，由毗邻两市（地）和两县（市、区）勘界工作领导小组办公室付诸实施，通过实地踏勘、图上核界、协商定界等办法，明确划定边界线的具体走向，并按照国家和安徽省《行政区域界线测绘技术规定》的要求进行埋设界桩、测绘工作。

签订边界协议书，按程序审批：测绘工作完成后，两市（地）和两县（市、区）勘界工作领导小组及时组织对勘界资料进行汇总，起草边界协议书，标绘边界线地形图。协议书和附图，经两市（行署）和两县（市、区）人民政府按程序联合报省政府审批。

全省勘界工作的基本进度:1996 年全省省内界线勘定工作全面铺开,计划勘定 8 条市级界线、13 个三市交会点;20 条市内县级界线、34 个三县（市、区）交会点;29 条乡镇界线。

1997 年计划勘定 6 条市级界线、3 个三市交会点;40 条市内县级界线、37 个三县（市、区）交会点;1998 年计划勘定 11 条市级界线、1 个三市交会点;44 条市内县级界线、78 个三县（市、区）交会点;乡镇界线各县（市、区）完成 90%。

1999 年,计划勘定 10 条市级界线;55 条市内县级界线;乡镇界线剩余的 10%,解决所有遗留难点问题和纠纷。至年底,省内市级界线、市内县（市、区）级界线、乡镇界线全部勘定。

2000 年省内界线通过省、市（地）勘办的检查验收,并于 11 月 3 日前全部经省政府批准为法定界线。2001 年省内界线完成了立卷归档和档案移交工作。

5 年的勘界,全省共勘定省级界线 6 条（长 4653 公里）、三省交会点 6 个;市级界线 35 条（长 4080 公里）,三市交会点 18 个;市内县（市、区）级界线 159 条（长 6889 公里）,三县（市、区）交点 149 个（1999 年六安地改市后,撤销县级六安市,设立金安区、裕安区,增加了 3 条县级界线;2000 年县级亳州市经国务院批准为省辖地级市,市级界线由 33 条升为 35 条）;乡镇界线 3981 条（长 42221 公里）。实地埋设界桩:省级界线上 124 座;市级界线上 273 座,市内县（市、区）级界线上 428 座;乡镇界线上 981 座。勘定的边界线走向经过测绘,共形成了 1042 卷约 1600 万字的成果资料类档案卷宗,和 522 卷 4960 幅协议书附图类档案。

区域界线管理 20 世纪末,国务院组织完成省、县两级行政区域界线勘定工作,基本解决行政区域界线不清引发边界纠纷这一长期困扰各级政府的问题,促进边界地区的稳定,维护改革发展稳定的大局,奠定依法治界的基础。

行政区域界线是毗邻行政区域管辖权的分界线,体现地方政府的行政管理权限。自然资源权属是指国家、集体和个人对自然资源的所有权和使用权。2002 年 5 月 13 日,国务院颁布《行政区域界线管理条例》,规定地方各级人民政府必须严格执行行政区域界线批准文件和行政区域界线协议书的各项规定,维护行政区域界线的严肃性、稳定性。任何组织或者个人不得擅自变更行政区域界线。

2001 年勘界工作结束后,安徽省行政区域界线管理及时调整工作思路和工作重点,各级政府及有关部门以国务院《行政区域界线管理条例》为指导,落实全国行政区域界线管理工作会议精神,按照民政部“完善一套法规,建设一个系统,编制一组地图,整理一套档案”的要求,认真做好界线日常管理,开展行政区域界线联合检查,妥善处理纠纷,逐步推进界线管理信息系统建设,积极开展平安边界建设活动等,切实维护边界地区稳定,界线管理的规范化、法制化、科学化水平不断提高,完成首轮省、县级行政区域界线联合检查,界线管理工作取得明显成效。

2002 年 7 月 1 日,国务院《行政区域界线管理条例》正式实施,界线日常管理、行政区域界线联合检查、调处边界纠纷、推进界线管理信息系统建设等工作相继展开。省民政厅根据民政部全国勘界办公室《关于开展省级行政区域界线联合检查加强行政区域界线管理工作的通知》精神，制定5年完成257条省内县级行政区域界线的联检方案，全面部署省、县两级行政区域界线联合检查工作。

截至2005年年底，完成省界皖鲁线、皖豫线、皖赣线和省内168条县级界线的联检工作。并按照2000年第62次省政府常务会议决定，省民政厅与省第四测绘院完成制作《安徽省行政区划图》，且于2005年7月正式发布。

界线联合检查　根据国务院《行政区域界线管理条例》和民政部统一部署，2003年至2007年开展全省第一轮省、县级界线联合检查工作，进一步明确法定行政区域界线的实地位置，增强依法守界管理的观念，强化保护行政区域界线标志的意识。

省级界线联合检查　2003年，皖、鲁两省联合对两省毗邻行政区域界线进行第一轮联合检查，联合检查由安徽省牵头。在联检过程中，工作人员着重检查了界桩、行政区域界线及其两侧地貌、地物，对出现的问题及时进行处理，并向当地基层政府明确已勘定的行政区域界线和协议。通过联合检查发现，皖鲁线维持勘界后的现状，双方群众能自觉遵守已勘定的边界线；协议书明确规定作为指示行政区域界线实地走向位置的标志物未发现变化，文字、地图、实地一致；除皖豫鲁三交点因地基下降倾斜外，4个界桩均完好无损，位置没有移动，方位物齐全，方位物周围的地形、地物与界桩登记表所记载的一致。

图1-1-2　界桩

图1-1-3　界桩

2004年，皖、豫两省联合对毗邻行政区域界线进行第一轮联合检查，通过检查发现，皖豫线自勘定以来，界线两侧地貌、地物无明显变化，界线实地走向清晰可辨，与协议书及其附图核对未发现异常情况。全线41个界桩中，除29号界桩外，界桩及方位物均完好无损、无移位。29号界桩位于312国道两省交界处安徽一侧，因国道拓宽被挖，已无法在原地埋设，经六安、信阳两市安排，霍邱、固始两县及当地镇村负责人和群众通过协商达成共识，在原界桩点的位置平移至河南一侧埋设，并按规定进行测绘、登记。

2005年，皖、赣两省联合对毗邻行政区域界线进行第一轮联合检查，联合检查由安徽省牵头。查清皖赣线的现状，界线两侧地貌、地物无明显变化，界线实地走向清晰可辨，与协议书及其附图核对未发现异常情况。界线两侧资源开发利用及插花地（山）、

图 1-1-4　界桩

飞地（山）的经营情况基本正常，群众生产生活稳定。全线 10 颗界桩及界桩方位物均完好无损、无移位。

2006 年，分别对浙皖、苏皖线进行第一轮联合检查工作，浙皖线联合检查由浙江省牵头，苏皖线联合检查由江苏省牵头。

浙皖线：检查结果表明，浙皖线 10 个界桩中有 9 个界桩、界桩方位物与界桩登记表上所记载的相一致，无移位情况；界线两侧地形、地物和界线标志物无明显变化，基本完好。浙皖线 4 号界桩因道路建设损坏，经安吉县和广德县双方共同商定已重新制作新界桩，选择新址埋设，同时按有关技术规定对新埋设界桩进行实地测量，填写界桩登记表、界桩成果表、标绘图纸并拍摄界桩照片存档。

苏皖线：查清苏皖线现状，大部分界线实地走向清晰，地形、地貌无大的改变，两省界线毗邻地区社会稳定，群众和睦友好。针对界线联合检查中发现的界桩影响公路拓宽建设以及由于行政区划调整和村组合并引起的界桩记录位置与现势地名不一致的实际情况，经两省协商采取如下措施予以解决：因公路建设需要，对 3234001 号界桩进行移位埋设，重新建立界桩登记表；对行政区划调整引起的 3234002、3234003 号界桩记录位置与现势地名不一致的情况，两省民政厅共同形成《关于“苏皖线”部分界桩坐落地变更说明》，交相关民政部门收存归档并报民政部备案。

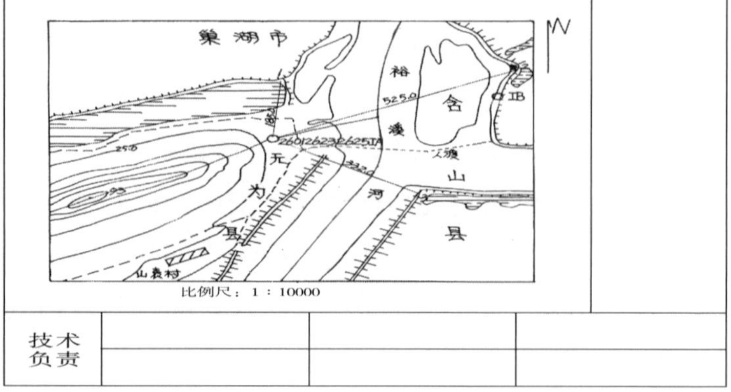

名称		类型		材质	
所在地					
坐标	X			高程	
	Y				
界桩与方位物间的关系	编号	距离(米)	磁方位角	方位物名称	
	1				
	2				
	3				
界桩位置略图				备注	
技术负责					

图 1-1-5　界桩登记图表（Ⅱ）

2007 年，对皖鄂线进行第一轮联合检查。检查结果表明，皖鄂线上埋设的 14 个界桩完好，界桩方位物与界桩登记表上所记载的一致，无移位情况。界线两侧地形、地物和界线标志物无明显变化，基本完好。新建沪汉蓉铁路及合武高速公路穿越皖鄂线，此段地貌虽有变化，但不影响界线走向。19 号界桩因公路建设被掩埋,双方共同在现场原地抬高恢复。就龙感湖两线分离水域的资源开发问题,宿松县与黄梅县领导于 2003 年、2005 年曾多次会商,达成共识,同意维持两线分离水域勘界前的现状不变。界线沿线双方人民群众生活安定,经济稳定发展,无新的界线争议、纠纷发生。

省内县级界线联合检查　根据国务院《行政区域界线管理条例》每五年联合检查一次的规定,省民政厅于 2003 年部署全省第一轮县级行政区域界线联合检查工作。全省 251 条县级界线采取统一部署,分年实施,责任到县的方法进行全面的联合检查。5 年来,在各级政府的领导下,各级民政部门认真履行行政区域界线管理工作职责,全面完成第一轮县级界线联检工作。

2003 年,安徽省对首轮 5 年的行政区域界线联检任务进行统一部署,之后又每年下文分解联检任务。每年年初召开动员会布置任务,年终召开总结会。联检工作是国务院《行政区域界线管理条例》赋予各级人民政府和民政部门的职责,对维护边界地区的社会稳定,促进边界地区的经济发展具有重要意义。省民政厅要求各级民政部门切实履行界线管理部门的职责,及时主动向政府领导汇报,争取政府领导的重视和支持。市、县都成立了以市、县政府分管领导为组长的行政区域界线联检工作领导小组,统一组织、协调,确保了联检工作正常开展。

2004 年,联检动员大会召开后,牵头单位商毗邻方制定联合检查工作实施方案。实施方案中明确联检组织领导、工作程序、方法步骤、时间安排、责任分工、有关问题的处理原则和具体要求等。方案确定后,毗邻各方精心组织、科学安排、通力协作、密切配合,确保联检工作落实到位。

2005 年,在联检外业工作结束后,省民政厅要求各地尽快整理成果,按时上报;同时将联检工作过程中形成的相关文件及资料及时整理归档,建立一套

名称		类型		材质	
所在地					
坐标	X			高程	
	Y				
界桩与方位物间的关系	编号	距离(米)	磁方位角	方位物名称	
	1				
	2				
	3				
界桩位置略图				备　注	
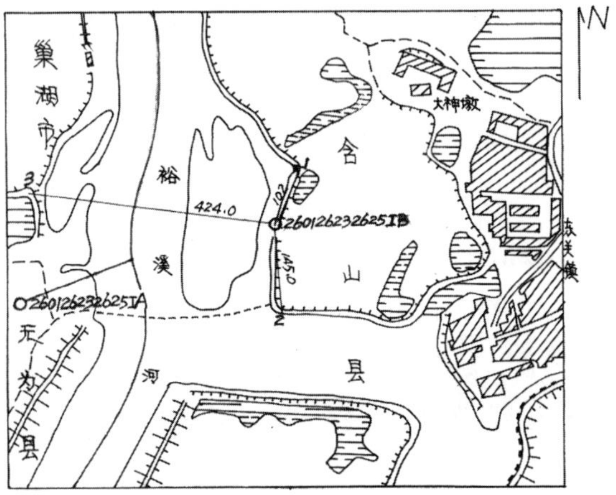					
比例尺:1∶10000					
技术负责					

图 1-1-6　界桩登记图表(Ⅲ)

完整的联检档案，纳入行政区域界线档案管理，形成一项长期性的行政区域界线管理的工作制度。在动员和总结会上，省民政厅要求各地认真总结联检工作经验和做法，完善联检工作制度，规范联检工作成果，制定界线管理责任制，努力把界线管理工作提高到一个新的水平。5年来，各地边工作、边总结、边创新。截至2005年年底，各级民政部门认真履行职责，进行联合检查，达到预期目标。

2008年全年完成一条省界即皖豫线（1365公里）、6条市级界线（758公里）和32条市境内县（市、区）界的联检工作，维护界线界桩和标志物。省民政厅向13个与周边省相邻的市，下拨省界线界桩管理维护经费；与江苏、浙江、湖北、河南、山东6省民政厅签订平安边界创建活动协议，共同维护边界地区的社会稳定。

创建平安边界 各级党委、政府统一领导，社会治安综合治理部门组织协调，积极开展平安边界创建活动。各地将建设平安和谐边界作为构建和谐社会的有效载体，结合联检工作实际，积极开展平安边界创建活动，不断探索平安边界建设的有效形式，推进平安边界建设深入开展，维护界线附近地区社会稳定，促进社会主义和谐社会建设。

国务院《行政区域界线管理条例》颁布后，省民政厅召开会议进行学习和研究，提出贯彻落实意见，并下发文件，对学习宣传贯彻《行政区域界线管理条例》作出具体安排，对界线管理工作作出全面部署。各级民政部门认真组织学习《行政区域界线管理条例》，利用多种形式向社会各界特别是界线附近地区的广大群众宣传《行政区域界线管理条例》，使各级政府和有关部门明确界线管理工作的职责，明确界线管理工作的重点是依法治界和教育群众自觉守界，明确界线管理工作的依据是法定的行政区域界线和国家、省有关法律法规，为全省界线管理工作的重心由全面勘界向依法治界的转移奠定思想基础。

勘界工作结束，工作重点转向行政区域界线管理后，出现一些与新形势不相适应的问题，即勘界工作人员变化太大，管理人员不稳定，业务不熟悉，对出现的边界线问题不知所措；行政区域界线管理责任制落实不够，疏于管理，个别界桩丢失损坏没有及时发现；宣传《行政区域界线管理条例》不到位，没有形成基层干部群众依法守界意识。为解决这些问题，省民政厅要求：加大宣传《行政区域界线管理条例》的力度，宿州、阜阳、滁州、安庆、池州等市在原有宣传方式的基础上增加网站、报纸、过街横幅、黑板报、设宣传站发放材料等形式，提高界线管理人员的能力和水平，增强边界管理人员的责任感与使命感。各地界线管理人员相对稳定，选配能吃苦，懂技术，责任心强的工作人员。建立考评机制，狠抓界线管理工作责任的落实。各地民政部门将行政区域界线管理，作为民政工作重点检查内容之一。市民政部门把界线管理工作作为一项考核内容，纳入与各县（市、区）签订的民政工作目标管理责任书。各县、区结合实际制定相应的目标管理制度，与乡（镇）、村层层签订界线界桩管理目标责任书，要求有关乡镇每年至少对界桩进行一次核查，做到责任到人，发现问题，及时上报，保证界线界桩的有效管护。为表彰先进，督促落后，推动工作。2006年，省民政厅开展全省边界线管理工作先进集体的评比表彰活动,全省共通报表彰35个先进单位。

2006年,省人民政府办公厅转发国务院办公厅转发的民政部等12个部门《关于加强行政区域界线管理工作的意见》,强调要按照《行政区域界线管理条例》有关规定,精心安排部署,认真组织开展界线联合检查,消除争议隐患。宣传、贯彻和落实好法定的行政区域界线,加强对界桩的管护,及时修复损毁的界桩,组织好界线其他标志物及与界线有关的地物、地貌变化情况的修测工作,及时纠正和查处违反《行政区域界线管理条例》的行为和事件。对联合检查中发现的未经毗邻的有关地方人民政府同意并依法办理审批手续,越界开发建设或从事生产经营等活动的情况,及时妥善解决。同时,省人民政府对行政区域界线管理工作提出进一步的明确要求,各地方人民政府根据国家有关法规和有关地方人民政府签订的行政区域界线协议书,妥善处理容易引发纠纷的跨界资源管理问题,密切关注界线附近地区生产建设中出现的新情况、新问题,防止引发纠纷。

2007年3月,中央社会治安综合治理委员会办公室等10部门联合下发《关于开展平安边界建设的意见》。2007年6月,省综治办等10部门联合下发《关于开展平安边界建设的意见》。2008年4月,省民政厅下发《关于进一步推进平安边界建设工作的通知》。要求县级平安边界创建率两年内达100%。各级民政部门在地方党委政府统一领导下,以抓好社会治安综合治理为主线,以巩固勘界成果、提高界线管理工作水平为着力点,把平安边界建设列入议事日程,当作创新界线管理工作的新举措抓实抓好。各地民政部门主动与综治等有关部门联系沟通,积极协助当地综治部门制定本区域平安边界建设的政策文件,制定民政部门平安边界建设的总体实施方案和年度工作计划。按照“分级负责、整体推进、双边共建、专题开展”的原则扎实推进平安边界创建工作。

平安边界创建活动基本要求:签订毗邻双方平安边界共建协议。界线毗邻双方民政部门签订平安边界共建协议,明确平安边界创建工作的实施意见及具体措施。建立联席会议、定期互访沟通制度。加强互访,及时联系,及时沟通,并将有关信息及时通报,积极预防处理边界纠纷隐患,维护法定界线的权威及边界的稳定。建立界桩及标志物的委托管理制度。县(市、区)和乡镇建立委托管理责任制度,对界桩及其它标志物的管理落实到管护员,签订界桩管理协议书,明确责任,并规定护界内容和措施。完善行政区域界线联合检查制度。以抓好界线联检,不断创新界线管理形式和内容,有效预防和妥善化解纠纷。认真总结行政区域界线联检工作经验,制定完善本地区界线联检办法及界线日常管理的规章制度。做好省、县两级第二轮行政区域界线联合检查工作。妥善处理边界争议及纠纷。按照“发现得早、化解得了、控制得住、处置得好”的总体要求抓落实。

边界纠纷常常是事发一个点、牵动一条线、影响一大片的社会问题。通过联合检查和平安边界的创建活动,建立健全政府领导、民政主管、部门配合、有关乡镇参与的界线管理联动体制。按“谁主管、谁负责”的原则明确责任,整合界线管理各项工作,对推进界线的法制化、规范化管理起到极大的促进作用。通过建立联席会议、定期互访沟通，以及省、市、县、乡、村五级联络员等制度，能够及时处理行政区域界线实地位置认定不一致引发的争议，发现影响边界地区稳定的土地、矿产、水利、林业等资源管理使用纠纷问题，主动与有关部门沟通，协助有关部门处理，从源头上预防、减少新的边界纠纷的发生，把矛盾解决在基层、解决在萌芽状态，实现界线附近地区长期和谐稳定。

编制区划地图　为加强行政区域界线管理，使勘界成果服务于全省经济社会发展，安徽省开展省、市、县（市、区）三级《行政区划图》和《安徽省行政区域界线详图》的编制工作。

编制安徽省行政区划图　2003年，省民政厅依据国务院和安徽省人民政府依法审批的省、县两级行政区域界线批准文件及标准的行政区划名称，与省测绘局第四测绘院联合编制1∶30万和1∶70万比例尺新版《安徽省行政区划图》。该图由安徽省人民政府发布，2005年10月正式出版发行。《安徽省行政区划图》是中华人民共和国建立以来安徽省第一幅标示县级以上法定行政区域界线的行政区划专题地图，是编制出版1∶30万及小于1∶30万比例尺的省内各种市、县级行政区域界线地图画法的依据。根据这两种比例尺行政区划图，纠正多年来一些部门在公开出版的各类专业地图、杂志、报刊中出现的县级行政区域界线错误画法，使地图上的行政区域界线的画法有一个统一的标准。

编制全省各市、县（市、区）行政区划图　各市、县、区为加强行政区域界线管理，先后开展《行政区划图》的编制工作，为当地经济建设和社会发展服务。省政府办公厅下发《关于出版安徽省行政区划图有关问题的通知》，要求各地编制市、县（市、区）行政区划图，为当地经济建设和社会发展服务。该图经省民政厅审核后，以市、县政府名义发布。截至2005年年底，全省已有60多个市、县（市、区）编制了勘界后的行政区划图。

编制《安徽省县级行政区域界线详图集》　按照《行政区域界线管理条例》要求，2003年起，省民政厅与省测绘局联合编制《安徽省县级行政区域界线详图集》。该图采用数字制图的方法，通过对协议书附图的扫描和应用MAPGIS软件对扫描的栅格图进行图幅纠正、数据采集、校正、编辑、界桩点定位以及自由分幅等工序。《安徽省县级行政区域界线详图集》以每条县级界线为1个单元，能够准确地反映界线、界桩点的位置。详图集是进行行政区域界线管理和在地图上绘制县级界线的基础资料与法定依据。2005年编制约1000公里的边界线详图，为下一步《安徽省县级行政区域界线详图集》编制积累经验。

勘界成果运用　勘界工作结束后，边界争议和矛盾在一定程度上仍然以某种形式存在。在行政区域界线管理中，对因界线地图与实地位置认定不一致而引发的争议，由当地民政部门依据联合勘定的行政区域界线协议书的有关内容进行核对、调处；对因两线分离而引发的资源使用及其管理的纠纷，民政部门积极配合有关职能部门予以妥善处理。

2003年,皖鄂线黄梅与宿松龙感湖地区群众因水面资源权属问题发生纠纷,民政部门实事求是地介绍勘界情况,做好耐心细致的解释与说服工作,最终由争议双方村组签订资源使用协议,成功化解矛盾。

2005年、2006年,合肥市与巢湖市、蚌埠市与滁州市出现开采矿石引发资源争议。省民政厅及时与两市、县、区民政部门沟通,依据双方政府签订的协议书及附图,及时向地方政府提供法定界线,根据图上法定界线实地回放,确定界线在实地的位置,妥善解决边界争议,确保生产的正常进行。其间,宿州市勘界解决争议68处,勘界结束后5年的联检工作中,该市把这些线段当作检查重点,与淮北市的盆山洞争议点,与蚌埠市的芦岭争议点等地区,通过定期宣传沟通,维持边界附近地区的稳定。宿州市砀山县与山东单县边界黄河故道段的问题,曾给这一地区群众的生命和财产造成极大的损失,消除积怨、妥善处理善后事宜的工作任务十分艰巨。2006年、2007年,该段因土地资源利用诱发新的矛盾,两市及两县政府积极协调,及时组成联合调查工作组,多次深入实地化解矛盾,通过扎实有效的工作,及时消除界线附近地区的不稳定因素。

省、县两级界线勘定后,省民政厅将勘界成果资料按档案法规的要求进行分类、分卷,整理成为专业档案,共整理勘界档案1564卷。并将勘界工作中形成的协议书,请示,批复文件,界桩登记表,成果表及各类附图等资料进行电子录入,实现对勘界成果的全数字化保存,同时还将省界、县界全部制作数据光盘,提升档案管理和使用质量。2005年,约3.2万页的勘界文字档案被编辑成《安徽省勘界成果资料汇编》,共38册,成为安徽省勘界档案资料的补充。

全面勘界虽然解决界线不清的问题,但界线附近地区部分地段因资源开发利用和界线实地认定不一致引发的争议仍时有发生。通过第一轮5年的联合检查,积极宣传勘界和行政区域界线管理工作的有关政策,保持界线走向清晰易认,界桩位置明显突出。在联合检查中,建立健全调处边界矛盾和纠纷部门协作机制,促进预防、调解、教育、管理和服务等各项维护稳定工作措施的落实,不断提高行政区域界线管理工作水平,从而巩固勘界成果。

勘界工作结束之后,随着全省经济社会的快速发展,特别是城镇化步伐的不断加快,从2002年开始,安徽省部分省辖市不同程度地进行区划调整,出现新的行政区域界线。按照政策规定,新的行政区域界线需要勘定。全省县以上行政区划调整的有合肥、淮北、阜阳、蚌埠、淮南、巢湖、安庆、铜陵、芜湖、马鞍山、黄山等11个市,占全省17个省辖市的65%。11个市的区划调整涉及到41个县(市、区),相关的勘界任务大部分基本完成,并上报新的勘界资料。

利用勘界成果,服务经济社会的发展。即利用法定的勘界资料,编制出版省、市、县(市、区)系列《行政区划图》,为经济建设、社会发展提供准确的、法定的基础资料。实现勘界成果资料共享,为政府的计划、建设、测绘、国土资源、林业、水利、公安等部门进行信息化管理和“数字安徽”的建设提供法定的行政区域界线基础数据，推动行政管理的科学化、规范化。通过对边界线的有效管理，特别是界线信息管理系统的建设，提高处理突发性边界问题的能力和决策水平，推动依法治国、依法治省。

第二章 地名管理

地名管理是由政府部门依据国家和各级政府制定的法规、规定,对各类地名实施统一管理的行政管理行为。旨在实现地名标准化和标准地名社会化,为社会发展、人民生活和对外交往服务。安徽省各地在保护反映当地人文、历史、地理特征的优秀历史地名,弘扬传统地名文化的同时,按照地名命名更名原则,提升新生地名的文化内涵和品位。特别是2005年以后开始实施的地名公共服务工程,推动了全省地名工作由以管理为主向管理与服务并重的转变。

第一节 地名管理机构

1978年1月,根据国务院《批转国家测绘总局等部门〈关于成立中国地名委员会的请示报告〉的通知》精神,安徽省革命委员会决定,全省地名工作由省测绘局兼管。10月,省革命委员会决定,成立安徽省地名领导小组,由省测绘局、省民政局、省出版局、省邮电局、省交通局、省广播局、省军区司令部、新华社安徽分社、安徽师范大学地理系负责人组成,省测绘局局长张明朗任组长。下设办公室,由测绘局代管。

1980年2月,省地名领导小组成员调整为省政府、省军区、省民政厅、省测绘局、省出版局、省交通厅、省广播局、省邮电局、省公安厅、省教育厅、省高教局、省文物局、安徽师范大学、新华社安徽分社、省外事办公室、安徽日报社等单位负责人,分管副省长任组长,省测绘局局长兼任地名领导小组办公室主任。

1981年5月,省机构编制委员会规定,省地名领导小组办公室对内为省测绘局职能机构,属省测绘局建制,对外为省地名领导小组办事机构。

1984年5月,省人民政府决定,省地名领导小组改为省地名委员会,副省长杨纪珂任主任委员,省政府办公厅、省民政厅、省财政厅、省建设厅、省教育厅、省公安厅、省交通厅、省文化厅、省广播电视厅、省测绘局、省邮电局、省外事办公室、安徽日报社等单位负责人为委员。委员会下设办公室,仍属省测绘局建制。

1989年12月,根据省机构编制委员会通知,省地名委员会办公室划归省民政厅领导,属省民政厅建制。地名办由非常设机构变为同级政府行政序列的职能部门。同时要求各地、市、县地名工作机构,原则上成建制划归同级民政部门领导。

1990年2月,省人民政府发布《安徽省地名管理办法》规定,地名工作实行统一领导、分级管理的原则。各级地名委员会是同级人民政府管理地名工作的主管机构。其主要职责:贯彻执行国家和省有关地名工作的法规、规章;制定本地区地名工作规划,协调本地区有关部门的地名工作;承办本地区各类地名的命名、更名工作;宣传、推广标准地名,组织和检查本地区地名标志的设置、更新和管理;负责公开版地图和地名出版物中的地名的审查;收集、整理地名资料,建立地名档案,编辑出版地名书刊、图集;组织开展地名科学研究。

1995年机构改革时,省民政厅设区划地名处(对外仍为省地名办),机构级别为正处级,负责管理全省行政区划和地名管理工作。

1996年10月,安徽省机构编制委员会下发《关于印发安徽省民政厅直属事业单位分类管理实施方案的通知》,同意设置地名档案馆。安徽省地名办公室原承担省地名行政管理和地名档案资料管理两种职能,根据省政府办公厅《关于印发安徽省民政厅机关职能编制实施方案的通知》,地名行政管理职能已在省民政厅"三定"方案中明确(设区划地名处),因此,省地名办公室仅保留并强化其地名档案资料管理职能。将安徽省地名办公室更名为安徽省地名档案资料馆,县级建制,列入全额预算事业单位管理序列。事业编制7名。其主要职责:负责全省地名档案资料的收集、整理、保管、利用等管理工作;负责指导地、市地名档案资料管理工作。

2001年8月,省人民政府令颁布新的《安徽省地名管理办法》,对地名实行统一管理、分级负责制度。县级以上人民政府民政部门主管本行政区的地名管理工作,其主要职责是:贯彻执行有关地名的法律、法规和规章;制定并组织实施本行政区地名工作规划;推行地名的标准化、规范化;审核、承办本行政区地名的命名、更名;组织编纂地名图书资料;监督地名的使用,对地图、牌匾中的地名实施审查;收集、整理、鉴定、保管地名档案;组织地名科学研究。

2005年5月,民政部关于在全国启动地名公共服务工程的指导意见下发后,省人民政府成立了以分管省长为组长,省政府副秘书长、省民政厅厅长为副组长,省直各有关厅局负责人为成员的安徽省地名公共服务工程建设领导小组,并向全省各市、县(区)政府和省直有关部门下发实施地名公共服务工程的通知。

第二节 地名管理内容

地名普查 1980年2月,安徽省开展第一次地名普查。省人民政府根据国务院决定,全省分批开展地名普查。同年5月,省地名办公室在合肥市进行城市地名普查试点。9月22日至26日,省人民政府召开全省第一次地名工作会议,部署地名普查工作。会后,各地、市、县相继成立地名工作机构,并陆续展开普查准备和试点培训。11月,省民政厅在蒙城、全椒两县进行农村地名普查试点。12月20日,省地名领导小组和省教育厅、高教局、文化局联合发出通知,要求全省文物、考古局、所,文化馆、站及大、中、小学配合地名普查。各地抽调民政、水利、农林、基建、交通、邮电、公安、人民武装等部门近万名工作人员参加,其中不少人具有历史、地理、测绘和汉语拼音知识。

1981 年 2 月底,滁县地区、阜阳地区各县和长丰县共 18 个县基本完成地名普查外业工作。3 月 10 日至 13 日,省地名领导小组召开全省第二次地名工作会议,交流各试点普查经验,举办普查成果展览,审议《安徽省地名管理暂行办法》,听取地名普查技术解答。会后,省地名办公室重点指导阜阳地区各县整理普查资料,并参与安庆、宣城、巢湖、六安、宿县、徽州等地区普查试点培训。同年 6 月 10 日,省地名领导小组转发滁州地区《关于全区地名普查成果检查验收情况》,指导各地、市验收,但全省尚有 30 多个县未开始地名普查。省地名领导小组为此决定,利用暑假期间,从合肥联合大学学生中择优选拔 131 人,经过严格培训,分赴 6 个地区 29 个县帮助开展地名普查。同时,省地名办公室工作人员分赴各地、市、县检查指导,并着重检查阜阳、滁州两地区 16 个县外业普查结果。省地名领导小组正、副组长也先后到滁州、阜阳、巢湖、宣城、六安、安庆、徽州等地区近 30 个县检查。至年底,全省 70 个县、12 个市及黄山管理局共 83 个地名普查单位先后完成外业普查。

1982 年年初,全省地名普查工作转入内业资料整理、成果验收和修正上报阶段。同年 3 月 3 日,省人民政府办公厅根据地名办公室建议,下发《关于继续做好地名普查工作的通知》,重申做好地名批准工作的要求。3 月 20 日,在全省第三次地名工作会议上,各地交流内业资料整理、成果验收的经验。当年年底,全省 83 个普查单位已有 77 个经省、地抽查验收,占全省应验收总数的 93%。验收后有 54 个单位将图、文、表、卡 4 项地名普查成果重新整理上报,占全省应上报总数的 65%。1983 年 2 月 7 日,省人民政府办公厅再次发文督促。

至 1984 年 6 月,共有 82 个单位上报图、文、表、卡 4 项成果资料,并经省、地检查,全省地名普查基本结束。全省 8 个市、74 个县(市)共普查行政区划、居民地、行政、企事业单位、人工建筑、自然地理实体以及革命纪念地、名胜古迹、游览胜地等名称 33 万多条,全部标注汉语拼音;填写重要地名卡片 74901 张,编写各类地名概况 5291 篇;标绘 1 : 50000 标准地名图 858 幅, 1 : 1 万标准地名图 68 幅,镇地名图 190 幅。

1988 年,民政部和中国地名委员会要求各地开展地名补查和资料更新工作。安徽因当时地名工作处于理顺行政管理体制阶段(地名工作由建设系统划归民政系统),地名补查和资料更新工作暂缓进行。

此后,为适应经济社会发展的需要,省民政厅在开展地名命名更名等日常管理工作的同时,先后开展国道和省道两侧设置地名标志、城市设置地名标志、政区名称用字读音审定、制定和修订《安徽省地名管理办法》等一系列地名管理工作。

1992 年 5 月,根据民政部和原中国地名委员会下发的《关于开展地名补查和资料更新工作的通知》要求,省人民政府决定在全省开展地名补查和资料更新工作。省民政厅、省地名委员会联合部署地名补查和资料更新工作并下达《安徽省地名补查和资料更新工作计划》，进行地名补查和资料更新工作试点。1994 年年底，全省共有 96 个县基本完成，占 103 个县（市、区）的 93%。

1995 年 4 月，省民政厅在合肥召开全省地名补查和资料更新检查、评比工作会议。研究制定下发《安徽省地名补查和资料更新检查评比意见》，要求严把质量关，确保地名补查和资料更新成果的质量。同年 5 月，省地名办牵头，会同 16 个地市地名办组成 3 个检查组，分赴淮北、江淮、皖南三片，对地名补查和资料更新成果进行检查。通过检查和查错补漏，全省地名补查和资料更新质量基本做到内容齐全、标准规范、质量合格。

1995 年 11 月，全省各地、市先后上报地名补查和资料更新成果，共补查更新各种地名 311652 条，其中补查更新行政区域地名 28189 条，居民地名称 181027 条，自然地理实体名称 12602 条，其他类地名 89834 条，填写地名成果和标准名称表 155 万张，丰富安徽省的地名档案资料。

地名规范 依据地名管理法规，对自然地理实体、行政区划、居民地进行科学命名、更名和规范地名的书写、译写，是地名管理最重要的一项内容。1980 年，安徽省陆续开展地名普查，补查、资料更新和数据库建设，对地名进行清理和标准化处理，建立健全地名管理的法规体系，加强地名的命名更名审批，开展地名规划，推进地名标准化。

在地名普查过程中，全省各级地名管理机构根据国务院《关于地名命名、更名的暂行规定》，经过实地调查、史料考证及征求群众意见，对于一地多名、名实不符和含义不健康的地名进行标准化处理；对于用字不当、自造字或乱写简化字的地名进行规范化处理；对于各类重名，拟定调整方案；对于无名的路、街、巷、居民点和山、河、湖等地理实体，提出命名方案；对于“文化大革命”中任意更改的地名，按省人民政府有关文件规定恢复原名。同时，逐步地、有重点地对沿街单位名称牌、商店牌和大幅广告上的地名用字积极检查、改正，推动全省地名管理工作的开展。

1984 年，省地名领导小组根据国务院《关于地名命名、更名的暂行规定》和省人民政府《安徽省地名管理暂行办法》，审查省内区、乡、镇行政区域命名、更名 147 件。

1985 年，省人民政府授权省地名委员会审批区、乡镇、街道办事处的命名、更名。

1986 年 4 月，省地名委员会召开全省地名档案工作会议，交流蚌埠市和滁州市建立地名档案试点经验，审议《安徽省地名档案管理实施细则》，并参观蚌埠市和滁州市地名档案室，部署各市、县建立地名档案。同年 7 月，省地名委员会、省档案局联合颁发《安徽省地名档案管理实施细则》。

1989 年 6 月，有 40 个市、县建立地名档案，配备专职或兼职档案员，并对外开放，供有关方面咨询、利用。至 1989 年年底，全省审批命名、更名 35 件、61 条。各地、市、县在普查中，进行部分命名、更名工作。

1990 年 2 月，省人民政府发布《安徽省地名管理办法》，规定本办法所称地名包括：行政区划名称，包括省、地、市、县、区（含市辖区和县以下的区）、乡、镇、村、街道（街道办事处辖区）等名称；居民地名称，包括自然镇、自然村、片村和城镇的路、街、巷、居民区、区片等名称;自然地理实体名称,包括山(峰、岭、岗、关隘……)、河、湖、泉、瀑、谷、潭、岛、洲、矶、洞、平原、山地、丘陵、盆地、自然保护区、地域、地片等名称;具有地名意义的名胜古迹、风景名胜区、纪念地、企事业单位以及交通、水利、电力设施、建筑物等名称,各专业部门使用的具有地名意义的台、站、港、场等名称。同时规定地名工作实行统一领导、分级管理的原则。本省各类地名的命名和更名,必须依照《地名管理条例》和本办法规定的审批程序报经批准。该办法的颁布实施对规范地名工作起到了积极的作用。

1999年1月,随着经济社会的发展以及地名工作出现的新情况、新内容、新需求,省民政厅组织人员对原《安徽省地名管理办法》进行修订,起草《安徽省地名管理办法》修订稿,在全省民政系统征求意见。

同年6月,《安徽省地名管理办法》(送审稿)上报安徽省人民政府。省人民政府法制办按照立法程序,在合肥、淮北、阜阳市召开地名工作者座谈会。同时,省民政厅和省政府法制办联合在合肥、阜阳两市进行实地考察和地名管理立法调研。省人民政府法制办分别召开城建、旅游、财政、公安、邮政、交通等相关单位参加的协调会和由法律、语言文字等专家参加的论证会。

2001年8月21日,《安徽省地名管理办法》经过多方征求意见和论证修改,经省人民政府第82次常务会议讨论通过。省长许仲林签署第135号省人民政府令,颁布新的《安徽省地名管理办法》,同年10月1日起施行。新的《安徽省地名管理办法》在地名管理的范围、地名管理体制、地名的命名更名、地名的使用和管理、奖励与处罚等方面做出明确的规定,全省地名管理工作在依法管理的轨道上步入新阶段。

政区名称是国家行政区域的语言文字标志,是地名的重要组成部分。根据民政部、教育部和国家语委联合下发《关于开展全国政区名称用字读音审定工作的通知》精神,省民政厅和省语委从2001年开始,对全省乡镇以上的2110个政区名称,联合开展用字读音审定工作,并对其中的140个生僻字、次生僻字和多音字,填写《全国政区名称用字读音审定表》,于2003年上报民政部和国家语委。

2002年、2003年,全省各地依据国家和安徽省有关地名管理法规,加强对城镇建筑、住宅区、广场等名称的管理。

2004年6月22日,根据全国地名标准化委员会下发的《关于加强地名文化遗产保护的通知》要求,省民政厅下发《关于推荐和收集古地名有关资料的通知》,要求各地做好收集古地名有关资料,并加强对传统地名和现有地名的保护工作。保护对象包括市、县、乡、镇、村、街路、人文建筑和自然地理实体名称中的传统地名和有丰富文化内涵的现有地名。在城乡建设发展中,对上述受保护范围内的地名进行更名调整时,应组织有关专家和技术人员充分考察、论证,提出科学的建议方案。以地名与相关专业专家为基本力量,有计划分步骤地对当地所有沿用已久的地名,分类、分级梯次推进,逐步展开调查、考证、研究,确认其文化内涵和价值,提供有充分理论依据的资料,提出切实可行的保护建议。通过报刊、影视等媒体或其他有效手段，进行广泛宣传，以扩大受保护地名的知名度，增强社会规范使用地名和对古地名的保护意识。

2005年5月，省民政厅根据全国地名标准化委员会下发《关于加强地名文化遗产保护的通知》精神，派员陪同国家地名研究所同志就地名中“六安”的“六”（lù）字和“蚌埠”的“蚌”（bèng）字读音，专门赴六安、蚌埠进行调研，充分听取了各方面的意见，保留了两字的地方读音。

截至2008年年底，全省76.5%的市、县相继制定地名管理工作的相关法规和文件。有的市由民政部门牵头，相关单位联合下文对地名管理工作进行规范。17个地级市基本上都出台小区、道路命名的管理规则，大部分市制定了楼门牌编制规则，对地名管理工作进行细化、量化和标准化。

附：关于六安、蚌埠两地名读音的规范

2006年2月11日，经省政府同意，六安、蚌埠两地市名最终得以保留了“lù”“bèng”旧音，充分体现以人为本的精神和对当地政府及群众意见的尊重。

按照民政部、教育部和国家语委关于政区名称用字读音审定的有关要求，安徽省2006年元月底专门对六安和蚌埠地名读音的审定进行了复查。六安市认为，六安地名是汉武帝时确定的，已有两千年历史，“六安”的“六”不仅反映着当地地理地貌特征，也承载着丰富的历史文化内涵，有着鲜明的区域性特点和特殊含义。《康熙字典》和现代辞书均认定“六安”的“六”读“lù”。该市要求保留原读音。

同年7月22日，民政部地名学专家商伟凡一行代表民政部、教育部和国家语委，为规范地名读音，专程来蚌埠听取意见。蚌埠市政府随后又在更大范围内征求了各界人士的意见，并确定以读“bèng”为宜上报省政府及相关部门。市政府在报告中指出，蚌埠有史以来，人们已约定俗成把“蚌埠”的“蚌”读为“bèng”。目前，社会各界已普遍认同，各类权威辞书中也都有明确注解，因此要求保留原读音。

省民政厅、语委办专门为此进行认真的研究并报省人民政府同意，认为地名与经济社会发展和人民群众日常生活密切相关。地名读音应体现以人为本精神，充分尊重当地政府和群众意见，同意两市仍保留旧读音的意见。国家地名研究所的有关专家对我省的这一做法表示认可和理解。

此外，安徽省的亳（bó 驳）州，经常被读作多了一横的毫（háo 豪）州；黄山市的歙县，正确读音是shè（社）县，黄山市的黟县，正确读音是黟（yī 一）县；安庆市的枞阳县，正确读音是枞（zōng 宗）阳。

地名设标 1995年，民政部、交通部、公安部、建设部联合部署在国道两侧设置地名标志，要求用3年的时间在全国国道两侧的村镇设置地名标志。凡距国道500米内的村镇，均应按照《国道两侧设置村镇名称标志技术规定》设置地名标志。

1996年，由省民政厅牵头，与交通厅、公安厅、建设厅联合下发《关于在全省主要公路两侧村镇设置地名标志的通知》,要求各市、地 1998 年年底以前完成设标工作任务。

1998 年年底,全省 9 条国道,共设置地名标志 968 块,完成率 100%。64 条省道中有 47 条设置地名标志,共设置地名标志 2194 块;县道设置地名标志 41 块;全省主要公路两侧设置地名标志总数为 3202 块。乡镇人民政府驻地设置标志 491 块,村、镇设置标志 2812 块。

1999 年 12 月,民政部、交通部、公安部、建设部就国道设标工作通报表彰宿州市区划地名办、亳州市、天长市、阜阳市颍东区民政局。

2000 年,全省各地执行城乡地名标牌国家标准,在城乡普遍设置标准规范的地名标志,统一地名的书写形式,规范地名标志的设置和管理,从改变一地多名、一名多写和用字不准确的现象,推进地名标准化、规范化。截至当年底,全省东至、青阳、繁昌、五河、铜陵、肥西等县,黄山市屯溪区、蚌埠、淮北、芜湖、安庆、阜阳等市在部分城镇设置地名标志。其中芜湖市设置路、街、巷牌 834 块,门、户、幢牌 97680 块;五河县设置路、街、巷牌 16 块;蚌埠市设置路、街、巷牌 349 块;东至县设置自然村、镇地名标志 93 块;青阳县设置路、街、巷牌地名标志 6251 块。

2000 年 11 月,根据民政部、交通部、国家工商局、国家质量技术监督局联合下发的《关于在全国城市设置标准地名标志的通知》要求,经省人民政府同意,省民政厅、省交通厅、省工商局、省质量技术监督局联合下发《关于在全省城市设置标准地名标志的通知》,决定从 2000 年至 2004 年年底前,在全省城市设置国家标准地名标志,省民政厅、交通厅、工商行政管理局、质量技术监督局对全省城市设标工作进行全面部署,要求在各级政府统一领导下,各级民政局地名办负责实施,各级交通、工商、质监、公安、语言文字、建设等部门和单位相互支持,通力合作,共同把城市设标工作做好。地名标志的内容、规格、材料按照国家标准执行,同时强调各市(地)要编制实施方案,分批分期组织实施。

2001 年年底,合肥、淮北、宿州、蚌埠、淮南、池州、巢湖、宣城、铜陵、安庆、阜阳、芜湖共 12 个市完成设标试点工作。其中芜湖市、池州市提前完成设标任务。2002 年,全省各市在试点的基础上继续展开城市地名标志设置工作。

2004 年 8 月,省民政厅下发《转发民政部办公厅〈关于尽快明确当前如何管理建筑物住宅区名称的复函〉的通知》,明确建筑物和居民住宅区名称的命名、更名管理,是民政部门的职能;建筑物和居民住宅区是城镇建设和发展的重要体现,是人文地理实体名称中的重要地名。因此,对建筑物和居民住宅区名称的管理不能削弱。省民政厅根据民政部要求,对建筑物和居民住宅区名称的命名更名管理,提前将命名的有关规定告知命名单位,做好服务工作;对于一些有创意的地名,在不违反地名命名更名的有关要求和业务规范前提下,尽快办理批复;对于一些不适合作地名专名或通名的词语,做好宣传、解释和调整工作。

2005 年 8 月，根据民政部、国家标准化管理委员会联合下发《关于开展全国城市标准地名标志设置检查验收工作的通知》精神，省民政厅、省质监局下发《关于加快城市标准地名标志设置和开展自查工作的通知》。并对城市地名标志设置方案、设置标志的数量、标志上的标准地名使用情况、标志上的标准地名罗马字母的拼写情况、标志的版面、规格、颜色、外观和材质情况、地名标志的安装、已设置地名标志的管理情况等提出验收的具体要求。

2005 年 8 月，民政部、交通部、国家工商总局和国家质检总局联合召开“全国城市地名设标工作总结暨部署县乡镇地名设标工作视频会议”，对城市地名设标工作进行总结，并就县乡镇地名设标工作进行全面部署。宿州、芜湖两市被评为先进城市，池州市民政局副局长包晓明等 8 人被评为先进个人。

2005 年年底，全省 17 个地级市、5 个县级市设置城市标准地名标志 15.9 万块。其中，街路巷牌 9000 多块，楼门牌 12 万块，完成应设标牌数量的 70% 以上。

截至 2005 年年底，全省 30% 的市、县相继制定地名管理工作的相关法规和文件。有的市由民政部门牵头，相关单位联合下文对地名管理工作进行规范。17 个地级市有 4 个市出台小区、道路命名的管理规则，3 个市制定楼门牌编制规则，对地名管理工作进行细化、量化和标准化。合肥、芜湖市制定城区主要道路的命名方案。

地名数据库 根据第十一次全国民政会议确定的推进工作手段信息化，在民政工作中广泛运用信息技术，提高民政管理、服务的效率和水平的精神，民政部要求各地要抓紧建立省（自治区、直辖市）、市（州、地）、县（市）三级地名数据库，在此基础上建立全国地名数据库。

2003 年 10 月，省民政厅及 17 市相关业务骨干参加民政部在江西省南昌市举办的“国家地名数据库业务培训”。

2003 年 11 月，省民政厅转发民政部办公厅《关于建立国家地名数据库有关问题的通知》，对建立地名数据库工作进行部署。要求保证地名数据库的质量，实现地名系统信息共享及与相关行业的数据交换，提出建立地名数据库实行分级建库、分级负责的办法。同时要求 2003 年、2004 年两年完成行政区、居民点、建筑物、单位、道路、河流、湖泊、山峰、山脉、旅游景点共 10 个主要类别的地名属性信息入库工作。

地名公共服务工程 2005 年 5 月，民政部在全国启动实施地名公共服务工程，要求各地用 5 年时间完成地名规范、地名规划、地名标志和数字地名四个专项任务，逐步建立内容丰富、标准规范、方便及时、适应经济社会发展需要的地名公共服务体系，并把它作为新时期民政工作着力完善的“五大体系”之一，作为打造民政为民的重要“文明窗口”。经省人民政府同意，安徽省全面部署实施地名公共服务工程。

2005 年 8 月，省民政厅下发《关于实施地名公共服务工程的通知》，要求突出抓好两项重点工作，即完成全省城市地名设标工作和全面开展地名数据库建设。同时启动实施地名公共服务工程。

同年10月，根据民政部下发《关于实施地名公共服务工程的通知》和《关于成立全国地名公共服务工程领导小组及其办事机构的通知》，省人民政府成立以分管省长为组长，省政府副秘书长、省民政厅厅长为副组长，省直各有关厅局负责人为成员的安徽省地名公共服务工程建设领导小组，并向全省各市、县（区）政府和省直有关部门下发《关于实施地名公共服务工程的通知》，部署实施全省地名公共服务工程。

同年11月，省民政厅和省建设厅下发《转发民政部建设部关于开展城市地名规划工作的通知》，在全省开始实施城市地名规划工作。

同年年底前，黄山等15个成立地名委员会的地级市及时调整地名委员会成员；安庆等6个市的民政部门与财政部门联合下发《关于加快实施地名公共服务工程有关问题的通知》；合肥、滁州、马鞍山、安庆等市召开相关的工作会议，进行专门的部署。

2006年，省民政厅会同省财政厅联合下发《关于加快地名公共服务工程建设的通知》。6月，省民政厅与省公安厅、建设厅、财政厅等6个部门联合发文在全省开展楼门牌清理工作。10月，在池州市举办全省楼门牌编制工作会议，采取以会代训的形式对与会人员进行培训；同年11月，在黄山市召开全省城市设标总结表彰暨县乡镇设标工作会议。

2007年8月，省民政厅在滁州市举办全省地名数据库管理系统软件应用培训班，对各市、县、区的地名数据库业务技术骨干进行系统培训。

截至2008年年底，地名规范方面，全省76.5%的市、县相继制定地名管理工作的相关法规和文件。有的市由民政部门牵头，相关单位联合下文对地名管理工作进行规范。17个地级市均出台小区、道路命名的管理规则，大部分市制定楼门牌编制规则，对地名管理工作进行细化、量化和标准化。

地名规划方面，全省71%的地级市启动地名规划工作，5个县级市全部启动地名规划工作。合肥、芜湖、马鞍山、池州、滁州等市已完成任务。

地名设标方面，全省在继续扩大城市地名标志覆盖面的同时，积极开展县乡镇设标工作。全省城市设标完成90%以上；49个县城、492个乡镇设置地名标牌，7500多个村完成设标任务，全省设村标6665块，设楼门牌2095460个，标牌的质量进一步提高。

数字地名方面，合肥、宿州、巢湖、马鞍山、滁州、池州、黄山等市的县级地名数据库基本建成。亳州、淮北、阜阳、芜湖和安庆等市的部分县在完成地名普查的基础上，进行地名信息的采集、录入工作。全省53%的地级市安装数据库管理系统软件并开展属性数据录入，24%的地级市完成属性数据录入工作，49%的县（区）安装数据库管理系统软件并开展属性数据录入，29%的县（区）完成属性数据录入工作。同时，省级地名数据库设备购置到位，安装数据库管理系统软件并开展属性数据集成工作。合肥市及所属蜀山区、庐阳区的区划地名网站建设完毕，合肥市包河区在全省率先开通具有电子地图功能的地名网站；合肥市及所属区共设置1个地级和2个县级的电子触摸屏；池州市建立开通具有电子地图功能的区划地名网站，在市民政局网站上开通地名查询业务，并与市电信部门合作开通114电话问路热线。

市、县地名录 1982年3月，在安徽省第三次地名工作会议上，部署各市、县在地名普查全部完成后，根据《安徽省县（市）地名录编纂提纲》编纂地名录，以较为简明的形式，集中反映地名的规范化书写形式，标准读音、名称来历、含义和沿革，以及当地自然地理、社会历史和经济文化状况，作为各市、县法定地名工具书。经过全省两次地名录编纂会议交流经验，观摩初稿，解释问题，并经省地名办公室分片检查，重点指导，逐步审稿，至1989年年底，先后有全椒县、蒙城县、当涂县、广德县、颍上县、亳州市、金寨县、淮南市、繁昌县、濉溪县、庐江县、舒城县、郎溪县、滁州市、萧县、潜山县、岳西县、宿松县、芜湖县、六安县、霍邱县、霍山县、宁国县、贵池县、芜湖市、蚌埠市、屯溪市、六安市、阜阳市、太湖县、望江县、肥西县、五河县、怀远县、青阳县、东至县、旌德县、来安县、泗县、铜陵市、马鞍山市、安庆市、固镇县、祁门县、泾县、涡阳县、利辛县、阜南县、砀山县、绩溪县、淮北市、合肥市、枞阳县、怀宁县、阜阳县、长丰县、凤台县、铜陵县、歙县、黟县、界首市、太和县等62个市、县地名录出版。

地名辞典编纂 1982年，省地名领导小组接受中国地名委员会、教育部和国家出版局下达编纂《中华人民共和国地名辞典·安徽省卷》的任务。1985年12月，安徽省成立《中华人民共和国地名辞典·安徽省卷》编纂委员会，省政府副省长杨纪珂任主编。首次主编会议制定选词标准、词条分配方案、编纂实施计划和试行任务到人承包责任制初步意见，并将全省分为淮北、江淮、皖南3个自然区片，按片编纂，每片由一位副主编负责。1986年3月6日至9日，在第一次全省地名辞典编纂工作会议上，部署编纂任务，要求以全省地名普查成果资料为基础，以国家地名辞典编纂出版方案和《安徽省卷编纂实施计划》为依据，系统记载全省县以上政区地名，并选收县以下重要集镇和部分自然地理实体、人工建筑、交通、革命纪念地、名胜古迹、地域等9类地名，介绍这些地名的标准名称、地理位置、地名来历、含义和沿革，以及当地的自然地理、社会历史、经济文化状况。会后，全省各地、市、县选定词条4307条，经词条选定会议逐条审定，综合平衡，初步确定3934条，并制定《中华人民共和国地名辞典·安徽省卷各类地名释文要素及顺序》和《释文内容补充说明》。同年8月15日，省编纂委员会在合肥召开词条审定会议。8月28日，省地名委员会印发《中华人民共和国地名辞典·安徽省卷》词条，并规定全省性及专业地名词目由省直有关部门编审，其余各类的地名词目由编辑部组织编写。各类地名词条的资料和基础稿一律由各市、县地名委员会提供。当年9月开始编写，至年底，全省已有60个市、县写出基础稿，经过各地反复修改和地、市地名办公室初审后，上报各自然片，由各片编写组统编、统审。1986年12月24日至27日，省编委会召开词条样条审核会议，审定亳州市、寿县、南陵县地名词条。会后印发样条，供各地参照。1987年1月至3月，皖南片、江淮片、淮北片先后召开词条讨论会，交流经验，统一标准，研究修改方法。同年11月和12月，省编委会先后召开会议，分别研究各片编写组审稿方法、步骤、要求和专业地名词条编写和审稿问题。1988年8月15日至12

月 21 日，省编委会审稿小组集中审稿，完成一类地名 50%，其余采取分散与集中相结合方式审稿。1989 年年底，审稿工作基本完成。至此，以全省地名普查成果为基础，编纂安徽省第一部大型地名辞典《中华人民共和国地名辞典·安徽省卷》，共收录标准地名 4701 条。

地名普查、补查和资料更新工作完成后，其资料成果由省地名委员会申报民政部，于 1994 年 10 月出版《中华人民共和国地名辞典·安徽省》卷，是一部各项事业和人民生活的工具书。词典分类为：行政区划地名（到乡镇及部分路、街、居民点）、自然地名、水利和电力设施名、交通、纪念地、名胜古迹、地域名、旧名（政区）等，本词典共收录地名（包括参见地名）4701 条。计：省名 1 条；市、地区、县地名（含城市地片、街巷以及企事业单位名）3119 条；自然地名（含山地、丘陵、关隘、平原、盆地、河流、湖泊、沙洲、洞、泉、瀑布、自然保护区）688 条；水利和电力设施（含水利枢纽、水库、蓄洪区、圩、水闸、灌区、排灌站、电厂、电站）163 条；交通（含铁路、公路、航道、桥梁、船闸、车站、港口、渡口、机场）257 条；纪念地 50 条；名胜古迹（含风景名胜区、名胜、古建筑、古墓葬、古遗址)357 条；地域名 9 条；旧名(含县辖镇以上旧政区名)56 条。本词典县以上行政区划资料截至 1991 年年底，面积资料截至 1987 年年底，市、地区、县、市辖区人口数为 1989 年年底，镇和其他居民点人口数为近年近似值。本词典县级以上行政区和自然地理实体设地理坐标，采用黄海高程系统，其他系统均加注。本卷字数为 888 千字。

附：《中华人民共和国地名辞典·安徽省卷》地名条目两例

条目例一：三河镇【sanhezhen】肥西县辖镇。在上派镇南偏东 24 公里，丰乐、杭埠河交汇处。以丰乐河、杭埠河、小南河三河流贯镇中得名。为历史悠久的水乡古镇，明代始称三河。1949 年设三河市，1950 年撤市置三河区，1956 年置镇。镇区沿杭埠河故道两岸呈长方形分布，有石桥将两岸连成一体。全镇 48 条街巷纵横交错，面积 1.5 平方公里，人口 1.5 万。为肥西、舒城、庐江三县间农副产品集散中心，集市贸易繁盛。盛产麻鸭和鱼虾。有酿酒、羽毛扇、造船、缝纫机针、毛巾等厂，封缸陈酒、羽毛扇享有盛名。有公路北通上派镇，南达庐江，西至舒城。三河港为巢湖西岸重要港口。1858 年太平军在此大败清军，史称“三河大捷”。

条目例二：黄山【huangshan】古名黟山，唐代始称黄山。东经 117°　52'~118°　53'，北纬 29°　50'~30°　40'。在安徽省南部，以新安江和青弋江上游为界。绵亘黄山市境和宣城、池州地区南部。面积约为 5500 平方公里。处江南台隆和下扬子台坳过渡带，南侧皖南运动成山北侧印支运动成山。白垩纪早期燕山二幕产生强烈差异性断块升降运动和岩浆活动，经外力作用形成黄山剥蚀面；白垩纪晚期燕山三幕又使黄山剥蚀面抬升变形，经早第三纪末喜马拉雅运动干扰黄山，地面抬升，在外力作用下又发育第三级皖南剥蚀面；第四纪新构造运动使山地数度不等量上升。从黄山中枢向两侧地势逐渐下降，依次为中山—峡谷、低山—盆地和丘陵—宽谷地貌组合，高峰集中黄山主体，莲花峰海拔1873米，为最高峰。光明顶海拔1840米，天都峰海拔1829米，分别居第二、第三位。新安江盆地（即徽州盆地）地势最低，海拔200米以下，为山区粮仓。黄山为长江和新安江分水岭，山阴溪流汇入青弋江，注入长江；山阳诸水经新安江汇入钱塘江。两侧溪流均具山溪性特征，水力资源丰富。属北亚热带湿润气候区。年平均气温7.7摄氏度，1月平均气温零下3.4摄氏度。7月平均气温17.9摄氏度，年降水量2339毫米，为安徽省最大降雨中心。已知高等植物1600种，珍稀树种70多种，如香樟、黄山栎、黄山木兰、东方红豆杉等；红楠、黄杉、铁杉、鹅掌楸、三尖杉、银杏、金钱松等列为国家级或省级保护树种。从山麓到山顶自然植被依次为常绿阔叶林、常绿落叶阔叶混交林、落叶阔叶林、山地矮林和草本群落。人工栽培植物有杉、竹、马尾松、茶、油茶、油桐等。所产屯绿、祁红、黄山毛峰、太平猴魁为安徽名茶。有中草药300多种，为黄精、黄连、白术、党参、生地、灵芝等。野生动物有鸟类170多种，兽类48种，爬行类38种，鱼类24种，两栖类20种，其中梅花鹿、黑鹿、白颈长尾雉、猕猴、短尾猴、大灵猫、云豹、金钱豹等为国家重点保护动物，音乐鸟、白鹇为黄山珍禽。矿藏有煤、石煤、铅、铁、锌、瓷土等。有我国著名黄山风景名胜区，其奇松、怪石、云海、温泉被誉为“四绝”，堪称自然科学博物馆，可供地学、生物学等学者考察研究。

第二篇　基层政权和社区建设

基层政权是国家政权的一部分，在国家政权结构中处于基层。基层政权包括农村基层政权和城市基层政权两部分。从组织机构上说，基层政权是指乡、镇、民族乡人民代表大会和人民政府以及市（不设区的市）、市辖区人民代表大会和人民政府。

根据《中华人民共和国城市居民委员会组织法》第2条第2款规定："不设区的市、市辖区的人民政府或其派出机关对居民委员会的工作给予指导、支持和帮助。居民委员会协助不设区的市、市辖区的人民政府或者它的派出机关开展工作。"《中华人民共和国村民委员会组织法》第5条规定："乡、民族乡、镇的人民政府对村民委员会的工作给予指导、支持和帮助，但是不得干预依法属于村民自治范围内的事项。村民委员会协助乡、民族乡、镇的人民政府开展工作。"

所谓社区，是指由居住在一定范围内的人们所组成的社会生活共同体。城市社区是指在特定的城市区域内，由一定规模的、从事各种非农业劳动职业人群所组成的基层社会。城市社区建设指的是城市基层社会在党和政府的支持、指导下，通过调整、强化社区自治组织和其他社区组织，依靠社区力量，利用社区资源，整合社区功能，发展社区事业，改善社区经济、社会和文化环境，把社区与整个国家的社会生活融为一体，从而通过社区建设促进整个社会进步的持续发展过程。

社区建设的宗旨是稳定、服务、发展。即在保持稳定，为职工群众、为企业提供优质服务的同时促进社区的发展，使社区规模不断扩大，职能更加完善，更好地方便广大人民群众。社区建设的核心是民主自治，以社区居民为依托，让广大社区居民积极参与社区建设。即以抓基础设施建设为重点，以发展社区服务为龙头，以方便群众生活、提高居民生活质量为宗旨，进一步整合社区规模，健全管理体制，推进基层民主，维护社会稳定，促进社区建设健康发展。

安徽省各级民政部门设有基层政权和社区建设处、科、股，专门负责乡级政权建设。这些机构的工作内容还包括管理、指导村级基层群众自治组织的建设。

第一章　基层民主政治建设

安徽省推进农村基层民主政治建设是从1988年贯彻实施《中华人民共和国村民委员会组织法（试行）》开始的。此前，安徽省进行以“撤社设乡、改队为村”为主要内容的农村管理体制改革，建立乡政村治结构。1992年12月，省第七届人民代表大会常务委员会第三十四次会议通过《安徽省实施〈中华人民共和国村民委员会组织法（试行）〉办法》，全省村民自治开始起步。

1995年5月，中共安徽省委制定下发《关于加强全省农村基层组织建设的意见》；1998年6月，中共安徽省委下发《关于在农村普遍实行村务公开和民主管理制度有关事项的通知》，中共安徽省委办公厅制发《关于进一步加强农村基层组织建设的若干意见》，对建立村务公开和民主管理制度提出明确的要求。至此，全省村民自治制度普遍建立。

1998年11月《中华人民共和国村民委员会组织法》颁布后，安徽省及时出台《安徽省实施〈中华人民共和国村民委员会组织法〉办法》，为全省农村基层民主政治建设提供法律保障，民主选举、民主决策、民主管理、民主监督的村民自治走上制度化、规范化、程序化轨道，促进农村稳定，推动农村经济和各项事业健康发展。

第一节　农村基层自治组织

农村基层组织是指依照《中国共产党章程》和国家法律法规的规定，设在乡、村的党组织、政权组织、群众性自治组织及其他各类组织。这些组织可分为四大类：即基层党组织，包括：乡镇党委、村党支部或村党委等；村民自治组织，包括：村民委员会、村民会议、村民代表会议等；专业合作经济组织，包括：农民专业合作社、农民技术协会、生产互助性组织、供销互助性组织、民间信用组织、其他社团组织；农村群团组织，包括：农村妇联组织、民兵组织、共青团组织、民间纠纷调解组织、公共安全治安维护组织、老年协会、农村红白理事会，文化、体育与健康类的组织、民间各种宗教组织等。

1987年，《中华人民共和国村民委员会组织法（试行）》规定，村民委员会是村民自我管理、自我教育、自我服务的基层群众性自治组织，实行民主选举、民主决策、民主管理、民主监督。同时还规定，村民委员会办理本村的公共事务和公益事业，调解民间纠纷，协助维护社会治安，向人民政府反映村民的意见、要求和提出建议。

基层乡政权 基层政权是指设在最低一级行政区域内的国家机关;基层组织是按居民居住地区而设立的组织。1980年,根据安徽省人民政府指示,撤销农村人民公社革命委员会,恢复公社管理委员会。同年下半年至1981年春,全省3815个农村人民公社依法进行第六届普选,并通过选举产生公社管理委员会。

1982年12月,第五届全国人民代表大会第五次会议通过的《中华人民共和国宪法》明确规定,乡、民族乡、镇人民政府为国家的基层政权,实行民主选举制度,行使国家权力和管理好本行政区域内的一切社会事务。1983年2月,安徽省委在凤阳县考城人民公社改社建乡的试点基础上,部署全省开展农村人民公社体制改革。全省共抽调4023名干部,选择437个人民公社进行改社建乡(即改变人民公社管理委员会,建立乡人民政府)典型试验。同年10月,省人民政府根据中共中央、国务院关于政社分开、建立乡人民政府工作与选举乡人民代表大会代表工作结合进行的指示,全面铺开改社建乡工作。

1984年10月,全省改社建乡工作结束,即撤销人民公社,改变政社合一体制,恢复乡、镇建制;通过选举产生乡、镇人民代表,由乡、镇人民代表大会选举产生正副乡、镇长,组成乡、镇人民政府;共建乡人民政府3164个。各乡基本按原人民公社行政区域建立,其中0.5万人以下的乡161个,占5.1%;0.5万至1万人的乡772个,占24.4%;1万至1.5万人的乡1168个,占36.9%;1.5万至2万人的乡737个,占23.3%;2万至3万人的乡307个,占9.7%;3万人以上的乡19个,占0.6%。同年11月至12月,各乡依法进行第七届换届选举工作。

1985年年初,根据民政部的部署,省民政厅与地、市及部分县民政局组织30多个调查组,对61个乡(镇)政权建设情况进行全面的调查。改社建乡后,各乡都建立党委、政府和经济管理组织。乡人民政府设1名乡长,1至2名副乡长,均未设经济、文化、教育、卫生、司法、民政、公安等专职干部。乡经济管理组织或名为人民公社管理委员会,或名为经济管理委员会,或名为农工商联合公司;城市郊区乡的经济管理组织则称经济开发公司。试点的乡大部分实行乡长责任制及干部岗位责任制,但普遍存在体制不健全、职责不明确、改革不配套等问题。在此之前,基层选举是在县选举委员会直接领导下进行的。经县委或县人民政府直接任命并批准成立各乡、镇(公社)选举委员会后,各乡、镇(公社)选举委员会大致分三步开展工作:广泛开展宣传发动工作,并按一定的人口比例标准划分选区;进行选民登记,审查选民资格,公布选民名单,发给选民证,以选区为单位由选民选举产生乡、镇(公社)人民代表;开好人民代表大会,选举产生乡、镇(公社)正副乡、镇长(主任)。

1986年9月,中共中央、国务院发布《关于加强农村基层政权建设工作的通知》,要求各地在加强乡政权建设时,明确党政分工,实行政企分开,简政放权,健全完善乡政府职能,切实搞好乡政权自身建设,提高干部素质,改进工作作风,搞好村委会建设,并责成民政部门负责城乡基层政权建设的日常工作。同年12月至1987年6月,各乡依法举行第八届换届选举。

1987年2月，中共安徽省委、省人民政府根据中共中央办公厅、国务院办公厅《关于全国区、乡、镇党政机关人员编制的有关规定》，确定乡的规模为：山区一般在1万人口左右，丘陵地区一般在1.5万人口以上，平原地区一般在2万人口以上。对于规模最小的乡，各市、县应因地制宜，逐步调整。乡按人口分等，确定编制名额。一般0.5万人以下的乡7至9名，0.5万人以上不足1万人的乡9至11名，1万人以上不足2万人的乡11至13名，2万人以上的乡13至15名。编制人员中包括乡党委正、副书记及组织、宣传、纪检等人员；正、副乡长及民政、财政、生产建设、人民武装、秘书、统计等人员；共青团、妇联人员及必要的工勤人员等。党群系统与政府系统占定编数比例为4∶6。

同年10月，中共巢湖地委和巢湖市委在巢湖市银屏区钓鱼乡进行加强基层政权建设工作试点，具体做法：

1. 制定《巢湖市银屏区钓鱼乡党委工作条例》，明确乡党委和乡政府职责。

2. 乡政府工作分经济管理和行政管理两大块，由乡长负责；2名副乡长各就分管业务对乡长负责；农业、科技、工业、财贸、会计、统计、民政、文教卫、计划生育、秘书、民警等10名助理按各自业务对分管副乡长负责。

3. 试行乡干部集体办公制度，乡长办公会议由正、副乡长和10名助理参加，共同研究解决问题。

4. 撤销乡经济管理委员会，由工业助理和主任会计负责全乡乡村企业管理；制定《乡办企业厂长（经理）工作暂行规定》和《企业职工大会制度》，确立厂长（经理）的法人地位，把经营权交给企业。

5. 把市管到乡的中学、中心小学、卫生院、广播站、农经站、农技站、兽医站、财粮税务所、工商管理所、供销社、粮站、食品站、航管站等部门的人、财、物三权下放给乡统一管理，市主管部门负责业务指导和监督，并把农经、农技、兽医三站办成农民服务的经济实体。

6. 选好村党支部和村委会主要干部，制定《村民委员会工作暂行办法》，落实村干部报酬，保证村干部报酬高于本村的人均收入。

1985年至1989年，中共安徽省委、省人民政府决定在涡阳、宿县、怀远、桐城、临泉、无为、和县、歙县、祁门、宣城、泾县、金寨、六安、东至、潜山、贵池、凤阳、天长、全椒、繁昌、当涂、长丰等县（市）进行县级经济体制综合改革试点，将县级一部分经济管理权力下放给乡，建立乡财政，并给新办乡镇企业3年免税的优惠政策。1987年又增加了亳州市和绩溪县，使县级经济体制综合改革试点单位扩大到24个县（市）。

1988年8月，省人民代表大会常委会决定，根据《中华人民共和国地方各级人民代表大会和地方各级人民政府组织法》有关精神，各乡镇人民代表大会主席团设一名常务主席，负责召集主席团会议。在乡镇人民代表大会闭会期间，主席团常务主席的主要任务是：

1. 负责宣传贯彻宪法、法律、法规和本级人民代表大会、上级人民代表大会及其常务委员会决议、决定；

2. 对召开乡镇人民代表大会下届会议进行筹备；

3. 督促乡镇政府办理代表大会交办的代表提出的议案和建议、批评；

4. 联系本级人民代表大会代表，组织代表小组开展活动，反映代表和人民群众的意见、要求；

5. 处理代表及群众的来信来访；

6. 进行调查研究，了解乡镇人民政府及村民委员会的工作和建设情况；

7. 办理主席团交付处理的事项等。强调对乡镇人民政府及村民委员会的工作和建设情况的监督。

同年12月，中共安徽省委办公厅、省人民政府办公厅转发省委组织部、省民政厅、省人事局《关于全省乡镇干部培训工作意见的报告》，要求各地、市按乡镇党政领导干部职务，普遍进行一次脱产3个月的岗位职务培训；对乡镇一般干部按"干什么、学什么；缺什么、补什么"的原则，进行专业教育和训练；各市、县要把培训村党支部书记和村民委员会主任列为培训工作重点，根据干部素质现状和急需，选定培训内容，确定培训形式与方法。截至1989年年底，全省有12个地、市根据《安徽省区、乡、镇干部培训规划要点》，制定全地区（市）乡镇干部培训规划。

1989年，全省共设乡政权2919个，农村基层（包括区、镇）党政领导干部19688人，其中1773人已接受岗位职务培训，占总数的9%。

基层镇政权　按照《中华人民共和国宪法》和《中华人民共和国地方各级人民代表大会和地方各级人民政府组织法》的规定，基层政权在农村，是指乡、民族乡、镇一级。乡镇人民政府是国家行政机关组成体系中最低一级的国家行政机关。主要负责管理本乡镇行政区域内的政治、经济、文化、教育、卫生、体育事业和财政、民政、司法行政、计划生育等行政事务。

1975年颁布的《中华人民共和国宪法》规定，镇人民代表大会常设机关即镇人民政府。1980年，全省各镇仍称镇人民政府，并依法进行了第六届普选。全省各县农村区公所一律恢复并健全机构。恢复后的区公所，一般设区长1人，副区长1至2人，下设武装部长、民政、生产、统计助理、文书等人员。部分区公所还设企业办公室、计划生育办公室、教育组、财政所等机构。

1984年，全省各镇依法举行第七届换届选举。同年6月，省人民政府为发展农村商品经济，举行全省小城镇建设会议，制定《关于小城镇建设若干问题暂行规定》，将小城镇分为城关镇、标准镇、农村集镇和小集镇等4类，其中城关镇经省批准的标准镇和工矿城镇为区级镇，给以县级行政、经济机构的某些权力。区、镇同在一地者可合并，一套机构，两块牌子，镇的负责人同时是区的负责人。一般标准镇与乡同在一地者，撤乡留镇，由镇领导村。有乡无镇，而其常住人口超过0.1万人，乡村企业产值超过100万元者，改乡建镇，由镇领导村。山区建镇标准适当放宽，并将审批权限下放地市。会后仅数月，各地、各市即批准设立镇政权149个。其中，有的镇下辖乡，有的镇人口过多，有的镇农业人口过多，不符合国家有关政策、法规的规定。

1985年，省人民政府依照国务院批转的《关于调整建镇标准的报告》和国务院《关于行政区划管理的规定》精神：凡总人口在2万人以下的乡，乡政府驻地非农业人口超过0.2万人；或总人口在2万人以上的乡，乡政府驻地非农业人口占全乡总人口10%以上，可以建镇。镇的设立、撤销、行政区域变更或驻地迁移等事项，应报省人民政府审批。全省镇政权均为与乡同级的政权，不能以镇带乡。少数非农业人口较多的镇，允许配备区级干部担任正职镇长，以加强领导，但镇作为基层政权的体制不得改变，不得升格为区级政权。省民政厅据此对各地、市自行批准设立的镇政权重新审批，凡符合国家政策规定者，按法定程序追认；不符合规定者，通知所属地、市撤销。

1986年年底，全省除13个县和1个不设区的市未设区公所外，其余62个县、市共设区公所510个。1987年，中共安徽省委、省人民政府规定，区作为派出机构，人员编制不超过10人。但据涡阳、庐江、霍山3县调查，区机关的行政编制为14至18人，实际人数都在20人以上。县直各部门下伸机构都集中在区里，政法、税务、经济、金融、文化、教育、科技等门类相当齐全；供销社、信用社、粮站等均在区设中心站，统一核算管理；区财政所负责审批乡财政收支。

1987年2月，中共安徽省委办公厅和省人民政府办公厅《关于全省农村区、乡、镇党政机关人员编制有关问题的通知》规定，经省批准的建制镇，人员编制一般不超过14名；城关镇或非农业人口在1.5万人以上的县属镇，人员编制一般不超过24名；特大镇可酌情增加。除城关镇或非农业人口1.5万人以上的县属镇可设若干小组外，一般不设立工作部门，已设立的部、委、办、科应予撤销。同年，全省各镇依法举行第八届普选。

1987年，全省仍有15个镇政权辖41个乡政权。以镇带乡大致分三种类型：将城关镇周围的乡就近划归镇领导；工矿镇与区公所合并后，原区公所所属乡由镇领导；将与镇同在一地的区公所撤销，紧靠镇的部分乡划归镇领导，其余大部分乡划给其他区公所管辖。

1987年，根据中共中央、国务院《关于加强农村基层政权建设工作的通知》，省人民政府规定，除人口在80万以上，所属乡、镇过多的阜阳、六安、芜湖等23个县和祁门、休宁等11个交通不便的边远山区县可以保留区公所外，其余各县均应逐步裁撤区公所。当年，宁国县撤销8个区公所，由县直接领导乡、镇。1988年，砀山县将所辖11个区公所全部撤销，乡镇亦裁并为18个，由县直接领导。

1989年，全省共设镇政权465个；17个市共设街道办事处172个。全省尚有区公所464个。截至1990年年底，全省所有的区公所全部撤销，由县直接领导乡、镇。

民主选举 民主选举是指按照《中华人民共和国村民委员会组织法》的规定，由村民直接选举村委会主任、副主任和委员，任何组织和个人都不得指定、委派村委会成员。民主选举是农村基层民主政治建设的一个核心内容，是实现村民自治的前提。实行民主选举，有利于把村民群众信赖和拥护的遵纪守法、办事公道、廉洁奉公、具有一定文化水平、热心为村民服务的选民选进村民委员会班子，从而有利于村的两个文明建设。实行民主选举，把握四个环节：由村党支部主持推选成立村民选举委员会，其成员由村民会议或各村民小组推选产生，村民选举委员会主持村的换届选举工作；依法搞好选民登记，不漏、不重复；由村民直接提名候选人；精心组织投票选举，实行差额、无记名、秘密写票和公开计票，当场公布选举结果的原则，保证选民在没有任何干扰的情况下，独立行使自己的选举权。

民主选举方式有直接选举、间接选举、等额选举和差额选举等。由民众投票选举公共权力的执掌者是迈进现代文明社会的阶梯，是确保人民成为“权力源”，实现主权在民的必要条件，是实现权力制约与监督的基础。民主选举的规范形式是差额选举，让选民“货比三家”；其操作平台是候选人间的公平竞争，让选民择优选择；民主选举的重要保证是维护民选结果的权威性；其组织保证是强化人民代表大会的功能。

1978 年改革开放之后到 1984 年年底，安徽省几乎所有的生产队都实行家庭联产承包责任制。在这种情况下，安徽省一些地区的村民，自发组织推选自己的“队长”，由“队长”组织村民商量订立具有契约性质的村规民约。农民群众尝试的这种自我管理、自我服务的组织形式，经各级党和政府总结经验，加以推广、提高，逐步演变成农村基层的群众自治组织，进行自我管理、自我教育和自我服务。由此，安徽省农村走上一条在家庭联产承包责任制基础上组织农民、管理农村的新路子。

1984 年 10 月，安徽省实行政社分开体制，建立乡一级人民政府的工作全部完成，共建立乡政府 3164 个、村委会 30113 个、镇政府 302 个（包括原有 149 个镇）。

1986 年 11 月 22 日，安徽省委常委、常务副省长孟富林主持召开加强农村基层政权建设工作会议。会议决定，全省城乡基层政权建设工作由孟富林、刘广才、陈基余、周曰礼负责，日常工作由省民政厅承担，各级党委、政府都要确定主要负责人分管基层政权建设工作，有关部门要积极配合。

1988 年，安徽省进行全面贯彻实施《中华人民共和国村民委员会组织法（试行）》试点工作。4 月至 7 月，全省共有 48 个市、县，71 个村开展试点工作，进行了第一届村委会换届选举。

1989 年 8 月 18 日，安徽省委常委、常务副省长孟富林主持召开第一次省基层政权建设工作领导小组会议。会议强调要进一步加强农村基层政权建设工作；同意在省民政厅增设基层政权建设处，具体负责基层政权建设的日常工作。会议要求健全各级基层政权建设工作领导小组，未成立的要尽快成立。省基层政权建设工作领导小组一般每季度召开一次会议。其主要职责是：组织贯彻执行中央和省委、省政府有关基层政权建设工作的方针、政策，研究、部署并检查、督促全省基层政权建设工作，协调基层政权建设中各有关部门之间的关系，研究有关政策性问题。

1989年，全省在农村逐步建立村民会议和村民代表会议制度。即重大事务决策、重要事务决策和一般事务决策均由村民会议和村民代表会议决定。包括：选举、罢免村委会成员；制定和修改村民自治章程、村规民约；讨论通过村经济和社会发展总体规划和年度计划；讨论通过村年度财务预算和重大财务支出；讨论通过村庄建设规划、土地征用分配方案；讨论决定村重大公益事业建设项目资金使用、招投标或承包方案；讨论决定较大资额的集体资产的拍卖、发包、租赁、抵押、担保；讨论通过需要村民筹资、筹劳方案等。

1990年3月，省基层政权建设工作领导小组在宣州市夏渡乡进行加强基层政权建设试点。试点结束后，中共安徽省委、省人民政府办公厅转发省基层政权建设工作领导小组《关于在宣州市开展加强基层政权建设试点工作情况的报告》，贯彻实施《中华人民共和国村民委员会组织法（试行）》工作在全省面上推开。

1990年8月底，全省已有59个市县、3975个村开展贯彻实施《中华人民共和国村民委员会组织法（试行）》工作，占全省村委会总数的13.2%，其中蒙城、太和、阜阳、望江、东至、黟县已在90%以上的村贯彻实施。

1991年9月底，全省已有72个市县、15556个村开展贯彻实施《中华人民共和国村民委员会组织法（试行）》工作，占全省村委会总数的49.3%。全省共培训乡镇领导干部5096人、一般干部11882人、街道领导干部226人、村干部24731人、居委会干部2118人。

1992年12月19日，省第七届人民代表大会常务委员会第三十四次会议通过《安徽省实施〈中华人民共和国村民委员会组织法（试行）〉办法》。

1995年7月，全省有30109个村实施《中华人民共和国村民委员会组织法（试行）》，占全省村总数的96.35%，有17800个村进行第二次换届选举，占村总数的57.1%。

1995年，省人民政府下发《关于批转省民政厅关于全省村民委员会统一换届意见的通知》，要求于1996年1月至3月底，全省村委会首次实行统一换届选举，并统一届期，称第三届村委会换届选举。

1995年，国务院授权民政部在全国进行城乡基层政权、基层群众性自治组织和先进个人表彰活动，安徽省共有26个单位和个人被分别评为“中国最佳乡镇”“中国乡镇、街道之星”“模范村（居）委会”“优秀村（居）委会主任”。其中“中国乡镇之星”：合肥市郊区常青镇、当涂县龙山桥镇、全椒县襄河镇、铜陵县西湖镇。“中国街道之星”：合肥市郊区瑶海街道办事处、芜湖市镜湖区镜湖街道办事处、蚌埠市中市区天桥街道办事处、巢湖市卧牛街道办事处。“全国模范村委会”：宁国县河沥溪镇津南村村民委员会、霍山县落儿岭镇落儿岭村村民委员会、怀远县唐集镇汪街村村民委员会、界首市颍南办事处曹庄村村民委员会、无为县高沟乡定兴村村民委员会、濉溪县濉溪镇城西村村民委员会。“全国模范居民委员会”：安庆市迎江区宜城路街道火正居民委员会、淮北市相山区相山西街道海宫居民委员会、马鞍山市花山区解放路街道阕家山居民委员会。"全国优秀村民委员会主任"：颍上县城关镇詹家岗村村民委员会主任金汉明、舒城县城关镇金墩村村民委员会之任吕美海、淮南市八公山区八公山镇蔡岗村村民委员会主任蔡传祝、宿州市符离集镇薛安村村民委员会主任薛汝青、歙县郑村镇郑村村民委员会主任汪应勋、宣州市五星乡沟村村民委员会主任孙善和。"全国优秀居民委员会主任"：淮南市谢家集区李郢孜镇新建村居民委员会主任王振清、铜陵市铜官山区长江路街道长江西村居民委员会主任朱素珍、滁州市琅琊街道沿渠居民委员会主任吕发英。

1999年1月27日，省第九届人大常委会第八次会议审议并通过《安徽省实施〈中华人民共和国村民委员会组织法〉办法》和《安徽省村民委员会选举办法》，于2月1日起公布实施。同年1月1日至3月31日，全省村委会进行第四届换届选举。截至9月底，全省30312个村有30248个村完成换届选举，占99.8%，另外64个村因财务不清或宗族宗派等因素影响，出现选举不成功和选举违法现象，在年底前重新选举。全省参选率达85%以上，新当选的村委会成员中，党员占67.6%，初中以上文化程度占91.7%，上升9个百分点，45岁以下的占90.6%，平均年龄下降6岁。此次换届选举实现三个改变：即由户代表或村民代表选举变为村民直接投票选举；由等额选举变为差额选举；候选人由各方协商确定变为无记名投票提名产生。

2001年，从第五届村委会换届选举开始，安徽省人大常委会修订出台《安徽省实施中华人民共和国〈村民委员会组织法〉办法》规定，村民委员会由主任、副主任和委员共3至7人组成，由村民直接选举产生；任何组织或者个人不得指定、委派或撤换村民委员会成员；确需停止村民委员会成员工作的，必须依法进行；村民委员会每届任期3年，届满应当及时举行换届选举；村民委员会成员可以连选连任；村民委员会成员中，妇女应当有适当的名额，有两个或两个以上民族村民居住的村应当有人数较少的民族的成员；村民委员会的选举，必须按照《安徽省村民委员会选举办法》进行，使之更加规范和完善。

2002年1月至4月，全省各地开展第五届村委会换届选举工作。村级组织每一届换届选举都能做到"五个一"，即：以省委、省政府名义召开一次村级组织换届选举工作电视电话会议；省委组织部和省民政厅联合下发一个指导性文件；省民政厅编印一本《村民委员会换届选举工作指南》；各级举办一期骨干培训班；省民政厅召开一次换届选举分析会。在选举期间，中共安徽省委、省人大常委会、省人民政府以及省有关部门领导先后深入到县（市、区）、乡镇和村选举现场检查指导工作，确保选举质量。美国、日本等外国友人和兄弟省市先后多次来安徽省农村观摩现场选举，对村民委员会选举表现出极大的兴趣。在全省第七届村民委员会换届选举中，安徽省首次在芜湖市部分县、乡试点一票海选，实行无候选人直接选举，在农村进行最广泛的民主尝试。一票直选将使选举更直接，极大地调动村民选举的热情，使村民更加慎重地投票，选出自己心目中的"当家人"。

2005年1月至4月份，全省各地开展第六届村委会换届选举工作。当年6月，全省换届选举工作基本结束。换届选举后村委会班子成员较上届减少3万余人，减少幅度近30%，每个村平均为3.4个职数，其中村党支部书记和村委会主任“一肩挑”的达到22.7%；全省23768个村，有23152个村按时完成了换届选举任务，占村委会总数的97.4%。

2007年11月28日，中共安徽省委办公厅、省人民政府办公厅转发省委组织部、省民政厅《关于全省村党组织委员会和第七届村民委员会换届选举工作的实施意见》，全省村党组织委员会和第七届村民委员会换届选举工作从2008年1月开始到5月底结束。直接参加选举32824056人，参选率达88.9%（上届87.2%），一次成功率达94.4%（上届94.6%）。

2008年1月，安徽省试行村委会主任海选“一票制”。中共安徽省委、省人民政府同意部分县、乡准备试点一票海选村民委员会。“一票制”直接海选试点此前先在芜湖市部分县区进行，意味着村民一次投票就将选出村委会主任。“一票制”直选，其真正的含义就是选举一次投票成功，全体村民只需要投一次票就能产生村委会成员，然后根据得票多少进行排名，得票最高的就是村委会主任，得票第二的就是村委会副主任。相对于两票制选举，一票直选既降低选举成本，节约选举时间，又扩大选举的透明度。为保证“一票制”选举试点成功，省民政厅在选取试点村时，对当地村中党组织、村委会在群众中威信是否高，民风是否淳朴，村情是否和谐等都有一定的要求。

截至2008年5月底，全省原有23771个村委会，通过并村后有15900个村，减幅为33%。同年6月，全省15911个村已有15598个村完成换届选举任务，占村委会总数的98%，有302个村因各种原因推后选举或选举未成功。本届选举全省登记选民3691万人，参加投票3282万人，其中委托投票279万人，参选率为88.9%，一次性选举成功率94.4%。

村委会主任和委员的平均年龄分别是41岁和39.2岁（上届村主任平均年龄42.6岁，委员40.3岁）；村委会成员职数56592人（上届80683人），较换届前减少24091人，减幅为29.9%；党员占村委会成员的80.2%（上届80%）。为做好这次换届选举工作，市、县和乡三级组织培训换届骨干达205687人（上届225830人）；致富能人占村委会的31.2%（上届50%）；村级党组织书记和村委会主任“一人兼”比例22.5%（上届达22.7%）；村委会成员具有大专以上学历占成员总数6.7%（上届3%），初中以上占成员总数87.1%（上届83%）；女主任比例占村主任比例6.9%（上届2.2%），村委会班子中女同志占成员比例18.7%（上届20%）；交叉任职比例高，成员交叉任职比例为40.7%（上届50%）。新一届村委会班子成员产生后，各地为提高干部及成员的整体素质，加大培训力度，为安徽农村经济和社会的全面发展提供强有力的组织保证。本届换届选举安徽省首次在芜湖市繁昌县和鸠江区部分村委会开展观察员制度、“一票制”选举、定岗选举三项改革试点。

村民自治　村民自治的含义是自我管理、自我教育、自我服务。是指由国家法律明确规定村民自治组织单位的法人资格，并根据村民自治组织单位的基层群众性自治职能，借鉴社区法人运行的组织模式，建立、健全村民自治组织机构，合理构设运作机制，制订村民自治章程、村规民约，开展依法治村民主管理的一种基层自治制度。其目的是要把村民自治组织单位改革成关系明晰、责权明确、管理科学、民主自治的社区法人，建立村民自治长效机制，脱离对国家的行政依附关系。

村民自治行为的动态意义，是指村民社区机关针对不特定的村民和事制订具有普遍约束力的行为规范的活动；从静态意义上讲，是指村民社区机关针对不特定的人和事制订出来的具有普遍约束力的行为规范，包括村民自治章程、村规民约、村民大会及村民代表大会的决议等。具体自治行为是指村民社区机关依章程就特定的村民和其他组织的权利义务作出的单方行为。

1983 年至 1984 年，安徽省各县、市在实行政、社分开的同时，普遍建立以原生产大队为范围的农民委员会。除改社建乡试点在建村时进行宣传动员、民主选举和制定规章制度外，大部分只是把大队牌子换成村民委员会的牌子。至 1986 年年底，全省各市、县共建村民委员会 36219 个。同年，中共安徽省委、省人民政府在《关于减轻农民负担的若干规定》中规定，村、组（队）干部补贴人数应视本村人口多少、居住情况等分别确定，村民委员会固定补贴干部一般 2 至 3 名，最多 4 名，误工补贴干部限在 3 名以内。村固定补贴干部每人每年平均补贴标准可相当于当地中等劳动力纯收入的二分之一，最高不超过五分之三；误工补贴干部的平均补贴标准，应超过当地中等劳动力纯收入的三分之一。

1987 年，据全省 5 个地区 8 个县、市对 887 个村民委员会调查，村民委员会规模一般在 200 至 350 户、0.1 万至 0.2 万人。村民委员会由 5 至 7 人组成，下设治安保卫、调解、民政福利、卫生、经济等工作委员会。村民小组多数只设 1 名组长，几个小组联合设 1 名会计。村干部固定补贴标准每人每年一般是 500 至 600 元，集体经济差的为 270 至 300 元，集体经济发达的在 1000 元以上；误工补贴标准每人每月 30 至 60 元，经济条件好的地方 100 元左右。

1987 年 11 月 24 日，全国人大常委会通过《中华人民共和国村民委员会组织法（试行）》，并规定自 1988 年 6 月 1 日起正式实行。《中华人民共和国村民委员会组织法（试行）》规定：村民委员会是村民自我管理、自我教育、自我服务的基层群众性自治组织，办理本村的公共事务和公益事业，调解民间纠纷，协助维护社会治安，向人民政府反映村民的意见、要求和提出建议。乡、镇人民政府对村民委员会的工作给予指导、支持和帮助，村民委员会协助乡、镇人民政府开展工作。村民委员会一般以自然村为范围，几个小的自然村可以联合设立村民委员会。一个大的自然村可以设立几个村民委员会，村民委员会由 3 至 7 人组成。主任、副主任由村民直接选举，每届任期三年，村民委员会向村民会议负责报告工作。村民会议由本村年满 18 岁以上村民组成，凡涉及全村村民利益的问题，必须提请村民会议讨论，并经半数以上村民或户代表通过。村民委员会设人民调解、治安保卫、公共卫生等委员会，在村民委员会下分设若干村民小组，由村民小组会议推选组长。

1988年3月，省人民政府办公厅通知各市、县选择1至2个不同类型村，进行贯彻《中华人民共和国村民委员会组织法（试行）》试点。4月起，各县相继开展试点，民主选举村民委员会干部，建立各种工作委员会，完善各项规章制度，民主制定村规民约。8月，经省人民政府同意，省民政厅要求各地以乡为单位继续试点。至1989年年底，全省有56个市、县的2686个村贯彻《中华人民共和国村民委员会组织法试行》，占全省村民委员会总数的9%。

为规范和推进农村基层民主的发展，安徽省人大常委会、省人民政府相继出台一系列的地方法规和政策文件。并从1989年开始，全省在农村逐步建立村民会议和村民代表会议制度；次年11月起，全省在贯彻实施《中华人民共和国村民委员会组织法（试行）》的基础上，开展村民自治示范活动。

1992年初，在农村社会主义教育工作中，根据安徽省委副书记孟富林的指示，省民政厅与安徽省委组织部一起在舒城县金墩村、肥西县五十铺村开展学习山东章丘经验，实行“依法建制、以制治村、民主管理”的试点工作。同年，省基层政权建设工作领导小组召开专门会议，推广这一经验，要求各地都要依据国家的法律法规，结合当地实际，制定《村民自治章程》，将农村的工作纳入规范化、科学化、制度化管理的轨道。到1994年年底，全省实行依法治村的村数1700个。

1992年4月，省民政厅印发《村民自治示范村评分标准（试行）》。12月19日，安徽省第七届人民大会常务委员会第三十四次会议通过《安徽省实施〈中华人民共和国村民委员会组织法（试行）〉办法》，对建立村民会议和村民代表会议制度进行规范。到1998年全省农村普遍建立这两项制度，有效改变过去村中大事由少数村干部说了算的状况，村级民主决策制度进一步巩固，各地普遍实行村民会议或村民代表会议讨论决定村级重大事务制度，有四分之三的村做到民主决定村中大事。同时积极推进“一事一议”制度。严格把好“三关”，即把好群众意见关，所“议”之事要确实符合大多数农民群众的意愿，不能由个人或少数人说了算。把好议事程序关，“议”要真“议”，按照中共中央办公厅文件规定的关于村级事务决策程序，广泛听取群众的意见。大多数群众不赞成的事情要缓办或不办；办好事、办实事，既要量力而行，也要由群众说了算，不搞强迫命令；对于违反村级民主决策程序规定，造成损失的，依法、依据政策追究当事人责任。在新农村建设中，防止在村庄建设上违反民意，搞不切实际的大拆大建，搞劳民伤财的形象工程，搞随意撤村并村的政绩工程。把好监督关，“议”事之后的实施过程和结果接受群众监督。办理具体事务的村干部还接受村民民主评议，把群众是否满意作为衡量工作是否合格的标准。

1993年，省民政厅对积极贯彻实施《中华人民共和国村民委员会组织法（试行）》，加强村民委员会建设，开展村民自治示范活动收到较好效果的20个村民自治示范先进单位和23个开展村民自治示范活动成绩较突出的地、市、县民政局进行通报表彰。

1994年，省民政厅制定下发村民自治示范乡（镇）、村达标规划。在全省村民自治示范乡（镇）、村达标创建活动中，各地农村普遍制定村民自治章程或村规民约，并在经济发展、社会治安、精神文明建设方面，以制度的形式规定下来，实行民主化、规范化管理，改变单一的行政命令的方式。

1995年5月，全省建成示范村350个，示范乡（镇）35个。1997年，安徽省委副书记王太华在全省农村基层组织建设工作座谈会上强调，全省农村要普遍建立村务公开、财务管理和村民代表会议三项制度，并要建立村务公开栏和村务公开监督小组。

1997年，省人民政府首次授予五河县、宁国市、当涂县“安徽省村民自治示范县（市）”称号，授予宣州市、舒城县、涡阳县“安徽省村民自治先进县（市）”称号。从1996年开始，五河县以村民自治为切入点，以“民主选举、民主决策、民主管理、民主监督”为基本内容，通过推进村民自治，着力解决农村存在的农民负担过重、村务、财务工作缺乏透明度等问题，取得积极效果，促进基本民主政治建设和农村经济的发展。1998年9月23日，中共中央总书记、国家主席江泽民视察五河县屈台村村民自治工作，与五河县乡村干部举行座谈会，对五河县村民自治工作给予充分肯定。

1997年，省民政厅命名合肥市郊区杏花村镇等30个乡（镇）为“安徽省村民自治示范乡（镇）”，命名长丰县张庙村等100个村为“安徽省村民自治示范村”。

2001年2月27日，省人民政府命名铜陵县、祁门县、界首市、青阳县、和县、太湖县、淮南市田家庵区7个县（市、区）为“安徽省村民自治先进县（市、区）”。

2001年12月11日至12日，全省农村基层民主法制建设研讨会召开，交流农村基层民主法制建设特别是村民自治工作的经验。全省以村民直接选举村委会成员为主要标志的村级民主选举制度得到较好落实；以村民会议、村民代表会议为主要形式的村级民主决策制度普遍建立起来；以村务公开、财务公开为主要内容的村级民主监督制度初步建立并不断完善，村民对村级事务和干部行为的监督机制逐步形成；以村民自治章程为重点的村级民主管理制度普遍建立，村民自我管理、自我教育、自我服务的水平有了新的提高。

2003年，民政部表彰五河县、含山县、宁国市、繁昌县、舒城县、淮南市谢家集区、岳西县、当涂县为“全国村民自治模范县（市、区）”。

2003年，省人民政府命名泗县、五河县、界首市、全椒县、舒城县、当涂县、含山县、和县、繁昌县、南陵县、宁国市、铜陵县、岳西县、黟县、青阳县、合肥市包河区、淮北市杜集区、淮南市谢家集区、黄山市黄山区19个县（市、区）为“安徽省村民自治先进县（市、区）”。

安徽省村（居）民自治组织机构统计表

表 2-1-1 单位：个、人

项目	内容	1994 年	2001 年
居民	居民委员会数	2668	3130
	女性	–	255
	居民小组数	26628	
	居民委员会委员人数	12336	16674
村民	女性	8101	
	村民委员会数	30646	29216
	材民小组数	–	332663
	村民委员会委员人数	155493	140466
	女性	–	25916
	村民自治示范县（市）数	–	21

民主管理 民主管理是指村里的社会事务、经济建设、村民行为的管理，要让群众充分参与进来，认真听取村民的意见，由全体村民制定村民自治章程或者村规民约等，实现村民的自我管理、教育、和服务。即管理者在"民主、公平、公开"的原则下，科学地将管理思想进行传播，协调各组织各种行为达到管理目的的一种管理方法。因此，民主管理既符合人们的心理要求或"以人为本"管理思想，又是一种群众参与下的多数人管理多数人的管理。

20 世纪 90 年代，安徽省农村普遍制定村民自治章程或村规民约，并印制成册发至农户。村民自治章程和村规民约将村里的经济发展、社会治安、精神文明建设，以制度的形式规定下来，实行民主化、规范化管理，改变单一的过去行政命令的方式。如全国村务公开民主管理示范单位的五河县开辟"财务管理、工作动态、计划生育、组织建设、公共事务、经济发展、农村政策、群众点题"等 8 个公开栏目，即在公开领域中向乡（镇）、县直机关及企事业单位延伸；在公开环节上由事后向事前、事中延伸；在公开内容上由侧重于财务公开向工作运行和经济发展延伸；在公开形式上由常规性公开向群众点题公开延伸。当涂县把村务公开与促进农民增收、解决农民关心的热点、难点问题结合起来，突出重点，狠抓考核，形成县、乡、村三级联动的运行机制。池州市制定下发《村务公开民主管理暂行办法》，铜陵市、黄山市屯溪区、广德县和肥东县等结合本地实际出台对乡镇村务公开民主管理工作的考评办法。肥东县护城乡在村务公开中制定"四个一分钱"原则，即：不多拿群众一分钱，不增加债务一分钱，不拖欠群众一分钱，为建设多挤一分钱，由此赢得群众的信任。凤台县丁集乡张巷村不搞假公开、不搞半公开，保障农民群众的知情权；不摆花架子，不应付差使，保证农民群众的决策权；不做假账，不做两本，保障农民群众的参与权；不欺上瞒下，不设小金库，保障农民群众的监督权。通过坚持村务公开民主管理，在村级组织与村民之间架起一座“连心桥”。

1995 年 10 月，中共安徽省委、人民政府发出《关于实施县乡党政机构改革工作的通知》，明确要求乡镇机构改革主要是理顺关系，加强对乡村组织建设，建立健全农村社会化农业服务体系，增强服务功能，促进农村基层组织建设。此后，每年下发农业、农村、农民问题的文件，都对农村基层组织建设和民主管理、民主决策提出具体要求。

1998 年 11 月，中共安徽省委下发《关于贯彻〈中共中央关于农业和农村工作若干重大问题的决定〉的意见》指出，坚持加强和改善党对农村工作的领导，不断强化农村基层民主法制建设、精神文明建设、基层组织建设和干部队伍建设；进一步扩大农村基层民主，全面实行村级民主选举、民主决策、民主管理和民主监督，保证农民依法直接行使民主权利。

1999 年 12 月 5 日，中共中央政治局常委、书记处书记、国家副主席、中共中央军委副主席胡锦涛到安徽考察农村基层组织建设工作情况。在萧县农村考察当地农村基层组织建设、村民自治和山区开发情况，强调农村基层组织建设是一项长期的任务，必须从实现农村跨世纪发展目标和巩固党在农村的执政基础的高度，坚持不懈地抓紧、抓实、抓好。12 月 23 日，中共安徽省委印发《胡锦涛同志在听取宿州市委、萧县县委关于农村基层组织建设工作汇报时的讲话》，各地以此进一步推进全省农村基层组织建设。

2001 年 12 月 27 日，安徽省第九届人民代表大会常务委员会第二十七次会议对 1999 年 1 月 27 日安徽省第九届人民代表大会常务委员会第八次会议通过的安徽省实施《中华人民共和国村民委员会组织法》办法进行修改并予以发布。明确规定，涉及村民利益的下列事项，村民委员会必须提请村民会议讨论决定，方可办理，即村发展规划；村年度发展计划；农业税附加、农业特产税附加的使用；本村享受误工补贴的人数及补贴标准；从村集体经济所得收益的使用；兴修水利、修建村道路等公益事业的经费筹集和用工方案；村集体经济项目的立项、承包方案及村公益事业的建设承包方案；村民的承包经营方案；宅基地的使用方案；计划生育指标的安排；村民会议认为应当由村民会议讨论决定的涉及村民利益的其他事项。

根据《安徽省实施〈中华人民共和国村民委员会组织法〉办法》，各地不断加强民主管理和民主决策，并形成一整套规章制度。来安县半塔镇出台的《半塔镇村级事务民主决策制度》规定，村级事务民主决策的基本组织形式是村民会议和村民代表会议。召开村民会议应当有本村 18 周岁以上村民的过半数参加，或者有本村 2/3 以上通过。召开村民代表会议必须有 4/5 以上代表参加，所作决定应经全体代表的 2/3 以上通过。村民代表会议的决议、决定不得与村民会议的决议、决定相抵触，村民会议的决议、决定应当符合法律、法规和国家政策，不得有侵犯村民的人身权利、民主权利和合法财产权利的内容。村级事务民主决策的内容：

（一）村民会议民主决策的内容包括：制定、修改村民自治章程、村规民约；审议村民委员会工作报告、村财务收支情况报告，评议村民委员会成员的工作；罢免、补选村民委员会成员；撤销或者改变村民委员会不适当的决定；撤销或者改变村民代表会议不适当的决定；讨论决定涉及村民利益的重大事项。

（二）村民代表会议民主决策内容包括：村发展规划；村年度发展计划；本村享受误工补贴的人数及补贴标准；村集体经济所得收益的使用；兴修水利、修建村道路等公益事业的经费筹集和用工方案；村休体经济项目的立项、承包方案及村公益事业的建设承包方案；村民的承包经营方案；宅基地的使用方案；计划生育指标安排；村民代表会议认为应当由村民会议讨论决定的涉及村民利益的其他事项。

（三）村级事务民主决策的程序：

1. 由村党组织、村民委员会、村集体经济组织、1/10 以上村民联名、1/5 以上村民代表联名提出议案；

2. 由村党组织统一受理议案，并召集村党组织和村民委员会联席会议，研究提出具体意见或建议；

3. 由村民委员会召集村民会议或村民代表会议，讨论决定，并及时公布表决结果；

4. 由村党组织、村民委员会组织实施村民民主决策事项的办理；办理结果要及时公布，接受群众监督。

2002 年 12 月，中共安徽省委组织部、省民政厅印发《关于印发〈安徽省村“两委”工作规则（试行）〉的通知》，规定村民委员会的主要职责任务是：

1. 支持和组织村民依法发展各种形式的合作经济和其他经济，承担本村生产经营的服务和协调工作，促进农村生产建设和经济发展；

2. 尊重集体经济组织依法独立进行经济活动的自主权，维护以家庭承包经营为基础、统分结合的双层经营体制，保障集体经济组织和村民、承包经营户、联户或者合伙的合法财产权及其他合法的权利和利益；

3. 依照法律法规，管理本村属于村民集体所有的土地和其他财产，管理本村财务；

4. 制定并实施本村建设规划，办理本村的公共事务和公益事业；

5. 教育村民爱护公共财产，依法合理开发利用自然资源，保持和改善生态环境；

6. 宣传宪法、法律、法规和国家的政策以及社会主义道德，教育和推动村民履行法律规定的义务，督促村民遵守村民自治章程、村规民约，维护村民合法权益；

7. 发展文化教育，普及科技知识，开展多种形式的社会主义精神文明建设活动；

8. 调解民间纠纷，促进家庭、邻里和睦；

9. 协助维护社会治安，促进社会稳定；

10. 召集村民会议、村民代表会议，执行村民会议、村民代表会议的决定、决议；

11. 向乡镇人民政府反映村民的意见、建议和要求；

12. 法律法规规定的其他职责。

同时明确重要村务主要包括：

1. 党的路线、方针、政策和国家法律法规的贯彻执行，上级党委、政府交办的各项任务；

2. 村党支部、村民委员会及其他村级组织、党员队伍和干部队伍建设；

3. 村经济和社会发展规划、年度工作计划和年度财务计划，较大数额资金的支出；

4. 村公益事业和集体经济项目建设的立项、筹资筹劳和工程招投标方案，村集体企业的经营、承包、租赁、出售、转让及其费用的收缴，村集体所有的土地、水面、山场等资源的开发、承包、租赁；

5. 土地征用补偿费的使用，宅基地的规划和申报；

6. 农业税、农业特产税及其附加的委托代征，生产性水费、电费的协助收缴；

7. 生育对象的申报，社会抚养费的协助征收；

8. 优抚对象和五保户的保障，筹资和筹劳的减免，农业"两税"的社会减免和灾歉减免到户的分配与落实，国家投入的扶贫、农业开发、以工代赈等资金的使用，社会力量救灾救济、扶贫、助残等款物的接受、分配、发放；

9. 享受村补贴人员及其补贴标准、数额，民主评议干部，以及干部的任期和离任审计；

10. 村民自治章程、村规民约的制定与修改等。

2003 年—2005 年，全省各地遵循《关于印发〈安徽省村"两委"工作规则（试行）〉的通知》，规范村民委员会会议议事范围和决策方式。议事范围：主要研究本村的公共事务和公益事业、民间纠纷、社会治安、计划生育、本村生产经营的服务和协调工作；讨论提出需提交村党支部委员会或"两委"联席会议讨论决定事项，以及提请村民（代表）会议表决通过事项的意见、方案；组织实施村党支部委员会、村民（代表）会议的决定、决议。决策方式：会议由村民委员会主任主持，村民委员会成员参加。决定事项时，应按少数服从多数的原则表决通过。所作决定应及时向村党支部报告。如情况紧急，村民委员会主任可临机处置，事后应及时向村党支部委员会、村民委员会报告。村民委员会会议每月至少召开一次，根据需要可随时召开。

各地按照《安徽省实施〈中华人民共和国村民委员会组织法〉办法》规定，规定村民（代表）会议议事范围和决策方式。村民会议由村民委员会负责召集，村民委员会主任主持，由本村十八周岁以上的村民过半数参加，或由本村三分之二以上的户代表参加；人数较多、居住分散的村，也可以同时以村民小组为单位或分片召开，然后集中意见。会议所作决定应经到会人员的过半数通过。村民会议每年至少召开一次，有十分之一以上的村民或者有二分之一以上的村民代表提议，应召开村民会议。经村民会议授权，可以召开村民代表会议讨论决定除法律法规规定必须由村民会议讨论决定的事项外的相关事项。村民代表会议由村民委员会主任主持召开，必须有五分之四以上的代表参加，所作决定应经全体村民代表的三分之二以上通过，且不得与村民会议的决定、决议相抵触。村民代表和村民组长会议，听取村“两委”成员年度述职报告，进行满意度测评。对多数群众不满意的，应依法按章作出相应处理。

截至2005年年底，全省村委会民主管理更加规范，村民委员会每年至少向村民（代表）会议报告一次工作，接受村民审议和监督。并在乡镇党委领导和指导下，每年年初召开村民代表和村民组长会议，进行村委会成员年度述职报告，接受群众满意度测评。

村务公开 村务公开是指村民委员会组织把处理本村涉及国家的、集体的和村民群众利益的事务的活动情况，通过一定的形式和程序告知全体村民，并由村民参与管理、实施监督的一种民主行为。它是农村村务管理的重大改革，适应家庭承包、统分结合的双层经营体制，符合社会主义市场经济的要求。村务公开是人民群众评判农村党风政风好坏的一个重要标志，也是加强基层民主政治建设、政权建设和党风廉政建设的一个基础性工作。

国家有关法律法规和政策明确要求村务公开的事项，如计划生育政策落实、救灾救济款物发放、宅基地使用、村集体经济所得收益使用、村干部报酬等，应继续坚持公开；继续把财务公开作为村务公开的重点，所有收支必须逐项逐笔公布明细账目，让群众了解、监督村集体资产和财务收支情况。同时，根据农村改革发展的新形势、新情况，及时丰富和拓展村务公开内容。要将土地征用补偿及分配、农村机动地和“四荒地”发包、村集体债权债务、税费改革和农业税减免政策、村内“一事一议”筹资筹劳、新型农村合作医疗、种粮直接补贴、退耕还林还草款物兑现，以及国家其他补贴农民、资助村集体的政策落实情况，及时纳入村务公开的内容。农民群众要求公开的其他事项，也应公开。

1998年，中共安徽省委办公厅和省政府办公厅联合下发《关于在农村普遍实行村务公开和民主管理制度有关事项的通知》，并召开全省村务公开工作会议，要求以“六规范一满意”为标准，进一步完善村务公开和民主管理制度。“六规范一满意”，即公开的内容规范、程序规范、形式规范、时间规范、监管规范、公开栏建设规范，公开结果多数村民满意。此外，全省各地村委会和村干部除了定期或不定期举行“听证会”外，还成立民主理财组、财务监督组，实行民主评议干部和村务公开，并在选举前开展审计或干部离任时举行审计。五河县大新镇张圩村规定，凡是年满18岁的村民都可以参加村级民主听证质询会，听取村干部工作汇报，并当面向他们质询。

1998年9月，安徽省委组织部和民政厅联合下发《安徽省村“两委”工作规则》和《安徽省村务公开暂行办法》，进一步对村务公开工作进行了规范。

1998年年底，全省有83个县（市、区）的农村实行村务公开，占应开展此项工作的县（市、区）总数的93.26%，其中比较规范的约占60%。各地村务公开的内容大致有以下几个项目：发展规划、农民负担、村务管理、代办服务、电费收缴、计划生育、宅基地分配地、基本建设和公益事业、村办企业、干部目标责任等。村务公开的主要形式是设立村务公开栏，全省已有20871个村设立了村务公开栏，占全省村总数的68.7%，共设立村务公开栏27353块。全省成立村务监督小组20856个，占全省村总数的68.56%。开展村务公开的地方，大都以县（市、区）为单位建立了领导机构。机构大致分为两种类型，一类是专门的村务公开领导机构，如阜阳市、涡阳县、五河县、宁国市等。另一类是由农村基层组织（政权）建设领导小组负责。这些机构的领导大都由当地党政领导兼任。各地推行村务公开主要有三种方式：一是结合农村基层组织建设建立村务公开制度。二是与村民自治相结合，建立健全村务公开制度。三是全省已有25110个村建立村民代表会议制度，占村总数的82.6%。全省建成3个村民自治示范县（市）、3个村民自治先进县（市）和195个村民自治示范乡（镇）、3500个村民自治示范村。

1999年6月，根据安徽省委组织部和省民政厅下发的《安徽省村“两委”工作规则》和《安徽省村务公开暂行办法》，进一步对村务公开工作进行规范。同年8月，全国村务公开民主管理工作现场会在合肥召开，总结村务公开的做法，分析存在的不足，交流各地成功的经验，对全省村务公开工作起到积极推动作用。其间，五河县、当涂县和宁国市被民政部命名为国家级村民自治模范县（市）。舒城县、涡阳县、凤阳县、宣城市宣州区、合肥市郊区、巢湖市居巢区被省政府命名为村民自治示范县（市、区）。霍邱县、繁昌县、颍上县、泗县、淮南市谢家集区、淮北市杜集区被命名为村民自治先进县（市、区）。村民自治示范乡镇由195个增加到546个，村民自治示范村由3500个增加到9503个。

截至1999年年底，全省村村实行村务公开，共建立55032块公开栏，村村达到“四有”：即有一个比较规范的村务公开栏；有一个健全的村务公开监督小组；有一套严格的村务公开运作程序；有一系列行之有效的监督措施。全省90%以上的村村务公开群众比较满意。很多地方还将村务公开逐步向乡镇政务公开延伸扩展，扩大民主监督的层面。

2003年1月，安徽省委组织部、省农委、省民政厅出台《关于印发〈安徽省村务公开暂行办法〉的通知》，规定凡是村里的重大事项和群众普遍关心的问题，都应向村民公开。公开的重点是财务情况。具体内容包括：

1. 财务情况。村年度财务计划及执行情况，各项收入和支出，各项财产、债权债务和收益分配等。

2. 工作安排情况。村经济社会发展规划，村党组织、村民委员会年度工作计划，村干部分工，村民（代表）会议形成的决定、决议及落实情况等。

3. 公益事业建设情况。村级道路、水利、文教卫等的立项、经费筹集、工程招标、承包方案及实施情况等。

4. 集体资产管理情况。村集体企业的经营、承包、租赁、出售、转让及费用的收缴，村集体所有的土地、水面、山场等经济资源的开发、承包、租赁、入股，土地征用补偿费的使用，宅基地的规划和申报等。

5. 农民负担情况。农业税、农业特产税及附加数额，生产性水费和电费，“一事一议”

筹资筹劳情况等。

6. 计划生育情况。当年计划内生育对象的申报和获准生育者名单，社会抚养费的征收情况等。

7. 社会优抚情况。优抚对象和五保户的保障，筹资、筹劳的减免，农业“两税”的社会减免和灾歉减免的分配与落实，国家投入的扶贫、农业开发、以工代赈等资金的使用情况，社会力量救灾救济、扶贫、助残等款物的接受、分配、发放等。

8. 村干部管理情况。村干部报酬、民主评议、任期和离任审计以及奖惩情况等。公开内容由村“两委”联席会议（吸收村务公开监督组组长参加）研究确定，村民委员会制作公开内容清单，村务公开监督组审核签字，以村民委员会名义公开。需经村民（代表）会议决定的事项，须在会议通过后进行公开。村务公开以设立固定公开栏和制作村务公开清单为主要形式。同时，通过广播、会议及村民组组务公开等辅助形式，扩大村务公开覆盖面。村务至少每季度公开一次。根据公开事项的具体情况和多数群众的要求，常规性工作按季度公开，固定性工作长期公开，单项工作在任务完成后一次性公开，临时性工作随时公开。每季度首月的 15 日为全省村务公开日。

2004 年 4 月 30 日，安徽省委办公厅、省政府办公厅下发《关于成立省村务公开工作领导小组的通知》，决定成立省村务公开工作领导小组，安徽省委副书记王昭耀任组长，省政府副省长徐立全任副组长，省民政厅、省委组织部、省监察厅、省司法厅、省财政厅、省农委、省人口和计生委、团省委、省妇联为成员，领导小组办公室设在省民政厅，办公室主任由省民政厅厅长李宏塔兼任。8 月 9 日，安徽省村务公开工作领导小组及其办公室印章正式启用。8 月 23 日，省村务公开工作领导小组召开第一次会议，省委副书记、省村务公开工作领导小组组长王昭耀出席会议并讲话，副省长、省村务公开领导小组副组长徐立全主持会议。

2005 年 2 月，安徽省委组织部、省民政厅、财政厅联合制定《安徽省村干部规范化管理暂行办法》，对村干部任职明确提出了要求。同年 11 月，省委、省政府召开了村务公开民主管理工作电视电话会议，对新时期推进村务公开民主管理工作进行了全面部署；强调紧紧抓住关键环节，建立长效机制，在扩大基层民主中推进新农村建设。

2005 年 11 月，中共安徽省委、省人民政府召开村务公开和民主管理工作电视电话会议，安徽省委副书记王明方、省政府副省长何闽旭作了强调。到 2005 年年底，全省各市和 87 个县（市、区）制定下发贯彻中共中央办公厅、国务院办公厅《关于健全和完善村务公开和民主管理制度的意见》文件的实施意见或办法，淮南、安庆、宣城、黄山、池州、芜湖等市和 85 个县（市、区）建立村务公开工作的考评办法，将村务公开工作列入乡（镇）党委和党建工作目标管理考核内容。

2006 年 4 月 5 日，省村务公开工作领导小组印发《安徽省村务公开民主管理示范单位测评办法》，全省开展村务公开民主管理示范单位创建活动。五河县被评为全国村务公开民主管理示范单位，肥东县等 16 个单位被评为省村务公开民主管理示范单位。

2006年，省村务公开工作领导小组组成人员进行调整，安徽省委常委、省委政法委书记徐立全任组长，省政府副省长赵树丛任副组长。

2007年1月18日，中共安徽省委、省人民政府召开全省村务公开和民主管理工作电视电话会议，安徽省委常委、省委政法委书记、省村务公开工作领导小组组长徐立全出席会议并讲话。

2007年，为进一步提高村务公开民主管理工作的制度化、规范化水平，省民政厅在涡阳县、繁昌县和黄山市黄山区开展村务公开目录编制的试点工作。11月16日，省民政厅下发《关于做好村务公开目录编制工作的通知》，要求各县（市、区）基本上在2008年6月底前全部完成村务公开目录编制工作。

民主监督　民主监督是村民通过一定形式监督村中重大事务，监督村委会工作和村干部行为。在民主监督方面，许多地方注重发挥村务公开监督小组、民主理财小组的作用。村务公开监督小组成员经村民会议或村民代表会议在村民代表中推选产生，负责监督村务公开制度的落实。村干部及其配偶、直系亲属不得担任村务公开监督小组成员。村务公开监督小组及其成员应当热爱集体，公道正派，有一定的议事能力，其中应有具备财会知识的成员。村务公开监督小组要依法履行职责，认真审查村务公开各项内容是否全面、真实，公开时间是否及时，公开形式是否科学，公开程序是否规范，并及时向村民会议或村民代表会议报告监督情况。对不履行职责的成员，村民会议或村民代表会议有权罢免其资格。

1998年，安徽省委办公厅和省政府办公厅联合下发《关于在农村普遍实行村务公开和民主管理制度有关事项的通知》，并以安徽省委、省政府的名义及时召开全省村务公开工作会议，进一步完善村务公开和民主管理制度。安徽省委、省人大、省政府领导及相关部门经常深入农村检查指导村务公开工作。全省多数村规定，凡是年满18岁的村民都可以参加村级民主听证质询会，听取村干部工作汇报，并当面向他们质询。全省各地村民们的知情权，以及对村委会和村干部的监督权更加强化。

1999年8月，全国村务公开民主管理工作现场会在合肥召开。当年统计，全省90%以上的村建立村务公开栏，村民关心的村务、财务问题都能够及时公开，民主评议村干部、村干部任期审计和离任审计等制度受到重视，有的地方还建立相对独立的村务监督委员会，监督村委会工作和村委会干部行为，保证农民群众的监督权。

2003年1月，安徽省委组织部、省农委、省民政厅印发《安徽省村务公开暂行办法》，规定村务公开监督组具体负责对村务公开的监督和评议。具体职责是：督促村民委员会认真落实村务公开制度；参与研究村务公开工作；审查村务公开的各项内容，逐笔审核财务收支项目；每年组织一次对村务公开的评议，广泛听取村民的意见和要求，及时督促村民委员会进行整改。村务公开监督组由5至7人组成，设正、副组长各1名。村务公开监督组成员由村民（代表）会议推选产生，任期三年。其条件是：遵纪守法、公道正派、热爱集体、关心群众，在群众中有较高威信，有一定的文化、财会知识和议事能力。村“两委”成员及其直系亲属、村财会人员不得担任村务公开监督组成员。村务公开监督组成员出现空缺时，应及时推选补充。村务公开监督组成员应认真履行职责，切实行使好村民赋予的权利。对不认真履行职责的，给予批评教育；严重失职、引起村民不满的，村民（代表）会议可以进行撤换。村民对村务不公开或者公开不及时、弄虚作假等问题，有权向上级反映、举报，上级有关部门应及时调查核实，情况属实的，要根据情节轻重，作出相应处理。村民委员会每年召开一次村民（代表）会议，对村务公开工作进行评议，多数群众不满意的，要制定整改意见，公布于众，并认真落实。村务公开监督组要对落实情况进行监督。

2004年，中共中央办公厅、国务院办公厅下发《关于健全和完善村务公开和民主管理制度的意见》，安徽省人民政府及时成立省村务公开工作领导小组和办事机构，并提出推进村务公开民主管理工作的指导性意见，即《关于学习贯彻中共中央办公厅国务院办公厅〈关于健全和完善村务公开和民主管理制度的意见〉的通知》。

2005年2月，安徽省委组织部、省民政厅、财政厅制定《安徽省村干部规范化管理暂行办法》，对村干部任职明确提出要求。同年11月，安徽省委、省人民政府召开村务公开民主管理工作电视电话会议，对新时期推进村务公开民主管理工作进行全面部署。

截至2008年年底，全省17个市及105个县（市、区）均成立村务公开工作领导小组及办事机构。各有关部门各司其职、密切配合、相互支持，在全省上下形成主要领导亲自抓、分管领导具体抓、部门配合分工抓、乡（镇）领导全力抓的推进村务公开民主管理工作的整体合力。

示范创建　示范创建即“村务公开民主管理示范单位”创建活动。2005年8月，全国村务公开协调小组下发《关于开展“村务公开民主管理示范单位”创建活动的意见》，要求从2005年下半年开始，各地要全面部署开展创建活动，逐步扩大示范单位的覆盖面，用10年左右时间，使全国绝大多数县、乡、村达到示范单位的要求。明确示范单位必须符合6条示范标准：即村级组织健全有力；村务公开全面真实；民主决策科学规范；民主管理扎实有序；民主监督切实有效；社会和谐群众满意，群众对村务公开民主管理的满意率达到80%以上。创建活动从实际出发，选择一些不同区域、不同条件的村、乡（镇）、县（市、区、旗）作为示范点。既抓工作基础好的单位，又抓基础薄弱的单位；既抓经济条件好的单位，也抓经济条件差的单位；既坚持标准，严格要求，又区别情况，分类指导，推动整体工作上水平，实现县、乡、村联动。创建活动的重点是村。示范乡（镇）所辖区内80%以上的村要达到示范村的标准，示范县（市、区、旗）所辖区内70%以上的乡（镇）要达到示范乡（镇）的标准，其余的村或乡（镇）没有违反村务公开民主管理法律法规和政策规定的现象。

2005年，为认真贯彻全国村务公开民主管理工作经验交流会精神，进一步深化村务公开和民主管理工作，省民政厅下发《安徽省“村务公开民主管理示范单位”创建活动意见》。各地始终围绕“四个民主”的落实，结合本地实际，狠抓村民自治示范单位创建活动，充分发挥典型引路、整体推进的作用，重点抓好村务公开这个关键性环节。同时，各地通过开展民主选举，切实保障村民群众的民主权利，积极动员引导广大农民群众参与村务公开民主管理，充分调动他们的积极性和创造性，有效地保证了村务能公开、村务真公开。是年年底，五河、当涂、宁国等 11 个县（市、区）先后被民政部命名为全国村民自治模范县；泗县、全椒、繁昌等 19 个县（市、区）被省政府命名为省村民自治模范县。各市、县还命名 814 个村民自治示范乡（镇）和 9503 个村民自治示范村。2006 年，五河县被评为全国村务公开民主管理示范单位，肥东县等 16 个单位被评为省村务公开民主管理示范单位。

第二节　城市基层自治组织

城市基层群众自治组织是指在不设区的市、市辖区的人民政府或者它的派出机关（街道办事处）的指导下，按居民居住地区设立的居民自我管理、自我教育、自我服务的群众性自治组织——居民委员会。

1978 年，城市居民委员会得到恢复。1980 年 1 月，全国人民代表大会常务委员会重新公布并重申《城市居民委员会组织条例》仍然有效，《人民日报》还专门为此发表社论。自此，居民委员会的工作开始走上正轨。1982 年 12 月，全国人民代表大会第五次会议通过的新宪法中，专门规定居民委员会的性质、任务、机构设置和人员组成、产生的原则等。全省各地根据宪法的规定，对居民委员会普遍进行全面的组织整顿和改选，建立健全组织机构与各项规章制度。

1989 年，全国人大通过《中华人民共和国城市居民委员会组织法》。1997 年 7 月，安徽省人大制定颁布《安徽省实施〈中华人民共和国城市居民委员会组织法〉办法》。2000 年，中共中央办公厅、国务院办公厅下发《关于转发〈民政部关于在全国推进城市社区建设的意见〉的通知》，2001 年，先后制定下发中共安徽省委办公厅、省人民政府办公厅《关于全面推进城市社区建设的意见》；省人民政府《关于加快发展社区服务业的意见》；《关于尽快完成社区规模调整和组建工作的通知》；2003 年 10 月，中共安徽省委、省人民政府在蚌埠召开全省城市社区建设工作经验交流会；安徽省委办公厅、安徽省政府办公厅出台《关于进一步加强城市社区基础建设切实解决“四有”问题的通知》，着力推进社区“四有”建设和发展社区“四个民主”。2006 年 10 月，中共安徽省委、省人民政府在芜湖召开全省城市社区建设工作经验交流会。2007 年 2 月，中共安徽省委、省人民政府出台《关于加强和谐社区建设的意见》，进一步明确居民自治是社区建设的发展方向。

截至 2008 年年底，全省共有社区 2649 个，已建成区（县、市）级社区服务中心 60 个、街道（镇）社区服务中心 377 个、社区服务站 2135 个。社区工作和活动用房达 77 万多平方米，其中有 1229 个社区达 300 平方米以上，552 个社区达 200 平方米以上。开展各类社区服务项目40多项，社区服务工作者达2万多人。社区志愿者组织2121个，社区服务志愿者达8万多名。涌现出合肥市蜀山区等7个全国社区建设示范区和芜湖市镜湖区等26个省级社区建设示范区（县、市），以及一大批全国、全省社区建设先进单位和个人。

城镇居委会 城镇居委会即城镇社区居民委员会。社区居民委员会(居民委员会)，简称“居委会”“社区居委会”。社区居民委员会是居民自我管理、自我教育、自我服务的基层群众性自治组织，地位相当于农业区的村民委员会，管辖对象为城市、镇非农业居民为主。

1980年，安徽省各地街道办事处工作原则为“以经济工作为中心，城市管理为重点，其他工作兼顾”。既承办上级交办的行政事务，又管理自办的工、商、服务业，工作范围超出《城市街道办事处组织条例》的规定，工作人员亦不断增加。据合肥、芜湖、马鞍山、淮南等省辖市调查，各市街道办事处内，或设办公室及政秘、社会、生产三股；或设街道、工商企业、城市管理3个办公室及武装部；或设生产、计划生育、司法、民政、城市管理、卫生、会计7个办公室；或只设生产、计划生育2个办公室，其余各项工作只在人员中分工。每个街道办事处定编3至7人，实际工作人员均在15人左右。宿州、阜阳、六安3个县级市的街道办事处机构，基本同于省辖市街道办事处。县改市的滁州、巢湖、亳州、宣州、贵池5个县级市，其街道办事处机构设置与乡政府机构设置基本相同。

1980年上半年，根据省人民政府关于宣传贯彻《中华人民共和国城镇居民委员会组织条例》，迅速恢复、整顿、健全居民组织的要求，省民政厅组织各省辖市开展调查，发现主要问题是：1. 随着城镇人口的增加，大部分居民委员会所辖户数超出规定，不便管理；2. 居民委员会大多未按规定配齐工作人员，不能全面开展工作；3. 多数居民委员会多年未改选，主要负责人大都年老体弱或文化水平低下，只能勉强应付部分工作；4. 各地居民委员会除执行《中华人民共和国城镇居民委员会组织条例》规定的任务外，还承办粮食、商业、税务、房管、工商管理、银行、城建、环保等部门交办的核定和分发粮卡、发放票证、收房地产税和房租、协助管理个体商贩、宣传和组织储蓄、协助征用土地及征兵、招工等事务，工作人员不堪负荷；5. 居民委员会工作人员待遇菲薄。

1981年起，各市根据民政部通知精神，针对存在的问题，逐步由民政部门管理居民委员会工作。经过整顿，至1987年5月，全省16个市（合肥、芜湖、蚌埠、淮南、淮北、马鞍山、铜陵、安庆、屯溪、阜阳、亳州、黄山、宿州、滁州、六安、巢湖）共有居民委员会1384个，居民委员会干部2986人，其中离退休职工30.2%，在职职工21.2%，其他人员（包括兼职干部）48.6%，年龄多在50岁左右，均有一定文化水平；三分之二的居民委员会解决办公用房；大部分市根据物价及调整工资情况，采取市、区财政补贴一点，大型企业资助一点，街道、居民委员会自筹一点的办法，相应提高居民委员会干部的生活待遇；大部分市每年对居民委员会干部进行培训。城市居民委员会建设和工作已恢复正常，各居民委员会在社会治安综合治理、创建文明城市、兴办第三产业、开展社区服务等方面发挥群众自治作用。其中安庆市宜城路街道天台里居民委员会于1985年被司法部树为全国调解工作典型；芜湖市二街街道体育场居民委员会因加强社会治安综合治理取得显著成绩而受到中共安徽省委、省人民政府的表彰；蚌埠市纬二街道爱国巷居民委员会则被誉为蚌埠市精神文明建设的一颗明珠，受到国内外参观者的高度评价。

1987年6月，省民政厅根据全国城市街道居民委员会工作会议要求，在全省城市居民委员会工作经验交流会上提出，各市、镇居民委员会的主要任务是：加强社会主义精神文明建设，积极兴办各种社会服务事业；协助政府做好工作，密切党和政府同居民的关系。此后，居民委员会工作不仅被列入各市政府议事日程，而且继蚌埠市以后，合肥、淮南、芜湖、马鞍山等市亦先后将开展居民委员会活动纳入文明城市建设规划。

1989年，全省共设居民委员会2388个，设街道办事处172个（一些城关镇和大的镇也设有街道办事处，因与《中华人民共和国地方各级人民代表大会和地方各级人民政府组织法》不符，故未统计）；其中18个市（含县级市）设居民委员会1615个，465个镇设居民委员会773个。

安徽省城市社区建设起步较晚，真正抓社区建设是从2001年开始的。但是，由于各级领导对社区地位及其重要性认识到位，比较重视，抓的较紧，因而发展较快，发展势头很好。为加强城市社区建设，安徽省委办公厅、省人民政府办公厅先后发出《关于全面推进城市社区建设意见》《关于进一步加强城市社区基础建设切实解决“四有”问题的通知》，省政府发出《关于加快发展社区服务业的意见》，中共安徽省委、省人民政府下发《关于加强和谐社区建设的意见》等文件，各地狠抓落实，使全省城市社区建设进入发展提高的新阶段。

截至2007年年底，各地通过整合，全省有社区居委会2300个，其中有1392个在中心城区。社区居委会专职工作人员12050余人，平均每一社区居委会5至9人，大专以上文化程度占24.6%，党员占58%。在办公用房或活动用房上，达标的社区有1098个，占社区总数的47.8%，其中在中心市区的社区居委会用房标准为300平方米以上的有774个，县城社区居委会用房标准为200平方米以上的有324个。为发挥社区服务功能，建有区县级社区服务中心32个，街道及镇社区服务中心434个，社区服务站1802个；社区志愿者组织2264个，服务志愿者8万余人。社区居委会还建有警务室1735个，图书室1085个。为加强基层民主政治建设，已经换届选举的社区居委会有1839个，占80%。省民政厅随后发出文件，要求今后统一进行换届选举，全省各地大体同步。

民主选举　民主选举是社区民主的一个基本表现，社区居民有权通过其赞同或认可的形式选举和被选为居民代表、居民小组长以及社区成员代表大会成员、社区协商议事委员会成员和社区居委会成员。民主选举遵循“选民登记—公布条件—报名—资格审查—初步选举—正式选举”的选举程序，贯彻差额选举、双过半数、公开计票、无记名投票等原则，结合直接选举和间接选举两种方式，整个过程要求公开、公平、公正。

根据《中华人民共和国城市居民委员会组织法》的规定，其班子由5至9人组成；

分别为主任、副主任和委员，每届任期三年。居民委员会决定问题，采取少数服从多数的原则。可以根据需要设人民调解、治安保卫、公共卫生等委员会。居民委员会可以分设若干居民小组，小组长由居民小组推选。居民委员会的工作经费和来源由上级政府规定和拨付。产生原则，通过选举产生。选举方式可由居民、居民户代表或者居民小组推举的代表过半数出席，由出席人的过半数通过。

1993年前后，安徽省绝大多数居委会进行首次换届选举。各地社区居委会换届选举工作分六个阶段进行：准备阶段，即按社区居民户2%～3%比例由各居民小组推选产生居民代表，居民代表人数应不少于30人；制定工作方案和宣传计划，编印宣传材料，培训工作骨干。宣传发动阶段，广泛运用宣传栏、板报、标语、会议、登门等多种形式，深入宣传《中华人民共和国城市居民委员会组织法》和《安徽省实施〈中华人民共和国城市居民委员会组织法〉办法》以及换届选举的目的意义，提高广大居民的民主意识和参选积极性。直选试点社区选举委员会对选民资格进行审查登记，非试点社区选民进行户代表或居民代表审查登记。试点社区选民名单在选举日的20日前张榜公布，非试点社区在选举日20前张榜公布社区居民代表名单。登记推荐阶段，凡年满18周岁，在45周岁以下（现任社区居委会干部可放宽到女52周岁男55周岁），具有高中以上文化程度（现任社居会干部可放宽到初中），身体健康，热爱社区工作，认真执行党的路线、方针、政策，能代表民意，办事公道，廉洁奉公，热心为居民服务，并具有一定的组织、协调能力和文字表达能力，持有本行政区常住户口的居民均可报名。推荐申报社区主任人选的，须有两年以上的社会工作经历。投票选举阶段，正式选举日的3天前要公布投票选举的时间、地点。居民委员会主任、副主任和委员均实行差额选举，选举会议由本居住地区全体有选举权的居民、户代表过半数参加选举，方为有效。候选人须获得参加会议人数过半数选票，始得当选。建章立制阶段，新一届社区委员会产生后，要指导各社区尽快健全有关组织，明确分工，选好居民组长，建立和完善各种规章制度，使社区居委会工作有章可循；要做好交接工作，确保工作的延续性。总结验收阶段，换届选举工作结束后，召开社区居委会干部和居民代表座谈会，全面总结，并上报总结材料，接受上级检查验收。

2006年2月，省民政厅下发《关于做好2006年社区居民委员会换届选举工作的通知》。各地以民主选举、民主决策、民主管理、民主监督为主要内容的基层民主政治建设逐步形成，社区内部及居民逐步实现自我管理、自我教育、自我服务和自我监督。强调切实提高组织社区居委会换届选举工作的水平。建立换届选举工作领导机构。积极向党委政府汇报，建立由党政领导挂帅、有关部门参与、民政部门组织协调的换届选举工作机构，并保证必要的工作人员和工作经费。通过召开例会、集体办公、调研督查、编发简报等形式，切实履行职责，指导好本地区社区居委会的换届选举工作。加大对“难点”社区的分类指导。对那些因种种原因不能按期选举的“难点”社区，选举前要认真分析原因，找准症结，分类指导，周密安排，并派驻工作指导组或指导员，有针对性地制定选举方案,确保选举成功,不留“后遗症”。对无故拖延选举、不履行职责的居民选举委员会,经居民会议同意,可终止其职责,另行推选或按上次推选结果依次递补。有条件的地方可以把选举观察员制度、司法公证等监督力量引入社区居委会换届选举活动,也可以运用现代科技手段对选举现场进行有效监督,确保选举活动的顺利进行。及时研究总结换届选举工作的经验教训。各地换届选举结束后,要通过研讨会、情况分析会、剖析案例等形式及时研究问题,总结经验,分析教训,把握规律。对工作中发现的问题,凡民政部门自己能够改正完善的,应及时下发文件予以完善;需要几个部门联合下发文件解决的,要主动与有关部门协商解决;需要报请党委、人大常委会或政府决定的,应及时将解决方案上报。换届选举结束后,要及时以市为单位向本级人民政府和省民政厅写出书面报告。

全省各地新组建的社居委均依据《中华人民共和国城市居民委员会组织法》和我省“实施办法”选举产生,普遍实行社区居务公开、定期评议居干制度。社区直选也在逐步展开。芜湖市2006年第五届社区居委会换届,市辖四区全面实施直接选举,马鞍山、安庆、合肥等市也积极开展社区直选试点,并在实践中积累许多好做法、好经验,从而有力推进全省居民自治和社区民主进程。省民政厅还积极探索、认真指导芜湖、安庆、铜陵等市开展社区“议行分设”试点,初步达到了社区内的组织、功能和资源的合理整合,形成社区行政管理机制、民主自治机制、市场运作机制相结合的城市基层工作新格局,使社区工作进一步适应现代化城市建设的发展需要,不断满足居民群众多层次、多方面的需要。

截至2008年4月,全省2649个城市社区居委会,已有518个社区居委会进行直接选举;714个社区居委会进行户代表选举;1071个社区居委会进行居民小组代表选举,346个社区居委会因没有到届未举行换届。

2009年2月20日,安徽省委组织部、省民政厅印发《关于全省城市社区党组织委员会和社区居民委员会统一换届选举工作的意见》。城市社区居民委员会换届选举工作,从7月开始至9月底结束,此次城市社区居民委员会换届选举是安徽省城市社区居民委员会首次统一换届选举。全省2425个城市社区居委会,除2008年已经换届的743个社区居委会外,其余1682个社区居委会全部参加全省城市社区居委会首次统一换届选举。一次选举成功率达98%,居委会班子平均年龄40岁,“两委”交叉任职和“一肩挑”达到31%,女干部占68%。芜湖市、铜陵市和黄山市徽州区等地方在借鉴第七届村委会换届选举中三项改革试点成功经验基础上,在条件成熟的城市社区居委会开展了观察员制度、“一票制”选举、定岗选举三项改革试点。

居民自治　社区居民自治,是按照社区居民“自己管理自己的事情”“大家的事大家办”的原则,在社区内实行民主选举、民主决策、民主管理、民主监督,实现社区居民自我管理、自我教育、自我服务,通过民主协商的方式,解决社区内公共事务和公益事业方面的问题,共同创造自己的幸福生活。

1987年5月,安徽省人民政府在蚌埠市召开全省城市居委会工作经验交流会,会议明确新时期居委会的地位和任务。同年5月底,全省16个市(不包括后成立的宣州市)共有居委会1348个,居委会干部2986人,平均年龄50岁左右,有一定的文化水平。绝大多数地方采取市、区财政补贴,大型企业资助,街道、居委会自筹相结合的办法,提高居委会干部的生活待遇。已办理退养手续的635名干部,有80%的人享受了退养补助。

1991年12月,省民政厅在芜湖市新市口居委会对贯彻实施《中华人民共和国城市居委会组织法》工作进行试点。1992年春,省民政厅部署全省贯彻实施《中华人民共和国城市居民委员会组织法》工作。到1995年年底,全省已有2400个居委会实施《中华人民共和国城市居民委员会组织法》,占总数的90%。

1995年安徽省居委会干部结构统计表

表2-1-2

居委会数（个）	居委会干部数（人）	人员结构					文化结构		年龄结构	
		纯居民（人）	离退休人员（人）	选聘的在职职工（人）	中共党员（人）	妇女干部（人）	大专以上（人）	初中以下（不含初中）	40岁以下（人）	65岁以上（人）
2668	12336	5033	2370	4933	3392	5703	225	2734	2928	546

1995年安徽省居委会兴干部补贴及办公用房情况统计表

表2-1-3

享受财政补贴的居委会数（个）	财政补贴标准(元)		有办公用房居委会数（个）	退离居委会岗位的原居委会干部补贴人数		
	最低标准	最高标准		总数（人）	享受财政补贴数（人）	享受医疗补贴数（人）
1923	29	269	2089	1197	801	583

1995年安徽省居委会兴办生产生活服务事业情况统计表

表2-1-4

居办服务网点（含企业）（个）	年产值（万元）	年销售收（万元）	年利润（万元）	各档次年利润收入居委会数（个）					经济空白居委会数（个）
				100万元以上	50万~100万元	10万~50万元	1万~10万元	1万元以下	

安徽省管辖居民户数最多的居委会是宣州市城西居委会,辖3204户;居民户数最少的居委会是蚌埠市西市区雅郢居委会,辖90户。经济效益最好的居委会是阜阳市新建居委会,1994年产值9828万元,销售收入9820万元,利润169万元。

1997年7月26日,《安徽省实施〈中华人民共和国城市居民委员会组织法〉办法》经安徽省第八届人民代表大会常务委员会第三十二次会议通过,自1997年10月1日起施行。明确居民委员会的任务:1. 宣传宪法、法律、法规和国家的政策,维护居民的合法权益,教育居民依法履行应尽的义务,爱护公共财产;2. 组织居民开展创建文明城市、文明小区和文明家庭等多种形式的社会主义精神文明建设活动;3. 办理本居住地区居民的公共事务和公益事业,开展社区服务活动;4. 调解民间纠纷,促进居民家庭和睦、邻里团结;5. 协助人民政府或其派出机关做好与居民利益有关的社会治安综合治理、公共卫生、计划生育、拥军优属、社会救济、青少年教育、再就业等项工作;6. 向人民政府或其派出机关反映居民的意见、要求和提出建议;7. 多民族居住地区的居民委员会,应当教育居民互相帮助,互相尊重,加强民族团结;8. 召集和主持居民会议,向居民会议报告工作,并执行居民会议的决议。

同时规定居民委员会根据居民居住状况,按照便于居民自治的原则,一般在 100 户至 700 户的范围内设立。居民委员会的设立、撤销、规模调整,由不设区的市、市辖区的人民政府决定,并报上一级人民政府民政部门备案。居民委员会由主任、副主任和委员共 5 至 7 人组成,具体人数由不设区的市、市辖区人民政府根据居民委员会的规模大小确定。多民族居住地区,居民委员会应有少数民族的成员。居民委员会主任、副主任和委员,由本居住地区全体有选举权的居民或者由每户派出代表选举产生;根据居民意见,也可以由每个居民小组选举代表 2 至 3 人选举产生。居民委员会每届任期 3 年,其成员可以连选连任。居民委员会成员候选人,由居民小组推荐;本居住地区有选举权的居民 20 人以上或者户代表 10 人以上联名,也可以推荐。经过民主协商,由选举委员会根据较多数居民的意见,确定正式候选人,并于选举日前 3 天,以姓氏笔画为序张榜公布。居民委员会根据需要,设立人民调解、治安保卫、公共卫生、计划生育、社区服务等委员会。居民委员会成员可以兼任下属委员会的成员。居民较少的居民委员会可以不设下属委员会,由居民委员会成员分工负责有关工作。新建小区的公共设施移交当地人民政府后,可交由居民委员会管理,用于发展社区服务事业。

第二章 社区建设

社区是指聚居在一定地域范围内的人们所组成的社会生活共同体。社区建设是指在党组织和政府领导下，依靠社区力量，利用社区资源，强化社区功能，解决社区问题，促进社区政治、经济、文化、环境的协调和健康发展，不断提高社区成员生活水平和生活质量的过程。社区建设是一项新的工作，大力推进社区建设，是城市经济和社会发展到一定阶段的必然要求，是面向新世纪中国城市现代化建设的重要途径。随着改革开放的不断深入，特别是社会主义市场经济体制的初步确立，包括街道办事处、居民委员会在内的城市基层社会结构面临改革和调整的任务，社区的地位和作用显得十分重要，社区建设的要求非常迫切。

安徽省的社区建设是在社区服务逐步完善的基础上开展起来的。经过多年努力，社区服务在全省城市已经有一定的发展，为推进安徽城市社区建设奠定了基础。

第一节 城市社区基础建设

社区基础建设包括社区组织工作用房、居民公益性服务设施建设和管理工作等方面。城市社区建设的基本原则是：以人为本、服务居民；资源共享、共驻共建；责权统一、管理有序；扩大民主、居民自治；因地制宜、循序渐进。坚持一切从实际出发，突出地方特色，从居民群众迫切要求解决和热切关注的问题入手，有计划、有步骤地实现社区建设的发展目标。

基础设施建设 安徽省各地普遍成立社区基础设施建设工作领导小组，切实把社区建设工作列入重要工作日程。并从实际出发，从夯实基础入手，将社区建设纳入当地经济与社会发展计划，加大投入，加强指导，不断推进社区建设的跨越式发展。一些地方还制订考核评比标准，建立目标管理责任制，定期进行考核。社区党组织建设得到加强，基本达到“一居一党组织”的要求，社区党建已成为社区组织体系建设的核心。全省各地普遍建立健全社区居委会、居民代表大会、议事委员会等社区自治组织，成立计生、社保、综治、治安、老龄、民事调解、妇女儿童等专门委员会及社区中介组织，加强了居民组长、片长、楼（院）长配备与管理，构筑起以社区党组织为核心的多层次、全方位的社区领导体制和工作机制。

2001 年，安徽省成立由省委副书记王昭耀任组长的省社区建设工作领导小组，省直27个相关部门为成员单位,并明确各成员单位的职责。同年9月23日,安徽省委、省人民政府在合肥召开全省城市社区建设工作会议,省委副书记、省社区建设工作领导小组组长王昭耀,民政部常务副部长李学举参加会议并讲话;副省长、省社区建设工作领导小组副组长田维谦作工作报告。

2001年12月14日,中共安徽省委办公厅、省人民政府办公厅制定下发《关于全面推进城市社区建设的意见》,提出城市社区建设的主要目标是:适应城市现代化的要求,加强社区党的组织和社区居民自治组织建设,建立起以地域性为特征、以认同感为纽带的新型社区,构建新的社区组织体系。以拓展社区服务为龙头,不断丰富社区建设内容,增加服务项目,促进社区服务社会化、产业化和网络化,不断提高居民生活质量,满足人民群众日益增长的物质文化需求。理顺社区关系,力争通过几年的努力,逐步建立与社会主义市场经济体制相适应的"便于管理、有利自治、条块结合、以块为主"的城市社区管理体制,基本形成功能完善、服务规范的工作运行机制。坚持政府指导和社会共同参与相结合,充分发挥社区力量,合理配置社区资源,大力发展社区事业,不断提高居民的素质和社区的文明程度,努力建设环境舒适优美、管理规范有序、服务设施配套、人际关系和谐、社会治安良好的现代化社区。

同时,安徽省委办公厅、省人民政府办公厅要求,进一步改善社区居民委员会基础设施建设。凡新建、改建居住区的建设单位,要将社区居民委员会办公用房和公共配套设施纳入居住区详细规划,规划设计方案,应征求区有关部门或街道办事处的意见。住户在1500户以下的应有使用面积不少于50平方米的办公用房,住户在1500户以上的根据实际需要可以适当增加。工程竣工后,建设单位要将社区居民委员会办公用房无偿交给所在地的区政府或街道办事处,社区居民委员会建立后移交给社区居民委员会使用,任何组织和个人不得侵占。凡因各类建设需要拆迁的社区居民委员会办公用房,由建设单位按照拆一还一的原则重建。社区居民委员会规模调整与合并后腾出的办公用房和服务用房,要用于开展社区服务,不得挪作他用。

2002年4月8日,省民政厅制订《安徽省社区建设示范区(市)标准(试行)》和《安徽省社区建设示范社区标准(试行)》。

2002年7月4日,安徽省委常委会决定在省社区建设工作领导小组下设四个专业工作指导组。社区组织指导组:由省委组织部牵头,省民政厅、团省委、总工会、妇联参加,由省委组织部领导任组长,主要是指导社区党组织和社区自治组织建设工作;社区服务指导组:由省民政厅牵头,省计委、财政厅、卫生厅、劳动厅、建设厅、工商局、地税局参加,由省民政厅领导任组长,主要是指导社区服务工作;社区文明指导组:由省委宣传部、省文明办牵头,省文化厅、省教育厅、省建设厅、省卫生厅、省司法厅、省计生委、省体育局、省环保局、省科委、团省委、省总工会、省妇联、省科协参加,由省委宣传部和省文明办的领导分别担任组长和副组长,主要是指导社区文明创建工作;社区治安指导组:由省委政法委、省社会治安综合治理办公室牵头,省公安厅、省司法厅参加,由省委政法委、省社会治安综合治理办公室的领导分别担任组长和副组长，主要是指导社区治安综合治理工作。

2002年9月，合肥市蜀山区、庐阳区，淮北市相山区，安庆市大观区，芜湖市新芜区、镜湖区，淮南市田家庵区7个城区被命名为“首批”国家级社区建设示范区。

2002年9月30日，省社区建设工作领导小组召开第二次会议，会议由省社区建设工作领导小组组长、省委副书记王昭耀主持，省社区建设工作领导小组成员参加会议。会议决定在全省选择一至两个市作为社区基础设施建设试点市，省及有关单位要对其加强指导、扶持，要求试点市力争于2003年第三季度前完善城市社区各项基础工作。2003年初，省社区建设工作领导小组确定蚌埠、马鞍山、铜陵3个市作为省社区基础设施建设试点市。

2003年10月23日，安徽省委办公厅、省政府办公厅下发《进一步加强城市社区基础建设切实解决“四有”问题的通知》，要求健全组织，稳定队伍，切实解决社区建设有人办事的问题；加大投入，广泛支持，多渠道解决社区建设有钱办事的问题；加大力度，因地制宜，加快解决社区有地方办事的问题；加强领导，规范管理，进一步解决社区建设有章理事的问题。特别强调加快社区基础设施建设，力争到2005年年底前，市辖区的社区机构办公用房和活动用房达到300平方米，县级市和县城的社区机构办公用房和活动用房达到200平方米，并主要用于社区党组织和社区居民委员会、警务室、图书阅览室、社区服务站和老年活动室等。当年5月，省民政厅确定把蚌埠、马鞍山、铜陵三市作为全省社区基础设施建设试点市，已基本完成试点任务。次年，省财政共投入700万元用于社区基础建设。各市进一步加大投入，全省社区“四有”基础建设得到明显改善，社区工作水平有了新的提高。

2006年，省社区建设领导小组组成人员进行调整，安徽省委常委、省委政法委书记徐立全任组长，省政府副省长赵树丛、省政府副秘书长张秋保、省民政厅厅长李宏塔、省委组织部副部长刘莉任副组长。

2006年11月15日，安徽省委、省人民政府在芜湖市召开全省社区建设工作会议。总结近三年来安徽省社区建设取得的新进展、新成效，部署推进和谐社区建设工作。安徽省委常委、省委政法委书记徐立全，省委副秘书长周光全，省政府副秘书长、省政府办公厅主任梁热，省委宣传部副部长郎涛，省委政法委副书记、省综治办主任马大伟，省民政厅厅长李宏塔，省民政厅副厅长王佛生等省社区建设领导小组成员单位领导同志参加会议。会议对全省社区建设示范区（县、市）、社区建设先进单位、百佳社区进行了表彰。

2007年2月，安徽省委、省人民政府制定《关于加强和谐社区建设的意见》。确定的主要任务是：以建设管理有序、服务完善、文明祥和的社会生活共同体为目标，全面开展城市社区建设，积极推进农村社区建设，健全新型社区管理和服务体系，使社区在提高居民生活水平和质量上发挥桥梁作用，在维护社会稳定、为人民群众创造安居乐业的良好环境上发挥促进作用，力争通过几年的努力，把全省社区建设成为居民自治、管理有序、服务完善、环境优美、治安良好、文明祥和的新型社区。

2007 年 8 月，芜湖县、当涂县、岳西县和黄山市屯溪区被民政部确定为“全国农村社区建设实验县（区）”。

同时，全省各地加强社区队伍建设，根据“公开招聘、定岗竞争、择优入围、依法选举”的原则，从大中专毕业生、退役士兵、下岗职工和待业人员中选拔聘用优秀人才充实社区专职队伍。截至 2007 年年底，全省平均每个社区配备有 5 至 7 名专职工作人员，初步解决了“有人办事”的问题。淮北等地还从机关、事业单位中选派一批优秀党员干部到社居委挂职担任社区党组织书记或第一书记，有力地加强了社区工作力量。

各地以政府投入为主，全社会广泛支持，多渠道筹集资金相结合的社区建设投入机制已初步形成，“有钱办事”的问题正在逐步得到解决。2003 年至 2007 年，各级财政共安排 17 亿多元资金用于社区建设工作。芜湖市 2002 年至 2007 年共投入资金 8000 万元，其中 2006 年投入 5100 万元。合肥市 2004 至 2007 年共安排资金 9000 万，加上区、县投入达 2 亿多元。社区基础设施建设力度进一步加大，有效解决了“有地方办事”的问题。2005 年至 2007 年，全省社居委活动和服务用房增加 4 万平方米。合肥、芜湖、铜陵、蚌埠、马鞍山等市已实现社区活动和服务用房达到 300 平方米的目标。含山、东至等县和一些中心集镇的社区活动和服务用房基本上达到 300 平方米，超过省里规定的标准。

截至 2008 年年底，全省各地社区建设规范化管理的力度进一步加大。各地党委、政府切实加强领导，制定社区建设发展规划，建立社区建设工作责任制，出台社区建设工作考核标准和一系列社区规章制度，将社区建设纳入规范化、制度化管理的轨道，社区基本做到“有章理事”。铜陵市根据新的形势，出台社区准入制度，优化社区建设外部发展环境。

创建示范社区　2000 年，中共中央办公厅、国务院办公厅《关于转发〈民政部关于在全国推进城市社区建设的意见〉的通知》明确要求，从 2001 年开始，各省、自治区、直辖市要选择有一定工作基础的大中城市和市辖区作为示范单位，有组织、有计划、有步骤地开展社区建设示范活动。重点抓好大中城市尤其是直辖市、省会城市和计划单列市的示范活动，逐步向中小城市和城镇发展，力争创建一批社区建设示范城、示范街道和一大批示范社区，并能发挥其示范作用。同时规定社区建设示范单位分全国和省（自治区、直辖市）两级。全国社区建设示范城的范围为：县级以上城市和市辖区。省一级社区建设示范城的范围，由各省、自治区、直辖市自行确定。示范活动采取“分层选点、分级负责”的办法，即民政部负责全国社区建设示范市、区基本标准的制定，并组织实施。

2003 年 10 月 27 日，安徽省委、省人民政府在蚌埠召开全省城市社区建设工作经验交流会，安徽省委书记王太华对加强城市社区建设工作作出重要指示，省委副书记王昭耀、省政府副省长徐立全在会上对推进社区建设工作提出明确的要求。会议命名表彰11个省级社区建设示范区：黄山市屯溪区、铜陵市铜官山区、安庆市迎江区、蚌埠市西市区、巢湖市居巢区、池州市贵池区、滁州市琅琊区、六安市金安区、淮南市八公山区、马鞍山市金家庄区、芜湖市马塘区。

省民政厅对社区居委会分片进行调查研究，针对存在的问题向省委、省政府作了专题报告，引起高度重视。2003年10月，安徽省委办公厅、省人民政府办公厅制定补发《关于进一步加强全省城市社区基础建设切实解决“四有”问题的通知》，对居委会办公用房、干部补贴、经费来源等都提出具体标准，对促进社区建设发挥了重要作用。

2003年，安徽省16名社区党组织领导班子成员和社区居委会专职成员被中央组织部、民政部评为“全国优秀社区工作者”。合肥市蜀山区、庐阳区，芜湖市新芜区、镜湖区，安庆市大观区，淮北市相山区，淮南市田家庵区7个区被评为“国家级社区建设示范区”。

2003年12月5日，中国社会工作协会命名表彰安徽省14个单位为“全国社区志愿者先进单位”，30人为“全国社区志愿者先进个人”。

2003年，第一期万家社区图书室援建和万家社区读书活动中，安徽省共有13个市的390个社区接受万家社区图书室援建；2004年第二期万家社区图书室援建和万家社区读书活动中，全省有500个社区接受援建。

2004年，全国社区文明风采电视大赛华东赛区设在合肥市举行。全国社区文明风采电视大奖赛总决赛中，安徽省获得1个一等奖，2个三等奖，1个优秀节目奖，1个优秀选手奖。

2004年，全国万家社区图书室援建和万家社区读书活动中，安徽省1个省级、1个市级、2个县（区）级、2个街道级、3个社区共9个单位评为先进单位，4名个人被评为先进个人。合肥市包河区宁国路街道包河社区居委会、合肥市瑶海区三里街街道三村社区居委会、芜湖市新芜区汀棠街道藕香园社区居委会、铜陵市铜官山区长江路街道天桥社区居委会、池州市贵池区池阳街道古舜社区居委会5个社区被评为“全国百佳学习型社区”。合肥市包河区宁国街道包河社区居委会同时被评为“全国十佳学习型社区”。

2005年6月14日，省民政厅制发《安徽省社区建设示范县标准（试行）》《安徽省社区建设示范区（市）标准（试行）》《安徽省百佳社区标准》。当年，省民政厅表彰100个“安徽省百佳社区”、60个“安徽省社区建设工作先进单位”和100名“安徽省社区建设工作先进个人”。

2006年10月17日，省民政厅下发《关于开展“建设和谐社区示范单位”创建活动的通知》后，全省各地积极开展和谐社区示范创建活动。通过示范社区创建活动，基本形成社区主导、社会参与的良好格局。各示范区按照“政府扶持、社会参与、社区主导、非营利组织运作、市场化管理”的思路，围绕“12345”工作目标和任务展开，即建立一个平台、完善两支队伍、突出三类重点、开展四项服务、倡导五种互动，构建适合需求的社区养老服务体系，效果显著。

2007年2月，安徽省委、省人民政府下发《关于加强和谐社区建设的意见》。截至2007年年底，涌现一批社区先进单位。其中，全国社区建设示范区7个，“全国社区志愿者先进单位”14个。省级社区建设示范区15个：即蚌山区、居巢区、八公山区、金家庄区、铜官山区、马塘区、迎江区、屯溪区、金安区、贵池区、琅琊区等。省级社区建设先进单位61个，百佳社区102个。先后有16人被评为“全国优秀社区工作者”，30人被评为“全国社区志愿者先进个人”。安徽社区建设走向全国中等偏上水平。

2009年，民政部命名合肥市蜀山区等6个区为全国和谐社区示范区；合肥市瑶海区和平路街道等9个街道为全国和谐社区示范街道；合肥市庐阳区逍遥津街道义仓社区等19个社区为全国和谐社区示范社区。

第二节　城市社区公共服务

社会公共服务一般是指依托社会公共设施或公共部门、公共资源的服务。社区服务的定位：即以城市街道、居民委员会为依托，依靠社会力量兴办的实行自负盈亏管理的社区型社会福利设施和社会服务网络。包括为老年人服务的设施，如街道办敬老院、颐寿院、托老所、老年庇护所、老年活动中心、老年婚姻介绍所、老年综合服务站、老年康复门诊等。为残疾人服务的设施，如社区福利工厂（组）、精神病人工疗站、心理咨询辅导站、残疾人社区康复中心、残疾人婚姻介绍所等。为儿童服务的设施，如街道托儿所、幼儿园、学前所、小学生活动站、失足青少年帮教组，以及残疾儿童寄托所、弱智儿童启智班、残疾儿童康复门诊等。为烈军属服务的设施，如烈军属活动站，烈军属之家。家庭服务和便民利民服务，如综合包户服务、家庭照料服务、开设家庭病房、开展邻里互助服务等。社区服务本来只限于民政部门的便民利民服务和为一定群体的福利服务。随着社区居民需求的扩展，社区文化、社区体育、社区卫生、社区环境等方面的服务性活动也发展起来。

社区服务　安徽省社区服务从1987年开始试点，到2001年9月，各中心城市均不同程度地建立三级社区服务网络。全省有各类社区服务设施近2万个，其中区级社区服务中心21个，街道级社区服务中心38个，居委会社区服务站1056个，各种便民利民服务网点1.8万多个，直接吸纳下岗待岗职工27.2万余人。社区服务的内容和对象逐渐扩展，各地先后开展以孤、老、残、困、优抚对象为重点的社会救助和社会福利服务，面向下岗职工、无业人员的再就业及生活保障服务等系列服务，满足了社区居民多层次、多方位的服务需求。服务内容不断拓展，由原来仅面向特困群体的福利性服务，拓展为家政中介、计生优育、医疗保健、文化娱乐、治安保洁、就业培训和中介、市民求助等70

多个服务项目。全省有12个市区开展社区建设试点工作，已有7个市区的试点工作结束。合肥市西市区被民政部确定为“全国社区建设实验区”。试点工作主要按照便于服务管理、便于开发社区资源、便于社区居民自治的原则，以及地域性、认同感等社区构成要素，对原居委会所辖区域作适当调整，以调整后的居委会辖区作为社区。

已完成试点工作的7个区中原有537个居委会和家属委员会，调整为312个社区。社区居委会所属居民一般在1500户左右，有的达到3000户，有效地解决过去居委会规模过小、地域交叉、不便管理等问题。在社区划定后，分别建立社区党组织、社区居民代表大会、社区居委会和社区议事会4个社区组织。在社区干部配备上，主要采取公开招聘、民主选举、竞争上岗等方法选配。通过开展社区建设，逐步理顺社区居委会与城市基层政权机关、驻区单位的关系，进一步加强基层政权建设和城市区域综合管理。

2006年，省民政厅围绕贯彻落实国务院《关于加强和改进社区服务工作的意见》，针对各地社区组织工作用房、居民公益性服务社区建设情况、社区志愿服务的发展情况等问题，开展了社区服务专项督查调研。

安徽省人民政府《关于加快发展社区服务业的意见》下发后，全省社区服务业取得了明显的效果。许多城市建立区、街、居三级社区服务络。截至2007年年底，全省共建成区（县、市）级社区服务中心网60个，街道（镇）社区服务中心377个，社区服务站2135个，各类社区服务设施2.1万个，社区服务项目达40多项，在为社区居民提供方便、实惠、快捷的服务，较好地满足社区居民多层次、多方位的服务需要。根据卫生部、民政部、国家中医药管理局《关于创建全国社区卫生服务示范区的通知》精神，安徽省制定《创建全国社区卫生服务示范区、省级社区卫生服务示范中心标准》，并组织开展创建工作，促进全省社区卫生工作的发展，全省社区卫生服务站（点）达2058个。为丰富居民群众的文化生活，各地开展社区图书室援建和万家社区读书活动，2006年第五期援建的社区图书室为390个。各地还开展包括社区读书活动在内的丰富多彩的各种社区文体活动，如蚌埠市社区广场演出，铜陵市社区文艺汇演，马鞍山市第二届社区体育大会等，丰富社区居民的业余生活，增强社区的凝聚力，提高居民参与社区事务的积极性。

创建示范城区 1999年9月，社区服务工作正式移交到基层政权和社区建设处。根据省人民政府的安排，省民政厅组织参加社区服务的调研工作，起草《关于加快发展我省社区服务业的汇报提纲》，提纲中列举安徽省社区服务业的基本情况、主要做法、存在的问题，提出加快发展全省社区业的指导思想、基本原则，近期内发展的总体目标以及采取的措施；修改《关于加快发展社区服务业的决定》。12月6日，省人民政府召开省社区服务领导小组会议。

2000年，省民政厅命名合肥市西市区、滁州市琅琊区、铜陵市铜官山区、芜湖市镜湖区、淮南市田家庵区、淮北市相山区和阜阳市颍泉区为“社区服务业先进城区”。

2000年12月29日，省人民政府常务会议决定撤销省社区服务领导小组，建立省社区服务联席会议制度，副省长田维谦为联席会议第一召集人，联席会议办公室设在省民政厅。

2001 年 3 月，民政部下发《全国城市社区建设示范活动指导纲要》，要求在全国开展社区建设示范活动，全面推进城市社区建设。明确社区建设示范活动重点在城市，工作基础是社区，必须把工作重点放在大中城市，放在城市基层。结合本地实际，从大中城市的基础工作抓起，从创建示范街道、示范社区的基层单位抓起，把示范活动的各项任务落到实处。

2001 年 5 月，省人民政府出台《关于加快发展社区服务业的意见》，确立全省社区服务业发展的总体目标是："十五"期间，各市所辖的区、每个县级市都要兴办（改建）一所功能齐全并具有指导示范、辐射作用的社区服务（指导）中心，建筑面积达到 1000 平方米以上；85% 的街道、县城镇也要兴办（改建）一所社区服务（指导）中心，建筑面积 400 平方米以上；居委会普遍建立社区服务站，建筑面积 50 平方米以上。形成以街道办事处、居委会为依托，以社区服务中心等设施为载体，以为社区居民、特殊群体等提供全方位、多层次、多领域的便民利民型、公益型和福利型服务为主要内容，社会共同参与，门类齐全，多种经济成份并举，服务质量和管理水平较高，经济效益和社会效益较好的社区服务网络。

2001 年下半年，省民政厅出台《社区服务示范城区标准》和《社区建设示范城区考核暂行标准》。8 月至 9 月，省民政厅和省计划委员会牵头在全省开展社区服务示范城区评比活动，并对部分社区进行重点指导督查。合肥市西市区、淮北市相山区、滁州市琅琊区、芜湖市镜湖区和铜陵市铜官山区 5 个城区的社区服务工作走在前列。

为深入学习贯彻中共十六届三中、四中全会精神，省民政厅在多次调研的基础上，召开"构建和谐社区"座谈会，从理论和实践两个层面，对构建和谐社会、建设和谐社区的重要性、必要性和紧迫性进行全面分析，对各地工作的开展予以指导。铜陵市制定《关于加强当前新型邻里关系建设的指导性意见》；芜湖市委、市政府下发《关于进一步加强社区党建和社区建设工作的实施意见》；芜湖市鸠江区裕溪口街道提出要建立五种机制构建和谐社区；淮北市出台《干部监督工作进社区暂行办法》；合肥市瑶海区以加强社区服务、丰富社区文体活动为抓手，推进和谐社区建设，并被卫生部、民政部授予"全国社区卫生示范区"称号；无为县积极创新社区管理体制和工作运行机制；寿县开展社区为民服务全程代理试点工作。这些新举措，有效地推进和谐社区的建设。

全省各地普遍开展丰富多彩的社区精神文明创建活动，居民群众参与社区活动的积极性、主动性日益高涨，活动的水平和质量逐步提高。在 2005 年举行的全国社区文明风采电视大赛华东区选拔赛上，安徽省代表队获得第一名，在全国总决赛中获得一等奖。铜陵市、池州市获得全国电视大赛三等奖。

2006 年 11 月 13 日，安徽省委、省人民政府命名表彰合肥市瑶海区等 15 个区（县、市）为省社区建设示范区（县、市）；命名合肥市庐阳区亳州路街道办事处等 61 个单位为省社区建设先进单位;命名合肥市包河区宁国路街道包河社区等102个社区为省百佳社区。

公共服务 随着社会主义市场经济的发展和城镇化进程的加快,经济成分多样化,利益主体多元化,就业和分配方式多种化,出现社会各种利益关系复杂化的新局面,产生许多新的社会阶层以及无归属单位的群体。大量民营企业和个私企业等经济组织落户社区,一些社会团体组织也在社区入驻;机关、企事业单位原先承担的社会服务和社会保障功能剥离出来由社会承担,许多企业离退休人员管理服务社会化。社会化最终即为社区化,由"单位人"转为"社会人",进入社区管理服务。下岗待业人员和失业人员也都落脚在社区;外来务工人员包括农民工来来往往更是在社区沉淀下来。社区居民构成包括方方面面,社区工作对象发生新的变化。社区居民需求日益增多。城市社会保障制度通过改革,如住房、就业、医疗、养老等,已逐步走向社会化,城市居民在居住环境、生活服务、医疗卫生和文化娱乐等方面的需求越来越高。满足居民多层次、多样化需求,提高居民生活质量和文明素养,是构建和谐社会的内在要求。下岗失业和关闭破产企业人员、"零就业家庭"以及未就业的高校毕业生、退役军人等,期待社区帮助,为他们提供再就业信息,联系就业门路,开辟就业渠道。同时社区是各类矛盾反映敏感的汇集点,是维护社会治安的第一道"防线",此外,社区内各类经济组织即企业事业的运营与发展,要求社区提供良好的发展环境。企业办社会事业,陆续已剥离,原来的和大量新办的各类企业事业单位,都需要就地得到拾遗补缺方面的服务。社区服务做好了,也就能带动社区第三产业的兴办。城市社区在经济社会发展中的地位和作用越来越重要。

合肥市在开展养老服务方面走在全省前列,在全国养老服务社会化经验交流会上受到民政部的肯定。其具体做法:1. 建立一个社区养老服务平台。主要是将养老服务社会化工作目标任务分解,做到责任明确,各负其责。各区政府制定政策、综合协调以及筹措政府购买养老服务资金。街道建立养老服务社,将老人需求服务对象找出,由社区、街道和区民政局进行评估。2. 完善两支服务队伍。即专业服务队伍。以本社区工作者、社区退休管理协理员和年龄在40 ~ 50岁的下岗人员为主,按照择优录取的原则录用,经培训获得"岗位培训合格证书"和"健康证"后,与社区签订上岗协议;社区义工队伍。主要是党员志愿者,享受低保的公益性义务志愿者等。各社区充分利用义工数量大、分布广、专业全的优势,有组织地为老年人提供义务养老服务。3. 突出三类重点服务对象。社区养老服务的重点对象为60岁以上老年人,特别是城市中的"三无"老人;享受最低生活保障,且生活不能自理的老年人;子女不在身边的独居"空巢"老年人。4. 开展四项基本养老服务。一是生活照料。为不能(不愿)出门的老人提供做(买)饭、家宴帮厨、代购物品等服务;为辖区内所有老人提供送水换气、打扫卫生、家电维修、临终关怀等服务。二是康复理疗。主要是保健咨询、慢性病预防、康复护理、组织老年人检查身体、建立健康档案等。三是慰藉。主要是图书阅览、文体活动、心理咨询及疏导等。四是法律服务。主要是法律咨询、法律援助等。5. 倡导五种双向互动。一是服务人员与服务对象之间的互动。服务人员在提供服务时，不断增强与老人的感情，取得老人的支持和配合。二是老人与家人之间的互动。倡导子女们每天一个电话、每周一次看望、每月一次团聚，使老年人感受家庭温暖和子女亲情。三是邻里之间互动。号召居民串邻里门、帮邻里忙，构建和谐的邻里关系。四是老人之间的互动。经常组织老年人开展谈心交流、文化娱乐、知识讲座等丰富多彩的集体活动，增进感情，密切关系。五是老年群体与其他社会群体之间的互动。组织开展参观学习、游览观光等活动，帮助老年人适应群体生活和角色转变，增强对社会变迁的适应能力。倡导社会各界关心、关注、关爱老年群体，为他们解难事、办实事、做好事。

马鞍山市社区工作在解决邻里和家庭纠纷，帮助残疾人和孤寡老人解决生活困难，为失业和下岗人员办理低保，提供再就业服务，为企业退休人员提供社会化服务，组织开展社区文化体育活动等方面，取得明显成效。2006 年，该市各社区共发放“再就业优惠证”19229 份，帮助部分失业人员实现了再就业。对 12701 名企业退休人员进行社会化管理和服务。部分社区的老年秧歌队、文工团经常为辖区居民演出，活跃了社区居民的文化生活。全市 34 个社区卫生服务站，为居民就医用药提供方便。社区服务居民的主体作用，越来越受到居民和有关领导、单位的重视。鹊桥社区由辖区懂法的居民组建一支法律志愿者队伍，周六周日到社区休闲广场开展法律宣传、法律咨询活动，走进居民家中调解民间纠纷，进行结对帮教等；与市图书馆建立共建关系，建立社区法制图书室，每天对居民开放，培养居民遇事找法、解决问题靠法的良好习惯；建立固定宣传栏，每年出法制宣传橱窗 12 期，板报 12 期；坚持上法制课，每年举办普法讲座 4 期，利用寒暑假每年 2 次对青少年讲法制课；加强对流动人口法制宣传教育，有效地预防和制止外来人口违法违规行为。通过上述活动，社区居民家庭和睦，邻里之间团结，社区好人好事增多，社区内呈现一片和谐景象。

巢湖市社区居委会有 205 个，其中城区社区 71 个，农村集镇社区 134 个。社区经过整合设置合理，管理体制亦较完善，居民自治得到保证，社区“四有”基本解决，服务功能不断完善，服务领域不断拓宽，全市建成社区服务中心 86 个，服务项目达 70 多项，形成社区服务网络。以便民、利民为出发点，服务对象已由传统的面向特困人群、优抚对象、残疾人、老年人的服务，扩大到面向社区全体居民的社会化服务，包括驻社区的机关、企事业单位。服务内容已从小型、分散、拾遗补缺，发展为包括医疗、康复、社保、家政等几十个门类，同时开展文化、教育、卫生、体育、法律和精神文明进社区活动，实现对社区居民全方位服务。该市居巢区已建立 1 个区级服务中心、5 个街道社区服务中心、43 个社区服务站，驻社区单位对外开放内部设施 36 处，认证 436 个便民社区服务网点，形成区、街道、社区、驻社单位和居民“五位一体”的社区服务网络。所辖社区为 27596 人办理低保，帮助 4000 多名下岗失业人员实现再就业。各社区建立慈善超市 5 家，每周定期向特困群体开放，保障困难家庭最低基本生活，受到欢迎和称赞。

2008年年底，全省各地均建有地方特色的公共服务典型，并在探索社区服务市场化运作、实体化经营、产业化发展方面取得积极进展。不少地方将社区服务设施纳入公共设施配套建设规划，社区卫生、社区文化、社区环境、社区治安、社区就业和社区保障等服务项目普遍展开，多种形式的便民生活服务圈不断涌现，社区居民就近看病、文化娱乐、休闲健身和治安、就业等需求得到进一步满足。许多城市建立区、街、居三级社区服务网络，社区服务的方式和方法正在不断改进，很多社区服务中心（站）推行“一站式”“一门式”服务，为居民提供便捷优质的办事服务。一些地方还加大政府购买服务的力度，在社区配备劳动保障、计划生育、卫生保洁、社区治安等协管员，使社区服务的社会效益明显增强。

农村社区建设试点 2006年5月22日，省民政厅在宣城市绩溪县召开全省农村社区建设试点工作座谈会，根据民政部《关于做好农村社区建设试点工作推进社会主义新农村建设的通知》和安徽省委、省人民政府《关于加强和谐社区建设的意见》精神，就全省开展农村社区建设试点工作，提出《关于开展农村社区建设试点工作的实施意见》，结合全省“千村百镇”示范工程建设，确定14个村庄社区建设试点单位。

2006年10月17日，省民政厅下发《关于开展农村社区建设试点工作的通知》，在全省选择不同地区、不同条件、不同特点的3个乡镇、10个村作为首批农村社区建设试点单位。试点乡镇为肥西县紫蓬镇、霍山县与儿街镇、绩溪县瀛州乡。试点村为阜南县城关镇双碑村、五河县头铺镇屈台村、凤台县丁集乡张巷村、寿县寿春镇东园村、天长市新街乡李坡村、望江县高士镇花园村、青阳县蓉城镇城西村、芜湖市三山区保定街道联群村、当涂县姑孰镇黄山村、黄山市屯溪区弈棋镇博村。

2007年7月，省人民政府办公厅转发省民政厅《关于开展农村社区建设试点工作的实施意见》。明确提出，开展农村社区建设，把政府的公共服务和管理向农村基层延伸，提升农村文明程度，促进农村各项事业健康协调发展，推进社会主义新农村建设，完善村民自治、扩大基层民主，实现城乡协调发展。《关于开展农村社区建设试点工作的实施意见》要求各地根据地域、产业、人口和经济等要素特点，从实际出发，逐步有计划地开展农村社区试点工作。按照循序渐进，先易后难的原则，逐步扩大试点内容、增加服务项目。主要在生产、平安、救助、文化、养老和卫生服务等方面开展试点工作。因地制宜，分类指导，充分考虑当地财力和群众的承受能力，把解决农民群众最直接、最现实的利益问题作为试点的着力点和标准，达到“五个有”：即有一个组织领导机构；有一个整体规划和工作制度；有一支社会广泛参与的服务队伍；有一个为村民服务和活动的场所；有一个政府和社会投入社区建设的有效机制。《关于开展农村社区建设试点工作的实施意见》强调，开展农村社区建设工作，并不是对城市社区建设模式的简单复制，而要根据农村的发展实际，顺应农民的客观需求，认真探索和实践。地方各级政府高度重视，建立党委政府领导、民政部门指导、有关部门协同、村级组织承办、社会力量支持、群众广泛参与的农村社区建设领导体制和工作机制。并加大投入，整合资源，为农村社区建设提供物质和资金保障。当年8月,省民政厅在肥西县桃花镇等14个乡、镇、村正式启动农村社区建设试点,并要求原则上于2008年6月底前结束试点工作,标志着安徽省农村社区建设迈开新的步伐。

14个省级农村社区建设试点分别是,肥西县桃花镇、含山县陶厂镇、绩溪县瀛州乡、五河县头铺镇屈台村、阜南县城关镇双碑村、凤台县丁集乡张巷村、天长市新街镇李坡村、寿县寿春镇东园村、霍山县与儿街镇山王河村、当涂县姑孰镇黄山村、芜湖市三山区保定街道联群村、青阳县蓉城镇城西村、望江县雷池镇雷池村、黄山市屯溪区奕棋镇博村。此次试点工作以构建和谐社区为目标,以扩大基层民主、完善村民自治、健全农村新型社区管理服务体制为重点,建立管理有序、服务完善、文明祥和的新型农村社区。试点社区建立社区服务中心,围绕生产、平安、救助、文化、养老、卫生六大服务项目开展工作,积极推进日用消费品、农资连锁店进乡镇,提供农业产前、产中、产后和农药、化肥、农机、新技术、新品种推广等服务;完善为民服务代理制度,深化社会治安综合治理;建立社会救助制度,建设方便农民读书、健身和开展文体活动的场所,推进老年人服务设施和网络建设,建立村级社区卫生服务网络等。

各地试点单位有条不紊先行开展工作,根据新农村建设要求,增加适应农民群众需要的社区服务、社区卫生、社区文化、社区治安、社区环保等服务设施,认真总结经验,并逐步向全省推广,为建设社会主义新农村服务。

2008年12月,在海门召开的全国农村社区建设试验工作经验交流会上,安徽省芜湖县等4个县区被国家命名为"全国农村社区建设试验县"。12月中旬,省民政厅召开全省农村社区建设试点工作经验交流会,总结推广芜湖县的做法,同时形成适合安徽省情的农村社区建设管理体制和运行机制,起草《安徽省农村社区建设实施意见》。2009年1月,省人民政府办公厅转发省民政厅《关于开展农村社区建设试点工作意见》,要求农村社区原则上以建制村为基本单元,一个建制村设置为一个农村社区。

第三篇　救灾救济

救灾救济是由国家或社会对因自然灾害造成生存危机的社会成员进行抢救与救援，为其提供衣食住医等基本生活，维持其最基本生活水平并帮助其恢复自行生存能力的重要社会救助制度。改革开放以来，通过汲取历史上的经验教训以及在实践中的不断探索，救灾工作的指导方针、管理体制、工作内容、救助形式都有所发展，政府作为责任主体在救灾中的地位不断加强，同时在救灾社会化方面也进行积极探索，已经确立“以人为本，政府主导，分级管理，社会互助，灾民自救”的指导方针，形成“政府统一领导，上下分级管理，部门分工负责”的管理体制。作为政府救灾管理的职能部门，各级民政部门逐步完善应急预案建设、应急物资储备、灾害应急救助、灾害信息管理、动员救灾捐赠、灾后生活救助、倒塌民房重建、救灾款物管理、救灾减灾合作等主要工作内容，丰富资金救助、实物救助以及医疗救助等多种救助形式，有效地保障受灾群众的基本权益。

安徽省地形多样，淮北平原、江淮丘陵、皖西大别山区和皖南山区自北向南依次分布。境内河流众多，主要分属于长江、淮河、钱塘江三大水系。安徽位于亚热带与暖温带气候的过渡地区，南北暖冷气流交会频繁。每年6月至9月，受“梅雨”天气和东南沿海登陆台风影响，常发生集中降雨。由于特殊的地理气候条件，洪涝、干旱、风雹、雨雪低温冷冻等自然灾害多发，其中又以水旱灾害为主。1977年至2007年，安徽年平均受灾人口2650万人，农作物受灾面积310万公顷，倒塌房屋3万—25万间，因灾直接经济损失73亿元。其中1991年—2000年比1981年—1990年增长23%，2001年—2007年比1991年—2000年增长10%。从1986年到2008年，23年间共发生重大水旱灾害11次、重大雨雪低温冷冻灾害1次。

安徽省委、省人民政府及受灾地区各级党委、政府十分重视生产救灾工作，切实加强领导，投入大量人力、物力和财力，有效开展抗灾救灾活动。灾情严重期间，各地把抗灾救灾作为压倒一切的中心任务，积极率领灾区群众生产自救，广泛开展互助互济、支援灾区活动，落实各项减免和救济政策，最大限度地减轻灾害损失，保障灾区群众的基本生活，较为迅速地恢复生产和重建家园，灾区没有发生饿死人、冻死人、没有出现大批灾民盲目外流、大范围流行性疫病的现象。

第一章 自然灾害救助

救灾工作的基本任务涉及到紧急救援、转移安置群众、核查报告灾情、安排灾民生活、恢复重建家园、开展社会捐赠、灾区治病防疫、落实灾情减免、基础设施修复、组织生产自救等方面。中华人民共和国成立后，安徽省先后成立省生产救灾委员会、省生产救灾领导小组，负责统一组织领导生产救灾工作，委员会或领导小组下设生产救灾办公室为其办事机构。

1978 年 10 月，省革委会生产救灾办公室成立，由省农办（委）领导，编制 5 人。1980 年 1 月，省民政局改称省民政厅，省生产救灾办公室划归省民政厅。同年 10 月，省政府成立省生产救灾领导小组，省计委、经委、民政、农业、水利、粮食、财政、卫生、商业、农业银行等部门负责人为领导小组成员，副省长杨蔚屏、程光华、侯永、孟富林、汪涉云先后任组长，省民政厅历任厅长任领导小组副组长。

2003 年 7 月，省人民政府成立省生产救灾指挥部，统一协调指挥生产救灾工作；2005 年 9 月，省人民政府办公厅印发《安徽省自然灾害救助应急预案》，明确实行统一领导、分级负责、部门分工、协作配合的组织管理体系。省政府设立生产救灾指挥部，总指挥由省政府分管救灾工作的负责人担任，副总指挥由省政府分管救灾工作的副秘书长和省民政厅、省发展改革委、省水利厅、省卫生厅的主要负责人担任，安徽省委、省人民政府共 38 个部门和单位的负责人为指挥部成员。指挥部负责组织、指挥、协调全省自然灾害救助应急工作，研究决定重大、特别重大自然灾害的应急处置意见，贯彻落实国务院对安徽省重大、特别重大自然灾害应急处置的指示，向国务院报告安徽省重大、特别重大自然灾害的应急处置情况，承担省政府交办的其他事项。指挥部各成员单位按照各自的职责分工承担相应的救灾任务。指挥部的日常办事机构为省生产救灾指挥部办公室，设在省民政厅，对内为省民政厅救灾救济处。各市、县（区）人民政府也按照省里的体制，设立相应的自然灾害应急救助指挥和办事机构。

第一节 自然灾害

由于特殊的地理位置、特定的地形地貌和复杂的气象条件，造成安徽自然灾害多发易发的环境。安徽省地处华东腹地，属于从亚热带气候向暖温带气候的过渡气候区，南北冷暖气流交汇频繁。全省约有 50%的耕地、60%的人口和 75% 的国内生产总值以及一批重要城市、工矿、交通等基础设施处于淮河洪水的威胁之下。同时，安徽又是水资源严重缺乏的省份，全省人均占有量仅是全国平均水平的一半，而且时空分布极不平衡，极易形成干旱。

安徽淮河以北属暖温带半湿润季风气候，淮河以南属亚热带湿润季风气候，南北气流经常在江淮流域交汇，气温变化大，降雨时空分布不均。安徽气候具有两个显著的特点：由于地跨暖温带和北亚热带两个气候带，在气候上具有南北过渡的特点；由于地处中纬度地带，且距海洋不远，在气候上受季风影响显著。这两个气候特点造就了安徽丰富的气候资源，同时也极易引发种种自然灾害。特别是洪涝、干旱灾害多发易发，成为安徽最严重的自然灾害。经常出现的自然灾害及其时空分布大体为：淮河以北地区春夏之交经常出现连阴雨、霜冻、干热风等灾害；长江、淮河沿岸和皖南山区梅雨季节，则暴雨时常发生，从而引发山洪、泥石流及内涝灾害；江淮之间入伏后，多为晴热少雨天气，易造成大面积干旱，有时形成伏旱连秋旱；大风、冰雹、龙卷风从初夏至秋末，不分地域，时常发生。汛期（5 ~ 9 月）是一年中降水最集中的时段，多年平均降水量淮北 610 毫米、江淮 670 毫米、沿江 840 毫米、江南 930 毫米，分别占全年降水的 71%、62%、59%、58%。洪涝主要集中在夏季，特别是严重洪涝灾害和特别严重洪涝灾害高度集中在梅雨季节。梅雨是中国长江中下游气候上的一种特殊现象。安徽入梅期平均在 6 月 16 日，出梅期为 7 月 9 日，梅雨期平均长度为 24 天，梅雨量多年平均江淮之间为 270 毫米、沿江江南 320 毫米。入梅最早的是 1991 年 5 月 18 日，出梅最迟的是 1954 年 7 月 30 日。梅雨期最长的是 1954 年，长达 57 天。还有少数年份基本上无明显的持续性强降水，如 1958、1965、1978、1994 年等基本上为“空梅”。与淮河以南梅雨相对应的是淮北的雨季，淮北雨季平均开始日期在 6 月 30 日，结束在 7 月底。梅雨、雨季降水的多少是造成安徽旱涝的主要原因。

旱涝灾害 安徽旱涝频繁，淮北旱涝 2 至 3 年一遇，淮河以南 3 至 4 年一遇。全省性的干旱 6 年一遇，洪涝 15 年一遇，具有“旱多于涝，涝重于旱”的特点。一年中往往旱涝交替，是一个显著特点。1954、1991 年为前涝后旱，2000 年春夏旱秋季多雨明显；1995、1999 年南涝北旱，1956 年和 1963 年淮北降水偏多，而南部正常偏少。全省平均每年有 133.3 万多公顷播种面积成灾，占全省播种面积的 16%。安徽连阴雨多发生于春季和秋季。长江以北地区秋季连阴雨多于春季连阴雨，如皖北地区的春季连阴雨约为 5 年一遇，而秋季连阴雨则为 2 年一遇；江淮地区的春季连阴雨约为 5 年遇，而秋季连阴雨则为 5 年三遇；皖南山区春季连阴雨 1 年遇，而多于 2 年一遇的秋季连阴雨。干热风是一种高温、低湿并伴有一定风力的特殊天气，主要出现在长江以北地区，其中江淮地区 2 年一遇，而淮北地区几乎年年出现，而且持续时间长。干热风多出现于 5 月中旬到 6 月初，严重影响小麦正常灌浆。

风雹灾害 安徽风雹灾害比较普遍，不仅年年有，而且各地都有出现的可能。由于冰雹常伴有大风暴雨，破坏性强，直接损失大。其中南方重于北方。全省年均 56 次，风雹灾害面积年均 14 万公顷。

低温冷冻灾害 低温冻害是指隆冬季节零度下低温对作物甚至人畜造成的危害。低温冷冻灾害是指出现低于作物生物学下限温度时的危害。它一般多发生在 4 月与 11 月，安徽省各地都有出现。但是大别山区在盛夏之际也有五年两遇的低温冷害，严重影响水稻生长。

根据气象资料分析，安徽省自然灾害可以归纳出淮北地区、沿淮地区、江淮丘陵地区、大别山地区、沿江地区和皖南山区不同的自然灾害基本规律。

淮北地区：以平原自然环境占绝对优势、以农作物为主的生产特色，自然灾害以干旱和风雹为主，洪涝灾害发生机率相对较小。较为典型的灾害案例，如 2000 年的严重旱灾；1998 年 7 月 2 日，濉溪县陈集乡、双堆集镇发生的强烈龙卷风，因灾死亡 17 人；2005 年 7 月 30 日，灵璧县韦集镇等地发生的强烈龙卷风，因灾死亡 15 人。

沿淮地区：以河流、湖泊、洼地等自然环境为主，以水路交通运输、湖水养殖和农作物种植为主，自然灾害以洪涝、暴雨、风雹为主，旱灾发生机率相对较小。较为典型的灾害案例，如 1991 年、2003 年、2007 年，境内淮河流域发生的严重洪涝灾害。

江淮丘陵地区：以丘陵、岗地等自然环境和种植业为主，自然灾害类型，出现的机率也较大，旱灾和洪涝发生最多，风雹灾害次之。较为典型的灾害案例，如 1978 年、1994 年、1995 年、2000 年、2001 年发生的严重旱灾，1991 年、2003 年、2007 年发生的严重洪涝灾害。

大别山地区：自然景观是山地，以林业和山区经济作物为主，自然灾害以暴雨山洪、滑坡及泥石流为主。较为典型的灾害案例，如 2005 年，受“泰利”台风影响，大别山区发生暴雨洪涝灾害，造成严重生命和财产损失。

沿江地区：以河流、湖泊和圩区等自然环境为主，以江河交通运输、湖泊养殖和农作物种植为主，自然灾害以洪涝、暴雨为主。每年的 6 月下旬，随着副热带高压向北推进，梅雨锋时常停留在沿江一带而出现暴雨过程，造成沿江一带的洪涝灾害。较为典型的灾害案例，如 1996 年、1998 年、1999 年、2003 年的洪涝灾害。

皖南山区：山地自然景观占优势，以森林和河谷盆地的作物种植为主，自然灾害以暴雨山洪、滑坡及泥石流为主，旱灾次之。较为典型的灾害案例，如 1995 年“5.25”、1996 年“5.26”、1999 年“7.1”、2002 年“6.18”、2007 年“6.10”等发生在池州、黄山、宣城的暴雨山洪涝灾害。

安徽省自然灾害的主要特点：灾害种类多。主要有洪涝、干旱、风雹、病虫害、低温冷冻等灾害。尤其是干旱、洪涝和风雹灾害发生多。2005 年以来，台风灾害影响增多。发生频率高。全省几乎看看都有自然灾害发生，概括起来是旱多于涝，涝重于旱；非涝即旱，或旱涝并发；风雹灾害，频繁发生；年年有灾，或一年数灾。季节性明显。自然灾害发生呈现出明显的时间和空间分布。一般情况，按季节分，旱涝灾害多发生在夏秋季节，尤其以夏季为多；按地区分，旱灾多发生在平原和丘陵地带，洪涝灾害多发生于沿淮、沿江低洼地和圩区。安徽是以农业为主，自然灾害时常发生在农作物生长关键季节或收获时节，危害性特别大。四灾害损失重。随着经济的迅速发展和社会财富的急剧增长，自然灾害的危害程度越来越严重。1990 年至 2007 年的 18 年间以来，年平均因灾直接经济损失 128 亿元，其中有 8 个年份超过 100 亿元，有 5 个年份超过 200 亿元。

频繁发生的各种自然灾害，给安徽的工农业生产、国家财产和人民生命财产造成巨大损失，尤以暴雨洪涝、风雹以及历时长、大面积的干旱危害最大，造成的损失最重。随着经济建设的发展，一方面社会物质财富越来越多，但同时在面对自然灾害极端事件中的脆弱性也愈加明显，因此损失也越大。一旦大灾来临，如不及时有效地组织抗灾救灾，不但人民生命财产受到巨大损失，而且许多经济活动都可能被迫停止，改革开放和经济建设的大局将会受到严重影响。

安徽省自然灾害核定数统计表（一）

表 3-1-1　　单位：万公顷

项目		1994 年	2001 年
总计	受灾	406.0	376.9
	成灾	327.2	271.3
	绝收	–67.8	
旱灾	受灾	328.5	335.7
	成灾	239.4	247.2
	绝收	–63.8	
洪涝灾	受灾	7.2	16.5
	成灾	3.9	11.5
	绝收	–3.0	
风雹灾	受灾	34.6	20.8
	成灾	25.7	10.2
	绝收	–0.5	
冷冻灾	受灾	59.9	0.6
	成灾	45.1	0.5
	绝收	–	–

安徽省自然灾害核定数统计表（二）

表 3-1-2 单位：万公顷

项目		1994 年	2001 年
人口受灾情况			
	受灾人口（万人）	–	4212.6
	成灾人口（万人）	3473.0	3023.4
	死亡人口（人）	278	24
	伤病人口（人）	–	705
	饮水困难人口（万人）	–	413
	紧急转移人口（万人）	–	4.7
饮水困难大牲畜（万头）			109.2
死亡大牲畜（万头）		7.6	0.0368
倒塌房屋（万间）		3.3	1.7
损坏房屋（万间）		23.8	8.3
直接经济损失（亿元）		136.1	111.5

第二节 受灾群众生活救助

安徽省各级政府始终把救灾减灾作为保障国民经济和社会发展的重要工作，在发展经济的同时，努力推动救灾减灾工作的深入开展，逐步形成以组织协调、救灾预案、物资储备、监测评估为框架的自然灾害救助体系。

救灾方针 新中国成立初期，中央提出“生产自救，节约度荒，群众互助，以工代赈，并辅之以必要的救济”的救灾工作方针。人民公社化以后，根据农村集体经济组织所具有的抗灾能力，把救灾工作方针修改为“依靠群众，依靠集体，生产自救，互助互济，辅之以国家必要的救济和扶持”。中共十一届三中全会以后，国家对以中央政府为主导的救灾管理体制逐步进行改革。1983 年 4 月，第八次全国民政会议确立“依靠群众，依靠集体，生产自救，互助互济，辅之以国家必要的救济和扶持”的救灾工作方针，并根据农村实行家庭联产承包责任制情况，增加互助互济和国家扶持的内容。2006 年 11 月，第十二次全国民政会议提出“政府主导、分级管理、社会互助、生产自救”的救灾工作方针。

不同时期的救灾工作方针，是根据当时的经济社会发展状况制定的，体现不同时期救灾工作的指导思想。其共同特点是注重生产自救，把群众自救与国家救济相结合，共同发挥作用。

救助形式 安徽省的灾民救助重点分为生活救助和倒房重建救助。生活救助包括冬令、春荒期间和突发性重大灾情灾民的生活救助。冬令期间生活救助是指每年的 12 月至下年 2 月给予灾民口粮、取暖、衣被和治病救助；春荒期间生活救助是指每年 3 月至 5 月给予灾民的口粮、取暖、衣被和治病救助；突发性重大灾情救助是指紧急抢救、转移和安置灾民，解决灾民无力克服的衣、食、住、医等生活困难。倒房重建救助是指对因灾倒塌损坏住房的灾民给予资金、帮扶、优惠政策等方面的救助。分散五保对象因灾造成倒塌损坏房屋的，原则上纳入乡（镇）敬老院集中供养，不再重建或修缮。

灾民救助资金由救灾应急资金、救济资金和春荒、冬令灾民生活救济资金组成，包括中央特大自然灾害救济补助资金、地方各级人民政府配套的自然灾害救济补助资金和社会捐赠资金（物）。受灾群众疏散转移后，各级民政部门应在2小时内迅速组织救灾物资和生活必需品的调拨，并及时发放到灾民手中，保证衣被、帐篷、饮水、食品等生活必需品的供应。灾害救助的主要形式：

政府救济　政府救助是灾害救助的主要形式。自然灾害发生紧急、破坏后果巨大，需要在短时间内组织大量的人力、物力、财力施行抢救。只有政府才能动员大量的资源，做到有计划、有组织地及时给予救助。政府救助的方式多种多样，包括资金救助、实物救助以及服务救助等。资金救助如发放救助款，实物救助如提供救济粮与救济衣物，无偿提供简易建房材料等，服务救助如为灾民提供治病、防病服务等等。在政府救助方面，多年来进行不断的改革与探索。随着计划经济向市场经济的转轨，安徽省各级民政部门大胆探索各种各样的灾害救助制度，包括灾害工作分级管理、灾害资金分级负担、政府采购、建立救灾储备仓库等。2005年以后，民政部先后制定下发《灾害应急救助工作规程》、《冬令春荒灾民生活救助工作规程》和《灾区倒塌民房恢复重建工作规程》，进一步规范灾害救助工作。

互济互助　除了一般的非灾区支援灾区、城市地区支援农村灾区、工业地区支援农业灾区以及邻里亲友互助等传统形式在发挥积极作用以外，多年以来，还积极探索了各种新的互济互助形式，如发展互助储金会、储粮会，组织机关、企事业单位包村包户，对口支援等社会互助形式。1996年，在中共中央总书记江泽民的倡导下，大中城市开始建立经常性捐赠站，使互济互助找到一个有效的载体。互济互助活动也由原来的亲友、邻里之间的非制度性的、自发的互帮互助发展到区域内的团结协作以及跨区域、跨部门的对口支援，从而推动灾害救助的社会化进程。

生产自救　由于人口众多，自然灾害频繁，政府财力有限，不可能对所有的灾害不分轻重缓急完全依靠政府救助，必须扶助灾民发展生产并最终摆脱贫困，才能真正增强抵抗灾害的能力。因此，生产自救成为政府救助以外的一种重要补充。生产自救主要包括：对受灾的农作物要尽力设法抢救，对无法挽救的农作物，即时组织进行补种改种，力求多生产粮食，首先解决吃饭问题。有条件的地区还可以搞副业生产，提高灾民的生活水平。另外，还可以采取以工代赈的方式使灾民得到实惠，通过有计划地组织灾民参加工程建设，既解决工程建设的劳动力问题，又帮助灾民解决自己的生活，甚至是部分家属的生活困难问题。以及有计划地组织灾区劳务输出。

冬春临时救助　灾区冬春临时生活困难救助又称荒情救助。荒情是灾情的延续，根据荒情发生的时间，可以分为春荒、夏荒和冬令荒情。荒情发生时，农作物“青黄不接”

"颗粒无收"，很容易发生基本生活问题。对荒情发生地的灾民实行春荒、夏荒和冬令救助，提供基本的生活资料，并帮助其增强抵抗灾荒的能力，是灾害求助的重要功能之一。

灾区冬春临时生活困难救助主要采取生产自救、互助互济、减免税收、开仓借粮和政府救济等措施，解决受灾群众口粮问题。根据"轻灾少减，重灾多减，特重全免"的原则，1997年至2004年，安徽省共减免农业税27.87亿元。按照"灾民提出申请，乡镇核实上报，部门会商审核，政府担保审批，分户造册发证，按月供应到户，过期指标作废，丰年归还借粮"的办法，重灾地区政府按照国家政策规定，有计划地向有偿还能力而暂时缺粮的受灾群众实施开仓借粮政策。1991年到2003年，全省开仓借粮近4.74亿公斤，其中1999年、2000年和2003年，分别开仓借粮0.85亿公斤、1.1亿公斤和0.5亿公斤，平均占灾区缺粮数量的20%左右。由于借粮归还率不超过30%，随着国家取消农业税和粮食政策改革，2004年农业税减免和开仓借粮政策停止。政府救济采取突出重点、分类指导，分段安排、逐月衔接的办法，确保灾区无自救能力的受灾群众安渡冬令和春荒阶段。1977年至1994年，国家下拨救灾粮指标年平均7.36亿公斤，1977年至2007年平均每年政府投入自然灾害生活救济经费2亿元，有500万人在口粮、穿衣、住房和医疗方面得到政府救助。2005年，民政部制定《灾害应急救助工作规程》和《冬令春荒灾民生活救助工作规程》，规范受灾群众生活救助工作。

调查摸排，动态掌握灾区群众缺粮情况。各级民政部门对灾区缺粮情况进行全面调查。一般在9月底，应急阶段灾民生活救济结束后，各级民政部门就着手冬春灾区缺粮情况的调查评估和预测分析，为灾民生活安排提供依据；在10月底，各级民政部门专项开展灾区缺粮情况调查，进村入户，区分类型，登记造册，对与灾民生活安排紧密相关的缺粮人口、借粮对象、需政府救济对象等重要指标进行分类统计，重点掌握。根据调查统计分析，确定冬令期间全省缺粮人口数量、缺粮数量、需救济人口数量、需救济粮数量。为动态掌握救灾工作进度，全省灾区缺粮和灾民生活安排情况实行坚持周报制度，一周一报省政府。

突出重点，分段安排分类解决灾民口粮。对灾区缺粮情况基本做到省掌握到县，县掌握到村，乡镇掌握到户以后，各级民政部门按照分段安排、区分情况、突出重点、分类救济的原则，制定灾民生活救济方案。全省灾民生活救济分为冬令前、冬令和春荒三个阶段。在分段安排时，各地始终着眼当前，突出冬令，谋划春荒，各阶段都留有提前量，逐段逐月衔接。如2003年，合肥市在11月份，动用83万元捐赠款购买大米30万公斤、食用油1.65万公斤，作为五保对象冬令粮油救济储备。在具体措施上，继续采用生产自救、互助互济、劳务输出、开仓借粮、政府救济等多种方式。在工作重点上，严格区分开仓借粮和政府救济的对象，有偿还能力的安排借粮，不再进行政府救济；灾区保障对象属政府救济重点，不能安排借粮。在救济手续上，实行一证一卡，开仓借粮对象由基层粮食购销企业按乡镇政府核定的分户造表发放借粮证，按月借粮。政府重点救济对象由民政部门核实并发放救济卡，按月领取救济粮款；在救济标准上，群众自救和各项救灾措施落实后,保证缺粮群众一天有一斤成品粮,保证基本生活需要。

多种途径,妥善解决灾民过冬衣被问题。组织省内社会捐赠,各地将“救灾扶贫济困送温暖”捐赠活动和对口帮扶结合起来,平均每年募集近 30 ~ 90 万件床棉衣被;请求民政部和外省对口支援。1990 年、1991 年、1998 年、2003 年、2005 年、2008 年等大灾之年,民政部先后安排北京市、上海市、浙江省等对口支援安徽灾民过冬衣被;采取政府集中采购,1994 年、1998 年、1999 年、2001 年、2003 年、2005 年、2007 年,省民政厅每年筹集 200 ~ 300 万元,其中 2003 年筹集 1000 万元,2007 年筹集 500 万元,通过政府采购棉被,统筹分配,对各地进行重点补助,灾民过冬衣被问题基本解决。2008年春,中央和省市县安排下拨冬春生活救助资金17520万元,累计救助595万人次。

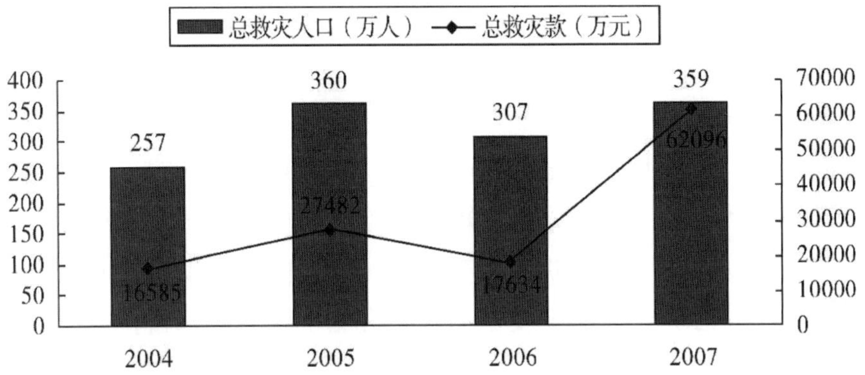

图 3-1-1　安徽省自然灾害救灾人口数、救灾款数（2004—2007）

制度建设　救灾工作是一个十分复杂的系统工程,必须有一套科学完善的、行之有效的法律和制度进行规范和指导,才能使抗灾救灾工作高效、有序地进行,从而最大限度地减少灾害造成的损失。完善抗灾救灾制度的主要着力点,即构建多元化主体的抗灾救灾体系;加强抗灾救灾的法制化建设;提高抗灾救灾制度建设的科学化程度;借鉴发达国家经验,将抗灾救灾的重点转向预防灾害;加强抗灾救灾的理论研究,为抗灾救灾的实践提供科学的理论指导。

安徽灾害救助制度坚持以人为本原则,从以物为本的传统,向以灾民利益为中心这一以人为本观念的转变。与其他社会救助制度不同,灾害救助的对象是遭受自然灾害的特殊群体。自然灾害发生,灾民也就随之而产生,只是有数量上的不同和受到危害程度的不同。在受到自然灾害侵袭时,灾民不仅直接遭遇到人身伤亡的威胁,而且由于农作物受灾减产或绝收、房屋倒塌、水力、电力等基本生活设施遭到破坏等,这些间接的威胁也使他们的生活陷入困境,使之无法继续正常的生活,出现大批失去生活依靠、失学儿童,因灾致伤、病、贫而生活无着的成年人、老年人等需要政府以及社会各界的救助与支援。因此,在灾害救助过程中,必须从以救灾款的分配为工作重心转移到以灾民的切身利益为工作重心上。

救灾制度建设内容广泛,包括《灾情预测制度》《救灾专户管理制度》《救灾资金分级负担制度》《减灾会商制度》《自然灾害统计制度》《灾情预报网络制度》《救灾款物管理制度》《自然灾害救助应急保障工作规程》《春荒、冬令灾民生活救助工作规程》《灾民倒房恢复重建流程》，尤其是《救灾救济基础资料管理制度》等。同时建立救灾、核灾工作人才数据储备库以及历年灾情分析制度，规范核灾工作程序，形成救灾救济工作基础工作档案化管理模式。

安徽省根据国家救灾工作方针和民政部有关救灾工作政策，结合本省实际情况，制定出台一系列规范性救灾文件，作出一系列具体规定，提出一系列具体要求，形成全省上下联动救灾救助机制。

在灾情信息上报和发布方面，严格执行国家《自然灾害统计制度》规定，同时根据安徽实际情况，安徽省政府办公厅印发《关于印发〈自然灾害统计制度〉的通知》，特作如下规定：发生重大自然灾害，要迅即报告；发布各项灾情信息，必须统一口径，以民政、救灾部门提供的灾情信息为准；全省灾害性天气预报，统一由省气象台发布；水情、汛情、旱情公告，统一由省防汛抗旱指挥部发布。2005 年出台的《安徽省自然灾害救助应急预案》对灾情信息上报和发布再次予以规范。

在灾民倒房恢复重建方面，根据各年灾害轻重程度不同和经济社会发展水平提高，政策逐年有所调整。1996 年，制定《安徽省灾区重点连片建房暂行办法》，要求坚持“恢复与发展并重”的方针，科学选址，统一规划，远近结合，因地制宜，一步定位，分步实施，连片与分散统筹安排等，对灾区倒塌民房恢复重建给予有力的政策指导。近年来对倒房重建补助标准进行了较大幅度的调整。2003 年，原则上困难户每户补助不少于 1200 元；2005 年，按照五保户 3500 元、特困户 2500 元、一般困难户 1200 元给予补助；2007 年 8 月省政府下发《关于切实做好灾区倒房重建工作的通知》，决定提高非行蓄洪区倒房重建补助标准：五保户补助 1 万元，低保户每间补助 5880 元，相对贫困户每间补助 4200 元，一般倒房户每间补助 1500 元，并首次对全省 11 万间严重受损房屋给予每间 200 元的补助。

在灾区优惠政策方面，1991 年 9 月，安徽省委、省人民政府下发《关于进一步做好灾民生活安排和恢复生产重建家园的通知》规定：对行蓄洪区、破圩区、内涝淹没区免征当年农业税和减免粮食定购任务；对基本和完全绝收以及倒塌房屋的农户，减免当年的粮食定购任务；对灾区乡镇企业和农民个人从事自救性生产，当年减免产品税、增值税和所得税。对因灾无力向集体交纳承包费、提留和乡镇统筹费的，由各县结合本地实际情况，予以减免。1995 年、1996 年、2003 年和 2007 年等重灾年份，安徽省在农业税、宅基地使用费、建房材料价格等方面也对灾区实行优惠政策。

在救灾款使用管理方面，1999 年 5 月，省民政厅会同省财政厅出台《安徽省救灾款使用管理暂行办法》，明确救灾款使用必须坚持“专款专用，重点使用”原则；使用范围在四个方面：解决灾民因自然灾害造成的无力克服的衣食住医等生活困难，紧急抢救、转移和安置灾民，灾民倒房恢复重建，加工及储运救灾物资；乡镇发放救灾款须按照村民评议，村委会张榜公布，乡镇政府批准，被救济户直接领取的程序进行。同时对各级救灾款预算安排、救灾款申报，救灾款监督检查等作出明确规定。2001 年 10 月，省财政厅、省民政厅出台《安徽省救灾资金专户管理暂行办法》，对救灾资金的分配、拨付、核算等进一步加以规范。2005 年，对非应急救灾资金实行“打卡”发放到户，减少现金发放环节，进一步保证救灾款安全足额落实到灾民手中。

救灾扶贫周转金　救灾扶贫周转金又称救灾基金，是指救灾款有偿使用回收本金及其增值部分的资金和其他渠道的社会资金，由各级民政部门掌握并周转使用。在非灾年，救灾扶贫基金常被用来当作一般的生产资金周转。鉴于救灾扶贫基金是基于国家拨给的救灾款实行有偿使用而来的，或以救灾为名筹集社会资金而形成的，可以视为一种常备的救灾资金，作为救灾特款，专款专用，不得挪用。

1983 年 4 月，第八次全国民政会议提出，救灾经费可以适当用于扶持灾民发展农副业生产；发给灾民的救济款，除紧急救济款外，可以试行“有借有还”的办法，收回的经费由地方建立救灾扶贫基金，开展集资备荒活动。同年冬，安徽省民政厅、安庆地区民政局及东至县民政局，共同在东至县张溪乡开展救灾款发放改革试点。随后，安庆地区其余的 9 个县及凤阳、嘉山、来安三县先后各以一个乡为改革试点乡。综合各地试点经验，灾区无偿救济一般总户数的 15%，特重灾区不超过 30%；经过扶持有偿还能力的约占总户数的 20% ~ 30%；实行救灾款使用改革，约有 40% 救灾款可以分期收回。

1984 年，省民政厅进行救灾资金有偿使用改革，实行救济生活与扶持生产相结合，无偿救济与有偿使用相结合，利用救灾资金重点扶持贫困灾民单户或联户生产，兴办经济实体。同年 7 月，省人民政府发布《关于切实管好用好救灾款物的通知》，除重申专款专用，严禁贪污、私分、挪用外，并要求各级政府推行“无偿救济与无息有偿相结合”的办法，改革救灾款的使用。同时规定：无偿救灾款用于紧急抢救安置灾民和特重灾民生活，无偿救济对象是，农村中“五保户”（孤老、残废、孤儿等）；家庭无主要劳动力、无经济来源、无法维持基本生活的严重困难户（寡妇、幼子、主要劳动力重病、久病、残废、痴呆等）；因灾造成重大损失、家庭生活非常困难、在两三年内难以恢复元气的个别特殊困难户（农田淹光、房屋倒光、财产毁光的“三光户”，主要劳动力因灾死亡或重伤肢残等）。对因灾发生临时困难，一时无法维持基本生活，但经过扶持，下季或来年有偿还能力的灾民，可借款扶持生产，帮助生活。借款在 1 至 2 年内偿还，回收的无偿救济款，国家不回收，原则上留乡作救灾扶贫周转金，自行管理使用。也可从中提取一部分，由县、市掌握，调剂使用，有灾救灾，无灾扶贫。同年 11 月，全省生产救灾工作会议确定，在保证重灾区救济对象基本生活的前提下，以多在贫困的大别山区、沿淮行蓄洪区、内涝区和沿江低洼区的颍上、霍邱、金寨、霍山、临泉、阜南、枞阳、郎溪、广德等 9 个县为扶持重点，推行“无偿救济与无息有偿扶持相结合”“保障生活与扶持生产相结合”的救灾款使用改革，并拨扶持款 1100 万元。1985 年 9 月，全省多灾贫困地区重点扶持工作座谈会增列岳西、潜山、太湖、歙县、寿县 5 个县为重点扶持县，并拨扶持款 230 万元。

1984年至1989年，全省平均每年成灾人口1783.8万人，无偿救济人口304.2万人，占成灾人口的17%，而救济款使用改革前的1983年，全省成灾人口1292万人，得到救济的人口为537.8万人，得到救济人口占成灾人口的40%。1984年至1989年，政府拨发救济款32180万元，平均每年5363万元。其中用于有偿扶持11789万元，占救济款总额的36.6%，用于无偿救济20391万元，占救济款总额的63.4%。

从1984年开始，颍上、霍邱、枞阳、郎溪等9个县，用救灾款重点扶持贫困灾区126个乡、937个村、8万多户，经营种植、养殖、编织、加工、建筑、运输、采矿、捞沙、商业、服务等生产。次年，全省有灾各县均以救灾款扶持灾民单户或联户发展生产，进而兴办经济实体。至1989年，全省投放救灾有偿资金14137万元（其中扶持单户或联户生产6706.9万元，兴办经济实体7430.1万元），连同地方自筹资金及合资共226497.4万元，总共扶持46.9万户，增收20898万元，户均增收445元，脱贫16.3万户，占扶持户的37%，其他扶持户的生活也得到了不同程度的改善。首批扶持9个县中连片多灾贫困乡村，经过调整产业结构、"弃秋夺午"、小区综合治理，生产出现生机，抗灾备荒力量增强。1985年至1989年，9个扶持重点县的扶持对象增收7800万元，户均增收650元，脱贫5.95万户，占扶持对象的47.9%，新建瓦房1.8万间。

救灾扶贫经济实体经过清理整顿后，至1989年，全省尚有1497个，其中办得比较好的1054个，占70%；民政部门直接管理的80个。5年累计产值57577.8万元，实现利润5812.5万元，职工48349人（其中贫困户与残疾人32476人，占总人数的67.1%）。广德县于1986年用救灾扶贫基金100万元创办救灾扶贫车队，为灾区开发黄沙。截至1989年，共创产值1168.3万元，获利146万元，为乡村集体和灾户增加收入200多万元，缴纳税利70多万元，归还投资100万元。黄沙开发带来河道疏通，灾害减轻，沿河两岸54个重灾村，6000多个贫困户因此脱贫。1983年、1984年被洪水冲倒的房屋，95%以上得到恢复，其中50%属于新建。

1986年7月，为加强基金管理使用，经中国人民银行安徽省分行批准，成立安徽省救灾扶贫基金会。同时召开省救灾扶贫基金会第一次理事会，通过《安徽省救灾扶贫基金会章程》。明确救灾扶贫基金会的任务是：宣传党和政府有关救灾扶贫工作的方针、政策，组织交流扶助灾区贫困灾民生产自救、治穷致富的经验；动员社会各界支持救助扶贫工作，关心和帮助灾区贫困灾民解决生产、生活方面的困难；为灾区贫困灾民发展生产提供科技咨询和经济服务；支持多灾贫困地区兴办多种形式的救灾扶贫经济实体；筹集、管理和使用救灾扶贫基金；开展与港澳同胞、海外侨胞、国外友好团体和国际救助组织的友好往来和相互合作；表彰奖励在救灾扶贫、生产自救、治穷致富中取得显著成绩的先进集体和先进个人，激发全社会为共同富裕而奋斗的热情；协助地方政府主管部门建立、健全地、市、县救灾扶贫基金会，指导地、市、县基层基金会的业务工作，并相互发生资金往来。同时还规定救灾扶贫基金的用途，即坚持促进农村经济发展和改变灾区贫困面貌相结合的原则，依据当地经济发展方针，因地制宜，扬长避短，发挥优势，扶助发展商品经济，增强多灾贫困地区和贫困灾民自身经济活力，使他们逐步走上自力更生发展生产、改善生活的道路。

1. 扶持灾区贫困灾民生产自救，治穷致富，重点用于发展多种经营的项目；

2. 扶持多灾贫困地区和贫困户兴办救灾扶贫经济实体。实体提倡户办、联户办，坚持自主经营，自负盈亏、自行承担经济责任。县、区、乡、村兴办经济实体，主要应为户办、联户办的实体和灾民开展生产自救服务。实体职工中贫困灾民不得少于职工总数百分之六十；

3. 扶持贫困灾民带资参加乡镇企业和专业户家庭企业。贫困灾民按股参加分红，按劳参加分配。

4. 扶持多灾贫困村兴办群众性的救灾扶贫互助储金会。对有偿资金的周转使用，如需收取利息的，可委托当地农业银行或信用社按照基金会有关扶助对象、扶助项目、偿还时间、收取利息等规定代办放款，可商请农行免收或少收代办手续费用。

此后，全省 13 个地市、69 个县（市）、1000 多个区乡均建立救灾扶贫基金会。截至 1989 年年底，全省县以上管理的救灾扶贫基金账面累计总额 9797.3 万元，其中省级 1846.4 万元，地、市级 1609.8 万元，县（市）级 6341.1 万元；银行存款 2282.3 万元（见表 3–1–3）。阜阳、宣城、六安、滁县、巢湖、宿县地区及颍上、阜南、寿县、舒城、霍山、萧县等 32 个地、市、县接近或超过 100 万元（其中 10 个地、市、县达到 200 万元至 400 万元）（见表 3–1–4）。5 年时间，各地各级累计回收基金 4377.7 万元，占到期还款的 42.1%，其中 15 个地、市、县回收率达 50% 以上。地方应付一般自然灾害的经济能力有所增强，但部分救灾扶贫基金会机构不健全，人员素质差，制度不完善，有的资金投放盲目性较大；30% 经济实体有亏损，可能沉淀资金 1834 余万元，占资金总额的 18.6%。

1989 年 12 月安徽省救灾扶贫周转金统计表

表 3-1-3　　　　单位:万元

地市县级		投放资金			回收金额		仍在周转金额	增值资金
		累计	本级基金投放	借入基金投放	应回收金额	实回收金额		
全省总计省级地（市）级县级		14137.73	12058.28	2079.45	10366.05	4378.20	9759.50	234.05
		2032.00	2032.00	—1362.00	877.11	1154.89	51.90	
		2097.74	1783.15	314.59	1282.97	541.41	1556.29	41.83
		10007.99	8243.13	1764.86	7721.08	2959.8	7048.32	140.32
阜阳地区	地级	521.00	521.00	—	473.00	191.88	329.12	10.54
	县级	3632.16	3051.19	580.97	3122.88	1461.37	2170.79	48.64
宣城地区	地级	180.10	180.10	—	112.98	56.50	123.60	1.57
	县级	774.93	719.93	55.00	630.10	394.76	380.17	20.15
六安地区	地级	326.10	326.10	—	201.00	120.50	205.60	3.32
	县级	1970.28	1691.58	278.70	1351.43	553.72	1416.56	34.79
滁县地区	地级	39.50	39.50	—	5.00	1.40	38.10	—
	县级	262.2	193.63	69.20	219.78	44.01	218.82	—
巢湖地区	地级	81.30	61.30	20.00	81.30	12.63	68.67	6.25
	县级	490.14	489.64	0.50	438.85	44.79	445.35	0.25
宿县地区	地级	207.63	157.63	50.00	105.79	44.20	163.43	6.24
	县级	813.38	756.38	57.00	481.74	132.44	680.94	6.30
池州地区	地级	60.00	60.00	—	—	—	38.29	—
	县级	270.32	164.32	106.00	204.57	60.00	232.03	1.81
安庆市	市级县级	244.00	44.00	200.00	15.00	—	244.00	4.65
		972.87	686.87	286.00	663.58	118.58	854.29	
淮北市	市级	49.60	30.60	19.00	22.40	11.40	38.20	
	县级	68.99	33.99	35.00	41.99	16.30	52.69	0.89
蚌埠市	市级	35.00	35.00	—	10.00	—	35.00	0.83
	县级	165.97	115.38	50.59	82.09	26.85	139.12	0.12
马鞍山市	市级	33.00	17.45	15.59	10.00	7.00	26.00	0.20
	县级	9.13	9.13	—	9.13	1.35	7.79	—
铜陵市	市级	131.50	131.5	—	122.50	57.40	74.10	1.45
	县级	314.87	162.97	151.90	282.17	98.40	216.47	9.80

续表 3-1-3

地市县级		投放资金			回收金额		仍在周转金额	增值资金
		累计	本级基金投放	借入基金投放	应回收金额	实回收金额		
芜湖市	市级	3.80	3.80	—	—	—	3.80	—
	县级	66.10	66.10	—	51.00	—	66.10	1.60
合肥市	市级	100.17	100.17	—	67.50	22.00	78.17	0.83
	县级	196.02	102.02	94.00	141.77	28.82	167.20	6.19
淮南市本级		85.00	75.00	10.00	56.50	16.50	68.50	5.12

说明:本表根据安徽省救灾扶贫基金会统计资料编制表

1985—1989 年安徽省九个重点扶持县救灾扶贫基金运用统计表

表 3-1-4　　单位:万元

县名	投放资金			回收金额			现在基层使用资金		
	累计总额	扶持实体	扶助家庭	到期应回收数	实回收数	占到期 %	总额	扶持实体	扶助家庭
总计	4040.4	1842.2	2198.2	3337.9	1697.1	50.8	2343.1	1247.7	1095.4
颍上县	673.3	41.7	631.6	611.4	311.1	50.9	362.2	41.7	320.5
阜南县	622.0	279.1	382.9	468.7	245.7	52.4	416.3	249.7	166.6
临泉县	818.0	288.8	529.2	782.0	378.6	48.2	439.4	234.6	204.8
霍邱县	398.3	160.8	237.5	226.7	83.6	36.0	314.6	141.7	172.9
金寨县	363.6	264.0	99.6	213.8	125.1	58.5	238.5	201.8	36.7
霍山县	420.1	297.8	122.3	420.1	162.3	38.6	257.8	175.5	82.6
枞阳县	203.5	39.6	163.9	175.7	70.8	40.3	132.7	30.5	102.2
广德县	394.3	384.9	9.4	338.4	278.3	82.0	115.9	113.7	2.2
郎溪县	107.3	85.5	21.8	101.1	41.6	41.0	65.7	58.8	6.9

说明:本表根据安徽救灾扶贫基金会统计资料编制

1985—1989 年安徽省九个重点县基金会本级资金扶持成果简况统计表

表 3-1-5　　单位:万元、户、间

县名	扶持经济实体				扶持经济实体				
	吸收贫困户		带动贫困户增加收入		扶助户数	扶助款数	帮助增加经济收入	已脱贫户数	帮助新建住房(间)
	户数	已脱贫	户	已脱贫					
总计	12322	7779	7357	3748	104514	2330.49	6181.6	48033	17799
颍上县	1044	832			36841	631.58	2231	14380	1461
阜南县	356	176	1061	525	28100	382.9	738	9460	

续表 3-1-5

县名	扶持经济实体				扶持经济实体				
	吸收贫困户		带动贫困户增加收入		扶助户数	扶助款数	帮助增加经济收入	已脱贫户　数	帮助新建住房（间）
	户数	已脱贫	户	已脱贫					
临泉县	1080	937	1315	988	15144	529.23	1058.4	9607	1363
霍邱县	1919	1546	2316	1149	10690	237.4	661	4915	
霍山县	115	91	875	223	1653	122.3	245.6	661	
金寨县	1059	626	100	60	3321	99.67	397.1	2829	6624
枞阳县	1305	783	678	191	3729	163.91	294.9	2691	4692
广德县	5408	2770	1012	612	1687	322	67.5	812	3000
郎溪县	36	18			3349	131.5	288.1	2679	

说明：1. 九个重点县区扶持 124192 户，已脱贫 59560 户，占 47.9%，其中：①扶持实体 19678 户，已脱贫 11527 户，占 58.5%；②扶持家庭 104514 户，已脱贫 48033 户，占 45.9%（户均投资 223 元，增收 591 元，5% 以上户新建住房）；

2. 本表根据安徽省救灾扶贫基金会统计资料编制

1985—1989 年安徽省九个重点县救灾扶贫基金会兴办经济实体统计表

表 3-1-6　　单位：万元、人

县名	实体数量	投资		现有职工			累计总产值	累计纯利润	累计职工工资资金
		总数	其中：救灾救济有偿款	合计	贫困户残疾人				
					人数	占 %			
总计	248	3987.1	184.1	13264	10299	77.6	15687.7	1364.7	1025.9
颍上县	3	41.7	41.7	31	12	40	83.1	2.7	2.8
阜南县	6	453.0	279.1	367	356	97	107.0	3.0	12.0
临泉县	23	1558.3	288.8	1842	1080	58.6	8596.0	349.0	143.9
霍邱县	32	310.0	160.8	2143	1919	89.5	1327.6	142.1	224.9
霍山县	23	297.8	297.8	160	115	71.8	693.3	69.0	62.2
金寨县	40	671.7	264.0	1487	1059	72.1	1901.9	296.8	235.3
枞阳县	10	53.2	39.6	385	314	81.6	76.0	22.7	19.3
广德县	94	505.7	384.8	6762	5408	80	2670.0	458.8	293.0
郎溪县	17	95.7	85.5	87	36	41.3	232.8	20.6	32.5

说明：本表根据安徽省救灾扶贫基金会统计资料编制

1990 年 12 月，根据民政部关于“救灾扶贫基金为专项社会资金，不适宜再延用基金会”的要求，撤销省救灾扶贫基金会，建立省救灾扶贫周转金管理委员会。至1998年12月，全省共积累救灾扶贫周转金28723万元，扶持救灾扶贫经济实体2600多个，安排7.78万名灾民、贫困户及残疾人、优抚对象务工，间接带动17.2万名救灾扶贫对象，增加收益，扶持近12万户灾民和贫困群众开展种植、养殖和加工等多种经营。1999年救灾资金有偿使用改革试点停止。此后，基本上没有开展任何活动。2009年，省救灾扶贫周转金管理委员会撤销。

救灾合作保险　救灾合作保险是农村社会保险的重要组成部分。中国灾害频繁，救灾任务很重，开展救灾合作保险的目的在于逐步改变单靠国家拿钱救济的传统作法为个人投保、集体和国家辅助理赔的作法，形成以自我保障为主的救灾救助制度，更好地帮助群众解决灾害带来的生产、生活困难，增强抵抗灾害的能力。民政部门主管救灾工作，抓救灾合作保险，是民政部门的职责也是改革救灾工作的当务之急，是农村形势发展的客观需要。安徽省各级民政部门根据救灾内容的需要确定承保项目，最初开展保险主要是以住房和农作物保险为主，有条件的地方也搞少量的牲畜、医疗保险。救灾合作保险的保障水准，则以维持灾后群众基本生活和进行简单再生产的需要为限。采取低保额、低收费、低赔付的办法，以县为单位，制定切合实际的收费和赔付标准，严格执行。

1986年，在全国民政厅（局）长会议上，安徽省民政厅首先提出救灾与保险相结合的工作思路，得到民政部的认可，并决定在全国进行试点。安徽作为全国7个救灾合作保险试点片之一，确定在当涂县试点救灾合作保险。从保障灾民基本生活出发，以水稻、小麦为保险重点，少数试点开办农房及劳力意外伤害保险。1987年7月20日，当涂县成立农村救灾合作保险基金会，开办水稻、棉花、农房3个险种，农民投保水稻55.3万亩，占水稻总面积的79%；棉花2.47万亩，占棉田总面积的91.7%；农房2.3万户，占总户的27.3%。县财政、乡镇集体企业、农民个人3方共筹集保险互助金95.1万元。当年遇到10年罕见的暴风雨灾害，县救灾保险基金会理赔58.7万元。

1988年，试点扩大到亳州、滁州市和休宁、祁门、黟县、歙县、黄山市、屯溪区等8个县（区）。1989年，增加黄山市的黄山区。各试点单位以水稻、小麦为保险重点，少数试点开办农房及劳力意外伤害保险。根据农民、集体和地方财政的承受能力，实行低保额（农作物按五成左右保险）、低收费、低理赔。保险互济金一般按县财政负担15%至25%，集体补助5%至10%，农民个人交纳65%至75%。经过3年，各试点共有40多万户投保农作物518万亩，农房6.64万户，主要劳动力意外伤害2.53万人；共筹集资金825.18万元，理赔支出500万元，收支相抵，尚有结余。亳州市1988年午季小麦遭受大风冰雹灾害，市保险基金会4天内核实灾情，按受灾程度理赔1.98万亩，赔付款48.8万元，得到理赔的户最高970元，一般100余元，最低12.5元。

1988 年安徽省救灾合作保险主要数据统计表

表 3-1-7　　　　单位：个、万元、万亩

市县区名		农作物投保						各险种赔付					各级超赔付		
		投保乡镇数	水稻投保面积	小麦投保面积	占应保面积%	总保险金额	保费	水稻		小麦		地（市）级	县级	乡级	小计
								成灾面积	赔额	成灾面积	赔额				
黄山市	休宁县	40	23.553		97	1373	42.56	1.8387	77.14			3.45	21.3	13.8	38.55
	祁门县	18	7.439		97	375	11.87	0.7302	22.27			1.04	7.59	4.13	12.76
	黟县	11	5.89		81	166.6	13.59	0.46	21.08			0.75	5.25	2.99	8.99
	歙县	16	12.561		90	781.5	21.2	0.9718	36.78			1.59	11.9	6.23	19.72
	屯溪县	9	4.889		93	407	11.77	0.2279	6.35						
	黄山区	1	1.10		81	67	1.12	0.0852	3.1				1	1.05	2.05
当涂县		28	52.53		70	6715	93.59	8.3015	118	1.98	48.8		14	25.5	39.5
滁州市		15	18.5		72	1798	35.1	0.74	1.7					1.2	1.2
亳州市		74		136	100	8437.5	205						8.5	8.5	
合计		212	126.462	136		20120.6	435.8	13.3583	286.42	1.98	48.8	6.83	61.04	63.4	131.27

说明：1. 本表系省生产救灾办公室 1988 年 11 月 15 日上报民政部统计表；

2. 黄山市按市、县、（区）乡三级分担赔付；当涂县、滁州市按县（市）、乡两级分担赔付；亳州市按市、区两级分担赔付

救灾合作保险主要采取的是政府、集体、个人相结合的方法，按灾害损失程度，依靠社会力量，帮助受灾户解决困难，在一定程度上拓展救灾渠道，增强救灾的合力，提高农民的自我保险意识，并体现权利与义务对等的原则，逐步解决“救济全靠政府”的依赖性。

增强灾害保险意识，通过农业保险制度的实施拓宽灾害救助渠道。农业生产抵御自然灾害的能力比较弱，加上自然环境、经济环境、气候特征的差异性和平衡性等因素，以及农业生产的不稳定性和农业风险的不确定性，农业生产经营者需要建立农业灾害损失补偿制度，分散灾害风险，以解除农业生产经营者在发展生产过程中的后顾之忧，使农民一旦受灾后能及时获得经济补偿而迅速恢复生产，保障生产持续发展的作用。因此，通过不断完善农业保险制度，拓宽灾害救助渠道，是灾害救助制度的未来取向之一。但是，由于救灾保险政策不规范、管理体制不健全、技术上不过硬等问题的存在，以及各部门、各界对于在农村开展社会保险的认识不统一，1999 年，救灾资金有偿使用和救灾合作保险改革中止。

农业税灾歉减免　农业税收灾歉减免是指纳税人生产的农作物和饲养的牲畜遭受水、旱、风、雹、病虫等自然灾害而歉收及疫病死亡，按照政策规定给予的减税或免税。农业税收灾歉减免按照轻灾少减、重灾多减、特重全免的原则，给予减征或免征。具体

减免税规定是：纳税人种植的农作物因遭受自然灾害而歉收，实产折主粮低于计税常年总产量并符合下列规定的，分别给予减征或免征农业税；歉收五成（含五成）以上的免征；歉收四成（含四成）以上五成以下的，减征应纳税额的60%；歉收三成（含三成）以上四成以下的，减征应纳税额的40%；歉收三成以下的不减征。因受自然灾害或者其他不可抗拒原因造成农业特产品歉收的，酌情准予减征或免征农业特产税。

1982年10月，省财政厅规定，凡奉令破堤，开闸行洪堤段，生产圩口内纳税土地，免征当年全年农业税。省人民政府原规定行洪区免税5年仍照执行。各地采取“深入调查、群众评议、政府核定”的方法，确定减免户。当年依率计征农业税84724.5万公斤，减免税额为14850万公斤，占计征税的17.53%，折款4969万元；1985年，依率计征农业税83946万公斤，减免税额为30432万斤，占计征税的18.12%，折款5091万元；1986年，依率计征农业税84045万公斤，减免税额为15606万公斤，占计征税的18.57%，折款5220.3万元；1987年，依率计征农业税83987万公斤，减免税额为15783万公斤，占计征税的18.79%，折款5730万元；1988年，依率计征农业税83833万公斤，减免税额为29566万斤，占计征税的17.63%，折款5454.5万元；1989年，依率计征农业税83740万公斤，减免税额为13011万公斤，占计征税的15.54%，折款5730万元。

1978—1989年安徽省农业税减免统计表

表3–1–8

年份	依率计征税额（万斤）	减免		征收价（元/斤）	折款（万元）
		税额	占计征%		
1978	171137	45189	26.41	0.1673	7560.0
1979	170874	38892	22.26	0.1673	6507.0
1980	170154	49028	28.81	0.1673	8202.0
1981	169895	26838	15.80	0.1673	4490.0
1982	169449	29700	17.53	0.1673	4969.0
1983	168988	33009	9.53	0.1673	5522.0
1984	168819	24746	14.65	0.1673	4140.0
1985	167892	30432	18.12	0.1673	5091.0
1986	168090	31212	18.57	0.1673	5220.3
1987	167974	31566	18.79	0.1815	5730.0
1988	167666	29566	17.63	0.1845	5454.5
1989	167480	26022	15.54	0.2202	5730.0

1991年9月，安徽省委、省人民政府《关于进一步做好灾民生活安排和恢复生产重建家园的通知》规定，对行蓄洪区、破圩区、内涝淹没区免征当年农业税和减免粮食

定购任务；对基本和完全绝收以及倒塌房屋的农户，减免当年的粮食定购任务。1986年至2004年，全省农业税灾歉减免37.6亿元。

1992年至2004年，农业税灾歉减免的具体政策数次调整，根据“轻灾少减，重灾多减，特重全免”的原则，1997年至2004年，全省减免农业税27.87亿元。按照“灾民提出申请，乡镇核实上报，部门会商审核，政府担保审批，分户造册发证，按月供应到户，过期指标作废，丰年归还借粮”的办法，重灾地区政府按照国家政策规定，有计划地向有偿还能力而暂时缺粮的受灾群众实施开仓借粮政策。1991年到2003年，全省开仓借粮近4.74亿公斤，其中1999年、2000年和2003年，分别开仓借粮0.85亿公斤、1.1亿公斤和0.5亿公斤，平均占灾区缺粮数量的20%左右。由于借粮归还率不超过30%，以及随着国家取消农业税和粮食政策改革，2004年减免税收和开仓借粮政策停止。安徽省委、省人民政府决定从2005年起全部免征农业税。

开仓借粮 开仓借粮系指政府为帮助灾区群众解决口粮困难，安排下拨一批救灾款，专门用于各地政府安排口粮，赈济灾民。各地通过组织发动群众开展生产自救，互助互济，开仓借粮和政府救济等多种措施，帮助受灾群众解决口粮困难。救济粮款到位后，部分受灾群众的口粮短缺问题暂时得到了解决。各地也通过组织发动群众开展生产自救，互助互济，开仓借粮和政府救济等多种措施，帮助受灾群众解决口粮困难。救济粮款到位后，部分受灾群众的口粮短缺问题暂时得到解决。

由于灾区冬春临时生活困难带来荒情，荒情是灾情的延续，根据荒情发生的时间，农作物“青黄不接”“颗粒无收”，很容易发生基本生活问题。安徽省灾区冬春临时生活困难救助主要采取生产自救、互助互济、减免税收、开仓借粮和政府救济等措施，解决受灾群众口粮问题。

1984年12月，《全省生产救灾工作会议纪要》规定，供应灾区口粮，应在核实灾情的基础上，分月核定供应数量，一次发证，供应到接上新粮为止。口粮供应标准为每人每天1市斤贸易粮，不得搭配粳米、糯米，确保灾民口粮。

1991年，安徽淮河流域发生特大水灾，当年借粮2.9亿公斤。1991年到2003年，全省开仓借粮4.74亿公斤。其中1999年、2000年和2003年，分别开仓借粮0.85亿公斤、1.1亿公斤和0.5亿公斤，平均占灾区缺粮数量的20%左右。由于借粮归还率不超过30%，随着国家取消农业税和粮食政策改革，2004年农业税减免和开仓借粮政策停止，省人民政府办公厅下发《关于切实做好灾民借粮偿还工作的紧急通知》，安排还粮工作，到11月底全省收回借粮0.31亿公斤，占未还借粮总量的8.4%。为减轻农民负担，支持农民发展生产，2005年，民政部制定《灾害应急救助工作规程》和《冬令春荒灾民生活救助工作规程》。2006年8月，省财政厅、省粮食局联合下发《关于免除农民未偿还因灾借粮及省与市、县（区）财政共同负担归还贷款的通知》，对农民因灾借粮债务全部免除。

救助款物发放 1984年7月，省人民政府发出《关于切实管好用好救灾款物的通知》,再次强调救灾款是国家用于保障灾区人民生活的专项救济经费,不允许用救灾款为农村缴纳电费、堵口复堤、计划生育、干部、民师补贴等非救灾方面的开支。救灾用的口粮、木材、燃煤等属于计划内安排,一律按平价供应,不得任意改为议价或高价出售,加重灾民负担。1984年后,全省由点到面进行救灾款发放使用改革。即推行“无偿救济与无息有偿相结合”的办法,改革救灾款的使用。

1987年9月,省人民政府规定,在人均收入300 ~ 500元的地方,所需救灾经费由省、县(市)两级按8∶2比例负担,改变过去由中央和省包下来的体制,逐步转变为多级负担救灾体制,以发挥地方财政和农村集体经济的救灾力量。1988年,长丰、芜湖、南陵、怀远、怀宁、定远、郎溪、无为、东至、宣州等51个县(市)受灾,按规定比例,县(市)应摊救灾款587万元,实际到位395万元,占应负担数的67.3%。1989年,肥西、五河、望江、阜阳、砀山、舒城、来安、巢湖、贵池等53个县(市)受灾,应摊救灾款479万元,实际到位351.2万元,占应负担数的73.3%。

1977年至1994年,全省下拨救灾粮指标年平均7.36亿公斤。1977年至2007年,全省共使用救灾资金588066万元(年平均18970万元),其中1984年至1993年使用183756万元(年平均18375万元),1994年至2007年使用360288万元(年平均25735万元)。平均每年有500万人在口粮、穿衣、住房和医疗方面得到政府救助(见图3-1-2)。其中1996年至2007年,全省共投入12.57亿元,重建因灾倒塌民房167.23万间。

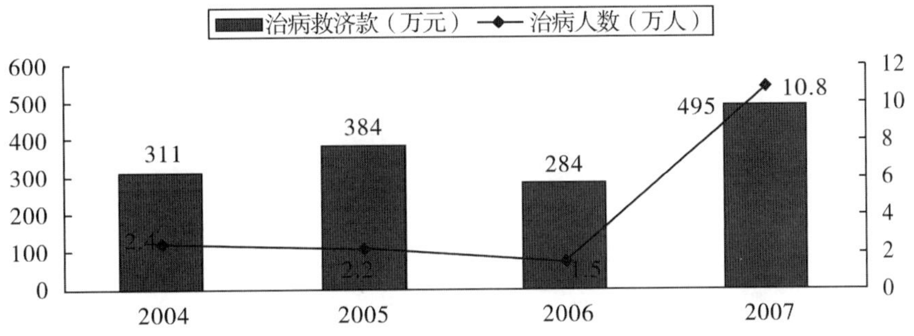

图3-1-2 (2004-2007)安徽省自然灾害治病救济情况图

1986年至2008年,全省累计使用救灾款60.24亿元、粮食426万吨、煤3.05亿吨、木材1.03万立方米。

1986—1994年安徽省救灾款物使用情况统计表

表3-1-9

年度	款(万元)	粮(万公斤)	煤(万吨)	木材(立方米)	衣被(万件)
1986	3900	12850	7	8000	—
1987	4570	7630	–	1500	—
1988	5145	14630	4	—	—

续表 3-1-9

年度	款（万元）	粮（万公斤）	煤（万吨）	木材（立方米）	衣被（万件）
1989	5598	11500	4	800	—
1990	5755	27120	4	—	—
1991	128624	159890	30500	—	—
1992	10589	128770	—	—	5
1993	6168	31650	—	—	6
1994	7613	32000	—	—	5
累计	177962	426040	30519	10300	16

1995—2008 年安徽省救灾资金使用情况统计表

表 3-1-10　　单位：万元

年份	合计	口粮救济	衣被救济	治病救济	住房救济	转移安置	其他
1995	14210	9581	250	269	2071	351	1688
1996	21388	13871	356	468	4788	683	1222
1997	11263	8743	334	223	1344	120	498
1998	27077	12930	234	477	10859	534	2043
1999	32769	17369	479	558	11873	557	1933
2000	21916	16419	250	311	4183	116	637
2001	16788	14017	393	425	1117	56	780
2002	19133	15072	614	407	2284	230	526
2003	64334	23085	425	1102	34936	3800	986
2004	16585	13259	194	311	2509	98	214
2005	27482	13711	501	384	11509	763	615
2006	17637	13913	322	284	2502	197	419
2007	62433	16826	1019	495	39888	2128	2077
2008	71406	26085	907	284	40853	1302	1975
合计	424421	214881	6278	5998	170716	10935	15613

第三节　倒塌民房重建

突发性自然灾害灾情稳定后，各级民政部门立即组织力量，全面开展因灾倒损房屋的统计与核定工作。倒损房屋的界定和倒损房屋统计指标的内容，按现行灾情统计、上报制度的规定执行。县级民政局立即组织人员对辖区内本次灾害倒损房屋情况逐村逐户进行调查与登记，经县级人民政府审定后，上报省辖市民政局。省辖市民政局接到县级民政局报表后，完成辖区内灾害倒损房屋情况的核定与汇总，经省辖市人民政府审定后，连同县级上报数据一并报省民政厅。

倒房重建　1986—1989年，因灾倒塌民房重建实行一般性灾后救济，基本没有具体的政策规定，以群众互助自建为主。1990年至1995年，在进行淮河流域严重洪涝灾害倒房重建，特别是实施国际救灾援助项目中积累和借鉴其他经验，实施灾后倒房重建补助政策。

1990年，省民政厅针对当年成片倒房较多的情况，在兼顾面上分散倒房恢复工作的同时，集中一部分救灾款物，对六安、五河、泗县、灵璧、宿县、砀山6个成片倒房较多的重灾县，实行集中连片建房试点。

1991年，全省严重洪涝灾害造成119万户、278万间民房倒塌，其中全倒58万户、164万间。当年灾区民房重建采取量力而行、统一规划、一步定位、分步实施的办法，以群众自筹为主，亲友互借、银行贷款、保险理赔和政府补助等办法，多渠道筹集建房资金。到年底，灾区共搭建过冬住房50万户、120.7万间，其中永久住房3.51万户、8.79万间，全倒户的过冬住房解决。1991年，安徽农村灾后建设项目获得联合国“改善生活环境杰出奖”，认为安徽创造性地把临时过冬住房建设与永久住房建设相结合，在灾民本身、国内社会和地方政府之间建立良好的合作关系。1992年对水灾倒房进行续建，1993年年底水灾倒房基本恢复。

1996年9月，省民政厅出台《安徽省灾区重点连片建房暂行办法》。办法规定：灾区连片建房实行分级负责，地方为主，统一规划，分步实施，一般按每户3间主房、每间15至20平方米设计，建房资金以群众自筹为主，通过农行贷款、保险理赔、互助互借、社会捐赠、国家补助等多渠道筹集，大灾年份各级财政列支的建房补助标准按连片建房全倒户1000元左右、分散建房全倒户500元左右掌握。

2003年，安徽省淮河流域再次发生特大水灾。同年8月，省人民政府办公厅下发《关于切实做好灾区建房工作的通知》。规定：2003年完成从15处行蓄洪区、淮河河滩地紧急转移出来的8万户30万灾民住房重建工作，灾区外迁或后靠安置18万人，新建保庄圩安置12万人，由省水利厅牵头，省直相关部门配合。其他地区灾民建房按照“规划引导，因地制宜，自力更生为主，政府适当补助”的原则，尽量与农村小康住宅建设和小城镇建设相结合，促进农村经济发展；灾民建房由本人提出申请、村民代表会议评议上报、乡镇政府审查核定、县级民政部门根据当地经济实力、倒房数量和分布情况、群众承受能力等综合因素决定是连片建房或分散建房；政府补助原则每间600元，重点补助灾区倒房的五保户、烈士遗属、现役军人家属、常困户和主房全倒户，其他部分倒房户原则上少补助或不补助；政府补助资金省、市两级按7 ： 3比例共同负担；计划重建因灾倒房32.77万户、65.54万间，由省民政厅牵头，省直相关部门配合。当年完成30.1万户、66.2万间，其余于2004年年初完成。

2005 年，大别山区、巢湖等地因“泰利”台风灾害造成倒房较多。安徽省委书记郭金龙批示，“生产救灾也同样是一场战斗，恢复生产、重建家园刻不容缓”。9 月，省民政厅、省财政厅下发《关于做好灾区倒房恢复重建工作的通知》，安排倒房恢复重建，重点解决当年因灾倒房五保户、特困户、全倒户和生活困难灾民的住房恢复。确定每户补助标准可按五保户 3500 元、特困户 2500 元、倒房困难灾民 1200 元参照执行。

2007 年 6 月至 7 月，淮河流域发生 1954 年以来最大的洪水，皖南山区暴发山洪、泥石流，全省因灾倒塌民房 4.91 万户、11.27 万间。省长王金山批示：“倒房重建是事关民生的大事，是一项严肃的政治任务”，应引起各级政府和相关部门的重视。省人民政府于 8 月 18 日下发《关于切实做好灾区倒房重建工作的通知》，要求坚持“因地制宜、量力而行、统一安排、分步实施”的原则，力求在恢复的基础上有所改善，有所提高，切实做到“三个结合”，即近期救灾与远期减灾相结合、与新农村建设和小城镇建设相结合、与推进民生工程相结合，确定 12 月底以前要让倒房户搬进新居，有条件的地方要尽量提前。并规定倒房重建补助标准提高到：五保户每户补助 1 万元，低保户、相对贫困户和一般倒房户限补两间，每间分别补助 5880 元、4200 元和 1500 元。建房补助资金由市、县两级政府承担 20%，省和中央政府补助 80%。当年确保倒塌房屋的灾民安全过冬。

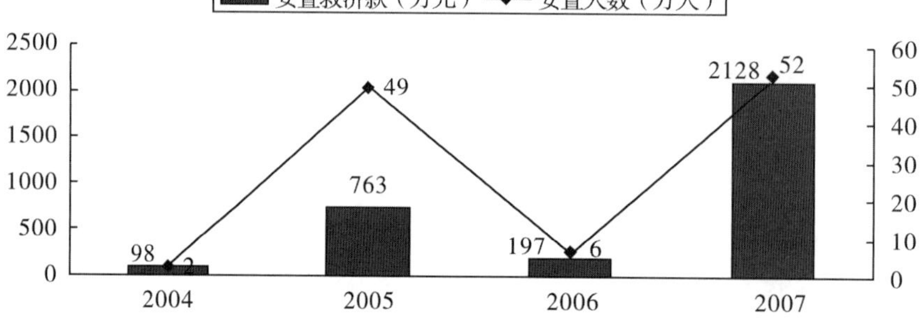

图 3-1-3 （2004-2007）安徽省自然灾害抢救安置情况图

连片建房 1996 年，安徽省开始加大救灾资金在因灾倒塌民房重建的集中使用，完善工作管理。1996 年 9 月，省民政厅制定《安徽省灾区重点连片建房暂行办法》。各地各有关部门按照安徽省委、省人民政府部署，本着对人民群众高度负责的精神，精心谋划，强力推进，打好灾区建房主动战。为摸清底数，建立档案，确定全省灾区建房计划，受灾地区抽调干部组成工作组，进村入户，认真核实民房倒塌情况，核查结果由倒房户主以及村委会、乡镇政府、核查小组负责人现场确认签字，在村民组张榜公示后，按照五保户、低保户、相对困难户和一般户，分类进行统计，建立倒房台账。在县级民政部门自查基础上，市级民政部门进行督查，省民政厅、省财政厅进行重点抽查，较为准确地掌握全省因灾倒塌民房的数量。

2003 年 8 月和 2007 年 8 月，民政部、财政部灾情评估组到安徽重点进行灾民登记情况核查。根据全省民房倒塌情况,省政府批准确定全省计划建房。享受政府补助的建房对象由本人申请,村民代表会议评议,乡镇政府审查核定,县级民政部门批准。确定的建房对象及其补助金额均张榜公布,接受监督,建立建房台账,按照省民政厅下发的统一格式,建立建房档案,并附倒房和建房照片。各地结合灾区地形、地貌和人文习俗,做到能集中建的,就不分散建;能选择高地建的,就不在低洼地建;能迁建的,就不在原地建;能建好的,就不建简易的。一些地方运用"群众为主,村组操作,乡镇负责,县里指导"的办法,通过"等量换、多换少、换地加补助"的方式,较好地解决建房宅基地问题。房屋设计注重提高减灾标准,提供多个方案供群众选择。无论是建房规划、建房选址,还是房屋设计,注意尊重群众意愿,考虑实际承受能力。

2003 年以前,灾区建房政府补助标准没有明确规定。从 2003 年开始,省民政厅着手提高政府补助标准的调研。当年,省里每间补助 600 元,全省用于灾民建房 3.49 亿元,其中中央建房资金 3.22 亿元,省财政配套 800 万元、接收捐赠 1130 万元,实施灾民建房 32.7 万户、65.5 万间。2005 年,省人民政府根据人民生活水平不断提高的客观实际,给予灾区建房补助标准较大提高,当年,省级补助五保户每户 3500 元、特困户 2500 元、其他户 1200 元,全省用于灾民建房 1.15 亿元,其中中央建房资金 5300 万元,省财政配套 2000 万元、接收社会捐赠 435 万元,全省实施灾民建房 6.1 万户、13.7 万间。

2007 年 8 月,为科学测算和合理确定灾区建房政府补助标准,省民政厅会同省财政厅对安徽省北部平原地区、中部丘陵地区和皖南山区的民房建筑造价进行实地调查,综合当地建设部门提供的造价和农村民房的实际造价,确定全省灾区建房造价按每平方米 420 元、单间 20 平方米 8400 元进行计算。为让灾区群众共享改革发展成果,尽管当年因灾造成一定的财政减收,省人民政府仍然决定提高灾区倒房重建补助标准:倒房五保户补助 1 万元,基本解决建房资金需求;其他倒房户补助不超过 2 间,其中低保户补助建房资金的 70%,即每间补助 5880 元;相对贫困户补助 50%,即每间补助 4200 元;其他倒房户按国家标准补助,即每间补助 1500 元;损坏房屋中的 11 万间严重损坏房屋,每间补助 200 元,进行加固维修。与 2005 年相比,因灾倒房五保户、低保户、贫困户的补助标准分别提高到 2.9 倍、4.7 倍和 7 倍,有效地保证了灾区建房的进度。到 2007 年 8 月,安徽省灾区民房重建政策和工作发生重大变化。1996 年至 2007 年,全省共投入 12.57 亿元,重建因灾倒塌民房 167.23 万间。

2007 年,为切实帮助灾区倒房群众解决建房资金困难,省人民政府决定,灾区倒房五保户、低保户、相对贫困户补助资金由省与市县按 8 ∶ 2 比例分担,一般倒房户补助资金按国家标准补助,市县不承担。按照上述建房补助标准和资金分担比例,2007 年各级政府共落实建房和损房补助资金 3.92 亿元,其中中央 1.47 亿元,省财政安排 1.01 亿元,省民政厅从救灾捐款和福利彩票公益金中筹集 0.7 亿元,市、县配套 0.74 亿元。建房补助资金实行专户管理,资金发放坚持按照审核公示后的花名册发放、坚持按照实际建房进度分批发放、坚持通过涉农资金一卡式发放。做到政策公开,发放程序公开,补助对象公开，补助金额公开，执行结果公开。

2007年，省人民政府明确灾区建房质量标准问题。在质量标准上，省生产救灾指挥部将省建设部门制定的《安徽省农村灾区倒房重建质量要点》印发到市、县，各地结合灾区的实际情况，制定具体的质量标准，对重建房屋的主体结构、地基宽度、墙体厚度、砌浆构成、屋檐高度、内外墙粉刷、屋内地平处理等作出明确规定。在建筑施工上，对集中建房的建筑施工单位，全部通过公开招标或议标的方式，择优选定，确定技术管理人员，进行严格的质量监督；分散建房的，尊重群众的主体地位，加强专业技术指导和服务。在建材供应上，主要采取以县为单位，统计重建所需的钢材、水泥、砖瓦等建材的品种和数量，参考价格部门监测发布的价格，就近向规模较大、信誉较好、产品质量过硬的厂商集中采购。建材企业尽力向受灾群众供应质优价廉的建材产品，履行应尽的社会责任。灾后重建量集中在9 ~ 12月这个时段，建材供应出现紧缺、市场价格出现上涨的可能性大。2003年灾区建材供应一度较灾前上涨30% ~ 50%，其中砖瓦供应最为紧缺，水泥价格涨幅最大，灾民建房成本每间增加600多元。

2008年雪灾倒房重建期间，灾区建房建材价格出现正常幅度的上涨，少数地方红砖开始紧缺，钢材平均上涨20%（由3900元涨至5100元左右），手工费平均上涨30%（小工由35元涨至50元左右，上涨40%；大工由50涨至80元左右，上涨60%），建房平方米造价上涨25% ~ 30%。在监督检查上，各级民政、建设、质监等部门组成工作组定期巡回检查，省委督查室进行暗访，省新闻媒体也加强质量监督报道。发现问题，及时处理。通过这些措施，全省灾区建房的建筑结构和建筑质量全面提高，从根本上避免陷入受灾房屋倒了建、遇灾再倒的恶性循环，有效地提高灾区群众房屋抗灾能力。省人民政府规定，在灾区建房工作中，民政部门负责制定和落实建房方案，强化协调、检查，解决建房工作中存在的困难和问题，掌握建房进度，通报工作进展情况。财政部门负责筹措、拨付倒房重建资金的管理等；建设部门负责建房技术指导和质量监管；国土部门负责指导做好建房规划和选址工作；监察、审计部门负责加强对重建资金管理使用情况的跟踪审计、监督、检查；其他有关部门按照各自职责，协同做好各项工作，确保倒房重建工作有序推进。在政策宣传上，各地利用报纸、广播、电视等各种媒体，把倒房重建补助对象范围、补助标准、工作要求和具体措施等，交给群众，方便监督，促进工作，同时引导群众转变观念，强化减灾安居意识，生产自救，重建家园。县级民政部门还印发大量的宣传材料和“明白纸”发放到乡、村和倒房户，使建房政策家喻户晓，为倒房重建工作提供有力的思想保障和良好的舆论氛围。为及时掌握建房工作动态，全省建立灾区建房工作周报制度。进入灾区建房工作攻坚阶段后，省民政厅每半个月在《安徽日报》通报一次灾区建房进展情况。

资金使用 根据省民政厅相关规定，县、乡民政部门必须对恢复重建补助资金或建筑材料实行专帐管理。恢复重建补助资金或建筑材料由县、乡民政部门统一掌握，指标先落实到户，发放须经县、乡政府批准。分散建房可以直接发放现金，也可以由县级民政局实行政府采购,统一购买、供应同等价值的建筑材料;集中建房不直接发放现金,由县级民政局实行政府采购,统一购买、供应同等价值的建筑材料;恢复重建补助资金或建筑材料发放,由县、乡民政部门按照灾民建房的实际进度,分阶段支付补助资金或供应建筑材料,确保恢复重建补助款有效地发挥作用。

恢复重建资金的主要来源:中央、省、省辖市、县各级政府投入的恢复重建补助资金和社会捐赠;乡级政府和村级组织发动群众帮工帮料;受灾群众积极自筹和互助互济。恢复重建补助资金的申请、办理和拨付。

申请程序　在灾情稳定并核实后,由省辖市人民政府向省人民政府提出书面申请,同时抄送省民政厅、省财政厅。主要内容包括:受灾区域、受灾人口、紧急转移安置灾民数量、因灾倒塌房屋数量、损坏房屋数量、需政府帮建的数量、地方各级政府已投入和计划安排的恢复重建补助资金数量、地方恢复重建计划和配套措施等。

办理程序　省民政厅接到省辖市人民政府或民政、财政部门的申请后,及时与有关部门进行会商,对申请中的灾情进行核查评估,根据核查评估结果,同时,考虑受灾地区财政经济状况等因素,提出中央、省级补助资金拨付方案,经与省财政厅协商后,报省人民政府审定办理。

拨付程序　各地人民政府在接到上级财政、民政部门下发的拨款通知后,各级民政部门要按照通知要求,及时提出资金拨付方案,与同级财政部门进行会商,报同级政府审定后,由财政、民政部门联合下发拨款通知,同时抄送上一级财政、民政、审计部门。

恢复重建补助资金的使用和管理。1. 使用原则:上级下拨的恢复重建资金是用于遭受突发性自然灾害的地区,在安排因灾倒损住房恢复重建经费发生困难时的专项补助资金,必须按指定范围使用。(1) 专项用于解决灾民因灾倒损住房恢复重建的补助。(2) 在省财政厅、省民政厅拨款文件中已指明用途的情况下,不得擅自扩大使用范围。(3) 资金分配时,轻灾区和重灾区必须有所区别,发达地区和贫困地区必须有所区别;同等条件下五保户、优抚对象、残疾人等群体优先保障。2. 使用和管理:灾区民房恢复重建的补助资金的使用,可以向补助对象直接发放现金,也可以统一购买、供应与补助资金同等价值的建筑材料,所购实物必须实行政府采购,阳光操作。

各级民政部门始终注意利用灾区建房的机会,把灾区五保户倒房重建与受灾敬老院的修建和扩建相结合, 2003 年以后结合的力度更大,有的地方以几个村为单位,集中建设“五保老人之家”,做到“集中建房,分散供养,产权公有,轮转使用”,并引导灾区“五保老人之家”向敬老院过渡。对于暂时不能入住农村五保供养服务机构的分散五保户建房,做好科学规划和选址,依据每户 1 万元的建设标准,统一建房式样和质量标准、统一由乡镇或村委会掌握建房资金并组织施工。2007 年和 2008 年。全省因灾倒房五保户结合受灾敬老院建设 2.4 万户,其中新建和改扩建敬老院 999 个、新建五保老人之家 602 处,增加集中居住和集中供养床位 2.64 万个,全省五保集中供养和集中居住率上升近 6 个百分点。

从20世纪80年代开始，到2008年的冰雪灾害，经过多年的探索，安徽省灾区倒塌和损坏住房恢复重建工作经验基本成熟且不断完善。即提前谋划，打好灾区建房主动战；摸清底数，建立档案，确定全省灾区建房计划；精心测算，突出重点，提高政府建房补助标准；政府主导，分级负责，按比例落实政府补助资金；注重规划，科学选址，提高灾区建房减灾能力；严格质量，加强监管，统一灾区建房质量标准；抓住契机，优先恢复，彻底改善灾区五保住房条件；加强管理，宣传引导，有序推进灾区建房。民政部在灾区建房政策上，吸收了安徽关于建房对象分类、补助标准提高、补助资金筹集等方面的做法。2008年2月，民政部在全国救灾救济工作会议上介绍安徽的经验，引起较大反响。

第四节　救灾捐赠管理

救灾捐赠管理是以募集款物支援灾区解决灾民生活生产困难为目的的专项捐赠活动及募集款物管理发放。救灾捐赠是自然灾害管理体系的重要组成部分，是灾害应急社会紧急动员机制，是一项非常有效的救灾工作措施。一方有难，八方支援，中华民族历来具有患难与共、同舟共济的优良传统。每当严重自然灾害发生后，各地都会开展多种形式、各种规模的赈灾募捐、赈灾义演、赈灾义卖等救灾捐赠活动。救灾捐赠紧急动员各方面的社会资源，募集大量的资金和物资，有效帮助灾区群众解决生活和生产困难，同时弥补单靠财政拨款救济灾民，救灾经费严重不足的缺陷。救灾捐赠活动有力地增强全社会、全民族的凝聚力，促进社会文明的发展。通过救灾捐赠活动，使全社会甚至海外华人华侨、港澳台同胞的爱国主义热情得到充分的表现，爱国热情和民族凝聚力得到增强，中华民族扶贫帮困的传统美德进一步发扬光大，丰富社会主义精神文明建设的内容。救灾捐赠使用公益慈善组织在救灾工作中的作用逐渐显现。

救灾捐赠款物管理　新中国成立后，安徽省每遇大灾，社会各界均热心救灾捐赠善举。接受捐赠的款物也越来越多，各级民政部门救灾捐赠款物管理的责任也越来越大。对救灾捐赠款物管理，不同阶段政府均有相关政策规定。1978 年，中共安徽省委和省革命委员会先后要求各级党委、革命委员会组织力量对民政事业费主要是救灾经费的认真清理整顿。经过省、地、市、县、区清理整顿，追回一批借支、挪用的救灾款，处理一些贪污、挪用救灾款物的干部，救灾款物的各项管理使用制度逐渐恢复。

1981 年 11 月，省民政厅、财政厅和省农业银行根据民政部、财政部、中国农业银行、中国人民银行联合《关于用于农村民政事业费由中国农业银行监督拨付的通知》规定，国家用于县级（包括市郊区和不设区的县级市）及其所属的区、公社（镇）的民政事业费主要是救灾款，拨交县级农业银行及其所属机构或信用社。县级农业银行及其所属机构或信用社，可根据民政部、财政部规定的救灾款、民政事业费的使用原则、使用范围、方法手续同级民政部门提供经过主管部门批准的用款计划以及各种发放凭证监督拨付，进一步规范民政事业费和救灾款的发放程序。

1986 年 8 月，省民政厅、省生产救灾办公室下发《关于接收工会、青年团、妇联捐献救灾款物的通知》，规定捐献的粮款衣物由省确定用于重灾地区，严加管理，及时发放，鼓励灾区生产自救。

1978—1989 年安徽省收到救灾捐献一览表

表 3-1-11

捐献地区或部门	时间	物品名称	数量	金额
中央军委总后勤部	1978 年	棉军大衣 棉军衣 棉军裤被 棉被 棉帽	10 万件 8 万件 10 万条 5 万条 6 万条	—
南京军区	1980 年	旧军衣、帐	共 10 万件（顶）	—
中央军委总后勤部	1982 年	旧棉、单衣	10 万件	
本省各县市及省直各单位	1982 年	粮食 粮票 布票 衣被蚊帐	127 万斤 478680 斤 6141 尺 88659 件（顶）	555276 元
驻皖部队	1983 年	衣被	共 12 万件（条）	—
本省各界	1983 年	粮食 粮票 各种衣物	905 万多斤 762 万多斤 123 万多件	449 万多元
省直党委、省总工会、团省委、省妇联部置各下属机关	1986 年	粮票 衣物	74.74 万公斤 28.84 万件	93.71 万元
省军区	1986 年	军衣	2000 件	—
本省各界	1989 年	粮票 衣被	8 万多公斤 2.8 万件（条）	33 万元

说明：1. 本表根据省生产救灾办公室统计资料编制；

2. 有些直接向各县捐助或本地区自行捐献互济的，均未列入

1991 年 8 月，省民政厅印发《安徽省接受捐赠赈灾款物的使用管理暂行规定》，国际国内捐赠赈灾的款物，一律纳入国家救灾款物的管理范围，必须坚持“专款专用，专物专用，重点使用”的原则，重点安排用于遭受严重自然灾害的地区。

1998 年 8 月，安徽省人民政府办公厅发出《关于做好接收、管理、分配捐赠款物有关问题的紧急通知》，明确境内外捐赠的款物，由省民政厅代表省政府归口管理，统一平衡，一律用于帮助灾民安置生活，重建家园。

2005 年 9 月，大别山区遭受“泰利”台风灾害后，全省共接收救灾捐赠款 8500 万元（不含捐赠物资），其中各级民政部门直接接收 3920 万元，只占 46%。除了红十字会、慈善协会等公益性社会团体接收的救灾捐赠款，有将近一半的捐赠款游离各级民政部门和财政部门救灾款物管理之外。

1990 年至 2008 年，安徽省通过救灾捐赠共募集款物约 30 亿，其中资金约 16 亿元。其中规模比较大的救灾捐赠活动，如 1991 年的救灾捐赠、1998 年救灾捐赠及省赈灾义演、2003 年防治“非典”捐赠和救灾捐赠、2008 年支援汶川抗震救灾捐赠等。

规范捐赠渠道　安徽省的救灾捐赠工作始终开展得较为充分。特别是自然灾害损失较重的年份，不仅有效地弥补了政府救灾经费和物资的不足，而且给灾区群众有力的物质支持和极大的精神鼓舞。但是也存在不少问题，突出的是募集渠道混乱，款物分配多头等。

1998年，国务院办公厅《关于批准民政部机构编制"三定"方案》和《关于加强救灾捐赠管理工作的通知》，1999年《公益事业捐赠法》、2000年5月民政部《救灾捐赠管理暂行办法》，对境内外救灾捐赠的接收、捐赠款物的管理和使用等作出具体规定。2001年，中共中央办公厅、国务院办公厅《关于转发〈民政部关于进一步开展经常性社会捐助活动的意见〉的通知》，以及2005年国务院办公厅《关于印发〈国家自然灾害救助应急预案〉的函》规定，救灾捐赠工作由民政部门统一组织和接收，各系统和各部门只能在本系统和本部门内部组织救灾捐赠活动，除民政部门认定具有救灾宗旨的公益性社会团体（红十字会、慈善协会）外，未经民政部门同意，任何个人、任何单位不得在社会上开展任何形式的救灾募捐活动。

2000年5月，民政部出台《救灾捐赠管理暂行办法》，救灾捐赠管理工作逐步规范。2003年3月，民政部下发《关于进一步规范境外救灾捐赠物资进口管理的通知》，规定国外民间团体、企业、友好人士，香港、澳门特别行政区同胞、台湾同胞无偿向我国境内受灾地区捐赠直接用于救灾的物资，由民政部门负责接收、管理并及时发放到受灾地区。如涉及其他部门，应会同其他部门共同办理，民政部门负责物资进口免税的审核、申报。中国红十字会、中华全国妇女联合会接收的境外救灾捐赠物资由其自行负责办理进口免税事宜和发放到灾区。外国政府、国际组织无偿捐赠的救灾捐赠物资按《中华人民共和国海关法》和《中华人民共和国增值税暂行条例》有关规定执行。申请享受境外救灾捐赠物资进口免税的区域必须是民政部《中国灾情信息》公布的受灾地区；免税物资必须是财政部、国务院关税税则委员会、国家税务总局、海关总署《关于印发〈关于救灾捐赠物资免征进口税收的暂行办法〉的通知》限定的物资；免税物资必须是无偿捐赠，并在合理的数量范围内。境外救灾捐赠物资，统一由民政部负责向物资使用地直属海关申请进口免税。受赠单位申请境外救灾捐赠物资进口免税，必须向当地民政部门提出申请，由省级民政部门审核后报民政部。省级民政部门要根据灾情和当地救灾资源，合理分配救灾捐赠物资，认真审核物资分配去向，并认真填报审核表格。

至此，救灾捐赠已经成为灾害救助体系的重要组成部分。救灾捐赠工作应当归口民政部门统一管理。救灾捐赠作为一个专项捐赠活动，但不同于其它一般捐赠活动，国家的法律和法规对其管理部门有着明确的规定。《公益事业捐赠法》规定接收捐赠的主体有三个：一是公益性社会团体，二是公益性非营利的事业单位，三是在发生自然灾害的特殊情况下政府及其部门可以接收捐赠。

2008年4月，民政部根据《公益事业捐赠法》第11条规定，在发生自然灾害时，"县级以上人民政府及其部门可以将受赠财产转交公益性社会团体或者公益性非营利的事业单位；也可以按照捐赠人的意愿分发或者兴办公益事业，但是不得以本机关为受益对象”的精神，对2000年5月民政部第22号部长令发布的《救灾捐赠管理暂行办法》进行修订，公布《救灾捐赠管理办法》，进一步规范救灾捐赠活动，加强救灾捐赠款物管理，保护捐赠人、救灾捐赠受赠人和灾区受益人合法权益。《救灾捐赠管理办法》规定县级以上民政部门负责接收救灾捐赠款物并及时将捐赠款上缴同级财政救灾专户管理；救灾捐赠款物的使用坚持专款专用、集中使用、重点使用、无偿使用原则；定向捐赠的款物必须按照捐赠者的意愿使用，非定向捐赠的款物，除适当用于紧急转移安置灾民生活所需外，重点用于帮助灾民重建或新建家园和生活困难灾民口粮救济；各系统和各部门在本系统和部门内部接收救灾捐赠款物情况，以及红十字会、慈善协会等公益性社会团体接收救灾捐赠款物情况，应当及时报告同级民政部门，由民政部门统计汇总，按照同级政府确定的原则，根据灾情统筹安排，制定非定向捐赠款物的分配方案。民政部门建立救灾捐赠款物接收和分配公示制度，在加强使用管理的同时，接受行政监察监督、捐赠人检查监督、社会舆论监督和灾区群众民主监督。

1986—1993年接收救灾捐赠情况统计表

表3-1-12

年份	捐赠物品	数量	捐赠款数量
1986年	粮票 衣物	74.74万公斤 29.04万件	
1989年	粮票 衣被	8万多公斤 2.8万件	
1991年	粮票 粮食、食品、蔬菜、副食品、日用品、医药器械、衣被、建材、煤炭、交通通信器材、农用物资等	154.65万公斤 折款4亿多元	4.18亿元

1994—2008年安徽省接收救灾捐赠情况统计表

表3-1-13

年份	捐赠救灾款（万元）	捐赠衣被（万件）	捐赠粮食（万公斤）	其他物资折款（万元）	受助人数（万人）
1994	2568.6	560	2979.52	870	234
1995	2087	128	841	440	189
1996	2940	283.4	214.6	610	220
1997	544	278.7		310	213
1998	14370	1456	338	6858	817
1999	2520	82	260	189	151
2000	797	21	421	205	87

续表 3-1-13

年份	捐赠救灾款（万元）	捐赠衣被（万件）	捐赠粮食（万公斤）	其他物资折款（万元）	受助人数（万人）
2001	1706	42.4	68.68	136.6	135.8
2002	2230	85	95	232	53
2003	11183	497	1926	6322	323
2004	787	22	—	8	35
2005	8545	192	—	1027	186
2006	1201	18	—	—	58
2007	6088	37	—	4905	231
2008	9569	16	—	2571	177
总计	67135.6	3718.5	7143.8	24683.6	3109.8

说明：此表不含中央接收分配安徽的捐赠款物，不含向汶川地震灾区的捐赠

1991年救灾捐赠　1991年，安徽省发生历史罕见的特大洪涝灾害。当全省军民以顽强的毅力与洪水展开英勇搏斗的紧要关头，也正是安徽人民处在最艰难困苦的关键时刻，中共中央、国务院及时给予巨大关怀和支持，拨来巨款和大量急需的救灾物资。解放军和全国人民风雨同舟，情洒江淮，海外炎黄子孙同根相护，心系灾区，从四面八方伸出援助之手，开展了声势浩大、形式多样的抗灾赈灾活动；国际上30多个国家和地区在“中国国际减灾十年委员会”的紧急呼吁下，也积极向安徽、江苏等灾区提供大量的援助。据统计，全省共接收全国人民、港澳台同胞和国际社会捐款4.1789亿元，其中内地1.026亿元，港澳台向胞2.524亿元，国际社会6288万元。接收粮食、食品、蔬菜、副食品、日用品、医药器械、衣被、建材、煤炭、交通通信器材、农用物资等十几个大类600多个品种的物资，折款4亿多元。

为认真做好这些捐赠款物的接收、运输工作，根据国务院统一部署，各级民政、海关、外交、联检、民航、铁路、交通、银行、邮电等部门密切配合，互相支持，打破常规，简化手续，建立高度协调统一的工作体系，制订接收处理的特殊政策。各级民政部门建立严格的管理制度，做到账目清楚、凭证齐全、账实相符、专户专储。分配上严格遵照国务院的有关规定，重点用于解决紧急抢救、转移安置灾民、防病治病和灾民重建家园等方面，及时将国内外捐赠的款物分给阜阳、六安、巢湖、滁县、淮南、蚌埠、合肥7个重灾地市。由于接收分配捐赠款物工作纪律严明，透明度高，重点突出，国内外捐赠者和灾区人民普遍感到满意放心。联合国救灾署特使艾沙德考察安徽等灾区使用国际援助情况后，连声称赞“中国政府和救灾官员创造了奇迹”。

灾情基本稳定后，国务院立即谋划灾区群众过冬衣被问题。9月7日，国务院召开向安徽灾区捐赠衣被动员大会，国务院副总理田纪云到会动员，中央党政军负责人和老

一辈无产阶级革命家，以普通群众的身份带头捐赠。中央党政军机关和北京市军民积极响应，迅速掀起向安徽灾区捐赠衣被的热潮。据统计，中央党政军机关和首都军民共向安徽省捐赠衣被771.69万件，其中棉衣228.22万件，棉被61.02万床，夹衣、单衣、鞋帽、围巾等492.43万件。为减轻灾区人民的负担，首都军民将捐赠衣被直接送往灾区。9月19日至10月14日，共组织慰问团5700多人，动用汽车2200多辆，火车车皮150多节，飞机14架次，迅速将衣被运送到全省39个重灾县，保证灾民安全过冬。

为解决好过冬衣被捐赠和运送工作，国务院救灾工作领导小组和民政部先后几次召开中央有关部门和有关省市负责人会议，认真研究运输方案，合理安排运行计划、路线和食宿站点。公安部、交通部和沿途的河北、天津、山东、江苏等省市大力支持，积极配合，派出警车开道，保证运送衣被的车辆畅通无阻。

安徽省委、省人民政府对接收捐赠衣被工作极为重视，省和各受援地市县都建立强有力的接收捐赠过冬衣被工作班子，认真研究制订接待工作方案和保障措施。全省设立宿县、淮北、淮南、舒城、定远等15个接待站点，负责食宿、医疗、汽车加油、修理等接待服务工作。

省救灾指挥部办公室会同省政府值班室实行24小时值班，每天保持与民政部、省驻京办和省内各接待站点及受援县的联系，密切注视并及时掌握车辆往返动态，提前下达返回车辆运行、加油和人员食宿计划，保证整个接收接待工作有条不紊地进行。

中央党政军机关和首都军民向安徽省捐赠过冬衣被，在全省引起强烈反响。首批运送衣被车队到达宿州市之前，10万多群众自发聚集到公路、街道两旁。此后，每批车队进入安徽境内后，均受到沿途群众的热烈欢迎。

中央党政军机关和首都军民向安徽省灾区捐赠运送过冬衣被活动，在全国引起巨大反响。上海、山东、江西、宁夏、内蒙古等兄弟省、市、自治区以及港澳台同胞，也开展向安徽灾区捐赠衣被活动，捐赠量高达2000万件，其中棉被100万床，棉衣400万件。安徽省内广大干部、职工也积极开展捐赠活动，仅省直机关就捐赠50多万件。

受灾地区采取各种措施，做好发放工作。把最好的衣被让给五保户、特困户、现役军人家属和烈士遗属。入冬以前，所有捐赠衣被全部及时分给74个县、市、区中的灾区，有314.9万户、1082万人受益，占全省重灾、特重灾人数的41.67%。

1991年安徽省接受救灾捐赠款物统计表

表3-1-14

类别		款（元）	粮票（公斤）
合计		417896348.96	1546543.7
其中	国际社会捐	62883234.66	
	港、澳、台捐	252386312.60	
	内地捐	102626801.70	1546543.7

续表 3-1-14

类别			款（元）	粮票（公斤）
合计			417896348.96	1546543.7
	民政部	拨捐款	296252764.30	
	减灾委			
其中	国际社会捐		61560104.28	
	港、澳、台捐		187483216.78	
	内地捐		47209443.24	
	省救灾办		121643584.66	1546543.7
	直接接收			
其中	国际社会捐		1323130.38	
	港、澳、台捐		64903095.82	
	内地捐		55417358.46	1546543.7

1998 年救灾捐赠及省赈灾义演　1998 年夏，安徽长江流域发生严重的洪涝灾害。为支援灾区抗洪救灾，全省各地广泛开展救灾捐赠活动，其规模和声势为 1991 年以来最大。

根据国务院办公厅《关于加强救灾捐赠管理工作的通知》，省人民政府办公厅下发《关于做好接收、管理、分配捐赠款物有关问题的紧急通知》，有效地规范救灾捐赠工作。省政府负责人高度重视救灾捐赠工作和救灾捐赠款物的管理使用，多次在会议上强调，救灾捐赠款物接收发放工作统一由民政部门管理，并到省民政厅和省救灾减灾中心储备仓库检查指导。省民政厅及时加强工作力量，抽调干部，组成接收救灾捐赠工作组，负责接收、分配救灾捐赠款物。

为进一步推动救灾捐赠热潮，有力支援受灾地区抗灾救灾，根据中共安徽省委、省人民政府的指示，省民政厅配合省委宣传部等有关部门，成功地举办“筑起我们新的长城”赈灾义演晚会，并提前启动“扶贫济困送温暖”捐赠月活动。安徽的洪涝灾情还得到海内外社会各界，特别是中央和兄弟省、市的关注和支持。各级民政部门在组织发动各种形式的救灾捐赠的同时，及时抽调人员，接收救灾捐赠款物。省民政厅、省救灾减灾协会、省慈善协会直接接收国内外捐赠款物总价值 3.02 亿元，其中捐款 1.33 亿元，物资折款 1.69 亿元。为简化接收手续，加快物资到位速度，省民政厅派出两个接收组分驻合肥火车站和骆岗机场，急事急办，做到捐赠物资随到随收。在发放救灾捐赠物资工作中，省民政厅在健全制度、严格手续、加强管理的同时，又从实际出发，打破常规，特事特办，提高工作效率。沿江重灾的安庆、池州、巢湖等地市以及省卫生厅、省教委、省防指办公室等部门派人到省民政厅集中办公。凡有救灾捐赠物资运到，由省民政厅统一接收，立即依据灾情确定分配方案后，直接交地市和有关部门。简化程序之后，做到救灾捐赠物资随到随收，随时办理交接手续，当天送往灾区，以最快速度分发到受灾群众手中。

灾情基本稳定后，民政部及时安排上海市对口捐赠安徽过冬衣被。9月9日，上海市募集的210个车皮的过冬衣被陆续发运安徽。为减少合肥火车站货运压力和在皖境内物资中转时间及费用，经省民政厅与上海市民政局协商，上海市民政局直接将衣被发往安徽灾区各大火车站，其中芜湖站40车皮、阜阳站52车皮、宿县站34车皮、巢湖站23个车皮、安庆站55车皮、蚌埠站6车皮。经各地清点，上海市对口捐赠安徽过冬衣被共995万件（床），基本解决灾区缺衣少被问题。

8月20日，省民政厅、省委宣传部、省救灾减灾协会、省慈善协会、省红十字会、省电视台等8个单位联合举办“筑起我们新的长城”赈灾募捐演出晚会。省民政厅下发紧急通知，要求全省各级民政部门立即行动起来，向当地党委、政府汇报情况，积极主动与当地国有、民营等企业、事业单位广泛联系，争取他们积极参加赈灾捐赠活动。同时以省救灾减灾协会、省慈善协会名义向社会发出倡议书。8月16日，各级民政部门公布公布捐赠热线电话、接收救灾捐赠账号，安排人员24小时值班。省民政厅从各处室抽调38名参与晚会捐赠筹备，派出4个工作组到各大企事业单位，主动通报抗洪救灾工作情况，协商确定救灾捐赠事宜，同时参与赈灾晚会组委会工作，在晚会主会场、分会场、场外及办公室同时接收捐赠。党政机关领导率先垂范，社会各界广泛响应，全省上下捐赠情绪高涨。从8月17日开始筹备，到8月20日晚会结束，3天共募集款物总价值5896.89万元，其中捐款2472.57万元，物资折款3424.32万元。8月21日，中共安徽省委书记卢荣景，省长回良玉，省委副书记王太华、方兆祥，省委常委、宣传部部长王明方，省委常委、纪委书记杨多良等省领导分别打来电话，对省民政厅组织的赈灾募捐给予充分肯定，省委副书记王太华和副省长卢家丰等专程到省民政厅救灾办公室慰问。按照救灾捐赠有关规定和省领导的要求，进一步规范救灾捐赠款物管理，每一笔捐赠均开具收据并附感谢信，捐赠款物实行专账管理，捐赠款物由省民政厅根据灾情或捐赠者意愿统筹分配，全部用于灾民口粮救助和住房恢复，共有184万灾民得到救助。捐赠款物接收及使用情况在10月13日的《安徽日报》向社会公告，《安徽日报》等新闻媒体记者，深入灾区跟踪报道捐赠款物发放使用情况。

1998 年安徽省接收救灾捐赠款物统计表

表 3-1-15　　　　计量单位:万元、万件、万床

民政部分配		款物合计	救灾捐赠款	捐赠物资折款	其中捐赠衣被		
					单衣	棉衣	棉被
		30228	13460	16767	671	441	26
		10933	6500	4433	9	10	
通过民政部向安徽捐赠	省份　小计	19295	6960	12334	663	440	26
	上海	2717	500	2217	563	416	16
	福建	1458	200	1258	—	—	—
	天津	1410	—	1410	91	20	9
	北京	1033	1000	33	—	—	—
	江苏	816	400	416	7	3	1
	广东	680	45	635	—	—	—
	山西	629	—	629	—	—	—
	贵州	323	—	323	—	—	—
	广西	200	200	—	—	—	—
	浙江	200	200	—	—	—	—
	河北	183	150	33	—	—	—
	河南	173	—	173	—	—	—
	山东	112	—	112	—	—	—
	陕西	103	100	3	—	—	—
	四川	50	—	50	—	—	—
	重庆	45	20	25	—	—	—
	新疆	30	—	30	—	—	—
	宁夏	13	—	13	—	—	—
安徽接收	省内	8785	3863	4922	2	1	0
	境外	260	218	42	—	—	—
	其他	74	64	10	—	—	—

2003 年防治非典型肺炎社会捐赠　2003 年,安徽省境内发生“非典”型肺炎(以下简称“非典”)和严重的洪涝灾害,社会各界纷纷捐款捐物,支援抗击非典和抗洪救灾工作。为做好捐赠款物接收工作,省民政厅成立非典接收捐赠组和救灾捐赠组,由省民政厅、交通厅、审计厅、省救灾协会、慈善协会抽调专人组成。捐赠工作严格按照《中华人民共和国公益事业捐赠法》和民政部《救灾捐赠管理暂行办法》进行。

为做好并规范防治“非典”捐赠工作,省人民政府和省直有关部门先后多次下发文件,具体部署。5 月 8 日,省人民政府办公厅转发国务院办公厅《关于加强防治非典型肺炎社会捐赠款物管理工作的通知》,全面部署防治“非典”捐赠工作。5 月 10 日,省民政厅、省卫生厅、省财政厅转发《民政部、卫生部、财政部关于接受防治非典型肺炎

社会捐赠工作有关问题的通知》;5月19日,省民政厅下发《关于加强防治非典型肺炎社会捐赠款物管理工作监督检查的通知》;5月28日,省民政厅、省卫生厅、省红十字会、省慈善协会联合下发《关于抓紧上报接收防治非典型肺炎社会捐赠款物分配使用情况的通知》;7月8日,省民政厅转发民政部《关于做好防治非典型肺炎社会捐赠收尾工作有关问题的通知》。对防治非典型肺炎社会捐赠的接收、分配、使用、统计、上报、公示等各个环节都作出具体的要求,有力地指导这项工作的健康开展。

全省各级接收抗击"非典"捐赠款物4451万元,其中资金2556万元,消毒防护品、药品生物试剂及医疗救护消杀运输设备等物资折款1895万元。其中民政部门及慈善协会共接收款物440万元,卫生部门接收款物1703万元,红十字会接收款物1589万元,省及部分市、县非典防治指挥部接收款物719万元。

严格归口管理　民政部门作为捐赠工作的主管部门,积极发挥捐赠职能作用,严格规定各级民政、卫生部门和红十字会、慈善协会负责捐赠款物的接收。接收单位向社会公布机构名称、办公地点、联系电话、资金账号。接收单位接收捐赠后要向捐赠人出具合法、有效的收据以及感谢信和荣誉证书。未经民政部门批准,其任何部门不得擅自接收防治非典捐赠。规范和稳定了防治"非典"捐赠的正常秩序。

及时统计上报　各级民政部门及时汇总本辖区卫生、红十字会、慈善协会捐赠款物接收和分配使用情况,按省民政厅的要求逐级汇总上报。自5月6日起,各市民政局和省卫生厅、省红十字会、省慈善协会每日10时前,将捐赠情况汇总报省民政厅,省民政厅每周一、四上报民政部,使得"非典"捐赠的统计上报比较准确和及时。

严格使用监督　各级民政、红十字会、慈善协会接收的非定向捐赠资金和物资移交同级卫生部门（资金上缴财政专户）管理,由卫生部门、民政部门商财政部门根据"非典"防治工作需要统筹安排,报同级"非典"防治指挥部同意后分配使用。各级民政、卫生部门、红十字会、慈善协会定期将本系统接收捐赠款物的分配、使用情况向社会公示。省民政厅通过《安徽日报》、省电视台、省广播电台等新闻媒体分五期向社会公布接收捐赠情况。各级审计部门及时加强捐赠款物接收和分配使用情况的审计监督。

2003年洪涝救灾捐赠　2003年淮河和滁河流域的汛情和灾情,爱到各界人士的广泛关注。全省共接收救灾捐赠款物9500多万元（捐赠款5500万元）,其中省民政厅直接接收4500多万元（捐赠款2400多万元）,捐赠款按意愿全部用于灾民建房和生活救济。

兄弟省份捐赠　7月18日,上海市人民政府率先向安徽省政府捐赠500万元。此后,广东、山西、浙江、新疆、重庆、山东、内蒙古、西藏等兄弟省份（区、市）陆续捐款计1130万元,河南省人民政府捐赠了价值300万元的物资。

港澳台地区捐赠　7月23日,香港李嘉诚基金会向安徽洪涝灾区捐赠价值1140多万元的大米200万公斤。按照其意愿,民政厅及时将大米分配阜南、颍上、临泉、利辛、蒙城、霍邱、寿县、裕安、潘集、凤台、怀远、固镇、五河、凤阳、定远、明光、全椒、灵璧、庐江、长丰等20个县区，各10万公斤。8月4日，首批6个车皮34万公斤的大米从黑龙江省齐齐哈尔站发出，12日到达阜阳站；8月14日，李嘉诚基金会代表一行赶到阜阳参加大米发放仪式，省人民政府副省长蒋作君会见李嘉诚基金会代表一行。澳门特别行政区马万祺先生通过安徽省海外联谊会向安徽捐赠300万元港币。香港特别行政区董建华先生夫人董赵洪娉女士倡导并组织香港各界募集100万元港币。香港华光功德会、世界宣明会、台湾统一集团等慈善组织也向省慈善协会捐赠款物，台湾蔡兴达先生个人捐款2万元。港澳台地区共向安徽灾区捐款捐物折款2022.87万元，其中捐款441万元，物资折款1581.78万元。

部队捐赠　南京军区捐赠价值150万元的救灾物资。

企业和个人捐赠　省内企业率先捐赠，7月19日，马钢集团公司、马钢股份公司向洪涝灾区捐赠200万元，安徽中烟工业公司捐款200万元。四川五粮液集团捐赠价值195万元的救灾款物，华北制药集团捐赠价值200万元的药品。

民政部调整安排上海、浙江对口支援安徽灾区。受灾较重的阜阳、蚌埠、宿州、巢湖等4市接受上海市援助，淮南、滁州、六安、亳州市分别接受浙江省的嘉兴、绍兴、温州、金华市的援助，共接收捐赠过冬棉衣被400多万件床。

2008年支援汶川特大地震救灾捐赠　2008年5月12日，四川省汶川大地震发生后，省民政厅按照中央和中共安徽省委、省人民政府的统一部署，迅速行动，紧急召开会议，传达胡锦涛总书记重要讲话，贯彻落实中共安徽省委书记王金山和省人民政府省长王三运指示精神，研究部署省民政厅支援灾区抗震救灾有关工作，紧急启动应急机制，成立支援抗震救灾指挥协调组，协调落实抗震救灾物资采购调运、捐赠款物监管、后勤保障等各项工作。截至8月18日，全省共接受救灾捐款100637.6万元，接收捐赠物资折价合计7022.12万元。捐赠款直接支出5912.53万元，其中采购救灾物资支出5602.96万元，用于灾区学校重建等现金支出309.57万元；转出捐赠款75839.15万元，转出捐赠物资价值6984.13万元。

抢运物资　地震发生的当天，省民政厅根据民政部指令，连夜向四川省调运救灾帐篷1.5万顶，提前完成调运任务。至5月16日，省民政厅先后三次从省救灾物资仓库紧急调运国家代储的救灾帐篷2.3万顶，发运成都。5月18日下午，省支援四川灾区抗震救灾工作领导小组紧急协调省民政厅、省经委等部门筹集20万套（床）衣被运往陕西灾区。省民政厅按照“特事特办、采取特殊措施”的要求，迅速通过紧急采购和社会各界捐赠组织衣被，分三批顺利发往陕西省。根据对口支援松潘县的需求，分别由蚌埠市民政局，凤台县、潘集区民政局组织筹集2500顶帐篷支援松潘县；协调合肥市定向捐赠松潘县2台挖掘机；组织价值约270万元的棉衣被、帐篷、食品、矿泉水等救灾物资，发往成都转运松潘县。根据四川灾区需求，按照省委、省政府部署，省民政厅会同省粮食、财政、质监、监察、审计、铁路等部门连续工作，在最短时间内组织了援助四川省1万吨大米和一万床棉被分别于6月12日、14日、18日分三批装车发往灾区。

组织捐赠　5月13日，省民政厅紧急下发《关于组织开展向地震灾区捐赠活动的通知》，同时与省直机关工委联合发文动员省直机关的党员干部带头捐赠，并通过省慈善协会呼吁社会捐赠款物。省民政厅和省慈善协会公布捐赠账号和热线电话，实行24小时值班，随时接收救灾捐赠。5月18日，省民政厅、省慈善协会、安徽人民广播电台、安徽电视台在合肥市胜利广场主办“相信爱，我们都是一家人”大型救灾捐赠宣传活动。众多企业、单位和社会各界人士到场捐赠。同时，根据捐赠意愿，为安徽省医疗救助小分队抢救受伤群众提供300万元捐赠款，无偿为省卫生厅、省地震局、省建设厅赴四川开展工作，配备救灾帐篷、气垫褥等救灾物资，有力地支持赴灾区工作队为灾区群众治病建房工作。

增强透明度　灾害发生后，省民政厅立即实行24小时值班制度，将调运帐篷、组织捐赠等支援抗震救灾的工作情况，及时报送中共安徽省委、省人民政府和民政部，并配合新闻单位通过媒体向社会发布，增强救灾工作透明度。为规范捐赠救灾款物接收使用管理，按照中纪委、监察部、民政部、财政部和审计署5月20日联合发出的通知和5月18日省支援四川灾区抗震救灾工作领导小组《关于进一步开展和规范抗震救灾捐赠工作的紧急通知》要求，各级民政部门在加大救灾捐赠组织接收工作力度的同时，切实加强各级民政部门和慈善机构接收救灾捐赠款物的规范管理，坚持“三规范一公开”，即规范捐赠接收行为、规范内部管理制度、规范救灾款物使用用途，公开发布捐赠接收、使用信息，严守政策界线，严把质量关口，专人负责，账目清楚，手续完备，确保救灾款物真正用于灾区，用于受灾群众；确保运往灾区的物资安全、可靠，运送及时；确保救灾款物规范募集、合理使用。认真做好全省救灾捐赠款物的汇总统计和发布工作。配合审计部门开展审计，确保救灾款物真正用于灾区，用于受灾群众。

支援一线　5月22日，民政部下发紧急通知部署21个省份对口支援汶川地震灾区重灾县，其中安排安徽省对口支援松潘县。省民政厅及时与松潘县取得联系，了解灾区急需支援情况。5月24日省慈善协会转赠四川省慈善协会500万元定向用于松潘县灾民生活和灾后重建。5月27日至28日，受省委、省政府委派，省民政厅主要负责人协同省经委、省水利厅、省交通厅负责人和新闻工作者一行8人组成的工作组，赴松潘县联系对口支援工作。工作组重点查看了地震灾害损失情况，了解灾区急需援助情况，研究对口支援方案。6月3日，省民政厅副厅长周苏派驻安徽省驻四川省前线抗震救灾指挥部，加强与灾区救灾工作的协调联系。6月4日，省民政厅派出救灾工作队赴松潘县，开展对口支援工作。工作队不畏艰辛，通过实地察看和座谈，详细了解民政救灾工作情况和民政系统存在的困难，为安徽省委、省人民政府进一步实施对口支援做好相关准备。

安徽人民的真情实意深深感动松潘县7万多藏羌回汉等各族人民。松潘县委、县政府给安徽省委、省人民政府和安徽人民发来感谢信。面对突如其来的地震灾害，安徽省各级民政部门贯彻落实安徽省委、省人民政府以及民政部关于支援抗震救灾的要求及时有力；组织救灾物资和捐赠活动快速有效；积极准备应对接收灾区转移安置等工作，协调有序；救灾款物管理使用规范有据。

全省共接收抗震救灾捐赠款105467万元、捐赠物资折款6711万元，全省1574823名共产党员交纳抗震救灾“特殊党费”20872万元。

经常性社会捐助管理　1996年1月，中共中央办公厅、国务院办公厅《关于转发〈民政部、国务院扶贫开发领导小组关于在大中城市开展经常性捐助活动支援灾区、贫困地区的意见〉的通知》指出，近几年开展的大中城市居民向灾区、贫困地区捐赠衣被、物品的活动，对帮助群众解决生活困难起到很大的作用，深受广大干部群众的欢迎。根据中共中央总书记江泽民提出的“要把这件事情作为经常性的工作来做”的指示精神，决定从1996年开始，在全国大中城市开展以募捐衣被为主要内容的“扶贫济困送温暖活动”，将每年4月和10月定为“扶贫济困送温暖活动月”，相对集中时间和人力组织募集。

1998年，省人民政府批准成立安徽省救灾减灾中心，其职能之一是承担接收社会捐助工作。2001年9月，中共中央办公厅、国务院办公厅《关于转发〈民政部关于进一步开展经常性社会捐助活动的意见〉的通知》，对努力建立健全经常性社会捐助活动服务网络，严格规范捐助款物的接收、管理、发放制度等作出规定。10月份，中共安徽省委办公厅、安徽省人民政府办公厅下发《关于切实做好经常性社会捐助工作的通知》，贯彻落实中共中央办公厅、国务院办公厅《关于转发〈民政部关于进一步开展经常性社会捐助活动的意见〉的通知》精神。12月底，全省共建经常性社会捐助接收工作站28个，捐助接收点153个。

2001年，全省接收社会捐赠款物1787万元，其中捐赠物资衣被价值821万元，接收捐赠的衣被162万件，港澳台捐赠1.5万元。

2002年1月，省民政厅下发《关于建立经常性社会捐助公示制度的通知》，对公示内容、公示方式、公示时间、监督检查等事项进行明确。

2004年9月，省民政厅下发《关于推广慈善超市和做好今年捐赠月工作的通知》，要求用一到两年时间在全省大中城市普遍建立起“慈善超市”网络。12月底，全省经常性社会捐助接收工作站达到180个，捐助接收点288个，建立慈善超市8个。

2005年年底，全省慈善超市发展到90个，当年发放物资折款335万元，救助6.54万人次。此后，慈善超市面向困难群众的日常捐赠日益常态化。截至2008年年底，慈善超市发放各类捐赠物品近万件。

第五节　救灾资金管理

救灾资金管理就是按照国家和省关于救灾资金管理使用的规定和要求，跟踪问效救灾资金的拨付、发放、使用等主要环节，严格规范程序，及时发现、整改不规范行为，严肃查处挤占、截留、挪用、贪污等救灾资金管理使用中的违规违纪行为，督促相关部门建立健全救灾资金管理使用的长效机制，确保救灾资金使用效能。

1984年开始，省民政厅按照逐步进行救灾资金有偿使用改革，实行救济生活与扶持生产相结合，无偿救济与有偿使用相结合，利用救灾资金重点扶持贫困灾民单户或联户生产，兴办经济实体。为加强救灾扶贫资金管理，1986年2月，省民政厅、省财政厅、中国农业银行安徽省分行、省生产救灾办公室联合印发《安徽省救灾款使用管理暂行办法》。办法明确：中央拨发的特大自然灾害救济费，地方各级财政安排的常年自然灾害救济费，社会集团和个人捐献支灾的款项，统称救灾款，一律纳入本办法规定管理使用。救灾款只限用于遭受严重自然灾害的贫困地区抢救、转移、安置灾民、生活救济，在确保灾区保障对象基本生活的前提下，可用于扶持贫困灾民开展生产自救。对无偿、有偿对象的条件和评发手续，重点扶持生产自救的内容和做法、财务管理和监督等作出明确规定。

1987年9月，省人民政府下发《关于生产救灾工作若干问题的通知》。规定救灾工作要实行分级负责，逐步改变过去救灾经费由中央和省统包的做法，在人均收入300元～500元的地方实行省、县两级按照8∶2的比例分级负担救灾经费。1988年7月，全省有33个县按比例承担的救灾经费落实到位或部分到位，省民政厅拟会商省财政厅下发《关于进一步做好救灾款分级负担工作的通知》。省财政厅在复函中提出不同意见，称县级财政部门感到压力很大，救灾经费分级负担应从实际出发，区别对待。

1995年，省人民政府下发《关于生产救灾工作若干问题的通知》，要求落实救灾工作分级负责、救灾经费分级负担的救灾工作体制，各级政府都要安排救灾款年度预算。1998年3月，省民政厅下发《关于进一步落实地方财政分担救灾经费的通知》，要求当年各级财政必须设立“自然灾害救济费”“217”预算科目，地区级全部由所辖县（市）按1993年至1997年接收的救灾款（不含捐赠款）年平均数三分之一比例分担；地级市由地级市和所辖县（市）按1993年至1997年接收的救灾款（不含捐赠款）年平均数三分之一的3∶7比例分担，或由地级市根据实际情况确定；分担的救灾经费一次列入财政预算，分期分批兑现。

1999年5月，省民政厅、省财政厅印发《安徽省救灾款使用管理暂行办法》，对救灾款使用原则、使用范围、发放程序及各级救灾款预算安排、救灾款申报、救灾款监督检查等做出规定。2001年10月，省财政厅、省民政厅印发《安徽省救灾资金专户管理暂行办法》。办法规定：县（市、区）、乡镇财政部门要设立救灾资金专户，实行专项拨付、专户管理和报账制度。2004年1月，省人民政府印发《关于实行省直管县财政体制改革的通知》。按照通知规定，省下拨的救灾补助资金由省民政厅拟定到县级的分配方案会商省财政厅并报省政府批准，由省财政厅、省民政厅联合下达拨款文件，省财政厅将资金直接拨付省财政直管的76个县（市、区）。2005年，省政府对非应急救灾资金通过财政部门为每个农户设立的涉农补贴资金专用存折“打卡”发放到户，减少现金发放环节，提高救助效率和效益。

为切实加强救灾资金管理，先后进行四次大的改革：救灾资金有偿使用、救灾合作保险、救灾资金分级负担和省救灾资金直拨县改革。1977 年至 2007 年，全省共使用救灾资金 588066 万元（年均 18970 万元），其中 1984 年至 1993 年使用 183756 万元（年均 18375 万元），1994 年至 2007 年使用 360288 万元（年均 25735 万元）。

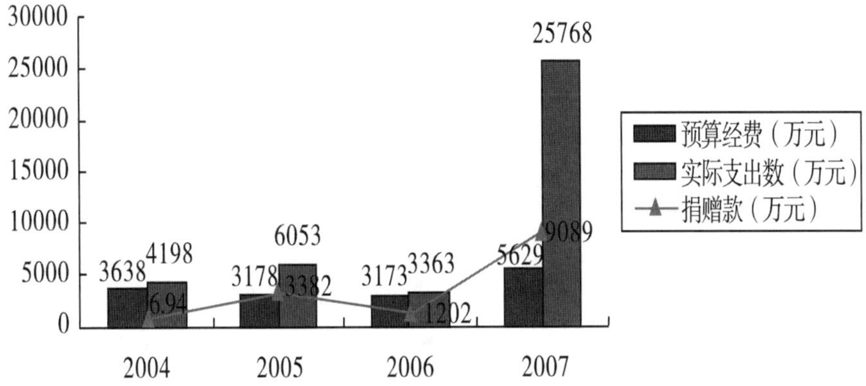

图 3-1-4 安徽省自然灾害地方财政分担及接收捐赠情况图（2004-2007）

第二章 灾害信息管理和备灾工作

灾情信息管理是灾害应急管理工作的重要组成部分，是各级政府抗灾救灾决策的重要依据。灾情信息报送及时、准确与否，直接关系抗灾救灾工作能否及时开展，灾害应急救助措施能否快速准确到位。根据民政部修订的《自然灾害情况统计制度》要求，各省、市、县（市、区）在灾害发生后，迅速开展灾情核查和评估工作，全面掌握灾害发生发展情况，严格执行灾情 2 小时内初报、重大灾情直接上报、预案启动期间 24 小时零报告和灾情台账管理制度。发挥乡镇（街道）和村灾情信息专报员的作用，及时向上级民政部门报告灾情信息，确保各项抗灾救灾措施及时到位、高效开展。提高灾情信息管理报送水平和信息化水平。加大灾情信息管理报送装备投入，切实履行收集、汇总、评估、报告、发布灾害信息、灾区需求和抗灾救灾工作情况的职责，落实基层灾情信息报送网络，协调有关部门开展灾情评估、会商、核定等工作，采取各种措施，加强灾情信息管理和报送工作。

备灾工作系指用“减灾备灾”的理念来指导灾害救助工作，做到灾时救灾，平时加强防灾宣传。同时做好以下几个方面的工作。第一，以制定和完善灾害应急救助预案体系为突破口，提高各级政府的灾害救助规划能力，完善救灾款、物支持系统，建立快速反应和综合协调的救灾工作体制，保证突发性灾害发生时救灾工作的有序开展，提高自然灾害应急反应能力和紧急救助水平。在制定救灾应急预案时，要以灾民生活救济工作为重点。第二，夯实综合减灾基础，加强减灾的体制、机制、法制建设。充分发挥各灾害专业部门作用，加强科技支撑体系建设，坚持综合减灾，动员社会各方面力量广泛参与，综合运用法律、行政、经济、技术、保险、金融等手段，减轻自然灾害造成的人员伤亡和财产损失。尤其强化各级政府的防灾减灾责任意识，建立政府部门、新闻媒体和社会团体协作开展减灾宣传教育的合作机制；编制减灾科普读物、挂图或音像制品，推广地方减灾经验、宣传成功减灾案例，面向公众宣传减灾知识；将减灾知识纳入学校教育内容，开展减灾的普及教育和专业教育，建设减灾科普教育基地。第三，要结合当地实际，逐步建立救灾物资储备制度和仓储设施，按照重点区域建设到市的要求，尽快制定物资储备规划，充实储备物资，为灾害紧急援助提供坚实的物质基础。此外，要加强民政救灾队伍的自身建设。各级每年都要按救灾资金预算的一定比例列支专项资金用于采购救灾车辆、计算机、影像和通讯设备，提高各级尤其是基层救灾队伍的救灾装备水平和处置能力。

第一节　灾害信息管理

根据社会经济形势发展和救灾工作管理体制改革需要，承担救灾减灾职能的民政部门不断改进灾情统计制度。在长年的救灾工作中，各级民政部门已经逐步形成包括信息报告的责任、标准、程序、时限、渠道、协作和技术支撑在内的较为科学的自然灾害灾情统计制度体系。随着社会的发展和管理方式的改变，自然灾害管理一些传统局限正在被打破。《国家自然灾害救助应急预案》在重点规范自然灾害应急救助的同时，已经把造成大量人员伤亡、需要紧急转移安置或生活应急救助的其它类型突发公共事件的应急管理纳入工作范围。民政部门灾情统计制度已经把城市遭受自然灾害情况纳入统计范围。逐步建立加强部门间的灾情会商制度，在交流内容、交流方式、技术保障等方面加以逐步丰富和完善。

自然灾害情况统计制度　及时准确地掌握灾情是提高自然灾害应急管理水平的前提和基础。省民政系统自20世纪90年代即开始建立灾情报告制度、灾情评估制度。

灾情报告制度　即八项灾情统计报告制度基本覆盖自然灾害发生、发展和稳定的全过程。24小时灾情监测制度；自然灾害发生后2小时的灾情快报制度，重大灾情在上报的同时，可以越级上报；灾情稳定前的24小时零报告制度，即续报制度；灾情稳定后2个工作日内的灾情核报制度；每年的1月上旬和7月上旬填报的、对应午秋两季的灾情半年报制度；每年12月下旬填报的灾情年度报告制度；灾情发布制度，主要通过《灾情信息专报》进行发布，重大灾情召开新闻发布会进行发布；台账制度。即县级民政部门要建立《因灾死亡人口台账》、《因灾倒房户台账》、《春荒冬令需救济人口台账》。以上八项统计制度都是以乡镇（街道）为统计单位，县级以上民政部门为上报单位，逐级汇总上报至民政部。

灾情评估制度　主要包括四项制度。①灾害现场查核制度。灾情稳定后，各级民政部门要及时全面调查核定灾情。2005年，金寨县尝试让中介机构参与核灾工作，具体做法是：县政府向社会发布灾情核实标准公告，民政等政府部门组成查灾组进行核灾，同时委托中介机构独立核灾，通过受灾群众、政府部门和中介机构三方，对灾情进行立体核实。②灾情会商制度。每年的12月下旬，民政部门召开年度自然灾害情况会商会，与气象、水利、农业、统计等灾害管理相关部门评估核定全年灾情；重大自然灾害期间，根据需要随时召开灾情会商会，分析判断灾情发展趋势，研究制定救灾工作措施。③信息共享制度。及时综合编写和交换《灾情信息专报》和《救灾工作信息》，通过远程通讯网络，初步建立了部门间的灾情信息共享机制。2005年，岳西县把所有灾情数据和救灾工作数据在县统计信息网上公开，实施精准救灾。④建立自然灾害灾情数据库。作为全国4个试点省份之一，2005年年底，安徽省率先在全国初步建立了自然灾害灾情数据库。通过收集整理1978年以来的自然灾害灾情和救灾工作数据，逐步实现了由单纯的灾情数据积累上升到救灾减灾的研究和运用。2005年8月，省民政厅配合民政部和联合国亚太经济与社会理事会合作在寿县开展了“淮河流域洪涝灾害对社会经济的影响”研究项目。

统计年报制度　1986年至1988年，全省实行民政部制发的《农村自然灾害情况统计年报表》。该报表对自然灾害分为旱灾、水灾、风雹灾、霜冻、病虫五类及其他；受灾农作物分为粮食作物和经济作物，减产3成以上为成灾，其中又分别统计减产3～5成、5～8成、8成至绝收的面积；因灾损失统计指标为减产粮食、棉花、油料、烤烟数量，因灾死亡人口、死亡大牲畜、牧区死亡羊数量，倒塌民房、损坏民房数量，只以实物数量统计，不以人民币计值统计经济损失；成灾人口分别统计为特重灾民、重灾民、轻灾民。

1989年，民政部印发《关于修改民政事业统计年报制度的通知》，改民政事业综合统计表5为民政事业综合统计表4，各项统计内容不变。1989年9月，民政部救灾司明传电报要求统计因灾造成的直接经济损失数量。1993年，民政部规定使用《农村自然灾害情况统计年报表》。1995年12月，民政部下发《关于印发自然灾害情况统计制度的通知》。新制度规定使用《自然灾害情况统计年报表》、《自然灾害情况统计月报表》、《自然灾害情况统计快报表》和《春荒、夏荒、冬令灾民生活救济情况统计表》四种报表；对统计项目作出修订，其中农作物损失不以具体种类细分，成灾人口不以特重、重灾、轻灾区分，直接经济损失中增加农业损失统计指标。

1997年3月，民政部下发《关于印发灾情统计、核定、报告暂行办法的通知》，对1995年印发的自然灾害情况统计制度的执行办法再作明确。

2004年2月和2008年5月，民政部先后两次下发《关于印发自然灾害情况统计制度的通知》，分别对报表种类和报告制度作出新的规定。2008年发布的《自然灾害情况统计制度》，包括自然灾害快报、半年报和年报的有关规定，自然灾害快报使用《自然灾害情况快报表》，半年报和年报使用《自然灾害损失情况统计表》和《救灾工作情况统计表》。

自然灾害情况年度统计　安徽省自然灾害信息管理系统的运转和灾情统计软件的应用，乃至灾情统计工作的总体水平，在全国民政系统始终排在前列，多次受到民政部的肯定，并先后两次在全国救灾会议上介绍。主要包括三个方面的内容：在统计网络建设方面，已经建立省、市、县、乡4级统计机构，省民政厅实现上与民政部，下与市、县民政部门联接的4级相互独立又通过网络结合成一个整体的自然灾害信息管理系统。在统计软件运用方面，安徽省各级民政部门全部使用民政部统一开发的灾情统计软件，各类灾情报表严格按照《自然灾害情况统计制度》进行统计和上报。在统计人员培训方面，除了积极组织县级以上民政部门灾情统计人员直接参加国家民政部业务培训以外，从2004年开始，着手建立灾害信息员制度。2005年至2006年，省民政厅举办10期业务培训班，重点加强对乡镇长和民政助理员的灾情统计业务培训。

1996年，全省基本实现上与民政部，下与市、县民政部门连接的四级自然灾害信息管理系统。从 2003 年至 2007 年 5 月,全省基本建立“纵向到底”的五级自然灾害救助应急预案体系。2005 年年底,率先在全国初步建立自然灾害灾情数据库,通过收集整理 1978 年以来的自然灾害灾情和救灾工作数据,逐步实现由单纯的灾情数据积累上升到救灾减灾的研究和运用。

1986 年至 2008 年,全省发生重大水旱灾害和重大雨雪低温冷冻灾害共 12 次:1991 年、2003 年、2007 年淮河流域和 1996 年、1998 年、1999 年长江流域发生严重洪涝灾害;1994 年、1995 年、2000 年、2001 年全省发生严重旱灾;2005 年大别山区、巢湖等地受“泰利”台风影响发生严重山洪、泥石流灾害;2008 年春节期间全省发生罕见雨雪低温冷冻灾害。风雹、寒潮、病虫等其他自然灾害每年不同程度发生。

23 年间,全省累计受灾人口 56843 万人,农作物受灾面积 84692 万亩,倒塌房屋 658 万间,直接经济损失 2785 亿元。

1978—1989 年安徽省灾情统计表

表 3-2-1

年份	成灾面积表							成灾人口（万人）			主要损失			
	总数	水灾	旱灾	风雹	霜冻	病虫	其它	总数	特重灾民	重灾民	倒塌房屋（万间）	减产粮食（亿公斤）	死亡人口（人）	死亡大牲畜（头）
1978	3169	—	3017	4	—	124	24	2146	240	785	—	46.5	—	—
1979	2189	1666	476	28	—	19	—	1126	212	494	17	19.5	132	828
1980	2592	1758	34	77	94	221	408	1811	245	594	21	27	650	15108
1981	1034	323	450	92	44	80	45	835	82	245	13	6.5	117	2593
1982	2514	1945	212	90	—	232	35	1584	382	546	26	19	239	4119
1983	1677	1238	103	150	6	157	23	1292	344	396	70	25	715	5798
1984	2359	1733	340	153	9	105	19	1509	364	524	35	27	380	9880
1985	3308	926	1580	201	45	414	142	1959	272	568	7	27	230	9261
1986	2721	507	1871	235	7	88	13	1635	309	518	11	19.5	209	3862
1987	2076	841	443	373	189	199	31	1485	247	464	13	19.5	427	3692
1988	4080	190	2447	388	823	223	9	2211	359	737	9	33	407	18256
1989	3738	2143	579	132	62	574	248	1904	329	662	11	35.5	222	3613

说明:其他成灾面积,包括长期低温、高寒山区农作物受寒成灾等

1986—1994年安徽省自然灾害统计表

表3-2-2

项目	分项数据		1986年	1987年	1978年	1989年	1990年	1991年	1992年	1993年	1994年
成灾面积（万亩）	总数		2721	2076	4080	3738	3345	7922	4202	3212	4908
	其中	水灾	507	841	190	2143	643	6935	230	967	59
		旱灾	1871	443	2447	579	1455	405	3037	316	3591
		风暴	235	373	388	132	497	309	398	555	385
		霜冻	7	189	823	62	56	19	71	630	677
		病虫	88	199	223	574	637	226	445	632	180
		其他	13	31	9	248	57	28	21	112	16
成灾人口（万人）	总数		1635	1485	2211	1904	2017	4014	2492	1709	3473
	其中	特重灾民	309	247	359	329	344	1284	512	308	1006
		重灾民	518	464	737	662	593	1325	846	548	1262
主要损失	倒塌房屋（万间）		11	13	9	11	11	329	10	9	3
	减产粮食（万吨）		195	195	330	355	354	1091	511	287	268
	死亡人数		209	427	407	222	322	921	206	121	278
	直接经济损失（亿元）					31	36	275	52	34	136

1995—2002年安徽省自然灾害统计表

表3-2-3

项目	分项数据		1995年	1996年	1997年	1998年	1999年	2000年	2001年	2002年
受灾面积（万亩）	总数		2736	3200	2366	3818	3694	4129	4070	3294
	其中	水灾	752	2227	492	2329	1189	609	177	1729
		旱灾	1263	802	963	48	2196	3348	3698	94
		风雹	215	42	154	235	129	66	159	723
		霜冻	285	61	15	417	40	24	7	651
		病虫	197	67	647	95	69	76	30	92
		其他	24	1	95	695	71	8		5

续表 3-2-3

项目	分项数据		1995 年	1996 年	1997 年	1998 年	1999 年	2000 年	2001 年	2002 年
受灾人口（万人）	总数		2146	2084	1728	2308	2817	3071	3023	2512
	其中	饮水困难人口	110	131	118	54	164	488	413	36
		转移安置人口	34	117	15	104	79	7	5	14
主要损失	倒塌房屋（万间）		13	31	3	24	25	3	2	6
	减产粮食（亿公斤）		32.5	40	38.5	59.5	47.5	39.5	22.5	18.5
	死亡人数（人）		154	212	50	153	72	32	24	44
	直接经济损失（亿元）		110	261	90	206	233	94	111	95

2003—2008 年安徽省自然灾害统计表

表 3-2-4

项目	分项数据		2003 年	2004 年	2005 年	2006 年	2007 年	2008 年
受灾面积（万亩）	总数		6008.3	2105.0	4776.0	2985.0	2913.7	2392.7
	其中	水灾	3691.6	357.0	2205.0	889.0	2425.0	688.4
		旱灾	867.3	1095.0	900.0	1200.0	15.0	
		风雹	162.8	601.0	266.0	295.0	274.9	86.1
		霜冻	455.7	29.0	396.0	72.0	59.6	1193.8
		病虫	802.9	19.0	150.0	449.0	11.0	95.6
		其他	28.0	4.0	859.0	—	—	328.8
受灾人口（万人）	总数		3677.0	1972.0	3571.0	2333.0	2320.1	2341.0
	其中	饮水困难人口	186.0	24.0	92.0	62.6	39.3	5.9
		转移安置人口	126.0	4.0	66.0	15.8	83.9	28.6
主要损失	倒塌房屋（万间）		87.8	3.0	18.0	3.6	13.1	19.3
	减产粮食（亿公斤）		7.2	—	—	—	—	—
	死亡人数（人）		45	45	125	13	73	46
	直接经济损失（亿元）		254.7	59.0	186.6	61.3	145.6	214.0

管理原则与注意问题　在核灾的指导思想上，实事求是掌握灾情，实事求是上报灾情。作为基层政府或民政部门，对下要掌握实情，对上要汇报真情。灾情数据是基本国

情数据，具有重要的政治、经济和历史的内涵。准确掌握灾情是做好救灾工作的基础，直接关系到救灾决策，关系到灾区群众的生活安排，关系到灾区社会稳定和经济发展。

在核灾的标准把握上，自然灾害情况统计制度是经民政部、国家统计局颁布的，灾情统计有三个指标体系、54个统计指标，所以从统计制度到统计指标都具有法规效力。统计指标体系分为自然灾害基本情况统计指标、灾情统计指标、救灾工作统计指标三大部分，其中灾情统计指标又分为人口受灾情况统计指标、农作物受灾情况统计指标、损失情况统计指标三部分。在核灾情过程中必须要认真学习，统一标准，严格把握。

在核灾的内容掌握上，有全面和重点的问题，也有阶段性的和动态性的问题。解决全面和重点的问题，就是要按灾情统计制度规定的指标全面核实，同时对与灾民生活紧密联系的重要指标要重点掌握。解决阶段性的和动态性的问题，就要在实行基数管理的同时，还要根据不同的救灾阶段，对不同的救灾指标，实行动态统计。要对各项救灾基础数据，特别是灾区需政府救济对象，倒房户，特别是其中的全倒户、家财冲光户、特殊困难户等，进行分类统计，明确救灾重点。

在核灾的程序规定上，以受灾县为单位，在政府的统一领导下进行核灾；核灾工作要到村到户，灾情统计表以乡镇为单位，逐级汇总上报；县级和市级对本行政区域内的灾情，要会商粮食、农业、统计、水利、气象等有关部门研究，注意充分利用卫星遥感等科学技术手段，对灾情进行综合分析；各级汇总的灾情要由民政和政府主管领导签字并加盖公章后上报；在核灾过程中，上级民政部门要加强业务指导和检查督查，严明核灾纪律，对违反《自然灾害统计制度》规定，有意弄虚作假夸大谎报或缩小隐瞒灾情，要追究领导责任。通过核灾，基本做到省掌握到重灾县，市掌握到重灾乡镇，县掌握到重灾村，乡镇掌握到重灾户。

对一些突发性自然灾害存在报灾不及时。从客观方面分析，由于人力资源、技术设备等条件限制，对于一些突发性的自然灾害，地方民政部门无法及时获取较为准确的灾情信息。民政部和省民政厅已帮助解决部分装备问题，但是要从根本上解决，还需要地方政府按照民政部关于救灾装备配备标准以及灾害信息管理系统建设的要求，为地方民政部门充实必要的人员，配备必需的装备。由于受管理体制的制约，如县级民政部门的灾情信息主要来自乡镇的上报；一些地方自行设置的开发区，形成信息死角。统计制度自身存在的缺陷，如制度不能解决所有的现象，一些统计指标解释不够清楚等。从主观方面分析，一些地方对于灾情不够敏感，经常出现网络或其他媒体上已经有了灾害的相关报道，甚至上级政府或部门都掌握了相关信息，地方部门却毫不知情的现象；有的地方顾虑灾情数字不够准确而不上报灾情。民政部规定对于突发性自然灾害的初报、续报和核报中同一灾情指标填报的数据不苛求一致和精确，可以在续报和核报中不断核实。同时灾情统计业务水平的不足，缺乏对统计指标的内在逻辑和规律的把握，如受灾面积与播种面积的关系，居民人口与受灾人口的关系，未返回家园人口与倒塌房屋人口的关系等，以及对工作的主动的、超前的预测。工作责任心不强导致的问题，对基层上报的数据不检查、不核实、不分析,直接上报。甚至少数地方,领导根本没有时间或机会看报表,报表由填报人自填、自报、自审、自看。解决上述问题,需要地方提高《自然灾害情况统计制度》的执行水平,落实灾情统计工作责任,规范灾情报告内容,严格灾情报送时效,执行灾情快报、续报和核报制度,使灾情报送及时、准确和全面,提高救灾的决策水平。

对旱灾等非突发性自然灾害报灾不重视。由于旱灾等非突发性自然灾害发生、发展和救助的特殊性,很多地方政府和部门对这类灾情的上报不够重视,不能主动及时地上报灾情。从统计制度规定看,《自然灾害灾情统计制度》规定,在旱情初露时填报灾情快报表,旱情发展过程中,每10日要上报一次快报表,直至灾情稳定进行灾情核报。从救灾工作体制看,灾害发生地的各级政府是救灾工作的责任主体,县乡政府是直接主体,要防止受灾就要求上级拨款,不拨款不报灾的现象,落实救灾工作分级负责制。从灾情统计意义看,灾情既是基本国情数据,又是救灾工作数据,不少地方忽视前者而过于强调后者。尽管旱灾等非突发性灾情形成有个过程,不涉及倒房,争取不到应急救灾款和建房补助款,但涉及冬令(春荒)灾民口粮救济补助款,因此要重视并按规定上报旱灾等非突发性灾情。

行政干预造成灾情不准确甚至被人为夸大。除了地方灾情统计制度执行水平不高、对灾情统计的认识存在偏差、不能很好落实救灾经费分级负担原则等原因以外,现行国家救灾补助标准比较低,也促使这个问题的形成。如2003年淮河流域洪涝灾害的因灾倒塌房屋数据,由于个别地方虚报,给灾情核实和建房决策造成很大困难。民政部和财政部已经提高中央救灾补助标准:因灾倒塌民房补助由过去的每间300元增加到1500元,紧急转移安置补助由过去的每人100元增加到150元。救灾资金的分配是综合多种因素反复测算确定,单纯某一个指标或一个因素不能起到决定作用。瞒报和虚报灾情违背实事求是的原则。

自然灾害损失统计不够全面。有人曾把自然灾害救助形象地归纳为"三救三不救",即救农村不救城市,救生活不救生产,救个人不救集体。随着社会发展和管理方式的改变,自然灾害管理一些传统局限正在被打破。《国家自然灾害救助应急预案》在重点规范自然灾害应急救助的同时,已经把造成大量人员伤亡、需要紧急转移安置或生活应急救助的其他类型突发公共事件的应急管理纳入工作范围。民政部灾情统计制度已经把城市遭受自然灾害情况纳入统计范围。有关专家曾对"自然灾害直接经济损失"的统计数据进行调查评估,认为至少有27%的直接经济损失没有被统计进来。这就需要加强部门间的灾情会商制度。省级灾情会商制度已经建立,将在交流内容、交流方式、技术保障等方面加以逐步丰富和完善。各地积极推广和运用灾情会商制度,加强部门之间的联系与合作,共同做好灾情统计工作。

灾害信息员制度　灾害信息员主要承担灾害预警预报信息接收和传递、灾情信息收集和报告、灾害应急救助、防灾减灾知识宣传等职责任务,是解决灾害预警信息传递

“最后一公里”瓶颈问题和确保灾情信息及时准确上报的关键力量。各级民政部门在推进灾害信息员队伍建设工作的过程中，积极探索，积累了宝贵的经验，在灾害信息员的岗位管理、培训、人员数据库建设及日常管理等方面制定相应的规章制度，形成灾害信息员队伍建设和人员管理的长效机制。

随着21世纪自然灾害应急救灾体系建设的不断推进，对灾害预警预报和灾情统计报告的要求越来越高，及时准确统计并上报灾情是做好救灾工作的基础。灾情管理水平是决定灾害管理水平的重要方面，严重影响着救灾减灾工作的成效。通过全省自然灾害管理信息系统建设，结合灾后即时现场勘察，核灾查灾，快速、准确、规范地统计分析和汇总上报灾情。灾害信息已成为各级政府应对各类灾害事件的必不可少的重要决策依据。为此，省民政厅建立两个系统，即监测预警系统和灾害信息员预报系统。

监测预警系统　这是自然灾害信息管理中需要强化的环节。省民政厅配合有关部门重点开展两项工作：开展手机短信灾害信息的预报预警服务。2005年7月，省民政厅配合省气象局尝试开展移动通讯气象灾害信息服务，着手解决灾害信息传递过程中“最后一公里”的难题，当年在应对“泰利”台风过程中取得较为明显的效果。配合民政部建设华东区域灾害监测中心。为提高灾害监测预警和评估能力，民政部规划建设覆盖全国的环境与灾害监测预报小卫星星座地面应用系统，以形成布局合理的区域卫星地面应用分中心和省级应用中心，其中在合肥设立覆盖华东7省（市）的华东灾害监测评估中心。

信息员预报系统　1989年，省民政厅在沿淮的阜南县、大别山区的霍山县、沿江地区的望江县、皖南山区的广德县设置灾情报告信息点，全省各地共设灾情信息点106个，聘用信息员615人。2005年12月，省民政厅根据民政部要求，安排在有条件的地方开展灾害信息员制度试点工作。2006年，霍山、霍邱、绩溪等县进行试点。2007年年初，全省救灾救济工作会议对灾害信息员制度建立工作再次进行部署，六安、宣城、蚌埠、滁州、铜陵等市对灾情信息员职责、报灾内容、联络时间、通讯方式等加以制度性规范，灾害信息员制度试点范围进一步扩大。

2007年10月，省民政厅转发《民政部关于加强灾害信息员队伍建设工作的通知》，要求各地切实加大工作力度，力争在1到2年的时间内实现县、乡、村灾害信息员制度基本覆盖。各地组织力量对基层灾害信息管理工作和人员队伍状况进行全面摸底调查，认真制定实施方案。进一步明确了灾害信息员的权利和义务，制定工作流程和管理办法，建立健全灾害信息员管理系统，完整记录灾害信息员的姓名、单位、住址、联系方式等基本信息，在城乡社区广泛宣传建立灾害信息员制度的意义，加强对灾害信息员灾害预警、灾情统计报送、灾害救助和防灾避灾等方面基本知识的培训，促进灾害信息员制度发挥更好作用。

截至2007年年底，全省已确定灾害信息员的乡镇有1139个，占全部乡镇的89.5%；行政村10400个，占全部行政村的65.4%；登记在册的灾害信息员13478人。灾害信息员队伍的建设将在灾害预警预报信息接收传递、灾情信息收集报告、灾害应急救助、防灾减灾知识宣传等方面发挥重要作用,能够有效地解决灾害预警信息传递“最后一公里”瓶颈问题,进一步完善灾害应急救助工作机制,建立健全减灾救灾体系,提高减灾救灾能力。到2008年年底,省、市、县、乡共确定灾害信息员2万多名。

第二节　应急预案体系

害应急救助机制是指自然灾害的预测预警、应急响应、紧急救援、保障措施、后期处置等各系统的综合,包括自然灾害的信息监测、报告与发布,指挥协调与紧急处置,信息发布及新闻报道,物资、资金和社会动员保障,应急队伍的培训和演习,以及民众宣传和国际协调等各项工作。

灾害应急救助机制就是针对灾害发生的非程序化和非规范化特点,政府建立的一套灾害应对和救助方式。如灾害管理的运行机制包括灾害管理的应急机制、协调机制、社会动员机制、信息共享机制和监督检查机制。其重点是要充分发挥抗灾救灾综合协调作用,强化灾害管理部门间的信息沟通和协调工作,健全部门间应对灾害的联动工作机制,明确各部门的工作职责、时限要求和工作措施,形成灾害管理的合力,更好地开展救灾工作。当灾情出现后,灾害应急救助机制就能够自动地调动政府与社会的力量运作起来,化解灾害带来的损失。就世界范围内灾害紧急救助的发展趋势而言,建立一套成熟的应急救助机制是所有发达国家已经基本实现的目标,而一些发展中国家则因为各方面条件的落后而在灾害救助上比较落后,因而造成灾民生活困难和恢复重建缓慢。

围绕灾害应急期间“确保受灾群众有饭吃、有衣穿、有临时住处、有干净水喝、有病能医,无疫病流行”的目标,各级民政部门不断尝试、积累和完善应急救助措施。省人民政府始终把救灾和防汛工作放在同等重要位置,建立应急救助指挥体系。2003年前,省生产救灾领导小组负责协调指挥全省的生产救灾工作。2003年7月以后,省人民政府成立省生产救灾工作指挥部,指挥部下设灾民安置及生活救济、查灾核灾、生产自救、恢复重建、卫生防疫、救灾捐赠等若干工作组,办公室设在省民政厅,各组分线作战,相互配合,整体推动。在协调指挥上,各级注意处理好防汛抗灾与应急救助的关系,救灾和防汛同等重要,一套班子抓防汛,一套班子抓救灾,两手抓,同时抓,随着汛情的稳定和灾害应急期的结束,领导精力和工作重点转移到救灾工作上来,集中力量抓救灾。明确政府是救灾工作的责任主体,各级政府主要负责人是第一责任人,县乡政府是直接责任人,对本地救灾工作负总责,各有关部门分工负责,形成了上下结合、全面覆盖、分级负责、属地管理的救灾责任体系。行蓄洪区和严重内涝地区的救灾工作同等重要,政府集中安置点和群众自发安置点的管理同等重要,政府管理和灾民自我管理同等重要。

规范应急转移安置　①多渠道安置转移群众。常用的办法是投亲靠友、借住公房、租用房屋、搭建救灾帐篷或简易住房。安徽夏季洪涝灾害转移群众的安置,应当鼓励动员投亲靠友。确需政府安置的，按照应急预案，开放救灾安置场所，以借住学校、公房为主。1991 年肥西县三河镇被洪水淹没，合肥市政府紧急组织市公交公司大客车，把部分灾民转移到市直单位招待所进行集中安置。②建立转移安置备案制度。所有转移安置群众包括投亲靠友的，都要登记造册，确定联系人，落实责任。2008 年元月，岳西县对雪灾转移安置群众落实安置责任。③政府集中安置点规模要适当，要确定派乡镇干部管理，同时组织群众参与，做好生活服务、学生安全教育、治安防范、用火用电安全、设置警示标志等。2003 年 7 月，颍上县对行洪区庄台和临时安置点管理做到“四有”，即有一名乡镇干部、有一名公安干警、有一个医疗点、有一台机动车船。2007 年，省人民政府省长王金山提出，强化干部服务管理。地方政府在实施紧急救援的同时，还应当尽量向群众提供一些应急服务，如组织收购被水围困群众的粮食、家禽家畜和生产自救产品，减轻转移安置负担，增加群众收入；向群众提供粮食加工、生活日用品供应等服务，解决“灾区有水没水喝、有粮没粮吃、有柴没柴烧”等问题，以减轻政府无偿救济的压力。持续高温天气要适时将住在救灾帐篷和简易住房内的群众安置到固定住所内，做好防暑降温工作。2003 年和 2007 年，省政府要求在高温来临之前，对住在救灾帐篷和简易住房内的群众进行二次转移。

规范应急生活救助 ①生活救助要有个合理的标准。尽管国家和省里没有一个统一标准，但是不少地方已经尝试。2003 年 7 月，淮南市出台《灾民安置点管理办法》，对安置点的设置规模、救助标准、灾民登记等作出规定。2007 年 7 月，凤台县应急救助实施尝试“八个一”，受灾群众每天都能及时领到至少 8 元的救灾物品和资金，即每人每天一斤粮、一两油、一筒挂面、一块煤球、一根火腿肠、一个咸鸭蛋、一袋小菜、一元钱。2008 年 8 月 6 日，省政府《关于切实做好当前救灾工作的紧急通知》，首次明确提出，紧急转移安置期要保证每人每天补助 10 元，保证 1 斤成品粮。各地根据实际，合理确定紧急转移安置期转移安置群众的生活救助标准。②应急救助对象的问题。因灾紧急转移安置和因水围村庄影响基本生活的受灾群众。具体包括政府集中安置居住在帐篷、庵棚，借住学校、公房安置，以及投亲靠友的受灾群众。一般情况下，救助的重点对象是政府集中安置点的群众，对投亲靠友的，很少给予救助。2008 年 8 月，全椒县发生洪涝灾害后，投亲靠友占转移安置人数（2.5 万人）的 95%，政府集中安置只占 5%。2007 年 7 月底，在高温来临之前，凤阳县通过有偿安置的办法，2 天之内将居住在帐篷中的 3608 人全部就近安置到当地农户家中，这个做法得到中共安徽省委书记郭金龙和省民政厅的好评，被推广到沿淮各地。从实际效果来看，通过落实救助标准，鼓励群众投亲靠友，即可以减轻政府安置压力，又能够化解灾害突发期间，群众不稳定的情绪和对灾害造成的生活困难的担忧。③救助的方式可以多样化。涉及应急救灾款的使用，常用的是利用应急救灾款购买粮食、食用油、饮用水、燃料、衣被等生活必需品，及时发放到灾民手中。2005 年河南省一位副省长对此指出“防止救灾工作中的阔少行为”，群众也不能餐餐吃方便食品。另外，可以组织就近的城镇等非灾区加工熟食品送往灾区，有的集中采购盒饭,或集中烧饭的办法,也有发钱让群众上街买饭吃。2008年8月,含山县规定,民政部门负责集中采购盒饭,卫生部门负责食品卫生,划分部门责任的做法很好。④科学确定紧急转移安置期并适时宣布终止。从灾害突发到灾情基本稳定,应急阶段期限的长短决定着应急救援的成本。因此应当根据不同地区、不同类型和不同程度的灾害和灾民转移安置的具体情况,合理确定灾后紧急救援的期限。如果应急救援持续时间过长,势必造成应急救援物资、人力资源、经费投入等方面的浪费,而且还会造成不良的社会影响,更不能把灾民安置点作为应付检查的"道具"。⑤适时安全地组织群众返回家园。宣布结束紧急转移安置期后,对被水浸泡的住房认真进行安全检查和卫生消毒,安全有序地组织群众返回家园,防止发生意外事故。对倒塌房屋和确认不能安全居住的损坏房屋的农户,妥善解决好住的问题。对因房屋倒塌、财产淹光、粮食绝收确实存在生活困难的,根据具体情况,相应纳入救助范围,进行灾害后续救助。这些都要掌握清楚,建立台账。

协助做好治病防疫工作　协助卫生医疗机构在政府集中安置点设立卫生医疗点,对灾区进行巡回医疗,救治因灾伤病人员。区分伤病等原因,进行分类救治。地方政府和有关部门对因灾直接引起的疾病,如皮肤病、红眼病等灾区常见病以及普通的外伤,应当提供免费的药品和治疗;灾区所需的"消、杀、灭"药品和肠道传染病、疟疾、流行性出血热、钩体病等灾害相关的传染病的预防、治疗药品及防暑药品,也应免费发放,灾民自我预防;非灾害相关疾病,一般应当按自费原则给予诊断。协助做好食品卫生、饮水安全、退水房屋消毒、环境清理、疫情监测和卫生宣传等工作,确保灾后无大疫。

制定救灾工作预案　1998年5月,省民政厅制定《安徽省特大洪涝灾害救灾工作预案》,这是全国民政系统第一个救灾预案。1998年7月,长江流域发生严重洪涝灾害,救灾预案在救灾工作中发挥重要作用。1999年6月,省政府办公厅转发民政厅《关于印发安徽省特大洪涝灾害救灾工作预案的通知》。该预案对省境长江、淮河两流域可能遭受洪涝灾害的情况进行预测评估,建立各级政府应对特大洪涝灾害领导组织机构,预定有关应急救灾措施。2001年5月,民政部在合肥召开全国救灾应急预案工作会议,推广安徽制定救灾预案工作经验。到2003年6月,全省市县政府均制定出救灾预案。

2004年,根据省人民政府统一部署,省民政厅负责牵头制定《安徽省自然灾害救助应急预案》。2005年9月,安徽省人民政府办公厅下发《关于印发安徽省自然灾害救助应急预案的通知》,预案正式公布实施。为推进应急预案向基层延伸,省民政厅制定预案编制指导性意见,加强对市、县、乡镇和社区救灾应急预案编制工作指导。2006年至2007年,省民政厅先后下发《关于市、县(市、区)救灾应急预案制定工作的指导意见》和《关于乡镇和村救灾应急预案制定工作的指导意见》,指导各级民政部门和基层组织制定自然灾害救助应急预案,逐步在全省范围建立救灾应急预案体系。

2005年应对"7.30灵璧县风雹灾""泰利"台风,2006年应对"格美"台风,2007年应对淮河流域洪涝灾害时,省政府启动应急预案Ⅱ级响应4次,省民政厅启动应急预案Ⅲ级响应5次、Ⅳ级响应4次，同时有效规范各级应急预案的管理，先后推广安庆市、灵璧县、凤阳县运用应急预案的作法。经过灾害应急的实战，各级救灾应急预案的运用更加自觉，衔接有序，渐趋规范。

2008年年底，省、市、县、乡镇（含街道办）、村（含城市社区）各级减灾救灾应急预案基本建立。

第三节 救灾物资储备

救灾储备物资是指各级民政部门存储和调用的，主要用于救助紧急转移安置人口，满足其基本生活需求的物资，包括帐篷、棉被、棉衣裤、睡袋、应急包、折叠床、移动厕所、救生衣、净水机、手电筒、蜡烛、方便食品、矿泉水、药品和部分救灾应急指挥所需物资以及少量简易的救灾工具等。

灾害管理包括灾害的预报和预警、灾前应急准备、灾害紧急救助、灾后临时安置和恢复重建等阶段。针对灾害发生后的紧急救助，是保障灾民生命财产安全，保证灾民基本生活和灾区稳定的重要措施。自然灾害的发生不以人们的意志为转移，且具有突发性。灾害救助只有快速反应，灾害紧急救助并非民政部门的工作，需要诸如粮食、财政、水利、卫生等众多部门的共同协调和配合，包括社会各界的援助和参与。建立灾害紧急救助体系主要是指民政部门的救灾储备体系。

灾害储备特征 灾害储备具有行政指令性、社会监督性、快速反应性和形式多样性等特征。（1）极强的行政指令性。安徽省救灾物资储备库储备的救灾物资分为三个部分：代储民政部救灾物资（帐篷），代储省级救灾物资（棉被、防汛舟船、救生设备等），储备社会捐助的各类物资（衣被为主）。这些物资均是在系统直管部门及政府的命令和监督下入库、储备和出库的。（2）较强的社会监督性。救灾物资储备是一项公益事业，它在接受群众无偿捐助的同时，也无时无刻不处在全社会的监督之下。所以，在储备工作中出现任何差错，都将会产生极大的社会影响，所以，这是一项事关社会安定与社会进步的重大任务。（3）快速反应性。安徽省自然灾害发生频率高且灾害类型较多，一旦灾害发生，灾民就面临无家可归、缺吃少穿的处境；大灾之后必有大疫，若得不到及时的救助，灾民便会时时处在死亡的边缘。救灾工作强调一个“快”字，救灾如救火，民政部发布的《救灾物资储备管理办法》中明文规定，救援方务必在灾情发生之后48小时内将救灾物资送至灾民手中。（4）储备形式的多样性。由于每年需要的灾害物资数量大、种类多，面向社会募捐储备的物资也并不只限于衣、食、住、医疗所需物资，无论是在灾害发生期间还是在平时无灾害时期，只要有利于灾民生产生活的物资，都要接收和储备。本着灵活多样、防微杜渐的宗旨，把储备内容分为实物储备、人员储备和资金储备。实物储备是最直接也是最快解决灾民眼前困难的一种储备方式；人员储备包括建立起的一支由群众组成的高素质装卸队伍，以及由安徽省救灾减灾中心专业人员组成的防汛冲锋舟驾驶队伍；而资金储备则是为了应对小灾和临时性灾害的储备，它能够解决灾民的实际困难，灾民的使用自主性更强，此项储备虽然不属于救灾中心管理范围，但它也是救灾物资储备不可或缺的重要组成部分。

救灾物资储备　1986 年至 1990 年，省级储备和各界捐赠的救灾物资数量有限，也无救灾物资专用储备仓库。1991 年，安徽省发生特大洪涝灾害，境内外捐赠救灾物资数量较大，通过临时租用或借用火车站、飞机场、电子厂等单位的仓库暂存救灾物资。

1992 年 8 月，省计划委员会批准省救灾减灾中心建设项目立项，其主要功能是救灾物资储备。1992 年至 1996 年，完成项目择址、征地、规划、设计等工作。1996 年 10 月动工兴建，1997 年 12 月一期工程竣工，1998 年年初投入使用，2000 年 10 月二期工程竣工。中心占地面积 1.4 万平方米，总建筑面积 13100 平方米，其中仓储面积 8400 平方米，总库容 49780 立方米。中心位于合肥市经济技术开发区明珠广场南。

1998 年 10 月，按照省机构编制委员会《关于同意成立安徽省救灾减灾中心、安徽省接收捐赠工作站的批复》，省救灾减灾中心、省接收捐赠工作站成立，实行一个机构两块牌子，为省民政厅所属处级差额预算事业单位。负责国内外援助安徽省救灾物资的保管、转运，救灾减灾信息服务、有关专业人员培训组织，以及救灾捐赠接收工作。

2002 年 11 月，省救灾减灾中心储备仓库被民政部定为国家级救灾储备物资代储点。储备物资主要为救灾帐篷和棉衣被。到 2007 年年底，共代储民政部救灾帐篷 6.4 万顶，根据民政部指令，23 次向浙江、江西、福建、陕西、云南等地的台风、洪涝、地震灾区调运帐篷 6.3 万顶。特别是在 2008 年"5.12"汶川特大地震灾害中，省救灾中心按照国家抗震救灾总指挥部的指令，迅速向地震灾区发运 2 万多顶救灾帐篷、24 万多件棉衣被和 1 万吨救灾大米，及时有力地支援地震灾区的抗震救灾工作。

为建立和完善省级救灾物资储备网络，根据全省灾情发生特点和地方救灾仓储设施建设情况，按照合理布局、统筹安排的原则，在全省范围加强救灾物资储备库建设。从 2004 年 4 月开始，省民政厅逐步确定沿江的安庆市、巢湖市、铜陵市，沿淮淮北的蚌埠市、淮北市、亳州市、霍邱县、寿县、阜南县，皖南的宣城市，皖东的全椒县等民政局为省级救灾物资代储单位，定点储备以帐篷为主的省级救灾物资，形成以省民政厅救灾减灾中心储备仓库为中心，沿淮淮北、沿江、皖南和皖东 11 个市、县民政局为代储单位的救灾物资储备网络，共储备省级救灾单（棉）帐篷 2 万多顶以及部分净水设备、棉被等物资。一旦灾害发生后，根据灾区需要，经省民政厅批准，能够保证在 6 个小时内就近从省级救灾物资代储单位调运救灾帐篷等救灾物资，支持受灾地区安置转移群众和生活救助的需要。

2005 年 7 月，省民政厅、省财政厅下发《关于确定省级救灾物资储备单位有关事宜的通知》和《关于印发安徽省省级救灾储备物资管理暂行办法的通知》，确定蚌埠、巢湖、宣城、安庆、铜陵市民政局和阜南、霍邱、全椒、寿县民政局为省级救灾物资代储单位，对代储救灾物资的保管、调拨、使用和回收等作出规定。

2008年8月，根据合肥市城市建设规划需要和统一规划要求，省救灾减灾中心搬迁至合肥市双凤经济开发区凤麟路与金沪路交口处分期复建和扩建，新址总占地面积70亩。复建和扩建项目完成后，储备能力将有较大提高。

减灾应急避难场所建设 减灾应急避难场所是指为应对突发事件，经规划、建设，具有应急避难生活服务设施，可供居民紧急疏散、临时生活的安全场所。加强应急避难场所的规划与建设，是提高城市综合防灾能力、减轻灾害影响、增强政府应急管理工作能力的重要举措。应急避难场所应为具备多种功能的综合体，平时作为居民休闲、娱乐和健身的活动场所，配备救灾所需设施（设备）后，遇有地震、火灾、洪水等突发重大灾害时作为避难、避险使用，二者兼顾。应急避难场所应具有抵御多灾种的特点，即在突发地震、火灾、水灾、战争等事件时均可作为避难场所。但多灾种运用时，应考虑具体灾害特点与避难需要的适用性，注意应急避难场所的区位环境、地质情况等因素的影响。

应急避难场所建设是救灾减灾能力建设的重要组成部分，是“以民为本，生命至上”执政理念的重要体现。安徽各级政府高度重视应急避难场所的建设，加强领导，注重协调，有规划、有步骤地安排落实应急避难场所规划建设工作。2007年至2008年，合肥市、滁州市、安庆市的地震局、政府应急管理办公室、民政局会同财政、建设、规划等有关部门认真研究，采取有力措施，从实际出发，利用现有广场、公园、绿地等公共资源，积极推进应急避难场所的规划建设，遵循均衡布局、操作性强、通达性好、利于疏散、安全保障、平灾结合的原则，将应急避难场所应具备的基本功能融入规划之中，通过科学规划，强化功能，完善基础设施，分别将合肥市天鹅湖公园、蜀山区竹荫里社区、滁州市人民广场、安庆市菱湖风景区规划建设为减灾应急避难场所，为全省大中城市应急避难场所的规划建设提供宝贵的经验。

救灾装备与人员培训 根据民政部的基本要求，救灾装备包括交通装备：省级民政部门两部以上救灾专用车辆；地、县民政部门一部救灾专用车辆。通信装备：普通电话：省级民政部门2部国内直拨电话、1部自动传真电话；地级民政部门1部国内直拨救灾专用电话、1部自动传真电话；县级民政部门至少保证1部可发传真的国内直拨电话并配专用传真机。移动电话：省级民政部门5部；地级民政部门3部；县级民政部门2部。海事卫星电话：省级民政部门2部（通讯网络覆盖程度较低的地区可以适当多配备海事卫星电话）。摄录像器材：省、地、县民政部门各有1套高分辨率数码摄像和数码照相器材。其他办公设备：台式微机：省、地级民政部门的救灾工作人员每人1台；县级民政部门至少配备1台配置较高、能安装使用民政部“灾情统计软件”的微机。笔记本电脑：省级民政部门1～2台、地级民政部门至少1台。复印机、传真机等：省、地、县各级民政部门至少配备1台。全球定位系统（GPS）：省级民政部门1～2台。

救灾预案、救灾队伍、救灾装备和救灾物资储备是灾民紧急救援工作体系的重要组成部分。配备精良的救灾装备，保证及时查灾，科学核灾，准确报灾，做到重大灾情24小时上报，使紧急转移的灾民在24小时内得到生活救助，保证各项救灾款物准确迅速地发放到灾民手中。

为此，安徽省各级救灾部门全部装备电话传真机、计算机、数码照相机等办公设备，部分县配备救灾专用车辆。通过分级培训的方式，各级民政救灾业务干部每年基本能够轮训一次，保证救灾工作政策及时得到较好贯彻执行。

按照民政部的要求，1994年，省民政厅筹集300多万元专项资金，统一为市县民政救灾部门配备传真机、计算机、无线电台。1995年，配合民政部颁布实施《自然灾害灾情统计制度》及统计软件，省民政厅加强业务培训，进行灾害信息系统建设，推进电子报表工作模式。1996年月，省民政厅建立省、市、县三级灾情管理信息系统，并实现三级联网。1997年10月，省民政厅按每台计算机补助8000元的标准，更新市县计算机硬件，省灾情管理信息系统运行正常。2004年11月，民政部免费为安徽省国家级贫困县配备救灾车辆24台。2005年4月，利用民政部开发和推广新版灾情统计软件的时机，各级普遍更新计算机硬件系统，新版灾情统计软件当年就全部在三级灾情管理信息系统投入使用。2006年5月，省民政厅为市级民政救灾部门建立救灾专用电子信箱，配合气象部门开展手机短信灾害信息预报预警服务，17个省辖市中有10个市为救灾人员配备灾害预警机。

在积极组织县级以上民政救灾业务人员直接参加民政部业务培训的同时，2004年至2006年，省民政厅举办10期业务培训班，重点加强对县级民政部门特别是乡镇长和民政助理员的救灾业务培训。

第四节　安徽省救灾减灾中心

安徽省原救灾减灾中心（或称安徽省接收捐赠工作站）位于合肥市南郊经济技术开发区中心，是以救灾仓储、社会捐助接收工作为主，集各种会议接待和民政干部业务培训等为一体的多方位的为救灾工作服务的民政基础设施。

1991年特大洪涝灾害以后，省民政厅为解决长期以来救灾物资储备工作处于被动无序、准备不足等问题，提高救灾备灾的能力，发挥灾害救助工作的主动性和创造性，省救灾减灾中心于1992年8月经省计划委员会正式批准立项，1996年10月开始动工兴建，1998年年初投入使用。中心占地面积1.4万平方米，共建设救灾物资储备仓库2幢，培训楼一幢，钢结构简易仓库一幢及配电房、水泵房、锅炉房、传达室等配套设施。总建筑面积13100平方米，其中仓储面积8400平方米，总库容49780立方米。工程分二期进行，一期工程于1997年12月竣工，完成建筑面积8600平方米，其中仓库3900平方米，培训楼及附属设施4700平方米；二期工程仓库面积3800平方米，于2000年10月竣工。中心征地及基建总投资1690万元。其中，省民政厅自筹资金1210万元，省人民政府拨款330万元，北京市定向捐赠款150万元。

1998年10月，经省编委批准，省救灾减灾中心正式挂牌成立，为正处级差额预算事业单位。其主要职责是负责民政部调拨华东地区救灾物资的代储、转运；省内外救灾捐赠物资的接收、中转、储备，长效救灾物资的回收、仓储；经常性社会捐助接收日常工作；救灾减灾信息服务和安徽民政业务培训服务等。是时，中心储存物资价值5000余万元，其中部储救灾帐篷15516顶（单帐篷8187顶，棉帐篷7329顶），省储大型净水设备15台，橡皮舟45只，充气床垫3000只，棉被2.4万床，棉衣2万件。省救灾减灾中心已成为华东地区最大的救灾储备物资中转站。

应急备灾　随着合肥市城市建设发展的需要，省救灾减灾中心原处位置需异地搬迁。2007年8月，为支持合肥市城市建设，结合民政部办公厅《关于落实第二批中央级救灾物资储备库项目建设用地的通知》要求，合肥市人民政府与省民政厅签署《安徽省救灾减灾中心及福彩中心数据中心整体拆迁安置补偿之框架协议》；2008年1月，合肥经济技术开发区管委会与省救灾减灾中心签订《拆迁补偿安置协议》规定。由合肥市人民政府为省救灾减灾中心在合肥双凤工业区提供建设用地70亩，由合肥经济技术开发区管委会承担费用并负责设计、建设直至完成。土地产权归省救灾减灾中心。

在物资管理上，省救灾减灾中心先后制订《救灾物资管理制度》《安全消防制度》《门卫制度》等规章制度。重点抓好救灾物资的入库管理、分配发放、安全防火、回收整理四个关键环节。严格进库物资的清点，认真登记造册，做到账物相符。物资入库后分类堆放，排列整齐有序，并挂上品名、产地、数量及入库时间的标识牌。定期向民政厅救灾救济处通报救灾物资库存及管理情况。严格储备物资的发放。出库物资按省民政厅救灾救济处分配文件规定的品种、数量，需领取单位出具介绍信和经办人员签字后方可放行。同时做到安徽省内调拨的紧急救援物资12小时内能够准确到位。抓好以防火、防盗、防霉蛀、防鼠蚁为内容的“四防”工作。库房安装了火警自动监控、自动报警和自动喷淋灭火系统，实行24小时监控，定期检查供水系统，及时更换消防设备。严禁非工作人员进入库房。管理人员每天对库房进行一次安全检查。为加强消防工作，中心还专门成立了消防安全领导小组和义务消防队。保持库房通风干燥，一楼存放救灾物资均在底部放置30CM高的隔离架，防止受潮霉变。每季投入一次防鼠、防虫、防白蚁药物。搞好长效救灾物资的回收整理工作。回收重于发放，中心严格按照民政部及安徽省民政厅有关规定，调整人力物力，将回收帐篷进行整理、分类、清洗、翻晒、配套、消毒、打包入库。

严格有效地管理，扎实细致地工作，使救灾减灾中心备灾救急、快速反应的能力逐步提高。在1998年、1999年长江流域抗洪救灾工作中，救灾减灾中心快速调拨救灾物资，有效地保证了灾区群众急需救灾物资的及时准确到位。

服务灾民　省救灾减灾中心救灾仓库投入使用后，代储民政部救灾单、棉帐篷18400多顶和其他救灾物资。1998年以来，向灾区紧急调拨救灾帐篷7000多顶，回收救灾帐篷6000多顶，配套入库4000多顶。救灾减灾中心1998年挂牌成立后，正遇长江流域发生特大洪涝灾害。救灾减灾中心以最快的速度调配物资，及时运送到灾区。共紧急发送救灾单、棉帐篷3000余顶，大型净水设备10台、橡皮舟40只，并派专人指导灾民安装、使用救灾帐篷。与此同时，救灾捐赠物资也源源不断地运送到救灾减灾中心，中心工作人员加班加点，对捐赠物资随时接收，登记造册，认真清点，严格管理，及时调配发送，保证捐赠物资尽快送到灾民手中。1998 年救灾捐赠活动期间，救灾减灾中心接收发送的捐赠物品包括食品药品类 1516 箱、衣被 3500 箱（件）、钢材等物资 113 吨，汽车、柴油机等机械设备 536 台，帐篷 547 顶、救生气垫 3000 只、其他物品 1500 余件。2001 年 11 月，为配合开展经常性社会捐助工作，省人民政府还在中心设立“社会捐助接收工作站”。

根据每年的受灾情况，及时储备灾区急需救灾棉衣被，探索行之有效的救灾物资采购方式。针对 2001 年全省旱情严重，灾害面积广，受灾群众多，部分灾区群众缺衣少被问题突出情况，省民政厅党组决定拿出 200 万元资金，采用政府公开招标的方式，购置救灾棉衣 2 万件、棉被 2 万件用于帮助灾民安全过冬。公开采购救灾物资在安徽尚属首次。这是一项十分重要的政治任务，关系到政府的形象问题，省民政厅党组十分重视。省救灾减灾中心在做这项工作中注意做好以下几点：首先进行市场调研，对衣被的规格、质量、重量、价格等技术指标和企业的资信、生产能力进行论证、考察。为政府采购中心制定招标文件提供详细的指标和要求。并邀请纺织和服装专家，对投标企业的样品进行质量技术评定。为提高采购工作的透明度，邀请省纪律检查委员会全程监督评标工作。其次，为保证棉胎质量，杜绝出现“黑心棉”，在生产过程中，中心多次组织人员深入到生产企业实地考察、进行抽检。再次，在棉衣被入库后，和省政府采购中心会同省纤维检验所、省服装质量检验所、省纺织产品质量监督检验测试中心对棉衣进行抽检，确定产品是否合格。由于采取公开招标的方式，透明度高，竞标单位面对面，避免“暗箱操作”，体现客观、公开、公平、公正的原则，首次采购救灾物资还受到媒体的关注和监督。《人民日报》、《中国社会报》、《安徽日报》、安徽电视台等 10 多家新闻单位进行报道，在社会上反响很大，取得良好的社会效果。1998 年至 2002 年，共向灾区发放棉衣、棉被 4.7 万余件，做到无一差错，保证灾民得到有效救助。

2010 年 12 月，省救灾减灾中心恢复建设工程全部完成并投入使用。新建的省救灾减灾中心总面积 7892.18 平方米，约 31.95 亩。剩余 38.05 亩建设用地，省民政厅于 2009 年 7 月致函民政部规划财务司，申请用于中央级救灾物资合肥储备库的改扩建项目。

第五节　国际救灾减灾合作

国际救灾减灾合作系指国家与国家之间、国家与国际之间建立减灾、备灾、救灾和和灾后重建领域的合作平台。中国本着开放合作的态度，积极参与减灾领域的国际合作，建立和完善国际减灾合作机制，加强国际减灾能力建设，在重大灾害中相互援助。中国在减灾领域与联合国开发计划署、联合国国际减灾战略、联合国人道主义援助事务协调办公室、联合国亚太经社理事会、联合国世界粮食计划署、联合国粮农组织和联合国外空委等机构建立紧密型合作伙伴关系，积极参与联合国框架下的减灾合作。与联合国国际减灾战略共建国际减轻旱灾风险中心，参与联合国灾害管理与应急反应天基信息平台。派遣专家参与联合国灾害评估队，多次执行灾害评估任务，积极参与联合国搜索与救援咨询国活动，积极推进全球灾害应急救援领域的合作。

国际减灾组织机构 1987年第42届联合国大会第169号决议确定，自1990年至2000年在全世界范围内开展一个“国际减轻灾害十年”活动。1989年4月中国政府成立“国际减灾十年”委员会，领导开展减灾活动。

1990年，省人民政府第46次省长常务会议决定，成立“安徽省国际减灾十年委员会”，组织协调全省防灾、抗灾、救灾减灾工作，争取开辟国际减灾交流和外援的渠道。省人民政府副省长汪涉云担任省国际减灾十年委员会主任，省国际减灾十年委员会办公室设在省民政厅，省生产救灾办公室承担具体工作。

国际交流与合作 1994年，国家减灾委员会、国家计划委员会将安徽省列为全国6个减灾示范省市之一，争取联合国对减灾项目优先提供援助。2005年8月，省民政厅配合民政部和联合国亚太经济与社会理事会在寿县开展“淮河流域洪涝灾害对社会经济的影响”研究项目合作。

1991年至2005年，省民政厅与联合国、30多个国家及地区民间组织进行过合作交流，省民政厅分管救灾领导和救灾办负责人先后应邀参加联合国在日本横滨召开的“世界减灾大会”，率团参加中国政府赴印度洋地震海啸灾区灾后评估与重建专家考察组，到斯里兰卡、马尔代夫评估海啸灾情和考察重建需求及援助项目。

接收境外捐赠 1991年7月，中国“国际减灾十年”委员会代表中国政府首次呼吁国际社会紧急援助华东地区水灾，省生产救灾办公室当年直接接收境外捐款6623万元。1992年，接收境外捐赠轿车面包车救护车共9辆、运动鞋5万箱、食用油2000吨和一批医疗设备。1996年安徽省直接接收境外捐款102万元。1997年接收香港明爱组织捐赠9.1万美元。1998年接收境外捐款292万元。

1999年，接收德国通益药业有限公司捐赠药品价值100万元，日本田技株式会社捐赠抽水机2台，联合国人道主义组织协调机构援助3.9万美元，瑞典“希望之星”慈善机构赠送一批价值19万元的救灾营养米粉。2003年9月，接收香港特别行政区行政长官董建华夫人董赵洪娉女士为安徽灾区募集的救灾款100万港元，7月份接收香港李嘉诚基金会捐赠救灾大米200万公斤。

2008年2月，民政部分配给安徽灾区日本政府捐赠的小型发电机300台、盘线300盘、毛毯3000条、睡垫2100张。

第六节　综合减灾

综合减灾工作是一个系统工程，包括安全生产、自然灾害管理、公共卫生等诸多方面。按照《国家综合减灾“十一五”规划》的要求，坚持政府主导、分级管理、社会参与；以防为主，防抗救相结合；各负其责，区域和部门协作减灾；减轻灾害风险与经济社会可持续发展相协调的原则，坚持依靠法制、依靠科技、依靠群众的原则，全面推进综合减灾工作。强化城市“安全发展”的理念，完善全民防灾教育体系；加强城市自然灾害风险评估，提高预测分析的准确性；完善城市灾害防御规划体系，提高灾害情报传输、预警能力；健全有关法律法规，提高综合减灾工作的规范化；细化应急预案，加强应急管理的演练和宣传；探索建立跨地区应急救援网络，健全城市自然灾害综合救援机制。

综合减灾机构职责 安徽各级政府十分重视减灾工作，在全面规划的基础上，采取工程措施、生物措施和社会措施相结合的方式，投入了大量的人力、物力和财力，在较短时间内，使全省的减灾能力得到了很大程度的加强。改革开放以后，安徽各级政府始终遵循“坚持经济建设同减灾一起抓”的指导思想，各级防灾减灾管理机构逐步建立健全，防灾减灾法规政策陆续制定出台，各种灾害监测预报网络得到强化，监测预报能力不断增强，防灾减灾的宣传教育积极开展，群众的防灾减灾意识不断提高，在抗御各种自然灾害的斗争中，取得巨大的减灾效益。

1990年起，安徽减灾工作和全国一样，增加一个重大的国际社会减灾活动背景。1987年第42届联合国大会一致通过第169号决议，确定1990年至2000年在全世界范围内开展一个“国际减轻灾害十年”活动，其宗旨是通过国际上的一致努力，将各种自然灾害造成的损失，特别是发展中国家因自然灾害造成的损失减轻到最低限度。1989年4月成立中国“国际减灾十年”委员会，领导并开展减灾的一系列活动。安徽省积极响应行动，并于1992年至1994年组织开展安徽减灾研究课题，减灾研究成果被纳入到全省和行业的中长期规划，在政府推动下得到逐步实施。

安徽减灾工作长期实行各级政府分级负责的管理体制和政府统一领导、部门分工负责的工作机制。2005年以前，省政府分别成立防汛抗旱指挥部、生产救灾领导小组和防震减灾工作领导小组等领导指挥机构，负责组织协调减灾抗灾救灾工作。

2005年以后，省人民政府按照《国家突发公共事件总体应急预案》部署，先后制定出台防汛抗旱、突发性地质灾害、森林火灾、破坏性地震和自然灾害救助共5个属于自然灾害类的专项应急预案，分别成立相应的领导指挥机构，在主要职能部门设立日常办事机构。水利、农业、林业、国土、民政和气象、地震等部门分别按照各自职能，采取工程建设、环境治理、灾前预报防范和灾后救援救助等措施，积极有效地开展综合减灾工作。

工程治理举措 综合减灾的主要途径是通过采取工程措施、生物措施和社会措施，达到提高抗灾能力、减轻灾害损失的目的。

工程措施 安徽历史上，各类灾害中危害最大的是水旱灾害，加强水利工程建设是增强灾害抵御能力和减轻灾害损失的根本途径。

据省水利部门资料：从1950年开始，安徽进行大规模的治淮行动。在治淮的同时，安徽对长江也进行有效治理。至1978年，一大批卓有成效的水利工程设施建设完毕，且对以后的水利工程建设提供了丰富和重要的经验。

20世纪80年代，引用外资进行“淠史杭——巢湖治理项目”，开挖牛屯河分洪道，整治西河，治理黑茨河，建成凤凰颈大型排灌站，对长江同马、无为大堤和淮北大堤进行除险加固。

1991年淮河发生大水，水患治理再一次成为安徽减灾的紧迫任务。从1991年的冬天开始，安徽又掀起第二次治淮高潮，开挖怀洪新河，整治淮河干流，治理包浍河，进行淮河行蓄洪区安全建设及湖泊洼地治理。

1998年长江大水后，安徽紧紧抓住国家扩大内需和灾后重建的宝贵机遇，进一步加强水利基础设施建设，着手实施长江干堤除险加固工程，长江崩岸治理工程，芜湖、安庆、合肥等重点城市防洪工程，港口湾水库工程和长江流域水土保持工程等一大批重点骨干水利工程。

2000年后，以长江、淮河防洪工程为重点的水利建设快速推进。长江干堤加固工程建设任务全面完成，建设沿江排涝泵站76座，长江干流崩岸治理力度加大，主要支流治理进度加快，平垸行洪巩固工程基本完成，港口湾水库、大房郢水库等一批重点骨干工程投入运行。

怀洪新河、包浍河治理、高邮湖大堤加固和汾泉河治理工程全面完成，临淮岗洪水控制主体工程基本完成，淮北大堤加固、白莲崖水库、沙颍河和涡河治理工程开工建设，奎濉河治理、洪汝河治理、行蓄洪区安全建设、湖洼地及支流治理进度加快，以王家坝闸除险加固为标志的淮河干流河道整治及堤防加固工程建设进展顺利。

芜湖、安庆、铜陵、池州、马鞍山、淮南、蚌埠等重点城市防洪主体工程基本完成，合肥、阜阳、巢湖、黄山等城市防洪工程逐步实施。

淠史杭、驷马山、花凉亭、女山湖、茨淮新河、青弋江等大型灌区续建配套与节水改造成效明显，江淮分水岭综合治理取得新进展。

除水利工程建设外，有关部门在地质灾害治理、环境保护、人工影响天气等方面也采取一系列工程措施，取得一定的减灾效果。

生物治理举措 安徽是全国粮、油、棉生产的重要省份，通过生物措施达到农作物抗灾保收，是又一条重要减灾途径。

繁育推广良种，发展优质农产品。改革开放以来，各级农业部门坚持把良种繁育、推广、经营与抗灾救灾工作结合起来，使全省农作物品种在抗病虫、抗倒伏、抗旱涝等抗灾性状上有了很大提高。经过多次更新换代，到“十五”末，全省良种使用基本普及，其中优质专用小麦面积达1200万亩，优质率40.2%；优质水稻面积1750万亩，优质率50.5%；双低油菜面积1400万亩，占全省油菜面积的91%。

调整作物布局，改革耕作制度。根据农作物生产的季节性，各地坚持趋利避害，经过长期实践形成了比较适宜当地环境条件的农作物结构布局。淮北地区以夏粮、旱杂粮及棉花为主体，江淮之间以水稻、油菜为主体，沿江地区以水稻、棉花为主。改革耕作制度比较突出的有沿江地区一年一熟改二熟或三熟，其他地区如单季改双季，低产改高产等，并根据水利条件，宜旱则旱，宜水则水，促进减灾增收。

加强植物检疫，防治生物灾害。农业部门坚持“边查边治、查治结合、治内控外、封锁扩散”的原则，实行重点治理、重点投入，加强进出口植物产品检疫，防止检疫对象扩散和传入。在县以上普遍建立了病虫专业测报站，对60多种生物灾害和流行性、迁飞性病虫草害进行比较准确的测报。大力贯彻“预防为主、综合防治”的方针，提高防治效益，使生物灾害治理工作达到了新的水平。

培肥改良土壤，改善作物生长条件。农业生产责任制以后，以治水、改土、培肥为中心的中低产田改良工作取得良好进展，农作物单产得到较大幅度提高。在利用农业项目投资等方面，也取得较大成果。1983年至1987年利用世界银行贷款及地方配套投资，对涡阳、蒙城、濉溪3县的砂礓黑土进行综合治理。国家于1988年开始组织的黄淮海平原农业综合开发项目，涉及安徽34个县和15个国营农场，农业综合生产能力和抗灾能力大大提高。

省人民政府从1990年起组织实施“五年消灭荒山、八年绿化安徽”的加快造林绿化行动，不仅实现巨大的林业效益，也使得全省生态环境和水土保持条件得到改善，农业生产综合抗灾能力进一步提高。

综合预防举措　减灾是一个复杂的系统工程，安徽省除了采取工程措施、生物措施这些“治”的手段外，还采取“防”“避”“抗““救”等综合措施，努力实现减灾效益最优化。

加强预报预警　做好预报预警工作是减少自然灾害损失的重要前提，省直有关部门非常重视做好各类灾害预警预报工作。气象部门每年汛期及时发布重要天气专报，对灾害性天气进行预警，及时向社会提供天气预报，向电视台、电台、网络、12121电话等提供天气监测实况，通过手机短信向防汛责任人、村主任、农村中小学校长等对象免费发送气象预警信息，特别是台风对安徽省影响频繁，气象部门的及时预报预警对提前做好各项防范工作发挥重要作用。省防汛抗旱部门根据水情监测资料，及时发布汛情通报。省国土部门在对全省突发地质灾害分布、发育程度和诱发因素综合分析、总结规律的基础上，对地质灾害发生的时间、地点、成灾范围和影响程度等方面进行预警预报。随着科技进步和先进手段的利用，灾害预警预报的及时性和准确性不断提高，各级政府根据预报预警信息，早准备、早部署、早行动，有效减轻群众生命财产损失。

及时安全转移　由于地理位置、居住环境、行蓄洪需要等多种原因，灾害来临时做好人员安全转移是减轻灾害损失的最重要手段。如，1991年淮河大水灾中，转移人口300多万人。2003年，淮河发生仅次于1954年的特大洪水，各级政府始终把受灾群众的生命安全放在首位，不仅及时转移准备运用的行蓄洪区内群众，而且将可能运用的行蓄洪区、生产圩和低洼易涝地区的群众全部提前转移，以确保人民生命安全，全省共转

移受灾害威胁的人口116万人。2005年，第13号台风“泰利”影响安徽省，紧急转移安置46万多人。2007年，淮河再次发生1954年以来的最大洪水，紧急转移受灾群众71万人。2008年，第8号台风“凤凰”及其残留云系影响，滁河和巢湖流域发生历史罕见的特大暴雨，洪涝灾情急剧发生，紧急转移安置9.6万人。虽然群众转移工作时间紧，人员多，工作量大，但是由于各级政府组织有力，工作到位，历次转移工作都做到快速有序，使人民群众的生命财产损失减少到了最低限度。

组织抗洪抢险　安徽灾害之首为水患，抗灾重点在抗洪。面对淮河、长江流域的历次洪涝灾害，各级政府高度重视。安徽省委、省人民政府主要领导多次深入灾区一线，现场指挥和督查指导防汛抗洪工作。省防汛抗旱指挥部及时召开会议，分析重大雨情、汛情，研究部署重点工作和主要任务。按照国家防总统一调度，紧紧依托已建成的防洪工程，统筹上下游，兼顾左右岸，科学调度，综合运用行蓄洪区、控制性闸坝、水库、人工河道等防洪工程，有效实施洪水管理。依靠科技支撑，依托水雨情测报系统、防汛抗旱指挥系统、异地会商系统等，加强气象、水文信息的预测预报，提高预见性，科学防洪、科学决策，使洪水始终处于可控状态。派出技术专家组，重点对老的险工险段进行监控，对各地发生的险情及时分析，现场指导制定抢险方案，帮助地方排除险情。人民解放军、武警官兵、民兵预备役人员承担艰巨的抗洪抢险任务，发挥抗洪抢险中流砥柱作用。省人民政府及时下拨防汛排涝及水毁修复经费和防汛物资支持各地抢险。受灾地区组织干部群众巡堤查险。全省上下密切配合，群防群控，形成强大合力，取得了抗洪抢险的一次次重大胜利，有效控制住灾情不再延伸。

安排群众生活　及时有效的灾害救助对帮助受灾群众迅速恢复抗灾信心、增强战胜灾害的能力至关重要，是减灾系统工程的重要组成部分。安徽各级政府对灾害救助工作历来十分重视。1978年全省自春至秋发生异常大旱，粮食比前一年减产36.5亿公斤，为帮助群众渡过生活难关，政府将救灾款、粮一次安排到次年夏收，保证全省灾区群众生活稳定，未出现非正常死亡和大批外流现象。1991年，安徽发生特大洪水后，省人民政府下拨大量的救济款和救济物资，包括国际国内捐赠，救济款总数达11.77亿元，这些款物都及时发放到受灾群众，有效解决他们的吃、住、医等生活困难。在2003年淮河特大水灾、2005年“泰利”台风暴雨洪涝灾害、2007年淮河特大水灾、2008年春罕见雪灾和夏季因“凤凰”台风影响发生的皖东南地区特大暴雨洪涝灾害中，各级政府进一步加大救助力度，使得灾区群众顺利渡过灾害难关，灾后恢复重建快速开展。

开展社区宣传　从联合国大会确定自1990年开展“国际减灾十年”活动起，每年的“国际减灾日”期间都开展一个主题宣传活动，2000年以后，减灾和宣传活动仍继续进行。安徽省对国际减灾日宣传活动非常重视，积极响应组织开展。如，2007年10月10日第18个“国际减灾日”期间，以“减灾始于学校”为宣传主题，各地加强领导，周密安排，活动影响很大，宣传效果明显。减灾日当天，滁州市和琅琊区负责人参加在琅琊区东门办事处为民社区举行的“国际减灾日”防灾减灾宣传活动启动仪式。合肥市、铜陵市民政局对宣传活动作出精心安排。合肥市蜀山区西园新村街道在竹荫里社居委悬挂横幅,张贴宣传画,设立宣传站,组织人员宣传防灾自救知识。铜陵市民政局精心选择宣传活动地点,悬挂题为"学习减灾知识营造安全家园"的宣传横幅,摆设减灾咨询台,放置"避灾自救,珍爱生命"系列宣传展板,散发《"国际减灾日"简介》《减灾应急小知识》等科普宣传品,大批群众和学生积极参与,当地电台、电视台和报纸等媒体对活动进行跟踪报道宣传。2007 年,安徽省各级民政部门按照民政部要求,在全省部署创建"减灾安居工程模范市(县)"和"减灾示范社区"活动。2008 年 3 月,合肥市竹荫里社区和铜陵市长江社区被民政部授予首批全国综合减灾示范社区。

综合减灾成效 以减轻水旱灾害的危害为重点,通过工程措施基本形成比较完善的减灾效益十分巨大的防洪、除涝、抗旱的水利工程体系。据水利部门资料,2006 年全省有效灌溉面积达 334.7 万公顷,占全省耕地面积的 80%,其中旱涝保收入面积 254.9 万公顷,占全省耕地面积的 60%;治淮工程体系,确保淮北平原和沿淮城市、工矿能源基地及津浦铁路、京九铁路的安全;长江流域的整治,显著提高沿江堤防和耕地的防洪标准。"九五"和"十五"期间,全省水利工程的防洪减灾效益均在 1000 亿元左右。

以促进农作物抗灾增收为重点,通过生物措施更新传统农业,提高农业综合生产能力。农业部门以良种推广为重点,综合配套推广农业适用技术,农作物良种推广率达 90% 以上,农作物病虫防治和畜禽疫病防治率也大幅度提高,测土配方施肥、提高地力技术得到普遍应用,旱作农业技术、秸秆还田技术和农业节本增效技术得到大力推广。同时大力发展农业机械化,在农作物抢季节耕种和减少收获霉变方面发挥很好的减灾作用。据农业部门资料,农村改革开放后,由于水利条件的不断改善和农业生物技术的应用,全省农业总产值年递增 6.4%,粮食产量年递增 2.4%,油料产量年递增 10.4%,棉花产量年递增 4.2%。

以解决吃、穿、住、医为重点,通过生活救助措施保证灾区群众生活稳定,增强了群众的生产自救和抗灾能力。灾害发生后,各级政府对受灾群众给予及时的应急生活救助和冬春期间的生活困难救助,对因灾倒塌房屋恢复重建给予资金补助和物资帮扶。仅在"十五"期间,全省发放救灾款即达 14.01 亿元,其中用于灾民口粮救济 7.56 亿元,倒房重建 5.14 亿元,转移安置 0.57 亿元,衣被、治病及其他救济 0.74 亿元,累计救济灾民 2061 万人(次),帮助灾民重建因灾倒房 92 万间。由于因灾倒塌房屋恢复重建后质量标准得到提高,加之经济社会总体向前发展,在相似的灾害条件下,居民住房的抗灾能力显著增强,以 1991 年、2003 年、2007 年 3 个特大水灾年份相比,倒塌居民住房的数量从 278.3 万间递减为 84.5 万间和 12.1 万间。

以扩大自然灾害管理国际交流为重点,通过接收国际救灾捐赠和实施救灾援助项目,增加安徽综合减灾对外合作交流。1991 年 7 月,中国"国际减灾十年"委员会代表中国政府首次呼吁国际社会紧急援助华东水灾地区后,安徽省有效开展国际救灾合作。从 1991 年起,安徽省民政厅先后与联合国、30 多个国家及中国港澳台地区民间组织进行过合作和交往，实施救灾援助项目，并保持友好关系。1994年，省民政厅副厅长吴泰康应邀参加联合国在日本横滨召开的“世界减灾大会”。省民政厅救灾工作人员先后应邀赴泰国、英国、荷兰、瑞士、美国等国家考察和培训。1994年国家减灾委员会、国家计划委员会将安徽省列为全国6个减灾示范省市之一，争取联合国对减灾项目优先提供援助。

2005年元月，省民政厅派员参加由商务部、建设部、民政部组成的中国政府赴印度洋地震海啸灾区灾后评估与重建专家考察组，到斯里兰卡、马尔代夫评估海啸灾情，了解重建需求，考察援助项目，这是安徽第一次直接参与国际救灾。2005年8月，省民政厅配合民政部和联合国亚太经济与社会理事会合作在寿县开展“淮河流域洪涝灾害对社会经济的影响”研究项目。

2006年10月，省民政厅首次组织安徽省自然灾害应急管理考察团到巴西进行灾害救助管理考察；2007年11月，省民政厅再次组团到西班牙、南非考察交流灾害应急管理，全面促进救灾交流。

第三章　重大自然灾害纪略

自然灾害是指由于自然异常变化造成的人员伤亡、财产损失、社会失稳、资源破坏等现象或一系列事件。自然灾害包括水旱灾害、气象灾害、地质灾害、海洋灾害、森林火灾和重大生物灾害等。气象灾害是指水旱灾害、台风、冰雹、雪、沙尘暴等，地质灾害是指地震灾害、山体崩塌、滑坡、泥石流等，海洋灾害如风暴潮、海啸等。因自然灾害及其他造成或可能造成重大人员伤亡、财产损失、生态环境破坏和严重社会危害，危及公共安全的突发公共事件。

这里主要是指发生在安徽省境内的旱灾、洪涝、台风、风暴潮、冻害、雹灾，尤其是20世纪90年代以后和21世纪前8年。

第一节　淮河流域严重洪涝灾害

从1986年到2008年，23年间共发生重大水旱灾害11次、重大雨雪低温冷冻灾害1次。1977年至2007年，安徽省年平均受灾人口2650万人，农作物受灾面积310万公顷，倒塌房屋3万～25万间，因灾直接经济损失73亿元，其中1991年～2000年比1981年—1990年增加23%，2001年—2007年比1991年—2000年增加10%。这里仅摄取几次重大自然灾害而纪略。

1983年和1984年大水灾害　1983年春季低温多雨，两淮部分地区遭受洪灾。4、5月间，全省百万多亩农作物复遭风雹。6月19日至7月18日，沿江、江南先后5次范围暴雨或大暴雨，累计雨量1000毫米左右，超过正常年份2.5倍，致使山洪暴发，江河横溢，部分圩堤溃破，近万村庄被淹。7月4日至5日，郎川河水涨7尺，两岸一片汪洋，郎溪县城水深3米多。宣城、广德、南陵、铜陵、繁昌、枞阳、桐城、太湖、怀宁、望江10县县城先后进水。被洪水围困灾民164万余人。同时，长江洪峰奔泻入境。7月13日，安庆长江水位17.95米，芜湖水位12.4米，均接近1954年洪水水位。内河、湖泊水位随之猛涨。继长江3次洪峰之后，淮河接连出现两次洪峰。7月24日，沿淮王家坝等行蓄洪区相继行洪，大片农田被淹。截至7月底，全省共有65个县（市）受灾。宣城、郎溪、广德、南陵、芜湖、繁昌、青阳、铜陵、东至、贵池、宿松、望江、怀宁、枞阳、桐城、太湖、庐江、无为、颍上、阜南、霍邱和凤台22个县灾情较重。8月初至9月初，六安、安庆、宣城、巢湖等地区持续干旱高温，成灾百万亩。阜阳地区约400万亩大豆为豆天蛾所害。

9月中旬至10月中旬，长江秋汛，沿江、江南复遭暴雨或大暴雨袭击，湖圩洼地再度受淹。积水退落过晚，150余万亩耕地未能栽种午季作物。当年全省受灾1980万亩，成灾1677万亩。省及省以下各级领导干部赶赴防汛前线，分段负责，并动员2.2万名干部带领230万民工奋战在7000公里的圩堤上。7月7日至11日，省民航局派机12架，飞行153架次，为宣城、郎溪灾民空投食品30.4万斤。南京军区3个师、舟桥部队及安徽省武警总队官兵并肩抢救，使被洪水围困的133万灾民全部安全转移。沿淮7个行蓄洪区和沿江含山、庐江、枞阳、当涂等圩区人民顾全大局，及时行洪，终于保全长江、淮河大堤、圩口、铁路、水库和部分工矿企业。

灾后，中共安徽省委和省人民政府派出39个组慰问灾民，随后分批派出400多名干部常驻22个重灾县进行宣传、教育，鼓舞灾民战胜困难，并带领群众排涝抢种双季晚稻600多万亩。伏旱时，全省150万人灌溉受旱农田480万亩。10月秋汛后，灾区全力排涝抢种，并以一部分劳动力开展工、副业生产安庆地区和宣城、郎溪、无为、当涂等县拦鱼水面即达150万亩，产鱼3000多万公斤，灾民增收3000余万元。丘陵、山区的副业生产也有相当收入。

是年，省人民政府确定沿江、江南破圩区和沿淮行蓄洪区为重灾县，除拨发救灾款9722万元、粮食40500万公斤、木材28100立方米、化肥34600吨外，另拨防汛经费1860万元，堵口复堤专款1500万元，行蓄洪区生产生活补助费700万元，各项贷款2500万元。各部门让电30万千瓦，抢运物资15万多吨。解放军及省内外为灾民捐助资金449万元、棉衣被12万件（条）。省、地、县组成137个医疗队，分批到灾区巡回医疗。

1984年5月底至6月初，太和、临泉、阜阳等县两次遭遇冰雹袭击，其中6月4日冰雹伴随6小时狂风暴雨，地面积冰厚达2至4寸。6月12日至15日，全省普降大暴雨或特大暴雨，雨区广达45个县、市，其中21个县3天内降雨量超过200毫米。阜南、宣城分别为456毫米、415毫米。广德14日2时至8时降雨量为227毫米。顿时洪流漫溢，沿江、沿湖破圩400多处。沿淮润赵段、邱家湖、唐垛湖相继行洪，共淹没麦、稻1108万亩，其中绝收371.4万亩。合肥、阜南、宣城、郎溪、广德、繁昌、枞阳、无为等市、县城区上水，76万人被洪水围困。8月30日下午至9月3日凌晨，全省由东向西转南再降大暴雨，雨区覆盖42个县，雨量200至300毫米。强暴雨集中在30日夜半至次日凌晨，六安、霍山、宣城、广德等县局部地区山洪暴发，洪涝面积达249万亩，绝收33万亩。各种工程设施及公路、厂矿被毁严重。9月6日至10日，阜阳地区又降暴雨，其中太和288毫米，界首301毫米，临泉416毫米。同期，淮河上游河南境内连降暴雨，该省受灾各县纷纷提闸泄洪，洪水直泄皖北，形成“关门淹”，200多万亩农作物泡在水中，被水围困村庄3019个，灾民88.64万人。临泉县方圆13公里的地区内水深一、二米。9月23日至10月3日，再度出现大面积连阴雨及暴雨。沿淮、淮北复遭水患。阜阳地区两次受灾面积1400万亩，650万亩晚秋作物减产五成以上，洪灾仅次于1975年8月。

灾害发生后，安徽省委、省人民政府于6月13日、16日两次召开紧急电话会议，动员全省军民抗洪抢险，防汛排涝。省人民政府每天举行一次防汛会议，分析灾情，解决问题。各级党政领导分片、分堤、分段负责指挥防汛抗洪，不少地、县退居二线、熟悉防汛的老同志主动参加，全省出动1万多名干部，带领104万名群众投入战斗。宣城县双桥联圩、卫东联圩及郎溪县第一联圩，均超过上年破圩水位。全椒县128公里长的堤防，洪峰水位超过最高年份纪录，但在广大干部群众奋力抢险筑堤下，安然无恙。

在防汛紧急关头，南京军区派出舟桥部队及2000多名指战员，分赴合肥、郎溪、含山、宣城、广德等地，抢救灾民3000余人，转运物资6万多吨。省武装警察部队先后出动1200多人次，车辆285台，转移灾民817人，搬家61户，抢救物资37吨。

6月16日，全省受灾10地、市，除安置灾民，组织副业生产外，并开动排涝机械17901台，61万多马力排除内涝，抢收抢（补）种。省直有关单位根据各自工作职责支援灾区。

当年灾害期间，省人民政府先后下拨防汛水毁经费400万元，救灾经费535万元，急救口粮107.5万公斤，种子借销指标400万公斤，柴油4000吨，汽油800吨，木材24300立方米，铅丝、元钉108吨，草袋30万条，芦席5万张。煤、电、煤油、化肥，基本保证供应。

1991年淮河流域洪涝灾害　1991年，安徽省遭受历史罕见的特大洪涝灾害。5月中旬，全省普降暴雨，6月份入梅后相继出现4次大范围的强降水过程，沿淮河、滁河以及巢湖流域大部分地区的梅雨总量超过1954年，平均雨量100年一遇，局部地区达到200年一遇。6月12日至14日，淮河中游安徽境内三天连续降雨超过正常年份半年的雨量。由于暴雨面广集中，洪水来势迅猛，淮河干流两个月内出现三次洪峰，高水位持续一个多月；滁河一个月内三次超过历史最高水位；大别山区的四大水库和巢湖流域都出现新中国成立以来最高水位；皖南地区各主要内河水位也普遍暴涨。全省受灾范围之广、损失之重为历史罕见。全省38个县市城区进水，43779个村庄、892万人被水围困。受灾人口4315万人，成灾人口3977万人，其中特重灾民和重灾民2610万人，占全省农业人口的56.4%。倒塌民房278万间。因灾死亡921人，伤24668人。死亡大牲畜51630头。午秋两季成灾面积近8000万亩，其中绝收2700多万亩，因灾减产粮食109亿公斤。水毁水利工程26万多处、公路226条，15处铁路被洪水封锁或冲毁，中断通讯线路1300多公里。全省2120个县以上工业企业、15441个乡镇企业因灾停产或半停产。2500多所医院、2万多所学校水毁严重。商业、供销、粮食、文化等系统的损失也相当严重。各类直接经济损失达275.3亿元。

中共中央、国务院和中央军委高度重视安徽灾情。中共中央总书记江泽民、国务院总理李鹏等党和国家领导人数次亲临安徽灾区视察灾情，慰问灾民，指导抗灾救灾工作。中央机关80多个部委的负责人先后到安徽帮助解决实际问题。国家把安徽列为救灾重点，大批救灾经费和物资源源调集灾区。在中央的亲切关怀和四面八方的大力支持下，中共安徽省委、省人民政府带领全省军民展开抗洪救灾大决战。

第一阶段是抗洪抢险转移安置灾民。全省各级领导迅速分赴抗洪救灾第一线，现场指挥各地的抢险转移工作；人民子弟兵率先出没于风头浪尖，抢救遇难群众，转移粮食、物资，并完成大量土石方和部分地段爆破行洪的任务。调度和运用水利工程设施滞蓄、分滞洪水230多亿立方米，有计划地行洪、蓄洪25处，滞蓄洪水70亿立方米。淮北大堤、大中型水库、津浦铁路、国家能源基地和重要城市得到保护，375万急需转移的水围群众得到安全转移，转移过程中无一死亡。政府帮助搭建临时简易庵棚43.28万个，紧急调运大批粮油食品和其他生活必需品，迅速派出大批医疗队深入灾区防病治病，使灾民安全渡过灾后最困难阶段。

第二阶段是妥善安排灾民生活。特大洪涝灾害发生后，政府下拨大量的救济款和各种物资，各兄弟省市和省内的政府、团体和个人，以及国际社会也捐赠大量的款物。包括政府拨款和捐赠，总款数达11.77亿元。所有款物都及时发放给灾民，解决了灾民吃、住、医等生活困难。针对灾情，政府特别重视灾民吃的问题，全省从当年灾后到次年接上新粮，共安排救灾款12.62亿元，救灾粮指标25亿公斤，借给灾民粮食2.9亿公斤，议价供应粮食8450万公斤。同时为灾民安排大批衣、被、煤、油等生活必需品。灾区广泛开展以救灾防病为中心的爱国卫生运动，全省共派出医疗防疫队2700多支、医务人员3.7万多人，诊治病人4915多万人次。灾后在救灾款总体安排中，全省拿出约10%的救灾经费和捐赠款，专项用于灾区防病治病。同时，全面开展以救灾防病为中心的爱国卫生运动，降低鼠、蚊、蝇的密度，落实各项防疫措施，如打水井、加强饮用水的消毒、建公厕、大面积喷洒消毒药品等。在灾区防病治病工作中，切实加强了对重点人群、重点环节、重点区域的防病工作，并在24个县建立疫情监测网严格疫情报告制度。7、8月份，灾区肠道传染病发病率曾一度上升，9月份以后发病率逐渐下降，10月份发病数为9803例，比7月份下降39%。灾后全省没有暴发流行性传染病。

第三阶段是重点抓恢复生产、重建家园。重灾袭击之下，灾区人民一边抗洪抢险救灾，一边利用阴雨缝间抢收抢种，水中夺粮，湿中抢种，尽可能多收一粒，多栽一棵，降低受灾损失。汛情稳定之后，受灾各地全力组织群众堵口复堤、抢排积水，秋种前全部修复行蓄洪区和万亩以上大圩的溃口，共秋播小麦3200多万亩，油菜1200万亩。开展以副补农，以工代赈。灾后各地一面组织灾民开展编织、捕捞、采矿、运输、建筑等工副业生产，增加收入，以副补农，仅寿县、六安县就安排28万灾民从事工副业生产，三个月受益1054万元；一面有计划地安排劳力搞以工代赈和劳务输出，让灾民都有事做，有活干，从根本上防止灾民盲目外流。兴修水利，掀起治淮高潮。是年冬春全省动员1000多万人上阵，投入劳动积累5.6亿个，完成土石方4.3亿立方米，重点是抓好怀洪新河开挖、淮北大堤加固、峡山口拓宽、行蓄洪区退建和沿淮低洼易涝地区治理等国务院规定的治淮骨干项目和省政府确定的重点续建项目。按照国务院治理淮河、太湖会议的部署，是年治淮工程投资达4.3亿元，接近整个“七五”期间治淮的总投资。省政府成立治淮领导小组，各地成立兴修水利指挥部，兴起解放以来的第二次治淮高潮。

第四阶段确保灾民安全过冬，逐步帮助重建家园。9月份以来，始终把灾民过冬住房建设作为一个硬仗来对待，明确提出灾区建房坚持“从实际出发、量力而行、统一规划、一步定位、分步实施”的方针，既要确保灾民当年能够安全过冬，又要注意把近期建设与远期发展，临时过冬与永久居住，有利防洪抗灾与方便生产生活有机地结合起来。通过“自筹为主、四个一点”（即亲友借一点，银行贷一点，保险赔一点，国家补助一点）的办法，多渠道解决建房资金，尽可能多建些永久性住房，力争少花二次钱。对一些有条件的地方，注意利用重建家园的时机，提高农房建设的总体水平，争取村镇建设有一个新起点。省民政厅在六安县、寿县、长丰县和凤台县和颍上县进行先期建房试点，然后全面推开。凡有援建项目的县，都注意把捐赠款与群众集资、国家补助款配套使用，并调集技术力量强的施工队伍，抓紧实施。到1991年年底，灾区50.18万户全倒户的过冬住房问题已基本解决，共搭建过冬住房（含庵棚）50.01万户、120.7万间，其中永久性住房3.51万户、8.79万间。入冬前，扶持67万户重建房屋131万间，搭建过冬住房（含庵棚）120万间，基本解决倒房户过冬问题。年底出现大雪严寒天气，省政府紧急部署防寒防冻和抢修加固灾民过冬庵棚，共派出3万多人的工作组深入灾区，逐村逐户检查督促，确保灾民安全过冬。此外，大力开展以修复水毁和治理淮河为重点的农田水利基本建设，集中力量抢修灾区校舍、卫生等基础设施。

在四个抗灾救灾阶段进行的同时，大力开展救灾捐赠工作。7月11日，中国“国际减灾十年”委员会代表政府呼吁国际社会援助安徽、江苏等灾区，新闻媒体竞相报道灾情，港澳台同胞和海外侨胞慷慨解囊；知名社团、知名人士纷纷捐赠款物。一些国家政府、国际组织和友好人士也纷纷提供援助。到次年5月底，安徽共接收国内外各种赈灾捐赠款折合人民币4.4亿元，接收各类捐赠物资600多个品种价值4亿多元。

经过艰苦奋战，安徽人民取得抗洪救灾伟大胜利，大灾之年全省没有饿死人，没有冻死人，没有发生疫病流行，没有出现灾民大批盲目外流。灾区人心安定，物价平稳，社会秩序稳定。

2003年淮河流域洪涝灾害 2003年夏季，安徽境内淮河流域发生自1954年以来最大洪水，长江流域的滁河和西河发生自1991年以来的最大洪水。6月20日安徽自北向南进入梅汛期，7月13日出梅。梅汛期，受比较稳定的副热带高压北侧的暖湿气流和西风带冷空气的共同影响，强降雨带在淮北和江淮之间摆动，集中降雨期33天内发生5次强降雨过程。淮北南部、大别山区及滁州东南部降雨量在1000 ~ 1200毫米，淮北北部、沿淮和江淮之间大部降雨量在700 ~ 1000毫米，沿江东部及江南大部分地区降雨量在500 ~ 700毫米。受降雨影响，6月29日至7月22日淮河干流出现三次洪水过程，部分河段最高水位超过历史最高洪水位0.15 ~ 0.49米。与此同时，淮河大部分支流也发生较大洪水。滁河、西河出现超历史最高水位的洪水。10月份淮河出现秋汛。

强降雨造成严重洪涝灾害。全年全省农作物受灾面积7224万亩，其中成灾6008

万亩，绝收 1772 万亩；受灾人口 4414 万人，转移安置人口 126.13 万人；倒塌民房 80.7 万间，损坏房屋 168.8 万间；减产粮食 72.19 亿公斤；水灾毁坏水利设施 12.34 万处；滁州、亳州、六安、全椒、宿州部分城区进水；冲毁道路 11360 公里，2 条国道、14 条省道、20 条重要县道中断交通，津浦铁路滁州段中断行车 10 小时 36 分。各类经济损失 254.67 亿元。

中共中央、国务院对安徽洪涝灾情十分关心，中共中央总书记胡锦涛和国务院总理温家宝对救灾工作作出重要批示，全国人大常委会委员长吴邦国、国务院温家宝、国家副主席曾庆红、国务院副总理回良玉多次亲临安徽灾区察看灾情，慰问灾民，指导工作。7 月 10 日，安徽省委、省人民政府成立省生产救灾工作指挥部，下设灾民安置及生活救济、生产自救、灾后恢复重建、卫生防疫等 7 个工作组，从民政、水利、交通、审计等部门抽调专人联合办公。7 月 21 日，中共安徽省委、省人民政府召开全省生产救灾工作电视电话会议，对全省生产救灾工作作全面部署。8 月下旬，省政府部署对口支援任务，确定省直 155 个单位对口支援 155 个重灾乡镇，82 所大专院校对口支援 21 个重灾县受灾中小学。8 月底，安徽省委、省人民政府主要领导带领相关部门负责人赴京向国务院领导专题汇报安徽灾情和生产救灾工作。10 月 1 日，国务院总理温家宝、副总理回良玉到安徽视察灾区，对进一步做好救灾工作作出重要指示。10 月初，省政府决定将省生产救灾指挥部办公室设在省政府办公厅，建立生产救灾工作周报制度。10 月 4 日，省政府发出紧急通知，部署集中力量抓好排涝、秋种、灾区建房、校舍修复重建、灾民生活安排、灾区疾病防治、水毁道路桥梁修复等 7 项重点工作。10 月 7 日，中共安徽省委、省人民政府召开 9 个重灾市和 24 个重灾县（区）参加的全省生产救灾工作会议，与 9 个重灾市市长签订 7 项生产救灾工作责任书。10 月 15 日，省政府在六安市召开全省灾后建房现场会，全面推开倒塌民房重建工作。10 月 26 日，省政府提出“11·5 行动计划”，要求各地务必在 11 月 5 日前完成：2 万多住帐篷庵棚受灾群众搬进房屋，剩余 100 万亩耕地排涝，3080 万亩夏粮、1644 万亩油菜播种栽种三项生产救灾重点工作。11 月 18 日，省政府召开 9 个重灾市灾民口粮问题座谈会，专题研究解决冬春期间受灾群众的口粮安排问题。

在中共中央、国务院亲切关怀和正确领导下，在社会各界大力支持下，安徽省委、省人民政府带领全省人民奋力抗灾救灾，恢复生产，重建家园，取得重大胜利。

灾民应急安置及时稳妥。根据国家防总命令，7 月 3 日凌晨，淮河王家坝开闸蓄洪。受灾地区各级政府迅速启动救灾预案，应急救灾工作有序展开。各地迅速成立抢险救援小分队，紧急转移水围群众，人民子弟兵始终冲在风头浪尖，全省紧急转移受灾群众 126 万多人；省民政厅向灾区调运救灾帐篷 2 万多顶；为加强灾民安置点的管理，每个安置点都有一名国家干部、有一名公安干警、有一个医疗点、有一台机动车（船），安置点的干部佩戴抗洪救灾服务证，党员领导干部同时佩戴党员徽章，安置点居住人员建立登记表，成立临时党支部，建立由驻点干部和灾民代表组成的临时管理委员会，让灾民参与安置点的管理事务，配合政府落实救灾措施。各级民政部门及时下拨应急救灾资金 13900 万元；发放大米、面粉 700 多万公斤，方便食品 20 多万箱，饮用水 14 万箱，衣被 3 万多件（床）；接收发放捐赠款物 9500 多万元。7、8 月份全省持续高温，为确保大灾之后无大疫，各级政府和相关部门迅速组织医疗防疫机构深入灾区，把送医送药、饮水消毒、环境消毒等项工作落实到每个灾民安置点，严把饮水、饮食和环境卫生“三关”，建立灾区疫情监测系统，实行零报告制度，全力做好灾区防疫治病和防暑降温工作。灾害应急阶段，全省累计投入防疫经费 5300 多万元，派出 9200 多支次医疗防疫小分队，诊治病人 296 万多人次。

排涝、秋种任务如期完成。省政府始终把救灾和防汛工作放在同等重要位置，7 月 10 日，省政府决定成立省生产救灾工作指挥部，指挥部下设灾民安置及生活救济、查灾核灾、生产自救、恢复重建、卫生防疫、救灾捐赠等若干工作组，分线作战，相互配合，整体推动。灾情基本稳定后，7 月 21 日，中共安徽省委、省人民政府召开全省生产救灾会议，突出重点，整体推进，以铁的纪律保证生产救灾工作顺利进行。10 月 7 日和 10 月 26 日，中共安徽省委、省人民政府两次召开 9 个重灾市市长和 24 个重灾县县长参加的全省生产救灾工作会议，对排涝秋种、灾民生活安排、灾区建房、校舍恢复、治淮工程、疾病防治和对口支援等 7 项救灾重点工作进行专题部署。10 月下旬完成堵口复堤和排涝任务，到 11 月 5 日全省共播种夏粮 3080 万亩，占计划的 102.7%；栽种油菜 1644 万亩，占计划的 102.7%。

灾区建房工作按计划进行。省生产救灾指挥部成立后，及时制定《安徽省生产救灾总体规划和实施方案》，省民政、粮食、水利、财政等 9 个职能部门分别制定本部门的救灾工作规划及实施方案，明确灾区群众生活安排、排涝秋种、灾区建房、对口支援、防疫治病、校舍恢复、治淮工程、基础设施恢复等方面的工作进度和要求。10 月下旬，省政府提出“11.5”行动计划，即在 11 月 5 日之前完成排涝秋种任务，让住在庵棚、帐篷的灾民搬入可以越冬的房屋中。11 月中旬，省政府提出“双底计划”，即 11 月底，务必将倒房的五保户搬入新房，将在庵棚、帐篷里上课的中小学生搬到可以安全过冬的房屋中，将借粮证全部发到有偿还能力的因灾缺粮的群众手中；12 月底，要确保行蓄洪区和其他内涝地区房屋的全倒户新房全部建成；要完成 80% 倒塌校舍的恢复重建任务，并全部完成因灾受损的校舍维修任务。12 月中旬，省政府组织各地对灾民住房、口粮安排、借粮证发放、过冬衣被等落实情况进行全面检查，确保灾区群众安度冬令关。到 12 月底，行蓄洪区及淮河河滩地移民建房总计划安排 8 万户、30 万人，其中第一期计划 4.58 万户、16.6 万人，完成建房 1.59 万户、5.36 万人，占计划户数 34.7%。非行蓄洪区计划重建倒房 32.77 万户、65.54 万间，完成 29.73 万户、65.18 万间，占计划户数 90.7%。

灾民口粮分阶段落实。2003 年 2 月中旬，春节刚过，省政府就对春荒期间灾区群众生活做出安排，提出以解决灾民口粮为重点，进一步加大对社会保障对象的救济力度，继续做好开仓借粮工作，妥善解决好灾区群众口粮问题。冬令前全省共发放购粮款5913.6万元、救济粮1902.05万公斤、救济灾民394.2万人次，开仓借粮16.74万户、52.31万人、1292.5万公斤。冬令期间，省下拨救灾款5721万元，9个重灾市开仓借粮60.65万户、234.54万人、安排借粮指标1.225亿公斤。春荒阶段，全省共发放灾民生活救济资金6650万元、救济粮1400万公斤，开仓借粮2000多万公斤。同时大力开展救灾防病，实现大灾之后无大疫。

过冬衣被妥善解决。淮河和滁河流域的汛情和灾情，得到各界人士的广泛关注，牵动着全国各族人民的心。7月18日，上海市政府率先向安徽省政府捐赠500万元。此后，广东、山西、浙江、新疆、重庆、山东、内蒙古、西藏等兄弟省份陆续捐款计1130万元，河南省政府捐赠价值300万元的物资。此后，港澳台地区共向安徽灾区捐款捐物折款2022.87万元，其中捐款441万元，物资折款1581.78万元。省内社会捐赠募集衣被近90万件，外省对口支援近400万件，省集中采购棉被11.6万床，原储备棉衣1.3万件，12月底前全部发放到灾民。

严明责任，狠抓落实，保证基础设施及时修复。为确保救灾工作的顺利完成，省政府与9个重灾市市长签订生产救灾工作责任书，从上到下建立救灾工作责任制和责任追究制。省政府组成以监察、审计部门为主的3个生产救灾巡视组，对全省救灾工作措施的落实情况和救灾资金使用情况进行巡查。省政府还多次派出救灾工作督查暗访组，到有关重灾县进行抽查暗访，加大督促检查的力度，指导各地抓好救灾措施的落实。省民政厅等部门定期召开新闻发布会，通报救灾工作情况。继9月初受灾地区中小学全部按时开学后，11月底前灾区中小学生全部搬到可以安全过冬的房屋中上课。全省倒塌民房计划重建32.77万户、65.54万间，春节前建房工作基本完成。行蓄洪区及淮河河滩地移民建房总计划安排8万户、30万人。到12月底，全省计划修复倒塌、损坏校舍346.9万平方米，完成259.7万平方米，占计划的74.9%；计划修复水毁公路1.24万公里、桥梁599座，完成修复公路0.87万公里、桥梁355座，分别占计划70%和59.3%；计划修复水利工程6.4万处，完成4.8万处，占计划75%。

2003年，中央下拨安徽救灾和灾后重建资金24.43亿元，其中行蓄洪区移民迁建8亿元，堵口复堤、涵闸加固等资金5.93亿元，行蓄洪区补偿4.1亿元，救灾应急款1亿元，冬令、春荒补助8100万元，灾区建房3.22亿元，其他部门争取资金1.37亿元。省民政厅、财政厅下拨救灾及配套资金近4亿元。

2007年淮河流域洪涝灾害 2007年，安徽省淮河流域遭受特大洪涝灾害。6月中旬，安徽进入梅雨期，从6月19日至7月26日，梅雨天气持续37天，较常年偏多13天。沿淮淮北降水量普遍超过500毫米，大于500毫米降水量覆盖范围与2003年接近，江淮之间梅雨量367毫米，比常年偏多35%。梅雨期降水集中程度和降水强度均远大于2003年，并且集中在淮河干流。最强降水时段出现在7月7日20时至8日20时，沿淮淮北24个市县暴雨、大暴雨，其中临泉县迎仙镇日雨量达到518.1毫米，超过2005

年9月2日“泰利”台风在岳西县造成的493.1毫米全省日最大降水记录。集中强降水导致淮河流域发生仅次于1954年的大洪水，沿淮淮北地区发生严重洪涝。阜阳、蚌埠、淮南、亳州、宿州、六安、滁州、淮北、合肥等9市受灾人口1416.3万人，因灾死亡3人，紧急转移安置53.8万人，其中启用的蒙洼等9个行蓄洪区转移安置1.03万人，准备运用的花园湖等3个行蓄洪区提前转移11.49万人；农作物受灾面积1333.8千公顷，倒塌房屋8.76万间，各项直接经济损失85.9亿元。

面对严重洪涝灾害，中共安徽省委、省人民政府和各级党委、政府高度重视救灾工作。安徽省委书记郭金龙、省长王金山、副省长孙志刚、赵树丛等省领导多次赴沿淮灾区检查指导，各级党委、政府加强领导，靠前指挥，精心部署，协同应对。7月8日上午省民政厅紧急启动《安徽省自然灾害救助应急预案》Ⅳ级响应，7月9日下午省民政厅将应急响应等级提升至Ⅲ级，7月10日沿淮淮北地区灾情扩大，省生产救灾指挥部连夜启动Ⅱ级响应。11日中午，民政部部长李学举率国务院救灾工作组抵达安徽察看灾情，指导救灾工作。

应急期间，省民政厅下拨应急款9030万元，灾区投入2939万元，向灾民发放大米、面粉335.5万公斤，方便食品、饮用水32万多箱，燃煤1323吨，其他物资价值3080万元。各级卫生部门和医疗机构在全省灾区设立医疗服务点723个，派出医疗队1.2万支、5.08万人次，诊疗患者46.16万人次，派出防疫队1.21万支、3.11万人次，消杀环境面积1.07亿平方米。灾区没有发生大的疫情。

灾后及时开展生产自救和恢复重建，修复受灾公路3000多公里、桥梁300多个、供电线路4800多公里、配变电设备1400多台、通讯光缆线缆杆路1万多公里。排涝2279万亩，补改种农作物927万亩。省政府于8月18日下发《关于切实做好灾区倒房重建工作的通知》，8月20日召开电视电话会议进行专题部署。省政府决定提高倒房重建补助标准，五保户每户补助1万元，低保户、相对贫困户和一般倒房户限补两间，每间分别补助5880元、4200元和1500元，与2005年相比，五保户、低保户、贫困户的补助标准分别提高到2.9倍、4.7倍和7倍，首次对严重受损房屋给予每间200元的补助。各级政府共落实建房和损房补助资金3.92亿元。省委、省政府组织155个省直单位和大型企业对口支援20个重灾县。全省在年底前重建因灾倒塌民房4.91万户、11.27万间。

冬令期间，省民政厅采购下拨救灾棉被4万床，安排生活救助资金7000万元，帮助灾区群众安全过冬。

第二节 长江流域严重洪涝灾害

1996年洪涝灾害 1996年安徽洪涝灾害损失严重，主要分布在皖南、沿江、沿淮地区。6月中旬起多日连降大到暴雨，造成山洪暴发，圩堤溃破，江河水位猛涨。长江干流持续两个月超警戒水位，支流水阳江、青弋江等河流出现有记载以来最高水位。10座大型水库中的9座和100座中型水库中的84座超汛限水位。淮河接连出现5次洪峰，超警戒水位。11月上旬淮河流域再降暴雨，出现历年少有的冬汛。全省农作物受灾3241.56万亩，成灾2400.27万亩，绝收972.38万亩；受灾人口2872.37万人，成灾人口1971.19万人，因灾死亡142人，伤病8.9万人；倒塌房屋37.5万间，损坏46.57万间；部分灾区一度供电、供水、通信、公路、铁路和航空中断，数千个企业停工停产。各类直接经济损失195.78亿元。

灾害发生后，中共安徽省委、省人民政府下发《关于弘扬黄山松精神，切实抓好当前抗灾救灾工作的意见》，省民政厅及时向重灾区空（陆）运40多吨食品，解决被水围困灾民吃饭问题，下拨救灾款7675万元，救灾粮2740万公斤。对粮食绝收和严重欠收重灾户开仓借粮。紧急转移安置灾民100多万人。省救灾减灾中心调运帐篷600多顶，灾区搭建临时庵棚2.7万个。全省组织2400支医疗防疫小分队、1.2万名卫生人员分赴灾区巡回医疗，诊治病人120万人次。投放价值1500万元的消杀防疫药品，实施消杀面积3167万平方米，保护人口1300万人。采取打井、建公厕等办法，改善灾区卫生环境，控制常见病发生，防止恶性传染病流行。抢修恢复水毁工程1.04万处，完成土石方730多万立方米。及时排水抢种晚秋作物645万亩、蔬菜370多万亩，秋播作物3000多万亩。发展乡镇企业生产，以工补农、以副补农，组织劳务输出260多万人，多渠道增加收入23亿元。动员机关、企事业单位、城镇居民和丰收地区捐钱捐物支援灾区，全省捐款1775万元，支援粮食1011万公斤，牛草711万公斤。

10月份开展扶贫济困送温暖捐赠月活动，共接收捐款923万元、衣被262万件、粮食213万公斤、化肥279吨、水泥630吨，以及部分钢材、食品、药品、电视机等生产生活资料，并及时送往灾区。省直128个部门、事业单位和大型企业与17个重点县、49个重点乡镇结对帮扶，在资金、引进项目、技术合作、基础设施建设等方面予以重点扶持。省下拨冬令救灾款3100万元，救灾粮2500万公斤，确保灾民安度冬令与春荒。灾区优先解决房屋全倒户和社会保障对象的倒房复建，全省动用民政部下拨和接收的救灾捐赠款共1300多万元，在11个地（市）32个县（市）、68个乡（镇）连片倒房20户以上重点村，恢复灾民住房点共111个、1.3万间。全省因灾倒塌民房春节前恢复80%以上。地方各级财政列支救灾经费5764万元，其中补贴救灾粮差价款1820万元。中央下拨1.16亿元救灾款和610顶救灾帐篷等物资全部用于抗灾救灾。

1998年洪涝灾害 1998年5月底至6月初，安徽淮河以北地区突降暴雨和特大暴雨，淮北麦产区5个地市27个县（市）严重受涝，待收小麦发生大面积倒伏，被积水浸泡霉烂，夏粮普遍减产严重，其中小麦比1997年减产三至四成，约35多亿公斤。6月中旬进入主汛期，全省多次遭受强暴雨袭击，皖南山区暴发山洪，长江流域发生有记录以来仅次于1954年的第二大洪水，淮河干流三次超警戒水位，沿江和沿淮部分地区洪涝灾害十分严重。尤其是长江流域出现3次持续大范围强降雨过程。第一次是6月

12日至27日。江南大部分地区暴雨频繁,江西、湖南、安徽等地区降雨量比常年同期多1倍以上,江西北部多两倍以上。第二次是7月4日至25日。长江三峡地区、江西中北部、湖南西北部和其他沿长江地区,降雨量比常年同期偏多5成至2倍。第3次是7月末至8月末,长江上游、汉水流域,四川东部、重庆、湖北西南部、湖南西北部降雨量比常年偏多2至3倍,直接影响长江沿线。

全省洪涝灾害受灾人口2080.94万人,成灾人口1464.88万人;农作物受灾面积3261.28万亩,其中成灾面积2328.63万亩,绝收面积726.33万亩;4570个村庄、186.62万人一度被洪水围困;因灾死亡93人,伤病人口26.25万人;倒塌房屋25.57万间,其中民房22.19万间,损坏房屋50.29万间;祁门县、黟县、石台县、怀宁县、颍泉区、黄山区等6个县城城区进水,石台县城城区75%被洪水淹没,最深处超过3米。全省共漫破圩口361个、面积36.73万亩,其中千亩以上圩口91个。水冲砂压毁坏耕地17.89万亩。因灾直接经济损失162.54亿元。

灾情发生以后,中共中央、国务院十分重视安徽的灾情,多次指示中共安徽省委、省人民政府要确保长江安全。7月26日,中共安徽省委、省人民政府召开紧急会议部署长江防汛抗洪工作。会议传达中共中央总书记江泽民和国务院总理朱镕基关于长江防汛的重要指示。会议宣布,安徽长江已进入紧急防汛期,沿江各地务必认真贯彻落实中共中央总书记江泽民、国务院总理朱镕基的重要指示,把长江抗洪抢险作为当前压倒一切的中心任务来抓,迅速动员组织广大干部群众,全力以赴,严防死守,确保皖江大堤安全万无一失。7月29日,中共中央政治局委员、书记处书记、国务院副总理、国家防汛抗旱总指挥部总指挥温家宝视察安徽省长江防汛抗洪抢险工作。30日,中共安徽省委、省人民政府召开紧急电视电话会议对长江防汛抗洪工作再作动员部署。会议强调,长江防汛已进入攻坚阶段,沿江各地一定要把防汛抗洪作为压倒一切的中心工作,振奋精神、全力以赴,做到人在堤在、水涨堤高,确保皖江大堤安全度汛,坚决打赢长江防汛抗洪这场硬仗。全省军民在中共安徽省委、省人民政府的坚强领导下,奋力抗洪抢险。解放军驻皖部队广大官兵,不畏艰难,日夜奋战在八百里皖江沿线,涌现出类似吴良珠钢铁战士,书写出军民携手共同战胜灾难的历史篇章。

附:"钢铁战士"吴良珠的英雄事迹

吴良珠,望江县人,1972年6月生,1987年11月入伍,1990年6月加入中国共产党,南京军区安庆军分区司令部勤务队汽车班专业军士。从1998年6月下旬到8月中旬,他在身患晚期肝癌的情况下,以钢铁般的意志和毅力,在长江抗洪第一线坚持战斗了55天,直至昏倒在长江大堤上。他用生命的全部力量,模范地实践了中共中央的号令,恪守了一个军人的神圣职责。

1998年夏天,长江遭遇到百年不遇的特大洪水,吴良珠随所在部队,投入到紧张危险的抗洪抢险斗争中。在家庭遭受严重水灾、父母年迈体弱无人照顾的情况下,他4次路过家门而不入，日夜坚守大堤；他担负军分区抗洪抢险前指车辆驾驶任务，经常通宵达旦地接送人员、抢运物资、传递文电；他在抗洪抢险紧要关头，既当驾驶员又当抢险突击队员，哪里任务最艰巨、情况最危急，他就冲到哪里；他带着重病顽强拼搏，几次昏倒在大堤上。在癌细胞广泛扩散、病情十分危急的情况下，他仍惦记着大堤的安全，想着为灾区捐款。吴良珠以钢铁般的意志和忘我的牺牲精神模范地实践了人民军队全心全意为人民服务的宗旨，谱写了一曲无私奉献的壮丽凯歌。

1998 年 9 月 10 日，中央军委主席江泽民签署命令，授予吴良珠“抗洪钢铁战士”荣誉称号。在与病魔搏斗了 70 天后，吴良珠病逝，年仅 26 岁。当年 11 月 3 日，南京军区政治部批准吴良珠为革命烈士。中共南京军区党委、中共安徽省委、省人民政府、安徽省军区党委先后印发关于开展向吴良珠同志学习的决定。

洪涝灾害期间，沿江及沿淮等重灾地市、县，紧急转移安置 100 多万水围灾民，在转移过程中没有出现非正常死亡现象。省民政厅向灾区紧急调拨帐篷、食品、纯净水、衣被等生活急用物资，及时将接收的大量捐赠药品转交卫生部门，支援灾区防病治病工作。全省共向灾区派出医疗防疫人员 5600 多人次，免费诊治疾病 120 万多人次，控制灾区流行性疫病发生。全省各地广泛开展互助互济和捐赠款物活动，省民政厅配合中共安徽省委宣传部等部门举办“筑起我们新的长城”赈灾义演晚会，提前启动“扶贫济困送温暖”捐赠月活动。海内外社会各界予以关注，中央和兄弟省、市大力支持。各级民政部门及时抽调人员，充实接收救灾捐赠力量。省民政厅直接接收国内外捐赠款物总价值 3.02 亿元，其中捐款 1.33 亿元，物资折款 1.69 亿元。

中共安徽省委、省人民政府组织 180 个省直单位、中央驻皖单位、大型企业对口扶持 22 个受灾县的 65 个重灾乡镇，组织合肥、阜阳、淮南、马鞍山 4 个省辖市对口支援 7 个受灾较重县、市。受灾地区也分别安排一批对口扶持的重灾乡村。对口重点扶持措施，形成强大的救灾合力，有效地帮助灾区解决大量实际困难。

全省灾区群众除生产自救的收入以外，国内外援助的款物约有 5 亿元，其中由省民政救灾部门下拨新灾救灾款 5145 万元，捐赠款 6600 万元，捐赠物资折款 1.69 亿元；地市、县财政投入救灾配套资金约 2500 万元，地市接收捐赠款物 6000 万元；省直 180 单位对口扶持重灾乡镇约 1300 万元。联合国粮农开发署定点定项援助粮食价值约 1.2 亿元。接收捐赠衣被 1138.83 万件。省民政厅下拨口粮救济款 10145 万元，各级民政部门与粮食、财政等部门密切协作，把政府救济、社会捐赠的粮款统筹使用，分段安排，发证到户，分月供应，保证灾区群众基本生活。省民政厅、财政厅下拨灾民建房补助款 1.5 亿元，其中救灾捐赠款 5550 万元，中央特大自然灾害灾后重建补助费 9500 万元。全省安排灾民建房 5.2 万户、15.11 万间，其中连片建房点 428 个、2.2 万户、6.79 万间，到年底完成建房 4.79 万户、13.9 万间，占建房任务 92%。

1999 年洪涝灾害 1999 年，安徽省沿江江南、大别山区发生严重洪涝灾害。据 7

月 31 日统计，农作物受灾面积 1293.15 万亩，成灾面积 1006.89 万亩，绝收面积 561.66 万亩；受灾人口 1382.25 万人，成灾人口 1071.07 万人；水围村庄 5076 个，水围群众 123.63 万人，转移安置 87.3 万人，县城进水 10 个，饮水困难人口 91.42 万人，因灾死亡 62 人，倒塌房屋 18.49 万间，其中民房 16.91 万间，损坏民房 39.09 万间；死亡大牲畜 7909 头。一度黄山机场被迫关闭，皖赣铁路和 18 条国、省道中断，水利交通供电及其他各类工程水毁 2 万余处。因灾直接经济损失 147.29 亿元。与 1998 年同期长江大水相比，本年度受灾范围更大，沿江 6 个地市和宣城地区、黄山市、六安地区共 9 个市地 39 个县（市）受灾；部分地区受灾程度更重，不仅农村受灾严重，许多县、乡城镇所在地包括城市街道、房屋、工厂、学校进水，郎溪县城受淹达一个月、积水最深近 4 米，公路、桥梁、供电、通讯等大批基础设施损坏严重。

由于大范围连续强降雨，并受江水顶托，内河湖库暴满，皖南山区暴发山洪，丘陵洼地形成“座山淹”，圩区农田形成“关门淹”，千亩以上圩口进水 701 个、面积 165.82 万亩，其中万亩以上圩口 49 个。由于江河湖库持续高水位，内涝无法排除，全省 560 万亩严重绝收，其中近 200 万亩难以补种。因山洪毁坏农田 30 多万亩，其中 18 万亩难以短期恢复，致使 20 多万山区灾民失去耕地。

中共中央、国务院高度重视安徽灾情，在救灾紧急时期，国务院总理朱镕基、副总理温家宝先后亲临安徽灾区，检查指导抗洪救灾工作。中共安徽省委省政府部署防汛抗洪救灾工作，要求各级党委、政府弘扬“九八”抗洪精神，一手抓防汛抗洪，一手抓生产救灾，把灾害损失降到最低限度。省民政厅先后五批及时下拨救灾款 5830 万元，市县共投入救灾经费 3960 万元；紧急调运粮食 4438.5 万公斤，食品 22.05 万公斤；动员城市和非灾区捐款 248.5 万元；向受灾群众借粮 4354 万斤。紧急向灾区调运救灾帐篷 5300 多顶、大型净水器设备 11 套，灾区搭建庵棚 2.73 万个。共派出医疗、防疫小分队 1965 支，投放近 1000 万元“消、杀、灭”及治疗药品，免费为群众诊治疾病 45 万多人次。

第三节　严重旱灾

1994 年严重干旱灾害　1994 年安徽省遭受严重旱灾，从春旱、伏旱到秋旱，持续干旱 5 个月。自 3 月份始，全省大部地区降水普遍偏少，淮北地区对夏种造成影响。入夏后，雨带没能在江淮地区停留，直接推向华北，安徽淮河以南地区除江南南部外出现“空梅”，各大江河湖库蓄水量减少。6 月 28 日后，西太平洋副热带高压稳定控制江淮流域，出现长时间高温酷暑天气，蒸发量增大，土壤墒情急剧下降，旱情发展迅猛。江淮丘陵、皖南部分山区塘堰干涸、水源枯竭、人畜饮用水发生困难。干旱正发生在农作物主要生长期，造成大面积减产甚至绝收。据统计，全省农作物成灾面积 3800 万亩，重灾 1500 万亩，基本绝收 1300 万亩；因灾减产粮食 60 亿公斤；成灾人口 3081 万人，其中重灾民 1038 万人，特重灾民 945 万人。各类直接经济损失 117 亿元。

旱情发生后，省政府动员全省人民全力以赴抗旱，保苗保人畜用水。动用电机38.5万台（套）、144.6万千瓦，柴油机20.3万台套、137.6千瓦，施行飞机降雨11架次，分配平价柴油1.66万吨、电2.1亿千瓦时，累计从江河、湖泊、库塘抽引水170多亿立方米，浇灌农田3000多万亩，大大减轻旱灾损失。

抗旱救灾同时，各地按省政府要求抓好秋收秋种，全省秋播夏粮面积3290万亩，油菜1400万亩。灾区结合实际开展了以副补主、以工补农、以经补粮、以丰补歉活动，有组织地进行劳务输出，不少地方重灾户一般输出一个劳动力，一些乡镇企业尽量吸收重灾民进厂务工。全省种瓜菜425.52万亩，劳务输出1043.57万人，生产自救总收入15.85亿元。

全省广泛开展支援灾区的活动，积极组织动员圩区、灌区等丰收地区支援受旱丘陵、山区等重灾地区。省直80多个厅局对口支援17个重点县。全省互助互济捐款2566万元，捐粮2980万公斤、捐牛草1761万公斤，捐衣被561万件。财政、粮食部门减免农业税和粮食征购任务，水利、电力、农机等部门对绝收户所欠水费、电费、油费准其缓缴。各项统筹提留严格按照国务院和省政府规定给予减免。据统计，全省共减免农业税5331万元，减免定购粮3.28亿公斤，减免各项提留4071万元。

省政府先后下拨救灾粮1.75亿公斤，救灾款7332万元，其中冬令款2680万元；1995年初，下拨救灾粮0.75亿公斤，追加冬令款2020万元，保障灾区群众基本生活。

1995年严重干旱灾害　1995年，安徽省境内发生严重旱灾。年降水量比往年同期，沿淮淮北偏少1～2成，江淮之间偏少3～4成，其中合肥地区偏少4成以上。全省受旱面积为139.78万公顷，其中绝收18.59万公顷。因旱减产粮食181.2万吨，仅粮食一项，直接经济损失达20多亿元。

面对灾害，安徽省委、省人民政府领导全省人民全力以赴，抗灾救灾，抗旱浇灌农田面积249.33万公顷，组织有关单位向人畜饮用水困难地方送水，发动群众开展生产自救。全省劳务输出371万人，种瓜菜23.67万公顷；救助捐款1789万元，捐粮3263万公斤，捐牛草1477万公斤，捐衣被73万件。省先后下拨救灾粮2.55亿公斤，救灾款12425.81万元，其中冬令款2805万元；1996年年初，下拨救灾粮0.55亿公斤，救灾款1720万元。全省共减免农业税4671万元，减免定购粮2.05亿公斤，减免各项提留款1826万元。省政府两次组织省直机关、企事业单位对口扶持一批重灾乡镇，组织14个丰收县市支援7个重灾县市，收到明显成效。

2000年严重干旱灾害　2000年，安徽发生严重旱灾。自上年底开始到本年5月，长江以北地区形成较为严重的春旱，砀山县和濉溪县一带旱情尤为突出。全省夏粮因灾减产近两成达16亿公斤。入夏后，淮河以南地区持续晴热少雨，梅雨季节几乎"空梅"。7月以后，旱情急剧蔓延加重，部分人畜饮用水一度发生困难。

省民政厅下拨救灾款15080万元，地方共投入救灾经费4100万元，其中省财政年度落实救灾资金2000万元。通过生产自救，解决口粮16万多吨，通过互助互济和社会捐赠解决粮食4万多吨，捐款3500多万元。冬令期间全省落实借粮10万多吨。

2001年严重干旱灾害 2001年全省遭受严重旱灾。3月开始，全省降雨普遍偏少，其中淮北和江淮北部较常年偏少5～7成，平均雨量少于大旱的1978年同期量，土壤缺墒严重。6月中旬以后，受副热带高压控制，长江以北地区基本无雨，淮河蚌埠闸以上水位出现1965年以来同期最低值，全省大中型水库及沿淮湖泊蓄水较常年同期少2～4成，沟塘堰坝大部干涸，形成“梅雨空梅，汛期无汛”。6月底开始，全省持连续出现35℃～38℃的晴热高温天气，日蒸发量在10毫米以上，长江以北地区旱情迅猛发展。其间虽有两次降雨，局部旱情有所缓解，但雨量小、分布不均且伴随频发严重的风雹灾害，总体旱情没有得到有效缓解。7月份以后，江淮丘陵地区旱情急剧加重，造成全省300多万亩中稻干枯，520多万亩旱作物绝收，260多万亩田地无水播种。江淮丘陵及沿淮部分县2000年至2001年连续三季严重减收甚至绝收。六安、滁州、合肥、蚌埠、淮南、巢湖、阜阳、亳州等8个市旱情严重。全省因旱灾农作物受灾面积5035.8万亩，其中成灾3697.6万亩，绝收944万亩；受灾人口3558.24万人，其中成灾2634.62万人；412万人、109万头大牲畜饮用水一度困难；直接经济损失96亿元。

灾情发生后，中共安徽省委、省人民政府迅速动员全省人民全力抗旱救灾。受旱地区按照“先生活、后生产；先节水、后调水，先地表、后地下”的原则，合理调度水源，分类指导抗旱。对有外来水源的地方，全力以赴抗旱保丰收；对尚有水源存在的地方，实行“一把手管水，一把锹放水”，重点确保人畜饮用水；对人畜饮用水已发生困难的地方，引导群众掘井找水，挖塘筑坝，开展水利夏修穿插战。同时抓住时机适时实施人工增雨。

各级民政部门共下拨救灾经费16788万元，其中，省民政厅下拨救灾款14700万元，用于解决灾区群众口粮困难；向缺衣少被问题较为突出的重灾区、山区、库区和贫困地区分配棉被1.1万床，棉衣1.1万件。全省380万灾民得到有效救济。按照省政府部署，省民政厅配合省直工委、省企业工委组织125个省直机关、企事业单位和驻皖部队对口支援20个重灾县（市、区）；在17个省辖市建立经常性社会捐助工作站28个、接收工作点153个，开展经常性社会捐助。共向灾区捐赠人民币1706万元、粮食687吨、衣被42万件（床）、其他物资折款137万元。各级财政部门减免灾区农业税4.89亿元，各级粮食部门安排受灾群众借粮1.555亿公斤。

第四节 2005年“泰利”台风灾害

2005年9月2日，第13号台风“泰利”减弱为低气压后影响安徽，同时遇华北冷空气南下与低压云团汇合，加上大别山区特殊地形影响，产生罕见强烈降水。9月2日20时到3日20时，沿江到沿淮13个县市降雨超过100毫米。其中岳西492毫米，霍山316毫米，金寨273毫米，含山211毫米，均超过当地气象记录历史极值。最大降雨强度岳西9月3日零时到6时，6小时雨量210.3毫米，金寨县青山镇9月2日21时

1小时雨量87.8毫米。本次大别山区特大暴雨的过程降水量为有气象记录以来第2位，仅次于1969年7月14日至17日的特大暴雨过程，但暴雨中心的最大日降雨量超过1969年最大值。这次汛情发生迅猛，主要暴雨区域位于大别山区和江淮之间中部，形成三个暴雨中心，并集中在大别山区响洪甸、佛子岭、磨子潭、梅山水库库区，岳西县毛尖山水库库区，巢湖市含山县东山水库附近。集中超强度降雨造成山洪暴发，大别山区河道和水库水位暴涨并引发部分地区山洪泥石流、滑坡等灾害1600多处，其中造成人员死亡的地质灾害点21处，全省有54座大中型水库超过汛限水位。大别山区淠河、史河和巢湖地区滁河水位全部迅猛上涨。大别山区几大河流下泄洪水造成下游裕安、金安、霍邱、寿县等地严重洪涝，下泄洪水还导致淮河在第三次洪水尚未完全消退的情况下发生第四次洪水过程。造成淮河干流水位全面上涨，淮南以上全线超过警戒水位。全省水库、塘坝、堤坝、护岸、水闸、泵站、水文测站、水电站等水利设施水毁3万处，溃破圩口32个面积27万亩，堤防发生一般险情58处；595个工矿企业停产；2条国道、6条省道、70余条县乡道路水毁，冲毁桥梁195座、涵洞1343道，49个乡镇卫生院受灾，损失电力变压器、变电器131台，倒塌或折断电线杆4490根；损毁电缆、光缆45公里，电信倒杆2000根，5个接入网点、68个机站信号中断等。据统计，受灾人口677万人，因灾死亡81人，紧急转移安置46.46万人；农作物受灾面积698万亩，其中绝收182万亩；倒塌房屋8.7万间，其中倒塌民房8.1万间，损坏房屋17.7万间；因灾各项直接经济损失62亿元。岳西县、金寨县、霍山县、含山县、裕安区、金安区、潜山县、太湖县等地受灾最重。

由于这次灾害发生的季节十分特殊，正是9月份进入初秋，农作物基本成熟，受灾后农作物不可能补种改种。灾情特点表现为“六个多”：死亡和失踪人员多。由于短时间突发集中强降雨，引发山洪，洪水肆虐，墙倒屋塌，因灾死亡81人，伤病1653人。这些为1969年以来所少有。但是经各级的共同努力，在灾害过程中没有群死群伤，在转移过程中没有一人死亡。转移安置人口数量多。除灾害发生时和灾害过后的紧急转移外，按照灾害预警和应急预案，提前将在危险地带和危房中的群众转移到安全地带，灾前和灾后，全省一度有45.7万人大转移。倒塌房屋数量多。因山洪、泥石流、山体滑坡的直接冲击，洪水的长时间浸泡，全省倒塌房屋8.7万间，其中倒塌民房8.1万间，损坏房屋17.7万间，群众家庭财产损失比较严重。倒塌和损坏的房屋多数为生活困难家庭。受重灾的贫困地区多。这次降雨集中发生在大别山区，受灾县多为贫困县。水冲砂压，洪水淹没，即将收获的庄稼，特别是秋粮毁于一旦，而且从生产季节来讲，也难以补种改种，重灾地区和贫困地区叠加，损失程度更深。重复受灾地区多。淮河第三次洪水尚未完全消退，这次的集中超强度降雨，又导致淮河干流发生第四次洪水过程，淮河全线超警戒水位，沿淮的六安、淮南、蚌埠、滁州、巢湖的13个县（区）重复受灾。基础设施毁坏多。除上述损失外，水利、交通、电力、通信等基础设施也遭到重创。灾情最严重的时候，岳西、霍山、金寨等县的一些重灾乡镇，一度公路中断、供电中断、通信中断，可以说是毁灭性的灾害。中共中央、国务院高度关注安徽的灾情。

中共中央总书记胡锦涛、国务院总理温家宝、副总理回良玉等中央领导分别作出重要指示，并委托民政部常务副部长贾治邦率国务院救灾工作组到安徽视察灾情，慰问灾民，指导工作。中共安徽省委、省人民政府认真贯彻落实中共中央、国务院领导指示精神，中共安徽省委书记郭金龙、省长王金山、省委副书记王明方、省委秘书长张学平、副省长赵树丛等负责人迅速赶赴灾区，组织指挥抢险救灾工作。9 月 4 日，省政府及时启动《安徽省自然灾害救助应急预案》Ⅱ级响应。9 月 8 日下午，中共安徽省委、省人民政府召开全省抗洪救灾电视电话会议，同日下午，省生产救灾指挥部召开第一次全体会议，对各项救灾工作进行全面安排。9 月 11 日，省人民政府省长王金山主持召开生产救灾工作专题会议，进一步调度救灾工作。

安徽省军区、安徽省武警总队紧急出动官兵数千人、车辆近百台、冲锋舟等船艇 50 多艘，迅速抢险救灾。受灾地区紧急转移 46.46 万人，转移过程中没有一人死亡。9 月 3 日，省民政厅紧急下拨应急救灾款 600 万元。应急期间，灾区先后发放救灾款 1425 万元，米、面 2350 吨，燃煤 551 吨，食品和饮用水 5 万箱，帐篷 1400 顶，衣服、棉被 3 万多件，其他物资折款 800 万元。灾区设立医疗服务点，投入医疗队、防疫队，治病防病，消毒饮用水，清理环境卫生，保证受灾群众有饭吃、有衣穿、有房住、有干净水喝、有病能医。

安徽省委、省人民政府多次召开全省抗洪救灾会议，对各项救灾工作进行全面安排。省民政厅、财政厅紧急下拨救灾款 6700 万元，其中中央下达 3800 万元，省长预备费中安排 2300 万元，用于民政救灾、卫生防病和教育恢复，支持地方开展灾民建房和冬令灾民生活救济。全省共接收救灾捐赠款 2120 万元并及时下拨灾区。

9 月中旬，省民政厅、财政厅下发《关于做好灾区倒房恢复重建工作的通知》。10 月 17 日，省政府召开了重灾市和重灾县灾民建房工作会议，全力推进灾后恢复重建工作。全省计划灾民建房 6.1 万户 、13.7 万间，下拨建房补助款 1 亿元。年底前全省共恢复灾民住房 5.8 万户 、13.2 万间。冬令期间，全省使用救灾资金 8055 万元，其中中央补助 4700 万元，省和地方各级投入 3355 万元。同时通过社会互助、对口支援、群众自救和政府救济等多种办法，保证需政府救济的灾民每人每天有 1 斤成品口粮，有 190 万灾民得到救济。12 月上旬，中共安徽省委办公厅、省人民政府办公厅在公务员中开展“冬衣暖人心”捐助活动，募集过冬衣被 5.4 万件、现金 18 万元、大米 10 吨。

第五节　2008 年低温雨雪冰冻灾害

1 月 10 日至 2 月 6 日，连续发生 5 次全省性降雪，是安徽省自新中国成立以来持续时间最长、范围最大、灾情最重的一次雪灾。雪深较大的区域集中在大别山区和江淮之间，也是本次过程全国积雪最深的地区，积雪深度普遍超过 35 厘米，其中大别山区和江淮分水岭地区的9个市县超过40厘米，部分山区乡镇超过80厘米，大别山区和江南还出现大范围冻雨天气。长时间积雪、冰冻给全省交通、电力、通信、工农业生产和人民群众生活带来严重影响。根据核灾统计，全省受灾人口1436.1万人，转移安置群众13.1万人，因灾死亡12人，伤病7142人；农作物受灾面积802.7千公顷，其中绝收67.8千公顷；倒塌房屋12.08万间，其中民房3.52万户、7.54万间，损坏房屋22.84万间；境内23条已通车高速公路一度全部关闭，持续4天时间，国、省干线公路局部路段严重受阻，81条国、省干线有30条一度交通中断，大部分农村公路交通中断；有36条（68.3公里）35千伏线路、807条（1431.5公里）10千伏线路以及3415公里低压线路受损，涉及停电乡镇271个、台区1.1万个、停电111万户；退服移动通信基站2292个、受影响移动用户112.10万户，光电缆架空杆路受损6146.52公里、小灵通退服基站2072个、影响固定电话和小灵通用户53.39万户；受灾学校2174所，倒塌校舍6.8万平方米，形成D类危房17.2万平方米；大量蔬菜大棚、养殖场棚、市场顶棚、加油站顶棚、工业厂房被压塌或受损，山区果树、林木、毛竹大量折断；因灾各项直接经济损失132.3亿元，其中农业损失54.4亿元，各类基础设施损失45.12亿元，工业损失30.54亿元。六安、安庆、池州、黄山、宣城、巢湖、滁州等市受灾较重。

按照中共中央关于“通路、保电、安民”的要求，全省迅速行动，全力开展雪灾应急工作。1月10日至15日，第一场大雪之后，中共安徽省委书记王金山、省长王三运迅速作出批示，要求省民政、交通等部门关注灾情，抓好救助，严加防范，搞好核灾，保障生活供应，注意交通运输安全和生产安全。随着降雪逐次加重，中共安徽省委、省政府主要负责同志又多次明确批示，要求各级各部门紧急行动起来，切实做好抗灾救灾各项工作；省政府多次召开救灾工作专题会议，连续下发紧急通知，要求各级各部门把群众生命财产安全放在第一位，加强领导，明确责任，做好灾害预警，启动应急预案，保证市场供应，抓好生活救助，尽量减少灾害影响和损失。随着雪灾影响进一步加剧，1月28日晚，中共安徽省委召开常委扩大会议，成立省抗雪防冻救灾指挥部，加强全省抗雪防冻救灾工作领导指挥；1月29日，安徽省委、省政府召开全省电视电话会议再作部署。各级各部门按照中共安徽省委、省人民政府的部署，全力开展抗雪防冻救灾。

省民政厅于1月22日晚紧急启动《安徽省自然灾害救助应急预案》Ⅳ级响应，随着灾情发展，又及时将响应等级提升到Ⅱ级，交通、电力、通信等部门继续启动部门应急预案。受灾较重的六安、安庆、池州、宣城、黄山、巢湖、滁州等10个市先后启动应急预案。全省公路部门出动人员15.3万人次、机械1.36万台班，撒铺防滑砂5.1万立方、工业盐8903吨，免费救助应急车辆1127辆次，长江大桥现场指挥部和23个高速公路重要阻断节点现场指挥部，坚持24小时严防死守，全力开展节点附近道路的清障、保畅和救助工作。各级电力管理部门实行24小时调荷让电，采取节电措施，加强线路检修和抢修，切实保障电网安全稳定运行。电信运营企业出动1.45万人次，应急抢修车辆6236车次，动用设备4944台次，抢修和维护电信设施。各级民政部门先后将13.1万名倒房、危房和受灾害威胁的群众妥善转移安置。各级卫生和医疗机构派出医疗小分队1885支次7825人次，诊疗滞留人员2.1万人次；解放军组织兵力1.8万人次、民兵预备役10.8万人次，武警部队出动4.3万人次，全力支持地方抗雪保畅。应急期间，全省累计投入救灾人数390万人次，在抗雪防冻最关键的5天内，平均每天有16万多军民奋战在抗雪救灾一线。

各级民政部门把雪灾救助和冬令救助结合起来，及时把公路、铁路滞留人员的生活和医疗困难纳入救助范围。在前期下拨冬令救灾款7000万元的基础上，1月24—30日，省民政厅、省财政厅分3批下拨雪灾应急资金6000万元，其中专项安排1400万元，用于公路、铁路滞留人员的生活救助。全省共发放雪灾救济款8655万元、救济粮460万公斤，在冬令已发放棉衣被37万件（床）的基础上，又发放棉被10万床、棉衣20.4万件，共救助177.2万人次，其中救助交通滞留人员47.9万人次。

北京、山东、上海、天津、江苏、西藏等市（省、区）党委、政府，澳门特区政府，日本政府，解放军空军，国家开发银行、交通银行、中国银行、中国建设银行、国家电网公司、中国海洋石油公司、中国华能集团、中石化、太平洋保险、泰康人寿、郭氏基金会、国寿慈善基金会、香港香格里拉集团、融侨集团等，以及民间组织和有关人士纷纷向安徽灾区捐赠款物。省民政厅和省慈善协会接收捐赠款物11940万元，其中捐赠款9362万元，所有捐赠的过冬御寒物品全部及时发放到受灾群众。

2月7日是农历春节。按照省政府要求，各级民政救灾部门设立的救灾热线电话，春节期间升级为困难群众生活救助“省、市、县长热线电话”，24小时派专人值守。各级民政和交通部门制定安全过节应急预案，筹集应急的食品、饮用水、棉衣被、取暖燃料等基本生活必需品，确保公路、铁路滞留人员的应急救助和边远地区、深山区和转移安置受灾群众的生活救助。

经过全省上下共同努力，国道、省道和高速公路快速疏通，春节期间没有人员滞留；供电主网安全稳定运行，没有发生拉闸限电；市场商品货源充足，没有发生价格大幅上涨；受灾群众生活得到妥善安排，没有人员缺衣少粮；新春佳节欢乐祥和，气氛浓郁；全省城乡人心安定，社会稳定。

第四篇　城乡居民最低生活保障

城乡居民最低生活保障制度是一项制度化、日常性的社会救助制度。改革开放初期安徽省实行的基本上是临时救济制度，主要是对“三无对象”、社会困难户、60年代精减退职职工以及国家规定的一些特殊救济对象的定期定量救济和临时救济。

随着社会主义市场经济体制的逐步建立和各项改革的深入发展，特别是调整所有制结构、建立现代企业制度、完善分配结构和分配方式以后，使得包括在职、下岗、失业和退休人员及其家庭成员在内的城市贫困人口大量增加，临时救济制度存在救济范围窄、救济标准低、救济资金不足、管理不规范等问题。

20世纪90年代，为适应社会经济形势的发展，国家开始探索建立城市居民最低生活保障制度，这是对传统社会救济制度进行彻底改革的创新成果。城市最低生活保障制度是最后的也是最可靠的保障措施，它是社会保障体系中最为基础和核心的内容，具有其他保障措施不可替代的作用。最低生活保障制度的实施，大大提高社会救济的法制化和规范化水平，能够依法保障全体社会成员不至于因基本生活困难而陷于绝境，因此，被称为城市居民的“民心工程”和“最后一道防线”。

安徽省实施城乡居民最低生活保障是从探索建立城市居民最低生活保障制度开始的，起步于1995年。到1998年12月31日，全省所有的地级市、县级市及县城全部建立城市居民最低生活保障制度，提前一年完成中共中央、国务院及安徽省委、省人民政府交给的任务。1999年10月1日，国务院颁布的《城市居民最低生活保障条例》在全国正式实施。安徽省于2002年6月1日起施行《安徽省城市居民最低生活保障实施办法》，全省城市最低生活保障工作步入法制化轨道。

第一章 城市居民最低生活保障

安徽省城市居民最低生活保障制度建设工作开始于1995年。省民政厅首先把工作重点放在合肥市，通过精心组织、多方协调，使合肥市率先在全省出台城市居民最低生活保障制度，随后迅速在全省推开。各级民政部门把城市居民最低生活保障制度建设作为重中之重工作，纳入到目标管理责任制中实施考核。

与此同时，省政府发出《关于建立城市居民最低生活保障制度的通知》，加大工作力度，省政府领导也多次深入基层调研，提出明确要求。特别是1998年遭遇特大洪涝灾害的情况下，根据安徽省委、省人民政府工作部署，省民政厅及时提出全省完成城市居民最低生活保障制度的决心不变、目标不变、任务不变。通过上下共同努力，截至1998年12月31日，全省所有的地级市、县级市及县城全部建立城市居民最低生活保障制度。各地积极筹措资金，扩大实施效果，使城市最低生活保障对象基本生活得到有效保障。

2002年至2008年，全省城市最低生活保障对象总数一直在100万人左右。2008年，全省支出城市最低生活保障资金15.67亿元，其中中央财政资金13.61亿元，比2007年的7.99亿元增长70.3%，人均月补差130元，比2007年的100元提高30元，增长30%。安徽省城市低保保障人数居全国第7位，补差水平居第26位，资金使用总量居第10位。

第一节 组织机构与制度建设

城市居民最低生活保障（以下简称“城市低保”）工作组织机构是指县级以上负责城市最低生活保障工作的民政部门。根据国务院《城市居民最低生活保障条例》规定，县级人民政府民政部门经审查，对符合享受城市居民最低生活保障待遇条件的家庭，应当区分不同情况批准其享受城市居民最低生活保障待遇。县级民政部门城市最低生活保障工作机构的主要职责：按照上级有关要求，结合本县实际，编制城市最低生活保障工作计划，组织落实低保工作；编制城市低保资金需求计划，拟定资金的分配方案并对资金使用进行监管；会同有关部门拟定城市低保标准和报审工作；负责城市低保对象待遇的审核、审批工作，核发低保金领取证；负责城市低保数据的统计汇总和档案管理工作；指导、监督、检查乡镇和社区居委会城市低保工作，负责乡镇城市低保工作人员培训工作；受理群众有关城市低保政策咨询与投诉的查处工作。财政部门、审计部门依法监督城市居民最低生活保障资金的使用情况。

机构建设　为适应安徽省城市低保工作需要，省机构编制委员会办公室于2001年11月批准成立安徽省城市居民最低生活保障管理中心，事业单位编制7人，承担全省城市居民最低生活保障的管理和服务工作。

2001年3月20日，省人民政府第105次常务会议通过《安徽省城市居民最低生活保障实施办法》，规定城市居民最低生活保障工作实行各级人民政府负责制。县级以上人民政府民政部门负责本行政区域内城市居民最低生活保障的管理工作。财政部门按照规定落实城市居民最低生活保障资金。统计、物价、审计、劳动保障、人事等部门按照各自职责做好城市居民最低生活保障的有关工作。工商行政管理、税务、教育、卫生、建设等部门对保障对象在就业、个体经营、义务教育、医疗、住房等方面给以必要的扶持和照顾。县级人民政府民政部门以及街道办事处和镇人民政府（统称管理机关，承担管理审批工作）负责城市居民最低生活保障的具体管理审批工作。居民（社区）委员会受管理机关的委托，负责辖区内城市居民最低生活保障申请受理、调查核实、民主评议、汇总上报等日常管理、服务工作。同时要求县级以上人民政府民政部门、镇人民政府和街道办事处应有工作人员从事城市居民最低生活保障工作。

2005年3月18日，省机构编制委员会办公室下发《关于同意省民政厅增设最低生活保障处的批复》，同意撤销安徽省城市居民最低生活保障管理中心，成立安徽省城市居民最低生活保障处，隶属省民政厅建制。省机构编制委员会收回原安徽省城市居民最低生活保障管理中心7名事业编制，重新核定机关单列行政编制6名。其主要职责是：承担全省城乡居民最低生活保障的管理和服务工作。此时，安庆、六安、池州、宿州4市和部分县区民政局相继内设独立的低保行政机构。全省各地认真贯彻落实省政府《关于进一步做好城市居民最低生活保障工作的通知》精神，加强城市低保工作机构和队伍建设。要求“各地要在机构改革中，配备适量专职人员，所需编制由市、县政府自行调剂解决。每个街道办事处、城关镇和居委会配备1名专职低保工作人员。”许多地方结合社区建设，对低保对象实行以差额救助为主体，辅之以临时救济、政策扶持、社会互助、提供再就业的配套措施，强化社区服务功能，使社区组织成为开展低保工作的重要力量。

制度建设　安徽省推行城市低保开始于1997年。2000年以前进展缓慢，原因是财政困难，资金不足。2001年以后，安徽省委、省人民政府十分重视，多次召开会议进行部署，出台多项措施和文件，全力推行城市居民最低生活保障制度。

2001年9月15日，省人民政府下发《关于进一步加快完善城市居民最低生活保障制度的通知》，强调进一步提高认识，把加快完善城市居民最低生活保障制度作为一项政治任务切实抓紧抓好。建立和完善城市居民最低生活保障制度，是中共中央、国务院作出的一项重大决策，是市场经济条件下建立健全社会保障体系的重大举措，关系到城市中最困难人群的利益和社会稳定。尤其是在产业结构实行战略性调整，下岗、失业人员增多的情况下，做好这项工作意义更加重大。各级政府、各有关部门一定要充分认识做好城市居民最低生活保障工作的重要性和紧迫性，进一步加强领导，大胆探索，勇于创新，克服困难，扎扎实实地把这项“德政”“民心”工程抓紧抓好，抓出成效。切实采取措施，确保完成今明两年城市居民最低生活保障目标任务。2002 年要力争使城市居民最低生活保障人数占非农业人口的比例不低于全国平均水平；并随着财力的增加，逐步扩大覆盖面。各地、各有关部门必须坚定信心，克服困难，采取有力措施，在切实做好下岗职工再就业工作的前提下，按照保障最低生活、实行属地化管理和公开、公平、公正的原则，做好城市居民最低生活保障工作。

各地要准确掌握当地应享受最低生活保障而未予保障人员的底数，重点是省部属企业、资源枯竭矿山等关闭破产企业、城镇集体企业的困难人员，以及下岗等困难家庭人均收入低于当地最低生活保障标准的人员，按照上级支持和当地财力等实际情况，制定出具体可行的城市居民最低生活保障方案。千方百计落实最低生活保障资金。各地要结合当地财政状况，合理确定保障标准，按照国务院《城市居民最低生活保障条例》和《关于完善城镇社会保障体系的试点方案》的要求，建立健全最低生活保障资金投入和管理机制，把保障资金列入财政预算，加大财政支出结构调整力度，确保资金及时足额到位和有效使用。保障资金不足的，要多渠道筹集弥补。由于下岗等困难职工有的逐步进入最低生活保障范围，可以从原安排用于下岗职工基本生活保障的预算资金中调整一部分，补充最低生活保障资金；从预算增收的部分中，划出一部分用于最低生活保障；鼓励社会组织和个人为城市居民最低生活保障提供捐赠、资助，确保两年目标任务完成。省政府安排专项资金，重点补助省部属特困企业较多、保障任务较重、财政困难的市、县。各市也要克服困难，安排资金支持财政困难的县。没有将保障资金列入财政预算的市、县（含县级市、区），要按照目标任务，合理调整和科学调度资金，用于城市居民最低生活保障。要加强协调衔接。最低生活保障是社会保障体系中的最后一条保障线，有关职能部门要相互配合，共同做好最低生活保障与其它社会保障之间的衔接工作。尤其在推动国有企业下岗职工基本生活保障向失业保险并轨的过程中，一部分下岗、失业人员将逐步解除与原企业的劳动关系，当地劳动保障部门要及时向同级民政部门提供上述人员情况，以利民政部门及时将其中家庭人均收入低于当地最低生活保障标准的人员，纳入城市居民最低生活保障范围。要建立完善城市居民最低生活保障工作机制。各级政府要把建立完善城市居民最低生活保障制度，作为促进加快发展，富民强省，维护社会稳定的一件大事，列入重要议事日程，加强领导，统一部署，进一步完善现行最低生活保障政策，建立稳定的保障资金筹措机制，强化管理和服务，努力提高城市居民最低生活保障覆盖面。要按照国务院《城市居民最低生活保障条例》的规定，实行行政“一把手”负总责，分管领导直接负责的领导责任制，层层抓落实。市、县政府要建立联席会议制度，定期研究和协调、解决工作中的重要问题。各级政府要大力开展临时救济、政策扶持、对口帮扶、扶贫济困等社会互助活动，不断提高贫困人口的保障水平。劳动保障、教育、卫生、城建、电力、工商、税务等部门对最低生活保障对象在就业、就学、就医、住房、生活用电（水、煤气）和从事个体经营等方面要给予政策支持和必要的照顾。各地要重视加强城市居民最低生活保障工作队伍建设，切实解决“有人办事”的问题。要改善城市居民最低生活保障工作条件，充分利用现有的网络传输基础，建立最低生活保障信息管理系统，条件具备的地方，可先行联网。网络建设所需经费由市、县财政负责解决，用两年时间，实现省、市、县三级联网，提高最低生活保障工作效率、质量和现代化水平。

2002 年 4 月，省人民政府颁布《安徽省城市居民最低生活保障实施办法》。省政府在年度《目标管理奖惩办法》中规定，对没有实现低保的工作目标和不能按时发放低保金的地方，在年度考核时予以“一票否决”。特别是 2001 年 9 月，省财政安排低保资金 4000 万元，用于低保扩面，在全国带了好头。各级政府和民政部门也加大工作力度，到 2001 年年底，全省纳入低保人数由 2000 年年底的 10.4 万人，猛增到 71.2 万人，其中省总工会提供的 14 万户、46 万特困职工及家庭人员符合条件的，均享受低保待遇。至 2002 年初，国务院提出“应保尽保”的要求，全国各大媒体、各新闻单位积极配合，城市低保成为热门话题，形成强大舆论氛围。到 2002 年 6 月底，全省有 92 万城市贫困人口纳入低保范围，基本实现应保尽保目标，低保工作逐步走上规范化和法制化的轨道。

2002 年 12 月，省人民政府颁布《实行城市居民最低生活保障工作责任制及责任追究的暂行规定》，对各市、县人民政府及省政府各部门、各直属单位共同做好低保工作提出明确要求。强调城市居民最低生活保障工作实行各级政府负责制，各级政府主要负责人负总责，分管负责人具体负责。省政府按季度通报各市、县城市居民最低生活保障工作和资金发放情况，对不能按时足额发放城市居民最低生活保障金的市、县人民政府予以通报批评，并责成该市、县政府主要负责人说明情况，提出限期解决措施。各级政府不能按时足额发放城市居民最低生活保障金的，该市、县政府及其有关部门当年目标考核不得评为优秀等次。各级财政部门必须将应当承担的城市居民最低生活保障资金按时足额拨付到位，不得挤占、挪用、拖欠，并会同有关部门加强对城市居民最低生活保障资金使用情况的监督检查。

2003年，省民政厅下发《关于加强并规范城市居民最低生活保障管理办法的通知》、《关于加强对城市低保资金管理办法的通知》。在基本实现城市居民最低生活保障对象应保尽保后，全省城市居民最低生活保障工作的重点已由扩大保障面转为完善制度和规范管理，努力提高工作质量和管理水平。强调城市居民最低生活保障工作的重点在城市，在中心城市，在工矿城市；城市居民最低生活保障的对象是以国有企业和城镇集体企业的特困职工，以及国有企业下岗职工基本生活保障向失业保险并轨过程中新增加的失业人员为重点，凡符合城市居民最低生活保障条件的应全部纳入保障范围。11 月，全省保障 103.4 万人中，省部属企业和地方困难职工及其家庭成员 70 余万人，占保障人数的近70%。2003年年底,全省保障1268万人次（月均保障105.7万人）,支出城市居民最低生活保障资金6.3亿元（其中中央和省财政拨款5.27亿元）。

2004年,省民政厅先后下发一系列文件:转发民政部、教育部《关于进一步做好城乡特殊困难未成年人教育救助工作的通知》《关于严格规范低保管理工作的通知》《关于按照国务院要求在春节前将农垦森工企业困难职工家庭全部纳入城市低保范围的紧急通知》《关于转发民政部〈关于城市低保金发放有关事项的通知〉》《关于做好元旦、春节期间城市低保对象生活安排的通知》《关于重新审核企业军转干部享受城市低保待遇问题的通知》《关于进一步做好城市低保对象基本生活保障工作的通知》《关于对全省城市低保工作开展全面检查的通知》。

2005,省民政厅下发《关于对未参加城镇集体企业退休人员情况调查的通知》《关于建立健全低保机构的通知》《关于开展2005年"社区低保先进单位"表彰活动的通知》《关于进一步做好城镇集体企业未参加养老保险的退休人员享受低保待遇的通知》。

2006年,省民政厅转发民政部《关于开展城市低保督促检查的通知》,下发《关于做好2006年普通高等学校困难毕业生救助工作的通知》《关于切实做好适当提高城市居民最低生活保障补助水平工作有关问题的通知》。

2007年,省民政厅转发民政部《关于妥善安排好近期城镇低保家庭生活的紧急通知》,与省档案局下发《关于印发〈安徽省城乡居民最低生活保障档案管理办法〉的通知》,同时先后下发《关于抓紧发放城市低保对象专项补贴的紧急通知》《关于在全省开展城乡低保暨城乡医疗救助工作评比表彰活动的通知》。

2008年,省民政厅下发《关于建立价格上涨与提高特困群体生活补助联动机制的意见》《关于印发〈安徽省民政系统民生工程联系点制度〉的通知》《关于进一步提高全省城乡低保补助水平妥善安排当前困难群众基本生活的通知》,转发民政部办公厅关于印发《全国基层低保规范化建设暂行评估标准》的通知、《关于提高城乡低保对象补助水平的通知》。一系列法规政策和措施的出台,为顺利实施低保制度奠定了基础。

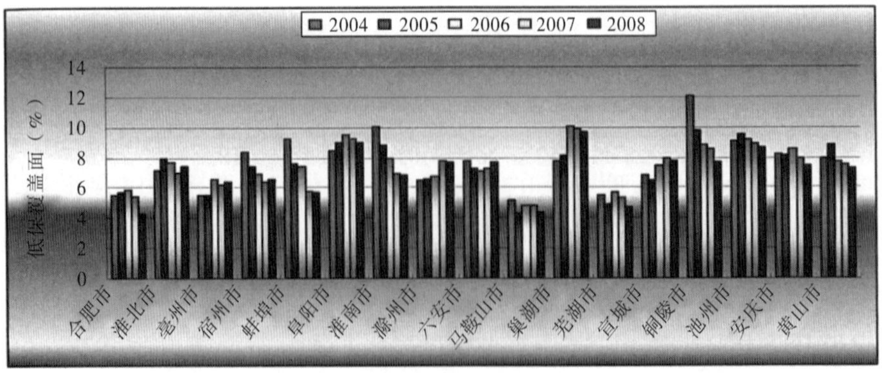

图4-1-1 安徽省城市低保覆盖面变化图（2004—2008）

在基本实现应保尽保后，各地按照省政府要求，完善各项制度，严格按制度办事，在规范操作、强化管理、沟通协商、监督检查等方面下功夫，真正做到低保标准科学、合理，低保对象有进有出，补助水平有升有降，群众监督及时有效，工作程序公开、公正。

第二节　保障对象与标准

按照国务院《城市居民最低生活保障条例》和省人民政府有关规定，持有非农户口的城市居民，凡共同生活的家庭成员人均收入低于当地最低生活保障标准的，均有从当地人民政府获得基本生活物资帮助的权利。一般来说，贫困可分为绝对贫困和相对贫困。享受城市最低生活保障的群体，主要指绝对贫困人口，同时适当考虑一部分相对贫困人口。

城市居民最低生活保障制度的保障对象是家庭人均收入低于当地最低生活保障标准的城市居民，主要是以下三类人员：无生活来源、无劳动能力，无法定赡养人或抚养人的居民；领取失业救济金期间或失业救济期满仍未能重新就业，家庭人均收入低于最低生活保障标准的居民；在职人员和下岗人员在领取工资或最低工资，基本生活费后以及退休人员领取退休金后，其家庭人均收入仍低于最低生活保障标准的居民。

低保对象　2002 年 4 月 26 日省人民政府发布《安徽省城市居民最低生活保障实施办法》规定，本省行政区域内持有非农业户口的城市居民，以及远离城市的军工、矿山企业的非农业人口，凡共同生活的家庭成员人均收入低于当地城市居民最低生活保障标准的，均有权获得本办法规定的城市居民最低生活保障待遇。

城市居民最低生活保障制度实行以差额救助为主体，辅之以临时救济、政策扶持、社会互助的配套措施。实施这一制度，目的是构筑牢固的社会安全网，依法保障城市贫困群体的基本生活权益。通过完善以最低生活保障为主要内容的社会救济制度，从根本上解决城市贫困群体的生活困难问题。

从救助对象看，城市最低生活保障主要针对持有非农业户口的城市居民，而农村最低生活保障对象主要是因病残、年老体弱、丧失劳动能力以及生存条件恶劣等原因造成生活常年困难的农村居民。从救助标准看，城市最低生活保障标准主要“按照当地维持城市居民基本生活所必需的衣、食、住费用，并适当考虑水电燃煤（燃气）费用以及未成年人的义务教育费用确定”。农村最低生活保障标准主要“按照能够维持当地农村居民全年基本生活所必需的吃饭、穿衣、用水、用电等费用确定”。

从救助程序看，城乡最低生活保障大体一致，主要包括困难居民提出申请、社区居委会、村民委员会初审、乡镇政府（街道办事处）复核、县级民政部门审批等程序。从救助金发放看，城市最低生活保障一般由县级民政部门委托银行、信用社或邮政储蓄按月发放，农村最低生活保障一般按季或半年由金融机构或民政部门直接发放。在具体实施中，各地还建立了社区评议、三榜公示、动态管理、分类施保、就业连动等制度，进一步强化低保救助的制度绩效。

为操作方便，各地在实际中一般以分类的方法来确定保障范围，主要包括以下 6 类人员：无生活来源，无劳动能力和无法定赡养人或抚养人的居民，俗称“三无对象”，即传统上的由民政部门一直给予社会救济的对象；领取失业救济金期间或失业救济期满仍未能重新就业，家庭人均收入低于当地最低生活保障标准的居民；在职人员在领取工资或最低工资，进入再就业服务中心的下岗人员领取基本生活费、离退休人员领取退休金和养老金以后，家庭人均收入仍低于最低生活保障标准的居民；原民政部门管理的特殊救济对象，如 60 年代精减退职职工、国民党起义投诚人员、归侨、因公致残人员等，家庭人均收入低于最低生活保障标准的人员；那些从未在国有、集体、企事业单位工作过，靠打零工、摆小摊养家糊口的城市居民；由残疾、疾病或其它原因造成生活困难的城市居民。

规范管理 2009 年 9 月，省人民政府公布的《安徽省城市居民最低生活保障工作操作规程（试行）》规定，凡申请享受城市低保待遇的家庭必须具备下列条件：持有本地非农业户口；共同生活的家庭成员月人均收入低于本地城市低保标准。尤其是规定下列情况的家庭和人员，不能享受城市低保：外地来本地就读的在校学生；有劳动能力，且能自食其力者，无正当理由，经两次介绍拒绝就业的；家庭中拥有汽车和近期新购的非生活必需高档消费品，以及饲养名贵宠物的；不配合或拒绝家庭收入调查的；子女上学高额择校或对子女大额投资进行专业培养的；非正常原因调整住房和购置商品房的，指非拆迁原因在 3 年内调整住房或购买商品房、新建房以及对住宅进行高档装修的；拥有高值收藏品或持有大额有价证券等金融资产的；无正当理由，家庭水、电、气、通讯费支出明显高于正常水平的；无正当理由连续 3 个月未支取城市低保金的；连续 6 个月未进行续保申请登记的；在享受最低生活保障待遇期间有赌博、吸毒等行为且尚未改正的；在享受最低生活保障待遇期间，在就业年龄段内，有劳动能力和劳动条件，无正当理由拒绝参加由街道办事处、社区居委会组织的公益性劳动的；日常消费水平明显高于本地最低生活保障标准的。各地严格审核，使城市居民最低生活保障对象更加准确。

建立保障对象分类管理制度。根据城市低保对象的年龄、健康状况、家庭收入变化情况，分成 A、B、C 三类，实行动态管理：A 类家庭：“三无”对象、重点优抚对象、重度残疾人员以及患重病人员本人。对此类家庭和人员按年审核。B 类家庭：城市低保对象中年龄偏大（50 周岁以上）、身体不好，就业或重新就业机会较少的人员，以及子女未成年的单亲家庭和子女就读大中专院校的困难家庭。对此类家庭和人员按半年审核。C 类家庭：因灾、因病（不属重病范围）等特殊情况而遇到临时困难的家庭，以及年纪较轻、身体较好、有就业潜力的人员，收入状况随时发生变化的家庭。对此类家庭和人员按季度审核，必要时可每月审核一次。重残人员的范围指：视力残疾中的一级盲、二级盲；智力残疾中的一级、二级；肢体残疾中的一级、二级；精神残疾人（正在住院治疗期）一级、二级；听力残疾人一级、二级；言语残疾人一级、二级；多重残疾人一级、二级。重病人员是指患有城乡医疗救助规定病种的人员。各级民政部门应根据城市低保家庭保障类别分类实施救助，重点照顾有特殊困难的群体和对象，适当提高其补助标准。明确保障对象在享受低保期间，应当及时通过社区居委会向街道办事处（乡镇人民政府）申报收入和家庭成员变化情况。街道办事处（乡镇人民政府）应根据核实情况及时上报县（市、区）民政部门，以便及时办理延续、提高、降低或终止最低生活保障待遇的手续。遇有特殊情况应作具体对待，其中，（一）对家庭成员既有城镇户口又有农业户口的，根据家庭月总收入计算家庭月人均收入，核定低保待遇时只对非农业户口的人员进行补差。（二）对生活困难的非农业户口艾滋病患者、患者家属、艾滋病感染者及孤儿，人均按当地低保标准全额享受；原属于城市低保家庭的，其人均补差低于当地城市低保标准的，补足到当地城市低保标准。（三）对未就业的大中专应届毕业生，6个月内视为抚养人口，符合条件的家庭可重新认定享受城市低保；享受低保的困难大中专毕业生每3个月审核一次，保障时间最长不超过6个月。户籍滞留学校，未办理迁移手续的，不予保障。

建立城市低保档案管理制度。县（市、区）民政部门、街道办事处（乡镇人民政府）、社区居委会应当分别建立保障对象资料档案，实行一户一档，编号管理。资料包括：申请书、申请人及家庭成员收入状况证明、低保评议小组入户调查和民主评议记录、城市低保对象申请审批表、动态管理表、居民户口簿、身份证复印件，以及城市低保管理机构要求提供的其它相关材料。

建立低保信息计算机联网制度。各级低保工作机构应配备专用计算机，认真使用统一的低保软件系统，及时、准确地录入并维护好信息数据，实现城市低保工作的信息化管理。建立城市低保对象参加公益劳动制度。街道办事处（乡镇人民政府）和社区居委会要组织在就业年龄段内，有劳动能力未就业的城市低保对象参加公益劳动。使全省城市低保对象更加规范。

低保标准 2002年4月26日省人民政府发布《安徽省城市居民最低生活保障实施办法》规定，城市居民最低生活保障标准，由市、县人民政府依照国务院《城市居民最低生活保障条例》第六条规定合理确定。其家庭收入是指具有法定的赡养、扶养、抚养关系且共同生活的家庭成员的全部货币收入和实物收入。包括：工资、奖金、津贴、补贴、补助；退（离）休费、养老保险金、失业保险金、下岗职工基本生活费、职工遗属生活费；赡养费、扶养费、抚养费；投资和经营性收入；继承的遗产和接受的赠与；其他劳务收入；县级以上人民政府确定的其他收入。其中优抚对象的抚恤金、补助金；住房公积金、独生子女费、见义勇为奖金；丧葬费等不计入家庭收入。计算家庭收入，应按照申请人申请享受城市居民最低生活保障时前3个月家庭收入的平均数额计算。

2008年以后，安徽省进一步明确城市居民最低生活保障标准家庭收入的测算办法，规定家庭收入是指共同生活的家庭成员合法所得的各种货币和实物收入的总和。（一）应核实并计入家庭收入的项目包括：工资、奖金、补贴、津贴和各类劳动收入；养老金、基本生活费、失业保险金、遗属生活补助费；一次性安置费、经济补偿金或生活补偿（助）

费；储蓄存款及利息，有价证券及红利收入；特许权使用收入、租赁收入、接受的馈赠和继承的遗产收入；赡养费、扶养费、抚养费；经县级以上民政部门认定，其他应计入的家庭收入。（二）不计入家庭收入的项目包括：义务兵家属优待金，优抚对象、见义勇为人员享受的各类抚恤金、补助金、护理费、保健费，对国家、社会和人民做出突出贡献人员，政府给予的一次性奖励金，市级以上劳动模范退休后享受的荣誉津贴；退役士兵自谋职业的一次性经济补偿金；因工（公）负伤人员的工伤医疗费、护理费、一次性伤残补助金、残疾辅助器具费；在校学生获得的奖学金、助学金、生活津贴、困难补助等；计划生育奖励费、独生子女费；住房公积金、廉租住房补贴；丧葬费；临时性的社会救助款物；经县级以上民政部门认定，其他不应计入的家庭收入。对初次申请城市低保待遇的家庭，应根据其申请前3个月的家庭平均收入确定家庭收入；对已享受低保待遇的家庭进行动态管理核查时，应根据其此前3个月的家庭平均收入核定家庭收入。同时还规定，核实家庭收入可采取下列办法进行：（一）个人申报。申请人如实填写家庭收入情况和家庭实际生活状况，同时经办人对申请人进行必要的询问。（二）入户调查。直接到申请人家中进行调查，核实家庭收入情况和吃、穿、住、用等实际生活状况。（三）单位、邻里走访。通过走访社区居民、到申请人所在单位了解其家庭收入和实际生活情况。（四）信函索证。对不便走访的单位和有关人员，通过信函索取有关证明材料。（五）部门协同。民政部门与人力资源和社会保障、工商、税务、金融等部门建立联系，及时了解掌握申请人家庭收入和实际生活水平变化情况。（六）跟踪消费。对申请人家庭的消费情况进行跟踪调查，以便更全面了解其真实的生活状况。（七）街道、社区评议。由街道或社区居委会组成“低保评议组织”，对申请人家庭收入和实际生活状况进行评定。（八）行业评估。对家庭中有自谋职业且有相对稳定收入的人员，在其收入无法准确核定时，按辖区内同行业平均收入核定。

家庭收入的内容和具体核算办法：（一）在职人员按工资、奖金、津贴、补贴的总和计算收入。其中月收入低于当地最低工资标准的，由县级以上（含县级）人力资源和社会保障部门审核认定。因所在单位长期亏损、停产、半停产，已经连续6个月未领到或未足额领到，且今后不可能再予以补发的各类应得待遇，经同级人力资源和社会保障部门认定并出具证明后，可以按照实际收入计算。（二）离退休人员、失业人员的收入，按原单位或社会保险经办机构支付的实际数额计算；职工遗属收入，按当地政府规定的当年遗属生活困难补助标准计算。（三）从事相对固定职业的，按实际收入计算；其中无法提供收入证明的，应比照当地的最低工资标准计算。（四）外出务工人员的收入，按用工单位出具的证明计算（不低于当地最低工资标准），无法证明的按当地最低工资标准计算。（五）在就业年龄内因病或因公（工）致残，丧失全部或大部分劳动能力的，出具县级以上医院证明，经市、县（区）人力资源和社会保障部门鉴定，按实际收入计算。

赡养费、抚养费和扶养费（以下简称“供养费”）的计算方法：被供养人与供养义务人之间若有供养协议、裁决或判决，且供养义务人有执行能力的，按相关协议、裁决或判决确定的供养费计算被供养人的供养费收入;供养义务人家庭月人均收入低于当地低收入家庭收入标准的,视为无能力承担供养义务;供养义务人家庭人均月收入高于当地低收入家庭收入标准的,按以下公式核定。即供养费 =[供养义务人家庭月总收入－当地低收入家庭收入标准 × 供养义务人共同生活家庭成员数] ÷ 分居的被供养人总数。因城市房屋拆迁领取的一次性住房拆迁补偿费,扣除经查实确需购买安置住房的部分,其结余部分按低保标准和家庭人口计算可分摊的月数,计入家庭收入,在可分摊的月数内,该户不享受城市居民最低生活保障待遇。其外,因征地由农业户口转为非农业户口领取的一次性安置补助费,扣除经查实确需购买安置住房和用于缴纳社会保险费的部分后,按低保标准和家庭人口计算可分摊的月数,计入家庭收入,在可分摊的月数内,该户不享受城市居民最低生活保障待遇。领取一次性补偿费的人员,在可分摊月数内,因病、因灾等特殊情况将一次性领取的经济补偿费提前用完,生活确有困难的,可申请享受城市低保待遇。

另对几种特殊人员的收入核定。对于就业年龄段内持有残疾证,属于肢残三级、聋哑、智力残疾（三级、四级）或低视力的,按实际收入核算。现役义务兵的家庭申请城市低保时,现役义务兵本人可视为家庭抚养人口进行计算。考入大中专院校,其在校就读期间仍按共同生活的家庭成员计算。无工作单位的已婚妇女自产后 2 年时间内,视为哺乳期间无劳动能力,按实际收入计算。据此,安徽省城市低保月人均标准逐年提高,具体各年保障标准如下:2003 年 148.37 元、2004 年 161.87 元、2005 年 172.54 元、2006 年 188.69 元、2007 年 195.3 元、2008 年 215.43 元。

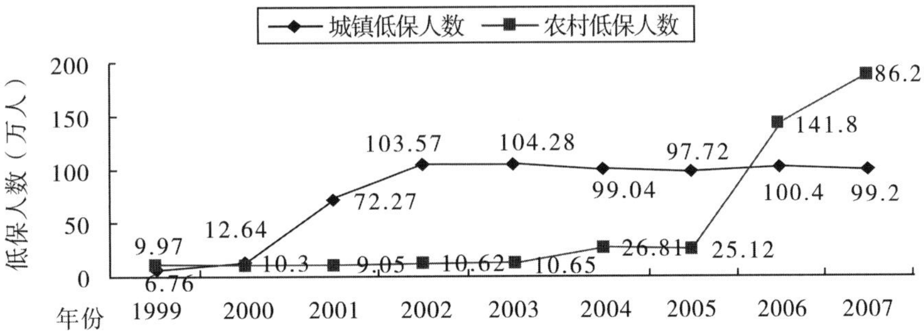

图 4-1-2　安徽省城乡低保人数变化趋势图（1999—2008）

2008 年,全省城市低保累计保障 12070473 人次,支出低保金 156709.15 万元,平均月补助 130 元。比 2007 年的 100 元提高 30 元,保障覆盖面达 6.8%。低保对象累计新增 133770 人,减少 130024 人;补差金额调增 523317 人,调减 4811 人。

第三节　城市低保管理

城市低保是一项“系统工程”“民心工程”“德政工程”,是全社会普遍关注的一件大事，涉及方方面面。自 1997 年建立城市居民最低生活保障制度以来，安徽省城市居民最低生活保障工作取得较大进展。但是，这项工作发展不平衡，一些地方存在着财政投入不足、属地管理原则没有完全落实、管理工作不够规范、基层日常管理、服务工作不适应以及最低生活保障与其他保障措施衔接不够紧密等问题。

2004 年 6 月，省民政厅下发《关于进一步加强对城市低保工作管理的通知》，针对中央电视台一套《焦点访谈》曝光湖北省通山县符合城市低保条件的没有享受低保、不符合低保条件的却享受着低保待遇的严重违反低保政策的现象，强调民政部门的干部要熟悉并吃透政策精神，严格按照国务院《城市居民最低生活保障条例》和《安徽省城市居民最低生活保障实施办法》规范操作；不得以传统救济办法代替低保制度。实行定期（6 个月）核查低保对象家庭收入情况，符合条件的及时批准、继续享受；家庭收入发生变化，或降低或增加补差；不符合条件的予以取消；不许发生漏保、错保、“人情保”、“关系保”的现象。当年，全省各地进行普遍检查，取消部分不符合条件的但已经享受城市低保待遇的对象。

资金管理 2002 年 4 月 26 日，省人民政府发布的《安徽省城市居民最低生活保障实施办法》规定，城市居民最低生活保障所需资金，由各级人民政府列入财政预算，纳入财政社会保障补助资金专户，实行专项管理，专款专用。民政部门根据本年度核定的保障对象所需资金向同级财政部门提出下一年度的城市居民最低生活保障资金支出计划，经财政部门审核后纳入财政预算。财政部门应当按照核准的支出预算据实拨付，保证使用。省级财政根据各地财政状况、投入情况和最低生活保障任务，通过专项转移支付给予必要的补助。鼓励社会组织和个人为城市居民最低生活保障提供捐赠、资助。所提供的捐赠资助由民政部门负责接收，全部用于当地城市居民最低生活保障。

2002 年 12 月 10 日，省人民政府印发《实行城市居民最低生活保障工作责任制及责任追究的暂行规定》，明确城市居民最低生活保障工作实行各级政府负责制，各级政府主要负责人负总责，分管负责人具体负责。必须保证财政预算安排的城市居民最低生活保障资金按时足额到位。必须建立城市居民最低生活保障资金专户，对城市居民最低生活保障资金实行专项管理，专款专用；必须按照省政府规定的比例落实城市居民最低生活保障配套资金。社会组织和个人为城市居民最低生活保障提供的捐赠、资助，必须全部用于城市居民最低生活保障，纳入低保资金专户；必须保证按时足额发放城市居民最低生活保障金，并将发放情况按月汇总，经市、县政府主要负责人签字后，分别报上一级民政部门、财政部门，不得虚报、瞒报；必须将城市居民最低生活保障的政策公开、资金公开、保障对象公开，规范操作程序，接受群众监督；必须加强督促检查，建立举报制度，及时解决城市居民最低生活保障工作中存在的问题，防止因城市居民最低生活保障金不能按时足额发放等问题而引发影响社会稳定的事件。各级财政部门必须将应当承担的城市居民最低生活保障资金按时足额拨付到位，不得挤占、挪用、拖欠，并会同有关部门加强对城市居民最低生活保障资金使用情况的监督检查。

同时规定,市、县政府及其有关部门,以及省政府有关部门有下列情形之一的,给予其主要负责人、分管负责人和直接责任人行政记过或者记大过处分;情节严重的,给予降级或者撤职处分:预算安排的城市居民最低生活保障资金不能按时足额到位的;具备财力保障或上级已对其财力缺口进行补助后,由于不按时足额发放或不按规定发放城市居民最低生活保障金等原因,引发影响社会稳定事件的;挤占、截留、挪用、拖欠城市居民最低生活保障资金的;虚报、瞒报城市居民最低生活保障金发放情况的。从事城市居民最低生活保障管理审批工作的人员有下列行为之一的,给予行政记过或者记大过处分;情节较重的,给予降级或者撤职处分;情节严重的,给予开除处分。构成犯罪的,依法追究刑事责任:对符合享受城市居民最低生活保障待遇条件的家庭,拒不审批、无故拖延审批的;对不符合享受城市居民最低生活保障待遇条件的家庭,批准其享受城市居民最低生活保障待遇的;玩忽职守、徇私舞弊,或者贪污、挪用、扣压、拖欠城市居民最低生活保障款物的。

根据国务院要求,自 2002 年起,城市低保资金实行专户管理,财政部和中国人民银行为此专门下发通知。1999 年中央财政补助 4 亿元，2000 年 8 亿元，2001 年中央财政加大支持力度,达到 23 亿元。随着低保扩面和全国保障人数的迅速增加，2002 年至 2003 年中央安排低保资金每年都在上年基础上翻番,分别为 46 亿元和 92 亿元。2004 年中央财政补助 102 亿元，2005 年中央财政补助 112 亿元，2006 年中央财政补助 136 亿元，2007 年中央财政补助 160 亿元，2008 年中央财政补助 266 亿元。

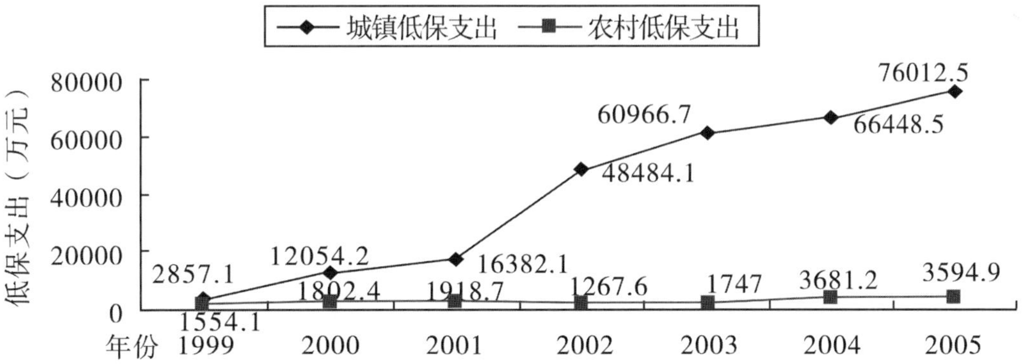

图 4-1-3　安徽省城乡低保财政支出变化图（1999—2005）

工作程序　城市低保制度的工作程序系指享受低保的申请、审批程序。申请享受城市低保待遇,按属地管理的原则,以家庭为单位,由申请人向户口（含集体户口）所在地的居委会提出申请;居委会根据区（县）人民政府的委托,承担受理城市低保的申请、日常管理和服务等基础工作。街道办事处或者乡镇人民政府对居委会上报的申请材料进行审核。通过入户调查、邻里访问及信函索证等,对申请人的家庭经济状况和生活水平进行核查,并根据实际情况填写《城市低保待遇申请人员家庭情况调查表》;主管领导签署意见后将申请材料上报区（县）民政局。城市低保不是行政许可,但属于行政审批的范畴，必须对城市低保的申请与受理进行规范。

安徽省多数地方的审批办法采取“三个三”程序，即：三级调查核实、三次民主决策、三次张榜公示。也有些地方实行的是“二二三”程序，即二级调查核实、二次民主决策、三次张榜公示。三级调查核实是指受理机构、审核机关、批准机关对申请人家庭有关情况进行调查核实。二级调查核实一般是将受理机构设在街道（乡镇），由受理机构批准机关组织调查核实。三次民主决策是指社区民主评议、街道（乡镇）民主评审、县级集体审批。实行二次民主决策的地方，一般是将街道（乡镇）民主评审与社区民主评议合并进行。社区民主评议是指城市低保受理机构受理城市低保申请后，将申请人自报和提供证明材料的调查核实情况、群众反映意见以及本级意见和建议向社区民主评议小组报告，社区民主评议小组集体决策的过程。城市低保受理机构调查核实后，应集中组织社区民主评议小组依照评议程序对调查核实情况进行民主评议，作出初审决定。民主评议后应填写“城市低保民主评议意见表”，由参加评议人员签名。三次张榜公示：公示申请人的申请书。公示初审结果，一般应包括：户主姓名、申请人自报情况和提供证明材料核实情况、民主评议初审决定及理由、主要事项说明。公示审批结果。一般应包括：户主姓名、共同生活家庭人口数、享受低保金额、享受分类救助或其他救助金额。公示的形式一般为固定专用公示栏中和申请人居住地公示。但不提倡在互联网站上公示，应注意保护其家庭特别是儿童的隐私。

根据 2002 年 3 月 20 日省人民政府第 105 次常务会议通过的《安徽省城市居民最低生活保障实施办法》规定，城市低保制度的工作程序主要包括申请、调查、审核、审批、保障金发放，动态管理、行政复议和行政诉讼等。其中对保障对象的家庭经济状况进行调查和审核、审批，是决定申请人能否享受低保待遇的关键程序。省政府制定的实施办法和各地制定的实施细则，对此都作了比较详尽的规定。在实际操作中，通过实行民主评议、张榜公布等方法，较好地体现了公开、公平、公正的原则。具体为：申请享受城市居民最低生活保障待遇，以户为单位，由户主向户籍地的街道办事处或镇人民政府提出申请，申请材料送交户籍的居民（社区）委员会，并出具其户口簿，填写“城市居民最低生活保障待遇审批表”；家庭共同生活成员的居住地与户籍地不一致的，还应递交其居住地的居民（社区）委员会开具的家庭共同生活成员的证明。居民（社区）委员会调查核实后，应张榜公布，进行民主评议和征求群众意见，提出初步审查意见，并将有关材料和初审意见报街道办事处或镇人民政府审核。街道办事处或镇人民政府须在 15 日内完成审核工作，报县级人民政府民政部门审批；管理机关或其委托的居民（社区）委员会，可以通过入户调查、邻里访问和信函索证等方式，对申请人的家庭经济状况和实际生活水平进行调查核实。申请人及有关单位、组织或个人应当接受调查，如实提供有关情况。县级人民政府民政部门审查后，应当区分不同情况，作出决定。对无生活来源、无劳动能力又无法定赡养人、扶养人或抚养人的，批准其按当地城市居民最低生活保障标准全额享受；对家庭人均收入低于当地城市居民最低生活保障标准的，批准其按照家庭人均收入低于当地城市居民最低生活保障标准的差额享受；对不符合享受城市居民最低生活保障待遇条件的，应书面通知申请人，并说明理由；审批手续应在10日内办结。管理机关在审批过程中应当坚持公平、公正、公开原则。对被批准享受城市居民最低生活保障待遇的城市居民家庭及其享受最低生活保障的标准，通过居民（社区）委员会在居民区（社区）予以公布，接受群众监督。县级人民政府民政部门对批准享受城市居民最低生活保障待遇的居民家庭，发给城市居民最低生活保障金领取凭证。城市居民最低生活保障金由街道办事处、镇人民政府按月发放，也可以委托居民（社区）委员会、银行或社会服务机构按月发放。城市居民最低生活保障金的发放，应做到安全、及时、准确、规范。

管理实绩　城市居民最低生活保障管理工作整体上讲是实行地方人民政府负责制，即属地管理原则。具体而言，是政府统一领导，民政部门负责，财政等有关部门予以配合。基层民政部门、街道办事处、社区居委会承担城市低保制度的具体实施任务。城市低保的运行机制，主要是法制化、信息化和社会化。法制化主要是指城市低保制度严格按照有关法律法规运行；信息化方面，目前还处于全面推广运用阶段，有些地方在近年内对所有低保对象以及资金运转情况通过计算机网络进行管理；社会化方面，逐步推行低保金的社会化发放。

安徽的低保工作，于2000年以前，在全国是相对滞后的。2001年这项工作发生根本性的变化。年初，省政府确定全省当年保障覆盖面要由原来的0.9%达到1.5%，保障人数由原来的10.4万人达到18万人，并将城市低保工作纳入民政部门年度重点工作目标进行考核。当年7月，省民政厅在蚌埠市召开低保工作现场会，介绍蚌埠市的经验，寻找工作中的差距，明确下一步工作目标和任务。8月统计，保障人数达到15万人。2001年8月，国务院总理朱镕基考察贵州并就城市低保工作作出重要指示，要求加大财政投入力度，采取切实措施落实城市低保制度。其间，省民政厅超前认识，提前谋划，一方面多次到民政部汇报，争取中央对安徽的支持，另一方面向省委、省政府主要负责人汇报，争取省级财政加大投入力度。9月，民政部召开全国低保扩面会议后，在中央转移支付暂未到位的情况下，省政府先行安排4000万元投入低保。这一做法，受到民政部的赞赏，对全省低保扩面起到积极的推动作用，也争取了中央对安徽的支持。为贯彻中共中央、国务院领导人的指示精神，确保2002年6月底前基本实现应保尽保的工作目标，从当年3月下旬开始，省民政厅配合民政部督查组对全省低保对象、低保资金、信息化建设和机构队伍建设情况进行全面督查和摸底。在中央和地方保障资金到位的情况下，采取“倒计时”的方法和一系列工作措施，完成92万人的保障任务，在党的十六大召开之前基本实现应保尽保，并很快扭转安徽省低保工作被动落后的局面。此后，省民政厅组织多次督查，并在加强规范管理，开展规范管理年的基础上，开展评比表彰活动，得到民政部的充分肯定和安徽省委、省政府的赞许。

目标考核　省人民政府坚持将城市低保工作列入各级政府年度重点工作目标进行

要求和考核。仅2001年省政府就相继召开近十次会议。特别是2001年9月全国低保扩面会后，省政府召开常务会议进行研究和部署，要求各级政府将其作为“一把手”工程，并推行“一票否决”制，加强领导，强化措施，明确责任，确保城市低保全员覆盖目标的实现。各级政府和民政部门从讲政治的高度，把这项工作列入重要日程，加班加点，努力工作，使低保工作不断取得新的进展。

明确责任 为调整工作思路，省民政厅在大量调查研究的基础上，形成低保工作的指导思想，即城市低保是一项政治性很强的任务，各地必须从讲政治、保稳定的高度来认识和做好这项工作；做好低保工作是各级政府的职责，政府和市长（县长）是第一责任人；按国务院《城市居民最低生活保障条例》规定，必须坚持属地管理的原则；低保扩面的重点是省部属企业，任何地方不得以种种理由将其排斥在低保之外；大力宣传《城市居民最低生活保障条例》，把政策交给群众，接受社会监督；民政部门主动与工会联系配合，把工会提供的所有企业符合低保条件的困难职工及家庭成员列入低保范围；认真测算“兜底”资金，加大低保资金投入，努力实现“应保尽保”。

专户监管 2001年，全省投入低保资金2.1亿元，其中中央财政9254万元，省级财政3500万元，地方配套8280万元。2002年，全省低保资金预算安排4.76亿元，其中中央2.25亿元（比上年增加243%），省级财政7000万元（比上年增加50%），地方各级财政1.8亿元(比上年增加217%)，全省低保资金总量比上年增加123%。2003年，省和市按1 ∶ 1比例配套，中央财政在上年基础上翻番达4.57亿元，省级财政9000万元。2003年，全年平均月支出低保资金5000万元左右，2004年，全年平均月支出低保资金5484万元左右，2005年，全年平均月支出低保资金6376万元左右，2006年，全年平均月支出低保资金7549万元左右，2007年，全年平均月支出低保资金10073万元左右。省政府明确要求低保资金要及时足额到位并转入财政社保补助资金专户，实行封闭运行，专款专用。

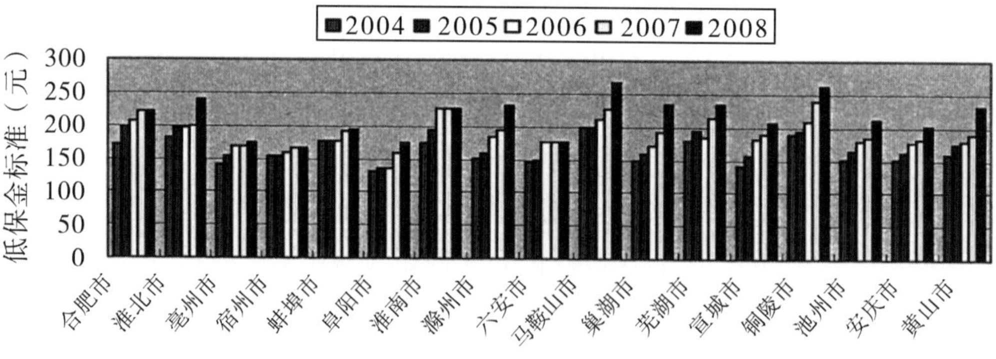

图4-1-4 安徽省城乡低保金水平的变化（1999-2005）

按照分步实施的思想和属地管理的原则，各地明确把所有符合低保条件的特困职工家庭，特别是省部属企业困难职工家庭作为保障重点，任何地方不得以企业的主管部门、行业类型或所有制不同等理由，将其排斥在外。2003年，全省将71万省部属企业困难职工及其家庭成员纳入低保，占67%。凡城镇居民生活低于最低保障线的均已施保，实现应保尽保。各地严格按照低保有关政策规定，坚持政策原则不变，操作程序不变，严格核定低保对象。为做到家喻户晓和社会监督，各地各部门采取多种形式大力宣传国务院《城市居民最低生活保障条例》及相关政策，自觉接受社会监督。

省民政厅与总工会等部门密切配合，通过条、块两个渠道，调查摸底保障对象，然后由民政部门统一把关，严格审批。在扩面期间，对各级工会提供的10.99万户38.7万名特困职工经民政部门审核后，全部纳入低保。同时加强省部属企业较为集中的城市低保工作的业务指导和督查，帮助理清思路，出谋划策，发现问题，及时纠正。

第二章 农村居民最低生活保障

随着社会主义市场经济体制的建立，农村城市化进程的加快，失地农民不断增加，贫富差距扩大，物价上涨等因素，农村居民各种各样的生活困难问题比较突出。同时，城乡统筹的趋势加快，让农村广大群众分享改革发展和社会进步成果的要求趋强。实施低保制度，实行对城乡居民一视同仁的救济政策，无论有业无业，只要居民收入低于当地最低生活保障标准都可以申请和享受最低生活保障，及时得到国家和社会帮助，使得农村居民生活困难问题能够得到及时妥善的解决。从而有利于化解社会矛盾，安定群众情绪，消除社会不安定因素，维护社会稳定。

2005 年，根据中共十六大报告提出的“有条件的地方，可以探索建立农村最低生活保障制度”的要求，安徽省在淮南等市开展建立农村最低生活保障制度试点工作。淮南在全省率先出台《淮南市农村居民最低生活保障试行办法》，对年人均收入低于 720 元农村困难居民实施了低保，为在全省建立农村居民最低生活保障制度积累有益的经验。

2007 年 3 月，温家宝总理在《政府工作报告》提出：要在全国范围内建立农村最低生活保障制度。它将成为防止农民落入绝对贫困的最后一道社会安全网，也为安徽实现“全民低保”迈出坚实的一步。

2008 年年初，省政府召开全省农村低保工作会议，进行全面部署。同时安徽省委、省人民政府决定把建立农村居民最低生活保障制度作为全省实施十二项民生工程之首，并与各地（市）政府签订责任状。同年 2 月，省民政厅、财政厅印发了《安徽省农村居民最低生活保障暂行办法》，规范农村居民最低生活保障的对象、标准、申领程序、资金管理等。全省各市、县、区结合当地实际，相继制定《农村低保实施细则》和《农村低保实施步骤及工作流程》等，为农村低保的实施提供政策依据。

第一节 机构与制度建设

农村居民最低生活保障制度是指以保障农村居民最低生活为目的，科学合理地确定最低生活标准，然后对其家庭成员年人均收入低于最低生活保障标准的给予差额补助。

安徽省于 2007 年春着手实施建立农村低保制度，到当年 6 月底，全省就有 141.8 万农村困难群众纳入保障范围（其中各地自筹资金保障 10.9 万人）。2008 年年初，省政府召开全省农村低保工作会议，安徽省委常委、省政府副省长赵树丛主持会议，省长王三运作工作部署，全省 17 个市市长出席会议。按照安徽省委、省政府统一部署，2008 年 3 月底，提前一个月完成提标扩面工作任务，取得显著成效。全省 186.18 万人纳入保障范围，其中省财政补助年人均纯收入低于 860 元保障线以下的人口 180.11 万人，地方财政自筹资金保障 6.07 万人，保障覆盖面由 2.74% 扩大到 3.5%。

机构建设　2005 年 3 月，安徽省成立最低生活保障处，作为省民政厅的内设处室，主管城乡低保工作。农村低保制度是从农村特困群众生活救助制度演变而来的。2005 年在没有实行农村低保的情况下，全省支出农村特困救助资金 1.2 亿元，有 39 万户、92 万名农村特困群众享受到年均 130 元的定期定量生活救助。

为把农村低保这项惠民政策落实到位，把好事办好、办实，各地拓宽宣传渠道，充分利用广播、电视、报纸、政府网站等宣传媒体和平台，辟专题、办专栏，大力宣传，使低保政策家喻户晓，省民政厅在《安徽日报》、安徽电视台、安徽人民广播电台做过多次宣传；舒城县印发 6000 份《致全县农村居民的一封信》，张贴到村、组、自然庄，在县电视台开设专题节目播发农村低保新闻；金寨县民政局利用《金寨新闻》栏目开辟的“民生工程访谈”专题节目，就建立农村居民最低生活保障制度等有关政策措施进行访谈。当年，淮南、芜湖、铜陵、马鞍山等市的 27 个县（市、区）初步建立农村低保制度。

2007 年 1 月 5 日，省人民政府下发《关于实施十二项民生工程促进和谐安徽建设的意见》，要求各级人民政府加强农村低保工作力量，落实专职工作人员，安排必需的工作经费，并列入财政预算。全省启动和实施十二项民生工程，着力提高城乡居民社会保障水平。其中位列第一项的即是“建立农村居民最低生活保障制度”，明确要求“在现有农村特困群众救助制度基础上，建立全省农村居民最低生活保障制度”。省政府专门成立以常务副省长孙志刚任组长和相关厅局主要负责人为成员的贯彻落实解决民生问题十二项政策措施协调小组，并于 3 月下旬召开全省实施十二项民生工程会议，省政府与各市政府签订工作目标责任状。省民政厅领导多次带队深入基层对农村低保等民生工程进行检查督促。低保处又先后安排人员对合肥、芜湖、淮南、六安、安庆、巢湖、淮北、宿州等 10 多个市的低保工作进行了检查。同年 8 月 29 日，省民政厅召开各市分管领导和低保科长（主任）参加的农村低保工作汇报研讨会。总结全省农村低保工作形势，并要求在五个环节上下功夫，扎实抓好农村低保工作。即合理分解指标环节，低保对象申请环节，民主评议环节，群众公示环节，审核、审批环节。

2007 年 9 月，省民政厅专门印发《民生工程实施情况的报告》，指出农村低保工作存在的主要问题：个别地区资金配套不到位。在省民政厅组织的对部分市、县（区）进行的农村低保工作检查中发现，仍然有个别地区农村低保资金配套不到位，如潜山县配套资金占应配套资金的比例不到三分之一，尚有 130 余万元的缺口。有些乡镇信用社存在收取发放低保金手续费现象。9 月 4 日，省民政厅在检查安庆市迎江区长丰乡农村低保工作中了解到，该乡每年要给信用社支付 1 万多元的低保金发放手续费，既违背有关文件精神,又影响基层低保工作的积极性。同时,多数地方银行系统对代发农村低保金积极性不高,有时托辞拖延时间,影响低保对象及时拿到低保金。工作力量薄弱,工作经费短缺。农村低保和城乡医疗救助是政府赋予民政部门的新的职能,农村低保涉及农村 141.8 万、城乡医疗救助涉及到全省城乡 300 多万特困群众的摸底调查、救助方案的设计、资金需求的测算、救助资金的审核、审批、发放等大量繁重的工作,且操作难度大,客观存在着一些实际困难。机构不健全,工作人员不足，尤其乡镇更是无低保工作机构,没有专人从事这项工作;工作经费短缺，有的地方甚至连印刷调查表格的费用都难以落实。并建议省民生工程协调小组办公室召开联席工作会议,出台民生工作责任制及责任追究制,就相关职能部门的职责进一步明确。如民政部门负责农村低保的日常管理工作,具体组织实施对低保对象的申请进行审核、审批等工作,并将低保资金发放花名册移交财政部门;财政部门负责低保对象的复核,配套资金的筹集， 5 个工作日内将低保资金划拨金融部门;金融部门负责低保资金通过“涉农卡”在 5 个工作日内打卡发放,不得以任何理由拒绝、推诿,及收取手续费等;监察部门负责监督工作全过程,查处违纪违规行为;审计部门主要是依法监督资金的拨付、发放以及有无超范围使用。加大督促力度,促使市、县级财政按不低于资金总量的 2% 安排农村低保工作经费,并列入同级财政预算,以确保这项工作正常开展。特别强调建立健全工作机构。社会救助工作力量薄弱的地方,要充实人员编制,加强工作力量。没有设立低保专门机构的地方,要设立低保机构,安排必要的人员编制。乡镇、社区的机构可以采取整合人力资源和政府购买服务等方式解决。

此后,各市、县都专门召开实施农村低保工作会议,成立领导协调小组,抽调专人办公。各乡镇也相应成立机构,并实行领导负责制。做到责任、人员、经费、工作四到位,切实保证农村低保工作顺利开展。截至 2008 年年底,全省 17 个省辖市建立农村低保科（有的与农村救济、救灾、社会福利科合并办公）,县（市）、区均建有农村低保工作机构,乡镇也安排专人负责农村低保工作。

制度建设 2007 年 2 月,省民政厅在深入调研的基础上,结合实际,代省政府起草《安徽省农村居民最低生活保障暂行办法》;3 月,下发《关于农村低保实施步骤的通知》;4 月,在铜陵市召开全省农村低保工作会议进行具体部署。按照省民政厅实施步骤要求， 4 月底至 5 月中旬,全省各市、县、区依据《安徽省农村居民最低生活保障暂行办法》,结合当地实际,相继制定《农村低保实施细则》和《农村低保实施步骤及工作流程》等。各地对农村低保的保障范围和标准、家庭收入的测算、申请审核审批公示程序、资金筹集和发放等都作了明确规定,为农村低保的实施提供了政策依据。5 ~ 6 月组织实施， 6 月底低保金已发放到人。在前几年已建立农村低保制度的地区提标扩面,进一步规范管理,提高救助水平。如:马鞍山市、铜陵市农村低保标准为每人每年 1320 元;马鞍山市年人均补差为 521 元;铜陵市年人均补差为 552 元。中央农村低保补助资金下拨后,安徽各地及时提高全省农村低保补助水平,由原来年人均 260 元提高到年人均 380 元,实现全省月补差人均 31.66 元,超过全国农村低保月补差人均 27 元的水平。

铜陵市自 2005 年实施农村低保制度以来,把握推进“民生工程”的有利契机,进一步完善制度建设,提高规范管理水平,以实现“应保尽保”为目标,科学扩大保障面,初步实现城乡低保一体化的社会救助长效机制。市区农村低保标准为 1320 元/年,铜陵县农村低保标准为 1032 元/年。全市在册农村低保对象 5054 户, 9576 人,保障覆盖面为 3.06%,共发放农村低保金 261.92 万元,人均月补差达 46 元,已远远超过省政府规定的年人均补差不低于 260 元的目标任务。除远郊个别乡镇因无金融机构服务网点外,低保金发放全部按季度以“一卡通”形式实行社会化发放。2005 年起,铜陵市政府就将建立和完善城乡低保制度作为加快建立新型社会救助体系的重要内容来抓,并始终将农村低保与城市低保统筹考虑。市、县各级把农村低保被列为市、县民生工程的首要项目,市民政局作为牵头落实部门,成立由局长任组长的民生工程领导小组,对照与市政府签订的目标责任状,实施目标管理,全程督促,狠抓落实。针对乡镇基层机构力量薄弱,人员编制无法满足工作需求的现状,同年 6 月,铜陵市城乡低保领导小组对低保行政机构建设进行专题研究,提出在乡镇、社区成立低保专门机构,落实专门工作人员,其中乡镇低保机构列入事业单位,社区工作人员实行聘用制。从 2006 年起将农村低保资金列入各级财政预算,并由市、县(区)两级财政按 9 ∶ 1 比例分摊,市财政实行兜底支付,有效避免因资金不到位而造成发放不到位或变相降低标准发放的现象。2007 年,制定出台《铜陵市农村居民最低生活保障操作规程》,对保障范围和标准、家庭收入核算、申请审核审批程序等各个环节都作出明确规定,使每个环节都做到有章可循,便于检查,减少工作随意性。其中重点明确“应保尽保、特困重保、阳光施保”的要求,通过加大宣传,使政策家喻户晓,在村级坚持民主评议制度,让那些确需得到救助的困难人群都能得到政府的及时救助。

铜陵市的做法为全省提供了很好的借鉴经验。2007 年 1 月,安徽省人民政府印发《关于实施十二项民生工程促进和谐安徽建设的意见》,决定从 2007 年开始,启动和实施十二项民生工程,着力提高城乡居民社会保障水平,进一步增强政府公共服务能力,让广大人民群众共享改革发展的成果。首先是建立农村居民最低生活保障制度,即在现有农村特困群众救助制度基础上,建立全省农村居民最低生活保障制度,将家庭年人均收入低于 683 元的绝对贫困人口纳入低保范围,给予每人每年平均 260 元补助,并随着经济社会发展水平的提高,逐步扩面提标,使农村困难群众的基本生活得到稳定保障。所需资金由省与市、县财政按 7 ∶ 3 比例负担。其次进一步提高农村“五保户”供养标准,在现有每人每年平均 850 元的基础上,提高到每人每年平均 1200 元,使全省“五保户”达到当地农村居民平均生活水平。所需资金按照现行财政体制,61 个县(市)和 15 个县改区由省财政负担,其他市辖区由市财政负担。省政府成立由常务副省长任组长,省财政、发展改革、教育、民政、劳动保障、水利、卫生、计生、监察、审计等有关部门主要负责人为成员的贯彻落实解决民生问题十二项政策措施协调小组，办公室设在省财政厅，具体负责各项政策措施的组织实施工作。市、县政府也成立相应的领导机构。省财政厅会同省有关部门逐项制定实施办法。有条件的地方，在现有政策措施基础上，积极扩大实施范围，努力提高保障标准。各级政府把着力解决民生问题列入重要议事日程，建立责任制，加强督促检查，抓好贯彻落实，大力促进和谐安徽建设。

2007 年 4 月，安徽省农村居民最低生活保障工作已经全面启动。当年即投入共 4459.96 万元资金用于农村低保，共有 17 万多农村贫困群众享受这一惠民政策。其中省财政转移支付 3121.97 万元，市、县（区）财政配套支付 1337.99 万元，农村低保资金将按季度（每季度的头一个月），实行社会化发放。当年享受农村低保的总人数达到 172902 人，在 2006 年的农村特困救助政策的基础上，新增 52539 人，约占全省农业人口的 3.5%。这些享受农村低保的贫困群众家庭年人均收入都在 683 元以下，属于绝对的贫困人口。

2007 年 9 月，省民政厅专门印发《民生工程实施情况的报告》，通报实施农村居民最低生活保障工作情况。为确保农村低保制度及时、顺利实施，省民政厅多次召开专门会议研究具体方案，并进行深入细致的调研活动。在调研的基础上，根据全国农村低保会议精神，结合实际，以省政府办公厅名义制订下发《安徽省农村居民最低生活保障暂行办法》。各地组织人员力量，走乡镇到村组，深入基层搞调研。按照省政府文件要求，结合当地经济发展状况，制定市、县农村低保实施细则和管理办法。坚持属地管理，明确保障范围、保障标准，对家庭收入的测算、审核、审批、资金的筹集和发放以及管理要求作出详细规定。农村低保涉及千家万户，事关困难群众的切身利益。规范操作程序，坚持客观公正是确保其效果的一个重要环节。各级民政部门在工作中强化责任意识，坚持做到：不暗箱操作，务必张榜公布，接受群众监督；不优亲厚友，务必要公开、公平、公正；不平均分配，务必保障重点；不敷衍了事，务必手续齐全，照章办事。在具体操作上严格实行自下而上的三级审核、三榜公示制度。充分发挥群众评议组织的作用，采取民主评议办法，实施阳光低保，公平低保。各地民政部门严格低保对象申请、审核、审批程序，在不影响工作质量的基础上，加班加点组织实施。如利辛县民政局采取人停电脑不停的方法，连续工作三昼夜，提前完成农村低保对象花名册微机录入上报工作。在民政部门和相关单位的密切配合下，各地于 6 月 31 日前，完成 141.8 万农村低保对象申请、审核、审批工作（其中，省定指标 130.9 万人，各地自筹资金保障 10.9 万人）。标志着安徽省农村低保制度全面建立。

2007 年 11 月，省财政厅、省民政厅下发《安徽省农村居民最低生活保障资金管理暂行办法》，规定农村低保资金是为保障农村居民维持基本生活水平，专项用于家庭年人均纯收入低于当地农村低保标准的农村居民的补助资金。农村低保所需资金由省与县（市、区）财政共同负担，其中：省财政对老省辖 8 市所辖区原农村特困救助补助基数不变，新增部分由市（区）财政承担，其他 76 个县（市、区）由省与县（市、区）按 7 ：

3 比例分担。省级财政应承担的农村低保资金，采取年初预拨、年终清算的办法，每年分两次下拨。农村低保资金专项用于农村低保对象的生活补助，不得用于其他支出，严禁挤占和挪用。不得从农村低保资金中开支工作经费，也不得向农村低保对象收取管理费。各级财政部门根据实际需要安排必要的工作经费，并列入当年财政预算。各级财政部门在金融机构开设“农村居民最低生活保障资金财政专户”，对农村低保资金实行专户管理，确保专款专用。各级要将本级财政预算安排资金及其他多渠道筹集资金，及时拨入财政专户，用于经审核、审批后的农村低保资金支出。农村低保资金实行专项调拨，封闭运行。农村低保资金由县（市、区）财政统一管理。年初由县级民政部门会同财政部门，按核定的享受人数和标准确定乡镇分配方案，并按方案将补助指标统一下达到乡镇。乡镇在接到县补助指标后，应及时通过涉农资金明白卡，告知享受对象。民政部门按季根据核定的享受人数和补助标准提出用款计划，报同级财政部门审核后，将资金拨付至乡镇“财政补贴农民资金”专户。乡镇财政部门在接到当期补助资金后，应在 3 个工作日内，将补助资金打入享受对象个人存折（卡）。农村低保资金也可以采取由县级财政部门直接打卡的方式进行。具体工作流程及办法由各县（市、区）自行确定。

2008 年，省民政厅顺应社会发展形势，针对实际工作中存在的问题，对《安徽省农村居民最低生活保障暂行办法》进行修改。2008 年 2 月，省民政厅、财政厅正式印发《安徽省农村居民最低生活保障暂行办法》，对保障范围和标准、家庭收入测算、申请审核审批程序、保障对象管理、资金筹集管理与发放及法律责任等作出明确规定。《安徽省农村居民最低生活保障暂行办法》从 2008 年 1 月 1 日起施行。

同时明确每年 11 月 30 日前，各市财政、民政部门将所属县（市、区）农村低保资金拨入“农村低保专户”的预算拨付凭证和“农村低保专户”的银行对账单集中统一上报省财政厅和省民政厅。省财政厅和省民政厅对上报的有关凭证进行审核确认，对于农村低保资金拨付不到位的地区进行通报批评，责令其补齐资金，发放到位，否则省财政第二年补助资金不予拨付。同时规定农村低保资金的收支管理和发放，应坚持公开、公正、公平的原则，主动接受上级主管部门和监察、审计等部门的监督检查，保证农村低保工作运行的公开、透明，自觉接受社会监督。省级民政、财政部门定期或不定期对市、县（区）农村低保资金使用情况进行监督检查，发现问题，区别不同情况予以通报批评并限期纠正。由于各地操作基本规范，省民政厅要求再用一至二年时间，使全省农村低保制度达到政策完善、标准合理、资金落实、管理规范的目标。2008 年年底，安徽省全面完成农村低保的建制任务。

第二节　保障对象与标准

农村居民最低生活保障制度是以保障农村最贫困群众基本生活、生存权利为目标的社会救助制度。对纳入农村低保范围的,实行分类施保。各地都能根据当地实际情况将保障对象大体分为二至三类,把丧失和严重缺乏劳动能力的应保未保五保户,大病重残、无生活来源的（其法定赡、扶、抚养人无赡、扶、抚养能力的）,遭遇天灾人祸或其他原因造成家庭生活特别困难的作为保障重点,给予倾斜和照顾。

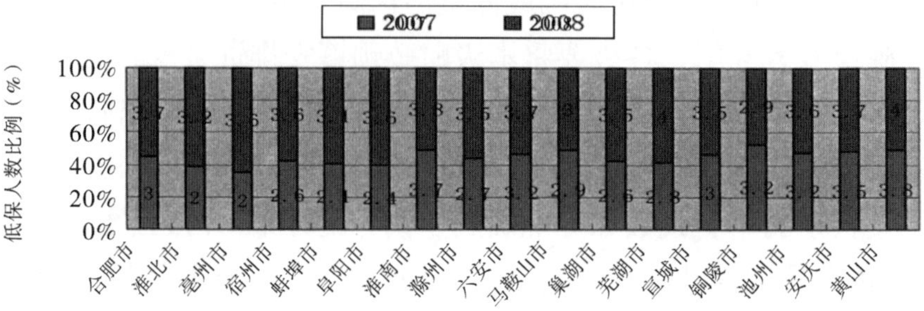

图 4-2-1　安徽省农村低保人数占农业总人口的比例图

制定最低生活标准线,各地既按保障贫困居民基本生活的要求,又要克服其依赖思想的原则,从各地农村居民的最基本生活需求、地区经济发展水平、物价水平、消费水平和财政承受能力出发,确定和调整最低生活保障线。最低生活标准在不同地区可以存在差异。

保障对象　2007 年 3 月,省人民政府办公厅转发省民政厅、省财政厅《安徽省农村居民最低生活保障暂行办法》,规定持有安徽省农业户口的农村居民,凡共同生活的家庭成员年人均纯收入低于户籍所在地农村低保标准的,均有权享受本办法规定的农村低保待遇。共同生活的家庭成员是指具有法定赡养、扶养或抚养关系的人员,主要包括:祖父母（外祖父母）、父母（岳父母或公婆）、配偶、子女、孙子女（外孙子女）以及其他具有法定赡养、扶养或抚养义务关系的人员（含已迁往学校的大中专在校学生和服现役义务兵）。符合农村低保条件的家庭,根据其家庭条件的不同实行分类施保,原则上按照下列标准享受农村低保待遇,即:丧失和严重缺乏劳动能力的,无生活来源、其法定赡养人和抚（扶）养人没有赡养、抚（扶）养能力的,按当地农村低保标准全额救助;大病重残、单亲困难家庭,按略低于当地农村低保标准救助;遭遇天灾人祸或其他原因造成家庭生活特别困难的,按当地农村低保标准差额救助。但有下列情形之一的,不能享受农村低保待遇:家庭成员有使用移动电话、摩托车（或非经营性机动车辆）、计算机等非基本生活必需品的;两年内购买商品房或高标准装修现有住房的;经常出入餐饮、娱乐等高消费场所的,因赌博、吸毒、嫖娼等违法行为而造成家庭生活困难且尚未改正的;安排子女择校就读或子女在义务教育期间入收费学校就读的;在法定劳动年龄内有劳动能力（在校学生除外）,但无正当理由不参加生产劳动的;不按规定如实申报家庭收入,无特殊原因连续两次不按时领取低保金的,或不按规定参加低保待遇年度审核的;其他按当地政府规定不予批准享受低保待遇的。

2007 年,省财政保障 130.9 万人,地方自筹资金保障 10.9 万人,全省共保障 141.8

万人，覆盖面达 2.74%。2008 年年初，省政府决定，将安徽省农村低保覆盖面由 2017 年的 2.74% 扩大到 3.5%，保障人数增加到 180.11 万人，并要求有条件的地方可适当扩大保障范围、提高保障标准和补差水平。农村低保提标扩面工作于 2008 年 3 月底全部完成，比省政府要求 4 月底完成提前一个月。共保障 186.33 万人，其中省财政保障 180.11 万人，地方自筹资金保障 6.22 万人，保障覆盖面由 2.74% 扩大到 3.5%。

保障标准　安徽省的农村低保标准按照当地维持农村居民基本生活所必需的衣、食、住费用，适当考虑用电、用水、燃料等所需费用确定，并随着当地生活必需品价格变化、经济发展和农村居民生活水平提高适时调整。具体标准由市、县（区）民政部门会同财政、物价、统计等部门制定，报本级人民政府批准并报上一级人民政府及省级人民政府民政部门备案后执行。

2007 年 3 月，安徽省人民政府办公厅转发省民政厅、省财政厅《安徽省农村居民最低生活保障暂行办法》，规定农村低保标准的确定，财力相对较弱、农民人均收入相对较低的地区，可从不低于国家绝对贫困线的标准起步；财力相对较强、农民人均收入相对较高的地区，可按照当地维持农村居民基本生活所必需的衣、食、住费用，适当考虑用电、燃料等所需费用确定，并随着当地生活必需品价格变化、经济发展和农村居民生活水平提高适时调整。同时规定农村居民家庭收入是指以年为单位，共同生活家庭成员的货币收入和实物收入（折合货币收入）的总和。具体包括：从事农业、林业、养殖业及副业生产，扣除必要成本后的收入；外出务工、自谋职业等获得的劳务、经营、管理等收入；工资性收入（包括奖金、补贴、福利等）；出租或变卖家庭财产获得的收入；法定赡养人、扶养人或抚养人有能力给付的赡养费、扶养费或抚养费按照法定赡养、扶养、抚养人年人均收入高于低保标准的 30% 计算；依法继承的遗产或接受的赠与；当地政府规定应计入的其他收入。有下列项目不计入家庭收入：优抚对象享受的抚恤金、优待金；对国家、社会和人民做出特殊贡献，由政府给予的奖金及市级以上劳动模范享受的荣誉津贴；奖学金、助学金、勤工俭学收入及由政府和社会给予困难学生的救助金；因工（公）负伤和意外伤害的医疗费、误工费、营养费、护理费及死亡人员的丧葬费和一次性抚恤金等；独生子女费、农村计划生育政策奖励扶助金；政府下拨的救灾、扶贫、移民扶持款物；新型农村合作医疗报销的医疗费；农村贫困家庭成员因病享受的大病医疗救助费；政府、社会或个人给予的临时性生活抚慰金；当地政府规定的不应计入的其他收入。县（市、区）民政部门应会同相关部门制定统一的农村居民家庭收入核算评估办法，并根据市场价格的变化适时进行调整。

自建立农村低保制度以来，安徽省农村低保历经两次提标。2008 年，保障标准由 683 元提高到 860 元；2009 年，全省农村居民最低生活保障标准在 860 元的基础上提高 134 元。2009 年，省民政厅关于印发《安徽省 2009 年农村居民最低生活保障提标扩面实施意见》的通知，各市、县（市、区）人民政府要按照中央和安徽省委、省人民政府的要求，在上级适当补助的基础上，坚持实事求是的原则，量力而行，尽力而为，按标施保，应保尽保，分类施保，动态管理。经济条件较好的地区，可根据当地经济、社会发展情况自筹资金适当提高保障标准和扩大保障范围。经济欠发达的地区，要侧重对边远山区、库区、老区、重灾区、地域经济较落后、困难人口较多的乡（镇）、村重点倾斜。确保对当地农村最低生活保障标准以下的困难群众实现应保尽保。

第三节　农村低保管理

农村最低生活保障管理既要严格规范，又要从农村实际出发，简便易行。低保对象和低保标准均要实行动态管理，做到保障对象有进有出，补助水平有升有降。同时与扶贫开发、促进就业以及其他农村社会保障政策、生活性补助措施相衔接，坚持政府救济与家庭赡养扶养、社会互助、个人自立相结合，鼓励和支持有劳动能力的贫困人口生产自救，脱贫致富；做到制度完善、程序明确、操作规范、方法简便，保证公开、公平、公正。农村最低生活保障资金实行专项管理，专账核算，专款专用，严禁挤占挪用。

资金管理　农村低保涉及千家万户，规范操作程序，坚持客观公正是确保其效果的一个重要环节。各地在具体操作上严格实行自下而上的三级审核、三榜公示制。首先，户主向村提出书面申请，出具家庭收入证明、户口本、身份证复印件；其次，村核查并召开村民代表会议进行民主评议，提出初审意见，公示一周无异议报乡镇政府；第三，乡镇组织复核，对符合条件的签署意见并公示一周，无异议报县民政局；第四，县级民政部门对乡镇上报低保对象进行审核、审批并通知乡镇进行第三榜公示，无异议的确定为农村低保对象，填写发放“安徽省农村居民最低生活保障证”。

自 2007 年全省实行农村居民最低生活保障制度以后，在办理农村低保的过程中，省民政厅坚持“评议为主、测算为辅”的原则。各地严把入口关，坚持“四不准”和“三不纳入”制度。即：不准暗箱操作，不准优亲厚友，不准平均分配，不准敷衍塞责；居住条件好有隐性收入的不纳入，不经村委会评议和乡镇集体研究、没有公示的不纳入，具有自救能力而好逸恶劳者不纳入。为加强民主监督，各地成立领导小组、评议小组和督察小组，及时召开评议会、宣传会、交流会。在村委民主评议时，突出“穷中选穷”，评议小组成员和入户核查人员必须个人签字，以备责任追究，防止优亲厚友，暗箱操作等违规现象出现。在坚持公示制度的同时，设置举报信箱和举报电话，确保公开、公平、公正，阳光操作。

根据《安徽省农村居民最低生活保障暂行办法》和《安徽省农村居民最低生活保障资金管理暂行办法》的规定，实施农村低保所需资金由省与市、县（区）财政共同负担。其中：省辖 8 市所辖区原补助基数不变，新增部分由市（区）财政承担；其他 76 个县（市、区）由省与市、县（市、区）按 7 ∶ 3 比例分担。

各级财政部门在金融机构开设农村居民最低生活保障资金财政专户，对农村低保资金实行专户管理，确保专款专用。各地将本级财政预算安排的资金及其他多渠道筹集的资金，及时拨入财政专户，用于农村低保资金支出。农村低保资金由县（区）财政统一管理。年初由县农村局和财政社保机构会同民政部门，按核定的享受人数和标准确定乡镇分配方案，并按方案将补助指标统一下达到乡镇。乡镇在接到县补助指标后，应及时通过涉农资金明白卡，告知享受对象。使用时，由民政部门按季根据核定的享受人数和补助标准提出用款计划，报同级财政部门审核后，将资金拨付至乡镇“财政补贴农民资金”专户。农村低保工作实行在省政府领导下的各级人民政府负责制。各级民政部门负责本行政区域内的农村低保管理和实施工作。民政、财政部门负责农村低保政策制定、运行规程的指导检查及资金的测算、分配和管理；农业、卫生、教育、物价、统计、审计、监察等有关部门，在各自的职责范围内配合做好农村低保的有关工作。县（市、区）民政部门负责本行政区域内农村低保的审批工作。镇人民政府、辖有农业人口的街道办事处负责辖区内农村低保的审核工作。村民委员会、含有农业人口的社区居民委员会受县（市、区）民政部门、乡镇人民政府和街道办事处的委托，承担农村低保的日常管理和服务工作。

确保低保资金按时、足额发放到低保对象手中是低保工作的重要环节。全省多数地方是通过金融机构发放低保金，少数地方还是人工发放。各地在低保资金的发放上，拨付及时、按时发放、金额准确、完备手续。每月审批完成后及时向财政部门请拨资金，由审批机关集中通过金融机构发放。一般情况下，财政部门向代发银行预拨一定数额的沉淀资金，以保障资金的及时发放。

2007 年，全省共支出农村低保资金 5.46 亿元，其中，中央补助资金 1.57 亿元，省级补助资金 2.38 亿元，地方财政配套资金 1.51 亿元。2008 年，全省共支出资金 10.25 亿元，其中，中央补助资金 4.76 亿元，省级财政补助资金 3.5 亿元，地方财政配套资金 1.99 亿元。

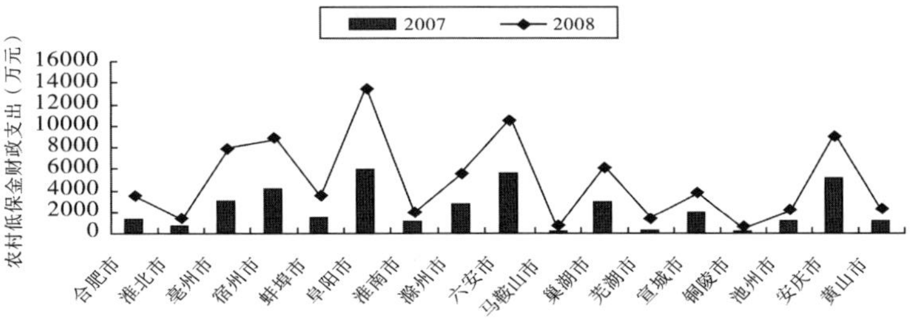

图 4-2-2　安徽省农村低保金财政支出比较

工作程序　2007 年 3 月，省人民政府办公厅转发省民政厅、省财政厅《安徽省农村居民最低生活保障暂行办法》，明确规定申请、审核、审批及发放程序。

个人申请　申请农村低保待遇，以家庭为单位，由户主填写《农村居民最低生活保障待遇申请审批表》，提供居民户口本、居民身份证、家庭收入状况证明以及其他相关证明材料，通过村民委员会（社区居民委员会）向户口所在地的乡镇政府（街道办事处）提出申请。

村民委员会（社区居民委员会）初审 村民委员会（社区居民委员会）在5个工作日内完成对申请人的家庭收入和实际生活情况的核实，并由调查人填写“农村居民最低生活保障待遇申请人员家庭情况调查表”；召开村（居）民代表会议，或村（居）两委扩大会议（村民代表不得少于3名），对申请人的家庭生活状况和核查情况进行民主评议；将申请人家庭情况和评议情况在村务公开栏公示7天以上；对无异议的，在“农村居民最低生活保障待遇申请审批表”上签署意见，连同居民户口本、居民身份证（复印件）、家庭收入状况证明以及其他相关证明材料报乡镇政府（街道办事处）审核。对经评议或公示后复审不符合条件的，要书面通知申请人，并告知原因。

乡镇政府（街道办事处）审核 乡镇政府（街道办事处）在收到申报材料后，应对村（居）委会上报的家庭收入调查表进行逐一调查、核实，在10个工作日内完成，并由乡镇（街道）民政干部在“农村居民最低生活保障待遇申请人员家庭情况调查表”“农村居民最低生活保障待遇申请审批表”上签署意见。乡镇政府（街道办事处）审核后，应将有关证件和证明材料一并报县（市、区）民政部门审批。对审核不符合条件的，要书面通知申请人，并告知原因。

县（市、区）民政部门审批 县（市、区）民政部门接到申报材料后，应在10个工作日内完成对申报对象材料的审核、重点调查和审批工作，并委托乡镇、村委会在公开栏公示5天。对无异议的，在“农村居民最低生活保障待遇申请审批表”上签署意见，并发给“农村居民最低生活保障证”，从批准之月起领取低保金。对不符合条件的，要书面通知申请人，并告知原因。

资金发放 农村低保资金由县（区）财政统一管理。年初由县农村局和财政社保机构会同民政部门，按核定的享受人数和标准确定乡镇分配方案，并按方案将补助指标统一下达到乡镇。乡镇在接到县补助指标后，应及时通过涉农资金明白卡，告知享受对象。使用时，由民政部门按季根据核定的享受人数和补助标准提出用款计划，报同级财政部门审核后，将资金拨付至乡镇“财政补贴农民资金”专户。乡镇财政部门在接到当期补助资金后，应在3个工作日内，通过金融部门将补助资金打入享受对象个人存折（卡）。

同时规定，农村低保对象实行动态管理。所有对象（含原农村特困救助对象）都要重新申请、审核、审批，健全档案；按程序对农村低保对象实行年度复核、季度适时调整。农村低保对象实行县、乡二级档案管理，做到一乡一柜、一户一档；省、市、县（区）建立农村低保对象基础信息数据库，县级负责基础信息数据库的日常管理。“农村居民最低生活保障金领取证”全省统一印制、统一编号、统一发放。各市、县（区）要结合当地实际，制定实施细则或操作规程，报省民政厅、省财政厅备案后执行。

2009年，按照省民政厅印发的《安徽省2009年农村居民最低生活保障提标扩面实施意见》的通知，严格申请、审核和审批程序，村（居）委会在个人申请的基础上，认真组织到每个申请人家庭入户调查，切实核清申请人家庭收入。在此基础上，按照省民政厅、财政厅的《安徽省农村居民最低生活保障暂行办法》的要求,召开村民代表会议或两委扩大会议,坚持"按标施保"的原则进行民主评议。召开村民代表会议,村民代表必须超过半数;召开村(居)两委扩大会议,村民代表人数最低不得少于3人,尽可能的增加村民代表人数。进行民主评议时,邀请当地人大代表、政协委员参加,允许村民旁听;乡镇包村干部要到现场全程指导,并与出席会议的全体人员一起在评议会议记录上签名,同时对评议结果负责。严格执行三榜公示制度。第一榜公示不得少于7天,第二、三榜公示不得少于5天。公示内容要详细(包括户主姓名、家庭成员人数及姓名、家庭年人均收入、拟定保障类别、补差金额等相关内容),公示张贴到每个村民小组。乡镇在审核时,一定要入户调查。入户率不得低于20%,县(市、区)民政局审批时,入户抽查率不得低于10%。乡镇审核与各村民主评议同步进行。同时建立保障对象能进能出、保障金额能升能降的动态管理机制。各县(市、区)结合2009年提标扩面工作,对2007年、2008年已纳入农村低保的人员进行全面复核、重新评议,张榜公示。

监督检查 2007年3月,省人民政府办公厅转发省民政厅、省财政厅《安徽省农村居民最低生活保障暂行办法》,规定从事农村低保的工作人员应依法办事,接受社会监督。有下列行为之一的,视情节给予批评教育或行政处分;构成犯罪的,依法追究其刑事责任:无故对符合条件的申请人拒不审批或拖延签署初审、审核、审批意见的;违反规定为不符合条件的申请人办理享受低保待遇手续的;贪污、挪用、扣押、拖欠低保金的;其他玩忽职守、徇私舞弊、滥用职权行为的。各级政府高度重视群众信访工作,畅通监督渠道,公布举报电话,设立举报箱。对举报的问题不隐瞒、不护短,发生违规违纪案件,不姑息、不迁就,一查到底。同时还规定,对采取虚报、隐瞒家庭收入、伪造证明材料等不正当手段骗取农村低保待遇的居民,情节较轻的由县(市、区)人民政府民政部门给予批评教育,追回冒领的低保金;情节严重构成犯罪的,移交司法机关处理。并建立责任追究制度。相关部门加强协同,采取专项检查与全面检查相结合、事先通知和临时决定相结合、指定对象和随机抽取相结合等方式,"组织是否严密,程序是否严格、对象是否准确"为重点,对农村低保工作进行督查。

2007年,省政府组织民生工程成员单位领导带队的民生工程督查组,对包括农村低保工作在内的民生工程进行多次检查。2008年,省民政厅利用两个月时间组织开展农村低保提标扩面工作"回头看"活动。各市、县(区、市)民政部门加强组织领导,把握活动重点,注重活动实效,认真做好补差补缺工作,达到"制度完善、程序规范、促进公开"的目的。2009年,省人大常委会将审议农村低保工作作为年度的工作重点,派出三个督查组,分别由省人大常委会副主任带队,对全省的农村低保工作进行检查;省审计厅对全省农村低保工作进行专项审计,有力促进农村低保的健康发展。

第五篇　社会救助

社会救助是指国家和其他社会主体对于遭受自然灾害、失去劳动能力或者其他低收入公民给予物质帮助或精神救助，以维持其基本生活需求，保障其最低生活水平的各种措施。它对于调整资源配置，实现社会公平，维护社会稳定起到非常重要的作用。社会救助是最古老最基本的社会保障方式，在矫正“市场失灵”、调整资源配置、实现社会公平、维护社会稳定、构建社会主义和谐社会等方面发挥着重要的和不可替代的作用。

社会救助一词，也称社会救济，或称公共援助。社会救助主要是对社会成员提供最低生活保障，其目标是扶危济贫，救助社会脆弱群体，对象是社会的低收入人群和困难人群。社会救助体现了浓厚的人道主义思想，是社会保障的最后一道防护线和安全网。

在实际操作中，通常的作法是：根据维持最起码的生活需求的标准设立一条最低生活保障线，每一个公民，当其收入水平低于最低生活保障线而生活发生困难时，都有权利得到国家和社会按照明文公布的法定程序和标准提供的现金和实物救助。依据救助的实际内容来划分，可分为生活救助、住房救助、医疗救助、教育救助、法律援助等；依据救助手段来划分，可分为资金救助、实物救助和服务救助等。以贫困持续时间的长短变化来划分，可以分为针对长期性贫困的定期救助（如孤寡病残救助）、针对暂时性贫困的临时救济（如多数情况下的失业救助、自然灾害救助等）和针对周期性贫困的扶贫（如贫困户救助）之分。从社会救济的对象区分，无依无靠、没有劳动能力、又没有生活来源的人，主要包括孤儿、残疾人以及没有参加社会保险且无子女的老人；有收入来源，但生活水平低于法定最低标准的人；有劳动能力、有收入来源，但由于意外的自然灾害或社会灾害，而使生活一时无法维持的人。

安徽省社会救济历史悠久。新中国成立以后，安徽省委、省人民政府把关心群众生活、解除群众疾苦的社会救济工作作为一项重要政策，列入各级政府工作计划，将救济经费列入财政预算，划拨专款，城乡兼顾，统筹安排。改革开放以后，各级民政部门积极贯彻“生产自救，群众互助，辅之以国家必要救济”的方针，坚持依靠群众，依靠集体，多渠道、多层次开展社会救济工作，先后建立了救灾救济、城乡低保、医疗救助、扶贫济困、特困救助等制度，较好地保障了城乡困难群众的基本生活。

安徽省城乡社会救助工作，主要有城市居民最低生活保障、农村居民最低生活保障、农村五保供养保障（分别见第四篇和第六篇有关章节）、城乡医疗救助、流浪乞讨人员救助等几项内容，始终得到省委、省政府的高度重视，其中的农村居民最低生活保障、农村五保户供养、城乡医疗救助三项工作列入省政府组织实施的民生工程。这对于切实解决城乡困难群众的基本生活、促进经济发展、保持社会稳定、构建和谐社会起着重要作用。

第一章 社会救济

社会救济是指国家和社会为保证每个公民享有基本生活权利，而对贫困者提供物质帮助。主要包括自然灾害救济、失业救济、孤寡病残救济和城乡困难户救济等。国家和社会以多种形式对因自然灾害、意外事故和残疾等原因而无力维持基本生活的灾民、贫民提供救助。包括提供必要的生活资助、福利设施，急需的生产资料、劳务、技术、信息服务等。

1982 年《中华人民共和国宪法》第 45 条规定："中华人民共和国公民在年老、疾病或者丧失劳动能力的情况下，有从国家和社会获得物质帮助的权利。国家发展为公民享受这些权利所需要的社会保险、社会救济和医疗卫生事业。"根据这一规定，社会救济工作主要是依靠群众和集体，开展生产自救，实行邻里相助，国家辅之以必要的救济。

20 世纪 80 年代，安徽社会救济的任务是，对农村中无劳动能力、无生活来源、无依无靠的老人、残疾人和孤儿，采取依靠集体供养、辅之以国家必要救济的办法，实行"五保"，即保吃、保穿、保住、保医、保葬（孤儿保教），保证他们的生活达到当地一般群众的生活水平。供养的形式有集中供养和分散供养；对农村中全家收入维持不了当地最低生活水平的贫困户，发给救济费。

随着经济建设事业的发展，社会救济逐步由低层次向高层次过渡。经济不发达地区，已由单纯维持贫困人民的最低生活水平，发展为以扶优、扶贫为重心，解决贫困人民温饱问题，开始由救济型向福利型转变；经济比较发达的地区，社会救济原有的社会功能逐步由社会保险所代替，如建立合作养老保险、合作医疗保险等。

第一节 农村特困对象救助

农村特困对象主要是指因病、因残等导致家庭丧失主要劳动力，难以维持日常基本生活的农村特困家庭，以及不符合"五保"供养条件的无劳动能力、生活常年困难的鳏寡孤独家庭。或者因艾滋病导致生活困难的家庭纳入当地特困户救助范围。对因突发灾祸造成生活暂时困难的家庭，继续实行临时救济。

1980 年 4 月，民政部《社会救济工作条例》（试行草案）规定，城镇救济对象是无依无靠、无生活来源的孤老残幼和无固定职业、无固定收入、生活有困难的居民。同年，省民政厅调整提高城镇救济标准:省辖市户1口每月14至17元,户2口每人12至15元,户3口以上每人10至13元;县级市和县户1口每月11至14元,户2口每人9至12元,户3口以上每人7至10元;县以下集镇每人每月4至6元。当年,全省城镇社会救济费为223万元。

1985年,省民政厅布置全面复查全省城镇定期救济对象,核定定期救济孤老残幼11845人,贫困户2956人。全年发定期救济费221.6万元,年人均149.7元。1989年,城镇救济费达到483.43万元。

1985—1989安徽省年城镇孤老残幼及贫困户救济统计表

表5-1-1

年份	城镇社会救济费（万元）	孤老残幼救济				贫困户救济			
		合计（万元）	定期救济人数	定期救济款数（万元）	年人均救济（元）	合计（万元）	定期救济人数	定期救济款数（万元）	年人均救济（元）
1985	289.99	195.96	11845	170.34	144	94.03	2956	51.26	173
1986	364.93	281.58	12527	255.27	204	83.35	3265	50.67	155
1987	394.39	296.19	12735	266.07	209	98.20	3236	63.35	196
1988	427.72	323.48	12835	293.30	299	104.24	3583	70.15	196
1989	483.43	355.02	12987	321.12	247	128.41	3900	67.04	172

2001年11月,省人民政府发出《关于进一步安排好困难群众基本生活的意见》。要求各地切实把安排好困难群众的基本生活摆上重要位置;做好特困群众摸底工作;落实和完善关心困难群众生活的各项政策措施;认真做好城市居民最低生活保障和农业税因灾减免、社会减免、农村救济工作;建立健全领导干部和机关工作人员联系困难户制度;各级各部门齐抓共管,形成全社会帮扶困难群众的合力;切实转变工作作风,把关心群众的各项工作落到实处。

2001年安徽省社会救济对象统计表

表5-1-2　　　　单位:人

项目	1994年	2001年
社会救济对象总人数	4282856	3355801
城镇救济对象合计	—	1041086
低保对象	—	839289
特殊救济对象	—	86120
其他	—	115677

续表 5-1-2

项目	1994 年	2001 年
农村救济对象合计	—	2314715
困难人口	—	818820
散居孤老残幼人数	—	247074
其他	—	535598

2003 年 5 月,民政部办公厅下发《关于进一步做好农村特困户救济工作的通知》,要求在全国范围内部署开展农村特困救助工作。安徽省各级民政部门按照民政部通知要求,积极会同统计、扶贫等部门组织人员进行摸底排查:确定全省人均纯收入低于 625 元的特困人口共有 67.6 万户、182.7 万人。6 月初,省民政厅起草实施方案上报省政府。

2003 年 12 月,省政府办公厅下发《关于切实做好农村特困户救济工作的通知》,确定全省农村特困户救济工作在 2004 年全面推开;救济资金由各级政府共同负担,省财政在转移支付和扶贫资金中适当给予补助。同时规定,农村特困群众救济分为定期救济对象和临时救济对象。定期救济对象主要指年人均收入在 625 元以下的农村特困家庭,即无劳动能力、无生活来源、无法定赡养人或抚养人的老年人、残疾人和未成年人;因病、因伤、因灾家庭丧失主要劳动力,难以维持日常基本生活的特困家庭。临时救济对象主要指因灾、因病造成临时生活困难,通过自身努力在短期内难以保障基本生活的特困家庭。农村特困救济对象实行动态管理,每年按照有关程序审查一次,做到实事求是,客观公正,有进有出,真正把符合条件的农村特困群众纳入救济范围。要建立农村救济对象档案,健全花名册。对领取农村特困群众救济证、临时救济卡人员,包括户主姓名、家庭人口、救济资金、通信地址等要逐一填写清楚,汇总上报至县级民政部门,做到网络化管理。各地农村救济情况统计表要按月逐级上报省民政厅。

2004 年 7 月 13 日,省政府省长办公会决定,省财政每年列支 8000 万元,在全省建立农村特困群众生活救助制度,并随着社会经济的发展和财力状况的改善,逐步向农村最低生活保障制度过渡。7 月 30 日,省政府办公厅转发省民政厅、财政厅《关于建立和完善农村特困群众生活救助制度意见的通知》,决定每年投入 8000 万元,按照年人均 130 元的救助标准,省和地方按 7 ∶ 3 比例分担,对农村特困群众进行定期定量生活救助。8 月 3 日,省政府召开全省农村特困群众生活救助工作电视电话会议进行部署。全省有 16 个市建立农村特困生活救助制度,芜湖市建立农村低保制度。

同年 8 月下旬,省民政厅、财政厅将农村特困群众生活救助安排人数下达各地。10 月上旬,各地完成救助对象的申请、审核、审批、建档等工作。县级民政、财政部门以正式文件并附审定的救助对象花名册报市民政、财政部门,市审核汇总后,报省民政厅、财政厅。同年10月下旬，省民政厅、财政厅派出4个检查组对14个市、73个县（市、区）的农村特困救助对象确定、民主程序履行、救助档案建立和救助资金社会化发放等情况进行认真检查。检查组随机抽样走访146个乡镇、306个村民组、3018户特困家庭的7363名特困对象。

2004年7月30日，省政府办公厅转发《省民政厅、省财政厅〈关于建立和完善农村特困群众生活救助制度的意见〉的通知》。明确规定农村特困群众生活救助对象为年人均收入低于625元，不符合五保条件、无劳动能力、生活常年特别困难的鳏寡孤独家庭，因残、因病、因伤丧失主要劳动力的家庭，以及因灾致使生活常年特别困难的家庭。家庭生活困难的艾滋病患者、艾滋病感染者，以及患者家属和遗孤应纳入农村特困群众生活救助范围。考虑财政承受能力和农村贫困现状，全省农村特困群众生活救助对象暂按90万人安排。有条件的地方可加大投入，逐步扩大救助面。农村困难群众临时生活困难，主要通过其他常规救助方式解决。救助标准实行低标准起步，逐步提高的办法，以家庭为单位，原则上按年人均130元救助，具体标准由各地确定。鼓励有条件的地方建立农村最低生活保障制度，已经建立的，要进一步规范和完善。同时还规定，农村特困群众生活救助所需资金原则上省级分担70%、地方分担30%。省政府将根据统计、扶贫、民政部门调查掌握的情况，并结合各地实际，下达农村特困群众生活救助控制人数，同时综合考虑各地可用财力、农民人均纯收入、农村特困群众数量等因素，确定省财政与各地财政分担资金数额。所需救助资金指标由省民政厅会同省财政厅一次下达，资金由省财政厅按季直接拨付至各地财政专户。县级财政部门设立农村特困群众生活救助资金专户，实行封闭运行，除向农村特困群众支付资金外，不得向其他任何渠道拨付款项；财政专户内的年度结余资金结转使用，不得调剂和挪用。农村特困群众生活救助资金可用于建立农村最低生活保障制度。鼓励社会团体和个人资助，筹集农村特困群众生活救助资金。各级财政要安排农村特困群众生活救助工作必需的经费。

安徽省从2004年建立农村特困救助制度开始至2006年年底（其间有部分市、县建立农村最低生活保障制度），全省农村特困群众生活救助制度（低保）实际救助农村困难群众44.3万户、97.5万人，支出救助资金22275万元（省财政每年安排8000万元）。其中享受农村特困救助35万户、80.6万人（年人均130元至146元），享受农村低保9.3万户、16.9万人（平均月补差16元，其中最高43元，最低10元）。全省有4个市和市辖区及11个县（市）初步建立了农村低保制度。

第二节　特殊对象救济

特殊对象救济是指根据国家政策规定，对特定群体给予生活困难救济或补助，以保障他们的基本生活。这里是指在特定的历史时期由民政部门临时代为管理和救助的部分社会特殊群体。后来这些救助对象随着人员的移交和变更，民政部门逐步将这些对象的救助工作交由地方政府或有关单位或街道社区乡镇村居管理。其中包括特赦宽释人员、寺院僧尼、麻风病人和安徽城镇下放居民等。

特赦宽释人员救济　1980 年 3 月 29 日最高人民法院、公安部、民政部、国家劳动总局发出《关于安置平反释放后无家可归人员的通知》,规定平反释放人员已经丧失劳动能力,无家可归,无亲可投的,由民政部门给予社会救济。

1981 年 2 月,安徽省人民政府省长办公会议研究决定,提高每人每月的供养、定救标准,在劳改单位和原籍城镇集中供养者每人每月 23 至 25 元,在农村供养者 17 至 20 元;回家后给予定期救济者,城镇 15 至 17 元,农村 11 至 13 元。医疗费及探亲费适当解决。全省由民政部门供养的原国民党县团级以上宽释人员共 444 人。

1982 年 1 月 21 日,国务院《转发公安部〈劳动教养试行办法〉的通知》规定,对解除劳教人员无工作、生活确有困难的,由民政部门给予社会救济。同年 1 月 28 日,中共中央、国务院《批转公安部〈关于释放和安置原国民党县团以下党政军特人员的方案〉的通知》,对落实起义、投诚人员政策工作中遗留问题作出明确规定。根据国家的有关规定,各级民政部门积极开展对起义、投诚人员的社会救济,采取多种形式保障他们的生活。对起义、投诚后遣回乡的人员中,年老体弱、丧失劳动能力、无人赡养的,符合农村社会救助条件的,给予社会救助;对不符合社会救助条件的,按困难户对待,由乡村集体经济组织给予生产扶持和困难补助,集体补助有困难的,由民政部门给予救济,救济标准可稍高于当地的社会救济标准。对曾被判刑,离开劳改单位原无公职的起义、投诚人员,现生活确实困难的,每月发给生活费。对起义、投诚人员被错杀和被错判而在服刑期间死亡的,复查纠正后,其遗属生活确实困难的,给予适当补助或救济。

1983 年 3 月 18 日,国务院发出《关于做好原国民党县团以下人员释放和转业后安置工作的补充通知》,对宽释人员中丧失劳动能力、家庭赡养有困难的,采取逐人确定救济金额,给予救济。救济标准由公安、财政、民政部门共同协商,本着大城市高于中小城市,城镇高于农村,消费水平较高的地区高于消费水平较低的地区的原则制定。

1983 年,安徽省根据国务院补充通知,有安置任务的市、县政府对本地区宽释和转业人员安置情况逐人调查,解决户口、劳动、生活和困难救济等问题。政府继续宽大释放原国民党县团以下党政军警特人员,其中回乡安置者,除有劳力或技术专长可适当安排工作或自谋职业外,对丧失劳力人员,原则上由其家庭或亲人赡养,生活确有困难者,酌予临时或定期救济,每人每月标准为:城镇 10 至 17 元,农村 8 至 12 元(包括医药费)。留在劳改单位安置者,如符合条件,可转为工人或农工。在工业单位供养者,每人每月生活费 20 元,农业单位每月 18 元。另每人每月副食品补贴 2.5 元,医疗费 1.5 元。

根据 1986 年 5 月 15 日民政部《关于原国民党县团以下宽释人员迁移居住地区后生活困难救济费发放问题复函》的规定,对宽释人员迁移居住地的,由迁出地民政部门出具证明,迁入地民政部门按当地宽释人员的救济标准发放救济费。1986 年,省民政厅、财政厅发出通知,定期救济、供养标准,每人每月提高 5 元。至 1989 年年底,全省留在劳改单位供养的1683人，各地陆续接收安置的原国民党县团级以上425人、营级以下1092人，其定期救济、供养标准在1986年基础上，每人每月又提高5元。以后，此项工作交由各地统战部门负责。

寺院僧尼救济 新中国建立不久，省人民政府根据华东行政委员会关于名山大寺中老弱残无劳动能力、生活困难的僧尼给予重点救济的要求，调查确定青阳县九华山、安庆市迎江寺、芜湖市广济寺、滁县琅琊山、合肥市明教寺5处为安徽名山大寺，计有僧尼232人。救济标准按每人每年50元计算，分两次或三次发放。其他寺庙个别生活困难者，按一般贫民救济。1978年，九华山有僧尼107人，其中年老体弱、丧失劳力、享受定期救济86人，占该处僧尼总数80%，年救济万余元。1986年，僧尼补助标准提高为每人每月15元，1988年提高到20元。至1989年，全省享受定期救济的僧尼436人，年开支救济费10万余元。此项救济后来交由民族宗教部门负责。

麻风病人救济 对生活困难的麻风病人给予救济是一项开展较早、救济人数较多的特殊救济工作。新中国成立初期，中华人民共和国政务院发出《关于民政部门与有关部门的业务范围划分问题的通知》，对麻风病的防治和管理作出明确分工。规定麻风病院由卫生部门管理，麻风病患者由卫生部门负责接收治疗。已建立的麻风村，由卫生部门管理的，仍归卫生部门管理，由民政部门管理的，其医药治疗及对收容病人的鉴别等，由卫生部门协助办理；麻风病人生活困难的救济问题，由民政部门负责解决。

1975年3月31日，国务院和中央军委批转卫生部、公安部、财政部、农业部、商业部、总后勤部等有关部门《关于加强麻风病防治和麻风病人管理工作的报告》，对麻风病人的管理和治疗工作作出具体分工，卫生部负责对麻风病的调查、防治和科学研究工作；农业部负责帮助指导麻风村农副业生产；公安部门负责处理社会上对麻风病人残害和麻风病人的违法犯罪行为；民政部门负责麻风村病人的生活救济；商业、粮食部门负责麻风病人口粮、食油的供应补助，以及病人和工作人员的副食品、防护物资和其他生活物资的供应。

1985年，全省有麻风村29座，收治麻风病人890多名，全年拨发麻风病人救济费35.16万元（包括各地散居人员），其中定期救济17.56万元（893人），人均年197元。1988年，因物价上涨，经省政府同意，每人每月增补4元。

嘉山县麻风村共收治759人，治愈出村595人，占入村病人78.39%。病员治愈后即出村返家，无家可归的残老病人，则继续留养。

1989年，全省年拨发麻风村救济费51.02万元，其中定期救济940人，救济费32.95万元，人年均350元。

1985—1989 年安徽省麻风病人救济统计表

表 5-1-3

年度	国家批发	救济经费	救济麻风病人数	年人均救济费（元）
	总数（万元）	定期救济费（万元）		
1985 年	35.16	17.56	893	197
1986 年	37.27	22.55	902	250
1987 年	46.28	25.14	958	262
1988 年	48.47	29.77	926	321
1989 年	51.02	32.95	940	350

说明：1. 定期救济包括麻风病人临时补助费在内；

2. 本表根据省民政厅年终财务统计报表编制

1991 年 8 月 31 日，卫生部、民政部、公安部联合发出《关于加强麻风病人管理的通知》，对麻风病人的管理提出具体要求，规定在来访者中，确系麻风病治愈而留有残疾者，查清情况后，生活有困难的，由民政部门负责处理。所需费用在地方有关经费中解决。经过多年的努力，麻风病人逐渐减少。

艾滋病患者及其家庭救助 艾滋病患者及其家庭救助和患者遗孤救助作为艾滋病综合防治工作的重要组成部分，受到国家高度重视。2004 年 3 月，国务院在《关于切实加强艾滋病防治工作的通知》中明确要求："地方各级人民政府要将经济困难的艾滋病患者及其家属纳入政府救助范围，按有关社会救助政策的规定给予必要的生活经济。"2004 年 5 月 15 日，民政部发布《关于加强对生活困难的艾滋病患者、患者家属和患者遗孤救助工作的通知》，要求各地加强艾滋病患者及其家属的救助工作。2004 年 10 月，省民政厅下发《关于艾滋病患者、艾滋病感染者及艾滋病孤儿生活救助的意见》，明确要求除将艾滋病救助纳入农村特困救助和农村医疗救助范围外，还明确规定对符合当地城市低保条件和"五保"供养条件的艾滋病患者、感染者及患者家属和孤儿，都要及时纳入城市低保和"五保"供养范围。

2007 年，省政府常务会议研究决定，将艾滋病医疗救治和艾滋病病人生活救治工作纳入省政府民生工程。同年 3 月，省卫生厅、民政厅、财政厅联合下发《关于重大传染病病人医疗救治与艾滋病病人生活救助实施意见》，要求对全省范围内的特困艾滋病人及家属实施生活救助，所需生活救助经费由省财政全部承担。省民政厅、财政厅、劳动和社会保障厅、卫生厅联合下发《安徽省城乡困难群众医疗救助实施意见》。在城乡低保、"五保"艾滋病专项生活救助、医疗救助等方面，都将符合条件的艾滋病患者、感染者及患者家属和艾滋病孤儿等纳入救助范围。

省政府规定生活救助标准为：因艾滋病导致劳动能力丧失的特困艾滋病病人，按照每人每月100元的标准给予补助；因艾滋病导致父母双亡的孤儿，按照每人每月100元的标准给予补助；因艾滋病导致父母一方亡故的子女，按照每人每月60元的标准给予补助；感染艾滋病病毒的儿童，按照每人每月150元的标准给予补助；因艾滋病导致子女亡故且无其他赡养人的60岁以上的老人，按照每人每月100元的标准给予补助；艾滋病感染血友病患者每人每月500元的标准给予补助。2006年，全省8个艾滋病重灾县的48个重点救助关怀村的五类特困人员（艾滋孤儿、艾滋单亲子女、艾滋儿童、艾滋孤老、特困艾滋病人）为2000人。按照标准，艾滋病重点关怀村全年共需补助生活费219.2万元。鉴于2006年省财政未列入预算，省民政厅从福利彩票公益金安排用于城市医疗救助的专项资金中先期支付。

2007年，经省民政厅、卫生厅统计，全省的“五类”艾滋病特困人员有3191人，所需资金347万元，当年已全部纳入省级财政预算，并于2007年7月全部下拨各地。2008年，对全省“五类”艾滋病特困人员3731人发放生活救助资金412万元。

血吸虫病人救助 2006年，省民政厅按照安徽省委、省人民政府关于血防工作的总体部署和要求，认真履行血防工作职责，较好地保障了全省血吸虫病人及其家庭的基本生活和医疗救助问题。

2006年至2010年，省民政厅将全省符合城市低保条件的7861名血吸虫病人全部纳入城市低保范围，做到应保尽保；在农村，将51256名晚期血吸虫病人全部纳入农村低保范围，并进行分类实施。

5年间，各地民政部门对全省农村血吸虫病人282766人次和城市血吸虫病人3025人次实施医疗救助；每年分配医疗救助资金时，对全省血吸虫病疫情较为严重的23个县（市、区）各增加10万元。并加大对晚期血吸虫病人医疗救助工作力度。

安徽城镇下放居民 1978年12月12日，中共中央转发《国务院关于知识青年上山下乡若干问题的试行规定》，对下乡知识青年因公致残和患严重疾病人员的安置和救济工作作出具体规定。对患有严重疾病返回城市的下乡知识青年，其家长无工作，治病和生活有困难的，给予社会救济。对因公致残不能从事农业劳动的，返回城市后，由民政部门和街道、乡村安排力所能及的工作；对完全丧失劳动能力的，经县以上人民政府批准，民政部门按照职工全残的最低标准，每人每月发给35元生活费；对生活不能自理需要人护理的，另发护理费，在指定的医疗单位治疗的，医疗费实报实销。对下乡知识青年因病、因公致残人员给予救济。

1980年3月，省民政、粮食、商业、公安、劳动、供销等部门抽调人员组成调查组，先后到江苏省和寿县、淮南、蚌埠等地调查研究城镇下放居民生产、生活现状和回收问题，提出处理意见。当年11月，安徽省委批转民政厅党组《关于解决1968年后城镇下放居民中一些问题的请示报告》，决定将1968年后下放居民中丧失劳动能力者、统战对象、港、澳、台胞和侨眷、科技人员、受冤假错案株连的干部、职工家属，以及部分集体所有制职工，收回城镇落户，并规定由原动员地区民政、公安、粮食部门核实申报资料后，报同级市、县政府审批，回原地区落户。各有关市、县分别成立回收领导小组或办公室。任务大的区、镇和公社，分别建立相关办事机构。

1981 年 12 月，省民政厅、粮食厅、公安厅联合下发通知，暂时冻结包括城镇下放居民回收工作在内的“农转非”工作，进行检查清理。1982 年 7 月，根据各地清理情况和尚未回收下放居民的要求，安徽省委发出《关于继续解决 1968 年后城镇下放居民问题的通知》，恢复下放居民回收工作，并规定由县（市）审查后报地、市批准。至 1986 年年底，全省批准回收的城镇下放居民 201855 人。

下放居民收回城镇后，政府不安排就业、住房、生活，一般由街道帮助从事个体或集体手工业、商业、饮食服务业、交通运输业。大集体职工由原单位负责安置。无依无靠、无生活来源的孤老残幼及生活特别困难者，由政府按城镇定期救济标准给予定期救济。

至 1986 年年底，全省尚有在农村落户的城镇下放居民 26 万余人（其中 1967 年年底前下放的 18.4 万人，1968 年后下放的 7.67 万人）。其中生活仍有困难者，由当地政府作为扶贫对象或给予临时救济。

1987 年，省民政厅报经省政府批准，将省财政厅冻结的 535 万元城镇居民下放安置费解冻，作为解决下放居民生产、生活困难专款，并采取有偿扶持和无偿救济相结合的方法，区别使用。有偿部分用于扶持单户生产或兴办经济实体，定期收回，转入救灾扶贫基金。无偿部分用于孤老、残疾和灾害病等特殊困难救济。1987 至 1989 年，省民政厅下拨 245 万元，着重投放城镇居民落户农村较多的阜阳、肥西等 20 县。

1986 年安徽省城镇居民下放、回收、落户人数统计表

表 5-1-4

地区	下放		回收		落户		1967 年前下放居民仍在农村人数（人）
	户数（户）	人数（人）	户数（户）	人数（人）	户数（户）	人数（人）	
合计	81483	315153	55238	201855	17161	76787	183963
合肥市	2321	7462	1712	5031	609	2421	11635
马鞍山市	1638	6139	1487	4535	150	1604	1608
蚌埠市	3615	21780	1646	14020	520	2510	7731
淮北市	1479	4080	684	2307	273	1648	1311
铜陵市	389	1376	342	1028	45	115	1250
安庆市	747	2451	393	1835	154	332	—
淮南市	3299	10882	995	3975	150	1857	7033
芜湖市	4818	16321	2992	9460	1826	6861	8492
黄山市	331	513	239	766	30	80	540

续表 5-1-4

地区	下放		回收		落户		1967 年前下放居民仍在农村人数（人）
	户数（户）	人数（人）	户数（户）	人数（人）	户数（户）	人数（人）	
阜阳地区	10509	49044	9141	37670	1268	11424	25239
宿县地区	11056	41716	6536	23382	1421	5182	12885
滁县地区	8799	33127	4929	17153	2670	8965	25778
宣城地区	2035	7530	1479	4528	556	3002	13324

第三节　上海下放居民救济

上海下放居民是指 1962 年至 1964 年间和 1969 年至 1970 年间下放安置安徽落户的部分居民，后因种种因素未能返回上海的已在安徽地方安家落户的居民，包括一直在安徽各地生产、生活的；现已鳏寡孤残无劳动能力、无生活来源的；或在安徽未返回上海工作的其第一代、第二代子女等。上海下放居民生活救助是指下放居民方面的上海市政府和安置落户方面的安徽省政府（双方均由民政部门负责承办），经过共同协商，制定符合安徽当地生活标准的补助办法，由上海市政府提供一定的经费保障，由安徽省各地民政部门按照一定的标准给予其生活方面的困难救助、住房援助、医疗补助和精神慰藉，以保障其基本生活。

1986 年 6 月前，上海市对 1962 年至 1964 年间下放安置安徽落户的居民，每人每月给予定期生活补助 12 元。1986 年 7 月提高到 25 元，1989 年 1 月提高到 35 ~ 40 元。个别孤老愿到敬老院者，送敬老院供养。对人多劳力少的困难户，拨给扶贫经费，由当地乡、村给予扶持。房屋破漏倒塌者，采取自筹公助办法，逐户调查核实给予解决。从 1989 年 1 月起，对下放时的户主及其配偶，实行定期补助，每人每月 25 元。其间，少数因冤假错案株连的下放居民、统战对象、港澳台胞和华侨，在安徽无依靠、上海有直系亲属者，经审批收回上海。

1989 年 3 月，上海市劳动、教育、公安、粮食各局联合通知规定，“文化大革命”期间，上海市随户下放外省、区知识青年，每户可回收未婚、未就业、年满 16 周岁的子女 1 人回沪入户就读，但须本人解决住房，并有直系或旁系亲属监护。据 1989 年年底统计，1969 年后上海下放安徽居民（包括自然增长数）1.1 万人，其中迁入安徽城镇入户 4523 人，迁回上海 2886 人，外迁 901 人，其他 150 人，死亡 530 人，尚在农村已婚并生育子女 2000 余人。连同 1962 至 1964 年上海下放居民，尚有 4400 余户、2.5 万余人在安徽农村。上海市政府从 1989 年起，每年拨给部分县（市、区）定期补助款 126.63 万元，临时救济款 21.8 万元，并定期派员深入检查了解、慰问，帮助解决困难。安徽省民政省给予积极配合，为上海的稳定发挥积极作用。

1991年6月，安徽省民政厅与上海市民政局共同协商，报请上海市人民政府批准，对上海下放在安徽农村居民生活困难定期补助标准，从1991年下半年起，在原有基础上予以调整：第一种类型（孤老）每人每月补助从40元提高到55元；第二种类型（有女无子，女儿出嫁又无力赡养和全户无劳力，家庭成员系精神病、低能或患长期慢性病的，以及18周岁以下的孤儿）每人每月补助从35元提高到45元；第三种类型（生活水平相当于当地贫困户的第一代户主和配偶）每人每月补助从25元提高到35元。

1998年8月，安徽省长江流域发生特大洪涝灾害，境内的上海下放居民受灾情况较重。据统计，全省受灾的上海下放居民1698户、5421人。其中：因灾造成生活特困的676户、1843人；房屋倒塌损坏1816间；农田受灾面积6925亩，总共直接经济损失600余万元。安徽省委、省人民政府及省民政厅十分关心下放居民生产生活，多方安排资金，进行救济。

2001年1月，省民政厅与上海市民政局协商，报请上海市人民政府批准，对上海下放在安徽农村的居民生活困难定期补助标准再次进行调整。现行政策规定的五种定期补助对象，按类型每人每月130元、120元、110元三种补助标准，改为三种定期补助对象实行单一补助标准，统一提高到每人每月150元。

2003年11月，安徽省境内一些市、县遭受特大洪涝灾害，部分县（市、区）上海下放居民住房严重受损，影响其正常生活。据对滁州、合肥、蚌埠、巢湖等4个市的12个县（市、区）上海下放居民住房受灾情况调查，累计有577户下放居民住房受灾、倒房1079间、受损房576间。其中，一代户464户、倒房899间、受损房443间；二代户113户、倒房180间、受损房133间，直接经济损失897万元。各级民政部门高度重视上海居民下放户的住房受灾情况，采取下放户自筹一点、所在地政府建房资金拨付一点、上海市民政局补助一点的办法，对符合救灾建房条件的下放户及时安排资金，落实建房计划，解决建房问题，确保下放户安全过冬。

2008年年初，省民政厅与上海市民政局协商，经上海市政府批准，将上海下放居民定期补助标准调整为：原上海居民下放户的户主和配偶、丧失劳动能力的子女和18周岁以下孤儿250元/月，随行子女年满50岁补助100元/月，年满60岁（女55岁）补助150元/月，年满70岁（女65岁）补助200元/月。

第四节　20世纪60年代精减下放老职工救济

60年代精减退职老职工是指：从1961年到1965年6月9日期间精减退职的、1957年年底以前参加工作并发给一次性退职补助金的职工。1980年1月，民政部重申仍按国务院《关于精简职工按照办法的若干规定》规定办理，40%救济经费由中央拨款，定期救济经费由地方财政解决，由省民政厅审批或委托地区民政局办理。1983年年底，全省补办精简退职老职工享受原标准工资40%救济2695人，民政部拨款82万元；定期救济的控制面在精简老职工总人数的10%以内，其标准调整为：家居农村每月8至10元，家居城镇每月12至15元，省辖市每月15至17元。

截至1985年年底，全省享受40%救济的精简退职老职工共14492人（其中农村11624人，城市2868人），享受定期救济16644人（其中农村13655人，城市2989人）。此项经费每年支付513万元。

1987年7月，省公安厅、民政厅、财政厅根据公安部、民政部、财政部通知，批准60年代初期精减下放职业制武装民警中符合条件者，享受原标准工资40%救济；不符合享受40%救济条件而生活确有困难者，给予定期救济，农村每月13至15元，城镇每月17至20元，省辖市每月20至22元。全省共有60年代初精减职业制武装民警6000多名。至1989年，全省享受原工资40%救济的精减退职老职工和职业制武装民警共19178人，享受定期定量救济21025人，全年支付救济费807万元。

1985—1989年安徽省精减退职老职工救济统计表

表5-1-5

年份	救济人数（人）			救济经费（万元）		
	合计	享受原工资40%救济	享受定期救济	合计	40%救济费	定期救济
1985年	31136	14492	16644	513.08	327.88	185.20
1986年	32829	14648	18181	629.54	347.15	282.39
1987年	33192	14620	18572	642.60	344.70	297.90
1988年	38277	17769	20508	763.00	437.00	326.00
1989年	40203	19178	21025	807.00	468.30	338.70

说明：1.本表根据省民政厅事业、财务统计年报表编制；

2.1987年起救济人数，包括精减职业武装民警

1996年，享受原标准工资40%救济的精简下放老职工，其定期救济标准由1994年统一提高到25元/月；1997年7月提高到40元/月。

2000年至2001年，长丰、凤台、怀远、萧县、砀山、寿县等地分别从县财政中对60年代精简下放的武装职业制民警给予人均月提高30元的补助标准，上述几个县的60年代精简下放的武装职业制民警和其他精简下放老职工人均补助为70元/月。

2003年7月，全省60年代精简下放老职工共有17万多人，其中，武警职业制下放老职工有1.5万余人，已享受生活补助的共有5.3万余人（其中武警职业制老职工有8000余人）。主要分布在合肥、六安、阜阳、亳州、蚌埠、淮北、淮南、宿州、巢湖、芜湖、宣城和黄山12个市。

2003年11月，经省人民政府同意，省财政厅、民政厅联合下发《关于提高全省六十

年代精简下放退职职工救济标准的通知》，决定从 2004 年 1 月 1 日起，提高全省 60 年代精减下放退职职工（含精简下放职业制武装民警）的生活救济标准，从每人每月 40 元提高到每人每月 80 元。

2005 年 8 月，全省 60 年代精减下放退职职工共有 16.3 万人（其中职业制武装民警退职人员 11299 人）。这些人中，符合国务院《关于精减退职的老职工生活困难救济问题的通知》文件规定的，已享受生活救济的 42393 人，其中退职职工 35906 人，退职职业制武装民警 6487 人。

第五节　临时救助制度建设

临时救助制度建设是社会救助体系建设的重要方面，是解决困难群众临时性、突发性实际困难的客观要求。临时救助可以有效的缓解支出型贫困，可以为遇到临时性、突发性困难的低保边缘家庭和人户分离家庭提供一次性救助服务，在解决低收入家庭暂时生活困难的同时，缩小困难家庭在获得救助方面的差距，彰显社会救助的公平性。

根据 2007 年民政部《关于进一步建立健全临时救助制度的通知》要求，安徽省部分地方从 2008 年开始启动临时救助工作。2009 年，省民政厅出台《安徽省困难群众临时生活救助意见》。同时，召开全省各市县民政局“一把手”参加的临时救助工作会议，要求全省各地于当年全部建立临时救助制度。根据省民政厅的部署，各地按照“政府领导、民政主管、部门协作、社会参与”的原则，各负其责，加强协作，全部建立临时救助制度。

省民政厅积极探索临时救助制度与城乡最低生活保障制度及其他专项社会救助制度的衔接。已经享受低保困难家庭，遇到临时性、突发性困难，仍然可以享受临时救助。对于不符合低保条件而确有特殊困难的低收入家庭，各地可以通过临时救助予以帮助。

2010 年，全省临时救助支出资金 3300 万元，救助 85779 人次，人均 384.7 元。

第二章 城乡医疗救助

城乡医疗救助制度是指以解决城乡困难群众重大疾病医疗困难为目的，对社会保障体系进一步完善的一种救助制度。城乡医疗救助实行属地管理，救助对象包括七类：城乡低保对象；农村五保对象；在乡重点优抚对象（不含1—6级残疾军人）；城乡重度（1、2级）残疾人员；城镇低收入老年人，即本人收入低于当地企业退休人员基本养老金最低标准的60周岁以上老年人；家庭经济困难大学生，即辖区内各类全日制普通高等学校（包括民办高校）、科研院所中接受普通高等学历教育的全日制本专科生、全日制研究生中的城乡低保、农村五保等困难家庭大学生，以及其他享受国家助学金大学生，重度（1、2级）残疾大学生；其他低收入人员。

救助对象患普通疾病住院治疗，住院医疗费用（城乡居民合作医疗保险或城镇职工医疗保险起付标准和报销范围内的医疗费用）经城乡居民合作医疗保险或城镇职工医疗保险按规定的报销比例报销后，自付部分在300元内的给予全额救助（一年享受一次），超300元的按不低于50%的比例给予救助，全年累计救助的封顶线不得低于4000元。对未参加城乡居民合作医疗保险的，按城乡居民合作医疗保险报销比例扣除应报销金额后再给予救助。

重大疾病住院医疗救助。救助对象患白血病、再生障碍性贫血、恶性肿瘤、严重多器官衰竭（心、肝、肺、脑、肾）、先天性心脏病、重症甲型H1N1等重大疾病住院治疗的，全年累计救助的封顶线不得低于6000元。特困人群住院医疗救助。对城市低保中的“三无”人员和农村五保对象，在普通疾病和重大疾病住院救助标准基础上，救助比例分别提高10%，年救助封顶线分别提高1000元。医疗救助的标准，各地将根据经济社会发展水平和医疗救助基金筹集情况适时调整。

2004年6月，开展农村医疗救助试点，2005年下半年全面展开；2005年8月，开展城市医疗救助试点，2006年全面展开；2007年全省实施城乡一体的医疗救助体系建设。

2007年，安徽省城乡医疗共救助1547024人次，城镇居民24530人次，农村居民1522494人次，支出救助资金13690.65万元。截至2008年年底，全省享受城乡医疗救助4054977人次，其中资助参加新农合3770657人次，资助城镇困难居民参加医疗保险180574人次；支出医疗救助资金36122万元，其中资助参合4607万元，资助参保1267万元。

第一节 组织机构与制度建设

实施城乡医疗救助制度是中共中央、国务院关心的一件大事,地方各级党委、政府十分重视。面对全体城乡居民看病难问题,安徽省委、省人民政府对实施城乡医疗救助制度高度重视,及时出台有关政策文件,确保这项工作有序开展。

组织机构 1980年1月,省革命委员会民政局改为省民政厅。7月,省民政厅社会救济处撤销,分设城市福利处及农村救济处。农村救济处承办农村"五保户"的供养;敬老院的建立、管理和农村贫困户的扶助;农村、城镇社会困难户救济及其他特殊救济等事项。1983年,根据省委、省政府部署,民政厅机构改革完成,农村救济处(包括扶贫办公室)负责指导农村社会救济、"五保户"供养、敬老院建设与管理;规划与实施扶贫;举办农村扶贫经济实体;建立村级农民互助储金会;开展基层社会保障试点。

1995年9月,安徽省委、省政府《关于实施省直党政机构改革方案的通知》规定,农村社会保险处负责全省农村(含乡镇企业)的社会养老保险工作;制定有关农村社会养老保险的政策法规和农村社会养老保险发展规划并组织实施;推动地、市、县建立和完善农村社会养老保险制度和管理体系;指导、监督农村社会养老保险基金的管理和使用。

2000年8月,省政府办公厅印发《安徽省民政厅职能配置、内设机构和人员编制规定》,明确将农村社会养老保险职能交给省劳动和社会保障厅;社会救助工作并入救灾救济处,具体负责研究拟定全省救灾和社会救济工作的政策法规并监督实施;组织协调全省救灾抗灾工作;建立和实施全省农村居民最低生活保障制度;组织和指导全省扶贫济困等社会互助活动。部分社会救助如特殊困难群体社会福利救济、60年代精减的老职工、下放居民的救济管理工作划归社会福利处。

2005年3月,成立最低生活保障处,作为厅机关内设处室。2009年9月,省政府办公厅印发《安徽省民政厅主要职责内设机构和人员编制规定》,设立社会救助处,负责拟订社会救助规划、政策和标准,建立、健全城乡社会救助体系;组织城乡居民最低生活保障、医疗救助、临时救助工作;督促、指导基层开展有关社会救助工作;提出中央财政补助、省级财政安排的有关救助资金分配建议,协助相关部门加强对资金使用情况的监督管理;参与拟订司法、住房、教育等救助相关办法;承担全省社会救助信息管理工作。

各市、县(区)人民政府依据省民政厅的做法,在民政局内部设立社会救助科、股(局、办),是具体负责承办城乡医疗救助的职能部门。乡、镇、街道根据其承担任务和工作量的大小,配备相应的工作人员。

农村医疗救助制度 医疗救助制度是对农村新型合作医疗的有益补充,是对因患大病的符合救助条件的困难居民实行救助的制度。为满足农村居民的医疗需求,解决他们"看病难、看病贵"的问题,中共中央、国务院于2002年10月29日颁布《关于进一步加强农村卫生工作的决定》，明确提出“建立和完善农村合作医疗制度和医疗救助制度”。

安徽省为抑制因病致贫、因病返贫情况的发生，要求所有政府举办的非营利性医院设立“助困病房”或“助困病床”，对困难群体实行“特困救助”，在保证医疗质量和满足基本医疗需要的前提下，选用适用技术，把“助困病床”的单病种平均住院费控制在普通病床的75%以内，超过部分由医院统一实行减免。此项措施出台后，全省各级各类医疗机构积极响应，在没有专项助困补贴经费的情况下，纷纷开设“助困门诊”、“助困病房”和“助困病床”，对广大城乡的特困群体实行广泛的医疗救助。到2002年8月全省开设助困病床2856张，救助病人13.5万人，减免各种医疗费376万元。

2003年，根据民政部、卫生部、财政部《关于实施农村医疗救助的意见》，结合安徽实际，省民政厅、卫生厅、财政厅于2004年6月制定下发《关于实施农村医疗救助试点暂行方案的通知》，并结合新型农村合作医疗试点情况，明确规定宁国市、凤阳县、岳西县、休宁县、濉溪县、桐城市为省农村医疗救助试点单位。

2005年年初，省民政厅召开6个试点县、市医疗救助工作情况汇报会。岳西县和休宁县的农村医疗救助工作开展总体较为规范，效果比较明显。凤阳县经编办批准，在该县民政局增设农村医疗救助管理中心；在医疗救助试点中，取消救助对象医疗费的救助门槛费。濉溪县确定农村医疗救助的大病病种，对大病按支出费用段进行救助。宁国市将农村医疗救助和新型农村合作医疗试点紧密结合起来，对部分特殊困难人员进行二次救助。桐城市在试点过程中，比较注重规范管理。会后，省民政厅将开展新型农村合作医疗的岳西县和未开展新型农村合作医疗的休宁县的医疗救助具体做法，转发各地参考。

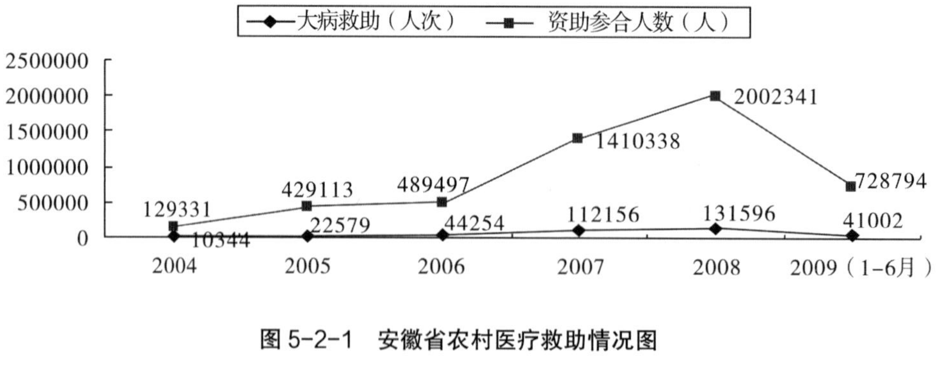

图 5-2-1 安徽省农村医疗救助情况图

2005年6月初，省民政厅对休宁县、歙县、宁国市和广德县的农村医疗救助工作进行深入调研和总结。6月23日，省民政厅下发《关于在全省全面开展农村医疗救助工作的通知》，要求各市、县（区）民政局抓紧调查摸底、建章立制、筹集资金，年底前开展医疗救助工作。对逾期仍未启动的，省民政厅将通报批评，并追究领导责任。

9月23日，省民政厅、卫生厅、财政厅下发《转发民政部、卫生部、财政部〈关于加快推进农村医疗救助工作的通知〉》。10月18日，省民政厅、卫生厅、财政厅下发《安徽省农村医疗救助实施办法》。到年底，全省有农业人口的103个县（市、区），全部完成建章立制任务。

2005年，中央下拨安徽省农村医疗救助补助资金1508万元，省福利彩票公益金安排300万元。至年底，全省共医疗救助特困群众551692人次，支出医疗救助资金2852.9万元，其中资助特困群众参加新农合429113人，资助参合资金428.82万元，初步缓解农村特困群众看病难的问题。

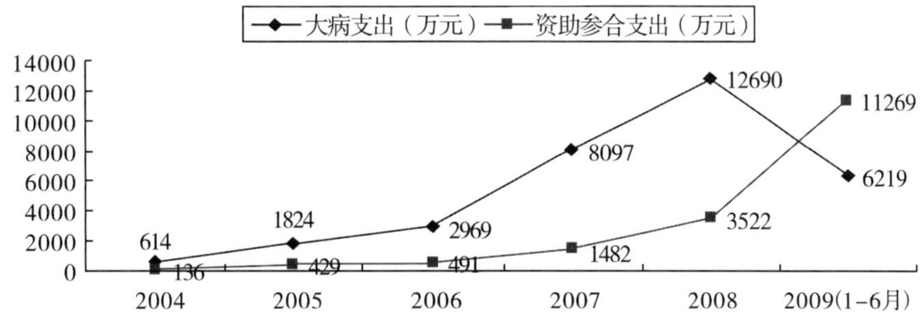

图5-2-2　安徽省农村医疗救助的资金支出

同年年底，马鞍山市为建立健全社会救助体系，切实缓解城乡贫困群众的就医困难，根据省政府办公厅转发省民政厅等部门《关于建立城市医疗救助试点工作的实施意见》、省民政厅《关于在全省全面开展农村医疗救助工作的通知》以及相关文件的要求，制定出台《关于建立和实施城乡贫困群众医疗救助制度的意见（试行）》，建立城乡一体的贫困群众医疗救助制度，即通过政府拨款和社会各界捐助等渠道筹资，建立城乡贫困群众医疗救助基金，对患大病或发生大额医疗费用，影响家庭基本生活的城乡贫困群众给予适当救助。其资金主要来源有上级财政城乡医疗救助专项补助资金；市、县、区财政预算安排的资金，其中市按每年不低于100万元的额度，当涂县按不低于50万元额度，金家庄区按不低于10万元的额度，花山区、雨山区按不低于20万元的额度安排城乡医疗救助预算资金；每年从市“慈善一日捐”筹集的资金中，按一定比例提取划拨为救助基金；救助基金的利息；社会团体、个人的专向捐赠资金及其他按规定可用于城乡医疗救助的资金等。实现不同困难群众的不同救助标准，即持有马鞍山市“最低生活保障金领取证”的城乡低保对象；持有该市“农村五保供养证”“农村特困救助证”的农村五保户、特困户；持有该市“优抚对象定补定恤款领取证”的在乡老复员军人、六级以下伤残军人；在城乡突发公共卫生事件或重大灾害事件中受到严重伤害，按相关规定补偿或报销后，个人负担仍然过高且生活困难的城乡居民；其他经市民政部门批准的，因患大病、重病长期治疗，医疗费用开支大、影响家庭基本生活的城乡贫困居民。救助标准各有不同，其中农村五保供养对象、市民政部门确认的社会孤老的医疗费用，经农村合作医疗补偿、城镇居民医疗保险、城镇职工基本医疗保险报销后的部分不超过1万元的，由救助基金给予全额救助；超过1万元，个人有经济收入来源的，应当承担一定比例的医疗费用；患危重病、突发性大病等医疗救助对象，个人负担的费用超过 1000 元时，可提出医疗救助申请，并对个人负担超过 1000 元起付线以上部分的医疗费用，视情给予救助，全年累计享受医疗救助金额，经农村合作医疗补偿、城镇非职工居民医疗保险、城镇职工基本医疗保险报销后，最高不超过 2 万元；患常见病、慢性病等医疗救助对象，经农村合作医疗补偿、城镇非职工居民医疗保险、城镇职工基本医疗保险报销后，对个人负担超过 1000 元起付线以上部分，视情给予救助，全年累计享受医疗救助金额不超过 5000 元；经济困难的晚期血吸虫病患者、艾滋病患者及国家规定的特种传染病救治费用，按有关规定给予救助，全年累计享受医疗救助金额不超过 5000 元。符合救助条件的危重病、突发性大病患者，在医前和住院治疗过程中，即因家庭有严重经济困难，必须实施医疗救助的，可凭县级以上医院诊断书向所在街道（乡镇）和民政部门提出医疗救助申请，县区民政部门要本着救命第一、特事特办的原则，给予该救助对象最高额度不超过 5000 元的医疗救助，并由县区医疗救助职能管理部门负责与进行医疗的定点医院联系，将救助款额直接汇至定点医院。据调查统计，该市符合条件的医疗救助对象约 61800 人。2006 年 12 月 1 日起，全面启动城乡医疗救助制度。马鞍山市既是全国城乡医疗救助试点单位，也是安徽省医疗改革试点单位，其成功经验为全省城乡医疗救助工作提供直接借鉴和参考模式。

城市医疗救助制度　城市医疗救助制度是政府拨款和社会各界自愿捐助等多渠道筹资，由政府主导，民政部门主抓，卫生、财政等部门配合，对患大病城镇特困家庭实行医疗救助的制度。其目的是在全面落实城镇最低生活保障政策的基础上，保障患大病城镇特困家庭的基本生活。

2005 年 3 月，国务院办公厅《转发民政部等部门关于建立城市医疗救助制度试点工作意见的通知》，要求用 2 年左右的时间，在各省、自治区、直辖市部分县（市、区）进行试点，之后再用 2~3 年时间在全国建立起管理制度化、操作规范化的城市医疗救助制度。

2005 年 8 月，根据民政部、卫生部、劳动和社会保障部、财政部《关于建立城市医疗救助制度试点工作的意见》，省政府办公厅《转发省民政厅等部门关于建立城市医疗救助制度试点工作实施意见的通知》。省政府成立由分管副省长任组长，省民政厅、卫生厅、劳动和社会保障厅、财政厅负责人为成员的城市医疗救助制度试点工作协调小组，并在全省 17 个市确定 21 个区（市）为试点单位。8 月 12 日，省财政厅、民政厅制定下发《关于加强城市医疗救助基金管理的通知》。当年 10 月，21 个试点单位全部出台《城市医疗救助实施办法（细则）》。当年中央下拨安徽省城市医疗救助试点补助资金 1380 万元，省级财政安排 400 万元（其中福彩公益金 100 万元）。至年底，全省 21 个试点区（市）共救助城镇特困群众 3750 人次，发放医疗救助资金 955.54 万元。

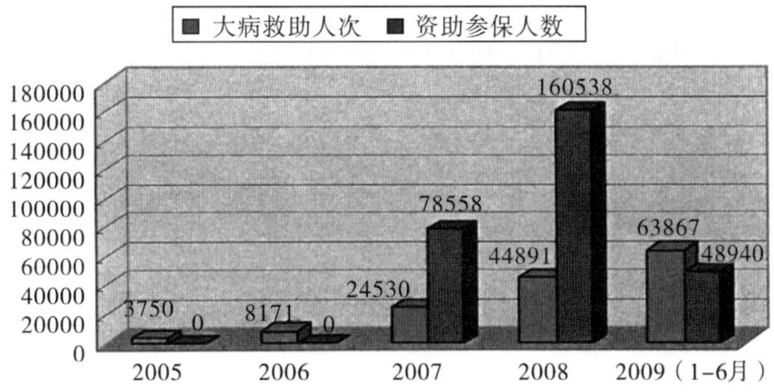

图 5-2-3　安徽省城市医疗救助情况图（2005—2009.6）

2006 年 12 月 22 日，省民政厅、卫生厅、劳动保障厅、财政厅联合下发《关于在全省全面开展城市医疗救助工作的通知》，要求各地在 2007 年 1 月全面启动城市医疗救助工作。当年，全省共救助城镇特困群众 24530 人次。

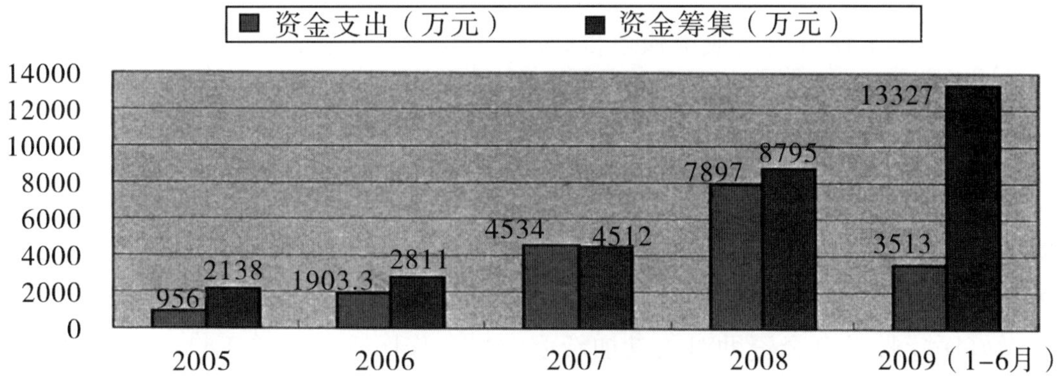

图 5-2-4　安徽省城市医疗救助资金收支情况图（2005—2009.6）

建立城乡一体化医疗救助制度　2006 年，省民政厅根据省人民政府的要求，为建立城乡一体化医疗救助制度，积极做好与新农合和城镇居民医疗保险制度的衔接工作。即已开展新农合的地区，医疗救助资金首先资助农村五保户、农村低保户和重点优抚对象参加当地合作医疗，代其缴纳个人应负担的部分或全部（五保户为全额）参合资金。已建立城镇居民医疗保险制度的地区，资助城市低保对象中的“三无”人员参加医疗保险，比照省财政人均补助 30 元的标准，代其缴纳个人应负担的部分参保资金。对城市低保对象中的大病重残人员，略低于对“三无”人员的补助标准，代其缴纳个人应负担的部分参保资金。省民政厅要求各地应严格把握医疗救助资金的主要救助功能，既要积极适量地资助困难群众参合、参保，又不可大包大揽，把医疗救助资金大部或全部用于缴纳个人应负担的参合、参保资金。对符合救助条件的大病患者，在按规定享受新农合或城镇居民医疗保险补偿后，个人负担医疗费用仍然过高，造成家庭生活特别困难的，再给予一次性定额医疗救助。

2007年年初，根据省人民政府《关于实施十二项民生工程促进和谐安徽建设的意见》精神，省民政厅会同省财政厅、卫生厅、劳动和社会保障厅等部门，深入到六安、淮南等市，就城乡医疗救助工作进行专题调研。起草《安徽省城乡特困居民大病医疗救助实施意见》（以下简称《意见》），并于3月22日下发全省各地执行。该《意见》在原有《实施意见》的基础上，对医疗救助方式和医疗救助办法进行了较大幅度的调整。打破城乡二元结构，缩小人为的城乡差距，突出维护农村特困群众的医疗卫生权利。将2005年分别下发的城市医疗救助与农村医疗救助两份文件合并成《安徽省城乡特困居民大病医疗救助实施意见》，并于2007年3月下发全省各地执行。即在同一地区，同病种、同救助标准、同操作程序，实行城乡一体化。倡导“有条件的地区，应逐步将城乡低保边缘困难人群纳入医疗救助范围”，以逐步扩大救助覆盖面。简化救助程序，全面取消起付线。凡符合条件的救助对象，只要有县级以上医院的诊断病历，就可根据不同病种，享受数额不等的一次性定额救助。对所患疾病不在救助病种范围内的农村五保户和城市低保对象中的“三无”人员，给予小额100～300元临时医疗救助。对确属特殊困难的对象，还可实施二次医疗救助。为提高医疗救助工作的时效性，规定县级民政部门在10个工作日内完成审核审批，如遇突发性大病患者，应特事特办，及时审批。

明确城乡医疗救助工作在各级人民政府领导下，由民政部门管理并组织实施，有关部门配合，共同抓好落实；民政部门应认真开展调查研究，会商有关部门共同制定城乡医疗救助政策，加强对城乡医疗救助工作的指导和协调工作；财政部门负责会同民政部门研究制定城乡医疗救助资金管理办法，筹集并及时拨付医疗救助资金。为保障医疗救助工作正常开展，各级财政应安排必需的工作经费，并列入同级财政预算；卫生部门负责做好医疗救助资金资助对象参加新型农村合作医疗的相关工作。加强对医疗机构的监督管理，规范医疗服务行为，提高医疗服务质量；劳动保障部门负责做好城镇居民医疗保障制度与医疗救助制度的衔接工作；民政、财政部门要加强对医疗救助资金的管理和使用情况的监督检查，确保医疗救助资金按时拨付和合理使用。同时要求医疗救助工作坚持公示制度。有关单位、组织和个人要如实提供所需情况，配合医疗救助工作的调查，确保公开、公平、公正。对相关责任单位或个人违反有关规定、营私舞弊者，予以严肃处理，触犯刑律的将追究刑事责任。对骗取医疗救助资金的，当地民政部门必须如数追回，并取消其享受医疗救助的资格。鼓励和支持红十字会、慈善协会等社会团体和个人以各种形式参与医疗救助工作。各地要根据本实施意见，结合当地实际，制定具体实施办法（细则）。该实施意见自2007年1月1日起实施，并由省民政厅负责解释。

同年9月，省民政厅通报民生工程实施情况，下拨中央和省级医疗救助资金10410万元，其中城市2700万元（省福彩公益金1200万元，省级配套1500万元），农村7710万元（中央4710万元，省级配套3000万元）。此后，各地均已出台医疗救助实施意见，有序地开展城乡医疗救助工作。为加强城乡医疗救助工作力度，省民政厅于5月28日至30日在歙县举办全省城乡医疗救助工作培训班，请民政部低保司领导作关于如何进一步做好医疗救助工作的报告。同时解读相关文件，规范统计报表，交流工作经验。针对各地医疗救助存在的程序复杂、结余量过大等问题，结合各市县的救助，在 8 月 28 日至 29 日召开的全省农村低保工作汇报会上，省民政厅要求各地健全制度，简化程序，实施一次性定额救助；及时救助，只要有县级以上医院的确诊病历，即实施医前救助；认真做好与“新农合”和城镇居民医疗保障的衔接工作；各地务必做好资金配套工作；要探索小额临时救助，给农村五保户和城市低保对象中的“三无”人员所患的常见病实施救助，如发医疗“卡、券”等。2007 年 1 至 6 月，安徽省农村医疗救助共救助农村困难群众 635760 人次，支出救助资金 2004.7 万元，其中，资助参加新农合 617104 人次，支出资助资金 603.12 万元；城市医疗救助 6593 人次，支出救助资金 1190.50 万元。

2007 年 7 月 30 日，省民政厅根据《重大传染病病人医疗救治与艾滋病病人生活救助实施办法》，会同省财政厅下拨全省艾滋病特困人群生活救助资金 347 万元。此次资金分配，依据省民政厅、省卫生厅于 2006 年 4 月联合统计的全省“五类”艾滋病特困对象人数和《重大传染病病人医疗救治与艾滋病病人生活救助实施办法》规定的“五类”对象月生活标准。为做好艾滋病特困人群的救助准备工作，7 月底，省民政厅会同省卫生厅、省财政厅联合下发《关于统计全省艾滋病特困人群数据的通知》。

依据《安徽省 2007 年度民生工程实施情况考核办法》，全省普遍建立城乡医疗救助目标管理和责任追究机制，并将城乡医疗救助工作列入省对市、市对县年度目标考核内容。对工作不到位、资金不配套、政策落实有偏差、造成社会影响或群众上访的，一经查实，进行严肃处理；对在城乡医疗救助工作中，领导到位、措施得力、做出突出成绩的单位和个人，给予通报表彰。省民政厅从制度建设、队伍及设施建设、规范秩序、资金管理、信访监督等五个方面，制定下发城乡医疗救助工作先进县（市、区）评分标准，从而充分调动基层民政部门的工作积极性，使城乡医疗救助工作从机制、措施上得到有力保障，促进救助工作扎实开展。

2008 年 2 月，省民政厅会商省财政厅、劳动和社会保障厅、卫生厅，修订出台《安徽省城乡困难群众医疗救助实施意见》。这两份文件的出台，要求各地在同一地区，实行同病种、同救助标准、同操作程序的城乡一体化医疗救助。

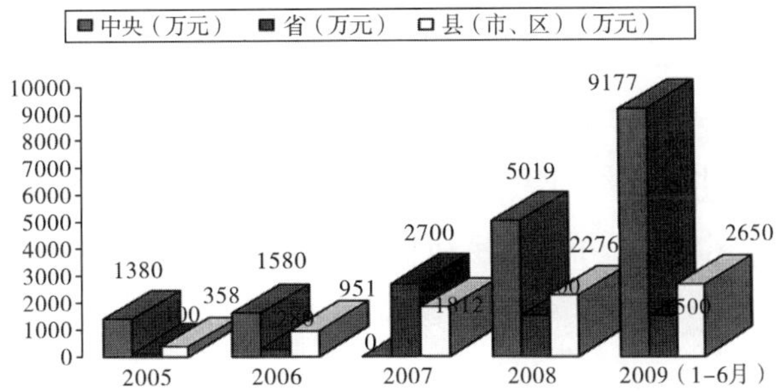

图 5-2-5　安徽省城市医疗救助资金三级财政的分担情况图（2005-2009.6）

2008 年，安徽省城乡医疗共救助城乡困难群众 2178828 人次，支出救助资金 23006 万元。其中，资助参加新农合 2002341 人，支出资金 3522 万元；资助城镇居民参保 160538 人，支出资金 1107 万元。

第二节　救助对象与救助标准

医疗救助对象和救助标准分农村和城市不同群体。医疗救助资金的申请、审核和发放基本相同。大病救助实行属地管理。医疗救助对象无力负担医疗费用时，一般由家庭户主持民政部门发放的“城市低保证”或“农村低保证”、身份证、户口本、病历，向户口所在地的社区居委会提出大病医疗救助书面申请，并如实提供医院诊断病历、正式医疗收费收据、处方、必要的病史材料，由社区居委会评审小组评议、公示，定点医院审查，经街道办事处复查、县区民政部门审批后，向市民政局报备。街道办事处按规定发放医疗救助金；对不符合救助条件的，说明理由，通知申请人。医疗救助对象符合大病救助条件的，一般应在治疗期间或医疗终结后 3 个月内提出救助申请，医疗终结（或出院后）3 个月后未提出救助申请的，原则上不再受理。

救助对象　2004 年 6 月，省民政厅规定，实施农村医疗救助试点时确定的医疗救助对象：即持有县级民政部门发放的“农村五保供养证”的农村五保户（包括集中供养的农村五保户）；持有县级民政部门发放的“农村特困救助证”或“农村最低生活保障金领取证”的特困户家庭成员；经县级民政部门批准的其他对象，因患大病重病长期住院治疗，医疗费用开支大、影响家庭基本生活、生活特别困难的农村居民，也可申请享受医疗救助。

2005 年 10 月，全省全面实施农村医疗救助确定医疗救助对象时，省民政厅、省卫生厅、省财政厅印发关于《安徽省农村医疗救助实施办法》的通知，规定除持有县级民政部门发放的“农村五保供养证”的农村五保户（包括集中供养的农村五保户）、持有县级民政部门发放的“农村特困救助证”或“农村最低生活保障金领取证”的特困户家庭成员外；增加了“三红”人员、在乡老复员军人、在乡六级以下（不含六级）残疾军人中的生活困难者”和经当地政府确定需救助的其他人员。救助的范围同时包括：（一）已开展新型农村合作医疗的地区，首先资助经济困难的乡镇医疗救助对象参加当地合作医疗，代其缴纳个人应负担的部分或全部资金。对因患大病经合作医疗补助后个人负担医疗费用仍然过高、影响家庭基本生活的，再给予适当的医疗救助。（二）未开展新型农村合作医疗的地区，应根据救助资金总量，结合本地实际，对部分大病患者实施医疗救助。（三）对艾滋病、晚期血吸虫病及国家规定的特种传染病救治费用，按有关规定给予补助。

2005 年 8 月，省民政厅规定，实施城市医疗救助试点时确定的医疗救助对象，即城市低保对象中未参加城镇职工基本医疗保险人员；城市低保对象中已参加城镇职工基本医疗保险但个人负担仍然较重的人员；家庭月人均收入高于本地城市低保标准但低于本地最低工资标准，且未参加城镇职工基本医疗保险，因病造成家庭生活特别困难的人员。

2007 年 2 月，省民政厅等四部门下发《安徽省城乡特困居民大病医疗救助实施意见》，明确城乡医疗救助对象为：持有县级以上民政部门发放的“城乡居民最低生活保障金领取证”，且正在享受低保待遇的城乡最低生活保障对象；持有县级民政部门发放的“农村五保供养证”的农村五保户（包括集中供养的农村五保户）；重点优抚对象；有条件的地区，应逐步将城乡低保边缘困难人群纳入医疗救助范围。

2008 年 2 月，省民政厅等四部门下发《安徽省城乡困难群众医疗救助实施意见》，将 2007 年 2 月明确的救助对象第四类修改为：持有县级民政部门发放的“城乡居民最低生活保障证”，且正在享受低保待遇的城乡最低生活保障对象；持有县级民政部门发放的“农村五保供养证”的农村五保户（包括集中供养的农村五保户）；重点优抚对象；有条件的地区，可将城乡低收入群众和因病致贫的群众纳入医疗救助范围。

救助标准　城乡医疗救助标准根据不同期间、不同地区、不同生活水平，全省分为农村医疗救助标准、城市医疗救助标准；后来逐步实行城乡一体的医疗救助标准。

农村医疗救助标准。在农村医疗救助试点时，明确救助标准由各地政府根据当地医疗救助基金规模和实际情况合理确定。2005 年 10 月，省民政厅、省卫生厅、省财政厅印发《关于〈安徽省农村医疗救助实施办法〉的通知》规定，在全省全面实施农村医疗救助时，要求县级人民政府根据当地实际情况、医疗救助基金总量和收支平衡原则，制定本地农村医疗救助的起付线（五保供养对象的起付线原则上为零）、救助比例和封顶线。医疗救助对象个人当年累计享受的救助金额，原则上不超过当地规定的医疗救助的最高标准。

城市医疗救助标准。在城市医疗救助试点时，明确救助标准：1. 起付线：由个人全年实际负担的大病（具体病种由试点县、市、区确定）医疗费和常见病住院费组成。救助对象一、二类人员为 1000 元左右，三类人员为 3000 元左右；2. 救助比例：按起付线以上部分的适当比例支付；3. 救助额度：对大病患者全年救助原则上不超过 8000 ~ 10000 元；对常见病患者全年救助原则上不超过 2000 ~ 3000 元。

对救助对象在扣除各项医疗保险可支付部分、单位应报销部分及社会互助帮困等后，个人负担超过起付线的医疗费用给予一定比例的补助。对特别困难的对象，可适当提高医疗费用补助标准。

城乡医疗救助标准。2007 年 2 月，城乡医疗救助制度并轨后，要求市、县级人民政府应根据当地实际情况、医疗救助资金总量和不同病种，制定本地城乡医疗救助年度一次性定额救助标准。2007 年 4 月，根据省人民政府《关于实施十二项民生工程促进和谐安徽建设的意见》精神，省民政厅、省卫生厅、省劳动和社会保障厅、省财政厅印发《城乡特困群众医疗救助实施意见》，规定市、县级人民政府应根据当地实际情况、医疗救助资金总量和不同病种，制定本地城乡医疗救助年度一次性定额救助标准。同时规定享受救助的病种：恶性肿瘤或再生障碍性贫血；急性脑中风；肾功能衰竭（尿毒症）；严重心脏病；重型肝炎、并发症；艾滋病；晚期血吸虫病；重症精神病；经市、县级人民政府确定的其他病种。

2008年，省民政厅、省卫生厅、省劳动和社会保障厅、省财政厅对城乡医疗救助病种和救助标准作出重新规定。大病病种包括：恶性肿瘤或再生障碍性贫血、急性脑中风、肾功能衰竭（尿毒症）、严重心脏病、重型肝炎及并发症、艾滋病、晚期血吸虫病、重症精神病等；重症慢性病；经市、县级人民政府确定的其他病种。救助标准仍然由市、县级人民政府根据当地实际情况、医疗救助资金总量和不同病种，制定本地城乡医疗救助年度一次性定额救助标准。

第三节 救助办法与管理

医疗救助办法包括医疗救助对象、标准、申请程序、资金管理等诸多方面。城乡医疗救助资金要实行专户管理、专账核算。省级下拨的城乡医疗救助资金通过省级财政专户下拨至各地财政专户。县级财政部门要建立“城乡医疗救助资金财政专户”，用于办理资金的汇集、核拨、支付等业务。县（市、区）财政预算安排的资金按季或按月划拨至本级财政部门“城乡医疗救助资金财政专户”；经批准用于城乡医疗救助的彩票公益金应及时由财政专户划拨至“城乡医疗救助资金财政专户”；社会各界的捐款及其他各项资金按属地管理原则及时交存县（市、区）财政部门“城乡医疗救助资金财政专户”。

救助办法 2005年10月，省民政厅、省卫生厅、省财政厅印发关于《安徽省农村医疗救助实施办法》的通知规定，实施农村医疗救助制度，要在各级人民政府领导下，由民政部门管理并组织实施，有关部门配合，共同抓好落实。民政部门应认真开展调查研究，加强对农村医疗救助工作的指导和协调工作。要按照公开、公平、公正的原则，实行医疗救助公示制度，接受社会和群众的监督。财政部门应会同民政部门研究制定医疗救助基金管理办法，并根据审定的用款计划，及时将医疗救助资金拨付到位。同时，安排必要的工作经费，保障农村医疗救助工作的正常开展。卫生部门应加强对定点医疗机构的监督管理，规范医疗服务行为，引导医疗机构制定优惠政策，提高服务质量。有关单位、组织和个人应如实提供所需情况，配合医疗救助工作的调查核实。鼓励社会团体、慈善机构和个人向农村特困人员提供医疗救助方面的资助。各市、县（区）应根据本办法，结合当地实际，制定或完善本地区农村医疗救助实施办法（细则）。

2006年12月，省民政厅为规范重点优抚对象医疗保障制度，出台《安徽省重点优抚对象医疗保障实施意见（试行）》，要求重点优抚对象的医疗保障，应逐步构建以城镇基本医疗保险制度、新型农村合作医疗制度和城乡医疗救助为依托，以医疗优惠、医疗补助为补充,个人负担为辅,与国家基本医疗制度相衔接,与当地经济发展相适应的重点优抚对象医疗保障制度。一是保障重点优抚对象参加城镇基本医疗保险或新型农村合作医疗,重点是保障一至六级残疾军人,不分城乡。二是对重点优抚对象实行医疗救助制度。凡符合医疗救助条件的重点优抚对象,优先纳入城乡医疗救助范围。医疗救助的标准要略高于安徽省《关于建立城市医疗救助制度试点工作实施意见》《安徽省农村医疗救助实施办法》规定的标准。三是实行重点优抚对象医疗优惠政策。接诊的医院要严格按照卫生部和省卫生厅关于开展医疗管理年活动的要求,切实做到合理检查、合理用药、合理治疗,尽可能减少患者的费用负担。四是实行重点优抚对象医疗补助制度。重点优抚对象在享受基本医疗保险或新型农村合作医疗报销以及医疗优惠、医疗救助后,个人承担的医疗费超过一定数额影响生活的,应给予医疗补助。医疗补助所需资金,由当地民政部门根据本地经济和社会发展水平、财政负担能力、各类抚恤补助优待对象医疗费实际支出和原医疗保障水平等因素测算,经同级财政部门审核确认后,列入当年财政预算。

2007 年 4 月,省民政厅、省卫生厅、省劳动和社会保障厅、省财政厅印发《城乡特困群众医疗救助实施意见》。规定已开展新型农村合作医疗的地区,医疗救助资金首先资助农村五保户参加当地合作医疗,代其缴纳个人应负担的全部参合资金;对农村低保户和重点优抚对象,可视财力状况和资金筹集规模,代其缴纳个人应负担的部分或全部参合资金;已建立城镇居民医疗保障制度的地区,首先资助城市低保对象中的“三无”人员(无生活来源、无劳动能力又无法定赡养人、扶养人或者抚养人)参加医疗保障,比照省财政人均补助 30 元的标准,代其缴纳个人应负担的部分参保资金;对城市低保对象中的大病重残人员,可略低于对“三无”人员的补助标准,代其缴纳个人应负担的部分参保资金。对符合救助条件的大病患者,在按规定享受医疗补偿后个人负担医疗费用仍然过高、造成家庭生活特别困难的,再给予一次性定额医疗救助。未开展新型农村合作医疗和城镇居民医疗保障的地区,对符合救助条件的大病患者,给予一次性定额救助;对所患疾病不在救助病种范围内的农村五保户和城市低保对象中的“三无”人员,可给予小额临时医疗救助。有条件的地区,对确属特殊困难的对象,可实施二次医疗救助。

2008 年 2 月,省民政厅、省卫生厅、省劳动和社会保障厅、省财政厅对城乡医疗救助办法作了重新规定:资助农村五保户参加当地合作医疗,代其缴纳个人应负担的全部参合资金;对农村低保户和重点优抚对象,可视财力状况和资金筹集规模,代其缴纳个人应负担的部分或全部参合资金。资助城市低保对象中的“三无”人员(无生活来源、无劳动能力又无法定赡养人、扶养人或者抚养人)参加医疗保险,代其缴纳个人应负担的参保资金;对城市低保对象中的大病重残人员,可视财力代其缴纳个人应负担的部分参保资金。对救助对象中的大病及重症慢性病患者,在按规定享受医疗补偿后个人负担医疗费用仍然过高、造成家庭生活特别困难的,再给予一次性定额医疗救助;对农村五保户和城市低保对象中的“三无”人员，还可给予小额临时医疗救助。对特殊困难的救助对象，可实施年度二次医疗救助。有条件的地区，可对城乡低收入群众和因病致贫群众实施适当救助，但所患病种必须为大病病种。

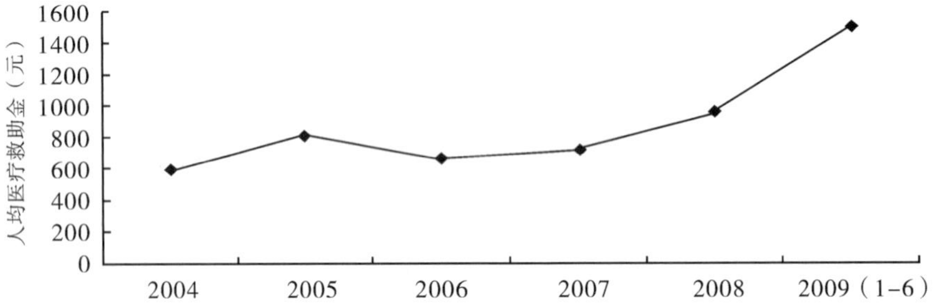

图 5-2-6 安徽省农村大病医疗救助人均水平变化图

工作程序 2005年10月，为规范城乡医疗救助的申请、审核、审批程序，省民政厅、省卫生厅、省财政厅印发了《安徽省农村医疗救助实施办法》。规定：①申请人向村民委员会提出书面申请，填写《安徽省农村医疗救助申请表》，并出具医疗救助定点医院本年度的医疗诊断病历、医疗费用总额收据及合作医疗补助凭证、社会帮困情况证明等，经村民代表会议评议后报乡（镇）人民政府审核；分散供养和集中供养的五保对象，分别由所在地的村民委员会和所在敬老院直接报乡（镇）人民政府审核。②乡（镇）人民政府对上报的申请表和有关材料进行认真审核。对符合条件的，应及时报县级民政部门审批；对不符合条件的，应将材料退回所在村民委员会，并书面通知申请人，说明原因。乡（镇）人民政府根据需要，可采取入户调查、邻里访问以及信函索证等方式对申请人的医疗支出和家庭经济状况等进行调查核实。③县级民政部门对乡（镇）人民政府上报的申请材料予以复核。对符合医疗救助条件的，核准其享受医疗救助金额，并将批准意见通知乡（镇）人民政府和申请人；对不符合条件的，应书面通知申请人，并说明理由。关于医疗救助服务问题：①已开展新型农村合作医疗的地区，由农村合作医疗定点卫生医疗机构为医疗救助对象提供医疗救助服务；未开展新型农村合作医疗的地区，由县级卫生行政部门指定定点卫生医疗机构，为医疗救助对象提供医疗救助服务。提供医疗救助服务的医疗卫生机构，应在规定范围内，按照本地合作医疗或医疗保险用药目录、诊疗项目目录及医疗服务设施目录，为医疗救助对象提供医疗服务。②医疗救助对象患疑难重症需转到非定点医疗机构就诊时，按当地实施合作医疗和医疗救助的有关规定办理转院手续。③承担医疗救助的定点医疗机构要完善并落实各项诊疗规范和管理制度，保证服务质量，控制医疗费用。

2007年2月，省民政厅、省卫生厅、省劳动和社会保障厅、省财政厅下发的《安徽省城乡特困居民大病医疗救助实施意见》明确规定：城乡特困群众申请医疗救助时，须持身份证和享受社会救助的有关证明（低保证、五保供养证、优抚有关证件等）向户籍所在地街道办事处（乡镇人民政府）提出书面申请，并出具县级以上医院本年度的诊断病历和必要的病史证明材料；街道办事处（乡镇人民政府）在接到申请的7个工作日内，派人入户调查，对同意上报待批的申请人，由所在的居（村）民委员会对有关情况进行公示；县级民政部门接到申报材料后，在10个工作日内完成审核审批。如遇突发性大病患者，应特事特办，及时审批。对不符合救助条件的，要书面说明理由，通知申请人。

2008年2月下发的《安徽省城乡困难群众医疗救助实施意见》规定，为提高救助的时效性，将原来需17个工作日完成审核审批，压缩到10个工作日内完成审核审批。即街道、乡镇在接到申请的5个工作日内，派人入户调查、审核，对同意上报待批的申请人，由所在的居（村）民委员会对有关情况进行公示；县级民政部门接到申报材料后，在5个工作日内完成审核审批。同时规定：县级财政部门接到同级民政部门的审批表后，在3个工作日内将救助资金打入其指定金融机构。如遇突发性大病患者，应本着特事特办原则，及时审核、审批。对不符合救助条件的，仍坚持以书面说明理由，通知申请人。

资金管理　医疗救助资金通过财政部门安排、专项彩票公益金、社会捐助等渠道筹集。2005年10月，省民政厅、省卫生厅、省财政厅印发了《安徽省农村医疗救助实施办法》。规定：①各县（市、区）应建立农村医疗救助基金。基金主要通过政府投入和社会各界自愿捐助等渠道筹集。根据中共中央、国务院《关于进一步加强农村卫生工作的决定》中"省、市（地）、县级财政都要根据实际需要和财力情况安排资金，对农村贫困家庭给予医疗救助资金支持"的规定，各地县级财政每年年初应安排医疗救助资金，列入当年财政预算；市（地）级财政对所辖县（市、区）要给予适当补助；省级财政根据各地医疗救助人数、财政状况及工作成效等因素，对各地将给予适当支持。财力状况较好的市、县（区），应加大财政投入力度，扩大基金规模。②县级财政部门应建立农村医疗救助基金专户，对医疗救助资金实行专项管理，专款专用。民政部门确定用于资助救助对象参加当地新型农村合作医疗的资金，由县级财政部门从农村医疗救助基金专户核拨至新型农村合作医疗基金专户，并通知新型农村合作医疗经办机构为其办理有关手续。经县级民政部门批准的救助对象大病医疗费用补助资金，由县级财政部门按时核拨至"财政补贴农民资金专户"，通过"一卡式"发放到户。同时，由民政、财政部门及时通知到户。③各地应坚持"量入为出、年度平衡、略有节余、滚动使用"的资金管理原则，对救助对象实施及时救助。救助资金积存量一般不得超过年救助资金总量的20%。④农村医疗救助基金的筹集、管理和使用要接受社会监督。

2007年7月，省财政厅、省卫生厅、省民政厅制定《安徽省重大传染病病人医疗救治与艾滋病病人生活救助资金管理暂行办法》，规定重大传染病病人医疗救治经费和艾滋病特困人群生活救助经费，是指根据《安徽省重大传染病病人医疗救治及艾滋病病人生活救助实施办法》的要求，由各级财政安排的用于重大传染病病人的医疗救治经费和艾滋病病人的生活救助经费。经费专项下达，补助到相关执行的单位、组织和病人。

必须遵循医疗救治及生活救助经费管理的基本原则：①专款专用原则。医疗救治经费必须按规定，用于开展重大传染病病人医疗救治工作的单位、组织；艾滋病病人的生活救助经费必须按规定，用于因艾滋病造成的特困人群，任何单位或个人不得截留、挤占和挪用。②讲求效率原则。医疗救治及生活救助经费的使用与管理，必须厉行节约，杜绝浪费。③保证效益原则。医疗救治及生活救助经费应达到对重大传染病病人实施医疗救治及提高艾滋病特困人群生活质量的要求，充分发挥资金的经济效益和社会效益。明确医疗救治及生活救助资金来源，主要是中央财政、省财政专项转移支付资金，市、县（市、区）财政安排的专项经费。①中央财政专项转移支付资金，主要解决符合治疗标准的艾滋病病人抗病毒治疗及 CD4 检测经费；对肺结核病人检查（痰检及一次胸片）、抗结核药物采购经费；对现症晚期血吸虫病病人，按照治疗方案规定要求，给予 75% 的补助。②省财政专项转移支付资金，主要解决有治疗需求的艾滋病病人抗机会感染治疗经费；对因艾滋病造成的特困人群生活救助经费；按照结核病诊疗规范，对现症贫困结核病患者给予辅助诊断、辅助治疗和并发症治疗经费；对现症晚期血吸虫病病人，按照治疗方案规定要求，给予 25% 的补助。③病例感染地的市、县（市、区），主要解决急性血吸虫感染等重大传染病病人治疗经费。④全省范围内，对经有资质的医疗卫生机构确诊的人禽流感病人或疑似病人、传染性非典型肺炎病人或疑似病人、霍乱病人或疑似病人、不明原因肺炎病人、新发传染病、不明原因传染性疾病病人以及重大或特别重大突发公共卫生事件病人进行医疗救治，所需经费按实际发生额，由省和市或县（市、区）各负担 50%。主要对发生的医疗费用、消毒隔离费用、专家会诊费用及省级财政部门确定的补助项目进行补助。

同时还规定：各县（市、区）卫生局、民政局每年底前根据本年度当地救治（助）的人数，支付等工作情况报市汇总后，向省卫生厅、财政厅上报下年度医疗救治计划，向省民政厅、省财政厅上报下年度生活救助计划。同时，各市将上年度实际进行的医疗救治人员和生活救助人员汇总分别报省卫生厅和省民政厅。省有关部门审核后下达各市、县（区）实施救治（助）的计划数，并根据计划数及救治（助）标准安排资金，通过预算指标下拨到各有关市、县（区）财政部门。其中艾滋病病人抗机会感染治疗经费、现症贫困结核病患者辅助诊治和并发症治疗经费、现症晚期血吸虫病病人救治经费，分别与全省艾滋防治专项经费、结核病防治专项经费、血吸虫病防治专项经费合并下达，实行项目管理。资金使用要求：①医疗救治经费的支付实行报账制。医疗救治经费由相关实施医疗救治的单位在救治工作完成 7 个工作日内，向同级卫生行政部门提供医疗救治对象的相关资料；同级卫生部门收到申请后，7 个工作日内签署审核意见后送同级财政部门；同级财政部门收到有关材料后，符合条件的，10 个工作日内将资金拨付至实施救治的医疗卫生机构，由医疗卫生机构将减免经费落实到具体救助对象。②生活救助经费实行“一卡式”发放。生活救助经费由被救助对象提出申请，报当地乡镇政府或街道；当地乡镇政府或街道收到申请后，7 个工作日内完成核实工作后报县（市、区)民政部门;同级民政部门10个工作日内完成审批后送同级财政部门复核。救助对象凭民政部门出具的书面通知到财政部门指定的金融机构领取救助资金。③补助到实施医疗救治的医疗卫生单位的医疗救治经费,接受单位必须提供以下资料:《安徽省重大传染病病人医疗救治及艾滋病病人生活救助实施办法》规定的医疗救治对象确定的资料及其它必需的相关资料(如救治对象的姓名、工作内容、补助金额、单位、住址、联系电话等);医疗文书及可以证明其工作真实性的相关材料;工作实施总结报告;同级财政、卫生行政部门认为需提供的其他资料。④补助到个人的生活救助经费,救助对象本人需提供省卫生厅、省民政厅、省财政厅《重大传染病病人医疗救治与艾滋病病人生活救助实施办法》规定的生活救助对象确定资料及民政部门认为需要提供的有关材料。

2008年2月,省民政厅、省卫生厅、省劳动和社会保障厅、省财政厅印发关于《安徽省城乡困难群众医疗救助实施意见》的通知,重申救助资金的筹集与管理,规定医疗救助资金通过财政安排、专项彩票公益金、社会捐助等渠道筹集。①各级财政每年都要安排城乡医疗救助资金,并列入当年财政预算。市级财政每年安排的医疗救助资金不少于上年度省级财政补助资金总量的20%;县级财政不少于上年度省级财政补助资金总量的10%。②各级财政部门要建立城乡医疗救助资金专户,对医疗救助资金实行专项管理,专款专用。用于资助重点救助对象参加当地新型农村合作医疗和城镇居民医疗保险的资金,由民政部门商同级财政部门后,由财政部门从城乡医疗救助资金专户核拨至新型农村合作医疗和城镇居民医疗保险资金专户,并通知经办机构为其办理有关手续。用于医疗救助的资金,由民政部门按规定程序审批,并及时以书面形式通知申请人持有关证件到财政部门指定的金融机构领取医疗救助金。③坚持“量入为出、年度平衡”的资金管理原则,对救助对象实施及时救助。原则上,当年筹集的城乡医疗救助资金应全部支出。对当年结余资金超过年救助资金总量10%的地区,省将调减下年度医疗救助资金补助额。

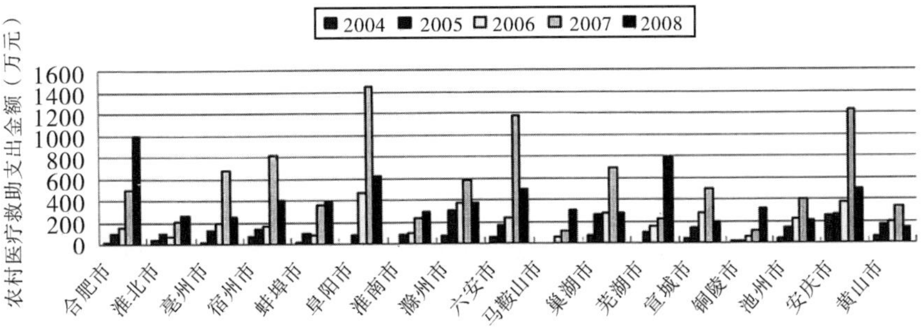

图5-2-7　安徽省各市历年农村医疗救助资金支出的变化图

监督检查　城乡医疗救助工作是安徽省委、省人民政府实施民生工程的重要内容,也是社会和群众关注的热点。为加强城乡医疗救助资金的规范管理,省民政厅制定下发《县(市、区)城乡医疗救助工作考评标准》。将城乡医疗救助工作分解为5个考评项目、17项考核内容,确定考评分值、考评办法和评分标准。

为确保城乡医疗救助工作的公开、公平、公正，各级民政部门在医疗救助工作中坚持公示制度，设置举报箱，公布举报电话，接受社会的监督。对违反有关规定、营私舞弊者，或延误救助时限造成严重后果者，一律严肃处理。触犯刑法的将追究刑事责任。

城乡医疗救助工作在各级人民政府领导下，由民政部门主管并组织实施，有关部门配合，共同抓好落实；民政部门应加强医疗救助和城镇居民（职工）基本医疗保险、新型农村合作医疗制度的政策衔接，改进资金结算办法，适时推行"一站式"管理服务，实现不同医疗保障制度间人员信息、就医信息和医疗费用信息的共享，提高管理服务水平，方便困难群众；财政部门负责会同民政部门研究制定城乡医疗救助资金管理办法，筹集并及时拨付医疗救助资金。为保障医疗救助工作正常开展，各级财政应安排必需的工作经费，并列入同级财政预算；卫生部门负责做好医疗救助资金资助对象参加新型农村合作医疗的相关工作。加强对医疗机构的监督管理，规范医疗服务行为，提高医疗服务质量。提倡和鼓励医疗机构对困难群众开展医疗优惠减免活动；人力资源和社会保障部门负责做好城镇居民（职工）基本医疗保险制度与医疗救助制度的衔接工作；民政、财政部门要加强对医疗救助资金的管理和使用情况的监督检查，确保医疗救助资金按时拨付和合理使用。有关单位、组织和个人要如实提供所需情况，配合医疗救助工作的调查，确保公开、公平、公正；对相关责任单位或个人违反有关规定、营私舞弊者，或延误救助时限造成严重后果者，将予以严肃处理。触犯刑律的将追究刑事责任；对骗取医疗救助资金的，当地民政部门必须如数追回，并取消其享受医疗救助的资格。

第三章　城市流浪乞讨人员救助管理

城市流浪乞讨人员或者叫城市生活无着的流浪乞讨人员是指:因自身无力解决食宿,无亲友投靠,又不享受城市最低生活保障或者农村五保供养,正在城市流浪乞讨度日的人员。虽有流浪乞讨行为,但不具备前款规定情形的,不属于救助对象。

1982 年 5 月 12 日,国务院发布的《城市流浪乞讨人员收容遣送办法》规定,予以收容、遣送的对象为:家居农村流入城市乞讨的;城市居民中流浪街头乞讨的;其他露宿街头生活无着的。这是为救济、教育和安置城市流浪乞讨人员,以维护城市社会秩序和安定团结,特制定的办法。主要是针对城市要饭、流浪人员,为其解决吃饭、住宿、回家等生活问题而对其进行必要的容留和救济,带有社会福利性质。

同时规定,县级以上城市人民政府应当根据需要设立流浪乞讨人员救助站,对在城市生活无着的流浪、乞讨人员(以下简称流浪乞讨人员)实行救助,保障其基本生活权益;国家鼓励、支持社会组织和个人救助流浪乞讨人员。救助站对流浪乞讨人员的救助是一项临时性社会救助措施。并由县级以上人民政府民政部门负责流浪乞讨人员的救助工作,并对救助站进行指导、监督。公安、卫生、交通、铁道、城管等部门应当在各自的职责范围内做好相关工作。

随着社会的发展,收容遣送的社会行政管理职能进一步增强。20 世纪 90 年代初,国务院出台《关于收容遣送工作改革问题的意见》,收容对象扩大到"三无人员"(即无合法证件,无固定住所,无稳定收入),使收容遣送更多承担起维护社会治安、秩序的功能。在执法实践中,由于行政执法人员队伍素质欠缺,出现一些偏颇和问题,扭曲其社会救助的性质。2003 年以后,城市流浪乞讨人员收容遣送制度废止,转而实行生活无着的城市流浪乞讨人员救助管理制度。

第一节　从收容遣送到救助管理的变革

1982 年 5 月,国务院发布《城市流浪乞讨人员收容遣送办法》,以立法的方式确立对城市流浪乞讨人员进行强制性收容遣送的制度。

1988 年 8 月,为做好收容遣送工作,全省各级民政部门对 1988 年各地流浪乞讨人员的主要构成、流动和需要采取的对策进行分析研究和总结。

1992 年,国务院出台《关于收容遣送工作改革问题的意见》,收容对象被扩大到"三无人员”，即无身份证、暂住证和务工证的流动人员。要求居住3天以上的非本地户口公民办理暂住证，否则视为非法居留，须被收容遣送。此后，经过各地和有关部门的不断博弈，收容遣送制度逐渐在实践中脱离原来社会救助的立法原意，逐渐演变为限制外来人口流动，沦为一项严重威胁人权的带有惩罚性的强制措施。

2000年7月，根据民政部《关于开展收容遣送情况调研的通知》要求，省民政厅布置各地就市场经济条件下做好收容遣送，保障特殊困难群众合法权益，促进社会事务有序发展，针对收容遣送工作现状、法制建设情况、流浪儿童救助保护和跨省收容遣送情况等内容进行调研。

2003年6月，因为广州孙志刚案件的恶劣影响，媒体详细报道曝光一些同一性质的案件，在社会上掀起对收容遣送制度的大讨论，引发对收容遣送制度的反思和抨击，并发展为违宪审查机制的讨论。先后有8名学者上书全国人大常委会，要求就此对收容遣送制度进行违宪审查。2003年6月20日，国务院总理温家宝签署国务院令，公布《城市生活无着的流浪乞讨人员救助管理办法》，废止《城市流浪乞讨人员收容遣送办法》。随后一些城市的收容遣送相关条例和制度陆续废止。

2003年7月，省民政厅转发民政部《关于废止有关收容遣送行政规章和规范性文件的通知》，成立由省民政厅牵头，省法制办、安徽大学和有关救助站相关人员参加的联合起草小组，开展文件清理工作，废止省民政厅单独制发有关收容遣送方面的规章和规范性文件，对省民政厅与公安等部门联合下发的有关收容遣送的文件一律停止执行。8月，《城市生活无着的流浪乞讨人员救助管理办法》和民政部《城市生活无着的流浪乞讨人员救助管理办法实施细则》正式实施。新办法提出全新的“自愿受助、无偿救助”的原则，取消强制手段。明确对城市生活无着流浪乞讨人员的救助，是在其自愿接受救助的情况下，由民政部门管理的救助站无偿提供基本的生活救助。安徽省开始使用统一的《城市生活无着的流浪乞讨人员救助情况登记表》和《城市生活无着的流浪乞讨人员救助管理站月报表》，建立健全一系列新的规章制度和账册报表。

2004年4月，省人民政府颁布《安徽省城市生活无着的流浪乞讨人员救助管理办法》。29日，省民政厅与省政府新闻办公室联合召开《安徽省城市生活无着的流浪乞讨人员救助管理办法》新闻发布会。随后，各级民政部门广泛开展《安徽省城市生活无着的流浪乞讨人员救助管理办法》学习宣传和贯彻实施活动。5月5日至10日，省民政厅派出调研组，深入到马鞍山、铜陵、池州、安庆等地进行城市流浪乞讨人员救助调研。

2005年7月，根据民政部要求，安徽省在全国率先制定和颁发《安徽省救助管理站工作人员准则》《安徽省救助管理站站长职责》等8项制度，以及《关于加强社会福利事业单位安全管理工作的通知》。全省各市民政局开展流浪乞讨人员救助管理信息系统建设。

2006年12月，省民政厅下发深入贯彻民政部《关于印发〈救助管理机构基本规范〉和〈流浪未成年人救助保护机构基本规范〉的通知》的通知，并在天长市召开全省救助管理工作会议，总结4年来救助管理工作的经验，分析和共同研讨存在的问题，并对从业人员进行业务培训。

2008年5月，省民政厅制定下发《关于印发〈安徽省民政系统文明窗口单位标准及考核评分办法〉的通知》，明确救助管理站和流浪未成年人救助保护中心的文明窗口单位标准及考核评分办法。在全省推行合肥市流浪儿童救助保护“12355”热线和蚌埠市人性化管理及跟踪回访的工作模式。转发民政部等六部门《关于做好城市生活无着流浪乞讨人员中危重病人、精神病人救治工作指导意见的通知》，确定“先救治，后救助”的原则，全省确定42所精神病人救治定点医院。

第二节　收容遣送与救助管理工作

救助管理工作系指对城市生活无着的流浪、乞讨人员，保障其基本生活权益，并对其实施社会救助的组织行为。流浪乞讨人员是指因自身无力解决食宿，在所处城市无亲友投靠，又不享受城市最低生活保障或者农村五保供养，正在城市流浪乞讨的人员。设区的市人民政府设立流浪乞讨人员救助站，县级市人民政府根据需要设立助救站。县级以上地方人民政府民政部门负责流浪乞讨人员的救助工作。设立救助站的市人民政府民政部门还应当履行以下职责：监督、指导救助站落实救助措施；对救助站工作人员进行教育、培训；协调救助站与其他部门、单位的工作。

对无亲属、无单位或无法查明其亲属或者所在单位，但可以查明其户籍所在地或者住所地的受助未成年人和行动不便的老年人、残疾人，省内的，由流入地民政部门或者救助站通知流出地民政部门或者救助站接回，送至其户籍所在地或者住所地安置；流至省外的，由省人民政府民政部门通知受助人员户籍所在地或者住所地的市人民政府民政部门或者救助站接回，送至其户籍所在地或者住所地安置；外省（直辖市、自治区）流入安徽省的，由省人民政府民政部门通知受助人员户籍地或者住所地的省（直辖市、自治区）人民政府民政部门接回。

收容遣送站及救助站　20世纪70年代初期，全省各地、市、县均设立外流人口收容遣送站，并恢复蚌埠、合肥、芜湖、安庆、宿县等5个站为对外中转站。1974年增至67个。同年8月，全省除8个省辖市和9个地区所在地保留外流人口收容遣送站外，其他收容遣送站全部撤销。1979年，全省尚有外流人口收容遣送站38个。1989年年底，全省各地外流人口收容遣送站减少至24个。先后设立潜山县、临泉县、濉溪县、九华山、怀宁县、亳州市、界首市、肥东县外流人口收容遣送站，恢复砀山县外流人口收容遣送站，原巢湖市外流人口收容遣送站上划为巢湖市收容遣送站，六安市外流人口收容遣送站升格为市级站。

在城市生活无着的流浪乞讨人员救助管理制度实施前，全省共有33个收容遣送站，其中市级站16个，县（市、区）级站17个。2000年末，床位1927张，职工400人。2001年年末，职工363人，床位1398张。2002年年末，职工363人，床位1398张。截至

2003年年末，共有职工363人，床位1398张。宿州市、蚌埠市、芜湖市、安庆市、合肥市、黄山市、滁州市、阜阳市、亳州市等9个市级站被民政部确定为跨省对口接收(中转)站。

在城市生活无着的流浪乞讨人员救助管理制度实施后，全省累计救助各类人员4407人次，其中流浪未成年人891人次；危重病人31人次，精神病人213人次，智障343人次、残疾人510人次。2003年，根据民政部的部署，并对原收容遣送站基础设施进行改造，拆除铁栅栏、铁门窗，清理和废止1982年以来的各类收容遣送文件。

2004年5月，省机构编制委员会办公室将全省原33个站统一调整为17个市救助管理站、4个县级市救助站，省救助总站和合肥市救助站合署办公。6个流浪儿童救助保护中心，其中蚌埠市、宿州市经本市编制办批准独立设置，合肥市、安庆市、铜陵市、马鞍山市经本市编制办批准与救助管理站合并设置。当年救助流浪乞讨人员12800人次，其中救助流浪未成年人3174人次。危重病人166人次，精神病人344人次，智障人员652人次，其他残疾人1801人次。

2005年以后，省民政厅积极创造条件，不断加强硬件建设，为救助工作搭建平台。争取各级财政和各级福利彩票公益金资助，完善救助机构设施。特别是抓住“十一五”机遇，争取中央资金支持，加强未成年人救助保护机构的“硬件”建设。协调联合省发改委，选定2007年和2008年流浪未成年人救助保护中心建设项目。先后选择蚌埠、滁州、芜湖、宣城、六安、合肥、池州、淮南8个市的流浪未成年人救助保护中心项目，列入国家发改委和民政部“十一五”项目计划，逐步实施。其中2007年度项目蚌埠市和滁州市的流浪未成年人保护中心建设已经完成。2008年度项目于年底完工。

各地民政部门和各救助管理站干部职工立足本职，努力工作，涌现一批国家和省级先进集体和先进个人。安庆、蚌埠分别被评为“全省民政系统文明基层窗口单位”，荣获“全国青少年维权岗”“全国维护妇女儿童合法权益贡献奖”“十五普法先进集体”；六安市救助管理站站长谭大鹏被评为“全国民政系统先进工作者”；淮南救助站荣获全省民政工作先进集体；合肥、铜陵、池州等市救助站荣获省或当地创建文明城市先进集体、平安单位等奖项，先后受到民政部、省民政厅和市有关部门的表彰。

收容遣送（站）工作及管理 1980年7月，国务院批转民政部《关于对城市乞讨人员的情况调查和解决意见的报告》，重申加强对长期流浪、屡遣屡返人员的，采取集中收容，到安置农场参加生产，以减少国家负担。1981年，全省17个外流人员收容遣送站共收容遣送自由流动人口25429人（次），其中长期流浪人员5392人（次），占全部收容遣送人口21%，其中以不服管教的少年儿童、痴呆、精神病人比重较大。

1982年，省民政厅再次召开全省外流人口收容遣送工作会议，除继续贯彻收容遣送安置教育改造相结合的方针外，决定对屡遣屡返，在安置农场几进几出者，由公安部门协同村民委员会组织帮教小组进行管教，强制劳动；对有学不上、有家不归的城市青少年学生，商请教育部门收留在工读学校教育改造。

1983年，各地收容遣送机构配合公安部门，对长期流浪人员突击收容审查，犯罪的由公安部门处理，其他送临时劳动场所教育或送原籍安置。

截至 1989 年年底，全省各地外流人口收容遣送站减少至 24 个。共收容 24250 人，其中长期流浪人员 3985 人。

1981—1989 安徽省年外流人员统计表

表 5-3-1　　单位：人

年度	收容总数	其中	性别		年龄			外流原因								
		长流	男	女	少年儿童	青壮年	老年	生活困难	顽劣儿童	家庭不和	受骗被窃	痴呆	精神病人	惯偷惯盗	上访乞讨	其他
1981	25429	5392	21495	3934	5332	17426	2671	9421	2076	1467	1288	319	1158	4207	479	5014
1982	27808	4334	22980	4828	5698	19035	3075	7301	2016	2206	1459	232	1311	3613	680	8990
1983	26569	3959	20885	5684	5212	18518	2839	7800	2186	2041	1900	310	1071	3052	669	7540
1984	30601	4463	23951	6650	6430	20324	3847	10931	1831	1809	1477	485	1115	3304	687	8962
1985	20983	3803	16893	4090	4765	13529	2689	5029	1615	1524	1021	440	639	3445	345	6925
1986	19164	3204	15124	4040	3807	12674	2683	3421	1838	1169	916	345	992	3371	35	26760
1987	20425	3954	16682	3743	5048	12793	2584	2922	2154	2212	937	562	1033	2670	359	7576
1988	13727	2382	10197	3530	2412	9883	1432	863	786	555	467	880	1082	2416	261	6417
1989	24250	3985	17962	6288	5864	13410	4976	796	3854	2987	1254	1241	985	1752	728	10653

1981—1989 年安徽省收容遣送流入人口统计表

表 5-3-2　　单位：人

年度	遣送站数	处理去向											
		小计	遣送回乡	自费回乡	家属领回	临时劳动	送福利院	送安置农场	送公安部门	逃跑	死亡	其他	本年待处理
1981	17	25413	19459	2906	967	211	41	44	100	1374	63	248	160
1982	17	27659	20897	3136	1120	287	52	19	78	1053	34	983	165
1983	17	26243	19693	3084	1196	234	41	28	114	928	48	877	492
1984	20	30705	24464	3072	1072	225	10	7	172	913	59	711	388
1985	21	20937	14912	3333	1033	333	10		127	866	44	279	494
1986	21	19259	12585	4217	1251	219	13	1	91	716	25	141	390
1987	21	20789	12704	4466	2079	257	9	36	115	808	30	106	179
1988	23	11681	6438	2750	944	266	48	16	27	945	43	204	2046
1989	24	23854	8964	5249	4350		8		296	4765	37	185	396

说明：1. 本表根据省民政厅城市福利处统计资料编制；

2. 当年收容总数同处理总数不一致，因有些人需要留站继续审查

1989 年 7 月，由于流浪乞讨人员的构成发生很大变化，惯流等各种违法分子的比例达 80%，收容对象抗拒收容，不服管理，甚至在遣送中哄闹逃跑，殴打工作人员的现象时有发生。根据国务院《城市流浪乞讨人员收容遣办法》和公安部、民政部《关于加强收容遣送工作的通知》等有关规定精神，参考外省市做法，在全省各行署、市和县级市民政部门所属收容遣送站内设立治安民警队（室），并下发《关于收容遣送站选配治安民警有关问题的通知》，对选配民警范围、条件、原则、程序作出明确规定。

1991 年 9 月，省民政厅决定提高收容遣送站内民政工作人员岗位津贴标准。直接接触对象的，从每人每天三角提高到每人每天八角；为收容遣送对象服务的，从每人每天二角提高到每人每天六角。11 月，将外流人员留站期间伙食费标准由每人每天五角提高到每人每天 1 元。

1992 年 3 月，省民政厅与省公安厅联合下发《关于在民政部门部分收容遣送站设立收容遣送治安办公室的通知》，在合肥、蚌埠、芜湖、安庆、宿县行署收容遣送站设立收容遣送治安办公室，明确编制来源、经费和主要任务、职责。《关于收容遣送站选配治安民警有关问题的通知》文件暂停执行。

1993 年，根据财政部、民政部、公安部《关于印发〈收容遣送工作跨省遣送所需经费支付问题的通知〉的通知》精神，经省人民政府批准，省民政厅、省财政厅、省公安厅《关于印发〈安徽省跨省收容遣送所需经费支付问题的暂行规定〉的通知》。明确规定跨省收容遣送费的收取范围、收容遣送程序、跨省收容遣送支付经费的计算标准、周转金的结算方式等问题。

1994 年 3 月，根据省民政厅目标责任管理有关规定要求，为加强对全省收容遣送站的宏观管理，促进收容遣送的标准化、规范化建设，开展安徽省收容遣送站等级评定标准活动。省级收容遣送站分为省一级收容遣送站和省二级收容遣送站。对收容遣送的行政管理、收容审查、生活管教、遣送效果、财物管理、站容站貌、站办经济等方面提出明确规定。

1994 年 6 月，省民政厅转发民政部《关于加强收容遣送工作若干问题的通知》，要求各地在收容遣送外流人员工作中，认真审查，严明纪律，杜绝违纪事件发生，并对各地收容遣送工作进行大检查。

1996 年 10 月，根据不同岗位、工作量大小和对身体健康影响程度，民政部门所属收容遣送站的工作人员，分别享受一、二、三类津贴，分别为每人每月 60 元、50 元、40 元。

1996 年 7 月，为做好联合国儿童基金会与民政部联合在安徽设置的流浪儿童救助保护项目工作，省民政厅成立由副厅长丁四金任组长的省流浪儿童救助保护工作领导小组。同年 8 月，被收容人员在收容遣送站期间伙食标准提高到每人每天 5 元。

1999 年，全省先后有 200 多名收容遣送工作人员参与打拐专项斗争，协助公安部门临时救助安置被解救的妇女儿童 1000 多人。12 月，转发民政部《关于切实加强收容遣送管理工作的通知》。全省各级民政部门按照《城市流浪乞讨人员收容遣送办法》

《关于收容遣送工作改革问题的意见》《中央社会治安综合治理委员会关于加强流动人口管理工作的意见》要求及各地人大、政府制定发布的地方性法规和规章规定，严格收容对象遣送的范围，加强收容遣送站内部管理。

2000 年 1 月，转发民政部《关于切实加强收容遣送管理工作的通知》，把收容遣送工作纳入社会治安综合治理和流动人口管理工作中，把创建流浪儿童救助保护中心作为加快收容遣送站基础设施更新、改造的重要环节。3 月，对全省 15 个直辖市（另 2 市无收容遣送站），18 个收容遣送站，27 辆警车及警用牌号进行清理整顿。各收容遣送站都做到警车司机专职，无转借、出售或报废警车警号未清理等问题。

2001 年 2 月，针对一些地方擅自扩大收容遣送对象的范围、乱收费、强制劳动、打骂被收容人员等侵害被收容人员合法权益方面的问题，民政部办公厅下发《关于进一步加强收容遣送站内部管理的通知》。省民政厅及时转发，并要求全省各级民政部门严格执行关于收容遣送范围的法规和政策规定，不得擅自扩大收容遣送范围；大力加强收容遣送站自身建设，强化内部管理；对收容遣送对象及时组织遣送；认真解决目前突出存在的乱收费和强制劳动的问题。

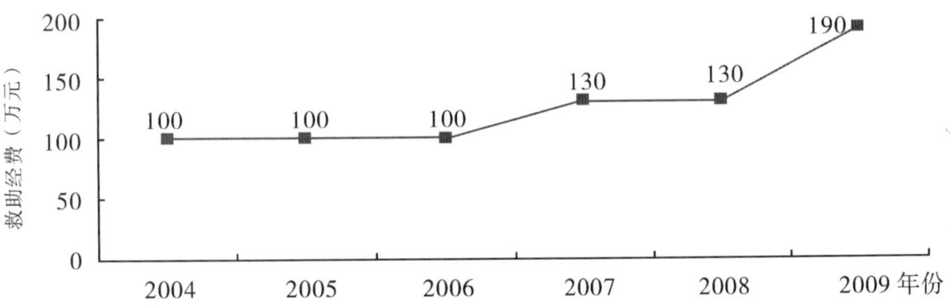

图 5-3-1　安徽省财政划拨流浪乞讨人员救助经费示意图

2003 年 8 月，按照安徽省委政法委、省公安厅的要求，全省原有的收容遣送警车牌照统一进行清理上缴。实施救助管理制度后，全省各级民政部门和救助管理机构坚持“自愿受助、无偿救助”的原则，各地民政部门和救助站根据求助人员需求，提供食宿、通信、简单医疗、交通等救助，还为许多走失人员找到家人，使得他们重新回归家庭。

针对救助工作的难点，根据民政部等六部门《关于做好城市生活无着流浪乞讨人员中危重病人、精神病人救治工作指导意见的通知》，确定“先救治，后救助”的原则，全省省民政厅结合安徽实际制定相关文件确定 42 所精神病人救治定点医院，为缓解流浪乞讨人员中精神病人、危重病人救治难创造了条件，进一步完善救助管理工作机制。

2005 年，全省救助 10581 人次，其中，按年龄分，流浪未成年人 1575 人次，老人 847 人次；按健康状况分，危重病人、精神病人 139 人次，智障人员 41 人次，残疾和行动不便的 1827 人次。

2006 年，全省救助 21442 人次，其中，按年龄分，流浪未成年人 2636 人次，老年人 1633 人次；按健康状况分，危重病人、精神病人 282 人次，智障人员 100 人次，残疾和行动不便的 799 人次。

2007 年，全省救助 29302 人次，其中，按年龄分，流浪未成年人 3706 人次，老年人 1882 人次；按健康状况分，危重病人、精神病人 818 人次，智障人员 81 人次，残疾和行动不便的 693 人次。

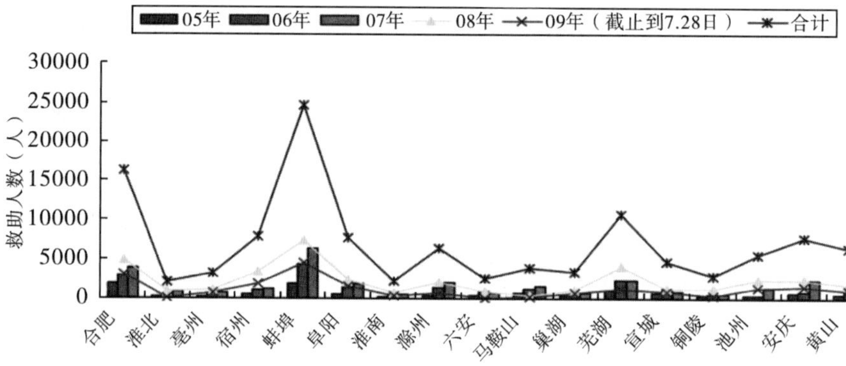

图 5-3-2 安徽省各城市历年流浪乞讨人员救助人数示意图

实施新的救助管理办法以来，救助工作适应形势，全省累计救助约 10 万多人次，有效地保障流浪乞讨人员的合法权益，为创建文明城市、维护社会稳定、促进社会和谐作出积极贡献。2008 年雪灾其间，省民政厅及时下发文件，对各地做好雪灾救助工作提出明确要求。全省救助站系统救助因灾导致生活临时困难人员 2400 多人次，没有发生一起因为雪灾冻死、冻伤现象。

城市生活无着流浪乞讨人员救助管理 1983 年，全省各地收容遣送机构配合公安部门，对长流人员突击收容审查，犯罪的由公安部门处理，其他送临时劳动场所教育或送原籍安置。这次突击行动，仅合肥市即收容长流 85 人，除 3 人有犯罪行为交公安部门处理外，82 人送临时劳动场所劳动教育，其中 63 人有悔改表现，送回原籍。

1989 年全省共收容 24250 人，其中长流人员 3985 人，比 1981 年分别下降 4.6%、26.1%。

1981—1989 年安徽省外流人员统计表

表 5-3-3　　单位：人

年度	收容总数	其中	性别		年龄			外流原因								
		长流	男	女	少年儿童	青壮年	老年	生活困难	顽劣儿童	家庭不和	受骗被窃	痴呆	精神病人	惯偷惯盗	上访乞讨	其他
1981	25429	5392	21495	3934	5332	17426	2671	9421	2076	1467	1288	319	1158	4207	479	5014
1982	27808	4334	22980	4828	5698	19035	3075	7301	2016	2206	1459	232	1311	3613	680	8990
1983	26569	3959	20885	5684	5212	18518	2839	7800	2186	2041	1900	310	1071	3052	669	7540
1984	30601	4463	23951	6650	6430	20324	3847	10931	1831	1809	1477	485	1115	3304	687	8962
1985	20983	3803	16893	4090	4765	13529	2689	5029	1615	1524	1021	440	639	3445	345	6925

续表 5-3-3

年度	收容总数	其中	性别		年龄			外流原因								
		长流	男	女	少年儿童	青壮年	老年	生活困难	顽劣儿童	家庭不和	受骗被窃	痴呆	精神病人	惯偷惯盗	上访乞讨	其他
1986	19164	3204	15124	4040	3807	12674	2683	3421	1838	1169	916	345	992	3371	352	6760
1987	20425	3954	16682	3743	5048	12793	2584	2922	2154	2212	937	562	1033	2670	359	7576
1988	13727	2382	10197	3530	2412	9883	1432	863	786	555	467	880	1082	2416	261	6417
1989	24250	3985	17962	6288	5864	13410	4976	796	3854	2987	1254	1241	985	1752	728	10653

1981—1989 年安徽省收容遣送流入人口统计表

表 5-3-4　　单位：人

年度	遣送站数	处理去向											
		小计	遣送回乡	自费回乡	家属领回	临时劳动	送福利院	送安置农场	送公安部门	逃跑	死亡	其他	本年待处理
1981	17	25413	19459	2906	967	211	41	44	100	1374	63	248	160
1982	17	27659	20897	3136	1120	287	52	19	78	1053	34	983	165
1983	17	26243	19693	3084	1196	234	41	28	114	928	48	877	492
1984	20	30705	24464	3072	1072	225	10	7	172	913	59	711	388
1985	21	20937	14912	3333	1033	333	10		127	866	44	279	494
1986	21	19259	12585	4217	1251	219	13	1	91	716	25	141	390
1987	21	20789	12704	4466	2079	257	9	36	115	808	30	106	179
1988	23	11681	6438	2750	944	266	48	16	27	945	43	204	2046
1989	24	23854	8964	5249	4350		8		296	4765	37	185	396

说明：1. 本表根据省民政厅城市福利处统计资料编制；

2. 当年收容总数同处理总数不一致，因有些人需要留站继续审查

1980 年至 1989 年，茅山、凌家湖、梅庵 3 个安置农场共帮助回乡安置 430 人；对入场劳动 3 年以上，表现好、本人愿意留场劳动，经批准转为农工 118 人；年老体弱转送社会福利院养老 12 人。1989 年，3 个场实有职工 420 人，其中场员 112 人。凌家湖农场除基建投资和政策性补贴外，基本达到自给。茅山茶林场 1988 年茶叶产值近 72 万元，利税 32 万元，人均收入 1800 元。

2003 年 8 月，国务院《城市生活无着的流浪乞讨人员救助管理办法》和民政部《城市生活无着的流浪乞讨人员救助实施细则》颁布后，安徽省清理和废止 1982 年以来的各类收容遣送文件，并对原收容遣送站基础设施进行改造，拆除铁栅栏、铁门窗。

从 2003 年 8 月 1 日至 2004 年 2 月底，全省各地根据救助管理政策和救助人员需求，

分别给 2660 人提供食物救助、3934 人次安排食宿、1704 人次通作联系、210 人次医疗救治、873 人乘车凭证、814 人返乡现金等救助。

2004 年 9 月，合肥及其他省辖市开始设置救助管理站引导牌。将救助管理站的名称、地址和求助热线、乘车路线及线路图等标注在引导牌上。在人口流动量大的汽车站、火车站、码头和繁华地区安装。以合肥市为重点，其他省辖市设置引导牌数量不少于 3 块。

2004 年 12 月，根据全省现有救助管理站的人员配备、设施设备、地理位置分布等情况，并报民政部认可，确定合肥、蚌埠、宿州、安庆市救助管理站为安徽省跨省救助管理站，承担跨省受助的特殊困难救助对象接、送任务。合肥市救助管理站负责接送新疆、青海、辽宁、广西、西藏、山东、江苏、河南等省、市、自治区特殊困难救助对象。蚌埠市救助管理站负责接送北京、湖南、内蒙古、四川、广东、浙江、吉林等省、市、自治区的特殊困难救助对象。宿州市救助管理站负责接送上海、天津、甘肃、陕西、宁夏、重庆、河北、黑龙江等省、市、自治区的特殊困难救助对象。安庆市救助管理站负责接送贵州、云南、湖北、江西、山西、福建、海南等省、市、自治区的特殊困难救助对象。

国务院《城市生活无着的流浪乞讨人员救助管理办法》和民政部《城市生活无着的流浪乞讨人员救助实施细则》实施后，安徽省救助城市生活无着的流浪乞讨人员不断增加，特别是未成年人、老年人增加速度较快。

2003 年 8 月—2007 年安徽省救助人员统计表

表 5-3-5　　单位：人次

年份	救助总人数	未成年人	老年人	危重、精神病人	智障人员	残疾人员
2003.8—2004.2	4942	1076	1337	268	361	594
2004	12800	3174	—	510	652	1801
2005	10581	1575	847	139	41	1827
2006	21442	2636	1633	282	100	799
2007	29302	3706	1882	818	81	693

2008年春节前，为应对雪灾冰冻恶劣天气给各社会福利机构供养人员带来的困难，省民政厅及时出台《关于应对暴雪冰冻天气加强救助管理工作和福利事业单位安全管理的紧急通知》，对各地做好雪灾救助工作起到很好的指导作用。

为支持北京市办好奥运会，省民政厅转发《民政部关于协助北京等奥运举办城市做好奥运会期间流浪未成年人精神病人等特殊困难受助人员返乡工作的通知》。2008 年 5 月，省民政厅下发《关于认真做好奥运期间流浪乞讨人员救助管理工作》的通知，要求围绕奥运这个超大规模的国际体育盛会的开展，进一步做好流浪乞讨人员救助管理工作,为平安奥运作出保障。

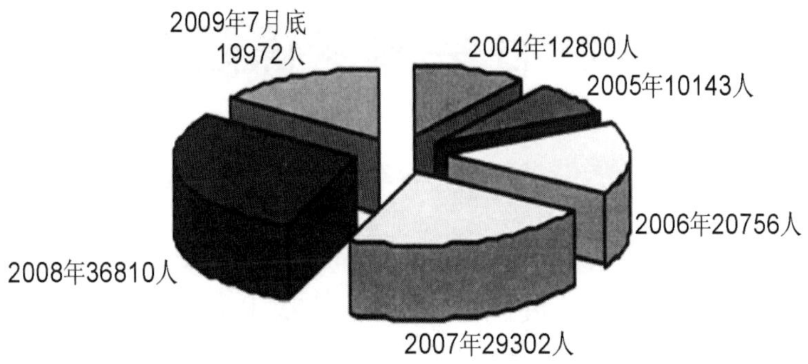

图 5-3-3 安徽省历年流浪乞讨人员救助人数图

2008 年 5 月 18 日省民政厅下发《关于支援四川等灾区抗震救灾做好救助管理工作的紧急通知》,并于 20 日上午在合肥市召开“支援抗震救灾,做好救助管理工作”专题会议。

安徽省的城市生活无着的流浪乞讨人员救助管理工作,紧紧围绕党委政府的中心工作,为维护社会稳定,协助公安等部门打击拐卖妇女儿童行动,以及为走失人员重新回归家庭等,作出了应有的贡献。

第四章　农村社会养老保险与扶贫工作

农村社会养老保险是为解除农民养老之忧而建立的保障全体农民老年基本生活的制度，是推进农村经济和社会发展的一项重要的基本社会政策，是政府的重要职能行为。由于家庭规模逐渐缩小，单靠家庭已不能解决养老的问题，必须预先积累资金建立社会养老保险制度。建立农村社会养老保险制度，以保障老年人的基本生活为目的，坚持个人缴纳为主，集体补助为辅，国家予以政策扶持；坚持自助为主，互济为辅；坚持社会养老保险与家庭养老相结合；坚持农村务农、务工、经商等各类人员社会养老保险一体化，由点到面，逐步发展。

1986年开始探索农村社会养老保险工作，1991年在进行试点的基础上逐步推开。20世纪90年代中期，安徽省农村社会养老保险工作如火如荼。2000年省政府机构改革，这项工作由省民政部门转交省劳动和社会保障部门。

扶贫工作是政府和社会帮助贫困地区和贫困户开发经济、发展生产、摆脱贫困的一种社会工作。其基本内容与特点为：有近期、远期的规划和明确的目标，并有为实现规划要求而制订的具体计划、步骤和措施。把治标和治本有机地结合起来，以治本为主。不仅帮助贫困户通过发展生产解决生活困难，更重要的是帮助贫困地区开发经济，从根本上摆脱贫困，走勤劳致富的道路。把政府各有关部门和社会各方面的力量，全面调动起来，互相配合，共同为贫困户和贫困地区开发提供有效的帮助。

1978年，适应农村经济体制改革的形势，有组织、有计划地扶持贫困户从发展生产和商品经济入手，依靠国家、集体力量和群众互助，采取干部分工负责、富裕户扶助贫困户、逐户落实等办法，帮助贫困户发挥自身潜能，达到摆脱贫困的目的。1983年，在继续扶持贫困户发展生产的同时，投入更大力量对贫困地区实行经济开发。在省政府的领导和帮助下，各有关部门、机关、团体积极配合支持，帮助贫困地区发挥当地优势，挖掘资源潜力，开辟生产门路，实行多种经营，增强自我发展能力，从根本上摆脱贫困，逐步走上致富道路。

第一节　农村社会养老保险

农村社会养老保险系指针对农民（含乡镇企业职工）开展的养老保险。按照“国家、集体、个人”分别承担养老责任的原则，采取储备积累方式，保障老年农民基本生活。

安徽省农村社会养老保险工作是为满足农民群众的需要，伴随着社会主义市场经济体制的建立和完善而逐步发展起来的。这项工作于1991年开始进行调查摸底测算，1992年在怀宁、繁昌、滁州等县（市）试点，1993年向面上推广，1994年进入发展、巩固阶段。

根据国务院《关于企业职工养老保险制度改革的决定》和民政部关于印发《县级农村社会养老保险基本方案（试行）》的通知精神，安徽省的农村社会养老保险在组织方法上，依照农村经济发展状况，采取政府组织引导与群众自愿相结合，分类指导，稳步发展，个人缴费为主，集体补助为辅的原则，建立农民个人账户，以个人账户基金积累总量确定养老金给付标准。

保险对象与交费标准　安徽省的农村社会养老保险制度，从本省农村实际出发，坚持以保障老年人基本生活为目的，坚持保费以个人交纳为主，集体补助为辅，国家给予政策扶持；坚持自助为主，互济为辅，社会养老与家庭养老相结合；坚持农村务农、务工、经商等各类人员社会养老保险一体化的方向，凡非城镇户口的农村劳动者，包括务农农民、乡镇企业职工、私营企业雇主雇员、个体户、外出人员、义务兵、计划生育户、民办教师和乡（镇）、村集体干部等，均应参加农村社会养老保险。

保险对象　非城镇户口、不由国家供应商品粮的农村人口。一般以村为单位确认（包括村办企业职工、私营企业、个体户、外出人员等），组织投保。乡镇企业职工、民办代课教师、乡镇招聘干部、职工等，可以以乡镇或企业为单位确认，组织投保。少数乡镇因经济或地域等原因，也可以先搞乡镇企业职工的养老保险。外来劳务人员，原则上在其户口所在地参加养老保险。

交费年限　交纳保险年龄不分性别和职业，年龄为20周岁至60周岁农村居民。领取养老保险金的年龄一般在60周岁以后。具体是：参保对象为安徽省境内所有农民（包括乡镇企业职工）。参保年龄为男年满20周岁至60周岁，女年满20周岁至55周岁；农村养老保险缴费办法根据农民经济承受能力，以低标准缴费和低保障水平为原则，逐步达到广覆盖目标。农民投保可以是按月缴费，也可以是一次性缴费，具有一定的灵活性。乡村和乡镇企业可视集体经济状况给参保人补助，并享受免税优惠。个人缴费和集体补助完全计入个人名下，建立个人账户，归参保农民个人所有，并可继承、转让；农村养老保险待遇的享受，凡男年满60周岁、女年满55周岁均可申请领取养老金。养老金计发采取分段计息，确保农民个人账户养老金的保值增值。

交费标准　1. 多档次交费，月交费标准设2、4、6、8、10、12、14、16、18、20元十个档次，供不同的地区以及乡镇、村、企业和投保人选择。各业人员的交费档次可以有所区别。交费标准范围的选择以及按月交费还是按年交费，均由县（市）政府决定。

2. 养老保险费可以补交和预交。个人补交或预交保险费，集体可视情况决定是否给预补助。补交后，总交费年数不得超过40年。预交年数一般不超过3年。

3. 个人或集体根据收入的提高或下降，经社会养老保险管理部门批准，可按规定调整交纳档次。

4. 当遇到各种自然灾害或其他原因，个人或集体无能力交纳养老保险金，经社会养老保险管理部门批准，在规定的时间内可暂时停交保费。恢复交费后，对于停交期的保费，有条件也可以自愿补齐。服刑者停交保险费，刑满回原籍者，原保险关系可以恢复，继续投保。

5. 投保人在交费期间身亡者，个人交纳全部本息，退给其法定继承人或指定受益人。

6. 领取养老金从 60 周岁以后开始，根据交费的标准、年限，确定支付标准。调整交费标准或中断交费者，其领取养老金标准，需待交费终止时，将各档次，各时期积累的保险金额合并，重新计算投保人领取养老金，保证期为 10 年。领取养老金不足 10 年身亡者，保证期内的养老金余额可以继承。无继承人或指定受益人者，按农村社会养老保险管理机构的有关规定支付丧葬费用领取养老金超过 10 年的长寿者，支付养老金直至身亡为止。

7. 投保对象从本县（市）迁往外地，若迁入地已建立农村社会养老保险制度，需将其保险关系（含资金）转入迁入地农村社会养老保险管理机构。若迁入地尚未建立养老保险制度，可将其个人交纳全部本息退发本人。

8. 投保人招工、提干、考学等农转非，可将保险关系（含资金）转入新的保险轨道，或将个人交纳全部本息退还本人。

资金筹集与管理 全省各行署，各市、县人民政府成立农村社会养老保险事业管理委员会，对农村社会养老保险工作和养老保险基金使用进行指导、监督。同时，根据工作需要，相应设立农村社会养老保险承办管理机构（为非盈利性事业单位），负责农村社会养老保险具体业务，并在编制及开办经费等方面给予积极支持。

资金筹集　各地保险资金筹集坚持以个人交纳为主，集体补助为辅，国家给予政策扶持的原则。个人交纳要占一定比例；集体补助主要从乡镇企业利润和集体积累中支付；国家予以政策扶持，主要是通过对乡镇企业支付集体补助予以税前列支体现。

1. 在以个人交纳为主的基础上，集体可根据其经济状况予以适当补助（含国家让利部分）。具体方法，可由县或乡（镇）、村、企业制定。

2. 个人的交费和集体的补助（含国家让利），分别记账在个人名下。

3. 同一投保单位，投保对象平等享受集体补助按计划生育有关政策，在没有实行独生子女补助的地区，独生子女父母参加养老保险，集体补助可高于其他对象。具体办法由地方政府制定。

4. 乡镇企业职工的个人交费、企业补助分别记账在个人名下，建立职工个人账户，企业补助的比例，可同地方或企业根据情况决定。企业对职工及其它人员的集体补助，应予按工资总额的一定比例税前列支。

基金管理与保值增殖　基金以县为单位统一管理。保值增殖主要是购买国家财政发行的高利率债券和存入银行，不直接用于投资。基金使用，必须兼顾当前利益和长远利益，国家利益和地方利益，同时建立监督保障机制。

1. 县(市)农村社会养老保险机构，在指定的专业银行设立农村社会养老保险基金专户，专账专管，专款专用。民政部门和其他部门不准动用资金。

2. 各乡镇交纳的养老保险基金直接进入银行的专户。

3. 养老保险基金除需现支付部分外，原则上应及时转为国家债券。国家以偿还债务的形式返回养老金。现金通过银行收付。

4. 养老保险基金用于地方建设，原则上不由地方直接用于投资，而是存入银行，地方通过向银行贷款，用于建设。

5. 农村社会养老基金和按规定提取的管理服务费以及个人领取的养老金，都不计征税、费。

制度建设与机构管理 1. 根据民政部《县级农村社会养老保险基本方案》，由县(市)人民政府制定《农村社会养老保险暂行管理办法》。通过实践，补充完善后，由政府发布决定或命令，依法建立农村社会养老保险制度。

2. 县级以上人民政府要设立农村社会养老保险基金管理委员会，实施对养老保险基金管理的指导和监督。委员会由政府主管领导任主任，其成员由民政、财政、税务、计划、乡镇企业、审计、银行等部门的负责人和投保人代表组成。乡（镇)、村两级群众性的社会保障委员会要协助工作，并发挥监督作用。

3. 县（市）成立农村社会养老保险事业管理处（隶属民政局)，为非营利性的事业机构，经办农村社会养老保险的具体业务，管理养老保险基金。

4. 乡镇设代办站或招聘代办员，负责收取、支付保费、登记建账及其他日常工作。

5. 村由会计、出纳代办，负责收取保费、发放养老金等工作。

6. 农村社会养老保险，按人立户记账建档，实行村（企业)、乡、县三级管理。保险费必须按期交纳，按规定进入银行专用账户。逾期可罚交滞纳金。发给投保人保险费交费赁证，到领取年龄后，换发支付凭证。随着条件的成熟，逐步建立个人社会保障号码，运用计算机管理，提高效率。

7. 县(市)成立的事业性质农村社会养老保险机构，地方财政可一次性拨给开办费，逐步过渡到全部费用由管理服务费支出。管理服务费按国家的规定提取并分级使用。

稳妥处理养老办法衔接 农民的社会养老保险，是国家在农村建立的基本养老保障制度，标准较低，覆盖面大，既要把握政策界线，又要理顺关系，稳妥处理好相关政策与现行养老办法的衔接。乡村（含乡镇企业）可根据其经济力量，自办各种形式的补充养老保障，鼓励发展个人的养老储蓄。同时，充分发挥农村已有的各种基层社会保障形式的功能，形成更为完善、具有地方特色的农村社会保障体系。

1. 由保险公司开办的各种保险，可暂时维持现状，但不能再扩大，避免给建立农村社会养老保险制度造成困难。

2. 对于目前一些部门已搞的养老保险和乡（镇）、村或乡镇企业的退休办法等，要慎重对待。一些以集体经济为基础的现收现支养老办法和其他形式的做法，有的可作为社会养老保险的补充层次予以保留。有的待工作开展后，逐步调整。

3. 对于优抚对象、社会救济对象、五保户、贫困户，现行保障政策不变。

探索实施与划转 1988年，民政部先后在大连市甘井子区、安徽省淮北市进行县级养老保险试点。其要点是：县人均收入700元以上为参加保险的基本条件；县级为基金核算单位；保费由个人、集体共同负担；务工、务农人员一体化；基金委托金融机构代为运作，增值要求比照银行利率和商业保险公司养老保险给付标准确定。

1989年，民政部成立中国农村社会养老保险研究课题组，对农村社会养老保险的理论进行研究和实践探索。省民政厅积极组建农村社会养老保险管理机构，并在条件较好的县开展农村社会养老保险工作试点。

1992年7月，民政部在湖北省武汉市召开"全国农村社会养老保险经验交流会"，总结推广武汉市农村社会养老保险经验。1992年11月23日，省人民政府下发《关于加快发展农村社会养老保险事业的通知》，明确全省农村社会养老保险工作由各级民政部门负责。同时，要求各级民政部门要在当地政府领导下，切实担负起这一职责，与有关部门密切合作，抓紧规划，认真组织，把这项关系到农民切身利益的事情办好。集中力量，加快试点县（区）的工作进度，年内完成试点工作，为在全省范围内全面推行农村社会养老保险制度打好基础。全省民政系统根据民政部在江苏张家港市召开的"全国农村社会养老保险工作会议"精神，遵循"积极引导，稳步推进"的工作方针，统一思想，提高认识，管好用好保险基金，加强队伍建设，健全规章制度。当年年底，全省农村社会养老保险试点发展到19个县（市、区）。

1994年，对农村养老保险进行调查摸底测算。安徽省各级政府坚持把发展农村社会养老保险列入重要议事议程，纳入"八五"、"九五"、"十五"发展规划和新世纪远景目标纲要。安徽省委、省人民政府把建立农村社会养老保险制度作为深化农村改革，加速第三产业发展，落实计划生育基本国策和促进社会主义精神文明建设的重要内容。先后出台《关于进一步做好农村社会养老保险工作的通知》、《关于积极稳妥地推进农村社会养老保险工作的通知》等重要文件。各有关部门支持农村社会养老保险工作。省民政厅先后出台农村社会养老保险政策文件60多份，包括会同财政、银行、工商、税务、审计等部门联合发文。对农村社会养老保险工作对象、优惠政策、基金管理、财务管理等做出明确规定，各市、县（市、区）政府也制定了农村社会养老保险专门文件。其中，繁昌、桐城、肥西、舒城、金寨、巢湖、庐江等22个县（市、区）政府出台《农村社会养老保险实施办法》，初步实现农村社会养老保险制度化。

1995年10月，国务院办公厅转发民政部《关于进一步做好农村社会养老保险工作的意见的通知》，要求各级政府加强领导，积极稳妥地推进这项工作。

1997年，省人民政府将发展农村社会养老保险列入当年为民办实事44件任务之一。安徽省委、省人大常委会、省人民政府、省政协领导多次听取全省农村社会养老保险工作情况汇报，视察、指导各地工作。全省各级民政部门把发展农村社会养老保险工作列入民政工作的"重中之重"，列入市（地）、县（市、区）、乡镇民政工作争先创优的重要内容，认真组织实施。

截至1997年底，全省17个市有10个市成立农村社会养老保险经办机构，占市总数的58.8%。89个农业县（市、区）有87个县（市、区）成立农村社会养老保险经办机构，占县（市、区）总数的97.8%。1812个乡镇（街道办事处）有1209个乡镇（街道办事处）成立农村社会养老保险经办机构，占乡镇总数的66.7%。全省有农村社会养老保险专业干部4253人，其中：省级8人，市级31人，县（市、区）级416人，乡镇级1945人，村或乡镇企业代办员2853人。县以上业务骨干多数具有大专以上文化程度，并经过专业培训，具有适应农村社会养老保险工作的理论知识、文化素养和政策水平。

全省农村社会养老保险工作坚持"强化管理、稳步发展"的工作方针，基本上分为三个阶段：第一，全面实行农村社会养老保险制度的方针阶段。1994年～1997年，全省上下齐心协力，在总结试点经验的基础上，充分汲取山东省、武汉市的经验，按照民政部《县级农村社会养老保险基本方案》，坚持农村务农、务工、经商等各类适龄对象社会养老保险制度一体化的方向，使农村社会养老保险作为新制度一步到位，做到三个代替，即：以农村社会养老保险制度代替乡镇企业职工退休养老制度，代替村级干部的退休制度，代替农村招聘干部退休养老金补贴制度。实现"全面发动、基本铺开、重点突破、迅速推进"的工作目标。开展工作的县（市、区）由1993年的6个，增加到90个，实现县（市、区）100%启动的目标。投保农民由1993年30万人，增加到1997年的251万人，实现投保率9%的发展目标。积累农村社会养老保险基金由1993年的4000余万元，增加到1997年的3.2亿元，实现农村社会养老保险基金积累总额1996年进入全国前10位、1997年进入全国第7位的工作目标。第二，全面推行农村社会养老保险规范化管理工作阶段。1997年～1999年，重点开展农村社会养老保险以基金管理为核心的"规范化"管理工作。为使农村社会养老保险业务操作程序化、基金运营规范化、机构队伍专业化，省民政厅印制农村社会养老保险业务操作流程，农村社会养老保险基金管理规定和机构人员编制规定等多份规范性文件。并重点推广肥西、庐江等县规范化管理工作试点经验，较好地实现农村社会养老保险业务、基金、财务、档案、机构管理工作制度化、规范化、专业化、科学化目标。全省近5亿元农村社会养老保险基金运营符合规定，增值水平高于全国平均水平，受到上级业务部门的充分肯定。同时，涌现出一批管理工作先进单位和模范人物。1997年宣城地区民政局，肥西、庐江、寿县民政局和巢湖市民政局局长卢广芝等11位同志被民政部授予全国农村社会养老保险管理工作先进单位和先进个人荣誉称号。第三，全面开展农村社会养老保险整顿规范和划转准备阶段。2000年～2001年，围绕《国务院批转整顿保险业工作小组整顿与改革方案的通知》精神，省劳动和社会保障厅和省民政厅对整顿规范工作进行部署，组织开展基金、档案清查、清理工作。较好地实现在机构改革期间保持农村社会养老保险“工作不断、思想不乱、队伍不散、档案不丢、基金和国有资产不流失”的工作目标，继续保持农村社会养老保险工作健康发展的良好态势。

安徽省的农村社会养老保险工作是在自然灾害不断的部分地区、农民收入年年下降的困难情况下发展起来的。农村社会养老保险基金由30万元增加到近6亿元，年均增加7000多万元，投保农民由10万人，增加到290多万人，年均增加35万人，投保率达到12%。其中，农村社会养老保险基金积累超过1000万元的有32个县（市、区），占县（市、区）总数的35.9%；农村社会养老保险基金积累率达到500万元的有46个县（市、区），占县（市、区）总数的51.6%。全省90%以上村干部、独生子女户和有固定收入的农民参加农村社会养老保险。

截至2001年底，全省共有1万余名农民开始领取养老金，累计发放养老金900余万元，平均年发放养老金150余万元，人均年领取养老金250余元。同时，当涂等县还成功探索养老金社会化发放工作的新路子，方便了农民，提高服务水平，深受农民的欢迎。

安徽省农村社会养老保险基金运营始终坚持“存银行、买国债”的运营方针，对农村社会养老保险基金进行科学性运营。到2001年底，存银行基金占总基金91%，购国债基金占总基金7.6%，直接投资占总基金1.4%。基金收益达到1.1亿元。其中，81.5%的基金达到并超过责任金增值要求，18.5%的农村社会养老保险基金增值与责任金增值要求持平。实现责任金余额5.58亿多元，调剂金余额1202.8万元。

2000年10月，省民政厅根据省政府机构改革要求，按照“人随事走”的原则，省民政厅与省劳动和社会保障厅对农村社会养老保险行政职能进行顺利交接。

安徽省农村养老保险的改革与实践，虽然在增加透明度、减轻政府财政压力、促进农民储蓄意识、改变农民的家庭观念和生育意愿等方面有一定的积极作用，但是，由于制度出台的时机尚未成熟及其特有的城乡二元结构，再加上在农村建立农村社会养老保险制度是一项全新而复杂的工作，没有现成的模式和经验可借鉴，造成旧有的农村养老保险制度带有明显的缺陷，其制度运行也困难重重，自1999年开始进入规范整顿、停滞不前甚至倒退的状况。其主要问题有：一是法律层次低，缺乏约束力。各地农村社会养老保险办法基本上都是以民政部制定的《县级农村社会养老保险基本方案》为基础，结合当地实际情况稍作修改后制定的。这些办法普遍缺乏法律保障，造成各地对养老保险的建立、撤销，保险资金的筹集、运用以及养老金的发放等都只是按照地方政府部门，甚至是某些长官的意愿来执行，甚至有些地方把推行农村社会养老保险制度当作政绩的突破口。另外，对保险基金的流失和挪用等行为，未规定有效的限制和惩罚措施。二是参保率低，覆盖面狭窄，参保人员年龄和地区结构不均衡。在农村养老保险制度开展的高峰期1997年，全省只有251多万农村人口参加保险，参保率只有9%。并且，制度中还存在“保小不保老”、“保富不保贫”等倾向。《县级农村社会养老保险基本方案》规定参保年龄为 20 ～ 60 周岁。这一规定使得制度实行时年龄超过 60 周岁的老年人无法参保，被排斥在该制度之外。从参加农村养老保险的人员结构来看，也主要以中青年人群为主，真正该保的老年人并未享受到应有的权利。三是缺乏社会保险应有的社会性和福利性。民政部《县级农村社会养老保险基本方案》虽然在资金筹集上规定以"个人交纳为主，集体补助为辅，国家予以政策扶持"为原则，但在实际执行过程中，国家政策扶持并未体现出来，仅限于通过对乡镇企业支付集体补助予以税前列支，但管理费要从农民缴纳的保险金中扣除；至于集体补助，多数农村地区由于集体经济落后，乡镇企业不发达，集体根本无力或不愿提供补助。地方财政，除经办机构费用（一些地方此项费用财政也不负担），也没有其他扶持政策。在缺乏强制性的情况下，仅靠以上政策，其吸引力太小，难以发挥吸引作用，因而农民参加农村社会养老保险的积极性不高。四是基金管理不善，保值增值困难，流失严重。民政部《县级农村社会养老保险基本方案》中规定，养老保险基金的保值、增值办法主要是"购买国家财政发行的高利率债券和存入银行，不能直接用于投资"。农保基金增值方式主要是存入银行、购买国债。农村社会养老保险制度建立之初，国家债券利率和银行存款利率都很高，计划开始推行时高达 10%，随着宏观经济形势的变化，债券和银行存款利率多次下调，加上通货膨胀，致使基金增值缓慢。加上缺乏稳定的投资渠道，农保基金入不敷出，出现负增长。同时，一些地方将农保基金违规存入地方商业银行、农村信用合作社或者非银行金融机构，这些机构有的因经营不善亏损破产，致使存入的农保基金无法取出造成损失。

第二节　扶贫工作

安徽扶贫工作经历三个发展阶段：1978 年至 1985 年推动减贫阶段。这一阶段主要是通过土地制度改革，促进农业生产力的发展，使大部分农民摆脱贫困。按照当年国家贫困标准农民人均纯收入 150 元以下，农村贫困人口由改革初期的 1200 万人，下降为 1985 年的 665 万人。1986 年至 1993 年开发式扶贫阶段。这一阶段省政府成立专门扶贫工作机构，安排专项资金，制定专门的优惠政策，确立开发式扶贫方针。省委、省政府根据贫困人口的分布情况，确定临泉等 8 个省级贫困县和宿松等 8 个插花贫困县，争取颍上等 9 个县被确定为国家级贫困县，并把扶贫开发工作作为一项主要任务来抓，以解决温饱作为主攻方向。到 1993 年底，根据当年国家贫困标准农民人均纯收入 370 元以下，全省贫困人口降至 360 万人。1994 年至 2000 年扶贫攻坚阶段。这一阶段，安徽省长丰等 17 个县被确立为国家级贫困县，泾县等 5 个县被确立为省级贫困县。全省积极实施《国家"八七"扶贫攻坚计划》，以解决贫困人口温饱问题为中心，以改善其基本生产生活条件和发展种植养殖为重点，实施综合扶贫开发。到 2000 年底，根据当年国家绝对贫困标准农民人均纯收入 625 元以下，全省有绝对贫困人口 126 万人。

扶持机构　1978 年 9 月，《全国民政工作会议纪要》提出"扶贫是帮助困难户改变贫困面貌的正确途径，通过试点，取得经验，逐步推广”。1979 年春，安徽岳西、五河等县开始零星扶贫试点。一年后，各试点扶贫户生产、生活均有改善。1980 年春，省民政厅要求各县民政部门将扶贫列为农村救济主要任务，扶贫经费从农村救济款项列支。宿县、阜阳、全椒、固镇等 47 县（市）231 个公社（占公社总数 8.35%）进行扶贫试点。当年 12 月，省农业委员会、省民政厅联合在固镇县开会，交流扶贫工作试点经验，肯定该县扶贫与促富相结合的做法。

1981 年 1 月，省人民政府要求各地、市、县组织各有关部门帮助农村困难户尽快改变贫困状况。同年 9 月，成立安徽省扶贫领导小组。省政府副省长孟富林兼任组长，省农业委员会、省委农村工作部、省民政厅负责人兼任副组长，省财政厅、农业银行、供销社、粮食厅、社队企业局、教育厅、卫生厅和贫下中农协会等单位负责人为小组成员。省农业委员会、粮食厅、教育厅、民政厅、卫生厅、农业银行及供销社等分别下达支持扶贫文件。开展扶贫的地、市、县、社也先后成立扶贫委员会或扶贫领导小组。全省 1209 个公社开展扶贫，占全省公社总数的 36.48%。来安县委书记王业美倡导县、区、社各级领导干部实行包产扶贫责任制。省人民政府于 1982 年、1983 年，两次在该县召开全省扶贫经验交流会，民政部、国家农委也向全国推广该县经验。1983 年，省经委、农委、财政厅、粮食厅、农业厅、商业厅、教育厅、民政厅、外贸局、社队企业局、物资局、农业银行和供销社等 13 个部门联合转发国家经委等 9 部门《关于认真做好扶助农村贫困户工作的通知》，并根据本部门业务制定具体扶贫规划和措施。自此，全省扶贫资金和物资逐年增多。

1983 年，全省有 74 个县（市）、3172 个乡（公社）开展扶贫，占全省乡（公社）总数 93.35%，扶贫 21.98 万户，近 100 万人。

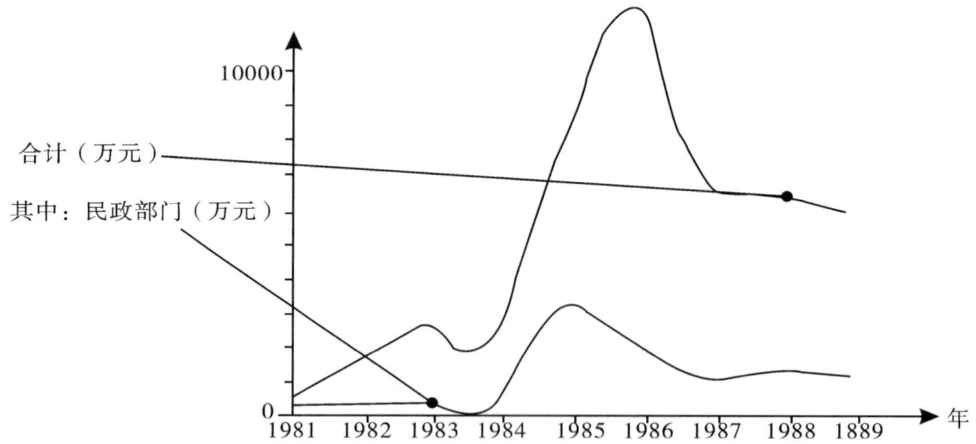

图 5-4-1　1987 年后不包括中央和省重点扶持的 17 个县扶贫资金

1981—1989年安徽省筹集扶贫资金统计表

表5-4-1　　单位：万元

年份	民政	农行	农业	财政	供销外贸	乡镇集体群众资助	社会各方面支持	合计
1981	317.45	89.19	6.05	—	—	89.80	17.33	519.82
1982	435.87	836.63	127.47	—	75.45	52.007	8.62	1606.04
1983	441.80	184.60	167.70	95.90	108.00	2687.40	—	—
1984	439.34	159.57	222.05	35.35	143.76	123.56	2593.49	—
1985	3325.64	2434.20	295.89	160.63	197.50	1604.29	504.168	522.31
1986	2006.63	3086.85	680.18	3543.38	276.72	1880.68	307.39	11781.83
1987	973.03	2067.19	445.84	606.91	218.32	1809.37	257.98	6378.64
1988	129.83	1912.25	301.50	732.72	165.19	1747.18	251.81	6401.48
1989	1080.33	1516.05	543.12	631.28	308.72	1259.93	426.26	5765.69
合计	10310.92	15137.73	2806.73	5881.38	1361.95	8682.91	2075.11	46256.70

说明：1987年后不包括中央和省重点扶持的17个县扶贫资金

1984年2月，省扶贫工作领导小组增加省经济委员会、省农牧渔业厅、省外经贸厅、省妇联、省军区、团省委和安徽省委政策研究室等部门负责人，并在省民政厅设省扶贫工作领导小组办公室，主持日常工作。

同年，省民政厅根据第八次全国民政会议“积极扶持优抚对象勤劳致富，并走上专业户、重点户，促进商品经济发展”的要求，布置各地进行扶持优抚对象试点。此后，扶持贫困户与扶持优抚对象（以下简称双扶）作为统一任务布置。同年12月，安徽省扶贫工作领导小组改称安徽省扶贫扶优工作领导小组。办公室相应改为安徽省扶贫扶优工作领导小组办公室。各地、市、县、乡扶贫组织也相继改为扶贫扶优领导小组。

1985年1月，安徽省委、省人民政府制发关于贯彻中共中央、国务院《关于帮助贫困地区尽快改变面貌的通知》的意见。决定集中力量解决中央列为贫困地区的大别山片的金寨、岳西、太湖、潜山、霍山县的贫困山区和省确定的沿淮阜南、颍上、霍邱、凤台、淮南市郊的行、蓄洪区以及寿县、临泉部分低洼和老灾区的贫困乡。国家用于贫困地区的资金和物资，重点支持这两大片。一般贫困地区，主要由县解决，省和地区适当支持。其他分散插花的贫困乡村，由县（市）根据自己的财力情况，逐步解决。

1986年初，省双扶工作领导小组根据省委农村工作会议“农村‘七五’(1986年至1990年)期间，前三年解决温饱，后两年摆脱贫困”的要求，布置各地进一步制定扶贫规划，纳入当地经济、社会发展规划，统筹安排。同年，根据国务院《关于加强贫困地区经济开发工作的通知》，成立安徽省革命老区、贫困地区工作领导小组，负责中央确定的金寨、岳西、霍山、霍邱、六安、寿县、潜山、太湖、颍上等 9 县和省确定的枞阳、郎溪、凤台、泾县、阜南、临泉、歙县、绩溪等 8 县连片贫困地区的扶贫工作，由中央和省拨专款集中力量重点扶持。省扶贫扶优领导小组负责扶持面上 57 县和 8 省辖市郊区插花贫困乡村。

安徽省部分年份农村困难户调查统计表

表 5-4-2

年份	户数（万人）	占农村总户数（%）	人数（万人）	占农村总人数（%）	贫困户标准
1979	65.88	7.0	323.8	8	年人均收入 60 元以下
1983	63.99	6.60	286.03	7.0	年人均收入 120 元以下
1986	61.95	8.35	259.59	8.3	年人均收入 200 元以下（其中贫困村 1914 个）

说明：1.1986 年贫困户系面上 57 个县和 8 个市郊区调查上报数字（不包括五保户和没有脱贫能力的保障户），这年调查扶贫户经省人民政府批准列入“七五”规划，自 1986 年起分年扶持，要求至 1990 年全部扶持一遍，基本摆脱贫困；

2. 贫困户经扶持，年均收入稳定在 250 元以上即列入脱贫户，贫困村经扶持，全村人均收入达 250 元以上，其中有 80% 的贫困户摆脱贫困即为脱贫村

1986 年 7 月，省人民政府在合肥召开安徽省扶贫工作先进集体、先进个人表彰大会，表彰 479 个扶贫工作先进集体和个人。同年 10 月，11 人出席全国表彰大会，安徽 32 个先进集体和个人受到大会表彰。

安徽省 1986 年出席全国双扶工作经验交流会和受表彰的先进集体、个人名单一览表

表 5-4-3

类别	单位名称或个人
先进集体	来安县委、县人民政府 金寨县委、县人民政府 亳州市委、市人民政府 霍山县委、县人民政府 贵池县委、县人民政府 涡阳县委、县人民政府 祁门县人民政府，郎溪县人民政府 萧县人民政府，肥西县扶贫扶优办公室 怀远县人民银行，肥东县委统战部 共青团滁县地委，濉溪县财政局 怀宁县腊树乡双扶综合厂 当涂县龙桥镇人民政府 铜陵县董店乡双扶石料厂 解放军驻安庆市 116 医院 定远县藕塘镇人民政府 霍邱县科学技术协会 安庆市纺织工业公司 歙县扶贫扶优办公室

续表 5-4-3

类别	单位名称或个人
先进个人	颍上县崔台乡党委副书记　余妙英 广德县柏垫乡民政助理员　吴大桂 五河县长淮乡致富户　吴好权 南陵县丫山镇付业户　姚玉根

扶贫开发　扶贫开发包括农村基础设施建设，即农户道路、安全饮水、沼气、村庄绿化、文化设施、卫生设施、连锁超市、电力、垃圾污水处理等；产业开发建设，即因村制宜、因户制宜发展高效种植、养殖、加工、运输、旅游开发、劳务等增收项目；乡风文明建设，即提高农村文明程度，加强村级组织和思想道德建设，提高村民素质，普及法律知识，加强法制教育，提高科学文化素质，倡导讲文明、讲礼貌、勤劳守法致富，开展“文明五好家庭”创建活动，推行村务公开，健全民主管理、民主监督制度，构建和谐社区。

1984 年后，各地结合农业产业结构调整，扶持和引导扶贫户面向市场，从事专业生产经营，并扶持贫困户兴办养殖业、手工业、商业、服务业、运输业、建筑业等经济实体。开始为单户或联户办，随后发展为村办、乡办、区、镇办和县（市）办等多种形式。

1985 年 1 月，安徽省委、省人民政府制发关于贯彻中共中央、国务院《关于帮助贫困地区尽快改变面貌的通知》的意见，明确为帮助贫困地区尽快恢复和发展生产，必须采取更加灵活、更加开放的政策，给这些地区的农民以更多的生产、经营和分配的自主权，最大限度地调动他们的积极性。贫困地区的一切生产经营活动，在坚持土地公有制的前提下，群众可以自主选择经营形式，有些生产经营项目群众要求个体经营，应当允许。只要有利于恢复和发展生产、尽快摆脱贫困而又为群众拥护的政策和办法，都是好政策、好办法，都应当允许实行。贫困山区的林业生产，应本着放宽、搞活的原则，根据各地的山情、林情、民情，实行多种形式的承包责任制。责任山已经订好合同到户，群众不要求变动的，应该稳定完善。有些地方多数群众要求改变责任山管理形式的，可以实行林业大包干到户。贫困山区集体的宜林近山、肥山和疏林地可划作自留山，由社员长期经营，种植的树木为个人所有，允许继承，产品自主处理，可以折价有偿转让，允许卖活“立木”。不便归户经营的远山、瘦山，可以实行合作经营，收益按股分红；可以由专业大户牵头承包，收益大头归承包者，承包大户经营需要招请工人，数量不受限制；也可以由外地群众承包经营，收入按比例分成，大头归外地承包者。乡村林场要实行多种形式责任制，可以实行场长或场员承包，可以折价作股办林业合作社，按股分红，也可以联户承包经营。承包期应按群众意愿确定。山场承包到户后，林业部门要按合同规定给予造林补助费，育林基金由县安排使用，不再上缴。贫困地区一切可以开发利用的资源，除国家有特殊规定的以外，都应当允许并鼓励农民开发利用。可以由合作经济组织开发，可以由农民联户开发，也可以由农户个体开发。有条件的地方要积极引进外资，国营、集体、个人都可以引进。对引进外资兴办的企业，应实行优惠的税收政策。同时还要积极吸引外省、外地、外县的资金，以加速开发贫困地区的步伐。从1985年起，贫困地区的农、林、牧、副、土特产品（包括粮食、木、竹），一律由统购、派购改为自由购销。与此同时，有关国营部门和合作商业部门应积极开展代购代销业务。贫困山区的木材砍伐，在坚持砍伐量不超过生长量的原则下，由县人民政府根据资源情况，核定采伐量，发给砍伐证，凭证砍伐；也可以委托乡人民政府依法批准砍伐，开放竹木市场，允许自由出售，允许以木换粮换物。某些需要保护的药物资源，应按规定到指定的收购部门出售，以保护资源，永续利用。25度以上的陡坡耕地应逐步退耕，由原耕者造林种草，谁种谁有，长期经营，允许继承。围垦区要逐步退垦还湖，还可以改田养鱼、种藕，退耕后，口粮不足的由国家供应。

1985年，全省有县（市）、区、乡“双扶”公司（中心）211个，经济实体5171个，其中县（市）办45个，区、乡、镇办743个，村办778个，联户办3386个，国家、集体、个人合营219个。参加经济实体人数9.44万人。年产值1.32亿元，年利润2994.76万元，年人均产值1398元，年人均利润317.24元。

1986年，“双扶”经济实体发展到6978个，参加经济实体人数达115807人，年产值1.8亿元，年利润3796万元。但有的地方因盲目发展、管理不善，倒闭178个。有的地方为获得免缴税收的优惠，把一些乡镇企业也冒充为“扶贫”经济实体。1987年8月，根据民政部通知，省民政厅成立整顿救灾扶贫经济实体领导小组，整顿全省救灾扶贫经济实体。

1981年至1989年，全省各项减免共5390.44万元，乡村企业优先录用扶贫户10.9万人。

1981—1989年安徽省减免、支持扶贫款、物统计表

表5-4-4　　单位：万元

年份	减免								支持		
	医疗费	学杂费	农业税	提留款	其他	合计	征粮（万公斤）	购粮（万公斤）	化肥（吨）	饲料（万公斤）	良种（万公斤）
1981							541.85		1600	32.435	
1982				18.28		18.28	353.75	149.175	44000	443.545	1.695
1983	7.49	2.81				10.30	461.38	177.750	83000	569.00	156.000
1984	13.62	33.28	183.50	23.82		254.22			90000	613.71	
1985	24.31	45.53	839.45	57.40		966.69			80000	6000.00	1.695
1986	38.97	85.37	1252.52	63.59	83.33	1523.78			40000		156.000
1987	45.32	62.92	594.52	80.62	175.40	958.78			40000		
1988									40000		
1989						735.99			40000		

干部包户 1981年,中共来安县委、县人民代表大会常务委员会、县人民政府、县政治协商会议和县人民武装部等负责人首先带头包户扶贫,全县社、队干部普遍响应。随后在全省推广。

1984年后,干部包户扶贫责任制发展为按系统分片包干,层层建立扶贫扶优责任制。省直26个厅、局负责包扶金寨、岳西、太湖、潜山、霍山、阜南、颍上、霍邱、凤台、寿县、临泉、枞阳等县和淮南市郊区,地、市负责包扶贫困乡,县负责包扶贫困村,区、乡负责包扶村民小组。主要帮助贫困县、乡、村开辟生产门路,制定生产计划,落实对贫困户优惠政策;提供技术培训、资源开发、产、供、销及信息等方面帮助,并给予必要的资金、物资支援。

1985年,省人民政府根据中共中央、国务院《关于帮助贫困地区尽快改变面貌的通知》,明确要求各行各业,各个部门,要把这项工作列入自己的重要议事日程,制订规划,确定一名负责人分管,指定专人负责,采取有力措施,千方百计地加强对贫困地区的扶持。省和有关地、县都要建立贫困地区工作领导小组,设立具体办事机构,配备必要的干部,负责检查督促支援贫困地区的工作,总结经验,帮助落实措施和解决问题。各级有关部门要加强整体观念,在党委的统一领导下,实行包干联系贫困县、区、乡、村、户的制度,并指定专人负责,建立岗位责任制和奖惩制度,帮助贫困地区尽快改变面貌。安徽省委、省人民政府要求山区和贫困地区广大干部和群众振奋革命精神,艰苦奋斗,自力更生,扬长避短,发挥优势,力争在三五年内使贫困地区群众的收入有大幅度的增长,人均收入达到三、四、五百元各占三分之一的水平,使贫困面貌有个大的改观。

1987年,贵池县县直45个单位包扶32个村,采取一个单位为主,有关部门配合,配套扶持,综合治理,成效显著。省扶贫领导小组及时开会推广该县经验。

1988年年初,省人民政府发出“七五”期间全省扶贫规划通知,要求各地以包村包户扶贫责任制完成情况作为县、乡、村主要领导干部政绩考核的主要内容。

各地干部包户扶贫,带动各地共青团员、青年、民兵、妇女、工矿企业、专业户等参与。1986年,全省团员、青年55.9万人助耕包户队(组)8.65万个。基干民兵扶持贫困户4.49万户。1.6万专业户、富裕户结对扶持贫困户。1988年,阜阳县专业户、富裕户为4244户贫困户提供生产技术,并支持各种物资、良种,价值57万元。当年年底,有2477户脱贫,474户成为富裕户。

1981年至1988年,来安县在包户扶贫中,干部共捐款24.3万元,粮票4000余公斤,衣服8200件。不少干部放弃假日,把星期天、节假日作为“扶贫日”。

1982—1988年安徽省干部包户扶贫统计表

表5-4-5　　单位:个

年份	实行干部包户县数	干部数			分片扶持数		
		小计	地、县(市)直	区、乡村	乡数	村数	户数(户)
1982	34	68527	2552	65975	—	—	—

续表 5-4-5

年份	实行干部包户县数	干部数			分片扶持数		
		小计	地、县（市）直	区、乡村	乡数	村数	户数(户)
1983	62	54543	3741	50802	—	—	—
1984	42	98869	4459	94410	—	—	—
1985	69	129861	8175	121686	2318	19629	178424
1986	69	126598	9782	116816	22811	8371	224137
1987	65	102455	8228	94227	1800	14164	150043
1988	65	92739	6827	85912	1481	9357	—

科技扶贫　1981年，来安县复兴乡农技员王冠东，先后帮助27户扶贫户采用科学技术生产，一二年内实现脱贫，粮食产量由5.5万公斤增加到15万公斤，增长1.7倍。1982年，有的县开办扶贫户科技培训班，帮助扶贫户掌握生产技术。此后，各级科技部门发动各行业科技人员同扶贫户签订合同，传授技术，使扶贫扶优户在较短时间内学会一二项实用科学技术，加快脱贫致富步伐。

1985年1月，省人民政府下发《关于帮助贫困地区尽快改变面貌的通知》，明确要求大力加强科学技术的普及、推广，注意发挥专业户技术上的示范作用。要力争在三五年内使山区的产业结构有个大变化。当年，金寨、霍山、岳西、休宁、祁门、黟县、歙县等县的供电体制，由部属改为县属，实行趸售，免缴所得税，实行以电养电，进行电力建设。对其他各趸售县同样实行以上政策。佛子岭、梅山、响洪甸水电站的电费提成，直接交到县。对贫困地区的电力建设，在经费上给予支持。

1986年，民政部确定临泉县为科技扶贫试点县。该县科技人员扶持1000户贫困农民用现代科学技术种瓜及加工，当年有929户年人均收入超过300元，最高达千元以上，脱贫率为92.9%。全省当年科技扶贫1.92万多户，其中6700户当年脱贫，占35%。

1987年3月，省科技工作者协会、省民政厅要求各级科技工作者协会和民政部门研究制定科技扶贫规划，落实项目、资金、措施。当年年底，全省落实科技扶贫示范户14900户，其中6700多户当年脱贫。1986年至1988年，全省57个县和8个市郊区共落实科技扶贫3.9万多户，其中1.9万户脱贫。

1989年4月，民政部、中国科协、国家民委确定临泉、阜南、郎溪、广德、枞阳等5县为科技扶贫试点县。要求5县均成立科技扶贫组织，制定扶贫规划和实施方案，用系统工程方法综合治理贫困乡、村。省民政厅从有偿使用的救灾扶贫资金中拨给科技扶贫试点县各2万元。

村级救灾扶贫互助储金会　1985年9月，省民政厅组织各地、市和部分县民政干部到江西省波阳县参观村级救灾扶贫互助储金会（以下简称储金会），学习开展农村社会保障的经验。当年年底，在东至、泾县进行建会试点。储金会以会员个人股金、集体资金、回收有偿扶持救灾款及村办企业利润提留作为资金，丰年多储，歉年少储，自愿互助，有借有还，用以扶贫济困，治穷致富。1986 年 3 月，省民政厅部署全省重点扶持县建立村级储金会。

1987 年年初，省民政厅下拨储金会垫底金 146 万元。是年年底，全省建立储金会 1795 个，资金 383 万余元。次年，为了推动全省建会工作，省民政厅改垫底资金为以奖代垫，在全省各县（市）及省辖市郊区开展兴办村级救灾扶贫互助储金会评奖活动。评奖以县（市）为单位，其条件为，凡 1988 年年底已建储金会的村超过全县市（省辖市郊区）总村数 25%，入会农户平均占该村总户数 70% 以上（大部为贫困户和灾民），每个储金会集资达 3000 元以上（个人和集体集资占总额 70% 以上），建立健全组织章程及财务管理制度，取得较明显经济效益和社会效益者，经地、市检查评定，报省民政厅抽查认定，发给每个储金会奖金 1000 元。

1989 年年末，全省储金会达 6313 个，占全省总村数 20.36%；入会农户 1351796 户，占全省总农户 13.52%；储金总额 2639.54 万元，其中群众筹集 1427.66 万元，集体储金 536.56 万元，国家资助 509.56 万元，其他资金 113.09 万元，会均 4181.1 元，户均 19.53 元。当年借出资金 1878.24 万元，其中扶持会员生产 1038.61 万元，解决贫困户生活款 337.1 万元，应急款 144.93 万元，其他 354.23 万元。

储金会由会员大会或会员代表大会选举 3 至 5 人组成管理委员会，设主任、会计、出纳等人员，任期 2 年，连选连任。采取村筹村管或村筹乡管，使用权在村，管理权在乡；或由乡基金会统一管理，但村与村之间资金不调剂使用。民政部门对储金会进行指导、检查和监督，提供服务，维护储金会和会员的权益。

储金会章程规定，村民入会自愿，退会自由。入会须交纳一定储金，储金会股金属参加集资的会员所有。储金会对储金有经营权、管理权。会员享有借贷和分红权，储金管理和使用监督权，对储金会领导成员有监督权和要求撤换权，有选举权和被选举权。

按照储金管理办法，储金会将个人集资、集体资助和国家扶助的资金登记入账后，统一存入当地营业所或信用社，设立储金专户，计取利息。会员借款须先写申请，还款期限一般为 3 个月、6 个月，最长 1 年。个人借款数额不大，由管委会主任、副主任审批。借款额较大或特大，经该会集体讨论决定或报会员大会审批，并确定保人。借款酌情收管理费。管理费分高、低、免、罚等办法。“高”，用于扶持会员发展工商业、种植、养殖业和购买农业生产资料。“低”，用于会员购买度荒口粮，治疗伤病，解危济贫等的借贷。免，用于特别困难户因天灾人祸，意外事故的借款。“罚”，用于逾期不还款者。借款原则是，优先用于帮助会员解决生活、生产困难，在有条件的地方，可重点扶持灾民及贫困户发展生产，兴办救灾扶贫福利事业，发展农村社会保障事业。

储金会的增值金，除按比例提取一定金额用于管理人员的劳务费及必要的公杂费外，其余作为分红金额。会员所得红利，按股金多少或分给会员，或作会员扩资股金。集体储金与国家资助金也按股份计算，所得红利作为储金会的扩资积累。

1989年12月，省民政厅制订《安徽省农村救灾扶贫互助储金会管理暂行办法》，对储金会性质、宗旨、民主管理、资金使用、会员的权利义务、储管会职责及财务管理等作原则性规定。

扶贫初期，省民政厅提出5条脱贫标准：分配不超支；长年吃粮有保证（受灾除外）；住房不破漏；衣被基本解决；主要生产、生活工具、用品齐全，达到当地社员基本生活水平。1983年后，脱贫标准以达到当地中等群众生活水平（按年人均收入计算）为原则。1987年为年人均收入250元。自1980年至1989年，累计扶贫90.95万户，脱贫57.9万户，占扶贫数63.66%。其中脱贫成为富裕户的有2万余户，占扶贫户数2.2%，占脱贫户数3.5%。全省面上57个县303个贫困村在2777个单位扶持下，1988年人均收入也由1986年的200元提高到250元以上。来安县1988年人均收入515元，全县贫困户人均收入则为380元，比扶持前的人均收增加6倍多。全县贫困户10年向国家交售粮食4100万公斤，油料550万公斤，生猪8万头。但从全省的总体情况看，脱贫标准低，脱贫不稳定，一遇灾害波折，容易"返贫"。

1989年12月，全省农村除继续扶持贫困户外，尚有既不属"五保"对象，又不具备扶持条件，生活在温饱线下的常年困难户34万人，需要政府救济和集体照顾。

进入21世纪后，全省各地认真贯彻落实中共中央、国务院一系列扶贫开发和强农惠农政策，扶贫开发工作取得显著成就。全省贫困人口大幅度减少。截至2000年底，农村扶贫对象为500万人；国家扶贫开发工作重点县（区）农民人均纯收入大幅度增加，2000年年底达到1570元；贫困地区基础设施状况明显改善，综合经济实力显著增强，各项社会事业全面进步。此时此项工作已全部由省政府扶贫工作领导小组办公室承担，民政部门仅为其成员单位，承担部分扶贫任务。

1980—1989年安徽省扶贫、脱贫情况表

表5-4-6

年份	开展扶贫公社（乡）（个）	占公社乡）总数%	每年新增扶贫户（万）	每年脱贫户（万）	累计	
					扶贫户（万）	脱贫户（万）
1980	231	8.35	0.66	0.10		
1981	1209	36.48	4.12	1.34	4.78	1.44
1982	2369	80.05	9.52	0.68	14.30	2.12
1983	3172	93.35	7.68	3.04	21.98	5.16
1984	3264	100.00	7.03	5.00	29.01	10.16
1985	3160	100.00	15.88	7.15	44.89	17.31
1986	3055	100.00	15.98	12.33	60.87	29.64
1987	2152	72.20	9.18	9.97	70.05	39.61
1988	2132	72.10	10.35	8.85	80.40	48.46
1989	2097	71.83	10.55	9.44	90.95	57.90

说明：1.本表根据省民政厅农村救济处扶贫统计资料编制

2.1987—1989年系面上65个县市扶贫脱贫数，不包括省政府老区扶贫办公室扶贫的17个重点扶贫县

第六篇　社会福利事业

社会福利是指国家依法为所有公民普遍提供旨在保证一定生活水平和尽可能提高生活质量的资金和服务的社会保障制度。一般社会福利，主要指社会服务事业及设施。社会福利有广义和狭义之分。广义的社会福利是指提高广大社会成员生活水平的各种政策和社会服务，旨在解决广大社会成员在各个方面的福利待遇问题。狭义的社会福利是指对生活能力较弱的儿童、老人、母子家庭、残疾人、慢性精神病人等的社会照顾和社会服务。社会福利内容不仅包括生活、教育、医疗方面的福利待遇，而且包括交通、文娱、体育、欣赏等方面的待遇。社会福利是一种服务政策和服务措施，其目的在于提高广大社会成员的物质和精神生活水平，使之得到更多的享受。

社会福利事业主要包括国家兴办及多种社会力量兴办的城市社会福利院、光荣院、孤残儿童福利院、精神卫生福利院、荣军医院、SOS 儿童村、老年公寓、城镇的社区福利服务设施、农村集体经济举办的乡镇敬老院、光荣院等。

随着经济体制改革的逐步深入和城乡社会生活的不断变迁，社会福利事业也在改革中不断走向社会化、市场化和法制化，初步形成以国家办的专业社会福利机构为骨干，以众多的社区福利服务设施为依托，以家庭福利保障和服务为基础的多层次、网络化的发展格局。

根据机构改革和职能分工，民政部门所分管的社会福利事业主要包括三部分内容，即社会福利事业、残疾人的社会福利生产和社区福利服务。社会福利事业又分为城市社会福利事业（如社会儿童福利院、老年服务机构如老年公寓等）和农村社会福利事业（农村敬老院、五保老人之家）等。

第一章 城市社会福利事业

民政部门在城市举办的社会福利院、儿童福利院、老年公寓、精神病院，统称为社会福利事业单位，是国家福利事业的一个组成部分。1982 年 4 月，民政部印发的《城市社会福利事业单位管理工作试行办法》规定，社会福利事业单位收养的人员是城市中无家可归、无依无靠、无生活来源的孤老残幼、精神病人。

1989 年 6 月，民政部印发的《全国城市社会福利事业单位深化改革工作座谈会纪要》指出，要积极创办适应社会现代化进程的各类新型的福利设施，如老人公寓、老年医院、老人庇护所、老人日托所、儿童庇护所、专业康复医疗机构等，为老人、残疾人、精神病人和居民群众提供不同形式的服务。根据民政部的统一部署，省民政厅于当年下发《安徽省城市社会福利事业单位管理暂行办法》，明确规定，要立足民政，面向社会，依靠社会力量，共同办好城市社会福利事业，全心全意为孤老残幼、精神病人服务。各社会福利事业单位在完成城市居民中无法定赡（抚）养人、无劳动能力、无生活来源的孤寡老人、孤儿、弃婴、残疾人和精神病人收养任务的前提下，创造条件，积极开展自费收养业务，逐步扩大收养范围。社会福利事业单位应努力实现由救济型向福利型、由供养型向供养康复型、由封闭型向开放型的转变，对基层社区福利事业起示范、指导作用。同时还对社会福利事业单位的内部机构设置、组织领导、工作人员与收养人员的比例、工作人员的职业道德行为规范、福利事业单位规章制度、生产经营、生活管理以及被收养人员的医护与康复等作了明确的要求。这对安徽省社会福利事业单位的健康发展奠定了坚实的制度基础。

第一节 社会（儿童）福利院

社会（儿童）福利院是指政府或社会组织兴办的以促进儿童身心健全发展与正常生活为目的的社会福利机构。也被称为特殊儿童社会福利机构，如特殊儿童福利院、特殊儿童教育机构、残疾儿童康复机构等。社会（儿童）福利院工作是儿童福利院事业的重要载体。儿童福利院所监护养育的儿童主要是因天灾和不可预测的事故失去双亲的孤儿、因身患难以康复的肢残、智残等儿童或因严重疾病而被父母遗弃的病残儿童。

安徽省民政部门负责监护、养育、安置孤儿的机构主要为城镇的儿童福利院。对儿童福利院的救助和保护工作是以安徽省政府制定的《安徽省九十年代儿童少年工作发展纲要》为指导，本着“一切为了孩子、孩子就是一切”的原则，以帮助儿童回归家庭、回归社会为最终目的，切实保护儿童的权益，充分体现儿童需要。

随着经济的发展和社会的进步，安徽各级各类社会儿童福利机构积极探索适合儿童特点的新型的儿童养育方法，不断完善儿童照料模式，从以前的“养”“治”“教”“康”四者并重逐步向“情”“智”“能”的方向发展，以科学的知识和技能帮助儿童适应社会，促进儿童自身发展。

1981年3月，省社会救济院（即儿童福利院）工作会议根据全国城市社会救济福利工作会议要求，改称社会救济院为儿童福利院。收养对象限于城镇中无家可归、无依无靠、无生活来源的孤老残幼、精神病人。老人以养为主，儿童以养、教并重，残缺、呆傻儿童则实施养、治、教相结合。有家可归者准予领回，入院半年后无父母认领者，准许无子女公民领养。精神病人实行养、治结合，并根据不同对象进行药物、文娱、劳动和教育综合治疗。同时要求各院建立、健全以岗位责任制为内容的规章制度，不准侮辱、打骂收养人员，不准强索财物、多吃多占和克扣收养人员的生活物资。当年，全省有社会福利院45所，其中28所进行清理整顿，8个省辖市及安庆地区社会福利院经省民政厅验收，院民供给标准提高为每人每月20元。

1984年11月，省民政厅要求各地社会福利事业与经济建设同步增长，克服陈旧观念，实现三个转变，即从单一国家包办的体制，转变为国家、集体、个人多渠道举办的体制；从救济型转变为社会福利型；从单纯供养转变为供养与康复并重。并积极创造条件，举办自费收养，开辟生产门路，增加经济收入。1985年，安徽各地社会福利院开展各种生产，年产值达100多万元，获利13万元。全省社会福利院由45所增加至53所；城镇集体办福利院（有的称敬老院）18所。蚌埠、马鞍山、安庆、芜湖等市和怀宁等县将社会福利事业建设纳入当地城镇建设总体规划，分年实施。蚌埠市自1985年至1989年，地方财政拨款和自筹资金210余万元，扩建、新建福利院楼房4栋，改造旧楼房4栋，建筑面积5600平方米，其中新建4200平方米。院内设有餐厅、洗衣房、浴室、医务室、康复室、文娱室，配有电视机、电冰箱、洗衣机及各种康复器材，并建有庭园和微型景点。合肥市人民政府先后拨款给市福利院44万元，新建婴儿楼850平方米和儿童乐园及康复活动室。1986年，合肥市福利院有17名瘫痪儿童能够走路，34名痴呆儿童自己能够吃饭、上厕所，35名残废儿童提高自理生活能力。1987年，广德县儿童福利院除收养婴幼孤儿外，并收容无家可归的精神病人。在院人数53名，其中残疾青年11名，少年儿童25名，婴幼儿14名，精神病人3名。儿童达到入学年龄，均送到附近学校读书，残疾青壮年则组织生产。到1989年处底，在院人数仍有40名，其中少年儿童31名，残疾青壮年2名，精神病人2名。但由于诸多原因，全省各地儿童福利院普遍存在职工多、院民少的问题，不仅未能达到很好解决，反而逐年加重。

安徽省城镇社会福利院收养供给情况统计表

表 6-1-1

年份	院别	全省院数（所）	职工			收养人员						经费供给		国家拨发经费		
			管理人员	医护人员	其它	合计	老人	残废青壮年	少年儿童	婴幼儿	精神病人	公费人数	自费人数	合计	收养人员生活费（万元）	年人均生活费（元）
1985	社会福利院	49	214	360	214	1984	729	464	261	325	205	1962	22	285.97	68.41	338.0
	儿童院	1	9	4	7	55			26	29				8.15	1.90	345.0
1986	社会福利院	52	218	377	222	2005	748	443	315	318	181	1961	44	349.16	81.99	392.0
	儿童院	1	8	20	9	54		3	22	26	3			8.50	1.9	364.0
1987	社会福利院	52	229	341	237	1964	699	444	267	349	205	1917	47	361.19	84.41	418.0
	儿童院	1	11	21	5	49		10	25	14				8.86	2.54	518.0
1988	社会福利院	51	237	348	234	1982	656	424	288	447	167	1937	45	389.73	90.57	452.4
	儿童院	1	6	16	11	42		2	32	6	2			8.86	2.48	468.5
1989	社会福利院	54	248	404	219	1932	657	443	327	367	129	1885	47	406.97	89.38	451.0
	儿童院	1	6	17	11	40		2	31	5	2			11.08	2.34	488.0

说明：本表根据安徽省民政厅 1985—1989 年终统计、财务决算资料汇制

1987 年，全省城市社会福利院 83 所（其中社会办 28 所），收养 2500 多人。全省有 1875 个包护小组为 4000 多名城镇社会孤老人员服务。全省有十多所福利院开展了自费收养业务。合肥市福利院规定社会老人全自理者每月收取护理费 30 元，半自理者收取 60 元，全护理者收取 90 元。

1988 年，全省部分福利院开展自费收养和康复服务。一些城市初步形成以街道为主体发展第三产业的社区服务体系，适应城市居民对福利事业社会化的要求。如广德县儿童福利院积极组织残疾青壮年发展生产。该院有水旱田 11 亩，茶园 24 亩，养鱼塘 3 口，干部职工及福利院院民均可参加劳动。

从 1989 年至 2007 年，全省先后在阜南、利辛、萧县、合肥、涡阳、郎溪等地建立艾滋病致孤儿童救助安置指导中心。社会（儿童）福利院不断创新养育模式，广德县儿童福利院的儿童村型养育、合肥儿童福利院机构中家庭养育的“阳光村”、阜阳市颍东区儿童福利院的社区小家庭养育、蚌埠市儿童福利院的家庭寄养等都各具特色。截至 2007 年年底，全省儿童福利机构就读于各类学校的孤残儿童 700 多人，其中小学和各类学前教育班 388 人，中学 70 人，接受特殊教育儿童数为 254 人，福利机构收养的适龄

孤残儿童入学率达100%。

各地积极为福利院的孤残儿童寻找国内外合适的符合收养条件的家庭，给他们以家庭的关爱。先后同联合国儿童基金会、英国救助儿童会、美国凯西基金会、香港宣明会和寰宇希望、美国“半边天”基金会等国际及境外慈善组织开展宣传联合国《儿童权利公约》、残疾儿童社区康复、孤残儿童家庭寄养、儿童福利院员工专业知识培训、学前教育、助医助学助养等项目合作。1992年至2008年，共有6000多名福利院的孤残儿童被国内外家庭领养，得到最终的安置。

1992年，省民政厅为促进社会福利院规范管理，制定《安徽省城市一、二、三级社会福利院评定标准（试行）》，对全省社会福利院予以等级评定。

1994年，省民政厅在检查验收的基础上，授予蚌埠市社会福利院为省一级福利院；铜陵市儿童福利院、芜湖市第二福利院为省二级福利院；马鞍山市社会福利院、芜湖市儿童福利院、宿松县社会福利院、合肥市儿童福利院、亳州市社会福利院、安庆市社会福利院为省三级福利院。同时，积极改变封闭式办院模式，实行对外开放，争取国际社会和各界人士对在院孤儿予以支持和援助。

1995年，全省福利院增至59所，其中儿童福利院8所，拥有床位3676张，收养弃婴、孤儿1840人。全省各级人民政府投入资金2111.57万元，用于福利院房屋的维修、改造和扩建，一批设计新颖、功能齐全的新型福利院陆续建成并投入使用。全省开展国家级福利院和省级福利院的等级达标工作，逐步实现管理科学化、考核数据化、服务规范化，加快福利院上等级、进档次的步伐。7月，省民政厅转发民政部《关于加强对社会福利事业单位外事接待工作管理的紧急通知》，对全省社会福利事业单位工作进行一次全面检查，针对管理和服务工作中存在的薄弱环节制定出整改措施，全省所有的福利院暂停对外开放，未经省民政厅批准，不接待任何国外（境外）组织和个人的来访、参观和考察。11月，全省各级民政部门开展社会福利事业单位工作大检查活动。1995年12月至1996年3月，按照民政部安排，对国家举办的59所社会福利院、儿童福利院开展当地自查、地市互查和省民政厅抽查工作。各地市成立以局长或分管副局长为组长的大检查领导小组，并邀请当地市委、人大常委会、政府、政协等领导和代表、委员参加，按照民政部标准和《安徽省城市一、二、三级福利院评定标准》及《评分细则》进行自查，重点突出制度建设和服务管理。12月20日至27日，全省16个地市分为8个组，进行互查，并对各院签署检查结论。1996年1月8日至13日，省厅组织3个组对21所儿童福利院和收养儿童较多的院进行抽查验收（互查、抽查各组都配备专职医务人员），重点抽查合肥市、铜陵市、马鞍山市、芜湖市、广德县、巢湖市、蚌埠市等7所社会（儿童）福利院。从检查的情况看，全省社会福利院事业单位基本改变过去那种“祠堂庙宇、墙壁龟裂、阴暗潮湿”的救济院落后状况。一批批设计新颖、功能齐全的新型福利院陆续建成并投入使用。

1996年，县级以上民政部门兴办的社会（儿童）福利院收养3271人，其中婴幼儿童1687人，健康的1051人，占婴幼儿童的63.3%。合肥、蚌埠、铜陵、滁州等儿童福利院维修改造列为民政部、中国有奖募捐委员会100个福利事业单位基础设施改造项目单位，改造和新建建筑面积22810平方米。举办两期护理、医务人员培训班，受训人员80人次。实施“助医工程”，对在福利机构内的儿童实施50例康复治疗手术。13个福利院开展涉外送养工作，通过涉外收养收取捐赠款用于福利院改造、设备设施更新和收养人员生活费开支1000多万元。4月29日至5月4日，美国斯本斯—查平收养机构执行主席莱格、收养部主任布拉格到皖对合肥、铜陵、马鞍山三所儿童福利院进行考察及洽谈援建项目。5月22日至5月29日，应美国面向国际收养服务社的邀请，合肥市民政局局长、福利院院长、芜湖市福利院院长、马鞍山市福利院院长等人访问美国，考察从安徽收养的儿童在美国家庭中的生活成长等情况。

1997年，全省投入资金3613万元，新建、改建社会（儿童）福利院面积3.13万平方米，全省福利院危房面积下降到7.8%。合肥、蚌埠、铜陵、滁州四所儿童福利院作为民政部、中募委资助的百个改造项目，提前四个月完成全部改造工程，受到民政部的通报表彰。根据民政部的等级福利院标准和安徽实际，下发《安徽省一、二、三级福利院评定标准实施细则》，组织验收小组，对全省申报升级达标的18所社会（儿童）福利院进行评审验收。合肥市儿童福利院、宁国市社会福利院、广德县儿童福利院等15所社会（儿童）福利院分别被授予一、二、三级福利院。转发民政部等国家六部委《关于进一步发展孤残儿童福利事业的通知》，在硬件建设、供养标准、孤残儿童救治、车辆减免税等方面提出具体要求和优惠措施。对涉外送养程序、涉外捐赠款使用与管理、涉外纪律等关键环节，作出一系列规定，防止和纠正在涉外送养工作中出现的由不正当利益驱动所造成的倾向。完成英国救助儿童会援建的广德县儿童福利院合作项目。巢湖市儿童福利院列为民政部与联合国儿基会1996年至2000年残疾儿童社区康复合作项目执行单位。实施助残手术53例，获得民政部助医办所资助的手术经费48.75万元。235名在院孤儿得到民政部与国际世界宣明会合作开展的孤儿助学补助金。

图6-1-1　宁国社会福利院（摄于2008年5月）

1998年6月，省民政厅与香港联合在合肥市儿童福利院举办福利院护理人员培训班，对护理人员进行正常儿童与各类残疾儿童的护理、养育、康复等工作方法和技能培训。培训班的师资分别来自香港特别行政区和上海、南京、杭州等地，民政部也派员进行业务指导。8月，转发中国收养中心《关于印发〈报送涉外送养儿童材料须知〉的函》，加强涉外送养儿童管理。9月，安徽省长江流域遭受严重的洪涝灾害，部分社会福利设施遭到损毁，保障对象的生活受到极大影响。各地对社会福利院、儿童福利院、流浪儿童救护中心（站）因灾而损坏的房屋及内部设施等进行恢复，并做好灾区福利事业单位恢复重建的规划工作。

1999年，全省县级以上社会（儿童）福利院增至69所，收养孤残儿童2408人，供养老人1272人。新的《中华人民共和国收养法》《外国人在中华人民共和国收养子女登记办法》颁布实施，为做好收养工作提供有力的法律保障。省民政厅向各地、市、县民政局转发《关于向中国收养中心转交被收养人、送养人材料的函》，各地积极与公安、计划生育、司法等有关部门协调配合，规范预送养儿童送养程序，预送养儿童应进行公告，内容应包括：弃婴的性别、捡拾时间、发现地、主要特征的大致描述，以及“自公告之日起60日内，其生父母或其法定监护人持有效证件及生活费、护理费前来本院认领，逾期无人认领者，本院依法成为其监护人”的内容，各送养院应待预送养儿童的公告期临届满时再进行体检。制订《安徽省城市社会福利事业单位管理暂行办法》，实行目标管理责任制，强化内部管理。香港寰宇希望慈善组织与安徽省合作进行福利院长和保育员培训，并选送优秀学员赴港实地考察。蚌埠市儿童福利院被民政部确定为“安徽省在院残疾孤儿手术康复基地”，并成功完成40例残疾儿童手术康复任务。

2000年，各地按照中共中央、国务院《关于加强老龄工作的决定》要求，大力实施福利院的改建扩建工程，不断强化机构化养老功能。全省69所福利院全部开展自费收养业务，其中23所增设了老人公寓，初步实现福利院和老人公寓并轨。大力拓展民办养老渠道，全省民办老人福利机构达34个，床位达400多张。省民政厅实施《关于推进全省社会福利社会化的意见》，基本建成以国家兴办的社会福利机构为示范、其他多种所有制形式兴办的社会福利机构为骨干、社区福利服务为依托、居家供养为基础的社会福利服务网络。

2001年，全省69所社会（儿童）福利院收养孤残儿童2360人；有23所社会福利院实现与老年公寓并轨，床位数1019张。确定18所社会（儿童）福利院作为全省首批开展文明创建的“窗口”单位。有60多人次参加了老年人服务、残疾儿童康复、健全儿童护理等培训，并选派中高级管理与服务人员赴瑞典、中国香港等地进行再培训。先后与美国凯西基金会、美国儿童联盟、英国救助儿童会、美国半边天基金会开展助医、助养、助教和祖母抚爱计划等项目的合作。全省社会（儿童）福利院继续狠抓内部管理，以《儿童福利机构基本规范》为指导，加强在岗人员培训，拓展社会服务项目。组织社会福利机构开展职业道德教育，加强规范化管理，杜绝各类违法违纪事件的发生。合肥市儿童福利院还在院内建立“阳光村”，探索小家庭养育模式，被民政部作为儿童养育的新模式向全国推广，引起社会的广泛关注。

安徽省国家办收养性单位情况统计表

表 6–1–2

项目	单位:(个、人、张、人天、人次)		1994 年	2001 年
单位数（个）			87	168
年末职工人数（人）			1776	2385
		医护人员	547	683
	年末床位数		5004	9908
		光荣间床位	—	765
	年在院总人天数		1398225	2569994
年末在院人数			4212	8355
	女性		—	3537
	在院人员按性质分	优抚对象	991	1236
		“三无”对象	3014	6508
		自费人员	207	611
	在院人员按年龄分	老人	—	4704
		青壮年	—	839
		儿童	—	2812
康复和医疗门诊人次数			41069	95334

安徽省集体办收养性单位情况统计表

表 6–1–3

项目	单位:(个、人、张、人天、人次)		1994 年	2001 年
单位数（个）			2382	1937
年末职工人数（人）			6440	5655
		医护人员	—	1031
	年末床位数		47774	44897
		光荣间床位	—	1699
	年在院总人天数		—	9125435
年末在院人数			39651	34508
	女性		—	13713

续表 6-1-3

项目	单位:(个、人、张、人天、人次)		1994 年	2001 年
	在院人员按性质分	优抚对象	—	2223
		“三无”对象	—	32094
		自费人员	—	191
	在院人员按年龄分	老人	38644	33346
		青壮年	—	553
		儿童	—	609
康复和医疗门诊人次数			—	35790

安徽省民办收养性单位情况统计表

表 6-1-4

项目	单位:(个、人、张、人天、人次)		1994 年	2001 年
单位数（个）			—	40
年末职工人数（人）			—	116
		医护人员	—	16
	年末床位数		—	730
		光荣间床位	—-	33
	年在院总人天数		—	976005
年末在院人数			—	547
	女性		—	130
	在院人员按性质分	优抚对象	—	38
		“三无”对象	—	388
		自费人员	—	121
	在院人员按年龄分	老人	—	526
		青壮年	—	21
		儿童	—	0
康复和医疗门诊人次数			—	1300

安徽省福利类收养性单位情况统计表

表 6-1-5　　　　单位：个、人、张、人天、人次

项目	单位:(个、人、张、人天、人次)		1994 年	2001 年
单位数（个）			2438	2104
年末职工人数（人）			7522	7384
		医护人员	228	1382
	年末床位数		51577	53948
		光荣间床位	—	1878
	年在院总人天数		1055546	12285936
年末在院人数		42856	42248	
	女性		—	17302
	在院人员按性质分	优抚对象	—	2469
		“三无”对象	—	38892
		自费人员	—	887
	在院人员按年龄分	老人	—	37728
		青壮年	—	1107
		儿童	—	3413
康复和医疗门诊人次数			15253	68850

2002 年，全省有社会（儿童）福利院 69 所，在院收养人员 4344 人，其中孤残儿童 2587 名。全省共有 16 所儿童福利院开展涉外送养工作，当年有近千名孤残儿童走入国内和外国家庭。12 月，转发民政部办公厅《关于重申社会福利机构病残儿童赴国（境）外接受医疗手术有关规定的通知》，加强对福利机构病残儿童赴国（境）外接受医疗手术工作的管理，维护孤残儿童的权益。

2003 年，安徽省继续推进社会福利事业社会化步伐，整合社会资源，实现社会福利机构功能性转变。儿童福利机构在最大限度保障孤残儿童权益的前提下，注重因地制宜，结合实际，积极稳妥地开展多种形式的儿童养育，初步形成儿童福利事业从“重机构发展”到“以人为本”的观念性转变。按照民政部要求，出台《安徽省社会福利机构涉外送养工作的若干规定》。宿松县社会福利院因在救助保护弱势儿童工作方面取得突出成绩，被命名为全国维护妇女儿童权益先进集体。宁国市社会福利院院长杨先政作为省民政厅推荐的先进人物，参加全省政法系统先进人物报告团，在全省做巡回演讲。

2004 年，全省县级以上儿童福利机构收养“三无对象”5184 人，其中 14 岁以下的

儿童 3070 人。各级政府及民政部门将福利机构中收养的孤残儿童均纳入城镇居民最低生活保障范畴。福利院积极探索用工、管理、分配等三项制度改革，实行院长负责制，逐步实行全员竞争上岗、优胜劣汰、工效挂钩的机制。合肥市儿童福利院、安庆市儿童福利院被民政部授予全国民政系统文明创建先进单位光荣称号。7 月，安徽省“残疾孤儿手术康复明天计划”在蚌埠正式启动。截至 2008 年 6 月，全省共有 520 名生活在社会福利机构中的残疾孤儿通过“残疾孤儿手术康复明天计划”接受手术康复，部省两级共投入福利彩票公益金专款近 500 万元。

2004 年 1 月初，省民政厅副厅长丁四金率福利处及安庆、铜陵市民政局负责人和滁州市、淮南市福利院负责人赴美国、加拿大考察被领养儿童在国外学习、生活情况，并同所在国收养组织、收养家庭进行座谈。2 月，省民政厅转发民政部办公厅《关于重申社会福利机构病残儿童赴国（境）外接受医疗手术有关规定的通知》。4 月，要求进行涉外送养儿童体检定点医院应是市级以上的儿童医院或设有儿科的综合性医院，或是具有三级卫生资质的儿童医院或综合性医院。选择具有二级甲等医疗卫生资质的儿童医院或综合性医院，必须报省民政厅社会福利处并征得中国收养中心的同意后方可实施。按“就高不就低”的原则，优先选择设施设备完善、技术和服务水平好、能够积极配合涉外送养儿童体检工作的医院。安徽省有 14 个市社会福利机构开展涉外送养工作，确定涉外送养体检定点医院共 21 家。其中，三级甲等医院 8 家，市级综合性医院 5 家，市级妇幼保健院 2 家，县级人民医院 6 家。

2005 年，安徽省加大对处于困境的儿童保护力度，加强和国外及境外慈善组织的合作。在民政部支持下，亳州市利辛、阜阳市阜南两个艾滋病高发区新建市级艾滋孤儿救助安置指导中心。2 月，要求各级民政部门做好社会（儿童）福利院收养儿童流脑预防控制、流脑普查和疫苗接种工作，对出现疫情的地区及开展涉外送养工作的社会（儿童）福利院，确保每个收养儿童都进行疫苗接种。

2006 年，全省共有社会（儿童）福利院 75 所，其中收养各类儿童 3087 人。合肥、芜湖、宣城、六安市儿童福利机构设施建设被列入民政部首批“蓝天计划”实施计划。

2007 年，全省各级政府举办的各类社会（儿童）福利院（含省外流人员安置农场）收养孤残儿童 3331 人。福利机构服务水平继续提高，孤残儿童的养育、教育、医疗和康复得到进一步保障。安庆、巢湖、铜陵市儿童福利机构建设被列入 2007 年度民政部“蓝天计划”实施计划。蚌埠市儿童福利院、滁州市儿童福利院、蚌埠市老年康复中心主任房敏、六安市儿童福利院院长汪波涛分别被评为“明天计划”工作先进集体和先进个人，受到民政部表彰。

2006 年至 2008 年，安徽省实施“儿童福利机构建设蓝天计划”，争取国家投入资金 5470 万元，地方配套 2.7 亿元，先后对 11 个市级儿童福利机构进行新建和改扩建。通过全面改善儿童福利机构设施条件，完善功能，全省儿童福利机构由单纯养育型，向“养育、医疗、特教、康复”及技能培训等多功能型转变，儿童福利机构成为儿童福利的资源中心和管理中心，为孤残儿童提供规范、专业的福利服务。

第二节　城市为老服务机构（老年公寓）

社会福利是由个人、家庭或社会提供的，旨在满足社会成员特殊需要和自身特点的、特殊的、照顾性的或补偿性的物质帮助和服务。老年人社会福利是指根据老年人特殊需要和老年人自身特点，由社会提供给老年人的物质和社会服务。城市老年福利事业是整个福利事业的一个重要组成部分。根据基本国情，单就养老社会福利体系而言，养老体系应建立以居家为基础、社区为依托、机构为补充的养老模式。城市为老服务机构包括老年公寓、老年人福利院、社会福利中心、老年服务中心、老年护理院、康复中心、托老所等。城市老年公寓是享受国家一定数额的经济补助，接待老年人安度晚年而设置的社会养老服务机构，设有起居生活、文化娱乐、医疗保健等多项服务设施。这种类型的养老机构多由国家出资兴建与管理，主要接纳"三无"老人、自理老人、介助老人、介护老人安度晚年。老年服务机构通常设有生活起居、文化娱乐、康复训练、医疗保健等多项服务设施。

随着经济和社会的迅速发展，群众生活质量的不断提高，人们寿命普遍延长，与人口老龄化相伴而来的是"空巢家庭"增多和家庭结构小型化，传统民政"三无"（无依无靠、无法定赡养人、无劳动能力）老人呈现逐步减少趋势，传统的家庭照顾老人的功能日益减弱，社会化养老需求迅速增长。城市老年福利事业由原来的主要面向"三无"老人转向城市所有需要服务的老年人口家庭。具体业务包括兴办老年福利服务设施、开展社区老年人服务、鼓励社会办老年福利服务机构等。

由于人口基数的不断增加，安徽省人口老龄化问题日益严重。2000年，安徽省65岁以上人口超过445.7万人，占全省总人口的7.45%，其中合肥、蚌埠、淮南等9个市60岁以上老年人口超过当地总人口的10%，均步入老龄化社会。人口年龄结构也由成年型晚期向老年型转变，老年人口增长速度（4.42%）高于总人口增长速度（1.1%）约3.02个百分点。面对滚滚而来的白发浪潮，全省各级民政部门认真履行工作职责，勇于探索，积极工作，不断完善现有国家办的社会福利设施功能，大力开展社区老年人福利服务，以福利院、老年公寓为依托，建立健全基层生活保障网络，使城镇"三无"老人、离退休老人基本上得以安享晚年，为全省老年事业发展做出应有的贡献。

1990年，安徽提出福利院要适应形势，更新观念，实现服务范围、管理体制等方面的"转轨"，即要求福利事业单位在保证供养城市"三无"对象的同时，把收养对象扩大到社会老年人，充分发挥国家兴办的养老机构的功能。到2001年年底，全省城市各种所有制形式的养老服务机构达到721家，职工1981人，床位14489张，收养老年人11280人。其中全省69所社会福利院全部开展自费收养业务，23所社会福利院同时挂上老年公寓的牌子，初步实现社会福利院和老年公寓的"并轨"。全省社会福利院共收养老年人1744人,其中自费人员472人。

1996年至2008年,全省各地投入资金近亿元,新建改建社会福利院(含老年公寓)面积达10万平方米以上,使院容院貌有较大改观。全省先后有15所社会儿童福利院被评为省一、二、三级福利院。其中蚌埠市社会福利院成为全省福利事业单位的窗口。该院成为综合性的社会福利事业单位,内设市社会福利院、市老人休养院和市老年康复医院,集养、治、教、康和文化娱乐功能于一体,对外开展社会老年人寄养工作。该院被授予国家"二级社会福利事业单位"和省"一级社会福利院"等称号。蚌埠市各城区也先后建成功能相对齐全的区级老年公寓。

安徽省大部分国家办的福利事业单位还从改革内部的管理制度、用工制度和分配制度入手,全面推进管理人员聘任制、服务人员合同制和按劳分配制,增强服务意识和效率意识,提高服务水平和管理水平。宁国市社会福利院(含老年公寓)自1994年开始,以市场需求为导向,开展老人自费代养,积极探索市场化运行机制,实行成本化管理,取得良好的社会效益和经济效益,走出一条自我发展、自我积累的工作之路。该院根据市场需求和当地的经济状况及人们的生活水平,本着低价位起步的微利原则,制定五种不同的收费及服务项目,吸引老人进院。院里还开展老人临时性"入托"业务,以满足更多家庭的服务要求。为加强管理,控制成本,该院从节约用水、用电开始,树立勤俭办院的指导思想。在抓好成本管理的同时,建立并制定一系列扎实有效的管理措施和奖惩机制,激发职工爱岗敬业的积极性。如每月请老人参加全体工作人员进行考评,其结果同工资挂钩;年末,请全体老人参加评选优秀工作者活动;每年为在院老人举行集体生日庆典,并请老人子女参加。他们还以院办幼儿园为依托,发展幼儿事业,部分老人入院休养可以带领其孙辈同时入托,既充实老人生活,又扩大生源。由于该院开展老人自费代养及其他有偿服务,在很大程度上弥补国家经费投入的不足,提高收养对象的生活水平,故床位使用率一直保持在100%。该院现已建成500张床位的老年公寓。

安庆市在20世纪80年代初就建成全省乃至全国的第一所正式老年公寓,老年人福利设施年年被列入城区发展规划。1996年,安庆市大观区兴办现代化、多功能的社区服务中心,内设老年公寓,集娱乐、康复、养老、服务于一体,开设四大类28项服务内容,除收养20多位老年人外,平均每天接受近百位老人前来活动。1998年纯利润达15万元,社会效益和经济效益明显。基本形成市、区、街道、居委会四个层次,辖区企业、事业单位老年人活动场所、福利设施对老年人开放,资源共享,与各种上门服务相结合、功能较为齐全的老年服务网络。

附:中国第一所老年公寓——安庆老年公寓

1987年7月20日,安庆市人民政府副市长何其哲召集市建设委员会、市房地产管理局等部门负责人会议,就筹建"老年公寓"问题进行研究。会议认为,为照料安庆市某些离退休人员的实际困难,使他们更好地欢度晚年,市政府决定在状元街内集资兴建一座“老年公寓”，建筑面积为1500平方米，内设公共食堂、居室（含卫生间）、服务部、活动室、接待室等设施，实行有偿服务，统一管理。安庆市人民政府办公室于8月1日专门印发《关于集资兴办“老年公寓”的通知》，明确“老年公寓”属社会福利事业，全社会都应给予尊重和关心；“老年公寓”成立管理委员会，由集资单位派员参加；实行独立核算，自负盈亏，民主管理。通知要求市建筑设计、施工、房屋开发和水、电、通信、煤（气）供应以及工商、税务、银行等有关部门都要给予积极支持，提供方便。

安庆市政府决定筹建工作由分管城市建设的副市长何其哲负责，当时有房产和建筑等31个单位集资50多万元，建起1400多平方米公寓南楼一幢（四层），并由电力等有关部门无偿装电，支援电视机、床被、书籍等文化生活用品。

1988年6月1日，老年公寓正式对外开业，当年接纳市辖8县37名老人入住。这在全国尚属首创。1988年1月31日，《人民日报》以题为《安庆建起全国第一所老年公寓》首次进行报道；此后，《文汇报》《人民日报·海外版》《新民晚报》《经济日报》《中国老年报》《安徽日报》等20多家报刊和电视台进行报道；1990年10月，中央新闻电影制片厂摄制《古城安庆》纪录片，专门介绍安庆老年公寓院容院貌；同年中央电视台在《祖国新貌》栏目中也作了专门介绍。1992年7月17日，全国老龄工作委员会主任王照华专程到皖考察安庆老年公寓。安庆老年公寓于1995年荣获安徽省老龄工作先进集体称号；1992年、1997年分获民政部、劳动部、全国总工会、共青团中央、全国妇联、中国老龄协会授予的“全国敬老好儿女金榜奖先进集体”称号。

2008年，安庆老年公寓现有房屋重新装修改造，拥有三个不同特色和档次的基地：即坐落在安庆市区天台里基地主要收住生活能自理的老人；大龙山风景区杨桥石塘老人活动中心（休闲山庄）是集住宿、生活、休闲、文体活动于一体的综合性基地；市政府路南一巷颐寿院主要收住生活不能自理的老人。公寓资产已达2000多万元，房屋面积1.2万多平方米，能容纳200多人食居，已成为适应不同档次和要求的老人养老综合性公寓。

图6-1-2 安庆市老年公寓

1999年10月，民政部下发《老年人建筑设计规范》作为强制性行业标准，在全国范围内正式施行。同年12月，省民政厅印发关于宣传贯彻《老年人建筑设计规范》的通知，规定：老年人居住建筑的起居室、卧室，老年人公共建筑中的疗养室、病房，应有良好朝向、天然采光和自然通风，室外宜有开阔视野和优美环境。老年住宅、老年公寓、家庭型老人院的起居室使用面积不宜小于14平方米，卧室使用面积不宜小于10平方米。

矩形居室的短边净尺寸不宜小于3.00米。老年人基础设施参数应符合《老年人建筑设计规范》的规定。老人院、老人疗养室、老人病房等合居型居室，每室不宜超过三人，每人使用面积不应小于6平方米。矩型居室短边净尺寸不宜小于3.30米。老人居室的单人间使用面积不小于10平方米；双人间使用面积不小于14平方米；三人间使用面积不小于18平方米；合居型居室每张床位的使用面积不小于5平方米，从而进一步规范老年公寓建设的标准。

2000年，安徽省各级民政部门按照中共中央、国务院《关于加强老龄工作的决定》的精神要求，实施社会福利院的改建扩建工程，不断强化机构化养老功能，全省69所社会福利院全部开展自费收养业务，其中23所增设老年公寓，初步实现社会福利院和老人公寓并轨，床位数增至1019张。各地还积极兴办小型多样的社区老年公寓、托老所，充分发挥社区养老服务功能。同时制定相关优惠政策，提出大中城市的城区、县级市及85%的街道都要根据需要，兴办1所社区服务中心，1所老人公寓（托老所）。大力拓宽民办养老渠道，据统计，当年全省民办老人福利机构已达34个，床位达400多张。省民政厅实施《关于推进全省社会福利社会化的意见》，基本建成以国家兴办的社会福利机构为示范，其他多种所有制形式兴办的社会福利机构为骨干，社区福利服务为依托，居家供养为基础的社会福利服务网络。形成投资主体多元化、服务对象公众化、运行机制市场化、服务方式多样化、服务队伍专业化的依托社会、服务社会的发展格局。老人公寓建设和管理取得一定成效。

2001年6月，省民政厅正式启动社区老年福利服务“星光计划”。该计划是民政部在全国开展的一项旨在为老年人提供活动场所和服务设施的为老服务工程。第一批星光计划项目通过及时下拨资金、现场经验交流、组织实地督查等措施，保证156个项目顺利实施。省民政厅在试点的基础上，结合社区建设、福利彩票发行、老龄工作和城市居民最低生活保障等工作，决定2002年在17个省辖市的城区居委会全面展开“星光计划”，并制定详细的资助标准、办法，筛选汇总519个项目上报民政部。2002年是完成和督查、验收第一批星光计划项目以及实施第二批项目的关键一年。

为顺利实施“星光计划”，省政府于2002年8月下发《关于认真落实“星光计划”的通知》，要求各级政府把实施“星光计划”作为一项民心工程、德政工程，列入政府为民办实事计划。省政府对合肥市的星光老年之家建设情况进行抽查，省民政厅对福利彩票公益金管理、使用情况开展专项执法监察。合肥、六安等9市先后制发星光老年之家管理办法，从制度上确保项目的为老服务方向。实施社区老年福利服务星光计划是一项惠及城乡老年人的“民心工程”“德政工程”。2004年是大规模实施星光计划的最后一年，全省兴建495个项目，投入部级福利彩票公益金1180万元，省级福利资金2049万元。在2004年7月的全省星光计划总结和表彰会上，表彰国家和省级先进集体和先进个人。合肥市蜀山区竹荫里社区、马鞍山雨山区平湖街道、淮北市杜集区矿山集社区星光老年之家3个单位被评为全国星光老年之家先进集体，宿州市泗县民政局胡小妹等 3 人被评为全国实施星光计划先进个人。省民政厅表彰 17 个先进集体和 17 个先进个人。

全省星光计划自 2001 年 6 月正式启动至 2004 年 6 月，3 年共建成街道项目 53 个，社区项目 732 个，乡镇项目 369 个，老年福利机构项目 59 个；建筑面积 54.89 万平方米，总投资 3.79 亿元，其中部级福利金 4280 万元，省级福利金 1.29 亿元，各地自筹 6047 元，其他投入 1.47 亿元。实施“星光计划”3 年中，全省建成 1213 个星光老年之家，为初步构筑城乡社区老年福利服务网络打下坚实基础。

2002 年全省民办老人福利机构 34 个，床位达 400 多张，基本形成投资主体多元化、服务对象公众化、运行机制市场化、服务方式多样化、服务队伍专业化的依托社会、服务社会的社会福利发展格局。老人公寓建设和管理取得一定成效。

2006 年，根据民政部在全国开展养老服务社会化示范试点工作的部署，安徽省确定上报合肥市瑶海区、蚌埠市禹会区为部级养老服务社会化示范单位。在抓好这 2 个区示范工作的同时，又确定马鞍山市雨山区、芜湖市镜湖区、淮南市谢家集区、淮北市相山区和宣城宁国市为省级养老服务社会化示范单位，并结合安徽省实际拟定养老服务社会化示范工作评定标准（草案）。全国养老服务社会化经验交流会后，省民政厅立足省情实际，及时制定《安徽省养老服务社会化示范标准》，并根据民政部《关于开展“全国养老服务社会化示范单位”创建活动的通知》精神，精心部署，分类指导。结合安徽老年人增长速度快、养老床位少、经济欠发达等实际情况，采取典型引路示范、城乡孤老爱心认助等措施，推动养老服务社会化工作。同时省民政厅通过抽查验收和评选，将合肥市瑶海区等 8 个城区（市）命名为“安徽省养老服务社会化示范区”。其中，推荐合肥市瑶海区、蚌埠市禹会区、马鞍山市雨山区、芜湖市镜湖区 4 城区，上报民政部列为部级首批“全国养老服务社会化示范区（市、县）”。养老服务社会化城区的示范作用，有力促进民办老年服务机构的发展。

2006 年，民办老年福利机构继续增加，全省兴建 85 所，收养老人 3048 人。截至 2007 年年底，全省城市各类老年福利机构 222 所，床位数为 8758 张。其中，民办老年福利机构 157 所，床位 5658 张。政府或者民政部门举办的老年福利机构 75 所，床位 3100 张，床位增加 1201 张，有效地缓解了政府、社会养老压力。

图 6-1-3

截至 2008 年年底，全

省民办老年福利机构230所，床位9000张，收养老人5850位，入住率接近65%。

第三节 “星光计划”

“星光计划”的全称是“全国社区老年福利服务星光计划”，其义取自老年福利设施和活动场所的特点：星星点点、星罗棋布、星光灿烂。“星光计划”的主要内容是，在三年内使用各级彩票中心发行福利彩票筹集的福利基金的80%（约50亿元人民币）和各级政府及社会各界投资的50亿元人民币，在全国10万个社区居委会和农村乡镇新建或改扩建一批供老年人娱乐、健身、学习等的城市社区老年福利服务设施、活动场所和农村乡镇敬老院。2001年6月8日，民政部在全国正式启动“全国社区老年福利服务星光计划”。

2001年6月，根据民政部的统一部署，安徽省正式启动社区老年福利服务“全省社区老年福利服务星光计划”，用三年时间，以发行福利彩票提取的福利金资助为手段，争取政府投入，广泛动员社会力量参与，建设一批立足社区、面向老人、小型分散、方便实用、星罗棋布、形成网络的老年福利设施和活动场所，建立健全社区老年人福利服务体系。全省首批共确定“星光计划”项目150个，其中社区居委会项目70个，街道项目64个，敬老院（社会福利中心包括老年福利机构）项目16个。在这些项目中，新建的为118个，改造项目为32个；2001年年底已完成40个项目。至2004年6月，3年共建成街道项目53个，社区项目732个，乡镇项目369个，老年福利机构项目59个；建筑面积54.89万平方米，总投资3.79亿元，其中部级福利金4280万元，省级福利金1.29亿元，各地自筹6047万元，其他投入1.47亿元。“星光计划”的实施，较好地缓解全省城乡社区老年福利服务设施匮乏的矛盾。

2001年7月，省民政厅成立由厅长李宏塔任组长的“安徽省实施星光计划项目审批领导小组”。向民政部上报455个项目，其中社区居委会项目330个，街道项目50个，敬老院（社会福利中心）项目68个，老年福利机构项目7个，申请资助资金4000万元。全省全年筹集福利金约5000万元，其中80%用于“星光计划”，争取民政部资金4000万元，共计8000万元。

2001年9月，为加强星光计划项目资金的使用管理，充分发挥社会福利金使用效果，根据民政部《关于星光计划启动工作的安排意见》，结合安徽实际，制定《安徽省星光计划项目资助实施办法》。

2001年10月，民政部安排安徽省第一批星光计划启动项目150个，全省投入资金7975万元，其中国家级福利金1100万元，省级首批星光计划福利金2328万元，地方配套和社会投入4547万元，地方政府和社会力量投入资金与福利金比例为1.33 ∶ 1。为推进全省星光计划的健康、顺利实施，保证当年内福利金的80%用于兴办老年福利服务设施，省民政厅分成三个组，对全省上报待批的星光计划项目落实情况进行督查。重点对合肥市的项目逐一督查核实，对淮北、淮南、蚌埠、芜湖、马鞍山、安庆、铜陵等市采取抽查办法进行。

合肥市是全省“星光计划”的重点地区，项目多，任务重。为保证计划的落实，市政府与区政府签定目标责任状，对项目的选址、使用面积、主要用途、完成期限、资金配套等，作出详细规定。芜湖市将“星光计划”纳入政府对各街道办事处年终考核目标，并签定责任状。此项制度的建立，有效地调动全市各级街道办事处的工作积极性。铜陵市委下发文件，对社区居委会公共设施建设提出要求，经过2～3年的努力让社区的公共设施有明显改善，社区设施配套标准不低于350平方米。每个社区都拥有一所条件完备、工作规范、服务齐全的社区办公和服务场所。

2001年11月，为加快推进星光计划健康、快速发展，按时保质保量完成任务，省民政厅向各市民政局下发《关于加快星光计划项目建设的紧急通知》，要求各市进一步明确星光计划的目的意义；依照项目建议书要求上报项目，坚持四个统一，抓紧进行开工建设；加强监督检查，分类指导，确保工程按时按质按量完成。

2002年8月，省人民政府办公厅下发《关于认真落实“星光计划”的通知》，要求各市人民政府、省政府有关部门认真实施星光计划项目，将其作为一项民心工程、德政工程，列入政府为民办实事计划，积极协调民政、土地、城建、规划、工商、税务等部门加强配合，出台优惠扶持政策，共同为“星光计划”的顺利实施创造良好的发展环境；对已实施“星光计划”完成情况、项目使用效果、管理情况和福利金投入情况进行自查，省政府将适时组织抽查。

2002年11月，省民政厅下发《关于下拨民政部资助安徽省2002年度星光计划项目部分资金的通知》，要求各地按照民政部和省民政厅的要求，专款专用，抓紧实施，按时保质保量完成，各地在每月10日前将上月项目实施进展情况上报省民政厅。

2002年12月，省民政厅下发《关于加快2002年度星光计划项目建设的通知》，要求专款专用，各地严格按照省级福利资金90%、民政部下拨的资助资金100%用于计划项目建设上，尽快下拨资金，没有启动的要尽快启动，深入基层，加强指导；加强管理，制定星光老年之家管理制度；及时掌握并上报项目进度情况；加大宣传力度。

2003年度，星光计划项目资助的重点是县级项目，即：中心镇和乡镇的敬老院老年福利设施。对于省辖市城区采取拾遗补缺，继续资助有条件、有积极性的社区居委会兴办。对2002年度星光计划任务完成项目进行验收，要求各市对本地已完成的项目进行验收。实地查看每一个“星光老年之家”完成及投入使用情况，听取当地汇报，了解项目未完成原因，提出相关要求；资金配套情况；项目隶属关系；设施基本服务功能是否落实。

2003年7月，安徽省呈报第三批“星光计划”项目，计划安排493个，总投入14330万元，其中申请部级福利金2953万元，省级福利金2162万元，地方配套、社会投入和自筹资金9215万元。地方政府、社会力量和自筹投入与部、省级福利金投入比例为 1.8 ：1。当年 17 个市除黄山市外都制定“星光老年之家”管理办法和各项具体规章制度，引导老年人开展科学、健康、文明的活动，从制度上保证项目的为老服务功能。

2004 年 4 月，省民政厅向各市征求对《关于加强“社区老年福利服务星光计划”项目管理的意见（征求意见稿）》修改意见。要求各地验收 2003 年度星光计划项目和上报三年总体实施情况，各市对本地已完成的项目进行验收并上报实施三年来总体情况总结。

2004 年 6 月，授予六安市裕安区西市街道凤凰桥社区星光老年之家等 14 个单位为“全省星光老年之家先进集体”，高志友等 15 人为“全省实施星光计划先进个人”。全省新建和改造 1200 多个“星光老年之家”，基本做到立足社区、面向老人、方便适用和功能配套，发挥“星光计划”为居家养老提供支持的作用。

2006 年，实施“星光计划”以来，全省在城乡新建、扩建多处较大规模的老年活动中心，并且为城乡老人添置大量老年健身活动器材，不仅使全省老年人有了固定活动场所，同时丰富了老人的活动内容，享受到时代发展、国家富裕所带来的福祉。长丰县面对老龄化社会的来临，大办兴办老年福利设施，构建老年服务网络，并以实施“星光计划”为载体，积极推进，特别是在实施第三期“星光计划”时，总投入项目资金（含有关方面支持资金）786 多万元，新建县老年活动中心和双墩、下塘、朱巷、杨庙 4 个中心镇镇老年活动中心及双墩镇的夏店“星光年之家”，其中投资达 400 万元、建筑面积近 3000 平方米、教学和娱乐等功能配套齐全的县老年活动中心，以及双墩镇老年活动中心均在全省争得先进，成为其他市、县、乡镇学习借鉴的“样板”，全县 3.2 万多名 60 周岁以上的老人有了“温暖的家”。长丰县针对“星光计划”项目实施后，全县还有 60% 多的老年人没有专门活动场所情况，借助“星光计划”实施的良好势头，结合 2005 年全县 13 个基层公安派出所撤并，通过县民政等部门争取，有偿获取原先 9 个派出所的场所改建成老年活动中心，使 4 万多名 60 周岁以上老年人有了好去处。全县实现所有乡镇均有老年活动中心。长丰县在建成老年人活动场所的同时，筹集资金更多地添置活动器材设备，丰富老年人活动内容，特别是通过“星光计划”项目，投入资金几十万元以政府采购方式，购买大量户外健身活动器材，分别安装在县城水湖公园、长城广场、丰乐住宅小区和城乡老年活动中心，受到老年人欢迎和好评。

图 6-1-4

霍邱县实施“星光计划”后，对该县老城区的文昌、文庙、西潭等社区新建、扩建多处较大的老年活动中心，添置老年健身活动器材，使县城的老年人有了固定活动场所。该县在推进社会和谐和县域经济跨越式发展过程中，县委、县政府高度重视人口老龄化问题，十分关心老年群体，出台一系列发展老龄事业的政策。县里抓住灾后重建的机遇，投入资金2613.88万元，新建342处4150间老年之家，入住3561人。2006年，在省市县民政部门的大力支持下，投入福彩公益金434万元，新建41所五保老人之家，维修7所敬老院，解决550户入住。全省农村“五保老人之家”现场会在霍邱召开。2007年4月3日，霍邱县首家民办养老机构“爱心老年公寓”开业，设52个床位，入住40余人，受到全社会和老年人的欢迎。该县积极开展敬老助老活动或适合老年人的文体活动，使敬老助老氛围日渐浓厚，涌现一批先进典型。龙潭镇杨楼村被授予“全国敬老模范村”，城关镇文昌社区被授予“全省敬老模范社区”，宋店乡养老基地负责人王怀先、冯井中学教师戚明良被授予“全国孝亲敬老之星”称号。

第四节 “明天计划”

“明天计划”的全称是“残疾孤儿手术康复明天计划”，是民政部门从2004年开始对城乡各类社会福利机构中0至18岁具有手术适应症的残疾孤儿进行手术矫治和康复，帮助他们完全恢复或部分恢复身体功能，增加生活自理和自立能力的一项救助活动。

2004年5月，民政部在西安召开专门会议，明确提出从2004年到2006年，在全国正式推出“残疾孤儿手术康复明天计划”，为全国社会福利机构中的残疾孤儿有效实施手术矫治和康复，为他们进一步接受康复训练和文化教育创造条件，使他们与其他健康儿童站在一个起跑线上拥有美好的明天。

同年6月，按照民政部《“残疾孤儿手术康复明天计划”实施方案》部署，省民政厅正式开始启动。省民政厅、省慈善协会、省社会工作者协会和省福利彩票发行中心联合成立“明天计划”领导小组，省民政厅副厅长丁四金任组长。

同年7月，省民政厅印发《安徽省“残疾孤儿手术康复明天计划”的实施办法》，从各市留用的彩票公益金、地方财政和社会捐赠中拿出50%作为配套资金，确保为1500名左右具有手术适应症的城乡社会福利机构中生活的残疾儿童（初步筛选）实施有效手术矫治和康复。安徽城乡福利机构约3200名孤儿中有2560名残儿，符合手术指征的孤残儿童543人，其中可进行普外科手术115人，骨科手术181人，五官科手术177人，胸外科手术70名。由省民政厅确定的、并经民政部批准的蚌埠市残疾康复治疗中心和蚌埠医学院附属医院为手术体检医院及手术定点医院。进行手术的基本工作程序为，先由残疾孤儿所在社会福利机构会同定点医院选择适宜手术的儿童，提出手术康复方案，并填报手术康复申请表，再由省级“明天计划”办公室审核汇总并经领导小组审批后报民政部“明天计划”办公室，申请部级资金额度。严格规范“明天计划”社会捐款的接收及管理工作，增强接收、使用过程中的透明度，维护捐款人和受益人的合法权益。所有对“明天计划”的捐款，一经接收，安徽省慈善协会开具收据，同时将“明天计划”办公室制作的捐赠证书一并送（寄）达捐赠单位或捐赠人。

2004年7月下旬，根据民政部和省民政厅的要求，蚌埠市确定由蚌埠医学院附属医院和该市残疾康复中心联手承担全省“明天计划”项目的实施工作。自2004年7月下旬至2005年7月下旬，全省187名残疾孤儿接受康复手术，成功率达到100%。

2005年年初，根据各级民政部门的统计上报，安徽省有38例手术风险大、费用高的患先天性心脏病孤残儿童经民政部同意，送天津治疗，缓解全省“明天计划”手术费用的压力。

截至2005年10月，共有257名生活在社会福利机构中的残疾孤儿接受手术治疗，手术无一例失败。部省两级共拨付“明天计划”福利彩票专项公益金188.48万元用于残疾孤儿的手术专项经费。

2005年11月17日至19日，省民政厅在黄山市休宁县召开全省涉外收养和“明天计划”工作会议，对安徽省“明天计划”工作开展进行布置，以推进“明天计划”工作的实施和对“明天计划”手术后儿童康复训练进行实地培训。

截至2008年6月，全省共有520名生活在社会福利机构中的残疾孤儿接受手术康复，部省两级为此共投入福利彩票公益金专款近500万元。是年年底，全省集中实施“明天计划”的阶段性工作圆满完成。同时，建立“明天计划”的长效机制，为福利机构中新增的具有手术适应症的所有残疾孤儿及时实施康复手术、回归家庭、走向社会创造条件。

第五节　养老服务社会化

所谓“养老服务社会化”主要系指以构建居家养老和机构养老为基础，社区养老服务为依托，其他养老方式为补充的运转协调、服务高效的新型老年社会福利服务体系和养老服务模式，具有服务主体多元化、服务方式多样化、服务对象公众化、服务队伍专业化等特点，是适应人口老龄化发展形势，满足众多老人养老服务需求的重要途径。社会化养老服务是指由政府主导，以政府、社会组织、企事业单位、个人等为主体共同参与，采取社区居家养老、机构养老等方式，为所有老年人提供生活照料、医疗康复、文化娱乐、精神慰藉等专业化服务的养老服务模式。

社会化养老进程　1986年10月，省民政厅召开城市社会保障工作座谈会，总结各地贯彻民政部漳州会议的情况和经验，征求各地对民政部拟发的《城市社会福利事业单位管理工作条例（修改稿）》修改意见，研究如何加快步伐发展安徽省城市社会保障事业。

1998年9月，省民政厅为推进社会福利社会化工作，成立以厅长李宏塔为组长、副厅长丁四金为副组长的省社会福利社会化工作领导小组，起草下发《关于开展社会福利社会化试点工作的通知》。决定合肥、蚌埠、芜湖、淮北等4市为首批开展的社会福利社会化试点城市，要求4城市民政部门认真学习民政部的有关文件和民政部部长多吉才让在社会福利社会化座谈会上的讲话精神，研究起草本地的《民办社会福利机构管理暂行办法》草案。

1999年3月，省民政厅下发《关于深入开展社会福利社会化调查研究工作的通知》，确定合肥、蚌埠、芜湖、淮北市为调研重点；合肥、蚌埠、芜湖、淮北、宣州五市的社会（儿童）福利院为分项调研重点单位，开展（儿童）福利院的个案分析调查。

2001年6月，省民政厅、发展计划委员会、经济贸易委员会、教育厅、财政厅、劳动和社会保障厅、国土资源厅、建设厅、对外贸易经济合作厅、卫生厅、工商行政管理局、国家税务局、地方税务局联合下发《关于加快实现社会福利社会化的意见》。

2005年，在开展养老服务社会化工作中，省民政厅注重倡导社会关注和支持处于困境下的老年人，利用广播、报刊宣传养老服务社会化的重要性，发动和提倡企业和个人争做慈善者，为养老服务社会化做贡献。以投入资金新建养老院（站）、资助老年人养老费用，提高其生活标准，认养老年人等方式，促进养老服务社会化进程。如：铜陵市从2006年开始发动政府机关、学校、社会团体、个人“向孤老献爱心一助一”的经验。具体做法是：认助自愿，结对帮扶。认助对象是全市城乡“三无”人员、五保对象、孤残儿童等人员；农村敬老院、社会福利院、老年公寓等社会福利机构。认助形式原则上以现金为主，也可以是实物，同时也可以是援助工程和项目或公用设施，以及扶持敬老院发展院办经济。个人和单位可以认助一名和多名，也可认助一所和多所社会福利机构。认助标准：对散居“三无”人员、五保对象的认助，不低于年人均100元现金，企事业单位及团体对敬老院或其他福利机构的认助，每年至少办一至两件实事。2007年，铜陵市采取政府购买服务的办法，投入上千万元，为全市175名孤老、特困、空巢家庭、低保对象提供居家服务。社会各界主动上门慰问、资助孤老行为蔚然成风。此举得到民政部的充分肯定，并向全国推广其做法。

2008年3月，省民政厅厅长刘健提出的“推行积极的民政政策”的整体思路中，着重对养老服务社会化工作提出要求，并责成有关处室，针对安徽省养老服务社会化工作现状，拿出具体措施，以养老服务社会化示范工作为抓手，积极争取社会力量投入，进一步推动全省养老服务社会化工作又好又快地发展。并以省民政厅名义，向省政府写出专题报告，以进一步引起政府重视，予以支持。同时，在全省开展“献爱心认建认养认助养老机构、困难老人”活动，成立安徽省“夕阳红”基金会，发动和鼓励社会力量参与养老服务社会化。省民政厅分管副厅长多次带队深入基层指导、检查示范工作，发现好做法、好典型立即推广。各地层层成立养老服务社会化领导小组，党委、政府主要领导亲自担任组长。由于领导重视，措施得力，进而使创建活动开展迅速，效果显著。

养老服务示范创建 2005年，根据民政部在全国开展养老服务社会化示范试点工作的部署，省民政厅转发民政部《关于开展全国养老服务社会化示范单位创建活动的通知》，要求各示范区要充分认识开展养老服务社会化示范单位创建活动的重要意义；制订具体创建标准；采取措施，积极抓好贯彻落实。同时，根据全省老年福利事业发展现状和存在问题,制定贯彻实施意见。提出各示范区要通过制定规划、加强指导、出台优惠扶持政策、加大资金投入、巩固和完善现有的养老机构,建立适合安徽省经济和社会发展水平的社会福利服务体系,大力推进并加快养老服务社会化的发展。并确定上报合肥市瑶海区、蚌埠市禹会区为部级养老服务社会化示范单位。省民政厅在抓好这两个区示范工作的同时,又确定马鞍山雨山区、芜湖市镜湖区、淮南市谢家集区、淮北市相山区和宁国市为省级养老服务社会化示范单位,并结合安徽省实际拟定养老服务社会化示范工作评定标准(草案)。

2006年全国养老服务社会化示范单位创建活动启动后,省民政厅召开会议传达"全国养老服务社会化经验交流会"精神,转发民政部《关于开展全国养老服务社会化示范单位创建活动的通知》,以省政府办公厅文件下发《关于加快发展养老服务业的通知》,确定8个"安徽省养老服务社会化示范区",给予资金支持,推动整个示范区养老事业的发展。合肥市瑶海区、蚌埠市禹会区、马鞍山市雨山区、芜湖市镜湖区4城区被民政部列为首批"全国养老服务社会化示范区(市、县)示范单位"。

各示范区相继成立"创建全国养老服务社会化示范区工作领导小组",组长由区长担任,副区长分管,相关成员单位参加,创建领导小组办公室设在区民政局,由局长兼办公室主任。社区和乡、镇、街道、村(居)委分别建立健全养老服务工作组织网络,成立"养老服务工作委员会"和"老年协会",形成比较完善的养老服务工作体系,为养老服务社会化提供重要组织保证。每个示范区选出一些社居委作为居家养老服务社会化示范点。采取以点带面形式推开养老服务社会化工作。如芜湖市在养老服务社会化工作中做到"四个到位"。即:组织领导到位。区领导小组负责全面指导,统筹协调各街道社会化养老工作;街道养老服务中心负责指导、组织、培训社居委开展社会化养老工作;社居委具体承担、规范实施社会养老工作,区、街、居三级形成规范有序的组织服务网络。机构设置到位。居家养老服务站做到:选址合理、方便居民、职责清楚、功能完善、服务优质。人员配备到位。街道办事处明确1～2名人员为居家养老服务中心管理人员,社区居家养老服务站由1名社区党组副书记负责。掌握情况到位。摸清各年龄层次老年人数,了解他们身体状况和养老需求,建立独居和"三无"老人基本情况档案。对有居家养老需求的老人进行摸底登记,做到不同服务对象概念清楚、界定分明、数字准确、资料齐全,为开展社会化养老工作奠定坚实的基础。

安徽省8个示范区均出台一系列养老服务社会化政策和规章制度,强化养老服务社会化工作的政策引导和资金扶持。如《开展全国养老服务示范区工作意见》《创建全国养老服务示范区实施方案》《养老服务社会化示范活动考核(验收)标准》《财务管理制度》等。对养老服务社会化目标任务、创建步骤、示范标准等均作出具体规定。对养老服务示范工作起到有力的指导作用。如:芜湖市委、市政府出台《关于进一步加快发展养老服务业的意见》,提出通过5年努力,基本建成以福利服务为重点,各类社会福利机构为骨干,社会福利服务网络为依托,居家供养为基础的社会福利服务体系。对发展养老服务业单位在项目审批、土地使用、税费减免、信贷支持等方面制定具体的优惠政策。同时，对民办养老服务机构给予资金资助；对自建用房、提供社会老人养老的床位数达50张以上的民办养老服务机构，按每张床位1000元标准给予一次性财政补贴；对市区民办养老服务机构代养的城市“三无老人”按自理、半护理、全护理三种类型，分别按每月200元、300元、400元的标准给予补助；对开展居家养老服务的单位和组织接收符合条件的困难老人，给予每人每月30元补贴。镜湖区政府为全区65名需要生活照料的“三无”老人给予每人每月100元的补助。合肥市瑶海区政府在财政部门专门设立养老服务工作资金，充分保障养老服务各项工作的开展。投入14万元，为每个社区培训一名养老护理员和补贴养老服务示范点以及社区日间照料室设施购置。民办新建“九久夕阳红老年城”，占地33亩，建筑面积约3.3万平方米，1600张床位，重点开展居家式养老和老年特护项目。为鼓励其做大做强，该区政府采取民办公助形式，对第一期工程600张床位投入600万元，作为该项目合资基金。第二期工程1000张床位，该区政府将继续予以支持，并争取合肥市和省发改委支持。对于其他民办老年公寓项目，该区政府投入12万多元，按每张床位给予200元一次性补贴。全省4个全国养老服务社会化示范点，当地政府投入资金约1020万元，其中，马鞍山市政府采取民办公助形式，投入资金300万元，作为该项目合资基金。省民政厅从省福利彩票基金拿出42万元以奖代补，为养老服务社会化创建工作提供资金保障。

全省各地养老服务社会化示范区按照“政府扶持、社会参与、社区主导、非营利组织运作、市场化管理”的思路，围绕“12345”工作目标和任务展开，即建立一个平台、完善两支队伍、突出三类重点、开展四项服务、倡导五种互动，构建适合需求的社区养老服务体系，效果显著。合肥市开展上述作法在全省领先，受到民政部的肯定，在全国养老服务社会化经验交流会上进行交流。

在开展创建活动初期，省民政厅认真分析全省养老服务社会化面临的形势。人口老龄化发展速度逐年加快，仅城市需要建有24450张床位，才能满足老年人到养老机构养老的需求。但全省现有222所养老机构，床位仅8758张，离上述目标要求还差15700张。安徽省又属于经济不发达省份，政府资金支持力度有限。全省面临的形势十分严峻。必须从实际出发，积极探索符合安徽省情的养老服务社会化路子。通过典型引路示范，促进全省养老服务社会化工作良好发展，使养老服务社会化工作取得一定成效。2006年，民办老年福利机构继续增加，全省兴建85所，收养老人3048人。

为使创建活动顺利进行，扎实有效，省民政厅采取分步实施，稳步推进的措施，在每个街道选出1～2个条件较好的社区先行试点，通过2个多月的摸索，总结出一些经验后，在面上普遍推开。为指导面上工作，各示范区区委、区政府在总结试点经验的基础上，制定一些政策和规章，并投入一定资金，有力保障创建活动的顺利开展。省民政厅制定《安徽省养老服务社会化示范城区考核验收标准》，对养老服务机构示范标准、养老服务街道示范标准、养老服务社区示范标准均作出详细的规定，各示范区认真对照标准开展工作，进行自查自纠。省民政厅对省、部级养老服务社会化示范城区进行认真抽查验收。对合格的予以表彰，不合格的予以纠正，直至合格。并将合肥市瑶海区、蚌埠市禹会区、马鞍山市雨山区、芜湖市镜湖区4城区上报民政部列为部级首批“全国养老服务社会化示范区（市、县）”。蚌埠市对创建合格的社区，给予1000元的鼓励，对工作突出的社区给予双倍奖励；对工作成绩突出的街道进行通报表扬，对工作滞后的社区进行通报批评，有力促进创建活动的开展，推动全市养老服务社会化。

在创建活动中，各地在参观学习一些省、市先进做法的基础上，进行开拓创新，建立“六定”制度。即定要求：街道养老工作机构要有固定工作场所、有信息化办公设施、有牌子、有专职管理人员、有专项资金、管理考评制度、社区养老机构有牌子、有专人负责、有专业养老护理队伍、有特色服务项目。定范围：“三无”老人、70岁以上低保独居老人、生活困难家庭老人生活不能自理或半自理的享受政府购买补贴服务范围。定标准：根据服务对象不同情况，每户每月享受100元的政府补贴服务。区政府每年以每位老人80元标准列入财政预算，对街道居家养老服务中心给予补贴。定内容：居家养老服务主要内容为生活照料和卫生康复及精神慰藉等服务。定形式：由社居委居家养老服务站、辖区养老机构和社会中介服务组织，以免费服务、政府补贴购买服务、中介组织低偿服务形式开展居家养老服务。定程序：明确申请、审批到签约、服务、结算的程序。合肥市为鼓励社会力量办养老院，连续两年争取市财政对每个养老床位补助500元。2008年市财政予以继续补贴。蚌埠市开通110电话。老人无论什么时间、无论什么事只要打这个电话，都会很快按排解决。

2007年年底，全省城市各类老年福利机构222所，床位数为8758张，其中，民办老年福利机构157所，床位5658张。政府办老年福利机构75所，床位3100张，与2006年相比社会办老年福利机构增加80所，床位增加1201张，有效地缓解政府、社会养老压力。

第二章 农村社会福利事业

农村社会福利既包括社会共同福利、社会民政福利，也包括集体公共福利和集体个人福利，也包括养老保险、健康医疗保险、社会救济、社会优抚和社会互助等具体的方面。根据民政部门的工作职责，农村社会福利事业重点是对孤老残幼的社会救济、贫困户的扶持、灾民的救济、复员军人的安置、伤残军人及军烈属的优待抚恤等方面的工作，特别是五保供养和敬老院建设。

1978 年，安徽广大农村地区以社队为基础的有限的社区福利发展，逐步完备起来，形成体系化和制度化。在养老保险上，人民公社体制建立以后，基本上实行的是“两条腿走路”，即对有子女的家庭，基本上延续农村社区传统的家庭养老模式；对没有子女的老人养老实行社区养老的创新模式。新的养老模式有两种形式，一种是社区分散养老即“五保”制度，也就是对无法定抚养义务人（或者抚养人无抚养能力）、无劳动能力、无生活来源的老人（也包括残疾人和未成年人）以集体经济为依托，给予吃、穿、住、病、死以供养解决的一项社区福利制度；另外一种是社区集中养老即“敬老院”制度，也就是以集体经济为依托成立“敬老院”“福利院”等社区福利机构，对符合集体养老条件的老人实行集体生活、集中供养的制度。农村社会福利体制在 1985 年以前，主要是以社队为基础的有限的社区福利体制。1986 年以后，才逐渐开始建构国家、集体和家庭（个人）共同分担的社会化的社会福利体制。

第一节 农村五保供养

安徽农村五保供养制度建立于 20 世纪 70 年代。1994 年《农村五保供养工作条例》施行后，对五保供养对象界定设有较为明确的资格条件，且逐步严谨和规范，以保证国家和社会无偿提供的供养资金、实物和服务真正用在最需要帮助的困难群众身上。

2006 年，根据国务院公布修订的《农村五保供养工作条例》，安徽省新型农村五保供养制度开始建立，这对于进一步做好农村五保供养工作，保障农村五保供养对象的正常生活，促进农村社会保障制度的发展具有重要意义。

分散供养 农村五保供养是指依照国务院颁布的《农村五保供养工作条例》规定，在吃、穿、住、医、葬方面给予村民的生活照顾和物质帮助。五保供养对象系指老年、残疾或者未满 16 周岁的村民，无劳动能力、无生活来源又无法定赡养、抚养、扶养义务人，或者其法定赡养、抚养、扶养义务人无赡养、抚养、扶养能力的，享受农村五保供养待遇。

1978 年年底，全省农村有“五保”户 158262 户、187805 人。至 1979 年年底，全省敬老院仅剩 65 所，院民 974 人。是年，院民生活费 16.05 万元（年人均 164 元），其中院民自劳 5.55 万元、国家救济 4.69 万元，两项占总金额 63.8%，集体供给 5.81 万元，只占总金额 36.2%。1980 年，各地按照民政部“依靠集体，勤俭办院，民主管理，敬老养老”的方针和“入院自愿、出院自由”的原则，逐年兴办农村敬老院。

1981 年，安徽省委、省人民政府先后批转省民政厅《关于认真落实农村“五保”户供给政策的报告》后，1982 年春节前后，安庆、滁县、巢湖和合肥、淮南、淮北、马鞍山、铜陵等地市，组织地、市、县、区、社干部 4246 人，检查、落实“五保”政策。慰问“五保”户 26664 户、32235 人，发放棉衣 29867 件、棉被 4489 床，絮棉 16309 公斤、口粮 50 多万公斤，款 43 万多元，同时督促社、队帮助修房建房。各社、队也进行自查或互查。此后，每年春节期间的检查形成制度。

同年 5 月，全省普查农村“五保”户吃粮、穿衣、住房、治病、零用钱以及家庭副业、身体状况等基本精况。经复查，全省共有“五保”户 182684 人，占农村总人数 0.4%。分散供养 49334 人，占“五保”户人数 27%，其中亲友代养 44571 人，采用留口粮田等其他形式供养 4763 人。

1984 年 4 月，省人民政府制发《安徽省农村五保户供养暂行规定》。明确：丧失或基本丧失劳动能力、无依无靠、无生活来源的老年人、残疾人和未成年孤儿，均属“五保”对象。当年，省民政厅负责人就《安徽省农村五保户供养暂行规定》答记者问时，具体阐述“五保”的内容，其中“保吃”是保证供给“五保”户的粮、油、菜、柴和零用钱；“保穿”是保证“五保”户有单衣、棉衣、被褥、蚊帐、鞋袜、帽子；“保住”是保证“五保”户有固定住房，门窗齐全，安全牢固，不破不漏，干燥舒适；“保医”是保证“五保”户生病及时治疗，医药费由集体实报实销；“保葬”是保证“五保”户丧事由集体处理；“保教”是保证孤儿学龄期能受到教育。对生活不能自理的“五保”户，确定专人照料。《安徽省农村五保户供养暂行规定》除“五保”对象、评定手续、供养内容、标准等作具体规定外，并规定应以乡（镇）为单位统筹负担，也可以乡（镇）、村两级分别统筹负担。同年，凤阳县试行以乡为范围建立“五保”福利基金会，资金用于“五保”户修房、医疗。次年，全县各乡均成立“五保”基金会，共筹集资金 12.3 万元。

集中供养　1985 年年底，全省各地敬老院新建房屋面积 284484 平方米。1986 年，农村敬老院统一列入安徽省民政事业“七五”发展规划。同时，1985、1986 年两年，省、地、县民政部门多次组织检查贯彻《安徽省农村五保户供养暂行规定》情况。至 1986 年，全省有 1414 个乡（镇）实行统筹供给，占全省乡（镇）数 40.8%。其中涡阳、来安、定远、凤阳 4 县和宿州市、合肥市郊区、淮南市田家庵区、潘集区，全部实行乡（镇）统筹供给。

1987 年，全省乡镇统筹供给的“五保”户 49029 人，占“五保”户总人数的 25.5%；乡村两级统筹供给的 124104 人，占“五保”户总人数的 63.5%。同年 3 月，省民政厅报经省人民政府批准，对农村“五保”对象再次普查登记。普查后统计，全省农村共有“五保”对象173218户，195446人，其中分散供养的178411人，占“五保”总人数的91.3%；集体统筹供给且生活有保障的占90.4%。普查中，改变划田代耕“五保”户20740人、应保未保6397人；指定专人照料35125人，划田代耕和其他形式供给的占3.2%，符合五保条件而未保或缓保的占6.5%；五保户生活供给标准年人均达318.89元，比上年增长11.6%。各地对失去或基本失去生活自理能力的3.51万老弱病残人员，落实专人照料措施，为“五保”户建房9162间、修房33471间。并有308个乡镇以敬老院为依托，建立“五保”户服务网络，经常受到照顾服务的“五保”老人7204人。通过普查，各地普遍建立“五保”户简易档案，填发“五保”户供给证。

1987年年底，全省敬老院建房面积达到650987平方米，固定资产达到5286万元。合肥、淮南、蚌埠、铜陵等市新建一批规模较大和质量较高的敬老院。全省敬老院发展到1875所，乡覆盖面达45.0%，收养“五保”对象17035人，有床位20032张，床位利用率和增长率分别列在全国的第三位和第九位。据阜阳、六安、合肥等14个地、市统计，1987年院办工农业生产纯收入76.37万元，人均66.34元。阜阳县100所敬老院都开展饲养、种植、小手工业、商业生产，收入逐年增加。1985年至1988年，该县敬老院纯收入分别为3.69万元、7.33万元、11万元、18.13万元，人均收入由30.60元增至98.6元。宁国县14所敬老院各办经济实体1个，每年提供供养费7万元至8万元。1989年共提供8.73万元，院民人均709.76元，院院有经济依托。

1988年4月，省民政厅在蚌埠市召开全省农村敬老院现场经验交流会。会议表彰全省建院工作成绩突出的蚌埠等14个市县民政局、宁国县仙霞乡等45所敬老院和93名先进个人。同年7月，个人义办敬老院的宁国县黄昌书、朱德华以及萧县郭超凡出席民政部召开的个人义办敬老院表彰会，被授予“义重德高”铜匾和荣誉证书。随后，朱德华出席全国“敬老好儿女金榜奖”表彰大会，荣获奖章和荣誉证书。同年10月，省民政厅制定《安徽省文明敬老院标准（试行）》，下发各地贯彻执行。

1989年，全省实行“五保”17.8万人，分散供养的“五保”户生活费年人均358.75元。各地共兴办农村敬老院2191所，入院老人20806人，占“五保”户总人数的10.6%。其中六安、巢湖、蚌埠、淮南、马鞍山等市，乡乡办有敬老院。其形式有乡办、村办、几个村联办、专业户个体办。建院资金以依靠集体、依靠群众为主，国家补助为辅。全省院民年人均生活费415.7元。宁国县14所敬老院123名“五保”老人年人均764元，高于当地一般群众生活水平。蚌埠市和其他22个县实现乡乡有院。1187个乡（镇）建立以敬老院为依托的“五保”服务网络。

1989 年安徽省农村敬老院供养情况统计表

表 6–2–1

地区	有敬老院乡镇数（个）			敬老院数（个）			收养人员			集体供养金额（万元）	年人均供养水平元 / 人
	小计	镇	乡	小计	镇	乡	小计	镇	乡		
全省合计	1794	158	1636	219	2190	2002	20806	2110	18696	864.9	415.7
合肥市	169	23	146	170	24	146	1603	282	1321	84.6	527.7
芜湖市	39	8	31	45	10	35	376	76	300	20.7	550.5
蚌埠市	170		170	170		170	1989		1989	67.2	337.8
淮南市	57	1	56	58	1	57	850	14	836	51.2	602.3
马鞍山市	13	7	6	14	8	6	256	109	147	15.8	617.0
淮北市	77	13	64	81	15	66	1120	303	817	39.0	348.0
铜陵市	6	2	4	6	2	4	82	40	42	3.9	475.6
安庆市	75	6	69	84	10	74	648	49	599	22.8	351.8
黄山市	42	5	37	42	5	37	295	36	259	15.6	528.8
宿县地区	152	5	147	167	16	151	1906	159	1747	69.2	363.0
滁县地区	70	9	61	70	9	61	677	98	579	36.6	540.0
六安地区	163	32	131	190	37	153	2060	427	1633	57.1	277.0
宣城地区	55	8	47	68	11	57	462	81	381	18.6	402.6
巢湖地区	157	24	133	161	24	137	1684	199	1485	77.9	462.6
池州地区	53	3	50	61	5	56	303	33	270	14.4	475.0
阜阳地区	496	12	484	805	13	792	6495	204	6291	270.3	416.0

说明：1. 本表根据省民政厅 1989 年民政事业统计年报、财务决算资料汇制；

2. 院民年人均供养水平不包括该院生产收入用于改善生活部分

1990 年，全省有“五保”对象 19 万余人，实行农村统筹供给的 17.53 万人，其中由乡镇统筹供给的 5.91 万人。“五保”户供给标准每年人均 400 元，比 1989 年增加 20 元。到年底，全省已建农村敬老院 2295 所，入院老人 2.15 万人，占“五保”人数的 11.9%。合肥、蚌埠、淮南等市郊县所属各乡镇均办有敬老院。

1993 年，集体供养标准逐步提高，年均 469 元，服务的院外“五保”人员达 97645 人。各级民政部门根据省政府制定的农村奔小康目标的要求，将“五保”工作的“五保”供养率、生活标准等列入同级政府的社会发展计划。宣城、宿县、合肥、马鞍山、滁州等地、市的五保供养率提前达到农村奔小康目标。

1994年，全省共有农村五保对象19.76万户、21.74万人，其中得到不同形式、标准不一的供养人数为20.6万人，占94.8%，包括享受集体供养的18.81万人，占86.5%。各地认真贯彻国务院颁布的《农村五保供养工作条例》，重点是广开五保供养经费渠道，切实解决好五保户的基本生活问题。据统计，全年统筹供给散居五保户14.97万人，年统筹金额达9046万元，年人均604元，比上年增加158.5万元；于敬老院集中供养的3.84万人，年金额2811万元，年人均732元，增加130.8元。当年国家为多灾贫困地区的7.6万名“五保”人员发放561万元救济款给予救助。各地以敬老院为依托的1408个“五保”服务机构为院外散居五保户10.21万人提供多种服务，受服务的人员比上年增加4.6%。各地还为散居“五保”户维修、新建住房3.24万间。各地在加强为农村“五保”户服务工作中，采取分类指导、分步推进的办法，对于灾区贫困地区则以多渠道筹集供养金的办法，提高供养水平。黟县为确保“五保”户的生活，全县乡（镇）、村统筹款5.8万元，乡镇企业提取资金2.3万元，国家定期救济2.2万元，一起用于“五保”户生活，全县五保户年人均达到881元。对于经济较为发达的地区，则强调要按照当地物价上涨指数的变化调整提高，安庆市郊区十里铺乡当年已将标准提高到人均1592元，使“五保”户生活保持当地群众的一般生活水平。

1995年，各地民政局开展农村“五保”对象普查工作，“五保”普查和发证工作于6月底以前结束。当年“五保”供养对象有20.86万户、22.55万人，其中老人20.57万人，残疾人1.72万人，孤儿2603人，有20.09万户、21.69万人得到不同形式的供养。其中由基层组织集体统筹供养的18.73万人。淮北等地市及肥西等46个县（市、区）的集体统筹供养率分别达到安徽省委、省人民政府《关于农村小康生活标准中的五保集体供养率》90%的规定。其中肥西、芜湖市鸠江区等25个县（市、区）实现由集体供养“五保”户的目标。在集体供养散居生活的对象中，由乡村统筹供养的11.36万人。为帮助散居五保户的生活，全省有1544个乡镇建立“五保”服务网络，为13.25万名“五保”对象开展服务。到年底，全省敬老院达2593所，在院院民3.87万人，入院率为17.2%，敬老院的乡镇普及率达94%，敬老院床位数达5.04万张，床位利用率为76.7%。住院人员的供养标准和生活质量有所提高，院民年人均供养金1065元，比上年增长45.5%。院办经济进一步发展，全省三分之二的敬老院开展种植、养殖、加工、商贸等生产经营活动，部分敬老院的种植、养殖业已由零星分散型发展到规模效益型。全年院办经济纯收入1117万元，比上年增长27.7%，院民年均纯收入289元，增长26.7%。当年，全省开展“全国模范敬老院”的评比推荐活动。泗县大庄镇敬老院、青阳县杜村乡敬老院、宁国县仙霞敬老院、肥西县三河镇敬老院和阜阳市正午乡敬老院报民政部审批后荣获“全国模范敬老院”称号，马鞍山市冯桥敬老院等9所敬老院被省民政厅授予“全国模范敬老院评选入围奖”，受到省民政厅的表彰和奖励。

1996年年底，全省“五保”供养对象总数20.73万户22.32万人，得到不同形式供养的达21.72万人，占97.3%。其中享受集体统筹供养的19.14万人，供养率达85.7%。

全省有63%的县级单位的集体统筹供养率在90%以上，提前4年达到安徽省委、省人民政府规定的农村小康标准的要求。合肥、蚌埠、淮南、淮北、滁州、巢湖、宣城等地、市已达到或超过90%的集体供养率。“五保”户供养的年统筹金总额达19473万元，年人均达1017.5元。此外，国家还为多灾贫困地区13.5万五保人员发放1220.88万元的救助款。各地为散居“五保”户维修、新建住房30163间，建立以敬老院为依托的1578个“五保”服务机构，为83.2%的散居“五保”户提供不同形式的服务。全省敬老院累计为2525所，其中乡（镇）办的2149所，村办的373所，个人办的3所，敬老院的乡（镇）普及率达94.5%，全省16个地、市中，合肥、蚌埠、淮南、马鞍山、淮北、铜陵、宿县、六安、宣城、芜湖、巢湖、阜阳、安庆等地、市普及敬老院。各地共投入资金1613.6万元，新建改造扩建敬老院251所。民政部从中募委有奖募捐福利资金中拨出80万元专项经费，资助安徽受灾严重的20所敬老院恢复重建。全省敬老院建筑面积达187万平方米，拥有固定资产原值7.32亿元，床位4.8万张，收养人员39337人，床位利用率为81.4%。全省有65%的敬老院开展了以工作人员为主的种植、养殖、加工、商贸、服务业的生产经营活动，全年纯收入达1255万元。其中800万元用于改善供养人员生活，361万元用于改善敬老院设施。泗县大庄镇敬老院、青阳县杜村乡敬老院、肥西县三河镇敬老院、宁国县仙霞镇敬老院、阜阳市颍东区正午乡敬老院等5所敬老院的院长于1996年10月出席民政部在北京召开的首届“全国模范敬老院院长事迹报告会”。

1997年，全省农村“五保”供养范围进一步扩大。“五保”对象206879户、220821人中，得到集体供养的供养人数占98.6%，比上年增加1.3个百分点。“五保”集体供养率提前达到管理目标。全省采取集体统筹供养形式的人数达202637人，占“五保”对象总数的91.7%，比上年增加6个百分点，提前3年达到安徽省委、省人民政府关于农村奔小康标准中“五保”集体统筹供养的指标。肥西、亳州、蚌埠市郊区等68个县（市、区）达到90%以上。蚌埠、淮南、淮北、滁州、宿县、宣城、巢湖、合肥、马鞍山、安庆、六安等地市也提前3年达到或超过省委规定的指标。集体统筹供养标准较上年有所提高。全年供养金额（含实物折款）24875多万元，年人均1227.59元，供养标准提高率为20.6%。宿县、安庆、滁州、马鞍山、淮南、阜阳、铜陵、淮北、宣城、合肥、六安等地市达到和超过省民政厅规定的年度供养标准提高率管理目标。各地千方百计保证“五保”户的基本生活。当年受到国家定期救济的“五保”户2万多人，当地政府为“五保”户维修住房2万多间。全省农村乡镇建立“五保”服务网络约1500多个，受到服务的“五保”对象约12万人。各地不仅从吃、穿、住、医等方面保证“五保”户基本生活，而且还组织干部、党员、团员、民兵、青年、妇女、学生为他们挑水、担柴、洗衣被、大扫除。

1987—1997 安徽省年“五保”人员供养情况统计表

表 6-2-2

年份	五保人员总数		分散供养		集中供养
	户	人	户	人	人
1987	173218	195446	138788	160180	17035
1988	171758	192606	135864	151116	19006
1989	170485	191202	139448	154504	20806
1990	171999	192483	133746	149438	21569
1991	173011	196783	122616	137510	30731
1992	181011	199350	125544	139448	35914
1993	190550	210885	129553	143479	38140
1994	197580	217378	151498	167634	38399
1997	206879	220821	164497	176450	41303

1998 年，全省农村敬老院建设与管理迈入制度化、规范化轨道。全省敬老院达 2522 所，其中乡镇办的 1963 所，村办 556 所，个体 3 所。怀远、界首、合肥市郊区等 75 个县（市、区）普及敬老院，占全省总县（市、区）数的 83.3%。合肥、芜湖、蚌埠、淮南、马鞍山、淮北、铜陵、宿县、六安、宣城、巢湖、阜阳、安庆等地市普及或基本普及敬老院。全省入院供养的“五保”人数达 41262 人，比上年增长 4.8%，“五保”对象入院率达 18.7%。全省有 54 个县（市、区）以及蚌埠、淮南、马鞍山、淮北、铜陵、宣城等地市达到年度管理目标，分别占全省县（市、区）总数和地市总数的 60% 和 37.5%，其中入院率达到 30% 以上的县（市、区）有 26 个。全省敬老院床位达 50342 张，比上年增长 4.2%，床位利用率 81.9%。淮北、宿县、滁州、合肥、阜阳、淮南、马鞍山、六安、芜湖、池州等地市达到或超过当年的管理目标。住院“五保”户供养标准和生活质量提高。供养金（含实物折款）年人均标准达 1339.7 元，比上年增长 14.4%。全省有相当数量园林式建筑的敬老院，供养人员住房单间或单元化，生活用品较全，食堂、活动室、医务室、浴室等生活设施日臻完善；电视机、电风扇、洗衣机、电冰箱等家用电器逐步普及。院办经济效益较好，全省 2 / 3 的敬老院开展了种植、养殖、加工、商贸等生产经营活动。全年院办经济纯收入 1413 万元，比上年增长 12.5%。有 38 个县（市、区）的院办经济纯收入年人均达到或超过当年的管理目标。

1999 年，全省农村统计五保供养对象为 202930 户、2162962 人（其中老人 198507 人、孤儿 2456 人、残疾人 15333 人）。以农村经济组织集体供养为主的形式多样、标准不一的供养人数达 212319 人，占 98.2%。其中采取以集体统筹供养形式的 191392 人，占“五保”对象总人数的88.5%。在集体统筹供养中，农村经济组织全年提供五保供养金（含实物折款）22309万多元，“五保”户年人均为1165.63元。灾区、贫困地区的各级政府想方设法保证“五保”户的基本生活，当年得到国家救济的五保户9万多人，救济款2520多万元。当地政府和农村基层组织为“五保”户维修新建住房3万多间，全省农村建立“五保”服务网络的乡镇1543个，受到服务的“五保”对象15万多人。

1999年年底，全省有“五保”对象20.99万户、22.57万人（其中残疾人1.84万人，孤儿3343人）。以农村基层组织集体统筹供养为主的人数占86.1%，全年供养金额1.96亿元，年人均1243元；当年为“五保”户修建房屋1.98万间。全省有37个县普及乡镇统筹供养，有1543个乡镇建立“五保”服务网络，受到服务的“五保”对象15.24万人。各地不仅在吃、穿、住、医等方面保证“五保”户的基本生活，而且经常为“五保”老人进行各种“送温暖”活动。敬老院达2187所，其中乡镇办2169所，个人办18所。有67个县的乡镇普及了敬老院，占全省总县（市、区）数的83.5%。全省敬老院供养3.5万户、3.69万人（其中残疾人4157人，孤儿527人），入院“五保”对象年人均供养标准为1440元，比上年提高6.4%，全年新建改造扩建敬老院433所，投入资金3748万元。70%的敬老院开展种植、养殖、加工、商贸等生产经营活动，院办经济纯收入1438万元。有32所院对社会开放，接受自费代养人员入院，共收养166人。为加强敬老院规范化管理，省民政厅于5月组织全省开展等级敬老院评比表彰活动。对各地申报的68所省一级院逐一进行了检查验收，评出肥西三河镇等57所敬老院为全省首批省一级敬老院，并予通报表彰。省一级敬老院数量前五名的依次为合肥、淮南、巢湖、阜阳和宿州市。各地还开展了省二、三级敬老院的评比与表彰活动，至年底评出省二级院173所，三级院367所。全省“五保”供养敬老工作还存在一些问题。如一些乡镇“五保”供养经费不能兑现，全省应保未保“五保”对象尚有6827户、7714人；各地敬老院建设发展不平衡，好与差悬殊较大；散居五保供养标准人均仅940元；治病经费难以解决等。

国家供养　1999年全省实行税费改革前，安徽省五保对象的供养经费在“村提留或乡统筹费中列支”。实行税费改革后，五保对象的供养经费从两税附加中列支。全省有19.4万名“五保”供养对象，全省敬老院2187家，集中供养“五保”老人3.69万人，其余15.74万人由所在村分散供养。其年人均供养标准：集中供养为1489元，分散供养为1080元。分散供养资金的来源主要是村提留，按“五保”户每人每年3公斤油、300公斤原粮、60元零花钱、600公斤柴草（以及部分医疗费用）由村统筹。集中供养的除上述实物外，还有乡级财政拨付的费用。税改后，取消“三提五统”，对“五保”户的供养开始采用农业税附加和农业特产税附加（简称“两税附加”）的收取方式。规定两税附加的比例最高不得超过税改后农业税正税的20%。

2000年年底，全省共有五保对象28.3万人，其中已保人员22.7万人，“应保未保”人员5.6万人。在已保人员中敬老院集中供养的有3.4万人，年人均供养标准为1404元；分散供养的有19.3万人，年人均供养标准为833.6元。无论集中供养还是分散供养的，年人均供养标准均比税改前相应地减少。由于全省实行税费改革，使“五保”敬老院工作遇到了新情况，主要是部分“五保”供养经费难以落实，乡镇“五保”户生活困难，敬老院难以为继。为此，省民政厅对全省17个市中的9个市进行重点调查，并专题报告省政府许仲林省长。安徽省委办公厅、省人民政府办公厅于10月下旬专门下发《认真做好农村“五保”户生活安排、受灾地区农业税减免和切实加强农村水、电等生产经营性费用收取管理工作的紧急通知》，强调农业税附加等村级集体资金以及财政转移支付对村级的补助资金要首先用于农村五保户的供养。随后，省民政厅下发关于加强五保供养工作的配套文件，均强调“严格安排使用村级资金，确保“五保”户的生活水平在农村税费改革后不下降，不低于当地村民的一般生活水平”。

2001年7月，省民政厅组织3个组对宿州市泗县19个乡镇进行全面调查，并向省政府专题报告。2001年9月省财政厅下发《关于补助五保户供养专项经费的通知》，以2000年各地上报数字22.7万人为基数，并从2001年起，省财政每年给“五保”户年人均400元的专项补助，共计拨款9040万元。至2001年年底，全省共有“五保”对象245382户、274002人。其中1961个农村敬老院（因撤并乡镇，敬老院比上年有所减少）集中供养32480户、34090人；散居供养175728户、193118人；应保未保人员37174户、56794人。全省“五保”供养整体覆盖率达83%，集中供养人员年人均供养标准为1494元，散居供养人员年人均供养标准为1042元。

2001年，在全省范围内实施农村“五保”供养卡制度。省民政厅要求各地认真做好“五保”供养卡的登记和发放工作，真正做到数字登记清楚，每个“五保”老人的基本生活都能得以保障。为巩固农村税费改革成果，保障“五保”供养政策的落实，省民政厅于11月27日至30日和12月18日至22日，组织成立3个小组，对滁州、巢湖、六安、芜湖、安庆、蚌埠、宿州、亳州、阜阳等9市的10个县3个区落实省财政补助“五保”户供养专项经费的情况进行专题督查，并对14个乡镇部分敬老院及分散供养的“五保”对象的生活情况进行入户查看。

2002年，全省有各类“五保”对象24.54万户、28.4万人，其中已经享受“五保”供养的20.82万户、22.85万人，供养覆盖面为83%；尚有应保未保3.72万户、5.68万人。集中供养年人均供养标准为1674元。最高供养标准马鞍山市为2660元，最低亳州市为1120元；分散供养年人均供养标准1150元，最高供养标准马鞍山市为1713元，最低阜阳市为687元。

2003年1月，省民政厅要求各市民政局认真做好农村“五保”户善后财产处理工作。因为农村税费改革后，省级财政转移支付和村级两税附加对农村五保户的生活补助，使农村“五保”户的生活水平有了很大提高，省级财政转移支付下拨后，各地上报“五保”户的数字大幅度增加。为确切掌握全省农村“五保”户的真实数字，认真做好农村“五保”户排查上报工作，3月，省民政厅印发《安徽省农村五保对象排查统计表》，要求各地认真分类填报。为妥善解决当时农村“五保”供养工作中存在的问题，切实保障农村“五保”户的基本生活,维护“五保”对象的权益，9月至11月在全省范围内进行一次全面的农村“五保”调研。经过对“五保”对象的全面调整,全省共有各类“五保”对象45.78万人,其中应保未保对象15.49万人,已保人员30.3万人(包括省财政专项补助的22.7万人)。分散供养的27.32万五保对象,年人均供养补助976元。全省农村“五保”对象占全省农业人口的千分之九,已保人数占全部“五保”对象的67.5%。

2004年年初,省民政厅、财政厅根据各地反映的实际困难,联合调查农村“五保”对象生活标准偏低问题。5月11日,联合下发《关于进一步加强省级财政农村五保供养专项补助资金管理的通知》。明确规定,从2004年1月起,省财政对已审核批准的“五保”对象年人均补助400元,当年省民政厅针对全省“五保”对象生活供养存在的实际困难,协调和争取省财政及时追加“五保”对象的生活补助经费,累计下拨“五保”户生活补助经费1.83亿元,年人均补助400元,基本做到对45.78万名“五保”对象的生活补助全覆盖。

2005年3月,针对税费改革后五保工作出现的新情况、新问题,省民政厅要求各市、县(市、区)民政局保持“五保”户基数的相对稳定,严格“五保”对象的界定和审批,规范“五保”供养的批准,“五保”供养的实际标准不低于当地村民的一般生活水平。敬老院里集中供养的“五保”对象年人均生活标准,不低于上年当地农民人均纯收入的70%,分散供养的“五保”对象年人均生活标准不低于当地上年人均纯收入的60%。

2005年,为进一步掌握全省“五保”对象的实际供养情况，4月,省民政厅与财政厅组成联合调查组,对全省“五保”对象的供养情况和实际人数进行全面排查,追加“五保”对象生活补助经费4500万元。至2005年年底,累计下拨“五保”对象生活补助经费2.28亿元,年人均补助500元,与2004年相比,年人均提高100元。据统计,全省共有各类“五保”对象45.7万人,其中分散供养的有42.3万人(内含1236个“五保老人之家”中集中居住的12745人),年人均供养标准为1057元。

2007年,省政府将全省农村“五保”供养对象提标工作列入全省民生工程。省级财政对全省“五保”对象进行专项补助,从2006年人均500元提高到年人均850元,“五保”对象年人均供养标准不低于1200元,不低于当地农村居民的一般生活水平。除省级财政年人均补助850元外,其余350元由地方财政配套打卡支付到位。

2007年9月,省民政厅通报民生工程实施情况。指出,省人民政府《关于实施十二项民生工程促进和谐安徽建设的意见》下发后,省民政厅高度重视,及时下发《关于进一步认真做好全省五保供养工作的通知》,同时印发省财政厅《关于下达村级补助资金的通知》,要求各地认真地对待此次五保供养经费的提标工作,严格按照省政府的文件精神进行贯彻实施,力争在2007年春节前将资金落实到位。同时,省民政厅与省财政厅联合起草“农村五保供养资金管理实施意见”作为省人民政府办公厅关于实施十二项民生工程配套文件下发各地,着重强调:各地按照新《农村五保供养工作条例》

对农村五保对象实行动态管理，进行认真核查，凡符合条件的要及时纳入五保保障范围，对不符合条件的要及时地核销，要求各地政府必须按照国务院新颁布的《农村五保供养工作条例》规定，对符合条件的五保对象做到应保尽保。根据省人民政府《关于实施十二项民生工程促进和谐安徽建设的意见》，农村“五保户”供养标准在现有每人每年平均850元的基础上，提高到每人每年平均1200元，使全省“五保户”达到当地农村居民平均生活水平。对此，省民政厅协调省财政厅下文要求各市县两级财政按照现行体制，由市县两级财政配套的资金应及时足额地落实到位。为认真贯彻落实国务院新颁布的《农村五保供养工作条例》和省人民政府《关于实施十二项民生工程促进和谐安徽建设的意见》，省民政厅于3月28日在芜湖市南陵县召开全省各市分管福利工作的民政局副局长和科长会议，会议强调力争到2010年，全省五保对象集中供养率达到30%。从省民政厅掌握的情况看，省级财政专项补助五保对象年人均850元基本落实到位。但也存在五保供养尚有应保未保问题以及资金不配套问题。根据有些地方反映，由于部分市县财政困难，无法做到应保尽保，尚未得到保障的人员，只能靠部分土地收入和救灾款物勉强生活。同时，通过调查发现，还有部分地方除省级财政年人均补助850元外，地方应配套的350元尚未及时落实到位。建议省民生工程协调小组办公室召开联席工作会议，要求各地认真核查五保对象数据，凡不符合条件的要及时核销，对符合“五保”条件的要及时纳入“五保”保障范畴，当地政府要通过动态管理采取多种措施，做到应保尽保，并建立详实的数据库，于10月中旬分别上报省民政厅和省财政厅，由省民政厅和省财政厅进一步核实。

2007年年底，为准确统计五保对象，增加符合条件的“五保”供养对象覆盖面，本着实事求是的精神，经过省民政厅、省财政厅两家联合调查摸底，全省共有“五保”供养对象45.7万人，占全省农业人口8.9‰。45.7万名五保对象中，老人有386655人，未成年人14278人，残疾人56415人。要求各地初步建立起五保供养对象数据库，实行动态管理，确保今后符合条件的五保供养对象应保尽保。通过撤区并乡、区划调整，经整合组建，截至2007年年底，全省1500多所农村供养服务机构（农村敬老院）集中供养的有48767人（集中供养率为10.66%），年人均供养标准1500元；农村“五保老人之家”有1611个，集中居住人员有20233人（集中居住率为5.4%），其他分散供养的“五保”对象有388348人，分散供养人员年人均供养标准为1200元。全省农村“五保”对象的集中供养率由2005年的7.9%提高到2007年集中供养率和集中居住率的16%（其中农村“五保老人之家”集中居住率为5.4%），比2005年翻了一番，使近8万名五保供养对象得以在条件较好的“五保”供养服务机构内安度晚年。

截至2008年年底，全省享受“五保”供养的人数45.78万人，供养标准增加到年人均1200元以上，“五保”对象生活费实现社会化发放。马鞍山市、铜陵市、芜湖市等地方增加到2400元以上，“五保”对象生活费实现社会化发放。省级下拨敬老院专项建设资金4000多万元，各地筹集资金1亿多元用于新建、改扩建敬老院，新增床位

56423 张，床位总数达 105190 张，集中供养率达到 20%，惠及“五保”对象近 10 万人。省民政厅联合财政厅下发《关于将全省农村五保供养服务机构管理经费列入县乡财政预算的通知》和《关于切实做好农村五保供养工作的通知》，在全国范围内首次明确将敬老院管理经费和工作人员经费列入县乡两级财政预算，省级财政对困难地区予以重点补助。

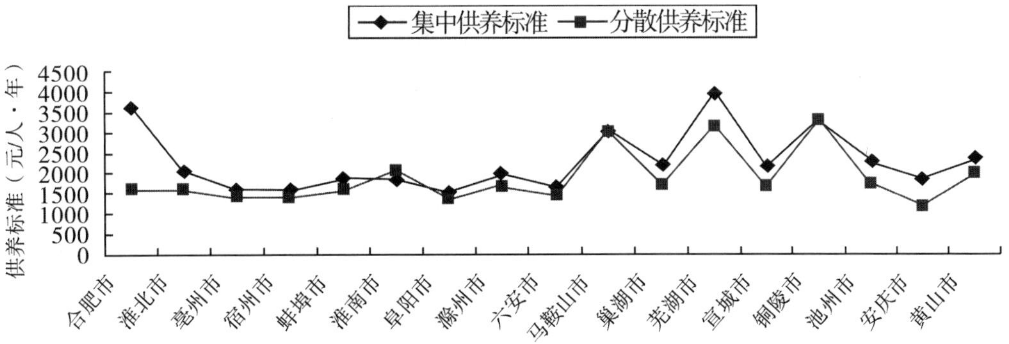

图 6-2-1　安徽省农村五保供养分类标准示意图

第二节　农村敬老院及“五保老人之家”建设

农村“五保”供养作为帮助解决农村特殊困难群众生活问题的传统救济制度，具备社会救助的两大基本特征。对象的特定性即保障对象是已经处于生活困境中的社会成员，必须符合法定条件，获得救助需要经过严格的资格认定程序，特别是要经过家庭经济状况调查，以便核实申请者是否具备救助资格。实施的无条件性即国家和社会对符合条件的特定对象实施救助是无条件的，对象接受救助也无需作出履行某种特定义务的承诺。

2007 年，省人民政府将农村“五保”供养对象提标工作列入全省十二项民生工程，全省农村“五保”对象的供养标准有了新的提高，全省农村在册的 45.7 万“五保”对象生活标准省级财政专项生活补助从 2006 年人均 500 元提高到 850 元，并按省政府年人均供养标准不低于 1200 元的要求，不足部分由各地配套解决。当年，全省分散供养的“五保”对象年人均供养标准达到 1200 元以上，农村“五保”供养服务机构集中供养的年人均供养标准达到 1500 元以上。同时，农村“五保”供养服务机构（农村敬老院）建设也有了新的突破。两年来，民政厅投入省级福彩公益金 2400 万元，并要求各市拿出不低于 5 个点的福彩公益金配套，全省约 6000 多万元，省财政于 2006 年投入专项经费 500 万元，争取部级资金近 1000 万元，加之地方各级财政积极配套，共投入 1.1 亿元左右，新建和改扩建 1500 所敬老院，新建 1600 多所“五保老人之家”。

1980 年，随着全省农村经济形势逐步好转，各地按照民政部“依靠集体，勤俭办院，民主管理，敬老养老”的方针和“入院自愿、出院自由”的原则，重新兴办敬老院，并逐年发展。

1984年11月，省人民政府发布《安徽省农村五保户供养暂行规定》，明确指出“五保”工作是国家社会保障事业和农村集体福利事业的组成部分；对“五保”户实现供养是农村集体经济组织和广大干部群众应尽的义务。举办敬老院是集中供养“五保”户的一种好形式，凡有条件的乡、镇、村，都应积极兴办。敬老院要坚持依靠集体、勤俭办院、民主管理、敬老养老和入院自由、出院自由的原则，并根据实际情况制定切实可行的生活和财务管理制度。据此，全省各地乡、镇、村敬老院建设掀起高潮。

1985年，全省有敬老院1378所，工作人员2640人，院民12408人，两者比例为1:4.7，新建房屋面积28.4万平方米。1986年，农村敬老院统一列入全省民政事业“七五”发展规划。

1987年，全省敬老院发展到1875所，敬老院建房面积达到65万平方米，固定资产5286万元。乡覆盖面积达到45%，床位20032张，收养“五保”对象17035人，床位利用率和增长率分别列全国第三位和第九位。全省还建有五保服务机构347个，接受服务的有1.46万人。合肥、淮南、蚌埠、铜陵等市新建一批规模较大和质量较高的敬老院。

1988年4月，省民政厅在蚌埠市召开全省农村敬老院现场经验交流会。会议表彰全省建院工作成绩突出的蚌埠、淮南、阜阳、金寨等14个市县民政局，合肥市杏花村、阜阳县闻集、萧县淮海区、巢湖市青岗乡、宁国县仙霞乡等45所敬老院和93名先进个人，发给奖旗奖状。10月，省民政厅制订《安徽省文明敬老院标准（试行）》发给各地执行。全省一半以上的乡和部分村共设敬老院2100所，有300多个乡镇建立以敬老院为中心的“五保”服务网络。

1989年，全省敬老院共2192所，入院老人20806人，占“五保”户总人数的10.6%，院民年人均生活费415.7元。其中六安、巢湖和界首、阜阳、利辛、怀远、固镇、濉溪、凤台、长丰、肥东、肥西、金寨、含山、和县15县（市）及蚌埠、淮南、马鞍山等市郊区，乡乡办有敬老院。其形式有乡（镇）办、村办、几村联办、专业户个体办。建院资金以依靠集体、依靠群众为主，国家补助为辅。其中宁国县14所敬老院123名“五保”老人年人均生活费746元，高于当地一般群众生活水平。

1989年安徽省农村敬老院供养情况统计表

表6-2-3

地区	有敬老院乡镇数（个）			敬老院数（所）			收养人员			集体供养金额（万元）	年人均供养水平元/人
	小计	镇	乡	小计	镇	乡	小计	镇	乡		
全省合计	1794	158	1636	2192	190	2002	20806	2110	18696	864.9	415.7
合肥市	169	23	146	170	24	146	1603	282	1321	84.6	527.7

续表 6-2-3

地区	有敬老院乡镇数（个）			敬老院数（所）			收养人员			集体供养金额（万元）	年人均供养水平元／人
	小计	镇	乡	小计	镇	乡	小计	镇	乡		
芜湖市	39	8	31	45	10	35	376	76	300	20.7	550.5
蚌埠市	170		170	170		170	1989		1989	67.2	337.8
淮南市	57	1	56	58	1	57	850	14	836	51.2	602.3
马鞍山市	13	7	6	14	8	6	256	109	147	15.8	617.0
淮北市	77	13	64	81	15	66	1120	303	817	39.0	348.0
铜陵市	6	2	4	6	2	4	82	40	42	3.9	475.6
安庆市	75	6	69	84	10	74	648	49	599	22.8	351.8
黄山市	42	5	37	42	5	37	295	36	259	15.6	528.8
宿县地区	152	5	147	167	16	151	1906	159	1747	69.2	363.0
滁县地区	70	9	61	70	9	61	677	98	579	36.6	540.0
六安地区	163	32	131	190	37	153	2060	427	1633	57.1	277.0
宣城地区	55	8	47	68	11	57	462	81	381	18.6	402.6
巢湖地区	157	24	133	161	24	137	1684	199	1485	77.9	462.6
池州地区	53	3	50	61	5	56	303	33	270	14.4	475.0
阜阳地区	496	12	484	805	13	792	6495	204	6291	270.3	416.0

说明：1. 本表根据省民政厅 1989 年民政事业统计年报、财务决算资料汇制；

2. 院民年人均供养水平不包括该院生产收入用于改善生活部分

1991 年 5 月，为进一步落实《安徽省农村五保供养暂行规定》，加速敬老院建设，省民政厅要求各地敬老院建设实现六个突破，五保对象的集体供养面突破 95%，新增集体供养的五保对象 1 万人；入院院民总数突破 3 万人，平均每个敬老院收养院民 12 人以上；新建敬老院突破 500 所；创建省级文明敬老院突破 100 所；兴建标准较高的示范性敬老院突破 30 所；院办经济纯收入突破 300 万元，院民人均达到 100 元以上。入汛后，安徽省遭受百年罕见的洪涝灾害，大部分社会福利设施毁损，部分保障对象生活造成极大困难。省民政厅要求抓紧时间修建敬老院，力争完成建院计划。灾区敬老院修建要与恢复五保户住房结合起来，未办敬老院乡（镇）、村的五保户倒房的恢复要以集中建房的办法兴建敬老院，有敬老院乡（镇）、村的五保户倒房采取尽力扩建敬老院的办法，将其安排到敬老院集中供养。

1992 年 2 月，省人民政府正式颁布《安徽省乡镇敬老院管理办法》，全省敬老院工作步入法制管理的阶段。办法对敬老院的性质、任务、隶属关系、办院原则、收养对象、经费来源、管理原则、院办经济、用工制度和奖惩方面，都作了明确的规定。院办经济进一步发展。各级民政部门认真贯彻执行。利用全省进行撤区并乡的机会，省民政厅发电要求各级民政部门积极主动地利用撤并的原区、乡办公用房，兴办敬老院。当年全省敬老院的乡镇普及率比上年增加39.2个百分点。6月，省民政厅制发《安徽省文明模范敬老院标准》及其检查评审表彰办法，并于1993年6月至10月依据标准与办法，在全省2100多所敬老院中开展文明、模范敬老院的逐级评比和表彰活动，评审铜陵县钟鸣镇等63所敬老院为省级“文明敬老院”称号，同时对芜湖县火龙岗镇等23所敬老院通报表扬。

1994年，全省农村敬老院2472所（当年新增39所），其中乡镇办1839所，村办630所，个人办3所。全省有敬老院的乡镇1696个，敬老院乡镇覆盖率为95%以上。按照省政府发布的《安徽省乡镇敬老院管理办法》，各地管理工作不断进入法制化、规范化轨道。授予省级模范敬老院称号的敬老院为54所，省级文明敬老院称号的147所。各地多方筹集资金1235.2万元，对敬老院进行维修改造和扩建，其中新建房屋1.69万平方米，维修改造5307平方米。

1995年，各地筹措资金1053万元，兴建改造189所敬老院。9月，安徽省民政厅按照民政部制定的八项评比条件，推荐泗县大庄镇敬老院、青阳县杜村乡敬老院、宁国县仙霞镇敬老院（个体办）、肥西县三河镇敬老院、阜阳市正午乡敬老院报民政部参加全国模范敬老院评选。

1996年，全省敬老院累计为2525所，敬老院乡镇普及率达94.5%。各地共投入资金1613.6万元，新建改造扩建敬老院251所。泗县大庄镇敬老院院长等5人于1996年10月出席民政部在北京召开的首届“全国模范敬老院院长事迹报告会”。

1999年，全省农村敬老院共计2276所(乡镇办2041所、村办223所、个体办2所)，敬老院的乡镇普及率巩固在94%以上。全省有75个县（市、郊区）普及并巩固了敬老院，占83.3%。入院供养的五保人数达38964人。敬老院有床位48799张，床位利用率为79.8%。敬老院的供养人员生活水平继续提高。全省集体供养金（含实物折款）达5605万多元，人均1438.6元，近2/3的敬老院开展种植、养殖、加工、商贸等生产经营活动，全年纯收入达1393万元。全省共评出省一级院57所、二级院173所、三级院367所。

2000年，全省共有敬老院2078所，乡镇敬老院覆盖率达95%以上。继续开展敬老院达标工作。至年底，省一级院57所，二级院180所，三级院384所。各地继续强化院务管理，加强基础设施建设。全年投入资金3184.6万元，新建改扩建敬老院309所、15.9万平方米。

2001年，全省有1961所农村敬老院（因撤并乡镇，敬老院比上年有所减少）。各地继续加强基础设施建设，全年投入资金3325万元，新建改扩建敬老院300所、18万平方米。

2002年，全省1897所农村敬老院共有床位4.5万张，集中供养3.41万人，入住率达76%。7月，为不断提高农村敬老院规范化管理和服务水平，全面实现全省农村五保供养标准达到当地人均中等以上生活水平的目标，省民政厅发出《关于开展农村等级敬老院评定验收工作的通知》，要求各地按照《安徽省农村等级敬老院评审办法》和《安徽省农村等级敬老院管理标准》的规定，对全省申报农村等级敬老院开展评定验收工作。8月，下发《关于做好2002年农村"五保"户供养专项经费落实兑现工作的通知》，明确补助标准和补助方式，对做好农村五保户供养专项经费落实兑现工作提出要求。

2002年12月，省民政厅在各市评定的省二级院基础上，经各市级主要报刊宣传媒体对申报的118所省一级敬老院进行公示，命名肥西县三河镇等115所敬老院为省一级敬老院。

1987—2002年安徽省敬老院统计表

表6-2-4　　单位：所

年份	敬老院数	年份	敬老院数
1987	1875	1994年	2472
1988	2081	1997年	2522
1989	2191	1998年	2276
1990	2247	1999年	2187
1992	2696	2001年	1640
1993	2505	2002年	1961

2003年2月，为进一步做好社会福利事业单位安全管理工作，杜绝各类非正常事故发生，省民政厅下发紧急通知，要求各市认真贯彻《安徽省社会福利事业单位安全管理工作规定》，每年年初由市（县、区）民政局主要负责人和所属社会福利事业单位的主要负责人签定严格的安全管理责任书，明确责任人，层层落实责任制。8月，落实敬老院领导班子考评制度。各地通过竞争上岗、向社会公开招聘等方式，选配年纪轻、文化素质高、责任心强的同志担任敬老院院长，全面加强对现有敬老院的内部管理工作。敬老院在建立各种规章制度的基础上，重点明确岗位责任制，切实做好对敬老院清理整顿工作，确保敬老院"五保"老人有一个安全、舒适的生活环境。对患有精神病、传染病患者必须拒绝入院，对已入院的要坚决清理出院，进行分散包户供养。要全面落实干部对"五保"户的包户制度。各地认真贯彻乡镇、村干部定期走访和包户的工作制度，在建立"五保供养卡"的基础上，必须把干部包户的责任人明确填在"五保供养卡"上。

2003年，全省1640所敬老院集中供养五保对象2.97万人，年人均供养标准1625元。当年灾后重建中，对沿淮受灾区11个市"五保"户的倒房进行连片重建，兴建近700个"五保新村"或"五保老人之家"，将"五保"户集中安置居住，2万多名"五保"户搬进新居。

2004年，全省1867所敬老院集中供养“五保”户3.6万人，年人均供养标准为1703元。针对农村敬老院条件差、住房困难的实际困难，及时下拨部级福利资金161万元，地方配套资金240万元，改扩建48所敬老院，1000多名“五保”对象受益。

2005年12月，全省部分地区进行农村综合改革试点，部分乡镇进行撤并。对于撤并乡镇的地区，省民政厅要求乡镇撤并工作中，对敬老院的建设只能加强不能削弱，充分利用乡镇撤并和乡办学校合并后形成的闲置办公楼和多余校舍，进行资源整合，改扩建成敬老院，不断增加床位数和“五保”老人的入住率。乡镇撤并后合并或重新兴建的敬老院，做到高标准、高定位、高起点。要求床位数不少于80张，入住率不少于80%，供养标准不低于当地群众一般生活水平，管理人员应达到初中以上文化水平，建立健全各项规章制度，并有明确的干部包户联系责任人。敬老院必须设立文化娱乐室和医疗室。有条件的敬老院，绿化覆盖率必须达到全省一级敬老院规定的80%标准，敬老院每年必须有足够的院办经济收入。当年撤区并乡后1635所农村敬老院集中供养“五保”户3.4万人，集中供养率为7.5%，每人年均供养标准为1700元。

2006年至2007年，省福利彩票公益金投入2400万元，进行全省农村“五保”供养服务机构（农村敬老院）建设，各市、县、区（市）级配套福利彩票公益金6000多万元，争取部级福利彩票公益金1000多万元，省级财政专项补助500万元，省政府在灾后重建中为倒房的五保户重建住房投入1亿多元。全省共投入各类资金近2亿元，新建、改扩建农村“五保”供养服务机构（农村敬老院）1500多所，新建“五保老人之家”1600多所。全省农村五保对象的集中供养率由2005年的7.9%提高到2007年集中供养率和集中居住率的16%（其中农村“五保老人之家”集中居住率为5.4%），近8万名五保供养对象得以在条件较好的“五保”供养服务机构颐养天年。

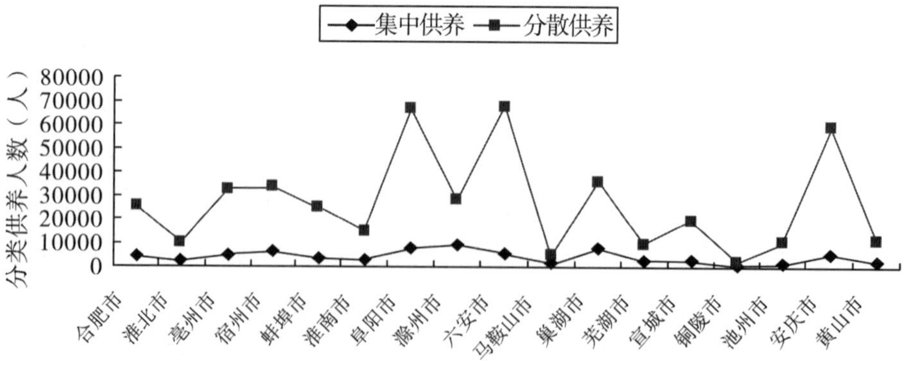

图6-2-2 安徽省农村“五保”分类供养情况示意图

农村敬老院建设与管理已迈入制度化、规范化轨道。全省敬老院达2522所，其中乡镇办的1963所，村办556所，个体3所。怀远、界首、合肥市郊区等75个县（市、区）普及了敬老院，占全省总县（市、区）数的83.3%。合肥、芜湖、蚌埠、淮南、马鞍山、淮北、铜陵、宿县、六安、宣城、巢湖、阜阳、安庆等地市普及或基本普及了敬老院。全省入院供养的“五保”人数达41262人，比上年增长4.8%，“五保”对象入院率达18.7%。全省有54个县（市、区）以及蚌埠、淮南、马鞍山、淮北、铜陵、宣城等地市达到年度管理目标，分别占全省县（市、区）总数和地市总数的60%和37.5%，其中入院率达到30%以上的县（市、区）有26个。全省敬老院床位达50342张，比上年增长4.2%，床位利用率81.9%。淮北、宿县、滁州、合肥、阜阳、淮南、马鞍山、六安、芜湖、池州等地市达到或超过当年的管理目标。住院“五保”户供养标准和生活质量提高。供养金（含实物折款）年人均标准达1339.7元，比上年增长14.4%。全省有相当数量园林式建筑的敬老院，供养人员住房单间或单元化，生活用品较全，食堂、活动室、医务室、浴室等生活设施日臻完善；电视机、电风扇、洗衣机、电冰箱等家用电器逐步普及。院办经济效益较好，全省2／3的敬老院开展了种植、养殖、加工、商贸等生产经营活动。全年院办经济纯收入1413万元，比上年增长12.5%。有38个县（市、区）的院办经济纯收入年人均达到或超过当年的管理目标。

1994年、2006年，国务院连续两次修订《农村五保供养工作条例》。2007年省人民政府将全省农村“五保”供养提标工作列入民生工程后，全省农村无依无靠、无生活来源、无劳动能力的“五保”对象生活得到充分保障，住房、医疗、穿衣、丧葬等得到有效落实。截至2007年年底，全省享受“五保”供养的人数由1979年17.8万人增加到2007年45.7万人，增加近两倍。供养标准由1979年人均230元增加到2007年的年人均1200元以上，增加近5倍。马鞍山市、铜陵市、芜湖市等地方增加10倍以上。全省“五保”对象充分享受改革开放的胜利成果，充分体会到党和政府对他们的关怀和温暖。

第三章　福利生产

社会福利生产是指国家、集体和社会各界为帮助残疾人劳动就业而组织的各种生产经营活动，福利企业是为安置残疾人员劳动就业而兴办的具有社会福利性质的特殊企业，是残疾人集中就业的主要方式和有效载体。自 2007 年 7 月 1 日起，安徽省施行新的福利企业税收优惠政策，一是突破所有制界限，将原有享受政策的范围由民政、街道、乡镇主办的企业扩大到社会各种投资主体举办的企业；二是为充分保障有劳动能力残疾人的就业权利，将原有政策规定的“四残”范围扩大至“六残”，即视力、听力、言语、肢体、智力和精神残疾人；三是进一步规范集中安排残疾人就业的用工行为，维护残疾人职工的合法权益，例如：企业必须依法与残疾职工签订一年（含）以上的劳动合同或者服务协议，必须支付不低于所在区县最低工资标准的工资，必须为残疾人职工按月足额缴纳社会保险等；四是对享受优惠政策的企业安置残疾人实行 25%的最低比例限制；五是福利企业税收优惠由按比例减免改为按企业实际安置残疾人数定额减免，并进行上限限制。为配合税收优惠新政策，规范福利企业的资格认定，省民政厅根据民政部出台的《福利企业资格认定办法》有关精神，协调有关部门转发文件并提出贯彻意见，使新的福利企业政策得以平稳过渡。到 2008 年 6 月，全省共有 527 家福利企业，集中安置残疾人 7466 人。

第一节　福利生产企业

1979 年，民政部门所属社会福利生产单位，主要是为安置部分家居城市、有劳动能力的盲、聋、哑残人和其他部门不能安排的优抚、救济对象，各地积极创造条件，举办福利生产，逐步扩大盲、聋、哑残人员就业面。福利生产单位坚持盲、聋、哑残职工占生产人员比例 35%以上；并根据其生理特点安排生产项目。同年 11 月，省民政局根据全国城市社会救济福利工作会议精神，对全省社会福利生产单位进行整顿和发展，全省民政部门所属社会福利生产单位由 1978 年的 26 个发展到 34 个，其中全民 15 个，集体 19 个，职工 2309 人。年总产值 614.7 万元。但社会福利生产单位长期亏损多，盈利少，处境困难。

1981 年 2 月，省人民政府办公厅通知各地方、各部门对民政福利工厂统筹兼顾，适当安排，所需原材料要纳入各级计划，给予支持，使其维持基本生产。1983 年，根据中共中央、国务院《关于国营工业企业进行整顿的决定》以及民政部《关于整顿社会福利工厂的通知》,除部分优秀的残疾青年选拔到领导岗位上以外,各单位生产人员中的“四残”人员均要达到35%以上,并建立、健全规章制度,提高管理经营水平。各级民政部门所属部分社会福利企业开始实行承包制,各级计委也将各地福利企业的供销指标纳入计划,逐年重点安排。同时,突破福利生产由民政部门独家举办的局面,开始走向依靠厂矿、街道和乡镇,多渠道、多形式、小型为主、集体所有制为主的发展社会福利生产道路。当年,蚌埠、安庆、马鞍山等市有街道办的社会福利生产组织45个,安排贫困户和残疾人1487人。

1984年年初,省机构编制委员会批准成立省民政工业公司,对全省社会福利企业提供信息,协调产供销计划,组织交流经验。蚌埠、合肥、马鞍山等市民政工业公司也相继成立。

1986年,全省福利生产单位192个,其中县以上民政部门办56个,城镇厂矿办55个,乡村办81个;参加福利生产人员5906人,其中盲、聋、哑、残人员2211人,占生产总人数37.4%;年总产值3367.6万元,获利润274.86万元,出口创汇45.6万美元。社会福利生产单位数、人数、产值比1978年分别增长4.6倍、1.56倍、4.48倍。

1987年3月,省民政厅、省计划委员会、省经济委员会、省科学技术委员会、省财政厅、中国人民银行安徽省分行、省物资局联合发出《关于进一步保护和扶持社会福利生产的通知》,规定对社会福利企业承担国家指令性计划产品生产所需的原材料,由产品归口部门统一申请分配,按照物资计划体制规定,由各级计划和物资部门纳入计划,保证供应。对指导性计划所需的物资,各级计划、物资部门在可能范围内要给予照顾。各地计委、经委在调整产品结构和生产布点时,对那些工艺简单,适合残疾人员操作的生产项目和畅销产品,应优先照顾或调剂给福利企业生产。在产品销售方面,各有关部门对福利生产的适销对路、质量合格的产品,应予以照顾,优先收购。福利企业的设备更新和技术改造,主要靠自身不断增强自我发展能力,走内涵发展的道路;同时,各地区和各有关部门要给予必要的扶持和帮助。省和各级经委、各行业主管部门、各专业银行要将福利生产技术改造项目纳入“七五”期间省和地方计划及行业规划,并向社会福利企业安排和投放一定数额的无息和低息贷款。各专业银行在向社会福利企业投放技改贷款发生困难时,人民银行在资金上给予支持。技改项目的申贷,要经当地民政部门和省民政厅审定,报当地经委批准后,可直接向所在地对口专业银行申请贷款。福利企业要按照合同规定,按期偿还贷款本息。

1987年6月,省民政厅在合肥召开全省社会福利生产改革工作经验交流会。安徽省委常委、省人民政府副省长孟富林,省顾问委员会副主任程光华、省人大常委会副主任郑淮舟出席会议并讲话,省民政厅厅长姜德馨、副厅长吴泰康在会上作报告。经验交流会针对福利生产存在的问题,要求各地民政部门加强宏观管理,试行全民所有集体经营的管理办法;逐步实行厂长负责制,推行和完善经济承包责任制,抓紧技术改造,加强智力投资,重视人才开发,调整产业、产品结构,发展横向联系,开发名优产品,提高市场竞争力。同时、省计委、省经委、省科委、省民政厅、省物资局等单位联合发文，对原材料供应、资金扶持、贷款贴息、税收减免及科技扶持的措施作出具体规定。此后，福利生产进一步引起各地党委政府重视和各部门支持。是年年底，全省社会福利工厂达358个，参加福利生产职工8436人，其中盲聋哑残人员3481人。年总产值5413万元，实现利润434万元。

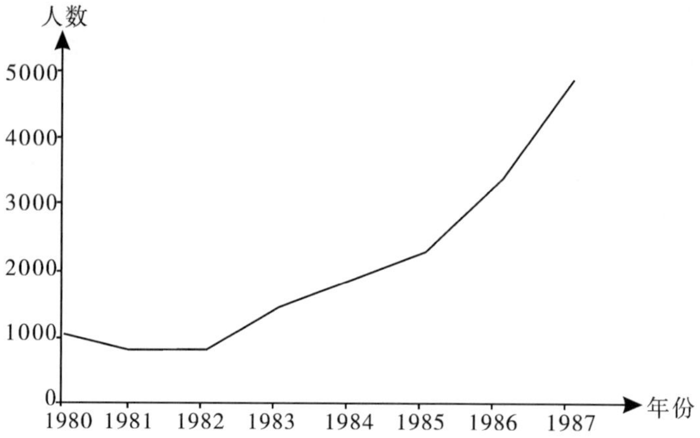

图6-3-1　1980—1987年安徽省社会福利企业生产安置“残疾”人员变化图

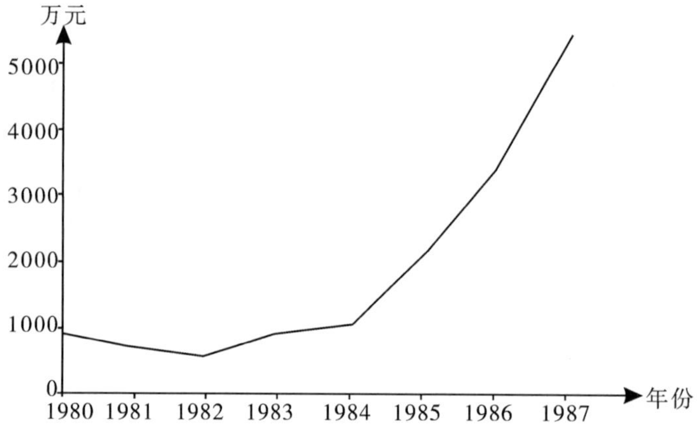

图6-3-2　1980—1987年安徽省社会福利企业生产生产总值变化图

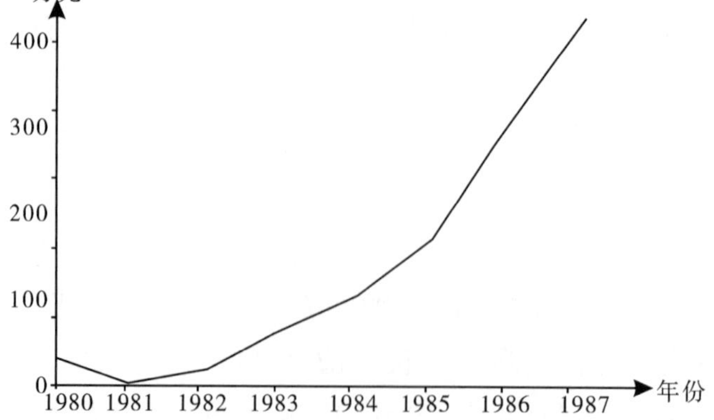

图6-3-3　1980—1987年安徽省社会福利企业生产利润变化图

1989年安徽省全民所有制社会福利工厂生产经营统计表

表6-3-1

地区	单位数（个）	职工人数							总产值（万元）	盈亏情况			
		合计	残疾人员							盈利		亏损	
			小计	盲人	聋哑人	智残	肢残			单位数（个）	金额（万元）	单位数（个）	金额（万元）
全省总计	24	1935	710	72	388	93	157		1761.6	13	132.87	11	26.45
合肥市	5	781	250	24	153	32	41		756.3	2	60.42	3	11.38
蚌埠市	3	179	72	4	16	32	20		141.7	2	28.76	1	5.43
淮南市	2	164	94	18	66		10		63.6			2	5.63
马鞍山市	1	80	27	2	14		11		28.0			1	0.93
淮北市	1	22	9		6		3		29.8	1	3.69		
安庆市	3	282	83	14	44	5	20		431.0	2	18.21	1	1.00
黄山市	6	137	64	1	20	12	31		75.4	3	3.32	3	2.08
宿县地区	1	60	5		2	2	1		105.0	1	5.05		
池州地区	1	33	19	8	7		4		50.0	1	4.00		
厅直	1	197	87	1	60	10	16		80.8	1	9.42		

说明：全省年免税金85.7万元，年缴纳税金40.8万元

1989年安徽省集体所有制社会福利工厂生产经营统计表

表6-3-2

地区	单位数（个）	职工人数合计（人）	盲、聋、哑、残人数（人）	年总产值（万元）	利润额（万元）	亏损额（万元）
全省合计	505	12413	5302	10950.5	694.34	8.14
合肥市	20	1172	587	573.5	15.98	
芜湖市	26	1217	542	1017.4	92.42	1.00
蚌埠市	23	514	188	309.2	21.29	
淮南市	2	42	22	42.5	1.94	
马鞍山市	29	880	408	1015.1	61.56	1.87
铜陵市	16	638	262	670.7	27.15	0.55
淮北市	32	882	412	836.8	103.84	0.03
安庆市	55	902	373	558.8	41.89	
黄山市	54	676	244	864.4	36.75	
阜阳地区	47	1277	471	72.16	39.94	1.50

续表 6-3-2

地区	单位数（个）	职工人数合计（人）	盲、聋、哑、残人数（人）	年总产值（万元）	利润额（万元）	亏损额（万元）
宿县地区	7	402	200	216.0	21.20	
滁县地区	33	869	331	992.1	58.34	0.55
六安地区	46	1027	451	1104.2	65.20	0.94
宣城地区	65	1187	534	1032.8	62.63	
巢湖地区	27	460	159	790.6	36.77	1.70
池州地区	23	268	118	207.8	7.44	

说明：1. 表内数字包括城镇办、厂矿办、乡办社会福利工厂；

2. 本表根据省民政厅民政事业统计年报编制

1988 年，全省各地根据民政部的要求，对福利企业进行清理整顿。是年，全省社会福利企业已达 592 家，年产值 11460 万元，利润 812.8 万元，分别比 1987 年增长 83.6% 和 66.1%；拥有职工 1.42 万人。其中安置残疾人员 5396 人。各地贯彻民政部确定的“深化改革，推行承包，整顿清理，全面发展”的方针，对福利企业清理整顿，摘掉冒名的福利工厂牌子。各地民政部门会同工商、税务部门成立社会福利工厂清理整顿小组，进行登记审核，凡符合福利企业标准的（主要是盲、聋、哑、残人员占生产人员 35% 以上），通过验收，由民政厅统一颁发福利企业证书。

1990 年年初，省民政厅坚持“社会福利企业社会办、社会管”的方针，鼓励兴办各种形式的福利企业。当年全省社会福利企业发展到 627 家，职工 1.61 万人，其中残疾职工 0.78 万人，实现年产值 1.6 亿元。全省社会福利生产单位清理整顿工作结束时，共有福利企业 397 家，年产值 7266 万元，利润 733 万元；职工总数 9938 人，安排残疾人 4272 人。其中，民政部门办的福利企业 155 家，年产值 4633 万元，利润 477 万元；职工总数 6195 人，安排残疾人 2637 人。全省福利企业进行技术改造，调整产业、产品结构，开发名优产品，提高市场竞争力。同时，省财政厅每年拨给扶持资金 50 万元，中国人民银行下拨技术改造资金贷款 127 万元，民政部拨给贴息贷款 50 万元，省计划部门每年拨计划钢材 1000 吨、水泥 870 吨以及玻璃、化工等其他计划物资。到 1990 年年底，全省福利企业基本摆脱困境，全年实现产值 1.7 亿元，创利税 1699 万元，吸收残疾人员 6791 人。

1991 年，全省社会福利企业克服洪涝灾害的影响，实现产值 2.2 亿元、利税 2275 万元，分别比上年增长 28.2% 和 33.9%；产品出口创汇 300 多万美元，增长 4 倍。全省社会福利企业发展到 627 家、职工 1.61 万人，其中残疾职工 0.78 万人。技改立项 240 个，落实技改贷款资金近 4000 万元。

1991 年年底，全省福利企业经民政部批准的技改项目达 18 个，投资总额 756 万元，其中贴息贷款405万元。1992年5月，省民政厅下发《关于做好民政部专项技改项目管理工作的通知》，要求各级民政部门确定专人对实施中的项目定期检查，进行项目效益跟踪调查，督促企业按期归还贷款；认真做好项目的竣工验收工作，及时办理贴息申报手续。

1992年1月，全省社会福利企业清理整顿工作基本结束。通过清理整顿，清除冒牌福利企业，端正福利企业办厂方向，保护残疾人的合法权利，维护国家优惠政策的严肃性，理顺关系，实现民政部门对各类福利企业统一管理，促进保护扶持政策的进一步落实；福利企业改善经营管理，增强活力和竞争能力，面貌发生较大的变化。为巩固治理整顿的成果，促进福利企业健康发展，省民政厅与省税务总局、工商行政管理局联合发出《关于加强对社会福利企业管理工作几个问题的通知》，严格"安徽省社会福利企业证书"的使用和管理，加强对领取证书的企业的监督检查，积极为企业做好服务工作，帮助企业解决实际问题。民政、税务、工商部门对领取证书的福利企业实行年检和认定制度。做好整顿善后工作。对清理整顿中不符合条件、未领取证书、要求限期整改的企业，民政部门要坚持标准、积极帮助、到期验收、纳入管理。要求全省各地福利企业重视领取生产许可证工作，未领取生产许可证的企业，将不允许生产，并要求各地民政部门进一步重视并督促本地区社会福利企业加强与当地经委和行业归口管理部门的联系，促进企业重视开展和落实领证工作。

1992年3月，对部分产品适销对路、经济效益好的乡镇福利企业主要生产原材料给予专项物资补助，对安置盲人占残疾人比例达到20%以上的福利企业，在原材料供应上给予特殊的扶持，增加补助性原材料基数。安徽省对县区以上民政部门直接办的福利企业，其主要生产原材料纳入国家计划，按现行物资供应渠道给予安排。

1992年6月，省民政厅召开社会福利生产工作会议，省计划委员会、省经济委员会、省财政厅、省工商局、省税务局、省物资局，中国人民银行安徽省分行、省工商银行、省农业银行等有关部门的负责同志应邀参加会议。会议讨论通过全省福利企业"八五"发展规划（草案），表彰10名先进福利企业和11个先进个人。

1993年，各地福利企业增长幅度较大，经济效益较好。全省有福利企业1245家，比上年增加34%；职工2.8万人，其中残疾职工1.21万人；实现产值6.35亿元，利税5500万元。安庆、宿县、巢湖、淮南、芜湖等5地市产值、利税都较上年翻了一番多，蚌埠、黄山、六安、池州、宣城、淮北、马鞍山等地市产值、利税也都有大幅度的增长。全省实现无福利企业空白县。重点骨干企业有较大发展，产值超千万、利税过百万的企业由3家增加到11家，经经贸部门批准组建3家三资企业。5月，省民政厅下发《关于加强社会福利企业年检工作的通知》，要求各地健全社会福利企业年检认证制度，加强对福利企业的管理与监督。只有年检合格并符合减免税条件的福利企业可享受有关减免税优惠待遇，并可申请国家对福利企业在生产、经营、技术、资金及场地等方面的优惠照顾。

1994年9月至年底，全省福利企业继续保持强劲的发展势头。全年1300家福利企业实现销售款达到11.8亿元，实现利税8808万元。福利企业安置残疾职工1.3万人。大部分地方实现速度和效益的同步增长，一些重点骨干企业稳步发展。1994年9月至11月底，按照全国统一部署，全省民政与税务部门对所有福利企业进行检查清理，理顺管理关系，强化行政监督，进一步落实扶持保护政策。

1995年，全省福利企业发展到1362家，安置了1.42万残疾人就业，实现产值16.2亿元，利税1.2亿元。初步形成以全民、集体为主体，以股份制、租赁制和外向型企业为补充的多种形式并存的格局。

1996年，全省社会福利生产在深化改革中稳步发展。部分不符合福利企业条件的企业被注销，一些效益不好的企业关门整顿，同时由于国家给予福利企业的扶持保护政策的优势逐年弱化，影响部分开办福利企业的积极性。全省社会福利企业1228家，总产值（销售额）达18.88亿元，完成增加值2.9亿元，利税1.35亿元，实现人均利税4557元，安置残疾职工1.4万人。同年6月中旬至7月下旬，安徽省境内连降大暴雨，部分社会福利企业机械设备、原材料、半成品被浸泡，有的被洪水冲走。全省124家福利企业受灾，627台套机械设备受淹，价值648.65万元的原材料、半成品受损，部分企业厂房倒塌，房顶毁坏，直接经营损失1250.37万元，间接经济损失878万元。

1997年，全省福利企业在深化改革中稳步前进。全省有福利企业1196家，实现销售收入16.5亿元、利税9867万元。福利企业享受国家减免税金4500万元，向国家缴纳税金2300万元，解决1.2万多名残疾人的就业和生活问题。福利企业在发展中也出现不少问题，国家给予福利企业扶持保护政策的优势逐步弱化，企业发展速度又说回落，亏损企业亏损额又所增加。全年有247家福利企业亏损，亏损额2368.9万元，有40家福利企业处于停产和半停产困境。当年，全省有福利企业1196家，安置残疾职工1.2万人。

1997年8月，全省经济体制改革工作会议之后，安徽省加快企业改制的步伐。为使福利企业国有资产最大限度地保值增值，省民政厅要求福利企业的性质和办厂方向不变；残疾职工的安置比例不变；国家的减免税政策及减免税金使用范围和管理要求不变。考虑残疾职工的根本利益，重点解决好他们的生产岗位、工资待遇、养老保险、医疗保险等问题。

1997年9月，为增强福利企业领导的外向意识和外贸业务素质，扩大福利企业对国际贸易和国家外贸的有关政策法规知识的把握，省民政厅与省外经贸厅联合举办为期六天的“进出口企业厂长经理培训班”。芜湖、蚌埠、阜阳、铜陵、马鞍山市、六安行署和萧县民政局相关企业负责人参加培训。

1998年，全省福利企业共988家，实现销售收入141641.25万元，增加值21908.54万元，利税9498.1万元。福利企业职工总数22864人，其中安置残疾职工10913人。福利企业向国家缴纳税金1509.4万元。

1986—1998 年安徽省部分年份福利企业生产情况统计表

表 6-3-3

年份	福利企业数(个)	职工人数(人)	残疾职工(人)	年产值(万元)	年利税(万元)
1986	192	5906	2211	3367.6	274.8
1987	358	8436	3481	5413.6	434
1991	627	16078	7831	22000	2275
1992	928	23279	10556	37000	3100
1993	1245	27982	12118	63500	5500
1995	1362	32592	14155	162000	11700
1996	1228	29700	14000	188800	13500
1998	988	22864	10913	141600	9498

1999 年,全省开展社会福利企业的清理整顿和换证工作。省民政厅和税务部门联合下文,规定福利企业换证的时间、程序和任务。同时理顺管理关系,明确民政部门是福利企业的主管部门,财政、税务和工商部门在各自职责范围内履行协管职责。经过严格清理和整顿,到年底,全省社会福利企业共 850 家,全年实现销售收入 1.4 亿元,利税 9000 万元,安置残疾职工 1.06 万人。经过清理整顿,淘汰一批产品不对路、亏损较严重、方向不端正的低水平、低效益和假冒福利企业。

2000 年,省民政厅进行机构改革,撤销福利生产处,福利企业的监督管理职能由社会福利处承担。2000 年至 2002 年,为切实保障残疾人的合法权益,全面推进福利企业健康发展,省民政厅多次会同省财政、税务、工商等部门,通过年检和清理整顿等方式,不断加强对社会福利企业的监督管理。2000 年年底,全省有社会福利企业 727 家,实现年销售收入 12 亿元、利税 8900 万元,安置残疾职工 0.79 万人。经过严格清理整顿、强化管理,福利企业虽然数量有所减少,但参与竞争、抵御风险的能力明显增强。

2001 年,根据民政部和国家发展计划委员会的要求,安徽省当年对福利企业进行年检、清理整顿和换证。全省福利企业减至 715 家,实现销售收入 11.5 亿元、利税 5500 万元。全省有 8 家福利企业获得自营进出口经营权,全年创汇 1800 多万美元。

2002 年,全省社会福利企业从 715 家减至 658 家,其中年产值超过 1000 万元的企业由上年的 6 家增至 12 家。当年完成销售收入 15 亿元,实现利税 1.5 亿元,安置残疾人 6675 人。

2003 年,经过年检和清理整顿,全省有社会福利企业 611 家,当年产值超 1000 万元的企业由 12 家增至 18 家,完成销售收入 22 亿元,实现利税 1.73 亿元,安置残疾人就业 7100 人。

2004 年,通过企业改制和产业调整,全省有福利企业 677 家,比上年增加 10.8%。其中年产值超 1000 万元的企业由上年的 18 家增至 64 家,增幅为 256%。福利企业全年销售收入48.7亿元，实现利税3.4亿元，减免税金2.1亿元，分别比上年增加121.3%、96.5%和110%；安置8400名残疾人就业，增长18.3%。

2005年，全省有福利企业660家，其中年产值超过1000万元的企业90家。全年销售收入76亿元，利税4.9亿元，减免税金3.5亿元，分别比上年增加56%、44%和66%。

2006年，全省有社会福利企业699家，安置残疾职工8580人。

2007年6月，根据民政部、国家税务总局、财政部、中国残疾人联合会等四部门文件精神，对福利企业的税收优惠政策进行调整。根据国家四部门文件和民政部《福利企业资格认定办法》，省民政厅积极协调有关部门，对全省福利企业进行资格重新认定。到2007年11月，原福利企业资格重新认定工作结束，全省共有473家福利企业通过资格认定。到2007年年底，全省共有福利企业489家，安置残疾人6856人。与往年相比，虽然福利企业个数和安置残疾人数有所下降，但是福利企业的监督管理更为规范有序，残疾人的合法权益得到更好保障。

2008年1月至6月，全省新办福利企业38家，新增安置残疾职工610人。截至2008年年底，全省有福利企业476家，其中新办企业安置7176名残疾人就业。

第二节　福利企业管理

福利企业是为安置具有一定劳动能力的残疾人员就业而兴办的具有社会保障性质的特殊企业。安置的残疾人员是指盲人、聋哑人、肢体残缺和智力缺损人员。凡安置残疾人员达到生产人员总数35%以上的企业，均为福利企业。新办福利企业须向所在地的县、市工商行政部门办理登记，并向所在地的县、市（区）民政部门提出申请，经审查核实后，发给福利企业证书。改变福利企业的性质，撤销或并入其他企业，须征求民政部门的意见。县、市（区）以上民政部门负责指导、监督福利企业的办厂方向，维护残疾职工的合法权益；向辖区内的福利企业提取社会福利基金，并负责管理和使用；协调各方面的关系，落实国家对福利企业的保护、扶持政策。

1983年，根据安徽省委部署，省民政厅机构改革完成，内设城市社会福利处，明确其职能为：城市社会福利事业单位规划建设与管理；组织与发展城镇福利生产；制定保护与扶持福利生产政策；培训生产技术人员；扶持有劳动能力的残疾人就业；残疾人康复工作；指导城市社区服务及假肢科研与生产。1984年年初，省机构编制委员会批准成立省民政工业公司，对全省社会福利企业提供信息，协调产供销计划，组织交流经验。蚌埠、合肥、马鞍山市民政工业公司亦相继成立。

1985年6月，开展全省社会福利工厂工业普查工作。根据国务院《关于认真做好第二次全国工业普查准备工作的通知》要求，促进全省社会福利工厂工业普查工作的顺利开展，省民政厅成立普查机构，开展社会福利工厂的清查工作，认真做好工普人员的培训工作，加强企业核算管理基础工作。同时，按照“块块为主，条条结合，通力协作，密切配合”的分工原则,要求各行署、市、县民政局成立相应机构,切实抓好这项工作。7月,严格各行署、市、县民政局关于街道和乡、镇举办社会福利工厂审批手续。

1986年8月,省民政厅、省残疾人福利基金会、省盲聋哑人协会、省民政工业公司在合肥联合举办安徽省社会福利企业产品展销会,共展出工艺美术、服装鞋帽、五金交电、竹木家具、土特产、假肢等10大类、1200多种产品。并选送1000多种产品参加民政部在北京举办的全国福利企业产品展销会。当年,全省福利生产单位发展到192家,其中县以上民政部门办的仅56家,城镇厂矿办的55家,乡村办的81家;参加福利生产人员5906人,其中盲、聋、哑、残人员2211人,占生产总人数的37.4%;年总产值3367.6万元,获利润274.86万元,出口创汇45.6万美元。社会福利生产单位数、人数、产值比1978年前分别增长4.6倍、1.56倍、4.46倍。但盲、聋、哑、残人员就业率在全国排第24位。

1987年6月,省民政厅召开全省社会福利生产改革工作经验交流会。针对全省福利生产存在的问题,要求各地民政部门加强宏观管理;试行全民所有集体经营的管理办法;逐步实行厂长负责制。推行和完善经济承包责任制;主管部门对福利企业的利润,要坚持“多留少提”的原则;抓紧技术改造,加强智力投资,重视人才开发,调整产业、产品结构;发展横向联系,开发名优产品,提高市场竞争力。年底,全省社会福利企业生产工厂达到358家,其中县以上民政部门办的68家,城镇厂矿办的125家,乡村办的165家;参加福利生产职工8436人,其中盲、聋、哑、残人员3481人;年总产值5413.6万元,实现利润434万元。

1988年4月,针对在商品竞争的新形势下,福利生产存在的少数冒牌福利企业打着社会福利的招牌,生产劣质产品,欺骗残疾人和消费者;虚报残疾人就业比例;经营管理不善,经济效益差;多头管理,关系不顺等方面存在的问题,根据民政部部署,省民政厅开始对福利企业进行治理整顿。各地根据民政部确定的“深化改革、推行承包、整顿清理、全面发展”的方针,清理并摘掉冒名的福利工厂牌子。各地民政部门会同工商、税务部门成立社会福利工厂清理整顿小组,进行登记审核,凡符合福利企业标准的(主要是“盲、聋、哑、残”人员占生产人员35%以上),通过验收,由民政部门统一颁发福利企业证书。此项工作于1990年底结束。

1989年安徽省全民所有制社会福利工厂生产经营统计表

表6-3-4

地区	单位数(个)	职工人数						总产值(万元)	盈亏情况			
		合计	残疾人员						盈利		亏损	
			小计	盲人	聋哑人	智残	肢残		单位数(个)	金额(万元)	单位数(个)	金额(万元)
全省总计	24	1935	710	72	388	93	157	1761.6	13	132.87	11	26.45
合肥市	5	781	250	24	153	32	41	756.3	2	60.42	3	11.38

续表 6-3-4

地区	单位数（个）	职工人数						总产值（万元）	盈亏情况			
		合计	残疾人员						盈利		亏损	
			小计	盲人	聋哑人	智残	肢残		单位数（个）	金额（万元）	单位数（个）	金额（万元）
蚌埠市	3	179	72	4	16	32	20	141.7	2	28.76	1	5.43
淮南市	2	164	94	18	66		10	63.6			2	5.63
马鞍山市	1	80	27	2	14		11	28.0			1	0.93
淮北市	1	22	9		6		3	29.8	1	3.69		
安庆市	3	282	83	14	44	5	20	431.0	2	18.21	1	1.00
黄山市	6	137	64	1	20	12	31	75.4	3	3.32	3	2.08
宿县地区	1	60	5		2	2	1	105.0	1	5.05		
池州地区	1	33	19	8	7		4	50.0	1	4.00		
厅直	1	197	87	1	60	10	16	80.8	1	9.42		

说明：全省年免税金 85.7 万元，年缴纳税金 40.8 万元

安徽省 1989 年集体所有制社会福利工厂生产经营统计表

表 6-3-5

地区	单位数（个）	职工人数合计（人）	盲、聋、哑、残人数（人）	年总产值（万元）	利润额（万元）	亏损额（万元）
全省合计	505	12413	5302	10950.5	694.34	8.14
合肥市	20	1172	587	573.5	15.98	
芜湖市	26	1217	542	1017.4	92.42	1.00
蚌埠市	23	514	188	309.2	21.29	
淮南市	2	42	22	42.5	1.94	
马鞍山市	29	880	408	1015.1	61.56	1.87
铜陵市	16	638	262	670.7	27.15	0.55
淮北市	32	882	412	836.8	103.84	0.03
安庆市	55	902	373	558.8	41.89	
黄山市	54	676	244	864.4	36.75	
阜阳地区	47	1277	471	72.16	39.94	1.50
宿县地区	7	402	200	216.0	21.20	
滁县地区	33	869	331	992.1	58.34	
六安地区	46	1027	451	1104.2	65.20	0.55

续表 6-3-5

地区	单位数（个）	职工人数合计（人）	盲、聋、哑、残人数（人）	年总产值（万元）	利润额（万元）	亏损额（万元）
宣城地区	65	1187	534	1032.8	62.63	0.94
巢湖地区	27	460	159	790.6	36.77	
池州地区	23	268	118	207.8	7.44	1.70

说明：1. 表内数字包括城镇办、厂矿办、乡办社会福利工厂；

2. 本表根据省民政厅民政事业统计年报编制

1989 年 7 月，省民政厅进一步加强社会福利企业治理整顿工作，要求各级民政部门按照中央的治理方针，把社会福利企业的治理整顿工作列入议事日程，组织力量，调查研究本地社会福利企业的基本情况和企业性质，残疾职工的收入及减免税款的使用情况，福利企业的经济效益和财务制度，福利企业的经营管理状况等，为治理整顿的全面展开做好准备。制订《安徽省社会福利企业清理整顿实施方案》和《安徽省社会福利企业清理整顿验收评分标准》，成立省福利企业治理整顿领导小组，并要求各地在 10 月底前成立清理整顿领导机构，负责清理整顿工作。

1989 年 10 月，在滁县地区召开全省福利生产工作会议。省工商、税务局的分管人员应邀出席会议并给予业务指导。会议总结全省社会福利生产的成绩和经验，部署对全省福利企业的清理整顿工作，讨论并提出巩固、发展全省社会福利生产和福利事业的方针、任务和工作重点。会议传达全国社会福利企业技术改造哈尔滨经验交流会和全国福利事业单位深化改革湘潭座谈会精神，分别就加强福利企业技改和福利事业单位深化改革提出贯彻意见。

1990 年 1 月，为鼓励先进，促进改革，逐步建立起示范性的福利企业和一支福利企业家队伍，省民政厅首次评选全省先进福利企业和优秀福利企业家活动。各地市民政部门按照评选条件进行评议和推荐。选出合肥工矿电器厂等 10 个先进福利企业和宿县福利工艺品厂厂长尹正路等 11 名优秀福利企业家。6 月，就全省社区服务和社会福利事业改革的形势和面临的困难，省民政厅召开社区服务和社会福利工作汇报会，传达全国城市社区服务工作经验交流会议精神，各地市就社区服务、福利事业单位深化改革情况进行汇报。7 月，省民政厅等部门转发民政部、劳动部、卫生部、中国残疾人联合会《社会福利企业招用残疾职工的暂行规定》，对全民所有制福利企业单位招工指标、对象、审批程序等作出规定。10 月，省民政厅要求各地严格执行国家对社会福利企业采取的扶持和保护政策，把一些关键性的、已经成熟的社会福利企业减免税政策固定下来，各地不得任意变动。各地福利企业要主动与当地税务部门联系，针对本地存在的问题，认真落实政策，进一步促进社会福利企业的巩固和发展。

1991 年 11 月，省民政厅就修改《安徽省社会福利企业管理暂行规定》意见稿向各行署、市、县民政局征求意见。

1992 年 3 月，在民政部门直属福利企业以及街道、企事业单位、乡镇等举办的福利企业中开展第二届全省先进福利企业和优秀厂长经理评选活动。选出天长县航天仪表厂等 10 个先进福利企业和天长县航天仪表厂厂长王维伦等 11 名优秀福利企业家。

1992 年 2 月，根据民政部加强社会福利生产管理工作的要求，各地建立和完善福利生产管理机构，加强民政部门对城乡福利企业的领导，部分地市设立社会福利生产管理办公室。4 月，省民政厅等部门转发国家七部委发布的《社会福利企业管理暂行办法》，促进福利生产经营秩序管理和安置残疾人劳动就业。7 月，为适应改革开放、加强全省福利生产的统一管理，经报省机构编制委员会办公室同意，省民政厅福利生产管理处增挂“安徽省福利生产办公室”牌子，统管全省社会福利生产。11 月，为促进全省社会福利企业健康发展，走规范化、法制化道路，省民政厅草拟《安徽省社会福利企业管理暂行办法》。11 月，民政部转发国家物价局、财政部发布的《征收社会福利生产管理费暂行规定》。规定社会福利生产管理费由县（区）以上各级民政主管部门的福利生产管理办公室负责征收，没有成立办公室的由原管理福利企业的科、室、股代为征收，征收原则是“统一收取，逐级上交，分级使用”。

1993 年 7 月，省民政厅在金寨召开全省福利生产办公室主任座谈会，讨论社会福利企业生产进一步发展的新举措，要求各地尽快成立福利生产办公室，推动福利生产社会化，强化福利生产管理，进一步理顺关系，抓好骨干企业，促进规模效益，抓好技术进步，加快结构调整，做好招商引资，扩大对外开放，积极研究和制定地方性的扶持保护政策。

1994 年 5 月，省民政厅、财政厅、税务局转发财政部、国家税务总局《关于企业所得税若干优惠政策的通知》《关于对福利企业、学校办企业征税问题的通知》，要求各地民政部门组织学习宣传，按财政部、国家税务总局的要求切实抓好福利企业生产的扶持保护政策的落实工作，用好国家的优惠政策，进一步推动福利企业发展。

1997 年 4 月，根据民政部的工作部署和印发的福利生产调研提纲，省民政厅对全省各地福利生产进行仔细调查，就福利生产有关问题进行调研，了解市场经济条件下福利企业面临的困难和问题，研究福利生产发展方向，探索与市场经济相适应的福利企业扶持保护政策和切实可行的解困措施。调研内容包括残疾人就业的总体状况，福利企业的总体状况，福利企业面临主要困难和问题，国家应对福利企业采取何种优惠政策等方面。

2000 年 8 月，省人民政府办公厅印发《关于印发安徽省民政厅职能设置、内设机构和人员编制规定的通知》，明确规定将福利企业经营管理和技术改造项目申报及审批职能交给下级民政部门办理；省民政厅负责全省各类福利企业的年检认证和新办福利企业审批工作。省民政厅在机构改革中撤销福利生产管理处，将其职能并入社会福利处。

2001 年 12 月，福利生产管理机构及管理人员核定列编，经费纳入同级财政预算。

11 月至 12 月 31 日,社会福利企业进行“社会福利企业证书”换发工作,证书有效期 3 年,以后每 3 年更换一次。

2002 年 7 月,根据民政部、国家税务总局《关于进一步加强福利企业监督严格清理假冒福利企业的通知》要求,安徽省对福利企业开展清查工作。2002 年,民政部、财政部等七部委印发《社会福利企业管理暂行办法》,财政部、国家计划委员会印发《关于公布取消涉及乡镇（集体）企业负担的行政事业性收费项目的通知》。9 月,省民政厅印发《安徽省社会福利事业单位安全管理工作规定》,进一步加强全省社会福利事业单位的安全管理工作,推进安徽省社会福利事业的发展。

1999 年至 2005 年,批复新办社会福利企业 245 家,其中, 1999 年 16 家;2000 年 28 家;2001 年 27 家;2002 年 44 家;2003 年 29 家;2004 年 68 家;2005 年 33 家。新办社会福利企业自申请之日起享受国家规定的福利企业减免税优惠政策。

第三节　残疾人社会福利事业

残疾人是指在心理、生理、人体结构上,某种组织、功能丧失或者不正常,全部或者部分丧失以正常方式从事某种活动能力的人,包括视力残疾、听力残疾、言语残疾、肢体残疾、智力残疾、精神残疾、多重残疾人。根据《中华人民共和国残疾人保障法》规定,地方各级人民政府对无劳动能力、无扶养人或者扶养人不具有扶养能力、无生活来源的残疾人,按照规定予以供养。国家鼓励和扶持社会力量举办残疾人供养、托养机构。

20 世纪 60 年代成立安徽省盲人聋哑人协会。虽然“文化大革命”期间被迫解散,1979 年 8 月,省盲人聋哑人协会筹备委员会重新组建,省革命委员会副主任程光华兼任主任。各省辖市和盲聋哑残人员较多的县也积极筹备建立组织。1980 年 1 月,省第一届盲人聋哑人代表会议在合肥举行,选举产生安徽省盲人聋哑人协会第一届领导机构,省人民政府副省长程光华当选为主任委员。在此期间,合肥、芜湖、安庆、蚌埠、淮南、淮北、铜陵、马鞍山、亳县、砀山、屯溪、六安、阜阳等 13 个市、县先后举行盲聋哑人代表会议,成立协会。

1984 年 9 月,省盲人聋哑人协会召开第二届代表会议,选举产生第二届领导机构。安徽省委顾问委员会副主任程光华当选为主席,并推荐 3 人为中国盲人聋哑人协会第四届委员会委员候选人。至 1985 年年底,铜陵县、宿州市、黄山市成立盲人聋哑人协会。

1985 年 12 月,为筹集残疾人福利事业基金,成立安徽省残疾人福利基金会,由名誉理事 36 人、理事 85 人组成。名誉理事长为李世农,理事长为郑淮舟。

1987 年 3 月,省民政厅、计划委员会、经济委员会、科学技术委员会、财政厅、中国人民银行安徽省分行、省物资局联合发出《关于进一步保护和扶持社会福利生产的通知》,规定“七五”期间,省财政将根据财力可能安排一定数额的经费,作为社会福利生产专项扶持和发展资金。各地社会福利生产发生困难时,当地财政都应给予积极扶持。

根据现行计划体制及隶属关系，各级计划部门要尽可能地对福利企业的基建投资给予支持。对安置盲、聋、哑、残人员占生产工人总数35%以上的福利企业，各专业银行在贷款上要优先安排，贷款利率可仍按原规定月息4.8%计收。为鼓励安置盲、聋、哑、残人员从事生产，减轻国家和社会负担，对于县以上民政部门审批兴办的福利企业（包括民政部门和乡镇、街道、厂矿、企事业和个体兴办的）都应严格按照财政部、民政部和省税务局有关减免税的规定执行。

1988年，以民政部门主管的盲聋哑协会和残疾人福利基金会为基础，成立各类残疾人的统一组织——残疾人联合会。同年5月，省人民政府根据国务院办公厅转发民政部《关于组建中国残疾人联合会报告的通知》，批准组建安徽省残疾人联合会。6月25日，省残疾人联合会召开代表大会，选举产生由125名委员组成的省残疾人联合会主席团、评议委员会以及盲人、聋哑人、肢残、智残4个专门协会和亲友会，省残疾人联合会名誉主席程光华、邵明、郑淮舟、李继祥、赵怀寿；省残疾人联合会主席张汶祥；执行理事会理事长由省民政厅副厅长吴泰康代理，刘光胜、吴再兴、冯银华为副理事长。此后，省民政厅不再是残疾人组织的主管部门，而是省残疾人联合会的组成单位之一。

残疾人普查与技能培训 1981年以后，省盲人聋哑人协会委托安庆市先后举办4期盲人按摩培训班，为合肥、淮南、芜湖、蚌埠、铜陵、马鞍山、贵池、无为、繁昌、霍山、霍邱、阜阳、潜山、滁县、泾县、当涂、桐城等17个市、县培训每人按摩医生71人。1982年，省民政局专门配置工程车，巡回各地乡村为残疾人安装、修理假肢和辅助器。全省有1万多名残废军人和社会残疾人肢体功能得到补偿、恢复，增强生产能力和生活自理能力。

1985年4月，省盲人聋哑人协会在合肥举办3个月的手语培训班，为各地盲人聋哑人协会和福利工厂培训38名手语翻译。蚌埠、合肥、安庆、芜湖、马鞍山、亳县等市、县盲人聋哑人协会支持当地聋哑学校开办缝纫、木刻、印刷、工艺美术、摄影、木工、理发等专业培训班。

同年8月，省民政厅、统计局、计划委员会、卫生厅、人口普查领导小组、盲人聋哑人协会等9个单位转发民政部等10部局《关于对全国残疾人进行一次抽样调查的通知》，部署全省各地对残疾人抽样调查。抽样调查的对象是视力残、听力语言残、肢体残、智力残、精神病残。全国抽样150万人，安徽为6万人。

1985年12月，为筹集残疾人福利事业基金，成立安徽省残疾人福利基金会，同时制定《安徽省残疾人福利基金会章程》，倡议社会各界发扬社会主义人道主义，支持残疾人事业。至1988年年底，募集资金59.8万元。

1986年9月，省人民政府批准成立安徽省残疾人抽样调查领导小组。领导小组下设办公室，负责组织、培训、调查事宜。全省被抽中残疾人抽样调查样本单位有临泉、涡阳、颍上、砀山、泗县、天长、长丰、六安、桐城、金寨、枞阳、当涂、歙县和巢湖市、合肥市中市区、淮南市田家庵区等16个县、市、市辖区，67个乡、镇、街道。抽调调查员390人，其中内专科医生128人。经省集中培训、试点后，按规定时间开始逐户逐人调查登记。

同年 12 月 17 日，安徽省残疾人抽样调查领导小组、统计局发布公报：按抽样调查定性率推算总体，全省有视力残、听力语言残、肢体残、智力残、精神病残等五类残疾和综合性残疾 239 万人，占全省总人数的 4.59%。

1989 年，合肥、芜湖、安庆、淮南、马鞍山、亳县、铜陵、繁昌、宣州、泾县、宿州等市、县先后建立 32 所盲人按摩诊所和按摩医院。淮南市按摩医院按摩医生 55 人，治好不少长期不愈的疑难杂症。合肥市盲人按摩诊所一年按摩近 2 万人次。同时，全省先后选送 13 名盲人参加全国按摩师资培训班，并创办安徽省按摩师资大专进修班，培训大专按摩医生 39 人，芜湖市培训中专按摩医士 26 人。

残疾人发展生产与就业　1983 年 10 月，民政部、劳动人事部要求各地根据国家“三结合”的劳动就业方针，继续采取民政部门举办社会福利工厂安置、劳动部门介绍或组织指导就业、街道组织生产等多条渠道，积极地逐步地解决城镇盲聋哑残青年就业问题。当年，省盲人聋哑人协会拨款 1 万元，由合肥市盲哑学校筹办聋哑青年工艺服务部，作为聋哑青年职业培训的实习场所。1984 年，淮南市安置近 500 名残疾人员就业，就业率 96%。1985 年，安庆市安排盲人 155 人、聋哑人 350 人就业，就业率分别为 97.8% 和 90%。马鞍山市把安置残疾人就业列为 1985 年全市 18 件大事之一，当年即安排 275 人就业。1987 年，全省城镇有劳动能力残疾人就业 4955 人，其中社会福利工厂 3288 人，街道分散安置 1388 人。

1988 年，省残疾人联合会成立以后，除协助民政和其他部门组织残疾人就业外，还从原残疾人福利基金会拨款 59 万元，扶持阜阳眼镜制片厂、蒙城县福利工厂、轮胎加工厂、泾县五金配件厂等 11 个福利工厂。

1989 年年初，省残疾人联合会根据全国残疾人三项康复（白内障复明、小儿麻痹症矫治、聋哑语训）工作办公室制定的《全国残疾人三项康复实施方案》，制订《安徽省残疾人三项康复实施方案》。同年 1 月，成立省残疾人三项康复工作领导小组，省人民政府副省长杜宜瑾任组长。领导小组下设办公室。各地、市、县也相应建立三项康复工作领导小组及其办事机构。全省确定医疗设备较好的省立医院、安徽医科大学附属医院等 21 所医院为小儿麻痹症矫治定点医院，600 所县级医院为白内障手术定点医院，省聋哑语训康复中心以及铜陵、马鞍山、黄山、淮南、淮北等市的聋哑语训中心负责语训康复。聘请 16 名专家、教授组成残疾人三项康复专家技术指导组，进行技术指导、咨询，培训医疗骨干。年底，中国残疾人联合会、省财政厅、民政厅共拨三项康复治疗费 88.76 万元，治疗白内障复明 3764 人，小儿麻痹症矫治手术 3250 人，聋哑语训 20 人。

截至 1989 年年底，宿县、宣城、滁县 3 个地区成立残疾人工作办公室；合肥、芜湖、马鞍山、淮南、淮北、铜陵等 6 个省辖市及临泉、凤阳、五河、金寨、阜南、涡阳、来安、亳州、滁州、宣州等 10 个县（市）成立残疾人联合会。全省共有合肥、芜湖、安庆、蚌埠、马鞍山和宣城等地、市，及亳州、巢湖、来安、砀山、旌德、泗县、铜陵、宿县等县（市）盲聋哑学校 14 所，特殊教育班 18 个（合肥市 5 个、安庆市 4 个、芜湖市和蚌埠市各 3 个、淮南、淮北两市及泾县各 1 个班），就读残疾学生 1722 人。并在合肥师范附设特殊教育师资班。选拔 3 名残疾青年考入长春大学特殊教育部学习。

1993 年，省成立残疾人工作协调委员会，2007 年更名为残疾人工作委员会，残疾人工作委员会秘书处设在省残联，教育、民政、发改委、财政等 30 多个部门为残工委的成员单位。地方政府也都成立残疾人工作委员会。

省民政厅作为残疾人工作协调委员会的成员单位，积极推动残疾人福利事业发展，始终关注残疾人保障。在出台《关于加快实现社会福利社会化的意见》、《安徽省社会福利机构管理暂行办法》等政策时，将为残疾人提供福利服务作为重要内容之一。同时，各级社会福利机构按照《残疾人福利机构基本规范》的要求，进一步丰富服务内容和服务项目，为残疾人提供更好、更多的服务。

全省各级民政部门针对城市低保对象中残疾人等弱势群体比一般低保对象存在更多困难的实际情况，积极推进“分类救助”，对存在特殊困难的残疾人按残疾程度不同，分别享受待遇不同的重点保障，使其救助水平与一般低保对象有所区别。对于重度残疾人，一般是按当地低保标准全额发放低保金；对于轻度残疾人，则在当地低保标准基础上，上浮 10% ~ 30%的比例发放低保金。在管理方面，各地对有残疾人的低保家庭还实行有区别的审核机制，如对一般低保救助对象，采取的是半年、3 个月甚至一月一审的方式，实行严格的动态管理，而对包括残疾人在内的丧失基本劳动能力的低保对象，各地大多实行一年审核一次的方式。在农村，全省建立和实施农村低保制度，同时，还有一些残疾人被纳入农村“五保”供养。这些措施有效保障困难残疾人的基本生活。

省民政厅以及各地民政部门及时将符合救助条件的困难残疾人优先纳入大病救助范围。推动各地因地制宜地对困难残疾人家庭实施一系列特殊优待，如资助符合救助条件的残疾人参加新农合和城镇居民基本医疗保险，针对重残重病人员适当提高救助标准、加发救助金；部分地方对医疗救助对象中的重残人员每年发放一定限额的日常医疗救助卡；有些地方把重症精神病患者列为救助对象，贫困精神病患者服药、住院费用由各级政府分级负担等，极大地减轻贫困残疾人家庭的负担。

第四节　社会福利生产单位

1983 年，根据安徽省委副书记杨海波关于“民政厅应拿出一个福利工厂安置残疾人”的批示，省民政厅决定将民政厅光荣印刷厂改为安置残疾人的福利工厂，安排省直党政机关、群众团体、大专院校、驻军机关干部、职工残疾子女就业。此后，按照省劳动招工计划指标，先后三批招收盲、聋哑、肢残、智残人员 90 人，占全厂职工的 45.7%，成为全省安置残疾人最多的社会福利工厂。1984 年、1986 年，该厂先两次新建厂房、宿舍，省财政厅先后拨给 69 万元，省民政厅拨给 20 万元，省社会福利募捐委员会资助 10 万元。税务部门每年减免税利一般在 4 万元至 5 万元左右。其他原材料供应、水电、养路费等，有关部门均给予优惠。1986 年至 1989 年,基本做到生产自给,略有盈余。1990 年年底,该厂有生产用房 2662 平方米,印刷机械 30 台,固定资产 107 万元,流动资金 71.8 万元,年生产总值 80.6 万元,利润 10 万元。1996 年以后,企业改制,遂逐步走向市场。

省民政厅假肢厂(安徽省假肢矫形康复中心)是省民政厅直属的福利机构。始建于 1951 年(原名"皖北荣军整形工厂",后更名为安徽省民政厅假肢厂)。主要承担全省伤残军人和社会残疾人假肢、矫形器等康复辅助器具的安装、服务工作,是中国康复器具协会理事单位。该厂生产、经营的康复辅助器具涵盖了假肢、矫形器、轮椅车、辅助器具、病理鞋、假眼、助听器等 1000 余种产品,是省内同行业中品种最齐全的专业生产厂家。2002 年,被安徽医科大学定为该校康复医学教学基地;2004 年,经省劳动和社会保障厅批准为省工伤保险辅助器具配置定点机构, 2006 年经劳动保障部批准确定为唯一的假肢矫形器行业职业技能鉴定站,被中国康复器具协会授予全国第一批"行业规范服务单位"。2009 年,经安徽省残联、卫生厅、劳动和社会保障厅、财政厅审核,批准为安徽省《新型农村合作医疗和城镇居民基本医疗保险》残疾人假肢装配定点机构。全厂占地面积 2249 平方米,生产建筑面积 3643 平方米,净资产 950 万元。

民政部门兴办的部分福利单位:蚌埠市研磨机厂,是全国唯一生产花岗岩三辊研磨机全民所有制福利工厂,隶属于蚌埠市民政局。1984 年,该厂成立技术攻关小组,改造老产品,研制新产品,试制成功 S155 型三辊研磨机。当年生产不同类型三辊研磨机 108 台,产值 37.55 万元。1987 年生产 119 台,产值 45.79 万元。1989 年生产 142 台,石辊 39 副,产值 82.83 万元,产品行销全国 28 个省、市、自治区。

合肥盲哑制钉厂。该厂是合肥市原东市区(瑶海区)民政局投资 3000 万元,派 2 名残疾军人带领 6 名盲残人创办的社会福利厂。1984 年,该厂积极推进厂长负责制,并将全年经济指标分解,逐级承包,当年实现产值 180 万元,利润 19.32 万元。1986 年产值增至 452 万元,利润总额 74.2 万元,获利 50.63 万元。产品从单一的元钉发展到高低开关柜、小功能变压器、铝合金柜台、货架、高级民用电表箱、模具等 10 多种产品,形成了一业为主多种经营的局面。1988 年,在全省 18 家元钉质量评比中获得第一名,并获轻工部优质产品奖。被评为全国民政系统先进单位和全省轻工系统创最佳经济效益先进单位。1989 年产值 584.4 万元,利润 57.42 万元,创产值、产量、利润全省社会福利企业第一名。当年全厂职工 416 人,其中盲、聋、哑、残人员 117 人,占生产总人数的 41.79%,固定资产达到 237.4 万元,流动资金 401.8 万元。

寿县正阳纸品厂。该厂是寿县民政局和正阳镇人民政府为谋求残疾人就业,而兴办的民政福利工厂。1984 年,该厂投资 10 余万元,添置 12 台机械,扩大生产规模,增加就业职工。后新建车间 6 个,楼房 1280 平方米,可生产高、中、低档,大、中、小型,内销、外销包装配套等各种产品。1989 年,有职工 64 人,其中残疾人 35 人,占总人数的 54.4%,固定资产和流动资金 116 万元,年产值 183.6 万元,纯利润 17.55 万元。每名职工年创利 2000 多元,月平均工资 200 元。职工医药费和独生子女上学费全部由厂报销。

铜官山矿福利纸袋厂。该厂是铜官山矿为安置职工残疾子女就业而创办的小型集体福利工厂。1985年4月,该矿劳动服务公司投资1.14万元,整修220平方米破旧房屋,购置部分用具,在铜陵市民政、劳动、工商、税务部门支持下,生产水泥袋。当年安置33人,其中盲聋哑残16人。1986年职工44人,其中残疾人28人,生产水泥袋、编织袋92万只,产值48万元,获利2.3万元。1987年生产纸袋119万只,产值72万元,获利3.3万元。1988年生产纸袋138万只,产值116万元。1989年,职工增至65人,其中残疾人37人,占职工总人数的57%,生产纸袋189万只,产值206万元,获利11.6万元。积累固定资产6.5万元,流动资金30万元,专项资金11万元,人均月工资99元。

芜湖环球箱包厂。1986年10月,在芜湖市民政局、市残疾人基金会支持下,在市内公开招收具有工资能力的残疾青年7人,生产箱包,销往国际市场,当年创汇5万元。1989年,该厂集中力量扩大出口创汇的旅游箱包生产,并瞄准国内市场,生产生活需要的各类箱包。当年产值达到51.5万元,创汇25.5万元,拥有固定资产6.5万元,流动资金6.8万元。1990年,全厂安置残疾青年18人,占全厂职工的41%,其中肢残14人,智残2人,聋人1人,半盲人1人。同年,该厂箱包生产被列为芜湖市对外贸易经济技术合作项目、省外贸生产出口旅游手提箱定点厂家。

安徽省福利企业单位情况统计表

表6-3-6　　　　单位:个、人、万元

项目		1994	2001
单位数（个）		1231	722
年末职工人数		29695	17637
	残疾职工	13180	8002
	残疾职工女性	–	2688
资产总额		–	93662.3
	固定资产原值	–	48018.6
	固定资产净值	–	36673.0
负债总额		–	49134.2
所有者权益合计		–	44528.1
	未分配利润		401.1
销售（企业）收入		–	120609.0
纳税情况	纳税总额	1301.3	7384.3
	应退税金总额	–	6170.7
	实际退税金额	–	5113.9
利润总额		3048.4	4470.4

这些社会福利生产单位，在安置残疾人就业，发展福利生产，创造经济效益和社会效益方面，都作出了经济的贡献。随着改革开放的深入，实行市场经济体制以及企业改制以后，全省大部分社会福利工厂，由于技术问题、资金问题，或兼并、或转产、或倒闭，到 20 世纪 90 年代末基本上名存实亡。

第五节　安徽省假肢厂

安徽省假肢厂（安徽省假肢矫形康复中心）作为安徽省假肢行业唯一的国有专业厂家，是安徽 4 万伤残军人和 70 万社会肢体残疾人的假肢、矫形器等康复器具的生产、安装、维修等综合性服务的主要承担者。

该厂创建于 1951 年（原名“皖北荣军整形工厂”），成立的初衷是为革命伤残军人服务，为他们安装假肢及辅助器具。其规模仅为十来个人的小作坊。随着社会的进步，经过半个世纪的发展壮大，特别是改革开放的潮流推动，该厂现已发展成为集生产经营、康复服务、科研开发为一体的现代假肢与矫形康复的综合体。1999 年，经安徽省机构编制委员会批准，正式组建“安徽省假肢矫形康复中心”。系省民政厅直属社会福利机构，科级事业单位，中国假肢协会常务理事会成员。

假肢厂占地 3000 平方米，建筑面积 5400 平方米，固定资产 452 万元。职工 57 人，其中大中专以上学历 17 人，具有初级以上技术职称 14 人，高级技工 14 人。可为残疾人、老年人、运动功能障碍患者和其他病残者提供假肢、矫形器、助行器和康复辅助器等 4 大类百余种产品。

图 6-3-4

1976 年至 1986 年前 10 年，年产值平均为 16.5 万元。1982 年，首次实现扭亏为盈。1984 年开始引进国际上先进的假肢制作技术与工艺，并进口部分假肢生产专用设备。此后该厂第一条 PTB 假肢试制成功，成为传统铝制假肢的更新换代产品。1994 年后又先后引进肌电假手、索控假手及关节离断假肢等新产品。1996年以后，该厂先后引进了德国、英国、美国等世界著名假肢公司的先进技术和优质组件，满足部分患者的需求。如英国英中耐假肢公司的小腿假肢具有重量轻、质量好、价格适中的特点，适合残肢过短患者和老年患者的使用。

1996年，组建领导班子，如期完成旧厂房的拆迁改造工作。1998年新建的康复大楼落成使用，硬件设施上一个台阶。在此基础上，于1999年正式组建成新型的集生产经营、科研开发、康复服务为一体的“安徽省假肢矫形康复中心”，其固定资产由1994年的95万元增加到2001年的452万元，增长414%。

1998年，以新建的康复大楼落成使用为契机，成功主办该年度的全国假肢技术交流暨产品订货会。来自全国20多个省（市）、91个假肢厂家及德国、中国香港、台湾地区等外资公司参加了会议，人数达300多人，在450平方米的展台上展示的假肢、矫形器和康复器具产品上千种。主办全国会议，这在该厂的历史上还是第一次，得到民政部有关领导和中国假肢协会的高度评价，也受到与会各假肢厂家的好评。

为适应市场经济体制的要求，假肢厂彻底改变过去“坐等上门”的官商作风，牢固建立市场竞争的观念，树立“为残疾人解忧，做残疾人之友”的服务理念。采用“请进来，走出去”的办法，扩大经营范围，提高服务质量，不断增强经营效益。

安徽省是革命老区，是革命伤残军人较为集中的省份之一。为伤残军人安装假肢、矫形器，解决其运动功能障碍的困难，做好伤残军人的日常服务工作，是假肢厂的首要任务。为做好这项工作，该厂在生产任务紧张的情况下，对伤残军人的假肢、矫形器等给以优先制作；定期到伤残军人较为集中的市县上门服务；接待态度热情，保证产品质量，满足伤残军人的特殊要求。

1999年是新中国成立50周年大庆，为体现党和国家对革命伤残军人的关怀，民政部决定在全国范围内为革命伤残军人更换新型假肢和轮椅，并拨付专项经费199万元。省民政厅对此极为重视，专门成立以厅长李宏塔为组长的领导小组，以保证该项工作的顺利完成。其具体更换工作由省假肢厂承担。

该厂抽调技术骨干组成工作小组，实行特事特办，克服时间紧、任务重的困难，先后组织27次下乡服务活动，做到取型、试样、送货三上门，把康复器具送到伤残军人的手中，保质保量如期完成更换任务，受到广大伤残军人的赞扬。为方便上门服务，假肢厂专门购置一辆巡回服务车，先后遍及淮河两岸、大江南北20多个市县医院，上门服务200多人次。

该厂多次邀请省内著名医疗专家到厂参观指导，并积极参加省内外各种医学学术会议。同时，应安徽医科大学的邀请，组织技术人员给安徽医科大学的康复医学专业学生讲课，扩大该厂在医学界的影响，加强厂医的交流与合作。

2000年，根据国务院《医疗器械监督管理条例》，首次将矫形器列入医疗器械的管理范围。为此，厂方主动向安徽省药品监督管理局提出申请，成为全省医疗器械生产企业第一批申请单位。经过努力，对照验收标准积极整改，补充完善 20 余项规章制度，于 2001 年 4 月一次性通过医疗器械生产企业的资格审查，成为全国假肢行业第一个获得医疗器械生产企业许可证的假肢厂家，取得在医疗器械市场竞争中的主动权。

全厂有职工 34 人，其中高级职称 1 人，中级职称 4 人，另有 3 人获得民政部、人事部颁发的假肢、矫形器执业资格专业证书。

2009 年至 2010 年，全厂销售收入 1580 万元，实现利润 270 万元，同比增长 40.7%；在职职工人均月收入 2600 元，同比增长 40%。截至 2010 年年底，企业总资产 1002 万元，较 2003 年的 533 万元增长 88%。

此外，该厂投入资金 80 余万元，对厂经营部接待室、假肢部打磨机房、取型室、听力测试室进行改造；增设康复病房 7 间 14 张床位；更新工程车 2 辆，增添康复训练设备 7 台（套）；企业服务功能不断完善，市场竞争力进一步提高，为后期发展打下坚实基础。

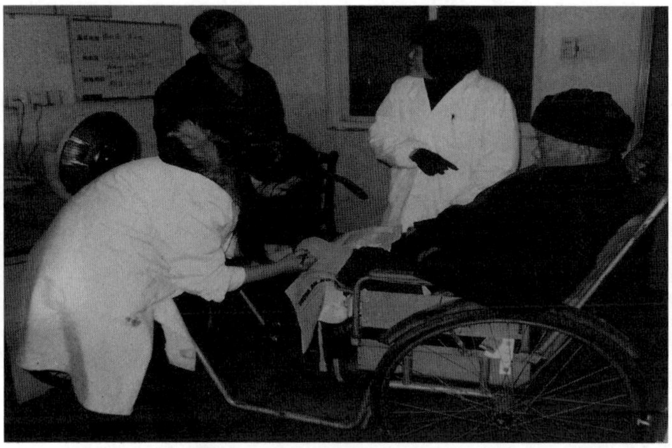

图 6-3-5

第四章 福利彩票

20世纪80年代，随着社会主义商品经济发展的不断深化，社会福利由国家包办的传统方式已难以适应社会和经济发展的需要。1986年12月20日，国务院第128次常务会议同意由民政部门组织一个社会福利有奖募捐委员会，在全国范围内开展有奖募捐活动。1987年6月，中国社会福利有奖募捐委员会成立。7月，第一张福利彩票——中国社会福利有奖募捐券印制并销售。

图6-4-1

图6-4-2

1988年1月，省民政厅根据民政部、国家计划委员会、财政部、审计署、中国人民银行、工商银行、农业银行《关于做好社会福利有奖募捐工作的联合通知》，会同省直有关部门，成立安徽省社会福利有奖募捐筹备组。1988年5月18日，省人民政府批准的"安徽省社会福利有奖募捐委员会"（以下简称省募委）正式成立。省募委由省直32个部门的34名负责人组成，在成立大会上，通过《安徽省社会福利有奖募捐委员会章程》和《安徽省社会福利有奖募捐试行办法》，推选产生省募委领导成员。

省募委为全省性的社会福利团体，负责制定和实施全省社会福利有奖募捐活动计划，筹集、管理、分配社会福利资金，资助、兴办社会福利项目和其他社会事业，省募委下设办公室。至1989年，全省除池州、滁县地区外，已有9个直辖市、5个地区、49个县（市）成立社会福利有奖募捐办公室或募捐委员会。

省募委成立之初被确定为"事业单位，实行企业化管理"。2001年11月，省募委正式更名为安徽省福利彩票发行中心。并逐步形成中国福利彩票中心、省福利彩票中心和市福利彩票中心的"三级管理，市为基础"，统一发行，机构专营，上下业务指导，分级独立核算、法人治理、有效监督的发行管理体制。

福利彩票发行的本质是有奖募捐的公益慈善行为，发行宗旨是“扶老、助残、救孤、济困”；操作原则是“公平、公正、公开”；运营方式是“多人少买、重玩轻博、量力而行、理性投注、奉献社会”；对社会的承诺是“取之于民、用之于民、取信于民”。

第一节　福利彩票种类

自1988年安徽省发行福利彩票以来，安徽福利彩票共产生四个票种：中国社会福利有奖募捐券（中国社会福利奖券）、即开型中国福利彩票大奖组、安徽风采电脑福利彩票、“中福在线”视频即开票。

中国社会福利有奖募捐券与中国社会福利奖券　1988年，安徽省组建社会福利有奖募捐委员会并成立办公室（简称“募委办”），开始发行福利彩票，当时称之“中国社会福利有奖募捐券”“中国社会福利奖券”。初始探索阶段，发行方式由小摊点到大奖组，兑奖方式由几千元现金到数万元的汽车等实物。奖券发行之前，省社会福利有奖募捐委员会通过各种传播媒介，广泛宣传社会福利有奖募捐的宗旨、方法及资金用途。同时以人口较多、市场繁荣、人均收入较高的合肥、蚌埠、马鞍山三市为试点，然后在全省展开。1988年5月28日，在安庆、芜湖、阜阳等地首批发行传统奖券500万张（元）。在发行时，各地多采取摊派的办法，引起群众的不满。同年第四季度，将传统型奖券改为即开型奖券（即随买随兑奖），并广布网点，方便群众购买。

1989年4月，中国社会福利有奖募捐委员会推行实物兑奖销售办法（即中奖后当场领取实物）。经在马鞍山、合肥、安庆、铜陵、巢湖等地试售，效果较好。同年7月至1989年年底，省社会福利有奖募捐委员会委托省工商银行代理发行传统型奖券6期1200万张（600万元）。各种奖券由中国社会福利有奖募捐委员会统一印制，面额为1元、0.5元两种。按全省人口每人0.35元比例配发。1988年至1989年，安徽省共领奖券4900万张。全省16个地、市、70个县均有奖券发售，部分地市由城镇逐步向农村推开，奖券发售地区覆盖面达98%。至1989年年底，全省共销售奖券额3016万元，除奖金返回率和成本费、管理费外，实际筹集福利奖金1177.48万元。其中地市县社会福利有奖募捐委员会留成828.11万元（占资金的70%），上交中国社会福利有奖募捐委员会230.03万元（占资金的20%），省社会福利有奖募捐委员会留成119.34万元（占资金的10%）。年销量由1988年的880万元提高到1993年的8214万元。

1993年开始，以“大奖组”为特色的集中销售模式开始创立，中国式的福利彩票销售模式已经形成。当年，全省销售8214万元，比1992年翻了一番半，比1988年的880万元翻了近10倍，扭转长期徘徊的局面。

1994年，全省销售2.08亿元，销售量为全国第一，人均购券和增长速度均为第二，受到中募委表彰。

即开型中国福利彩票大奖组　即开型彩票，全称是“即开即兑型彩票”，即购票者在一个销售点上一次完成购票和兑奖全过程的一种彩票。即开型中国福利彩票是一种在销售现场完成购票、兑奖和兑取奖金的彩票，即开型彩票的优点首先是即开即兑。根据兑奖区的封装形式划分，主要有揭开式、撕开式、刮开式三种类型。

1994 年 12 月，为与国际彩票业接轨，民政部决定将“福利彩票有奖募捐券”改名为“中国福利彩票”。国家税务总局向各省、自治区、直辖市及部分市税务局发出《国家税务总局关于社会福利有奖募捐发行收入税收问题的通知》，对新税制实施后社会福利有奖募捐发行收入的税收问题作明确规定。1994 年以后，全省民政系统大胆试行百万元的大奖组。当年销售量首次突破亿元大关。1995 年到 1996 年，即开型中国福利彩票大奖组规模逐步从几百万元上升到 1000 万元，奖品也由摩托车、电视机上升发展为面包车等。

1997 年—1999 年是即开型彩票大奖组的辉煌阶段。福利彩票大奖组的发行规模由 1000 万元上升到 4000 万元，奖品由价值 3 万元至 4 万元面包车上升至价值 10 多万元的桑塔纳轿车。操作上由民政部门主办上升为政府主办、民政承办。各地大奖组均以政府名义进行组织，政府领导任总指挥，直接负责。销售形势发生了翻天覆地的变化。日销量由过去的几十万元上升到最高的 880 万元。合肥市 1999 年元旦一次单点销售赈灾彩票 4000 万元，5 天多的时间，4000 万元彩票全部售罄。

1998 年夏天，长江、松花江、嫩江流域发生特大洪灾。为帮助灾区人民恢复生产，重建家园，国务院决定从 1998 年 10 月到 1999 年 3 月在全国范围内开展中国福利彩票赈灾专项募集，发行 50 亿元福利彩票，筹集 15 亿元福彩公益金，并把这项政治任务交给民政部门。为此，民政部于 1998 年 11 月 6 日召开中国福利彩票赈灾专项募集电视电话会议，发行抗洪救灾即开型票。安徽省的赈灾募集任务为 1.1 亿元，上交赈灾资金 3300 万元。经过各级的共同努力，全省圆满完成发行任务。

随着 2000 年“安徽风采”电脑福利彩票的推出，同时在电脑彩票销售网点开始销售即开型彩票，这种新型销售方式主要是利用电脑系统现有的投注站点开展销售工作，具有固定的销售网点、统一的销售标识、统一的宣传形式等特点。这种方式与国际上通行的销售方式一致，是福利彩票今后发行销售的主要方式。

2002 年，全省组织 25 个大奖组，平均每个奖组销售 53.6 万元。其中民政部门自行组织销售的有 15 个，占奖组总数的 60%。2003 年，即开票大奖组全面发动，全省共组织 73 个奖组，销售 5562 万元，是 2002 年 1420 万元的近 4 倍，大奖组即开型彩票占总销量的比例由 2002 年的 6.3% 提高到 20%，平均每个奖点的销售达到了 64 万元。自 2004 年，省财政厅对全省即开票市场进行分季度发行管理。西安体育彩票“宝马”事件发生后，财政部于 2004 年 5 月 15 日暂停集中销售即开型彩票大奖组。自此，安徽省没有再开展即开型中国福利彩票大奖组销售活动。

安徽风采电脑福利彩票 电脑传统型彩票是由中国福利彩票发行管理中心统一发行，由省福利彩票发行中心销售。安徽风采电脑福利彩票则是由省福利彩票发行中心按“统一玩法规则、统一硬件标准、统一运行软件、统一管理模式、统一实时监控”的原则，建立电脑彩票销售系统，接受中国福利彩票发行管理中心的监控。“安徽风采”电脑福利彩票采用计算机网络系统发行销售。

2000年，省社会福利彩票发行工作进入重大的历史转折期，打破即开票市场（大奖组销售）的单一模式，开始销售电视票、电脑票，形成以“电脑票市场”为主的发行格局。是借鉴兄弟省市成功做法，2000年推出“安徽风采”电视彩票，共发行5000余万元，作为一种尝试，取得不少经验，为全国电视彩票发行提供一定的参考价值。电视彩票发行方式为中国福利彩票发行管理中心（即中国社会福利有奖募捐券发行中心）统一组织全国发行、省中心组织销售，定期由中国社会福利有奖募捐券发行中心在中央电视台统一开奖。其第一期（名山大川系列）为即开传统结合型；第二期“扶危济困系列”为即开型；第三期（双喜临门系列）为即开传统结合型。

2000年11月1日，推出“安徽风采”电脑福利彩票。电脑福利彩票是用先进的电脑手段，在游戏规则允许范围内，由彩民自选号码输入销售终端，通过销售终端、专用网络传送到数据中心进行数据处理，在电视台公开摇奖，彩民直接在投注站通过销售终端兑奖。

安徽省电脑福利彩票最初选用的是乐透型33选7玩法，后又在全国较早地推出25选5小盘玩法和15选5中盘玩法。2003年2月16日，开始加入“双色球”全国联网发行；2003年10月23日，双色球（第2003070期）的奖池资金首次超过1亿元。“倒三七”政策推出。从2004年4月1日起，中国福利彩票发行管理中心将双色球开奖节目由录播改为现场直播，在中国教育电视台一套直播，并制订《中国福利彩票“双色球”摇奖直播紧急情况处理预案》；2004年8月24日，中国福利彩票发行管理中心在报请财政部、民政部批准后，开始对双色球每周实行三次开奖。

2004年，省福利彩票发行中心对电脑福利彩票玩法结构进行优化，投注方式进行完善。随着彩票市场的发展，当家品种33选7玩法已失去往日的红火，风光不再。2月12日，将33选7玩法改造为33选7+1玩法；6月15日，安徽省加入华东六省市的“东方大乐透”联销，对开拓福利彩票市场具有战略意义。同时，为方便广大彩民购彩，开通多期和胆拖投注方式。2004年10月18日，3D由北京玩法成为全国联销玩法。同年12月底，安徽省加入3D全国联销。

从技术层面上讲，安徽省电脑福利彩票销售系统经历两个发展阶段，即准热线系统阶段和热线系统阶段。准热线，又称半热线，即每个电脑彩票销售点的终端机（投注站）与数据中心是一条非实时联通的传输线路，在销售期间，按要求定时向数据中心传输数据。因此，系统对投注站数据的处理也是非实时的。这种系统是一种过渡形式。这一形式从2000年11月1日到2003年6月底实施。

全热线，系指每个电脑彩票销售点的终端机（投注站）与数据中心有条直接连通的传输线路，直接与数据中心进行数据通讯，每销售一张彩票，及时将数据传输到数据中心，保证数据及时传送，确保销售系统运行的安全性、稳定性和可靠性，使广大彩民可以一站购彩、全省通兑，是电脑彩票最安全、稳定的销售和管理方式。2003 年 7 月 1 日—18 日，省福利彩票发行中心用近一个月的时间全面完成全省电脑票系统由准热线向全热线的升级改造工作。

中福在线视频彩票 中福在线彩票是以计算机网络在线方式发行销售的彩票，国际上统称为视频彩票。中福在线彩票发行销售系统是利用计算机网络技术发行销售的热线系统，保证彩票即投、即中、即兑，彩票购买更方便、快捷，投注过程更及时、合理。中福在线视频彩票采取特许经营管理模式和销售厅集中销售方式，统一发行销售，统一资金结算，统一形象管理，统一服务规范。

中福在线视频彩票的推出，是中国即开型彩票发行方式的改革，是彩票发行技术的进步；彩票销售无纸化；视频互动，实时性、趣味性、娱乐性相结合。投注信息实行在线集中控制和管理，实时监控，系统自动控制和随机派发奖项，确保中奖公正性和出奖准确性，充分体现“公平、公正、公开”的原则。

2005 年 5 月，省福利彩票发行中心在合肥市大通路创办全省第一个中福在线视频彩票销售厅，标志国际先进水平的无纸化彩票——“中福在线”正式进入试点发行阶段。当年，中福在线视频票销售终端发展到 100 个，销量达到 179 万元。

中福在线视频彩票特点：在线投兑，采用计算机网络技术，保证彩票在线即投、即中、即兑。玩法多样，集中式全热线系统，同时支持多种彩票玩法。趣味互动，视频互动，实时性、趣味性、娱乐性相结合。统一彩池，全国联网销售，安全可靠。在线集中控制和管理，实时监控。管理规范，全热线系统，集中统一管理、联网销售，集约化经营。低耗高效，无纸化、网络化、经常化，节约发行销售成本。中福在线视频彩票上市后，优点显著，深受彩民欢迎。

到 2005 年，福利彩票发行工作形成以电脑票为龙头，中福在线为补充，相互促进、相互补充、相得益彰的发展格局。

第二节　福利彩票发行

福彩自发行以来，始终坚持为发展福利事业筹集资金的目的不变；“扶老、助残、救孤、济困”的宗旨不变；健康有序、安全运行、稳定发展的方针不变；对社会负责，对人民负责，在福利彩票玩法设计和销售运作中自觉防止和消除社会负面影响的道德准则不变；不参与恶性竞争，不搞误导群众的宣传，坚持公益性、伦理性、群众性和娱乐性的舆论导向不变；“公开、透明、参与”和接受社会监督的原则不变等等。福利彩票的发展与社会福利事业和社会公益事业的发展紧密地联系在一起，是传统的慈善性募捐在新形势下的继承和发展，“来自社会，服务社会，取之于民，用之于民”。并通过引进国外先进的技术完善自身的基础设施建设，使彩票销售更安全、更科学、更合理；同时，开展

ISO9000质量管理体系认证活动，在内部管理方面上台阶。

1988年以来，安徽省社会福利彩票的发行工作大体经历四个历史性阶段。

1988年—1993年的起步探索阶段。1988年，全省开始发行福利彩票（当时称之为社会福利有奖募捐券）。初始探索阶段，发行方式由小摊点到大奖组，兑奖方式由几千元现金到数万元的汽车等实物。年销量由1988年的880万元到1993年的8214万元。

1994年—1996年的大奖组突破阶段。1994年以后，全省民政系统大胆试行百万元的大奖组。当年销售量首次突破亿元大关。1995年到1996年大奖组规模逐步从及百万元上升到1000万元，奖品也由摩托车、电视机上升发展为面包车。1994年、1995年、1996年三年时间共发行福利彩票46972万元。

1997年—1999年的大奖组辉煌阶段。1997年—1999年福利彩票大奖组的发行规模由1000万元上升到4000万元，奖品由价值3万元至4万元面包车上升至价值10多万元的桑塔纳轿车。操作上由民政部门主办上升为政府主办、民政承办。各地大奖组均以政府名义进行组织。

2000年—2004年的电脑票发行新阶段。2000年，安徽省福利彩票打破即开票市场（大奖组销售）的单一模式，开始销售电视票、电脑票，形成以“电脑票市场”为主的发行格局。借鉴兄弟省市，首先推出“安徽风采”电视票；同年11月1日，推出“安徽风采”电脑福利彩票，最初选用的是乐透型33选7玩法，后又推出15选5中盘玩法和25选5小盘玩法。2003年2月16日，开始加入“双色球”全国联网发行中。2004年2月12日，将33选7玩法改造为33选7+1玩法；6月15日，加入华东六省的“东方大乐透”联销中。自2004年，省财政厅对全省即开票市场进行分季度发行管理。西安“宝马”事件后，财政部于2004年5月15日暂停集中销售即开型彩票，自此，安徽省没有开展大奖组销售活动。

2005年—2007年由电脑票的一枝独秀发展为电脑票、中福在线即开票、刮刮乐网点即开票齐头并举、相互促进的阶段。2005年5月，省福利彩票发行中心在合肥市大通路创办全省第一个视频彩票终端网点，这一举动具有非凡的意义，甚至是“乐透”之后彩票业的一场革命。

中福在线在发行销售的三年里，一年一个样，三年大变样，成为福利彩票主要票种之一。销售终端由2005年100个，到2006年的360个，再到2007年的980个；销量由2005年179万元，到2006年的7787万元，再到2007年的4.7亿元。

2006年刮刮乐网点票试点工作有条不紊。在刮刮乐网点票正式上市之前，全省福彩系统遵照省民政厅提出的“试点要快、推进要稳”的原则，将全省17个市分三批纳入试点发行计划，于2006年8月在合肥市率先试点。到年底全省17个市已有13个市先后上市“刮刮乐”即开票，建设中心站266个，4个月销售总量达7636万元，月均销量1909万元，位居全国第二位。

2007年刮刮乐网点票在全省17个市全面铺开，成为福利彩票的新亮点。在刮刮乐网点票的市场开发上，实施中心站建设和社会网点建设“两手抓，两手硬”的策略，一手抓中心站建设，做到中心站选择严格把关，优中选优，突出中心站量化指标，动态管理；一手抓社会网点建设，充分利用社会各种纵向资源，如邮政报刊网点、徽风报亭、商业连锁店等，加快发展社会网点，建立健全销售网络。2007 年，刮刮乐网点票共发展中心站 1000 个左右，社会网点 20000 多个，实现全覆盖，初步形成配送、服务一体的销售队伍，全年销量 1.8 亿元，成为福利彩票的新亮点。到 2007 年，福利彩票发行工作实施电脑票、中福在线和“刮刮乐”的经营战略，形成以电脑票为龙头，中福在线、网点即开票为两翼的发展格局。

专业福利彩票发行机构与销售系统　中国福利彩票的票种从单一的传统型发展到传统型、即开型、即开传统结合型和电脑型等四大类，数十个品种，上千种画面，已基本形成比较完整的福利彩票玩法和销售体系。为建立专业福利彩票发行机构和销售系统，中国福利彩票发行中心先后进行电脑彩票的发行试点；制定电脑彩票的行业标准；研制、开发准热线销售系统；进行热线系统的引进招标工作；进行准热线销售系统运行试点；建成全国电脑彩票系统监控中心；制定、出台针对这一工作的一系列规范性文件，从而为网点销售形式再次推广奠定基础。电脑福利彩票采用网点销售，分级管理，发行运作方式完全市场化的做法，和各省（市）先后引进一大批专业技术和营销专门业务人员，造就一支素质较高的福利彩票发行队伍，为福利彩票业长远发展奠定坚实的基础。

1987 年 12 月 11 日，省民政厅根据民政部《关于转发中国社会福利有奖募捐委员会文件的通知》，民政部、国家计划委员会、财政部、中国人民银行、审计署、中国工商银行、中国农业银行《关于做好社会福利有奖募捐券工作的联合通知》，中央宣传部、民政部、广播电影电视部、文化部、新闻出版总署《关于做好社会福利有奖募捐活动宣传工作的联合通知》，以及外省市开展这项工作的情况，首次向省人民政府报送《关于开展社会福利有奖募捐的请示》，提出成立“安徽省社会福利有奖募捐委员会”，并在全省发行“社会福利奖券”。

1988 年 4 月 4 日，省机构编制委员会根据省政府领导的指示精神，批复同意成立安徽省社会福利有奖募捐委员会办公室，隶属民政厅领导，相当于处级社会福利团体组织的办事机构，定事业编制 12 名，人员经费从募捐分成中解决。同年 5 月 18 日，召开省社会福利有奖募捐委员会成立大会。省募委由省直 32 个部门的 34 名负责人组成，主任由省政府副秘书长陈基余担任。

省募委为全省性的社会福利团体，隶属于地方政府，业务上接收中募委和中国社会福利奖券发行中心指导，负责制定和实施全省社会福利有奖募捐活动计划，筹集、管理、分配社会福利资金，资助、兴办社会福利项目和其他社会事业。至 1989 年，全省逐步形成一个以民政部门为核心，按政府行政级次设置，专门为民政福利事业筹集资金的专业化发行销售组织体系。

1994 年 12 月，民政部发出《关于印发〈中国福利彩票管理办法〉的通知》《关于印发〈有奖募捐社会福利资金管理使用办法〉的通知》《关于加强社会福利有奖募捐工作领导的通知》。将中国社会福利奖券更名为中国福利彩票，福利资金资助审项职能由中募委交由民政部有关职能司行使，提出中募委发行中心与省募委发行中心是领导与被领导关系，并要求省级募办实行自收自支和企业化管理。

1999 年 10 月 15 日，民政部颁发《关于中国福利彩票管理工作有关问题的通知》，决定“不再保留中国福利有奖募捐委员会办事机构——中国福利彩票发行工作，在国务院领导下，由民政部门主管，中国福利彩票发行中心具体组织实施。中国福利彩票发行中心作为民政部门直属单位，由民政部直接领导和管理。各地也请参照此办理”。根据民政部要求，省民政厅于 2001 年 9 月 12 日向省人民政府报送《关于不再保留安徽省社会福利有奖募捐委员会的请示》，建议不再保留安徽省社会福利有奖募捐委员会，将省社会福利有奖募捐委员会办公室更名为“安徽省福利彩票发行中心”，由省民政厅直接领导和管理。同年 11 月 30 日，安徽省机构编制委员会下发《关于同意省社会福利有奖募捐委员会办公室更名的批复》，同意省社会福利有奖募捐委员会办公室更名为“安徽省福利彩票发行中心”。其主要职责是：负责全省社会福利彩票的组织、发行、销售和管理工作。截至 2001 年，全国福利彩票系统形成中国福彩中心、省福彩中心和市福彩中心的“三级管理，市为基础”，统一发行，机构专营，上下业务指导，分级独立核算、法人治理、有效监督的发行管理体制。

安徽省福利彩票发行单位情况统计表

表 6-4-1　　单位：个、人、万元

项目		1994 年	2001 年
单位数		17	18
年末职工人数		42	127
资产合计		6840.72	24842.42
	固定资产原值	675.91	3866.31
负债合计		5913.43	22236.74
净资产合计		927.29	2605.68
收入合计		1613.47	4533.86
支出合计		1680.62	4722.56
	发行费支出	1589.99	4467.87

福利彩票批准权限　1991 年 12 月，国务院为加强彩票市场管理，第一次对彩票市场管理制定明确政策：对发行彩票募集资金从严控制，只允许省级地方政府和国务院有关部门举办社会福利、体育事业，以及国务院批准举办的其他活动发行彩票；首次明确发行福利彩票批准权集中在国务院，发行福利彩票必须经国务院批准，中国人民银行被

赋予彩票管理职能，基本管理程序是省级地方政府和国务院部门提前半年向中国人民银行报送发行计划和发行办法，经中国人民银行审查后报国务院批准；彩票发行规模有严格的数量限制，不得突破；违反规定发行福利彩票的，由工商行政管理部门进行查处。按照国务院确定的彩票管理政策，省级地方政府和国务院有关部门发行彩票基本上都是为开展某一项具体公益活动向国务院一事一报批，发行完批准的额度后即告结束，没有常年连续发行。这一阶段的彩票发行基本是一些具有管理社会公益事业职责的政府部门、机构及地方政府自发行为，没有形成全国统一的彩票管理政策和制度。其特点：

第一，发行主体多元化。既有某些公益活动的临时性组织，也有地方政府，还有民政部门的全省性专业化彩票发行组织系统。大多数发行活动是临时性和间断性的。

第二，发行主体和公益金使用主体重合。发行福利彩票由使用福利彩票公益金的组织承担，公益金筹集和使用部门是一个主体，谁发行福利彩票谁使用福利彩票公益金，政府对福利彩票公益金筹集、分配、使用基本上没有干预。

第三，没有政府主管部门和管理制度。在这个阶段，没有一个政府职能部门统一管理全国彩票市场，也没有形成系统的彩票管理制度，国务院基本上按特例处理上报的发行福利彩票请示。

第四，没有形成全国统一的福利彩票市场。

基于上述背景，全省福利彩票发行具体情况是：1988 年销售 1123.99 万元；1989 年销售 1068.75 万元；1990 年销售 1693.08 万元；1991 年销售 2251.00 万元；1992 年销售 2711.00 万元；1993 年销售 8214.07 万元。

中国人民银行安徽省分行监管下的福利彩票 1994年5月31日，中共中央办公厅、国务院办公厅颁布《关于加强彩票市场管理禁止擅自批准发行彩票的通知》，开始对全国彩票市场进行清理整顿，在此基础上形成部门性的彩票发行和管理体制。首次明确指出中国人民银行是国务院主管彩票机关，统一管理全国彩票工作和市场。1994 年，中国人民银行安徽省分行承担全省彩票市场监管职能，在中国人民银行监管期间，主要采取由彩票销售机构向监管机构报送财务情况、公益金筹集分配使用情况，以及民政和体育部门在资金安排使用完毕后向彩票监管机构备案的形式。从 1998 年起，国家明确规定福利彩票公益金和体育彩票公益金均应纳入财政专户，实行收支两条线管理。安徽省体育彩票机构于 1998 年将体育彩票资金（包括发行经费、公益金及往来款项等全部资金）纳入财政专户，实行收支两条线管理。到 2002 年安徽福利彩票才正式执行这一政策。

经过中共中央、国务院及中国人民银行的大力规范和整顿，明确国务院主管彩票工作的机关——中国人民银行，统一政府的彩票行政管理权，福利彩票发行机构所采用的游戏规则及发行销售方式，必须报经中国人民银行批准。

由于加强彩票市场的规范管理，特别是与福利彩票性质相通的体育彩票机构加入全省彩票市场竞争，使这一阶段的彩票业获得了较快的发展，发行量快速增长。

1994—1999 年安徽省福利彩票销售情况统计表

表 6-4-2　　单位:万元

年 份	销 量
1994	12155.09
1995	19088.18
1996	15729.00
1997	10050.20
1998	13862.20
1999	25035.40

财政部门接管福利彩票监管工作　1991 年,国务院赋予中国人民银行彩票管理职能, 1994 年将中国人民银行确定为国务院主管彩票工作的机关。经过 6 年的管理实践和彩票业的不断发展,中国人民银行逐渐认识到彩票是政府调节社会收入分配结构的一种政策工具,与《中华人民共和国银行法》赋予的职责没有太大关系,并且认为部门性的彩票管理体制已经不能适应彩票业发展的要求,应该进行改革。因此,中国人民银行于 1999 年 5 月向国务院提出将彩票主管职能移交财政部。同年 7 月,国务院同意将彩票主管职能由中国人民银行移交给财政部,并要求由财政部继续对彩票管理体制改革问题做进一步研究。

1999 年 12 月 23 日,中国人民银行和财政部联合印发提出要求《关于移交彩票监管工作的通知》,对彩票主管职能移交工作。

2000 年,省财政厅与中国人民银行安徽省分行联合发文,明确由省财政厅和中国人民银行安徽省分行具体负责彩票监管交接工作的组织、协调和落实。自 2000 年 1 月 19 日起,省辖区内的彩票市场的监管职责由安徽省财政厅统一负责。

省财政厅接管彩票管理职能后,理顺与各方面的工作关系,履行监管职能,整顿规范彩票市场秩序,强化彩票管理。着重从规范彩票发行销售、加强省级彩票机关财务和彩票公益金管理等彩票管理工作的重点入手,规范彩票销售和广告宣传管理。严格彩票额度管理,明确彩票额度的审批程序,严禁各地无额度或超额度发行彩票;严格审核彩票机构的销售宣传方案;严厉打击私彩和变相发行销售彩票等非法行为。在加强管理的同时,不断加强与民政、体育部门的协调,按照“规范管理、扩大发行”的指导思想,大力支持福利彩票、体育彩票机构努力扩大销售规模。

2001 年 10 月 30 日,国务院发布《国务院关于进一步规范彩票管理的通知》,确定财政部、民政部和国家体育总局在彩票管理和发行方面的职责范围。财政部门主要负责起草和制定国家有关彩票管理的法规、政策,管理彩票市场和彩票资金;民政、体育部门分别负责组织福利、体育彩票发行销售活动;调整彩票资金结构,返奖比例仍为不得低于50%，发行经费比例从不得高于20%下调到不得高于15%，公益金比例从不得低于30%相应提高到不得低于35%；确定公益金分配政策，核定民政和体育部门公益金基数，基数内公益金由民政和体育部门按规定用途使用，超基数公益金，扣除有关专项公益金后，20%仍留归民政和体育部门使用，80%由财政部统筹用于补充社会保障基金；将彩票公益金和发行经费纳入财政专户，实行“收支两条线”管理；逐步扩大彩票公益金的使用范围，从原先仅限于民政和体育部门，逐步扩大到青少年校外活动场所建设和维护、举办奥运会、支持红十字事业和补充社会保障基金等领域。

2001年，全省福利彩票发行遵循“加强管理、扩大发行”的指导思想，贯彻“以电脑票为主力，即开票、电视票为两翼，二管齐下，全面发展”的方针，销售总量创历年新高。全年共销售3.51亿元（其中电脑票3.08亿元，占87.8%；即开票4216万元，占12%），筹集福利金1.05亿元，为全省社会福利事业和“星光计划”工程建设作出了贡献。

2002年，全省福利彩票销售总额2.32亿元，其中电脑票销售2.18亿元，即开票销售1440万元，筹集公益金8127万元。加强投注站管理，原有投注站销售合同期满后，全省有1600个投注站重新签订销售合同书。同时，合理布局，增点扩面，投注站不断向乡镇延伸。

2003年，全省福利彩票销售总额2.74亿元，其中电脑票销售2.19亿元，即开票销售5562万元，筹集公益金9594万元。全年全省即开票大奖组全面发动，特别是11月实行实物设奖后，组织73个奖组，销售5562万元，是上年的近4倍。

2004年，全省福利彩票销售总额4.14亿元，筹集公益金1.4亿元，比上年增长53%，其中电脑票销售4.12亿元，即开票销售278万元。12月30日，全国知名品牌3D玩法在安徽上市。

2005年，全省发行福利彩票10.1亿元，福利彩票发行量占全省彩票市场份额的51%。筹集公益金3.53亿元，比上年增长141%。其中电脑票销售9.93亿元，中福在线销售435.83万元，网点即开票销售400万元。全省开通投注站点2746个，2005年新开通投注站近1000个。该年发行量比前三年销售总和还多0.87亿元。

2006年全年销售福利彩票12.8亿元；2007年销售福利彩票18.84亿元；2008年，全省共销售福利彩票15.72亿元。其中，电脑福利彩票销售13.37亿元，比上年净增0.98亿元，增幅7.98%，全国排位由第18位升到第15位；“刮刮乐”网点即开票销售1.55亿元，比上年减少0.25亿元。2008年，全年福利彩票总销售量比上年销售18.84亿元（其中，中福在线4.74亿元）减少3.12亿元，原因是中福在线政策调整，全省49个销售大厅关闭，仅此票种比上年预期减少近7亿元销售量。

2000—2005 年安徽省福利彩票情况统计表

表 6-4-3　　单位:万元

年 份	销 量
2000	16397.84
2001	35054.75
2002	23206.75
2003	27413.73
2004	41476.63
2005	100089.02

第三节　福利彩票资金管理

彩票资金是指彩票销售实现后取得的资金,由彩票公益金、返奖奖金和发行经费三部分组成。2001 年以前,彩票资金分配比例为:公益金 30%,返奖奖金 50%,发行费 20%。2001 年,国务院对彩票资金分配比例进行调整。调整后的比例为:电脑票资金分配比例为公益金 35%,返奖奖金 50%,发行费 15%。公益金、发行费均纳入财政专户,按“收支两条线”原则进行预算管理,专款专用。

福利彩票资金分配比例　1987 年 6 月 15 日,民政部印发《关于转发中国福利有奖募捐委员会会议文件的通知》,随同印发的《发行社会福利有奖募捐券试行办法》规定:发行总额的 35% 作为奖金返还给中奖者, 15% 作为发行成本费用,除应付的奖金和发行费用外的净收入作为社会福利资金。

1988 年即开型福利彩票面市,当时规定返奖率 40%,成本占 15%,福利资金占 45%。1989 年进行了调整,奖金返还率占 45%,福利资金占 40%。1990 年,中国社会福利有奖募捐委员会下发《关于调整即开型社会福利奖券资金分配比例,统一全国结算办法的通知》,规定:面值 1 元的奖券,奖金返还率由 40% 调整为 50%,发行成本调整为占 20%(其中,中募委 6%,地方 14%),福利资金所占比例调整为 30%;面值 2 元的奖券,奖金返还率为 55%,发行成本占 15%(其中,中募委 5%,地方 10%),福利资金占 30%。1994 年 12 月 2 日,民政部颁发的《中国福利彩票管理办法》的第十八条对彩票资金分配作出规定:福利彩票销售总额为彩票资金,奖金不得低于彩票资金的 50%,管理资金不得高于彩票资金的 20%,社会福利资金不低于彩票资金的 30%。2001 年 12 月 30 日国务院颁发《关于进一步规范彩票管理的通知》,规定:“从 2002 年 1 月 1 日起,彩票发行资金构成比例调整为:返奖比例不得低于 50%,发行费用比例不得高于 15%,彩票公益金比例不得低于 35%。”同时规定:“今后随彩票发行规模的扩大和品种增加,进一步适当调整彩票发行资金构成比例,降低发行费用,增加彩票公益金。”2005 年 9 月

1 日，网点即开票发行资金构成比例调整为：奖金返还率为 65%、公益金占 20%，发行费用占 15%。电脑票和中福在线的资金分配比例为：公益金 35%，返奖奖金 50%，发行费 15%。

2006 年，民政部根据国务院决定，从 2001 年起，彩票资金分割比例调整为：奖金不低于 50%，福利金不低于 35%，发行费用不高于 15%。同时，对彩票公益金留成比例进行调整。由财政部会同民政部参照 2001 年度福利彩票发行额度和实际销量确定基数。发行销售在基数以内筹集的彩票公益金，继续由民政部门按原定范围使用；超基数发行所筹集的彩票公益金，20% 留民政部门分配使用，80% 上缴财政部，纳入全国社会保障基金，统一管理使用。为增强宏观调控能力，从全局出发，经研究决定，从 2001 年起，基数内发行所筹福利金，地方按发行额 25% 留用不变，10% 上缴民政部，主要用于资助贫困、欠发达地区，同时支持发行业绩突出地方的重点项目建设。

2006 年，财政部下发《关于调整彩票公益金分配政策的通知》，对彩票公益金分配作出具体规定，返奖奖金比例不少于 50%，公益金比例不得低于 35%，发行费比例不得高于 15%。其中，电脑型福利彩票：返奖比例不低于 50%；公益金比例不得低于 35%，其中，上缴中央 17.5%，另 17.5% 由省各级民政部门留存；发行费比例不得高于 15%，其中，上缴中央 1%，省及以下留存 6·5%，暂支付投注站代销费 7·5%。网点即开型福利彩票：返奖比例不得低于 65%；公益金比例不得低于 20%，其中，上缴中央 10%，各销售单位留存 10%；发行费比例不得高于 15%，其中，上缴中央 2.85%，省及以下留存 2.15%，暂支付代销站代销费 10%。中福在线即开型彩票，返奖比例不得低于 65%；公益金比例不得低于 20%，其中，上缴中央 10%，省本级留存 10%；发行费比例不得高于 15%，其中，上缴中央 6%，省本级留存 1%，销售大厅留存 8%。电脑型福利彩票返奖奖金即指销售总额的 50% 用于奖金返给彩民，分为当期奖金和调节基金，其中当期奖金为 49%，调节基金为 1%。

福利彩票公益金总额的 50%（即 17.5%）上交中央财政。省、市（县）留存 50%（即 17.5%）的分配比例是：省本级 25%（即全省总销量的 4.37%），市及县以下 75%，（即当地销量的 13.12%）。电脑票发行费分配比例为：中国福彩中心 1%，省级按 4% 计提（含各县级发行经费 1%，按县级销售额的比例计提），市级 2.5%，投注站点 7.5%；中福在线发行费比例为：中国福彩中心 6%，省级 1%，市级 8%（含销售厅发行费）；刮刮乐发行费比例为：中福彩中心 4.15%（含技术建设费 1.3%），省级 0.85%，市级 1.5%，中心站 2%，终端零售点 6.5%。

1988—2007 年安徽省福利彩票销售统计表

表 6-4-4　　单位:万元

年份	销量	筹集公益金	上缴中央	地方留成
1988	1123.99	81.20	256.00	337.20
1989	1068.75	82.03	238.60	320.63
1990	1693.08	29.82	478.10	507.92
1991	2251.00	70.00	605.30	675.30
1992	2711.00		137.80	675.50
1993	8214.07	551.42	1912.80	2464.22
1994	12155.09	796.83	2849.70	3646.53
1995	19088.18	1002.75	4723.70	5726.45
1996	15729.00	756.40	3962.30	4718.70
1997	10050.20	557.66	2457.40	3015.06
1998	13862.20	837.06	3321.60	4158.66
1999	25035.40	1259.52	6251.10	7510.62
2000	16397.84	447.15	4472.20	4919.35
2001	35054.75	4730.51	5785.92	10516.43
2002	23206.75	4641.35	3481.01	8122.36
2003	27413.73	5204.65	4390.16	9594.81
2004	41476.63	8281.39	6235.43	14516.82
2005	100089.02	17485.58	17485.58	34971.16
2006	128,081.77	21,841.56	21,841.56	43,683.12
2007	188,383.13	31,613.34	31,613.34	63,226.68
合计	673,085.58	100,408.02	123,037.30	223,445.32

彩票资金账户管理　彩票机构发行彩票所筹集的公益金和提取的发行经费,由彩票机构纳入财政专户,按“收支两条线”原则进行预算管理,专款专用。彩票公益金不得用于平衡预算,发行费用结余不得用于补充民政部门的行政经费。彩票机构在国有商业银行开设彩票资金专用账户,专门用于归集彩票销售资金。2003 年,安徽省福利彩票发行中心针对工商银行缴款结算系统存在的弊端,将全省福利彩票销售资金结算银行调整到农业银行,并制定下发《安徽省电脑福利彩票资金结算管理暂行规定》,对站点缴款日期、预留兑奖额及代销费的缴取方式等方面作了明确的规定。

从 2002 年开始,彩票公益金实行省级统管。在安徽省行政区域内销售福利彩票所筹集的公益金，统一由安徽省福利彩票发行中心集中，并于每月10日前将上月计提的福利彩票公益金从福利彩票销售资金专用账户全额缴入省级财政专户。

发行经费实行分级管理。各级彩票机构在每月10日前，将上月计提的属于本级使用的发行经费，扣除电脑彩票投注站代销费用的余额缴入同级财政专户，同时按规定比例缴拨应上交上级和下拨下级彩票机构的发行经费。

第四节　福利彩票公益金使用

自1988年发行福利彩票以来，安徽省福利彩票坚持“扶老、助残、救孤、济困”宗旨，不断推动安徽的社会稳定和文明进步。截至2006年6月，全省销售福利彩票40亿元，共筹集社会福利资金约14亿元。不仅弥补国家财政对社会福利事业资金投入的不足，而且极大地促进社会福利事业、残疾人事业、老年人事业、社区服务、社会保障事业的蓬勃发展，为“星光计划”“明天计划”项目的顺利开展提供强有力的资金支持。

2000年以后，安徽省在自上而下、重点抓好县以上的福利院建设基础上，逐步加大空白县的投入，并对一些旧、偏、小的老福利院逐个进行改造、扩建和搬迁建设，新建50多所新的社会福利院、儿童福利院。并对大部分乡镇敬老院进行重点扶持，使之升级上档。截至2008年年底投入3亿多元，资助4000多个项目，用于社会福利事业设施建设。基本上每个县都有一所崭新漂亮、有一定规模的福利院，乡乡都有标准的敬老院。

公益金使用　安徽省福利彩票始终坚持“扶老、助残、救孤、济困”宗旨和公平、公正、公开的诚信原则，积极稳妥地开拓福利彩票发行市场，不断加强和规范彩票发行管理，坚持将所募集的福利彩票公益金重点投入社会福利事业和社会公益领域，致力于提倡和营造健康的彩票文化，充分体现福利彩票“有奖募捐”的性质，得到社会各界的广泛认同和支持。

福利彩票公益金主要通过资助项目的方式支持福利事业和公益事业的发展，所资助的项目分为非设施类与设施类两个部分。在非设施类福利项目方面，最为著名的项目就是残疾孤儿手术康复明天计划。即为残疾孤儿进行手术矫治和康复，逐步开展对脑瘫、疑难重症儿童的手术矫治和康复；“夕阳红图书室援建计划”是由民政部、中央精神文明建设办公室、新闻出版总署、国家广电总局、中国作协联合举办的万家社区图书室援建和万家社区读书活动的组成部分。“十一五”期间执行的重点设施类福利项目有霞光计划、社区服务设施建设项目、蓝天计划和流浪未成年人救助保护体系建设规划等。

改善城乡社会福利设施　按照《安徽省社会福利有奖募捐委员会章程》和中国社会福利有奖募捐委员会《关于有奖募捐社会福利资金使用试行办法》规定，福利资金用于“兴办为残疾人、老年人、孤儿等社会福利事业和帮助有困难的人，以及资助社会福利企业，发展社区服务”。1988年、1989年，全省用中国社会福利有奖募捐委员会

返回资金80万元，省社会福利有奖募捐委员会投入95.88万元，地、市、县有奖募捐委员会投资236.72万元，共412.6万元，兴办和资助不同类型的社会福利事业和生产项目177个，帮助有困难的"五保"户、困难户2878人次。

安徽省社会福利有奖募捐福利资金使用统计表

表6-4-5

项目		1988年5月至1989年12月	使用概况		资金投放使用率（%）
			兴办项目（个）	投入金额（万元）	
奖券发行情况	全省发行额（万元）	4900.00	—	—	—
	全省销售额（万元）	3016.00	—	—	—
实筹资金数（万元）	合计	1177.48	168	389.38	33.07
	上缴中募委	230.03	7	80.00	37.78
	省募委留成	119.34	22	72.66	60.88
	地市县募委留成	828.11	138	236.72	28.84
分类使用情况	社会福利事业		89	228.17	—
	社会福利企业		34	144.69	—
	社区服务		26	5.08	—
	其他		18	11.44	—

说明：1. 此表系省募委办公室提供；

2. 奖券按不同形式的奖金返回率占35～55%，奖券成本费、管理费占15%，实际筹集资金数只占奖券发行额的30～50%；

3. 社会福利事业主要是社会福利院和农村敬老院；社会福利企业主要是社会福利生产

1988年以前，全省社会福利事业单位普遍院舍破旧，设施简陋，各方面的标准和条件较差，建筑面积、固定资产和床位数很少。1990年以后，随着福彩公益金资助和政府投入的不断加大，城市社会（儿童）福利院、农村敬老院居养环境和设施条件不断改善，不少社会福利机构已经成为当地及全省精神文明建设和对外开放的"窗口"。

截至2005年年底，全省共销售福利彩票35.66亿元，筹集社会福利资金约11.65亿元（其中上缴中央4.69亿元，地方留成6.69亿元）。资助各类社会福利项目56224.9万元，资助的设施项目达5459个；资助的非设施项目有10多种，金额6401.9万元。

支持老年福利事业　年始安徽省确定用三年的时间，将发行福利彩票筹集公益金的80%以上用于实施"星光计划"，在全省建立和完善社区老年服务网络，为居家养老提供支持，为社区服务提供载体，为老年服务提供场所。安徽省完成上千个"星光计划"项目，总投资额也高达上亿元。全省城市街道、居委会建设一批标有"星光计划——中国福利彩票资助"标志的老年福利设施。

组织实施"社区老年福利服务星光计划"项目。2001年7月到2004年6月，按照民政部统一部署，安徽省制定三年实施"星光计划"，80%的福利公益金用于专项惠及城乡老年人的“民心工程”“德政工程”。经过三年努力，建成1200多个星光老年之家，建筑面积达548940平方米，投入部级福彩公益金金4280万元，省级福彩公益金12946万元，各地自筹6047万元。涌现出合肥市蜀山区竹荫里社区、马鞍山市雨山区平湖街道一村社区、淮北市杜山集矿山集镇星光老年之家3个全国星光老年之家先进集体和六安市裕安区西市街道凤凰桥社区星光老年之家等14个省级先进集体。在实施第三批星光计划项目时，将农村敬老院作为投入重点，对369所敬老院进行维修和改扩建。全省通过政策引导和福彩公益金的扶持，鼓励集体组织、村（居）民自治组织、社会团体、企事业单位、个人以多种形式举办社会福利事业。截至2005年年底，全省社会办的老年福利机构（老年公寓）已经发展到85家，床位总数5887张。民办老年公寓规模逐渐扩大，养老机构开始出现集团化、连锁化经营模式。2004年年底，安徽省利用福彩公益金，通过政府采购形势，为80多家社会办托老机构配备空调、彩电、太阳能热水器、面包车等。在自上而下、重点抓好县以上的福利院建设基础上，省民政厅逐步加大空白县的投入，并对一些旧、偏、小的儿童福利院逐个进行改造、扩建和搬迁建设，新建多所新的社会福利院、儿童福利院。

图6-4-3

关爱孤残儿童身心健康 自2004年起实施的“残疾儿童康复明天计划”，为城乡各类福利机构中的0～18岁具有手术适应症的残疾孤儿进行手术矫治和康复。截至2005年年底，已经利用福利彩票所筹集的公益金为371名孤残儿童成功地实施了康复手术。安徽福利彩票在公益金使用上还注重拨出专款，用于残疾人事业的发展，拨出300多万元用于残疾人康复、聋哑学校特教事业。采取直接拨款和贴息贷款的办法，重点扶持300多个社会福利企业，安排近万名残疾人就业。

资助社区服务和慈善救助事业 为加快城市社区服务事业发展，各地福利彩票公益金用于各级社区服务中心建设，完善社区功能，提升城市品位。同时，全省各级民政部门还充分利用福利彩票公益金开展助困、助残、助学等多种社会公益活动，如：福利彩票公益金救助特困群众活动，省市县三级联动，每年全省投入3000万元公益金，救助1万多名特困群众；开展资助贫困大学生活动；利用福利彩票公益金开展爱心献劳模活动；资助兴办社区残疾人诊所；用于表彰奖励见义勇为的困难家庭、资助兴办和改扩建

光荣院等。

大奖得主自愿捐赠公益活动　2003 年 11 月，全省各地利用大奖得主自愿捐款 12 万元，在合肥市、六安市、滁州市、巢湖市 4 个市开展资助老、孤、残、困特殊群体活动，每个市各资助 3 万元。合肥市 3 万元善款分别捐赠瑶海区、蜀山区孤寡老人各 1.5 万元，共资助 109 位特困老人。六安市 3 万元善款使用情况如下：现场捐赠 10 名特困残疾人，每人 200 元，计 2000 元；对 2003 年重灾县霍邱、寿县、裕安区受灾特困残疾人每县、区资助 40 人，每人 200 元，计 24000 元；救助舒城县抗暴致残特困残疾人补助购买电脑 2000 元；救助贫困失学残疾儿童 10 人，计 2000 元。滁州市 3 万元善款捐赠给滁州市电扇总厂下岗职工。巢湖市用于资助 60 名春蕾女童，其中市直 10 名、无为县 10 名、和县 10 名、含山县 10 名、居巢区 10 名、庐江县 10 名。

2005 年，省福利彩票发行中心报经省民政厅领导同意，筹资 10 万元对合肥工业大学 100 名贫困大学生进行每人 1000 元的对口资助。2008 年，省福利彩票发行中心利用中大奖彩民自愿捐款的善款开展系列救助活动，如每年资助贫困大学生的“让我们的爱伴随你回家”活动、免费送高考生赴考的“2008 爱心送考缘丝带行动”、抗震救灾捐赠等活动，以及中大奖彩民委托定向捐赠的公益活动。

1988—2005 年安徽省福利彩票销售统计表

表 6-4-6　　单位：万元

年份	销量
1988	1123.99
1989	1068.75
1990	1693.08
1991	2251.00
1992	2711.00
1993	8214.07
1994	12155.09
1995	19088.18
1996	15729.00
1997	10050.20
1998	13862.20
1999	25035.40
2000	16397.84
2001	35054.75
2002	23206.75

续表 6-4-6

年份	销量
2003	27413.73
2004	41476.63
2005	100089.02
合计	356620.68

1988—2005 年安徽省福利彩票筹集公益金统计表

表 6-4-7　　单位:万元

年份	筹集公益金		
	上缴中央	地方留成	小计
1988	81.20	256.00	337.20
1989	82.03	238.60	320.63
1990	29.82	478.10	507.92
1991	70.00	605.30	675.30
1992	137.80	675.50	813.30
1993	551.42	1912.80	2464.22
1994	796.83	2849.70	3646.53
1995	1002.75	4723.70	5726.45
1996	756.40	3962.30	4718.70
1997	557.66	2457.40	3015.06
1998	837.06	3321.60	4158.66
1999	1259.52	6251.10	7510.62
2000	447.15	4472.20	4919.35
2001	4730.51	5785.92	10516.43
2002	4641.35	3481.01	8122.36
2003	5204.65	4390.16	9594.81
2004	8281.39	6235.43	14516.82
2005	17485.58	17485.58	34971.16
合计	46953.12	69582.40	116535.52

第五章 老龄工作

老龄工作是人类社会进步和人口老龄化发展的产物。随着人类寿命的延长,老年人的增多,逐步产生为解决这些老年人问题的组织活动,即老年人工作。

20世纪80年代,中国完成人口年龄结构由年轻型向年老型的转变。由于老年人口的大量增加及对社会经济发展产生的深刻影响,老龄问题成为中国的一个重大社会问题。

根据联合国对老龄问题的界定,中国老龄工作引起政府重视并作为一项工作职责,一直到老龄问题世界大会以后才逐步展开。1983年4月,国务院正式批准中国老龄问题委员会成立,开始有组织、有领导、有计划地开展老龄工作。安徽省也是如此,1984年5月,省人民政府批准成立安徽省老龄问题委员会,开始全新的老龄工作新局面。

第一节 老年人口状况

根据国际上确定老年人的年龄下限一般有两个标准,即65岁和60岁。《中华人民共和国老年人权益保障法》规定,60周岁及以上的公民为老年人。《安徽省实施〈中华人民共和国老年人权益保障法〉办法》把老年人的年龄界限规定为60周岁。作为特殊的人口群体的老年人,不仅是一个巨大的消费群体,也是一个蕴藏着宝贵资源的人才群体,同时,也是一个需要救助和保护的弱势群体,老年人口的现状、分布、构成,为各级政府制定特殊人口群体的有关政策、法规提供决策依据。

人口变化与老年人口 人口多一直是安徽的基本省情特征之一。安徽省人口总量的变化随着经济社会发展起伏而具有明显的时代特征,先后经历新中国成立初期、三年困难时期之后、80年代后期、本世纪初四次生育高峰,以及三年困难时期、70年代末80年代初期的二次生育峰谷。全省户籍总人口由1978年的4713万人逐步增加到2007年的6676万人。人口总量始终居全国第八位,占全国总人口的比重在5%左右。与之相适应的,这段时间安徽人口发展也呈现出较为明显的阶段性特征,大致可分为三个阶段:

第一阶段(1978年—1990年),人口控制初期阶段。这个阶段的主要特征是:出生率和自然增长率呈V型波动、死亡率呈上升之势,波动幅度都较大。自20世纪70年代计划生育工作在安徽普遍展开以后,人口迅速增长的势头受到抑制。1978年以后,中国的社会经济发生了重大变革，进入到以经济建设为中心的新时期，对人口问题的认识进一步加深，安徽育龄妇女生育水平迅速下降，总和生育率由1970年的6.5‰降至1990年的2.5‰，人口出生率也逐步下降。但由于受第二次生育高峰等因素影响，20世纪80年代后期出现新中国成立以来第三次出生高峰，人口出生率回升，全省人口出生率1978年为20.49‰，1982年降为18.38‰，1985年下降到这个阶段的最低点15.61‰，到1990年又回升至24.47‰。1978年—1990年全省人口死亡率总体呈上升之势。1982年前人口死亡率在4.6‰—4.8‰之间波动，1983年～1990年大体在5‰～6‰区间波动。安徽是一个以农业生产为主的省份，人口的省际迁移数量较小，影响人口总量变动的主要是自然变动。1978年年初至1990年年末，全省总人口由4713万人增至5661万人，12年间净增948万人，年均增加79万人，年均增长率为1.54%。

第二阶段（1991年—2003年），人口控制初显成效阶段。这个阶段的主要特征是：出生率和死亡率均呈单边、快速下降，自然增长率则呈缓慢下降之势。自1991年起，安徽开展每年一次全省性的百万人口抽查调查，调查结果作为省政府考核县、市计划生育工作的重要依据，并对计划生育工作实行一票否决权，人口过快增长势头得到有效控制。1991年至2003年年末，全省户籍总人口由5744万人增至6410万人，12年间人口净增666万人，年均增加55.5万人，年均增长率为0.92%。人口出生率、自然增长率分别由1991年的21.2‰和15.13‰下降到2003年的11.15‰和8.6‰，总和生育率下降到更替水平以下，达到世界低生育国家水平。死亡率从1991年6.1‰快速下降到2003年5.2‰。安徽省实现了人口再生产类型从高出生、低死亡、高增长到低出生、低死亡、低增长的历史性转变。

第三阶段（2004年—2008年），人口增长进入新的高峰期，但人口控制步入良性循环阶段。这一阶段人口发展的主要特征是：出生率、死亡率缓慢爬升，自然增长率总体稳定。由于从本世纪初开始，生育旺盛期的妇女数量逐渐形成一个小高峰，同时，自实行计划生育以来大批独生子女陆续进入生育年龄，出生人口数量明显增加，安徽省进入新一轮生育高峰。2007年与2003年低谷年相比，人口出生率4年上升1.6个千分点。和前几次生育高峰相比，速度明显放缓，如1989年和低谷的1985年相比，4年上升8个千分点。受人口老龄化速度加快的影响，人口死亡率开始上升，由2003年的5.2‰上升到2007年6.4‰。人口自然增长率变动幅度大体在6‰～6.4‰区间内窄幅变化。这个时期，全省户籍人口由2004年6461万人增加到2007年的6676万人，年均增长率为1.1%，增长率有所回升。

安徽省人口年龄结构老化现象始于20世纪80年代初期，90年代人口老龄化进程明显加快。1982年全国第三次人口普查时，安徽省60岁及以上的老年人口为337万人，占总人口的6.8%。1990年全国第四次人口普查时增至481万人，占总人口的8.5%。1993年，全省老年人口为540万人，其中农村老年人口占80%。2000年全国第五次人口普查时，安徽省60岁及以上和65岁及以上老年人口分别为649.94万人和447.81万人，分别占总人口的11.02%和7.59%；分别比1990年全国第四次人口普查时上升2.45和2.18个百分点。同时，少年儿童的比重由1990年的28.39%下降至25.49%，10年间下降2.9个百分点，老少比由1990年的30.19%上升至43.21%，上升13.02个百分点；常住人口的年龄中位数由1990年的24.02岁上升到30.42岁。

安徽省人口年龄构成类型变化统计表（单位:%、岁）

表6-5-1

	类型	0 ~ 14岁人口比重	65岁及以上人口比重	老少比	年龄中位数（岁）
国际通常划分人口年龄结构类型的标准	年轻型	40以上	4以下	15以下	20以下
	成年型	30 ~ 40	4 ~ 7之间	15 ~ 30	20 ~ 30
	老年型	30以下	7以上	30以上	30以上
人口普查年份	1990年	28.39	5.4130.19	24.02	
	2000年	25.49	7.59	43.21	30.42

从1990年到2000年的10年间，安徽省65岁及以上老年人口总数从303.7万人增长到448.0万人，增长47.5%，平均每年增长3.84%。1998年65岁及以上老年人口比重已达到7.02%，按照国际通行标准，安徽省人口年龄结构已进入老龄化阶段。由于全省人口老龄化水平提高迅速，老年人口系数（占总人口比例）在全国历次人口普查中序位也迅速前移，即从1982年的第25位前移到1990年的第21位，再前移到2000年的第9位，18年间序位前移16个位次，序位前移速度居全国之首。

2005年年底，安徽省60岁及以上老年人口达到761万人，占总人口的11.68%。在未来的20年里，老年人口还将以年均超过3%的速度递增。预计到2045年将突破总人口的25%。

2006年，全省常住人口中，65岁及以上的人口达到616万人，占常住人口总数的10.08%；15 ~ 64岁的人口为4087万人，占常住人口的66.84%；0 ~ 14岁的人口为1411万人，占常住人口的23.07%。与第五次全国人口普查相比，0 ~ 14岁人口的比重下降2.42个百分点，65岁及以上人口的比重上升2.49个百分点。

2007年，全省总人口为6675.7万人，60岁及以上老年人口900万人，65岁及以上老年人口629.4万人，分别占全省当年常住人口总数的13.48%和9.42%。

2008年，全省60岁及以上老年人口达到935万人，比2000年、1990年和1982年分别增加243万人、453万人和598万人；65岁及以上老年人口占总人口的11.16%，较2000年、1990年和1982年分别上升3.6个、5.8个和7.1个百分点。预计今后人口老龄化进程将进一步加快。

1982年全国第三次人口普查时，安徽省人口社会抚养比为67.3%，1990年全国第四次人口普查时安徽的社会抚养比下降为51.1%;2000年全国第五次人口普查时社会抚养比下降到49.2%，2008年为44.9%，26年里下降22.4个百分点。与此同时，劳动年龄人口比重逐渐上升，由1982年的59.8%提高到2008年的70.04%。以社会总抚养系数50%为界限，安徽省大约在2000年前后开始进入收获人口红利期。根据预测，今后人口总抚养比还将进一步下降，大约在2012年降到最低点38%左右，预计安徽省"人口红利"期将延续至2025年—2030年，之后社会抚养总系数将超过50%，人口红利将逐步枯竭。

安徽省人口年龄构成统计表

表6-5-2 单位:%

年份	0～14岁少年儿童比重	65岁及以上人口比重	少年儿童抚养系数	老年人口抚养系数	总抚养系数
1953	36.06	4.61	60.78	7.78	68.56
1964	38.42	3.26	65.88	5.59	71.47
1982	36.15	4.08	60.48	6.83	67.31
1990	28.39	5.41	42.89	8.16	51.05
1995	27.33	6.73	41.45	10.25	1.65
2000	25.52	7.45	38.08	11.11	49.18
2005	23.09	10.09	34.56	15.14	9.66
2008	19.81	11.15	28.70	16.15	44.85

老年人口年龄结构及其分布 老年人口年龄结构是一定时点、一定地区各年龄组的老年人口在全部老年人口中所占的比重，通常用百分比来表示。老年人口的年龄结构与总人口的年龄结构一样，都是由历年的人口出生、死亡和迁移水平决定的。

2000年全国第五次人口普查统计，安徽老年人口具有明显的分化特征，按10岁为一个年龄组可分为三个部分:一是低龄组老年人，年龄在60～69岁;二是中龄组老年人，年龄在70～79岁;三是高龄组老年人，年龄在80岁及以上。2000年安徽省高龄组老年人口在60岁及以上老年人口中所占比重为8.8%，而低龄组老年人口比重高达57.60%，占各年龄组老年人口总数一半以上。可见，安徽老年人口年龄结构还处于较年轻状态。从老年人口年龄结构总体水平来看，处于安徽淮北地区的宿州、亳州、阜阳、蚌埠和淮北市老年人口年龄结构属于相对老化的区域;而沿江地区的铜陵、马鞍山、安庆和巢湖市则是老年人口年龄结构相对年轻的区域。

从城乡分布情况的来看，安徽省的高龄组老年人口比重从低到高的顺序依次为市、镇和县;而低龄组老年人口比重从低往高的顺序分别为县、镇、市，正好与高龄组老年人口比重分布相逆。安徽省县一级的老年人口的年龄结构相对老化一些，而市和镇一级的老年人口的年龄结构相对年轻一些。

2000 年安徽省市镇县老年人口年龄结构统计表

表 6-5-3　　单位:%

城乡别	60 ~ 64 岁	65 ~ 69 岁	70 ~ 74 岁	75 ~ 79 岁	80 岁以上
市	33.98	27.31	19.40	11.49	7.80
镇	31.68	26.79	0.36	12.58	8.59
县	30.47	26.35	20.70	13.45	9.03

安徽省不同性别老年人口的年龄结构是大不相同的,男性老年人口中,高龄组老年人口所占比重仅为 6.11%,低龄组老年人口所占比重高达 62.16%;女性老年人口中,高龄组老年人口比重高达 11.42%,相应地低龄组老年人口比重为 53.22%。说明女性老年人口的年龄大大高于男性老年人口。

2000 年安徽省不同性别老年人口年龄结构统计表

表 6-5-4　　单位:%

性别	60 ~ 64 岁	65 ~ 69 岁	70 ~ 74 岁	75 ~ 79 岁	80 岁以上
男	34.18	27.98	20.25	11.49	6.11
女	28.09	25.13	20.73	14.63	11.42

人口年龄结构的构成情况。2009 年,在全省常住人口中, 0 ~ 14 岁儿童人口占总人口比重(即少儿系数)为 19.40%;15 ~ 64 岁人口占总人口的 69.17%;60 岁及以上人口占总人口比重为 16.52%,其中 65 岁及以上老年人口比重(即老年系数)11.43%;老少比 58.92%。从三大年龄段人口比重的变化情况看,1990 年—2009 年间, 0 ~ 14 岁年龄人口的比重呈逐年减少趋势,成年组人口所占比重基本持平,老年组人口所占比重逐渐增加。

安徽省三大年龄段人口比重变化情况统计表

表 6-5-5

年份	少年儿童系数	15 ~ 64 岁人口比重	老年系数
1990	28.39	66.20	5.41
1992	27.96	65.83	6.09
1994	26.60	65.95	6.40
1996	26.63	67.12	6.50

续表 6-5-5

年份	少年儿童系数	15 ~ 64 岁人口比重	老年系数
1998	24.95	67.00	7.02
2000	25.52	65.94	7.45
2002	24.36	66.87	8.50
2004	22.82	67.25	9.30
2006	21.48	68.03	10.16
2008	19.81	68.02	11.15
2009	19.40	69.17	11.43

1990 年到 2009 年 20 年间，安徽省低龄组人口占总人口的比重由 28.39% 减少到 19.40%；15 ~ 64 岁组人口所占比重，2008 年为 69.17%，与 1990 年的 66.20% 相比上升近 3 个百分点，老年人口所占比重由 5.41% 增加到 11.43%，增幅明显。

从人口年龄中位数看，安徽人口群体的年龄呈逐年增高之势，年龄中位数从 1990 年的 24 岁增加到 2009 年的 37.8 岁，年均增加 0.73 岁。

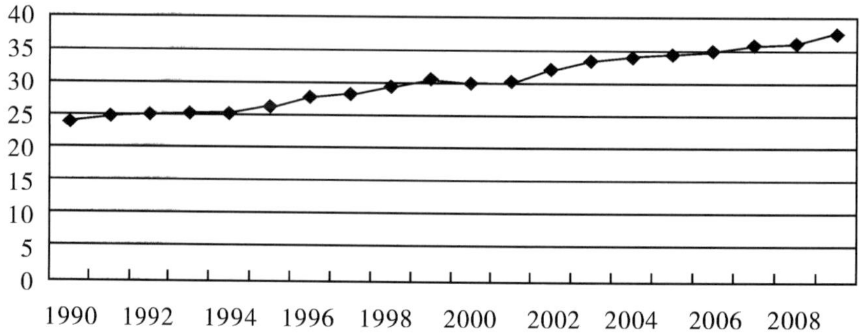

图 6-5-1　1990 年—2009 年安徽省人口年龄中位数变化图

1990 年到 2009 年 20 年间，安徽省人口经历成年型向老年人口类型的转变，人口预期寿命延长，老龄化程度加深，流动人口数量增加，计划生育政策得到较好的贯彻，这些因素对安徽省常住人口的年龄结构变化都产生了一定的作用。0 ~ 14 岁人口比重持续下降，从 1990 年的 28% 下降到 2008 年的 20% 以内，65 岁及以上人口比重年年走高，由 4% ~ 7% 的成年型，提高到大于 7% 的老年型；年龄中位数逐年增加，到 2006 年突破 35 岁，2009 年接近 38 岁；老少比继续提高，由 15% ~ 30% 之间的成年型，提高到 2008 年的 58% 的老年型。可见，1990 年到 2008 年的近 20 年间，安徽省人口年龄结构正由成年型逐步向老年型过渡。从人口类型划分标准的各项指标上判定，从 1999 年开始，安徽开始由成年型向老年型过渡，完全步入老年型社会。

人口年龄构成的地区差异。地区间传统历史文化差异以及地区间经济发展水平的不同，对人口年龄在地区间的分布，有不同程度的影响。从各市人口年龄构成看，安徽省17个市存在着明显的差异。

全省所有17市人口类型已转变为老年型,但人口年龄结构构成却有较大差异。安徽省17个市中,65岁及以上人口比重均在7%以上,其中,巢湖和芜湖两市的比重最高,超过13%,而淮北和亳州两市最低,比重在10%以下;0～14岁人口比重均在30%以下,而阜阳、宿州、亳州和六安4个人口大市的比重在20%以上,其余的市在20%以下,芜湖和马鞍山两市最低,在15%以下。全省各市的老少比均超过30%,芜湖和马鞍山两市最高,达89%以上,而阜阳和亳州两市最低,仅在40%左右。按照人口类型划分标准,2008年全省各市均已进入老龄化社会。

2008年安徽省各市人口年龄结构统计表

表6-5-6

地区	0～14岁人口比重(%)	65岁及以上人口比重(%)	老少比(%)
合肥市	17.06	10.51	61.61
芜湖市	14.94	13.23	88.55
蚌埠市	19.29	10.24	53.08
淮南市	17.23	10.87	63.09
马鞍山市	14.79	11.06	74.78
淮北市	18.10	9.35	51.66
铜陵市	14.35	11.60	80.84
安庆市	19.02	12.82	67.40
黄山市	14.74	12.51	84.87
滁州市	18.55	11.67	62.91
阜阳市	25.04	11.55	46.13
宿州市	20.25	11.39	56.25
巢湖市	19.11	14.36	75.14
六安市	20.25	12.30	60.74
亳州市	24.37	9.54	39.15
池州市	17.85	11.34	63.53
宣城市	15.35	11.17	72.77
总计	19.40	11.43	58.92

0～14岁人口年龄构成存在着地区差异。长江以南的芜湖市、马鞍山市、黄山市、铜陵市和宣城市均在16%以下,而淮河以北的市几乎普遍大于江淮之间的市。这说明区域人口的年龄构成差异比较显著,反映安徽省南北区域人口的生育观念、实际生育水

平和模式存在着明显的差异。

全省各市65岁及以上人口年龄构成也存在着地区间的差异，差异情况与该市流动人口规模和强度有关。最高的是巢湖市，达到14.4%，最低的是淮北市，仅为9.35%，巢湖市是著名的人口流出大市，流出人口占总人口比重较高，而流出人口中又主要是青壮年为主，所以老年人口比重相对较高，而淮北市是以煤炭开采为主的城市，人口流出并不多，导致两市在老年人口有差异。

老少比构成的地区差异。2009年安徽省老少比最低的市是阜阳市、亳州市、阜阳市和淮北市，都在50%左右及以下，最高的是芜湖市、黄山市和铜陵市，都在80%以上。从总体上讲，安徽省的老少比呈现出"北低南高"之势。

人口老龄化 人口老龄化社会是以人口年龄结构的日趋老化、老年人口基数不断扩大、老年人口数量占总人口数量的比重不断增加为重要特征的社会。按照国际划分人口年龄类型的标准，0～14岁少年儿童比重在30%以下，65岁及以上老年人口比重在7%以上，老少比在30%以上时称为人口老年型结构，或称为老年型社会。中国通常采用另一个标准，即60岁及以上老年人口在总人口中的比重达到或超过10%时，也被称为老年型社会。

安徽人口老龄化速度逐步加快。1982年全国第三次人口普查时，全省的几个主要人口系数朝着成年型社会演化，1～14岁少儿人数占总人口的比重即少年人口系数为36.15%,65岁及以上老年人口系数为4.1%，年龄中位数为20.2岁。到1990年全国第四次人口普查时，年龄中位数为24.02岁，1～14岁少年儿童系数降到28.4%，老年人口比例为5.4%，属于典型的成年人口型。

1998年，安徽省65岁及以上老年人口比重达到7.02%，年龄中位数达到29.5岁，表明安徽省开始步入老龄化省份行列，老龄化进程约比全国早两年。

2000年，全省总人口为5900万人，其中60岁及以上和65岁及以上老年人口数分别为649.94万人和448.0万人，占总人口的比重分别为11.02%和7.59%；70岁及以上和80岁及以上高龄老年人口分别为275万人和57万人，占总人口的比重分别为4.41%和1.0%。说明老年人口比重从低龄到高龄呈依次递减趋势。

安徽从1990年到2000年，65岁及以上老年人口数从303.7万人增加到448.0万人，增长47.5%，平均每年增长3.84%。65岁及以上老年人口占总人口的比重达10.7%，较2000年、1990年和1982年分别上升3.1、5.3和6.6个百分点。由于老年人口总数增加快，占总人口比重不断上升，导致人口年龄结构不断老化。老年人口增长速度远远超过少年人口增长速度，预示全省社会和家庭的抚养重心逐步由少年儿童转向老年人口。

1982—2008 年安徽省人口系数变化统计表

表 6-5-7　　　　单位:%

年份	0 ~ 14 岁少年儿童系数	65 岁及以上老年人口系数	年份	0 ~ 14 岁少年儿童系数	65 岁及以上老年人口系数
1982	36.14	4.06	2001	24.27	8.12
1990	28.39	5.41	2002	24.36	8.50
1995	27.33	6.73	2003	23.43	9.19
1996	26.63	6.50	2004	22.82	9.30
1997	26.04	6.71	2005	23.09	10.09
1998	24.95	7.02	2006	21.48	10.16
1999	24.60	7.38	2007	20.41	10.72
2000	25.52	7.45	2008	19.81	11.15

老年人口对全省人口养老模式提出新挑战。老年人口绝对量增加,社会养老压力加大。老年人口抚养比从 2000 年的 11.1% 上升到 2007 年的 15.6%,上升 4.5 个百分点。高龄老年人增多,老年人口自我养老能力下降。80 岁及以上的老年人口占 16.0%。与 2000 年相比,比重上升 3.1 个百分点。此外,2007 年老年人口有 57.6% 是文盲、半文盲,文化素质偏低且缺乏社会保障;随着年龄增长和健康状况的下降,自我养老能力逐渐减弱。户均供养老年人数增多,家庭养老模式弱化。三人及以上户占家庭户总数的比例由 2000 年的 77.2% 下降到 2007 年的 62.1%。家庭规模和结构的小型化、核心化,使过去多对夫妇供养一对老人,变成一对夫妇供养两对及两对以上老人。独居老年人增多,社会养老需求增大。2007 年,安徽省有 65 岁及以上老年人口的家庭中,一个老人和一对老夫妇单独居住比例比 2000 年增加 10 个百分点以上。因此,探索和建立健全合乎时代要求的养老模式日益成为家庭、社会、政府共同关注的问题。

安徽省自 20 世纪 90 年代中后期逐步进入老龄化社会后,这个变化过程在继续加快。2006 年 0 ~ 14 岁少年儿童人口系数为 21.5%,比 2000 年下降 4 个百分点, 65 岁及以上老年人口系数 10.2%,较 2000 年上升 2.6 个百分点。老龄社会的到来,会给政府、社会、家庭带来一系列的问题,这是需要全社会来共同承担和面对的现实。

面对“未富先老”的客观现实,安徽省劳动力的负担却处于最轻的时期,人口年龄结构变化给经济社会发展带来的“人口红利”开始显现。所谓“人口红利”主要是指人口转变过程中所出现的被抚养人口比例不断下降、劳动年龄人口比例不断升高的一段时期,这样一种人口结构因为大大有利于经济增长而被形象地比喻为人口所带来的一种“红利”。1991 年安徽省人口总抚养比为 51.9%, 2000 年降至 49.2%, 2006 年为 46.3%。根据预测,安徽人口总抚养比将进一步下降,大约在 2012 年降到最低点

38.3%,总抚养比的下降说明人口的社会负担在减轻,这时期是有利于社会经济发展的“人口红利”期,预计安徽省的“人口红利”期将延续至2025年。

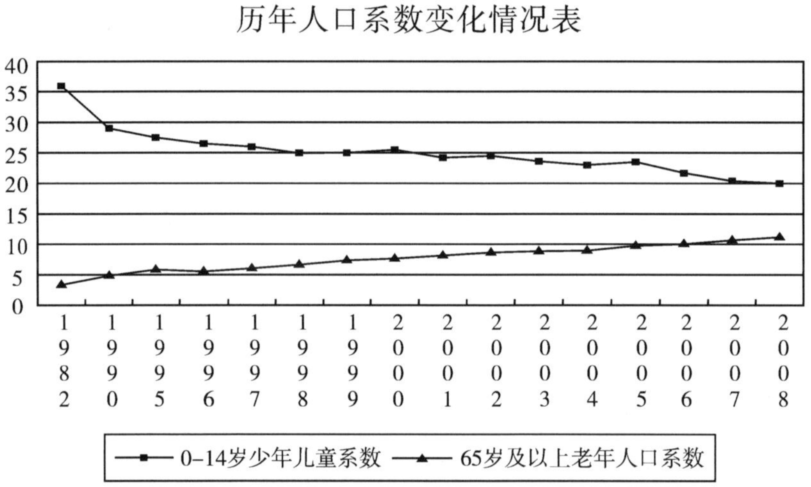

图6-5-2 安徽省历年人口系数变化情况图

安徽省人口老龄化步伐不断加快主要受三个因素的影响。一是由于计划生育政策的推行,人口生育水平迅速下降,儿童少年组人口减少,其比重大幅度下降,相应的儿童人口系数下降、老少比上升。二是随着人民生活水平的提高,医疗卫生保健事业有了很大改善,人口预期寿命不断提高,使得老年人口的数量不断加大。三是大量青壮年人口外流,对全省人口年龄结构影响较大。预计安徽人口老龄化进程将进一步加快。

老龄化特点 安徽人口老龄化呈现出进入老龄化社会早、老年人口比例高、老龄化进程快、农村老年人口比重大、超前于经济社会发展等特点。

老年人口规模大、人口老龄化速度快、时间短。安徽是全国较早进入老龄社会的省份之一。1998年65岁及以上老年人口占7.02%,开始步入老龄化省份行列,老龄化进程约比全国早两年时间。进入新世纪以后,这个变化速度在继续加快。截至2008年年底,全省60岁及以上老年人口达到935万人,比2000年、1990年和1982年分别增加243万人、453万人和598万人。65岁及以上老年人口比重占总人口的11.16%,较2000年、1990年和1982年分别上升3.6个、5.8个和7.1个百分点。人口老龄化进程将进一步加快。

安徽省历次普查总人口与年老年人口平均增长速度统计表

表6-5-8 单位：

	1953—1964	1964—1982	1982—1990	1990—2000	200—2008
总人口	0.17	3.30	1.64	0.50	0.49
60岁及以上	-2.49	7.27	5.36	3.50	4.65
65岁及以上	-3.89	9.77	6.22	3.84	5.43

安徽省总人口增长速度最快的是1964年～1982年的18年间，年均达到3.3%，而同期的60岁及以上和65岁及以上老年人口的年均增速分别达到7.27%和9.77%，其年增速分别是同期总人口年增速的2.2倍和2.96倍；2000年至2008年的10年间，总人口的年均增速不足0.5%，而同期的60岁及以上和65岁及以上的老年人口年增速分别为4.7%和5.4%，分别是总人口年增速度的9.5倍和11.1倍。可见，老年人口的年均增长速度随着时间的推移有快速增长之势。

人口老龄化程度高，超过全国平均水平。2008年，全省65岁及以上老年人口占总人口的11.15%，而全国65岁及以上老年人口占总人口为9.54%，安徽老年人口系数比全国老年人口系数平均水平高出1.6个百分点。安徽人口老龄化水平已跨入全国前10名，位置排在辽宁之后的第7位。由于安徽人口老龄化水平提高迅速，老年人口系数在历次人口普查中序位迅速前移，从1982的第25位前移到1990年的第21位，2000年前移到第9位，再前移到2008年的第7位，20多年间，序位前移18个位次，序位前移速度为全国之首。

2008年全国各省、自治区、直辖市65岁及以上老年人口数及其比例统计表

表6-5-9

老年系数排名	地区	老年系数（%）	老年人口抚养比（%）
	全国	9.54	13.04
1	上海	13.04	16.49
2	天津	12.28	15.95
3	重庆	11.96	17.33
4	江苏	11.74	15.76
5	四川	11.45	16.08
6	辽宁	11.33	14.80
7	安徽	11.15	16.15
8	浙江	10.65	14.14
9	湖南	10.51	14.43
10	北京	10.29	12.86
11	湖北	10.13	13.47
12	福建	10.00	13.84
13	山东	9.75	13.06
14	陕西	9.59	12.97
15	广西	9.35	13.59
16	吉林	9.13	11.61

续表 6-5-9

老年系数排名	地区	老年系数（%）	老年人口抚养比（%）
17	黑龙江	9.12	11.67
18	海南	8.95	12.87
19	河北	8.74	11.62
20	江西	8.38	12.16
21	甘肃	8.17	11.48
22	贵州	8.14	12.37
23	内蒙古	8.11	10.53
24	山西	7.88	10.66
25	云南	7.88	11.26
26	河南	7.82	10.81
27	广东	7.56	10.22
28	新疆	7.19	10.00
29	青海	6.85	9.59
30	西藏	6.67	9.34
31	宁夏	6.47	9.16

农村老年人口比重高、空巢数量加大。2005 年，安徽农村人口占总人口比例为 66.5%，而农村老年人口占全省老年人口总数比例为 76.5%。从未来发展看，由于农村年轻人大批进城，农村老龄化程度将会更加严重。据省社会保障研究会 2006 年的一项调查结果表明，在老年人口中空巢老人的比例已达到 26.4%，而 70 岁以上的空巢老人比例已达到 46%，高龄老人的生活照料、精神慰藉、康复护理将会给家庭和社会带来许多新的问题。

人口老龄化超前于经济社会发展水平，“未富先老”现象明显。从全球情况来看，发达国家进入老年型社会，其人均生产总值一般在 5000 到 1 万美元左右，而安徽进入老年型社会时人均生产总值还不到 600 美元。2006 年，全省生产总值为 6142 亿元，人均产值为 10055 元，比全国人均水平低 6029 元，也就是说，安徽省的老年人口比例处于全国第 10 位，而生产总值处于第 28 位。安徽省的人口老龄化是处于经济尚不发达、社会保障体系还不健全、社会福利事业没有相应配套措施的状况下，主要靠实行人口控制政策促使出生率在短时期快速下降的前提下产生的。安徽省 2008 年人均生产总值在全国位于第 25 位，而人口老龄化水平则位居全国第 7 位。安徽人口老龄化进程与经济社会发展很不同步，而且人口老龄化超前于经济社会发展水平，在这种状况下迎来的“银色浪潮”，毫无置疑，承受人口老龄化的能力还相当脆弱。

2008全国各地人均地区生产总值与老年系数统计表

表6-5-10

地区	人均生产总值（元）	人均生产总值排名	老年系数	老年系数排名
全国	22640		9.54	
上海	73124	1	13.04	1
北京	63029	2	10.29	10
天津	53175	3	12.28	2
浙江	42214	4	10.65	8
广东	37588	5	7.56	27
江苏	33089	6	11.74	4
山东	33083	7	9.75	13
福建	30255	8	10.00	12
内蒙古	26128	9	8.11	23
辽宁	24945	10	11.33	6
山西	21103	11	7.88	24
河北	19588	12	8.74	19
青海	18940	13	6.85	29
湖北	18786	14	10.13	11
黑龙江	18763	15	9.12	17
陕西	18386	16	9.59	14
河南	18322	17	7.82	26
吉林	18126	18	9.13	16
新疆	17616	19	7.19	28
宁夏	17540	20	6.47	31
湖南	17521	21	10.51	9
重庆	16014	22	11.96	3
广西	14786	23	9.35	15
江西	14727	24	8.38	20
安徽	14249	25	11.15	7
西藏	13754	26	6.67	30
海南	13361	27	8.95	18
云南	12809	28	7.88	25

续表 6-5-10

地区	人均生产总值（元）	人均生产总值排名	老年系数	老年系数排名
甘肃	11961	29	8.17	21
四川	11008	30	11.45	5
贵州	7264	31	8.14	22

第二节　组织机构建设

人口老龄化既是经济发展、人民生活水平提高的结果，也是人类社会文明进步的标志，同时，人口老龄化也会给经济社会发展带来一系列影响。老龄问题是关系国计民生和国家长治久安的一个重大社会问题。做好老龄工作，满足老年人日益增长的物质生活和精神文化需要，切实保障老年人的合法权益，对于促进物质文明和精神文明建设，保持社会政治稳定和社会和谐，具有十分重要的意义。

组织机构沿革　1984 年 5 月，省人民政府下发《关于成立安徽省老龄问题委员会的通知》，批准成立“安徽省老龄问题委员会”。由中共安徽省委顾问委员会、省大人常委会、省人民政府、省委老干部局、省劳动局、省民政厅、省人事局、省广播电视厅、省委保健委员会办公室、省财政厅、省教育厅、省文化厅、省商业厅、省体委、省计委、省民委、省总工会、省妇联、团省委、省电视台、安徽日报社、新华分社、省社科院、安徽医学院、省农牧渔业厅等单位的负责人组成。中共安徽省委顾问委员会主任李世农任省老龄问题委员会名誉主任，苏羽任省老龄问题委员会主任，田兰玉为第一副主任，周道炯等 7 人任副主任，史云龙、刘开明、秦长年等 18 人任委员，任明兼任秘书长，秦长年兼任省老龄问题委员会办公室主任。

1990 年 10 月，经省机构编制委员会批准，省老龄问题委员会更名为安徽省老龄委员会。1991 年 12 月，省人大常委会通过并颁布《安徽省保护老年人合法权益的规定》。明确规定保护老年人合法权益是全社会的共同责任，同时，对有关部门的职责做出具体的规定；确定每年“重阳节”（农历九月初九）为安徽省老年节。

1993 年年底，全省除池州行署尚未建立老龄委外，县级以上政府均建立老龄委。农村大部分乡镇和城市大部分街道也建立老龄工作机构。各级老龄工作机构都配备专职或兼职干部，有些地方还聘请热心老龄事业的离退休老同志帮助工作，为老龄事业的开展提供组织保证。

1996 年 8 月，省政府办公厅印发《关于印发安徽省老龄委员会机构编制方案的通知》，明确省老龄委是省政府领导下负责全省老龄工作的事业机构，列入全额预算事业单位管理序列，内设办公室和业务处，办事机构挂靠省人事厅。

1997 年 1 月，中共安徽省委、省人民政府下发《关于成立安徽省保障老年人权益工作委员会的通知》，决定成立“安徽省保障老年人权益工作委员会”，其办公室设在省老龄委,省政府副省长杨多良担任省保障老年人权益工作委员会主任,省老龄委主任程光华、省委副秘书长徐景仁、省政府副秘书长张锋生为省保障老年人权益工作委员会副主任,省委组织部副部长丁道荣、省委宣传部副部长何永炎等34人为成员。

2001年4月,经安徽省委、省人民政府批准,决定成立"安徽省老龄工作委员会",同时撤销"安徽省老龄委员会"和"安徽省保障老年人权益工作委员会"。省老龄工作委员会是省政府主管全省老龄工作的议事协调机构,其主要职责是:研究、制定老龄事业发展战略和重大政策,指导和协调有关部门实施老龄事业发展规划;指导和协调有关部门做好维护老年人权益的保障工作;督促和协调有关部门加强对老龄工作的宏观指导和管理,推动开展有利于老年人身心健康的各种活动;指导、督促和检查各市、省直各部门的老龄工作;组织协调全省老龄工作的重大活动。省老龄工作委员会主任由省委常委、省政府分管老龄工作的副省长担任,委员由省民政厅、省劳动和社会保障厅、省委组织部、省委宣传部、省直机关工委、省委教育工委、省计委、省民委、省司法厅、省财政厅、省人事厅、省建设厅、省文化厅、省卫生厅、省广电局、省体育局、省新闻出版局、省军区政治部、省总工会、省妇联等20个省直相关单位负责人组成;省老龄工作委员会下设办公室具体负责承办日常事务;办公室由原来挂靠在人事厅改为设在省民政厅。2001年,省委常委、省政府常务副省长张平任省老龄工作委员会主任,省政府副省长田维谦任常务副主任,省民政厅厅长李宏塔、省政府副秘书长邱江辉、省劳动和社会保障厅厅长谢群、省委组织部副部长张耀文等4人任副主任,省委宣传部副部长等18人任委员,办公室主任由李宏塔兼任。同时规定,安徽省老龄工作委员会成员单位如调整人员,由所在单位与省老龄工作委员会办公室协商后,报省老龄工作委员会主任和常务副主任批准。随着省政府分管领导的调整变化,省老龄委的主任也随之进行调整。

同年7月31日,省老龄工作委员会《关于印发〈省老龄工作委员会成员单位职责〉的通知》,进一步明确了各成员单位职责。即,省委组织部:贯彻执行党中央、国务院有关老干部的方针、政策;负责全省老干部工作的宏观管理,指导离退休干部党的基层组织建设和思想政治工作,督促检查离休干部各项待遇的落实;宏观指导全省老干部机构的工作;引导老干部在"两个文明"建设中发挥积极作用。省委宣传部:组织宣传党和政府有关老龄工作的方针、政策;掌握、引导各新闻单位宣传老龄工作的舆论导向,加强对老年人的宣传教育工作,组织宣传老年人和老龄工作的先进典型。省直机关工委:贯彻落实有关老龄工作的方针、政策;协助各部门领导抓好省直机关老龄工作的协调交流;通过各部门机关党委在老干部中进行党的路线、方针、政策和形势教育,抓好支部建设,加强思想政治工作,组织生动活泼、形式多样的经验交流和各种活动,积极促进省直机关老龄工作的深入开展。省发展改革委:把老龄事业纳入国民经济和社会发展中长期规划和年度计划,做好老龄事业与国民经济和社会发展的衔接平衡并处理其中出现的问题,参与老龄工作宏观政策研究制定工作;按规定程序统筹安排养老设施基本建设。省教育厅:在教育系统认真贯彻落实中央和省委有关老龄工作的各项方针、政策；推动、协调各教育单位充分发挥安徽教育系统老教师、老知识分子、老教育行政管理人员比较集中的人才和智力优势，开发教育服务，组织研究和指导开展有助于青少年健康成长的活动；协助有关部门做好教育系统离退休人员的思想政治工作；调查研究安徽教育系统老教师和老职工工作和生活情况，对涉及教育系统的老龄工作提出政策建议；推动协调各教育单位组织离退休教职员工开展文明健康的文化娱乐和健身活动；推动办好退教协和老年学历教育。省民委：配合有关部门和地区，宣传贯彻党和国家关于老龄工作的方针、政策，做好全省少数民族老龄工作；调查了解全省少数民族老年人生活、学习、健康等方面的情况，研究提出有关政策性建议。省民政厅：负责老年人权益保护的行政管理工作，拟定有关方针、政策、法规，制定有关规章并组织实施；负责老年人社会福利服务工作，制定老年福利事业发展规划、老年福利设施标准和服务规范，对各类老年福利机构进行宏观管理、行业指导和监督检查；负责移交地方政府安置的军队离退休干部和军队无军籍退休退职职工的管理，拟定安置方针、政策、规章并监督实施，研究提出生活待遇标准，监督政治、生活待遇的落实，制定军队离退休干部休养所管理办法并指导地方政府对干休所的管理；负责老复员军人等重点老龄优抚对象优抚政策的制定和落实；主管城乡敬老工作，研究制定农村“五保”供养工作的方针、政策，制定农村敬老院管理办法并组织实施，指导敬老爱老工作，组织敬老爱老评比表彰活动；推动为老年人提供服务的设施建设，促进老年福利事业的发展；承担省老龄工作委员会办公室的工作。省劳动和社会保障厅：贯彻落实基本养老保障的法律、法规，拟定养老保障具体政策和办法并组织实施；确保企业离退休人员养老金及时足额发放，保障离退休人员“老有所养”的权益；拟定基本养老保障基金收缴、管理和支付的政策，并进行检查监督；拟定退休人员社会化管理发展规划并组织实施；拟定医疗保障政策和具体办法并组织实施，保证离退休人员的医疗待遇和退休人员的基本医疗需求，保障他们“老有所医”的权益，处理企业离退休及养老保障工作方面的来信、来访，负责社会保障政策的宣传和咨询工作。省司法厅：做好老年人的法制教育和普法工作，不断提高老年人的法制观念和法律意识；做好老年人的法律服务工作，维护老年人的合法权益；做好老年人的法律援助工作，按有关规定和程序，向无力支付诉讼费用而又需要提供法律援助的老年人提供法律援助。省财政厅：参与研究制定有关老龄工作的政策、法规；根据老龄工作发展的需要并结合财力的可能，为老龄工作提供必要的财力保障；加强对老龄工作各项经费使用的管理和监督。省人事厅：研究完善机关、事业单位人员离休、退休政策并组织实施；参与研究制定机关、事业单位工作人员养老保险待遇的政策法规；研究推进第二次人力资源开发工作；负责机关、事业单位退休工作的业务指导；承办机关、事业单位退休人员有关方面的来信来访工作。省建设厅：会同省民政厅贯彻实施《老年人建筑设计规范》（JGJ22-1999）；指导、监督在居住小区、市政工程及公共场所设计、建设中，按照有关规定设置方便老年人使用的设施，并责成各市建设主管部门和房地产开发主管部门严格检查验收。省文化厅：全面负责全省老龄文化工作，研究老年文化事业发展的政策法规；研究拟定老年文化事业发展规划并组织实施；指导开展老龄文化事业发展的理论研究工作；全面负责全省老年非学历教育工作，指导各级各类老年大学的工作；协调并抓好带有导向性、示范性的老年文化活动，促进老年文化事业特别是群众文化事业特别是群众文化艺术活动的发展。省卫生厅：积极支持和发展老年卫生保健服务，完善老年医疗保健服务网络，做好老年病预防、医疗、保健、康复工作，为老年病人提供优质、经济、方便、综合、连续的卫生保健服务，推动开展“家庭病床”等送医上门的社区医疗和社区卫生服务工作，促进老年卫生保健与社会经济的协调发展；广泛开展适合老年人特点的，以自我保健、老年性疾病预防为主的健康教育，倡导积极健康的生活方式，开展有益身心健康的活动，提高生活质量，延长寿命；加强老年保健科学研究和人才培养，控制老年常见病和慢性病；积极发挥老年医务工作者的作用。省广电局：协调指导各级电台、电视台等广播影视单位，通过多种形式积极宣传反映老年人的生活特别是他们开展的各种健康有益的文体活动；宣传社会上敬老爱老的典型，对各种侵犯老年人权益的现象进行舆论监督；省和市一级广播电视机构应办好老年节目、栏目。省体育局：研究和拟定老年人体育的有关政策、法规和发展规划，并监督实施；指导和推动各级老年人体育组织开展健身活动；宣传和普及老年人体育健身知识和方法；组织研制老年人体质测定标准和评价指标体系，开展老年人体质监测工作；配合公安和民政部门依法取缔以健身为名的伤害老年人身心健康、诈骗和侵害老年人权益，宣扬迷信、邪说等非法活动。省新闻出版局：认真贯彻落实党和国家关于老龄工作的出版方针、政策、管理规章和措施，并指导实施；推动指导安徽省老龄图书、影像制品和电子出版物的出版发行工作。省军区政治部：贯彻执行党中央、国务院、中央军委和总部关于老干部工作的方针、政策，参与协调驻皖部队和武警安徽省总队的老干部工作；参与拟定安徽省有关军队离退休干部工作的政策、法规和制度；指导省军区所属单位抓好老干部的组织建设，加强老干部的思想政治工作；参与协调组织开展生动活泼、形式多样的经验交流和文体活动；组织宣传军队老干部工作系统的先进典型。省总工会：积极参与有关老龄工作政策的制定；关心离退休职工的生活，积极向有关方面反映离退休职工的意见和要求，切实维护离退休职工的合法权益，指导各级工会组织开展各种形式的活动，努力促进离退休职工“六个老有”的实现，积极协助有关部门推动离退休职工的社区化管理工作。省妇联：依法维护老年妇女合法权益，参与和促进老年妇女权益的法律、法规、政策的制定和落实，推动全社会为老年妇女营造健康的社会环境，充分发挥老年妇女在社会中的作用。

2004年3月10日，经省政府同意，省老龄工作委员会组成人员调整为：安徽省委常委、常务副省长任海深为主任；副省长徐立全为常务副主任；省民政厅厅长李宏塔、省政府副秘书长张秋保、省委组织部常务副部长秦亚东、省劳动保障厅巡视员孙广福为副主任；李宏塔兼任办公室主任。从2002年至2008年年底，省委常委、省政府常务副省长、副省长徐立全、卢家丰、田维谦、杨多良、任海深、赵树丛、何闽旭、孙志刚等先后担任过省老龄工作委员会主任或常务副主任。

2005年12月1日，因有关人员工作变动，经省政府同意，省老龄工作委员会下发《关于调整省老龄工作委员会组成人员名单的通知》，决定调整省老龄工作委员会组成人员，省委常委、常务副省长任海深为省老龄委主任；副省长何闽旭为省老龄委常务副主任；省民政厅厅长李宏塔、省政府副秘书长张秋保、省委组织部常务副部长秦亚东、省劳动保障厅巡视员孙广福为省老龄委副主任；省委宣传部副部长张苏州、省老龄办专职副主任侯世标等为省老龄委成员，李宏塔兼任办公室主任。

2008年7月，省老龄工作委员会发文《关于调整省老龄委组成人员的通知》，经省政府同意，赵树丛（省委常务、省政府副省长）任省老龄委主任，程中才（省政府副秘书长）、秦亚东（省委组织部常务副部长）、刘健（省民政厅厅长）、侯世标（省老龄办专职副主任）等为省老龄委成员，刘健兼办公室主任。

2004年2月，经省编制委员会同意，省编制委员会办公室下发《关于安徽省老龄工作委员会办公室领导职数的批复》，核定省老龄办主任1名（由民政厅厅长兼任），专职副主任(副厅)1名，同时，确定省老龄工作委员会办公室人员编制17名，内设综合处、业务处，属于全额拨款事业单位。2006年9月，经省人事厅批准，省老龄办参照公务员法管理，财务独立。截至2008年年底，全省17个市均成立了老龄工作部门，其中六安市、安庆市、池州市老龄办均为正县级设置，除亳州市老龄办为正科级设置外，其余市均为副县级设置；105个县（市、区）均建有老龄工作机构，大部分为民政部门的在职人员兼任，绝大部分的乡、镇、街道也成立老龄工作委员会，并由党委、政府分管民政或社会事务的负责人兼任老龄委主任，社会事务办或民政办负责日常具体老龄业务。

基层老年群众组织 老年群众组织自20世纪80年代以后获得迅速的拓展，并随着改革开放的深入和人口老龄化的发展而不断发育成长壮大。老年人作为特殊群体的一部分，以群众组织作为整体形象的方式平等地参与社会、经济、文化的发展，依法维护自己的合法权益，共同分享经济社会发展成果，体现了社会平等与文明。在基层社会群众团体中，老年人协会作为一种新的组织形式，在安徽全省城乡社会、经济、文化生活中起着一定的促进作用。

省老龄委员会于1991年12月在蚌埠召开全省农村老龄工作会议，对建立农村老年协会进行全面部署，并开始试点工作。1993年年初，省老龄委员会下发《关于加强农村老龄工作的补充通知》，并印发由安徽省委副书记孟富林人签发的《致党政领导同志的一封信》，对加强农村老龄工作，建立农村老年协会进一步作出具体布置。到1993年年底，全省30108个行政村，建立老年协会的有23795个，占总数的79.3%。

基层老年群众组织建立后，经过几年的摸索，省老龄委员会及时向全省推广六安市提出的农村老龄工作“四个一”工程：即乡镇老龄委和村老年协会要建有一块养老基地、一个经济实体、一所老年学校、一批为老年人提供社区服务的项目。

为加强全省农村老年协会的目标化、规范化和制度化管理，省老龄委员会制定并下发《安徽省先进村老年协会标准》，并于1998年下半年对全省的农村老年协会进行检查验收，在全省树立19个村老年协会"示范点"，并颁发"先进村老年协会示范点"铜牌和奖金。2000年年初，省老龄委下发《关于开展先进老年协会互查活动的通知》。提出通过互查活动，达到互相学习、取长补短、增进了解、开拓视野的目的。

此后，舒城县、霍邱县、金寨县、寿县、居巢区、金安区、裕安区、铜陵县、肥西县、凤台县、定远县等县区普遍建立农村老年协会或老龄工作委员会。2006年，怀远县以创建全国先进老龄工作县为契机，全县农村普遍建立老年协会。2007年，长丰县相应成立263个村成立老年协会，并以村老年活动室为平台为农村老年人提供社会化服务，覆盖率达到99%以上。

省老龄工作委员会从2006年开始，开展全省先进老年协会评选活动。通过评选基层老年人协会或老年群众自治组织活动，大大促进基层老龄工作有效而健康的开展。

第三节　老龄事业发展

2000年8月，中共中央、国务院颁布了《关于加强老龄工作的决定》，2002年3月，中共安徽省委、省人民政府下发《关于贯彻中共中央、国务院〈关于加强老龄工作的决定〉的实施意见》，明确指出：老龄工作是党政工作的重要组成部分。加强老龄工作，发展老龄事业，是党中央、国务院和省委、省政府面向新世纪作出的重大决策。老龄问题涉及到政治、经济、文化和社会生活等诸多领域，是关系国计民生和国家长治久安的一个重大社会问题。

老年人是社会的重要组成部分，他们为中国革命和建设作出重要贡献。满足广大老年人日益增长的物质和文化生活需要，让老年人共享经济建设和社会发展的成果，是中国共产党全心全意为人民服务根本宗旨的体现，是国家和社会义不容辞的责任。

新中国建立后特别是改革开放以来，国家颁布实施一系列维护老年人权益的法律法规和政策，加强尊老爱老助老思想教育，初步建立养老、医疗等社会保障制度，老年福利、卫生、文化、教育、体育等事业有了一定发展，老年人的生活水平和生活质量不断提高。老龄工作取得的进展和成绩，对推动经济建设和社会发展起到重要作用。

养老保障体系　1991年至1997年，根据《国务院关于深化企业职工养老保险制度改革的通知》精神，安徽省先后制定《关于工人退休、退职的暂行规定》《关于老干部离职休养的暂行规定》《关于军队干部离职休养的暂行规定》《关于老干部离职休养的几项规定》《关于高级专家离休退休若干问题的暂行规定》《安徽省企业职工养老保险制度改革实施方案》等；1997年12月10日，省人民政府办公厅下发《关于印发〈安徽省统一企业职工基本养老保险制度实施方案（试行）〉的通知》。截至2000年年底，全省享受离退休待遇的人员已达119.62万人，其中离休人员6.23万人，退休人员113.39万人。

2006年8月8日，省人民政府下发《关于完善企业职工基本养老保险制度的决定》，进一步完善缴费比例和标准，不断加大社会保险费征缴力度，养老保险基金收入大幅度增长。当年全省养老保险基金收入为128.4亿元，比上年增长34%，全省养老保险缴费基数同比增长18%，均高出同期在岗人员平均工资增长水平。已连续11年实现养老保险费同期征收大于同期基金支出的良好局面，不仅有力地保障离退休人员养老金的按时足额发放，而且大大提高全省养老保险基金的支撑水平。此后，各地各单位坚持以人为本，进一步加强城镇企业职工基本养老保险工作和机关单位离退休待遇工作。2008年，安徽省采取多种措施保证养老保险基金征缴持续增长，共发放养老金197亿元，确保158.1万离退休人员按时足额领取养老金。

部分年份安徽省基本养老保险统计表

表6-5-11

年份	离休、退休、退职人数（人）	基金支出情况（万元）
1995	442875	99000
2000	903164	526700
2002	1027929	695937
2003	1135507	832462
2004	1188445	917557
2005	1247613	1011918
2006	1338138	1304720
2007	1447758	1540523
2008	1581377	1975524

自中央提出“两个确保”至2005年年底，安徽将确保企业退休人员养老金按时足额发放作为重要工作目标，加大财政转移支付力度，大力推进养老保险市级统筹，全省9个市实行养老保险市级统筹。建立并实施事业单位转企改制养老保险政策。增强养老保险基金抗风险能力，通过规范养老保险统筹项目、重点监控等方法，消除发放工作的死角，使发放局面不断得到巩固。2006年，全年企业离退休人员养老金做到按时足额发放，社会化发放面达100%。到年末，企业退休人员实行社会化管理人数达114.2万人，社会化管理服务率为96.2%，其中纳入社区管理服务86.5万人，社区管理服务率为75.7%。2006年年末，全省参加城镇基本养老保险人数为495.3万人，比上年增加23.1万人。其中，参保职工360.5万人，参保的离退休人员134.8万人。企业退休人员养老金人均月增加180元，全年养老保险基金征缴128.4亿元。与此同时，省辖市积极出台政策将未参保集体企业退休人员纳入企业职工基本养老保险范围。到2008年年底，17个市均出台政策，使2.3万名未参保集体企业退休人员通过补费参保的方式进入企业职工基本养老保险范围，待遇水平得到较大幅度提高。

截至2008年年末，安徽省参加城镇基本养老、医疗保险人数分别为626.8万人和1447万人。参加失业保险的人数为377.8万人，全年为26.7万名失业人员发放不同期限的失业保险金。全省参加工伤、生育保险人数分别为320.4万人和303.6万人。被征地农民养老保险制度全面推进，年末被征地农民参保人数145万人，参保率95.45%。新型农村养老保险试点工作稳步推进，参保人数49.1万人。农村低保提标扩面全面完成，全年保障人数212.6万人，发放低保金15.5亿元；城市低保应保尽保，全年保障人数95.2万人。

企业年金发展迅速　为建立多层次的养老保险，提高企业退休人员的生活水平，安徽省大力推进企业年金制度的实施。2006年，省政府转发的《关于建立企业年金制度实施意见》规定，就建立年金制度所涉及的资金列支、税收减让以及对已经退休人员补偿等重要问题进一步明确政策，为年金制度的推行创造很好的政策环境。省内部分企业已开始围绕国有企业关闭破产、改组改制，实行为下岗失业人员接续缴费的补贴政策，稳步推行企业年金制度。此后，安徽省将推进企业年金工作作为提高企业退休人员待遇水平和完善多渠道养老保障的一项重要措施。2009年6月，省政府再次下发指导性文件，就规范年金市场，维护企业、职工、年金管理机构各方权益问题作出规定。虽然2008年金融危机对安徽省企业造成一定影响，但仍新增年金报备企业43家。全省累计报备的企业年金基金管理合同101家，涉及职工近45万人，基金规模约70亿元。

养老金水平不断提高　按照国家和省政府的部署，从2005年起调整企业退休人员基本养老金。到2008年年底，全省将投入20余亿元为约153万名企业退休人员提高养老金标准，人均月增加养老金115元，较上年度提高标准的平均水平增加10元，略高于全国平均水平。各地有针对性地积极探索解决途径，创造条件出台解决企业历史遗留问题的相关政策。如铜陵市对年满70周岁以上的无固定收入的老年居民，每人每月发给120元老年津贴。全省各市均出台家属工、临时工补参保政策，在一定程度上缓解了社会矛盾。

2005年6月，省政府出台《关于做好被征地农民就业和社会保障工作的指导意见》，在被征地农民的就业和社会保障、建立最低养老金待遇标准方面取得较大突破；并计划用3年左右的时间逐步建立被征地农民养老保险制度。同年9月，全省已领取养老金的被征地农民达4.4万人，累计发放养老金2700万元。这些已经开始领取养老金的被征地农民的年龄都是男年满60周岁、女年满55周岁，每人每月所领取的养老金待遇标准原则上不低于80元。

积极推动农村养老保险　继续在粮食生产区开展“粮食换保障”，探索务农农民直接以粮食等大宗农产品缴纳保险费，国家用粮食风险基金等支农资金，对缴纳保险费的农民进行直接补贴的办法筹集养老保险资金。探索开展村干部养老保险办法，调整村干部离职补贴或以保代奖的形势推动村干部养老保险的开展。推动农村计划生育对象养老保险工作的开展，优化计划生育奖励资金使用方向，探索县、乡、个人共同筹资的方式建立社会养老保险制度。1991年年底，安徽省农保工作开始进行试点。1992年11月23日，省人民政府下发《关于加快发展农村社会养老保险事业的通知》。从全省农村实际出发，坚持以保障老年人基本生活为目的，坚持保费以个人交纳为主，集体补助为辅，国家给予政策扶持；坚持自助为主，互济为辅，社会养老与家庭养老相结合；坚持农村务农、务工、经商等各类人员社会养老保险一体化的方向，凡非城镇户口的农村劳动者，包括务农农民、乡镇企业职工、私营企业雇主雇员、个体户、外出人员、义务兵、计划生育户、民办教师和乡（镇）、村集体干部等，均应参加农村社会养老保险。

1994年，在全省91个农业县、市、区全面推开。2000年10月省级机构改革时，农保职能由省民政厅划入省劳动保障厅。截至2005年6月底，全省17个市、60个县(市)、29个市辖农业区、3个综合实验区、1569个乡镇和街道，4471个乡镇企业不同程度地开展了农保工作，参保农民170.74万人，积累保险基金59899.83万元，领取养老金人数2.01万人，当年支付保险金570.53万元。2006年年底，全省参加农村社会养老保险147.5万人，保险资金收入3272万元，支出1710万元，共有20815名农民领取养老保险金。年末全省农村养老保险基金滚存结余6.1亿元。2009年12月，国务院批准同意在霍山、金寨、当涂、铜陵、肥东、凤台、和县、固镇、繁昌、广德、蒙城和界首等12个县（市）开展新型农村社会养老保险制度建设开始试点。当年参保人数49.1万人。各试点县（市）均出台新农保试点实施办法，试点地区60周岁以上老人于春节之前领取养老金。

2005年，中共十六大报告提出“有条件的地方可以探索建立农村最低生活保障制度”，安徽省先在淮南等市开展试点。2006年，省政府开始实施十二项民生工程，特别是相关措施和政策惠及广大老年群体尤其是农村困难老年群体。各地抓住这一契机，及时落实和兑现涉及老年群体的相关政策。并在现有农村特困群众救助制度基础上，建立全省农村最低生活保障制度，将家庭年收入低于绝对贫困人口纳入低保范围。仅以舒城县为例，全县有1万多名老年人享受最低生活保障，约占老年人口的50%；在1.6万多名农村特困救助对象中，有29.2%是老年人。全省各地进一步完善农村部分计划生育家庭奖励扶助制度，对农村只有一个子女或两个女孩的计划生育家庭中的老年夫妇给予奖励扶助。进一步做好百岁老人长寿保健金的兑现工作，及时按标准发放长寿保健金。有条件的地方在保健金的发放标准方面由原来的100元增加到200元，享受保健金的年龄由原来的100岁放宽到90岁、80岁。这些优惠政策的贯彻落实，使全省数十万名困难老人得到实惠。

2007年1月，根据中共中央、国务院的总体要求，安徽省委、省人民政府把建立农村居民最低生活保障制度作为全省实施十二项民生工程之一，并于3月下旬下发《安徽省农村居民最低生活保障暂行办法》，规定，将中央补助安徽的农村低保资金全部用于提高低保对象的补差水平。安徽省农村低保制度自2007年全面实施以来，制度不断健全，操作不断规范，2007年至2009年，全省共投入资金31.38亿元，保障529.23万人，为农村困难群众提供最后一道保障网,有效保障了困难群众的基本生活。民生工程实施效果民意调查显示,农村低保群众的满意度达98.6%,列第一位。2007年,绝对贫困线以下130.9万人纳入保障,2008年、2009年两次扩面,保障人数达到212.15万人,取消了人数控制指标,基本实现了应保尽保。保障标准和实际补差逐年提高。由2007年的保障标准683元、年人均补差不低于380元,提高到2009年不低于1000元,年人均补差实际达到729元。资金总量投入逐年加大。2007年、2008年、2009年分别投入资金5.64亿元、10.25亿元、15.49亿元,争取中央资金量逐年加大。制度建设逐年完善。先后印发修订《安徽省农村居民最低生活保障暂行办法》《安徽省农村居民最低生活保障资金管理暂行办法》《全国基层低保规范化建设暂行评估标准》等相关政策文件。操作程序逐年规范。逐步完善"收入核算"与"民主评议"相结合办法,村级评议与乡镇审核同步进行,明确乡镇干部在农村低保工作中的责任,确保农村低保公开、公平、公正。2008年,全省共投入农村低保资金98645.9万元。其中,中央补助资金47650万元,省级补助资金34995.9万元,地方配套资金约1.6亿万元。到2008年年底,农村低保提标扩面全面完成,全年保障人数212.6万人,发放低保金15.5亿元。全省人均补差水平达到540元左右,比年初计划的年人均补差437元提高了103元,困难群众的基本生活得到了有效的保障。截至年底,全省农村低保保障213万人,支出资金9.041亿元,月人均补助达47.13元,农村贫困人口的生活问题得到妥善解决。

城乡低保标准不断提高　从1997年开始,安徽省全面实施城市居民最低生活保障制度,并在此基础上,把"三无"对象作为重点,全面实行分类施保,人均月补差水平不断提高。到1998年12月31日,全省所有的地级市、县级市及县城全部建立城市居民最低生活保障制度,提前一年完成党中央、国务院及安徽省委、省人民政府交给的任务。2005年,省政府《关于加快推进城乡社会救助体系建设的意见》正式出台。省财政每年拿出1.8亿元资金,确保45.7万名"五保"老人应保尽保;对特困群众(年收入低于637元),省财政每年拨专款8000万元和地方配套4000万元,实行特困救助。2006年,全省享受城市最低生活保障人数为1199.61万人次,支出低保资金9.1亿元,年人均月补差75.5元,保障覆盖面达到7.4%,其中30%以上老年人享受城市低保。2007年,全省共支出城市低保资金12.09亿元,其中中央财政资金7.99亿元,比2006年的6.81亿元增长17%,人均月补差100元,比2006年的75元提高25元,增长33%。全省城市低保保障人数居全国第9位,补差水平居全国第19位,资金使用总量居全国第8位。截至2008年年底,城市低保应保尽保,全年保障人数95.2万人。2009年,城市低保对象人均月补差140元,较上年增长5%,保障覆盖面达到6.4%。农村居民低保标准则从年人均860元提高到1000元,年人均补差约718元,全省保障人数达到208.32万人,保障覆盖面达到4.05%。

建立农村特困救助制度　安徽省采取积极措施救助特困老年人,使特困老人的生活得到基本保障。截至2006年年底,各地建立农村五保老人基本生活保障制度。省财政每年安排1.8亿元确保45.7万名“五保”老人实现应保尽保；省民政厅从福彩公益金中安排近6000万元用于“五保老人之家”和敬老院建设，提高五保对象的集中供养率和生活水平。建立农村特困群体救助制度。省财政每年安排8000万元，地方配套4000万元，解决90万名年收入低于637元的农村特困群体的基本生活。建立农村特困群体医疗救助制度。省财政安排1663万元，对特困参保农民的参保经费予以补助，对未参保地区患大病的特困群众给予医疗救助。建立农村特困群众大病救助制度，省民政厅每年均从福利彩票公益金中拿出一定比例的经费用于农村特困群众的大病救助。建立农村特困群众子女教育救助制度。由省、市、县三级财政投入4900万元，对特困群众子女学杂费、书本费、寄宿费给予减免。这些救助体系的构建，为广大农村特困群众尤其是特困老人带来实实在在的实惠，为进一步建立广覆盖的农村社会保障制度奠定了基础。

完善百岁老人长寿保健金 从1992年起，安徽省各地普遍实施百岁老人每人每年发放长寿保健金1200元制度，并鼓励有条件的地区增加保健金的发放金额，放宽保健金的发放范围。2008年，芜湖市、合肥市、铜陵市、淮北市把百岁老人的长寿保健金提高到每人每月200元。淮南市凤台县将百岁老人的长寿保健金提高到每人每月1000元。从2005年开始部分地区将高龄补贴提高至每人每月150元；繁昌县鹊江村对年满60周岁的本村老年人每月发放30元补贴，70周岁以上老年人在此基础上，每人每年增发200元。芜湖市狄港镇桃冲村年过70周岁的老年人每年享受300元补助，年过80周岁的老年人每人每年补助400元，90周岁以上老年人每人每年补助500元。黟县西递村为年满60周岁老年人发放每月80元养老金；淮南市对农村独生子女和两女户家庭满60周岁老人发放每月50元的生活费。合肥市对城区80岁以上老年人发放每人每年300元的高龄补贴。截至2008年年底，全省发放养老补贴的行政村已达217个，有1058个行政村建立养老基地。

医疗保障体系 城镇职工基本医疗保险平稳推进。2000年，129万职工参加基本医疗保险。2002年，273万名职工参加基本医疗保险。2004年，全省参加基本医疗保险人数为362.2万人，比上年增加44万人。2006年，参保人数387.1万人，比上年增加24.9万人。其中，在职职工参保274.4万人，退休人员112.7万人。全年基本医疗保险基金收入29亿元，支出22.8亿元，分别比上年增长29.5%和40.7%。工伤保险制度改革全面推进，生育保险制度改革稳步开展。截至上年末，全省参加工伤保险148.2万人，比上年增加45.8万人，增长幅度达44.9%。全年工伤保险基金收入1.4亿元，支出0.68亿元。全省参加生育保险53.5万人，全年生育保险基金收入3325万元，支出1449万元。

城镇居民基本医疗保险平稳推进 安徽省率先在全国全面建立城镇居民基本医疗保险制度。2005年，安徽省财政开始支持建立以大病统筹为主的城镇居民医疗保障制度，2006年，省财政厅选择在金寨县进行试点并取得成效。当年省政府制定出台《城镇居民医疗保障制度实施意见》，年内17个省辖市及所属县（市、区）均出台具体办法

或细则，第一年实现制度的“全覆盖”。截至当年12月底，全省参保城镇居民人数为467万人，参保率60%以上。共筹集城镇居民基本医疗保险资金54972万元。按照省委、省政府的部署，从2007年起全面启动，用两年的时间基本实现全覆盖。2007年，借鉴城镇职工基本医疗保险和新型农村合作医疗制度经验，按照属地管理、大病统筹、权利与义务相对应，围绕“五个统一”，即：统一保障范围、统一筹资政策、统一征管模式、统一待遇补偿、统一医疗服务，全面推进城镇居民基本医疗保险制度全省覆盖。当年有7.96万人次享受了基本医疗保险待遇。全省累计补偿人次数36077人，其中住院补偿人次25863人，特大病门诊补偿人次4524人，其他补偿人次5690人。同时，2008年安徽省所有建立城镇居民基本医疗保险制度的地区都纳入国家试点城市，享受中央财政人均40元补助。

基本医疗保险制度运行平稳　2006年全省17个市、61个县(市)全部实施基本医疗保险新制度，顺利实现从公费、劳保医疗等福利型医疗保障制度到基本医疗保险制度的机制转换和制度创新。社会保险扩面工作取得突破性进展。全省养老、医疗、失业、工伤、生育保险参保人数分别达到469.5万人、387万人、360万人、148万人和49万人，农村医疗保险参保人数达171万人。

2007年各级财政对参保的城镇居民均实行补助，省财政人均补助30元，市级财政按人均不低于30元、县级财政不低于10元予以补助。省级财政安排各地的城镇居民医疗保险补助资金1.3亿元。一些财力状况较好的市、县，均按高于省里的标准予以补助。同时，针对特殊群体和困难对象参保缴费存在的实际困难，予以照顾和倾斜，规定个人缴费由当地财政部分或全部“埋单”。滁州、淮南市规定，低保对象个人缴费减半、城市“三无”人员个人不缴费；铜陵市规定70周岁以上的老年人个人不缴费。合肥市规定，属于一类的低保对象参加城镇居民医疗保险，由民政部门从社会医疗救助资金中代为缴纳，个人不缴费。马鞍山市在全面实施城镇居民医疗保险的基础上，出台特别困难人群的医疗救助办法，对困难群众的个人缴费予以补助。

不断提高基本医疗保险待遇　2009年，安徽省通过启动实施城镇居民基本医疗保险市级统筹和开展普通门诊费用统筹，指导督促各地控制城镇居民医保统筹基金结余，实行医疗费用报销兜底结算的办法，切实保障并逐步提高医疗保险待遇水平，有效减轻参保居民的医疗费用负担，缓解弱势群体“看病难、看病贵”的问题。据2009年年底统计，有54个统筹地区调整医疗保险基金最高支付限额，63个统筹地区城镇职工基本医疗保险基金最高支付限额（含大病医疗救助）达到当地职工年平均工资的6倍，21个统筹地区提高住院医疗费用报销比例，42个统筹地区开展居民医保门诊统筹，超过省要求的实施面达到30%的目标。

实施新型农村合作医疗试点　2000年，安徽省根据国务院提出的在农村建立多种形式合作医疗的基础上，“有条件的地方可以逐步向社会医疗保险过渡”的要求，自2003年开始，先后在肥西、天长、凤阳、桐城、望江、岳西、宁国、广德、铜陵县、歙县等10

个县（市）开展新型农村合作医疗试点，2005年新型农村合作医疗试点新增当涂、繁昌、金寨、含山、东至和凤台等6个试点县（市、区）。2006年增加到30个县（市、区），覆盖农业人口1651.56万人，参合人口1384.83万人，参合率由2005年的81.19%提高到83.85%，高于全国的平均水平（80.10%）。根据2005年公布的行政区划及农业人口所占比重等资料，安徽省符合开展新型农村合作医疗试点的共有99个县（市、区）。符合国家补助开展试点的有82个县（市、区），包括61个县（市）及农业人口占辖区总人口50%以上的21个市辖区。农业人口占辖区总人口不到50%的市辖区17个应自筹资金开展新型农村合作医疗试点。2006年，全省30个试点县（市、区）共筹资资金5.76亿元，其中：中央补助2.27亿元、地方补助2.07亿元、个人筹资1.40亿元、其他0.02亿元。全年补偿456.11万人，其中：住院补偿40.48万人，门诊补偿277.21万人，体检补偿105.91万人，其他补偿32.51万人。全年支出补偿金4.27亿元，其中：住院补偿金3.56亿元（占补偿金支出额的82.57%）、门诊及其他补偿金0.71亿元（占补偿金支出额的17%）。本年度资金使用率为73.99%，住院实际补偿比为28.89%。2008年参加新型农村合作医疗的农业人口4651.7万人，参合率93.57%。

建立城乡一体医疗救助制度　截至2008年年底，安徽省已将城乡低保对象、农村五保对象、农村重点优抚对象全部纳入医疗救助范围。农村特困群体救助制度基本建立。省财政每年安排1663万元，对特困参保农民的参保经费给予补助，对未参保地区患大病的特困群众给予医疗救助；省民政厅每年从福彩公益金中拿出一定比例的经费用于农村特困群众的大病救助。城镇基本医疗保险覆盖面不断扩大，2009年年底参保人数达到1447万人，比2008年底增长125万人。全省所有的县（市、区）均建立新型农村合作医疗保险制度，参加新型农村合作医疗保险人口4651.7万人，参保率为93.57%。以医疗救助制度为主的配套制度逐步实施，全省城乡医疗救助218万人次，各级财政支出医疗补助资金2.3亿元。

2009年，安徽继续扩大基本医疗保障覆盖面，实现全省城镇职工基本医保、城镇居民基本医保参保人数达到1250万人，参保率保持在90%以上，将全省80万在校大学生基本纳入城镇居民医保范围，并解决关闭破产国有企业退休人员医保问题，保证新型农村合作医疗参保率稳定在90%以上，落实政府对新农合和城镇居民医保人均每年80元补助。此外，全省50%统筹地区城镇职工医保、城镇居民医保在政策范围内住院费用报销比例分别比2008年提高5%；新农合实际住院补偿比达到45%以上。

老年病治疗和研究取得进展　2008年年末，全省共有卫生机构8576个，其中医院710所，卫生院1811所，社区卫生服务中心（站）1011个，妇幼保健院（所、站）118个，疾病预防控制中心127个。卫生技术人员18.1万人，其中执业（助理）医师7.1万人，注册护士5.7万人。医院、卫生院床位13.8万张。全年诊疗9272.9万人次。村卫生室2.1万个，乡村医生和卫生员4.4万人，农村有医疗点的村占总村数的96%。

全省各地先后建有老年病专科医院：乐庆老年病医院、六安老年康复医院、蚌埠市老年病康复医院、合肥振亚老年呵护中心（同仁关怀医院）等。安徽省中医院老年病治疗中心大楼投入使用。安徽省立医院、安徽医科大学、安徽中医学院、安徽省马鞍山老年医疗保健研究所在老年病研究方面享誉全国。

为老社会服务　加快为老社会服务体系建设，是保障老年人不断增长的社会服务需求的重要举措。安徽省各级人民政府大力发展社区为老服务，不断改善老年人居家养老的支持环境。同时，积极推进机构养老服务，努力满足老年人多样化的为老社会服务需求，初步形成以居家养老为基础、社区服务为依托、机构养老为补充的为老社会服务体系。

2000 年，安徽省委办公厅、省人民政府办公厅下发贯彻中共中央办公厅、国务院办公厅《关于在全国推进城市社区建设的意见》《关于加强和改进社区服务工作的意见》等一系列政策文件，采取积极措施，加大投入力度，加强社区建设与服务工作，为包括广大老年人的社区居民提供多种便民利民服务，使老年人居家养老的服务环境不断改善。2005 年年底，全省 1278 个城市社区普遍建立健全社区居委会、居民代表大会、议事委员会等社区自治组织，并成立社保、综治、老龄、民事调解、妇女儿童等专门委员会及社区中介组织。全省各地 2004 年安排社区建设发展资金达 2 亿元以上，其中省财政安排 700 万元。截至 2008 年年底，全省共有社区 2649 个已建成县（市）级社区服务中心 60 个，街道（镇）社区服务中心 377 个，社区服务中心（站）2135 个，社区服务工作者达 2 万多人；社区志愿者组织 2121 个，社区志愿者达 8 万多人。志愿者组织在全省范围开展志愿者为老服务“金晖行动”，组织动员广大青少年和其他社会公众加入为老服务志愿者行列，通过与养老机构和居家老年人结对帮扶等形式，为老年人提供生活照料、医疗保健、法律援助等多方面服务。各地还采取上门服务、定点服务和巡回服务等方式，为老年人提供生活照料、家政服务、紧急救援以及其他便利老年人的无偿、低偿服务项目。

从 2001 年起，民政部连续三年实施建设社区老年福利服务设施的“星光计划”，安徽从当年 5 月开始启动，用 3 年时间，以发行福利彩票提取的福利金资助为手段，争取政府投入，广泛动员社会力量参与，建设一批立足社区、面向老人、小型分散、方便实用的“星光老年之家”，建立健全社区老年人福利服务体系。省民政厅将返还各市的福利彩票公益金的 90% 以上将用于资助“星光”项目。全省首批“星光计划”项目共 156 个。在各级党委和政府的重视、支持下，安徽省进一步推进国家级实验区和省级实验区社区养老服务试点工作的开展。合肥市中市区自被民政部确定为国家级社区建设实验区后，区委、区政府始终把社区服务作为民心工程来抓，投资近 900 万元新建一座社区服务中心，其中七分之二用于老年公寓和老年人服务项目。各街道均建立老年人活动中心，各社区居委均建立 300 平米以上的老年人活动室及一些适合老年人活动的室外活动场所，并建立以优抚对象、残疾人、孤寡老人为主要对象的家庭敬老室，全区老年人的服务项目达 20 项以上，老年人服务站（点）50 多个。1998 年，合肥市中市区光明街道老年公寓正式对外开放。1999 年，庐阳区建老年公寓“益寿苑”也正式开业。安庆市社区服务起步较早，建立区级社区服务中心 2 个，街道社区服务中心 11 个，居委会社区服务站 102 个，各类社区服务设施和便民服务网点达 3708 个。安庆市大观区 1999 年被省计委和省民政厅确定为“全省社区服务示范城区试点单位”，2001 年又被省计划委员会和省民政厅列为“全省社区建设示范城区试点单位”。蚌埠市民办福利机构实行成本化管理，收费低，服务态度好，质量高，还解决一批下岗职工再就业问题。合肥、芜湖、马鞍山等市民办老年服务福利机构发展较好，出现股份合作制经营模式。民办养老机构的发展，一定程度上缓解了全省养老压力。

2004 年 6 月，全省建成 1213 个星光老年之家，建筑面积 54.89 万平方米，总投资 3.79 亿元，“星光计划”的实施较好地缓解全省城乡社区老年福利服务设施匮乏的矛盾。2005 年以后，全省各地深入开展“全国养老服务社会化示范单位”创建活动，养老服务社会化试点工作取得阶段性成果。合肥市瑶海区、蚌埠市禹会区、马鞍山市雨山区、芜湖市镜湖区等 4 个城区被推荐为首批“全国养老服务社会化示范区”。蚌埠市区继续开展“银发帮扶工程”活动，完善社区照料功能，为“空巢”老人提供人性化、专业化、规范化和亲情化的养老服务。截至 2008 年年底，城镇建立各种社区服务设施 2853 个，其中综合性社区服务中心 289 个。

2006 年 9 月，省人民政府办公厅下发《关于加快发展养老服务业的通知》，要求各级政府从履行社会管理和公共服务职能出发，把老年社会福利事业作为社会保障体系建设的重点，在增加财政投入的同时，鼓励和支持社会力量多形式、多渠道参与老年社会福利事业，为困难老年人提供无偿或低收费的服务。重视解决农村计划生育家庭，特别是独生子女和“两女”户父母的养老问题。到 2010 年，所有乡镇至少要建设一所功能齐全的敬老院，每院床位不少于 50 张、入住率不低于 80%；阜阳、宣城、巢湖、亳州 4 市要各建一所包括养老服务设施在内的综合性福利服务中心，其他市级社会福利院要进一步充实和完善养老服务功能；80% 的县（市、区）要有一所综合性老年福利设施，市和县城镇各类社会福利机构的床位数达到每千人 15 张以上。通过 5 年左右的努力，基本建成以老年福利服务为重点，各类社会福利机构为骨干，社区福利服务网络为依托，居家供养为基础的社会福利服务体系，逐步实现投资主体多元化、服务对象公众化、运行机制市场化和服务质量优质化。在城乡规划建设和旧城（村）改造中，各级政府和有关部门要根据老年人口数量增长和养老需求提高的要求，将老年公寓、养老院、敬老院等养老机构建设纳入规划，鼓励民间组织、企业和个人，采取独资、合资、合作、联营、参股、租赁等方式创办养老机构。认真落实税费减免、小额贷款、培训补贴、社保补贴、岗位补贴和资金补贴等政策，鼓励下岗、失业等人员创办家庭养老院、托老所，开展老年护理服务。强化社区为老服务功能，继续推进企业退休人员纳入社区实行社会化管理服务，企业向社区移交退休人员的同时，原有的退休人员活动场所和管理服务设施要一并移交社区或向社会开放，继续用作老年人活动场所。积极支持以公建民营、民办公助、政府补贴、购买服务等多种方式，发展老年人生活照顾、家政服务、心理咨询、康复服务、紧急救援以及临终关怀等养老服务业。支持社会力量和团体兴办老年护理、临终关怀性质的医疗服务机构，并按照《医疗机构管理条例》的要求，由卫生行政部门负责进行医疗服务项目审批。鼓励医疗机构开展老年护理、临终关怀服务。有条件的地方，可采取政府购买服务的方式，为高龄、空巢、困难的老年人家庭提供帮助。对自建用房、提供社会老人养老的床位数达 50 张以上的民办养老服务机构，经县级以上人民政府民政部门核准，按核定床位数给予一次性开办补助，具体补助标准及办法由各地自行确定。对民办养老服务机构安置城市“三无”对象、农村“五保”对象的，当地财政可将补助给上述人员的生活费转入该养老服务机构，用于支付上述人员生活、照料服务等所需费用。

截至 2006 年年底，全省共有敬老院 1867 所，民办养老机构 85 所，拥有床位数 45322 张，占老年人口总数的 0.5%；“星光老年之家” 1206 所，所有的乡、镇、街道和大部分的村委会、居委会设有老年活动室或活动站。

深入贯彻《农村五保供养工作条例》，有效落实孤老特殊群体的供养制度。2007 年，安徽省五保供养对象共 45.78 万人，五保供养标准由 2005 年的年人均 918 元提高到 2009 年的年人均 2022 元；2006 年至 2009 年，全省各地投入资金 8.7 亿元，新建、改建、扩建农村五保供养服务机构 1545 所，新增床位近 8 万张，集中供养率由 2005 年的 7.8% 提高到 2009 年的 25.8%。

截至 2008 年年底，安徽省共有敬老院 1867 所，民办养老机构 85 所，共拥有床位数 45322 张，占老年人总数的 0.5%；有“星光老年之家” 1256 所，所有的乡、镇、街道和大部分的村（居）设有老年活动室（站）。各类养老机构 2272 个、床位 16 万张、建设面积 300.6 万平方米、固定资产 31.6 亿元；受服务老年人 12.9 万人、管理和服务人员 1.4 万人。安庆、合肥、六安、巢湖、阜阳等市，由政府提供配套资金的上规模、上档次的老年公寓逐步对老年人开放。部分已经建成的社会福利院、老年公寓、农村敬老院，基本实行“一院两制”，面向社会开展服务，提高“以院养院”能力。以引导多元化投资，采取多种形式、多种体制、多种渠道参与老年公益事业建设的格局基本形成。全年共发行福利彩票 12.8 亿元，筹集公益金近 4.4 亿元，为安徽省的“扶老、助残、救孤、济困”等福利事业做出了贡献。2008 年年底，各级政府及民政部门举办的老年福利机构 65 所，床位 3100 张，入住 3000 多名老年人，入住率接近 100%。民办老年福利机构 157 所，床位 5658 张，入住 3374 位老年人，入住率达 60%。截至 2008 年年底，安徽省城乡各类社会福利院、敬老院、养老院、老年公寓和老年护理院等养老服务机构拥有收养性床位 9.6 万张，收养各类服务人员 7.5 万人。

在老年人文化娱乐设施建设方面，各地加大建设的速度和资金投入的力度，使老年人福利服务设施建设步伐加快。仅以 2007 年为例，六安市投资 2200 多万元，建成 1.7 万平米的大型综合性市级老年活动中心，为老年福利服务设施建设和养老服务业的发展起到积极的推动作用。长丰县投入4000多万元，新建3000平方米县级老年活动中心1所、乡镇级老年活动中心（室）14所，全县263个村（居）均建有老年活动室，其中56个村老年活动室做到专室专用。

2008年，省老龄工作委员会办公室配合省有关单位进行发展民办养老机构调研，提出加快发展我省民办养老机构的对策建议。六安市老龄办联合民政局、财政局起草居家养老服务政府购买工作实施细则和资金管理办法。铜陵市将“完善市区生活困难独居老人购买居家养老服务制度”被列为民生工程续办项目。当年，铜陵市区70周岁以上的生活困难独居老人每天会得到政府免费提供的一张10元“铜陵市居家养老服务券”，先后为144名75周岁以上的独居老年人购买服务，全年政府支付购买服务资金110余万元。马鞍山市将居家养老服务工作列入精品社区、特色社区创建考核内容。池州市迎江区荷花塘社区委为社区空巢老人家庭免费安装“爱心一键通”接收器，建立四位一体居家养老服务体制。

截至2008年年底，全省各地民办老年福利机构230所，床位9000张，收养老人5850人，入住率接近65%。新建和改扩建敬老院546所，新增入院五保老人35740人，集中供养率达到20%。阜阳市、淮北市各兴建一所市级示范老年公寓。淮南市投入200万元支持谢家集区兴建为老服务中心。太和县投资3000万元，兴建一座集供养、休闲、娱乐、康复、保健为一体的现代化养老综合服务中心。

当年，省老龄工作委员会办公室争取省福利彩票公益金100万元，开展全省老年活动中心（站、室）示范建设活动，评选出示范点39个，并采取以奖代补的办法对示范点予以一定的资金支持和奖励，从而有力地促进老年活动中心建设，提升基层为老服务质量。

图6-5-3 马鞍山市老年公寓

老年学习与教育 老年教育事业起步于1984年，在各级党委、政府的重视和社会各界的大力支持下得到快速健康发展。老年学校的办学规模不断扩大，专业设置逐步优化；教学质量有所提高，教材建设不断加强；教师队伍不断巩固，教学内容有所改善；办学形式不断创新，充分整合社会资源，优化资源配置，涌现一批省级示范老年学校。实施网络老年教育“县县通”工程，积极实现安徽空中老年大学和东方银铃远程教育中心对接，探索实施广播、网络等远程教育。尤其是安徽省老年大学与省人民广播电台联合开办具有快捷、便利、投资少、覆盖面广等优势的空中老年大学，于2001年3月12日正式开播授课，已拥有老年听众近10万人，深受广大老年朋友的欢迎。据统计，截至2006年年底，全省拥有老年大学1904所，在校学员108347人次；农村老年教育工作有了长足发展,覆盖面也越来越广;全省有 1055 个乡（镇）办起老年学校,乡（镇）办学率 60%,在校学员 44521 人次;村办老年学校 530 所,在校学员 17792 人次。全省老年教育工作始终把社会效益放在首位,坚持思想政治教育、科学文化教育和身心健康教育一起抓,使广大老年人丰富文化知识,充实生活内容,促进身心健康,为推进四个文明建设、维护政治稳定和社会和谐做出贡献。

1998 年,长江流域发生特大洪水,全省各级各部门老领导、老干部、老同志纷纷响应中共中央、国务院、安徽省委、省人民政府的号召,积极捐款支援灾区。据不完全统计,全省 90% 以上的老同志参与赈灾捐赠活动,许多离退休老同志捐出终年的积蓄,不少老同志因身体不好,在家人的搀扶和帮助下,坚持亲自到现场捐赠,事迹十分感人,充分体现老一代老年群体的精神风貌。

2001 年,各地以宣传《中华人民共和国老年人权益保障法》为重点,积极开展老年学习教育活动。安徽省委宣传部将《中华人民共和国老年人权益保障法》纳入全省法制宣传教育规划和精神文明建设规划,以农村、企业、社区、学校为基础,开展文化、科技、卫生“三下乡”活动,深受包括老年人在内的广大农民欢迎。省文化厅积极组织老文艺工作骨干,深入街道、社区、农村指导基层老年文化团体开展丰富多彩的文化娱乐活动,既提高老年人的文化素质,又提高老年人的生活质量;省新闻出版局积极发挥老同志的作用,支持、鼓励老同志参与图书、报刊的审读工作;音像出版社专门出版“中国黄梅戏经典大全”光盘一套,受到老同志的欢迎。

2006 年,安徽省委办公厅、省人民政府办公厅下发《关于加强老年教育工作的意见》,要求在全省建立起以老年大学为龙头,以基层老年学校或社区教育培训中心为基础,省、市、县(市、区)、乡镇(街道)四级办学网络。到 2010 年全省老年人入学率达 8% 以上,培育一批条件较好、制度健全、质量较高、颇具规模的老年大学（学校）示范校。到“十一五”末,省老年大学建筑面积应达到 5000 平方米,市老年大学建筑面积应达到 1500 平方米,县老年大学建筑面积应达到 500 平方米。街道、社区和乡镇、村要利用已有的老年活动中心（室）、文化馆（站）以及党校、成人文化技术学校等设施,因地制宜办好老年学校和老年教育。鼓励部门和单位管辖的文化、体育活动场地兼做老年教育活动场所。

2007 年 5 月 30 日,安徽省委老干部局、省老年大学协会、省老年大学联合举办的全省老年教育系统文化艺术节在合肥开幕,安徽省委、省人民政府和省直有关方面负责人出席开幕式。来自全省 20 多个老年学校代表队参加太极拳（剑）、木兰拳系列演武。9 月下旬,全省老年教育系统分别在芜湖、合肥、阜阳三地举办庆祝新中国成立 58 周年和迎接中共十七大召开的文艺汇演。10 月 25 日,全省老年教育系统书画影展在省博物馆开幕,展出书法 231 幅,绘画 235 幅,摄影及其他作品 297 幅,总计 763 幅;展示广大老年同志活到老、学到老、奉献到老的可贵精神。

2008 年 1 月 20 日,全省教育系统春节晚会在安徽大剧院举行。安徽省委常委、组织部部长段敦厚、省人大常委会副主任朱维芳、省级老同志孟富林、沈善文、陈瑞鼎、刘生和省直有关单位负责人出席晚会。来自全省各地老年大学的500多名学员参加表演。此次文艺演出涉及到33个基层文艺队、135个节目，参加演出人员1550多人次。汇报演出展示安徽老年教育系统的成果和广大老年人的精神风貌，取得良好的社会效果。

截至2008年年底，安徽省各地老年大学（即市级以上的老年学校）总计335所，在校学员67139名，累计毕（结）业155567人；老年学校2847所，在校学员185524人，累计毕（结）业154447人。基本形成了省、市、县（市、区）、乡镇（街道）、村（居）五级老年教育网络。省老年大学已发展到5个系、60多个班、在校学员3100多人。

2008年12月26日，为纪念安徽改革开放三十周年成果，安徽省委老干部局、省老年大学在合肥市长江剧院联合举办了专场文艺演出。老年大学艺术团的老年学员们载歌载舞，演唱了《小岗村的诉说》《爱我中华》《春天里的故事》，充满着老年人的激情和对美好生活的赞美。

老有所为与银龄行动 安徽省各级党委和政府十分注意积极发挥老年人的余热，以不同的方式让老年人充分发挥作用，为社会继续作奉献。2004年5月10日，结合安徽实际，省老龄工作委员会办公室决定在全省开展“银龄行动”试点工作，同时下发《安徽省实施“银龄行动”试点方案》，并在抓好试点的基础上逐步向全省展开。为此，省老龄工作委员会办公室先后组织安徽医科大学、安徽农业大学、安徽农业科学院、安徽省立医院的专家、学者对口支援贫困山区县黟县。先后诊治病人达1158人次；举办医学学术报告会、茶叶、果林方面调研分析会、专题讲座5场，共培训农村专业大户和基层骨干700多人次，发放技术资料700多份。同时省“银龄行动”专家组与黟县林业局共同签订《板栗年产高效栽培、地产林改造技术推广与板栗产业化发展技术合作协议》，合作时间三年，并顺利建立板栗林基地。2005年，合肥市、阜阳市在全市范内开展“银龄行动”，组织医疗卫生类专家对口援助长丰县、阜南县，为基层群众义诊15天，接诊病人1000多人次，抢救脑溢血和外伤病人3例，实施剖腹产、阑尾炎切除手术3例，并为乡镇卫生院开展医学讲座6次，深受当地干部群众的欢迎，取得明显的社会效果。

2006年，省老龄工作委员会办公室继续组织开展“银龄行动”，并按照“立足本省、面向基层、纵向开展，自愿量力、无偿服务，对口援助、双向选择”的原则，制定省本级《2006年“银龄行动”实施方案》。在前两年援助黟县板栗生产和加工技术的基础上，继续由安徽省农业大学林业专家教授对其进行技术指导，扶持板栗农户进行经果林技术改造，以提高板栗种植的生产量。为援助定远县农村卫生医疗项目，省老龄工作委员会办公室多次与省立医院、安医大学、中医学院进行协商，确定援助专家人选和具体时间。9月4日，安徽医科大学骨科主任医师高学纯、呼吸内科主任医师张安成、耳鼻喉科主任医师张昆龄、眼科主任医师张逖四位专家级教授，在省老龄工作委员会办公室和安徽医科大学领导的陪同下，进驻贫困地区定远县进行医疗卫生援助。其间，专家们深入乡镇、街道、村（居）的老百姓中，为广大人民群众义务问诊、看病，日接待量数百人

（次）。援助活动结束后，省老龄工作委员会办公室专门召开“银龄行动”总结大会，参加“银龄行动”的历届专家和教授们畅谈自己的感受和体会，受援方和援助方代表分别发言，一致赞赏银龄行动的巨大社会效果和经济效益；会上省老龄工作委员会办公室专门为“银龄行动”中作出积极贡献的专家和教授颁发荣誉奖章。

2007 年，积极发挥老年知识分子作用，“银龄行动”工作得到进一步拓展。根据全国老龄工作委员会办公室提出的要把组织开展“银龄行动”作为日常工作的意见和要求，省老龄工作委员会办公室于年初召开“银龄行动”老年专家座谈会，总结过去的一些成功做法，找出一些工作方面的不足，改变“银龄行动”在时间要求上的传统方式，采取灵活多样的办法，不拘一格地开展活动。省老龄工作委员会办公室动员安徽农业大学的专家继续对黟县板栗加工技术进行长期的援助；同时在广泛征求有关合作单位和部门意见的基础上，结合安徽医科大学、安徽中医学院送医疗下乡活动灵活开展“银龄行动”。合肥市、阜阳市继续组织医疗卫生类专家援助基层群众开展义务诊疗以及科技援助活动，并在活动规划和经费落实方面作大量积极有效的工作，也为其他地、市、县开展“银龄行动”工作提供宝贵的经验。

2007 年省老龄办与省老科技工作者协会联合开展老龄人才开发研讨会，积极探讨人口老龄化与老龄高智力人才开发。合肥、六安等市老龄工作者以及长期从事老龄问题研究的专家学者近百人参加论坛会；不少老年专家学者在论坛会上，就如何积极应对人口老龄化，充分发挥老龄高智力人才的积极作用，以及加快安徽省养老保障事业发展等问题，进行广泛的交流和深刻的分析，对老龄智力人才的开发利用、老龄事业的发展推进以及加强与老年社会团体的合作和交流进行有益的探索。

2008 年 11 月，省老龄工作委员会办公室会同安徽医科大学组织 10 位医学专家赴淮北市濉溪县开展送科技、送医疗到基层的医疗援助工作，先后义诊 930 余人次，示范手术 3 例，并举办 7 场医疗技术新进展讲座，深受基层医务工作者和广大老百姓的欢迎。

全省绝大多数“五老”（即老干部、老专家、老教师、老模范、老党员）人员常年发挥积极作用，在各自的工作岗位上做出不平凡的贡献。尤其是从医疗机构退休的老专家，更是受到各大医院的青睐，纷纷被医疗卫生单位返聘为顾问、教授，一方面在重点医院设立专家门诊，一方面对疑难杂症进行攻关研究。教育系统的老教授、老教师多数被学校聘请为客座教授。农林牧副渔老专家尤其是新型专业技术人员更加受欢迎。他们分别在蔬菜种植、畜牧饲养、渔业养殖、经果林培育等方面，发挥其特有的技术指导和技术顾问作用，为安徽新农村建设继续做奉献。广大离退休老同志在维护社会治安、调解邻里纠纷、开展文明创建等方面发挥越来越重要的作用。

数年来，学会还千方百计筹措资金及物资，连续三年向 120 名困难会员救济 1.2 万元、面粉 40 袋、食用油 60 桶。对 85 名重病住院会员进行慰问，对不幸逝世的 42 名会员前往吊唁，从而营造一个孝亲敬老的浓厚氛围，受到社会各界的一致好评。2008 年年底，通过老年学会的积极建议，由 × 县民政局、卫生局、老年学会参与，抽调县直三个医院的医生，为全县1600多名“五保”老人进行健康检查，并建立档案。学会还利用每年传统的节日之际，分别举办“新春茶叙”“清明话柳”“多彩重阳”等活动，使得老年同志欢聚一起，谈心交流，忆昔论今，利用这一平台，咏诗赋词400多首。继在2006、2007、2008年三年成功举办五次书画展的基础上，又倡议举办利辛、涡阳、蒙城三县“迎奥运”书画联展，选出精品124件，展出再次引起轰动。另外，由70多位银发老年人组成的文艺艺术团，朝气蓬勃地活跃在利辛城乡，并且应邀到合肥、阜阳、亳州等地演出，受到欢迎和好评。

老年文体活动 全省各地区、各系统、各单位根据就近方便的原则，长期积极开展为老年人提供文化娱乐活动。2005年，全省各地共有老年活动中心（室、站）4359个，占地面积近百万平方米；各类老年文艺团体1784个，经常参加活动的人数约6.9万多人；各类老年体育协会和体育团体900多个，经常参加活动的人数约12万多人。适合老年人特点的社区文化娱乐活动丰富多彩，各地在春节、重阳节、国际老人节、安徽老年节期间，广泛开展文艺演出、书画展览、棋牌比赛等多种活动。省文化厅依托公共文化设施，积极开展老年人喜欢的、有益的文化活动，成功举办两届“金色晚霞”中老年合唱节活动。各地通过举办广场演出、老年文艺调演、老年文化艺术节、老年人运动会等大型活动，弘扬尊老、敬老、助老的传统美德，丰富老年人的晚年生活。

2003年10月，省老龄工作委员会办公室、省体育局共同举办安徽省首届老年人运动会，17个市、21个厅局、15个企事业单位的53个代表团的1241名运动员参加比赛。老年人运动会的召开进一步激发全省老年人参与体育健身的热情，推进安徽省老年人体育事业的健康发展。

省老龄工作委员会办公室、省体育局、省委老干部局、省文明办于2004年联合下发《关于做好老年人体育工作的通知》，各地广泛开展科学有效、简单易行、易学易练、健康文明的体育活动。全省老年人体育健身参与率达45%，共建中老年全民健身示范晨晚练点（辅导站）1000多个，其中受到国家表彰的12个；省每年举办一次有老年人参加的社会体育指导员培训班，并在十个城市老年人群中试点推广四种健身气功（五禽戏、易筋经、八段锦、六字诀）。

2004年10月19日、20日，省民政厅、省军区政治部在宣城市举办全省军队离退休干部首届太极拳（剑）竞赛。来自全省3900名军休干部的16支代表队126名老年运动员参加竞赛。合肥一队、二队，蚌埠二队等6支代表队获团体综合奖；合肥一队、二队，芜湖市队等8支代表队获24式太极拳奖；合肥一队、二队，蚌埠二队等8支代表队获32式太极剑奖。

2004年12月5日，为进一步丰富老年人精神文化生活，倡导科学、健康、文明的生活方式，提高老年人生活、生命质量，展示新世纪老年人积极向上、与时俱进的精神风貌，推进基层老年文化工作的开展，由省老龄工作委员会办公室主办的全省首届老年文艺调演汇报演出，于当日下午在安徽大剧院举行。安徽省委、省人大常委会、省人民政府、省政协、省军区领导王昭耀、张平、任海深、高福明、徐立全、卢家丰、曲文以及省老龄工作委员会成员单位负责人、来自9个市和省直各单位的离退休老同志1000多人观看演出。参加演出的有舞蹈《开门红》、《快乐老家》、《健身秧歌》、《金色的晚霞》和踢踏舞《永不止步》，庐剧与越剧合唱《十八相送》，黄梅表演唱《幸福晚年真快乐》等17个节目。这些节目全部由老年人编创表演，既真实地反映安徽省老年群众文艺的发展水平，又是对全省老年文化活动成果的一次检阅。整台演出，精彩纷呈。各地结合老年节、重阳节以及老年教育，开展丰富多彩的娱乐活动。马鞍山市于1999年确定每年的九月初九当周为该市的“敬老周”，全市涉老单位都不同程度地开展丰富多彩的尊老敬老活动，已持续开展7年。

2005年1月22日—24日，省民政厅、新华社安徽分社、省老龄工作委员会办公室、省书画家协会、省美术家协会联合举办“安徽省首届老年人书画艺术展”在省博物馆隆重展出。全省17个市、省直单位、中央驻皖单位；解放军、武警部队等79个单位参与活动。专家评审组对全省各系统送展的1746幅作品（专业作者的作品不参加评选），共选出优秀作品539幅，其中：书法作品321幅（从中评选出金奖6幅、银奖12幅、铜奖18幅）；美术作品218幅（从中评选出金奖4幅、银奖8幅、铜奖17幅）。

同年重阳节期间，宣城市、淮南市举办老年文化艺术节，六安市举办“孝心感动六安”大型社区文化活动，池州市举办20多台老年文艺联欢晚会，芜湖市举办第16届重阳节“千名健康老人登山游园活动”。

2007年，元旦与春节期间，省老龄办与新华人寿保险公司安徽分公司联合举办“银发无忧”为全省老年人提供人身意外伤保险活动；当年还与新天地旅行社联合举办安徽省首届“尊老号”——“行边疆路沐西部风”老年专列“丝绸之路”风情之旅活动。

2007年11月4日至7日，由省老龄工作委员会办公室、省体育局主办，合肥市体育局承办，省老年人体育协会、合肥市社会体育指导中心协办，安徽省华信生物药业股份有限公司为独家冠名赞助的“富硒康”杯安徽省第二届老年人体育运动会于4日晚在新落成的合肥体育中心综合体育馆隆重开幕。开幕式由省体育局副局长高维岭主持，合肥市人民政府副市长杨增权致欢迎辞，安徽省委常委、省纪委书记刘春良宣布安徽省第二届老年人体育运动会开幕，省人大常委会副主任朱维芳出席开幕式。省第二届老年人体育运动会共设有门球、乒乓球、网球、太极拳、中国象棋、围棋、桥牌、保龄球、钓鱼、台球、登山、健身秧歌等12个比赛项目，17个省辖市代表团，34个省直单位代表团、代表队，3个省直大型企业代表团，3个院校代表团，共57个代表团、队报名参赛，参赛总人数1800余人，其中代表团官员300人，运动员1000余人，裁判员、工作人员500余人。这一届老年人体育运动会在总结上一届老年运动会经验的基础上，坚持“安全为上，健康为重，参与为主，风格为荣”的原则，进一步激发全省老年人参与体育健身运动的热情，推进全省老年人体育事业健康发展，这是一次比较成功的影响巨大的老年人体育盛会。

图 6-5-4

2008 年，为进一步丰富老年人精神文化生活，倡导科学、健康、文明的生活方式，推进基层老年文化工作的开展，省老龄工作委员会办公室于 9、10 月间举办“福彩杯”全省第二届老年文艺调演，各地选送四大类七个项目近 200 个节目参加评选。10 月 29 日晚，安徽省老龄工作委员会办公室在安徽大剧院举行“福彩杯”全省第二届老年文艺调演汇报演出。演出节目有歌舞、戏曲、小品、时装、健身操等多种艺术形式。有近 600 名老年文艺爱好者参加演出。安徽省委常委、副省长、省老龄委主任赵树丛，省政协副主席李宏塔以及省直有关单位领导到场观看节目。此次汇报演出获得社会各界的广泛好评。经全省老年文艺调演组委会专家评审组的审定，共评出获奖节目 164 个，其中六安市选送的歌舞《茶嫂》等 18 个节目获金奖，合肥市选送的戏曲《七仙女四赞》等 37 个节目获银奖，巢湖市选送的器乐《草原上升起不落的太阳》等 45 个节目获铜奖，六安市选送的歌舞《飘逸的晚霞》等 64 个节目获优秀奖。六安市老龄办、合肥市老龄办、巢湖市老龄办、蚌埠市老龄办、亳州市老龄办、宿州市老龄办、阜阳市老龄办、淮南市老龄办、省新闻出版局、省监狱管理局、淮南矿业集团等 11 个单位获组织奖。

老年理论研究 1986 年，省老龄问题委员会组织专家、学者和老龄工作者撰写论文 39 篇，并入选中国老年学会学术讨论会论文两篇。1992 年 4 月，省老龄问题委员会成立“安徽省老年科学研究中心”。1992 年 7 月，省老年科研中心与省人口学会合作，创办一期“人口、计划生育与老龄问题研讨班”。1993 年 4 月，省老龄问题委员会与省统计局人口处、安徽大学人口研究所合作，在全省 10 个市和省直有关单位开展“城市老年人力资源的现状与开发”的课题调查，并形成调查报告，编印 10 万字的《挑战与对策》小册子。1996 年 6 月，省老龄委员会组织部分专家、学者编辑出版《健康长寿指南》一书。1996 年 10 月，该书荣获中国老年学学会学术研究优秀成果奖。1997 年下半年召开全省老龄科研工作会议，收到论文 60 多篇。在全国“家庭养老”保障研讨会上，安徽有四篇文章被选中。1998 年下半年，在上海召开的“老人与发展”国家研讨会上，安徽省有三篇论文入选论文集。《中国农村地区的老年人的保障和照料》论文被第三届老年人生活质量和生活方式世界大会选为大会交流材料，并被编入论文集。1998 年，参与全国高龄老人健康及生活状况抽样调查，完成入户访问及调查问卷500多份。

1998年，蚌埠市全面推行家庭赡养协议书签订工作。为充分解老年人在赡养方面存在哪些问题，市老龄委开展农村老年赡养问题调研，并形成《安徽省蚌埠市农村签订家庭赡养协议情况调查报告》；指出存在问题，建议要依法签约、实行法制教育和德治教育相结合办法，推进农村家庭赡养协议书的签订工作。该报告获得全国老龄系统理论文选优秀奖。

2000年12月，省老龄工作委员会办公室开展老年人口状况抽样调查工作，完成全国老龄工作委员会下达的“1000户城乡老年人口抽样调查”任务。完成《安徽省老年人口与人口老龄化的调查报告》，预测安徽人口老龄化程度的三个阶段，即2001年—2020年的缓慢发展期、2021年—2045年的迅速发展期和2046年—2060年的相对稳定期。建议进一步扩大城镇社会养老保险覆盖面和养老资金筹集管理方式；建立具有中国特色的农村社会养老保险制度；大力发展老年社会化服务体系。

2001年4月机构改革以后，经安徽省委、省人民政府批准，成立“安徽省老龄工作委员会”，同时撤销“安徽省老龄委员会”和“安徽省保障老年人权益工作委员会”，省老年科研中心随之撤销。当年，开展《安徽省城镇社区老年照料服务发展现状与对策研究》，建议政府在发展社区老年照料服务业中的主导地位不容忽视；要准确定位社区养老服务模式；健全社区老年照料服务体系；实施“星光计划”与开拓社区老年照料服务有机结合起来；加大人才培养和部门合作；构建城镇社区老年照料服务的创新机制。

2003年，省老龄工作委员会办公室组织开展“安徽省城镇老年公寓入住老人状况调查及对策建议”的研究。调查显示：安徽老年公寓设施不够完善，但72.5%的老年人感到满足；收费根据实际情况，不宜过高；高龄老年人入住率上升；计划体制制约老年公寓的健康发展；传统养老观念制约其他养老方式的进一步拓展。政府要在资源配置上给予优惠，依靠社会力量发展老年福利事业。

2004年，省老龄工作委员会办公室专门组织人员力量参与《世纪之交的中国人口—安徽卷》的编著工作。省老龄系统期间在国家级与省级理论刊物上发表论文50余篇。同年，六安市在2003年抽样调查的基础上，下发问卷2000份，调查了解农村老年协会建设情况，并形成《六安市农村老年协会现状及对策建议》。提出国家应加强对农村老龄工作和老年协会的指导支持；要整合资源，理顺老年协会、老年学校、关心下一代工作之间的关系；对农村老年协会兴办的养老基地和实体要给予扶持和帮助，使之具备较强的生命力。

2005年年底，省老龄工作委员会办公室完成“中国城乡老年人口状况跟踪调查”任务。由中国老龄科研中心组织实施的中国城乡老年人口状况跟踪调查项目，抽出合肥、阜阳、巢湖、宣城等6个城市10个县（区）1000个调查样本。全省各市、县（区）老龄办密切配合，开展入户调查员的业务培训和前期试调查，有效地保证了该项目的顺利完成。安徽省也因此获得了调研成果全国三等奖。同年，合肥市完成“合肥市空巢老人情况调查”，显示城区有空巢老年人 36573 人，占老年人总数的 21.4%；城区空巢老年人趋于低年化，且被贫困、多病、空虚、孤独所困扰。

2006 年 12 月，省老龄工作委员会办公室和省社会保障研究会牵头，省政府研究室、省民政厅、省财政厅、省社科院等部门的研究人员共同组成课题组，对安徽省“空巢老人”家庭生活状况包括经济、医疗、照料、精神等方面需求进行调查分析，并进行对策研究；课题组于当年 9 月，对合肥、蚌埠、阜阳市临泉县、宣城市宣州区的 60 岁以上的“空巢老人”进行抽样调查。此次调查采取点面结合、随机抽样、入户问卷访谈的方法，并辅以一定的座谈会的形式进行。共调查填写有效问卷 1612 份，其中，男性样本数 930 个，占总样本数的 57.7%，女性样本数 682 个，占 42.3%；在 60 ~ 64、65 ~ 69、70 ~ 79、80 岁以上四个年龄段中，70 ~ 79 岁年龄组占多数，共有 741 人，占空巢老人总数的 46.0%。并根据此次调查结果和初步研究形成的对策，就全省“空巢老人”现状、存在突出问题、发展趋势、养老模式、对策建议等方面问题进行了分析和论述，形成了《安徽省“空巢老人”现状分析及养老模式对策研究》报告，为各级政府提高“空巢老人”的生活质量、制定科学完善的社会保障政策提供决策参考，引起安徽省委、省人大常委会、省人民政府、省政协领导的重视和新闻媒体的广泛关注。

2007 年 9 月，省老龄工作委员会办公室与省老科技工作者协会联合开展老年人才开发研讨会，积极探讨人口老龄化与老龄高智力人才开发。合肥、六安等市老龄工作者以及长期从事老龄问题研究的专家学者近百人参加论坛会。2007 年 12 月，省老龄工作委员会办公室在全省老龄系统开展老龄工作理论研讨活动，并将这一活动逐步形成制度。同时，创造条件开展优秀论文评选活动。全省各地报送论文或调查报告 34 篇，其中大部分内容涉及空巢老人、居家养老、社会福利、困难老人救助、社区老年人照料服务、基层老龄工作、老年人协会建设、老年人优待、老龄产业等众多方面，具有一定的指导性、实践性和可操作性；12 月，省老龄工作委员会办公室在合肥举办老龄工作理论研讨会，数十位同志在研讨会上进行交流发言。各地还通过不同渠道和方式开展老龄工作理论研究和老龄问题调查研究。蚌埠、六安市老龄办积极配合政协开展有关问题的调查研究，并形成报告上报到市委市政府作为领导决策参考。铜陵市老龄办组织系统老干部老领导赴山东省考察学习，并借鉴山东省的做法制定出本市老龄工作规划。

2008 年，省老龄工作委员会办公室配合完成国务院参事室、中国老龄科研中心在安徽省合肥、六安、马鞍山三市进行的“中国特色养老模式”课题调研和全国老龄办与国家五部委检查组对安徽省老年人优待工作落实情况的检查和调研，与相关市、县（区）老龄办配合中国老龄科研中心完成了对农村老年人生活状况和安徽省部分县（市）空巢老人的调查工作。同时完成“关于老年人与社区建设的调查”，提出进一步完善社区为老服务功能的措施和意见。合肥市、蚌埠市对本市的空巢老人家庭进行全面调查，通过问卷调查、召开座谈会、走访高龄老人家庭等形式，了解老年人空巢生活的具体情况和困难，研究提出应对空巢老年人家庭的对策和建议。合肥、六安、蚌埠、芜湖、铜陵、马鞍山等市也先后开展人口老龄化发展趋势、农村老年人生活状况和空巢老人问题的调查工作。

是年年初，民政部委托安徽省老龄工作委员会办公室进行养老服务社会化对策研究。省老龄工作委员会办公室与省社会保障研究会牵头，联合省政府研究室、省民政厅、省财政厅、省社科院、安徽大学等有关专家学者组成课题组，省人大常委会副主任朱维芳领衔担任课题顾问。历时6个月，完成《安徽省城镇养老服务社会化现状与对策研究》课题报告，获得民政部的优秀奖和社会的广泛好评。

2009年10月，经安徽省委宣传部批准，省老龄工作委员会办公室联合六安市老龄工作委员会办公室、省老年医疗保健研究所共同完成《老龄化进程：问题与对策——中（安徽）美（加州）对比课题研究报告》。课题共分十个部分即，研究背景、意义、目的、方法及主要结论；美国前老龄化背景和老龄化后的预测；美国老年人服务的主要形式及其现状；安徽人口老龄化现状及预测；社会保障制度建设与理论基础；老年权益和维权状况分析；老年医疗保健服务；老年生活照料服务；老龄工作组织机构；老龄问题研究与国际性会议推动等。开展省（中国安徽）与州（美国加州）之间的对比研究尚属首例，目的是尝试通过对比研究这种形式，从促进老龄事业发展和指导老龄工作的角度，重申应对人口老龄化的必然性、必要性、艰巨性和长期性，争取领导层面和相关职能部门的高度重视。11月20日，省老龄工作委员会办公室在合肥召开第二次全省老龄工作理论研讨会。此次研讨，吸收省老龄工作委员会成员单位、科研院所、大专院校参加，共收到论文55篇，有12篇论文进行会议交流，论文的数量和质量有所提高，理论研讨有力地促进了安徽省老龄科研和调研工作。

老年学术活动　截至2008年年底，各类老年群众团体组织健康发展。全省性的各类老年社会团体近百个，涉及文化、体育、教育、书画、音乐、戏剧、医疗、诗词等诸多门类，其中老年协会、老年学会发展迅速。以阜阳市老年学会为例，1992年阜阳市在全省率先成立老年学会，下设老年经济学会、老年生理保健学会、老年法学会、老年文体学会、老年教育心理学会共五个专学会，会员多达400余人。退休干部张开浚花10多年的时间，撰写出900万字的《〈资治通鉴〉注释》。88岁高龄的高级兽医师董彝1990年退休后，写出6本兽医学专著，共200多万字，由中国农业出版社出版发行。退休教师陶洁之退休后潜心盆景艺术研究，培育出800多盆造型各异美不胜收的盆景，先后四次荣获安徽省盆景艺术金奖，并获得国际盆景大赛金奖、银奖，成为为徽派盆景艺术传人，被评安徽省盆景艺术大师。再以利辛县老年学会为例，成立于2005年年末，并不断发展壮大。截至2008年，已建立基层分会60个（其中23个乡镇的分会已全部成立），拥有会员1718人。基本上涵盖县乡（镇）两级党政机关、企事业单位的离退休人员。同时，还先后成立了学术研究、书画研究、诗词研究、医学研究、调解等五个专业委员会和一个艺术团。学会认真贯彻落实《中华人民共和国老年人权益保障法》，围绕“六个老有”，开展多形式、多品位、多角度、多视野的活动，在“老”中找回逝去的“青春”，在

“老”中再现晚年辉煌。从一个侧面，为广大会员重塑和谐、温馨、光彩老年人生，开辟一片绿地。

各地学术活动丰富多彩。各地各类学会、协会采取灵活多样、定期或不定期的形式，积极开展学术交流和理论研讨活动。针对老年学领域一些重点学科、热点问题参加国际、国内学术研讨会议，并多次组织安徽省老年学专家、学者开展全省性的学术交流活动。省老龄工作委员会办公室与国家老年科研中心、省社会保障研究会、省老科技工作者协会联合开展老龄人才开发、积极应对老龄化、空巢老人情况调查、城镇社会化养老问题探讨等。以芜湖市老年学学会为例，2006 年该市老年学学会荣获中国老年学学会先进集体、学术高峰论坛“组织奖”称号，会长娄良鸿获中国老年学学会授予的“先进个人”称号。此外，该市老年学学会会员的论文获中国老年学学会颁布的优秀论文等 4 个奖项 13 个奖。2007 年 11 月在中国老年学学会承办的第八届亚洲大洋洲地区老年学和老年医学大会上，芜湖市老年学学会有 19 名论文作者应邀参加会议，有 29 篇论文入选交流，创该学会学术论文奖项之最。该市老年学学会在大会交流的论文数量和质量，在全国地级市首屈一指；其中副会长罗超获奖达 4 项，并与会长娄良鸿分获首届中国老年学术成果奖。

各种专业团体积极发挥作用。全省绝大多数医学界老专家、学者被医疗卫生单位返聘，一方面在重点医院设立专家门诊；一方面对疑难杂症进行攻关研究。教育系统的老教授、老教师多数被学校聘请为客座教授。农林牧副渔老专家被个体蔬菜种植户、畜牧饲养户、渔业养殖户、经果林大户聘请为技术顾问。如省老科技工作者协会均建立地市一级的老科技工作者分会和大部分县级老科协分会，除开展正常的学术活动以外，省老科技工作者协会编辑出版《科教文汇》杂志。栏目有：《科教论坛》《师德师资》《教育教学》《语文教学研究》《数学教学研究》《英语教学研究》《政史教学研究》《经济教学研究》《理、化、生教学研究》《体、音、美教学研究》《教研教改》《政法财经》《文化研究》《理工科研》《理论前沿》等。论文内容包含各学科各领域（政治、行政、法律、经济、文史、艺术、教育、新闻、信息、管理、科技、医学、理工等）最新研究成果，是集学术性、综合性、前瞻性、权威性为一体的理论期刊。

老年学术研究成绩显著。省太白楼诗词学会、省秉烛诗词协会自成立以来，先后出版《太白楼诗词》集 38 期，被评为安徽省优秀内部资料性出版物；省老科技工作者学会公开编辑出版的《少儿科技》《科教文汇》享誉省内外；省老年医疗保健研究所创办国内首家老年健康类《益寿文摘》，发行量多次突破 80 万份，深受国内外广大老年朋友的欢迎；省老龄工作委员会办公室主办的《中国老年·下半月》杂志，颇受省内外老年朋友的欢迎；阜阳市老年学会坚持不断开展学术活动，影响并带动周边地区的老年问题研究。同时，还有一大批老干部、老专家、老教师、老模范、老党员投身关心下一代事业。据阜阳市关工委统计，全市已拥有关工会员 3 万多名。这些会员走进学校讲传统，担任文化市场监督员，防止黄赌毒危害青少年，有的为穷困家庭募捐，帮助失学儿童重新回到学校。军队离休干部丁锡彦离休后10多年如一日，把培养关心下一代看作自己的责任，为青少年作报告300余场，直接听众近20万人次，共写讲稿140余万字，从未收过报酬，被评为全国关心下一代先进个人。

老年产业　全省各地坚持“政府引导、社会兴办、市场推动、加快发展”的方针，优先发展养老护理业、社区为老服务业和老年人特殊需要的生活用品业，辅以卫生健康服务、旅游娱乐和金融保险业，逐步培育适应人口老龄化发展的老年消费市场，初步建立城乡多元化、多层次的养老设施网络和老年社会服务体系。同时，大力开发老年用品和老年服务产品。鼓励和扶持开发老年产品，引导企业生产满足老年人各种需求的品种多样、经济适用的老年用品；整合各地旅游资源，推出适合老年人特点的精品旅游线路和服务产品，促进老年人出游，发展老年旅游业；拓展多种经济成分并存的老年卫生健康服务领域，为老年人提供预防、医疗、护理和康复保健服务；积极开发适合老年人的金融、理财、保险等其他服务项目。支持信息服务、管理咨询、人才培训等社会中介机构的发展，鼓励社会力量兴办以社区为基础的老年生活照料、家政服务、康复护理、紧急救援、心理咨询等服务项目，为居家老人提供良好、便捷的服务。

由于“空巢”家庭的大量出现，家庭养老功能逐步弱化，安徽省在这方面积极探索养老保障和养老服务社会化的路子。积极引导社会各界充分认识和利用老年群体这一巨大的潜在市场，创办老龄企事业，研究开发老年用品，提供老年人需求的各类服务。在加强社区建设中，以社区为依托，把老年人作为社区服务的重点对象，开辟为老服务项目，组织为老服务志愿者队伍，培养老年人自我管理、自我服务的中介组织。部分市、县还建立老年人才信息库，举办老年人才招聘市场，这对发挥老年人才优势、增强老年人的自养能力，发挥较好的作用。同时在全国率先将淮南矿业集团、淮北矿业集团、铜陵有色等行业统筹企业退休人员纳入社区管理。

安徽的老年产业快速发展。仅以老年公寓为例，如合肥市九久夕阳红老年护理院创建于2001年10月，创办初期是租用私人的民房，使用面积800多平方米，设65张床位。2003年5月，租下轮胎厂5000平方米的招待所，开设320张床位。至2008年，已拥有九久夕阳红三里街院、九久夕阳红老年城、九久夕阳红巢湖光明老年公寓、九久夕阳红瑶东老年公寓、九久夕阳红淮南老年公寓、九久夕阳红包河老年公寓、九久夕阳红磨店老年公寓等7所老年公寓，总建筑面积43300平方米，总床位2080张，入住1600多位老人。同时，创立三里街街道社区卫生服务中心、瑶海区智力残疾康复技术指导中心、九久夕阳红职业培训学校、九久夕阳红医院、合肥市残疾人托养中心，成为安徽省规模最大、入住老人最多、具有良好的社会信誉和较大社会影响的老年公寓。

第四节　老年人权益维权

法规制度建设　1991年12月23日，省第七届人民代表大会常务委员会第二十七次会议通过并颁布《安徽省保护老年人合法权益的规定》。1995年11月，省人民政府印发《安徽省老龄工作发展规划（1995—2000年）》。1996年10月1日《中华人民共和国老年人权益保障法》颁布后，全省各级老龄组织自觉地把学习、宣传、贯彻《中华人民共和国老年人权益保障法》作为中心工作来抓。1997年5月，省保障老年人权益工作委员会成立后，省老龄委、省纪委、省委组织部、省人事厅等9个单位联合制订《关于共产党员、国家公务员在维护老年人合法权益、敬老养老中要起模范带头作用的若干规定》，印发全省贯彻执行。

2001年7月28日，省第九届人民代表大会常务委员会第二十四次会议通过并颁布《安徽省实施〈中华人民共和国老年人权益保障法〉办法》；2002年，安徽省委、安徽省人民政府出台《关于贯彻〈中共中央、国务院关于加强老龄工作的决定〉的实施意见》；2002年6月，省人民政府制定并下发《安徽省老龄事业发展"十五"计划》；2003年，安徽省委老干部局、财政厅、卫生厅、劳动和社会保障厅下发《关于省属困难企事业单位离休干部医疗保障暂行规定》，省劳动和社会保障厅下发《关于进一步做好全省企业离退休人员基本养老保险金按时足额发放的通知》；省民政厅下发《关于加强并规范城市居民最低生活保障管理工作的通知》；2004年7月，省政府办公厅转发省民政厅、财政厅《关于建立和完善农村特困群众生活救助制度意见》，省老龄工作委员会办公室、省体育局、老干部局、文明办联合下发《关于做好老年人体育工作的通知》。

2005年6月，省人民政府出台《关于做好被征地农民就业和社会保障工作的指导意见》，明确要求用三年左右的时间在全省逐步建立被征地农民基本养老保障制度；是年6月，省民政厅下发《关于在全省全面开展农村医疗救助工作的通知》；2005年8月，省政府办公厅转发省民政厅、卫生厅、劳动和社会保障厅、财政厅《关于建立城市医疗救助制度试点工作的实施意见》；2005年12月31日，经省政府同意，省劳动和社会保障厅和财政厅下发《关于解决未参保集体企业退休人员基本生活保障问题的通知》。各级劳动保障和财政部门按照省里部署，本着认真负责的态度，多方查找，仔细核实，筹集资金，及时兑现，尽力解决。到年前，全省已有6万多名符合条件的对象按规定享受生活补助，各级财政为此投入资金近1.3亿元，其中省级财政6000万元，较好解决这部分困难人员的基本生活问题。

2006年1月13日，安徽省委办公厅、省人民政府办公厅下发《关于加强老年教育工作的意见》。3月，省人民政府制定出台《城镇居民医疗保障制度实施意见》。6月，省老龄工作委员会制定并下发《关于加强基层老龄工作的实施意见》。8月8日，省人民政府根据国务院的要求，制定出台《关于完善企业职工基本养老保险制度的决定》；年8月30日，省老龄工作委员会办公室、省宣传部、省发改委、省科技厅、省民政厅、省司法厅、省财政厅、省建设厅、省交通厅、省农委、省商务厅、省文化厅、省卫生厅、省广播电影电视厅、省体育局、省林业厅、省旅游局、省文物局、省总工会联合下发了《关于加强老年人优待工作的实施意见》。9月28日，省人民政府办公厅下发《关于加快发展养老服务业的通知》,要求各级政府要从履行社会管理和公共服务职能出发,把老年社会福利事业作为社会保障体系建设的重点,在增加财政投入的同时,鼓励和支持社会力量多形式、多渠道参与老年社会福利事业,为困难老年人提供无偿或低收费的服务。重视解决农村计划生育家庭,特别是独生子女和"两女"户父母的养老问题。

2007年年初,经省人民政府批准,省老龄工作委员会印发《安徽省老龄事业发展"十一五"规划》;8月27日,省人民政府印发《关于开展城镇居民基本医疗保险工作的意见》。2009年2月19日,省老龄工作委员会为贯彻落实国家十部委《关于全面推进居家养老服务工作的意见》精神,加快发展安徽省居家养老服务事业,下发《安徽省关于开展居家养老服务工作的意见》,提出力争三年左右时间,全省城市社区基本建立起政府宏观管理和扶持,社会各方力量兴办,服务机构按市场化要求自主经营的居家养老服务体系,并完善管理体制和运行机制,使社区居家养老服务设施不断充实,服务内容和形式不断丰富,专业化和志愿者相结合的居家养老服务队伍不断壮大,居家养老服务的组织管理体制和监督评估机制逐步建立;健全和完善农村社区依托乡镇敬老院、村级组织活动场所等现有设施资源,力争80%左右的乡镇拥有一处集院舍住养和社区照料、居家养老等多种服务功能于一体的综合性老年福利服务中心,1/3左右的村拥有一所老年人文化活动和服务站点。

法规政策实施 全省各级党委和政府高度重视老年维权工作,始终把为老年人办实事、解难事、做好事作为老龄工作的出发点和落脚点,不断建立和完善老年法律法规体系,认真落实各项涉老政策和制度,积极采取措施,从根本上切实保障好维护好老年人的合法权益。

2001年年初,安徽省紧紧围绕老龄事业发展大局,在省直有关部门的大力支持和配合下,经省人民政府批准同意,省老龄工作委员会制定并下发《安徽省老龄事业发展"十一五"规划》。不少地市把制定老龄事业发展规划和老龄工作相关政策文件作为一项重点工作来抓,及时转发并分解《省老龄事业发展"十一五"规划》的具体内容。截至当年年底,淮南、六安、铜陵等市以及部分县(区)相继出台当地的老龄事业发展"十一五"规划。

2003年7月,省人大常委会、省老龄工作委员会联合在全省部分地市开展《中华人民共和国老年人权益保障法》(以下简称《老年法》)和《安徽省实施〈中华人民共和国老年人权益保障法〉办法》执法检查。此后,全省各级老龄办以贯彻落实《老年法》和安徽省"实施办法"为出发点,以为老年人办实事、解难事为落脚点,扎实开展老年维权工作。广泛深入地开展老年法律法规的宣传教育活动,充分发挥新闻媒体的积极作用,运用报纸、广播、电视、专栏、标语、宣传手册等形式,以宣传《老年法》和"实施办法"为主线,把贯彻落实老年人合法权益和开展尊老敬老教育活动紧密结合起来,在全社会营造尊老敬老的良好社会氛围。合肥、六安、巢湖、铜陵、蚌埠等市老龄办将老年法规印制成手册广为宣传,有的地方还开展送法下乡活动。仅六安市2004年就印发老年法规宣传品29400份，出动宣传车104台次，设宣传台170个。安庆市老龄办与市政协共同举办《政协论坛》电视访谈节目，集中报道全市贯彻老年法和实施办法取得的成就与面临的问题，在社会上引起了强烈反响。通过执法检查和执法调研，落实各项优待老年人的法律法规和政策规定。2003年举办安徽省老龄系统行政执法资格培训班，近100人取得行政执法资格证书，在全省形成行政执法网络，发现问题逐层解决。各级人大常委会、政府逐年加大对《老年法》执法检查的力度。2001年—2005年间，省、市、县各级人大常委会对《老年法》执法检查152次；省、市、县各级政府对《老年法》执法检查167次；省、市、县各级老龄办对《老年法》执法检查316次。通过执法检查，改进维权工作，保证老年人各项优待措施落到实处，有效地维护老年人的合法权益。省人大常委会就贯彻落实老年法情况对合肥、阜阳、六安和安庆市进行执法调研，并形成专题报告报送省委、省人大常委会、省政府主要领导。通过做好来信来访工作，落实各项优待老年人的法律、法规和政策规定。各地老龄办十分重视老年人的来信来访，坚持“牢记宗旨，服务老龄”和实事求是的原则，耐心细致地做好来访者的工作，无论是能够解决或暂时无法解决的问题，都能做到件件有着落，事事有回音，基本做到使老年人满意。据统计，截至2005年年底，市级以上老龄工作委员会办公室累计来信来访24168件（次）。继续做好签订赡养协议书的工作。据统计，全省近半数县（区）开展签订赡养协议书活动，截至2003年年底累计签订赡养协议书216763份；2004年全省签订赡养协议书11万多份；2008年全省共签订赡养协议书12.68万份，累计签订赡养协议书216763份；有效地减少和杜绝遗弃和不赡养老年人的违法行为，使老年人的被赡养权得到有效保护。充分发挥各级法律援助机构的作用，为困难老人提供相关的法律援助。全省已建立法律援助中心数百个，乡镇（街道）、社区法律援助站在老年人维权方面发挥了积极的作用，并对困难老年群体诉讼费实行减免缓等办法。合肥市率先在全省建立起第一个维护老年人合法权益的老年法庭。老年群体自我维权意识得到进一步的加强。不少老年人拿起法律武器，在享受养老、医疗、被赡养、住房以及再婚等方面依法维护自己的合法权利。通过老年人的自我维权，也避免一些不必要的家庭财产和利益纠纷。截至2005年年底，全省共发放敬老证60岁以上367888本，70岁以上392357本。

2005年，省人民政府出台《关于加快推进城乡社会救助体系建设的意见》，省财政每年拿出1.8亿元资金，确保45.7万名五保户应保尽保；对困难群体（年收入低于637元），省财政每年拨专款8000万元和地方配套4000万元，实行特困救助。各地根据实际情况，拓宽老年人长寿补贴范围，部分地区将高龄补贴提高到150元每人每月；黟县西递村为年满60周岁老年人发放每月80元养老金；淮南市对农村独生子女户和两女户家庭满60周岁老年人发放每月50元的生活费。截至2005年年底，全省发放养老补贴的行政村已达217个，有1058个行政村建立养老基地。

2006年，在贯彻落实安徽省加快发展养老服务业、加强老年人优待、加强基层老龄工作等三个规范性文件方面，芜湖、蚌埠、六安、滁州、安庆、宣城、马鞍山、合肥、黄山等市出台相关加强老年人优待、加快发展养老服务业和加强基层老龄工作的文件。六安市及所辖县（区）、芜湖市政府先后出台加快发展养老服务业的文件，并规定凡是社会资金兴办的民办养老机构均可享受政府给予的一定补贴。各市、县（区）在执行这三个文件方面均有所突破，尤其是在老年人优待方面，黄山、九华山、天柱山等名胜古迹、旅游景区都对老年人实行票价优惠政策。老年人优待政策进一步落实，优待的内容和范围进一步拓展；养老服务业步伐不断加快，政府的投入和社会的认知进一步凸显；基层老龄工作有序开展，村（居）老年群众组织进一步发挥优势作用。为全面推进安徽省老龄工作和老龄事业的健康发展，省老龄工作委员会办公室组织 17 个市老龄系统干部分成 4 个小组，分别对 34 个县（区）、68 个村（居）进行相互观摩和学习活动。

老年法律援助　建立老年法律援助制度，发挥司法机构的积极作用，为困难老年人提供法律援助。全省各地优待老年人的若干规定和“老年人法律援助中心”相继出台和建立；每逢“两节”（国际老人节和安徽老年节）期间，涉老部门都为老年人举办义诊、义演、法律咨询等服务活动；在春节、元宵节等传统节日期间，各级老龄部门都要求子女为自己的长辈送一份节日礼品或请老人吃一顿团圆饭，或为老人做一件有意义的事，同时要求企事业单位、社会团体和部分私营企业主，在日常工作和营业中为高龄老人提供优质、优价服务。

安徽省先后将《中华人民共和国老年人权益保障法》和《安徽省实施〈中华人民共和国老年人权益保障法〉办法》纳入“三五”、“四五”、“五五”普法重点，采取多种形式进行宣传贯彻；各级审判机关对涉及老年人的案件实行优先立案、优先审理、优先执行。2004 年，全省各级法律援助机构共为老年人提供法律援助 1180 余人次。省老龄工作委员会办公室设置老年维权岗位职责；市级老龄办设置维权处室 17 个；各级人民法院设立的老年法庭 78 个；各级法律援助部门设立的老年维权热线 163 条；各级法律援助部门设立的法律援助中心 107 个；社区建立法律援助站 206 个；仅 2005 年上半年就受理老年人法律援助案件 548 件，省级老龄工作委员会办公室（2004 年—2005 年）接待来信来访 267 件（次），市级老龄办截至 2005 年年底受理来信来访 23501 件（次）。各级老龄机关基本上做到了件件有着落，事事有回音。

2006 年，各地结合法制宣传月和“五五”普法要求，采取多种形式广泛深入进行宣传贯彻；各级审判机关对涉老案件优先立案，优先审理，优先执行；法律援助机构切实加强健全法律援助工作网络体系建设，在全省、市、县（区）建立法律援助中心 107 个，在乡镇（街道）、社区建立法律援助站 206 个，铜陵、滁州、六安、合肥、黄山等市在当地老龄办设立老年法律援助站。全省各级法律援助机构共为老年人办理法律援助案件的人数为 25365 人，占全部受援助总人数（58047 人）的 44%。全省各市、县（区）均建立 12348 法律咨询、服务专线，广大老年人拨通专线就能得到方便、快捷的法律服务和法律援助，为维护老年人的合法权益发挥了积极作用。全省以各级司法局、乡镇司法所和法律服务所、社区和村委会成立的调解委组织为体系，设立调解组织 32310 个，有调解员 218549 人，积极开展涉老纠纷调解工作。广大基层法律工作者不断将服务的领域向城市社区和基层农村延伸，通过诉讼代理、非诉讼代理、解答法律咨询等工作，积极围绕维护老年人合法权益开展形式多样、方便及时的法律服务，有力地维护广大老年人的合法权益。

认真落实涉及老年人的相关政策法规，切实保障老年群体合法权益。黄山市老年人法律援助中心于 2009 年挂牌办公，积极开展法律援助工作。蚌埠市于 10 月 16 日举办“庆祝建国 60 周年《老年法》宣传一条街活动”，广泛宣传“家家有老人，人人都会老”，今天敬老人就是明天敬自己的道理。合肥、滁州、芜湖、铜陵等市认真办理涉老建议和提案，得到广泛肯定和好评。铜陵、阜阳、宣城、黄山等市加强老年人信访工作，想方设法为老年人排忧解难，维护其合法权益。

2008 年，各地抓住省政府实施民生工程的大好机遇，特别强调将贫困老年人按规定纳入城乡社会救助范围。截至是年年底，全省享受城市低保对象中约有 30% 以上是老年人，而农村低保对象中 60% 以上是老年人。芜湖市、合肥市、铜陵市把百岁老人的长寿保健金提高到每人每月 200 元。繁昌县鹊江村对年满 60 周岁的本村老年人每月发放 30 元补贴，70 周岁以上老年人在此基础上，每人每年增发 200 元。芜湖市狄港镇桃冲村年过 70 周岁的老年人每年享受 300 元补助，年过 80 周岁的老年人每人每年补助 400 元，90 周岁以上老年人每人每年补助 500 元。淮南市凤台县将百岁老人的长寿保健金提高到每人每月 1000 元。

第五节　尊老敬老宣传

老龄宣传工作是老龄工作的重要组成部分，也是宣传思想工作的重要内容。做好老龄宣传工作，提高全社会对人口老龄化问题的认识，对于正确处理和解决我国在人口老龄化过程中出现的各种矛盾和问题，切实保障老年人的合法权益，推进社会主义精神文明建设，实现经济和社会协调发展具有十分重要的意义。各地区、各部门在开展“文明城市”“文明村镇”“星级文明户”“文明五好家庭”以及“送温暖”“青年志愿者”等活动中，把敬老、养老、助老作为重要内容，真正把老年人团结起来、凝聚起来，把思想政治工作渗透到社区管理、社区服务、治安联防、老年学校、邻里互助等多种形式的活动中去，努力做好老龄宣传工作，满足老年人的精神需求，丰富他们的文化生活，充实其晚年生活，增进其身心健康，提高其生活质量。

尊老敬老　利用新闻媒体向全社会广泛宣传老龄问题。1993 年，省老龄问题委员会与省广播电台共同开办“老年壮志谱新篇”系列报道。铜陵市广播电台常年开办《山城老人》专题节目。1994 年 5 月，省老龄委与《安徽日报》社联合主办“夕阳明”征文活动。1995 年以来，省老龄委在每年的老年节和春节期间，都要走访慰问老劳模、老党员、老村干部。1999 年年初，省老龄委下发《关于开展国际老年人年活动的意见》

和《庆祝国际老年人年宣传提纲》。全省各大报刊辟出专栏报道庆祝国际老年人年的有关动态和消息。省老龄委与安徽电视台联合举办《今晚我们相会》庆祝国际老年人年专题节目,与合肥广播电台文艺部联合举办《赡养老人难道仅仅是家庭的责任吗》等专题节目。1999 年 5 月 19 日,全省召开庆祝国际老年人年电视电话会议,营造良好的舆论氛围。

1992 年,省老龄委召开全省"重视老龄工作功勋奖"和"老有所为先进集体创新奖"表彰大会。对21个老有所为先进集体和19名重视老龄工作功勋奖获得者进行表彰。1993年,省老龄委和省民政厅联合对147所敬老院进行表彰。1997年,开展敬老好儿女、老有所为、重视老龄工作先进个人和先进集体评选表彰活动。

深入开展形式多样的尊老敬老活动。省老龄委在每年的"十一国际老人节"和"安徽老年节"期间,认真布置和积极开展尊老敬老活动。从 1992 年起,给全省百岁老人每年发放补助费每人 100 元。1998 年年底,省老龄委与安徽口子集团在合肥地区联合举办"金口子"十佳金婚夫妻评选活动。对评出的一对获名誉奖金婚夫妻和十对获优秀奖金婚夫妻分别奖励 1000 元,并颁发荣誉证书。

每年春节期间,省党政军领导或省老龄委领导都要通过电视向全省老年人拜年,并率领有关部门负责人,带着礼品和慰问金登门看望百岁老人。1999 年 5 月,省老龄委与省人寿保险公司共同进行"世纪老人"调查,在全省范围内登门为百岁老人进行体检,并逐一登记造册。1999 年,重阳节举办庆祝国际老年人年"福、乐、寿、共建、共融、共享"大型文艺晚会。2000 年,省老龄委同省老年体协、省妇联在全省范围内开展评选健康老人及世纪健康老人活动。

根据全国老龄工作委员会办公室、中共中央宣传部、民政部、全国妇联、团中央等有关部门的统一部署,省老龄工作委员会办公室从 2003 年开始,先后与省委宣传部、省民政厅、省妇联、团省委等单位组织开展全省"孝亲敬老之星"的评选、申报、表彰活动,先后有 79 人荣获全国"孝亲敬老之星"称号。其间,全省各级共青团系统结合"金晖行动"部署开展社区青年志愿者敬老爱老助老活动;教育部门在中小学校广泛开展"读敬老书、写敬老文、做敬老事"活动和普及老年法知识、敬老教育专题讲座、演讲活动;妇联组织开展"五好家庭""模范妻子""孝顺媳妇"等评选活动;通过这些活动的开展,尊老敬老的优良传统进一步弘扬,尊老敬老的先进典型不断涌现,尊老敬老的社会氛围进一步形成。

2004 年 8 月 26 日,根据中宣部、教育部、全国妇联、共青团中央和全国老龄工作委员会办公室共同发起的敬老爱老助老主题教育活动要求,省老龄工作委员会办公室下发《关于做好全国青少年敬老爱老助老主题教育活动评选表彰工作的通知》,要求各级团组织结合"金晖行动"部署开展社区青年志愿者敬老爱老助老活动;教育部门在中小学校广泛开展读敬老书、写敬老文、做敬老事活动和普及老年法知识、敬老教育专题讲座、演讲活动;老龄系统和妇联组织要积极开展好"孝亲敬老之星"和"中华孝亲敬老楷模”评选活动;宣传部门要大力做好活动期间的宣传报道工作。

2005年1月8日,全国敬老爱老助老主题教育活动表彰大会在北京举行。蚌埠市怀远县龙亢镇项桥敬老院院长王本书被评为全国十大“中华孝亲敬老楷模”;朱守传、郎宝梅等被评为全国“孝亲敬老之星”;王本书、朱守传、郎宝梅、沙翠兰、肖倩倩等代表获奖者应邀出席了表彰大会。

附:全国十大“中华孝亲敬老楷模”——王本书

怀远县龙庄镇项桥敬老院院长。他曾担任过村会计、村委会主任、村党支部副书记。他因自幼落下了头部不能转动的残疾,一直没有成家。他长年帮助14户孤寡老人义务代种代收承包田,每天帮助生活不能自理的老人担水、忙家务。

1992年春天,他主动申请当上了供养36位五保老人的项桥敬老院院长。亲自服侍三年患中风瘫痪卧床老人,使75岁患白内障老人重见光明。……

他坚持举办为五保老人做寿活动,开展“互帮互助”和“评先评优”活动,不定期和中小学生举办“老少乐”联欢活动,并组织敬老院老人外出旅游。他还开辟了一条敬老院自我积累、自我发展的新路子。敬老院拥有耕种土地20亩,菜园3.6亩,猪、牛、羊,家禽等近200只,年纯收入达到3.6万多元。

为提高敬老院老人的生活条件,创造条件,使敬老院老人医药费实行实报实销。通过发展生产,使每位五保老人平均约有2000～5000元的个人积蓄,生活水平普遍高出当地农民人均收入50元以上。他还积极想办法争取有关部门的支持,为敬老院翻修新盖、装修房间,不断改善老人们的居住条件。他自筹资金,为五保老人订阅报刊,购置健身器材和文娱用品,购买家用电器,安装电话,不断提高五保老人的精神文化生活。他还带领老人们植树种花美化环境,使敬老院真正成为了老人们的幸福之家。

图6-5-5

2005年1月,王本书被全国老龄工作委员会办公室、中共中央宣传部、民政部、全国妇女联合会、共青团中央等有关部门评为全国十大“中华孝亲敬老楷模”,且名列榜首。2007年5月,王本书因病医治无效不幸去世,年仅57岁。

2005年1月22日,安徽省第六届健康老人表彰大会在合肥召开。这次选拔活动,严格按照国家制定的健康老人条件、标准及程序，经过层层选拔和审核，共评选141名，其中世纪健康老人28名（男7名、女21名）、健康老人113名（男77名、女36名）；在141名健康老人中，农民63名，工人9名，居民16名，干部44名，医生、教师，宗教人员9名。省领导为健康老人颁发奖状和证书。

2005年4月16日，由省民政厅、省老龄工作委员会办公室等单位联合举办，庆祝珍奥相约健康社区一周年暨全国敬老爱老助老主题教育活动——安徽珍奥"孝心工程"大型启动仪式，在安徽省国际会展中心举行。省老龄工作委员会副主任、省民政厅厅长、省老龄工作委员会办公室主任李宏塔向珍奥集团安徽分公司总经理潘志伟授予安徽省敬老爱老助老活动大旗。

2005年、2006年，省内多家媒体采用关于空巢老人调查报告的数据的也引起几大家较有影响的报纸、广播电台、电视台的关注。《新安晚报》《江淮晨报》、《安徽商报》《合肥晚报》均开辟专栏探讨老年问题；安徽电台、电视台也多次采访省老龄办，就老龄化问题、老年人维权问题进行深入的报道。2005年12月26日，省老龄工作委员会办公室印发《关于元旦春节期间开展敬老慰问活动的通知》，要求各地各单位在节日期间开展敬老养老宣传教育，认真落实各项政策规定和措施，广泛开展敬老慰问送温暖活动，丰富老年人的精神文化生活。各级老龄办在党委、政府的支持和重视下，于元旦、春节期间深入特困、高龄老人家中，送去党和政府的温暖，帮助解决老年人的实际困难。省老龄工作委员会办公室先后组织数万元的大米和衣被于春节前对阜阳市阜南县、蚌埠市怀远县200多位困难老人进行了慰问。合肥市政府领导带队慰问特困老人和百岁老人，各类慰问品折合人民币100余万元。六安市各县（区）组织慰问特困老人36338人，发放慰问款物价值140万元。

2006年11月20日，由全国老龄办、中宣部、教育部、国家广电总局、共青团中央和全国妇联共同开展的"全国敬老爱老助老主题教育"第二届评选表彰活动结束。根据全国敬老爱老助老主题教育活动组委会下发的表彰决定，蚌埠市怀远县政协主席、县老龄工作委员会主任年汉东等79人荣获全国第二届敬老爱老助老主题教育活动"敬老之星"称号；年汉东本人获得"十大孝亲敬老楷模"候选人奖。

2008年9月，省老龄工作委员会办公室下发《关于"国际老人节"和"安徽老年节"期间开展庆祝活动的通知》，要求各地在"两节"期间要集中力量、精心组织、合理安排，做好《中华人民共和国老年人权益保障法》和《安徽省实施〈中华人民共和国老年人权益保障法〉办法》的宣传工作，利用电视、广播、报纸等宣传媒体开展老年法律法规的宣传教育，报道尊老敬老的先进事迹。有条件的可通过设立老年法律咨询台、宣传车、张贴标语宣传画等形式加强老年法律法规的宣传，营造尊老爱老的良好氛围。

十大孝星（福星）评选　2003年开始，省老龄工作委员会办公室决定在全省范围内每两年举办一届安徽省"十大孝星"评选表彰活动，取得良好的社会效果。自2004年10月份开展以来，受到社会各界广泛关注。许多个人、妇联、老龄系统、街道、社区来信来电,参与活动,推荐他们心目中的“孝星”。2005年1月17日,“安徽省首届十大孝星评选”由新安晚报主办、海南椰岛集团安徽公司协办经过专家、学者多轮的认真评选,最终选出新时代的“十大孝星”。他们分别是:钟锦盛(合肥)、刘会简夫妇(岳西)、王秀英(阜阳)、郎宝梅(合肥)、营峰(淮南)、詹进(六安)、梅长林夫妇(天长)、刘玉华(蚌埠)、许明俊夫妇(六安)、李冬来(宣城)。周玉兰夫妇等13名候选人被选为“江淮孝顺好儿女”。

2005年9月17日,第二届“椰岛鹿龟酒”杯“十大孝星”评选活动正式启动。这次活动由省老龄工作委员会办公室和省妇联主办、海南椰岛鹿龟集团安徽公司赞助和协办,《新安晚报》独家承办。活动启动后,由老龄系统及妇联基层单位推选候选人,并组织专家评选出40名“候选孝星”。《新安晚报》开辟专栏,对其中典型事迹进行追踪报道,最终采取群众投票和评委会意见相结合的方法进行无记名投票,产生第二届“安徽十大孝星”。2006年1月15日下午,第二届椰岛鹿龟酒杯“十大孝星”评选活动落下帷幕,合肥市秦卫红等“十大孝星”以及阜阳市郭刚等30位“十大孝星”提名奖获得者受到表彰。经由专家、学者组成的评委会认真审核、评选,陈文琴(宁国)、赵本城夫妇(六安)、秦卫红(合肥)、窦杰颖(阜阳)、许梅(怀远)、张永勤(凤台)、汪群(巢湖)、刁朝岗(天长)、丁德炯(合肥)、何来珠(黄山)等当选为我省第二届“十大孝星”;郭刚等30位候选人获第二届“十大孝星”提名奖。

2006年12月20日,省老龄工作委员会办公室、新安晚报社和海南椰岛集团安徽公司联合举办“安徽省第三届十大孝星”评选活动。这次活动历时3个月,近千名候选人参与评选,最终评选出十位孝星。在这十位孝星中有学生、教师、公务员、民营企业家、医生、农民和普通市民,年龄最小的23岁,最大的60岁,他们分别是:45年如一日照料106岁老母亲的合肥市民鲁春英;成立农村老年协会照顾老人的宣城市宣州区花元村党支部书记何永仕;20年用孝心唤醒“植物人婆婆”的亳州市古井灌装分厂职工刘月华;为完成父亲遗愿在安徽大剧院成功举办音乐会的大学生曹川;一颗孝心牵起三地情缘的白湖监狱管理分局第一中心小学老师韦月进;20余年照顾母亲、姐姐生活,至今未婚的休宁县溪口镇溪口村茶降村民戴国彬;一人支撑起四世同堂大家庭的蚌埠市银河社区居民方素琴;常常带着父母外出旅游的宿州市北关第三勘探队的黄光芬;在合肥办起老年病医院的阜阳人韦强;打工为父治病的天长市民董登岭。

2006年12月,为促进代际和谐和家庭和谐,使孝亲敬老的优良传统美德在江淮大地蔚然成风,安徽省老龄工作委员会办公室和海南椰岛集团安徽公司主办“椰岛鹿龟酒·越活越年轻”安徽省首届十大福星评选活动。此次活动在《新安晚报》上刊出通知后,得到全省广大老年朋友的一致好评和积极参与。经过选手自荐、初选、复赛等环节;通过媒体推广、专家评审,来自淮南的余明群、合肥的胡德炳、合肥的宣宝华、滁州的郑玉兰、安庆的王艳秀、芜湖的周商克、蚌埠的吴伯勤、阜阳的王兴安、巢湖的徐选奉、宿州的董兴等10位同志被评为“椰岛鹿龟酒”杯安徽省首届“十大福星”。20日下午,十大福星的10个家庭进行了福星活力家庭大赛。最终来自滁州的郑玉兰获得“椰岛活力之星”称号。评选结果于20日在安徽电视台《相约花戏楼》栏目揭晓，省人大常委会副主任高福明为十大孝星颁发奖状。

系列纪念活动　2006年9月24日、25日，为纪念《中华人民共和国老年人权益保障法》颁布十周年和《安徽省实施〈中华人民共和国老年人权益保障法〉办法》颁布五周年，省老龄工作委员会办公室和合肥市老龄工作委员会办公室在合肥市政府广场联合举办大型老年文艺演出。来自合肥市的庐阳区、包河区、蜀山区、瑶海区数支老年文艺团体参加演出，数千名群众观看表演，老人们丰富多彩的精湛表演，博得观众们的阵阵掌声。

同期，为配合《中华人民共和国老年人权益保障法》颁布十周年和《安徽省实施〈中华人民共和国老年人权益保障法〉办法》颁布五周年纪念活动，省老龄工作委员会于10月国庆节前夕在合肥市政府广场举办大型“安徽省老龄事业成就图片展览”。省老龄工作委员会成员单位和全省17个市分别精选出反映近年来老龄事业发展精美图片数百张，按照领导关怀、老有所养、老有所医、老有所学、老有所教、文化娱乐等六大方面进行全面的展示。省人大常委会副主任高福明，省民政厅厅长、省老龄工作委员会副主任李宏塔，省老龄工作委员会办公室专职副主任侯世标等参观展览，并观看老年文艺演出。

2006年10月24日，省政协社会和法制委员会在《中华人民共和国老年人权益保障法》颁布十周年之际，在省政协机关第十二楼会议室召开以“老年人权益保障”为主题的省政协委员专题座谈会。省政协社会和法制委员会专职副主任顾福生委员等分别作书面发言，省法院、省政府办公厅、省老龄工作委员会、公安厅、民政厅、司法厅、劳动和社会保障厅、卫生厅、计划生育委员会等单位负责人参加座谈会，省政协副主席俞祖彭主持会议并作总结讲话。

2008年，适逢省老龄工作委员会成立25周年。为配合纪念25周年，省老龄工作委员会办公室组织开展一系列相关活动。一是总结25年来安徽老龄事业发展成就，以《与时俱进的老龄事业》为题编印成册。二是收集整理反映25年安徽省老龄事业发展的图片，编印《岁月流金，厚蕴繁华——安徽省老龄工作委员会成立25周年纪念画册》。三是借新中国成立60周年大庆之际，于11月20日至22日在安徽省博物馆隆重展出举办全省第二届老年书画展。这次展览盛况空前，老年人参与者之广泛，作品水平之高，是前所未有的。全省17个市，省直单位、中央驻皖单位，解放军、武警部队等79个单位，都积极组织本单位（系统）的老年人参与活动。专家评审组通过评审认为，本届送展作品水平较首届有明显的提高，作品品种多样，作者基本功扎实，技法高超，表现手法独特。本届参展作品评选工作，是由安徽省书法家协会、安徽省美术家协会分别组成的评审专家组承担的，专家组通过对全省各系统送展的1746幅作品（专业作者的作品不参加评选），逐幅反复地鉴别、对比、评价，共选出优秀作品539幅，其中：书法作品321幅

（从中评选出金奖 6 幅、银奖 12 幅、铜奖 18 幅）；美术作品 218 幅（从中评选出金奖 4 幅、银奖 8 幅、铜奖 17 幅）。安徽省委书记王金山、省政协主席杨多良等党政领导，欣然为本届展览题词。四是开展全省第二届“十大福星”、第四届“十大孝星”评选表彰活动。上述活动的开展，既展示安徽老龄事业发展成果，又与老年人、与社会形成互动，弘扬全社会的尊老意识，有助于良好工作氛围的形成。安徽省孝星的事迹得到全国范围内的认可。滁州市推荐的曾庆梅等 7 人获“全国孝亲敬老之星”。六安市十大孝星人选刘宝琴入围“2009 年度影响力人物”候选人，十大孝星周世友被评为全国道德模范。铜陵市 5 人上榜“全国孝亲敬老之星”名单。

评选表彰 开展创建安徽省老龄工作先进县（市、区）和老龄工作先进单位活动。按照全国老龄工作委员会的部署，从 2003 年开始，省老龄工作委员会在全省范围内组织开展创建老龄工作先进县（市、区）和评选老龄工作先进单位活动。在各级党委、政府的领导下，全省各级老龄委高度重视，精心组织，创建评选工作健康有序推进。通过层层推荐，逐级申报，由省老龄委组织力量进行检查评比，逐项打分，最后报经省老龄委批准，决定授予六安市寿县、阜阳市太和县、安庆市大观区、合肥市包河区、淮南市田家庵区、铜陵市铜陵县、宣城市宣州区等 7 个县（区）为“全省老龄工作先进县（区）”荣誉称号，授予合肥市长丰县下塘镇人民政府等 28 个单位为“全省老龄工作先进单位”荣誉称号。为此，安徽省老龄工作委员会于 2006 年 3 月 3 日下发《关于表彰全省老龄工作先进县（区）和全省老龄工作先进单位的决定》通报。

根据全国老龄委的要求，在全国范围内组织开展创建全国老龄工作先进县（市、区、旗）和评选全国老龄工作先进单位的活动。2004 年 2 月 16 日，省老龄工作委员会办公室下发《关于全国老龄工作先进县（市、区）申报工作的通知》。提出“创建工作”是 2004 年全省老龄工作的重中之重，各级党委和政府都要把创建工作纳入重要议事日程，成立党政主要领导挂帅的领导小组，制定具体的创建方案和工作计划。通过创建，提高对老龄工作重要性的认识，逐步形成和完善老龄事业投入机制，提升老龄工作的整体水平和社会地位，促进基层老龄事业的全面发展。经层层选拔评比，最终授予合肥市庐阳区、合肥市蜀山区、六安市舒城县、巢湖市居巢区、蚌埠市怀远县等地“全国老龄工作先进县（市、区）”称号，授予马鞍山市老龄办、铜陵市老龄办、六安市老龄办、淮南市田家庵区老龄办、淮北市劳动和社会保障局、黟县西递镇人民政府、宿州市埇桥区西二铺乡人民政府、宣城市宣州区人民政府等单位“全国老龄工作先进单位”称号。

2004 年 8 月 27 日，为切实加强农村老龄工作，促进基层老年人协会建设，省老龄工作委员会不发通知决定在全省开展评选先进老年人协会活动。通知要求，各级老龄工作委员会办公室要认真贯彻“全省农村老龄工作经验交流会”精神，把基层老年人协会建设作为一项重要任务。按照“六有六簿五上墙”的示范标准，对活动开展正常，作用发挥好的老年人协会进行巩固和提高，对名存实亡或不积极开展工作的老年人协会进行整改，要求在两年内力争把全省村（居）老年人协会全部建立起来。

2006年11月7日，根据全国老龄工作委员会办公室关于开展“全国敬老模范村(居)”和“老年维权示范岗”评选活动有关通知精神，省老龄工作委员会办公室结合安徽实际分别开展评选表彰活动。从年初开始部署、年中进行抽查、到年终评选结束，历时半年多，经过各级老龄办的层层评选，报经全国老龄办审定，全省共有100个村民委员会和居委会荣获全国“敬老模范村(居)”称号，老龄、公安、司法、法院系统32个单位荣获全国“老年维权示范岗”称号。

2007年，亳州市举办首届“十大福星”“十大孝星”暨老年文艺汇演。巢湖市举办千名老人健身走活动。两节期间，省老龄工作委员会办公室与新华人寿保险公司安徽分公司还联合举办“银发无忧”老年人人身意外伤害保险活动；与新天地旅行社联合举办首届“尊老号”——“行边疆路沐西部风”专列“丝绸之路”风情之旅活动。这些活动的开展，既烘托节日的气氛，又丰富老年人的精神生活，深受广大老年朋友的欢迎。

2008年，根据《全国老龄工作委员会关于开展评选表彰全国老龄工作先进单位和先进个人活动的通知》精神，省老龄工作委员会办公室于2007年年底对评选表彰工作进行专门部署，各市老龄委和省老龄委成员单位严格按照条件，自下而上，经过层层评比推荐，共产生老龄工作先进单位44个，老龄工作先进个人72名。这些先进单位、先进个人在不同领域、不同岗位上关心和支持老龄事业，关爱和帮助老年人，在老龄工作中成绩显著。经过公示，省老龄工作委员会决定对省老龄工作委员办公室等44个单位，对72位先进个人予以通报表彰。12月25日，省老龄工作委员会办公室召开全省老龄工作先进单位、先进个人和第二届“十大福星”、第四届“十大孝星”表彰大会。通过表彰先进，树立典型，营造全社会敬老、助老氛围，进一步推动全省老龄工作和老龄事业全面发展。

安徽老年报刊　省老龄工作委员会主管的《黄山松》杂志，创刊于1995年8月，原名《安徽老年》，最初为季刊；1999年改名为《黄山松》(月刊)。是由省老龄工作委员会主管、省老龄工作委员会办公室主办的、经省新闻出版局批准的内部资料性出版物；也是面向全省、用于指导全省老龄工作、宣传党和国家以及安徽省委、省人民政府关于老龄事业方针政策、奉献给广大老年人的精神食粮、全省唯一的老年综合性期刊。《黄山松》编辑部坚持为老服务的办刊宗旨，坚持正确的舆论导向，充分发挥宣传职能作用，言老年人事，表老年人志，抒老年人情，解老年人难，积极地为老年人提供一份健康有益的精神食粮。该刊开辟《实话实说》《夕阳工程》《五彩人生》《专访写真》“名人片羽”《文化广场》《法律咨询》、明镜高悬》《保健荟萃》等20多个栏目。安徽省委、省人大常委会、省人民政府、省政协有关领导卢荣景、孟富林、王太华、杨多良、张平、臧世凯、卢家丰、田维谦、李世农、王光宇、侯永、程光华、李继祥等先后担任过杂志的名誉顾问。2005年1月，安徽省委常委、省政府常务副省长、省老龄工作委员会主任任海深专门为杂志题词。2002年7月，省老龄工作委员会向省新闻出版局申请全国公开刊号，后因全国开展报刊治理整顿，公开刊号未能获准。

2003 年，全国开始报刊治理整顿工作，《黄山松》经省新闻出版局准予重新登记注册为保留性的内部资料出版物。但从 2005 年 1 月开始，不再设立名誉顾问和顾问。由于内部刊物不准收费，且没有财政任何经费支持，因此，《黄山松》杂志面临停刊的局面。为继续保留这块老龄工作宣传阵地，省老龄工作委员会办公室积极寻找合作单位，通过艰辛努力，并于 2005 年年底，与《中国老年》杂志社签订共同合作意向性协议，即由《黄山松》编辑部承办《中国老年》下半月刊。根据《中国老年》杂志社的具体要求，《黄山松》从 2006 年第 1 期开始调整版面，并围绕“尊严、价值、快乐、健康”的办刊宗旨，实现强化理念、凸显个性、突出特色的办刊目标，力争把杂志办成让老年人“有尊严和价值，快乐而健康”的休闲性杂志。重新规划六大板块，即银色风景线、人在旅途中、心情芳草地、时尚俱乐部、健康养生堂、信息集装箱；开辟《百姓观点》《特别策划》《世相百态》《闲庭漫笔》《银色星座》《人间真情》《多味晚晴》《快乐心情》《心海导航》《时尚学习》《时尚理财》《时尚休闲》《诗书画苑》《健康管理》《健康养生》《自助保健》《政策问答》《法律咨询》《信息荟萃》等栏目。截至 2008 年年底，《中国老年·下半月刊》已发行近 10 万份。从 2010 年开始，《黄山松》编辑部与《中国老年》杂志社重新签订新一轮合作协议。由《黄山松》编辑部承担的《中国老年·下半月刊》已通过邮局向全国发行，且成为全国老年期刊中唯一一份由老龄系统主办的老年期刊。

《安徽老年报》创刊于 1989 年 7 月，秉承“为老年人服务”理念，坚持“短、精、特、新”的办报方针，在 10 多位老年新闻工作者的共同努力下，至 2008 年已达到 9 万份的销量。先后荣获国家一级报纸、全省优秀报纸、校编质量先进集体、管理先进单位、广告发行文明诚信单位等多项殊荣。20 年来，《安徽老年报》紧紧围绕“老”字服务，关注老年人生活，维护老年人权益，反映老年人心声，深受老年人的喜爱。开设《保健咨询解答》《健康悦读》《健康路上》《饮食与健康》《保健不求》《给你提个醒》《身边医生》《患友共享》《生活小百科》《医学课堂》《每期两方》等栏目。使许多读者从中获得保健知识，让不少到处求医治疗无效、久治不愈的患者解除疾病痛苦，真正做到为老年人办实事，办好事。

《益寿文摘》报由安徽省老年医疗保健研究所主办，安徽省卫生厅主管。创刊于 1987 年 7 月，1988 年 4 月被批准为全国公开发行，是全国独家专谈养生保健、益寿延年的专业性报纸。该报集古今中外养生知识精粹于一报，集科学性、知识性、趣味性、实用性于一报，集中体现医疗专家办报之特色。主要栏目有：《长寿研究》《古人养生》《人体奥秘》、专家论坛》《家庭医生》《中医中药》《单方验方》《食疗荟萃》《情趣养生》《人生百味》《现代生活与长寿》等。《益寿文摘》报始终坚持为广大中老年同志身体健康、保健咨询的服务理念，始终坚持“益寿延年”的办报特色。创刊 20 年来，《益寿文摘》不断发展壮大。至 2008 年，该报拥有一支高质量高水准的编辑和记者队伍，拥有发行服务网络。在全国拥有百万读者，被列为全国最畅销的报刊之一。报社被评为安徽省“十佳”报社管理先进单位和广告诚信单位。由于《益寿文摘》报深受广大中老年读者的喜爱，读者不仅遍布全国，远销国外，在日本、东南亚、美国、加拿大等地也有众多的忠实读者。《益寿文摘》报社被省新闻出版局授予“全省‘十佳’报社管理先进单位”、被国家邮政总局授予“中国邮政发行畅销报刊”“安徽省发行量最大的报刊”“安徽省精品报刊”“全国发行量最大的养生保健报”等多项殊荣。

第六章 社会公益与慈善事业

社会公益也称社会公共利益，是指与社会或部分社会成员共同有关的利益。公益事业是指非营利的下列事项：救助灾害、救济贫困、扶助残疾人等困难的社会群体和个人的活动；教育、科学、文化、卫生、体育事业；环境保护、社会公共设施建设；促进社会发展和进步的其他社会公共和福利事业。公益活动是指一定的组织或个人向社会捐赠财物、时间、精力和知识等活动。公益活动的内容包括社区服务、环境保护、知识传播、公共福利、帮助他人、社会援助、社会治安、紧急援助、青年服务、慈善、社团活动、专业服务、文化艺术活动、国际合作等等。社会公益事业直接对社会产生积极影响，对经济活动，社会活动和各个方面产生间接影响，既获得社会效益，又取得经济效益。随着社会进一步发展，政府、公众、企业越来越关注公益事业，并积极投身公益事业建设。公益事业的飞速发展，是政府、企业与社会公众的广泛参与的结果。企业作为创造社会财富的经济实体，作为“社会公民”，在社会公益建设中扮演着重要的角色，是公益事业建设的中坚力量。

20世纪90年代中期以来，慈善事业显著的亮点和成就，是通过对慈善事业的倡导、规范并使之走向法制化的轨道。《社会团体登记管理条例》《中华人民共和国公益事业捐赠法》《扶贫、慈善性捐赠物资免进口税收暂行办法》《关于完善城镇社会保障体系试点中的有关所得税政策问题的通知》等法律法规体现慈善事业实践走向法制化。

第一节 慈善协会

慈善协会系指由从事和支持慈善事业的单位及关心热爱慈善事业的个人自愿组成，依法核准登记的公益性非营利的社会团体法人。协会以遵守宪法、法律、法规和国家政策，发扬人道主义精神，弘扬中华民族扶贫济困的传统美德，依靠政府和社会各界的支持，募集慈善资金，开展社会救助活动，为困难群众服务，发挥社会保障的补充作用，促进和谐社会建设为宗旨。协会募集的善款全部用于慈善公益事业，专款专用，不提取任何管理费。慈善工作是整个社会保障体系中的一个环节，是政府社保工作的必要补充，从这个基本认识和定位出发，经过实践和探索，省慈善协会已经初步确定工作重点。

1993年5月，以安徽省社会福利慈善协会筹备组的名义，向省民政厅报送《关于成立安徽省社会福利慈善协会的请求报告》。同年10月20日，省民政厅下达《关于同意成立安徽省社会福利慈善协会的批复》。经过半年酝酿、半年筹备，受到省政府的首肯、关心和社会各界的支持，省民政厅筹集 3 万元铺底资金。1994 年 3 月 3 日，省社会福利慈善协会召开第一次会员代表大会并宣告成立。

协会宗旨　省社会福利慈善协会是由省内外热心慈善事业的社会各界人士、企事业单位、慈善组织、社会团体和有关部门自愿参加的全省性的非营利公益性社会团体。依法登记注册，具有独立法人资格。

协会的宗旨：遵守宪法、法律、法规和国家政策，遵守社会道德风尚，发扬人道主义精神，弘扬中华民族尊老爱幼、扶贫济困的传统美德，发动、组织社会力量，筹募慈善资金，开展各种形式的社会救助，扶助弱势群体，促进社会主义精神文明建设。

协会工作方针：遵循协会的宗旨，坚持“立足民政、面向社会、扶贫济困，以社会救助为中心”的近期工作方针，大力宣传慈善理念，广泛动员社会力量，多方筹措慈善款物，努力拓宽服务领域，积极开展以灾民、特困户、城市下岗失业特困职工、孤寡老人、残疾人和孤儿等弱势群体为重点的救助活动。

协会的主管单位和登记机关为安徽省民政厅，接受安徽省民政厅、中华慈善总会的业务指导，接受全社会监督。

机构建设　慈善事业涵盖社会保障、社会公益事业的方方面面，是一项幅度宽宏、需求量大的光彩事业；同时，慈善工作也是一项事情繁杂、要求很高的清苦工作。因此，建立一个热心慈善事业，甘守清贫、默默奉献、艰苦奋斗的工作团体，建设一支乐于奉献慈善事业的志愿者队伍，才能保证慈善事业健康有序的发展。省慈善协会从第二届理事会成立时即成立一个工作班子作为理事会的办事机构，并特别重视工作制度建设、财务制度建设、行业自律机制建设；对接收的慈善款物的管理使用，严格按规章制度办事，安全运作，尊重捐赠者的意愿或协议，尽量减少运行成本，发挥捐赠款物效益的最大化，树立慈善工作的诚信形象。

第一届理事会的组成　1994 年 3 月 3 日，安徽省社会福利慈善协会成立，并通过《安徽省社会福利慈善协会章程》；选举产生了安徽省社会福利慈善协会第一届理事会。理事 60 人，其中常务理事 12 人。会长由省民政厅党组书记、厅长肖尚忠担任；副会长 5 人，由省人大常委会法制委员会主任孙振鸿、省民政厅副厅长吴泰康（常务）、省政协社会法制委员会副主任胡章佩、省老龄委秘书长胡石坚、省财政厅副厅长余焰炉担任；并聘请了民政部副部长阎明复、省政府副省长杨多良、省工商联主席潘锷章担任名誉会长。协会业务工作由省民政厅社会福利事业处派 1 人兼管。

经过多方努力，省社会福利慈善协会白手起家，即建立一个章程，组建一套班子，刻了一枚章子，挂了一块牌子，具体工作有一个人兼管。第一届理事会经过 7 年的努力，到 2000 年年底，接受并下发中华慈善总会转赠和海内外社会各界捐赠善款 4500 万元，捐赠物资价值 1600 多万元，受益人数 60 多万人次。为社会弱势群体解决一些实际问题，减轻政府财政负担和社会保障工作的压力，产生良好的社会效果。

首次换届(即第二届理事会) 2001年9月8日,省社会福利慈善协会完成首次换届,更名为“安徽省慈善协会”。修改《安徽省社会福利慈善协会章程》;审议通过《安徽省慈善资金和物资管理办法》;审定《安徽省慈善协会会徽》图案;选举产生第二届理事会和常务理事。有会员83人,第二届理事会由66人组成,其中常务理事23人。会长由省民政厅党组书记、厅长李宏塔担任;副会长5人;聘请安徽省委、省人大常委会、省人民政府、省政协领导杨多良、田维谦、吴昌期、季家宏和中华慈善总会会长范宝俊为名誉会长。理事会下设办公室,为理事会的办事机构,由省民政厅机构改革后分流4名干部和从社会招聘1名会计驻会,处理理事会日常事务。

第二届理事会是省慈善事业从起步走向发展阶段。其间,党和国家对慈善事业越来越重视,社会公众对慈善的呼声越来越高,社会各界对慈善事业支持的力度也越来越大。在这种形势下,省慈善协会始终坚持以施善济世、扶贫济困、实行人道主义的宗旨,以社会救助为中心,以扶助农村特困户、城市下岗失业特困职工以及孤寡老人、残疾人和孤儿等弱势群体为重点,广泛动员社会力量,多方筹措慈善款物,努力拓展服务领域,不断扩大社会救助覆盖面,开展多种形式的社会救助工作。经过不懈的努力,从2001年到2007年底,募集和发放慈善款物2.9亿元,其中善款8000多万元,善物价值2.1亿元,约有230多万人次受益,为部分社会特困群体和急需帮助的人解决一些实际困难,为社会保障工作作出有益的补充。

第二次换届(即第三届理事会) 2007年12月26日,省慈善协会举行第三次会员大会,总结了第二届理事会的工作,修改《安徽省慈善协会章程》,选举产生省慈善协会第三届理事会理事92人,其中常务理事45人。会长由省政协副主席李宏塔担任;副会长8人。理事会下设办公室、筹募部、项目部和救灾救济部,现有驻会工作人员15人(含2名兼职会计)。

此次换届,由省领导担任会长,提升省慈善会协会的地位;理事会组成人员有所扩大,社会公众参与面有所拓展,协会驻会人员有所增加,内部运行机制进行调整,工作力量得到加强。将原来的办事机构调整为:办公室、筹募部、项目部和救灾救济部;对驻会人员进行调整分工;修订驻会人员的工作规则与制度,对款物管理、办文程序与文档管理、办公会议、车辆管理、接待工作等制度进行调整完善,为开展工作打下良好的基础。

换届后的半年内,即2008年上半年,接连发生两起重大自然灾害。1月份的冰雪灾害,安徽省是受灾严重的省份之一;“5·12”四川发生8级强烈地震,更是牵动全国人民的心。中共中央、国务院给予高度的重视和关怀,号召和发动全国人民奋起抗击冰雪灾害和抗震救灾工作;各级党委政府把抗击两起自然灾害作为首要任务,在全国发动两起捐款捐物的热潮,海内外的有识之士和相关团体也纷纷伸出援手。从2008年1月到8月底,省慈善协会义不容辞地担当起接收和发放慈善款物的任务,共接收和发放慈善款物18394.93万元,其中善物价值2091.46万元,为抗击冰雪灾害和支援四川抗震救灾默默地奉献。

第二节　慈善活动

筹募善款　省慈善协会遵循协会的章程,实践协会宗旨,始终把工作重点放在积极吸纳善款,大力开展社会救助工作,取得了显著成效。慈善事业是没有行政区域界限的全人类的共同事业。在世界各国都有从事慈善事业的各种慈善机构。因而,不断扩大省内外、境内外的交流与合作,是慈善事业发展的客观要求。省慈善协会对外交流与合作逐步拓展,特别是与港澳台地区和外省市慈善组织交往较多;也曾多次派员参与中华慈善总会组织的出境考察学习活动,不但争取来自外地的慈善款物和项目,获得直接的利益,而且交流情况,增进相互了解,开阔眼界,学习先进地区的管理经验,拓宽思路,为安徽省慈善事业的发展提供有益的参考。善款的来源渠道主要有:一是接受中华慈善总会的项目捐赠;二是接收港、澳、台地区及海外的慈善组织、社会团体和个人的捐赠;三是省内外社会团体、企事业单位和个人的捐赠。从 1994 年 3 月到 2008 年 8 月的 14 年又 6 个月的时间里,省慈善协会募集和发放慈善款物 53494.93 万元,其中善物价值 24691.46 万元,有 350 多万人次受益。在赈灾、济困、安老、助孤、助医、助学、助残等活动中,帮助很多弱势群体和特困群体解决一些实际问题。

组织赈灾　安徽是自然灾害频发的省份之一。大灾之年,省慈善协会全力以赴配合政府开展救灾赈济工作,接收并发放捐赠款物。2007 年安徽省遭受严重水灾后,省慈善协会紧急募集和发放善款 5700 多万元,其中转入省财政 3000 万元,由省政府统一安排用于灾民建房;为灾民修建房屋 6000 多间;为灾区重建维修水毁学校 16 所;维修改造敬老院、福利院 40 所;募集发放价值 750 万元粮食、过冬衣被等。

2008 年 1 月,全省遭受特大雪灾,省慈善协会再次组织力量,通过多渠道募集到捐赠资金和物资价值总计 11521.75 万元,包括善款 9025.27 万元(含转交省财政 5656 万元,统一用于灾后重建),物资价值约 2496.48 万元。其中,依据捐赠人意向定向拨款 1543 万元,用于雪灾倒房重建、学校修复和生活救助;安排善款 1325 万元用于维修、重建因雪灾损毁的敬老院、福利院、光荣院和小学校舍等共 46 所;组织发放价值 2436.2 万元的粮食、衣被、食用油、药品等物资。同时,通过省财政发放 3000 多万元救济款;发放价值 2091.46 万元粮食、食油、衣被等物资;省慈善协会还协助其他社会团体赈灾大米的派发工作,把党的温暖和社会的关爱及时地送到灾民的心中。

自 2002 年以来,根据中华慈善总会的安排,每年开展一次"慈善情暖万家"活动。在新年春节期间,由省慈善协会组成慰问组,深入城乡走访慰问困难户。至 2007 年,仅省慈善协会即投入 380 多万元,走访慰问城乡特困家庭 15000 多户。2007 年,省慈善协会还从安徽福彩公益金中募集 400 多万元,用于农村特困户或遭遇特殊事故(件)造成困难家庭的临时资助,开展"安徽福彩公益金救助特困家庭"活动,以解其燃眉之急。2008 年,省民政厅安排省级福利彩票公益金 200 万元,通过省慈善协会协同省财政下拨，用于临时特困家庭救助和开展“慈善情暖万家”活动，走访慰问和通过各地实施救助城乡困难家庭近3000户。2009年，该活动安排资金181.8万元，走访慰问困难家庭3650余户。

开展助医 实施“微笑列车”项目 从2001年4月以来，省慈善协会执行实施中华慈善总会“微笑列车”助医项目，为全省贫困的唇腭裂患者免费实施手术矫治。到2007年年底，投入手术费用1500多万元，全省8家医院安全成功地为贫困的唇腭裂患者实施手术6018例，给患者和家庭带来了“微笑”和欢乐。2008年，“微笑列车”定点执行医院由8家增至13家，当年13家定点执行医院共完成唇腭裂手术940例。2009年，全省完成唇腭裂手术617例。2010年上半年，完成唇腭裂手术339例。

实施“格列卫”项目 2003年始，中华慈善总会“格列卫”助医项目在安徽实施，为全省贫困的慢性粒细胞白血病和胃肠道间质瘤患者终身免费提供药品救助。到2007年年底，全省370多名患者得到“格列卫”项目的免费药物治疗，投入药品价值1.09亿元。2008年，发放药品1536盒，总价值3686.4万元，1280人次受益。

实施“多吉美”项目 2007年，省慈善协会开始实施中华慈善总会“多吉美”项目，为贫困的肾癌患者免费提供药品救助。项目执行医院是安徽省立医院和安徽医科大学附属医院。至2008年年底，发放药品102盒，总价值256.96万元，43人次受益。2009年，发放药品378盒，总价值952.26万元，185人次受益。

实施“易瑞沙”项目 2008年，省慈善协会正式实施中华慈善总会“易瑞沙”项目。为贫困的肺癌患者免费提供药物救助。当年共发放药品462盒，总价值209.55万元，154人次受益。2009年，发放药品1554盒，总价值854.7万元，518人次受益。

实施医疗器械援助 对一些医疗条件较差的乡镇医院和社会福利院，给予医疗器械支持。2004年至2008年，省慈善协会通过中华慈善总会向相关的医疗器械生产或经营单位陆续募集价值300多万元的超声诊断仪、红外仪、妇科诊疗仪等医疗器械200多台（件），配给各地的社会福利院、乡镇医院，改善了部分地区的诊疗条件。2008年，省慈善协会实施第一期“慈善医疗济困行动”，中华慈善总会向安徽省捐赠24套意大利百胜公司原装彩色多普勒超声诊断系统设备，总价值约2400万元，用以改善贫困地区基层卫生医疗机构的医疗条件，提高其医疗水平。2009年，第二期“慈善医疗济困行动”共分配给各地医院各种医疗设备216台，价值6007.5万元。

实施患者药物救助 对部分贫困的癌症患者和艾滋病患者给予药物救助。2003年至2007年，省慈善协会联系中华慈善总会陆续向上海绿谷等集团募集抗癌药品价值150多万元，有200多名贫困的癌症患者受益；接收价值175万元提高免疫力的捐赠药品，分发给艾滋病重灾区的艾滋病患者和血吸虫病频发地区的血吸虫病患者；接收上海蒜康集团价值100万元的大蒜系列的营养药品，分发给淮南、合肥、马鞍山等市的社会福利院和敬老院，增强老人和孤儿的体质。

安老助孤 2007年至2008年年底，省慈善协会拨付1000多万元，为70多所福利院、敬老院的水毁和冰雪灾害损毁工程进行维修改造，解决部分老人、孤儿的安居问题。还根据需求和捐赠者的意愿，投入410多万元，为部分敬老院、福利院提供必要的家电设备、衣被及营养品，改善了部分社会福利机构的供养条件。

2009年，省慈善协会继续实施“安居·助老”项目，全年共安排资金1020万元，援助13个市38个县（区）共计46家敬老院、福利院等，用于其灾后修建、扩建和新建院舍，改善老人居住条件。

2009年，中华慈善总会国际互联网救助中心和雅士利集团公司主办的“爱心雅士利，温暖中华行”活动，通过省慈善协会向安徽省捐赠雅士利奶粉600箱，共计3600听（含亳州市100箱），企业自报价值60万元，援助安徽省部分儿童福利院和贫困小学。安徽古井集团捐赠2000套床上用品，援助安徽省部分福利院的老人和一些五保老人。

助残助学　从2004年开始，至2008年年底，省慈善协会筹资购买和接收中华慈善总会、世界轮椅基金会“行走·渴望”项目以及其他团体的捐赠轮椅23913辆（其中儿童轮椅713辆），价值862.78万元，发放给23900多名下肢残疾人，改善他们的生活状况。

2004年至2008年，省慈善协会通过各种渠道陆续募集资金650多万元，援建和修复中小学40多所，并资助在校贫困大中小学生5000多人。2009年，由省慈善协会与中华慈善总会、中国银联合作开展的2009年度“银联励志助学”活动，资助考入中国科技大学和合肥学院的家庭贫困新生共计260人，每人一次性发放助学金5000元，总金额130万元。省电力公司捐赠4万元，资助利辛县一所学校购置文具等学习用品。安徽森力汽车有限公司捐赠4.2万元资助青阳县30名贫困学生。天津金桥翰林集团捐赠13.2万元资助霍邱县和寿县贫困学生。

支援救灾　2002年年底，新疆地区发生强烈地震灾害，2003年年底，新疆、内蒙发生罕见的暴风雪灾，灾区人民蒙受巨大损失和困难。省慈善协会通过各地慈善组织、民政部门、省民政厅直属单位紧急募集40万元，分两次经过中华慈善总会送达灾区进行支援。2003年上半年非典型肺炎疫情流行期间，省慈善协会接受各地邮汇捐款3191元，悉数转往省卫生厅综合施救。2004年年底，印度洋发生强烈地震和海啸后，省慈善协会紧急呼吁全省慈善机构采取积极行动援助灾区，募集善款110万元，通过中华慈善总会转赠孟加拉国等海啸灾区，为海外灾民献一片爱心。2008年5月12日，四川汶川等地发生强烈地震后，省慈善协会立即组织各地慈善组织开展抗震救灾捐赠。从5月13日至6月底，省慈善协会安排人员每天24小时在岗接收社会各界的捐赠，募集抗震捐款13788.46万元，为赈灾贡献力量。募集的善款除用于四川受灾地区恢复重建外，还分别向陕西、甘肃两省转赠150万元和100万元，用于对地震灾区的援助。

2003年和2007年，安徽淮河流域发生特大洪涝灾害，灾区灾民得到外地慈善组织、企业和相关部门的无私援助。省慈善协会接收和发放香港地区等慈善组织捐赠赈灾物资价值4000多万元。根据捐赠者的意愿，先后多次在灾区组织现场派发救灾物资活动，将捐赠的赈灾物品直接送到灾民手中。2008年年初，安徽遭受特大雪灾，省慈善协会接收世界宣明会款物捐赠共620万元，并先后多次陪同世界宣明会考察和工作小组，到援助的灾区考察受灾情况和发放物资。

慈善宣传 安徽慈善事业从艰难起步步入缓慢发展阶段后，为进一步传播慈善文化，弘扬慈善理念，增强社会公众的慈善意识，让更多的人关心、支持慈善事业发展，从1999年开始，省慈善协会重视慈善理论研究和慈善宣传工作。与省政府发展研究中心合作，在对全省社会保障情况深入调查后，开展"安徽省发展慈善事业对策研究"；与省社科院社会学研究所研讨，针对安徽省慈善工作发展态势，撰写《完善慈善事业发展机制中的几个问题》《把安徽慈善事业在求新中做大》《加强我国慈善事业法律建设的若干思考》《企业的社会责任与慈善》《积极推进民间慈善组织的新发展》等论文，分别刊载在2003年至2007年的《中华慈善年鉴》上，为上级决策和谋划慈善工作提供依据；利用省慈善协会的专项活动，宣传省慈善协会的宗旨、任务、服务对象等，让社会公众认识慈善工作。2001年9月至2002年5月，为募集善款，与省邮政局暨合肥市邮政局联合发行"慈善工程"邮资明信片900万套，在每套彩图明信片及封套上介绍安徽慈善事业发展情况，以增强宣传效果；为使更多的唇腭裂患者能及时"搭乘""微笑列车"项目，2003年，省慈善协会专门设计和印刷全开张铜版纸彩色海报2万张，张贴到全省乡村，为贫困的唇腭裂患者就近就医提供方便；借用现有的宣传平台传播慈善信息。省慈善协会每次开展较大的慈善活动，除邀请省内新闻媒体宣传外，还通过中华慈善总会以及省民政厅宣传网络传播慈善工作信息，每年年初公布上年慈善款物收支情况，以公开透明的方式扩大慈善工作影响。

队伍建设 2001年9月第二届理事会成立后，省慈善协会下设办公室，由省民政厅4名分流退休干部和1名聘用会计驻会，处理协会日常事务。建立全日制工作制度，规范工作人员职业道德和行为准则，自觉遵守工作程序；尊重捐赠者的意愿，听取捐赠者意见；对求助者礼貌相待，诚恳关爱；特殊情况下，设24小时值班制度。

2007年12月换届后，设立三部一室，即项目部、外联部（筹募部）、救灾救济部和办公室，明确各部门的职责和分工。同时，为提高协会工作效率，根据省民政厅工作规则、协会章程和协会内部分工，从日常行政规范、慈善款物分配、工作经费使用、仓储物资管理、车辆使用管理等几个方面，制定了协会的工作规则，做到有章可循，按制度办事。

省慈善协会还对各市、县（区）慈善工作给予帮助和指导。2008年下半年，协会在全省开展慈善款物使用情况督查工作，要求各地慈善组织管理和使用好善款善物。同时，为便于与各团体会员联系和合作，以推进我省慈善组织建设，促进安徽省慈善事业发展，协会开展重新登记团体会员的工作。至2008年年底，有103家单位成为省慈善协会会员。我省慈善网络体系逐渐完善，各慈善组织团结协作的力量日益明显，在募集善款、赈灾和开展其他各项社会救助工作中，各慈善组织作出了积极努力，取得较好成绩。经过多年不懈努力，省慈善协会的工作得到社会的肯定，受到政府的表彰。2004

年,省慈善协会被评为全省民间组织先进集体;2005年,在首届中华慈善大会上,安徽有多家单位、组织和个人获得表彰;2008年,省慈善协会被省政府表彰为抗雪救灾先进集体。

第三节　捐赠资金管理与使用

捐赠资金管理主要是指慈善捐赠资金管理。慈善资金的来源包括:①国内社会各界的捐赠与赞助。国内社会各界的捐赠赞助是慈善机构资金的主要来源,包括企事业单位、组织的赞助和个人捐款。②港澳台同胞、海外侨胞及国际友人团体的捐赠和赞助。慈善事业无国界和区域界限,在博爱精神和人道主义原则下,向港澳台同胞、海外侨胞及国际友人团体的募捐,是慈善团体工作的重点之一。③政府资助。在政府支持方面目前存在两种方式:西方国家的慈善机构通常是得不到政府的拨款资助,政府对慈善事业的支持主要是通过减免税收的形式来实现;而香港的慈善机构是以政府资助为主要的财政来源,形成官助民营的官方财政主导性的社会公益事业。优惠的税收政策:单位慈善捐赠在年度应纳所得额3%以内的部分,准予扣除;个人捐赠额未超过纳税义务人申报的应纳税所得额30%的部分,可以从其给税所得额中扣除;慈善机构组织的各种义演、义卖、义赛、义拍、义诊等活动收入可免征营业税。从事慈善事业的非盈利机构用于公益事业的支出可按《税法》有关规定在缴纳企业所得税前扣除;企业或个人向慈善机构、基金会等非盈利机构的公益、救助性捐赠可以全额在税前扣除。④国家发行的福利彩票,即将开征的“遗产税”应当有一定比例用于发展慈善事业。⑤举办募捐、义演、义卖等慈善组织活动收入。⑥利息;慈善资金的利息收入。⑦其他收入。慈善机构组织的其他合法收入。如将无主财产及非法所得等充作慈善基金。

慈善机构管理的基金可分为创始基金和专项基金。创始基金为永久性基金,不动本只取息,基金全部来源于社会的无偿捐款,捐款人不分民族、国别、信仰,不限自然人、法人或组织。创始基金捐赠人应有良好的社会形象和社会公认的经济成就。志愿成为创始基金捐赠人的款额不应少于该慈善机构规定的数额。创始基金捐赠人是该慈善机构永久理事。

凡国内外热心慈善事业的机构、企事业和个人,都可在慈善机构设立符合慈善机构宗旨的专项基金,专项基金由捐赠人指定捐赠方向,如助学基金等等。对于基金外的善款,按照国家统一的财务规定,加强资金运营管理与监督,定向募捐,所得资金应如数捐助受惠人。

慈善事业是道德事业,建立健全资金的监督反馈机制,是慈善事业健康发展的重要前提。慈善资金的管理应公开、透明,使用须公正、公平,程序应规范,具有民主性、开放性。因此应从内部和外部两方面进行监督。

资金管理　为做好捐赠资金的管理工作,省慈善协会制定相关制度。实行内部监督和外部监督。内部监督:慈善机构的内部设立专门的资金管理机构和监事机构,主要是对资金的募集、管理、使用、增殖等活动进行全方位的监督;向捐赠人说明捐款的用途和监督办法;协助审计部门进行年度审计和专项审计。外部监督:资金接收国家有关部门（审计、财政）的稽查和监督;接受捐赠人的查询;募集活动结束后,在规定的时间内（一般是三个月）向政府有关部门报告捐款情况,确保捐款人知道捐款的使用情况。

完善慈善款物财务管理制度。按“安徽省慈善资金和物资管理办法”规定,用好善款善物。对社会捐赠每一笔款物都认真登记造册,及时入库;对慈善款物的支配,遵从捐赠者的意愿,按程序审批划拨。

实行项目管理制度。除执行中华慈善总会延伸安徽的项目外,省慈善协会筹募的资金和物资,主要用于赈灾、济困、安老、助孤、助医、助残、助学等项目活动。所立项目责任到人,安全运作。

实行定期公布收支情况制度。2001年至2008年,每年的财务收支和项目运作情况,除在《中华慈善年鉴》上刊载外,还在《安徽商报》、《安徽民间组织》和安徽民政网上公布,接受社会监督。接受财务审计,均未出现问题。

资金使用 省慈善协会坚持“立足民政,面向社会,扶贫济困,以社会救助为中心”的工作方针,积极筹措慈善款物,多方面开展慈善救助工作。从1994年3月至2010年上半年,共募集慈善款物总额约8.6亿元,包括资金约4.2亿元,物资价值约4.4亿元。其中,1993年至2000年募集慈善款物6100多万元,包括资金4500多万元,物资价值1600多万元;2001年至2007年募集慈善款物2.9亿元,包括资金8000多万元,物资价值2.1亿元,其中2001年募捐271.38万元,资助福利项目169个,捐赠支出7302万元。2008年募集慈善款物约3.07亿元,包括资金2.08亿元,物资价值0.99亿元。

省慈善协会募集的善款善物,全部用于对受灾、受困等弱势群体的救助,内容涵盖赈灾、济困、安老、助孤、助医、助学、助残诸多方面,对社会保障体系起到有效补充和完善的作用。

第四节　经常性社会捐助

1996年,中共中央总书记江泽民在考察慰问陕、甘两省灾区群众生活时指出,要在城市募捐些衣服和用品,支持帮助贫困地区群众,并把这件事情作为一项经常性的公益活动常年开展起来。同年1月,中共中央办公厅、国务院办公厅转发民政部、国务院扶贫开发领导小组《关于在大中城市开展经常性捐助活动支援灾区、贫困地区的意见》,使捐赠活动向经常化、社会化扩展。

1996年以来,在安徽省委、省人民政府的领导下,全省各级民政部门和有关部门通力协作,认真做好社会捐助活动的宣传、发动和组织工作,建立健全经常性社会捐助服务网络,逐步使社会捐助工作由单纯的政府行为向自觉的公益行为转变,由突击性向经常性转变，把经常性的社会捐助深入广泛地开展起来。各级民政部门共建立159个经常性社会捐助工作站、308个社会捐助工作点，平均每年接收捐助款物2300多万元，有50多万人次参加捐助活动。

工作机制　在开展经常性社会捐助工作中，安徽省还把这项工作与对口支援重灾地区，以及干部联系困难户结合起来，并根据灾情情况和受灾地区的实际情况，确定支援单位和受援市县或乡镇，支援和受援双方主动联系，共商支援方案。各级组织政府机关、事业单位、大中型企业对口支援重灾地区，除捐赠款物支持民房重建和生活救助外，扶持项目涉及农村电网改造、种植结构调整、水利设施配套、建校修路和农田改造等方面，平均每年支持重灾地区款物约2600万元。各级政府建立形式多样的干部联系困难户制度，2001年省政府46个部门联系105个县（市、区）的4231户困难户，平均每个部门联系92户、捐助款物130多万元。

1994—2007年安徽省接收社会捐助情况统计表

表6-6-1

年份	捐赠救灾款（万元）	其中			捐赠衣被（万件）	其中		捐赠粮食（万公斤）	其中		其他物资折款（万元）	其中			受益人数（万人）
		省内	外省	境外		省内	外省		省直	市县		省内	外省	境外	
1994	2569	2569			560	560		2980	78	2902	870	870			234
1995	2087	2087			128	128		841	9	832	440	440			189
1996	2940	2210	627	103	283	283		215	1	214	610	610			220
1997	544	544			279	279					310	310			213
1998	14370	11413	2665	292	1456	221	1235	338	43	295	6858	3102	3738	18	817
1999	2520	2520			82	82		260		260	189	189			151
2000	797	797			21	21		421		421	205	205			87
2001	1706	1706			42	42		69	4	65	137	137			136
2002	2230	2230			85	85		95		95	232	232			53
2003	11183	8056	3127		497	107	390	1926		1726	6322	632			2323
2004	787	787			22	22					8	8			35
2005	8545	8545			192	92	100				1027	1027			186
2006	2740	2740			18	18									58
2007	20990	11245	9745		37	37					4905	2476	2429		231
总计	74008	57448	16164	395	3702	1978	1725	7144	135	6809	22113	15928	6167	18	2933

领导率先垂范　各级党委政府始终把开展扶贫济困送温暖活动，作为为民解困的实际行动，使接收社会捐助工作逐步呈现出领导高度重视、部门密切合作、群众积极参

与的局面。安徽省委、省人民政府对接收社会捐助工作高度重视，每年都确定部分受灾较重的县，组织省直机关和企事业单位对口支持，各级党政领导以身作则，多次在接收捐助站点捐赠衣物和现金，在每年的“扶贫济困送温暖捐助月”活动中，领导同志都亲自参加宣传活动，带头捐赠，起到模范带头作用。

运行机构逐步完备　为规范接收社会捐助工作，各级建立联席会议制度，救灾工作领导小组负责领导协调经常性社会捐助工作，成员单位由民政、机关工委、企业工委、财政、宣传、公安、交通、铁路、卫生等部门组成，分头负责相关工作，加强领导。

工作网络逐步形成　1998年，省政府批准成立安徽省救灾减灾中心，承担接收社会捐助工作。安徽省委办公厅和省人民政府办公厅机关接收捐助点率先挂牌。各级民政部门相继成立接收社会捐助工作站，部分街道、居委会以及部分郊区县设立接收捐赠工作机构。到2006年，全省建立180个社会捐助工作站点。

接收与仓储设施初步配套　各级政府加大财力支持接收社会捐助工作，省民政厅多方筹集资金近2000万元，建成占地面积1.4万平方米，建筑面积13100平方米的省救灾减灾中心储备仓库，其中仓储面积8400平方米，总库容497800立方米。中心具备报警、喷淋、通风、消毒、双路供电等功能。部分市县也相继建成救灾储备库，为接收社会捐助提供物资支持。

管理机制　完善管理机制。接收捐赠工作包括接收、管理、储运、分配、发运等若干个工作流程。为进一步加强管理，各级民政部门结合贯彻《中华人民共和国公益事业捐赠法》和民政部《救灾捐赠管理暂行办法》，先后健全完善了财务管理、物资管理、仓储管理、消防保卫等多项制度，涉及接收捐赠工作的各个方面和环节，形成一套较为系统的接收、存储、分配等规范化程序，使接收捐赠工作不断向制度化和规范化发展。

形成协作机制。接收捐赠牵涉多部门、多层面，各级政府、各个部门密切配合、通力协作，是做好工作的前提和保证。接收捐赠活动已初步形成了各级党委、政府统一领导，民政部门牵头组织，各有关部门积极参与、大力配合、各负其责的协作机制。在具体操作中，民政部门承担捐赠款物接收、管理和分配等日常工作，财政部门负责工作经费保障，公安部门做好保卫工作，宣传部门负责宣传动员工作，机关工委、企业工委和工青妇等群众社团组织协助发动社会捐助等，使接收捐赠工作呈现出一呼百应、齐抓共管、协同作战的态势。比如，在支援1998年抗洪抢险斗争中，各级民政部门不仅在最短时间内就募集到大量赈灾款物，而且捐赠活动有条不紊，捐赠款物高效、及时、安全发运。

建立快速反应机制。紧急救助能力是经常化接收捐赠工作的主要内容。1998年省救灾减灾中心成立后，正遇长江流域发生特大洪涝灾害，救灾减灾中心以最快的速度调配物资，及时运送到灾区，共紧急发送救灾单、棉帐篷3000余顶，大型净水设备10台、橡皮舟40只，并派专人指导灾民安装、使用救灾帐篷。与此同时，救灾捐赠物资也源源不断地运送到救灾减灾中心，中心工作人员加班加点，对捐赠物资随时接收，登记造册，认真清点，严格管理，及时调配发送，保证捐赠物资尽快送到灾民手中。仅1998年救灾捐赠活动期间，救灾减灾中心接收发送的捐赠物品有：食品药品类1516箱、衣被3500箱（件）、钢材等物资113吨，汽车、柴油机等机械设备536台，帐篷547顶、救生气垫3000只、其他物品1500余件。

构建经常化机制。安徽省的经常性社会捐助工作，首先在17个省辖市开展，以党政机关和省会合肥为示范。合肥市接收捐赠机构实行全日工作制，并开通热线电话。经常性捐助已经成为民众的良好习惯，初步实现从临时性捐助向经常性接收捐赠的转变，有效增强扶贫济困的工作实力。

强化监督机制。为切实加强捐赠款物的有效使用和监督管理，各级民政部门建立法律监督、审计监督、舆论监督、捐赠者监督等多渠道、多形式的监督网络。各级民政部门进一步完善接收社会捐助公开、公示制度，通过新闻媒体，及时公布社会捐助款物的分配和使用情况；对社会捐助款物在基层的发放情况登记造册和张榜公布；利用购物发票、图片、录像等形式向捐助者说明款物的使用情况，让捐助者了解所捐助款物的去向，以维护接收社会捐助工作的纯洁性和高尚性。

社会支持和群众参与　接收捐赠工作作为一场群众性、社会性、经常性的公益行动，各地始终坚持依靠政府引导、社会支持、群众参与。

加大宣传动员力度，营造良好的社会氛围。1996年以来，坚持于每年的10月开展以“扶贫济困送温暖”为主题的捐赠月和宣传周活动，各级政府统一部署，宣传、文化、新闻等部门统一组织，街道、居委会以及志愿者统一行动，在全市大街小巷进行形式多样、有声有色的宣传工作。利用广播、电视、报刊、杂志等新闻媒体开辟接收捐赠专题栏目，繁华街区设置公益广告宣传栏，增加宣传氛围。多种形式的宣传动员工作，为接收捐赠工作的深入开展奠定良好的舆论基础。

加大政策支持力度，引导社会成员广泛参与。各级民政部门先后出台捐赠款物免收个人所得税、运送救灾捐赠物资车辆免征高速公路通行费等政策。同时，将扶贫济困送温暖活动纳入各级领导干部勤政廉政建设、精神文明创建、双拥共建以及社区建设等群众性创建活动，并与创建文明城市、文明单位、文明行业相结合，进一步调动全民参与捐赠工作的积极性。

加大共驻共建力度，形成有效接收捐助网络。在机关、单位、工厂、部队、学校、公共场所等普遍建立接收捐赠网点。同时，以共产党员、共青团员、社会工作者为骨干，建立接收捐赠志愿者队伍，有效地推动接收捐赠工作的社会化。

加大政务公开力度，提高接收捐赠工作效率。？年来，各级民政部门坚持把接收社会捐助站点作为政务公开、为民服务的窗口，作为行风建设的重要部位，进一步加大机构和队伍建设。各接收捐赠站点制定实施严格的理论学习、业务培训、岗位管理制度，形成一套较为完善的服务规范。如合肥市为老弱病残等捐赠对象提供上门服务，为流动人员和外来人员提供就近服务等。

公益慈善组织的作用逐渐显现。全省17个省辖市有12个市成立慈善机构，105

个县（市、区）中有24个县（市、区）成立慈善协会，约占县级以上行政单位30%。各级慈善组织在进行慈善募捐的同时，开展经常性捐助工作。全省大中城市建立“慈善超市”90个，合肥市、马鞍山市和无为县、利辛县组织开展“慈善一日捐”活动，把社会捐助工作和慈善劝募有效地结合起来，拓展社会捐助工作平台。2005年6月，马鞍山市委办公室、市政府办公室印发《关于开展“慈善一日捐”活动的实施意见》，把社会捐助活动领导小组改为慈善一日捐活动领导小组，明确全市所有社会捐助活动统一归口民政部门的“慈善一日捐”，一年只开展一次，每年可以确定一个救助主题，其他部门不得另行组织全市性的社会捐助活动，把社会捐助和慈善工作结合在一起。

第五节　社会工作（者）协会

20世纪末，许多高校开始设立社会工作专业。2008年，国家开始实行社会工作者职业未平资格考试，社会工作开始迈上专业化、职业化的道路。中共十六届六中全会《关于构建社会主义和谐社会若干重大问题的决定》提出：“建设宏大的社会工作人才队伍。造就一支结构合理、素质优良的社会工作人才队伍，是构建社会主义和谐社会的迫切需要。”新时期的变革给安徽省社会工作事业发展，带来前所未有的历史机遇。2004年，省社会工作协会成立，承担着倡导社工理念，宣传社工教育，整合社会资源，开展社会服务，加强理论研究与实践创新，优化社会工作效能的任务。

组织建设　社会工作是由政府主导、社会力量广泛参与的、以为民解困和助人自助为宗旨的、以科学的理论和方法为手段的专业性、职业化的社会服务工作。其表现方式为通过综合运用专业知识、技能和方法来整合社会资源，以帮助有需要的个人、家庭、群体、组织和社区。社会工作的范围很广，涉及到社会救助、社会福利服务、就业服务、社区管理与服务、家庭婚姻服务、医疗康复服务、社会行为矫正、心理道德辅导、基本权益维护等各个方面。

2004年3月，省民政厅党组为进一步加强行政机关效能建设，对民政厅直接领导的社团组织作出进一步的调整，把省婚姻管理协会、省殡葬协会、省减灾协会、省军供协会合并组成省社会工作协会。

2004年7月16日，省社会工作协会成立大会召开，组成第一届理事会，选举会长、副会长、秘书长，并制定《安徽省社会工作协会章程》。下属的工作委员会有婚姻家庭建设工作委员会和殡葬工作委员会（对外亦称省殡葬协会）。随着工作的需要，先后成立婚庆业作委员会、婚介行业委员会、“爱心助医行动”联合办公室和英烈纪念工作委员会。

省社工协会第一届理事会团体会员单位201个，个人会员333名。其中，会长1名，副会长10名，秘书长1名，理事132人，常务理事41人。会长由省民政厅副厅长丁四金担任；副会长10人，由省委宣传部副部长张苏洲等担任。

2008年11月14日，省社会工作协会第二次会员代表大会召开，协会更名为安徽省社会工作（者）协会。2009年2月27日，省民政厅召开安徽省殡葬协会成立暨第一次会员大会。至此，省殡葬协会正式从省社工协会中分离出来。

省社工协会第二届理事会团体会员116个，个人会员206名。其中，会长1人，副会长11名，秘书长1名，副秘书长1名，理事132人，常务理事41人。另外，设名誉会长3名。聘请安徽省委常委、副省长赵树丛、省人大常委会副主任张俊、省政协副主席李宏塔担任名誉会长；会长由省民政厅巡视员陈文华（女）担任；副会长由省委宣传部副部长郎涛等担任。

协会是由从事和关心社会工作的单位和个人自愿组成的，按照章程开展活动的联合性、行业性、公益性的全省性社会组织。宗旨是：以邓小平理论和"三个代表"重要思想为指导，坚持以人为本的科学发展观，以为民解困和助人自助为己任，努力推动社会工作专业化、职业化、规范化建设。遵守宪法、法律、法规和国家政策，开展社会服务、推动社区建设、社会福利、社会救助、社会公益事业的发展，调节社会利益，化解社会矛盾，排解社会困难，促进社会公平，维护社会稳定，为构建社会主义和谐社会贡献力量。

根据省社工协会的章程规定，其业务范围是：1. 宣传和贯彻党和国家有关社会工作的方针、政策和法律、法规，开展社会工作研究，搞好有关课题的调研论证，拓展社会工作领域，提高社会工作水平。2. 积极推动"政府主导、社会参与、社团运作"的社会工作新格局的形成，为协助政府建设规模宏大、结构合理、素质优良的社会工作人才队伍而做好相关工作。开展社会工作者资格考试、注册登记工作，促进社会工作专业化、职业化、规范化建设。3. 整合社会资源，协调、联合社会各界人民团体、民间组织和热爱公益事业人士、义工等，共同推进社区建设，为开展和谐社区、街道建设服务，推进社区志愿服务事业发展。4. 开展社会救助活动，组织开展对贫困家庭病残儿童和孤儿的助养、助医等活动，为儿童福利机构提供必要的支持，推动儿童救助工作的发展。5. 促进社会福利事业改革，推动老年服务事业、康复医院的发展。6. 倡导健康的婚姻道德，制定行业服务和管理标准，推动婚庆和婚介行业的规范服务和科学管理，开展创建和谐家庭活动。7. 传播公益文化，传播英烈事迹，搭建企业和社会名人参与公益活动的桥梁，提高其社会责任感，推动社会公益事业和社会主义精神文明建设的发展。8. 筹集资金，为社会服务、社会救助、社会公益、社区志愿服务事业提供经费支持。9. 发挥协会提供服务、反映诉求、规范行为的作用，组织开展学习培训、学术交流、总结推广经验、表彰先进等活动。10. 开展同港、澳、台及世界各国民间组织的社会工作交流、培训及项目合作。11. 承办政府授权、委托、交办的其他事项。

省社会工作协会成立以来，严格履行社团职责，不断发挥行业管理的作用，积极推进社会工作的组织建设和业务建设；坚持以人为本的科学发展观，大力弘扬民族传统，积极借鉴国内外优秀经验，逐步建立和完善符合安徽省情的社会工作理论体系和工作体系，在构建社会主义和谐社会的历史进程中发挥着应有的作用。

主办《社会工作动态》,后正式编印为内部期刊《安徽社工》。省社工协会坚持正确的舆论导向,紧紧围绕民政部、省民政厅大民政工作和中国社会工作协会、中国殡葬协会的中心工作积极开展宣传,为政府决策机关当好参谋助手;为社会工作和殡葬工作单位传播信息、经验和理论;为广大读者提供服务,介绍党和政府有关社会工作、殡葬工作的政策法规,报导全省社会工作、殡葬改革的新鲜经验和新变化、新问题。同时,还不断反映基层社区对做好社区工作的探索和要求,对日后协会拓展社区工作领域提供了宝贵的经验和素材。积极响应民政部发布的《全国助理社会工作师、社会工作师职业水平考试实施办法》,积极配合省厅人事处开展全省助理社会工作师、社会工作师职业水平考试,推动全省社会工作专业人才队伍的发展。

实践民政部门委托或交办的有关社会工作。2004 年 12 月,协会派员随同省民政厅社会事务处赴江苏省沭阳县,学习考察该县殡葬事业单位管理体制和经营机制的改革经验。经实地考察后,与社会事务处共同撰写专项调查报告,对省内殡葬改革提供有价值的参考意见。协助省民政厅社会事务处起草《关于鼓励支持社会资本进入殡葬市场加快殡葬设施建设的意见》。根据民政部要求,参与《安徽省殡葬管理和殡葬改革概况》的起草和编写。为推进全省丧俗改革,促进墓地建设向少占或不占地的方向发展。2005 年 5 月,开始筹办在全省开展"关爱地球资源环境、首次骨灰撒江活动",推动殡葬改革由保留骨灰到不保留骨灰的第二次革命。同年 12 月 3 日,全省开展一次规模较大的骨灰撒江活动,省民政厅副厅长叶如强参加活动仪式大会。两次组团观展国际殡葬用品博览会。2006 年 11 月中旬和 2008 年 5 月两次由中国殡葬协会分别在北京、上海主办"中国国际殡葬设备用品博览会"。民政部部长李学举、副部长窦玉沛、社会福利和社会事务司司长张明亮、国际殡葬协会会长约瑟科尼特出席并讲话。通过参展,代表们开阔视野,找到了自己存在的差距。

年度活动 2004 年协会成立以后,首先接触到的工作任务是省政府交办民政厅协助解决和处理群体上访事项。九华山佛国陵园开发有限公司（民营）在建造和销售塔陵园墓穴格位过程中由于违规操作,虚假宣传,非法经营塔灵格位,诱导客户投资,引发群众集体上访。省社工协会得知后,积极与安庆市、池州市和青阳县人民政府以及各级民政部门联合展开工作,与上访群众直面接触,调查和了解引发这起事件的脉络,精心听取他们的意见和要求,耐心细致地做好群众思想工作。各级政府同时也采取相应的措施,缓解群众的激动情绪,化解安庆市李炳南等 70 多名代表集体上访事件。其次,受省殡葬管理部门的委托,调查和处理霍邱县部分乡镇"以罚代葬"、乱收群众钱款等违犯殡葬法规的行为。调查组深入到基层和群众中去,据实掌握"以罚代葬"的真实情况后,向该县县委、县政府进行汇报。霍邱县委、县政府召开专门会议,果断为整改采取三条措施,并退回收取群众"以罚代葬"的钱款,赢得群众对政府的信任和好评。

2004 年 5 月,代表省民政厅参与省计划生育领导小组组织实施"关爱女孩江淮行活动"。9 月,到省民政厅对口联系县望江县调查了解省政府部署关爱女孩活动的开展情况,落实《关于综合治理出生人口性别比升高问题的意见》。10月,出席在巢湖市召开的全省关爱女孩综合治理出生人口性别比经验交流会。

2004年11月16—19日,参加由上海市民政局举办的“上海第二届国际殡葬论坛暨殡葬设备用品交易会”。全省有10个殡仪馆、公墓负责人到上海参会学习。

12月4日,省民政厅副厅长、省社会工作者协会会长丁四金参加在安徽大学学术交流中心召开的“安徽省高校社会工作专业与职业制度创新研讨会”。会议着重研讨社会工作人才培养的经验、职业制度创新问题。12—14日,参加由中国社会工作协会和香港社会服务联会在广州联合主办的第二届中国社会工作论坛与香港社会福利发展研讨会。来自祖国内地及香港、澳门、台湾地区的200多名专家学者和社会工作者共同研讨中国社会工作及福利事业发展大计。

12月,随同省民政厅社会事务处赴江苏省沭阳县,学习考察该县殡葬事业单位管理体制和经营机制的改革经验。创办《社会工作动态》。为社会工作和殡葬工作单位传播信息、经验和理论,为广大读者提供服务,介绍党和政府有关社会工作、殡葬工作的政策法规,报导全省社会工作、殡葬改革的新鲜经验和新变化、新问题。

2005年5月,在全省开展关爱地球资源环境、倡导骨灰撒江活动。12月3日,开展一次规模较大的骨灰撒江活动。6、7月份,两次参加省民政厅统一组织的检查组和验收组,深入到马鞍山、巢湖、六安等7个市检查殡仪馆、公墓、婚姻登记处、福利院、军休所等民政文明窗口单位,按创建文明窗口单位标准和行风标准进行检查验收。

9月18日至24日,组织部分市、县民政局有关领导、公墓主任一行16人,专程赴贵阳学习考察殡葬设施建设。先后对贵阳市殡仪馆(景云山殡仪馆)和当地5家经营性公墓(塔陵园)进行实地考察。

参与起草省民政厅《关于鼓励支持社会资本进入殡葬市场加速殡葬设施建设的意见》。根据民政部要求,参与起草和编写《安徽省殡葬管理和殡葬改革概况》的年鉴有关内容,编撰新中国成立后安徽省殡葬业跨度50年的发展资料。邀请无锡市滨湖区婚姻服务中心到安徽来传经送宝,开展省际社会工作交流活动。

12月28日,婚庆、婚介两个行业委员会成立大会召开。婚庆行业委员会成立后,根据工作需要,成立市场开发部、策划活动部、培训部、宣传部和资金管理部。

2006年度,根据中国社会工作协会关于印发《“爱心助医行动”项目管理办法》的精神,积极推进“爱心助医行动”项目计划的实施。“爱心助医行动”是由中国社会工作协会策划并组织实施的,旨在帮助贫困家庭患有先天性心脏病、唇裂、腭裂、尿道下裂等疾病的儿童实施手术康复治疗,并减轻贫困家庭无力筹措手术费用负担的医疗救助项目。省社工协会不失时机地争取中国社工协会对安徽省的支持和帮助。先后救助203名先天性心脏病患儿,205名唇腭裂、尿道下裂患儿,帮助解决救助资金达190万元。据统计,全省(除蚌埠市外)贫困家庭患有以下5种疾病儿童总人数达6568人,其中,患先天性心脏病3550人,患唇裂1240人,患腭裂301人,患尿道下裂279人,患足内翻

1193 人。

3 月 19—20 日，婚介行业委员会参加民政部和中国社会工作协会婚介行业委员会在深圳市举办的 2006“中国婚介行业管理与发展高层论坛”，参与讨论《全国婚介行业服务标准》，学习参观深圳市团委举办的单亲交友大型活动的做法。婚介行业委员会制定“婚姻介绍服务合同”和“婚姻介绍机构登记表”，规范各会员单位行为，健全登记档案。

5 月，针对婚庆公司在服务中暴露的问题，婚庆行业委员会召开专门会议，要求各婚庆公司会员单位以行业自律公约为标准，对照检查，用半个月的时间进行整改。婚庆行业委员会协商省消费者协会在调研的基础上，以法规政策为依据，共同制订《安徽省婚庆服务行业合同书》，6 月 1 日在全省会员单位中正式施行规范性合同。婚庆行业委员会建立安徽省婚庆礼仪网站。创办《江淮喜事》创刊号，印刷 3000 本，通过全省婚姻登记机关发放到群众手里，宣传国家有关婚姻法规、行业委员会自律公约，为新人提供各婚庆机构及婚纱摄影等服务信息。

7 月下旬，中国社会工作协会儿童希望救助基金工作部和国际（中国）“微笑行动”组成的考察团对安徽省省立儿童医院和安医大附属医院进行考察，并召开联合协调会议，讨论解决安徽省贫困家庭患有唇、腭裂儿童看病难的问题。9 月，婚庆行业委员会组织合肥市金喜鹊婚庆公司与合肥佳德会展服务有限公司联合举办庐州情百合心玫瑰婚典，58 对新人参加集体婚礼仪式。10 月 22 日，婚介行业委员会与《安徽商报》、英泰房地产公司联合举办“‘2006 中国（合肥）千人白领交友会’金色池塘之恋”活动。来自合肥、宣城、淮南等地的单身男女和加拿大籍教授等近千人参加活动。

11 月 16—18 日，殡葬协会参加在北京海淀展览馆举办的“2006 年中国国际殡葬设备用品博览会”。观展代表有 2540 余名，其中安徽省有 92 名。美国、德国、法国、澳大利亚、韩国和中国香港、台湾地区及国内共 142 家参展商布展。

2007 年 4 月 29 日，“安徽国际微笑行动”启动仪式在省立儿童医院隆重举行。省人大常委会副主任高福明、中国社会工作协会副会长王久安、美国儿童希望副主席张雯以及省民政厅和省卫生厅领导出席并讲话。5 天时间内，医疗队完成 170 多名唇腭裂患儿的筛选工作，对 104 名患儿进行手术和相关治疗。

7 月 7 日，婚庆行业委员会与久久婚嫁网联合举办首届合肥婚庆文化节。开展婚礼司仪评比大赛，成立省婚庆行业委员会摄像摄影俱乐部。

婚庆行业委员会委托合肥典爱婚庆公司、团购网创办“新人课堂”，并于 7 月 24 日正式开课。8 月初，中国社会工作协会通知受赠的 13 套脑瘫康复训练器材，正式分配给安徽省 5 套。8 月底，捐赠仪式大会在合肥市儿童福利院举行。合肥、安庆、蚌埠、广德、颍上 5 所儿童福利院受赠。

2008 年年初，组织工作人员参加省民政厅多次开展的向安徽省雪灾严重地区捐款捐物活动。4 月 1 日，由婚庆行业委员会组织的首届合肥婚庆司仪会议召开。4 月

16—20 日，婚庆行业委员会与中国商业企业管理协会、合肥市人民政府在安徽国际会展中心联合举办“2008 年中国（安徽）婚博会”。

4 月 18 日，由中国社会工作协会、安徽省社会工作协会、上海市安徽商会与上海市远大心胸医院共同举办的“中国心希望”安徽特别关注行动大会，在上海市举行。5 月 12 日以后，组织工作人员参加省民政厅多次开展的向四川省汶川地震灾区捐款捐物活动。

8 月 8 日，婚庆行业委员会与合肥晚报社、合肥市长三角企业文化研究所、北京奥运会安徽志愿者组委会共同举办“2008 安徽奥运集体婚礼”，部分新人赴北京观看了奥运会比赛。

11 月 14 日，召开协会第二次会员代表大会。安徽省委常委、省人民政府副省长赵树丛、中国社会工作协会副会长王久安、省民政厅刘健厅长出席会议并讲话；省民政厅副厅长叶如强主持会议；省民政厅党组成员、巡视员陈文华被推选为新一届会长；安徽省委常委、省人民政府副省长赵树丛，省人大常委会副主任张俊，省政协副主席李宏塔为名誉会长；协会更名为安徽省社会工作（者）协会。

12 月 25 日，由省民政厅、省社工协会组织实施的“救助贫困家庭先天性心脏病儿童治疗仪式”在合肥举行。省民政厅决定，每年从福彩公益金中安排部分资金用于此项救助。

资金管理　根据安徽省社会工作事业发展需要，结合现阶段实际出发，成立相应的工作委员会，为全面开展社会工作奠定基础。如为规范婚庆、婚介市场健康有序地发展，维护群众的合法权益，建立婚庆、婚介行业委员会；为整和社会资源，举办公益慈善社会工作活动，成立“爱心助医行动”联合办公室，帮助减轻先天性心脏病、唇裂、腭裂、尿道下裂等贫困患儿家庭的经济负担和实际困难。实行“会长领导下的秘书长负责制”，以进一步理顺工作关系，增强协会活力。树立可持续发展观，加强协会人员结构调整和能力建设。现在协会从领导班子到员工队伍基本实现了老、中、青的梯次结构。四是加强内部管理，先后出台一系列规章制度。如《安徽省社会工作协会章程》、《关于交纳会费的意见》等。积极推动各市之间的交流和合作，为加强全省社会工作网络和队伍建设夯实基础。

协会的经费来源包括会费、国内外捐赠、国内外政府机构及社会团体和个人的资助、在核准的业务范围内开展活动或服务的收入、利息以及其他合法收入。协会按照国家有关规定收取单位会员会费，个人会员不收取会费，且会费只用于协会社会工作范围内事业的发展。协会财务纳入省民政厅计财部门统一管理，实行专款专用。

在现代市场经济条件下，在现代市场经济社会结构中，社会职能比较合理的分工是“小政府，大社会”的格局，政府不可能直接经办所有的社会服务工作，大量的社会服务工作都由社会承担。但这并不意味着政府承担的社会职能就此削弱，政府在社会事业的发展中，应该起主导作用（如制定政策法规、监督规范实施、提供财政支持等）。省社工协会仍处在开创阶段，在人力、物力等方面都存在资源严重不足的现象，特别是财力方面更需要有政府扶持。

第六节 志愿者协会

志愿者是自愿贡献个人时间和精力，在不计物质报酬的前提下，为推动人类发展、社会进步和社会福利事业而提供服务的人员。志愿服务则是任何人自愿贡献时间和精力，在不为物质报酬的前提下，为推动人类发展、社会进步和社会福利事业而提供的服务。

安徽省社区志愿者组织从属于民政部门系统，它的各级组织都与相应的民政部门联系在一起，但是它的最基层是与街道居民委员会联系在一起的，并接受相应组织的领导与指导。街道办事处在行政上属于城市最基层的行政组织，居委会属于城市基层群众性自治组织。分别建立社区服务志愿者活动的组织，形成有组织、有章程的志愿者队伍。市辖区、街道、居委会成立"社区志愿服务指导委员会""社区服务志愿者协会""社区服务志愿者分会""志愿服务楼院""志愿服务保护组"等组织。并制定有关章程和管理办法，吸收广大青年志愿者积极参与社区服务活动。广泛面对老年人、残疾人、优抚对象开展社会福利服务活动；以及面对社区居民，提供便民利民服务；面对社区内企业单位和机构团体提供后勤服务。

在安徽省志愿者协会成立之前，全省志愿者管理工作基本包纳在社区工作中。2004 年年底安徽省志愿者协会成立后，以完善组织建设、开展志愿服务活动、加强志愿者管理为主要工作，并以社区居民自助、互助的方式自发开展活动。同时积极加入全国性志愿者组织，促进协会成长。

省志愿者协会积极督促、指导各市成立市级志愿者协会，2005 年 4 月 28 日，亳州市志愿者协会率先成立，截至 2006 年 4 月底，全省市级志愿者协会基本组建完毕。同年 6 月，省志愿者协会加入中国社会工作协会志愿者工作委员会。2007 年 5 月起，参照《中国社区志愿者注册管理办法》，开展志愿者注册工作，截至 2007 年年底，全省注册登记志愿者 50 余万人，推动社区志愿服务开展的经常化、制度化。省志愿者协会多次联合相关部门开展大型志愿服务活动。特别是在应对自然灾害、突发事件以及服务重大赛事、会议时，志愿者组织以其反应迅速、组织灵活、行动快捷取得良好的社会效果。

2004 年，省政协九届二次会议上，中国科技大学虞吉林教授"建立省市各级志愿者协会，动员社会力量开展社会服务"的第 261 号提案，得到省政协的高度重视。省政协主席方兆祥专门批示："这个建议很好，把这项社会公益性的事业抓起来，有利于体现'三个代表'的具体要求，弘扬社会主义的精神文明，团结力量、凝聚人心，更好地建设全面小康社会。请民政厅牵头，共青团、工会、妇联先参加，研究一个实施方案，然后逐步落实”,并亲自领衔督办。

2004年6月29日,省政协主席方兆祥主持召开“关于省政协重点提案办理协商会议”,传达省人民政府省长王金山关于成立志愿者协会的批示:“赞同兆祥同志意见,请有关部门高度重视,协力同心,抓出成效”,并就成立省志愿者协会有关事项提出意见。安徽省委办公厅专门下发《关于省政协重点提案办理协商会议纪要》。

省民政厅对省人民政府交办、省政协主席方兆祥领衔督办的省政协九届二次会议第261号提案十分重视,省民政厅厅长李宏塔、副厅长王佛生先后两次召开会议进行研究,及时明确有关事项,并从省民政厅、团省委、省妇联、省老龄工作委员会办公室等单位抽调专人,成立协会筹备组。筹备组的同志经过紧张的5个多月的省内外调研、实地考察,完成成立协会的基础性工作。2004年12月3日,省志愿者协会在合肥正式成立,省政协主席方兆祥,安徽省委常委、省委政法委书记徐立全、省军区政委王明礼等领导出席会议,副省长徐立全在会上讲话。至此,以省民政厅为主管单位的全省性志愿者组织正式成立。

省民政厅作为省志愿者协会的主管单位,省民政厅厅长为协会法人代表,任协会会长,省民政厅分管副厅长王佛生任协会副会长兼秘书长,协会日常工作机构秘书处设在省民政厅,负责协会的日常工作。

省志愿者协会成立后,以完善组织建设、开展志愿服务活动、加强志愿者管理为主要工作,同时积极加入全国性的志愿者组织,学习交流志愿者工作经验,促进协会自身的成长。此外协会投入大量精力创编季刊《安徽省志愿者协会会刊》,以此宣传志愿者理念、弘扬志愿精神、传达国家及本省志愿者相关文件要求、报道国内外志愿者工作动态,宣传表彰志愿者工作中先进单位、个人事迹。

按照安徽省委办公厅《关于省政协重点提案办理协商会议纪要》精神及副省长徐立全在省志愿者协会成立大会上的讲话要求,省志愿者协会督促、指导各市民政局成立市级志愿者协会。2005年4月28日,第一家市级志愿者协会亳州市志愿者协会率先成立,随后淮北、池州、铜陵、淮南、宿州、马鞍山、阜阳、芜湖、安庆、黄山、蚌埠、宣城、滁州、六安、巢湖等市级志愿者协会相继成立。截至2006年4月底,仅一年半的时间里,全省市级志愿者协会基本组建完全,为全省志愿者组织网络的健全打下坚实的基础。各市级志愿者协会的成立,有力地推动地方志愿者工作的进展。池州市志愿者协会组织工作人员赴浙江等地考察志愿者服务活动开展模式和组织建设情况;黄山市县(区)级协会全部成立;马鞍山市志愿者协会指导各类志愿服务组织开展活动,工青妇等志愿者队伍活动频繁,产生积极的影响;其他各市志愿者工作均有序开展。

2006年6月,省志愿者协会加入民政部主管的中国社会工作协会志愿者工作委员会,成为其会员单位。通过参加志愿者委员会组织的全国性的会员大会,加强同其他兄弟省市单位的沟通交流,也从志愿者工作开展比较成熟的省、市、地区学习许多宝贵经验。在志愿者注册管理方面,省志愿者协会派人参加中国志愿者工作委员会举行的培训班，并参照《中国社区志愿者注册管理办法》，开展志愿者注册工作。

省志愿者协会成立之初即拟定《安徽省志愿者协会章程》（简称《章程》），协会基本工作的开展，业务范围、会员管理、组织机构和负责人的产生、罢免都严格遵照《章程》的规定执行。在志愿者注册管理方面，省志愿者协会于2007年5月印发《关于全面启动全省社区志愿者注册登记工作的通知》，要求各市制定实施方案，为注册志愿者颁发志愿者证。在志愿服务活动开展方面，省志愿者协会于2007年7月和2008年3月分别印发《关于开展"迎奥运、讲文明、树新风"社区志愿服务活动的通知》和《关于2008年上半年开展节假日主题社区志愿服务活动的通知》，旨在利用社区志愿服务资源，服务社区居民，推动社区志愿服务开展的经常化、制度化。

截至2007年年底，全省市级志愿者组织构建基本完成，17个市已有16个市成立市级志愿者协会，部分县（区）协会成立，乡镇（街道）志愿服务站也都在建设之中。黄山市县（区）级志愿者协会全部成立，宿州市各县（区）志愿者协会组建工作也基本结束。全省各类志愿者组织如雨后春笋般发展起来，如巾帼志愿者、党员干部志愿者、青少年学生志愿者、离退休老干部老教师志愿者，以及环保志愿者、卫生志愿者、法律志愿者、家政服务志愿者、家电维修志愿者、社区低保志愿者、社区矫正人员志愿者等。

在志愿者有序管理、志愿服务活动长效机制建设方面，省志愿者协会于2007年5月启动全省社区志愿者注册登记工作，截至2007年年底，全省注册登记志愿者50余万人。省志愿者协会还多次联合相关部门开展大型志愿服务活动，如：2006年省志愿者协会与省卫生厅、团省委联合发起"关心艾滋病患者"的志愿服务活动，第一批45名医疗志愿者前往安徽省艾滋病高发区为病人检查身体、送医送药，宣传艾滋病防治知识等；2007年10月，省志愿者协会联合省司法厅、团省委、省妇联共同下发《关于志愿者协助开展安置帮教社区矫正工作的意见》，动员社区志愿者资源服务刑释解教人员及预防青少年犯罪；2008年5月，省志愿者协会、省文明办、省卫生厅、省体育局、省总工会、团省委、省妇联等7家单位共同印发《关于印发〈关于开展"迎奥运、讲文明、树新风江淮百万志愿者和谐行动"的实施方案〉的通知》。多家单位联合开展志愿者行动，规模大，参与广泛，影响深远，取得显著的成效。

在应对自然灾害、突发事件以及服务重大赛事、会议时，志愿者组织以其反应迅速、组织灵活、行动快捷取得良好的社会效果。2007年年底，安徽省及邻近省市发生重大雪灾中，安徽省各类志愿者组织积极行动，扫雪除冰恢复交通、抢修电线保证供电、车站维序保证安全等等，成功克服雪灾给广大人民群众带来的生产生活不便。2008年5月四川大地震中，安徽省志愿者积极向灾区捐款、献血，组织医疗志愿者、心理志愿者奔赴灾区，共助灾区人民克服灾难，重建家园。在北京奥运会赛会志愿者选拔中，经过多轮竞选成功选出100名优秀志愿者赴北京赛事场馆开展志愿服务。

为配合安徽省志愿者协会组织建设和服务活动开展情况的宣传工作，省志愿者协会充分发挥《安徽省志愿者协会会刊》的作用，面向全国免费发行，并根据全省各级志愿者协会组建情况扩大发行量。截至2008年年底，共编辑出版32期。《安徽省志愿者协会会刊》内容以转载有关志愿服务活动的重要文件、报道各地志愿服务活动开展情况为主，同时，还刊登国内外志愿服务活动的相关动态、各地志愿服务领域涌现的先进事迹和先进人物以及有关专家、学者的特约稿件等。《安徽省志愿者协会会刊》的出版发行，有效地宣传安徽省志愿者工作，带动更多的人积极主动的参与、参加志愿服务活动，较好地推动安徽省志愿者工作积极、稳妥、有序开展，在和谐社区创建工作中发挥积极的作用。

第七篇　抚恤优待

抚恤优待工作是国家和社会对优抚对象实行优待、抚恤及其他物质照顾和精神慰藉的一种特殊的社会保障。其对象主要是中国人民解放军现役军人、服现役或退出现役的残疾军人以及复员军人、退伍军人、烈士遗属、因公牺牲军人遗属、病故军人遗属、现役军人家属。优待抚恤工作的主要内容和任务是:开展拥军优属活动;实施烈属、伤残军人、在乡退伍红军老战士、在乡复员军人、带病回乡退伍军人、现役军人和义务兵家属的定期定量补助和优待,负责死亡抚恤和伤残抚恤工作,落实抚恤补助相关政策;负责国家机关工作人员、人民警察、参战民兵民工的伤亡抚恤工作;审批和褒扬烈士;举办荣誉军人康复医院、复员军人慢性病疗养院、复员军人精神病院和烈属光荣院;做好烈士纪念建筑物的管理保护和烈士事迹的编纂工作。

安徽省是革命老区,又是兵源大省。不仅是早期革命根据地,工农红军的发源地和抗日根据地,而且是解放战争的主战场,渡江战役的指挥部,无数江淮儿女为进行新民主主义革命和社会主义革命、建设做出不可磨灭的卓绝贡献。截至2008年年底,全省有各类优抚对象170多万人,其中享受抚恤定期补助和优待的各类优抚对象31万多人。全省共有优抚事业单位205个,其中优抚医院两个,烈属光荣院54个,烈士纪念建筑物保护单位149个。

1985年,省人民政府颁布《安徽省农村优待烈属、军属、革命残废军人暂行办法》;1992年颁布《安徽省〈军人抚恤优待条例〉实施办法》。省民政厅同时出台《安徽省农村优待工作细则》《安徽省定期抚恤和定期定量补助工作细则》《安徽省革命军人革命工作人员因公牺牲和病故抚恤工作细则》《安徽省革命伤残人员辅助器械修配管理细则》《安徽省光荣院管理工作细则》《安徽省优抚医院业务管理工作细则》。1995年民政厅又制定《安徽省优待金社会统筹基本办法》和《安徽省拥军优属基金管理使用试行办法》。1996年,省人民政府出台《安徽省拥军优属条例》。2001年,省人大常委会通过《安徽省拥军优属条例》。2006年,省民政厅印发《安徽省重点优抚对象医疗保障实施意见(试行)》《安徽省一至六级残疾军人医疗保障实施办法》。2007年,省人民政府修订出台《安徽省实施〈军人抚恤优待条例〉办法》。2008年,省民政厅印发《安徽省评残工作规范》。此外,各县(市、区)以上人民政府相继出台一系列地方性优抚法规,形成全省上下配套、执行顺畅的优抚法规体系。

第一章　抚　恤

抚恤是指国家或组织对因公受伤或致残的人员，或因公牺牲以及病故的人员的家属进行精神安慰并给予一定的物质帮助（即抚恤金）。烈士抚恤金包括一次性抚恤金和定期抚恤金。随着经济社会的发展，抚恤金标准逐年提高并逐步建立与国家和地方经济社会发展相适应的自然增长机制。为进一步“褒扬先烈，教育后人”，全省各地先后兴建一批革命烈士纪念建筑物，截至2008年年底，全省共有烈士纪念建筑物保护单位149个，包括烈士陵园、纪念碑、纪念亭、烈士墓、烈士纪念堂（馆）、烈士事迹陈列室等。革命烈士的史料征集和编纂工作扎实推进；烈属光荣院建设得到各级政府的高度重视，制定《安徽省光荣院建设规划（2009 ~ 2011）》，使烈属光荣院建设得到加强和发展。

第一节　死亡抚恤

死亡抚恤系指现役军人牺牲、病故的，按照《中华人民共和国兵役法》规定的应由国家一次性发给家属抚恤金；其家属无劳动能力或者无固定收入不能维持生活的再由国家定期发给抚恤金。国家机关、企事业单位或者社会团体的职工，因公死亡时，定期按一定标准发放给受死者供养的直系亲属一定的抚恤金，直至受供养人成年或失去供养条件为止。

追认烈士　烈士是指为保卫国家安全、保护国家财产、集体财产和公民生命财产安全英勇牺牲，堪为后人楷模的人民英雄。烈士褒扬是对为国家、民族、社会和人民而光荣献身的革命烈士所举行的纪念活动，是以教育、鼓舞和激励社会全体成员发扬献身精神的一种政治社会行为。

中华人民共和国成立后，为加强和规范烈士褒扬工作，先后制定《烈军属优待暂行条例》《革命军人牺牲、病故褒恤暂行条例》《革命工作人员伤亡褒恤暂行条例》《民兵民工伤亡抚恤暂行条例》等法规。改革开放后，烈士褒扬工作进入新的发展时期，1980年6月，国务院制定《革命烈士褒扬条例》，使审批和褒扬烈士工作更加法制化和制度化。安徽省烈士褒扬工作经过发展，已经基本形成包括烈属抚恤金发放、烈士史料编纂、烈士纪念建筑物建设、烈属光荣院集中供养等在内的比较完善的工作体系。

1980年6月，国务院正式颁布的《革命烈士褒扬条例》，其中第三条　规定有下列情形之一的，批准为革命烈士：(一) 对敌作战牺牲或对敌作战负伤后因伤死亡的；(二) 对敌作战致成残废后不久因伤口复发死亡的；(三) 在作战前线担任向导、修建工事、救护伤员、执行运输等战勤任务牺牲，或者在战区守卫重点目标牺牲的；(四) 因执行革命任务遭敌人杀害，或者被敌人俘虏、逮捕后坚贞不屈遭敌人杀害或受折磨致死的；(五) 为保卫或抢救人民生命、国家财产和集体财产壮烈牺牲的。此时《革命烈士褒扬条例》规定，烈士只限于革命斗争、保卫祖国和社会主义现代化事业而壮烈牺牲人员，包括未满 18 周岁的青少年。

同年，民政部出台《关于贯彻执行〈革命烈士褒扬条例〉若干具体问题的解释》，明确《革命烈士褒扬条例》所说的“革命烈士家属”是指革命烈士的父母、配偶、子女和未满 16 岁（后改为未满 18 周岁）的弟妹，及抚养革命烈士长大的其他亲属。

1985 年，民政部规定，参加抗日战争，确因对敌作战牺牲，被敌捕杀，在敌监狱中受折磨致死的抗日义勇军官兵；凡在战备飞行训练中牺牲或在执行试飞任务中牺牲的部队飞行人员，均可追认为烈士。同时规定，经批准为革命烈士的，由其所在地的县、市民政部门填写“领取《革命烈士证明书》申请表”(加盖公章)，随同部队寄予的《革命烈士通知书》及有关材料或省民政厅批复，由省民政厅颁发《革命烈士证明书》。

1988 年，国务院颁布新的《军人抚恤优待条例》，将原来规定的“对敌作战不久，因伤口复发死亡者，亦按烈士抚恤”，具体规定为“医疗终结评残发证后一年内因伤口复发死亡者，亦按烈士抚恤”。因此，全省各地先后追认办理因伤口复发死亡者亦按烈士抚恤的案件。截至 1989 年年底，全省共有革命烈士 62000 多人，其中 1980 年 6 月以后追认为革命烈士的 6971 人，追认新中国成立以前牺牲的革命烈士 6000 余人。

1992 年 5 月 20 日，省民政厅出台《安徽省革命烈士褒恤工作细则（试行）》，详细规定追认烈士的范围、条件、审批权限和程序、发放证件的办法、发放抚恤的对象和标准。规定“凡系我国公民(包括未满 18 岁的青少年)和人民解放军、人民武装警察、边防、消防民警以及其前身中国工农红军、八路军、新四军、中国人民志愿军、中国共产党领导的其他人民武装的指战员，在革命斗争、保卫祖国和社会主义现代化建设事业中壮烈牺牲的，均可称革命烈士”。其中，民主革命时期革命烈士的范围包括：

1. 辛亥革命中因参加反满清统治而牺牲的将士和爱国人士。辛亥革命后在军阀混战中死亡者不在内。

2. 1924 年至 1927 年因参加东征和北伐战争而阵亡的将士。1927 年 4 月 12 日及 7 月 15 日蒋介石及汪精卫公开叛变革命后在军阀混战及反共战争中死亡的国民党军官兵不在其内。

3. 1927 年至 1937 年因参加国内革命战争和武装起义而牺牲的将士和工农红军官兵。

4. 1932 年 1 月淞沪抗日战役、1933 年 3 月长城抗日战役、1933 年夏察北抗日战役、1936 年冬绥远抗日战役中牺牲的官兵和东北义勇军抗日联军牺牲的官兵。

5．1937 年至 1945 年因参加抗日战争牺牲的八路军、新四军和其他人民抗日部队官兵。国民党军官兵（系国民党正式序列部队，包括空军）确因抗日阵亡，有可靠证明的，也可个别从严掌握审批。但是此精神不登报，不作公开宣传，只供内部掌握，至于在此期间因参加反共内战而死者不在内。

6．在人民解放战争中牺牲的人民解放军指战员，原国民党军官兵起义后参加人民解放战争而牺牲的。

7．1919 年 5 月 4 日以来，因参加各种革命斗争被帝国主义和国民党反动派杀害的爱国人士，因参加革命斗争入狱病死者。在历次革命战争（含抗日战争）中配合部队作战，在前线从事担架运输战勤任务，或在敌后进行武装斗争而牺牲的民兵民工，亦可追认为革命烈士。在对越自卫还击战和抗美援朝战争期间失踪的军人和参战民兵民工，以及新中国以前失踪的军人和参加对敌作战、对敌斗争失踪的地方工作人员，凡未发现投敌、叛变、被俘、自杀、判刑的，都可称革命烈士。但对于 1953 年 7 月 27 日朝鲜停战以后在国内失踪的军人和解放后在国内失踪的革命工作人员，必须在情况调查清楚后，确认符合条件的，才能办理。

同时还规定所述对象符合下列条件之一的，可报批为革命烈士：

1．对敌作战的；

2．对敌作战负伤后因伤亡或对敌作战致残医疗终结评残发证后，一年内因伤口复发死亡的；

3．在作战前线担任向导、修筑工事、救护伤员、执行运输等战勤任务牺牲，或者在战区守卫重点目标牺牲的；

4．因执行革命任务遭敌人杀害，或者被敌人俘虏，逮捕后坚贞不屈遭敌人杀害或受折磨致死的；

5．为保卫或抢救人民生命国家财产和集体财产壮烈牺牲的；

6．因在边防、海防执行巡逻任务被反革命分子、刑事犯罪分子或其他坏人杀害的；

7．因侦察刑事案件，制止现行犯罪或逮捕、追捕、看管反革命分子、刑事犯罪分子，被反革命分子、刑事犯罪分子杀害的；

8．因维护社会治安，同歹徒英勇斗争被杀害的；

9．因执行军事、公安、保卫、检察、审判任务，被犯罪分子杀害或被报复杀害的（其中因执行制止动乱和平息反革命暴乱任务，遭歹徒杀害和因公牺牲的军人、武警，亦可报批为革命烈士）；

10．因正确执行党的路线、方针、政策，坚持革命原则，维护国家和人民利益，被犯罪分子杀害或被报复杀害的；

11．部队飞行人员在执行战备飞行训练中牺牲或执行试飞任务中牺牲的；

12．死难情节特别突出，足为后人楷模的。《安徽省革命烈士褒恤工作细则（试行）》还规定，中国人民解放军在文化大革命中因执行军队命令而牺牲的人员已取得革命烈士称号的，继续承认其为革命烈士，但对于非正常死亡或因贴大字报跌死，被人用刀刺死的人员，不再称革命烈士。1980年6月4日《革命烈士褒扬条例》公布以前，因保卫或抢救人民生命、国家财产和集体财产牺牲的；部队飞行人员在执行战备飞行训练或在执行飞行任务中牺牲的，不再报批为革命烈士。

根据1988年国务院颁布新的《军人抚恤优待条例》精神，省民政厅出台《安徽省革命烈士褒恤工作细则（试行）》，进一步明确为保卫或抢救人民生命国家财产和集体财产壮烈牺牲的、因维护社会治安，同歹徒英勇斗争被杀害的、维护国家和人民利益，被犯罪分子杀害或被报复杀害的、死难情节特别突出，足为后人楷模的，均可报批为革命烈士。追认烈士的范围由过去的部队指战员扩大到人民群众，这对于保卫或抢救人民生命国家财产和集体财产、维护社会治安同歹徒英勇斗争、死难情节特别突出的广大人民群众的英勇行为，予以充分肯定，且大力褒扬，对于培育民族意识和中华民族的凝聚力，构建社会主义和谐社会鼓励人们弘扬正气，促进社会稳定具有重大意义。其间，省政府先后批准合肥市公交公司售票员陆忠、淮南市钱湖储蓄所职工李瑞平、阜阳市颍河闸管理处器材会计陆秀芬以及芜湖县陶辛乡承村小学十岁女孩承小多等诸位革命烈士。

附：合肥市公交公司售票员陆忠的事迹

陆忠（1969年—1987年），男，安徽省合肥市长丰县下塘集乡人。1985年9月参加工作，单位是合肥公交公司。1986年7月，陆忠被正式安排到1路公共汽车担任乘务员。

1987年2月19日，下午1时许，陆忠值乘的1—T011公共汽车，由南七里站发车后，正缓缓向机研所驶去。当陆忠来到中门售票时，发现几位酒气熏天的男女，借相互起哄的机会在车上行窃，想到平日里不少乘客在车上被窃的无奈，一股正义感跃上心头。陆忠随即往那位正在行窃的青年肩上拍了拍，暗示他中止行窃。正在行窃的小偷见有人想坏其好事，转身一把揪住陆忠的衣领，恶狠狠地说："你拍我干什么，找死啊！"接着这伙人中的一人，竟用伞尖朝陆忠的后脑勺戳去。陆忠反手夺伞，歹徒们借人多势众便对陆忠拳打脚踢起来……在此危急时刻，陆忠向前门售票员和驾驶员发出呼喊："小葛、小李，车上有坏人，赶快将车开到派出所！"还没等同伴们明白后车厢发生了什么事，丧心病狂的歹徒们已强行拉开车门，并将陆忠拖下车继续暴打。其中一名歹徒竟掏出藏在腰间的三角刀，恶狠狠地朝陆忠身上连捅五刀。陆忠顿时倒在血泊中，鲜血染红了白雪皑皑的路面。当陆忠两位同伴赶到车下时，歹徒们已扬长而去。在两位候车中年夫妇的相助下，陆忠被及时送到安徽医科大学第一附属医院抢救。公司党政领导得知消息后，火速赶到安医，请求院方不惜一切代价，抢救英雄生命！为挽救英雄的生命，该院领导和医务工作者开启了一切绿色通道，甚至停掉了当天下午安排的第三台手术。但由于陆忠伤势太重，终因抢救无效，于当晚11时40分停止了心脏跳动。为维护乘客利益，伸张正义，陆忠献出了年仅18岁的生命。

省、市领导得知一路公共汽车售票员陆忠，因坚持正义，惨遭歹徒杀害的情况后，当即批示："严惩凶手，决不手软！"合肥市公安局于当天下午15时12分，派出精兵强将会同公交派出所赶赴现场，展开案件的侦破工作，经过两天三夜的紧张战斗，终于将5名歹徒全部捉拿归案，绳之于法。

为表彰陆忠见义勇为、忠于职守、勇斗歹徒的大无畏精神。1987年3月10日，合肥市总工会追授陆忠为"合肥市五一劳动奖章"先进个人称号，同时将他所在的车组命名为陆忠车组。1987年3月6日，共青团安徽省委追认陆忠为安徽省新长征突击手。1987年6月15日，陆忠被安徽省人民政府追认为革命烈士。1989年，公安部追授陆忠为"全国无畏金盾奖"先进个人。

1997年2月19日，合肥公交总公司党委、经理室、工会、团委联合在大蜀山革命烈士陵园，为陆忠烈士举行了隆重的安葬仪式。

2002年8月14日，民政部办公厅给湖南省民政厅《关于未满十六周岁青少年能否追烈问题的复函》规定，符合追任烈士条件的青少年是指10周岁以上的未成年人，而不包括未满10周岁的未成年人。

2004年8月1日，国务院公布新修订的《军人抚恤优待条例》，自2004年10月1日起施行。为适应军队批准烈士的某些特殊情况，《军人抚恤优待条例》对现役军人死亡被批准为烈士的条件和批准机关作出规定。即现役军人死亡，符合下列情形之一的，批准为烈士：（一）对敌作战死亡，或者对敌作战负伤在医疗终结前因伤死亡的；（二）因执行任务遭敌人或者犯罪分子杀害，或者被俘、被捕后不屈遭敌人杀害或者被折磨致死的；（三）为抢救和保护国家财产、人民生命财产或者参加处置突发事件死亡的；（四）因执行军事演习、战备航行飞行、空降和导弹发射训练、试航试飞任务以及参加武器装备科研实验死亡的；（五）其他死难情节特别突出，堪为后人楷模的。现役军人在执行对敌作战、边海防执勤或者抢险救灾任务中失踪，经法定程序宣告死亡的，按照烈士对待。批准烈士，属于因战死亡的，由军队团级以上单位政治机关批准；属于非因战死亡的，由军队军级以上单位政治机关批准；属于第（五）项规定情形的，由中国人民解放军总政治部批准。

换发补发烈士证书 根据民政部的要求，全省各地严格执行换发、补发《革命烈士证明书》相关规定，明确其发放顺序：①有父母（抚养人）无配偶的，发给父母（抚养人）；②有配偶无父母（抚养人）的，发给配偶；③既有父母（抚养人），又有配偶的，由其自行商定；商量不通的，发给父母（抚养人）；④没有父母（抚养人）、配偶的，发给子女；⑤没有父母（抚养人）、配偶、子女的，发给兄弟姐妹；无上述亲属的，不发。革命烈士在无任何直系亲属的情况下，其再婚配偶主动申请，可经县、市民政部门同意，准予领取《革命烈士证明书》。持有《革命烈士证明书》的烈士兄弟姐妹，由县、市民政部门在证件备注栏内注明"不享受烈士家属的物质待遇"字样，并与其他直系亲属一样享受有关政治待遇。一位烈士只能有其直系亲属中一人持证，未持证的或分居异地的其他直系亲属，可凭持证家属所在地的县、市民政部门有关证明，享受国家和地方规定的有关待遇。

1983年，为配合《革命烈士褒扬条例》的贯彻落实，根据民政部的统一部署，省民政厅在全省范围内开展《革命烈士证明书》大规模的换发、补发工作；先后在蚌埠市和灵璧县开展试点，然后在全省推开。当年共换发、补发《革命烈士证明书》24719份。此后，换发、补发《革命烈士证明书》工作一直没有停止过。1992年5月，省民政厅印发的《安徽省革命烈士褒恤工作细则（试行）》详细规定了烈士证的发放范围、发放条件和发放办法，即凡系抗美援朝失踪军人、参战民兵民工，新中国以前失踪的军人和因参加对敌作战、对敌斗争失踪的地方工作人员，均由县（市）人民政府审批为革命烈士。但需要将批准文件和有关证明材料送省民政厅，经复核后方可领取《革命烈士证明书》；现役军人审批革命烈士的手续由军队系统办理，并通知其家属所在地的县市民政部门。但对于不符合批准权限和条件的，县、市、省民政部门有权审查有关附件材料，或不予办理抚恤登记手续。市、县、市辖区民政部门在未领取《革命烈士证明书》之前，一般不要先通知死亡军人家属，更不能先发抚恤金；待领到证明书后再通知家属发抚恤金；国家机关、人民团体、企业、事业单位人员和人民群众牺牲后，符合革命烈士条件的，填写《革命烈士审批表》一式三份，报死者工作单位所在地的县、市、市辖区人民政府审查，报行署、市人民政府复审，再转报省人民政府审批。如需要换发或补发烈士证的，应办理相关手续。即换发《革命烈士证明书》的，应由家属提出申请，交出旧证，并由基层民政助理员填写“换发补发《革命烈士证明书》登记表”，逐级审查同意后，由县、市人民政府签署并加盖政府公章，报省民政厅裁证。补发《革命烈士证明书》的，除家属申请，填写登记表，乡（镇）、县、市人民政府审查外，同时需上报有关证明：补证的原因说明；知情人证明；当地群众座谈记录；从未领过证件者，需补充烈士身份证明或有关档案记载；确认养亲关系，必须符合民政部规定连续抚养逾七年以上且有确切证明者，由县、市民政局报省民政厅优抚处批准；承认过继关系，必须系烈士生前或新中国成立以前过继且有可靠证明者，由县、市民政局报省民政厅优抚处批准。

从1992年5月开始，省民政厅规定，凡上报革命烈士审批材料必须一人一文，装订成卷；除历史资料可以复印（需加盖索取单位公章）外，其余附件均应为原件。每份证明材料需要有证明人的私章（或手印），并由证明人所在单位签字盖章以证实证明人的身份和所证明情况的可靠程度。对于不符合手续要求或材料不足的，不予办理；社会主义建设时期的牺牲人员，还需要收集上报其生平事迹、遗文、遗墨、信件、日记、照片等。并要求各地在领取《革命烈士证明书》后，由县、市民政部门建立烈士事迹档案，并将烈士姓名、籍贯、生平事迹补登《革命烈士英名录》，同时将《革命烈士证明书》隆重地送到持证家属手中，并由乡（村）、街道张榜公布或广播宣传烈士事迹。1995年起，省民政厅开始建立《革命烈士证书编号表》，按照新领和换、补证两类分别确定证书编号和发放烈士证。1995 年至 2005 年期间，省民政厅共追认烈士 200 余人，换、补烈士证 52 件。

2008 年，省民政厅出台《追认烈士审批公示制度》，明确革命烈士审批程序和要求，申请追认烈士必备材料，并要求将拟追认为革命烈士人员的姓名、性别、出生年月、生前所在工作单位及职务、牺牲时间、牺牲地点和牺牲原因依照公示范本面向社会公示 7 天，进一步维护烈士称号的光荣性、崇高性以及追认烈士工作的严肃性、规范性。截至 2008 年年底，全省有名可查的革命烈士约 6.3 万人。其中 2005 年至 2008 年追认烈士 52 人。

烈属抚恤 烈属抚恤金包括一次性抚恤金和定期抚恤金。1979 年 11 月，省民政局根据内务部的规定，新中国成立前，有可靠证明确系参加我军的革命军人和革命工作人员，在国内失踪者，长期查无下落，又无投敌、叛变嫌疑者，一律按牺牲处理，发给“因战因公牺牲人员家属光荣纪念证”，不发抚恤费，但其直系亲属生活确有困难的，可酌情给予一次性救济。1980 年，根据国务院《革命烈士褒扬条例》规定，对敌作战不久，因伤口复发死亡者，亦按烈士抚恤。1988 年，按照国务院颁布的《军人抚恤优待条例》具体规定，医疗终结评残发证后一年内因伤口复发死亡者，亦按烈士抚恤。

1979 年至 1989 年，民政部、财政部先后 6 次调整牺牲、病故抚恤金标准，调整后各个时期的标准为：新中国成立前及 1950 年 12 月 10 前死亡者，不补发一次性抚恤金；1950 年 12 月 11 日至 1979 年 1 月 31 日死亡者，按 1955 年 3 月 28 日公布的标准执行；1979 年 2 月 1 日至 1980 年 6 月 3 日死亡者，按 1979 年 1 月 8 日公布的标准执行；1980 年 6 月 4 日至 1984 年 3 月 31 日死亡者，烈士按 1980 年 8 月 18 日公布的标准执行；1984 年 4 月 1 日至 1985 年 6 月 30 日死亡者，烈士按 1985 年 10 月 29 日公布的标准执行；1985 年 7 月 1 日至 1988 年 7 月 31 日死亡者，烈士按 1985 年 12 月 10 日公布的标准执行；1986 年 7 月 1 日至 1988 年 7 月 31 日死亡者，因公牺牲和病故的军队干部、志愿兵、机关工作人员，分别按其牺牲、病故时工资 20 个月、10 个月计发；义务兵、参战民兵、民工和工资低于部队 23 级正排职干部的军队院校学员、志愿兵，分别按军队 23 级正排职干部 20 个月、10 个月工资计发；1988 年 8 月 1 日以后牺牲病故者，按《军人抚恤优待条例》规定，烈士、因公牺牲和病故分别按其牺牲病故时工资 40 个月、20 个月和 10 个月标准计发。

1978 年至 2008 年，中央财政先后 18 次提高烈属定期抚恤金标准，使烈士遗属充分享受到党和政府的关爱，保障烈士遗属的基本生活水平始终与经济社会发展水平相适应，并逐步建立自然增长机制。

从 1985 年 1 月 1 日起，国家将革命烈士家属、因公牺牲军人家属、病故军人家属的定期定量补助改为定期抚恤。定期抚恤金的基本标准按照与城乡人民生活水平相适应的原则确定。具体标准由各省、自治区、直辖市政府根据当地实际生活水平参照国家统一规定的标准自行规定。据省民政厅、财政厅 1985 年 5 月 1 日转发民政部、财政部《关于提高部分优抚对象抚恤补助标准的通知》,革命烈士家属居住农村的每人每月 20 至 25 元,居住小城镇的每人每月 30 至 35 元,居住省辖市和行署所在地辖市的,每人每月 35 至 40 元。对抚恤对象中的孤老、以及一户中有两个直系亲属系烈士或牺牲、病故军人的,在上述标准基础上每人每月各增加 5 元。此后,随着社会经济发展以及人民生活水平的不断提高,烈属的定期抚恤金标准不断调整提高。当年,全省共为 18425 名原享受定补的烈士、因公牺牲、病故军人家属改办定期抚恤;全年抚恤款总计 5475400 元,平均每人由原定补 11.9 元提高到 24.8 元。1987 年年底,全省 1.89 万名烈士家属和牺牲、病故军人家属享受了国家规定的定期抚恤补助,年人均 288 元,比 1986 年增加了 4.77 元。

1992 年 5 月,省民政厅规定一次性抚恤金的标准,应根据革命烈士牺牲的具体时间,按照各个时期规定的不同标准执行。即 1950 年 12 月 10 日以前牺牲的革命烈士,不论其过去是否享受过一次性抚恤,均不再发给一次性抚恤金。但其直系亲属中的父母、配偶生活困难的,可给予适当的补助;1950 年 12 月 11 日至 1979 年 1 月 31 日牺牲的革命烈士,按照 1955 年 3 月 28 日公布的标准执行,即师级 650 元、团级 450 元、营级 350 元、连排级 280 元、班长级 230 元、战士级 180 元、民兵民工 150 元;1979 年 2 月 1 日至 1980 年 6 月 3 日牺牲的革命烈士,按照 1979 年 1 月 8 日公布的标准执行,即师级 700 元、团级 650 元、营级 600 元、连排级 550 元、班长级 500 元、战士级 500 元、民兵民工 470 元;1980 年 6 月 4 日至 1984 年 3 月 31 日牺牲的革命烈士,按照 1980 年 8 月 18 日公布的标准执行,即师级 1000 元、团级 950 元、营级 900 元、连排级 850 元、班长战士 800 元、民兵民工群众 800 元;1984 年 4 月 1 日至 1985 年 6 月 30 日牺牲的革命烈士,按照 1985 年 10 月 29 日公布的标准执行,即:(一)烈士生前有工资收入(现役军人包括职务工资、级别工资、军龄津贴)的,按其牺牲时的 40 个月工资计发;(二)烈士生前无工资收入的或月工资低于军队 23 级正排职干部工资标准(57 元)的,按其牺牲时军队 23 级正排职干部的 40 个月计发。1985 年 7 月 1 日至 1988 年 7 月 31 日牺牲的革命烈士,按照 1985 年 12 月 10 日公布的标准执行,即:(一)烈士生前有工资收入的,按其牺牲时的 40 个月工资计发;(二)生前没有工资收入或月工资低于军队 23 级正排职干部工资标准的,按军队 23 级正排职干部月工资中职务和级别工资两项之和(84 元)计发。1988 年 8 月 1 日以后牺牲的革命烈士,按照如下的标准执行。即:(一)烈士生前有工资收入的,按其牺牲时的工资(现役军人是指职务薪金、军衔薪金和军龄[含工龄]薪金三项之和)40 个月计发;(二)生前没有工资收入或月工资低于正排职军官工资标准的,按基准军衔为少尉的正排职军官的职务薪金(第二档次)和军衔薪金两项之和(99 元)40 个月计发。在国防和军队建设、科研事业或者作战中作出特殊贡献的牺牲人员被追认为革命烈士,除地方政府应按标准发给其家属一次性抚恤金外,国防部另发给特别抚恤金。1980 年 6 月 4 日至 1988 年 7 月 31 日现役军人中牺牲的革命烈士,被军委或大军区授予英雄模范称号的,增发应领一次性抚恤金的三分之一;荣立二等功以上的军人、参战民兵民工增发应领一次性抚恤金的四分之一。1988年8月1日以后现役军人中牺牲的革命烈士，一次性抚恤金按下列比例增发：（一）被国家主席或中央军委授予荣誉称号的增发35%；（二）被军区（方面军）授予荣誉称号的，增发30%；（三）立一等功的，增发25%；（四）立二等功的，增发15%；（五）立三等功的，增发5%；荣立多等或多次功勋的，按其中最高等的增发比例计算，不累计折算。

1992年5月20日，省民政厅出台《安徽省革命烈士褒恤工作细则（试行）》，规定革命烈士家属在与其他群众同等条件下享受就业、入学、救济、贷款、分配住房的优先权。革命烈士家属还可享受以下政治待遇：挂烈属、军属光荣牌；新年元旦、春节慰问并发给年画和慰问品；参加“八一”、新年、春节期间地方召开的有关座谈会；在社会主义建设中事迹突出者，可推选参加优抚工作先进个人和先进集体代表大会；享受与其他群众同等条件下的优先权益。革命烈士家属工作调动或户口迁移时，应同时办理烈属关系转移手续。户口迁出地的县、市民政部门要出具介绍信，户口迁入地的县、市民政部门要凭转移介绍信，接收登记，建立档案，继续给予享受规定的优待和抚恤待遇。革命烈士家属被判处徒刑、剥夺政治权利或者被通缉期间，停止其烈属待遇。服刑期满，恢复政治权利之后，凭刑满释放通知书，经县、市（区）民政部门审核批准后，可以恢复烈属待遇。

2004年10月1日，根据国务院、中央军委公布施行的《军人抚恤优待条例》规定，全省各地对烈士遗属由县级人民政府民政部门发给“中华人民共和国革命烈士证明书”，并发给其遗属一次性抚恤金，执行标准为烈士生前80个月基本工资；对符合下列条件之一的烈士遗属、因公牺牲军人遗属、病故军人遗属，发给定期抚恤金：（一）父母（抚养人）、配偶无劳动能力、无生活费来源，或者收入水平低于当地居民平均生活水平的；（二）子女未满18周岁或者已满18周岁但因上学或者残疾无生活费来源的；（三）兄弟姐妹未满18周岁或者已满18周岁但因上学无生活费来源且由该军人生前供养的。对符合享受定期抚恤金条件的遗属，由县级人民政府民政部门发给“定期抚恤金领取证”；县级以上地方人民政府对依靠定期抚恤金生活仍有困难的烈士遗属、因公牺牲军人遗属、病故军人遗属，可以增发抚恤金或者采取其他方式予以补助，保障其生活不低于当地的平均生活水平。享受定期抚恤金的烈士遗属、因公牺牲军人遗属、病故军人遗属死亡的，增发6个月其原享受的定期抚恤金，作为丧葬补助费，同时注销其领取定期抚恤金的证件。

2006年1月1日起，根据民政部、财政部《关于调整部分优抚对象等人员抚恤和生活补助标准的通知》，农村烈属定期抚恤金每人每年为3120元（即每人每月260元），城镇烈属定期抚恤金为每人每年4980元（即每人每月415元）。

烈属、因公牺牲军人遗属、病故军人遗属定期抚恤金标准统计表

表 7-1-1　（从 2006 年 1 月 1 日起执行）　单位:元 / 年

	烈属	因公牺牲军人遗属	病故军人遗属
城镇	4980	4620	4260
农村	3120	2940	2760

2009 年 10 月 1 日起,安徽省再次调整烈属（含因公牺牲军人遗属、病故军人遗属）的定期抚恤金、在乡退伍红军老战士（含在乡西路军红军老战士、红军失散人员）的生活补助标准。要求各地要按照《军人抚恤优待条例》规定,适当提高在乡老复员军人的生活补助标准,使其生活达到当地农村居民平均生活水平。中央财政在现行补助标准的基础上,每人每月增加 70 元。各地要按照每人每月不低于 200 元、不高于十级残疾军人抚恤金标准的原则,调整带病回乡退伍军人生活补助标准,每人每月提高标准不低于 70 元。对在农村的和城镇无工作单位且家庭生活困难的参战退役人员提高生活补助标准,每人每月提高 70 元,达到每人每月 200 元。对不符合评残和享受带病回乡退伍军人生活补助条件,但患病或生活困难的农村和城镇无工作单位的原 8023 部队退役人员,以及其他参加核试验军队退役人员提高生活补助标准,每人每月提高 70 元,达到每人每月 200 元。

烈属、因公牺牲军人遗属、病故军人遗属定期抚恤金标准统计表

表 7-1-2　（从 2009 年 10 月 1 日起执行）　单位:元 / 年

	烈属	因公牺牲军人遗属	病故军人遗属
城镇	7940	7110	6690
农村	4760	4550	4350

烈属、因公牺牲军人遗属、病故军人遗属定期抚恤金标准统计表

表 7-1-3　（从 2010 年 10 月 1 日起执行）　单位:元 / 年

	烈属	因公牺牲军人遗属	病故军人遗属
城镇	8730	7820	7360
农村	5240	5010	4790

烈士史料编纂　烈士史料征集编纂是对烈士事迹进行搜集、整理、编辑、出版,运用大众传播媒体宣传烈士事迹,弘扬烈士精神。烈士史料征集编纂工作是烈士褒扬工作的重要内容,是政府赋予民政部门的一项基本职能。

在长期的革命斗争和社会主义建设中,千百万江淮儿女为革命抛头颅,洒热血,无所畏惧，英勇斗争，付出巨大牺牲。据不完全统计，截至 2001 年年底，全省共有有名可查的革命烈士 62614 人，其中第一、二次国内革命战争时期的 19986 人，抗日战争时期的 14875 人，解放战争时期的 13764 人，新中国成立后的 6501 人，保卫祖国牺牲的 7488 人。因此，弘扬革命烈士的英勇事迹、编纂革命烈士的事迹材料和宣传烈士的丰功伟绩始终是民政部门一项长期而不懈的工作。

1973 年 12 月，省民政厅革命烈士史料编纂办公室正式批准成立，属正科级事业单位。1976 年 9 月，省民政局通知各地，抓紧搜集革命先烈事迹材料，并建立“革命烈士名录簿”。1979 年，烈士史料编纂办公室重新组建，并配备有专业特长的干部。此时，烈士史料编纂办公室的主要工作职责和任务是：负责安徽省著名烈士事迹的征集、整理工作，编撰烈士生平事迹、调查专访、历史文献、回忆录等有关文字史料；整理烈士遗作、手迹、书信、遗物等。建立著名烈士档案，一人一卷，按地市分类，便于调阅；编辑烈士英名录、著名烈士传记及有关烈士事迹宣传书刊，并兼出版、发行工作。指导全省烈士史料编辑工作及烈士事迹陈列展览工作，并同省内外党史研究学会、党史人物研究会保持横向联系与合作。1981 年 9 月，省民政厅依据各市、县民政局编印的当地“革命烈士名录簿”初稿，审定编辑出版《安徽省革命烈士名录》11 卷 56 册（每一市、县为一册），共录入革命烈士 57623 人。1981 年 7 月和 1982 年 9 月，根据国务院革命烈士褒扬条例关于组织力量编写著名烈士小传的要求，先后出版《江淮英烈》第一、二辑。

1984 年年初，省革命烈士史料征集编纂办公室和安徽省烈士事迹陈列馆联合举办“安徽省革命烈士和优抚先进人物事迹图片展览”，并抽调讲解员组成小分队，于 10 月下旬和 12 月上旬赴阜阳地区的涡阳、太和、亳县、阜阳和宿州地区的宿县以及阜阳、宿州两个地区进行巡回展出，共宣讲 59 场 4.5 万多人次。

1984 年 2 月，中央军委、南京军区和省民政厅、安徽省委宣传部、省军区政治部共同邀请前线部队英模报告团巡回全省 17 个地、市作报告，巢湖、合肥、淮南等地、市、县也邀请回访和回乡探亲的参战指战员报告英雄或烈士事迹，直接听众达 50 万人次。同年 12 月，省民政厅与省电视台联合录制两集电视剧《血的呼唤》，先后在安徽、江苏、上海、江西、湖北等省、市电视台转播。

1984 年 5 月，省民政厅成立《江淮英烈传》丛书编辑部，具体承担编辑出版安徽省著名烈士传记。该书由中央军委副主席邓小平、徐向前以及中国书法家协会主席舒同等分别题写书名和内页，先后出版《江淮英烈传》7 册（辑）计 258 篇，134.2 万字。1990 年该丛书改版后，又先后出版《江淮英烈传》6 辑，183 篇，120 万字。此时，编辑的烈士史料书刊主要有三种：《江淮英烈传》丛书，内容为著名烈士传记。1986 年邓小平为该书题写了书名。《江淮英烈画页》，内容为烈士故事，用图文并茂的连环画形式，宣传革命烈士的光荣事迹。《江淮英烈图片集》，内容为烈士的简介、诗抄手迹及有关革命活动遗址照片。同时，还参加安徽近现代史辞典、安徽历史人物丛书等有关烈士事迹条目的编写工作。

1984年至1989年,省革命烈士史料征集编纂办公室还以对越自卫还击战中安徽籍烈士英雄事迹为内容,出版《江淮儿女在南疆》一册,发行8万余册。出版《江淮英烈画页》《江淮英烈图片集》30余万份。同时,联合安徽省委党史研究室编辑出版《安徽英雄谱》。截至1989年年底,全省有各种宣传烈士事迹书刊25种,发行量达到661495册,有35所烈士事迹陈列馆(室)对外开放,增展128名著名烈士事迹。

1991年年底至1992年,省烈士史料征集编纂办公室为《中华英烈大辞典》编写条目1218条,50万字。截至1999年年底,省一级的革命烈士史料征集编纂办公室已建立著名烈士档案983卷,约1423万字,存有烈士文物照片2000余幅。

附:《中华著名烈士》(第一卷)范文:石德宽(1885—1911)

石德宽,字经武,又景吾,1885年出生于安徽寿县南乡。少年能文,夙有大志。甲午战争后,帝国主义开始瓜分中国。少年的石德宽目睹清政府腐败,帝国主义列强横行霸道,十分愤慨。落后挨打的事实,对他刺激很深,加之受留学日本的堂兄石德纯进步思想的影响,石德宽开始走上了寻求革命的道路。

1903年,19岁的石德宽来到安徽省城安庆,在那里,他结识了爱国知识分子陈独秀、潘赞化等人,并成至交。……

1906年,石德宽经吴旸谷介绍加入同盟会。这年冬天,东京同盟会总部派员分赴南京、安徽、湖北策动起义,但都遭到失败。……

1908年11月,光绪帝和西太后相继死去,石德宽从日本回国,和安庆新军中光复会员熊成基、范传甲等一起,决定发动马炮营起义。……

1911年4月27日,广州起义爆发。石德宽等随黄兴猛攻两广总督衙门。遭清卫兵列队抵抗。……石德宽与数倍于己的敌军短兵相接,身受剧创,仍全力奋战,不幸身中数弹身亡。年仅26岁。

石德宽为拯救民族、振兴中华英勇奋斗而牺牲,他的遗骨长眠黄花岗,英名列入"黄花岗七十二烈士"碑记。中国人民,特别是烈士家乡人民深切怀念他。把石德宽烈士生前战斗过的地方——安庆西门外的一条街,命名为"德宽街",永志纪念。

1992年5月,根据国务院《革命烈士褒扬条例》关于"各级人民政府应当搜集、整理、陈列著名革命烈士的遗物和革命斗争史料"的规定,结合安徽的实际,省民政厅制定《安徽省革命烈士史料征集细则(试行)》,规定由省民政厅革命烈士史料编纂办公室负责全省著名烈士事迹的征集工作,各地市、县民政局优抚科(股)负责本地区知名烈士事迹的征集工作。对于历次革命战争时期著名烈士斗争史料,可动员或组织曾经和烈士在一起参加斗争的老同志和复员退伍军人,进行回忆介绍,并加以系统整理。对于社会主义建设时期的革命烈士史料,随申报追认烈士同时上报。

为结合烈士事迹宣传,从1992年5月起,省民政厅要求,凡上报革命烈士审批材料必须一人一文，并装订成卷。社会主义建设时期的牺牲人员，需收集上报其生平事迹、遗文、遗墨、信件、日记、照片等。县、市民政部门建立烈士事迹档案，并将烈士姓名、籍贯、生平事迹补登《革命烈士英名录》，由乡（村）、街道张榜公布或广播宣传烈士事迹。

2000 年，民政部组织各省、自治区、直辖市、计划单列市民政厅（局）的力量，历时数年编纂而成的《中华著名烈士》丛书由中央文献出版社正式出版（整套丛书共出版 30 卷，1600 万字）。丛书收录了从 1905 年 8 月（孙中山领导的同盟会成立之日）至 1999 年 12 月 31 日期间，为中国革命和建设事业英勇牺牲的著名烈士 4000 余名，其中皖籍知名烈士有石德宽、吴樾、程良、戴安澜、李家发、许家朋等。省革命烈士史料编纂办公室在完成民政部《中华著名烈士》丛书入编烈士 213 人的审定及著名烈士传记稿件 83 篇、42 万字组稿任务的基础上，又增补编审，上报安徽籍烈士稿件 50 篇，约 25 万字。

1986 年至 2005 年期间，生前英勇事迹得到较为广泛宣传的安徽籍著名烈士有：南京军区安庆军分区司令部勤务队汽车班专业军士吴良珠（1998 年 9 月由中央军委主席江泽民签署命令，授予“抗洪钢铁战士”荣誉称号）、铜陵市铜官山区公安分局石城路派出所刑警中队民警任飞（2003 年被中共安徽省委追认为中国共产党党员，被公安部追授“全国公安系统二级英雄模范”称号）、和县乌江镇黄坝村党支部书记、村调解委员会主任曹发贵（2004 年 8 月被中共安徽省委、安徽省人民政府追授“优秀村党支部书记”“模范人民调解员”荣誉称号）等。

图 7-1-1

截至 2008 年，全省先后普查战争年代牺牲、社会主义革命和建设时期、改革开放和平时期追认的革命烈士约 6.3 万人，其中著名烈士近 2000 人。

纪念烈士活动 从 20 世纪 50 年代开始，省政府即号召各地在清明前夕，要祭扫、修葺烈士墓，参谒烈士纪念碑，举行纪念革命烈士活动。1979 年 3 月，中共安徽省委、省革命委员会派副秘书长兼省民政局局长郑淮舟到岳西县遵义公社，慰问在中越边境自卫还击战中光荣牺牲的王灿烈士亲属，并参加慰问大会。1980 年 10 月，省政府及合肥市政府共拨款 155 万元，由省民政厅在大蜀山烈士陵园筹划陈列全省著名烈士遗迹。1981 年清明节，大蜀山烈士陵园陈列 179 名知名烈士事迹，绘制遗像 455 幅，陈列遗物

488件、手迹17件、事迹组画267幅。

1982年11月，中共安徽省委、省人民政府授予带病坚持抗洪抢险，为保护人民生命安全以身殉职的阜南县部台公社党委副书记、管理委员会主任沈恩久优秀共产党员、人民好干部、革命烈士光荣称号。并发文号召全省广大党员、团员、干部向沈恩久学习，推动“五讲四美”活动的深入开展。阜南县为此举行隆重的追思褒扬大会。

1985年清明节，省暨合肥市在合肥大蜀山烈士陵园举行凭吊革命烈士仪式。同年9月，为庆祝抗日战争胜利和世界反法西斯战争胜利40周年，省民政厅及合肥市政府组织4000余人，在大蜀山烈士陵园举行向革命烈士敬献花圈活动。

1988年11月，中共安徽省委、省人民政府在濉溪县双堆陵园举行淮海战役胜利40周年庆祝活动。双堆集烈士陵园于1988年10月建成，长32米，宽28米，占地面积10.6万平方米。陵园大门两侧各有一个面积为1250平方米的池塘（消防池）。主干道通往纪念碑，纪念碑正面刻有邓小平同志的亲笔题词“淮海战役烈士永垂不朽”。烈士陵园东南部建有淮海战役双堆集歼灭战纪念馆，展厅陈列珍贵历史照片300余张，文物200余件，作战地图、图表、美术作品20余幅，并有电动沙盘模型1台。中国书法家协会主席启功题写匾额“淮海战役双堆集烈士陵园”。1995年12月，陵园被批准为安徽省首批爱国主义教育示范基地。2000年陵园被批准为省级重点烈士纪念建筑物保护单位。2001年6月，陵园被中共中央宣传部列为全国第二批100个爱国主义教育示范基地之一。

1989年4月、9月、11月，肥东、六安、金寨、霍山、和县、无为等地分别开展纪念“立夏节暴动”、“六霍暴动”60周年活动和纪念渡江胜利40周年活动；皖西革命烈士纪念馆调整展览内容；霍山、无为、肥东瑶岗等纪念馆正式对外展览。同年6月，安徽省委副书记孟富林、副省长龙念、省军区司令员李元喜前往嘉山，慰问在北京因公牺牲的李国栋、徐如军、王其富三烈士家属。省委宣传部、省军区政治部、省民政厅、省总工会、团省委、省妇联联合发出向嘉山三烈士学习的号召。各界群众向嘉山三烈士家属捐款5万多元。7月，副省长吴昌期、省军区政委石磊及合肥市政府代表前往肥东，慰问“共和国卫士”王强家属。国庆期间，省政府选派一位烈士家属赴京参加国庆典礼；邀请4位优抚对象到合肥参加国庆活动。

图7-1-2

1990年年初，中共安徽省委、省人民政府为纪念皖南事变新四军将士殉难50周年，修建皖南事变烈士陵园。陵园由纪念碑、主题广场、主碑纪念广场和无名英雄烈士墓四

图 7-1-3

个纪念性空间序列配以皖南事变史料陈列室有机组合而成，整座陵园以邓小平亲笔题写的“皖南事变死难烈士永垂不朽”纪念主碑为中心，结合山形地势，将各纪念建筑组成一个完整有序、庄严肃穆的有机整体。纪念碑位于纪念广场和神道的中轴线上，高 12.6 米，宽 27 米，黑色磨光花岗石碑面，镶嵌着邓小平的题词。巨碑下方为一尊汉白玉雕刻的花环。四周白色纪念廊内，镌刻着《新四军军歌》、周恩来同志题词及碑记等历史文献。凭吊广场为一个 50 米内径，四面有开口的纪念廊和主碑围合的圆形空间。数字 50 寓意纪念皖南事变新四军将士殉难 50 周年。主碑向阳，光洁向上的碑身，白色的环廊，围合的巨柱造就了广场肃穆的气氛。陵园西侧为皖南事变史料陈列室，室内有中共中央总书记江泽民和国务院总理李鹏分别为纪念皖南事变 50 周年的题词:“青山埋忠骨，精神育后人”“发扬革命英雄主义，皖南事变殉难烈士浩气长存”。

1991 年 1 月，陵园正式对外开放。安徽省委、省人民政府在泾县举行隆重的纪念皖南事变新四军将士殉难 50 周年和开馆仪式。陵园先后接待来自全国各地以及国际友好人士、海外侨胞百余万人，中共中央、全国人大常委会、国务院、全国政协、中央军委领导姬鹏飞、王恩茂、王光英、杨汝岱、彭冲、李瑞环、张震、吴邦国等先后莅临陵园视察，近千名新四军老战士来陵园凭吊殉难战友。陵园先后被命名为“全国爱国主义教育基地”、“安徽省爱国主义教育基地”和“全国中小学百个爱国主义教育基地”。

2001 年 1 月 11 日，为纪念皖南事变英烈殉难 60 周年，宣城市委、宣城市人民政府、泾县县委、泾县人民政府在皖南事变发生地隆重举行纪念大会。新四军老战士代表、新四军后代代表、省直有关部门的负责人和宣城市各级干部群众学生代表 600 余人参加活动。省委副书记、组织部部长乔传秀出席会议并讲话，新四军老战士、老同志张至琇、王光宇、孙宗溶、何子友、金继哲、朱农等，省新四军研究会和省委党史研究室有关人员参加会议。

2004 年 7 月 1 日，合肥市庐阳公安分局为加强对新党员的教育，提高他们对党的认识，21 名新党员在分局的组织下，在大蜀山烈士陵园举行入党宣誓，并在一级英模李素珍的遗像前举行新党员宣誓。

2005 年 9 月 3 日，在中国人民抗日战争暨世界反法西斯战争胜利 60 周年之际，省暨合肥市在大蜀山烈士陵园隆重举行向革命烈士纪念碑敬献花篮仪式。上午 9 时，在《义勇军进行曲》激昂高亢的旋律声中，省党政军领导郭金龙、王金山、方兆祥、杨多良、王明方、许援朝等,代表省委、省人大常委会、省人民政府、省政协、省军区和全省人民向革命先烈敬献花篮;安徽省委书记、省人大常委会主任郭金龙发表讲话;省长王金山主持敬献花篮仪式。省领导和各界群众参观了革命烈士事迹陈列馆。省直各单位主要负责人,省各民主党派、工商联主要负责人和无党派人士代表,少数民族及宗教界人士代表;在肥的省属企业干部职工、大学师生、医院医护人员、驻皖部队和武警官兵代表;合肥市党政军负责人及社会各界干部群众代表等约900人参加了敬献花篮仪式。

图7-1-4

2006年1月7日,是震惊中外的“皖南事变”发生65周年。为缅怀革命先烈,弘扬新四军精神,泾县县委、县政府在泾县茂林镇举办“以史为鉴促统一,缅怀先烈求发展”主题纪念活动。参加活动的有省、市有关部门代表,新四军老战士代表,新四军将领下一代代表袁国平之子袁振威、罗炳辉之子罗新安;国民党爱国将领下一代代表张治中女儿张素文、戴安澜女儿戴藩篱等。

2007年3月27日,蚌埠市空军某部和各校师生到蚌埠市革命烈士陵园开展祭奠先烈事迹活动。同时在清明节即将到来之际,蚌埠市开展主题为“缅怀先烈、纪念先贤、祭奠先人”的各种形式的清明节纪念活动。部队官兵、各校师生纷纷来到爱国主义教育基地缅怀先辈、重温历史,接受爱国主义教育。2008年9月27日,九三学社安徽省委机关小组和工会组织机关为纪念国庆59周年,接受爱国主义再教育,赴大蜀山烈士陵园参观。

2008年10月1日,在举国欢庆中华人民共和国成立59周年之际,省暨合肥市在大蜀山烈士陵园隆重集会,举行向革命烈士纪念碑敬献花篮仪式,祭奠为实现民族独立和国家解放而壮烈牺牲的革命先烈。安徽省委书记王金山、省长王三运、省政协主席杨多良出席敬献花篮仪式。省委副书记王明方主持仪式。安徽省委、省人大常委会、省政府、省政协、省军区负责人和省武警总队主要负责人参加仪式。省直有关部门主要负责人，省各民主党派、工商联主要负责人和无党派人士代表，少数民族及宗教界人士代表；合肥市党政军负责人，合肥市直有关单位主要负责人，以及合肥市各界干部群众代表等共约 1300 人参加敬献花篮仪式。

2008 年 12 月 24 日上午，淮北市在淮海战役双堆集烈士陵园隆重举行凭吊活动，庆祝淮海战役胜利 60 周年。市领导和各界群众 1000 多人瞻仰了烈士纪念碑并敬献花篮。

第二节　残疾抚恤

伤残抚恤是政府有关部门和军队后勤机关依法所进行的一项行政活动。它不仅有助于保障革命伤残人员的生活，有利于他们康复，也是革命伤残人员的一种政治荣誉。国家为维护革命伤残人员的权益，制定颁布专门的伤残评定及抚恤的有关法规、政策。它作为优抚工作的一个组成部分，发挥着重要作用。

民政部门主管的伤残抚恤工作的对象主要是指在部队负伤致残退出现役的军人（包括人民武装警察部队官兵）；伤残人民警察（不包括企事业单位享受劳保待遇的伤残人民警察）；国家机关伤残工作人员（包括国家权力、行政机关工作人员，由国家补贴的民主党派，人民团体的工作人员，人民解放军、人民武装警察部队列入编制内无军籍的工作人员）；参战伤残民兵民工；参加军事训练的民兵（指无工作单位的农民、城市居民、学生）；因维护社会治安负伤致残无工作的人民群众。

革命军人、革命工作人员和参战民兵、民工、因战、因公负伤致残的，统称革命残废人员。1988 年 6 月，《军人抚恤优待条例》颁布后改称革命伤残人员。伤残等级根据伤残轻重和丧失劳动能力大小分为特等、一等、二等甲级、二等乙级、三等甲级、三等乙级六等，分别发给“革命军人残废证”“革命军人优待证”“革命工作人员残废证”“革命工作人员优待证”“民兵民工残废证”，革命伤残人员凭证享受政府规定的抚恤和优待。残废抚恤分在职和在乡两种。因战残废抚恤标准略高于因公残废抚恤标准。革命军人和革命工作人员标准相同。

残疾评定　残疾评定即残疾等级评定，包括新办评定残疾等级、补办评定残疾等级、调整残疾等级。新办评定残疾等级是指对申请人在因战、因公负伤或者被诊断、鉴定为职业病 3 年内提出申请评定残疾等级的。补办评定残疾等级是指对现役军人因战、因公致残未能及时评定残疾等级，在退出现役后依据《军人抚恤优待条例》的规定，认定因战、因公性质，评定残疾等级。调整残疾等级是指对已经评定残疾等级，因残疾情况变化与所评定的残疾等级明显不符的人员调整残疾等级级别。

1981 年 10 月，根据民政部的规定，安徽省全面换发由民政部统一制发的残废抚恤证，即“革命残废军人抚恤证”“人民警察残废抚恤证”“革命工作人员残废抚恤证”“革命工作人员残废抚恤证”“民兵民工残废抚恤证”。当年全省共换发各类残废抚恤证

30707 份。

1982 年，根据总后勤部、卫生部规定，在对越自卫反击战中，凡在战前训练，战后休整期间，临战前或战斗中及在后方执行警戒、护路、后勤保障任务时被摔伤、压伤致残者，按因公致残处理；战斗中，临战前在边境附近执行潜伏、侦察任务，遭敌袭击或其他意外伤残者，按因战致残处理。已退伍的负伤军人符合评残条件者，由地方民政部门审查补评。1985 年，民政部规定，确认为西路军红军老战士、抗日义勇军官兵，因作战负伤致残有可靠证明者，可补办评残手续。

1988 年 6 月，《军人抚恤优待条例》规定，现役军人有下列情形之一的，可评为因战致残：（一）对敌作战负伤致残的；（二）因执行任务遭敌人或者犯罪分子被俘、被捕后不屈遭敌人折磨致残的；（三）为抢救和保护国家财产、人民生命财产或者参加处置突发事件致残的；（四）因执行军事演习、战备航行飞行、空降和导弹发射训练、试航试飞任务以及参加武器装备科研实验致残的；（五）现役军人在执行对敌作战、边海防执勤或者抢险救灾任务中致残的。下列情形的，可评为因公致残：（一）在执行任务中或者在上下班途中，由于意外事件致残的；（二）被认定为因战治疗终结后因旧伤复发致残的；（三）因患职业病致残的；（四）在执行任务中或者在工作岗位上因病致残，或者因医疗事故致残的；（五）其他因公致残的。退出现役军人因战、因公致残，有档案记载或确切证明，残情符合二等乙级以上者，可由省民政厅审批补办评残手续。

1989 年 8 月，按照财政部、民政部《关于全民所有制事业单位工作人员因公负伤致残抚恤问题的通知》精神，各地区、各部门的全民所有制事业单位的工作人员因公负伤致残，均可给予评残和抚恤，按隶属关系由省主管部门批准，评残条件参照《革命伤残军人评定伤残等级的条件》执行，在职人员的伤残保健金（即原在职残废抚恤金）由所在单位按批准的伤残等级和规定的伤残保健金标准发给。当年，全省有革命伤残人员 37560 人，其中在职 18271 人，在乡 19289 人。

1992 年 5 月，省民政厅制定《安徽省评定伤残等级工作细则（试行）》，明确评残对象范围、因公致残范围、残情医学鉴定、评残材料、审批程序、证件的填写和管理、评残工作的监督、处罚等。同时还规定现役军人致残，由军队规定的审批机关在医疗终结后负责评定伤残等级，发给“革命伤残军人证”。退役后一般不再办理。

1994 年，办理评残手续 427 件；1995 年，办理评残手续 385 件；1996 年，办理评残手续 347 件；1997 年，办理评残手续 515 件；1998 年，审批伤残等级评定计 340 人；1999 年，审批伤残等级评定计 310 人。2000 年，审批伤残等级评定计 280 人；2001 年，审批伤残等级评定计 296 人。

1997 年 4 月 1 日，民政部发布《伤残抚恤管理暂行办法》规定，民政部门负责评残的对象是：（一）《军人抚恤优待条例》实施以前退出现役的军人；（二）参战民兵民工、参加县级以上人武部门或预备役部队组织的军事训练的无工作单位人员；（三）为维护社会治安同犯罪分子进行斗争致残的无工作单位人员；（四）国家机关行政编制工作人员;（五）授予警衔的行政编制人民警察。同时规定，评残对象因战因公致残，医疗终结三年内申请评残的，有档案记载和确切证明，残情符合三等乙级（含三等乙级）以上，可予评定伤残等级;医疗终结三年后申请评残的，有档案记载或确切证明，残情符合二等乙级（含二等乙级）以上，可予补办评残手续。伤残人员的残情医学鉴定，须治疗终结后，由县（市、区）以上民政部门指定的医院伤残医学鉴定小组做出;职业病的残情医学鉴定由省民政部门指定的职业病专科医院做出。伤残人员由于残情变化，原定伤残等级与现残情明显不符的，应按国家相关规定调整伤残等级。

2004年9月，按照国家有关政策精神，安徽省就原8023部队退伍军人评残问题作出规定，即申请评残的对象为:1979年8月6日前原8023部队退伍的军人，在服役期间参加过核武器研制或试验，目前有一定的后遗症状、造成身体残疾者;1979年8月7日后退伍的军人，持有原部队《健康检查登记表》和剂量卡片者。同时指定安徽医科大学核医学教研室为核辐射专业检测机构。

2004年11月，民政部、总后勤部联合印发的《军人新旧残疾等级套改办法》明确规定，为实现新旧残疾等级合理衔接，保障残疾军人的基本权益，对已被军队卫生部门或地方民政部门评定为革命伤残军人并持有“革命伤残军人证”的人员，实行新旧残疾等级套改。套改原则是:残情基本相当、套改后待遇基本不变。新旧残疾等级对应关系:特等套改一级，一等套改三级，二等甲级套改五级，二等乙级套改六级，三等甲级套改七级，三等乙级套改八级。被地方民政部门评定为伤残人民警察、伤残国家机关工作人员、伤残民兵民工并持有相应伤残证件的人员，参照执行。

2005年4月，省民政厅根据民政部《关于原8023部队退役军人致残致病医学鉴定和评残补助问题的通知》精神，确定有资质的医疗卫生机构承担检查和医学鉴定任务，按照《国家职业卫生标准》进行检查和鉴定，对此类人员残情达到民政部、劳动和社会保障部、卫生部、总后勤部关于《军人残疾等级评定标准（试行）》的，出具残疾等级医学鉴定意见。2005年6至7月，为方便原8023部队退役军人进行专项检测，省里采取集中时间、集中人员、统一采血的方法，由安徽医科大学附属医院派医生到各市或县全面展开全省原8023部队退役军人专项检测医学鉴定任务，并出具核辐射检测医学结果。省民政厅根据医疗卫生机构出具的残疾等级医学鉴定意见，于2005年10月底前完成评定残疾等级;对医疗卫生机构确定或不能排除因核辐射致病、但尚未达到评残标准的，落实生活补助。截至2005年年底，省民政厅、卫生厅分期分批组织给3800多名原8023部队退伍军人进行身体专项检测，并组织专家组对其中630名进入复检人员逐人进行残情医学鉴定，对于符合评残条件的人员给予评残和享受抚恤待遇。经鉴定，批准享受残疾抚恤待遇的500余人。

2005年9月，省民政厅下发的《关于认真审查退役士兵残疾军人身份有关问题的通知》规定，为坚决纠正少数退役士兵无视国家法律法规，在部队服役期间或退伍时通过各种途径伪造残疾军人材料、证件，骗取安置资格和伤残抚恤金的违法行为，要求每年3月底前，由各县（市、区）优抚、安置部门将残疾退役士兵审查材料报市优抚、安置部门，市民政局复审后报省民政厅，于4月底前认定完毕。2006年7月，省民政厅根据民政部、劳动和社会保障部、卫生部、总后勤部等四部关于重新印发《军人残疾等级评定标准（试行）》的通知精神，综合考虑残疾军人于医疗期满后的器官缺损、功能障碍、心理障碍和对医疗护理依赖的程度，执行新颁布的评定标准，即现役军人因战、因公（含职业病）致残等级标准由重至轻1～10级，评定因病致残的义务兵和初级士官1～6级。

伤残抚恤　革命伤残人员凭证享受政府规定的抚恤和优待。残废抚恤分在职和在乡两种。因战残废抚恤标准略高于因公残废抚恤标准。革命军人和革命工作人员标准相同。1978年，财政部调整在乡残废人员抚恤标准。1981年，省民政厅根据国务院规定，发给在乡特等、一等革命残废人员和因公致残离休、退休干部中生活不能自理者护理费，每月不超过36元。

1987年1月，调整特等、一等革命残废人员护理费，六类地区为每人每月51元，五类地区每人每月50元。当年，全省有3.68万名革命残废人员享受了残废抚恤待遇，其中在乡的年人均274元，在职的年人均78元。

1988年1月，提高革命残废人员抚恤标准。与1955年标准相比，在职最高增加333%，在乡最高增加286%。

1978—1988年伤残抚恤标准统计表

表7-1-4　　　　单位:元

项目			1978		1982		1984		1988	
			在职	在乡	在职	在乡	在职	在乡	在职	在乡
革命残废军人	特等	因战	—	520	90	—	132	570	240	1200
		因公	—	480	78	—	120	518	216	1100
	一等	因战	—	460	76	—	118	498	204	1020
		因公	—	430	66	—	108	464	184	950
残废工作人员	二等甲等	因战	—	260	60	—	96	390	156	740
		因公	—	240	54	—	86	350	140	660
	二等乙等	因战	—	196	52	—	84	296	135	538
		因公	—	186	46	—	76	268	122	480
残废人民警察	三等甲等	因战	—	100	46	—	70	180	108	336
		因公	—	100	40	—	64	180	98	322
	三等乙等	因战	—	80	40	—	60	140	90	272
		因公	—	80	36	—	56	140	82	272

续表 7-1-4

项目		1978		1982		1984		1988	
		在职	在乡	在职	在乡	在职	在乡	在职	在乡
残废参战民兵民工	特一等	—	460	—	—	—	570	—	—
	一 等	—	400	—	—	—	498	—	—
	二等甲级	—	230	—	—	—	390	—	—
	二等乙等	—	170	—	—	—	296	—	—
	三等甲级	—	100	—	—	—	180	—	—
	三等乙等	—	80	—	—	—	140	—	—

说明：1. 在乡三等残废抚恤，1957 年以前是一次发清数。1965 年起按原标准改为长期补助，1978 年起，按新标准改为长期抚恤；

2.1988 年起在乡因病评一等伤残每年发 860 元、评二等甲级伤残 600 元、评二等乙级伤残 450 元

1989 年 8 月，根据财政部、民政部《关于全民所有制事业单位工作人员因公负伤致残抚恤问题的通知》，各地区、各部门的全民所有制事业单位的工作人员因公负伤评残，均参照《革命伤残军人评定伤残等级的条件》执行，伤残保健金由所在单位按批准的伤残等级和规定的伤残保健金标准，于每年 1 月、7 月分两次发给。规定自 1989 年 7 月 1 日起执行，伤残保健金从批准之月起发给，以前的不再补发。

1998 年，民政部下发《关于认真贯彻落实国务院办公厅〈关于加强优抚工作的通知〉的通知》，规定对烈属、伤残军人、在乡退伍红军老战士，要在中央财政统一抚恤补助标准的基础上，结合当地实际，增加投入，建立抚恤补助标准与人民生活水平同步提高的自然增长机制。

1998 年 5 月，最高人民法院、最高人民检察院、民政部《关于印发〈人民法院、人民检察院司法警察抚恤办法〉的通知》规定，各级民政机关要充分发挥政府职能部门的作用，认真履行职责，严格执行现行优抚法规、政策，根据司法警察的工作性质，准确、及时办理司法警察的伤亡抚恤事宜。各级人民法院、人民检察院的政治工作部门负责司法警察伤亡抚恤的具体工作。

2001 年年底，全省伤残军人抚恤金年标准分别达到：因战特等 7000 元，因公特等 6840 元；一等因战 5400 元，一等因公 5270 元，一等因病 5140 元；二等甲级因战 2900 元，二等甲级因公 2790 元，二等甲级因病 2700 元；二等乙级因战 1940 元，二等乙级因公 1860 元，二等乙级因病 1820 元；三等甲级因战 1180 元，三等甲级因公 1160 元，三等乙级因战 1050 元。在职伤残保健金标准分别达到；特等因战 1500 元，特等因公 1470 元；一等因战 1200 元，一等因公 1160 元，一等因病 1150 元；二等甲级因战 600 元，二等甲

级因公580元,二等甲级因病560元;二等乙级因战500元,二等乙级因公480元,二等乙级因病470元;三等甲级因战380元,三等甲级因公360元,三等乙级因战320元,三等乙级因公310元。

2002年3月,根据民政部相关文件精神,省民政厅规定凡同时具备下列条件的伤残军人,经批准可改领伤残抚恤金:依法与所在单位解除劳动(聘用)关系及工作关系;未能领取或已不再领取失业保险金;未再就业。

2004年,新修改的《军人抚恤优待条例》出台后,安徽省取消残疾军人关于"在职"和"在乡"的分类,相应地取消在职"保健金"和在乡"抚恤金"的区别,并将"伤残军人"更名为"残疾军人",执行统一的抚恤金标准。

2005年,全省享受抚恤标准的伤残人员共有33517人,其中残疾军人30988人、伤残人民警察513人、伤残国家机关工作人员1871人、伤残民兵民工145人。

2006年1月1日起,经中共中央、国务院批准,全省再次提高残疾军人(含伤残人民警察、伤残国家机关工作人员、伤残民兵民工)的残疾抚恤金。残疾抚恤金根据评定的残疾等级分别达到14560元、14040元、13570元,5820元、5460元、4680元不等。

残疾军人、伤残人民警察、伤残国家机关工作人员、伤残民兵民工残疾抚恤金标准统计表

表7-1-5　　(从2006年1月1日起执行)　　单位:元/年

残疾等级	残疾性质	抚恤金标准	残疾性质	抚恤金标准	残疾性质	抚恤金标准
一级	因战	14560	因公	14040	因病	13570
二级	因战	13100	因公	12480	因病	11960
三级	因战	11650	因公	10920	因病	10140
四级	因战	9470	因公	8580	因病	7800
五级	因战	7280	因公	6550	因病	5930
六级	因战	5820	因公	5460	因病	4680
七级	因战	4350	因公	3880		
八级	因战	2880	因公	2480		
九级	因战	2180	因公	1870		
十级	因战	1460	因公	1250		

2009年10月1日起,安徽省再次提高残疾军人(含伤残人民警察、伤残国家机关工作人员、伤残民兵民工)的残疾抚恤金。残疾抚恤金由最低的2480元,到最高26080元不等。

残疾军人、伤残人民警察、伤残国家机关工作人员、伤残民兵民工残疾抚恤金标准统计表

表 7-1-6　　（从 2009 年 10 月 1 日起执行）　　单位:元/年

残疾等级	残疾性质	抚恤金标准
一级	因战	26080
	因公	25250
	因病	24430
二级	因战	23600
	因公	22360
	因病	21530
三级	因战	20700
	因公	19460
	因病	18220
四级	因战	16970
	因公	15320
	因病	14080
五级	因战	13250
	因公	11590
	因病	10760
六级	因战	10350
	因公	9800
	因病	8280
七级	因战	7870
	因公	7040
八级	因战	4970
	因公	4550
九级	因战	4140
	因公	3310
十级	因战	2900
	因公	2480

残疾军人、伤残人民警察、伤残国家机关工作人员、伤残民兵民工残疾抚恤金标准统计表

表 7-1-7　（从 2010 年 10 月 1 日起执行）　单位:元 / 年

残疾等级	残疾性质	抚恤金标准
一级	因战	28690
	因公	27780
	因病	26870
二级	因战	25960
	因公	24600
	因病	23680
三级	因战	22770
	因公	21410
	因病	20040
四级	因战	18670
	因公	16850
	因病	15490
五级	因战	14580
	因公	12750
	因病	11840
六级	因战	11390
	因公	10780
	因病	9110
七级	因战	8660
	因公	7740
八级	因战	5470
	因公	5010
九级	因战	4550
	因公	3640
十级	因战	3190
	因公	2730

第三节　定期定量补助

定期定量工作简称定补工作。所谓优抚对象定期定量补助，即由各地人民政府拨

出专项经费，按照不同对象和条件，定期向每人发给一定限额生活补助费。根据民政部、财政部《关于改进优抚对象定期定量补助工作的规定》精神，享受政府给予定期定量抚恤补助的对象为：孤老烈士、病故军人、失踪军人家属（简称“三属”）；无亲属或又亲属而无力抚养的烈士、病故军人、失踪军人的未成年子女；丧失劳动能力而其子女又无力供养的烈士、病故军人、失踪军人的父母或配偶；带病回乡，不能参加生产，生活特别困难的复员、退伍军人；完全丧失劳动能力、生活困难的复员军人。

从20世纪80年代开始，省民政厅、财政厅按照国家的要求连续多次提高“三属”、红军失散人员、在乡复员军人和带病回乡退伍军人定期定量补助标准。

定补标准 抚恤定补标准是指由民政部、财政部按照抚恤定期补助应与城乡人民生活消费水平相适应的原则，制定全国统一的基本标准；各省、自治区、直辖市根据当地人民实际生活消费水平参照中央制定的基本标准制定具体标准，在中央制定的基本标准的基础上，允许高于基本标准。它包括符合规定条件的在乡退伍红军老战士、西路军红军老战士、红军失散人员、带病回乡退伍军人，按规定标准发放定期定量生活补助。

1978年，省民政厅根据总政治部、民政部、财政部、商业部、粮食部、卫生部联合通知规定，在乡退伍军人老战士生活定补标准按军龄划分为6个档次，月最低20元，最高45元；对基本丧失劳动能力、无生活来源在乡退伍红军老战士家属，按烈、军属优待补助标准补助。红军失散人员查实身份后，生活确有困难者亦按烈、军属优待补助办法适当照顾。1979年，全省享受定补在乡退伍红军老战士120户、120人，每月拨发3330元，月人均27.2元。

1979年10月，民政部、财政部制定《关于改进优抚对象定期定量补助工作的规定》，确定五种补助对象，即：1. 孤老烈士、病故军人、失踪军人家属；2. 无亲属或有亲属而无力抚养的烈士、病故军人、失踪军人的未成年子女；3. 丧失劳动能力而其子女又无力供养的烈士、病故军人、失踪军人的父母或配偶；4. 带病回乡，不能参加生产，生活特别困难的复员、退伍军人；5. 完全丧失劳动能力、生活困难的复员军人。并规定补助幅度，提高补助标准。安徽据此改定补标准为，农村每人每月最低6至8元，最高9至10元；城镇每人每月最低10至12元，最高13至15元；省辖市每人每月最低15至17元，最高18至20元。其中享受最高标准补助对象必须是：1. 烈士、病故军人、失踪军人的孤老父母、配偶；2. 无亲属抚养的烈士、病故军人、失踪军人的未成年的遗孤；3. 完全丧失劳动能力、生活困难的复员军人中的孤老和抗日战争时期入伍，解放后复员，曾立二等以上功的排以上复员干部；4. 带病回乡不能经常参加生产劳动、生活特别困难的单身退伍军人和复员军人中严重精神病患者；5. 山区革命老根据地和穷社穷队的优抚定补对象。此外，抗日战争时期入伍的在乡三等残废军人，在领取抚恤金和享受优待工分后，生活仍有困难的，可按当地低标准给予定补。同年，省民政厅根据民政部通知规定，城镇烈属及病故军人家属，亦由市、县、市辖区民政部门给予定补。享受定补条件为：丧失劳动能力而其子女确无力供养的烈士、病故军人的父母、配偶；虽有亲属而无力抚养的烈士、病故军人的未成年子女。

1980年5月，民政部规定，家住农村，在对越自卫反击战中牺牲的烈士父母、配偶、未成年子女，均给予定期补助；家住城镇生活有困难者，也给予定期补助。补助按最高标准，即农村每人每月10元，小城镇和小城市每人每月15元，大中城市每人每月20元。当年8月统计，全省享受定期补助的有88013户、90479人，全年定期补助款共计8422080元，月人均7.74元。

1982年3月，根据安徽省委《关于进一步做好皖西地区在第二次国内革命战争时期肃反中被错杀的革命同志平反昭雪工作的指示》，经过二战平反昭雪领导小组办公室调查核实，共批准平反昭雪2729人，其中师级33人，县、团级105人，区、营级736人，乡、连级以下1824人，受株连被错杀亲属31人，直系家属尚存1283人，均发给《平反昭雪证明书》和一次性生活困难救济费每人200元，并比照优抚对象定补标准给予定期补助。

1983年1月，民政部提高退伍在乡老红军、孤老烈属、孤老复员军人的定期补助标准，老红军增加10元，孤老烈属、孤老复员军人增加5元。是年，全省定期补助126650人，补助款达12038958元，其中19144名“三老”共增加定补款1565129元。次年6月，根据“无固定收入、生活困难”的原则，对1955年前后复员女兵实行定补。1985年5月，全省共为18425名原享受定补的“三属”改办定期抚恤。其中革命烈士家属居住农村的每人每月20至25元，居住小城镇的每人每月30至35元，居住省辖市和行署所在地辖市的，每人每月35至40元。对抚恤对象中的孤老以及一户中有两个直系亲属系烈士或牺牲、病故军人的，在上述标准基础上每人每月各增加5元。当年，全年抚恤款5475400元，平均每人由原定补11.9元提高到24.8元。

1986年，财政部下拨170万元，省财政厅增拨430万元，大幅度调整在乡复员军人的定补面和定补标准。当年，全省享受定补的在乡复员军人94724人，比原来享受定补人数增加20952人，占全省在乡复员军人总数的65.5%，较原定补面扩大了14.9%。全年定补总额达到14497457.8元，较原定补款增加6864292.8元，增长了89%。月人均12.74元，较原先增加4.12元。其中抗日时期入伍的7019人，占其总数的81.5%；解放战争入伍的41788人，占其总数的70.4%；新中国成立以后入伍的45917人，占其总数的60%。1987年，全省有13.53万名在乡复退军人享受国家定期定量补助，年人均149元，比1986年增加9.8元。

1987年6月，省民政厅组织六安、舒城、霍邱、金寨、寿县、霍山、东至、宿松、潜山、岳西、太湖、桐城、怀宁、贵池、休宁、黟县、黄山、广德等18个县（市）优抚干部在金寨县南溪镇进行第二次国内革命战争时期革命老区红军失散人员定补试点，然后各地集中时间调查、登记、认定、审批红军失散人员。当年年底，26个县（市）共审批红军失散人员11066人（包括以前认定的2433人），所需补助经费除民政部、财政部下拨的135万元以外，其余部分由省级财政负担80%，地方财政负担20%。1988年，民政部增拨安徽省50万元，省同时增拨50万元，使红军失散人员定补标准提高到月人均20.78

元。1989 年 1 月，根据民政部、财政部通知精神，红军失散人员定补平均每人每月增加 6 元多，月人均 27.36 元。当年全省享受定补的红军失散人员共 10763 人，定补款总额达 3534135 元。

1989 年 1 月，省政府根据民政部、财政部的通知要求，决定调整部分在乡复员军人定期补助标准。革命烈士家属和因公牺牲军人家属居住农村的每人每月 35 至 40 元，居住小城镇的每人每月 45 至 50 元，居住省辖市和行署所在地辖市的，每人每月 50 至 55 元。病故军人家属标准按居住地比革命烈士家属和因公牺牲军人家属低 5 元。对抚恤对象中的孤老定期抚恤标准适当高于上述规定标准。“三属”子女虽满 18 周岁，但因读书或伤残而无生活来源的，也按上述规定标准发给。当年，全省享受定期补助的在乡复员军人 109751 人（缺和县），定补款 32482767 元，月人均 24.66 元。

1989 年，国家和省级财政安排 1353 万元用于调整烈士家属、牺牲病故军人家属、退伍老红军、红军失散人员和在乡复员军人的定恤、定补标准。调整后的标准与 1988 年相比，“三属”人均月增加 15 元，分别达到 30 ～ 55 元；退伍老红军人均月增加 25 元，达到 75 ～ 100 元；红军失散人员人均月增加 7 元，达 25 元；在乡复员军人人均月增加 10 元左右，平均达 24 元左右。

1990 年，“三属”定期抚恤金标准为人均每月 38.49 元。全省在乡老复员军人有 10.98 万人享受定补，人均每月 24.66 元。在乡退伍红军老战士人均每月 90.18 元，在乡红军失散人员人均每月 27.36 元。全省当年定恤、定补款 4452.25 万元，比调整标准前增加 2137.69 万元。

1994 年，民政部、财政部给安徽追加伤残抚恤金、“三属”定恤、退伍老红军和红军失散人员定补以及城镇优抚定恤定补对象粮食补差 731 万元，使在乡伤残抚恤标准各等级平均每人年增 353 元，在职伤残保健金各等级平均年提高 118 元，“三属”每人每月增加 5 元，退伍老红军每人每月增加 60 元，红军失散人员每人每月增加 10 元。将在乡复员军人定补标准由原每人每月 25 元提高到 30 元，带病回乡退伍军人由原每人每月 10 元提高到 16 元。

1997 年，省民政厅、财政厅根据民政部、财政部的通知，要求再次将在乡复员军人定补标准提高到 60 元，带病回乡退伍军人定补提高到 40 元。1999 年，将在乡复员军人定补标准提高到每人每月 80 元。

2001 年年底，民政部规定，家居农村的烈士遗属、因公牺牲军人家属、病故军人家属月抚恤标准分别达到 140 元、135 元，家居城镇的烈士遗属、因公牺牲军人家属、病故军人家属月抚恤标准分别达到 150 元、145 元；在乡红军老战士定期补助每月达 590 元，红军失散人员定期补助每月达 120 元。安徽省也分别于 1994 年、1996 年、1999 年三次提高在乡复员军人和带病回乡的退伍军人定期补助标准；2001 年在乡复员军人和带病回乡的退伍军人定期补助标准分别达到每月 80 元和 40 元。光荣院老人生活补助标准达到每人每月 150 元，住院的特、一等伤残军人休养员生活补助标准达到每人每月 120 元;住院的复员、退伍军人精神病员生活补助标准达到每人每月 100 元。

安徽省优抚对象人员情况统计表

表 7-1-8　　单位:人

项目			1994	2001
优抚对象人数			1721079	1678191
革命伤残人员合计			36673	35801
	革命伤残军人		35086	33715
		在乡	18950	17114
	其革命伤残军人		1587	2086
		在乡	623	428
烈军属合计			823842	571300
	烈属		90816	17181
	牺牲病故人家属		16609	5186
	军属		716417	548933
在乡退伍红军老战士			102	35
		西路军	2	3
	红军失散人员		8356	6725
	在乡复员军人		108453	87719
	在乡退伍军人		743651	976611
优抚对象中孤老优抚人数		13476	29260	

安徽省优抚对象享受定期抚恤、定期补助人员情况统计表

表 7-1-9　　单位:人

项目	1994	2001
定期抚恤金人数	17491	22367
烈士家属	13086	17181
牺牲军人家属	3102	1988
病故军人家属	1303	3198
定期补助人数	160164	217276
在乡复员军人	108453	87719
在乡退伍军人	43254	122832
红军失散人员	8457	6725

2002 年，国家民政部、财政部、卫生部下发《关于解决在乡老复员军人生活医疗困难问题的通知》，规定从 2002 年 7 月 1 日起，提高在乡老复员军人定期生活补助标准，按每人每月不少于 20 元掌握。同时要求加快建立包括在乡老复员军人在内的优抚对象抚恤补助标准自然增长机制，落实在乡老复员军人医疗费用减免政策，切实保证在乡老复员军人的生活达到当地农村居民的平均生活水平。1994 年至 2002 年，全省抚恤金补助达到 12 亿元。

2005 年 1 月 1 日起，中央财政给在乡复员军人每人每年增加定期定量生活补助 500 元。在此基础上，为体现对回乡务农抗战老战士的关心和照顾，再给其每人每年增补 500 元（其中 360 元由中央财政支付，140 元由当地财政承担）。由此，安徽省回乡务农的抗战老战士每人每年享受定期定量生活补助金提高到 2680 元；解放战争时期的在乡复员军人每人每年提高到 1940 元；新中国成立后的在乡复员军人每人每年提高到 1820 元。

2006 年 8 月，经省人民政府同意，省民政厅、财政厅转发民政部、财政部《关于调整部分优抚对象等人员抚恤和生活补助标准的通知》至各市、县人民政府。自 2006 年 1 月 1 日起，提高残疾军人的定期抚恤金、在乡退伍红军老战士（含在乡西路军红军老战士、红军失散人员）的生活补助标准，对调整标准后仍达不到当地的平均生活水平的地区，由当地人民政府负责补足。在乡老复员军人生活补助标准每人每年增加 240 元。各地按照每人每月不低于 70 元、不高于十级残疾军人抚恤金标准的原则，提高带病回乡退伍军人的生活补助标准。同时给新中国成立前加入中国共产党的农村老党员和未享受离退休待遇的城镇老党员发放生活补贴。其中：1937 年 7 月 6 日前入党的，每人每年补贴 1800 元；1937 年 7 月 7 日至 1945 年 9 月 2 日入党的，每人每年补贴 1440 元；1945 年 9 月 3 日至 1949 年 9 月 30 日入党的，每人每年补贴 960 元。已享受优抚对象抚恤补助的老党员，不执行上述补贴标准，按每人每年 600 元标准发给生活补贴。

2007 年 8 月 1 日，国家首次对部分 1954 年 11 月 1 日后入伍并参战和原 8023 部队及其他参加核试验的部分军队退役人员给予生活补助。民政部、财政部《关于调整部分优抚对象抚恤补助标准的通知》规定，对 1954 年 11 月 1 日以后入伍并参加过为抵御外来侵略、完成祖国统一、捍卫国家领土和主权完整、保卫国家安全而进行的武力打击或抗击敌方的军事行动，在农村的和城镇无工作单位且家庭生活困难的参战退役人员，每人每月补助 100 元。民政部、财政部、人事部、劳动和社会保障部、卫生部《关于做好部分原 8023 部队及其他参加核试验军人退役人员有关工作的通知》规定，对经体检，凡符合评残或带病回乡退伍军人补助条件的原 8023 部队退役人员，仍然执行已出台规定；对不符合评残和享受带病回乡退伍军人生活补助条件，但患病或生活困难的农村和城镇无工作单位的原 8023 部队退役人员，每人每月补助 100 元；对其他参加核试验的军队退役人员，比照原 8023 部队退役人员进行体检，各地按照此项规定落实相关政策待遇。

2006年安徽省度重点优抚对象人数、抚恤补助标准及经费来源情况统计表

表7-1-10

重点优抚对象类别	人数	抚恤补助名称	性质分类	年抚恤补助标准	经费来源	合计
残疾军人	3.8万人	残疾抚恤金	按残疾性质分为因战、因公、因病三类	一级因战14560元	由中央财政承担	15130万元
				一级因公14040元		
				一级因病13570元		
				二级因战13100元		
				二级因公12480元		
				二级因病11960元		
				三级因战11650元		
				三级因公10920元		
				三级因病10140元		
				四级因战9470元		
				四级因公8580元		
				四级因病7800元		
				五级因战7280元		
				五级因公6550元		
				五级因病5930元		
				六级因战5820元		
				六级因公5460元		
				六级因病4680元		
				七级因战4350元		
				七级因公3880元		
				八级因战2880元		
				八级因公2480元		
				九级因战2180元		
				九级因公1870元		
				十级因战1460元		
				十级因公1250元		

续表 7-1-10

重点优抚对象类别		人数	抚恤补助名称	性质分类	年抚恤补助标准	经费来源	合计
“三属”	烈士遗属	2.1 万人	定期抚恤金	根据户口性质分为城镇和农村两大类	城镇:4980 元,农村:3120 元	由中央财政承担	5906.4 万元
	因公牺牲军人遗属				城镇:4620 元,农村:2940 元		
	病故军人遗属				城镇:4260 元,农村:2760 元		
在乡退伍红军老战士（含红军失散人员）	在乡退伍红军老战士	9 人	定期定量生活补助（简称“定补”）		11400 元	由中央财政承担	2114 万元
	红军失散人员	5754 人			3360 元		
在乡复员军人	抗日战争时期入伍	8.3 万人	定期定量生活补助（简称“定补”）		2920 元	由中央财政、省级财政和县（市、区）财政共同承担	16125 万元（其中:中央财政 11567 万元,省级财政 850 万元,县（市、区）财政 3856 万元）
	解放战争时期入伍				2180 元		
	新中国成立后至 1954 年 10 月 31 日前入伍				2060 元		
带病回乡退伍军人		11.9 万人	定期定量生活补助（简称“定补”）		984 元	由中央财政和县（市、区）财政共同承担	11731 万元（其中:中央财政 6008 万元,县（市、区）财政 5723 万元）

说明:2006 年度全省抚恤补助经费合计 51006 万元。其中中央财政支出占 79.8%,省级财政占 0.02%,县级财政占 20%

定补标准自然增长与社会化发放 优抚对象抚恤补助标准自然增长机制,是指优抚对象抚恤补助标准随着当地经济发展和人民生活水平的提高而同步提高的一种经费投入自然调节机制,是保证优抚对象提高生活水平的一种长效措施。

抚恤定补款实行社会化发放的对象是指:革命伤残人员、革命烈士家属、因公牺牲军人家属、病故军人家属、在乡退伍红军老战士、红军失散人员、在乡复员军人、带病回乡退伍军人。优抚对象抚恤定补款实行社会化发放,是指在保持民政、财政部门管理、监督职能不变的前提下,由民政部门核定对象和标准,财政部门核拨资金,银行（信用社）代发到人,方便优抚对象,强化社会监督的一种民政、财政、银行（信用社）联网的发放监管机制。发放程序是:民政部门负责审定抚恤定补人员发放资格和标准,建立专门的抚恤定补人员资料数据库（包括姓名、家庭住址、类别、发放标准、证件号等）,并编制“抚恤定补人员补助资金发放花名册”交财政部门审核盖章。财政部门审核后，于每年1月、7月向方便优抚对象领款的发放银行（信用社）拨付抚恤定补款。代发银行（信用社）根据审核后的“发放花名册”建立发放对象银行账户（个人存折）。抚恤定补人员持有效证件到指定银行（信用社）领取抚恤定补款。对居住分散的边远山区优抚对象，各地可酌情采取有效的发放方式进行。民政、财政部门根据每半年审核的“发放花名册”和财政部门向银行拨付资金的凭证作为记账依据，记载发放情况，并与代发银行（信用社）对账结账，以确保抚恤定补款发放准确无误。如遇国家调整抚恤定补标准和抚恤定补人员变动时，由民政部门按有关政策规定核定变动后的人员和资金，编制新的“发放花名册”并经财政部门审核后，作为代发银行（信用社）发放抚恤定补款的依据。

1996年10月，省民政厅根据民政部《关于进一步做好优抚经费发放工作的通知》，严格要求各地按照国家有关政策和财务规定，坚持专款专用的原则，不得挪用、截留或拖欠优抚经费。民政部门要做到不错不漏，及时把抚恤补助经费和优待金发到优抚对象手中。优抚对象是否参加养老保险和医疗保险，应遵循自愿的原则。优抚对象自然减员结余的抚恤补助经费，由县级以上民政部门适当集中，用于解决优抚对象生活、住房和医疗等方面的实际困难。

2001年9月，按照民政部、财政部《关于调整一次性抚恤金发放方法的通知》，安徽省从2002年1月1日起，调整一次性抚恤金发放方法。国家机关（含民主党派、人民团体）工作人员、人民警察因公牺牲、病故后，一次性抚恤金由死者生前所在单位发放，革命烈士和因公牺牲、病故军人的一次性抚恤金发放办法仍按现行政策执行，即由家属户口所在地的民政部门发放。

2003年，根据民政部《关于解决在乡复员军人生活医疗困难的通知》，安徽省开展建立优抚对象抚恤补助标准自然增长机制工作，采取“先市、县，后省里”“先试点，后铺开”的方法，先从各市选择一个县（市、区）开展“建制”试点工作，逐步铺开。主要采取两种“建制”形式，即“随机增长机制”和“达标机制”。例如合肥市采取随机增长机制，对享受定期抚恤“三属”、在乡复员军人、带病回乡退伍军人按非农业户口和农业户口分类，其中非农业户口在当年执行抚恤补助标准基础上，按上年度当地城镇居民人均可支配收入的增长比例增长，逐年提高，农业户口按上年当地农民人均纯收入的增长比例增长，逐年提高；铜陵市采取达标机制，对享受抚恤定补的“三属”、在乡伤残军人、在乡复员军人、带病回乡退伍军人，城镇户口的优抚对象和在乡伤残军人按当地上年城镇居民可支配收入的一定比例计发，农业户口的优抚对象按当地上年度农民人均收入的一定比例计发。部分县如凤台县规定，城镇户口的优抚对象按上年度城镇职工平均工资的一定比例计发。

2004年7月，省民政厅、财政厅下发《关于建立优抚对象抚恤补助标准自然增长机制和优抚对象抚恤定补款实行社会化发放的通知》规定，自2004年8月1日起，全省建立优抚对象抚恤补助标准自然增长机制和实行优抚对象抚恤定补款社会化发放。抚恤补助标准自然增长机制以县（市、区）为单位建立。在乡革命伤残军人、革命烈士家属、因公牺牲军人家属、病故军人家属、在乡退伍红军老战士、在乡西路军红军老战士和红军失散人员的抚恤定补款由中央财政承担并调整增长比例，不列为各地自然增长机制对象。全省建立优抚经费自然增长机制的对象，仅限于享受定期抚恤补助的在乡老复员军人和带病回乡退伍军人。以当地上年度农民人均纯收入为参照基数确定增长比例：抗日战争时期、解放战争时期、新中国成立后入伍的在乡复员军人的定期定量补助标准，分别按当地上年度农民人均纯收入的75%、65%和60%计发；60周岁（含60周岁）以上、60周岁以下带病回乡退伍军人的定期定量补助标准，分别按当地上年度农民人均纯收入的25%和20%计发。到2004年年底有85个县（市、区）建立自然增长机制。

2004年8月，国务院、中央军事委员会颁布的《军人抚恤优待条例》规定，中国人民解放军现役军人、服现役或者退出现役的残疾军人以及复员军人、退伍军人、烈士遗属、因公牺牲军人遗属、病故军人遗属、现役军人家属，依照条例的规定享受抚恤优待，保障抚恤优待对象的生活不低于当地的平均生活水平。

2005年3月，由于户籍制度的放宽，人口流动、人户分离的现象增多，一些优抚对象提出就近在非户籍地领取抚恤、定补金的要求。省民政厅印发《关于残疾军人、“三属”、“三红”人员异地领取抚恤定补金有关事项的通知》，规定由本人向原居住地（户籍所在地）县（市、区）民政局提出到新入住地领取抚恤、定补金的书面申请，由原居住地县（市、区）民政局核实，新入住地县（市、区）民政局积极配合办理有关接收手续，登记注册。

2006年10月，根据中央组织部、民政部、财政部《关于做好老党员生活补贴发放工作的通知》，安徽省向新中国成立前加入中国共产党的农村老党员和未享受离退休待遇的城镇老党员发放生活补贴。县级民政部门会同组织、财政部门，制定具体到人的补助花名册，核定补贴标准，由县（市、区）财政部门采取社会化发放的办法，于每年春节前和“七一”前分两次将生活补贴发放到老党员手中。

2006年11月，根据民政部《关于进一步加强和改进优抚经费使用管理工作的通知》，省民政厅要求各地全面核实各类优抚对象，重点清理带病回乡退伍军人，切实加强对优抚经费的使用管理，带病回乡退伍军人的生活补助标准必须至少达到每人每月82元，并从2006年1月1日起执行。

2007年5月，省人民政府颁布关于实施《军人抚恤优待条例》办法，规定在本省行政区域内对中国人民解放军现役军人、服现役或者退出现役的残疾军人以及复员军人、退伍军人、烈士遗属、因公牺牲军人遗属、病故军人遗属、现役军人家属的抚恤优待，适用本办法。军人抚恤优待所需经费除中央财政承担部分外，由本省各级人民政府分级负担，专款专用，并接受财政、审计部门的监督。县级以上人民政府民政部门主管本行政区域内的军人抚恤优待工作；县级以上人民政府财政、卫生、教育、劳动和社会保障、人事、建设等部门应当按照各自职责，做好军人抚恤优待工作。各级人民政府对在军人抚恤优待工作中作出显著成绩的单位和个人，给予表彰和奖励。

残疾军人、伤残人民警察、伤残国家机关工作人员、伤残民兵民工残疾抚恤金标准统计表

表 7-1-11　　（从 2008 年 10 月 1 日起执行）　　单位：元 / 年

残疾等级	残疾性质	抚恤金标准
一级	因战	22680
	因公	21960
	因病	21240
二级	因战	20520
	因公	19440
	因病	18720
三级	因战	18000
	因公	16920
	因病	15840
四级	因战	14760
	因公	13320
	因病	12240
五级	因战	11520
	因公	10080
	因病	9360
六级	因战	9000
	因公	8520
	因病	7200
七级	因战	6840
	因公	6120
八级	因战	4320
	因公	3960
九级	因战	3600
	因公	2880
十级	因战	2520
	因公	2160

定补政策落实 截至2008年年底，全省共有优抚对象170多万人，其中享受抚恤定补优待的各类优抚对象31万多人。各项抚恤定补政策得到较好落实。

1980年4月，安徽省委发出《关于切实安排好军烈属、职工家属和困难户生产生活的通知》，指出，不论实行那种形式的生产责任制，分配生产任务时，都要根据各户劳力强弱情况区别对待；劳力弱或无劳力的军烈属、职工家属和困难户，可以少包或不包产到户，由生产队安排一些力所能及的集体农活；保证军烈属吃粮标准。

1984年，省民政厅、省财政厅、省劳动局、省人事局规定，因战、因公致残的革命残废人员，伤口复发住院治疗期间的伙食费，本人负担三分之一，其余部分，在职者包括离休退休由所在单位报销；在乡者由县、市区民政部门报销，负担三分之一住院伙食费仍有困难者，亦可全部报销。伙食标准按照国家工作人员出差住勤补助标准。

1987年，为解决退伍老红军和红军失散人员的生活补助问题，安徽省在全省范围内为在乡退伍老红军发放定期补助，年人均达979元，比1986年增加119元。给多年未得到补助的1.1万名红军失散人员发放生活补助共135万元。

1985年5月，民政部，财政部规定，“三属”定补改为长期抚恤。革命烈士家属、因公牺牲军人家属标准为，农村每人每月20至25元，城镇每人每月30至35元，省辖市及行署所在市每人每月35至40元。病故军人家属标准为，农村每人每月15至20元，城镇每人每月25至30元，省辖市及行署所在市每人每月30至35元。孤老及1户中有烈士或牺牲、病故军人直系亲属2人，每人每月增发5元。当年，全省共为18425名原享受定补的“三属”改办定期抚恤，全年抚恤款加原定补款总计5475400元，平均每人由原定补11.9元提高到24.8元。

1989年1月起，根据民政、财政两部通知，调高“三属”定期抚恤标准。革命烈士家属和因公牺牲军人家属农村每人每月35至40元，小城镇每人每月45至50元，省辖市和行署所在市每人每月50至55元。病故军人家属标准按居住地比革命烈士家属和因公牺牲军人家属低5元。“三属”中孤老定期抚恤标准适当高于上述规定标准。“三属”子女虽满18周岁，但因读书或伤残而无生活来源者，也按上述规定标准发给。当年，全省（缺和县）享受定期抚恤的“三属”共17687人，全年抚恤金8403495元，人月均38.99元。

被中央军事委员会或一级军区授予英雄模范称号的烈士和因公牺牲、病故军人，增发应领一次抚恤金三分之一；生前荣立二等功以上军人和参战民兵、民工被批准为烈士及因公牺牲、病故军人，增发应领一次抚恤金四分之一；被中华人民共和国主席或中央军事委员会授予荣誉称号者增发35%，被一级军区（方面军）授予荣誉称号者增发30%，立一、二、三等功者分别增发25%、15%、5%。

1992年，安徽省重新修改并颁布的《安徽省〈军人抚恤优待条例〉实施办法》规定，退役后没有参加工作的革命伤残军人，由当地县（市）民政部门发给伤残抚恤金；退役后参加工作，或者享受离休、退休待遇的，发给伤残保健金。退役在乡的特等、一等革命伤残军人,由当地县（市）民政部门加发护理费;其中享受离休、退休待遇的,由发给离休、退休金的单位加发。退役的特等、一等革命伤残军人,因伤残后遗症需要经常治疗,或生活需人护理的,由县（市）人民政府接收安置后,经本人申请和省民政厅批准,可进省荣军康复医院休养。革命伤残军人因伤残需到外地安装假肢,或因伤口复发需到外地治疗,退役后没有参加工作的,经当地县（市）民政部门批准,所需的交通费、住宿费和伙食费,由民政部门给予适当补助;退役后参加工作或者享受离休、退休待遇的,由其所在单位按公（工）伤待遇办理。退役的革命伤残军人迁移时,迁移当年的伤残抚恤金或保健金由户口迁出地县（市）民政部门发给,从第二年起由户口迁入地县（市）民政部门发给。因战致残的革命伤残军人,在评残发证后一年内因伤口复发死亡的,由民政部门按照革命烈士抚恤规定予以抚恤,其家属享受革命烈士家属待遇;一年后因伤口复发死亡,原领取伤抚恤金的,由民政部门按照因公牺牲军人的抚恤规定予以抚恤,其家属享受因公牺牲军人家属待遇;原领取伤残保健金的,由其生前所在单位按照因公（工）死亡人员抚恤规定予以抚恤。因公致残的革命伤残军人,在评残发证后因伤口复发死亡,原领取伤残抚恤金的,由民政部门按照因公牺牲军人的抚恤规定予以抚恤,其家属享受因公牺牲军人家属待遇;原领取伤残保健金的,由其生前所在单位按照因公（工）死亡人员的抚恤规定予以抚恤。因病死亡的革命伤残军人,原领取伤残抚恤金的,由民政部门增发半年伤残抚恤金,作为一次性补助,其中因战因公致残的特等、一等革命伤残军人家属,享受病故军人家属待遇;原领取伤残保健金的,由其生前所在单位按照病故人员的抚恤规定予以抚恤。革命伤残军人死亡后,停发伤残抚恤金（保健金）和护理费。原领取伤残抚恤金的,由民政部门按照当地国家机关工作人员丧葬补助标准发给丧葬补助费;原领取伤残保健金的,由其生前所在单位按规定发给丧葬补助费。

1997年,国务院下发《关于在全国建立城市居民最低生活保障制度的通知》,明确规定,优抚对象的抚恤补助不计入家庭收入,使生活困难的优抚对象享受双重保障,更有力地保障优抚对象的基本生活。

2003年5月,省民政厅下发《关于加强带病回乡退伍军人享受定期定量补助审批工作的通知》,规定今后凡带病回乡退伍军人享受定补待遇,必须经过由乡（镇）政府申报、县（市、区）民政局审核、省辖市民政局审批并报省民政厅备案的程序。原享受定补的带病回乡退伍军人由各市负责复核。带病回乡退伍军人审核审批工作渐趋规范化。

2004年8月,省民政厅、省财政厅联合下发《关于认真解决部分优抚对象生活医疗困难的通知》,明确要求对在乡老复员军人按时按标准发放定补款,不得拖欠。对生活和医疗有困难的,要给予优待。对原8023部队退出现役的军人,在核武器研制工作中因核辐射致病,尚未达到评残条件,无工作单位的,按带病回乡退伍军人定补审批程序和定补标准给予生活补助,所需经费由地方财政解决。

2006年5月，民政部《关于复员军人按照规定享受定期定量补助的通知》规定，复员军人是指1954年10月31日之前入伍、后经批准从部队复员的人员。这其中包括：1937年7月6日之前入伍的退伍红军老战士、西路军红军老战士、红军失散人员以及1937年7月7日之后、1954年10月31日之前入伍的部队复员人员。其中退伍红军老战士、西路军红军老战士、红军失散人员享受民政部门定期定量补助的条件，仍然按照之前的规定执行；其他时期入伍的复员军人享受民政部门定期定量补助，应当同时符合下列两个条件：自退出现役后从未经组织安排或本人申请被录用到国家机关或企事业单位工作；孤老或者年老体弱、丧失劳动能力，生活困难。对符合上述条件的复员军人，按照规定程序批准后，由其户籍所在地的县级人民政府民政部门发给“定期定量补助领取证”，定期发放一定数额的生活补助费。

烈属、因公牺牲军人遗属、病故军人遗属定期抚恤金标准统计表

表7–1–12　（从2008年10月1日起执行）　单位：元/年

	烈属	因公牺牲军人遗属	病故军人遗属
城镇	6900	6180	5820
农村	4140	3960	3780

在乡退伍红军老战士、在乡西路军红军老战士、红军失散人员生活补助标准统计表

表7–1–13　（从2008年10月1日起执行）　单位：元/年

在乡退伍红军老战士	在乡西路军红军老战士	红军失散人员
15720	14100	4680

2009年10月1日起，安徽省再次调整部分优抚对象即烈属（含因公牺牲军人遗属、病故军人遗属）的定期抚恤金、在乡退伍红军老战士（含在乡西路军红军老战士、红军失散人员）的生活补助标准，要求各地要按照《军人抚恤优待条例》规定，适当提高在乡老复员军人的生活补助标准，使其生活达到当地农村居民平均生活水平。中央财政在现行补助标准的基础上，每人每月增加70元。各地要按照每人每月不低于200元、不高于十级残疾军人抚恤金标准的原则，调整带病回乡退伍军人生活补助标准，每人每月提高标准不低于70元。对在农村的和城镇无工作单位且家庭生活困难的参战退役人员提高生活补助标准，每人每月提高70元，达到每人每月200元。对不符合评残和享受带病回乡退伍军人生活补助条件，但患病或生活困难的农村和城镇无工作单位的原8023部队退役人员，以及其他参加核试验军队退役人员提高生活补助标准，每人每月提高70元，达到每人每月200元。对新中国成立前加入中国共产党的农村老党员和未享受离退休待遇的城镇老党员调整生活补贴标准，每人每月提高70元，补助标准调整为：1937年7月6日前入党，达到每人每月370元；1937年7月7日至1945年

9 月 2 日入党的，达到每人每月 310 元；1945 年 9 月 3 日至 1949 年 9 月 30 日入党的，达到每人每月 230 元。已享受优抚对象抚恤补助的老党员，不执行上述补贴标准，仍按每人每月 50 元标准发给生活补贴。

在乡退伍红军老战士、在乡西路军红军老战士、红军失散人员生活补助标准统计表

表 7-1-14　（从 2010 年 10 月 1 日起执行）　单位：元／年

在乡退伍红军老战士	在乡西路军红军老战士	红军失散人员
19890	19890	8600

第二章 优 待

优待是指从政治和物质上给予良好的待遇，优抚广义上的优待是指国家、社会、群众三方面对优抚对象广泛的关怀照顾及物质帮助。1984 年 5 月 31 日，《关于修改〈中华人民共和国兵役法〉的决定》，确立优抚对象“应当受到社会的尊重，受到国家和人民群众的优待”原则。即现役军人，革命残废军人，退出现役的军人，革命烈士家属，牺牲、病故军人家属，现役军人家属，应当受到社会的尊重，受到国家和人民群众的优待。1988 年，《军人抚恤优待条例》把对优抚对象在各方面的优待固定下来，即义务兵服现役期间，其家属由当地人民政府给予优待，优待的标准不低于当地平均生活水平；军队离休、退休干部、因参战伤亡的民兵、民工的抚恤，因参加军事演习、军事训练和执行军事勤务伤亡的预备役人员、民兵、民工以及其他人员、残疾军人、复员军人、带病回乡退伍军人生活确有困难的，均由当地人民政府给予优待。

1985 年，省政府颁布《安徽省农村优待烈属、军属、革命残废军人暂行办法》；1992 年省政府颁布《安徽省〈军人抚恤优待条例〉实施办法》，全省优待工作步入新的发展轨道。截至 2008 年年底，全省共落实抚恤补助金 70 亿元，优待金总额达 72 亿元；各地努力完善和加快建立解决重点优抚对象医疗保障制度，不断完善优抚政策体系，启动优抚政务公开工作，推动优抚事业全面发展。

第一节 优待工作

优待工作是指国家和社会依法对军人及其家属为主体的优抚对象实行物质照顾和精神抚慰的一项特殊社会工作，是我国社会保障体系的重要组成部分。

民政部门负责的优待是指《军人抚恤优待条例》所规定的政府和社会各有关部门提供的优待。即政治优待：给予优抚对象崇高的荣誉和社会地位；挂“光荣之家”牌匾，为在部队立功受奖的本籍干部战士送上立功喜报或优秀士兵喜报。政策优待：优抚对象享受劳动就业就学优待政策。革命烈士子女和荣立三等功以上的退役军人报考普通高校可加 20 分投档。革命烈士子女报考中专校，可加 20 分投档，并在减免学杂费等方面给予照顾。生活优待：义务兵服现役期间，其家庭由当地人民政府发给优待金或者给予其他优待，优待标准不低于当地平均生活水平。城镇义务兵入伍前是企事业单位职工的，其家属继续享受原有劳动保险福利待遇。优抚对象享受最低生活保障时，其抚恤补助金不计入家庭收入等。福利优待:保障六级以上革命残疾军人医疗;在乡七、八级革命残疾军人伤口复发所需医疗费由民政部门解决;革命残疾军人乘坐火车、轮船、长途汽车和国内民航客机,给予优先购票和减收票价50%的优待等。经济优待:对“三属”、“三红”、享受抚恤定补的革命残疾军人、在乡老复员军人和少数带病回乡基本丧失劳动能力的退伍军人实行发放优待金。其他优待:如群众帮助助耕助种助收,军人家庭服务中心服务、城市社区服务,对分居两地的现役军人配偶,在工种、班次等方面给予照顾;对他们按规定到部队探亲假应予批准,路费应予报销,工资奖金、福利待遇不受影响等。

优待标准　优待标准一般是指义务兵家属优待金发放的标准,根据国务院《军人抚恤优待条例》规定:“义务兵服现役期间,其家庭由当地人民政府发给优待金或者给予其他优待,优待标准不低于当地平均生活水平。义务兵和初级士官入伍前的承包地(山、林)等,应当保留;服现役期间,除依照国家有关规定和承包合同的约定缴纳有关税费外,免除其他负担。”由于各地平均生活水平不同,入伍地的义务兵家属优待金金额也不同,具体标准由各市县确定。

1981年3月,全省优待烈、军属工作汇报会重申“保证烈属,优待军属,适当照顾其他优抚对象”和“困难大,多照顾;困难小,少照顾”原则。同年9月,省民政厅组织37人次到41个县50个人民公社检查。当年年底,全省3312个人民公社中,2791个人民公社优待金全部兑现,占84.3%;460个人民公社部分兑现,占13.9%;61个人民公社未优待或虽优待而未兑现,占1.8%。全年共优待兑现172866户,各项优待折款13071808元。其中烈属19367户,占农村烈属户数67%;共发放优待款1622275元,户均83元;军属108449户,占农村军属户数86%,共发放优待款9402382元,户均86元;残废军人、复员军人、退伍军人分别为7168人、24025人、13857人,各占40%、19%、3%,共发放优待款526199元,人均分别为66元、43元、38元。

1982年上半年,根据省民政厅的部署,72个地、市、县共组织18743名干部,检查2542个公社的16927个生产大队,走访优抚对象39896户。在自查、互查的基础上进行验收,评出26个优待工作先进县。同时,推行以公社为范围的“四统一”、“五做到”(即:统一评定,统一负担,统一筹款,统一兑现;发证到户,订入到合同,通知到部队,公布到群众,名单报到县)经验,并成为安徽优待工作的一项制度予以推广。同年6月,民政部在合肥召开全国农村优待烈、军属工作汇报会,推广安徽在实行家庭联产承包责任制后改用优待金的做法。此后,随着家庭联产承包责任制普遍推行,安徽农村统一采用优待金方式。

1984年年底,全省优待106875户,户均优待金额137.8元,农村军属优待面达95.38%。1985年1月,省人民政府根据《中华人民共和国兵役法》第54条规定,颁布《安徽省农村优待烈军属、革命残废军人暂行办法》。省民政厅据此规划从当年开始,第一年初步落实,不留死角。经过广泛宣传,层层落实和验收评比,全省3443个乡、镇中,落实优待并实现“四统一”要求的3197个乡、镇,占全省乡、镇总数的93%,其中,实行分等优待的有1863个乡、镇，占已评定落实乡、镇数的54%。全省优待总户数为105161户，优待金2282.28万元，户均217元，比1984、1982年分别提高58%～80%。1986年，全省99.3%的乡、镇实行“四统一”“五做到”，73.1%的乡、镇实行分等优待和奖励优待。是年，马鞍山、铜陵、淮北三市试行城市义务兵优待，每户120元，在职职工参军则按原工资70%发给优待金。

1985年1月，省人民政府发布《安徽省农村优待烈属、军属、革命残废军人暂行办法》，规定凡系省内农业户口的革命烈士家属、因公牺牲、病故、失踪军人家属、义务兵家属（“家属”系指革命烈士或军人的父母、配偶、未成年子女、十六周岁以下弟妹以及抚养烈士或军人长大的其他亲属），单身入伍的义务兵、生活有特殊困难的革命残废军人、因年老体弱或带病回乡而丧失劳动能力或大部劳动能力，生活困难的复员、退伍军人均可以享受优待。其中革命烈士家属、因公牺牲、病故、失踪军人家属、义务兵家属、单身入伍的义务兵，每户每年发给相当于本乡、镇平均一个整劳力全年正常纯收入二分之一的优待金；对生活特别困难的，优待金可高于上述标准；对生活较好的，可按本乡、镇平均一个整劳力全年正常纯收入的三分之一发给优待金；对服役时间长的义务兵，可适当从优。凡一户有二名或三名义务兵的，按二户、三户优待。生活有特殊困难的革命残废军人、因年老体弱或带病回乡而丧失劳动能力或大部劳动能力，生活困难的复员、退伍军人按照不低于当地群众一般生活水平为原则，根据他们实际生活困难的大小，确定优待标准。优待对象及优待标准，以乡、镇为单位统一评定。评定工作一般在每年年初进行，评定结果应向群众公布，由乡、镇人民政府将优待花名册报到县，优待证发到户，优待通知书寄到部队。优待金的筹集实行乡、镇统一筹款。各户承担优待金的数额应订入农户承包合同，每年分一次或两次兑现。有条件的地方，优待金也可以从乡、镇企业收入中解决一部分。乡、镇可以从优待金总额中提出一部分（最多不超过百分之五），用于额外奖励立功受奖的义务兵的家属。各地要有计划地把优待照顾和扶持生产结合起来。乡、镇可以兴办一些社会福利性的经济实体，根据优抚对象的劳动能力和技术特长，安排他们从事力所能及的劳动，并从财力、物资、技术、信息等各方面给予支持，积极帮助优抚对象发展商品生产，尽快劳动致富。对单身入伍的义务兵，可将优待金存入信用社，待军人退伍后一次付给，帮助其安置生活和开展生产。

1985年6月，省民政厅、劳动局规定，对越防御战烈士未婚兄弟姐妹，年龄在17岁至25周岁间，身体健康、非在校学生，由原籍市、县审查上报，可招收一人次为全民合同制工人。当年，全省共招收95人。同年，为85%以上未随军干部家属调整了住房。

1987年，全省农村有10.5万多户优抚对象享受群众优待金2552万元，比1986年增加141.7万元，户均234元；其中义务兵家属普遍享受了优待，户均320元。有99.8%的乡、镇实行优待费用以乡、镇为单位统筹负担，75%的乡、镇实行分等优待、奖励先进的优待办法。

1988年，义务兵退伍时间推迟。1989年1月，省政府要求对新退伍战士应一次兑现半年优待金,供应三个月口粮,一袋氨肥,免除半年提留。当年,全省共优待111700户,优待金3078.71万元,户均275.62元,分别比1987年增加2740户，522.06万元,户均增加41.02元,其中义务兵家属优待面达100%。1989年,全省8个直辖市不包括黄山市均逐步实行城市在职义务兵优待办法,除优待金外,还从入学、入托、招工、招聘、参军、就医等方面优先照顾。

1988年6月,军人抚恤优待条例规定,家居农村的革命烈士家属符合招工条件者,当地人民政府应安排其中一人就业;革命烈士、因公牺牲军人、病故军人的子女、弟妹,自愿参军又符合征兵条件者,在征兵期间可优先批准一人入伍;义务兵入伍前是农业户口的,原承包的责任田和分得的自留地山、林等继续保留;入伍前是企事业单位职工,其家属继续享受原有的劳动保险福利待遇;义务兵从部队发出的平信,免费邮递。

1992年,安徽省重新修改并颁布的《安徽省实施〈军人抚恤优待条例〉办法》规定,退役的特等、一等革命伤残军人,由原居住地县(市)人民政府负责安置。需要建造、维修住房的,经费由安置地县（市）财政解决;由农村迁往城镇的,其配偶和未满十八周岁子女（包括已满十八周岁的在校学生）可随同迁移,由安置地县（市）公安、粮食部门负责办理落户和粮油供应手续;随迁家属需要农转非的,所需指标由省统一安排解决。革命伤残军人死亡后,其伤残抚恤证由民政部门注销。退役革命伤残军人死亡按照因公牺牲军人或病故军人对待的,由民政部门在伤残抚恤证上注明,作为其家属享受有关待遇的凭证,不再发给《革命军人因公牺牲证明书》或《革命军人病故证明书》。家居城镇的义务兵,入伍前有工作单位(包括集体企业),其家属继续享受原有的劳动保险待遇,生活仍有困难的,由原工作单位发给适当优待金;入伍前没有工作单位,家属无经济来源,生活困难的,由当地县（市）民政部门酌情给予补助。家居农村的义务兵,由其入伍时户口所在地乡（镇）人民政府,按不低于上年本乡（镇）农民人均纯收入,发给其家属优待金。服役期间立功、获得荣誉称号的,可适当增发当年优待金。家居农村的优抚对象享受以下优待:(一)义务兵入伍前承包的责任田和分得的自留地(山林),应继续保留(提干或转为志愿兵的除外),并扣除本人按家庭人口和承包土地分派的劳动积累工和农村义务工。(二）革命烈士、因公牺牲和病故军人家属,以及生活有困难的革命伤残军人、复员军人,带病回乡且完全丧失劳动能力或大部分丧失劳动能力、生活特别困难的退伍军人,由其户口所在地乡(镇)人民政府分别按不低于上年本乡(镇)农民人均纯收入的二分之一和三分之二发给优待金。(三）对因病、伤残或年满60周岁的农村优抚对象不能承担农村义务工、劳动积累工的应予减免。孤老优抚对象应享受五保待遇。(四）收入水平在本村平均线以下的烈军属、革命伤残军人、失去劳动能力的复员退伍军人可适当减免村提留。优抚对象享受的优待金和减免的义务工、劳动积累工、各项提留等,均由乡（镇）人民政府负责统一筹集和安排,并落实到户。有条件的地方,优待金也可由县(市)人民政府统筹落实。各级人民政府和有关部门从资金、物资、技术、信息等方面,大力扶持优抚对象发展生产、勤劳致富。二等乙级以上革命伤残军人，享受公费医疗待遇。三等革命伤残军人不享受公费医疗待遇的，伤口复发所需医疗费由当地县(市)民政部门解决；因病所需医疗费本人支付有困难的，由当地县(市)民政部门酌情给予补助。革命烈士、因公牺牲军人、病故军人、现役军人的家属，以及带病回乡的复员退伍军人，不享受公费医疗待遇的，因病治疗无力支付医疗费，由当地卫生部门酌情予以减免。孤老优抚对象符合条件、本人要求进入敬老院和社会福利院的，敬老院和社会福利院应优先予以接收。未参加工作的复员军人和在乡已故退伍红军老战士的配偶，符合规定条件的，经当地县（市）民政部门批准，给予定期定量补助。因战伤亡的民兵、民工和因参加县（市）以上人民武装部门或预备役部队组织的军事训练伤亡的人员，有工作单位的，由其所在单位按因公（工）伤亡予以抚恤或补助；无工作单位的，由民政部门参照办理。

1994年，全省各地调整优待标准，共优待义务兵家属16.36万户，优待款7649.8万元，户均467元，分别比1993年增加2.1万户、2325.16万元、94元。其中，农村义务兵家属户均648元，比1993年提高144元。

1995年，全省农村有17.5万多户优抚对象享受群众优待金1.04亿元，户均达597元，比上年增加130元。其中，义务兵家属普遍享受了优待，户均860多元，比上年提高212元；优待“三属”1万多户，优待款521万元，户均520元，比上年提高121元；优待伤残军人8855户，优待款280万元，户均316元，比上年提高91元；优待退伍军人2万多户，优待款574万元，户均达274元，比上年提高75元。

1998年，安徽省现役军人家属优待面达100%、老复员军人优待面达90%以上。全年各地共优待优抚对象18.9万户，比上年增加2800户；兑现优待金额达2.1亿元，比上年增加500万元。

2000年农村税费改革前，优待金很大一部分来源于农村“三提五统”，即以乡镇为单位实行优待，优待标准相对较低。农村税费改革后，优待金改为由县级财政或县、乡财政负担，实行统一评定、统一筹集、统一兑现，优待标准逐年提高。

2000年，安徽省被国务院确定为农村税费改革试点省份，开始农村税费改革的试点工作。由于农村税费改革是继农村联产承包责任制后的又一次重大改革，意义重大深远。但不可避免地给传统的优抚工作带来较大的冲击。

为及时掌握和摸清农村税费改革中涉及的农村对象的优抚补助经费的评定、兑现、落实情况，促进和保证税费改革中农村优抚政策的落实，切实保障优抚对象的合法权益不受侵害，省民政厅厅长李宏塔多次组织专题调查组，深入有关县（市）、乡、村及优抚对象家中，对各地税费改革中优待补助情况进行认真、详细的调查，在调查过程中通过解剖“麻雀”发现，虽然税费改革政策规定，取消优待金乡统筹，而将其列入乡镇财政预算内，理论上讲是有保证的，但实际情况并非如此，因为税费改革后，乡镇财政收入普遍大幅度减少，造成优待标准下降及发放不及时等情况。根据调查得出的情况，省民政厅实事求是地向省政府、民政部作了报告，引起了部领导的高度重视。民政部部长多吉才让和副部长杨衍银分别在《关于安徽省税费改革中农村五保、优抚对象供养、优待兑现情况的报告》上批示。同时《民政部情况反应》第17期编发安徽省民政厅的调查报告，国务院副总理温家宝阅后很重视，亲自做了批示。从而采取措施，保障税费改革后优抚对象的抚恤补助以及优待金问题不受影响。

面对新的形势、新的情况，2001年，省民政厅召开全省优抚工作座谈会，及时总结推广各地的经验。其经验和做法：一是把优抚工作纳入政府工作目标考核内容。为保证优抚政策落到实处，一些市、县政府专题下发红头文件，对抚恤、定补、优待政策的落实，做出钢性规定，必须不折不扣地落实。有的县把优抚政策不能落实兑现列入和计划生育、社会治安综合治理一样实行“一票否决”制，从而有力地保证了优抚政策的落实和兑现。二是把优抚经费（包括抚恤、定补、优待经费）纳入财政预算。即由乡、镇申报（附花名册）经民政部门审核，交政府办公会议审定后纳入财政预算“盘子”内由财政统一拨付。这样不仅防止和杜绝“扯皮”现象，而且，有效地保证优抚资金的到位。三是将城市中享受抚恤、定补的重点优抚对象纳入最低生活保障。就是在计算其家庭收入时，将他们享受的抚恤、定补款不纳入其家庭收入计算，使他们享受双重保障。这样不仅使优抚对象在经济上得到实惠，也使他们有了政治上的荣誉感。四是推行优待金社会统筹，实行城乡共同依法承担优待金。在农村税费改革农业税收减少的情况下，为使优抚对象的优待标准保持相对稳定，一些市县便在城镇依法开展优待金的社会统筹，合法合理的统筹弥补税费改革后优待金相对减少的“缺口”部分，有效地保障税费改革后优待工作的正常进行。五是加强自然减员经费管理，发展壮大优抚保障资金。为保证自然减员经费切实用到优抚对象身上，一些市县在基层民政办建立账号，每半年统计一次，工作中严把“三关”，即自然减员注销关，增补对象审批关和对照检查关，从而加强了自然减员经费的管理，并使这部分资金和其他资金汇集到一起，不断发展壮大为优抚保障资金，用于为优抚对象解“三难”，也保证特殊情况下优抚经费的正常发放。六是改变经费发放方式，为优抚对象在银行建立账户卡。在乡镇机构改革人员减少的情况下，为及时准确地将抚恤、定补和优待款发到优抚对象手中，不少市县充分运用银行这一经济网络来为优抚对象服务。民政部门按协议每季度将经费打入银行或信用社，优抚对象拿着存折到银行即可以做到随时用随时取，十分方便，深受优抚对象欢迎。

对于安徽省的新做法，《中国社会报》在2002年元月3日的头版头条以“安徽找到费改税后优抚经费出路”为题专门作了报道。

2001年年底，全省优待标准、优待面均达到国家和省规定的标准，农村现役军人家属优待面达到100%、老复员军人优待面达90%以上。合肥、马鞍山等市对城镇义务兵家属也实行了优待。1994年至2002年，全省优待金总量达到13亿多元。

1994—2001 年安徽省优待情况统计表

表 7-2-1

年份	优待户数（单位:万户）	优待金额（单位:亿元）	户均（单位:元）
1994	16.4	0.76	467
1995	17.5	1.05	597
1996	17.9	1.53	856
1997	18.6	2.05	1103
1998	18.9	2.10	1111
1999	18.8	2.30	1229
2000	15.6	1.68	1077
2001	16.1	1.67	1047

2004 年，国务院、中央军事委员会发布的《军人抚恤优待条例》规定，义务兵服现役期间，其家庭由当地政府发给优待金或给予其他优待，优待标准不低于当地平均生活水平。从此以后，优待政策发生重大变化，各地不仅对农村义务兵家庭予以优待，对城镇义务兵家庭也给予优待，很多地方逐步做到了城乡统一优待标准。

2005 年，城镇义务兵优待工作开始起步。根据新的《军人抚恤优待条例》的有关规定，省民政厅及时启动城镇义务兵家属的优待工作，规定义务兵优待标准按不低于本县（市、区）上年城乡人均消费性支出发给，有条件的县（市、区）可实行城乡一个优待标准。2005 年度全省共优待各类优抚对象 16.9 万户，兑现优待金 1.92 亿元，其中优待义务兵家属 6.1 万户，兑现优待金 1.05 亿元，户均 1720 元。

2008 年，全省共优待 19.19 万户，发放优待金 3 亿元，其中优待义务兵家属 62949 户，共 1.59 亿元，户均 2619 元，比上年增加约 500 元，合肥市农村义务兵优待金标准达 5600 元至 6767 元。

截至 2009 年 12 月 31 日，合肥、淮北、六安、池州等四个市的优待金标准已达到当地上年农民人均纯收入水平，其余 13 个市也已达到或超过当地上年农民人均纯收入的 70%。

2009 年安徽省各地优待金评定兑现情况统计表

表 7-2-2　　（截至 2009 年 12 月 31 日）

地区	2008 年农民人均纯收入（元）	农村义务兵家属			城镇义务兵家属		
		人数（人）	优待标准（元）	优待金额（元）	人数（人）	优待标准（元）	优待金额（元）
合肥市		2376		12698144	2567		11502936

续表 7-2-2

地区	2008 年农民人均纯收入（元）	农村义务兵家属			城镇义务兵家属		
		人数（人）	优待标准（元）	优待金额（元）	人数（人）	优待标准（元）	优待金额（元）
瑶海区	6499	47	5600	263200	383	5197	1990451
庐阳区	7548	84	7171	602364	543	51972	821971
蜀山区	7931	65	7931	515500	438	5197	2276300
包河区	6356	179	6339	1134681	437	5197	2271089
经开区	6300	7	6300	44100	71	5197	368987
高新区	7931	34	7931	103103	50	5197	259850
新站区	5600	32	5600	179200	104	5197	540488
肥东县	5378	788	5110	4026680	191	1800	343800
肥西县	5412	590	5400	3186000	199	1800	358200
长丰县	4599	550	4600	2530000	151	1800	271800
芜湖市		1093		4696037	1141		4349296
镜湖区	6000		4200		561	3600	2109600
弋江区	5613	66	3600	248400	181	3600	658800
鸠江区	5851	50	4200	212000	140	3600	504000
三山区	5330	103	4293	442179	14	3600	50400
开发区	6000	47	4300	202100	27	3600	97200
芜湖县	6405	245	4000	980000	68	4000	272000
繁昌县	6218	213	4228	995196	81	4228	358240
南陵县	6252	369	4242	1616162	69	4242	299056
蚌埠市	37516	1962	20100	3976500	997	24100	2716400
五河县	4310	600	2000	1200000	51	2000	102000
怀远县	4319	862	1800	1552000	98	3000	294000
固镇县	4348	351	2300	807300	108	2300	248400
龙子湖区	4341	21	2800	58800	120	2800	336000
蚌山区	3948	15	2800	42000	276	2800	772800
禹会区	4000	41	2800	114800	126	2800	352800
淮上区	4370	68	2800	190400	40	2800	112000
高新区	3940				8	2800	22400
经济开发区	3940	4	2800	11200	170	2800	476000
淮北市		906		323.2	1611		688.3

续表 7–2–2

地区	2008 年农民人均纯收入（元）	农村义务兵家属			城镇义务兵家属		
		人数（人）	优待标准（元）	优待金额（元）	人数（人）	优待标准（元）	优待金额（元）
濉溪县	4006	650	3258	211.9	288	3258	90.2
相山区	4472	92	4472	41.1	436	4472	195
杜集区	4881	34	4800	16.3	544	4800	261.1
烈山区	4140	130	4140	53.9	343	4140	142
马鞍山市	7868	528	4800	175.4743	655	4800	517.21
当涂县	7109	528	4800	175.4743	655	4800	517.21
淮南市	4440	1156	4440	5296920	1627	4440	7259400
田家庵区	5197	62	4440	275280	545	4440	2424240
大通区	4435	72	4440	319680	105	4440	466200
谢家集区	4839	67	4440	319680	344	4440	1531800
八公山区	5801	26	4440	115440	292	4440	1309800
潘集区	4019	298	4440	1371960	146	4440	661560
毛集试验区	4897	106	4440	470640	12	4440	53280
凤台县	4658	525	4440	2424240	183	4440	812520
铜陵市	6099	410	3300	13530000	450	4000	18000000
铜陵县	5468		3300			4000	
安庆市		3545		9815482	1248		3188345
迎江区	4931	52	2980	154960	232	5070	1176240
大观区	4828	52	4828	251056	224	5070	1135680
宜秀区	5229	168	5070	851760	43	5070	218010
开发区	5070	27	2520	68040	82	5070	415740
桐城市	5698	588	3600	2116800	124	3600	446400
怀宁县	5151	57	3200	1824000	73	2800	204400
枞阳县	3245	677	2400	1624800	138	2400	331200
潜山县	3047	426	3047	1298022	65	3047	198055
太湖县	2934	432	2900	1252800	66	2900	191400
宿松县	3398	504	3400	1713600	87	3400	295800
望江县	3324	411	2500	1027500	63	2500	157500
岳西县	2655	203	2655	538965	51	2655	135405
黄山市		858		3014223	334		1625451

续表 7-2-2

地区	2008 年农民人均纯收入（元）	农村义务兵家属			城镇义务兵家属		
		人数（人）	优待标准（元）	优待金额（元）	人数（人）	优待标准（元）	优待金额（元）
屯溪区	6440	28	5948	166544	182	5948	1082536
黄山区	5330	139	3906	542934	13	3906	50788
徽州区	5275	35	4308	150780	22	4308	94776
歙县	4978	279	3074	857646	36	3074	110664
休宁县	5126	190	3377	641630	26	3377	87802
黟县	5050	52	4472	232544	20	4472	89440
祁门县	4961	135	3127	422145	35	3127	109445
滁州市		3710		8841800	423		3392850
琅琊区	5903	300	2900	870000	27	2900	78300
南谯区	4492	200	2700	540000	71	2700	191700
全椒县	4805	500	2950	1475000	83	2950	2448850
来安县	5327	400	2805	1122000	24	2805	67320
定远县	4131	700	2700	1890000	63	2700	170100
凤阳县	4448	600	2700	1620000	48	2700	129600
天长市	5742	400	2800	1120000	50	2800	140000
明光市	4186	600	2930	175800	56	2930	164080
开发区	4903	10	2900	29000	1	2900	2900
阜阳市		6247		15380773	2123		5740803
颍泉区	3901	455	3296	1499680	254	32968	37184
颍上县	3189	997	2200	2193400	310	2200	682000
颍东区	2880	417	2880	1200960	331	2880	953280
太和县	3950	1020	2460	2509200	278	2460	683880
阜南县	2478	910	200	2002000	265	2200	583000
临泉县	2619	1350	2200	2970000	163	2200	358600
颍州区	3942	437	3209	1402333	451	3209	1447259
界首市	3967	633	2400	1519200	29	2400	69600
开发区	3105	28	3000	84000	42	3000	126000
宿州市		4210		10757044	1415		3651318
埇桥区	3785	1053	2650	2790450	742	26501	966300
灵璧县	3650	885	2300	2035500	158	2300	363400

续表 7-2-2

地区	2008 年农民人均纯收入（元）	农村义务兵家属			城镇义务兵家属		
		人数（人）	优待标准（元）	优待金额（元）	人数（人）	优待标准（元）	优待金额（元）
泗县	3780	706	2646	1908176	104	2646	279284
砀山县	2905	685	2300	1575500	208	2300	478400
萧县	3969	881	277	82447418	203	2778	563934
巢湖市		3092		7905600	965		2472600
市直	4785			205	2600	533000	
居巢区	4496	473	2600	1229800	238	26006	18800
庐江县	4403	1006	2400	2414400	182	2400	436800
无为县	4778	850	2600	2210000	151	2600	392600
和县	5373	434	2600	1206400	122	2600	317200
含山县	5331	329	2600	845000	67	2600	174200
六安市	3647	4538	3494	15889000	1245	3494	4370000
寿县	3668	922	3084	2843000	241	3084	743000
霍邱县	3689	1065	3689	3929000	248	3689	915000
金寨县	3739	439	3432	1507000	89	3432	305000
霍山县	3910	202	3910	790000	60	3910	235000
舒城县	3739	663	3739	2479000	180	3739	673000
金安区	3538	491	3538	1737000	213	3538	753000
裕安区	3519	637	3519	2241000	201	3519	707000
叶集试验区	4023	108	3000	324000	13	3000	39000
开发区	3538	11		39000			
亳州市		4009		6779900	1270		2796200
涡阳县	3934	976	2200	2166000	358	2200	789800
蒙城县	3995	986	2200	2169200	240	2200	528000
利辛县	2613	1005	2200	2211000	224	2200	492800
谯城区	3961	1042	2200	233700	448	2200	985600
池州市		1105		4408140	323		1215228
市直	4770				41	4818	197538
贵池区	4818	450	4818	2168100	145	4818	698610
东至县	4450	384	3115	1193590	80	1500	121200
石台县	2536	67	2000	134000	18	2000	36000

续表 7-2-2

地区	2008 年农民人均纯收入（元）	农村义务兵家属			城镇义务兵家属		
		人数（人）	优待标准（元）	优待金额（元）	人数（人）	优待标准（元）	优待金额（元）
青阳县	4570	185	4570	845450	34	4570	155380
九华山	4770	16	3400	54400	5	1300	6500
开发区	4200	3	4200	12600			
宣城市	5103	1609	3259	5244200	759	3296	2501600
宣州区	5819	492	3800	1869600	211	2000	422000
郎溪县	4086	226	2600	587600	61	2600	158600
广德县	6085	358	30001074000	118	3000	354000	
宁国市	6705	90	4500	405000	260	4500	1170000
泾县	4103	240	3500	840000	78	3500	273000
绩溪县	4531	117	4000	468000	31	4000	124000
旌德县	4300	86	3009	258774		4000	

优待政策落实　改革开放以前，全省各地乡、镇以上人民政府均组织拥军优属委员会，村居、街道组织拥军优属小组，分别订立拥军优属公约，经常为年老体弱、孤身无靠的烈军属和革命残废军人挑水、打柴、洗衣、缝补、打扫庭院、修理房屋。节日期间，捐款捐物，登门慰问，赠送光荣匾额。1980 年，各地群众 14.9 万人次为烈军属、老红军和残废节日做好事 8500 多件。1986 年，全省建立送温暖小组 9900 个，64393 人参加，为 56141 户优抚对象服务。亳州、灵璧、嘉山 3 县和铜陵市相继建立拥军优属服务网络。

1987 年，全省推广亳州市建立拥军优属服务网络的经验，阜阳、滁县、巢湖、蚌埠、淮南、淮北、安庆、黄山等 8 个地、市建立服务中心、站、组。1988 年，全省共有拥军优属服务组织 20786 个，参加服务 105627 人，为 892049 名优抚对象服务。基本做到“定服务对象，定服务项目，定服务制度；落实人员，落实组织，落实活动”。一些大中型企业发挥自身优势，充实服务内容，并将拥军优属纳入企业目标管理。是年 12 月中、下旬，省民政厅分片在铜陵、嘉山、亳州举行全省拥军优属服务网络现场经验交流会。1989 年，全省城乡有 32168 个拥军优属服务组织，30 多万人参加活动，为 5.9 万余户优抚对象做好事 51 万余件，为部队做实事 4000 余件。

1998 年 5 月，根据民政部优抚司《关于切实加强对义务兵家属优待金发放工作检查和监督的函》要求，各地加强对优待金发放工作的监督和检查，制止随意卡扣优待金的行为，坚持纠正强行为义务兵办理保险的做法。对农村籍义务兵等优抚对象参加养老保险的问题，坚持自愿原则，尊重本人意愿，不搞强迫命令，不得附加任何条件。

2002 年 10 月，根据民政部《关于认真贯彻国务院、中央军委〈征兵命令〉和〈退伍通知〉要求，进一步加强和规范优待安置工作的通知》要求，安徽省结合双拥模范城（县）创建活动，组织人力，集中一段时间，对优待工作进行了一次全面、认真的检查。要求实施税费改革的地方，要将优待金纳入财政预算，确保优待政策及时落实。

2002年11月，根据民政部办公厅《关于在校大学生入伍后〈优待安置证〉发放问题的复函》精神，从全日制高等学校在校学生中征集新兵，按非农业户口青年征集。对批准入伍的在校大学生，服役期间，其家属享受军属待遇，并由入学前户口所在地人民政府按照安徽省有关义务兵家属优待的规定给予优待。应征入伍的在校大学生的“优待安置证”由征集地的民政部门发放，并在发放后的一个月内将“优待安置证”的存根和证书一并寄往入伍在校大学生的原户口所在地的民政部门。原户口所在地的民政部门凭入伍地民政部门发放的“优待安置证”，为入伍的在校大学生落实优待安置政策。

2003年，根据民政部《关于解决在乡复员军人生活医疗困难的通知》，安徽省开展建立优抚对象抚恤补助标准自然增长机制工作，采取“先市县后省里”“先试点后铺开”的方法，先从各市选择一个县（市、区）开展“建制”试点工作，逐步铺开。主要采取两种“建制”形式，即“随机增长机制”和“达标机制”。例如合肥市采取随机增长机制，对享受定期抚恤“三属”、在乡复员军人、带病回乡退伍军人按非农业户口和农业户口分类，其中非农业户口在当年执行抚恤补助标准基础上，按上年度当地城镇居民人均可支配收入的增长比例增长，逐年提高，农业户口按上年当地农民人均纯收入的增长比例增长，逐年提高；铜陵市采取达标机制，对享受抚恤定补的“三属”、在乡伤残军人、在乡复员军人、带病回乡退伍军人，城镇户口的优抚对象和在乡伤残军人按当地上年城镇居民可支配收入的一定比例计发，农业户口按当地上年度农民人均收入的一定比例计发。如凤台县规定，城镇户口的优抚对象按上年度城镇职工平均工资的一定比例计发。2004年，在2003年试点的基础上，对建立和完善自然增长机制工作作了进一步部署，要求各地全面推广试点经验，年底在全省实现“全覆盖”，使优抚对象的抚恤补助标准更具科学性、合理性和长效性。

2004年，省民政厅规定，对在乡老复员军人实行普遍优待。2005年，省民政厅下发《关于做好2005年优待工作的通知》，规定义务兵服役期间，其家庭由县级人民政府发给优待金。优待标准按不低于本县（市、区）上年城、乡人均消费性支出发给，有条件的县（市、区）可实行城乡一个优待标准；烈士、因公牺牲军人遗属、病故军人遗属和在乡复员军人享受定期抚恤、补助金后生活仍有困难的，按不低于义务兵家庭优待标准的50%发给；残疾军人和生活特别困难的带病回乡退伍军人按不低于35%发给。义务兵家庭、在乡复员军人实行普遍优待；烈士、因公牺牲军人遗属、病故军人遗属优待面不低于50%；残疾军人优待面不低于20%；带病回乡退伍军人优待面不低于2%。在校大学生服役期间，其家庭享受军属待遇，由其入学前户口所在地按照义务兵家庭优待的规定给予优待。优待金由享受优待的优抚对象户口所在地县级民政部门负责发放。

2007年5月14日，省人民政府下发的《安徽省实施〈军人抚恤优待条例〉》办法》

规定，义务兵服现役期间，其家庭由当地人民政府发给优待金或者给予其他优待，优待标准不低于当地平均生活水平。在校大学生经批准服现役，户籍在本省行政区域内的，其家庭由征集地人民政府按照城镇义务兵政策给予优待；户籍在外省（自治区、直辖市）行政区域内的，其家庭享受优待按照国家有关规定执行。户籍在本省行政区域内，但本人在外省（自治区、直辖市）全日制高等学校就读的在校大学生服现役，在征集地未享受优待的，其家庭由入学前户籍所在地县级人民政府按照国家和省有关规定给予优待。从地方直接招收的军队院校学员和军队文体类专业人员，其家庭不享受优待金；士兵考入军校或者转为士官的，从入伍第三年起，其家庭不再享受优待金。对残疾军人、在乡复员军人、带病回乡退伍军人以及烈士遗属、因公牺牲军人遗属、病故军人遗属（统称重点优抚对象），当地人民政府应当将其纳入城镇基本医疗保险、新型农村合作医疗或者城乡医疗救助。重点优抚对象符合当地人民政府规定的承租廉租住房条件和购买经济适用住房条件的，当地人民政府应当优先安排。居住在城市的重点优抚对象，其住房为危房的，或者居住面积低于当地人民政府公布的居住标准的，当地人民政府应当帮助解决；其住房被拆迁时，应当优先安置。居住在农村（含集镇）的重点优抚对象住房困难的，县级人民政府应当帮助解决。现役军人凭有效证件、残疾军人凭“中华人民共和国残疾军人证”享受优先购票乘坐境内运行的火车、轮船、长途公共汽车以及民航班机的待遇；残疾军人享受减收正常票价 50% 的优待。现役军人凭有效证件乘坐市内公共汽车、电车和轨道交通工具享受优待，具体办法由有关城市人民政府规定。残疾军人凭“中华人民共和国残疾军人证”免费乘坐市内公共汽车、电车和轨道交通工具。现役军人凭有效证件、残疾军人凭“中华人民共和国残疾军人证”参观游览公园、博物馆、名胜古迹享受优待，具体办法由公园、博物馆、名胜古迹管理单位所在地的县级以上人民政府规定。退役士兵、残疾军人、烈士子女、因公牺牲军人子女、一级至四级残疾军人子女、现役军人子女接受教育，按照国家和本省有关规定享受优待。经军队师（旅）级以上单位政治机关批准随军的现役军官家属、文职干部家属、士官家属，由驻军所在地的公安机关办理落户手续。随军前是国家机关、社会团体、企业事业单位职工的，驻军所在地人民政府劳动保障部门、人事部门应当接收和妥善安置；随军前没有工作单位的，驻军所在地人民政府应当根据本人的实际情况作出相应安置；对自谋职业的，按照国家有关规定减免有关费用。

随军的烈士遗属、因公牺牲军人遗属和病故军人遗属移交地方人民政府安置的，享受《军人抚恤优待条例》和安徽省实施办法以及安置地人民政府规定的抚恤优待。在乡复员军人、带病回乡退伍军人生活困难的，由县级以上人民政府民政部门按照规定的条件，给予定期定量补助和适当优待，逐步改善其生活条件。60 周岁以上在乡孤老退伍军人，应当优先纳入农村五保供养范围。生活仍有困难的，应当增发定期补助金或者给予临时性救助。县级以上人民政府按照国家规定兴办优抚医院、光荣院，治疗或者集中供养孤老和生活不能自理的抚恤优待对象。各类社会福利机构应当优先接收抚恤优待对象。

第二节 其他优待

其他方面的优待是指群众帮助助耕助种助收，军人家庭服务中心服务、城市社区服务，对分居两地的现役军人配偶，在工种、班次等方面给予照顾；对他们按规定到部队探亲假应予批准，路费应予报销，工资奖金、福利待遇不受影响等。

1991年年初，省民政厅建立拥军优属基金，这在全国尚属首家。随着改革开放的逐步深化和经济社会的不断发展，拥军优属工作的范围越来越广、层次越来越深、内涵越来越丰富。安徽拥军优属基金的设立，实行优待金社会统筹，是顺应时代需求，拓展工作思路，提高保障水平的重要举措。11月，蚌埠市政府转发《蚌埠市民政局关于优待金社会统筹和建立拥军优属基金意见的通知》，规定凡本市范围内党政机关、社会团体、企事业单位（含驻蚌埠单位）的干部职工和个体工商户及三县一郊农业人口均为统筹对象。革命烈士和因公牺牲、病故军人直系亲属、伤残军人、离退休人员、五保户、丧失劳动能力的残疾人、社会救济对象和经有关部门认定领取最低工资标准的特困企业职工不在统筹之列。1997年，在职职工按每人每年5元收取；个体工商户按每户每年20元收取。农业人口在5%村提留乡统筹内的优抚经费中按适当比例列支。截至1997年年底，桐城市先后征收优待金35万元，累计基金45万元；乡、镇、街道共建基金80万元，全市拥军优属基金总量125万元。

1992年，全省各地更多的服务单位建立优待窗口，全省6.4万个拥军优属服务小组为22.9万户优抚对象和3558个部队单位做了50多万件好事。在农村，为1.6万多户优抚对象建房4万多间，为18.5万名优抚对象减免义务工64.5万多个，减免提留、税收款298.9万元，减免或补助医疗费214.7万元，对4.7万户优抚对象的生产经费给予扶持。全省有6546名孤老优抚对象进入农村敬老院、光荣院、社会福利院安度晚年。在城镇，优先安排5673户优抚对象住房1.7万多间，为6741名优抚对象调动工作或调换工种，为1.34万名优抚对象解决就业问题。

1993年，省民政厅提出帮助优抚对象解决“三难”（生活难、住房难、医疗难）问题的方案，并得到省政府批准。按照方案，优待金将由县（市、区）负责统筹，逐步形成非农人口与农民共同承担社会优待义务的格局，优待金的奖励部分，可存入优抚基金，以确保优抚专项经费用于解“三难”。

1994年，优待金社会统筹和建立拥军优属基金形势良好。为改进优待工作，体现“拥军优属，人人有责”，改变优待金完全由农民负担的不合理状况，经省政府同意，实行由农民与非农人口共同负担优待金办法。实行新办法的县（市）由1993年3个发展到26个，共筹集资金261万元。除当年发放给优抚对象138万元外，尚结余122万元，存入拥军优属基金。在此基础上，省民政厅在宿州、明光、定远三市（县）进行“五个一工程”

（即建立一套优待抚恤制度，一个拥军优抚基金会，一项初级优抚合作医疗保障制度，一个送温暖服务组织网络，一套优抚档案资料）试点探索优抚对象解“三难”工作的新路子。并在总结经验的基础上，在全省市、县、乡（镇）普遍推行。经全省优抚工作者的不懈努力，“五个一工程”在基层的推行，大大缓解重点优抚对象的“三难”问题。全省有56个县（市）通过多渠道筹集资金，建立拥军优属基金，积累基金356万元，为解决优抚为象“三难”开辟资金来源新渠道。

1995年年初，省民政厅制定《优待金社会统筹基本办法》和《拥军优属基金筹集管理使用试行办法》，对优待金的负担对象、标准、征集渠道、使用和管理以及拥军优属基金的来源、使用、管理等均作出具体的规定。

1996年7月，省政府出台《安徽省拥军优属若干规定》，其中第五条 明确规定：“建立省、市、县（市、区）、乡（镇）拥军优属基金，优待金实行县（市、区）统筹”。同年12月，省民政厅下发《关于加快建立拥军优属基金有关意见的通知》，要求各地走社会化路子，多渠道、多形式地筹集资金，积极争取地方财政、企事业单位、个体工商户、私营企业及社会各界的支持，不断拓宽资金筹集渠道，把非农人口筹集的部分，各级财政补贴、政府减免、企事业单位及社会各界的捐赠赞助、优抚经济实体的增收盈利、优抚对象自然减员的结余经费等按比例纳入基金，使基金不断壮大。

1997年，安徽省建立拥军优属基金工作全面启动。寿县、泾县、桐城市本级基金已达30万元以上。全省优待金统筹款达1.8亿元。其中，非农人口筹集资金730余万元。有71个县（市、区）建立拥军优属基金，基金总额达1000余万元。

1998年3月11日，国务院办公厅下发《关于加强优抚工作的通知》，明确优抚工作要由中央和地方共同负责，要逐步加大地方政府的责任。对国家重点保障的烈属（包括牺牲、病故军人家属）、革命伤残军人、在乡退伍红军老战士（含西路军红军老战士和红军失散人员），由中央财政抚恤补助。民政部和财政部按照《军人抚恤优待条例》的规定，依据全国职工平均工资和城乡居民人均生活水平，制定统一的基本标准并随社会生活水平的提高进行调整。由于各地经济发展水平不同，对按中央统一标准仍达不到当地居民平均生活水平的地区，由当地人民政府负责补足。各地要结合本地实际，制定具体办法，增加投入。通过中央和地方各级人民政府的共同努力，使优抚对象的生活与当地人民生活水平相适应。对年老体弱、没有工作、生活困难的在乡老复员军人的抚恤补助，主要由地方人民政府负责保障。地方各级人民政府特别是省级政府应加大投入，对这部分人员给予定期定量补助，保证他们的生活达到当地农村居民平均生活水平。对在乡老复员军人人数较多、财政困难的革命老区和贫困地区，中央和省级财政在安排转移支付资金时给予照顾。对这部分人员的住房、医疗等方面存在的突出问题，各地人民政府要高度重视，采取有力措施，多形式、多渠道地帮助解决。同时要求动员社会和群众力量，提高优抚保障水平。地方各级人民政府和各有关部门要认真贯彻“拥军优属，人人有责”的精神，进一步完善群众优待社会统筹制度。除认真兑现落实义务兵家属的优待外，对享受国家抚恤补助后生活仍有困难的烈属、革命伤残军人、在乡老复员军人等对象也应适当优待。对社会统筹的优待金，要加强管理、专款专用并制定严格的管理办法。对通过社会捐赠和赞助等方式筹集的拥军优属保障资金，各地要加强管理，使之用于解决优抚对象的特殊困难。要发挥社会团体和基层组织在拥军优属中的积极作用。通过社区服务、志愿者服务等多种形式，为优抚对象提供帮助，形成人人关心优抚对象的良好社会氛围，体现社会和群众对优抚对象的特殊关怀和照顾。

1998 年，全省三分之二以上县（市）实行了县级优待金社会统筹，仍实行乡镇统筹的地方也在积极创造条件向县级统筹过渡。各地加在拥军优属保障资金筹集、管理力度，全省有 67 个县(市)建立拥军优属保障资金，资金总额达 2200 万元。

1998 年 11 月 18 日，国务院总理朱镕基在全国拥军优属安置工作会议上，对安徽省积极探索优抚工作新路子、推行优抚金社会统筹、建立拥军优属基金的做法给予充分肯定。截至 2001 年年底，全省拥军优属资金总量已达 3500 多万元。这些资金对弥补优抚经费不足、解决优抚对象的“三难”问题起到重要作用。

2000 年，安徽省被国务院确定为农村税费改革试点省份，给传统的优抚工作带来较大的冲击。为做好税费改革后的优抚工作，全省各地进行积极的探索，保障税费改革后优抚对象的抚恤补助以及优待金问题不受影响。为适应农村税费改革需要，省民政厅组成联合调查组，多次深入县、乡（镇）调查，并及时向省政府和民政部报告，基本完成优待金筹集由农民统筹为财政支出的过渡任务。

2000 年 3 月，省九届人大十五次会议通过《安徽省拥军优属条例》，明确提出：义务兵服现役期间，其家属由当地人民政府给予优待，优待的标准不低于当地平均生活水平；实行优待金县（市、区）社会统筹制度，鼓励通过社会捐赠、赞助等方式，筹集拥军优属保障资金，解决优抚对象的特殊困难。

2001 年，根据民政部、财政部和总政治部的通知，安徽省及时下拨中央财政下发的 801 万元经费，为 71023 名志愿军老战士和 6047 名志愿军烈士遗孀分别发放一次性生活补助费 100 元和 150 元，部分地方还配套资金为抗战时期与解放战争时期入伍的老复员军人发放 100 元补助费。

1994 年—2002 年，全省落实抚恤补助金 12 亿元，优待金总量达 13 亿多元，拥军优属保障资金达 3500 余万元，各级财政共投入 8903 万元，用于维修烈士纪念物和烈士光荣院，提高改善了烈士光荣院院民的生活、居住条件和基本设施建设。

2004 年 10 月，民政部、教育部、总政治部出台《优抚对象及其子女教育优待暂行办法》规定，本办法的优待对象包括：退役士兵；残疾军人；烈士子女、因公牺牲军人子女、一级至四级残疾军人子女、现役军人子女。对此类优抚对象在入学入托、报考普通高中和中等职业学校、报考普通或成人高等学校、享受各类奖学金和助学贷款、享受困难补助和社会捐助等方面实行优先和优待。

2008 年，全省 17 个市和 98 个县(市、区)出台《重点优抚对象医疗保障实施细则》，有4万多名重点优抚对象参加城镇职工医疗保障，占应参保人数的91%；1万多人参加城镇居民医疗保险，占应参保人数的89%；20多万人参加新型农村合作医疗，占应参保人数的96%；市、县两级共配套优抚对象参保资金2647万元。

1994—2008年安徽省优待情况统计表

表7-2-3

年份	优待户数（单位：万户）	优待金额（单位：亿元）	户均（单位：元）
1994	16.4	0.76	467
1995	17.5	1.05	597
1996	17.9	1.53	856
1997	18.6	2.05	1103
1998	18.9	2.10	1111
1999	18.8	2.30	1229
2000	15.6	1.68	1077
2001	16.1	1.67	1047
2002	15.4	1.53	994
2003	16.1	1.58	981
2004	16.2	1.65	1019
2005	16.9	1.92	1136
2006	17.7	2.31	1305
2007	18.9	3.00	1587
2008	19.2	3.00	1563

第三节　解决优抚对象生活难、住房难、医疗难

20世纪80年代末期，省民政厅通过调查发现优抚对象中存在着生活难、住房难、医疗难等问题，在老复员军人尤为突出。并开始将为优抚对象解决生活难、住房难、医疗难问题（简称解“三难”）作为日常优抚工作中的一项重要内容，广泛动员社会力量，帮助重点优抚对象解决生产生活中的实际困难。

1993年，全省有46个市、县共950个乡、镇制订解决在乡复员军人生活难、住房难、治病难规划，并加强组织领导，督促实施。扶持2.68万名复员军人家庭发展生产，减免义务工138万个，减免各种提留款、税收款87万元。采取政府、群众、个人三结合办法，为3798名复员军人修建住房1.18万间。补助、减免医药费199万元。敬老院收养7251名孤老复员军人。全省一年内为1.19万名在乡复员军人基本解决“三难”问题。

1994年年初，宿州、明光、定远三市（县）实施了“五个一工程”（即建立一套优待抚恤制度，一个拥军优抚基金会，一项初级优抚合作医疗保障制度，一个送温暖服务组织网络，一套优抚档案资料），探索优抚对象解“三难”工作的新路子。省民政厅在总结经验的基础上，在全省市、县、乡（镇）普遍推行。

1994年，省政府批转省民政厅《关于扶持在乡复员军人解“三难”奔小康的通知》。各地由地方财政增拨682.19万元，用于提高在乡复员军人定补标准，年末平均每人每月达28元。同时扩大在乡复员军人优待面，提高优待标准。全省优待在乡复员军人4.24万人，比上年增加1.42万人，优待面为38%，比上年提高13个百分点；优待款955.9万元，增加464.2万元；人均255元，提高47元。享受优待和定补两项待遇的在乡复员军人年均达561元。还为他们减免义务工70.98万个，减免各种提留款225.8万元，减免和补助医疗费220万元，扶持3.11万户发展生产，采取“三结合”办法为3573户修建房屋6587间。

1998年，省民政厅根据国务院办公厅《关于加强优抚工作的通知》精神，认真落实有关医疗政策，切实解决优抚对象医疗难问题。在实行医疗保险制度改革的地区，在建立职工医疗保险制度和农村合作医疗制度中，按照国务院有关规定对优抚对象给予照顾。在未实行医疗保险制度改革的地区，凡享受公费医疗待遇的优抚对象，其医疗费继续按有关规定报销，不允许定额包干给个人；对烈属、带病回乡复退军人等优抚对象按现行政策规定实行医疗减免。督促各地在实行住房、用工制度改革中，继续贯彻对重点优抚对象实行优先、优惠的政策。对烈属、二等以上伤残军人、在乡退伍红军老战士、老复员军人以及优抚对象中的孤老和特困户，切实减免其各类提留、社会集资和义务负担。在建立最低生活保障制度中，优抚对象的抚恤补助不计入家庭收入，体现对他们的特殊保障。并要求各级政府积极扶持优抚对象发展生产，在工商、信贷、生产资料供应等方面给予优待。

1999年，省民政厅抓住“爱心献功臣”活动的有利时机，集中力量解决优抚对象的“三难”问题。在“爱心献功臣”活动中，全省各级财政共投入专项资金2674万元，各地共捐赠1450万元，用于解决重点优抚对象“三难”问题。省民政厅拿出400万元直接资助1000户优抚对象解决住房难，资助500户优抚对象解决生活难（每人每月20元）。全省成立帮扶组织16876个，结成帮扶对子35467个，帮扶“三难”优抚对象48311人，为16万户优抚对象解决生活难；投入1744万元，建成住房12747间，6810名老复员军人住进新房；为优抚对象减免医疗费481万元，缓解15492名优抚对象医疗难问题。

2000年，继续开展“爱心献功臣行动”，建立帮扶组织21281个，帮扶结对57328个，帮扶“三难”对象69727人，建房17837间，使8773名老复员军人住进新房；减免医药费721万元，缓解2万多名优抚对象医疗难问题。全省81个县(市、区)基本完成解“三难”任务。

2002年，民政部、财政部、卫生部出台《关于解决在乡老复员军人生活医疗困难问题的通知》，要求各地要结合实际，制定具体办法，帮助在乡老复员军人解决医疗困难问题。在建立农民健康保障办法时，要对在乡老复员军人给予适当照顾，使他们有病能够得到及时治疗。尚未建立医疗保障办法的地区，要积极研究和制定医疗费用减免的具体操作办法，并把在乡老复员军人纳入医疗救助范围。所需经费由当地政府统筹解决。

2003年6月，根据民政部、财政部、人事部、劳动和社会保障部《关于解决原8023部队退役军人生活医疗困难问题的复函》，省民政厅、财政厅、人事厅、劳动和社会保障厅联合下发《关于认真解决原8023部队退伍军人生活医疗困难问题的通知》规定，对在核武器研制工作中因核辐射造成残疾，残情达到三等乙级以上的退役军人，由民政部门按照《伤残抚恤管理暂行办法》的有关规定评残，并享受相应待遇。所需伤残抚恤（保健）经费由中央财政解决。对在核武器研制工作中因核辐射致病，尚未达到评残条件的退役军人，有工作单位的，治疗放射性疾病期间享受所在单位因公（工）伤残人员的保险福利待遇；无工作单位的，按带病回乡退伍军人补助标准发给生活补助，每人每月40元，所需补助经费和治疗放射性疾病发生的医疗费由地方财政解决。对符合低保条件的退伍军人，要全部纳入低保范围，实行应保尽保。对已享受低保和定期补助后生活仍有困难的，由当地政府给予临时重点救济。对在核武器研制工作中因核辐射造成残疾的其他人员，由有关部门按现行政策予以评残和抚恤。

2004年8月，根据省政府领导指示精神，省民政厅、财政厅下发《关于认真解决部分优抚对象生活医疗困难的通知》，要求对在乡老复员军人，要按时按标准发放定补款，不得拖欠；对生活和医疗有困难的，要给予优待。对原8023部队退出现役的军人，在核武器研制工作中因核辐射致病，尚未达到评残条件，无工作单位的，按带病回乡退伍军人定补审批程序和标准给予生活补助，所需经费由地方财政解决。二等乙级以上革命伤残军人的医疗待遇不变，医疗费用仍按原资金渠道解决。《关于认真解决部分优抚对象生活医疗困难的通知》要求将符合农村新型合作医疗、医疗救助、特困救助条件的人员优先纳入生活和医疗救助范围。各地均制定具体实施办法，建立优抚对象医疗经费保障机制。

2004年，全省各地多渠道筹集资金解“三难”。如部分市县财政除拨款解决重点优抚对象的住房、生活困难外，还通过“爱心献功臣”、帮扶结对等形式筹集资金解决优抚对象“三难”问题。当年全省利用筹集的社会资金直接资助10多万户优抚对象解决住房和生活困难，成立帮扶组织1.6万多个，结成帮扶对子3万多对，帮扶“三难”优抚对象4.8万多人。

2005年12月，民政部、财政部、劳动和社会保障部出台《一至六级残疾军人医疗保障办法》规定，自2006年1月1日起，残疾军人按照属地原则参加城镇基本医疗保险，并在此基础上享受残疾军人医疗补助。有工作单位的残疾军人随单位参加基本医疗保险，按规定缴费。无工作单位的残疾军人参加基本医疗保险，以统筹地区上年度在岗职工平均工资作为缴费基数。所在单位无力参保和无工作单位的残疾军人由统筹地区民政部门统一办理参保手续。实行残疾军人医疗补助，即在城镇基本医疗保险制度基础上，对残疾军人的补充医疗保障，所需资金经同级财政部门审核确定后，列入当年财政预算。残疾军人的医疗服务管理按照统筹地区基本医疗保险和残疾军人医疗补助办法的有关规定执行。

2006年12月，根据《军人抚恤优待条例》和民政部、财政部、劳动和社会保障部关于《一至六级残疾军人医疗保障办法》以及劳动和社会保障部、民政部、财政部、卫生部等七部委《关于认真做好部分军队退役人员劳动和社会保障工作有关问题的通知》等法规和政策规定，省民政厅、财政厅、劳动和社会保障厅、卫生厅联合印发了《安徽省重点优抚对象医疗保障实施意见（试行）》，要求各地对于重点优抚对象（即退出现役的残疾军人、烈士遗属、因公牺牲军人遗属、病故军人遗属、在乡复员军人、带病回乡退伍军人）的医疗保障，应逐步构建以城镇基本医疗保险制度、新型农村合作医疗制度和城乡医疗救助为依托，以医疗优惠、医疗补助为补充，个人负担为辅助，与国家基本医疗制度相衔接，与当地经济发展相适应的重点优抚对象医疗保障制度。一至六级残疾军人按属地原则参加城镇基本医疗保险，无工作单位、个人或单位无力缴费参保的经统筹地区劳动保障、民政、财政部门共同审核确认后，由残疾军人所在地财政安排资金；城镇的七至十级残疾军人、烈士遗属、因公牺牲军人遗属、病故军人遗属参加基本医疗保险，其所在单位无力参保和无工作单位的，由统筹地区民政部门统一办理参保手续。农村的七至十级残疾军人（含七至十级残疾民兵、民工）、在乡复员军人（含红军失散人员）、带病回乡退伍军人（含60周岁以上在乡孤老退伍军人）、烈士遗属、因公牺牲军人遗属、病故军人遗属，参加新型农村合作医疗，其个人缴费部分，由县级民政部门给予解决。符合医疗救助条件的重点优抚对象，要优先纳入城乡医疗救助范围。实行重点优抚对象医疗优惠政策。实行重点优抚对象医疗补助制度。重点优抚对象医疗补助资金要与基本医疗保险基金和新型农村合作医疗资金分开核算，并建立财政专户单独管理、分账核算。有关部门密切配合，切实履行各自职责，共同做好重点优抚对象医疗保障工作。重点优抚对象的医疗保障标准随着当地社会经济发展和财政收入的提高，由民政部门会商财政、卫生、劳动和社会保障部门作相应的调整。

第四节　走访慰问

每逢“八一”、春节等重大节日，各地均保持拥军优属的优良革命传统，由党政军领导或民政部门带队，深入部分在乡复员军人、烈军属、残疾军人等重点优抚对象家中，实地了解优抚政策的落实情况，察看优抚对象的生产生活情况，并送去年画、光荣牌及慰问品、慰问金等，把党和政府的关怀与温暖送到重点优抚对象的身上。

1980年，各地群众14.9万人次为烈属、军属、老红军和残废军人做好事8500多件。

1982年春节，全省人民公社以上政府机关参加慰问活动的负责人近万人，组织2800个检查组，访问1500多个人民公社，走访6.7万多户优抚对象，落实优待款540多万元，粮食520多万公斤，为2300多户优抚对象修补住房。

1985年元旦、春节和建军节，各地普遍慰问参战军人家属，致送立功喜报、慰问品，并帮助解决生产、生活上的困难。同时邀请立功军属举行庆功大会，邀请回乡探亲的参战指战员报告英雄事迹。尤其是“八一”建军节期间，根据省人民政府关于《安徽省农村优待烈属、军属、革命残废军人暂行办法》规定，各地、市、县组织乡、村基层组织建立各种形式的送温暖小组，帮助孤老优抚对象料理好生活，帮助缺乏劳力的优抚对象种好承包土地。商业、供销、粮食、卫生和服务行业的基层单位，对孤老优抚对象、老红军和行动不便的残废军人，应服务上门。是年8月，省政府致信祝贺对越自卫反击战中荣立一等功以上的军人家属，并赠送人民功臣奖匾1面、收录机1台。县、乡、镇干部则逐户走访慰问抗日时期的老烈属和老复员军人。

1985年1月27日，安徽省委、省人民政府派出奔赴桂林前线慰问团一行54人，其中文艺演出队44人，由团长、省民政厅厅长姜德馨率领，奔赴广西边防前线慰问。历时38天，行程2385公里，演出30场，慰问3个军、8个师、11个团、1个营、2个连、2个班的4.5万多干部、战士。

1985年11月，安徽省委、省人民政府应老山前线安徽籍战士要求，决定再次派团奔赴云南前线慰问，省财政拨款60万元及各地捐献共百万元，置办慰问品150吨，组织31人，其中文艺演出队15人，由团长、省政协副主席朱农，副团长、省民政厅副厅长李胜冰率领，于1986年1月10日，奔赴云南边防前线慰问。历时18天，行程6000多公里，演出18场，慰问2个军、3个师、1个团、2个营和3个医院，举行座谈会11次，谈心活动近千次，并瞻仰麻栗坡烈士公园，向南疆烈士敬献花圈。同年底，省民政厅副厅长李胜冰参加民政部组织的赴海南岛慰问团，省政府购买5万元慰问品赠送海防前线战士，转达了安徽人民对前线将士的敬意，受到前线指战员的好评。

1986年，全省建立送温暖小组9900个，64393人参加，为56141户优抚对象服务。亳州、灵璧、嘉山3县（市）和铜陵市相继建立拥军优属服务网络。1987年，全省推广亳州市建立拥军优属服务网络经验，阜阳、滁县、巢湖、蚌埠、淮南、淮北、安庆、黄山等8地、市建立服务中心、站、组。1988年，全省共有拥军优属服务组织20786个，参加服务105627人，为892049名优抚对象服务。基本做到定服务对象，定服务项目，定服务制度；落实人员，落实组织，落实活动。一些大中型企业发挥自身优势，充实服务内容，并将拥军优属纳入企业目标管理。是年12月中下旬，省民政厅分片在铜陵、嘉山、亳州举行全省拥军优属服务网络现场经验交流会。

1989年，“八一”期间，各地举行军民联欢会1053场，有17.5万人参加联欢活动，举行报告会、座谈会4239场，14.5万余人参加。从省到乡、镇、街道组织慰问团（组）5097个，有3万多名干部参加慰问599个部队单位，走访优抚对象5.81万户。全省城乡

32168个拥军优属小组积极开展“送温暖”活动，30多万人参加，为5.9万户优抚对象做好事51万余件，为部队做好事4000余件。各界群众和团体向烈士家属捐献5万多元慰问款。

1992年“八一”期间，全省为部队解决营建纠纷问题百余件，办实事3万余件，全省6.4万个拥军优属服务小组为22.9万户优抚对象和3558个部队单位做好事50多万件。

1995年，为纪念世界反法西斯战争和抗日战争胜利50周年，省民政厅专门邀请30名在乡老复员军人到合肥座谈，省党政军领导出席座谈会并认真听取大家的意见。当年，省民政厅和省军区政治部对50名拥军优属先进个人予以通报表彰。5月，安徽省委宣传部、省民政厅、省军区政治部邀请济南军区“仲米军烈士事迹报告团”到皖作巡回报告。为纪念红军长征胜利60周年，省拥军优属拥政爱民工作委员会于10月举行了专场文艺晚会，省直工委和省军区政治部还组织开展红军长征组歌歌咏比赛。

1996年，为纪念红军长征胜利60周年，省领导带队到金寨县挨家挨户看望健在的在乡红军老战士。各地对在乡老红军普遍进行慰问，并举办“省暨合肥市纪念红军长征胜利60周年文艺晚会”。

1997年，安徽省委于6月初专门发文对建军70周年纪念活动作出具体安排。6、7、8三个月，全省普遍开展拥军优属、拥政爱民系列宣传活动。省政府专门拨款260余万元，向驻皖部队赠送4万份纪念品。7月中旬省领导分别带队赴滁州、蚌埠、合肥、安庆、黄山、芜湖慰问驻皖部队指战员和省荣军、荣康医院休养员以及省武警医院、105医院伤病员。“八一”建军节前夕，全省举行系列纪念活动，如纪念建军70周年报告会，省党政军负责人座谈会，“八一颂”大型文艺晚会等；省民政厅在合肥召开部分老红军、在乡老复员军人座谈会，省人大常委会主任孟富林、副省长杨多良亲临会议讲话。省民政厅和省军区政治部通报表彰50个拥军优属、拥政爱民先进集体和个人。各地也开展形式多样的纪念活动。合肥、淮南、铜陵、芜湖市还受省委、省政府委托，派员慰问以安徽城市命名的海军舰艇、西藏服役官兵家属，以及移交地方管理的军队离退休干部。

1998年，各地在春节、八一节期间坚持开展走访慰问活动，为驻地部队、优抚对象送温暖，办实事。长江沿岸遭受特大洪水袭击，人民军队和沿江人民积极抗洪抢险，省及各地政府慰问抗洪前线子弟兵。

1999年，省领导带队慰问南京军区及驻皖抗洪部队及武警官兵部队，并向他们赠送慰问品，举办庆“八一”杂技晚会。

2000年10月25日是中国人民志愿军抗美援朝出国作战50周年纪念日。纪念日前后，全省各地普遍组织开展慰问活动，对健在的志愿军老战士及志愿军烈属进行走访慰问。各地各部队举办座谈讨论，请志愿军老战士作报告，组织参观团队荣誉室，举办展览、联欢会等。同时解决包括志愿军老战士、志愿军烈属在内的广大优抚对象的生活、住房、医疗等困难问题。

2001 年是中国共产党建党 80 周年，同时开展纪念中国人民志愿军抗美援朝出国作战 50 周年及慰问志愿军老战士活动。中央财政拨出 801 万元专款，省民政厅按照中央要求，将资金重点用于帮助生活特别困难的志愿军老战士和志愿军烈士遗孀解决实际困难，使生活困难的志愿军老战士和 6047 名生活困难的志愿军遗孀享受了慰问补助。同时联系有关部门，特别关照好居住城镇生活困难的志愿军老战士和志愿军烈士遗孀的生活。

2005 年，在中国人民抗日战争胜利和世界反法西斯战争胜利 60 周年之际，按照中共安徽省委的统一部署和要求，开展纪念抗日战争胜利 60 周年系列活动，向全省 10755 名抗日老战士、老红军、红军失散人员发放抗战胜利 60 周年纪念章。各地民政部门牵头，财政、卫生、劳动和社会保障、军分区政治部（人武部）等部门共同参与，普遍组织开展对抗日老战士的走访慰问活动。全省各地共慰问在乡抗日老战士、老同志 6000 多人，发放慰问金 200 多万元。各市、县（市、区）卫生行政主管部门和民政部门具体组织，从有关医院抽调人员组成若干个医疗队，为当地所有健在的抗日老战士进行一次义务体检、巡诊活动。省民政厅牵头，省荣军康复医院与县（市、区）民政部门共同负责，分期分批安排全省在乡六级以上伤残抗日老战士集中疗养，全年共安排 5 批、200 名抗日老战士到省荣康医院治病疗养。

2006 年 9 月，根据《中共中央办公厅转发〈中央宣传部、解放军总政治部关于红军长征胜利 70 周年纪念活动的请示〉的通知》，省民政厅下发《关于做好红军长征 70 周年纪念活动有关问题的通知》，要求各地采取各种形式，大力宣传红军长征精神，激发全省民政系统为实现安徽奋力崛起而奋斗；对在乡退伍红军老战士（含在乡西路军红军老战士、红军失散人员）逐户进行慰问并送去中央财政一次性慰问金 4000 元。10 月 19 日晚，安徽省纪念红军长征胜利 70 周年文艺晚会《放歌新征程》在安徽大剧院隆重举行。安徽省委、省人大常委会、省人民政府、省政协、省军区和有关方面负责人郭金龙、王金山、方兆祥、王明方、任海深、段敦厚、孙志刚、臧世凯、刘春良、詹夏来、王秀芳、张兰贵、黄岳忠、周本立、朱成林、胡连松、朱先发、赵树丛、陈心昭、方兆本、王鹤龄、刘光复、柯汉民、刘生、卢春祥、曲文、夏鹤，老同志史钧杰等，以及老红军、老战士代表与驻皖部队和武警官兵、各界群众代表 1500 多人一同观看演出。各地也结合实际，通过走访慰问和召开座谈会、报告会等形式，开展一系列丰富多彩的慰问活动。

2007 年，全省各地认真落实全国双拥办、民政部等 11 个部门联合下发的《关于开展“关爱功臣活动”的通知》精神，积极开展关爱和慰问革命功臣活动，对在乡红军老战士、复员军人、烈士遗属和残疾军人逐户登门进行慰问，帮助解决生活中的实际困难。

2008 年，是驻皖部队参加抗雪救灾、四川抗震救灾和防汛救灾等支援地方完成急难险重任务非同寻常的一年。在“八一”建军节期间，全省认真组织对优抚安置政策落实情况进行全面检查，重点检查“五项政策”的落实情况，特别是优待金和抚恤定补款的兑现情况，重点优抚对象医疗政策、部分企业退役人员“两保”接续政策及有关转业、退伍军人和军队离退休干部安置工作的落实等情况，发现问题及时解决。同时要求各地要以庆祝“八一”建军节为契机，主动配合新闻媒体大力宣传部队官兵在抢险救灾中的先进典型，宣传伟大的抗震救灾精神，宣传驻皖部队的重大贡献。

第五节　优抚基础工作

1978 年 10 月，按照民政部统一部署，省民政局成立优抚对象普查办公室。同年 11 月，选定安庆、滁县、合肥 3 地为普查试点。次年 3 月，全省各地陆续开展优抚对象普查，各市、县、区、社参加普查的民政干部和聘任人员计 58063 人。通过普查，全省共有烈属 32440 户，军属 249022 户，复员军人 181227 人，退伍军人 629851 人，退伍红军 362 人，退休人员 6997 人（其中军队退休干部 453 人），残废军人 30113 人，其中在乡 17582 人，在职 12531 人，带病回乡复员军人 18410 人，带病回乡退伍军人 20160 人，精神病人 1627 人，其中复员军人 588 人，退伍军人 1039 人。普查中发现，全省优抚对象中历年冤、假、错案计 1698 人，已平反 1343 人，占总数的 79%。结合普查，各地进一步落实优待工作和定期定量补助。

1990 年，全省开展优抚工作大检查，各地市县抽调 5593 名干部组成 1061 个检查组，检查 2301 个乡镇（街道）、1 万多个行政村（居委会）、1082 个企事业单位和 60 个优抚事业单位，还走访 1.84 万户优抚对象。检查结束后评出 1624 个先进单位。

1990 年，根据民政部的要求，按照“以证换证、原等原级”的原则，给全省 3.57 万名符合换证条件的伤残人员换发新的伤残优抚证。

1992 年，省政府正式颁布《安徽省〈军人抚恤优待条例〉实施办法》，省民政厅制定 11 项优抚工作细则，各地、市、县政府的有关部门及 1083 个单位也分别制定各自的优待办法，从而推动优抚工作的社会化。

1992 年 5 月，省民政厅制定出台的《安徽省革命伤残人员辅助器械修配管理工作细则（试行）》规定，下列革命伤残人员，由民政部门负责修配辅助器械：持有民政部制发的“中华人民共和国革命伤残军人证”、“人民警察伤残抚恤证”、“革命工作人员伤残抚恤证”、“民兵民工伤残抚恤证”的革命伤残军人、伤残人民警察、革命伤残工作人员、伤残民兵民工。并对配置各类辅助器械的条件、审批手续及费用、辅助器械使用年限等作出详细规定。革命伤残人员配置、修理三轮车、假肢及各种矫形辅助器械，由个人申请、县（市、区）民政局审查同意，填写省统一印制的介绍信，并带本人伤残证，经省民政厅优抚处批准，到省假肢厂配置或修理。

1995 年，针对基层优抚干部交流频繁、新手多和优抚工作出现新情况、难度大的特点，为提高各级优抚干部的理论政策水平和业务工作能力，省民政厅举办全省优抚干部业务培训班，对 112 名地、市、县、区的优抚科科（股）长进行优抚业务知识培训。此后每年省民政厅均召开全省优抚工作会议，以会代训。

1998 年 10 月至 12 月，经省领导批准同意，由省财政厅、民政厅共同负责，地、市、县（市）具体组织实施，在全省进行优抚对象普查。普查的范围为享受国家定期抚恤和定期定量补助的优抚对象的人数、分布（城镇、农村）情况、家庭生活状况、享受定恤、定补和优待补助标准的执行情况。省在普查的基础上，统一换发优抚对象定恤、定补证，重新确定带病回乡退伍军人定补审批办法，改进和完善抚恤事业费的管理办法，加强民政财务管理工作，有力地促进全省民政事业的健康发展。

2000 年，根据民政部、财政部《关于开展全国重点优抚安置对象和优抚安置事业单位普查工作的通知》要求，安徽省在全省范围内以县（县级市、市辖区）为基本单位，采取自上而下部署任务、自下而上采集数据的方式，由地方财政安排普查所需经费和信息管理系统经费，对重点优抚安置对象和优抚安置事业单位进行摸底普查，准确掌握优抚安置对象和优抚安置事业单位的实际情况，为下一步建立优抚安置信息管理系统做准备。

2001 年上半年，按照民政部、财政部的部署，开展重点优抚对象普查工作，全省投入普查经费 497.6 万元，新配计算机 88 台，分皖中、皖北、皖南三个片举办了普查人员业务培训班。通过各级精心组织、广泛宣传、严格程序、通力协作，圆满完成全省普查工作，掌握较准确的各类数据，从而为建立优抚安置信息管理系统打下基础。根据民政部、财政部的部署，各地组织 2 万人对重点优抚安置对象和优抚安置事业单位进行为期 4 个月的普查。全省享受抚恤定补优待的各类重点优抚对象共 275482 人，其中伤残人员 35791 人（伤残军人 33715 人、伤残国家机关工作人员 1615 人，伤残警察 316 人，伤残民兵民工 155 人），“三属” 22367 人（烈士家属 17181 人、因公牺牲人员家属 1988 人，病故军人家属 3198 人），“三红” 6763 人（在乡退伍红军老战士 35 人，在乡西路军红军老战士 3 人、红军失散人员 6725 人），在乡复员军人 87719 人，带病回乡退伍军人 122832 人，优抚事业单位 200 个（优抚医院 2 个，光荣院 49 个，革命烈士纪念建筑物重点保护单位 149 个）。

2004 年，省民政厅面向全省优抚工作者举办《军人抚恤优待条例》培训班。12 月 1 日至 2005 年 12 月 31 日，省民政厅按照《民政部关于换发伤残人员证件的通知》要求，为伤残人员（含残疾军人、伤残人民警察、伤残国家机关工作人员、伤残民兵民工）换发新式证件。换证期间，新旧证件均有效。从 2005 年 7 月 1 日起，旧证停止使用。到 2005 年 6 月底，在省政务中心和省民政厅集中对全省 “伤残军人证”、“人民警察伤残证”、“国家机关工作人员伤残证”、“民兵民工伤残证” 四类证件进行换发，下半年进行换证的扫尾工作。全省完成四类新证换发 31424 件。

2007 年，根据中央和省政府统一部署要求，全省各地落实中央关于调整部分优抚对象抚恤补助标准，向部分参战退役人员、原 8023 部队及其他参加核试验军队退役人员发放生活补助等五项政策。民政部门认真部署实施，开展调查登记、身份认定工作，并建立部门联动机制，在规定时限内圆满完成 “两参” 人员（即在农村的和城镇无工作单位且家庭生活困难的参战退役人员，不符合评残和享受带病回乡退伍军人生活补助条件、但患病或生活困难的农村和城镇无工作单位的原8023部队退役人员，以及其他参加核试验军队退役人员）的登记、审定及数据上报任务。

第三章　优抚事业单位

优抚事业单位是由国家兴办、民政部门管理的特殊社会福利机构,包括光荣院和优抚医院两大类。光荣院是国家兴办的、民政部门管理的,集中供养孤老优抚对象的社会福利机构,是对孤老优抚对象实行特殊生活、医疗保障的公益性优抚事业单位。收养对象是男年满60周岁,女年满55周岁的孤老优抚对象或者未满16周岁的烈士遗孤和因病、残生活不能自理,家中无人照顾的烈士子女。优抚医院是由国家兴办、民政部门管理的特殊社会福利机构,是专为残疾军人,带病回乡的复员退伍军人、患严重精神病的复员退伍军人进行医疗康复的场所,是对优抚对象实施特殊医疗保障的公益性优抚事业单位。

省民政厅直属荣军和荣康两所优抚医院,坚持全心全意为优抚对象服务的办院宗旨,扩大对外开放窗口,加强医德医风教育,加强基础设施建设,不断提高医护质量和服务水平,各项工作处于全国领先地位。安徽省荣军医院被民政部评为优抚医院先进单位,进入全国优秀优抚医院行列;省荣康医院被民政部评为优抚医院达标单位,两院都通过省卫生厅组织的二级专科医院评审。省荣军医院建成的5500平方米病房大楼于2000年投入使用。省荣康医院休养员大楼于2002年投入使用。省委、省政府对两所优抚医院的建设和发展高度重视, 2007年至2008年多次专门召开会议,要求有关省直单位和市、县认真落实党和国家拥军优属各项政策,积极支持优抚医院建设和发展,在“十一五”期间用3年左右时间完成两所优抚医院的搬迁扩建工作,建成具备一定规模、配套设施齐全、服务功能完善的现代化优抚医院。

光荣院系政府兴办、民政部门管理,专门集中供养孤老优抚对象并为其提供生活、医疗保障的特殊社会福利机构。截至2008年年底,全省共有光荣院54所,床位1137张。为加强光荣院管理, 2003年,省民政厅下发《关于加强光荣院规范建设做好农村老龄工作的通知》,并制定安徽省等级光荣院评审办法和安徽省光荣院等级管理标准,对一、二、三级光荣院的办院条件、供养标准、生活设施、院务管理、服务质量和院办经济六个方面制定具体的管理标准。当年评定肥东县光荣院、亳州市谯城区光荣院、和县光荣院和砀山县光荣院为省一级光荣院,由省民政厅挂牌表彰。2008年,省民政厅集中精力在全省范围内开展光荣院摸底调研工作,并积极协调省发改委、省财政厅等部门,联合编制《安徽省光荣院建设规划(2009年—2011年)》,并将光荣院建设列入2009年省政府民生工程之一。规划用3年时间,全省以市为主、部分县为补充,按照规模化、标准化、宾馆化的办院目标，集中建设30所政府举办的标准化光荣院；将全省孤老优抚对象的集中供养率初步提高到30%的水平，建立起以市级光荣院为中心，部分县区供养和居家养老为辅助的覆盖全省的孤老优抚对象服务体系。

第一节　优抚医院

1987年5月，根据民政部办公厅关于印发《全国革命残废军人休养院改革试行方案》的通知，位于桐城市的安徽省革命残废军人休养院（疗养院）更名为"荣誉军人康复医院"（简称"荣康医院"）。进一步明确省荣康医院是民政部门设立的优抚医疗事业单位，其业务工作接受当地卫生部门的指导，实行以康复为中心，康复、医疗、休养三结合的方针。主要接收特、一等伤残军人中具有下列条件之一者住院休养康复：1.因伤残后遗症需要经常医疗处置的；2.生活需要经常护理不便分散照顾的；3.独身一人不便分散安置的；接收在乡特、一等伤残军人中需要康复医疗者，作短期疗养或康复。

1988年，位于怀远县的安徽省荣军医院实行院长负责制，推行职工聘任制，试行经济责任制，增设3个病区，并设中医门诊和专家门诊。另在蚌埠设精神病专科门诊部，开设家庭病房、心理咨询、夜间出诊等服务项目。

1992年5月，为进一步加强省荣军医院、省荣军康复医院两所优抚医院的业务管理工作，省民政厅制定出台《安徽省优抚医院业务管理工作细则（试行）》，对两所优抚医院的办院宗旨、业务管理标准、病休员、医务管理、医疗保障等均作出详细规定。

1993年，省荣军医院被民政部评为"优抚医院达标单位"，1994年被民政部命名为"全国优抚医院先进单位"，进入全国优秀优抚医院行列；省荣康医院于1993年被民政部评为"优抚医院达标单位"。

1994年3月，省民政厅、财政厅下发《关于提高我省部分优抚救济对象定补定救标准的通知》，规定省荣军医院、省荣军康复医院复员退伍精神病员伙食补助，提高到每人每月80元，服装费、杂支费每人每月增加25元；省荣军康复医院休养员伙食补助提高到每人每月90元，服装费、杂支费、床被费每人每月增加35元；国家办光荣院供养人员伙食补助，提高到每人每月80元。

1996年，两所优抚医院都顺利通过安徽省卫生厅组织的二级专科医院评审。1997年，省财政厅、民政厅《关于提高我省部分优抚救济对象定补定救标准的通知》规定，凡属供养型人员保证其基本生活费，实行最低生活保障线的城市，其供养人员标准不得低于本市最低生活保障线规定的标准，补助型人员适当提高生活补助标准。自1997年元月1日起，省荣军康复医院休养员生活补助费为120元/月，省荣军精神病医院病员生活补助费为100元/月，光荣院供养人员为150元/月。

1998年，两所优抚医院共设有床位520张。2000年，省荣军医院新建成的5500平方米病房医技大楼竣工投入使用。2002年，省荣康医院休养员大楼也投入使用。

2003年3月，省民政厅制定出台《安徽省优抚医院文明窗口单位标准》，要求两所优抚医院要健全创建组织，重视队伍建设，实施规范管理，开展优质服务，营造优美环境。同时公布《安徽省优抚医院文明窗口单位考核评分办法（试行）》。截至2008年，省荣军医院有编制职工320人，编制床位400张，常年住院复员退伍军人精神病患者有400人左右，先后接收伤残军人和精神残疾军人住院和门诊2万多人次。省荣军康复医院有编制职工150人，编制床位200张，常年供养30余名一至四级残疾军人，同时分期分批接收全省以新中国成立前入伍为主的部分在乡老复员军人住院短期康复疗养。

2008年8月25日，安徽省委副书记、省双拥工委主任王明方，省委常委、省政府副省长赵树丛召集省直有关单位负责人，专题研究两所优抚医院建设和发展问题，批示要求加强全省优抚医院建设。省民政厅积极与相关部门沟通协商，迅速牵头成立省优抚医院建设发展工作领导小组暨办公室。领导小组主要负责两所优抚医院迁建的组织领导工作，研究和协调解决两院迁建中的相关问题，由省民政厅厅长刘健任组长，省民政厅巡视员陈文华、省发展改革委员会副主任张天培、省财政厅副厅长黄然、省卫生厅副厅长李劲风、省国土资源厅副厅长陈良纲为副组长。领导小组下设办公室，主要负责贯彻落实领导小组的工作意见和要求，指导两院组织实施迁建工作，由省民政厅巡视员陈文华兼任办公室主任，各成员单位相关处室人员和两所优抚医院负责人为办公室成员。领导小组建立联席会议制度，各成员单位共同调研、协调、研究和解决两院迁建中的问题。自此，省荣军、荣军康复医院的搬迁新建工作正式展开。其后数月，领导小组多次召开工作会议，对省荣军、荣军康复两所优抚医院的新院建设规划、发展规模、资金筹措和建设进程计划等进行讨论和审议。10月20日，省优抚医院建设发展工作领导小组研究议定：原则同意两所优抚医院发展规划，要坚持一次性规划、分步实施，集中精力用2至3年时间完成两所优抚医院迁建任务；省荣军医院建成总建筑面积3.6平方米、800张床位、配套设施齐全、服务功能完善的现代化三级精神病专科医院；省荣军康复医院建成2.6万平方米、400张床位、集医疗、康复、休养、疗养于一体的"大专科、小综合"二级甲等优抚医院；并按照规划确定的建设规模、时序和内容实施，严格控制投资规模，建设资金由省发展改革委员会、省财政厅、省级福彩公益金以及地方政府和医院共同筹措，并根据工程进度按比例拨付。2009年已完成立项、规划设计、环境评估以及地质勘探等前期准备工作。

第二节　省荣誉军人康复医院

安徽省荣军康复医院（以下简称荣康医院）为隶属于省民政厅领导的优抚医院。1949年成立于合肥，坐落在安徽省历史文化名城"桐城派"的故乡桐城市。

荣康医院是民政部规定的第一类型的优抚医院，并经安徽省卫生厅考核批准为"二级专科医院"。承担着安徽境内在乡特、一等革命伤残军人康复医疗和休养任务，并收治安庆、黄山、贵池3市所属14个县（市）在乡复退军人精神病患者；同时向社会开放，收治社会患者。

荣康医院占地面积5.7万平方米，按医疗区、宿舍区、服务区、绿化区布局。编制床位100张，实有床位120张，在编职工150人，离退休人员50人。医院设有疗养科、精神病科、内科、外科、理疗科、放射科、检验科、药械科等18个临床医疗和特检科室。

服务优抚病员　荣康医院坚持全心全意为伤残休养员服务的办院宗旨，不断增强为休养员服务的意识；把为休养员服务作为工作重点；实行集中管理，方便休养员的治疗和护理；采用长期住院、短期疗养等形式满足优抚病员各种情况的住院要求。灵活运用药疗、体疗、食疗和娱疗等多种方式，对休养员给予综合性或专科性的治疗；实行专人护理、协助护理与常规护理，使优抚病员得到妥善的治疗和休养。

图7-3-1

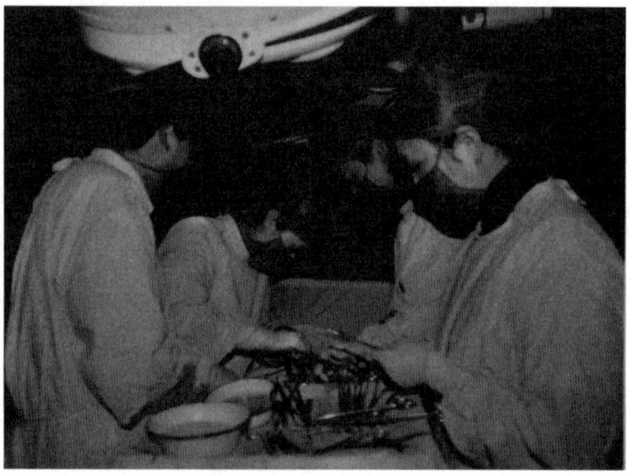

图7-3-2

为满足优抚病员的住院要求，医院组织人员先后走访40个市、县民政局，根据出现的新情况，及时制订《关于在乡特、一等革命伤残军人入院康复治疗和休养的规定》。对收治优抚病员实行全日、全年制，挂号、检查、取药三优先。对住院手续不完备的采取先收治，再由院与病员原籍民政局联系补办手续的办法，从而保证优抚对象能够及时住上院。对有特殊症状的病员，采取特殊处理办法，如患传染病同时又有外科疾病的，在治疗护理上打破科别界限，统筹安排。实际收治特、一等伤残休养员人数比上级有关部门规定的任务数超出25%，满足在乡重残休养员和收治范围内在乡复退精神病人住院的要求。

改善休养条件　1994年，为住院休养员添置保暖被；为优抚精神病员提高伙食标准；病房安装有线电视。1995年，为休养员购置洗衣机1台，对休养员衣被实行专机清洗；成立疗养科，对休养员实行集中管理，挑选精干医护人员为休养员服务。1996年，休养员病房全部配齐彩电，住院休养员三轮车全部换新；购买为方便休养员服务的依维柯救护车。1997年，为每个休养员更新羽绒被。1999年，为休养员配齐小型微波炉，更新澡盆、烤火炉、床头柜等生活用品。2001年，新建“宾馆式”的休养楼，大大改善休养条件。

1994年，建筑面积为1888平方米的门诊大楼落成，日门诊量可容纳400人次。2001年，近3000平方米的休养员病房楼竣工，使医用房面积从原来3400余平方米增至7300余平方米。添置一大批性能先进，在驻地有一定影响的医疗器械，如日本岛津300毫安X光机，日本东芝SSA-220A Ⅱ B超，奥林巴斯XQ20纤维十二指肠镜，美国产大型麻醉机、脑血流图，意大利产生化分析仪等，使单件万元以上的医疗器械从原先的1台增至26台（件）。

攻克技术难关　随着住院休养员年龄的增长，部分病员体质和自身免疫力逐年下降，相继出现各种疑难杂症。医务人员有针对性地展开技术攻关，运用湿润烫伤膏治疗大面积褥疮，解决因大面积褥疮导致局部骨组织坏死——感染性窦道——坐道支坏死的“三联顽症”。例如，特等伤残军人李全民臀部深度褥疮见骨，恶臭难闻，在外地大医院治疗近一年，未见好转。转入荣康医院后，医务人员并施手术和药物治疗，配合精心护理，终使李全民褥疮痊愈。身患脊髓瘤、胃炎、泌尿系统感染等8种疾病的特残休养员丁则喜，年已70岁，住院46年，在医务人员精心治疗下，先后8次“死里逃生”。荣康医院先后使生命垂危休养员转危为安近20人次。

规范医疗管理　省荣康医院以规范办院为目标，建立医疗规章制度，并编辑成册，其中部分公布上墙，使之有章可循。颁发《荣康医院文明行医实施细则》和《荣康医院文明规范用语及禁用语》。对医疗护理的管理，按规范化标准，进行量化考核，使会诊、查房、查对、值班、交接班、早会、术前讨论、疑难、死亡病例讨论、病房管理、基础护理、消毒隔离、医疗差错登记等都严格按卫生部门规定的标准执行。在病案文书管理上，医务科、护理部严格把关，归档病历6000余份，基本做到统一、规范，达到归档病历标准。1999年新开设肠道门诊，按卫生主管部门要求，对传染病患者逐个登记，逐月上报疫情。由于医疗管理逐渐走上规范，荣康医院在申请二级专科医院执业注册、登记时，一次性通过省卫生厅专家组考核验收，领取执业许可证。

提高医疗质量　在医疗机构设置上，扩大临床治疗和检查科室，使之从原先的6个发展到2001年年底的18个，形成大专科、小综合的格局。为适应医疗事业发展，加强人才培养，组织医务人员到安徽省和外省的一些医院参观学习，临床观摩；扩大与兄弟医院间的信息交流；请部分医技精湛的专家、学科带头人到院讲学，临床传帮带；安排医技骨干外出进修，参加新技术培训班和学术讲座、专科性年会；抓好岗位培训。建立示教室，对医护人员进行电化教育和逼真式模拟操作；按照上级的统一部署，组织医务人员认真学习执业医师、护士法，77名医务人员经考核批准，获得执业资格；鼓励职工利用业余时间自学，号召职工参加函授、成人自学高考、高护和“五士”（ ）资格考试，职工中已取得大专以上文凭的有50余人，占在岗职工人数的三分之一。

严格执行民政部颁布的“优抚医院达标创优”标准。部分科目取得突破性进展。如外科手术，1993年前，只能开展一二类小手术，1994年后，一些大的课题纷纷被突破。1996年攻破贲门癌切除等进胸手术。1997年，开展股骨头置换、骨折外支架固定、胃肠吻合器、B超引导下实施肝脓肿引流穿刺等新技术。1998年，成功地为大面积褥疮患者进行感染创面和疤痕切除后邮票植皮术。1999年，对下腹部手术麻醉，采用硬外麻加腰麻复合麻醉新技术，缩短麻醉诱导时间。放射科开展放射介入治疗新业务，检验科开展生化分析、血计数、PT检查等13项新项目。2000年，检验科增设细菌室服务项目。精神科在临床应用新药以及药疗与娱疗相结合上也取得比较满意的效果。

由于整体医疗质量的提高，在完成对内服务的基础上，努力挖掘潜力向社会开放，走平战结合的办院道路，使医院在社会效益上赢得信任和声誉。在经济效益上，对外创收有一定的增长，2001年的经济效益比1993年增长1.7倍。

2003年，省民政厅党组调整省荣军康复医院领导班子，吴毅任院长，新班子提出“团结、创新、实干、廉洁”八字为座右铭。院组建公关组织，首次开始面向社会各类人员提供健康体检项目。桐城市确定省荣军康复医院为城镇职工基本医疗保险定点医疗机构和精神病防治中心。当年，医院完成首例外科全髋置换、食道中上段癌症根治、单肝叶切除手术。开通院内虚拟网电话。

2004年，省荣军康复医院首次采用公投方式选举4名廉政监督员，参与医院相关重大经济活动，并首次聘请常年法律顾问，使各项重大决策步入法治化轨道。依据国家经济政策，注销院实业公司。

2005年，根据省民政厅、省财政厅、省军区政治部、省卫生厅、省劳动和社会保障厅要求，省荣军康复医院组建疗养二科，自7月22日起，正式开展分批分期接受全省以抗日复员老战士为主体的复员老战士到院短期疗养工作。为住院优抚病员健身娱乐服务的“星光之家”正式竣工。将女精神科（精神二科）、妇产科、麻醉科（手术室）提升为正式建制科室。正式实施利用电脑网络打印一日发票报销清单，结束延用50多年手工书写票据的历史。院首次招聘主攻心血管方向的硕士研究生。被省民政厅授予“全省民政系统文明窗口单位”荣誉称号；经省机构编制委员会审查，被评为“全省事业单位免检单位”。

2006年，组建五官科。购置数字化X光机和全自动生化分析仪，病房全部配置空调。积极参与驻地政府开展的扶贫帮困活动，扶持2个贫困村开展社会主义新农村建设。省荣军康复医院被列为桐城市新型农村合作医疗定点医疗机构和医疗费用直报单位。妇产科取得执业证照。药械科被批准为规范药房。

2007年，省荣军康复医院为住院优抚休养员配备电脑，安装宽带网，开创国内同类优抚医院的先河。组织嘉宾队参加安庆电视台《黄梅阁》栏目宣传活动，制作墙体广告牌55块。被正式授牌“省级花园式单位”。

2008年，省荣军康复医院经与桐城市人民政府进行多次磋商，双方正式签订《省荣康医院搬迁重建协议书》，初步议定异地搬迁重建事项。医院购置CT、高频X光机及CR系统等医疗设备，共计875万元。首次开通省荣军康复医院网站平台，与桐城人民广播电台建立协作关系。5月12日汶川地震，全院干部职工为汶川地震灾区捐款6万元。

第三节　省荣军医院

安徽省荣军医院（以下简称“荣院”）前身是华东军区的一支医疗队，后改建为“华东军区革命残废军人疗养院”。曾组建为“安徽省革命残废军人速成中学疗养院”。后改名为“安徽省革命残废军人疗养院”“安徽省荣复军人医院”。

图 7-3-3

1978 年 8 月改名为“安徽省荣军医院”。荣军医院是安徽省唯一一所收治在乡复员、退伍军人中精神病患者的专科优抚医院。位于蚌埠市郊怀远县城，占地 3 万平方米，编制床位 400 张，实有床位 480 张，编制职工数 320 名。在 174 名卫生专业技术人员中，高级职称 8 名，中级职称 62 名。门诊除设有精神病专科外，还设有神经内科、内科、外科、妇科、口腔科等。住院部设 8 个精神病区（其中一个女病区），一个综合病区。系省政府指定的精神医学鉴定医院，负责蚌埠行政区域内精神病医学鉴定工作，也是蚌埠市卫生部门选定的城镇职工基本医疗保险定点医疗机构。

荣院坚持全心全意为荣誉军人服务的宗旨，坚持以医疗工作为中心，不断提高业务技术水平；坚持科学化、规范化、制度化管理，坚持加强领导班子和中层干部队伍建设，坚持狠抓基础设施建设，年年办实事，使院容院貌焕然一新。1993 年，荣获全国民政系统护理知识、技能比赛第三名。1994 年，被民政部评为“全国优抚医院先进单位”。荣院先后被评为“蚌埠市文明单位标兵”，被省体育局评为“全民健身先进单位”“安徽省全民健身示范点”。

全力服务院民　荣院将 80% 的床位用于收治荣军病员，只要各地民政局联系优抚对象住院，都能简化入院手续，随到随收，并做到“三个优先”，即病床安排上优先，疾病检查、新设备新技术应用上优先，医疗、护理、生活服务上优先。对新入院的荣军病员，及时仔细诊断，积极治疗，精心护理，尽快控制病情，缓解症状；对危重伴有躯体疾病的患者，及时请兄弟医院专家到院会诊，组织力量，积极抢救，多次使他们转危为安；为解决部分孤老、慢性迟钝、无家可归的病人长期住院问题，荣院与有关市县民政局签订长期住院协议。为使收治对象在住院期间康复快、生活好，医院把经费主要投入到为优抚对象服务上。多次提高荣军病员的伙食标准，想方设法调剂伙食，做到每周有食谱，饭菜多样化，保证病人吃好吃饱。建成新病房大楼，更新楼内医疗、生活娱乐设施。安装空调、彩电，配发乒乓球桌、收录机、扑克、象棋等，开办工娱疗室。每年投资几万元添置衣服被装，使荣军病员真正感受到安全感、亲切感、愉快感。为方便在乡荣军病员的就诊，该院每年都安排巡回医疗队到各地巡回医疗，免费送医送药下乡入户，深受荣军病员的欢迎和当地政府的高度评价。

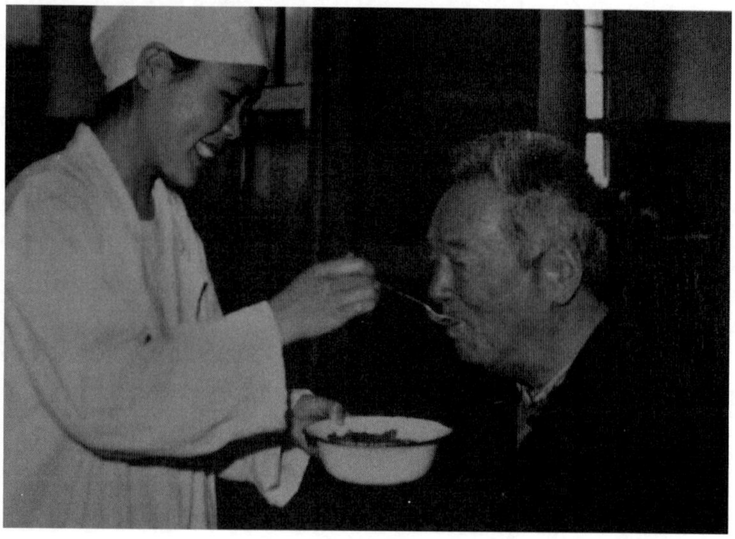

图 7-3-4

重视人才培养 努力培养和造就一批医德高尚，技术精湛，作风严谨的医护工作者，不断提高医疗技术服务水平。有计划地每年接收一定数量的大中专毕业生充实到临床，提高临床服务水平，保证医护质量；坚持卫生专业技术人员的业务学习制度，每周四下午定为业务学习时间，年终进行业务考试；分期分批对医护人员进行业务培训，指定资深医护人员进行传、帮、带；年年举办外语学习班，提高医护人员的外语水平；经常邀请国内知名专家到院讲学，支持医护人员自修专业，钻研业务，积极撰写学术文章；每年都选派一定数量的医护人员到外地进修深造，参加全国卫生系统各类学术活动和学习班，吸众家之长，补己之短。据统计，2000 年和 2001 年，先后有 33 人次参加外语学习班；37 名护理人员参加自学高护班学习；有 14 名医生、护理人员参加由省人事厅委托蚌埠医学院举办的在职大专班学习；发表学术文章 112 篇，其中在国家级刊物上发表和会议交流的文章有 67 篇，省级刊物发表和会议交流的文章有 45 篇；外出进修深造 13 人次；参加各种全国性学术活动和学习班 38 人次。

规范医院管理 省荣院结合医院内部的实际情况和对外开放的需要，先后对各项规章制度不断进行修改、完善、充实。建立健全行政、医疗、护理、后勤管理、财务等规章制度 300 多个。并对服务态度、任务要求、质量标准、技术规范、劳动纪律、违章违纪的检查处理、各岗位的人员职责、财务审批、后勤管理、先进集体及先进工作者的评比奖励、职工的年终考核等等，都作了明确的规定。做到行行有职责，样样有程序。坚持依法治院，以德育人，用制度管人管事，该奖的奖，该罚的罚。在实施过程中，实行分层管

理，逐级负责，做到既有集中统一的领导，又有分管的职权。坚持全年有工作计划，年终有总结评比，月有工作重点，周有工作安排，从而保证了医院各项工作的顺利开展。

荣院重视加强中层干部队伍的建设。坚持每月两天中层干部参加党委中心组学习，提高政策理论水平；先后有13名中层干部取得民政大专专业证书；多次举办中层干部学习班、培训班，由院领导亲自上课，提高中层干部的政治思想素质，提高工作能力和管理水平；经常安排行管干部外出参加全国性思想政治工作、人事工作等学术活动和专题研讨会，拓展视野，接受新方法、新技术、新理论；组织中层干部到其他省市同类医院参观学习，吸取外地优抚医院改革发展的新举措、新经验，取其之长，补己之短；支持中层干部在职责范围内大胆开展工作，帮助他们解决实际困难。

健全用人机制　从1988年4月起，荣院在全国优抚医院中率先实行干部职工逐级聘任制，大胆解放思想，制订“职工聘任条例”，规定了聘任的原则、方法、程序及解聘续聘和相应的工资待遇，实行定岗定编，采取公平竞争、择优录用，双向选择、优化组合，打破干部与工人身份的界限，废除干部终身制。院级领导由省民政厅聘任。中层干部由院党委研究决定，报省民政厅备案，由院长聘任。科室以下人员由科主任聘任。每轮聘期三年，对于落聘、待聘人员，实行相应的折扣工资，取消奖金待遇，将责、权、利密切地结合起来，充分体现奖勤罚懒、多劳多得的原则。在四轮聘任中，先后从本院聘任院（处）级领导干部5名，有19名工人身份人员聘为行管干部，其中5名聘为院中层干部。另外，先后有8人落聘，解聘5名不称职干部，17名职工被解聘。

拓宽服务范围　省荣院面临着社会主义市场经济条件下事业发展与经费短缺的矛盾，除积极争取上级财政投入外，重视对外创收，走自我发展之路，让荣院走向社会，让社会了解荣院。从1991年起，该院在保证完成收治荣军病员任务的同时，积极挖掘潜力，在400张编制床位的基础上，增加80张床位，收治社会精神病人。研究制订“经济目标管理责任制”。成立院经济目标考核小组。根据荣院实际情况，确立年度经济目标，然后层层分解到各科室，院科两级签订责任书。院经济目标考核小组每月分析考核，各科室凡每月完成指标的，发每人基本奖金，超指标以后，院科两级按利润6∶4分成，每月兑现。

经济有目标，创收有动力。经济目标责任制实行以后，极大地调动全院职工的积极性，它拉开分配上的档次，打破分配上的平均主义，刺激创收的增长。在全院职工的共同努力下，自身创收的收入每年抵顶预算内支出近40万元，靠创收收入添置医疗设备，改善院内设施和办公条件，弥补公费医疗的超支，为医院的发展建设提供一定的物质保障。

改造院容院貌　1997年，省计划委员会立项批准该院复建一座新病房大楼，总建筑面积5582平方米，总投资789万元。新病房大楼1998年10月动工，2000年6月竣工投入使用。其外观和内部设施在全国优抚医院及省内同类医院中都属一流。该院新病房大楼的建成，极大地改善荣军病员的住院条件，使荣军病人实实在在地享受到改革开放和社会发展的成果，真真切切感受到党和政府的关怀。

荣院重视外部形象建设，加大对院容院貌的改造。逐年对院内道路、树木、花园、厕所、垃圾箱等进行修缮、改造，专门配备花工，经常对花草树木进行修剪。特别是病房楼投入使用以后，该院对院内的环境进行整体规划，合理布局。购买高羊毛美州虎草坪1400平方米，装饰美化前后花园；在花园的周围安装庄重典雅的仿汉白玉兰栏杆，底座配以酱红色瓷砖；花园的四周铺设3000平方米的彩色方块砖；在篮球场侧浇灌300平方米左右的水泥路及地坪，和原来的三条水泥路连接起来，形成围绕花园和篮球场的环形路，再配上路边生长旺盛的广玉兰树木，为院民提供一个绿树成荫、草坪茵茵、空气清新的工作、疗养、休闲的良好环境。

同时更新病房大楼的内部设备。为9个病区的护士办公室和病人活动室配备空调，活动室内安装有线电视和钢塑餐桌椅；新建一座160立方米的蓄水池，地下泵房主机全部联网，自动化操作，24小时不间断供水；新建一座现代化的配电房，安装400千瓦新变压器，更新供电线路，极大地改善了医院的用电状况。通过政府采购中心购置现代化的洗涤机、甩干机、烘干机、烫平机、消毒机等设备，彻底地解决过去病人衣被洗不净、损坏霉变的现象，减少交叉感染，保证病人健康。改造病员食堂，更换铝合金门窗，粉刷墙壁，安装铝扣板吊顶，铺设地砖，外墙贴上白色的瓷砖，购置一批现代化炊事用具，改善病员与职工的供热条件。

2003年7月，蚌埠市怀远县遭受严重的洪涝灾害，省荣军医院先后组织三支医疗队奔赴受灾较重的万福镇为灾民义诊。在“非典”防治期间，先后有4名医务人员奔赴“抗非”一线，支援地方政府开展“非典”防治工作。

2004年2月，省荣军医院被授予蚌埠市“拥军优属模范单位”和“安徽省第六届文明单位”荣誉称号。9月，承办全国民政系统第四次护理学术会议暨学会常务理事、杂志编委会议。

2005年4月，省荣军医院开展2004年中央转移支付地方经费项目怀远县“精神疾病监测及干预项目”。7月，承办国家公共卫生项目——精神疾病监测及干预项目规范化治疗培训班。9月，省民政厅党组任命新一届领导班子。10月28日，为庆祝长征胜利70周年，省荣军医院在怀远县委、县政府举办的主题为“万水千山总是情”歌咏比赛中荣获“二等奖”。12月，被蚌埠市委政法委授予“‘四五’普法先进单位”称号。

2006年3月6日，省直属机关妇女工作委员会举办“第四届省直机关女性风采大赛”，该院护士职业装及礼仪表演队代表省民政厅参加比赛，荣获二等奖。4月，被安徽省委、省人民政府授予“安徽省第七届文明单位”。5月18日，蚌埠医学院附属安民医院正式在省荣军医院挂牌。12月，被省民政厅授予“全省民政系统文明窗口单位”荣誉称号，被蚌埠市综治办、蚌埠市卫生局授予“平安医院”称号。

2007年1月，全院进行第五轮干部职工聘任工作。2月，在蚌埠市纬四路购买门面房259平方米，蚌埠门诊部搬迁到新址开诊。蚌埠市委、市政府授予省荣军医院“蚌埠市第十二届文明单位”。4月，代表省民政厅参加安徽省首届妇女健身活动展示大会，健身秧歌比赛获得第七名。7月，省政府副省长任海深为团长，省政协副主席俞祖彭、省政府副秘书长牛弩涛、省军区后勤部长茅昌林、省民政厅副厅长陈文华及省粮食局副局长孙良龙等为成员的省“八一”慰问团一行到院亲切看望慰问荣军病员和干部职工。10月10日，在蚌埠市梧园广场举办“心的和谐——世界精神卫生日宣传活动”。11月，成立精神病学教研室，承担蚌埠医学院精神病学系教学任务。12月，被怀远县委、县政府评为“社会治安综合治理先进集体”。

2008年2月1日，省荣军医院业余文艺演出队赴合肥参加省政法系统团拜会的演出。5月18日，由工会牵头开展汶川地震赈灾募捐活动，仅一天时间就募集到5万元捐赠款。5月28日，省荣军医院150名共产党员和6名入党积极分子再次以“特殊党费”的形式捐款33211元。6月，由光明日报社出版，中国卫生与健康促进会、中国民康医学杂志社编写，田维才主编的《实用临床精神医学》在全国发行。该书内容系统全面，几乎覆盖所有精神科的临床内容，是一部精神科实用性大型参考书。省荣军医院护理部副主任黄冬琳独立完成该书精神科护理相关问题精要部分的编写工作。7月23日，安徽省委副书记王明方、省人大常委会副主任胡连松、省军区副司令员向孝民、省民政厅厅长刘健等率省“八一”慰问团，深入病区亲切看望慰问荣军病员和医务工作者。

第四节 光荣院

光荣院最早称烈属光荣院，后来称光荣敬老院，简称光荣院。光荣院主要收养对象：无亲属依靠、失去劳动能力的孤老烈属包括病故、失踪军人的直系亲属、无人照料的烈士遗孤、个别无依无靠、年老体弱、丧失劳动能力的退伍老红军、残废军人以及同等情况贡献较大的复员军人等。

1980年12月，全省烈属养老院工作会议决定，烈属养老院均改称为光荣敬老院，以收容无依无靠的孤老烈属为主，各院职工包括护理人员与院民比例为1 ∶ 3，职工中护理、服务人员须达70%，每月直接用于烈属费用约30元，医药费、丧葬费按在职职工标准另列。有条件的院可适当开展副业生产，收入用于改善生活。和县、萧县和巢湖市光荣敬老院，为实行院长负责制和经济承包责任制的试点。

1985年，省民政厅根据民政部的指示，对全省光荣敬老院进行重点调查和全面登记。截至1986年6月，全省有县市办的光荣敬老院22所，床位395张，住院老人303人，其中孤老烈属115人，孤老残废、复员军人167人，其他21人；职工156人，与老人比例为1 ∶ 2；平均供养一位老人年开支1635元，实际老人生活费用占总开支的三分之一。

1986年，省民政厅拨款20万元，维修11所县办光荣院，其中两所光荣院购置了救护车。1987年11月，省民政厅根据民政部《光荣院孤老供养暂行办法（草案）》规定：凡符合入院条件的老人，由所在乡村、街道与光荣院签订合同，办理入院手续；老人进出院自由。在院期间，不迁户口，个人房屋、财产由原单位登记，专人保管；老人进院后，原乡村、街道给老人的口粮、食油和优待款按原标准定期转交光荣院统一掌握使用。

1988 年，省民政厅对和县、萧县和巢湖市光荣院的老人生活情况、管理制度、经营效益进行调查，3 个光荣院基本保证老人的生活。同年，省民政厅拨给 13 所光荣院维修经费 20 万元。次年，民政部下拨 30 万元，省民政厅下拨 19 万元，维修 12 所光荣院。

1989 年年底，全省有县市办的光荣院 24 所，床位 408 张，收养老人 350 人。部分光荣院居住条件和设施得到改善，为老人添置沙发、电扇、彩电、洗衣机等。老人伙食标准一般由原来每月 28 元提高到 40 元左右，有的达到 50 元以上。

1989 年安徽省各县（市）光荣敬老院预算资金收支情况统计表

表 7–3–1　　单位：元、人、元／人

地区	收入合计	支出合计	年末结余	院民人数	职工人数	按人平均经费支出水平	
						业务支出	年均人生活费
合计	1412900	11052	3077	347	188	3112	752
肥东县	93500	935	0	12	5	7791	600
凤台县	12100	121	0	7	7	1728	1428
濉溪县	25300	253	0	6	10	4216	516
亳州市	72200	705	17	19	5	3710	900
阜阳县	53500	523	12	18	5	2905	1183
临泉县	57500	574	1	10	8	5740	810
太和县	83900	729	110	20	14	3645	940
涡阳县	41300	393	20	91	04	366	666
蒙城县	27800	252	26	8	3	3150	987
阜南县	67900	679	0	19	14	3573	484
颖上县	51700	517	0	5	8	1034	700
宿州市	30300	303	0	6	5	5050	1050
砀山县	178200	846	936	18	22	4700	1105
萧　县	90300	903	0	30	22	3010	793
灵璧县	61900	579	40	9	7	3633	400
滁州市	51800	518	0	10	5	5180	1040
来安县	71000	316	394	8	5	3950	725
郎溪县	9200	92	0	2	0	4600	350
泾　县	33700	263	74	12	7	2191	541
寿县	141900	319	1100	18	9	1772	605
霍邱县	38700	387	0	44	4	879	452

续表 7–3–1

地区	收入合计	支出合计	年末结余	院民人数	职工人数	按人平均经费支出水平	
						业务支出	年均人生活费
庐江县	19000	190	0	10	4	1900	790
无为县	14900	149	0	17	2	876	605
和　县	85300	506	347	30	7	1686	760

说明：本表根据 1989 年民政事业统计年报、民政事业费决算资料汇编

1992 年，全省各地筹资 891 万元，对光荣院危房和破损的烈士纪念建筑物进行维修。砀山、萧县、灵璧、霍邱、广德分别改造或兴建光荣院。1993 年，广德、砀山光荣院被民政部授予“文明光荣院”称号。

1997 年，全省共有县办光荣院 30 所，与社会福利院合办的 21 所，收养孤老优抚对象 945 名。2000 年，全省有烈士陵园 38 个，光荣院 33 个，优抚医院 2 个。当年，民政部和各级财政投入资金 900 多万元，用于维修烈士纪念建筑物、光荣院和改善光荣院院民的生活、居住条件及烈士陵园的基础设施建设。优抚事业单位还充分利用自身条件，因地制宜发展经济，以园（院）养园（院），开展多种形式的创收活动。全省优抚事业单位年创收 1000 多万元，缓解烈士陵园、光荣院资金不足的困难。

安徽省优抚安置单位情况统计表

表 7–3–2　　单位：人、个、万元

年份		1994 年	2001 年
单位数（个）		114	130
年末职工人数（人）		2036	2139
资产合计		–	17267
	固定资产原值	–	13187
负债合计		–	3458
净资产合计		–	13436
	事业基金	–	480
收入合计		–	7813
	财政补助收入	–	5430
	事业收入	–	1636
支出合计		–	7440

安徽省优抚类收养性单位情况统计表

表 7-3-3　　　　　　　　　　　　　　　　　　　　单位:个、人、张、人天、人次

年份			1994 年	2001 年
单位数（个）			43	51
年末职工人数（人）			759	468
		医护人员	464	463
	年末床位数		1381	2036
		光荣间床位	484	510
	年在院总人天数		286443	389609
年末在院人数			963	1071
	女性		43	58
	在院人员按性质分	优抚对象	862	1001
		“三无”对象	95	70
		自费人员	25	–
	在院人员按年龄分	老人	773	835
		青壮年	218	230
		儿童	2	6
康复和医疗门诊人次数			38467	52494

2003 年 3 月，省民政厅制定出台《安徽省光荣院文明窗口单位标准》，要求光荣院要健全创建组织，重视队伍建设，实施规范管理，开展优质服务，营造优美环境。同时公布《安徽省光荣院文明窗口单位考核评分办法（试行）》。

2003 年 5 月，安徽省有独立或两院合一的光荣院 51 所，共有床位 2030 张，收养近 1100 位老人。为解决光荣院工作存在的问题和困难，促进全省光荣院和农村老龄工作健康发展，省民政厅下发《关于加强光荣院规范管理进一步做好农村老龄工作的通知》，要求光荣院要提高思想认识，端正办院方向；坚持以养为主，加大资金投入；加强集中供养，提高供养水平；完善规章制度，实行等级管理；开展社会服务，拓展养老业务。并制定《安徽省等级光荣院评审办法》和《安徽省光荣院等级管理标准》，分别对一、二、三级光荣院的办院条件、供养标准、生活设施、院务管理、服务质量和院办经济等 6 个方面的标准作出具体规定。

2006 年，为进一步加强光荣院规范管理，提高办院质量和服务水平，省民政厅组织开展省“一级光荣院”的评定验收工作。经验收，2006 年 12 月，省民政厅下发《关于命名亳州市谯城区光荣院等四所光荣院为省“一级光荣院”的决定》，命名亳州市谯城区光荣院、肥东县光荣院、砀山县光荣院、和县光荣院为省“一级光荣院”，在社会上产生积极的影响，促进光荣院的建设发展。

全省光荣院经过多年建设发展，截至 2007 年年底，全省共有 54 所，床位 1137 张。

其中独立建院的14所，与福利院、敬老院、老年公寓等其他单位共建的40所。市级光荣院1所，其他光荣院分散在县里，实行以县为主的管理体制，集中供养了667名孤老优抚对象。1998年至2007年近10年间，中央、省级和市、县级等各级财政（自2000年起包含福彩公益金）共投入4015多万元，用于维修光荣院基础设施建设和购置配套设施设备，明显改善光荣院院民的生活、居住条件，不断提高管理水平，优化服务职能，充分营造“爱心献功臣”的良好社会氛围。

但是，由于种种原因，全省光荣院普遍存在着规模小、投入少、集中供养率较低等问题。2007年，经过中央办公厅督察室和民政部组成联合调查组先后对河北、河南、江西、安徽四省光荣院建设与服务管理工作进行的专题督察调研，以及省民政厅的积极反映，安徽省委书记郭金龙于2007年3月1日作出批示：“请省有关部门研究，下决心改善条件、改进工作。”

2008年，省民政厅集中精力在全省范围内开展摸底调研工作，并积极协调省发展改革委员会、省财政厅等部门，联合编制《安徽省光荣院建设规划（2009—2011年）》，经2009年省政府常务会议审议通过，并将光荣院建设项目列入“安徽省2010年民生工程”。提出用三年的时间，全省以市为主、部分县为补充，集中建设30所政府举办的标准化光荣院，将全省孤老优抚对象的集中供养率初步提高到30%的水平，建立起以市级光荣院为中心，部分县（市、区）和居家养老为辅助的覆盖全省的孤老优抚对象服务体系。

第五节　烈士纪念建筑物

革命烈士纪念建筑物，是指为纪念革命烈士专门修建的烈士陵园、纪念堂馆、纪念碑亭、纪念塔祠、纪念雕塑等建筑设施。根据革命烈士纪念建筑物的纪念意义和建筑规模，革命烈士纪念建筑物分为下列保护单位：全国重点保护单位；省、自治区、直辖市级保护单位；自治州、市（地区、盟）级保护单位；县、（市、旗）自治县级保护单位。未列为县级以上保护单位的革命烈士纪念建筑物，由建设单位负责管理保护。列为县级以上革命烈士纪念建筑物的保护单位是全额拨款的事业单位，由所在地人民政府的民政部门负责管理。确定全国重点革命烈士纪念建筑物保护单位，由民政部报国务院批准后公布。确定地方各级革命烈士纪念建筑物保护单位，由该级人民政府的民政部门提出，报同级人民政府批准后公布，并报上一级人民政府的民政部门备案。

1976年3月，省民政局根据安徽省委批示，同意濉溪县在双堆集兴建烈士纪念塔。1977年7月，省民政局、财政局拨款44.5万元，支持六安、阜阳、滁县、安庆、宿县、徽州、巢湖7个地区和淮北市完成烈士纪念建筑物重点维修项目。

1981年，安徽省革命烈士事迹陈列馆在合肥市大蜀山建成。1983年至1984年，省政府拨款28万元，兴建革命烈士遗物陈列室，维修定远藕塘、宿州、天长、岳西、濉溪双堆等地烈士陵园。

1986年，民政部、财政部下发《关于对全国烈士纪念建筑物加强管理保护的通知》，规定对烈士纪念建筑物实行分级管理的办法，对现有和今后新建的烈士纪念建筑物，根据其纪念意义及规模大小，分别确定为全国重点保护单位、省（自治区、直辖市）保护单位和县（市）保护单位。烈士纪念建筑物由所在地人民政府负责管理保护。其中，列为全国重点保护的，由中央财政拨给维修补助经费；列为地方各级政府保护的，由地方拨给维修费。

1986年8月，全省已建烈士陵园34处，其中附有烈士事迹陈列馆的20处。有烈士纪念碑、塔、亭、墓198处。同年，省政府拨款50万元，维修18座烈士陵园。1987年，省民政厅调查25所烈士事迹陈列馆室、164座烈士纪念建筑物后，增拨维修经费50万元，重点维修24座烈士纪念建筑物。当年，全省有35所烈士纪念馆实行对外开放，增设4所烈士事迹陈列馆室，增展28名烈士事迹，共接待瞻仰、凭吊群众1399834人次。各地用于烈士纪念建筑物的建设经费达909560元，维修费1259720元。

1988年，省民政厅印发《关于全省革命烈士纪念建筑物管理保护情况和今后意见的通知》，明确规定凡列入各级管理保护单位的烈士纪念建筑物，所在地应将其纳入当地城镇建设总体规划；列入省以上重点保护单位的由所在地人民政府负责管理，其正常维修经费由当地财政解决；未列入重点保护的烈士纪念建筑物也要明确由当地乡镇政府负责保护维修，并由乡财政负担经费。

1988年，省民政厅拨给23个市、县烈士纪念建筑物维修费54万元。宿县地区及凤阳、霍山等地群众集资、出工、出力，维修烈士纪念建筑物。当年，全省有烈士陵园35座，占地3720亩，绿化覆盖面95%；烈士纪念塔23座，烈士纪念碑145座，烈士纪念亭19座，烈士墓594座；烈士事迹陈列馆25个，群众陈列室172间，面积7394平方米，陈列烈士遗像或事迹5823人；另有分散各地的烈士纪念建筑物200多处。市管理的烈士陵园2座，县（市）管理的33座。分散烈士纪念建筑物大多由所在的区、乡、镇管理。

1989年8月，省政府公布安徽省第一批省级重点烈士纪念建筑物保护单位，分别为：安徽省革命烈士事迹陈列馆、涡阳烈士陵园、宿州烈士陵园、皖西烈士陵园、金寨烈士陵园、藕塘烈士陵园、岳西烈士陵园、东至烈士陵园、黄山烈士陵园（黄山区）、许家朋烈士碑（绩溪）、李家发烈士碑（南陵）。其中，安徽省革命烈士事迹陈列馆和皖西烈士陵园被国务院批准列为全国重点烈士纪念建筑物保护单位。

1990年，为迎接“皖南事变”50周年纪念日，省拨款190万元兴建的“皖南事变”烈士陵园于12月24日在泾县落成。中央军委主席邓小平为纪念碑题写“皖南事变死难烈士永垂不朽”碑文，中共中央总书记江泽民、国务院总理李鹏以及叶飞为陵园题词。1990年5月，国务院批准安徽省皖南事变烈士陵园为全国重点烈士纪念建筑物保护单位。

1991年，各地按照中央宣传部、国家教育委员会、文化部、民政部、共青团中央、国家文物管理局《关于充分运用文物进行爱国主义和革命传统教育的通知》精神，各级革命烈士纪念建筑物保护单位主动与教育部门合作，把纪念馆、烈士陵园和各种纪念设施建设成思想政治教育的课外基地，运用革命文物进行教育活动，有重点地举办近现代历史、中国国情和革命传统的专题文物展览，并与教育部门共同组织好参观活动，对在校学生实行参观优惠和免费开放，组织开展假期社会实践活动。

1992 年 5 月，省民政厅出台《安徽省革命烈士纪念建筑物管理工作细则（试行）》，确定管理好烈士纪念建筑物的标准：坚持管理工作方针和宗旨，全体职工团结一致，尽职尽责，使烈士纪念建筑物充分发挥教育作用；各项规章制度建立健全，坚持实施；烈士纪念建筑物维护管理好，不破不损，设施完好；经常保持整洁卫生，环境优美；纪念馆陈列的内容准确、充实、美观，经常开放；编制适当，开源节流，经济效益好。省民政厅主管全省烈士纪念建筑物管理工作，负责给予业务上的指导；地、市民政局监督本地区烈士纪念建筑物的管理工作；县（市）民政局直接领导本县（市）烈士纪念建筑物维护管理工作。

1995 年 1 月，民政部《关于确定爱国主义教育基地和加强烈士纪念建筑物建设的通知》确定李大钊烈士陵园等 100 处烈士纪念建筑物为民政部第一批爱国主义教育基地。宿州烈士陵园、金寨烈士陵园、安徽革命烈士事迹陈列馆、皖西烈士陵园、皖南烈士陵园等 5 处名列其中。

1996 年 2 月，中共中央办公厅、国务院办公厅印发《关于严格执行建立纪念设施有关规定的通知》，明确规定：建立纪念设施必须报经党中央、国务院批准，必须严格按照规定程序报批。未经党中央、国务院批准，不得新建个人纪念馆和设立个人故居，也不得在公共场所、工作区域修建任何历史事件的纪念设施和个人塑像、纪念碑、纪念亭等。各地区、各部门、各单位对建立纪念设施问题，要按照中央的要求从严把关。1996 年 3 月，国务院批准金寨县烈士陵园为全国重点烈士纪念建筑物保护单位。

1998 年，省民政厅下发《关于加强革命烈士纪念建筑物及烈士墓群管理保护的通知》，要求各地对所辖的烈士纪念建筑物及烈士墓群进行一次认真检查，督促乡（镇）一级政府加强对烈士塔、碑、墓的保护工作，把革命烈士纪念建筑保护纳入当地经济和社会发展规划，纳入精神文明创建活动。烈士事迹陈列馆（室）要在坚持办好基本陈列和原状陈列的同时，进一步办好各种内容丰富、形式多样的专题展览和流动展览，不断扩大社会教育面。同时要求各地烈士陵园充分发挥自身优势，因地制宜，积极开展“以副补园”创收活动。

截至 1999 年 3 月，全省共有烈士陵园 51 处，其中有管理机构的 37 处，分散烈士墓、塔、碑、亭 666 处。烈士纪念建筑物实行分级管理后，全省先后有 4 处被列为全国重点保护单位，12 处被列为省级重点保护单位，348 处被列为县级重点保护单位。先后有 5 个烈士陵园被列为全国爱国主义教育基地，16 个烈士陵园被列为全省爱国主义教育基地。

1999年5月，中共中央、国务院下发《关于严禁擅自修建已故领导同志纪念设施的通知》，重申今后确需修建的已故领导同志纪念设施，统一由中共中央、国务院统筹规划和安排，各地区、各部门不得再就此问题向中央提出申请和报告。未经中共中央、国务院规划和安排，任何地方和单位都不得擅自为已故领导同志修建、扩建纪念馆、纪念亭、纪念碑、陵园、陵墓，树立塑像，建立个人故居和其他纪念设施。已故领导同志的故居和生前工作过的场所应正常使用，不得擅自辟为纪念地。对未经中共中央、国务院批准，正在建设的纪念设施，必须立即停建，并做出妥善处理。

1999年12月，皖南事变烈士陵园、半塔烈士陵园、天长烈士陵园、无为烈士陵园、双堆集烈士陵园、霍山烈士陵园、贵池烈士陵园等7个烈士陵园被省政府批准列为安徽省第二批省级重点烈士纪念建筑物保护单位。

2003年3月，省民政厅出台《安徽省烈士陵园文明窗口单位标准》规定，烈士陵园要健全创建组织，重视队伍建设，实施规范管理，开展优质服务，营造优美环境。同时公布《安徽省烈士陵园文明窗口单位考核评分办法（试行）》。

2005年是中国人民抗日战争暨世界反法西斯战争胜利60周年。各地根据分级管理的原则，对破损的抗战烈士纪念设施进行维修改造，重点对规模相对小、改造见效快的烈士纪念堂馆、烈士纪念碑、纪念塔祠、烈士墓等设施进行维修改造。维修改造工作在抗日战争胜利60周年纪念日即2005年9月3日之前完成。

2006年，马鞍山市濮塘烈士陵园和芜湖市烈士陵园被批准列为安徽省第三批省级重点烈士纪念建筑物保护单位。皖南事变烈士陵园经过维修改造，与新四军军史陈列馆一起被国家旅游局命名为“A A A A”级风景名胜区。

2006年9月，各地根据分级管理的原则，重点对破损情况严重、改造见效快的烈士纪念馆（堂）、烈士纪念碑（塔、祠、亭）、烈士墓进行维修改造。中央财政对41处反映红军长征内容的全国重点烈士纪念建筑物保护单位的维修改造项目给予适当补助，安徽省革命烈士事迹陈列馆、金寨县烈士陵园名列其中。此次维修改造工作于红军长征胜利70周年纪念日（2006年10月22日）之前完成。

2007年，省民政厅下发《关于全省烈士纪念设施向社会免费或优惠开放的通知》，决定各级重点烈士纪念建筑物、纪念馆（室），在重大历史事件、历史人物纪念日和重要节庆日，以及青少年入学、入队、入团、成人宣誓等特殊意义的日子，实行免费开放，并积极举行各种庆祝、纪念等形式多样的爱国主义教育活动，扩大社会影响，为新时期缅怀先烈、激励后人、教育后代提供开展革命传统教育与爱国主义教育的重要场所。

截至2008年年底，全省共有烈士纪念建筑物保护单位149个。省级以上烈士陵园18所，其中4所为全国重点烈士陵园，陈展烈士总数为11818人，陈展烈士遗（文）物共5181件，瞻仰人数平均每年为886.2万人次。

第八篇　安置和军供

退伍军人安置工作的任务是负责退伍义务兵、转业士官、复员干部以及伤病残士兵的接收安置工作。第一,退役义务兵安置。义务兵退出现役后,按照从哪里来、回哪里去的原则,由原征集地的县级人民政府接收安置。政府接收安置区分农村、城镇,按不同的方式对退役义务兵进行接收安置。第二,士官安置。复员士官由地方接收落户并给予相应的优待,转业士官由军地各大单位将其档案移交省级安置部门审查后,省级安置部门转各市（州、地),由各地接收并按照相关政策妥善安置。第三,伤、病、残士兵安置。士兵在服役期间出现因战、因公而负伤、致残或患病等情况,退出现役后,特、一等革命伤残军人,由国家供养终身;二、三等革命伤残军人,家居城镇的,由本人所在地的县、自治县、市、市辖区的人民政府安排力所能及的工作;家居农村的,其所在地有条件的,可安排力所能及的工作,不能安排的,按规定增发残疾抚恤金。第四,复员干部安置。干部复员退出现役后,政府不负责具体的安排工作,但要做好他们的接收、移交、落户以及有关政策衔接。

军用饮食供应站简称军供站,是人民政府支援过往部队的组织机构和战备设施。作为民政系统的一个专门机构,主要负责保障军用列车官兵在运输途中的饮食饮水供应工作。安徽省军供站坚持为部队服务、为国防建设服务的宗旨,深入开展正规化建设,不断提高军供队伍素质,完善军供设施设备,圆满地完成了部队作战、演习、训练、调防、施工、兵员复补和抢险救灾等输送中的军用饮食供应任务。

第一章 复员退伍军人安置

复员退伍军人安置工作是党和政府一项长期的、重要的政治任务，是国防建设的一个组成部分，关系到国家的经济建设、国防建设和社会稳定。安置工作的具体任务是负责退伍义务兵、转业复员士官、复员干部以及伤病残士兵的接收安置。改革开放初期，复员退伍军人安置主要由政府负责安排工作。基本原则是“从哪里来，回哪里去”，城镇退伍军人实行“按系统分配任务，包干安置”的办法。20世纪90年代初期到90年代末期，安置政策有所调整，安置改革开始试点。安置渠道由单一的国企安置到多渠道非国有企业安置。即集体制、股份制、“三资”、私营等多种企业和行政事业单位，安置形式由国家单一指令性分配到“供需见面，双向选择”、安置任务有偿转移、均衡负担、鼓励自谋职业、鼓励竞争上岗等多种形式、多种方法安置。政府鼓励退役士兵自愿领取一次性经济补助后自行就业。这一时期安徽省按照国家安置改革精神，结合实际，进行了多方面的改革实践，部分地缓解了安置难的矛盾。1998年后，鼓励退役士兵自谋职业。安置政策由政府安排就业向政府扶持就业转变，逐步形成自谋职业和安排就业相结合的安置办法，自谋职业已成为安置退役士兵的主要方式。

1985年4月，军队离退休干部移交地方政府管理后，省复员退伍军人安置领导小组改为安徽省退伍军人和军队离休退休干部安置领导小组，组长由分管副省长担任，成员由民政、教育、计委、财政、公安、建设、卫生、交通、商业、人事、劳动、土地管理、粮油食品、省军区司令部、省军区政治部、省军区后勤部等省有关单位负责人组成。

1989年5月，省人民政府出台《安徽省退伍义务兵安置实施细则》规定，要求县以上（含县级）人民政府应设置退伍军人安置领导小组，下设安置办公室（设在民政部门），负责办理退伍义务兵接收安置的日常工作。区、乡、镇不设安置办公室，指定专职工作人员负责退伍义务兵安置工作。2000年后，省复员退伍军人安置办公室和军队离退休干部安置办公室合并为省复员退伍军人和军队离退休干部安置办公室（简称省双退办），承担退伍军人接收安置工作。

改革开放以来，各级党委和政府从加强国防建设和维护社会稳定的大局出发，认真贯彻落实《中华人民共和国兵役法》和国家安置政策，坚持与时俱进，不断深化安置改革，真抓实干，锐意进取，城镇退役士兵安置工作取得了显著成效。主要表现为以下几方面：一是完成各项安置任务，退伍军人得到妥善安置。1978年—2008年，全省共接收退役士兵951255人，其中享有城镇安置资格的退役士兵378593人，1985年以来接收转业士官 40983 人，1994 年以来接收伤病残退役士兵 1522 人，1993 年以来接收复员干部 398 人，上述安置对象基本得到妥善安置，有力地保障了国防和军队建设。退伍军人经过部队的锻炼，回到地方后在各行各业发挥着重要作用，为地方经济发展作出贡献。二是安置改革取得较大成果，退伍军人走上自谋职业之路。1994 年初步开始安置改革试点以来，各地安置部门根据国家政策，结合当地实际，坚持指令性安置与双向选择、有偿转移安置任务、鼓励自谋职业等多种形式和办法的有机结合，不断拓宽安置渠道，取得显著成效。据统计，仅 2001 年以来，全省有 30298 人选择自谋职业。退役士兵在缓解政府安置压力的同时，为区域经济的增长、新农村建设起到带头作用。在全省自谋职业退役士兵中，涌现出一大批先进代表。三是认真处理退役士兵信访问题，退伍军人合法权益得到有效维护。安置改革实施以来，部分单位对退役士兵安置政策落实不力，致使退役士兵没有得到妥善安置，为此上访人数不断增多。仅 2005 年国务院《关于进一步做好城镇退役士兵安置工作的通知》下发后的一年多内，省安置办就接待来信来访 160 次，涉及 500 余人。全省安置部门当年共解决安置遗留问题 4563 人，占应解决人数的 57.7%。各市、县还给 4449 人补发了待安置期间的生活费 320 万元。其余遗留问题在随后一两内逐步消化，最终全部解决。2005 年以来，省安置办每年接待和处理的退役士兵上访近百件，解决了部分退役士兵的实际困难，切实维护退役士兵合法权益，有效维护了社会稳定大局。

第一节　退伍义务兵安置

退伍义务兵，也称退役士兵。退伍义务兵是指中国人民解放军和中国人民武装警察部队的下列人员：服现役期满（包括超期服役）退出现役的；服现役期未满，因下列原因之一，经部队师级以上机关批准提前退出现役的；因战、因公负伤（包括因病）致残，部队发给“革命伤残军人抚恤证”的；经驻军医院证明，患病基本治愈，但不适宜在部队继续服现役以及精神病患者经治疗半年未愈的；部队编制员额缩减，需要退出现役的；家庭发生重大变故，经家庭所在地的县、市、市辖区民政部门和人民武装部证明，需要退出现役的；国家建设需要调出部队的。退伍义务兵安置工作必须贯彻从哪里来、回哪里去的原则和妥善安置、各得其所的方针。退伍义务兵安置工作，在地方各级人民政府领导下进行。

城镇退役士兵安置　城镇退役士兵安置是整个安置工作的重要组成部分。1981 年至 1983 年，省退伍军人安置领导小组逐步完善城镇退伍军人安置办法，由实行按系统分配任务包干安置进而根据生产需要统一分配与按系统分配任务包干安置相结合。从 1983 年起，城镇退伍军人安置原则改为，鼓励先进，鞭策后进，区别对待。即：曾在部队立功，获得大军区以上各种荣誉称号和超期服役的城镇退伍兵，在条件允许下，尽量优先照顾本人志愿安排工作。被判刑（过失罪除外）、劳教和开除军籍、除名的城镇退伍兵，不作为退伍义务兵分配工作。无正当理由要求中途退伍以及服役不满1年者，不安排工作；超过1年者，安排到集体单位。不服从组织分配、超过半年不去接收单位报到上班者，不再安排工作。凡是城镇户口迁入农村集镇占用农村征兵名额入伍或自行转入农村社队入伍者，退伍后均不在城镇安排工作，仍按“从哪里来，回哪里去”的原则办理。20世纪80年代中期，退役士兵安置的基本方针是“妥善安排，各得其所”，基本原则是“从哪里来，回哪里去”；城镇退役士兵实行“按系统分配任务，包干安置”的办法，由政府根据当年城镇退役士兵数量和当地经济发展情况向各行业系统分配安置退役士兵的任务，各行业系统应保证完成安置任务，各地实行国家指令性的安置办法。20世纪90年代末期，安置改革开始试点。这一时期，社会主义市场经济体制初步建立，给传统的退伍安置办法带来冲击。企业有了用人自主权，国有企业改革走向深入；机关、事业单位也在进行机构改革，实行精简分流，用人制度试行公开考试招聘。建立在计划经济基础上的安置制度遇到问题和困难。为适应社会主义市场经济体制，探索符合实际的退役士兵安置工作新路子，国务院、中央军委自1993年开始，对安置政策进行几次调整。安置渠道由单一的国企安置转变为多渠道非国有企业安置，即集体制、股份制、“三资”、私营等多种企业和行政事业单位。安置形式由国家单一指令性分配转变为“供需见面，双向选择”、安置任务有偿转移、均衡负担、鼓励自谋职业、鼓励竞争上岗等多种形式、多种方法安置。进入21世纪后，安置改革全面展开并逐步深化。随着市场经济体制的不断完善，政府可以直接提供的安置岗位越来越少，原有的安置办法难以为继。1998年国家修改《中华人民共和国兵役法》，鼓励退役士兵自谋职业。各地在推动自谋职业过程中，注重做好政策宣传、资金保障、技能培训、扶持就业等环节的工作，安置政策由政府安排就业向政府扶持就业转变，基本确立自谋职业和安排就业相结合的安置办法，自谋职业逐渐成为安置退役士兵的主要方式。

1986年至1989年，各级安置部门根据经济体制改革、劳动用工制度改革的新形势，不断改进和完善安置办法。逐步简政放权，即对义务兵和转业志愿兵由原地、市审批改为县（市）审批，外省入伍因照顾父母或夫妻关系到安徽省安置的，由省审批改为地、市审批，农村退伍义务兵除个别特殊情况由省审批外，其余由地市审批。1985年12月开始，为缓解部分城镇退伍兵安置任务重、安置难的问题，省人民政府同意省退伍军人安置办公室、省劳动局与有关地、市协商，就近调剂部分退伍军人跨地、市安排。先后从巢湖、宣城、六安、宿州、阜阳等地区调出退役士兵到马鞍山、淮南、铜陵、淮北等工业城市安置。对立功、伤残、参战的退役士兵，实行优先照顾，以鼓励先进，对有技术专长尽量安排专业对口，实行区别对待的安置政策。

1987年3月，国务院办公厅、中央军委办公厅规定，1985年7月1日以后退伍分配当工人的义务兵，其最初工资应不低于现行岗位同工种、同工龄工人的标准工资。获二等以上或提前晋级奖励者，可按原工资提高一级。同年12月13日，国务院发布实施《退伍义务兵安置条例》，作为指导退役士兵安置工作的行政法规。

1988年,根据民政部、公安部、总参谋部、总政治部《关于义务兵提前退出现役的暂行规定》,对部队作提前退役处理的义务兵，根据不同情况分别给予照顾安排和接收落户不安排工作等处理。1988年12月1日—3日,省退伍军人安置办公室在合肥市召开全省退伍安置、军供、接待站工作会议。会议要求各地切实做好赴滇轮战部队退伍接收安置工作,认真执行民政部等部门《关于义务兵提前退出现役的暂行规定》,对作提前退役处理的义务兵,家居城镇的,不负责安排工作(过失犯罪除外),交街道办事处,按待业人员对待。1988年,国务院复员退伍军人和军队离退休干部安置领导小组下发《关于在接收安置工作中严格审查认真处理退伍军人补功假功问题的通知》,明确立功退役士兵必须具备相应材料,并明确退伍军人回到地方后又到部队补办立功手续的,一律无效。退伍军人自带档案退役的,一律不予接收。

由于城镇退伍兵安置比例逐年上升,至1989年,需安置的城镇退伍兵占当年退伍兵总数的55%,使城镇退伍兵安置工作压力加大。为控制城镇兵比例,经省复员退伍军人和军队离退休干部安置领导小组研究,从1989年春季征兵工作开始,全省实行“商品粮户口应征公民入伍安置登记卡”(简称“安置卡”)制度。义务兵退伍后,凭“安置卡”安置,凡没有“安置卡”的城镇兵,退伍后只保留城镇户口,不予安排工作。同年5月15日,省人民政府根据国务院《退伍义务兵安置条例》,发布了《安徽省退伍义务兵安置实施细则》。规定，1.原是城镇户口、服役前没有参加工作的退伍义务兵,按照“根据表现,区别对待”的原则,按系统包干安置,统一分配工作。各部门、各单位,包括中央和省属企事业,对分配的安置任务必须落实,不得拒绝。要求自谋职业的,由本人在报到后的两个月内提出书面申请,所在市、县退伍军人安置办公室应当允许。2.义务兵入伍前是国家机关、人民团体、企事业单位正式职工的,退伍后回原单位复工复职。原工作单位已撤销或合并的,由其上一级机关或合并后的单位负责安置。3.原是城镇户口的义务兵,服役期间家庭住址变迁,退伍时要求到父母或配偶所在地落户的,应当允许。国家另有规定者除外。从省外入伍的城镇义务兵,服役期间,其父母或配偶的户口迁入我省,原征集地已无直系亲属,本人要求来安徽省落户的,经其父母或配偶所在单位和当地公安机关证明,应当允许。同时还进一步明确不符合安置的情况,被部队作提前退役处理的;在部队或者在退伍后待安排期间犯罪(过失犯罪除外),被判处有期徒刑以上处罚的;被部队开除军籍或除名的;军事院校入学新生经复查不符合招生条件,被取消入学资格的;没有“退伍安置卡”的城镇退伍义务兵;退伍义务兵退出现役后,无正当理由，3个月不到退伍军人安置办公室报到;或接到安排工作的通知后,无正当理由不服从分配,经多次教育仍不报到,逾期半年的。

1986年至1989年,全省共接收安置退伍军人106224人,其中安置农村生产48348人,占总数的46%,安置机关、企业57876人,占总数的54%。在机关、企业安置的退伍兵中,有5322人为巢湖、宣城、六安、宿州、阜阳等地区调剂到马鞍山、淮南、铜陵、淮北等工业城市或铁路系统安置,其中1596人荣立二等功以上。另有498名未服满现役的城镇退伍兵被退回原部队或被取消分配资格。

1990年10月10日—13日，华东六省一市退伍安置办公室负责人在安徽参加华东地区退伍安置工作座谈会，各省市就退伍军人分配、转业志愿兵集中交接、控制非农户口公民入伍比例及两用人才开发使用等问题，交流经验，进行探讨。同年，国务院、中央军委决定，每年征兵、退伍工作由春季改为冬季进行，因此1990年有两次征兵、退伍。

1991年，经国务院、中央军委批准，1991年冬季在全国试行转业志愿兵集中交接，即由部队各大单位向各省退伍安置部门进行集中交接，由省安置办移交各市。同年，总参谋部、武警总部制发“士兵登记表”，从1991年12月1日征集的士兵，档案中必须具备该表，否则不予办理接收手续。

1992年，经省政府批准，省双退安置领导小组和省民政厅对30个先进单位和19名先进个人予以通报表彰。同年，省双退安置领导小组会议确定省属和中央驻皖的企事业单位的分配计划，由省退伍军人安置办公室统一下达，驻合肥中央、省属系统单位的退伍安置任务，由省安置办直接分配。

1993年，为适应企业劳动用工制度变化需要，国务院、中央军委批转民政部、劳动部、总参谋部《关于退伍义务兵安置工作随用工单位改革实行劳动合同制意见的通知》，提出：凡分配到实行全员劳动合同制企事业单位的，可实行劳动合同制，对分配到尚未实行全员劳动合同制企事业单位的，仍按现行规定执行。同时提出依法保证退伍义务兵第一次就业，鼓励和支持退役士兵自谋职业。退伍义务兵的军龄连同待分配时间一并计算为所在单位的连续工龄和待业、养老保险投保年限，并在工资、住房和其他方面享受同工龄、同工种职工待遇。

1995年，省政府当年的安置工作文件中明确规定符合安置的六种对象，对1991年以后入伍没有入伍批准书、非农入伍通知书和士兵登记表以及不符合文件规定的对象，不予安排工作。同时，从当年起试行对暂不要求安排的城镇退伍军人可保留两年安置资格。

1996年，适应市场经济体制需要，经省双退安置领导小组决定，省民政厅在六安、阜阳、安庆三个地市的邮电系统对退伍军人试点实行“统一考试，择优安置，集中培训”的安置办法。同年10月28日—11月10日，由省政府办公厅牵头，组织省退伍军人安置办公室和省征兵办公室开展全省安置工作大检查，并根据检查结果，确定六安市人民政府等11个单位为退伍安置工作先进单位。

1998年12月29日，九届全国人大常委会第六次会议对《中华人民共和国兵役法》作出修改。提出城镇退伍军人待安置期间，由当地人民政府按照不低于当地最低生活水平的原则发给生活补助费；城镇退伍军人自谋职业的，给予一次性经济补助，并给予政策优惠。

1999年，国务院、中央军委在当年退役士兵安置工作文件中提出，有条件的地方，经当地人民政府批准，可试行安置任务有偿转移的办法。

2000 年,根据国家政策精神和机关、企事业单位改革的现实情况,省安置办着手研究改革退役士兵安置办法,以适应形势发展需要。在充分调研的基础上,提出关于城镇退役士兵安置任务有偿转移管理和自谋职业为主要内容的安置制度改革方案。

2001 年,经省政府批准,正式印发《安徽省城镇退役士兵安置任务有偿转移管理暂行办法》(以下简称《办法》),规定接收单位对当地政府下达的退役士兵安置计划确实难以落实,并自愿以经济补偿形式履行安置义务的,可实行安置任务有偿转移,其标准为每少接收一名退役士兵,按当地上年度城镇职工年平均工资的 5 ~ 6 倍缴纳。各级政府建立退役士兵安置保障金制度,纳入财政预算外资金管理,由安置部门专项用于自谋职业退役士兵的一次性补偿和奖励超计划接收退役士兵的单位。《办法》规定,自愿自谋职业的城镇退役士兵,可以书面形式向当地县以上政府安置部门申请,经批准后发给一次性经济补助金和"自谋职业证书",档案由劳动部门所属的职业介绍机构免费保管 3 年,并提出了自谋职业的城镇退役士兵经济补助金的参考标准。同年,根据全国退役士兵安置改革经验交流会精神,省政府确定合肥市、芜湖市、蒙城县、青阳县等 20 个市、县作为安置改革试点市县。

2002 年,民政部决定从当年冬季征兵开始,在全国统一实行"优待安置证"制度。"优待安置证"是义务兵及其家庭、复员士官享受优待安置政策的合法凭证,没有该证的,不得享受优待安置政策。"优待安置证"由民政部根据国务院、中央军委每年下达的全国非农和农业户口青年的征集比例和数量,统一编号制发。并明确对在校大学生入伍后由入学前户口所在地人民政府给予优待。根据民政部有关文件要求,省退伍军人和军队离休退休干部安置办公室、省征兵领导小组办公室下发《关于加强和规范优待安置工作的通知》,对《优待安置证》印制要求、发放对象、发放办法、填写要求和管理办法等作出规定。同年,根据国家政策精神,省民政厅等 7 部门出台《关于自谋职业退役士兵享受有关优惠政策的通知》,对从事个体经营的自谋职业的退役士兵或聘用自谋职业退役士兵的企业,给予包括税收、工商管理费用、技能培训等方面的优惠政策。同年,省双退办就加强退役士兵就业培训发出通知,要求各地落实培训经费,制定优惠政策,为退役士兵就业培训提供方便,同时提出要加强就业培训基地建设,通过建立退役士兵培训中心或委托劳动保障部门组织实施。2002 年,省政府在全省退役士兵安置工作暨表彰会议上,推广芜湖、合肥、青阳、砀山等市、县(市、区)的安置改革经验。

2003 年,省双拥工委将退役士兵安置工作纳入双拥评比考核范围,各地建立领导责任制和责任追究制,将安置工作纳入干部考核和政绩评价范围。同年,为增强自谋职业退役士兵择业竞争能力,省民政厅、财政厅、劳动和社会保障厅联合印发《关于加强退役士兵职业技能培训的通知》,各级按每人 300 元的标准,将培训费列入当地财政预算,免费为退役士兵提供一次职业技能培训。省安置办对城镇退役士兵审批工作作出规定,对退役士兵档案的接收、退役士兵报到、档案审查、安置资格审批及建档、存档等各环节工作进行规范。2003 年,省双退安置领导小组对评选出的合肥市建设委员会等

27 个安置工作先进集体和王庆林等 39 名安置工作先进个人予以表彰。

2004 年，根据国家政策，省政府办公厅转发省民政厅等部门《关于扶持城镇退役士兵自谋职业优惠政策意见的通知》，规定自谋职业的退役士兵，可享受就业服务、社会保障、教育、个体经营税费减免、贷款、户籍等优惠政策，聘用自谋职业退役士兵的企业也可享受有关税收优惠。同年，省民政厅规定城镇退役士兵自谋职业证由省厅根据民政部式样标准统一印制，并对填写、发放、申请、保管、回收等提出要求。2004 年 8 月 10 日，省政府对《安徽省退伍义务兵安置实施细则》进行修订。

2005 年开始，在总结部分地市和单位经验基础上，省安置办委托省人事考试中心，组织部分垂直管理单位通过考试、考核安置退役士兵上岗。

2005 年“八一”建军节前夕，省安办表彰徐智勇等 10 名全省自谋职业退役士兵先进代表，举办了自谋职业退役士兵先进事迹暨全省自谋职业工作成果展览。2005 年 7 月，国务院下发《关于进一步做好城镇退役士兵安置工作的通知》，要求对安置遗留问题进行清理。省政府下发《关于转发国务院关于进一步做好城镇退役士兵安置工作的通知》，全省各市及时出台贯彻意见并组织实施。当年全省共解决安置遗留问题 4563 人，占应解决人数的 57.7%。各市、县还给 4449 人补发待安置期间的生活费 320 万元。其余遗留问题在随后一两年内逐步消化，最终全部解决。2005 年，省教育厅等部门出台政策，将从全日制高校在校学生中征集的本省籍的义务兵，调整为由征集地人民政府优待安置；退役后愿意复学的，视同自谋职业，发给一次性助学补助；不愿复学的，实行货币化安置，发给一次性自谋职业补助金，并优先推荐、扶持就业。对外省籍的，按国家有关规定执行。

2006 年，省双退安置领导小组对评选出的合肥市人民政府等 27 个安置工作先进集体和韩天华等 52 名安置工作先进工作者予以表彰。

2008 年，省政府、省军区授予凤台“八一”林牧场 18 名退伍军人“退伍军人艰苦创业先进集体”荣誉称号。凤台县“八一”林牧场童树林等 18 名符合政策安置条件的退伍军人，转变就业观念，主动选择到全省最大的人工河茨淮新河沿岸，七年如一日艰苦创业，在河堤荒滩植树造林，在园区发展种植、养殖和生态旅游业，建起一个固定资产超亿元、年产值1100多万元的综合性生态林牧场，造就万亩环保生态园区。同年7月，省民政厅、省军区政治部召开全省退伍军人艰苦创业先进表彰大会，35 名退伍军人艰苦创业先进个人获表彰。

农村退役士兵安置　农村退役士兵即退伍义务兵原是农业户口的，由当地退伍军人安置机构按规定安置。根据国家“从哪里来，回哪里去”的安置原则，从农村入伍的士兵退役后仍回到农村从事农业生产。根据《中华人民共和国兵役法》及有关规定，对退伍的农村退役士兵中的二、三等残废军人，能坚持正常工作的；荣立个人二等功的；烈士兄弟姐妹接烈士枪入伍的；女兵等特殊农村退役士兵可列入城镇兵安置。

1980 年 12 月，省人民政府、省军区根据国家有关文件规定，对于农村退伍军人回乡口粮问题，明确由所在生产队按社员留粮标准分配。1981 年，全省共接收安置农村退伍军人 45500 人，省人民政府拨发建房木材 2400 立方米，建房费 24 万元。在此期间，宣城、宿松、枞阳、岳西、绩溪、宁国、肥东、定远、舒城、金寨、界首、淮北、安庆等市、县部分参加对越自卫还击战的农村退伍军人，先后到市、县上访，要求进城就业。各地党政领导除亲自教育、疏导外，并发动社队干部及上访人员家属、亲友帮助说服劝阻，同时切实解决应该解决的实际困难。

1986 年至 1989 年，全省各地及时帮助解决农村退伍军人尤其是退伍回乡的病残人员的生产、生活、住房、治病等实际困难，各级政府通过拨发木材、钢材、水泥、粮食等物资和修建住房费用等解决实际困难，同时，根据国家统一部署和要求，积极开展军地两用人才的开发使用。

1986—1989 年安徽省帮助回乡生产退伍军人解决困难统计表

表 8-1-1

年度	应回农村安置人数	住房困难人数	解决住房人数	建房（是）	修房（间）	经费（万元）	木村（立方米）	钢材（吨）	水泥（吨）	粮食（吨）
1986	11090	2610	1284	951	1685	73.70	2533.7	2.00	133.7	470.2
1987	10830	2315	1659	979	1254	86.00	4837	5.85	75.00	47.30
1988	10289	2152	1195	678	765	82.00	3457.5	38.00	149.8	50.89
1989	10950	1607	743	367	620	77.83	2368.8	13.70	140.00	144.66

1989 年 5 月，省人民政府发布《安徽省退伍义务兵安置实施细则》，规定继续按照“从哪里来、回哪里去”的原则和妥善安置、各得其所的方针，由原征集地的市、县人民政府接收安置。同时明确退伍义务兵原是农业户口的，由当地退伍军人安置办公室按规定安置：①对确无住房或者严重缺房、靠自建和集体帮助又确有困难的，各级人民政府应安排一定数量的经费和建筑材料帮助解决。②在服役期间荣立个人二等功以上，或获得中央军委、大军区分别授予的一级、二级英雄模范奖章的，退伍后可安排到全民所有制单位工作；本人愿意到集体所有制单位工作的，应当允许。③入伍前与父母共同生活、服役期间其父母双方转为城镇户口、或入伍前父母一方已迁入城镇，另一方在其服役期间由农村迁入城镇，原征集地无直系亲属，退伍时要求到父母所在地落户安置的，由父母所在单位和当地公安机关证明，经省退伍军人安置办公室核准，由其父母所在地接收，与当地城镇退伍及义务兵一样安排。④当年退伍的女性义务兵，可安排到集体所有制单位工作。⑤革命烈士的兄弟姐妹，经烈士生前所在部队批准入伍的，退伍后可安排到全民或集体所有制单位工作。⑥城镇各用人单位和乡镇企业向农村招收工人、招聘干部时，在同等条件下，应优先录用退伍义务兵。对在服役期间荣立三等功，或超期服役的退伍义务兵应当给予适当照顾。退伍义务兵回到原征集地后，应在 30 天内持

退伍证和部队介绍信到县（市）、市辖区兵役机关办理预备役登记，然后到退伍军人安置办公室报到，凭安置办公室介绍信到公安、粮食部门办理户口、粮油关系手续。人民武装、计划、劳动、人事、财政、物资、商业、公安、粮食等有关部门协助民政部门做好退伍义务兵的安置工作。特别强调对有一定专长的退伍义务兵，各地军地两用人才服务机构应向有关单位推荐。

军地两用人才 1977年，中央军委主席邓小平提出培养军地两用人才的号召，安徽省从1982年开始，扶持农村退伍军人劳动致富。1983年，实行扶持农村退伍军人劳动致富与农村扶持贫困户相结合的办法。1984年，扶持农村退伍军人劳动致富逐步转入开发使用军地两用人才。在各级党委、政府的高度重视和军地有关部门的支持配合下，开发使用两用人才工作不断深入发展，由面向农村扩展到城镇；由就地安排扩展到跨地区、跨省、市交流；由单纯安排使用发展到军地共育、定向培养；由安置型发展到开发使用型。

1985年春，省军队退伍军人安置办公室为开发军地两用人才，通过普查了解到，全省回乡退伍军人中，具有各种专业特长51263人，约占历年回乡退伍军人总数的三分之一，其中运输业18413人，机械业3843人，建筑业7010人，种植栽培业543人，养殖业1936人，商业、服务业12003人，机关秘书、宣传教育、行政管理7515人。省军队退伍军人安置办公室据此确定开发使用两用人才的方针，即：推荐介绍与组织经济活动相结合，以兴办经济实体为主；面向城市厂矿企业与面向集镇和乡村企业相结合，以乡村集镇安排为主；安置技术人才与选拔管理骨干相结合，以推荐选聘基层干部为主；开发使用与军地共育相结合，以当前开发使用为主，今后逐步发展培训、提高为主。

同年8月，省复员退伍军人安置办公室与安徽省武装警察总队签订《共育两用人才协议书》，协议规定：武警部队制定培养两用人才规划，坚持定向培养，保证当年退伍战士85%以上学会一至两门专业技术，经支队考核合格，发给《两用人才证明书》。安置部门向部队提供人才需求信息，对具有一定专业技术特长，取得《两用人才证明书》的退伍战士，属于城镇分配者，优先对口安置；属于农村安置者，有条件的地方优先安排到乡镇企业，或择优向有关单位推荐担任选聘干部。协议签订后，双方定期走访，交流育才和用人信息。同年10月，省复员退伍军人安置领导小组总结滁州市琅琊乡实行“在役定向，落实到人”的经验，要求当年征兵中有条件的县，均应加强与本地入伍人数较多的部队联系，商定定向培养和对口录用。当年年底，全省1979年前回到农村的9155名有一定专业技能的退伍兵得到合理使用，占其总数15964人的57.3%；另有1979年以后回省的40541名经过部队两用人才培训，具有各种专业技术特长的退伍兵已合理安排，使用率达到79.1%，其中太和、阜阳、利辛、萧县、灵璧、濉溪、五河、滁州、全椒、庐江、无为、肥东、舒城、霍山、金寨、贵池、宣城、黟县、歙县、等县（市）和淮南市八公山区、田家庵区、铜陵市郊区、芜湖市郊区，蚌埠市长青乡、黄山市新华乡、焦村乡、弦瑞乡，安庆市光泰实业总公司湖滨分公司，霍山县人民武装部、舒城县人民武装部、滁州市人民武装部等31个单位被评为先进，受到省人民政府、省军区表彰。

1985年11月，省复员退伍军人安置领导小组决定成立安徽省开发使用退伍军人两用人才办公室，各地陆续建立此类机构。截至1987年年底，全省16个地市、88个县（市、区）中有14个地市、84个县（市、区）建立开发使用军地两用人才办公室。据统计，1979年—1986年，全省接收农村退役士兵171135人，已推荐、介绍、安排使用及扶持发展商品生产108671人。是时，全省各地对两用人才的开发使用，主要有以下方式：选拔担任农村基层干部；安排到区、乡（村）企业；兴办退伍军人两用人才经济实体；支持农村退伍军人到城镇办工商服务业；兴办社会福利事业；向城镇用人单位推荐。同时，各地积极建立两用人才服务组织。

1986年10月20日—24日，省政府、省军区在淮北市召开全省开发使用退伍军人两用人才现场经验交流会。濉溪县政府作经验介绍，各地市县和有关单位作经验交流，并组织参观现场，全省各地、市、县分管负责人，省直有关部门和部队相关人员共656人参加会议，省政府、民政部、南京军区有关负责人出席会议。

1987年8月25日—29日，省民政厅、省军区政治部、省武警总队政治部在安庆市召开全省培养和使用退伍军人两用人才理论研讨会，提出育才、荐才、用才系统工程的观点。民政部、总政治部、南京军区有关领导出席会议，17个省市的有关负责人参加会议。会议印发交流论文109篇。次年1月，民政部转发《安徽省培养和使用军地两用人才理论研讨会的情况》，充分肯定安徽省军地两用人才实施育才、荐才、用才系统工程的做法。

至1989年年底，全省1979年后回到农村的退伍军人210620人，已开发使用139630人，占退伍回乡总数66.3%；84259名回乡退伍军人两用人才，已排使用74573人，开发使用率88.5%。各地开发使用退伍军人两用人才主要通过以下渠道安排：选拔担任农村基层干部，全省34655人；安排到区、乡（镇）、村企业，全省32752人，其中8468人担任班、组长、车间主任，1863人担任厂长、经理，3000多人领办或承包700多个乡、镇企业；兴办退伍军人两用人才经济实体，全省有16719人成为扶持贫困户和扶持优抚对象经济实体负责人或骨干，带动68700名贫困户和优抚对象脱贫致富；各地两用人才服务机构举办经济实体184个，吸收退伍军人1564人，年总产值2740万元，创利270万元；支持农村退伍军人到城镇办工商服务业，全省计19649人；扶持退伍军人发展个体专业生产，全省有18875人已成为种植、养殖专业户；兴办社会福利事业，全省由退伍军人集资创办或负责兴办的农村社会福利企业89个、福利事业设施36所；向城镇用人单位推荐，全省共推荐临时工、合同工8600人。

1986—1989 年安徽省接收和开发使用退伍军人两用人才情况统计表

表 8–1–2　　　　单位：人

年度	接收两用人才			数安置录用两用人才										服务机构	
					农村录用数										
	合计	城镇	农村	城镇对口安置数	合计	国营企业	县上上集体	乡以上干部	村干部	乡镇企事业	联合体	专业户	其他	县、市（个）	区、乡、镇（个）
1986	10849	5972	4877	4351	3265	417	168	92	429	1514	177	358	110	81	2785
1987	10215	5661	4554	3440	3383	485	253	87	418	1231	181	422	306	99	321
11988	9098	4616	4482	2685	3585	344	270	69	419	1442	254	529	258	85	3789
1989	10034	5456	4578	3018	3121	376	255	116	422	1054	121	472	335	95	3837

说明：1. 每年统计数截止 9 月 30 日；

2.1988 年度县（市）服务机构不包括地（市），乡（镇）服务机构包括区

截至 1989 年年底，全省 103 个地、市、县（郊区）共建立健全两用人才服务机构 100 个，占应建总数的 97%；3922 个区、乡、镇共建立服务组织 3789 个，占区、乡、镇总数的 97%，75% 的村配备联络员，共有 12025 人（包括选聘的退伍军人）直接从事两用人才服务工作，其中专职 1238 人，兼职 10787 人（见表 8.2）。有 46 个县（市）与 183 个团以上部队签订军地共育协议书，培养人数 17670 人。各地举办各种技术培训班 800 多期，参加学习 9000 多人次。

两用人才表彰　1988 年，省安置办组织开展全省退伍军人两用人才先进服务机构和先进个人评比表彰活动。同年，由省民政厅、省军区司令部、安徽大学为牵头单位，联合省人事局、劳动局、乡镇企业局、司法厅、省军区政治部、省武警总队筹备成立中国军地两用人才大学（函授）安徽分校，于当年 7 月正式开学。1988 年，淮北市、怀宁县、太和县、无为县、舒城县、滁州市、休宁县、芜湖市郊区等市（县、区）人民政府，及淮北军分区政委张纲、萧县杨楼镇退伍军人李正民、霍山县新店河乡退伍军人杜应流、铜陵县朱村乡退伍军人钟世信、凤台县顾桥乡退伍军人郑兰中等，作为全国培养和开发使用军地两用人才先进单位和先进个人，获民政部、总政治部通报表彰。

1989 年，省民政厅根据民政部、总政治部通知，针对安徽省实际，要求各地在坚持原有开发使用渠道的基础上，以就地消化为主，利用当地资源优势，因地制宜地发展种植、养殖、农副产品加工和家庭经济。同年 5 月，省双退安置领导小组对铜陵军分区等 59 个培养和开发使用军地两用人才先进单位，以及张纲等 52 名军地两用人才先进个人予以通报表彰。

1992 年，民政部、总政治部召开全国培养和开发使用军地两用人才经验交流暨表

彰会议。淮北市人民政府、肥东县人民政府被民政部、总政治部评为先进单位；上海大中华橡胶三厂滁州分厂党支部书记庄继康，凤台县化肥厂厂长梁克德、金寨县丝绸总厂厂长李建民、太和县薄荷脑厂厂长张彦被民政部、总政治部评为先进个人。

1994 年 3 月，经省民政厅、省人民银行批准，成立“安徽省开发使用退伍军人两用人才基金会”。同年 5 月，省退伍办对各地上报的 6500 名退伍军人两用人才建立全省第一个“两用人才信息库”，进行微机管理。

1995 年，国务院军安办在全国开展“退伍军人建功立业成才报国活动”，在全国范围内选拔 100 名优秀退伍军人两用人才企业家，进行表彰宣传。经省政府同意，省民政厅经过筛选，确定萧县新庄镇北居党支部书记、企业集团公司总经理、皮革厂厂长梁兴锦，安徽华安达工艺品有限公司董事长潘同春，全椒县委副书记、柴油机厂厂长肖正海，芜湖市汀棠街道党委副书记、棠桥村党总支书记毕贵良 5 人入选首届全国百名优秀退伍军人企业家。

1996 年，参照全国退伍军人建功立业表彰活动形式，安徽省组织开展“退伍军人建功立业成才报国活动”，采取政府牵头、企业协助、新闻单位参与的办法，在全省范围内推荐、选拔优秀退伍军人进行表彰宣传。1997 年，省双退安置领导小组、省民政厅联合发文对各地推荐的崔福元等 42 名“全省模范退伍军人”予以通报表彰。

2002 年 7 月 31 日下午，省军队转业干部安置工作小组、省退伍军人和军队离休退休干部安置领导小组在省委小礼堂联合召开全省先进转业复员退伍军人表彰暨座谈会。安徽省委组织部部长沈跃跃、省政府副省长田维谦、省军区政治部主任杨洪立及省直有关方面负责人出席会议。会上，颜于文等 70 名先进转业复员退伍军人受到表彰。芜湖天锦丝绸有限责任公司书记兼董事长汪法洲、无为县露仙调味品食品有限公司董事长张益仓、铜陵爱普服装有限公司董事长兼总经理朱正来、郎溪县凌笪乡四指洼林场场长梁家政、安徽皖维集团有限公司职工赵兴贵、合肥双凤家具厂经理刘建设等 6 人结合自身实际，介绍转业退伍后的奋斗事迹。

会议指出，转业复员退伍军人经过部队的教育和严格训练，具有较高的政治觉悟、管理能力、文化素质和业务技能，是党和国家的宝贵财富，是建设有中国特色社会主义事业的一支重要力量，也是安徽省现代化建设的重要人才资源和生力军。会议希望全省转业复员退伍军人继续发扬人民军队的优良传统，立足本职岗位，充分发挥自己的聪明才智，为实现安徽省“加快发展、富民强省”目标作出新的更大的贡献。

图 8-1-1

会议号召全省广大转业复员退伍军人要坚定理想信念,永葆军人本色,带头实践“三个代表”重要思想;不断加强学习,提高素质,进一步增强在发展社会主义市场经济条件下的适应能力和竞争能力;要自强不息,艰苦创业,为我省经济社会发展做出新的成绩;要顾全大局,自觉维护安徽省社会政治的稳定。会议要求,各级党委、政府要进一步增强国防观念和“双拥”意识,大力营造尊重、关心、爱护转业复员退伍军人的良好社会氛围。要加强领导,常抓不懈,及时研究和解决工作中的新情况、新问题;要广泛开展走访慰问转业复员退伍军人的活动,大力宣传和表彰他们中的先进典型,认真解决他们工作和生活中面临的实际困难,深入细致地做好他们的思想政治工作。军地有关部门和单位要各司其职,各负其责,密切配合,加强协作,形成做好工作的合力。

附:十六载垦荒造林矢志不渝,郎溪群众为四名植树老兵立“功德碑”

郎溪县凌笪乡侯村四名共产党员、退伍军人梁家政、杨光发、余金元、侯全顺扎根荒山16年,风餐露宿、栉风沐雨、植树不辍,先后植树20余万株,开发荒山1280亩,不仅使昔日的不毛之地重披绿装,还创造了可观的社会经济效益,造福了乡邻,被群众誉为“拓荒牛”,受到省政府、省军区的表彰。当地群众破例为这四位老兵立起了“功德碑”,用他们艰苦奋斗的新愚公精神昭示后代。

16年前立下“宁可头发白、也要荒山绿”誓言的安徽省郎溪县凌笪乡退伍军人梁家政、杨光发、余金元、侯全顺,16年如一日扎根荒山,植树不止。2001年植树节前夕,安徽省政府、省军区召开命名表彰大会,授予他们“垦荒造林模范退伍军人”荣誉称号,并重奖100万元。

郎溪县凌笪乡境内的四指凹山水土流失严重,一遇大雨便暴发山洪,给当地群众的生产生活带来严重危害。1985年1月,梁家政等4名退伍军人与村里签订了为期30年的承包荒山合同,决心改写荒山上不长树木的历史。他们成立了退伍军人林场,几个人卷起铺盖、背着米袋上了山。缺少资金,他们多方筹措;人手不够,他们动员全家老少齐上阵。在克服了常人难以想象的困难后,当年栽种的2万余株树苗吐出了新绿。在身患关节炎、皮肤病、胃溃疡等多种疾病的情况下,他们初衷不改,无怨无悔,硬是用双手在荒山秃岭上开垦出1280亩林地,植树20余万株,栽植的200余亩毛竹、板栗等经济林年年丰收。封山育林后,这里的生态环境得到很大改善,山

图8-1-2

下时常干涸的蒿草湖水库自1990年起重显碧波荡漾的美景，万亩良田得到灌溉。

4位退伍兵当初靠2000元资金起家，如今他们在“绿色银行”里的存款超过千万元。近几年来，他们还把经济林的收益奉献出来，为村里架设了2公里长的高压电线，修建了3公里长的砂石路，资助30多个贫困户脱了贫。军烈属修建房屋、村里建学校、救助失学儿童等，他们都慷慨解囊。

梁家政等4位退伍兵矢志垦荒育林、热心回报社会的事迹在江淮大地广为传颂，安徽省委书记王太华称赞他们“做了一件功在当代、利在千秋的大好事”。省政府、省军区联合作出向他们学习的决定，有关部门还把他们的事迹整理成册，作为“三个代表”重要思想学习教育的教材。

第二节　转业士官安置

士官又称志愿兵。由于士官与义务兵服役的期限和作出的贡献不同，因而享受的待遇也不同，因此，退出现役的士官安置除执行义务兵安置的相关政策外，还有其特殊的安置政策。按照《中华人民共和国兵役法》和《中国人民解放军士官退出现役安置暂行办法》规定，士官退出现役后，符合转业或者退休条件，本人要求复员并经批准的士官，一律按复员安置。其中农村入伍的士官退出现役后，由乡（镇）人民政府妥善安排他们的生产和生活，其中在服役期间荣立二等功以上的和二、三等伤残军人，可纳入城镇安排工作。农村入伍符合转业条件的干官，本人要求并经批准作复员安置的，允许落城镇户口；城镇入伍的士官退出现役后，由县、市、市辖区的人民政府负责安排工作。城镇入伍的复员士官待安置期间，由当地人民政府按照不低于当地最低生活水平的原则发给生活补助费，这与退伍义务兵的安置是基本相同的。

1978年3月，第五届全国人民代表大会常务委员会第一次会议通过《关于兵役制问题的决定》，改变过去单纯的义务兵役制为义务兵和志愿兵相结合的兵役制，部分超期服役的义务兵可以改为志愿兵（系指在部队服役15至20年），志愿兵退出现役到地方工作称为转业。这是我军士官制度的雏形。1983年2月，国务院、中央军委颁发《中国人民解放军志愿兵退出现役安置暂行办法》，当年秋，安徽省开始接收安置第一批转业志愿兵。

志愿兵退役后，均由原籍县（市）或配偶所在地人民政府根据其专业特长，安排到技术对口的工作岗位，并根据其军龄长短确定工资级别，即满8年、不满15年的定3级工；满15年、不满20年的定4级工；20年以上的定5级工。1984年5月，第六届全国人民代表大会第二次会议通过《中华人民共和国兵役法》，将志愿兵服役年限改为13至17年；但志愿兵退役后的安置原则不变。

1985年，中央军委决定实行士官制度，军队的76种干部职务改由志愿兵担任。1988年，实行军衔制后，志愿兵改为军士长或专业军士。我军士官正式诞生。至1989

年年底，全省共接收安置转业志愿兵 10428 人。

1991 年起，根据民政部、总参谋部要求，转业志愿兵试点进行集中交接。

1992 年，省公安厅、粮食局、省退伍办联合发出通知，规定由省退伍军人安置办公室统一编号印制《转业志愿兵落户通知书》和《转业志愿兵粮油供应通知书》，按移交各地的志愿兵人数发到各级安置部门，以杜绝地方接收计划外的转业志愿兵。

1993 年，根据民政部安置司等 3 部门下发《因病提前转业安置的志愿兵所患几种常见慢性病基本稳定条件》，规定志愿兵在服役期间出现特定的疾病或外伤，经治疗病情基本稳定后不宜在部队继续服役的，可由部队驻军以上医院出具证明，并经师以上卫生部门鉴定确认，可提前转业安置。

1994 年，国务院、中央军委批准国务院退伍军人和军队离休退休干部安置领导小组、民政部、总参谋部《关于志愿兵转业实行集中交接意见的通知》，提出：关于志愿兵转业去向，原则上按照国务院、中央军委《关于颁发〈中国人民解放军志愿兵退出现役安置暂行法〉的通知》规定，回入伍时户口所在地的县（市、区）安置。在外地结婚（除部队驻地外）的志愿兵转业回入伍户口所在地安置有困难时，对服役期满、配偶婚前在当地有常住户口且家庭生活基础在当地、结婚满五年的，可以到配偶所在地安置。在服役期间家庭住址变迁的未婚志愿兵转业时，可到父母户口所在地安置。其他有特殊情况需要异地安置的，一般由省、自治区、直辖市安置部门审批。

1998 年 12 月，九届全国人大六次会议通过新的《中华人民共和国兵役法》，对兵役制度作出重大调整。规定志愿兵实行分期服役制度，为士官制度改革奠定法律基础。

1999 年 12 月 13 日，国务院、中央军委发布《中国人民解放军士官退出现役安置暂行办法》，对士官转业的条件及程序作出规定。即士官符合下列情况之一的，退出现役：（一）服现役满本期规定的年限，未被批准继续服现役的；（二）服现役满 30 年或者年满 55 岁的；（三）军队编制员额缩减需要退出现役的；（四）国家建设需要调出军队的；（五）经驻军医院诊断证明本人健康状况不适于继续服现役的。退出现役的士官符合下列条件之一的，作复员安置：（一）服现役满第一期或者第二期规定年限的；（二）符合转业或者退休条件，本人要求复员并经批准的。退出现役的士官符合下列条件之一的，作转业安置：（一）服现役满 10 年的；（二）服现役期间荣获二等功以上奖励的；（三）服现役期间因战、因公致残被评为二等、三等伤残等级的；（四）服现役未满 10 年，符合本办法第二条第（四）项情况的；（五）符合退休条件，地方需要和本人自愿转业的。退出现役的士官符合下列条件之一的，作退休安置：（一）年满 55 岁的；（二）服现役满 30 年的；（三）服现役期间因战、因公致残，被评为特等、一等伤残等级的；（四）服现役期间因病基本丧失工作能力，并经驻军医院诊断证明，军以上卫生部门鉴定确认的。士官服现役未满本期规定年限，严重违反纪律或者无正当理由坚持要求退出现役的，经批准，可按义务兵作退伍处理；家居城镇的，人民政府不负责安排工作。士官复员后，由征集地的县（市）人民政府按退伍义务兵的有关规定妥善安置。农村入伍的初级士官服现役期间,保留承包土地、自留地;中级以上士官复员后,没有承包土地、自留地的,重新划给。农村入伍符合转业条件的士官,本人要求并经批准作复员安置的,允许落城镇户口。转业士官和城镇入伍的复员士官待安置期间,由当地人民政府按照不低于当地最低生活水平的原则发给生活补助费。

2002年,安徽省先于全国出台《自谋职业退役士兵享受优惠政策的通知》《关于加大退役士兵职业技能培训的通知》,并推广芜湖市、青阳县等市县典型经验。

2004年,省政府办公厅转发省民政厅等13个部门《关于扶持城镇退役士兵自谋职业优惠政策的实施意见》,对全省自谋职业退役士兵享受优惠政策作出具体规定。

2005年“八一”建军节前夕,省安办表彰徐智勇等10名全省自谋职业退役士兵先进代表,举办自谋职业退役士兵先进事迹暨全省自谋职业工作成果展览。与此同时,各地按照《安徽省城镇退役士兵安置任务有偿转移管理暂行办法》的规定,建立安置保障金,在中央下拨自谋职业补助金基础上,省财政予以安排配套资金,有力推动城镇退役士兵自谋职业工作。全省各地对退役士兵职业技能培训和就业服务工作进行统一规划,充分利用现有公共就业服务机构、院校和培训机构,开展多种形式的职业技能培训,并将培训经费纳入当地财政预算。各级安置部门转变职能,积极为退役士兵搭建就业平台,为退役士兵提供就业服务。

2005年7月,国务院下发《关于进一步做好城镇退役士兵安置工作的通知》后,省政府及时下发《关于转发国务院关于进一步做好城镇退役士兵安置工作的通知》,要求各地认真抓好落实。2006年7月,省安置办根据全国复员退伍军人数据库建设暨培训工作会议精神,举办全省复员退伍军人数据库建设业务培训班,全面启动全省复员退伍军人数据库建设工作。2007年以来,省联席会议复员退伍军人问题工作小组多次召开会议,部署部分复员退伍军人矛盾纠纷排查化解工作。各级政府和民政安置部门以高度的政治责任感和大局观念,按照新颁布的《信访条例》,认真处理信访问题,做到事事有着落,件件有回音。

2008年7月,省民政厅、省军区政治部在凤台县召开全省退伍军人艰苦创业先进表彰大会,表彰退伍军人艰苦创业先进集体和先进个人,宣传退伍军人自主创业成果,收到良好的社会效果。

第三节　复员干部安置

退出现役的部队干部,一般由地方政府人事部门接收安排到机关、企事业单位,少数不适合转业或自愿要求复员的由民政部门接收,作复员安置。

改革开放初期,国务院、中央军委规定,退出现役的军队干部可以办理转业手续。但对于具有15年以上军龄已在农村安置的复员干部可以照顾安排到其配偶所在市、县或原籍市、县集体所有制单位工作。截至1978年,全省接收军队复员干部11350人,除极少数作复员处理外，均先后安排工作。当年，300多名1969年以后从部队大专院校毕业的学生皆由工人转为干部。

1980年后，根据中共中央、国务院、中央军委规定，将1969年至1975年复员、符合转业条件的干部改办转业手续，恢复行政级别，享受干部待遇，全省享受干部待遇的复员转业军人13807人。

1987年，中国人民解放军总政治部等6单位印发《关于1987年做好军队刑满释放和其他处分的干部安置工作的通知》，规定对在军队工作期间被军事法院判刑，但仍保留军籍的转业干部，如符合国家规定的干部离休条件，可以办理离休；同时还规定，刑满释放和受处理的干部被部队作复员处理的，原则上回原籍安置，也可到配偶所在地安置。从城镇入伍的，安排工作或复工复职；从农村入伍的，配偶在城镇工作，到配偶所在地安排适当工作，配偶在农村的回农村，有条件的地方也可安排到乡镇企业工作。

1989年，公安部、民政部、劳动部、人事部等6部门下发《关于军队刑满释放干部安置问题的通知》，规定，部队刑满释放的军官和文职干部凡作复员处理者，从城镇入伍的安置办法为：由县（市）政府分配适当工作；入伍前是厂矿、企事业单位职工，回原单位复工；在原籍分配工作确有困难的，可自谋职业；配偶在中等以下城市（镇）工作者，可安置到配偶所在地。从农村入伍的安置办法是：家庭确有特殊困难者，可到配偶所在地安置；当地如有条件可在乡镇企业安排；乡镇企业无法安排者，可按规定划给责任田(山)、自留地（山）或承包生产经营项目。

1978—1989年安徽省接收安置复原退伍军人统计表

表8-1-3　　单位：人

年度	安置去向			
	合计	农村社队	机关、厂矿企业	复工复职
1978年	35487	30890	4597	—
1979年	16242	13739	2503	—
1980年	39727	34193	5535	—
1981年	62525	45909	16616	—
1982年	46679	29732	16947	—
1983年	37468	23092	14376	—
1984年	32574	16524	16050	—
1985年	29926	11489	18437	—
1986年	30695	12852	17807	46
1987年	27053	11841	15204	8
1988年	22895	11260	11621	14

续表 8-1-3

年度	安置去向			
	合计	农村社队	机关、厂矿企业	复工复职
1989 年	25581	12405	13128	48

1993 年，国务院退伍军人和军队离退休干部安置领导小组等 9 部门出台《关于做好军队复员干部安置工作的通知》，规定军队干部复员对象是符合部队规定退役条件，本人自愿作复员安置，以及犯有严重错误丧失干部条件不宜作转业安排、又不具备退休条件的军官和文职干部。自愿复员的干部，政府不负责分配工作。复员干部就业后的待遇，享受所在单位同工龄、同工种、同岗位人员待遇，军龄计算为单位的连续工作年限和投保年限。

1995 年，省退伍军人和军队离休退休干部安置领导小组等 11 部门根据国家相关政策出台《关于做好军队复员干部安置工作的通知》，明确复员干部档案材料由部队各大单位集中向省军区转业干部工作办公室移交，经其审核后，向省复员退伍军人安置办公室移交。经省审查后符合接收条件的，向省军区和接收的地市县退伍军人安置办公室发出《复员干部接收通知书》。

2003 年，民政部规定，对军队干部因违犯军纪受撤职处分、被取消干部身份作退役处理的人员，须列入干部复员安置计划，由原籍、入伍地或配偶户口所在地的安置部门负责接收，不享受军队复员干部待遇，政府不负责安排工作，没有列入复员干部安置计划的，安置部门不予接收。

2004 年，建设部、民政部、财政部出台关于复员干部住房政策的规定，提出服役期间没享受房改政策的军队复员干部，可优先购买安置地政府建设的经济适用房。

第四节　伤病残军人安置

按照《中华人民共和国兵役法》和《中国人民解放军士官退出现役安置暂行办法》规定，服现役期间因战、因公致残，被评为特等、一等伤残等级的；服现役期间因病基本丧失工作能力，并经驻军医院诊断证明，军以上卫生部门鉴定确认的士官，一律按退休安置。退休士官符合年满 55 岁，服现役满 30 年。被评为特等、一等伤残的，参照军队退休干部的安置办法执行；符合因病基本丧失工作能力的，在原征集地或者直系亲属所在地分散安置，其待遇按照有关规定执行。

1979 年 6 月，省安置领导小组根据国务院、中央军委“退伍病残战士亦按‘从哪里来、到哪里去’原则安置”的指示，规定退伍伤病残战士中特等、一等残废军人由政府供养终身；不便回乡安置者，由省荣军收养院接收入院休养；愿意回家休养者，由当地政府帮助安置，享受在乡特、一等残废军人抚恤、护理费和各项待遇。家居城镇的二、三等残废军人，凡能坚持工作者，优先安排到企事业单位；丧失劳动能力无法工作者，给予定期定量补助，保证其基本生活。家居农村的二、三等残废军人，仍回原籍农村安置。1980 年 12 月，省人民政府、省军区规定，病残人员应由社队及所在企事业单位适当安排。生活确有困难者，社队应给予劳动工分优待。带病回乡、不能经常参加生产劳动的退伍军人，所在社队应给予定期补助。当年，滁县、徽州 2 地区和霍山、肥西、灵璧、宣城、郎溪、广德、东至、五河、濉溪等 9 县，共接收回乡残疾军人 1332 人，其中照顾安排到社队企业的 633 人，享受定期定量补助的 277 人。

1984 年起，根据《中华人民共和国兵役法》，家居农村的二、三等残废军人退伍后，除不能坚持工作外，均安排在城镇企事业单位。1985 年 5 月，对越自卫反击战牺牲烈士的兄弟、姐妹接枪入伍的退伍兵，照顾安排到全民所有制企业当工人。

1988 年，根据民政部、公安部、总参谋部、总政治部下发的《关于义务兵提前退出现役的暂行规定》，对部队作提前退役处理的义务兵，按不同情况分别照顾安置：因战、因公负伤（包括因病）致残，患病基本治愈，但不适宜继续服役以及患精神病经治疗半年未愈；因部队缩减编制员额退役；家庭发生重大变故退役；因国家建设需要而调出部队者，均予以照顾安排。至于家居城镇，无正当理由，本人要求中途退伍者；入伍前有犯罪行为或严重错误；明显不符合《关于征集兵员政治条件规定》者；入伍后因过失罪被判有期徒刑，或被判有期徒刑、缓期执行，考验期满者及劳教期满者；图谋行凶、自杀或搞其他破坏活动者，由原征集地安置部门接收，交由街道办事处按待业人员对待。家居城镇、被部队除名或开除军籍者，可给予落户，由街道办事处接收，安置部门不负责安排工作。

1989 年 5 月，省人民政府发布《安徽省退伍义务兵安置实施细则》规定，1. 因战、因公致残的农村二等、三等革命伤残军人，由原征集地的退伍军人安置办公室安排力所能及的工作。对不能坚持八小时工作，安排确有困难的，按照规定增发残废抚恤金，保障他们的生活。2. 患有精神病的退伍义务兵，由部队与原征集地的退伍军人安置办公室联系，落实有关事宜后再办理退伍手续。病情较重需住院治疗的，当地卫生、民政部门应及时安排住院治疗；病情较轻的，回家休养，并妥善安排其生活。城镇户口的退伍精神病员，治愈后由当地退伍军人安置办公室安排力所能及的工作。3. 城镇退伍义务兵在待安排期间患病的，其医药费自理。患病住院医药费用较大，自理确有困难的，经本人申请，由其父母所在单位给予适当补助；其父母无工作单位，经所在街道居民委员会证明，由当地民政部门给予适当补助。4. 军事院校学员因战、因公致残，不能继续学习的，由军事院校发给“革命伤残军人抚恤证”，按照实施细则上述规定安置。至 1989 年年底，全省共接收农村入伍的二、三等残废军人 1408 人，在城镇安排工作的 1310 人。

1992 年，国务院、中央军委批转民政部、总参谋部等部门《关于进一步做好伤病残义务兵退伍和安置工作意见的通知》，在国务院、中央军委《关于做好部队退伍义务兵病残战士安置工作的通知》基础上，结合新的情况和新的问题，对伤病残义务兵安置提出意见：对当年退出现役的特等、一等革命伤残义务兵的接收安置仍按原政策予以集中供养或分散供养；对退伍义务兵精神病病员，基本治愈的作退伍处理，交地方安置；在部队治疗半年不愈的，亦作退伍处理。部队办理精神病病员退伍时应视情况给予一次性医疗补助；对退伍义务兵慢性病病员，驻军医院及其以上医院确认基本治愈后，不适宜继续服役的办理退伍；符合评残的，部队予以评残；对因战因公致残的二等、三等伤残退伍义务兵，原是城镇户口的，由原征集地退伍军人安置机构安排力所能及的工作；原是农业户口的，原征集地有条件的，可在企事业单位安排适当工作。

2000年，民政部、财政部和总参谋部、总后勤部联合下发《关于做好滞留军队伤病残士兵退役安置有关问题的通知》，对做好这一工作提出了明确的要求。伤病残退役士兵的接收安置分四种基型：特、一等伤残义务兵，实行集中供养和分散供养两种方式，由国家供养终身；精神病的接收安置，实行集中治疗和分散安置两种方式。病情严重需要长期治疗和看护的，送精神病院接收治疗；病情较轻的，由入伍地或父母居住地人民政府接收，实行分散安置。精神病员安置后的待遇按在乡二等甲级伤残军人抚恤金标准发给生活补助费，所需经费中由央财政专项安排。慢性病员的接收安置。慢性病员经驻军医院及其上级医院确认基本治愈后，不适宜继续服现役的办理退役，其中符合评定病残条件的，部队要在其医疗机构终结后按有关规定予以评残；不符合评残条件的，回乡后旧病复发需要治疗的，当地医疗机构负责给予治疗，所需医疗和生活费用，本人经济困难的，由县（市、区）人民政府补助。对一些确认濒临死亡的疑难病患者，部队不再作退伍处理。二、三等革命伤残义务兵退伍后，由原征集地人民政府接收。家居城镇的，由安置部门安排力所能及的工作，家居农村的，其所在地有条件的，可以在企事业单位安排适当工作。

2004年，新修订的《军人抚恤优待条例》规定，现役军人残疾被认定为因战致残、因公致残或者因病致残的，依照条例的规定享受抚恤。残疾的等级，根据劳动功能障碍程度和生活自理障碍程度确定，由重到轻分为一级至十级。残疾等级的具体评定标准由国务院民政部门、劳动保障部门、卫生部门会同军队有关部门规定。并首次将患精神病的义务兵和初级士官列入评残范围。

2005年，民政部、总参谋部就做好患精神病义务兵和初级士官退役移交安置工作作出规定，服役期间患精神病的义务兵和初级士官评为1～6级的，由民政部、总参谋部编制年度计划移交，患精神病残疾士兵，地方政府不负责安排工作；5～6级的，由人民政府发放相当于当地退役士兵自谋职业标准的一次性经济补助。

第二章 军队离退休干部安置

1980年，军队干部退休制度正式建立，并逐步规范。军队退休干部在确定安置去向时，原则上可以就地安置，也可以易地回原籍安置，并明确解决住房的相应措施。由于这一过程主要是为建立军队干部退休制度，对安置去向没有限制性的规定，所以到地方安置的军队退休干部比较少，大部分仍留在部队进行内部管理。

1986年至2004年，军休干部按批次接收安置。这一过程主要是配合军队精简整编，退休制度逐步完善，推行离休政策并区分人员范围，军休安置管理形成独立的政策和工作体系。即有计划有规模地成批次接收安置军休干部；军休干部增加离休和退休的待遇区分；建立专门的军休安置管理机构，逐步制定一系列军休安置政策。

2005年以后，为加强国防建设，加快军队现代化建设的步伐，适应改革开放和社会发展的需要，军休干部按批次计划接收安置改为按年度计划接收安置。其目的是，加快接收安置进度，实现军休干部接收安置工作良性循环。即结合军队住房改革，军休干部的安置住房均以货币化取代原来的集中建房和集中管理的模式，这一过程的军休干部在移交安置后均是分散居住的。

第一节 接收安置机构

军队离休退休干部（简称军休干部）的安置管理工作（简称军休工作），是指国家对军队干部退出现役，离休、退休后，移交政府安置，政府对其晚年生活做出妥善安排的组织管理活动。军队离退休干部安置是指以军休干部为对象，以国家和社会提供养老、福利、服务为主要内容的一种社会保障制度。各级民政部门长期负责具体的接收安置工作。

组织机构 改革开放前，供养军官和军队退休干部即由各级民政部门负责接收、安置和管理。1980年11月，军队退休干部移交地方政府管理，省复员退伍军人安置领导小组改为安徽省退伍军人和军队退休干部安置领导小组。次年4月，省民政厅退休干部工作处改为军队退休干部安置处。

1985年4月，军队离休干部移交地方政府管理后，省退伍军人和军队退休干部安置领导小组改称省退伍军人和军队离休退休干部安置领导小组，省民政厅军队退休干部安置处改为省军队离休退休干部安置办公室。

1985 年 5 月，省机构编制委员会、财政厅、民政厅联合下发《关于军队离休退休干部管理机构的设置、人员编制等问题的通知》，各地民政部门第一、二批军休干部安置任务已有 15 户以上的，在居住点设立干休所（为事业单位），作为基层管理服务机构。根据这一条件，合肥、蚌埠市各设立 2 个干休所，滁州、巢湖、阜阳、六安、芜湖、淮南、淮北、铜陵、马鞍山、安庆、黄山市屯溪区等地均设立 1 个干休所。当年，全省共设军队离退休干部休养所 16 所，未建所而有安置军队离退休干部任务的地方，均配备服务管理专职人员。

1987 年 2 月，省机构编制委员会、财政厅、民政厅《关于宿州市等地设立军队离休退休干部休养所的通知》规定，在宿州市、池州市、宣城市宣州区、无为县设立干休所。同年 11 月，三部门又批准在亳州市、怀远县、舒城县、霍邱县、宿州市埇桥区、庐江县、凤阳县、和县、肥西县、天长市、全椒县设立军队离退休干部服务站。

1989 年，省退伍军人和军队离退休干部安置领导小组组长由省人民政府副省长杨纪珂担任，省军区副司令员张进宝、省人民政府秘书长陈基余、省计划委员会副主任刘澎仁、省民政厅副厅长李胜冰任副组长，省教育委员会、公安厅、财政厅、交通厅、卫生厅、商业厅、人事局、劳动局和省军区司令部、政治部负责人为成员。当年，全省各地、市设军队离退休干部安置办公室 15 个，军队干休所（站）32 个。

2000 年，省民政厅机构改革，军队离退休干部安置办公室与退伍安置办公室合并，同时承担安徽省复员退伍军人和军队离休退休干部安置领导小组办公室的职责。

机构职能　1990 年，民政部发布《军队离休退休干部休养所暂行规定》，明确干休所的任务是按照国家关于安置军队离退休干部的方针、政策和规定，落实军队离退休干部的政治待遇、生活待遇，发挥他们的作用，使他们安度晚年。

1991 年，省机构编制委员会、财政厅、民政厅下达军队离退休干部休养所专项事业编制，并同意合肥市第三军干所、芜湖市第二军干所设立。

省机构编制委员会、财政厅、民政厅先后于 1993 年、1996 年、1999 年、2001 年、2003 年、2005 年发文《关于做好移交地方安置的军队离退休干部休养问题的通知》，按照接收军休干部的一定比例，陆续下达各市军休干部服务管理机构专项事业编制。2001 年，省离退休干部安置办公室和退伍安置办公室同意宿松县军休站改设军休所。2004 年，阜南县设立军休站。截至 2005 年年底，全省建立 49 个军休所（站），中央配给的事业编制服务管理人员 407 人。

2004 年 1 月，中共中央办公厅、国务院办公厅、中央军委办公厅《关于进一步做好军队离休退休干部移交政府安置管理工作的意见》规定，服务管理机构是直接服务和管理军队离退休干部的专设机构，为财政补助事业单位，执行国家有关事业单位的各项政策。原有服务管理机构根据服务用车实行货币化保障的实际情况，逐步消化富余人员。新增工作人员按照接收的军队离休退休干部人数 1∶10 的比例配备，工作用车按照接收的军队离休退休干部人数 1∶50 的比例配备。

2004年，省机构编制办公室下发《关于设立安徽省军队离退休干部管理服务中心的批复》，同意省军队离退休干部管理服务中心单独设置。

2005年，全省各地民政部门根据中共中央办公厅、国务院办公厅、中央军委办公厅《关于进一步做好军队离休退休干部移交政府安置管理工作的意见》规定，结合自身安置管理工作实际，设置、调整军队离退休干部服务管理机构。服务管理机构用房按照集中安置的军队离休退休干部购房补贴建筑面积标准的10%安排，由安置地政府统一规划建设，统一调剂解决，其建设用地和税费减免按照国家有关军队离休退休干部住房建设的规定执行。工作人员住房按照有关规定实行住房补助办法。服务管理机构用房、服务管理工作和工作人员等所需经费，由中央财政给予补助，不足部分由地方财政解决。

2005年，芜湖市将原军休一所、二所和三所合并，成立芜湖市军队离休退休干部服务管理中心；六安、巢湖、铜陵、池州等市陆续在原军休服务管理机构基础上设置或直接更名为军队离退休干部管理服务中心。

2007年，省机构编制办公室、民政厅和财政厅印发《关于认真做好第五批军队离退休干部交接安置工作的意见》，同时下达第五批和2006年度军休服务管理机构专项事业编制47名。2010年，为加强军队离休退休干部移交政府安置管理工作，省机构编制办公室、省民政厅、省财政厅印发《关于增加军休服务管理机构专项事业编制的通知》，下达2008年度军休服务管理机构专项事业编制15名。截至2010年年底，全省已建立50个军休所（站），中央配给的事业编制服务管理人员469人。

第二节　军休干部安置管理

军休服务管理工作主要是解决好两个待遇问题，即政治待遇和生活待遇。军休干部政治待遇主要包括阅读文件，听报告，参加重大庆典和重大政治活动，党员军队离休退休干部逝世后骨灰盒可覆盖党旗，军队离休干部逝世后骨灰盒可覆盖军旗，授予离休干部“离休干部荣誉证”、功勋荣誉章等。

接收安置　军队现役干部，凡1949年9月30日以前参加中国共产党所领导的革命军队的，或者新中国成立以后入伍、新中国成立前在解放区参加革命工作并脱产享受供给制待遇的，或新中国成立后入伍、新中国成立前在敌占区从事地下革命工作的，达到军队干部离休年龄，师职以下干部年满55周岁，军职干部年满60周岁，兵团职和大军区职干部年满65周岁，均可离职休养；1948年年底以前在解放区享受当地人民政府制定的薪金待遇的，也可享受离休待遇。

1978年，国务院《关于安置老弱病残干部暂行办法》规定，就地安置的退休干部由原工作单位管理，异地安置者分别由接收地区组织、人事和民政部门管理。1983年，省民政厅通知各地，由民政部门管理就地安置的离退休干部，应当与当地组织、人事部门联系,交由原单位管理。

根据国务院、中央军委《关于军队干部退休的暂行规定》,军队现役干部,男年满55周岁、女年满50周岁,或因战、因公致残,积劳成疾,基本丧失工作能力的,可办理退休。再次强调,移交政府安置管理的军队退休干部,凡符合国务院、中央军委《关于军队干部退休的暂行规定》,应由本人向安置地区民政部门提出申请,经民政部门审查提出意见后,连同本人档案转送当地军分区政治部,按照军队干部任免权限报批。军队退休干部改为离休后,从批准之月起改按军队离休干部待遇。各单位在办理退休改离休工作过程中,认真执行有关政策规定,严格把关。

1993年10月25日,根据民政部、公安部、财政部、人事部、卫生部、总政治部、总后勤部《关于军队干部退休安置中几个问题的通知》精神,1949年10月1日后入伍(含参加地方革命工作)的现役军官和文职干部,符合下列条件之一者,可以办理退休:1.担任师级以上职务,且达到服现役最高年龄的,或者军龄(含参加革命工作时间)满30年、年满50周岁,本人申请退休的军官;2.军龄满30年或者年满50周岁的团职以下军官;3.达到规定退休年龄的文职干部;4.未达到退休年龄,因战、因公致残和因病经医院证明基本丧失工作能力的军官和文职干部;5.接近服现役最高年龄的师职以上军官和接近退休年龄的文职干部不宜继续服现役或在部队服务,且不宜转业地方工作的。干部退休的批准权限与其职务的任免权限相同,对符合退休条件的干部应及时批准退休。

军队离退休干部安置　1977年,省革命委员会规定,军队退休干部一般在农村安置。县、团级以上干部及直系亲属均在城镇工作,回原籍农村有困难者,可在城镇街道安置。到省辖市安置,须经省民政局批准。

为适应军队精简整编,从1980年开始,国务院、中央军委决定,军队退休干部按计划成批次地移交地方政府安置。1982年1月,国务院、中央军委出台《关于老干部离职休养制度的几项规定》,对军队离退休干部移交地方后的政治、生活待遇等作出明确规定。已退役到地方休养的退休干部,符合离休条件者改办离休。离休干部可就地安置,可回本人或配偶原籍以及配偶居住地安置,也可到子女居住地安置。自愿回农村安置者给予鼓励。同年11月,省民政厅、人事局、劳动局、财政厅等8个厅局和安徽省军区政治部联合规定,异地安置的退休干部(包括改办离休干部),其配偶、未成年和待业子女及批准随军的其他亲属可随同前往。异地后身边无子女照顾,或虽有成年子女,但因残疾等原因不能照顾者,准许调一名已工作子女随迁。

1982年,民政部等5部门规定,军队无军籍退休职工,由安置地区民政部门负责安置。志愿兵因战、因公致残或积劳成疾,由部队办理退休手续后,亦由本人原籍或直系亲属居住地的县(市)民政部门接收安置。据此,省民政厅等5厅局同时规定,易地安置的退休干部,其配偶、未成年的和待业的子业,可随同前往;易地后身边无子女照顾的,可准许调一个已工作的子女随迁。有工作的配偶、子女,随迁后由安置地区的人事或劳动部门负责分配。退休干部和家属的户口,由安置地区民政部门开具证明,公安部门办理落户手续。家属原为市镇户口的,包括随退休干部到农村安置的,随迁后不改变,仍吃商品粮,一切都按当地市镇户口办理。

1982 年,安徽省开始成批次接收安置军队离退休干部。民政部、总政治部下达安徽省第一、第二批军休干部安置计划 671 名（核定数）,共建房 620 套,其中军休干部住房 518 套,工作人员住房 102 套。1987 年,第一、二批交接安置工作基本结束,安徽省共接收第一、二批军队离退休干部 661 名。

1986 年,中央下达批次外的人武部干部移交计划 146 名,实际接收 144 名。1988 年,第三批军休干部安置计划下达,安徽省计划安置 587 名。

1992 年,第三批接收安置工作收尾,安徽省共接收 563 名军休干部。第一至三批军休干部的接收安置工作采取的是分散交接办法。由于这种交接办法不利于及时掌握交接数量,中央财政也无法及时保障服务管理机构的经费。

1994 年 8 月,在深入调研的基础上,国务院退伍军人和军队离退休干部安置领导小组办公室、民政部、财政部、总参谋部、总政治部、总后勤部下发《关于做好第四批军队离退休干部退休志愿兵交接工作的通知》,规定从第四批开始,对军休干部安置交接实行集中与分散相结合的办法、上报“三联单”的制度。

1992 年,第四批军队离退休干部接收安置建房工作启动,共下达安徽省接收安置计划 485 名,建房 420 套,军队承建 281 套,地方承建建房任务 180 套。1999 年第四批军队离退休干部接收安置工作结束,接收 458 人。

1999 年,第五批军队离退休干部接收安置计划下达,安徽省计划接收安置 225 名。截至 2004 年,安徽省共接收 197 名。

安徽省离退休、退职人员情况统计表

表 8-2-1　　单位:人

项目			1994 年	2001 年
			4925	4633
	军队离退休干部		1563	1918
		离休	960	891
	军队无军籍职工		287	595
	地方人员		3075	2120
本年接收人员			275	393
	军队离职休干部		7	92
	军队无军籍职工		252	293
	地方人员		19	8

第五批安置计划以后,军休干部移交安置方法发生改变。2004 年,军队离退休干

部接收安置工作由批次移交改为年度移交。民政部、总政治部、总参谋部每年联合下达军休干部、士官安置计划。2004 年,中央下达安徽省军队伤病残退休干部交接安置计划 21 名。

2005 年,中央下达安徽省军队离退休干部和退休士官接收安置计划 307 名;2006 年,下达退休干部和退休士官接收安置计划 262 名;2007 年下达计划 123 名;2008 年下达计划 210 名。1986 年至 2008 年,安徽省接收安置军队离退休干部和无军籍职工 4513 人。

1986—2008 年安徽省度接收军休人员情况统计表

表 8-2-2

年度	总计	离休干部	退休干部	落实政策干部	无军籍职工
1986	734	466	146		122
1987	144	72	32		40
1988	67	28	13	21	5
1989	96	31	32	33	
1990	157	72	67	18	
1991	274	144	114	16	
1992	144	74	23	47	
1993	468	24	13	38	393
1994	21	9	8	4	
1995	15	4	6	5	
1996	47	2	45		
1997	112	5	78		29
1998	178	8	124		46
1999	293	17	144		132
2000	29	2	26		1
2001	335		52		283
2002	30		11		19
2003	78	1	76		1
2004	106	5	94		7
2005	279		272		7
2006	502	1	224		277
2007	212	1	199		12
2008	192	2	188		2
合计	4513	968	1987	182	1376

无军籍职工安置 军队无军籍职工是国防建设的特殊群体，在革命战争年代与和平建设时期为祖国解放、军队建设做出了积极贡献。从20世纪20年代起，军队机关、事业单位的无军籍职工按照国家的有关规定，移交地方民政部门安置。

1982年，省民政厅下发《关于做好接收安置军队编内、编外无军籍退休职工工作的通知》，对接收安置的对象、退休人员的待遇、经费、住房等问题作出明确规定。但随着时间推移和军队精简整编工作的开展，移交地方的职工人数越来越多，加之政策不完善，许多问题亟待研究解决。

1987年8月，民政部下发《关于暂停接收安置军队无军籍退休退职职工的通知》，职工移交安置工作停止。截至1987年8月底，安徽省共接收安置无军籍退休职工520人。

1992年，民政部、财政部、卫生部、总后勤部下发《关于进一步做好军队无军籍退休退职职工的安置工作的通知》，明确规定军队退休职工的安置办法、生活待遇、医疗保障以及安置范围等。同年10月，军队无军籍退休职工成批次移交工作正式启动。

1993年，省民政厅下达各市民政部门第一批军队无军籍退休退职职工安置计划358名，1994年下达第二批安置计划127名，2000年下达第三批安置计划247名，2006年下达第四批安置计划306名。截至2009年年底，安徽省共接收四批次无军籍退休退职职工934人。

政治待遇 1981年，根据国务院、中央军委颁发的《关于军队干部退休的暂行规定》，各级民政部门认真做好军队退休干部的思想政治工作和管理工作。除按照规定阅读文件、听报告外，关心他们的身体健康和物质、文化生活；及时研究解决他们的实际困难，鼓励他们参加一些力所能及的社会活动；总结交流工作经验，宣扬退休干部中的好人好事；对资历较深，贡献较大，有一定影响的退休干部，由组织、人事部门安排他们担任荣誉职务。

1982年4月，国务院发布的《军队执行〈关于老干部离职休养制度的几项规定〉的通知》规定，在新中国成立以前入伍的和符合《国务院关于老干部离职休养制度的几项规定》规定条件的干部，达到军队干部离休年龄的，均可离职休养。已经交政府安置的军队退休干部，凡符合新的离休条件的，由所在地区人民政府负责改办离休。恢复本人原工资，不再收回军队，由当地政府按地方离休老干部负责管理。军队离休干部的生活补贴，按《国务院关于老干部离职休养制度的几项规定》执行。补贴的月工资，按本人现行的月工资标准发给。

1985年，安徽省委老干部局和省民政厅联合发文，要求各地有关部门落实军队离退休干部各项政治待遇，重大节日和庆祝纪念活动应邀请离退休干部参加。1986年，省民政厅再次要求，各级民政部门结合当地实际情况，为离退休干部继续为人民贡献创造条件。至1989年，军队离退休干部在地方继续发挥作用计258人，其中从事教育4人，医务22人，技术咨询2人，编写地方志8人，被聘任居委会主任17人，担任校外辅导员

7人，担任荣誉职务3人，协助干休所生产经营45人，开展自我管理和自我服务150人。

1996年，民政部安置司、总政治部干部部《关于移交政府安置的军队离休干部换发〈中国人民解放军离休干部荣誉证〉的通知》规定，1995年12月31日前移交政府安置的军队离休干部换发“中国人民解放军离休干部荣誉证”，代替“中华人民共和国老干部离休荣誉证”；1996年1月1日后移交政府安置的军队离休干部，由原部队换发。

2004年1月，中共中央办公厅、国务院办公厅、中央军委办公厅《关于进一步做好军队离休退休干部移交政府安置管理工作的意见》规定，移交政府安置的军队离休退休干部的政治待遇按照安置地国家机关同职级离休退休干部的规定执行。党组织建设按照中央有关规定执行。中央和地方党政机关发至地、县级的有关文件，应当发给政府军队离休退休干部服务管理机构。军队离休退休干部参加重大庆典和重大政治活动时，可以按照军队规定着离休退休时的军装，佩带军衔、文职符号和勋章、立功奖章。地方政府和省军区系统每年可以采取不同形式慰问军队离休退休干部。

移交政府安置的军休干部继续发扬军队优良传统，乐于为地方建设献计献策，积极参加社会公益活动，带头为灾区捐款捐物，担任校外辅导员，开展革命传统教育，为关心下一代做出较大贡献。

生活待遇　1979年，民政部、国家劳动总局、财政部联合通知，第二次国内革命战争时期的老红军、老干部每人每月发给30元困难补助费。工资低于行政17级者，可提为行政17级。

1982年11月，根据国务院、中央军委颁发的《关于军队干部退休的暂行规定》，省民政厅、人事局、劳动局、财政厅、卫生厅等9厅局联合发文，明确军队的现役干部，男年满55周岁、女年满50周岁，或因战、因公致残，积劳成疾，基本丧失工作能力的，可办理退休。军队干部退休后，按下列标准发给生活费：因年老、积劳成疾退休的干部，抗日战争时期入伍的（含参加地方革命工作时间），发给本人原工资（按照安置地区军队同职级干部的月工资额计算）的95%。解放战争时期入伍的，发给本人原工资的90%。新中国成立后入伍的，军龄（含参加地方革命工作年限）满30年以上的，发给本人原工资的85%；军龄满20年不满30年的，发给本人原工资的80%；军龄满15年不满20年的，发给本人原工资的75%；军龄满10年不满15年的，发给本人原工资的70%；军龄不满10年的，发给本人原工资的65%。因战、因公负伤致残者因患二、三期矽肺病而基本丧失工作能力退休的干部，发给本人原工资的95%。生活不能自理、饮食起居需要人扶助的，还可以根据实际情况，每月发给护理费。护理费标准不得超过当地一般机械行业二级工的标准工资。退休干部离队安置时，当月的工资由原单位发给，从下个月起，由安置地区民政部门发给退休生活费。退休当年的生活费，由军队一次拨给安置地区的民政部门，从下一年起，其退休生活费，由安置地区的民政部门列入预算并按月发给。残废金由安置地区民政部门按规定标准发给。退休干部的生活供应标准、公费医疗等与当地相当职级的国家机关干部相同。取暖补贴费、粮价补贴、副食品价格补贴及其他补贴等，由民政部门按照居住地区规定标准发给。福利费按照当地在职干部的标准提取，由民政部门掌握，以解决军队退休干部的生活困难问题。退休干部去世后，当月的退休生活费照发，从下个月起停发退休生活费。其丧事处理，丧葬补助费，一次抚恤费和供养直系亲属生活补助费等，由当地民政部门按国家机关相当职级干部有关规定办理。同时还规定，军队离退休干部与当地相当职级国家机关干部享受同等公费医疗。

1985 年，中央军委规定，本年 5 月 1 日起，凡 1984 年 12 月以前移交地方民政部门管理的军队离退休干部、军队无军籍退休职工、军队落实政策后改办退休人员、军队退休志愿兵，发给每人每月 17 元生活补助费。7 月 1 日起，离休干部每人每月再加发 13 元。同年，中央下拨安徽军队离退休干部专用汽车 40 辆，均按安置人数及驻地交通状况分配。

1986 年 1 月，省商业厅、粮油食品局等 4 厅局联合通知，军队离退休干部定量粮油及肉食品差价、粮价补贴、副食品价格补贴全部落实。同年 10 月，地方接收的军队离退休干部每人每月医疗费标准增加到 30 元。

1987 年 2 月，省民政厅根据民政部、财政部、总政治部联合规定，从 1986 年 12 月起，增加荣立晋攻、四等功的军队退休干部 5% 的退休生活费。同年 10 月 1 日起，军龄在 10 年以下（包括 10 年）的军队退休干部、其生活费按原薪 70% 计发。军龄在 10 年以上者，每增加 1 年军龄，增发原薪 1%，最多不超过原薪的 90%。因战、因公负伤致残或患二、三期矽肺病基本丧失工作能力的退休干部，按原薪 95% 计发；1953 年 12 月 31 日以前入伍者，另补助原薪的 5%。

根据国务院、中央军委颁发的《关于军队干部退休的暂行规定》，军队退休干部退休生活费执行军队退休干部的标准，并享受由地方财政开支给当地国家机关退休干部的各种补贴和优待。但随着国家和军队工资制度改革，地方许多待遇是由当地政府给政策，经费由干部所在单位解决，军队退休干部没有依托单位，有些待遇无法落实而出现反差，从而形成移交地方政府安置的军队退休干部在地区之间、地方与军队之间存在较大的差距。

1994 年，经中共中央、国务院、中央军委批准，财政部、中央组织部、民政部、人事部、总政治部、总后勤部等部委下发《印发〈关于调整移交政府安置的军队离休退休干部和退休志愿兵生活待遇实施办法〉的通知》规定，纳入国家安置计划移交政府安置的军队离休干部以及 1958 年以来移交政府安置、执行军队干部退休生活费标准的退休干部随军队工资制度改革调整生活待遇，按军队统一的项目和标准执行，不再执行安置地政府规定的各项补助补贴。

2004 年 1 月，中共中央办公厅、国务院办公厅、中央军委办公厅《关于进一步做好军队离休退休干部移交政府安置管理工作的意见》规定，移交政府安置的军队离休退休干部的生活待遇按照军队统一的项目和标准执行。中央军委及总部有关军队离休干部生活待遇的文件，由民政部、财政部、总政治部、总后勤部转发执行；有关军队退休干部生活待遇的文件，由总政治部、总后勤部商民政部、财政部共同发文执行。

2005年，根据中共中央、国务院有关政策规定，省民政厅、财政厅、劳动和社会保障厅、卫生厅、省军区政治部、省军区后勤部联合下发《关于移交政府安置的军队离休退休干部及无经济收入家属、遗属和军队无军籍退休职工医疗保障、生活补助等有关问题的通知》，规定军队离休干部享受安置地国家机关同职级离休干部同等医疗待遇，医疗费按照规定实报实销；安置地国家机关退休公务员参加基本医疗保险和公务员医疗补助，军队退休干部享受同职级退休公务员的医疗待遇。军队离休干部无经济收入家属、遗属纳入军队离休干部医疗管理体系统一管理，经组织批准随军的无经济收入的军队退休干部家属、遗属和无军籍退休职工，参照所在地城镇职工的办法纳入基本医疗保险和医疗救助。

住房保障　20世纪70年代，国务院、中央军委规定，军队退休干部的房屋维修费由部队解决，当地政府负责修建。1978年改为，军队退休干部住房，由接收安置地区列入基建计划，统一解决，经费由地方负责。

1981年，民政部、总政治部下达安徽省第一批军队离退休干部接收安置任务636人，其中团职373人，营职以下262人。按团职70平方米、营职以下50平方米住房标准，需建房35260平方米。因建房任务重、时间紧，各地、市和有安置任务的县都成立筹建军队离退休干部住房专门机构，由分管计划委员会或建设委员会的副专员、副市长、副县长负责，建房经费和物资均实行专款、专材、专用。

1983年，民政部、总政治部下达安徽省第二批离退休干部接收安置任务270人，其中团职179人，营职以下91人。按不同职级住房标准需建房17262平方米。次年，根据国家规定，第一、二批军队离退休干部中，1949年9月30日以前入伍或参加地方工作的18级或营以下职务的退休干部，全部改按团级住房标准，共计328人，需增建住房6560平方米。各地在建房中，采取统建、分建、购买、自建（回农村安置）等多种形式。

1986年年初，国家计委、财政部等部委全面检查1981年以来各省、市、自治区军队离退休干部住房质量问题，发现第一、二批军队离退休干部安置建房采用的是国家投资、划拨“三材”指标、当地政府负责修建的模式。由于建房方式单一、征地困难、住房建设周期长、部分质量差等问题，严重影响了军队离退休干部的安置速度。经国务院、中央军委同意，民政部、国家计委、财政部、城乡建设环境保护部、国家土地管理局、国家物资局、中国人民建设银行、总政治部、总后勤部等9个部委联合下发文件，规定从第三批开始，军队离退休干部的住房主要由地方政府（主要是民政部门）负责统一修建，但也可以采用购买商品房、离退休干部家属工作单位帮助建房、自建自购住房和维修私房、部队建房等形式解决住房。

1986年年底，国家下达安徽省第三批军队离退休干部安置587人，需建房522人，其中师职9人，团职408人，营职以下105人。按不同职级住房标准，另加20%附属建筑面积，总计建房面积52080平方米，分3年建成。1987年，省军队离退休人员安置办公室根据各地实际，制定综合造价标准，当年按建房任务30%将经费划拨各地、市，由各地、市民政部门承担建房任务，并签订《建房责任书》。余下70%建房任务分别于1988年、1989年下达。自1981年至1990年，全省总计建造军队离退休干部住房1332套；到1990年年底，已建成1171套，占总任务的87.9%。

1981—1989年国家计划委员会等部门下拨安徽建房经费和材料统计表

表8-2-3

年度	建房面积（平方米）	建房经费（万元）	建筑材料		
			钢材（吨）	水泥（吨）	木材（立方米）
合计	122967	3486	3190	10100	1200
1981年	35260	494	740	4000	1200
1982年	—	276	360	1900	400
1984	6560	339	—	—	—
1985年	11745	262	800	—	—
1987年	18025	721	500	1500	—
1988年	14575	583	390	1500	—
1989年	19900	811	400	1200	—

说明：1.1982年有39万元、1984年有215万元，1985年有40万元是第一、二批军队离、退休干部建房补助费；

2.1984年、1985年的水泥、木材计划都统计在1982年内；

3.1987年开始，安徽被列为全国五个木材包干省之一，所以国家未下达木材计划；

4.1987年至1989年下达的数额包括黄山休养所的414万元建房经费、283吨钢材和955吨水泥

1983—1989年安徽省接收军队离、退休干部情况统计表

表8-2-4　　单位：人

项目	第一批					第二批					第三批							批次外				
	小计	团		营		小计	团		营		小计	师		团		营		小计	师		团	
		离	退	离	退		离	退	离	退		离	退	离	退	离	退		离	退	离	退
任务数	636	364	28	7	237	270	172	30	7	61	679	—	10	352	205	14	98	150	78	—	69	3
核定数	—	—	—	—	—	671	418	38	4	211	587	—	10	326	134	12	105	150	78	—	69	3

续表 8-2-4

项目		第一批					第二批					第三批							批次外				
		小计	团		营		小计	团		营		小计	师		团		营		小计	师		团	
			离	退	离	退		离	退	离	退		离	退	离	退	离	退		离	退	离	退
核实接收数（累计数）	1983 年	—	—	—	—	—	26	—	2	—	24	—	—	—	—	—	—	—	—	—	—	—	—
	1984 年	—	—	—	—	—	65		2	—	63	—	—	—	—	—	—	—	—	—	—	—	—
	1985 年	—	—	—	—	—	272	136	11	—	125	41	—	—	36	—	4	1	—	—	—	—	
	1986 年	—	—	—	—	—	519	320	20	4	175	50	—	—	39	1	7	3	150	78	—	69	3
	1987 年	—	—	—	—	—	638	401	37	4	196	145	—	—	96	26	6	17	—	—	—	—	—
	1988 年	—	—	—	—	—	647	407	37	4	199	171	—	—	111	29	6	25	—	—	—	—	—
	1989 年	—	—	—	—	—	654	411	37	4	202	229	—	—	151	33	6	39	150	78	—	69	3

说明：1. 第二批核定数为第一、二批核定数；

2. 第二批接收数包括第一批接收人员

1991 年，国务院、中央军委下发文件，规定军队要多承担建房任务，从第四批安置计划起，就地安置的离退休干部住房建设，原则上由军队承担；易地安置的离退休干部住房建设，原则上由地方政府承担。并继续采取多种形式，鼓励离退休干部自建、自购住房、维修私房和家属工作单位帮助建房。

1998 年 11 月，根据中央部署，安徽省开始军队离退休干部公有住房出售工作，售房 1189 套，售房资金 1280 万元，存放在财政专户上。

1999 年 9 月，安徽省开始执行中央军委下发的《进一步深化军队住房制度改革方案》，建立军队人员住房补贴制度。并结合当时军休干部安置建房的实际情况，于 2002 年 2 月，根据民政部、财政部、国家发展计划委员会、建设部、国家税务总局、总参谋部、总政治部、总后勤部《关于印发〈移交政府安置的军队离退休干部住房保障改革实施办法〉的通知》规定，移交政府安置的军休干部实行住房补贴制度，并提出 5 种住房保障改革办法：已安置住房的，购买或租住安置的住房；住房已列入第四、五批安置计划并开工建设的，购买或租住已开工建设的住房；住房尚未开工建设和未列入安置计划的，以购买经济适用住房为主，可以购买或租住符合出售条件的现住房，也可以自理住房含自购自建住房、维修私房或购买配偶单位住房。

2004 年，根据中共中央办公厅、国务院办公厅、中央军委办公厅《关于进一步做好军队离休退休干部移交政府安置管理工作的意见》，全省各地进一步完善和明确军休干部住房保障问题，规定第五批（不含）以后纳入安置规划的军休干部以购买经济适用住房为主，可以购买或承租符合出售条件的现住房，也可以自理住房（包括自购、自建住房，维修私房或购买配偶单位住房）。房源由军队协助军休干部本人落实。

2007 年 6 月，民政部、财政部、国土资源部、建设部、总政治部、总后勤部下发《关于移交政府安置的军队离退休干部购房面积未达标货币补差有关问题的通知》和《关于移交政府安置的军队离退休干部购买现有住房有关问题的通知》，启动移交政府安置的军队离退休干部的住房制度改革工作。同年 11 月，省军队离退休干部安置办公室在岳西县和绩溪县分片召开军休干部住房制度改革工作会议，采取以会代训的形式，对各市、县（区）军休服务管理机构的工作人员、软件操作员进行房改政策和软件操作培训，同时具体部署全省军休干部的房改工作。

第三节　军休所

军队离休退休干部休养所是民政部门领导下的事业单位，承担军队离休退休干部服务管理的具体工作。20 世纪 80 年代，安徽省军休服务管理机构开始组建，截至 2008 年，已建立 36 个军休所（站），累计接收军休人员 4585 人，其中离休干部 1073 人，退休干部 2067 人，无军籍职工 1445 人。

工作举措　军休所的职责是负责军地双方上级职能部门审核认定的军休干部接收安置手续移交，配合部队做好军休干部的接收进所工作，出据组织关系、医疗保险、落户等有关的证明信。按规定做好军休干部建房、分房、房改工作，完善各项配套设施建设，负责军休干部住房的日常维修服务，保证军休干部生活便利。组织军休干部学习中央、省、市有关文件，参加党支部，定期过党的组织生活，坚持“三会一课”制度。定期或不定期召开军休干部座谈会，重大节日开展慰问活动。搞好阅览室、娱乐室、党员活动室建设，安排好军休干部的文化生活。有计划、有步骤的开展适合老年人的文体活动，增强军休干部体质，丰富工休人员的晚年生活。及时足额发放军休干部离退休费、医疗费，为符合条件的军休干部审报发放护理费、公勤费、军粮补贴等。积极开展卫生知识教育和医疗保健活动，定期组织离休干部体检，有病早发现、早治疗。优先保证军休干部就医用车。为军休干部管委会创造良好的工作条件，进一步发挥军休干部作用，实现“自我教育、自我服务、自我管理”，充分体现军休干部在所中的“主人翁”地位。各地根据省民政厅的要求，认真履行自己的职责。每年召开一次全省双退安置领导小组会议，对军休工作进行研究部署；军地双方协调配合紧密，把军休工作纳入双拥工作，实行“一票否决权”；认真落实军休干部“两个待遇”，在工资、医疗、住房等政策上积极维护军休干部合法权益；不断坚持提供优质服务，开展文明窗口单位和“双和谐”创建活动，努力为军休干部排忧解难。

加强军休服务机构基础设施，2000 年至 2005 年全省共下拨 1801 万元，用于军休所站内部设施和环境改造，全省大部分军休所建立“五室一场”（阅览室、棋牌室、书画室、台球室、会议室和室外健身场）；开展文明窗口创建活动，坚持“树五心，建五一”，即：凭着热心，热爱军休工作；捧着耐心，做好服务工作；怀着诚心，克服一切困难；用着虚心，和老同志沟通；存着孝心，视军休干部为父母，不断提升服务管理质量，把军休所建成拥有“一流的服务意识，一流的服务设施，一流的服务队伍，一流的服务机制，一流的服务方式”的服务管理单位，使军休所成为民政系统窗口单位中的一个亮点。全省共有23个军休所通过了省民政厅文行办的验收，达到了文明窗口单位标准。实现军休干部“六老”为目标，开展丰富多彩的文体活动。围绕纪念建党85周年、建军80周年和红军长征胜利70周年等主题，组织全省军休干部开展丰富多彩的文体活动。如：全省军休系统“唱响军休”歌咏比赛，“我的军休生活”和“我的军旅生涯”征文活动，纪念抗日战争顺利60周年书法绘画摄影比赛等。

管理服务　1986年5月，为做好军队离休退休干部的服务管理工作，省军队离休退休安置办公室制定《安徽省军队离休退休干部服务管理工作暂行规定》和《安徽省军队离休退休干部服务管理工作人员守则》，明确干休所的工作职责和服务管理内容。同年11月，全省开展“先进干休所”和“优秀服务人员”评比，评出9个先进干休所、服务站，47名优秀服务人员。

1987年，争先创优活动扩展到军队离退休干部中。1988年9月，根据民政部、总政治部要求，授予军队离休干部荣誉勋章，各地、市军分区和民政部门均联合举行授勋仪式。1988年至1989年，共评出先进干休所、服务站19个，优秀服务人员50人，军队离退休干部积极分子71人。合肥市第一军队离休退休干部休养所被评为1989年度全国先进军队离休退休干部休养所，12名军队离休退休干部、22名工作人员受到民政部通报表彰。

1991年，省民政厅下发《安徽省民政厅关于贯彻〈军队离休退休干部休养所暂行规定〉的实施办法》《安徽省军队离休退休干部接收安置暂行规定（试行）》《安徽省军队离休退休干部管理机构人员编制配备管理使用暂行规定（试行）》《安徽省军队离休退休干部房屋管理暂行规定（试行）》《安徽省军队离休退休干部专用车辆管理使用暂行规定（试行）》和《安徽省军队离休退休干部专项经费管理使用暂行规定（试行）》，全省军休服务管理工作逐步制度化、规范化、法制化。同年，省民政厅下发《关于印发〈安徽省军队离退休干部休养所（站）管委会工作规则〉（试行）的通知》，明确干休所管委会的性质和主要职能。

1991年，省民政厅举办全省军队离退休干部首届门球赛，全省11支代表队156人参加比赛。1992年，民政部委托省民政厅在黄山市举办全国军队离退休干部“黄山杯”门球邀请赛，全国38个省、市约500人参加了此次活动。此后几乎每年，省民政厅都组织军休干部开展活动，如门球、台球、棋牌、钓鱼、歌咏比赛等活动。丰富多彩的文体活动使军休干部在休养生活中增长知识，陶冶情操，老有所乐。

1996年，黄山市军队离退休干部安置办公室、蚌埠市军队离退休干部第一休养所获全国先进军休工作单位殊荣，12名军休干部、4名先进工作者获民政部、总政治部表彰。同年，省民政厅、省军区政治部联合对安徽省32名先进老干部、16名先进工作者和 6 家先进单位进行表彰。

2001 年，根据民政部的部署，省民政厅开展“与新世纪同行，再展老兵风采”文艺活动，从各市选拔优秀节目报送民政部参加评选。黄梅戏坐唱《赞家乡》获表演奖三等奖，民政厅获活动优秀组织奖，受到民政部、总政治部通报表彰。

2002 年，省民政厅印发《关于加强对全省军休干部的教育管理和服务保障工作的意见》，从加强理论学习、督促检查、文体活动、典型宣传、创建工作、服务保障、调查研究、廉政建设等八个方面提升全省军休服务管理工作。

2003 年，省民政厅开展对移交政府安置的军队离退休人员经费使用管理专项执法监察，确保军休干部各项待遇落实，规范军休服务管理机构的经费管理。

2004 年，各地军休服务机构努力丰富军休干部的政治、精神生活，及时兑现国家和省民政厅增加军休干部离退休费和交通费以及无军籍职工的岗位补贴。积极开展文明创建工作，全省共有 10 个军休所申报“文明窗口单位”。共有 77 名军休干部、16 个先进单位、25 名先进个人受到省民政厅和省军区政治部的表彰，9 名军休干部、5 名先进工作者、3 个先进单位受到民政部和解放军总政治部的表彰。

2005 年，各地加强医疗保障，将军休干部及其家属、遗属和无军籍职工纳入医保范围，明确了军休干部及其家属、遗属和无军籍职工的医疗待遇和家属、遗属的生活补助标准。加强基础设施建设，当年中央财政下拨 594 万元维修改造补助经费，专项用于军休干部住房和军休所办公用房改造。省及时将军休干部经费 9215.65 万元下拨各市，补助军休干部的各项生活待遇及时落实。

2005 年，省民政厅以纪念抗日战争胜利 60 周年为主题，组织军休干部开展丰富多彩的文体活动。八一前夕，与省军区政治部共同举办军休干部书法绘画摄影比赛，组织专家评审组对各市参赛的 116 幅作品逐一点评、审定，分别评选出书法、绘画和摄影类作品的一、二、三等奖项。同时，推荐 30 幅作品送民政部参加“全国军休干部书画摄影比赛”，共有 1 幅书法作品、2 幅绘画作品在全国比赛中获得优秀奖，省民政厅荣获比赛的组织奖。

2007 年，省民政厅以纪念建军 80 周年为主线，开展全省军休系统“唱响军休”歌咏比赛，全省 14 个代表队 560 名军休干部和工作人员欢聚一堂，用歌声传唱中国共产党和中国人民解放的优良传统，歌颂中华人民共和国的新面貌，歌颂人民军队 80 年的辉煌历程。同时，各地民政部门以“和谐军休家园、和谐军休家庭”创建活动为契机，不断提升军休服务管理水平。

第三章　军供工作

军供站是主要集水、陆、空为一体的军供保障基地之一，是代表政府支援保障部队行动的组织机构和战备设施．作为国家的一项战略措施，军供站是军队后勤工作的延伸和重要补充。军供站主要承担着中转的部队，以及每年入伍新兵、退伍老兵、部队调防、训练、国防施工、紧急救灾、支前民兵、民工等军用饮食供应和住宿保障任务。在隶属关系上，属民政局直属单位，业务上接受军区、警备区和驻地各军代处的指导。

主要职责：认真执行军供站组织管理暂行办法和有关政策规定。坚持为部队服务，为战备服务的方向；保障平时和战时成批过往部队、入伍新兵、退伍老兵、支前民兵和民工、战俘在运输途中的膳食、开水及军用马匹的草料、饮水供应；在军供工作中，接受军代处的指导，密切与铁路和有关部门的协同，优质、快速、准确、安全、保密地完成军供任务；经常研究改进供应方式、方法，不断改善供应条件；负责军供站房舍改（扩）建计划和预算的提出，并组织实施；统计分析军供工作完成情况，总结交流经验。

第一节　接待转运

军用饮食供应站、军用供水站（以下统称军供站）是人民政府支援过往部队的组织机构和战备设施，在人民政府领导下，保障过往部队和新老兵运输途中饮食饮水供应。

20 世纪 70 年代，安徽省先后建立蚌埠、合肥、芜湖军人接待站。至 1981 年年底，全省共建军人接待站 46 所，其中地、市建站 15 所，县（市）建站 31 所。

1981 年后，部队新老兵运输采取整批运送和零星购票相结合办法，一部分退伍兵不经军人接待站中转，军人接待站由周期较短的大批集中接待转运转为周期较长的零星分散接待转运。为发挥军人接待站在非转运期间的作用，全省各站均实行“平战结合，综合利用”的经营方式，平时对外开放，接待一般旅客。营业收入除部分用于改善职工福利外，大部分用于房屋改造、设备更新。在新老兵转运期间，各站则停止对外营业，保证安全及时转运新老兵。同时，全省主要城市的铁路、公路、航运部门在车站、码头专设军人售票窗口或军人候车室，保证零星的退伍战士优先购票、乘车和托运行李。

1985 年开始，省军供站、军人接待站按照民政部、总后勤部要求，开展军供站正规化建设。90 年代初，南京军区后勤部对战区内军供站进行调整，确定安徽省铁路沿线的阜阳、宿州、蚌埠东站、蚌埠西站、淮南、滁州、合肥、六安和长江沿岸的芜湖、安庆、铜陵以及地处皖南的宣城、绩溪为二级常设军供站；安徽省站、淮北、巢湖、池州、安庆沿江、黄山为常设军供接待转运站，计19个。其中，蚌埠、绩溪、阜阳三站为财政拨款事业单位，其他站均为自收自支事业单位。19个站总计占地面积103566平方米，建筑面积74216平方米，床位1711张，一次军供接待能力达1.6万余人。主要承担京沪、京九、皖赣、宣杭、淮南、合九、宁西铁路，长江、淮河航运和七条国道公路干线等军供任务。

1986年6月2日至6日，全省军人接待站、供应站工作会议在安庆市召开。会议总结几年来工作，并就安徽省军供站的发展，提出改革意见。会后形成《纪要》，对军人接待站的性质、规格、领导体制、规章制度、经费及服务经营等问题作了明确要求。会议明确全省军人接待站名称统一为“××地区（市）县（市）军人接待站”。

1987年10月，南京军区召开军交工作正规化建设总结表彰会议，蚌埠军供站被评为军交工作正规化建设先进单位。1988年3月，绩溪县在县城火车站西侧建立绩溪军供站，建筑面积5158平方米，客房15间，附属用房5间，干部4人，工人8人。其间，承担军运任务504人次。1988年6月，绩溪军供站正式由南京铁路分局移交绩溪县政府。

1988年12月1日—3日，省退伍军人安置办公室在合肥市召开全省退伍军人安置、军供、接待站工作会议，研究分析相关工作，并形成《全省退伍安置、军供、接待站工作会议纪要》。会议提出加快军供站、接待站工作发展步伐，坚持为部队、为战备服务的方向，把完成军运任务作为各站的首要职责，坚持“平战结合、综合利用”，坚持正规化建设。

1988年8月，安庆市与安庆地区合并为安庆市，次年2月，原安庆地区军人接待站更名为安庆市军人接待站，原安庆市军人接待站改为安庆市民政局招待所。

截至1989年年底，全省共建军人接待站54所（地、市15所，县〔市〕39所），占地面积54859平方米，建筑面积41656平方米，设置床位2349张，固定资产824.3万元，定编464人，实有职工435人，其中干部81人，工人354人。累计全省各站先后完成新老兵转运任务169660人次。

1991年，经南京军区批准，阜阳、滁县、宿县、六安、宣城行署军人接待站改为军供站，合肥、铜陵、淮南市军人接待站改为合肥市、铜陵市、淮南市军供站，省民政厅招待所改为合肥军供站。至此，全省共有军供站、军人接待站54个，其中常设军供站13个。

1994年，南京军区后勤部为全省12个军供站配发军用汽车牌照。同年，安庆、滁州军供站被民政部、总后勤部评为全国军供站正规化建设先进单位，蚌埠、绩溪军供站被南京军区评为正规化建设先进单位。同年，将蚌埠军人接待站、军供站合并为蚌埠军供站。经南京军区批准，黄山、淮北、池州、巢湖军人接待转运站改为常设军供站。

1995年10月，以省退伍安置办公室为挂靠单位，成立“安徽省军供站建设管理协会筹备委员会”。

1996年9月，经省民政厅批准，全省军供站建设管理协会正式成立，旨在动员和组织社会力量，积极探索军供站在改革开放形势下开发建设、技术改造的途径和管理经验,以及开展军供站之间协作和交流。

1989 年,蚌埠军供站因完成军供任务出色,受到民政部、总后勤部表彰。

2001 年,淮北、六安、池州和安徽军供站被评为“全省民政系统文明窗口单位”。

2004 年 10 月,民政部、总后勤部召开军交运输正规化建设会议,表彰一批军供工作先进单位和先进个人。芜湖东军供站、阜阳军供站、合肥军供站获得“军供工作正规化建设先进单位”,芜湖市民政局获得“军供工作正规化建设成效显著单位”。

2005 年 3 月,南京军区在江苏召开军供工作会议,绩溪军供站、蚌埠东军供站、六安军供站、安徽省军供站获得“军事交通运输正规化建设 20 周年先进单位”。芜湖东军供站站长左登保、六安军供站站长金丛友、省军供站站长李玉平被南京军区国防动员委员会表彰为先进工作者。

2005 年,全省军供系统当年完成过往部队、新老兵转运、抢险救灾、军事演习等供应保障任务达 10 余万人次。省军队离退休干部安置和复员退伍军人安置领导小组每年安排 80 万元,专门用于军供站建设。

第二节　安徽省军供站

安徽省军供站于 1992 年经南京军区、省军区批准成立,接待和中转过往军队、现役军人、复员军人,为全省的优抚对象、伤残军人、烈军属等民政对象提供食宿保障服务。第十次全国民政会议的召开,有力地推动军供事业的健康发展,使军供站走上平战结合,为部队服务,为社会服务,实行企业化管理的改革之路。1996 年 10 月,省军供站兴建的接待大楼竣工,对社会打出“鸿兴宾馆”的牌子,抓住发展机遇,在确保完成为部队服务这一首要任务的前提下,拓展为社会服务的空间,开辟军供事业社会化的途径。从此,省军供站和鸿兴宾馆一套人马,两块牌子,不断深化改革,取得显著的社会效益和经济效益,被不同的社会群体称为“军人之家”“民政之家”“社团之家”“宾客之家”。

省军供站(鸿兴宾馆)有事业编制职工 32 名,外聘员工(含临时用工)88 人,在岗职工 120 人。全站设有前厅部、客房部、餐饮部、营销部、财务部、工程部、办公室、后勤中心。

鸿兴宾馆拥有高、中、低档客房 107 间,床位 212 张,可接待 200 人的会议。配有中央空调、自动电梯,内设有多功能厅、商务中心、洗衣房、地下停车场等,联办有旅行社,与全国主要旅游景点及旅行社有业务往来,集吃、住、行、娱、购、游及票务、租车等一条龙服务,被省旅游局评定为涉外旅游宾馆和二星级宾馆。

省军供站坚持平战结合,综合利用的办站方针,培养一批管理、接待、烹饪和营销等诸方面的专业技术人才,制定军供紧急保障方案,在 4 ~ 8 小时内保障过往部队官兵就餐,适应新时期军供保障快速反应要求和综合保障能力。省军供站先后接待过往官兵、新老兵转运 2 万多人次,被部队指战员称为“部队的好后勤,子弟兵之家”。先后荣获合肥中市区文明单位、合肥中市区消防工作先进单位；1999 年，被南京军区联勤部评为军供站正规化建设先进单位，受到通报表彰；2001 年 11 月，被南京军区军交部誉为“热情服务，保障有力，拥军榜样”的军供单位。

省军供站注重开展“平战结合，为部队服务，为社会服务”的宗旨教育，始终将社会效益放在首要位置，全力抓好精神文明建设，成立精神文明和物质文明建设领导小组，使精神文明建设工作有组织、有计划、有步骤地开展。在思想道德方面，大力倡导“鸿兴宾馆是我家，文明建设靠大家”活动。经常对员工进行合肥市民“八不”、“十要”、爱岗、敬业和奉献精神教育，提高员工的社会公德和职业道德素质。同时，开展爱国主义、社会主义和集体主义教育。在科学文化知识方面，以提高员工的文化基础知识、专业知识和职业技能为重点，以物质和精神奖励为手段。

省军供站为鼓励员工学习文化知识，提高自身素质，开展健康、文明、有益的群众性娱乐活动，形成文明向上的工作氛围，开创企业文化，坚持自办《鸿兴简报》。2001 年，向希望工程、向灾区人民捐款 1.1 万多元，捐衣被 620 多件；先后开展职业道德公关演讲、技能知识竞赛和各种文体活动；在各部门开展评先创优活动、组织优秀员工外出旅游、开展助学活动、生日祝贺活动，既弘扬企业文化氛围，又丰富员工的业余生活，提高军供站的快速保障能力，增强宾馆的经营活力。

省军供站在经营中坚持“宾客至上，服务第一”的理念，遵循社会主义市场经济规律，依法规范自身的行为。逐渐构造有时代特色的军供企业文化。以质量求生存，以质量求信誉，以质量赢得市场，以质量求得效益，把质量当作宾馆的生命，把服务第一作为宾馆始终如一的目标。随着时代的发展，市场竞争的激烈，满意服务，服务第一已不仅仅是服务态度，而是成为包括设施设备、环境、服务技能、个性化、特色化在内的全方位服务，进而提出更高目标，在以服务第一的前提下，给顾客以舒适感、方便感、亲切感、安全感、物有所值感。服务第一，宾客至上已成为省军供站的企业文化内涵，企业的服务理念。在宾馆业供过于求的现象日趋严峻的形势下，面对市场竞争的严峻局面，省军供站及时改变观念，内抓管理，外求拓展，挖掘潜力，充分利用宾馆的一切资源，按市场经济规律开展经营活动，谋求经营效益的最大化。

省军供站（鸿兴宾馆）十分重视加强安全管理，成立以总经理为首的综合治理领导小组和消防安全领导小组，由各部门经理为成员，保卫安全部门负责抓具体落实。总经理与各部门签订综合治理和消防安全责任书，实行“谁主管、谁负责”原则，层层落实到人，防患于未然。并根据各部门不同情况制订《军供站部门人员责任制》、《军供站安全消防岗位制度》、《军供站保卫人员上岗责任制》和《军供站领导督察制度》等一系列行之有效的管理措施。加强员工安全教育，在消防上加大监督、管理、检查、宣传力度，强化安全意识。每月召开安全分析会，按月通报安全措施落实情况。严格把好登记、验证关和安全服务关，有效地保障宾客和宾馆的财产、人身安全。

2000 年、2001 年连续两年无一起盗窃、火灾隐患发生，成为客人安全信得过的宾馆，为住客率提高打下良好的基础。

省军供站（鸿兴宾馆）认真贯彻上级主管部门的精神，结合本站实际，围绕经营和管理工作奉行“宾客至上，服务第一”的理念和“平战结合，为部队服务，为社会服务”宗旨，在加强两个文明建设的同时，以文明、热情、周到服务和对军人实行优先、优质、优惠的“三优”服务及高档次、低价位、功能全的营销策略，较好地树立民政部门对外服务的“窗口”形象，取得较好的社会效益和经济效益。

图 8-3-1

1998 年，合肥市西站接待新兵转运 3000 多人次，送餐 700 多人次。同年 6 月至 9 月间合肥市西站接待抗洪抢险官兵往返合肥 3 个专列，送餐 3000 多人次。

1999 年，合肥市西站接待新兵转运 3200 多人次，送餐 500 多人次。同年 12 月被南京军区后勤部评为军队交通运输工作正规化建设先进单位。

2000 年，合肥市西站接待新兵转运 5000 多人次，由于部分新兵等待时间较长，是军供站用 6 辆大客车将 300 多名新兵接到站内休息，中餐八菜一汤，同时送餐 300 多人次。

2001 年 4 月，二炮部队在执行演练任务时途径合肥市，省军供站在四个小时以内及时将 300 多人的饭菜送到专列上的官兵手中，受到演练官兵的赞誉。同年在合肥市西站接待新兵 3000 多人次，送餐 700 多人次。被南京军区后勤部誉为“热情服务、保障有力”的军供单位。

2002 年，合肥市西站接待新兵赞誉 4000 多人次，送餐 800 多人次。同年省军供站荣获省直机关“三优（即优质服务、优良作风、优美环境）”文明单位。

2003 年，合肥市西站接待新兵转运 4000 多人次，送餐 1000 多人次。2004 年合肥市西站接待新兵转运 4000 多人次，送餐 900 多人次。同年被南京军区后勤部评为军队交通运输工作正规化建设先进单位。李玉平站长被南京军区国防委员会评为“先进工作者”；省军供站被评为全省民政系统“文明窗口”单位。

2005 年，合肥市西站接待新兵转运 3000 多人次，送餐 2000 多人次。

2006 年，合肥市西站接待新兵转运 3000 多人次，送餐 500 多人次。荣获省直机关“三优”文明单位。

2007 年，省民政厅决定省军供站进行改制，继续保留事业编制 32 名，实际在职在编人员 15 名，长期聘用人员 1 名。后经南京军区批准，军队交通运输接待转运工作交合肥市承担，省军供站不再担任军队交通运输接待转运工作。

第九篇　双拥工作

双拥工作是拥军优属、拥政爱民工作的简称，也是“拥护人民军队，优待烈军属”和“拥护政府，热爱人民”工作的简称。双拥工作是以正确处理和调节政府与军队、军队与人民之间关系为主要内容，以密切军政军民关系、增进军政军民团结为根本目的，是人民共和国和人民军队性质、宗旨的重要体现，是党的群众路线的具体运用。

中共十一届三中全会以来，在中共中央、国务院、中央军委的关怀下，全国军民根据新的形势和任务，对双拥工作从内容到形式进行新的探索和实践，继承和发展双拥的优良传统，在建立新型军政军民关系中发挥重要作用。特别是在实行改革开放、建立社会主义市场经济体制的情况下，各地创造许多富有时代特色的新鲜经验，大大丰富双拥工作的内容，给双拥工作注入新的活力。

安徽是革命老区，皖西大别山是革命早期重要根据地之一，皖南、皖东北是新四军主要活动地；安徽是一个以农业为主的人口大省，每年要向国家输送大批青年应征入伍，同时要接受大批退伍军人安置，所以又是优抚安置大省；安徽地处南北战略通道，也是重要军事设施和军事院校较多的省份，地位十分明显；安徽是南北气流交汇地带，长江、淮河又横贯全境，经常性的抗洪救灾任务十分艰巨，投入抗洪救灾的部队较多，双拥工作任务繁重。

安徽双拥工作有着光荣传统，历届安徽省委、省人民政府及省军区对双拥工作高度重视，始终把双拥工作作为一项重要的政治任务来抓，把双拥工作纳入党政军重要议事日程，纳入目标任务考核范围，纳入国民经济发展规划。省党政军主要领导对涉军事项亲自抓，重要活动亲自参加，重要问题亲自处理，并通过常委会、每年的议军会、军地领导联席会、双拥工作委员会、协调会等形式，把中共中央、国务院、中央军委的一系列双拥方针政策落到实处。

第一章 拥军优属和拥政爱民

拥军优属就是拥护爱戴人民的子弟兵——解放军，优待军人家属。拥军优属的内容十分广泛，在不同的历史时期有着不同的工作重点。革命战争年代，主要是帮助人民军队扩充兵员，筹集粮款和军用物资；抢运和掩护伤员，运送军粮和武器弹药，传递情报，搞好战时勤务；优待军人家属、抚恤烈士遗属和慰问部队官兵。在新的历史时期，拥军优属工作的内容主要包括：广泛进行全民国防教育，增强全民国防拥军观念；为军队选送优质兵员，协助人民解放军建设强大的国防；支持军队的改革和建设，帮助军队完成作战和训练任务；保护军事设施，尊重和爱护军队；接收并妥善安置军队转业和离退休干部、复员退伍军人和伤残军人、随军家属；做好现役军人、革命伤残军人、复员退伍军人和革命烈士家属、因公牺牲军人家属、病故军人家属的抚恤优待工作；维护军人及其家属合法权益，妥善处理军民矛盾和纠纷等。

拥政爱民就是军队拥护政府，爱护人民、遵守群众纪律，尊重地方政府，虚心向人民群众学习，听取地方政府和人民群众意见，共建社会主义精神文明等。拥政爱民在不同的历史时期有着不同的工作重点。革命战争年代，主要是尊重地方党委政府领导，严格执行党的政策和军队群众纪律，热爱和尊重人民群众，帮助人民群众排忧解难等。随着中国革命和建设事业的发展，拥政爱民的内容不断丰富，领域不断拓宽。在新的历史时期，拥政爱民的内容主要包括：开展创建双拥模范城（县）和军民共建社会主义精神文明活动；部队模范执行党的路线、方针、政策，遵守国家的宪法、法律、法规；尊重地方政府，支持地方工作，维护社会秩序；遵守群众纪律，严格执行民族、宗教政策，尊重少数民族风俗习惯；积极支援国家和地方经济建设与公益事业建设，奋勇参加抢险救灾，积极开展扶贫帮困活动等。

第一节 组织机构与政策法规

1991 年 5 月 10 日，为研究和探索新形势下加强双拥工作，进一步密切军政军民关系，民政部和解放军总政治部在福州召开新中国成立以来第一次全国双拥工作会议。会议对 1987 年全国拥军优属拥政爱民经验交流会以来的双拥工作情况进行系统的总结。由此，双拥工作迈向新起点。

1991 年以前，安徽省双拥工作没有单独的办事机构，一直属于省民政厅优抚处的一项工作职能。为加强对双拥工作的领导，1991 年 5 月安徽省成立省双拥工作委员会，安徽省委、省人民政府、省军区主要领导担任双拥工作委员会主任、副主任，同时组建双拥工作办公室，设在省民政厅。全省各市、县相应成立双拥工作委员会及双拥工作办公室。并根据人员变动和工作需要及时调整充实。省政府在 2000 年的机构改革中继续保留省双拥办的机构。

历届机构沿革　1991 年 5 月，安徽省委、省人民政府、省军区决定成立安徽省拥军优属、拥政爱民工作委员会。由安徽省委副书记孟富林任主任，省政府副省长邵明、省军区副政委陈培森、省政府秘书长陈基余、省委副秘书长赵培根、省民政厅厅长侯玉琨任副主任，办公室主任由省政府秘书长陈基余兼任。

1993 年 8 月 14 日，安徽省委、省人民政府、省军区决定调整省双拥工作委员会。省人大常委会主任孟富林，省委常委，省委秘书长方兆祥，省政府副省长杨多良，省军区副政委张宏贵，省委副秘书长赵培根，省政府副秘书长张锋生，省民政厅厅长肖尚忠任副主任，办公室主任由省民政厅党组副书记、副厅长李宏塔兼任。

1996 年，由于人事变动和开展双拥工作的需要，决定对省双拥工委成员作部分调整。省人大常委会主任孟富林任主任，省委副书记方兆祥、省政府副省长杨多良、省军区副政委胡道仁、省委副秘书长赵培根、省政府副秘书长张锋生、省民政厅厅长肖尚忠任副主任，省民政厅党组副书记、副厅长李宏塔任省双拥工委办公室主任，省军区政治部主任吕学兰、省委宣传部副部长何永炎、省经贸委副主任黄月华任副主任。

1997 年，根据人事变动和工作需要，经研究决定：省军区政治部副主任白金仲接替吕学兰任双拥工委成员、省双拥办副主任；省武警总队政委冯文成接替王兴林任省双拥工委成员。省军区副政委任朝海接替胡道仁，任省双拥工作委员会副主任。省政府副秘书长张俊接替张锋生，任省双拥工委副主任。

1998 年 7 月 1 日，安徽省委、省人民政府、省军区决定调整省双拥工作委员会。省委副书记方兆祥任主任、省政府副省长杨多良、省军区副政委任朝海、省委副秘书长赵培根、省政府副秘书长张俊、省民政厅厅长李宏塔任副主任，办公室主任由省民政厅厅长李宏塔兼任。同年 11 月 3 日，根据工作需要，经研究决定，省军区副政委杨洪立同志接替任朝海同志任省双拥工委副主任。

2000 年 8 月 27 日，省人民政府批准《安徽省民政厅职能配置、内设机构和人员编制规定》，在政府机构改革中继续保留了省双拥工作办事机构，在省民政厅内设立双拥联络处。

2001 年 4 月 12 日，省双拥工作委员会对组成人员进行调整。安徽省委副书记王昭耀任主任，省政府副省长田维谦、省军区副政委杨洪立、省委副秘书长刘玉尧、省政府副秘书长邱江辉、省民政厅厅长李宏塔、省民政厅副厅长陈文华任副主任，办公室主任由省民政厅副厅长陈文华兼任。同年 10 月 19 日，根据人事变动和开展双拥工作需要，经报请安徽省委、省人民政府、省军区领导同意，省财政厅副厅长汪建国任省双拥工作委员会成员，陈先森不再担任省双拥工作委员会成员。

2003年12月5日，调整省双拥工作委员会组成人员。安徽省委副书记王昭耀任主任，省政府副省长徐立全、省军区副政委张华汉、省委副秘书长刘玉尧、省政府副秘书长张秋保、省民政厅厅长李宏塔、省民政厅副厅长陈文华、省军区政治部副主任曹明扬任副主任；省双拥工作委员会办公室主任由省民政厅副厅长陈文华兼任。

2004年4月15日，为加强新形势下的双拥工作，省双拥工委新增补省人民检察院、省高级人民法院、省科技厅、省司法厅、省国土资源厅、省信息产业厅、省工商局、省地税局、省广播电视局等9个部门为省双拥工作委员会成员单位。

2005年12月5日，因人事变动，经研究决定调整省双拥工作委员会组成人员。安徽省委副书记杨多良任主任，省政府副省长何闽旭、省军区副政委曲文、省委副秘书长周光全、省政府副秘书长张秋保、省民政厅厅长李宏塔、省民政厅副厅长陈文华、省军区政治部主任刘加莹任副主任；省双拥工作委员会办公室主任由省民政厅副厅长陈文华兼任。

2006年10月30日，新一届省委换届刚刚结束，安徽省委就明确省委副书记王明方担任省双拥工委主任。全省17个地级市双拥办明确为处级或副处级机构，有12个地级市双拥办专职副主任为副处级职务，5个市正处于人员调配过程中；全省40%的县双拥办专职副主任为副科级。

2007年6月12日，因工作需要，经研究决定，调整省双拥工作委员会组成人员。由安徽省委副书记王明方任主任，省委常委，省政府副省长任海深，省军区副政委张立，省委副秘书长周光全，省政府副秘书长牛弩韬，省民政厅厅长李宏塔，省民政厅副厅长陈文华，省军区政治部副主任夏贵俊任副主任；省双拥工作委员会办公室主任由省民政厅副厅长陈文华兼任。

2008年9月19日，因人事变动和工作需要，再次决定调整省双拥工作委员会组成人员。安徽省委副书记王明方任主任，省政府副省长唐承沛、省军区副政委张立、省委副秘书长张世平、省政府副秘书长宓建毅、省民政厅厅长刘健、省民政厅巡视员陈文华、省军区政治部副主任夏贵俊任副主任；省双拥工作委员会办公室主任由省民政厅巡视员陈文华兼任。

基层双拥组织 基层双拥组织是指在机关、企业、乡镇、街道、各社区居委会、学校、社会团体以及共建部队建立的双拥工作机构。主要职责是组织开展干部职工走访慰问部队、过军事日、青少年军事夏令营、国防知识竞赛、文艺演出、专题展览，送文化、送科技、送岗位、送服务、送放心食品进军营等多种活动，充分认识新时期双拥工作对促进社会政治稳定、经济发展、国防巩固、人民安居乐业所起到的重大作用，不断强化共守边城、共促团结的政治局面。

2000年年底，全省9个地级市将市双拥办定为县级机构，7个县（市、区）将双拥办定为科级单位，配备专职人员，落实工作人员的办公场所，实行军地合署办公，其他县

（市、区）也结合优抚工作确定专（兼）职工作人员。

2005年12月29日，宿州、蚌埠、淮北、祁门、明光、庐江、繁昌等市县的乡、镇均成立双拥工作机构，形成双拥工作网络，保持双拥工作的连续性和稳定性。合肥、蚌埠、马鞍山、阜阳、淮北、安庆、滁州、宣城、黄山、芜湖、六安、铜陵、淮南、宿州等市双拥办确定了人员编制，合肥、蚌埠、马鞍山、淮北、淮南、宿州、安庆、六安等13个市双拥办由科级升为县级或副县级机构，专职负责双拥办日常事务性工作。全省有6个市落实军地合署办公制度，大大提高办事效率。

2006年10月，全省17个地级市双拥办明确为处级或副处级机构，已有12个地级市双拥办专职副主任为副处级职务，5个市正处于人员调配过程中；全省40%的县双拥办专职副主任为副科级。普遍建立以乡镇街道为依托、以不同形式成立双拥服务组织，上下构成一体的双拥工作服务网络，从组织上保证双拥工作的正常运转。

政策法规建设　20世纪90年代，安徽省紧紧抓住实施依法治国方略的历史性机遇，大力加强双拥政策法规建设，先后出台《安徽省拥军优属若干规定》《驻皖部队拥政爱民若干规定》《安徽省基层双拥工作纲要》《安徽省双拥工作年度考评办法》等一系列政策规章，下发《关于支持驻皖部队后勤保障社会化改革的意见》《安徽省城镇退役士兵安置任务有偿转移暂行办法》《关于自谋职业退役士兵享受有关优惠政策的通知》等政策性意见，基本形成了从省到乡镇、基层单位的双拥工作政策法规体系。2007年初，省政府、省军区下发《关于进一步做好驻皖部队干部随军家属、子女就业就学工作的意见》，着力解决军人的后顾之忧。针对双拥模范城（县）评比活动的公开、公正、公平的原则，制定并颁布安徽省实施《双拥模范城（县）创建命名管理办法》细则和评比标准。

1991年12月29日，省双拥工作委员会印发《关于开展创建拥军优属、拥政爱民模范单位活动的通知》。12月31日，安徽省委、省人民政府、省军区批转省双拥工作委员会《关于安徽省今后五年双拥工作的意见》。

1992年7月4日，民政部、中央人民广播电台联合举办的“容声杯”全国百名拥军优属模范评选活动揭晓。宿州市王传昆、铜陵市傅进卿、淮南市王传坤榜上有名。12月10日，省人民政府发布《安徽省〈军人抚恤优待条例〉实施办法》。

1995年6月30日，省双拥工作委员会印发《安徽省双拥工作委员会成员单位职责》。10月，省双拥工作委员会印发《安徽省双拥模范城（县）命名管理办法》。驻皖各部队也都分别制订《争当双拥模范单位实施方案》《拥政爱民工作规划》《拥政爱民先进单位评比标准》等计划措施，使拥政爱民工作有计划、有步骤地全面开展。

1996年7月5日，省政府印发《安徽省拥军优属若干规定》。

1997年2月17日，省双拥办公室印发《省双拥工作委员会、办公室职责和工作制度》。3月20日，省军区印发《驻皖部队拥政爱民若干规定》。

1998年4月29日，省双拥办公室印发《关于开展创建先进双拥办公室的通知》。

5月26日，省双拥工作委员会印发《安徽省基层双拥工作纲要》（试行）。

1999年10月15日，省九届人大常委会第十二次会议批准《淮南市拥军优属条例》。

2000年3月27日，省九届人大常委会第十五次会议通过《安徽省拥军优属条例》。3月27日，省高级人民法院、省军区政治部印发《关于进一步加强维护军人军属合法权益的意见》。9月18日，安徽省委、省人民政府、省军区印发《关于支持驻皖部队后勤保障社会化改革的意见》。

2001年5月28日，省双拥办公室印发《安徽省双拥工作年度考评办法》。11月19日，经安徽省委、省人民政府同意，省政府办公厅印发《安徽省城镇退役士兵安置任务有偿转移管理暂行办法》。年底前，安徽省委、省人民政府审议通过《安徽省城镇退役士兵安置任务有偿转移暂行办法》，省民政厅下发《关于加大全省退役士兵安置任务有偿转移工作力度，鼓励退役士兵自谋职业工作的实施方案》。

2002年2月28日，省双拥工委、省高级人民法院、省人民检察院、省公安厅、省民政厅、省司法厅、省军区政治部联合转发全国双拥工作领导小组等七单位《关于重视解决部队官兵涉法问题维护军人及其家属合法权益的通知》，要求各地、各部队切实维护军人及其家属合法权益。5月24日，省九届人大常委会第三十次会议批准《合肥市拥军优属条例》。6月24日，省民政厅、省劳动和社会保障厅、省建设厅、省卫生厅、省地方税务局、省工商行政管理局、省新闻出版局印发《关于自谋职业退役士兵享受有关优惠政策的通知》。

2003年12月24日，省民政厅印发《安徽省拥军优属基金使用管理办法》（试行）。

2005年，省民政厅及省直有关部门联合制定出台《关于自谋职业退役士兵享受有关优惠政策的通知》，多数市（县）已制定并实施军人乘车、参观旅游景点等场所的优惠政策。全省各地均建立优待标准自然增长机制，优抚经费管理和发放逐步规范，实行“一卡通”社会化发放，实现减少环节，避免漏洞，提高时效。全省各地为驻皖基层部队援建军营图书室165个，投入资金70余万元。

2006年，根据国家新颁发的《军人抚恤优待条例》，修订完善安徽省《实施〈军人抚恤优待条例〉办法》。

2007年年初，省政府、省军区下发《关于进一步做好驻皖部队干部随军家属、子女就业就学工作的意见》。2月27日，省双拥工委召开主任会议研究确定双拥模范城县初步推荐名单，报南京军区征求意见，第一次在《安徽日报》进行15天的公示，无异议后，推荐名单报安徽省委常委会通过，体现推荐工作的公开、公正、公平的原则。4月10日，制定并颁布《安徽省实施〈双拥模范城（县）创建命名管理办法〉细则》和评比标准。颁布的《安徽省实施〈双拥模范城（县）创建命名管理办法〉细则》共分22条，明确创建双拥模范城（县）命名的指导思想、评选标准、命名期限、命名范围、奖励办法等，其中对评选标准又制定9项具体要求。为配合《安徽省实施〈双拥模范城（县）创建命名管理办法〉细则》的贯彻落实，省双拥办详细制定9大项38款考评标准，对考核内容、考核方法、考核单位都明确考评分值，双拥模范城（县）的最终评选推荐以总考评分值为依据。

第二节　拥军优属活动

拥军优属，是指热爱人民军队，关心和支持军队的建设和改革，学习军队的优良传统和作风，做好优抚工作，安置好复员、退伍和转业军人，帮助军队培训两用人才等。其活动形式包括走访慰问，表彰先进，建立优抚服务网络，开展智力拥军、智力优属、扶持优抚对象发展生产，帮助烈军属做好事等。安徽具有优良革命传统，每年的“八一”、春节等都要开展丰富多彩的拥军优属活动。

1994 年 1 月 20 日至 25 日，安徽省党政军领导孟富林、方兆祥、杨多良、张宏贵率省春节慰问团赴蚌埠、滁州、芜湖、黄山、安庆等地慰问部队官兵，对部队提出的需要地方帮助解决的军事设施保护、营建、道路、家属子女就业入学、转业干部安置、经费等 7 大类 46 个实际问题进行现场办公，当场解决 37 个，其他问题，通过协调，也一一得到妥善解决。

当年，全省共有各类国防教育基地 1746 个，地、市（师）级以上领导发表讲话和文章、授课达 1227 人次，受到教育的干部群众达 2126 人次，有近万篇稿件被新闻单位采用。

1995 年 5 月，安徽省委宣传部、省民政厅、省军区政治部邀请济南军区“仲米辉烈士事迹报告团”到皖作巡回报告。为纪念红军长征胜利 60 周年，省双拥工委 10 月份举行专场文艺晚会，省直工委和省军区政治部还组织开展了红军长征组歌歌咏比赛。同年 6 月 29 日，安徽省委、省人民政府、省军区决定，授予淮北市矿务局矿工总医院护士、现役军人陈光的妻子邵瑞华“爱国拥军模范”荣誉称号。

当年，全省各地举行国防和双拥报告会 2714 场，听众 217 万人次，开设国防教育基地 3100 个，接受教育和训练 434 万人次；举办国防和双拥知识竞赛 2380 场，参赛人员 11.9 万人；举办各类征文活动 327 次，共收到征文 16350 篇；被各级新闻单位采用稿 9420 篇。

1996 年，全省各地认真做好人武部收归军队建制工作，较好地安置 800 多名未收归人员的工作，解决人武部超支经费 2700 多万元，解决随调随迁和随军家属工作；优先为 1400 多名部队官兵子女解决就业入学；完成第四批军队离退休干部计划交接达 313 人，地方建房 180 套，完工率达 90%，军队离退休干部的政治生活待遇基本落实。

1997 年，全省各类报刊、杂志、电台、电视台发表的双拥宣传新闻稿件 4000 多篇、党政军领导署名文章 100 多篇，举办各种双拥问答、征文竞赛 50 多场（次），参加人员 7 万多人，举办各种国防教育课 1520 多场（次），受教育人数达 1000 万多人。

1999 年 2 月 13 日，经安徽省委、省人民政府同意，安徽省委办公厅、省人民政府办公厅转发《省民政厅、省双拥办关于开展“爱心献功臣行动”的实施意见》，决定在全省开展“爱心献功臣行动”。8月18日至19日，省民政厅、省双拥办在合肥召开全省“爱心献功臣行动”工作汇报会，总结交流前一阶段各地开展“爱心献功臣行动”的情况，研究部署下一阶段深入开展“爱心献功臣行动”的任务。

当年全省各地各级新闻媒体播发专稿10000多篇，举办专题报告、演讲会及出墙报、简报等2000多场（次、期）。各级财政投入抚恤补助专项经费2469.7万元，用于解决重点优抚对象的“三难”问题。同时，各地在开展“爱心献功臣行动”中，对优抚医院、光荣院、烈士陵园等优抚事业单位拨出专项资金达830.7万元。

2000年，全省共落实优待金总额1.6亿多元；全省共接收军队转业干部2043名。另外还安置随调随迁家属子女886人；接收退伍战士、转业士官32051人。全省各级“维权”组织共接待来人来访1470人次，来信来电1600人次，为军人家属解答涉法问题2860多个，解决军人家属涉法纠纷200多起，受理案件240起，结案150起，为部队和军人家属挽回经济损失120多万元。

2001年，为贯彻《中华人民共和国国防教育法》和纪念《安徽省拥军优属条例》实施一周年，安徽省根据军事斗争准备需要，并结合新时期国内外形势和国防教育特点，先后在全省范围内组织开展“双拥宣传月”“国防教育日”等活动，努力营造“军爱民、民拥军”的浓厚氛围。春节、“八一”建军节和庆祝建党80周年活动期间，全省各地多形式、全方位地开展国防教育和双拥宣传教育，掀起阶段性宣传高潮。

当年，全省优待16.08万户优抚对象，共兑现优待金总额达1.67亿多元；积极争取中央财政支持，省财政安排抚恤补助经费11260万多元，用于落实、提高重点优抚对象的抚恤补助。

2002年2月28日，省双拥工作委员会、省高级人民法院、省人民检察院、省公安厅、省民政厅、省司法厅、省军区政治部联合转发全国双拥工作领导小组等七单位《关于重视解决部队官兵涉法问题维护军人及其家属合法权益的通知》，要求各地、各部队切实维护军人及其家属合法权益。

当年，全省城乡优待15.43万多户优抚对象，兑现优待金1.53亿多元，为26.53万多户优抚对象发放定期抚恤补助经费2.35亿多元。全省共接收军队转业干部834人，全省接收退役士兵3万余人。

2003年1月中旬，全国双拥工作领导小组在京举办的“鱼水情”全国首届双拥书画艺术展上，安徽省组织送展的67幅书画作品中，有34幅入选展出，其中获一等奖作品1幅、二等奖作品4幅、三等奖作品2幅，受到观展的领导和首都军民的好评。2月12日，安徽省委、省人民政府、省军区在安庆市召开命名表彰大会，授予枞阳县横埠中学退休职工任良模“爱国拥军好公民”荣誉称号。

2003年年底，全省大力推进建立优抚对象抚恤补助标准自然增长机制的进程，城乡优待16.1万多户优抚对象，兑现优待金1.58亿多元，其中军属优待6.4万户，优待金

1.01 亿元，户均 1560 元。全省共接收军队转业干部 896 人，其中师团职干部 222 人，安置随军随调家属 524 人，安置进度和安置质量位居全国前列、华东地区第一。全省接收退役士兵 31619 人，基本完成城镇退役士兵的安置任务；

2004 年，全省城乡优待 15.9 万多户优抚对象，兑现优待金 1.58 亿元，其中军属优待 6.25 万户，优待金 1.05 亿元，户均 1680 元；全年全省共接收军队转业干部 1822 人，全省共接收退役士兵 36000 余人，基本完成了 1.1 万多名城镇退役士兵的安置任务；全省先后共安排 1000 多名军嫂就业，解决军人子女入学率达百分之百。各地高度重视军民纠纷，积极化解驻军和当地群众发生的矛盾 12 起，各级司法部门主动为军属提供司法援助保护军人合法权益 110 人次。

2005 年，省民政厅及省直有关部门联合制定出台《关于自谋职业退役士兵享受有关优惠政策的通知》，多数市（县）已制定并实施军人乘车、参观旅游景点等场所的优惠政策。同时积极参加全国军民共建社会主义精神文明创建活动，全省有五个单位和两名个人被全国双拥工作领导小组等五部委授予先进单位和先进个人称号。

2005 年，全省城乡共优待 16.9 万户优待对象，兑现优待金 1.92 亿元，全省全部建立优抚经费自然增长机制和一卡式发放办法，接收的军队转业干部 1718 人，得到较好安置；共接收的退役士兵近 3 万余人，其中符合安置条件的 10579 人，到 12 月底已安排 10353 人。大多数得到安置；军队移交地方管理的离退休干部，计划接收 307 人，已接收 244 人，他们的政治、生活待遇得到较好的落实。

2006 年，在省双拥工委领导的重视支持下，省双拥办按照全国双拥办要求，在全省广泛开展双拥文艺创作演出活动。全省组织 23 支代表队（其中驻军单位 5 支代表队）46 个节目，在进行 2 场调演的基础上，“八一”组织 1 场双拥文艺晚会慰问驻皖部队，并评选一等奖 3 个，二等奖 5 个，三等奖 7 个，组织奖 6 个。在全国双拥文艺创作演出节目评选中，安徽省获得 8 个奖项，获奖数量列全国第一，其中一等奖 1 个（共 4 个），省双拥办获优秀组织奖（共 10 个）。

2006 年，全省共抚恤补助 27 万人，下拨经费 5.2 亿元，共优待 17.7 万户，发放优待金 2.18 亿元。完成 1957 名转业干部和部分随调家属安置任务，接收安置部队离退休干部 144 人，妥善安置城镇退伍士兵 13566 人（自谋职业率达 85.8%）。

2007 年 7 月，结合中国人民解放军建军 80 周年活动，省双拥办制作《江淮涌动双拥潮》专题片在省卫视台播放，《安徽日报》刊登专稿三篇，共编发双拥简报 12 期。省财政拿出 900 余万元用于建军 80 周年纪念活动的开展，走访慰问驻皖部队 17 个师以上单位，省及时安排经费、组织采购，为驻皖部队官兵每人赠送一件“T 恤衫”。省政协举行庆祝建军 80 周年报告会，省双拥工委领导带队赴藏慰问皖籍驻藏官兵并带去慰问金 20 万元和纪念品，省举行《军旗颂》文艺晚会，庆祝建军 80 周年歌咏大会，美术书法作品展等系列活动。在建军 80 周年之际，省双拥办转发全国双拥办、共青团中央等 11 部委《关于开展“关爱功臣活动”的通知》精神，各地积极开展形式多样的关爱功臣活动。

2008 年 1 月，在北京召开全国双拥模范城（县）表彰大会，省双拥工委及时召开会议，传达和学习大会精神。荣获全国双拥模范城（县）和模范单位利用揭牌仪式和召开表彰大会形式，对双拥工作进行再动员、再部署，进一步提高广大军民参与双拥的热情。

2 月 1 日，在省预备役师军官培训中心举行军地迎春茶话会。军地及驻肥师以上单位负责人共 73 人参加，军地双方畅叙军政军民情谊，共话安徽发展前景。

4 月 10 日，省双拥工作委员会召开省双拥工委第 23 次会议。会议由省军区政治部副主任夏贵俊传达全国双拥模范城（县）、模范单位和个人表彰大会精神；省民政厅副厅长陈文华汇报全省 2007 年双拥工作情况和全国双拥模范城（县）、模范单位和个人推荐申报等情况，提请审议 2008 年工作安排意见；审定安徽省双拥工作联席会议制度。

4 月 28 日，省双拥办组织召开全省双拥工作理论研讨会，参加会议的 17 个市民政局长、双拥办主任、军分区政治部主任向会议提交论文并交流发言，形成不少很有价值的理论文章。

“5.12” 汶川地震发生后，省双拥办及时下发通知，要求各市双拥办做好抗震救灾部队服务保障、捐赠、慰问工作，省双拥工委副主任、民政厅厅长刘健及时慰问参加四川汶川地震救灾归来的省消防总队官兵。

7 月 23 日、24 日，在中国人民解放军建军 81 周年之际，安徽省党政军领导王明方、胡连松、唐承沛、刘光复、向孝民和省双拥工委副主任、省民政厅厅长刘健等省直有关部门负责人，分两组走访慰问驻皖部队基层连队和荣军康复医院，向人民解放军指战员、武警部队官兵和民兵预备役人员致以节日的问候。

8 月至 9 月，省双拥办先后对 16 个市和 32 个县（市）双拥工作，依据《全国双拥模范城（县）命名管理办法》和《安徽省双拥模范城（县）命名表彰实施细则》及《安徽省双拥模范城（县）考评标准》进行针对性地检查、指导，并就检查情况进行通报。

2008 年，全省各地支持部队建设投入总经费 21248.79 万元，年慰问经费 3531.1 万元，帮助军嫂随调工作 320 人，帮助军嫂就业 1338 人，对没有就业军嫂月补助标准全年投入资金 809.934 万元，维护军人合法权益处理涉法案件 461 起，义务为部队官兵培训授课 2.4 万人次，退伍士兵安置率 97%，慰问复退军人 1.7 万人，慰问复退军人款 2542.996 万元，修建道路 156.5 公里，架设电缆电线 17.2 万米，铺设自来水管路 6.7 万米，提供优惠政策用地征地 3368.14 亩，帮助建设房屋 4.8 万平方米，援建军营图书馆 87 个，送书到军营 93240 册，赠送电脑 257 台。

第三节　拥政爱民活动

驻皖部队自觉服从国家经济建设，积极支持和参加地方重点工程建设。省军区组织全区人武部门努力打好“八七”扶贫攻坚战，建立155个扶贫奔小康联系点。省军区机关定点扶贫工作、省预备役师“万兵结对奔小康”活动、黄山民兵科技兴农示范活动等，均取得明显成效。省武警部队在做好维护社会稳定工作的同时，积极参与以扶贫开发为重点的支援地方经济建设活动，并捐资助学，支持“希望工程”和“春蕾工程”。解放军电子工程学院充分发挥学院科技优势，大力开展科技助民活动，研制康复新产品20个系列，其中8个项目获省、部级科技进步奖，拥有6项国家专利，为10多家电器集团提供技术合作服务。驻黄山96151部队和解放军炮兵学院结合自身特点，组织官兵开展军民共建文明城市、文明村镇、文明行业活动。

1994年，驻皖部队投入劳动日，参加地方建设项目800多个，帮助地方培训各类技术人员2万多人。在安徽省广大地区遭受百年不遇的特大干旱和其他自然灾害时，驻皖部队出动官兵6万人次，出动车辆6520万次，参加抗旱抢险救灾，抢救群众5万多人，抢救地方油料60余吨，送水近8万吨，捐款30余万元，还派出20多个医疗队深入抗旱第一线，为7800余名群众防病治病。全省2400个民兵所创办的经济实体，年创产值11.4亿元，年税1.3亿元，直接用于支持地方经济建设的经费达5100万元。

1995年，驻皖各部队分别制定《争当双拥模范单位实施方案》《拥政爱民工作规划》《拥政爱民公约》《拥政爱民先进单位评比标准》等计划措施，使拥政爱民工作有计划、有步骤地全面开展。驻皖各部队先后派出兵力21万人次，投入劳动日28万多个，动用车辆机械2.7万多台次，参加合九铁路、铜陵长江大桥、合肥新火车站、合肥市一环路、阜阳铁路枢纽站、滁州城西水库引水工程等建设项目200多个。在防洪抗旱斗争中，驻皖各部队共出动兵力22万人次，车辆1.7万多台次，船艇100多次，转移解救、疏散被围群众6.3万余人，加固圩堤700余公里，抢运物资6500余吨，挖渠、疏通管道350多公里，支援油料590多吨，捐献粮食450吨，捐款159万元，捐献衣物6.8万件。

1996年，驻皖部队开展双拥活动，投入劳动日30多万个，支持地方工程建设项目200多个，动用机械3万多台次，为2.3万名大中专学生进行军训。当年夏天，安徽省皖南山区、沿江一带、淮北部分地区遭受百年未遇的特大洪涝灾害，省军区及时协调驻皖部队和武警部队迅速调集2000余名官兵，投入保堤抢险战斗，奋战六昼夜，为堵口抢险的圆满成功立下突出战功，受到国务院、中央军委和武警总部的表扬。

1997年3月20日，省军区印发《驻皖部队拥政爱民若干规定》。驻皖部队共派出兵力11.7万多人（次），投入劳动日26.8万个，动用车辆机械5.9万台次，参加地方经济建设项目290多个；为支持老区、贫困地区的教育事业，捐书1.2万多册，捐款70多万元。

1998年，驻皖部队共投入兵力13.7万人次，动用车辆机械6.3万余台次，参加地方经济建设项目200多个，有2000余名官兵为红十字会无偿献血。是年，安徽省发生历史罕见的特大洪涝灾害，安徽省投入长江抗洪抢险的总兵力达63万多人次，其中解放军指战员和民兵预备役人员50多万人次，武警官兵13万多人次。动用车船4096余台（艘）次，排除险情700多处，加固堤坝410余公里，搬运土石方100余万立方米，转移群众20余万人次，向灾区捐款96万元、捐赠秋冬衣物3.78万件。

2000年，驻皖部队为支援安徽省创建文明城市、重点工程建设、维护社会治安等出动兵力232万多人次，机械车辆9万多台次，支援省级以上重点工程建设188个，植树838万株，为再就业和希望工程等公益事业捐款100余万元，帮助地方培训各类人才11万余名，军训职工、学生10万名，义务献血1000余人次。

2003年进入6月下旬以后，淮河流域出现持续强降雨，安徽800里淮河发生自1991年以来又一次特大洪涝灾害，截至7月28日，先后有2.49万名解放军和武警部队官兵及14万民兵预备役人员奔赴安徽支援淮河抗洪抢险斗争。

2004年，省军区在全省人武系统中广泛开展“组织发动民兵预备役人员带头和带动贫困群众脱贫致富奔小康”活动，各级先后建立扶贫联系点597个，扶助贫困民兵和群众4.6万余户，帮助2.5万余户民兵预备役人员和群众家庭脱离贫困。

2007年，驻皖部队和民兵预备役投入抗洪抢险救灾18.8万人次，参加地方公益性活动7.4万人次，组织官兵无偿献血1.52万人次，为群众做好事5.02万件，投入地方重点工程建设10.08万人次，设备10798台套，为贫困地区捐款1036.7万元，建立扶贫点407个，投入扶贫资金439.8万元，官兵资助助学与贫困学生结对2879对，帮助修建希望小学407个。

2008年，部队投入抢险救灾41万人次，部队参加公益性活动9万人次，部队组织官兵无偿献血1.6万人次，部队义务为群众做好事4.7万人次，官兵捐资助学与贫困学生结对3115个，投入地方重点工程和其他建设10万人次，投入地方建设动用车辆1.2万台次，投入地方建设所用设备3456台，捐助灾区和贫困地区3976.84万元，援助修建希望小学152.22万元，建立扶贫帮困点投入584.91万元，建立扶贫帮困点837个，资助贫困学生入学人数3935人。

第四节　国防与双拥宣传教育

安徽省各地结合重大节日和重要活动，在全省范围内组织开展“双拥宣传月”“国防法、兵役法宣传月”等活动。先后把国防教育和双拥宣传纳入干部“十五”培训计划，在省、地、县三级党校开设教育课，组织党政领导干部过“军事日”，不断强化各级领导干部的国防观念和双拥意识。各地结合自身实际，开展形式多样的宣传教育，投入大量人力物力，建立“双拥林、双拥街、双拥园、双拥路、双拥标牌”为主要内容的永久性标志；

进一步推动双拥创建"进机关、进学校、进工厂、进乡村、进社区、进连队",充分调动"新经济组织和社会组织"参与双拥工作的积极性,真正把双拥创建工作植根于军民之中。

1994年以来,安徽省坚持在全省范围内开展拥军优属宣传教育活动和声势浩大的"国防教育宣传月"和"双拥宣传月"等活动,努力营造"军爱民、民拥军"的浓厚氛围。

每年"八一"建军节和新年春节期间,安徽省委、省人民政府、省军区,或省民政厅和省军区政治部联合发出通知,要求各地各部队普遍开展拥军优属、拥政爱民宣传教育活动。通知一般结合当时形势,提出节日双拥活动安排的原则意见,由各地市县结合当地实际贯彻执行。

2000年年初,根据军事斗争准备需要,结合新时期国内外形势和国防教育特点,安徽省先后制定完善《安徽省国防教育办公室职责》和《安徽省全民国防教育规划》。同年年底,针对征兵工作出现的新特点,全省统一开展国防教育宣传月活动,增强公民依法履行兵役义务的责任感和使命感,确保全省兵员征集任务的完成。节日期间的走访慰问活动是拥军优属活动的一种重要形式,也是加强军政军民团结的一种有效形式。走访慰问活动通常以地方政府的名义进行,由民政部门具体承办。走访是指政府主要领导带领有关部门负责人走访驻军领导机关,祝贺节日,征求意见,通报情况,协商安排双拥活动等。每年春节,民政部门都要采取这种形式,走访驻军。慰问,是指以政府名义对当地驻军及优抚对象进行安慰和问候。包括举行慰问大会,发表慰问讲话,看望基层连队和优抚对象,慰问伤病号等。在慰问活动中,向慰问对象赠送一些慰问品,所需开支由地方财政解决。走访慰问活动邀请有关新闻单位参加,以便宣传报道,扩大活动效果。除"八一"建军节和新年春节等重要节日外,其他一些特殊的纪念日,如国庆节、红军长征胜利纪念日、抗日战争胜利纪念日等,各地根据上级指示精神,结合实际举办一些拥军优属活动。走访慰问活动贯彻勤俭节约的方针,不搞铺张浪费。

军政座谈会和军民联欢会。军政座谈会,是指为加深军地之间的相互了解、协调工作、密切联系、增进友谊,加强军政军民团结而在军地领导之间开展的一种重要的双拥活动形式。军政座谈会一般分为两种:一种是由当地党政领导及有关部门与所在驻军单位领导多方联合举行的座谈会;一种是军地单方领导之间举行的座谈会。军政座谈会通常在重大节日期间,如建军节、国庆节和新年春节举行。其内容包括军地之间互致节日祝贺,互相征求意见,介绍拥军优属和拥政爱民工作情况,检查和解决军政军民关系问题,协商安排今后的双拥活动等。举办军政座谈会总的要求是热情、周到、谦虚谨慎、密切协作、安全节俭。军民联欢会,是指军队和地方之间为加深友谊、密切感情或共同庆祝、纪念某一重大节日而联合举行的文化、体育活动,也是拥军优属的一种重要活动形式,对于改善军政军民关系具有积极意义。军民联欢会以格调高雅、气氛热烈为原则,突出军政军民团结的主题。近年来,每年春节,省民政厅和省军区政治部都要联合举办一台军民春节联欢电视文艺晚会,受到各地的欢迎,各地也都相应地举办过类似的晚会,取得比较明显的效果。

2001年，全省“双拥宣传月”“国防教育月”活动期间，安徽省委、省人民政府、省军区和各地党政军领导率先垂范，纷纷走上街头，深入乡村，带头宣传双拥工作，据1994年至2002年不完全统计，全省参加双拥和国防宣传活动的人数达300万人次，各地新闻媒体刊播双拥工作方面稿件6万余篇，受教育的干部群众8000多万人次，进一步激发广大军民爱国佣军的政治热情。

表彰双拥先进单位和个人。改革开放以来，全省各地通过表彰先进，在提高优抚对象社会政治地位，教育人民群众热爱人民军队，解决部队及优抚对象的实际困难等方面都取得很好的效果。如表彰拥军优属先进单位和先进个人、表彰爱国拥军模范、开展双拥模范城（县）评选表彰活动等。

第五节　支持部队建设

1994年新年伊始，安徽省委、省人民政府、省军区负责人率领安徽省春节慰问团前往驻军单位较多的蚌埠、滁州、芜湖、黄山、安庆等地，深入军营慰问部队官兵，与当地联合召开党政军负责人交流会，广泛征求和听取部队意见，对部队提出需要地方帮助解决的军事设施保护、营建、道路、家属就业、子女入学、转业干部安置、经费保障等7大类46个实际问题，慰问团与当地党委、政府一起，当场拍板解决37个。

1994年，全省共挤出1928万多元，用于支援部队建设和粮油煤电补贴等；全省接收安置军队转业干部1239人，安排随调随迁家属598人；接收安置退伍义务兵26497人、转业志愿兵1034人，安全接待和转运新老兵及过往部队官兵5万人次；安排随军家属802人，帮助军属调整工种班次2290人，解决子女入学入托1540人；优待军烈属16万多户，兑现优待金7372万多元，其中优等现役军人家属8万多户，兑现优待金5456万多元，户均优待648元；城乡近7万个基层拥军优属服务组织为部队和优抚对象做好事81万多件次。

1995年，全省各地支持部队建设用款共计3450多万元。接收安置转业干部1073人；接收安置退伍义务兵25077人，接收安置退役志愿兵1617人，帮助调换工作及班次1484人；安置军人家属618人；解决困难家属住房1325户；解决子女入学入托困难2233人。

1996年，全省各地认真做好人武部收归军队建制工作，较好地安置800多名未收归人员的工作，解决人武部超支经费2700多万元。全省共完成接收安置1523名军转干部工作，解决随调随迁和随军家属657人工作；优先为1400多名部队官兵子女解决就业入学；接收安置退伍军人和转业志愿兵27680人，接待转运过往部队官兵和新老兵5万人次；完成第四批军队离退休干部计划交接达313人，地方建房180套，完工率达90%，军队离退休干部的政治生活待遇基本落实。全省68个县（市）的优待金在“八一”前一次性兑现。全省供应军粮近3000万公斤，粮油差价补贴达1900多万元，全省105

个军粮供应点为保证军粮供应优质服务，全面实行 8 项服务承诺，长期为部队离退休老干部送粮上门。

1997 年，全省共优待优抚对象 17.9 万人，兑现优待金总额为 1.53 亿元，全省接收军队转业干部 1261 人，接收退伍义务兵 28162 人，转业志愿兵 2050 人，省财政拿出 30 万元，各地方财政拿出 438.1 万元，逐步解决军队离退休干部医疗费问题。全省各地为支持部队建设，接受安置随军家属 700 多人，照顾子女上学 600 多人；供应部队优质粮、油 1715 万公斤，各级财政补贴为 3500 多万元，用于供应部队粮、油、水、电、煤气、副食品等；用于支持部队征地、建营房、修建道路、车辆设备等，各级财政支出 3000 多万元；省财政在较困难情况下，安排 1520.3 万元，用于支持军队办人武学校、民兵事业、省军区招待所和兵员征集、转业、复退军人安置等国防事业建设。

1998 年 8 月，在建军 71 周年期间，受安徽省委、省人民政府的委托，省民政厅、省军区政治部领导带领走访组到解放军电子工程学院、炮兵学院、省武警总队、省消防总队、省边防总队、省公安厅警卫局征求意见，针对部队反映的一些需要地方帮助解决的困难和问题，省双拥办及时综合整理拟出预案，报请省双拥工作委员会领导协调后，以安徽省委、省人民政府办公厅名义及时进行转发，并督促各地、各部门认真办理，绝大多数的问题得到妥善解决。

1998 年，全省共接收军队转业干部 1378 人，其中师团干部 333 人，基本上安置到位，师团干部基本上安排相应的职务。全省共接收退伍兵 26109 人，转业志愿兵 2347 人，其中符合城镇安置工作的 8341 人，占总数的 32%。

1999 年，为推动全省“爱心献功臣行动”的开展，省直系统率先开展捐款行动，并建立“爱心献功臣行动”资金专用账户，专款专用，用于解决重点优抚对象的住房和生活等问题。省直系统捐款总额达 167 万元。全省各地共收到“爱心献功臣行动”捐款 1126 万元，受益人数达 27140 人；建立帮扶组织 16876 个，参加帮抚人员 97654 人，结成帮抚对子 35467 人，完成帮抚任务 27673 人次；采取政府补助、社会资助、个人自筹、义务帮工等形式，筹集资金 2765.4 万元，为优抚对象建房 12747 间，为 6810 人解决住房难；全省各级财政投入经费 4.77 亿元，调整提高部分优抚对象抚恤补助标准，增强优抚对象的生活保障能力；建立优抚门诊 4634 个，建立医疗基金 722 个，筹集经费 1117 万元，为 15492 人解决医疗难，减免各种医疗费用 481 万元。

2000 年，省财政在经费特别困难的情况下，共筹集经费 4209 万元用于支持部队和优抚事业单位建设及优抚对象生活补助，各地财政也挤出经费 3000 多万元用于支持部队建设。

2001 年，全省共接收军队转业干部 1058 人，安置进度和安置质量均位居全国、南京战区前列，受到解放军总政治部和南京军区的表彰。全省接收退役士兵 3 万人，基本完成城镇退役士兵的安置任务。省财政筹集 6955 万多元经费用于支持部队建设，各地财政也挤出数千万元经费用于驻军建设，帮助解决营建、水电等问题。

安庆市先后挤出1096万元，为部队办实事10件；蚌埠市与部队共建万亩蔬菜基地，保障部队“菜篮子”供应；马鞍山、淮南市分别拨款855万元和537万元，解决人武部收归后的独立营建和交通工具问题；合肥、阜阳、滁州、芜湖、铜陵等市均拨出专款为部队解决营建和行路难问题。

2003年，全省共接收军队转业干部896人，其中师团职干部222人，安置随军随调家属524人，安置进度和安置质量位居全国前列、华东地区第一。全省接收退役士兵31619人，基本完成城镇退役士兵的安置任务。

2004年，全省先后共安排1000多名军嫂就业，解决军人子女入学率达百分之百。各地高度重视军民纠纷，积极化解驻军和当地群众发生的矛盾12起，各级司法部门主动为军属提供司法援助保护军人合法权益110人次。

图 9-1-1

2005年，全省绝大部分市（县）党政军领导始终把双拥工作当作一项重要政治任务，坚持做到“三亲自”“四纳入”“三挂钩”，即党政军主要负责人亲自审定双拥工作规划，亲自过问双拥工作重大问题，亲自参与双拥工作重大活动；将双拥工作纳入党政军领导的重要议事日程，纳入领导干部政绩考核范围，纳入经济发展和部队建设的总体规划，纳入精神文明建设的重要内容；双拥工作与领导干部升降挂钩、与部门责任挂钩、与争先创优挂钩。合肥、蚌埠、马鞍山市还把双拥工作作为“一把手”工程，书记或市长亲自担任双拥工委主任，全省有7个市的人大、政协领导积极配合双拥创建各项活动。

2006年，全省支持部队建设共投入经费2.35亿元，其中走访慰问经费2423万元。提供优惠用地7120亩，修建道路161公里，铺设自来水管路8.3万米，架电线10万米，帮助修建营房11万平方米。义务为官兵培训授课2万余人次，赠送电脑715台。据统计，驻皖部队参加地方公益性活动8.75万人次，组织官兵无偿献血1.32万人次，为群众做好事5.15万件，投入地方重点工程建设9.64万人次，设备8175台套，为贫困地区捐款450万元，建立扶贫点776个，投入扶贫资金346万元，帮助修建希望小学102个。全省共投入128万元，援建基层军营图书室172个，购书320套，进一步激发全省人民爱军热情。2006年，全省帮助随调军人家属483人，帮助无工作军嫂就业1182人，对无法就业的军嫂共安排生活补助费325万元。军人子女入学率达100%,其中绝大部分都给予择校照顾。

2007年,全省支持部队建设共投入经费1.07亿元,其中走访慰问经费2400万元。提供优惠用地3867亩,修建道路247公里,铺设自来水管路9.5万米,架电线24万米,帮助修建营房8.6万平方米。义务为官兵培训授课1.6万余人次,赠送电脑318台。截至2008年底,全省共安置军转干部1305人,其中团以上干部228人。

第二章 双拥模范城（县）创建

双拥创建是指创建“拥政爱民、拥军优属”模范城市。“双拥模范城”是指双拥工作方面成绩突出的模范城市，一般分为两个级别：国家级和地方级。国家级也就是全国性的，荣誉称号为“全国双拥模范城”。初期，评选对象主要是全国各城市，后来发展包括县、市、区等。创建双拥模范城（县）活动，是双拥工作传统在新形势下的一个新的发展，是加强军政军民团结的一个有效形式。

针对双拥工作的实际需要，全省各地始终坚持以邓小平理论和“三个代表”重要思想为指导，把创建双拥模范城（县）纳入党委、政府的任期工作目标，作为“一把手”工程来抓。坚持以创建双拥模范城（县）为龙头，以开展双拥合格单位为抓手，大力营造争创先进氛围，提高参与意识，拓宽参与渠道。安徽省自双拥模范城（县）评选活动开展以来，全省先后已被命名为国家级双拥模范城（县）15 个，双拥模范单位 36 个，模范个人 5 名；省级双拥模范城（县、区）60 个，双拥模范单位 115 个，先进个人 98 名。

第一节 军民共建文明

军民共建系“军民共建社会主义精神文明”的简称。中指国人民解放军各部队同驻地人民群众共同开展的社会主义思想建设和文化建设活动。1981 年 2 月 19 日，解放军总政治部发出《关于加强部队青年工作的指示》，要求在全军各部队广泛开展“有理想、有道德、有知识、有体力，讲军容、讲礼貌、讲纪律，不怕艰难困苦、不怕流血牺牲”活动。邓小平对此给予了充分肯定。

1982 年年初，中共中决、国务院、中央军委对保定地区军民共建精神文明的经验给予充分肯定和高度评价。指出军民共建精神文明活动是对基层进行综合治理、全面建设的一种好办法，是建立和发展社会主义精神文明的新型军政军民关系的好途径，也是加强军队革命化、现代化、正规化建设的一个重要方面。同年 2 月 14 日，中共中央办公厅转发中宣部《关于深入开展“五讲四美”活动的报告》，决定把这一活动推广到全党全民中去，要求全体共产党员、共青团员、国家干部一定要在这个活动中做全国人民的表率。此后，军地共建活动在安徽如火如荼地开展。

根据中共中央办公厅的要求，安徽省各地每逢春节、“八一”和部队参加演练、执行重大军事任务期间，各地党政领导都率领慰问团赴军营走访慰问、征求意见，并针对部队反映的一些亟需地方解决的困难和问题及时帮助妥善解决。全省各级财政支持驻皖部队正规化建设，帮助解决营建、水电、训练场地、副食品基地、道路等问题。各级民政部门千方百计为驻皖部队随军家属解决就业问题，对没就业的家属一律按照驻地低保生活标准给予生活补助，对军人子女入学全面实行优先、优惠。驻皖部队积极参加地方经济建设和社会公益事业，扶贫帮困，助残助学，积极承担急难险重任务，维护社会稳定，促进驻地经济社会发展与进步。特别是在多次抗洪抢险斗争中，全省军民万众一心，顽强拼搏，团结奋斗，用血肉之躯筑起坚不可摧的钢铁长城。

1983 年，全省有 1076 个村、街、厂、店、校和居民院与当地驻军共同建立社会主义精神文明村、街、厂、店、校、院。是年 11 月，省政府和省军区联合召开首次“双拥”先进代表会议。出席拥军先进个人 309 人，先进单位 233 个。解放军和武警部队先进个人 93 人，先进单位 104 个。军民共建对子单位 13 个。会议授予光荣称号的先进单位 5 个，先进个人 2 人，军民共建模范单位 5 个；重点表彰的先进单位 4 个，先进个人 6 人。

1984 年 8 月，全国拥军优属、拥政爱民先进单位和先进个人代表大会召开，蚌埠市钓鱼台小学、霍山县与儿街区、萧县黄口区、铜陵铁道部 701 厂、马鞍山市杜唐乡作为先进单位代表，烈属王美修（女）、陈鞠民（女）、陈秀花（女）、王西云，军属杨品高、范明星、徐扬善，残废军人张天保、董善贵，复员军人王胜之，退伍军人张传玉、张桂生、朱有生、马洪学作为先进个人代表出席全国“双拥”表彰大会。

1993 年，根据全国双拥工作领导小组《关于印发《双拥模范城（县）创建命名管理办法》的通知》和安徽省制发的《安徽省实施《双拥模范城（县）创建命名管理办法》细则》规定，各地严格执行双拥模范城（县）的八条基本标准和具体要求。地方各级党委、政府和驻军领导机关，把双拥工作纳入当地经济社会发展和部队建设的总体规划和年度工作计划，纳入党政军领导干部政绩考核的范围，军地各级建立双拥工作领导组织；市、县（区）双拥办均有专门的机构、编制、人员、经费、办公地点和办公设备；省辖市双拥办实行军地合署办公，县（市、区）双拥办有驻军部队专人联系双拥工作；各乡、镇、街道、机关、团体、学校、企事业单位和驻军基层单位建立双拥组织或服务组织，有专人负责双拥工作。建立双拥工作各项制度，年度有规划，年内有检查，年终有总结；双拥工作领导组织、成员单位和办事机构职责明确，任务落实；双拥工作有命名、表彰配套管理办法；档案、资料、文件管理完整规范；双拥宣传和国防教育纳入全民教育体系和部队教育计划，列入宣传、教育、文化、广播影视、新闻出版等部门的年度工作计划，有部署，有检查，有总结；宣传教育做到电台有声音、电视有图像、报刊有文章；主要交通口岸、市中心城区主要街道、干道、公园、广场有固定性双拥标志牌；机关、大型厂矿、企事业单位有双拥宣传标语；大、中、小学开设国防教育课；支持国防和部队建设纳入经济社会发展规划，积极探索军民结合、寓军于民的路子，推动国防和军队建设又好又快发展；配合部队完成军事训练、战备执勤、科研实验等任务成效明显；开展科技、教育、文化、法律拥军，培养军地两用人才；积极支援重点军事工程建设，保障军事设施安全；加强军供站正规化建设，提高应急保障能力；健全拥军优惠政策，设立优先优质服务窗口；关心部队生活，为驻军和优抚对象排忧解难；支持部队后勤保障社会化，优惠政策配套，优质服务到位；注重为驻军和优抚对象办实事好事。

同时规定有下列情况之一的，不能申报和推荐为全国、省级双拥模城（县）：发生重大军民纠纷，在国家和省级双拥机构、公安部门记录在案，造成严重后果的；因优抚安置政策规定不落实，造成严重后果的；双拥组织机构无工作人员和经费保障的。

申报全国双拥模范城（县）的，必须获得省双拥模范城（县）称号，按全国分配的名额确定推荐名单，由省双拥工作委员会组织考核，征求南京军区的意见，并将拟推荐名单在省内主要新闻媒体公示十五天，公示期满无异议后，报省委、省政府和省军区审核，审核合格的，以省委、省政府和省军区名义向全国双拥工作领导小组推荐。双拥模范城（县）命名实行动态管理，每次命名只为一届。省级双拥模范城（县）命名表彰在全国双拥模范城（县）命名表彰前进行，每四年一次。

1994 年以后，按照全国双拥模范城（县）命名大会的要求，安徽省广大军民在安徽省委、省人民政府、省军区的领导下，认真贯彻全国拥军优属安置工作会议精神，进一步把双拥工作作为“一把手”工程，安徽省委书记王太华高度重视，多次召开会议强调，各级党委、政府切实加强领导，把双拥工作列入议事日程，定期研究，督促落实，常抓不懈。全省各级党政军领导始终把双拥工作当作一项重要的政治任务，坚持做到“三同步”“三亲自”“四纳入”“三挂钩”，即经济观念与国防观念同步培育，经济措施与改革措施同步出台，经济效益与社会效益同步提高；党政军主要负责人亲自审定双拥工作规划意见，亲自过问双拥工作重大问题，亲自参与双拥工作重大活动；将双拥工作纳入党政军领导的重要议事日程，纳入领导干部政绩考核范围，纳入经济社会发展和部队建设的总体规划，纳入精神文明建设的重要内容；双拥工作与领导干部升降挂钩，与部门责任挂钩，与评先评优挂钩。滁州市明确规定，双拥工作不合格的单位，没有资格申报文明单位，同时追究单位主要负责人的责任；同时还专门设立双拥创建奖，以此激励广大军民创建积极性。

第二节 模范创建表彰

20 世纪 90 年代以后，安徽省掀起创建双拥模范城（县）的高潮。全省各地呈现出成员单位责任意识进一步增强、创建热情进一步高涨、政策法规进一步落实、军民共建进一步拓展、军地融合发展进一步显现、军政军民关系进一步融洽的良好局面。

1991 年 6 月 3 日至 4 日，安徽省委、省人民政府、省军区召开全省拥军优属、拥政爱民先进单位、先进个人代表大会，对 9 个双拥模范城（县、区）、3 个双拥模范单位进行命名，对 17 个双拥先进单位、 4 名先进个人进行表彰。

1992 年 1 月 4 日，嘉山县被命名为全国双拥模范县。同年 7 月 4 日，民政部、中央人民广播电台联合举办的“容声杯”全国百名拥军优属模范评选活动揭晓。宿州市王传昆、铜陵市傅进卿、淮南市王传坤榜上有名。7月13日，安徽省委、省人民政府、省军区召开全省第二批双拥模范城(县)和单位命名表彰大会，对14个双拥模范城(县、区)、14个双拥模范单位进行命名表彰。

1993年1月10日，合肥市、祁门县被命名为全国双拥模范城（县）。1994年5月26日，安徽省委、省人民政府、省军区召开全省第三批双拥模范城（县）和单位命名表彰大会，对11个双拥模范城（县、区）、16个双拥模范单位进行命名表彰。省双拥工作委员会对10个双拥先进单位通报表彰。同年7月22日，合肥、宿州、贵池市被命名为全国双拥模范城，淮南市被命名为全国拥军优属模范城。

1995年6月29日，安徽省委、省人民政府、省军区决定，授予淮北市矿务局矿工总医院护士、现役军人陈光的妻子邵瑞华“爱国拥军模范”荣誉称号。

1996年7月30日，安徽省委、省人民政府、省军区召开全省双拥模范城（县）命名大会，对31个双拥模范城（县)、35个双拥模范单位进行命名表彰。双拥模范城是：合肥市、蚌埠市、马鞍山市、铜陵市、安庆市、黄山市、滁州市、明光市、宿州市、六安市、宣城市、巢湖市、贵池市。双拥模范县是：繁昌县、当涂县、祁门县、定远县、青阳县。双拥模范区是：芜湖市镜湖区。拥军优属模范城：淮南市、淮北市、亳州市、界首市。拥军优属模范县是：固镇县、桐城县、岳西县、萧县、砀山县、金寨县、舒城县、泾县。拥军优属模范单位是：淮北市矿务局、合肥百货大楼股份有限公司、合肥锻压机床总厂、芜湖钢铁厂、蚌埠卷烟厂、淮南平圩发电厂、淮南矿务局李郢孜一矿、马鞍山钢铁公司、铜陵车辆厂、铜陵化工集团公司磷铵厂，安庆石油化工总厂、安徽省巢湖水泥厂、东关水泥厂。拥政爱民模范单位是：驻祁门80411部队、解放军532医院、武警安徽省总队医院、武警安徽省总队安庆市支队、武警铜陵市消防支队、铜陵边防检查站、解放军电子工程学院军务处、合肥炮兵学院一大队、驻肥东83511部队、驻滁州83652部队、驻明光83596部队、蚌埠坦克学院一大队、驻蚌埠83453部队、驻芜湖87081部队、驻铜陵87409部队、驻安庆86387部队、驻当涂南京军区司令部丹湖农场、驻当涂83016部队农场、海军宣城导航台、解放军105医院、宁国县人民武装部、宿县军分区。

1997年1月15日，合肥市、蚌埠市、宿州市、宣州市、当涂县被命名为全国双拥模范城（县)，淮南市被命名为全国拥军优属模范城。

7月23日，省双拥工作委员会召开全省双拥先进单位和模范个人电视电话表彰大会，对31个双拥先进单位，19名模范个人通报表彰。为表彰先进，树立典型，进一步推动全省双拥工作向更高层次发展，以实际行动纪念中国人民解放军建军70周年，省拥军优属拥政爱民工作委员会决定，对在双拥工作中做出突出成绩的50个先进单位和模范个人予以通报表彰。全省拥军优属先进单位（15个）：合肥市公共交通总公司、合肥汽车站、淮南市谢家集区人民政府、安庆纺织厂、芜湖市新芜区劳动路街道办事处、十七冶机电安装公司、铜陵发电厂、淮北第一棉纺织厂、休宁县海阳镇人民政府、祁门县教育委员会、蒙城县人民政府、太和县人民政府、泾县钢铁厂、宿州市朱仙庄镇人民政府、青阳县丁桥镇人民政府。全省拥政爱民先进单位（16个）：武警安徽省总队第四支队、淮南军分区、解放军汽车管理学院学员二大队、驻安庆39868部队、武警芜湖市消防支队、驻滁州83653部队、武警马鞍山市支队、武警淮北市支队、80302部队铜陵农场、驻宿州83219部队、武警黄山市支队黄山区中队、驻宣州83473部队、武警阜阳市支队、驻贵池80407部队、武警含山县消防中队、驻六安83541部队。全省拥军优属模范个人（15名）：耿光宽、陈习文（女）、汪学越、刘养中、李家英（女）、彭现祥、周玉良、李声荣、曾其林、陈传林、马玉芝（女）、王英如、尚乃俊、丁帮南、许家志。全省拥政爱民模范个人（4名）：陈兆森、刘润昌、路文光、段天贵。同日，安徽省8个双拥先进单位、3名拥军优属模范个人受到民政部、总政治部表彰。

1999年12月10日，安徽省委、省人民政府、省军区召开全省双拥模范城（县）、模范单位和优抚工作先进单位、优抚对象先进个人命名表彰大会，对35个双拥模范城（县、区）、32个双拥模范单位进行命名，对17个优抚工作先进单位、33名优抚对象先进个人予以通报表彰。双拥模范城（12个）：合肥市、蚌埠市、马鞍山市、安庆市、滁州市、铜陵市、黄山市、宿州市、明光市、六安市、宣州市、贵池市。双拥模范县（6个）：繁昌县、当涂县、定远县、祁门县、霍邱县、青阳县。双拥模范区（3个）：芜湖市马塘区、芜湖市鸠江区、巢湖市居巢区。拥军优属模范城（5个）：淮南市、淮北市、亳州市、桐城市、界首市。拥军优属模范县（9个）：长丰县、蒙城县、涡阳县、固镇县、岳西县、泗县、萧县、寿县、泾县。拥军优属模范单位（8个）：马钢（集团）控股有限公司、安庆石油化工总厂、淮北矿业（集团）有限责任公司、铜陵车辆厂、铜陵发电厂、安徽省维尼纶厂、淮南市第三中学、合肥市军粮站。拥政爱民模范单位(24个)：蒙城县人武部、濉溪县人武部、83219部队、83108部队、80407部队、80411部队、83651部队、83447部队、86489部队、解放军电子工程学院教保处、解放军炮兵学院一大队、空军第13飞行学院、解放军第105医院、解放军第123医院、南京军区司令部丹阳湖农场、武警8690部队、丹阳湖农场武警巢湖地区支队、武警安庆市支队、武警铜陵市支队、武警安徽省总队医院、武警铜陵边防检查站、武警淮南市消防支队、武警合肥市消防支队、武警宣城地区消防支队。

同年12月24日，全国双拥工作领导小组、民政部授予44个县、市（区）、5个单位、3名个人为全国“爱心献功臣行动”先进县、市(区)、先进单位、先进个人称号。全国“爱心献功臣行动”先进县、市（区）共1953个。其中安徽省44个，是：祁门县，铜陵市铜官山区、狮子山区、郊区，铜陵县，滁州市琅琊区、南谯区，天长市，全椒县，来安县，定远县，凤阳县，明光市，六安市，霍邱县，金寨县，青阳县，淮北市相山区、杜集区，当涂县，马鞍山市花山区、雨山区、向山区、金家庄区，亳州市，合肥市东市区、中市区、西市区、郊区，繁昌县，蚌埠市东市区，宿州市甬桥区，萧县，泗县，灵璧县，砀山县，和县，桐城市，怀宁县，太湖县，安庆市迎江区、大观区、郊区，太湖县。全国“爱心献功臣行动”先进单位名单共 180 个。其中安徽省 5 个，分别是：省军区机关，解放军电子工程学院，省财政厅，马鞍山市民政局，宣州市民政局。全国“爱心献功臣行动”先进个人名单共 100 个。其中安徽省 3 人，分别是：胡越龙、李培玲、武世银。

2000 年 1 月 12 日，合肥市、蚌埠市、淮南市、滁州市、宿州市、当涂县、祁门县被命名为全国双拥模范城（县）。

2002 年 10 月 18 日，安徽省委、省人民政府、省军区召开全省双拥模范城（县）、模范单位命名表彰大会，对 36 个双拥模范城（县）、41 个双拥模范单位进行命名表彰。双拥模范城（16 个）：合肥市、蚌埠市、宿州市、滁州市、淮南市、黄山市、铜陵市、六安市、池州市、安庆市、淮北市、马鞍山市、巢湖市、明光市、桐城市、界首市。双拥模范县（20 个）：当涂县、砀山县、霍山县、灵璧县、岳西县、舒城县、泾县、肥东县、繁昌县、泗县、南陵县、定远县、固镇县、霍邱县、青阳县、长丰县、含山县、祁门县、涡阳县、蒙城县。拥军优属模范单位（16 个）：安徽淮化集团有限公司、淮南市第三中学、安庆石油化工总厂、太和县第一中学、省荣军医院、铜陵有色金属（集团）公司、马钢（集团）控股有限公司、海螺集团宁国水泥厂、淮北矿业集团公司、滁州市教育局、芜湖市教育局、合肥市教育局、合肥市劳动和社会保障局、蚌埠市劳动和社会保障局、省广播电影电视局管理服务中心、省军粮供应办公室。拥政爱民模范单位（25 个）：金寨县人民武装部、安徽预备役师步兵第三团、省军区民兵装备仓库、炮兵学院、电子工程学院、蚌埠坦克学院、汽车管理学院、武警安徽省总队医院、武警六安市支队、武警安庆市消防支队、武警蚌埠市消防支队、武警安徽省警卫局警卫队、96161 部队、96163 部队、94857 部队、73091 部队、73042 部队、73066 部队、73845 部队、73843 部队、94982 部队、合肥边防检查站、南京军区司令部丹阳湖农场、南京军区联勤部丹阳湖农场、第一〇五医院。

2003 年，经全国双拥工作领导小组第十六次全体会议研究决定，安徽省合肥市、滁州市、铜陵市、池州市、蚌埠市、黄山市、宿州市、淮南市、当涂县被命名为全国双拥模范城（县）；泾县民政局、滁州市教育局、省军粮供应办公室被授予爱国拥军模范单位称号；省民政厅厅长李宏塔、池州市委书记何闽旭被授予爱国拥军模范称号；96151 部队政治部秘书处处长周世余被授予拥政爱民模范称号。

2005 年 12 月 29 日，安徽省委、省人民政府、省军区隆重召开全省双拥模范城（县）、模范单位命名表彰大会，命名表彰了合肥等 19 个双拥模范城和当涂县等 21 个双拥模范县。爱国拥军模范单位 30 个，拥政爱民模范单位 30 个。双拥模范城（19 个）：合肥市、马鞍山市、蚌埠市、芜湖市、池州市、安庆市、滁州市、宿州市、淮南市、铜陵市、宣城市、巢湖市、淮北市、黄山市、六安市、桐城市、明光市、界首市、亳州市谯城区。双拥模范县（21 个）：当涂县、岳西县、泾县、芜湖县、繁昌县、肥东县、肥西县、绩溪县、固镇县、怀宁县、定远县、青阳县、祁门县、寿县、灵璧县、无为县、庐江县、泗县、砀山县、霍邱县、舒城县。拥军优属模范单位（30 个）：合肥市双拥办公室、合肥市军粮供应站、淮北矿业（集团）有限责任公司、淮北市濉溪县民政局、蒙城县民政局、宿州市埇桥区褚兰镇、蚌埠市劳动和保障局、蚌埠市五河县民政局、阜阳市太和县民政局、淮南市第三中学、淮南市凤台县民政局、淮南市国投新集能源股份有限公司、滁州市地税局、滁州实验中学、六安市金寨县民政局、马鞍山市马钢（集团）控股有限公司、巢湖市居巢区民政局、芜湖市民政局、芜湖市南陵县双拥办、铜陵市建设委员会、池州市民政局、安庆市宿松县民政局、黄山市城市管理执法局、省司法厅省白湖监狱管理分局、省教育厅体育卫生艺术教育处、省人事厅军转办、省劳动保障厅就业处、省荣军康复医院、省粮食局省军粮供应办公室、省广播电影电视管理服务中心。拥政爱民模范单位（30个）：解放军73042部队、解放军73066部队、解放军73091部队50分队、解放军73266部队、解放军73822部队、解放军73823部队、解放军73849部队、怀远县人民武装部、临泉县人民武装部、凤台县人民武装部、六安市金安区人民武装部、含山县人民武装部、黟县人民武装部、预备役师高射炮兵团、安徽省军区62分队、南京军区丹阳湖管理处、解放军05单位529部安徽物资供应站、解放军91034部队、解放军94701部队、解放军96163部队50分队、解放军电子工程学院训练基地、解放军炮兵学院院务部汽车队、蚌埠坦克学院教练团、武警宿州市支队、武警黄山市支队、武警警卫部队安徽省警卫局警卫队、武警芜湖市边防检查站、武警合肥市消防支队、解放军第105医院、解放军第532医院。同时以省双拥工委、人事厅、民政厅、省军区政治部名义表彰爱国拥军模范个人20名，拥政爱民模范个人15名也在会上进行了表彰。

2007年12月，合肥市、黄山市、马鞍山市、铜陵市、宿州市、岳西县、蚌埠市、六安市、芜湖市、淮南市、池州市、滁州市12个市、县被命名为全国双拥模范城（县）；安徽省马钢（集团）控股有限公司、安徽省淮北矿业（集团）有限责任公司、安徽省广德县人民政府、安徽大学4个单位为爱国拥军模范单位。

第十篇　社会组织管理

社会组织在社会科学中有广义、狭义之分。广义的社会组织是指人们从事共同活动的所有群体形式，包括氏族、家庭、秘密团体、政府、军队和学校等。狭义的社会组织是为了实现特定的目标而有意识地组合起来的社会群体或合作形式，如企业、政府、学校、医院、社会团体等。社会学研究的社会组织主要指狭义的组织。依据政府、市场和公民社会三分法，这里所说的社会组织则是指在政府系统和市场系统之外的社会中所存在的组织，它通常具有非政府性、非营利性和民间性等特点。

在民政部门登记注册的有社会团体、民办非企业单位和基金会三类社会组织。社会团体是指中国公民自愿组成，为实现会员共同意愿，按照其章程开展活动的非营利性社会组织，属于社团法人。民办非企业单位多由民间发起成立，从事非营利性社会服务活动的社会组织，属于民办非企业单位法人。基金会是利用个人或组织捐赠的资产从事公益活动的非营利性组织，属基金会法人。

改革开放以来，中共中央、国务院制定一系列重大方针政策，推行社会主义市场经济，进行农村和城市管理体制改革，推进村民自治等基层民主，建设社会主义法治国家和政治文明，鼓励党政分开和政企分开，提高党的执政能力等，这些方针政策客观上都为社会组织的发展创造了合法的制度空间。

中共十七大报告首次提出“社会组织”概念后，作为社会组织的主要登记管理部门，民政部门也随即启用“社会组织”这一新叫法。

1989 年开始，国家在社会组织管理上实行分级登记、双重负责的管理体制。即县级以各级政府的民政部门履行社会组织登记管理职责，同级政府有关部门或政府授权的组织履行业务主管职责。

第一章　社会团体发展与管理

1988年至1995年，国务院先后发布《外国商会管理暂行规定》《社会团体登记管理条例》。1987年，民政部起草《社会团体登记管理条例》，1989年10月经国务院发布正式施行。对社会团体的成立条件、登记程序、活动原则和监督管理内容作出明确规定，确定归口登记、双重负责、分级管理的管理体制，为中国公民在新的历史条件下的结社活动和建立新的社团管理体制提供法律依据，对恢复因“文化大革命”而中断的社会团体登记管理工作，促进社团的发展，起到重要的作用。

第一节　社会团体管理体制

安徽省社会组织登记管理工作坚持培育发展和监督管理并重的方针，突出重点，分类指导，典型示范、积极培育、完善制度，督察规范，进一步推进了社会组织的发展和管理。截至2007年，全省依法登记社会组织11938个，其中社会团体7762个，民办非企业单位约4157个，基金会19个；全省城乡基层社会组织备案登记的共5187个。这些社会组织遍布全省城乡，涉及到社会生活的各个领域，从组织形态上已成为继企业、事业、机关之后兴起的又一支社会法人组织。初步形成了门类齐全、层次不同、覆盖广泛的社会组织体系。

安徽社会组织伴随着改革开放的步伐，经历了恢复发展、规范发展、创新发展三个阶段，并逐步走向繁荣壮大、规范发展的健康轨道，在经济社会协调发展中崭露头角，渐显作用，不断增强服务社会功能。

1978年至1997年，安徽省内以社会团体为主体的社会组织开始涌现，步入全面恢复发展阶段。特别是1989年国务院颁布《社会团体登记管理条例》后，安徽省结束社会团体多头审批的混乱状态，确定社会组织归口民政部门统一登记管理，建立登记管理机关和业务主管单位双重分级负责的管理新体制，先后对全省5000多个社会团体进行重新登记，促进社会团体恢复发展。

1990年6月18日，省民政厅、省人事局转发民政部、人事部《关于贯彻执行〈社会团体登记管理条例〉的通知》。同年，省民政厅转发省政府办公厅《关于贯彻执行〈社会团体登记管理条例〉有关问题的通知》，明确全省社会团体登记管理工作由县以上各级民政部门统一办理，其他部门和单位不再审批成立社会团体。同时，明确省和地、市、县关于社会团体的管理机构、人员编制和经费问题。这是安徽省依法确立社会团体归口各级民政部门统一登记管理的重要标志。

1990年12月18日，根据国务院颁布的《社会团体登记管理条例》和民政部《关于〈社会团体登记管理条例〉有关问题的通知》精神，省民政厅印发《关于确认社会团体业务主管部门及其主管范围和职责的通知》，确定业务主管部门的主要职责是：依照国家法律和政策对社团活动进行业务指导，使其按照各项事业的发展要求，拟定和规范自身发展和活动；协调同一业务领域内社会团体间的关系，妥善解决存在的问题，对“相同”或“相似”社会团体的成立做好说服工作；做好所负责业务领域内的社会团体成立、变更和注销的审查，监督社会团体进行清理债务等善后工作。从而建立起全省社会团体实行登记管理机关和业务主管单位双重负责的管理体制。

1992年2月13日，根据《社会团体登记管理条例》规定，省民政厅设置成立社会团体登记管理复议委员会，作为不予登记社团和处罚不服社团的复议的仲裁机构，并印发《关于设置安徽省社会团体登记管理复议委员会的决定》。

1998年10月，国务院修订出台新的《社会团体登记管理条例》。根据中共中央、国务院关于加强社会组织管理的法规和政策，安徽省委、省人民政府制定进一步加强社会组织登记管理的一系列方针、政策，先后对社会团体及其分支（代表）机构进行清理整顿，逐步建立以登记管理、日常管理、监督管理为主要内容的社会组织行政管理制度，并依法履行管理职责，促进社会组织规范发展。

2000年5月12日，根据《社会团体登记管理条例》第六条和民政部《关于重新确认社会团体业务主管单位的通知》第二项第二条的规定，省民政厅报经安徽省委、省人民政府同意，授权省社会科学界联合会等11个组织，承担相关全省性社会团体业务主管单位的职责，进一步完善了双重负责的管理体制。同年8月21日，省委办公厅印发《中共安徽省委办公厅安徽省人民政府关于进一步加强民间组织管理工作的意见》，进一步强调认真落实登记管理机关和业务主管单位双重负责的民间组织管理体制。

2000年11月3日，安徽省委副书记王昭耀召开省民间组织管理工作领导小组第一次会议，省民政厅等18个省直有关单位的负责人参加了会议。会议确定省民间组织管理工作领导小组组长、副组长和组成部门、单位，研究成员单位职责等。11月14日，省民间组织管理工作领导小组印发《省民间组织管理工作领导小组第一次会议纪要》《省民间组织管理工作领导小组及办事机构和成员单位职责》，明确规定领导小组及办公室和各成员单位的主要职责。

2002年4月30日和2003年8月25日，省民间组织管理工作领导小组先后召开会议，研究解决双重负责管理体制的问题，印发《关于进一步加强民间组织管理工作队伍建设的意见》《关于调整省民间组织管理工作领导小组成员的通知》，进一步加强民间组织管理协调机制建设，促进双重负责管理体制的贯彻落实。

2003年，省民政厅制定印发《安徽省促进行业协会发展指导意见》《关于加快推进全省行业协会改革发展的意见》《安徽农村专业经济协会管理办法（试行）》《安徽省社区民间组织培育发展与管理的意见》和《安徽省加强民间组织党的建设、人事管理、劳动和社会保障工作的通知》《安徽省民间组织档案管理办法》《安徽省取缔非法民间组织预案》《安徽省社会团体重大事项报告制度》《安徽省民间组织管理联络员制度》等60多项政策规定，引导各级各部门启动了以行业协会、农村专业经济协会、城市社区社会组织为主的社会组织的培育发展和规范管理。

2003年5月，省民政厅在全省社会组织开展创先争优活动中，评选表彰100个先进社会团体，20个先进民办非办企业单位，10个先进社会组织管理单位。同时，组织支持培育发展行业协会好的业务主管单位和发挥作用好的行业协会，在全省社会组织有关会上介绍经验，通过报刊、网站等媒体宣传行业协会发挥作用的先进事迹，还组织11个行业协会参加全国行业协会先进成果展，表彰10个全国先进行业协会。2004年，省民政厅在淮北开展农村专业经济协会培育发展试点。同年11月，省政府在淮北市召开全省发展农村专业经济协会现场推进会，省政府有关领导、农业等有关部门负责人、17个地级市分管副市长、民政局局长等听取淮北市政府培育发展农村专业经济协会经验介绍，观摩淮北市农村专业经济协会发展情况。会后，各市抓试点、抓典型，掀起培育发展农村专业经济协会的热潮。

2005年，省以蚌埠市发展社区社会组织为全省试点示范，在总结经验的基础上，召开全省培育发展社区民间组织现场交流会，大力推广蚌埠模式，以社区委为依托，分服务、乐趣、维权三大类，构建与社区居民生活密切相关的社会组织体系，推动全省社区社会组织发展。全省各级登记管理机关普遍实行登记许可和年度检查进政府服务中心，设立服务窗口，抽调专人服务，编印各类社会组织《登记许可指南》和登记材料示范文本，建立“安徽社会组织信息网”站，开展网上法规政策咨询、社会组织发展、文本表格下载等便民服务项目。实行社会组织登记许可首问负责制、限时办结制；年度检查一站式服务、一次性办结制，开展基金会网上年检，方便社会组织，受到社会各界赞许。还加强社会组织发展的理论研究，全省每年在报刊媒体发表论文和调研文章等近百篇。

2007年，省民政厅成功举办“首届安徽社会组织发展论坛”，获奖论文44篇。积极开展社会组织岗位培训，全省每年平均培训社会组织负责人约300名以上。仅2007年，省级举办培训班三期，有200多工作骨干接受培训。积极引导社会组织自我监督，推动社会监督，加强自律与诚信建设。全省开展以民办非企业单位为主的社会组织自律与诚信建设，利用年检、登记等管理手段，指导社会组织完善章程，建立健全各项规章制度，向社会公示执业许可证、法人登记证和服务承诺、收费项目、标准。还利用安徽社会组织信息网，披露民办非企业单位重大活动和财务状况信息和基金会年检报告书，公告社会组织年检结论。组织开展了多种形式的社会公益活动。通过培育发展，创新管理，社会组织服务经济社会发展的功能逐渐增强，为促进安徽省社会管理体制创新，完善市场经济体制，加强党的执政能力建设，拓展省内外交流和区域间合作，发挥了积极作用。

到 2007 年，仅省本级登记的 882 个社会组织拥有总资产约 25.78 亿元，服务社会年支出约 3.75 亿元。全省社会组织吸纳社会就业 7 万多人。

2008 年年底，安徽省本级应年检的社会团体、民办非企业单位、基金会 879 个，实际年检 792 个，参检率 90.1%，其中合格 751 个，基本合格 37 个，不合格 4 个，分别是年检总数的 94.8%、4.8%、0.4%。全省已登记社会组织 13131 个，比上年同期增长 15%。全省城乡基层社会组织备案 5481 个。基本是"金字塔"状分布，省级 940 个，市级 4474 个，县级 7717 个，分别是总数的 7%、34%、59%。在社会团体中行业性、专业性占 63%，学术性占 23%，其他占 14%；在民办非企业单位中教育类占 46%，卫生类占 20%，其他 8 类占 34%；在 26 个基金会中均以公益性为主。2008 年，全省社会组织在抗震救援行动中直接向政府有关部门捐款 9000 多万元。

第二节　社会团体登记

根据《社会团体登记管理条例》规定，成立社会团体，应当经其业务主管单位审查同意，并依照《社会团体登记管理条例》的规定到登记管理机关进行登记。业务主管部门是指县级以上各级人民政府有关部门及其授权的组织，登记管理机关是指县级以上各级人民政府民政部门。

1978 年至 1997 年，全省社团管理工作遵循宏观管理、保障结社自由、维护社团合法权益的指导思想和工作思路。注重社会团体经登记管理机关登记注册而取得独立的法律主体地位。在法律关系上，它既不隶属于登记管理机关，也不隶属于业务主管单位，三者同在宪法和法律规定范围内活动。社团按照国家法律和有关政策，依据登记章程规定的宗旨任务和业务范围，独立自主地处理内部事务，参与社会活动。社团登记管理机关通过法律和行政手段规范社会团体行为，引导社团沿着正确的方向发展，为公民结社和社团生存发展提供有效的服务。

这一时期的主要任务是清理整顿，强化管理，从严把关，控制总量。社会团体登记机关把主要精力放在对公民依法结社、社会团体活动状况和发展方向的调研、理论引导和政策扶持上，使社团逐步走上"人员自聘、经费自筹、工作自主"的道路。这种工作思路和管理理念，客观上为社团发展营造宽松的环境，也是全省社团在数量上发展较快的时期。全省县以上民政部门登记的社团由 1993 年年底的近 4300 个发展到 1997 年 6 月底的 6000 多个，其中全省性社团由 1993 年年底的 551 个发展到 1997 年 6 月底的 761 个。

随着改革开放的不断深入，小政府大社会的发展方向逐渐显现，政府职能转变的力度逐步加大，许多应由社团承担的事务将逐步交还给社团去做，社团已成为整个社会运行体系的四大组织系统之一。从全省的社团状况看，一度还不适应这一现状的要求，有些社团名义上是社团，但其工作方法以及所发挥的作用，却象一个政府机关。有些社团牌子很大，但没有实力，难以为社会做实事。有的社团缺乏权威性，内部矛盾很多。有的社团吸纳人员条件宽泛，内部人员宠杂，管理混乱。有的社团不按登记章程所规定的业务范围开展活动。有的社团乱拉赞助，变大公为小公甚至化公为私，在社会上造成不良影响。有的社团从事营利性的经营活动，干扰了正常的经济秩序。有的社团不接受社团年检，开展重大活动也不报告。还有未经登记许可便以社团组织或社团分支名义进行活动的。这些情况引起了很多有识之士的担忧，引起政府有关部门的高度关注和重视，全省的社团清理整顿和换证登记工作正是在这一背景下进行。

清理整顿和复查登记 中共十一届三中全会以来，安徽省乡镇、街道社团发展很快，为推动社会政治、经济、科学文化事业的发展起到了积极的作用。但是由于长期以来对基层社团缺乏必要的日常管理和具体的政策指导，致使基层社团的组织和活动在一些地方出现失控状态。

1989年，国务院颁布《社会团体管理条例》（以下简称《条例》）。据此，安徽省各级民政部门开始承担起对社会团体的登记管理职责。鉴于当时社会团体数量多、质量参差不齐和分散在各个部门的情况，从1990年起，全省各级民政部门开始对社会团体清理整顿和复查登记工作。

1990年8月4日，省人民政府办公厅转发《省民政厅关于清理整顿全省社会团体请示的通知》。明确清理整顿的思想及原则是：对违背四项基本原则，长期宣扬资产阶级自由化，特别是在1989年北京发生政治风波期间，错误严重，造成恶劣影响的社会团体，要坚决予以取缔；对以营利为目的，从事与本团体宗旨、章程无关的经营活动的社会团体，要视情延缓登记或予以撤销；对不符合社会需要、重复设置、不具备基本活动条件的社会团体，要予以撤销；对未经比准擅自成立的社会团体，责令解散；如确属社会需要，并符合条件，应按《社会团体管理条例》规定的程序补办成立登记手续。清理整顿的范围规定是：在安徽省境内组织的学会、协会、研究会、基金会、联谊会、促进会、商会等社会团体（法律、行政法规另有规定的除外），都应进行清理整顿；机关、企事业单位和学校内部，经批准成立文娱、体育、群众福利等组织，且一直在本单位范围内活动的，不视为社会团体；如此类组织跨向社会或与外单位进行组织上的联合，则视为社会团体，列入清理整顿范围。

同年8月27日，省民政厅结合“清理整顿”活动编写《社团清理整顿和复查登记有关问题的解答》，其中对各级民政部门和社会各界迫切要求了解这方面的法律、政策规定和工作进展等九大方面的情况，省民政厅依据《条例》给予详细的解答。根据国务院颁布的《社会团体登记管理条例》和省政府办公厅《关于清理整顿社会团体的通知》有关规定精神，省民政厅决定对全省乡镇和城市街道社团进行规范性调整并依法重新核准登记。

1991年4月27日，为贯彻执行中共中央、国务院《关于坚决制止乱收费、乱罚款和各种摊派的决定》，省民政厅、省纠风治乱领导小组办公室联合印发《关于清理整顿社团收费的紧急通知》,规定清理整顿社团收费的范围、时间、做法和要求。

1992 年 10 月 5 日,省民政厅印发《关于开展乡镇、街道社团复查登记工作的通知》,明确规定乡镇、街道社团重新登记的方法、步骤、时间、登记条件和材料要求。

1992 年,省民政厅、省公安厅、中国人民银行安徽省分行联合印发《关于清理社会团体印章和银行账户的通知》,明确规定:凡未经民政部门核准登记、发证而刻制的社团印章,从 1992 年 4 月 1 日起,一律作废,上缴当地民政部门销毁并抄送公安机关备案;到 1992 年 6 月 30 日止,凡未办理"开户许可证的"的团体,其银行账户一律按多头开户处理,由开户银行通知限期办理销户手续。新成立的社团需开立银行账户,必须持社团法人登记证和登记管理机关出具的社团开立银行账户的证明,到银行申请开户。基金会还应持中国人民银行安徽省分行有正式文号的批复文件。由财政拨款(行政费、事业费)的社会团体,开设银行账户证明书须经财政部门审核盖章后,方可到银行申请开户;未经民政部门核准登记的社会团体, 1992 年 4 月 1 日以后仍以社团名义非法刻制印章和使用旧印章进行活动的,当地社团登记管理机关可视情停止其活动、宣布解散社团;非法刻制印章,情节严重的,公安机关可依照有关规定处罚其主管负责人或直接负责人员。

1997 年 4 月,民政部在上海召开清理整顿社团工作会议。同年 6 月 13 日,在省人民政府领导的重视支持下,为加强对全省社会团体清理整顿工作的领导,确保该项工作的顺利进行,省政府成立以分管副省长杨多良为组长、省委副秘书长赵培根、省政府副秘书长张俊和省民政厅副厅长陈文华为副组长,省委宣传部以及公安、人事、财政、安全、人行等有关部门负责人任成员的安徽省社团清理整顿工作领导小组。同时省政府办公厅印发《关于成立省社会团体清理整顿工作领导小组的通知》。

同年 9 月 16 日,为保证社团清理整顿工作健康、有序地发展,按时完成任务,省社团清理整顿工作领导小组印发《关于进一步抓好社团清理整顿工作的意见》。要求进一步提高对社团清理整顿工作意义的认识;加强领导,加大力度,保证社团清理整顿工作各项政策的落实;加快进度确保社团清理整顿工作任务按时完成;加强信息沟通,确保政令统一;切实加强乡镇社团的登记管理工作。

2000 年年初,安徽省委、省人民政府对领导小组进行调整充实,组建以省委副书记王昭耀为组长、省政府副省长田维谦为副组长的民间组织管理工作领导小组,办公室设在民政厅民间组织管理局。省政府办公厅转发《国务院办公厅转发民政部关于清理整顿社会团体意见的通知》,确定全省社团清理整顿的指导思想、原则、内容、方法、步骤,全面部署全省社团清理整顿工作,在全国率先编写"1997 社团换证指南",受到民政部的充分肯定和省内外同行的欢迎。

2000 年 11 月,通过 4 年的清理整顿,清理整顿和复查登记工作基本完成。对全省原有的 5460 个社会团体进行审核,保留 3314 个,注销 933 个,撤销 474 个,合并 85 个,待审定 654 个(也有部分社团随着体制改革自生自灭)。其中,省本级原有 744 个社会团体，保留 590 个，注销 27 个，撤销 111 个，待审定 16 个。社团数量比以前有所减少，但质量明显提高，结构有所优化，布局相对合理，初步解决全省社团发展中存在突出的问题，促进政治和社会的稳定。

1997-2000 年安徽省清理整顿社会团体登记统计表

表 10-1-1　　　　单位：个

项目	原有社团		保留数		注销数		撤销数		全并数		带审定数		新成立数	
地名市	市级	县级	市级	县级	市级	县级	市级	县级	市级	县级	市级	县级	市级	县级
合肥市	224	86	130	47	8	23	19	4	0	0	67	12	9	11
芜湖市	220	202	145	93	10	9	46	86	4	14	15	0	6	5
蚌埠市	222	91	163	59	57	29	1	2	0	1	0	0	9	3
淮南市	212	53	115	36	94	17	3	0	0	0	0	0	13	0
淮北市	165	50	61	29	56	16	48	0	0	5	0	0	4	0
马鞍山市	204	42	114	17	55	23	0	0	2	0	33	2	5	1
铜陵市	156	30	130	25	15	3	7	0	0	0	4	2	8	2
安庆市	201	236	120	111	1	32	0	22	0	3	80	68	10	25
黄山市	119	207	71	88	20	28	20	30	2	18	7	43	8	9
滁州市	121	116	107	105	10	9	0	1	0	0	5	0	4	21
阜阳市	112	197	62	117	22	34	0	17	0	6	28	23	0	11
宿州市	82	136	54	77	16	33	0	1	2	2	10	23	15	15
亳州市	0	153	0	39	0	76	0	26	0	0	0	12	0	4
六安市	119	235	74	145	37	73	7	15	0	2	1	0	5	0
巢湖市	71	140	32	50	1	15	0	0	0	0	38	75	0	
宣城市	90	260	55	120	0	64	0	6	1	14	34	56	1	5
池州市	73	91	64	69	7	13	2	0	0	9	0	0	1	6
合计	2391	2325	1497	1227	409	497	153	210	11	74	322	316	98	121
省级	744		590		27		111		0		16		23	
总计	5460		3314		933		474		85		654		242	

在这次清理整顿中，全省较好地解决党政领导干部兼任社团领导职务，多数领导干部自觉按照《社会团体管理条例》规定，辞去所兼的社团领导职务。凡继续兼任社团职务的党政机关领导干部都严格按照规定，履行报批手续。仅全省性社团就解决 817 人次县处级以上党政领导干部兼职问题。其中，省级干部 16 人次，厅级干部 481 人次。通过清理整顿，使全省社团在章程、资金、法定代表人和办公场所等方面都达到新《社会团体管理条例》规定的标准。初步实现了人员自聘、经费自筹、业务自主的社团发展

原则,为社团的自我约束、自我管理、自我发展开辟广阔空间。

通过清理整顿,全省共注销、撤销1405个活动少、资金缺、问题多、矛盾大的社团。对一些重复设置、缺少发展空间的社团,根据业务主管单位意见,视情进行合并或撤销;对大多数行业性社团,在整改完善的基础上,予以保留。行业性、专业性社团占全省社团总数比率从清理整顿前的40%增至60%左右,使社团数量、种类、结构、布局等方面趋于合理,基本建立起行业突出、学科门类齐全的社团体系。

2000年,按照国家的统一部署,对全省气功类社团进行专项清理。全省原经民政部门登记注册的气功类社团125个,其中省级4个,注销2个,撤销2个;市地级47个,注销43个,撤销3个,保留1个;县级74个,注销69个,撤销5个。被注销、撤销的124个气功社团,手续基本完备,程序合法,证书、印章收回,并在报刊上予以公告,财产基本得到较为妥善的处置。保留的"宣城地区健身气功协会",按照有关政策规定,进行重组、改选,依法重新登记。

全省各级民政部门会同各有关部门经认真摸底排查,并按报上一级登记管理机关核准的原则,确认全省未经民政部门登记,以社团名义活动的非法气功社团15个,其中市级3个,县区级12个,均按属地管辖的原则在2000年9月5日前依法公告取缔。

规范社会团体登记管理　安徽省基本建立归口登记、双重管理、分级负责的社会团体管理体制,建立以登记管理机关为主导,业务主管单位以及外交、公安、财政、税务等部门互相配合的行政管理体系。安徽省的社会团体管理体制可以概括为"归口登记,双重负责,分级管理"。

"归口登记"是指除参加全国政协的人民团体和经国务院批准免予登记的团体外,所有社会团体统一由县以上各级民政部门登记,其他任何部门无权登记社会团体、颁发"社会团体法人登记证书"。

"双重负责"是指社会团体要同时接受登记管理机关和业务主管单位的管理。民政部门作为登记管理机关,重点负责登记管理、年度检查和处罚监督等职责。国务院有关部门和县级以上地方各级人民政府有关部门、国务院或者县级以上地方各级人民政府授权的组织,是有关行业、学科或者业务范围内社会团体的业务主管单位。业务主管单位主要职责是:负责社会团体筹备申请、成立登记、变更登记、注销登记前的审查;监督、指导社会团体遵守宪法、法律、法规和国家政策,依据其章程开展活动;负责社会团体年度检查的初审;协助登记管理机关和其他有关部门查处社会团体的违法行为;会同有关机关指导社会团体的清算事宜;负责指导和管理社会团体的思想政治工作、党的建设、财务和人事管理、研讨活动、对外交往、接受境外捐赠资助等事项负有责任。

"分级管理"是指社会团体按照行政层级管理,分层设置。全国性社会团体由民政部登记,地方性社会团体由相应的县以上民政部门登记,跨区域的社会团体由上一级民政部门登记。社团相互之间是平等的民事主体,没有权利大小之分,没有隶属关系,没有领导和被领导的关系。

1990 年 11 月 23 日，省民政厅、中国人民银行安徽省分行转发民政部、中国人民银行印发《关于社会团体开立银行账户有关问题的通知》，明确规定：经社团登记机关（民政部门）登记的社会团体，方可凭登记管理机关发给的社会团体登记证书填制开户申请书，向银行申请开立银行账户，经银行审查同意后办理开户手续。

1992 年 8 月 7 日，省民政厅转发民政部《关于对全国性和跨省（自治区、直辖市）性社会团体在会址以外地区设立分支机构或派出机构及其管理问题的通知》，规定：分支机构的设置，需持业务主管部门审查同意的文件，到民政部申请备案，经民政部门审查同意后，方可设置；派出机构的设置，应遵照《关于社会团体复查登记有关问题的通知》的规定，经过民政部批准后，持社会团体派出机构设置批准书，到当地社团登记管理机关备案；全国性和跨省（自治区、直辖市）性社会团体在会址以外的分支机构应接受所在地的社团登记管理机关的监督管理，各级社会团体登记管理机关有权对所辖区域内的全国性和跨省（自治区、直辖市）性社会团体的分支机构和派出机构进行监督检查；没有按程序设立的分支机构和派出机构，接此通知自行解散。

1993 年 3 月 30 日，为进一步规范社会团体管理，根据国务院《社会团体登记管理条例》第二十四条“登记管理机关对社会团体实行年度检查制度。社会团体应当于每年第一节季度向登记管理机关提交上一年度的年检报告和有关材料”的规定，省民政厅印发《关于对全省性社会团体实施年度检查的通知》，明确年检的范围、时间、内容、方法、步骤和要求。

1994年3月4日，省民政厅、省公安厅联合印发《关于转发民政部、公安部颁布的〈社会团体印章管理规定〉的通知》。要求各社会团体要按照国务院《关于国家机关和企业、事业单位印章的规定》精神和《社会团体印章管理规定》，对本社团的印章式样、规格、文字以及管理情况进行一次认真清理，并按新的规定规范本社团的印章式样、规格和文字。同时，建立健全印章管理制度。

1995 年 10 月 12 日，省民政厅、省工商行政管理局转发民政部、国家工商行政管理局《关于社会团体开展经营活动有关问题的通知》，规定：凡有条件的社会团体可以投资设立具有法人资格的企业，企业法人也可以设立不具有法人资格的分支机构；社会团体设立的不具有法人资格的企业，不得再设立分支机构；具有投资能力的社会团体法人，可与其他法人、自然人共同投资设立有限责任公司，亦可作为股份有限公司的发起人。组建公司的，依照《中华人民共和国公司法》《公司登记管理条例》规定的条件和程序，办理公司登记注册；社会团体设立的企业，应按《企业法人登记管理条例》及其《企业法人登记管理条例实施细则》规定的条件、程序，并持“社会团体法人登记证书”副本等有关文件，向所在的市、县工商行政管理局申请登记注册。登记注册后，由企业报社团注册登记管理机关备案。

1996 年 7 月，全省各地以贯彻落实新《社会团体管理条例》为契机，完善制度，稳步发展。社团管理工作成为全省各级民政部门工作的重点。

1998年9月3号，为贯彻落实《中共中央办公厅、国务院办公厅关于领导干部不兼任社会团体领导职务的通知》精神，全面了解县（处）级以上党政领导干部在全省性社团总兼任职务的情况，省民政厅印发《关于统计县（处）级以上党政领导干部在社会团体中兼职情况的通知》。

1999年7月30日，为贯彻执行《社会团体登记管理条例》的精神，推进安徽省依法行政的进程，安徽省民政厅召开认真贯彻《社会团体登记管理条例》座谈会。

1999年10月28日，省民政厅印发《关于抓紧进行全省性社团审定换证、进一步加强社团管理的通知》，规定：各业务主管单位明确一个处室负责所属社团的日常管理工作并指定专人担任工作联络员；各业务主管单位专门负责社团管理处室及联络员要督促所属全省性社团抓紧进行审定工作。

2000年10月23日，省民政厅转发民政部办公厅《转发中共中央组织部〈关于加强社会团体党的建设工作的意见〉的通知》提出：充分认识加强社会团体党的建设工作的重要性；建立健全社会团体党的组织，理顺党组织的隶属关系；明确社会团体党组织的主要职责；做好社会团体党员的教育管理工作；加强对社会团体党的建设工作的领导。

2001年8月29日，为切实加强全省性社会团体的管理，强化自律机制，根据国务院《社会团体登记管理条例》和中共中央办公厅《关于进一步加强民间组织管理工作的通知》、中共安徽省委办公厅、省人民政府办公厅《关于进一步加强民间组织管理的通知》精神，结合全省性社会团体登记管理工作的实际，省民政厅制发《社会团体重大事项报告制度》，规定该制度适用于经省级登记管理机关登记注册的社会团体；社会团体重大事项包括：社会团体换届、变更登记、年会、培训、联谊交流会、展览会、研究成果、出版会刊、涉外事宜等；社会团体违反重大事项报告制度，不得参加全省性学术、专业、行业评奖，及社会团体评优表彰活动，并按《社会团体登记管理条例》规定给予相应处罚。

安徽省社会团体统计表（一）

表10–1–2　　单位：个、人

项目		1994年	2001年
		（省本级）	（省本级）
年末实有社团数		618	625
按活动区域分		—	—
	省级社团	618	625
	地级社团	—	—
按性质类别分		—	—

续表 10-1-2

项目		1994 年	2001 年
	学术性社团	224	205
	行业性社团	157	183
	专业性社团	176	170
	联合性社团	38	45
	基金会社团	23	14
社团负责人		4211	4375
	女性	1062	1251
上年末实有社团数		586	613
本年批准登记社团数		32	12
	学术性社团	12	4
	行业性社团	8	6
	专业性社团	9	1
	联合性社团	1	1
	基金会社团	2	—
本年注、撤销社团总数		—	—
	撤销社团数	—	—

2002 年 4 月 26 日，为贯彻省政府关于行政审批事项进入政务中心的要求，省民政厅印发《关于全省性社团年度检查进入省政务服务中心的通知》，规定全省性社会团体的年检材料一律报送到省政务中心民政窗口受理。

安徽省社会团体统计表（二）

表 10-1-3　　单位：个、人

项目		2001 年
上年实有单位数		—
本年批准登记单位数		1124
本年注、撤销单位总数		—
	撤销单位数	—
年末实有单位数		1124
民办非企业单位负责人		1124
	女性	105

2002年6月12日,根据《社会团体登记管理条例》、《民办非企业单位登记管理暂行条例》及《取缔非法民间组织暂行办法》规定,省民政厅、省公安厅、省国家安全厅联合出台《安徽省取缔非法民间组织预案》,明确规定组织领导、非法民间组织的界定以及民政、公安、安全部门的职责和取缔非法民间组织的措施。其中,非法民间组织的界定为:未经批准,擅自开展社会团体筹备活动的;未经登记,擅自以社会团体或者民办非企业单位名义开展活动的;被撤销登记后继续以社会团体或者民办非企业单位名义进行活动的;未经批准登记,以社会团体分支(代表)机构名义进行活动的;气功功法类、特定群体类、宗教类等国家法律、法规禁止设立的民间组织。

2002年7月8日,省民间组织管理局举办第一期全省性社团规范化建设培训班。各业务主管单位负责人和各社团负责人参加了培训。通过培训,进一步规范社会团体的管理,为做好社团分支(代表)机构复查登记工作,提高社团的整体素质,以适应转型时期社团发展的具体要求和加入世界贸易组织(WTO)的新形势奠定良好的基础。

2002年12月13日,根据《社会团体登记管理条例》、《民办非企业单位登记管理暂行条例》、《安徽省行政事业性收费票据管理办法》和省财政厅《关于统一印制民间组织专用收据的复函》的规定,结合实际,省民政厅制定《安徽省民间组织专用收据管理实施办法》。加强和规范全省民间组织专用收据的管理,使民间组织真正成为经费自主、管理自律、自我约束、自我发展的社会法人。

2003年9月1日,根据《民政部财政部关于调整社会团体会费政策等有关问题的通知》,省民政厅、省财政厅印发《关于调整社会团体会费政策等有关问题的通知》。9月30日,省民间组织管理工作领导小组召开会议并印发《关于表彰全省民间组织管理先进集体和先进工作者的决定》,对评选出的86个"全省先进社会团体"、10个"全省先进业务主管单位"、13个"全省先进登记管理单位"和74名"全省民间组织管理先进工作者"予以表彰奖励。

2004年2月19日,省民政厅民间组织管理局印发《关于在全省性部分行业协会中试行互查的通知》,在全省性行业协会中试行互查制度。并规定互查的内容、方法、时间、步骤和互查要求。同年6月18日,省民政厅印发《关于部分全省性行业协会互查情况的通报》,通报部分全省性行业协会互查的情况。其中建立各项规章制度的行业协会35家,落实较好的19家,分别占互查总数的92%和50%;行业协会平均每家拥有同业单位会员174个,其中,国有企业占25.01%,民营企业占29.29%,外资企业占25.54%,其他经济组织占20.16%。行业协会共有负责人182名,工作人员207名,其中,专职工作人员共129名。专职工作人员中,45岁以下的占29%,60岁以上的占19%;大学本科以上文化占29%,高中以下文化占10%。67%的行业协会年自筹经费在5万元以上,平均每个行业协会拥有固定资产45万元,办公用房61平方米,有7个协会建立了网站。

2005年,各地根据省民政厅要求,开展社区民间组织登记管理试点,并坚持试点先进，典型示范，循序展开。蚌埠市领导重视，在全省率先开展社区民间组织发展与管理试点，为全省社区民间组织的发展与管理提供经验。省民政厅及时总结推广，召开全省民间组织管理工作现场会，进一步推动各地的试点工作。2005年年底，全省登记备案的社区民间组织2300多个。

异地商会 异地商会是各地工商联对客居他乡的同一籍贯同一地域的工商业者自愿联合结成的民间社会团体的称谓。之所以称为“异地”，是与各地工商联简称的商会相区别，具有经商集议、联络乡谊、筹资互助、排斥外力竞争、维护同籍同乡工商业者利益的特点和功能。

安徽省在发展和规范异地商会登记管理过程中，积极开展调查研究，深刻分析异地商会在经济发展中的重大作用，探索异地商会在异地登记管理机关登记管理的途径。但在改革开放初期，对安徽省异地商会的发展和登记管理持慎重态度。

2008年年初，中共中央总书记胡锦涛视察安徽时首次提出“积极参与泛长三角区域分工，主动承接沿海地区产业转移，不断加强兄弟省份的横向经济联合和协作”。同年11月下旬至12月中旬，安徽省委、省人民政府组织省直机关及相关部门在广泛座谈和讨论的基础上，分赴江苏、上海、浙江和芜湖、蚌埠、合肥市进行专题考察。同时，在合肥召开苏浙沪皖宁政府参事“泛长三角区域发展”论坛，广泛征求众多专家的意见。

国务院《关于进一步推进长江三角洲地区改革开放和经济社会发展的指导意见》×年×月，商务部为贯彻推进“万商西进”工程后，中部地区有20个城市（开发区）被确定为东部加工贸易梯度转移的重点承接地。中西部竞相承接沿海产业转移，拼成本、抢客商、争项目，态势逼人，因此，安徽省承接产业转移离不开异地商会的发展和推助。

通过各级登记管理机关和政府有关部门的努力，安徽省异地商会得到突破性的发展。从2002年起，安徽省实行“试点先行，登记在省”的原则，首先试点登记了安徽省浙江企业联合会，省发展和改革委员会为业务主管单位，其直属单位省经济协作办公室负责日常业务指导。由异地商会所带领和影响的异地企业以及众多经济人士，不但在安徽投资兴业，并带来资金、技术、经营观念，直接参与安徽省经济和社会建设，形成一支强大的、重要的建设力量；更重要的是这些异地商会的会员来自于经济发达的省、市或地区，在安徽进行对外招商引资和经贸交流与合作过程中发挥着桥梁、纽带的作用。

附：安徽省浙江商会

2002年8月8日，安徽省浙江企业联合会经安徽省社团管理部门审查批准成立。安徽省委书记王太华、省长许仲林，浙江省委书记张德江、省长柴松岳等两省主要领导参加成立大会。皖浙两省政府秘书长亲自为“安徽省浙江企业联合会”授牌。2006年1月10日由第二届一次会员代表大会通过，经主管部门同意，并报请安徽省民政厅核准，“安徽省浙江企业联合会”正式更名为“安徽省浙江商会”。

商会成立初期，共有168家会员单位，投资项目130多个，总投资额200多亿元。经过多年的发展，有淮北、滁州、六安、马鞍山、宣城、铜陵、巢湖、黄山、宁国、广德、怀宁等11个市及县级商会（办事处），根据企业类别2008年又成立了三个专业委员会、一个联谊会，即房地产业、加工制造业、商贸服务业专委会和女企业家联谊会。直属会员单位600多家。

2008年以来，浙江省安徽商会陆续收到浙江歌山集团安徽分公司、安徽亿丰商业经营管理有限公司、安徽方兴置业有限公司、合肥迪能数码科技有限公司、安徽杨凌科技有限公司、安徽林敏照明科技有限公司等一批有较强经济实力，并在社会上有影响力的浙江企业申请入会。一批较为优秀的浙商组织负责人增补进入浙江商会领导班子，加强了商会的领导能力。新增执行会长4名，副会长7名，常务理事4名。同时，还吸收广德县浙江商会、合肥温州商会为团体会员单位，增添淮北市浙江商会为新成员。

2007年，合肥市缴纳地方税1000万以上的纳税人名单有合肥宝业房地产有限公司、安徽圣大房地产开发有限公司、合肥中翔房地产开发有限公司、浙江宝业建设集团安徽有限公司、合肥祥源房地产开发有限公司、安徽绿城房地产开发有限公司和合肥万事利房地产开发有限公司，合肥新站实验区2007年度外商投资五强企业名单中安徽宝业住宅产业化有限公司排在首位，绿宝电缆（集团）有限公司荣获中国机械工业企业管理协会颁发的中国电线电缆20强荣誉称号，另还获得中国机械工业企业管理协会颁发的2007年中国机械500强荣誉证书。

2008年1月—10月，浙江省到滁州投资项目193个，总投资165.2亿，实际到位资金39.9亿元；在黄山市总投资项目137个，签约资金52.9亿元，到位资金17.4亿元人民币；在六安投资62亿元人民币，投资额在300万元以上项目为83个。在合肥投资的浙江企业涉及房地产开发、机械加工、商贸等行业，累计投资额为122.6亿元人民币。据省政府发展研究中心资料表明：目前，安徽一半以上的外来资本来自浙商的投资。仅在2008年前二个月，安徽招商引资额的60%就来自浙江，其中黄山外来资本中80%以上来自浙江，歙县尤甚，比重达90%。目前转移到安徽的浙商已达50多万人，浙企超过1500家，浙资近4000亿元。

几年来，在皖浙江企业家给安徽的经济发展做出突出贡献的同时，得到政府和广大人民群众的充分肯定。据不完全统计，中国耀华集团董事长何建国2008年当选为省政协委员，蚌埠市百惠投资集团总经理李昌强当选安徽省、蚌埠市人大代表，宝业集团安徽有限公总经理司高军当选合肥市人大代表、合肥市优秀中国特色社会主义事业建设者、安徽省首届青年创业奖获得者，合肥市温州商会会长陈健当选合肥市政协委员，安徽中南置业有限公司总经理葛世义当选阜阳市人大代表。中国绿宝电缆有限公司总裁张胜利2008年当选合肥市瑶海区人大代表、合肥市劳动模范、瑶海区优秀党务工作者。

截至2008年年底，已有40多万浙江人在安徽从事商业活动，合肥就有10万浙商在此创业，在安徽的浙商企业超过1500家，投资总额逾3000亿元，创造近30万人次就业机会。目前流入安徽的省外资金中,浙资位居榜首,据不完全统计,浙江省进入安徽的投资占流入安徽的省外资金超过50%,投资范围横跨农业开发、棉纺加工、皮革加工、电力电缆生产、建筑材料、房地产开发、国内外贸易等行业。

社会组织培育 根据经济和社会发展需要,安徽省民政部门坚持贯彻“培育发展与监督管理并重”的工作方针,对社会团体进行梳理分类,在政策法规层面明确对不同社会团体的不同态度,分别采取鼓励发展、限制和禁止发展的政策措施,基本建立与经济社会发展水平相适应,布局合理、结构优化、功能到位、作用明显的社会团体体系。

根据中央关于按照市场化原则发展行业协会的精神,以及国务院办公厅关于选择若干城市和全国性的行业协会,开展行业协会管理体制改革试点的要求,各地对行业协会管理体制进行积极探索,普遍在培育扶持、明确职能、政会分开、改进监管方式等方面取得明显成效,特别是安徽省在这方面迈出重大步伐。省民政厅研制《安徽省促进行业协会发展指导意见》,明确按照“五自”“三无”的原则改革和发展行业协会,即行业协会要“自愿发起、自选会长、自筹经费、自聘人员、自主会务”,实行“无行政级别、无行政事业编制、无行政业务主管部门”。行业协会管理体制得到加强和改善,积极作用得到更好发挥。

省民政厅与省科协所属学会中开展创新发展工作。通过完善内部治理结构、强化会员主体地位、创新组织机构建设、增强社会服务功能、规范各类服务活动和加大扶持力度等创新措施,培育扶持一批内部管理规范、学术质量优良、服务效应明显、发展能力强劲、社会信誉良好的示范性学会,引领和推动各类学术性社会团体向自主、自立、自强、自律方向发展,初步建立学术性社会团体规范发展的政策框架,形成适应市场经济体制,符合社会发展规律,满足政府、社会和会员需求的学术性社会团体发展格局。

根据民政部下发的《关于加强农村专业经济协会培育发展和登记管理工作的指导意见》,大力发展农村专业经济协会,提高他们在资金、技术、劳动力等生产要素的优化配置能力,发挥它们在提高农民的组织化程度、维护和协调农民利益、加快新农村建设、促进城乡和谐发展中的积极作用。同时,适当放宽对社区社会组织的准入条件,制定鼓励社区社会组织发展的公共政策,尤其是鼓励社区志愿者组成各种各样的组织,利用社区社会组织植根于民间的优势,整合社会资源,满足社区居民和驻区单位日益增长的物质文化需求和各类服务需求。

1994年7月,安徽被农业部列为全国专业农民协会试点县的3个省份之一,从1995年开始在砀山、怀宁、休宁3县进行农民专业协会试点工作。1999年6月16日,省人民政府办公厅转发省农业经济办公室《关于扩大农民专业协会试点工作的实施意见》。农民专业协会是农民自己组织,社会力量参与,实行自我管理、民主决策、自我服务,在产、供、销等环节互助合作的合作经济组织。《关于扩大农民专业协会试点工作的实施意见》决定在原有基础上再选择亳州、涡阳、蒙城、金寨、枞阳、定远、和县、芜湖、祁门等农业产业化试点县（市）作为扩大农民专业协会试点县（市）。

2003年10月，省民政厅研制《安徽省促进行业协会发展指导意见》《安徽省农村专业经济协会管理办法（试行）》《安徽省社区民间组织职责培育发展与管理的意见》，提交省民间组织管理工作领导小组通过后，分别以省民间组织管理工作领导小组名义印发省直有关部门，各市、县（市、区）贯彻执行。这是安徽省突出重点，培育发展服务于城乡经济社会发展民间组织的重要标志。

《安徽省促进行业协会发展指导意见》，从行业协会发展的原则、主要职能、培育发展政策等三个方面，提出15项指导意见，第一次制定行业协会的9个职能，第一次提出政府部门向行业协会转移职能、政府购买行业协会服务的具体要求，第一次明确政会分开、党政领导干部不兼任行业协会职务。

《安徽省农村专业经济协会管理办法（试行）》《安徽省社区民间组织职责培育发展与管理的意见》，从城乡基层经济社会发展的需要，紧密结合基层实际，改革现行的登记制度，降低准入条件，由单一的登记准入许可改为登记和备案并行的准入双轨制，即：对符合《社会团体登记管理条例》规定条件的，依法登记，并发社会团体法人证书；对不符合法定条件的，但符合降低准入条件规定的，实行备案管理，发备案登记证书，允许其按章开展活动。

2004年2月28日，省民政厅印发《关于开展“三类民间组织”普查工作的通知》，要求各市民政局开展对行业协会、农村专业经济协会、社区民间组织等三类民间组织调查摸底，推进培育发展工作。调查显示，全省市、县有行业性社团1035个，有会员68.59万多个，资产8488.5万元，年服务社会支出10291万元。全省有农村专业经济协会2182个，民政部门登记的有375个，工商行政管理部门登记的有339个，未登记的有1468个。全省社区民间组织由4612个，经民政部门登记的有931个，工商行政管理部门登记的有660个，未登记的有3021个。

2004年11月，省民政厅在总结淮北市培育发展农村专业经济协会试点经验的基础上，主办以省政府名义在淮北市召开培育发展农村专业经济协会现场推进会。全省17个市分管副市长、民政局局长和部分县分管副县长、民政局局长参加会议，并现场观摩淮北市部分农村专业经济协会服务于农业产业化、农民增收、农村经济发展情况。

2004年11月15日，安徽省委办公厅、省人民政府办公厅发出《关于加快发展农村专业合作组织的意见》，指出农村专业合作组织是由从事某一专业或同类产品生产经营的农民，为维护和实现其共同利益，按照自愿、互助原则建立起来的一种新型合作经济组织。发展农村专业合作组织，有利于提高农民的组织化程度，引导和带领农民进入市场，实现千家万户小生产与千变万化大市场的有效对接，增强竞争力和抵御风险的能力；有利于推动农户与龙头企业的联合与合作，优化资金、技术、人才等生产要素配置，促进农业科技进步和产业化经营。要求各地各部门提高认识，加大引导和扶持力度，促进农村各类专业合作组织的健康发展。

2005年7月,省民政厅以蚌埠市发展社区民间组织为示范点,召开全省培育发展社区民间组织现场经验交流会,推动全省以社居委为依托,构建与社区居民生活密切相关的民间组织体系。

2005年9月15日,根据中共十六届三中、四中全会精神,依据《社会团体登记管理条例》和《安徽省促进行业协会发展指导意见》,省民政厅制定《安徽省示范行业协会标准》。规定:名称规范;分类合理;有健全组织机构;完善自律机制和民主议事程序;固定办公场所;有与其业务活动相适应的专职工作人员;会员覆盖广泛,有稳定的经济来源;有充实的业务职能;财务管理规范;作用明显。文件下发后,在全省性行业协会中启动示范行业协会创建活动。

2005年下半年,农村专业经济协会进入快速发展阶段。全省各地认真贯彻淮北会议精神,制定和落实培育发展政策,抓点扩面,总结表彰先进经验,全面推进农村专业经济协会的发展。淮北、蚌埠、合肥、池州等市先后召开经验交流会、先进表彰会、成果展示会;岳西、肥西、怀远、芜湖、无为等县的培育发展政策和经验相继被民政部和省民政厅转发并宣扬推广。全省发展农村专业经济协会由试点转向全面展开,农村专业经济协会的作用和影响日益提高。

2005年12月18日,全省农村合作经济组织建设工作会议召开。会议要求准确把握农村专业合作组织的基本原则,大力推进农村合作经济的健康发展,切实提高农民的组织化程度,不断增加农民收入。截至2005年年底,全省登记备案的农村专业经济协会2845个,其中42个协会被中共安徽省委、省人民政府确定为省重点扶持的示范组织,有6个协会竞争入围世界银行"中国市场发展"项目。

随着专业协会的发展,省民政厅加大管理力度,使行业协会管理进一步规范化。省民间组织管理局在全省范围内积极探索行业协会的评估机制,初步建立由登记管理机关、业务主管单位、行业协会三方代表参加的互查评估机制,制定标准,启动示范行业协会创建活动,促进行业协会规范管理和能力建设。

截至2005年年底,全省大多数市都开展《民间非营利组织会计制度》和有关法规政策的学习和培训,普遍重视管理工作的基础建设。省民政厅分5期培训社团负责人、财会人员548名,初步建立四个工作平台,即成立省民间组织联合会、开通安徽民间组织网站、出版《安徽民间组织》杂志、组建省直业务主管单位联络员队伍,为民间组织的合作与交流、管理与发展奠定基础。

通过重点培育,行业协会、农村专业经济协会、社区和公益性社会组织获得新的发展,为全面推进民间组织登记管理各项工作提供良好的经验,为整体提升全省社会组织发挥其作用进行有益的探索。

履行行政处罚 社会团体行政执法是法律法规赋予各级登记管理机关的重要职责,是维持社会团体健康发展、打击违法违规行为、维护安定团结的重要手段。民政部门高度重视社会团体执法监察工作。确定了属地查处原则。规定由非法社团和社团违法活动案件发生地的登记管理机关就地调查取证，采取处理措施，查处结束后将结果报民政部备案。

1992 年 7 月 7 日，安徽省民政厅制发《关于对部分全省性社团分别作出延缓登记、停止活动、不予登记的通报》。全省各级民政部门严格执法，树立法律权威性，维护社团的合法权益，增强社团的法律意识，打击非法社团。

2003 年，民政部首次对年检不合格或不参检社团进行批量处罚，开创对全国性社会团体批量处罚的先河。针对部分社会团体存在乱评比、乱收费、公信力不高、管理不规范等问题。2006 年，国务院办公厅转发监察部等部门《关于清理评比达标表彰活动意见的通知》。按照国办要求，民政部发布《民政部关于做好社团组织评比达标表彰活动清理工作的通知》，对社团组织的评比达标表彰活动进行清理、规范和查处。

同时，为规范社会团体收费行为，民政部联合 6 部委下发《关于规范社会团体收费行为有关问题的通知》，从主体、程序、管理部门和政策依据、票据等方面规范了社会团体的会费、行政事业性收费、经营服务性收费、捐赠收入等收费行为，严格限定社会团体的评比表彰达标活动，全国性和省级社会团体举办评比达标表彰项目，应当经会员大会（会员代表大会）通过，并经有关部门批准。其他社会团体一律不得举办评比达标表彰活动。社会团体举办的各类评比达标表彰活动一般应在会员范围内开展，必须坚持谁举办、谁出钱的原则，不得以此向会员收取任何费用或变相收取费用，或在事后组织要求参与对象出钱出物的活动；不得面向基层政府举办，不得超出登记的活动地域、活动领域和业务范围举办项目；不得以营利为目的，将活动委托营利机构主办或承办。通过这些措施，既有效地清理社会团体“三乱”行为，又明确了社会团体收费和开展评比表彰达标活动的要求，从制度上建立了长效机制。

2003 年 10 月 31 日，省民政厅印发《关于撤销登记 14 个社团、给予 10 个社团警告的决定》，根据《社会团体登记管理条例》第三十一条、第三十三条规定，对连续两年未参加年检的社会团体给予处罚，经研究决定对 14 个社会团体予以撤销登记，10 个社会团体予以警告处罚。同年 10 月 31 日，省民政厅印发《关于对 40 个社会团体限期整改的通报》，对全省性社会团体 2002 年度活动情况进行年度检查，对未参加 2002 年度年检的社会团体予以限期整改。

省民间组织管理局积极探索年检新办法，加强登记管理机关和业务主管单位协调配合，召开联席会、联络员会议等，研究部署年检工作，坚持社会团体年检“一站式服务，一次性办结”。各地严格按照年检内容和标准加强年检审核工作，对基本合格和不合格的单位及时提出整改意见，并采取不同形式，通报年检情况，公告年检结果，加强年检监督。合肥市由过去单纯审查材料转为在部分社会团体中实行审查材料与实地检查相结合，增强年检效果。淮北市还制定社会团体年检考评细则，实施年检百分制，达 60 分为基本合格，80 分以上为合格，促进年检公正、规范性。

省民政厅采取措施，进一步完善双重管理体制。坚持落实《安徽省民间组织管理联络员制度》，省本级坚持每年至少两次开展登记管理机关与业务主管单位的联系活动。省登记管理机关还分组走访主管社会团体较多的省直单位，指导业务主管单位制定社会团体管理办法、规定等，还先后与省外办、公安、安全、农委、财政、人事等10多个部门就社会团体管理工作出现的新问题、新情况，进行交流与协调，加强登记管理机关与有关业务主管部门的联系，逐步形成双重负责，合作互动的良好局面。淮北市民政局与农业委员会密切合作，共同牵头建立淮北市农村专业经济协会服务新农村建设工作联席会议制度，这在安徽农村专业经济协会建设和管理方面，具有积极的创新和示范意义。

安徽省及各地根据国务院办公厅、民政部及有关部门的文件精神，不断加大执法监察力度，及时查处社会团体的违法违规行为，坚决取缔非法社会团体，对拒不接受监督管理的社会团体予以行政处罚。仅2007年全省各级登记机关，依法撤销社会团体登记的有58个，取缔擅自设立的非法社会团体3个，及时消除隐患，维护了社会稳定。

政策法规建设　1992年5月7日，省民政厅转发民政部《关于社团登记管理几个问题的复函》，依据《社会团体登记管理条例》解答党政机关和社会团体不得经商办企业，擅自扩大不登记社团范围等问题。

同年8月30日，根据民政部《关于按部门设置的社会团体复查登记问题的通知》精神，省民政厅联合安徽省委宣传部、省经济委员会印发《关于按部门设置的全省性职工思想政治工作研究会复查登记问题的通知》，对按部门设立社会团体的问题上指出弊病，设立原则并提出处理办法。

1993年4月12日，为进一步贯彻执行《社会团体登记管理条例》，省民政厅在对铜陵市民政局关于对《要求进一步明确科协组织所属学术性团体的隶属关系和管理权限等问题的请示》的复函中，明确规定，登记管理机关与业务主管单位的职责分工以及“科协与所属学术团体的隶属关系”问题。依据《社会团体登记管理条例》，即民政部部门是依法管理机关，业务主管单位是业务指导部门。两者之间的职责是明确的，不得以任何理由加以混淆。依照我国宪法和有关法律法规，社会团体一经社团管理机关核准登记，便是独立的社团或社团法人，其主体地位受国家法律的保护。社会团体依据章程规定的宗旨、任务开展社会活动，依法按照民主原则和民主程序处理本身的组织、人事、经济、业务等各种问题。社会团体法人作为民事主体在对外交往等各项活动中独立承担民事责任。在法律关系上，社会团体不隶属于管理机关，更不隶属于业务主管部门，三者同在宪法和法律范围内活动。

1993年11月8日，省民政厅转发《淮北市民政局“关于社团管理工作的情况汇报”的通知》。淮北市民政局在完成社会团体的清理整顿和复查登记任务之后，不失时机的转入社团日常管理工作，并根据《社会团体登记管理条例》规定，结合当地实际，在实践中总结出一些好的管理方法，建立一些管理制度不仅为社团管理工作提供管理手段，同时也为社团开展活动创造条件。因而，使该市社团管理工作逐步走向制度化、规范化、科学化轨道。

1996 年 11 月 20 日，省民政厅在回复《关于芜湖市民政局“恢复社团管理科”建制的函》中明确指出：中央要求，“理顺对社会团体和民办非企业单位的管理体制”，决定将“社会团体和民办非企业单位统一归口由各级民政部门登记管理，其他任何部门无权审批和办理证书”。“要采取切实可行的措施，加强社会团体和民办非企业单位登记管理机关的机构建设，核定编制，充实人员，核发必要的业务经费，强化工作手段”。芜湖市民政局要求恢复社团管理科机构建制的请示，是符合中共中央办公厅、国务院办公厅《关于加强社会团体和民办非企业单位管理工作的通知》精神，是在全省率先贯彻落实中央决定的切实行动。各地应积极争取编制，恢复社会团体管理科建制，切实履行社会团体登记机关的管理职责。

第三节　社会团体管理

社会团体实行人民群众自我管理、自我服务、自我教育、自我监督，激发社会活力，促进社会公平，反映公众诉求，化解社会矛盾，为增强社会自治功能，实现政府行政管理与基层群众自治有效衔接和良性互动，提供了有效的组织平台和渠道，巩固发展了党的执政基础和社会和谐的基础，成为推进经济发展和社会进步的不可缺少的重要力量。

1998 年 10 月，新《社会团体登记管理条例》出台后，全省各级民政部门大力宣传《社会团体登记管理条例》精神，结合全国统一换证登记这个契机，以规范社团章程为主线，加强社团自身建设，健全社团内部的自律机制。

各地市民政部门和宣传、新闻单位积极配合，深入宣传《社会团体登记管理条例》和中央的政策精神，将每年 10 月 25 日《社会团体登记管理条例》颁布日定为《社会团体登记管理条例》宣传日，通过媒体广开各种宣传渠道和街头咨询活动，使社团管理工作得到社会方方面面的理解、支持。同时严格执行安徽省委宣传部、省民政厅《关于加强对社团活动新闻报道管理的通知》规定，坚持社团持证活动，新闻单位验证报道的原则，进一步落实双重管理体制，建立社团管理制度和自律制度。

为真正落实登记管理机关和业务主管单位双重业务负责的社团管理体制，省民政厅制定《安徽省社团双重管理职责分工及考核规定》，进一步明确和细化登记管理机关和业务主管单位的管理职责、管理原则、方法，健全业务主管单位联络员和工作例会制度；省民政厅会同有关部门制定、出台社团章程审核制度、年检制度、财务负责人报批制度、举报制度和捐赠公示制度及社团涉外活动管理制度等有关规定。同时以省直机关效能建设为契机，坚持贯彻落实科学发展观，解放思想，加快发展社团组织，积极推进管理创新，充分发挥社团组织服务社会的功能作用。社会团体管理创新逐步展开。

2008 年年初，省政府转发省经济贸易委员会、省民政厅、省机构编制委员会办公室《关于加快推进全省行业协会商会改革发展的意见》以前，《合肥市行业协会管理办法》

经市政府常务会议审议通过，2007 年 11 月 1 日起正式施行。蚌埠市委、市政府出台《关于加快工业发展的若干意见》，制定实施振兴新型工业，发展新型行业协会的优惠政策。同时，为引导行业协会规范管理，发挥作用，省民政厅积极推动示范行业协会创建活动。依据《社会团体登记管理条例》和《安徽省促进行业协会发展指导意见》，在确定《安徽省示范行业协会标准》的基础上，制定《安徽省示范行业协会标准实施细则》和《安徽省示范行业协会考评办法》。省社会团体登记管理机关对自评申报评估的 23 个行业协会，聘请社会有关机构专家考核评估，对初步评定的 17 个省级示范行业协会，经在安徽日报，安徽社会组织信息网等媒体公示后，省民政厅作出表彰决定，召开大会颁发"安徽省示范行业协会"奖牌并予以奖励，激发行业协会争创示范协会的积极性。马鞍山、池州、淮北、黄山、宣城等市也相继启动示范行业协会创建活动，在促进行业协会发展、规范行业协会行为、提升行业协会能力等方面发挥积极的影响。

省民政厅多措并举，指导各地基层社会组织建设。结合新农村建设，发展农村专业经济协会。各地着力抓好"一镇（乡）一会、一会一品"的示范工作，侧重加快发展。省政府以实施农业发展、涉农项目等形式扶持农村专业经济协会等合作组织发展，还开展全省农村专业合作组织示范单位创建活动，连续三年评选 201 个组织为省级示范单位，其中农村专业经济协会有 125 个。岳西县把扶持农村专业经济协会发展列为县委、县政府发展经济、建设新农村的一项重点工作，制定一系列优惠政策，先后实施农村专业经济协会活力工程，规范发展促进行动、示范行动。淮北市在农村专业经济协会中开展了争做新农村建设"领跑人"活动，为全市新农村建设发挥积极作用。至 2007 年年底，全省已登记农村专业经济协会 2165 个、备案 1859 个，拥有会员 65.7 万，覆盖全省十大主导产业，21 个农产品优势产业。加入协会等合作组织的农户人均收入比非会员收入高 25% 以上。结合和谐社区建设，积极推进社区社会组织发展。各地根据省关于发展社会组织的文件精神，采取备案与登记并举，积极发展社区公益服务性社会组织。至 2007 年年底，全省依法登记的社区社会组织有 1021 个，备案 3328 个。

2005 年至 2008 年，省民政厅加强理论研究工作。为推进管理创新，组织全省各级登记管理机关、业务主管单位和社会组织，加强社会组织发展的理论研究。以文件通知、网上公告等形式，向社会征集论文，由省内社会学界知名学者和有关专家组成的论文评选委员会，评出一等奖 2 篇，二等奖 4 篇，三等奖 8 篇，优秀奖 30 篇，特殊贡献奖 6 篇。其内容涉及社会团体等社会组织发展环境、管理创新、自身建设、地位和作用等方面。2007 年 11 月成功举办"首届安徽社会组织发展论坛"，为凝聚社会各界才智，促进社会组织发展与管理，提升社会组织社会影响力，起到积极的作用。

第二章　民办非企业单位

民办非企业单位,是指企业事业单位、社会团体和其他社会力量以及公民个人利用非国有资产举办的,从事非营利性社会服务活动的社会组织。民办非企业单位过去称“民办事业单位”, 1996 年 8 月 28 日,中共中央办公厅、国务院办公厅下发《关于加强社会团体和民办非企业单位管理工作的通知》,第一次使用“民办非企业单位” 这一概念。

1999 年 12 月 28 日,民政部出台《民办非企业单位登记暂行办法》,规范对民办非企业单位的登记管理行为;确定民办非企业单位复查登记工作试点,通过试点,摸索经验。

第一节　登记管理

1990 年 7 月,经中共安徽省委、省人民政府同意,批准在省民政厅增设社团管理处,定行政编制 5 名;2000 年 8 月,省政府办公厅印发《安徽省民政厅职能配置、内设机构和人员编制规定》,批准在省民政厅内部设立民间组织管理局,并组建“安徽省民间组织管理中心”,强化民间组织管理工作。

2000 年 11 月 3 日,安徽省委副书记王昭耀主持召开省民间组织管理工作领导小组第一次会议,决定成立省民间组织管理工作领导小组,省委副书记王照耀任组长,省政府副省长田维谦任第一副组长,省委副秘书长刘玉尧、省政府副秘书长邱江辉、省民政厅厅长李宏塔任副组长。领导小组成员由省直 23 个部门(单位)负责人担任。领导小组办公室设在省民政厅,省民政厅党组副书记、副厅长任伯鹏任办公室主任。会议确定蚌埠、铜陵市为民办非企业单位复查登记试点单位,通过试点,总结经验,为全面启动全省复查登记工作做准备。

2000 年 11 月 23 日,全省民办非企业单位复查登记试点工作正式启动。2001 年 2 月底,试点工作基本结束,为首批登记的 28 家民办非企业单位确立法律地位。省民间组织管理工作领导小组负责人亲临蚌埠、铜陵市举办首批登记单位发证仪式,当地新闻媒体进行专题报道。试点取得初步成效,达到预期目的。

2001 年 4 月 27 日,安徽省委、省人民政府召开全省民办非企业单位复查登记工作电视电话会议。安徽省委分管领导在会上强调,从维护政治、社会稳定和促进经济发展的战略高度,充分认识加强民间组织管理工作的重要意义。省民政厅主要负责人就全面启动民办非企业单位复查登记工作,进行动员部署。各地认真贯彻省委、省政府电视电话会议精神，按照省民间组织管理工作领导小组的统一部署，在各级党委、政府的组织领导下，扎扎实实、紧张而有序地展开民办非企业单位复查登记工作。截至2002年年底，经民政部门登记的民办非企业单位4157个。

1996年9月18日，根据中共中央办公厅、国务院办公厅《关于加强民办非企业单位管理工作的通知》和将民办非企业单位交与民政部门统一归口管理的决定精神，省民政厅印发《关于开展民办非企业单位基本情况调查的通知》，并制定民办非企业单位基本情况调查提纲、民办非企业单位情况统计表和汇总表。

2000年2月1日，省民政厅、中国人民银行合肥中心支行转发民政部、中国人民银行《关于民办非企业单位开立银行账户有关问题的通知》，对民办非企业单位银行账户的开立、使用和撤销等有关事项作出明确规定。

2000年2月12日，为加强民办非企业单位登记管理工作，规范“民办非企业单位登记证书”，维持其严肃性、权威性，省民政厅转发民政部《关于统一印制〈民办非企业单位登记证书〉的通知》，规定证书统一由民政部设计并印制，各地不得仿造印制。

2000年5月，根据民政部《关于开展民办非企业单位复查登记工作意见》《关于做好民办非企业单位登记管理试点工作的通知》要求，省民政厅制定民办非企业单位复查登记试点工作计划，规定方法步骤和时间安排，明确目的要求。民办非企业单位复查登记试点工作从2000年8月开始，至2001年4月底结束。分三个阶段，即准备阶段、实施阶段、检查验收阶段。

2000年12月20日，省民政厅《关于经济鉴证类社会中介机构脱钩改制中登记注册问题的通知》规定，依据《国务院办公厅转发国务院清理整顿经济鉴证类社会中介机构领导小组关于经济鉴证类社会中介机构与政府部门实行脱钩改制意见的通知》精神，全省经济鉴证类社会中介机构中的注册会计师、房地产评估师、造价工程师等改制为合伙制或有限责任制后，分别按照有关企业法和《中华人民共和国公司法》《公司登记管理条例》的规定办理登记注册。不列入民办非企业单位登记范畴。

为规范民办非企业单位登记管理行为，省民间组织管理工作领导小组制定《安徽省民间组织管理工作领导小组成员单位职责》，明确各成员单位的责任分工，以便单位之间的协调配合。省民政厅先后与省科技厅、卫生厅、文化厅、劳动和社会保障厅、教育厅、体育局和省地税局等7个部门就复查登记工作联合发文，对民办非企业单位的性质认定和登记申请的程序、原则，以及监督管理等内容做出具体规定。民政部对安徽省出台民办非企业单位登记管理政策措施给予充分肯定，并在广州和杭州两次全国会议上进行表扬。

2002年年底，全省属于民办非企业单位复查登记范畴的有3134个单位，其中法人单位470个，合伙单位1097个，个体单位1567个。按行业分类，教育类1314个，体育类552个，劳动类508个，科技类311个，文化类236个，卫生类182个，民政类46个，其他15个。通过摸底，初步掌握了民办非企业单位的数量、行业发布等基本情况，全省民办非企业单位对象为3万家,为全省民办非企业单位复查登记工作奠定坚实基础。

安徽省民办非企业单位统计表

表 10-2-1

<table>
<tr><th colspan="3">项目区划</th><th>各级民办非企业单位</th><th>省级民办非企业单位</th><th>地（市）级民办非企业</th><th>单位县（市）级民办非企业单位</th></tr>
<tr><td rowspan="14">民办非企业单位总数</td><td colspan="2">总计</td><td>2966</td><td>83</td><td>913</td><td>1970</td></tr>
<tr><td rowspan="3">分类（一）</td><td>法人制</td><td>1412</td><td>83</td><td>577</td><td>752</td></tr>
<tr><td>合伙制</td><td>169</td><td>0</td><td>57</td><td>112</td></tr>
<tr><td>个体制</td><td>1385</td><td>0</td><td>279</td><td>1106</td></tr>
<tr><td rowspan="10">分类（二）</td><td>教育类</td><td>1417</td><td>18</td><td>441</td><td>958</td></tr>
<tr><td>卫生类</td><td>567</td><td>2</td><td>60</td><td>505</td></tr>
<tr><td>文化类</td><td>90</td><td>5</td><td>28</td><td>57</td></tr>
<tr><td>科技类</td><td>255</td><td>38</td><td>131</td><td>86</td></tr>
<tr><td>体育类</td><td>78</td><td>2</td><td>39</td><td>37</td></tr>
<tr><td>劳动类</td><td>314</td><td>7</td><td>165</td><td>142</td></tr>
<tr><td>民政类</td><td>153</td><td>3</td><td>28</td><td>122</td></tr>
<tr><td>中介服务</td><td>35</td><td>1</td><td>8</td><td>26</td></tr>
<tr><td>法律服务</td><td>4</td><td>2</td><td>0</td><td>2</td></tr>
<tr><td>其他</td><td>53</td><td>5</td><td>13</td><td>35</td></tr>
<tr><td rowspan="14">新成立民办非企业单位数</td><td colspan="2">总计</td><td>504</td><td>10</td><td>222</td><td>272</td></tr>
<tr><td rowspan="3">分类（一）</td><td>法人制</td><td>315</td><td>10</td><td>163</td><td>142</td></tr>
<tr><td>合伙制</td><td>34</td><td>0</td><td>9</td><td>25</td></tr>
<tr><td>个体制</td><td>155</td><td>0</td><td>50</td><td>105</td></tr>
<tr><td rowspan="10">分类（二）</td><td>教育类</td><td>226</td><td>2</td><td>87</td><td>137</td></tr>
<tr><td>卫生类</td><td>79</td><td>1</td><td>35</td><td>43</td></tr>
<tr><td>文化类</td><td>18</td><td>2</td><td>8</td><td>8</td></tr>
<tr><td>科技类</td><td>43</td><td>3</td><td>26</td><td>14</td></tr>
<tr><td>体育类</td><td>7</td><td>0</td><td>3</td><td>4</td></tr>
<tr><td>劳动类</td><td>89</td><td>0</td><td>53</td><td>36</td></tr>
<tr><td>民政类</td><td>24</td><td>1</td><td>4</td><td>19</td></tr>
<tr><td>中介服务</td><td>3</td><td>1</td><td>0</td><td>2</td></tr>
<tr><td>法律服务</td><td>3</td><td>0</td><td>3</td><td>0</td></tr>
<tr><td>其他</td><td>12</td><td>0</td><td>3</td><td>9</td></tr>
<tr><td colspan="3">落实党建工作民办非企业单位数</td><td>171</td><td>8</td><td>82</td><td>81</td></tr>
<tr><td colspan="3">民办非企业单位从业人员数</td><td>46271</td><td>550</td><td>15327</td><td>30394</td></tr>
<tr><td colspan="3">民办非企业单位撤销数</td><td>3</td><td>3</td><td>0</td><td>0</td></tr>
<tr><td colspan="3">民办非企业单位撤销数</td><td>73</td><td>0</td><td>30</td><td>43</td></tr>
<tr><td colspan="3">取缔非法民办非企业单位数</td><td>0</td><td>0</td><td>0</td><td>0</td></tr>
</table>

第二节 自律与诚信建设

改革开放以来，中国民办非企业单位发展迅速，特别是加强行业自律与诚信建设，民办非企业单位服务社会的功能日益显现。在提供公共服务、缓解社会矛盾、促进社会进步和发展等方面发挥了越来越重要的作用，已成为建设社会主义和谐社会的一支重要力量。但是，由于管理的法律法规和有关政策不完善，特别是民办非企业单位设立时间不长，自律机制不健全，部分民办非企业单位法制观念淡薄，营利化倾向严重，组织行为不规范，信用缺失，不利于民办非企业单位的发展和发挥应有的作用。为加强民办非企业单位自律与诚信建设，提升民办非企业单位的社会形象，提高民办非企业单位的社会公信力，扩大民办非企业单位的社会影响，民政部决定将2005年作为民办非企业单位自律与诚信建设活动年，在全国范围内开展民办非企业单位自律与诚信建设活动。

民办非企业单位自律与诚信建设活动主要内容：（一）规范民办非企业单位章程。各地制订计划，按照民政部下发的《关于印发〈民办非企业单位章程示范文本〉的通知》的要求，结合年度检查工作，指导民办非企业单位分期分批地完成章程的修订工作。通过规范章程，帮助民办非企业单位树立自律意识、不断完善自律机制，通过建立和完善内部组织建设、规章制度建设、民主决策机制建设等内容，达到民办非企业单位自我约束、自我管理、自我教育、自我服务的目的，提高民办非企业单位的自身素质和活动能力，从制度上促进民办非企业单位依法、按章程开展活动。（二）建立公开、透明的信息披露制度。基本要求是在省级（含计划单列市）登记管理机关登记的民办非企业单位，参照《基金会管理条例》的有关规定，在通过登记管理机关的年度检查后，将年度工作报告在登记管理机关指定的网站或媒体上公布，接受社会的查询、监督。鼓励民办非企业单位将重大活动和财务状况等重要信息，向社会披露。有条件的地方，在市、县（区）级登记管理机关登记的、有较大影响的民办非企业单位，向社会披露有关信息，增加民办非企业单位的透明度。（三）开展提供优质服务、真情回报社会等多种形式的主题公益活动，全面推行服务承诺制。要结合各地的实际情况，特别是不同类别民办非企业单位的情况，制订措施和规划，要求民办非企业单位根据自身能力，积极为社会弱势群体及广大群众，免费（或以成本为最高收费标准）提供形式多样、内容丰富的服务活动，树立民办非企业单位的公益形象。同时，全面推行民办非企业单位服务承诺制，借助社会舆论监督机制，强化民办非企业单位社会责任，规范民办非企业单位行为，全面提升民办非企业单位的社会形象。（四）建立健全民办非企业单位财务制度。登记管理机关要做好《民间非营利组织会计制度》的培训工作，帮助民办非企业单位按照《民间非营利组织会计制度》的要求，建立健全有关财务制度，确保民办非企业单位的非营利性。（五）坚决查处民办非企业单位的违法行为，打击非法民办非企业单位，为民办非企业单位的发展，提供一个良好的社会环境。同时，动员社会各界参与监督，发动群众举报民办非企业单位的违法行为。各地要设立举报投诉电话。

开展民办非企业单位自律与诚信建设活动的目的，是通过开展规范民办非企业单位章程，建立公开、透明的信息披露制度，建立健全民办非企业单位财务制度，开展主题公益活动，全面推行服务承诺制，引导民办非企业单位不断建立和完善自律机制，增强民办非企业单位的诚信意识，规范民办非企业单位的行为，树立民办非企业单位的公益形象，促进民办非企业单位健康发展。

2005 年 3 月 23 日，为加强民办非企业单位自律与诚信建设，民政部决定将 2005 年作为民办非企业单位自律与诚信建设活动年。根据民政部《关于印发〈民办非企业单位章程示范文本〉的通知》《关于开展民办非企业单位自律与诚信建设活动的通知》精神，省民政厅印发《关于开展民办非企业单位自律与诚信建设活动的通知》。要求规范民办非企业单位章程；建立公开、透明的信息披露制度；开展自律与诚信建设主体公益活动，全面推行服务承诺制；开展民间非营利组织会计制度培训工作；加强执法，表彰先进。

2006 年，省民政厅把深入开展民办非企业单位自律与诚信建设活动作为社会组织管理的一项重点工作，召开民办非企业单位开展自律与诚信建设活动的表彰动员大会，省业务主管单位和各市登记管理机关负责人，部分民办非企业代表近百人参加大会，会议总结 2005 年自律与诚信建设活动情况，对深入开展自律与诚信建设活动进行动员，大会表彰和宣扬先进，向 25 个全国和全省开展自律与诚信建设活动先进单位颁发奖牌，安徽新华学院等 23 个单位向全省民办非企业单位发起自律与诚信建设倡议。同年 5 月，省民政厅专门抽调力量，成立有关领导挂帅的领导小组，分工负责、落实自律与诚信建设，召开省直有关业务主管单位和合肥市民政局负责人参加的协调会，部署省暨合肥市民间组织大型公益活动，为全省做好示范，再掀民办非企业单位自律与诚信活动的热潮。各市、县层层动员部署，引导民办非企业单位从建立自律、诚信长效机制做起，利用年检、登记、变更等时机，帮助和指导民办非企业单位完善章程，建立健全各项规章制度，制作专栏公示执业许可证、登记证、服务承诺、收费项目和标准。省民政厅通过“安徽民间组织信息网”，披露省本级民办非企业单位开展重大活动和财务状况信息，接受社会查询和监督。同时，省直单位和各地以自律与诚信为主题，组织民办非企业单位开展多种形式的社会公益活动。6 月 18 日，省民政厅和合肥市联合在城区中心广场以“自律诚信，为民服务”为主题，开展“省暨合肥市民间组织公益日”大型广场活动，近百家民间组织发挥各自优势，组织 400 多名为民服务志愿者，开展送医送药、捐资助学、为下岗工人送岗位等上百个公益项目，受益群众近万人。省、市领导和有关部门负责人到场指导，在公益日开幕式上作了自律诚信、为民服务的动员讲话，向慈善捐赠的单位颁发荣誉证书。省、市各家新闻媒体进场专题采访，连续进行专题宣传报道。巢湖、蚌埠、淮北、黄山、铜陵等市还开展“爱心助学”“爱心培训”“爱心济困”“爱心诊疗”“让残疾人站起来”等公益活动。近两年来，通过开展自律与诚信建设活动，全省民办非企业单位规范章程制度的占总数的88.4%，承诺服务84.8%，披露信息的占70%，共开展公益服务活动678场，接受服务的群众有24.7万多人次，直接社会效益2822万多元，省、市媒体进行292次宣传报道，促进民办非企业单位自律和诚信建设，扩大和提升民办非企业单位的社会影响和公信力，促进民办非企业单位服务社会能力建设。

第三节　检查监督

民办非企业单位是个新概念。它是于1996年中央和国务院领导针对以往的民办事业单位这一概念所作出的修正。即：事业单位是国家举办的，而民间不应再称事业单位。1998年10月，国务院颁布《民办非企业单位登记管理暂行条例》，将民办非企业单位界定为：企业事业单位、社会团体和其他社会力量以及公民个人利用非国有资产举办的，从事非营利性社会服务活动的社会组织。

根据《民办非企业单位登记管理暂行条例》和《民办非企业单位年度检查办法》的规定，省民政厅对2004年度全省性民间组织年度检查工作进行通报：自2005年3月1日开始，于5月31日结束。应检全省性社团653个，实检587个，参检率为90%；未参检社团66个，占应检社团总数的10%，其中两年以上未参加年检的社团有15个。应检省本级民办非企业单位72个，实检60个，参检率为83%，未参检民办非企业单位有12个，占应检民办非企业单位的17%，其中两年未参加年检的民办非企业单位有4个。

从2004年民间组织的年检情况来看，仍然存在一些比较严重的问题：部分社会团体、民办非企业单位不能按照《社会团体登记管理条例》和《民办非企业单位登记管理暂行条例》的规定，按时参加年检；有些社团不能依据章程的规定进行换届，持已过期限的社团证书开展活动；少数民办非企业单位登记时间已近一年，但至今未能正常开展活动。

年检工作是登记管理机关、业务主管单位依法对民间组织进行监督管理的重要手段。2004年未参加年检的66个社会团体、12个民办非企业单位，分别违反了《社会团体登记管理条例》第三十一条和《民办非企业单位登记管理暂行条例》第二十三条的规定，经征求有关业务主管单位意见，省民政厅民间组织管理局依据上述两个“条例”罚则的有关条款，并视其情节，决定：对一年未参加年检的42个社会团体、4个民办非企业单位进行通报批评，对两年以上未参加年检的9个社会团体和3个民办非企业单位，将按照有关程序给予撤销登记的行政处罚；其余未参加年检的社会团体、民办非企业单位，分别责其书面检查和予以注销登记。

省民政厅要求有关业务主管单位认真总结本部门、本单位所主管的民间组织的年检工作，切实依法加强对所主管的民间组织的规范管理，协同登记管理机关依法行政。全省性社会团体，民办非企业单位要引以为戒，依法按章加强自律建设，为构建和谐社会发挥积极作用。

省民政厅于2005年3月至6月,对在省民政厅登记的省本级民办非企业单位进行2005年度检查。此次检查的重点是各单位自律与诚信建设情况和民间非营利组织会计制度的落实情况。各参检单位提交年检报告书、信息披露格式文本,并由会计师事务所进行审计。

2005年度,应检民办非企业单位为76家,实际参检单位为68家,占应检总数的89%;未参检单位有8家,占应参检总数的11%。年检合格的民办非企业单位为60家,基本合格的为8家,合格率为88%。从年检情况来看,民办非企业单位得到进一步发展,总资产达1841717598元,年度支出资金173931484元,从业人员达4807人。安徽省新华学院、安徽农业大学涉外经济职业学院、合肥经济技术职业学院等5个单位年度捐赠社会公益事业达62万元。大部分民办非企业单位能依法按章开展活动,不断加强自律与诚信建设,基本上能按照民间非营利组织会计制度的要求填制会计凭证、编制会计报告。大都能按照章程所规定的宗旨和业务范围,努力拓展业务领域,开展各项业务活动,为全省教育、科技、文化、体育、卫生等事业的建设和发展,发挥积极的作用。绝大多数业务主管单位能履行监管职责,依法加强对所主管的民办非企业单位的年度检查初审。省卫生厅、体育局等部门主管的民办非企业单位全部参加年检,合格率为100%。

从2005年民办非企业单位年检的总体情况来,存在的主要问题:一是仍然有少数民办非企业单位不能按时参加年检,有的甚至违反《条例》规定,不参加年检。二是部分民办非企业单位缺乏活力,甚至长期不开展活动,处于名存实亡的状态。三是组织机构及自律制度不健全,自律与诚信建设薄弱,未能按照要求向社会公布相关信息。四是没有按照民间非营利组织会计制度的要求建账,有部分民办非企业单位依赖于开办单位,没有做到财务独立。

省民政厅通过年检对全省民办非企业单位提出具体要求,即充分履行职责,依法加大监管力度,并采取以下措施:(一)公告年检情况。利用"安徽民间组织信息网"公告民办非企业单位的年检情况、民办非企业单位信息披露格式文本,进一步推进全省民办非企业单位的自律与诚信建设,公开与规范运作,加强社会监督。(二)对于未参加年检的民办非企业单位,予以通报批评,并根据《条例》和《年检办法》的有关规定,视其情节轻重,予以相应行政处罚。(三)对于年检基本合格的民办非企业单位,予以通报批评并进行整改,整改期限为3个月。整改结束后,向登记管理机关和业务主管单位报送整改报告,由登记管理机关进行评定并出具意见。各有关民办非企业单位和各业务主管单位要认真总结年检工作,切实加强对本部门所主管的民办非企业单位的规范管理,协同登记管理机关做好行政处罚等年检后续工作。

2009年3月1日—5月31日,省民政厅对社会团体和民办非企业单位2008年度情况进行检查,并通报年检的具体情况:2008年省本级社会团体和民办非企业单位的年检工作,由省政务服务中心民政窗口限时集中办理。一是参考国家民政部的年检要求,采用新制式的社会团体、民办非企业单位年度检查报告书,报告书包括基本信息、内部建设情况、接受监督管理情况、财务会计报告、业务活动情况等多项内容，能较全面的反映社团、民非单位的年度工作情况。二是今年的年度检查工作严格按照国家法律法规规定的时限进行，5月31日后不再办理年检手续，强化法律法规的严肃性。对少数六月初超时参检的社团、民非单位，还采取了以会代训的形式，组织各单位集中学习有关年检的法律法规，分析年检中发现的问题，督促各单位依法接受监督检查，不断加强自身建设。三是部分业务主管单位重视年检工作。为进一步做好教育类民办非企业单位的年检工作，教育厅专门细化、规范了年检指标，与登记管理机关采取联合年检方式，对23家民办高校进行实地年检。对照指标，从严把关，确定合格的有15家，基本合格的有8家。省建设厅、省商务厅对所主管的社团采取集中初审、统一送检的方式进行，所辖社团参检率均为100%。省科协对所主管的150多家学术性社团进行严格认真的初审工作，不仅对参检社团均作出了明确的年检结论，还在年度检查报告书上对部分基本合格、不合格的社团提出明确的整改意见，起到年检监督、规范行为，促进社会组织健康发展的积极作用。

2008年度，应检社会团体为752家，实际参检社团693家，参检率为92.2%；年检合格的社会团体624家，基本合格的57家，不合格的12家，合格率为90%。基本合格的主要原因是未能按时换届，或未按《民间非营利组织会计制度》规范会计核算。不合格的主要原因：社团长期不能开展业务活动；未按《民间非营利组织会计制度》规范会计核算，且不能提供任何形式的年度会计报表；证书已过期限，届满两年以上仍不能完成换届工作。

2008年度，应检民办非企业单位为117家，实际参检单位为106家，参检率为90.6%。年检合格的民办非企业单位为92家，基本合格的14家，年检合格率为86.8%。基本合格的主要原因：不能按照章程的规定开展活动，按时换届；财务制度不健全，未执行《民间非营利组织会计制度》。

从年检情况来看，还存在以下问题：部分社会组织依法接受监督检查意识淡薄，有59家社会团体，11家民办非企业单位未能按时参加年检，约占应检社团、民非单位总数的8%；部分社会组织的基本建设十分薄弱，无专职工作人员，无达到法人组织条件的固定住所，有近20%的参检社团资产已低于登记标准的最低要求。少数社团登记证书过期逾两年，仍不能依法按章完成换届工作，业务活动几乎停滞，处于名存实亡的状态；部分社会组织内部管理存在问题，有相当一部分的社会组织没有按照章程的规定按时召开理事会、常务理事会；没有相应的证书管理、印章管理、财务管理制度；有的民办非企业单位甚至事实上没有设置理事会或董事会机构。这反映了部分社会组织不重视内部管理，管理机制不健全，有少数社会组织甚至存在严重的管理问题；《民间非营利组织会计制度》正式实施已近三年，仍有部分社会组织未认真执行新的会计制度，少数社会组织未填报会计报表；未按照国家法规、政策独立建账，规范会计核算；无资产、无财务往来、无收支活动；部分社会团体未能按照国家有关规定认真履行会费标准的制定、备案程序，会费标准未经会员大会表决通过，会费收支未按程序向会员公开，接受会员大会的审查。

省民政厅根据检查出来的问题进行处理。（一）对违反《社会团体登记管理条例》第三十一条之规定和《民办非企业单位登记管理暂行条例》第二十五条之规定，2007、2008 连续两年未参加年检的 14 家社团和 6 家民办非企业单位，拟予以撤销登记的行政处罚。（二）对 2008 年未参加年检的 45 家社团和 5 家民办非企业单位，予以通报批评。上述单位应作出书面报告，说明未参检原因，并将书面报告于 2010 年年检期间，连同 2009 年度检查报告书，一同报业务主管单位和登记管理机关。（三）对 2008 年年度检查不合格或基本合格的社团、民办非企业单位，要针对存在问题进行自查整改。因换届延期，证书已过期限的单位，应尽快完成换届及换证工作；未执行《非营利组织会计制度》独立建账的单位，应尽快执行新的会计制度，规范会计核算。上述单位，应在主管部门指导下于 2009 年 12 月 31 日前完成整改工作。整改情况的书面报告于 2010 年年检期间，连同 2009 年检报告书一同报业务主管单位和登记管理机关。（四）利用“安徽社会组织信息网”，公告 2008 年登记管理机关对未参检的社会团体、民办非企业单位的行政处罚决定；公告 2008 年年度检查合格、基本合格、不合格的社会团体、民办非企业单位的名单。

同时要求各业务主管单位按照双重管理的原则依法加强监督管理，履行业务主管单位职责，督促未参检社团、民非单位认真检讨，作出书面报告；指导年检不合格、基本合格的单位针对存在问题按时完成整改工作；协同登记管理机关做好对所主管社团、民办非企业单位的行政处罚后续工作。

第三章 基金会登记与管理

基金会是利用个人或组织捐赠的资产从事公益活动的民间非营利组织。基金会以公益为目的，引导社会组织和个人自愿地把一部分财富和收入捐赠出来，用于保护环境、发展科教文卫、扶贫济困、帮残助弱等社会公益事业，满足各阶层群众参与公共管理、服务公共事务、发挥个人能力的意愿，体现社会关爱精神，推动人与自然、经济与社会、城市与农村、富裕与贫困等不同领域、地域、群体之间的协调发展。在我国处于经济社会发展的关键时期，采取切实措施，培育发展各类基金会，使这些基金会吸纳社会各界人士，汇聚民间资金，在社会各领域里开展广泛的公益活动，能够程度不同地解决社会问题，缓解社会矛盾，增强社会凝聚力，能够更好的体现社会公平与公正，弘扬中华民族的传统美德，推进精神文明建设。

第一节 基金会登记

1992 年 4 月 1 日，为加强对基金会的登记管理，保障其健康发展，根据国务院颁发的《社会团体登记管理条例》《基金会管理办法》，省民政厅与中国人民银行安徽省分行联合印发了《关于做好基金会登记管理工作的通知》，规定凡在安徽省境内建立的各种基金会均应于 1992 年 6 月 1 日以前重新办理复查登记手续。逾期不办，仍在社会上活动者，一律视为非法，并追究其领导责任。

1999 年 10 月 15 日，省民政厅转发民政部《关于印发〈社会团体设立专项基金管理机构暂行规定〉的通知》，规定：凡专项基金总额超过 50 万元人民币（含 50 万元或等值外汇）的地方性社会团体，应当到社会团体登记管理机关申请设立专项基金管理机构；专项基金管理机构是社会团体的分支机构，不具备独立的法人资格；社会团体专项基金可以将资金存入经融机构收取利息，也可以购买国债，但不得用于购买企业债券、股票、投资基金；社会团体应当在年检时向业务主管单位和登记管理机关报送专项基金财务报表。

2004 年 2 月 11 日，国务院常务会议通过并颁布《基金会管理条例》，明确基金会是指利用自然人、法人或者其他组织捐赠的财产，以从事公益事业为目的，按照本条例的规定成立的非营利性法人。明确基金会分为面向公众募捐的基金会和不得面向公众募捐的基金会。公募基金会按照募捐的地域范围，分为全国性公募基金会和地方性公募基金会。基金会必须遵守宪法、法律、法规、规章和国家政策，不得危害国家安全、统一和民族团结，不得违背社会公德。基金会依照章程从事公益活动，应当遵循公开、透明的原则。同时规定国务院民政部门和省、自治区、直辖市人民政府民政部门是基金会的登记管理机关。省、自治区、直辖市人民政府有关部门或者省、自治区、直辖市人民政府授权的组织，是省、自治区、直辖市人民政府民政部门登记的基金会的业务主管单位。据此，安徽省境内的基金会应在民政部门登记并接受其监督管理。

第二节　基金会管理

1997 年全国社团清理整顿过程中，根据中国人民银行、民政部《关于做好社团基金会职责交接工作的通知》要求，经中国人民银行南京分行授权，1999 年 10 月 28 日人民银行合肥中心支行、省民政厅对省辖内 16 家基金会的监管职责的移交、接交工作顺利完成。

2004 年 2 月，国务院正式颁布《基金会管理条例》(以下简称《条例》)。这是关于基金会的第二部行政法规。在此之前，基金会是按照 1988 年国务院颁布的《基金会管理办法》进行登记的。《基金会管理办法》确立的管理模式是，基金会登记须经业务主管单位和人民银行双重批准后，由民政部门登记的体制。

2004 年《基金会管理条例》出台后，进一步规定基金会的双重负责的管理体制。确定登记管理机关的监督管理职责。另一方面，加强和扩大对基金会的监督管理的力度、范围，就是基金会除接受登记管理机关、业务主管单位的监督管理之外，还要接受税务、会计主管部门、审计部门以及社会公众、捐赠人的监督。集登记管理机关、业务主管单位、税务和会计主管部门的监督以及社会公众、捐赠人的监督于一体，构成比较全面和完善的监督管理体制。

国务院《基金会管理条例》作为基金会登记管理的重要法规，确定基金会的基本性质和权利、义务，以及基金会登记管理的基本原则，涵盖基金会登记和管理的各个方面，这是基金会发展和管理的重要法律法规文件。2004 年 5 月 27 日，为认真贯彻《基金会管理条例》，做好基金会换发登记证书工作，省民政厅印发《安徽省基金会换发登记证书实施方案》的通知，明确规定换证范围和原则；换证工作步骤；换证工作要求。

2004 年 12 月 20 日，省民政厅印发《关于转发民政部〈关于现职国家工作人员不得兼任基金会负责人有关问题的通知〉的通知》，规定：现有基金会在换发登记证书的工作中，凡有“现职国家工作人员”兼任基金会负责人的，应在申请换证之前予以调整；严格执行《基金会管理条例》，现职国家工作人员不兼任基金会负责人。新设立的基金会，理事长、副理事长和秘书长不得由现职国家工作人员兼职；凡不符合相关法律法规和政策规定的，业务主管单位和登记管理机关不予受理。

第三节 基金会清理核查

2004年下半年，全国召开贯彻《基金会管理条例》工作会议后，省民政厅按照民政部的要求，认真学习《基金会管理条例》，宣传《基金会管理条例》，扎实做好各项准备工作，为重新启动基金会登记，加强基金会管理奠定基础。

省民政厅把学习和领会《基金会管理条例》基本精神作为贯彻《基金会管理条例》的前提。召开厅长办公会，认真学习《基金会管理条例》和民政部部长李学举、副部长姜力在全国会议上的重要讲话，听取专职工作人员关于《基金会管理条例》基本精神解读。在学习的基础上，省民政厅领导确定贯彻《基金会管理条例》要把握"三个坚持"，做好"三个结合"，即：坚持科学发展观，以人为本，把贯彻《条例》与培育发展市场经济急需的、群众受益的民间组织结合起来；坚持依法行政，与时俱进、实事求是，把严格新成立基金会登记工作与做好现有基金会的换证工作结合起来；坚持创新意识，加强学习和培训，把严格执法与提高执法能力结合起来，确保《基金会管理条例》的顺利实施。

为推动《基金会管理条例》的贯彻，让社会各界认识《基金会管理条例》，省民政厅坚持一手抓宣传，一手抓培训。协调新闻媒体，在《安徽日报》《安徽经济报》《江淮晨报》等报刊上，专题宣传《基金会管理条例》的基本精神和基金会的基本知识及作用等。同时把《基金会管理条例》和民政部领导讲话及基金会知识编成《学习手册》，印发全省各级登记管理机关和全省性社会团体、基金会及其业务主管部门。还利用"安徽民政网"宣传《基金会管理条例》，解答有关问题，引起社会的关注。5月底，省民政厅召开全省贯彻《基金会管理条例》工作会议暨培训班，以会代训，对全省基金会及其业务主管单位负责人和省辖市民间组织管理工作负责人，共60余人进行培训。省民政厅领导和登记管理工作专职人员结合全国会议精神，分两课从八个方面为参训人员解读《基金会管理条例》，逐条逐款宣讲《基金会管理条例》和章程范本及换证工作的方法、步骤，解答疑难问题，为《基金会管理条例》的顺利实施打下基础。

依据《基金会管理条例》，省民政厅研究制订快捷便民的登记流程，并把基金会登记程序、条件、需提交的文件及办理时限编印成书面《告之书》。凡咨询或申请成立基金会的，即发给一本《学习手册》，一份《告之书》，实行一次性告之，一站式服务，努力做到基金会登记快捷便民。同时，根据民政部的统一部署，结合安徽实际，制定印发基金会换发证书的通知和《安徽省基金会换发登记证书实施方案》，按照"换证前期准备""基金会自查自改""业务主管单位审查""换发登记证书""总结公告"五个阶段，有序开展基金会换发证书工作。

2001年11月7日，根据国务院办公厅转发民政部门《关于清理整顿社会团体意见》的通知和省政府办公厅转发国务院办公厅《关于清理整顿社会团体意见》的通知精神，历时四年的全省社团清理整顿工作告结束。对符合登记条件的15家基金会进行了换证登记，对提出撤销的25家基金会办理撤销登记手续。

2002年6月19日，根据《社会团体登记管理条例》和社团年检有关规定，结合安徽省基金会管理工作实际，省民间组织管理局对全省15个基金会2001年的资金管理情况进行稽核和监督审计。省民间组织管理局机关直接负责组织协调和监督，并委托省财苑会计事务所承担稽核任务。

2004年5月，省民政厅《安徽省基金会换发登记证书实施方案》下发后，全省基金会按照范围和原则、换证步骤、工作要求，圆满完成换证任务。

2007年年底，各地基本完成基金会换证登记工作。全省16个基金会，通过审查的有14个，对其中符合《条例》规定条件的13个基金会予以保留（其中有2个公募性基金会变更为非公募性基金会），注销3个。截至2008年年底，全省已登记的基金会共19个（其中公募基金会11个，非公募性基金会8个）。

第四节　基金会自律机制

健全基金会内部自律机制是有关基金会组织“三位一体”管理体系的重要组成部分。一个完整的基金会组织管理体制，应该是包括政府管理、行业自律和社会监督在内的“三位一体”的体系。“三位一体”的体系的形成，可以对基金会组织进行有效的监督和管理。

2006年1月，由中国扶贫基金会、中国青少年发展基金会、爱德基金会三家机构共同发起“中国公益性非营利组织自律行动”，并委托NPO信息咨询中心作为自律联盟的执行机构。民政部推出《民间组织评估工作管理办法》之后，《中国公益性非营利组织自律准则》向社会发布，这是中国非营利组织在“自愿、自律、自救”共识下的一次集体行动。内容包括：使命、利益冲突、内部治理、筹资、财务、项目、人员、非营利组织间的协作关系、信息公开等九个方面。在九大标准下，还分设了二级、三级指标，以减少评估者主观意识对评估结果的影响，使好的非营利组织为更多人所知。

省民政厅根据国务院《基金会管理条例》要求，对基金保值、增值的方式作出开放性规定。基金会的保值增值，是基金会运作的重点。按国际惯例制定规则，不对基金会的保值增值行为做具体要求，只做出原则的、开放性规定，通过社会监督、内部监督来解决对基金会投资行为的约束，同时规定因决策不当致使基金会财产损失的，参加决策的理事应当承担相应的赔偿责任，以保障基金会对投资行为慎重行事。

基金会作为从事社会公益活动的非营利组织，为造福社会，必须有充足的可持续的资金支持。基金会募集资金、运作资金的能力是保证其生存和发展的关键。鼓励基金会多募钱，多做公益，形成良性循环机制。

良好的自律机制是基金会存在和发展的内在动力。针对一些基金会内部规范不够，自律机制不健全的状况，省民政厅要求基金会建立以章程为核心的各项自律制度，并从公益法人组织机构的特点出发，规范理事会的组成和议事决策程序，监事的设置和职能，制定防止基金会内部人员与基金会公益宗旨发生利益冲突行为的规则，通过限制在基金会领取报酬的理事数量，规定监事和未在基金会担任专职工作的理事不得从基金会获取报酬，基金会的法定代表人不得同时担任其他组织的法定代表人等，引导基金会建立自律机制，规范基金会的行为。

基金会作为担负神圣使命的公益组织，享受优惠的税收政策，掌握社会公益资源，公众关注程度高，社会责任大，其活动是否规范关系到爱心资源的保护，关系到基金会的信誉和公益事业的发展，必须在自律的基础上接受各方面的监督，保持较高的社会公信度。为此，省民政厅加强对基金会年检监督，探索行政监督与社会监督相结合的新方式。从2006年起，在全省基金会中，实行年度审计网上年检，年检报告在中国社会组织信息网上全文发布，年度报告摘要在中国社会报上予以披露，提高基金会运作的透明度，实现行政监督和社会监督的有机结合，促进基金会自律和诚信建设，推动基金会规范健康发展，增强服务社会能力。2007年，全省基金会共接受捐款2600.7万元，公益支出2509.4万元，其中援建贫困地区学校54所，捐助贫困大学生、入学儿童7190人，资助残疾人就业197户。2008年，全省基金会利用社会捐款发展公益性事业总支出3066万元，其中援建中小学63所，资助困难学生1.5万人次。仅省本级登记的21所民办高校开展公益性活动贡献社会3.4亿元，每年培育大学生2万多人，安置就业1万多人，创税2000多万元。

利用税收手段扶持和监管基金会。对基金会及其捐赠人实行税收优惠是各国通行的做法。减税、免税措施构成基金会和其他组织发展的重要政策环境。为鼓励公益事业的发展，安徽省已陆续出台一些税收优惠政策，对于公益事业的发展起到促进作用。

全省基金会总体发展情况良好，在发展社会公益事业，参与社会管理和公共服务等方面做了很多有成效的工作，也在实践中积累了许多宝贵的经验。但是基金会数量小，基金总量有限，社会服务功能不强。省民政厅依据《基金会管理条例》，以发展为前提，以建设为核心，以培育和监管为基本手段，充分发挥基金会的积极作用。明确发展重点，以实现基金会与经济社会协调发展为目标，鼓励培育非公募基金会；加大财税政策扶持力度，进一步落实公益救济性捐赠税前扣除政策，做好贯彻落实国家出台的相关政策的准备工作；积极探索培育扶持措施，以民政领域为突破口，加快政府职能转变；推动建立社会组织发展基金，落实年金制度；切实解决登记管理障碍，探索开通登记绿色通道。同时加强资金监督管理，加强审计调查，强化审计监督工作；结合年检对部分基金会资金募集使用情况进行行政专项检查；会同财税部门、审计部门对基金会秘书长及财务人员进行财会政策、资金运作实务等方面的培训；开展规范化建设评估工作，在基金会规范化建设评估试点基础上，进一步推广评估工作，结合规范化建设评估工作不定期抽检部分基金会的资金使用情况；建立健全社会监督机制，指导基金会加强信息披露。

第十一篇　社会事务管理

社会事务管理是政府社会行政管理和公共服务职能的重要组成部分。广义上说，是指政府和社会组织为促进社会系统协调运转，对社会系统的组成部分、社会生活的不同领域以及社会发展的各个环节进行组织、协调、服务、监督和控制的过程，涵盖民政、科学、文化、科技、卫生、体育、环境等众多领域。狭义上说，是指国家行政机关对人民群众的社会事务进行的行政管理，是国家行政管理的一个组成部分，涉及人民群众社会生活的诸多方面。民政部门的社会事务管理是指对专项社会事务进行的管理，包括：社会团体和民办非企业单位登记管理、行政区划和地名管理、婚姻管理、殡葬管理、收容遣送（2003 年后改为城市生活无着的流浪乞讨人员救助管理）、儿童收养等。省民政厅内设社会事务处，负责全省部分社会事务管理工作。本篇仅记录婚姻登记与收养登记、殡葬管理三个方面工作。

1986 年以来，安徽省社会事务工作秉承“以民为本、为民解困、为民服务”宗旨，婚姻登记服务实现由婚姻登记管理到婚姻登记服务的转变。全省婚姻登记管理工作坚持依法登记的原则，着力于登记体制、登记方式和登记手段的改革创新。通过开展规范化、信息化建设活动，婚姻登记工作确立合法、规范、便民、高效的登记体制，拥有独立的登记场所，打造稳定的登记员队伍。2005 年，全省婚姻登记率和登记合格率分别达到 99% 和 99.8% 以上，维护广大婚姻当事人的合法权益。

收养登记分为国内收养登记和涉外收养登记。自 1992 年 4 月收养登记交由民政部门办理以来，全省各级收养登记机关坚持依法登记，规范管理，开展收养登记规范化信息化建设活动，依法办理收养登记数量呈总体上升趋势，对于保护被收养儿童的合法权益，促进家庭和睦和社会的安定发挥重要作用。按照民政部的统一部署，从 2006 年起，全省开始受理外国收养家庭和被收养儿童到皖寻根回访接待工作，促进安徽的对外交流，展示安徽的良好形象。

1985 年以来，全省殡葬工作坚持一手抓火化率，一手抓殡葬法规的建设和殡葬环境的整治，着力推进葬式方法的改革，倡导健康文明的殡葬新风，加大对殡葬基础设施的投入，加强殡葬管理，改善殡葬环境对保护土地资源和生态环境，推动绿色殡葬，促进人与自然的和谐相处。

截至 2007 年年底，全省平均火化率达到 80%，共建成 73 个殡仪馆，94 个经营性公墓（陵园）和 3000 余个农村公益性公墓（骨灰公祭堂），节约土地资源，改善殡葬环境，为打造“生态安徽”“和谐安徽”作出积极贡献。

第一章　婚姻登记

婚姻登记包括结婚登记、离婚登记和复婚登记。结婚登记是国家对婚姻关系的建立进行监督和管理的制度。登记时，男女双方须持本人居民身份证或户籍证明，共同到一方户口所在地的婚姻登记机关提出申请登记。男女双方自愿离婚并对子女抚养和财产处理达成协议的，可按照《婚姻登记条例》的规定，到一方户口所在地的婚姻登记机关申请离婚登记。申请时，应持居民身份证或户籍证明和结婚证。婚姻登记机关查明双方确实是自愿并对子女和财产问题已有适当处理时，应即准予登记，发给离婚证，收回结婚证。离婚后，男女双方自愿恢复夫妻关系的，应到一方户口所在地的婚姻登记机关申请复婚登记。婚姻登记机关按照婚姻登记程序办理登记，发给结婚证，收回离婚证。

第一节　内地婚姻登记

内地婚姻登记系指居住在大陆的中国公民婚姻登记，或者中国公民婚姻登记。它区别于香港居民、澳门居民、台湾居民、华侨以及外国人。内地居民办理婚姻登记的机关是县级人民政府民政部门或者乡（镇）人民政府，省、自治区、直辖市人民政府可以按照便民原则确定农村居民办理婚姻登记的具体机关。

宣传婚姻法　1980 年 1 月，省革命委员会民政局更名为安徽省民政厅，全省的婚姻管理工作领域也开始拨乱反正，婚姻登记工作逐步走上依法管理的轨道。改革开放以后，全省各级政府和民政部门采取一系列措施，依法加强婚姻管理，不断加大软件、硬件投入，婚姻管理逐步规范、便民、高效。

1980 年 9 月，新的《中华人民共和国婚姻法》颁布，省人民政府当即成立省宣传、执行婚姻法领导小组，全省 15 个地、市和 51 个县（市）也相继建立宣传、执行新婚姻法的领导机构。同年 12 月至次年春节期间，全省各级政府训练宣传骨干 15.7 万人，深入城乡广泛宣传，使全省 85% 成人受到教育。1982 年冬和 1985 年冬，各地先后两次开展规模较大的宣传，使新婚姻法在全省城乡得到进一步贯彻。

1980 年 11 月至 12 月，全省各市、县民政局根据省民政厅通知，先后组织当地婚姻登记人员集中培训 5 至 7 天，学习新的婚姻法和《婚姻登记办法》。次年 1 月起，上述两法在全省各地实施。

1983 年至 1984 年农村改社建乡后，婚姻登记改由乡、镇人民政府办理。1984 年 10

月，省民政厅、省司法厅等5单位联合通知各市、县培训婚姻登记人员，并规定自1985年4月1日起，各地承办婚姻登记人员，必须获得婚姻登记员证书。1985年1月至4月，各市、县先后集训婚姻登记人员并进行考核，合格者发给由省民政厅统一印制的“安徽省婚姻登记员证书”。

1984年11月，省民政厅会同舒城县民政局在该县普查婚姻登记。普查结果，全县在3年零9个月中，结婚18384对，办理登记手续的只有6852对，占结婚总数37.2%，其中595对不符合结婚条件（主要是早婚、近亲结婚），占登记总数8.7%。结婚未登记11532对，占结婚总对数62.8%，其中不符合条件2184对，占未登记总数19%。通过普查，全县补办结婚登记手续8191对，占应补办数的87.6%。

1985年上半年，省民政厅部署各市、县民政局，会同当地司法、妇联等单位开展新婚姻法执行情况督查活动，发现农村存在结婚不依法登记现象比较普遍，少数登记人员审查婚姻登记材料不严或徇私舞弊现象屡有发生。针对这种情况，1986年3月，省民政厅根据民政部修订的《婚姻登记办法》，就全省婚姻登记工作作出有关规定。结婚当事人必须持民政部制定、由各行署（市）民政局统一印发的“婚姻状况证明”，并持本人户口簿，到婚姻登记机关申请登记，否则不予登记。全省婚姻登记机关必须使用由省民政厅统一刻制的婚姻登记专用章（钢印），并统一婚姻证件收费标准，印发“结婚证”、“离婚证”、“夫妻关系证明书”和“解除夫妻关系证明书”等4种具有法律效力的证书。同时，全省婚姻登记机关依照《婚姻登记办法》，分别建立婚姻登记员考核、发证、婚姻登记档案管理和出具“婚姻状况证明”等制度。此后，各地婚姻登记制度逐步完善，手续逐渐完备，结婚登记率和登记合格率逐年提高，违法婚姻和结婚、离婚不登记的现象逐渐减少。

1981—1984年安徽省部分地区婚姻登记调查统计表

表11-1-1

年度	登记结婚数（对）					未登记结婚数（对）				
	总数	符合法律规定数	不符合法律规定数			总数	符合法律规定数	不符合法律规定数		
			早婚	近亲婚	其他			早婚	近亲婚	其他
1981	130448	125225	4006	831	386	49994	38024	9470	1265	1235
1982	128341	122523	4748	779	291	59283	46009	10798	1135	1344
1983	143628	136691	5842	839	256	75935	58429	14415	1630	1461
1984	147301	141355	4943	685	318	75634	57560	15609	1168	1297

说明：此表系8个省辖市和舒城、金寨、霍山等45县普查数据

婚姻登记管理　1986年9月，省卫生厅、省民政厅联合转发卫生部、民政部《关于婚前健康检查问题的通知》，要求各地严格执行婚前健康检查。明确开展婚前健康检查

的地方，由指定的妇幼保健部门或医院，指定医生承担，并报当地卫生、民政部门备案。负责检查的医生要亲自填写检查结果和能否结婚的意见，并经所在单位盖章。开展婚前健康检查的地方，婚姻登记机关在办理结婚登记时，应要求当事人出具《婚姻登记办法》规定的禁止结婚疾病的检查证明。检查证明式样由民政部和卫生部制定，各省、自治区、直辖市和计划单列市卫生厅（局）印制。婚姻保健工作，要严格按照卫生部提出的“婚姻保健工作常规”和“分类指导标准”继续开展。尚未开展这项工作的地方要积极创造条件，把婚姻保健方面的咨询服务逐步开展起来。同时，要加强宣传教育，通过优质服务和示范引导，使群众了解婚姻保健的重要意义，自觉自愿地进行婚前健康检查。

1988 年 9 月，省民政厅制发“婚姻登记情况统计表”，要求全省各地婚姻登记机关据实填报，并由各市、县民政局汇总，于每年 1 月 10 日前报省民政厅。同年 10 月，省民政厅要求各市、县民政局加强培训和考核婚姻登记员，考核合格者，方可佩戴婚姻登记员胸章，依法办理婚姻登记。是年年底，各项规定先后落实，结婚登记率及结婚登记合格率大幅度提高。当年，全省共办理结婚登记 333933 对，结婚登记率达 62%。

1989 年 7 月，全省婚姻登记工作经验交流会召开，共有 32 个婚姻登记单位和 19 名婚姻登记员受到省民政厅的表彰。省民政厅对当年全省城乡结婚登记率和合格率提出具体指标，并要求各地对辖区内各种违法婚姻进行清查处理。同时，评选出淮北市、铜陵市铜官山区、合肥市西市区、芜湖市新芜区和马塘区、淮南市八公山区、安庆市迎江区、六安市、砀山县、阜南县、蒙城县、霍山县、金寨县、全椒县、旌德县等 16 个市、县（市、区）民政局，灵璧县杨疃区、涡阳县店集区 2 个区公所，五河县新集镇、无为县无城镇、凤阳县临淮关镇、歙县徽城镇、宣州市周王镇、郎溪县城关镇、青阳县芙蓉镇、石台县七里镇、马鞍山市向山区慈湖乡等 9 个乡（镇）人民政府和滁州市东门街道办事处为安徽省婚姻登记先进单位，蒙城县民政局、当涂县民政局、歙县民政局、泾县民政局为婚姻登记统计先进单位，19 名婚姻登记员为优秀婚姻登记员。是年，全省共办理结婚登记 343599 对，结婚登记率为 63.9%，其中 32 个市、县结婚登记率达到 80%。

1983—1989 年安徽省婚姻登记统计表

表 11-1-2

年度	结婚登记数（对）			离婚登记数（对）			
					其中		
	全省申请结婚对数	符合法定条件准予登记数	不符合法定条件未予登记数	全省申请离婚对数	符合法定条件准予登记数	调解和好未离婚	调解无效转法院处理
1983	259171	238298	20873	15333	4430	7553	3350
1984	252918	239043	13875	11190	4234	3337	3619
1985	296435	280907	15528	10705	3444	—	—

续表 11-1-2

年度	结婚登记数（对）			离婚登记数（对）			
	全省申请结婚对数	符合法定条件准予登记数	不符合法定条件未予登记数	全省申请离婚对数	其中		
					符合法定条件准予登记数	调解和好未离婚	调解无效转法院处理
1986	270759	255146	15613	12051	4070	—	—
1987	282000	263427	18573	14865	5368	—	—
1988	358438	333933	24505	26768	5619	15938	5211
1989	378098	343599	34499	28820	5710	16581	6529

1992 年,根据国务院办公厅转发民政部等 7 部委《关于加强婚姻登记制止早婚早育的意见的通知》的要求,全省各级民政部门加强对婚姻登记管理工作的领导,与有关部门联合开展执法检查,遏止早婚早育违法婚姻的发生,促进全省计划生育政策的落实。

1994 年 2 月,民政部颁布《婚姻登记管理条例》,明确婚姻登记管理工作的主管部门及其职责,要求民政部门从原来的婚姻登记向婚姻管理转变。全省婚姻登记机关逐步向婚姻管理机关转变,加强违法婚姻和婚姻证书等方面的监督管理。

1996 年 5 月,国家计划委员会、民政部下发《关于严禁在办理婚姻登记过程中搭车收费的通知》,省民政厅先后在合肥市、池州市召开两次会议,就办理婚姻登记过程中搭车收费现象提出具体实施意见和措施,规定婚姻登记管理机关在办理结婚登记过程中只收取结婚证书工本费。各部门不得要求婚姻登记管理机关为其代收任何费用,婚姻登记管理机关不得要求婚姻当事人购买各种书刊、纪念品,不得代有关部门强制婚姻当事人购买国库券、奖券及交纳保证金、押金等各种费用。各市、县、区民政局,乡、镇人民政府、街道办事处及婚姻登记管理机关都要按照通知精神,认真搞好自查,并将自查情况及婚姻登记全过程中的各类收费项目、收费标准、收费单位及批准机关等分别报市物价局、民政局。为此,省民政厅组织 7 个检查组分赴各地检查,婚姻登记过程中乱收费现象得到有效遏制。

2001 年 5 月,经省政府同意,省民政厅发出《关于婚姻登记管理工作统一收归县级民政部门办理的通知》,要求全省婚姻登记收归县级民政部门集中办理,乡镇不再设立婚姻登记机构。全省内地居民办理婚姻登记,除个别山区外,全部集中在县（市、区）民政部门办理。对个别交通不便的乡镇,由民政部门采取分片设置婚姻登记员或流动登记站,直接受理婚姻登记工作。为此,省民政厅专门组织人员对各地的集中办理婚姻登记情况进行督促检查。到 2001 年年底,全省已有 50% 的县（市）实行集中办理婚姻登记。按照国家计划委员会、财政部的要求,调整涉外婚姻登记收费标准,由原来的每对 200 多元改为每对只收工本费 9 元。2001 年全省依法办理结婚登记 52.3 万对,登记合格率达 98%。

2003 年 8 月，国务院修订并颁布《婚姻登记条例》，删除“管理”二字，淡化婚姻登记的行政管理色彩，增加补办婚姻登记、无效婚姻和可撤销婚姻的规定；统一婚姻登记程序；将结婚登记由单位出具婚姻状况证明改为由本人作出无配偶声明；规定内地居民办理婚姻登记的机关是县级人民政府民政部门或者乡镇人民政府，改变原来农村居民全部由乡镇人民政府办理的管理模式，从体制上解决农村婚姻登记长期存在的搭车收费、违法登记等问题。2003 年 9 月，省民政厅向各市、县（区）民政局下发《关于学习宣传和贯彻执行〈婚姻登记条例〉的意见》，进一步健全完善婚姻登记制度，推行依法行政，做好婚姻登记体制改革工作，切实维护婚姻当事人的合法权益。2003 年 11 月，经省政府同意，省民政厅发出《关于进一步做好全省婚姻登记集中办理工作的通知》。年底，省民政厅举办全省婚姻登记管理人员和业务骨干培训班，深入学习贯彻条例精神。

安徽省结婚登记情况统计表

表 11-1-3　　　　单位：人、对

年份			1994	2001
总计（对）			607886	523052
内地居民登记结婚（对）			607576	522117
	初婚人数		1198094	1016711
	再婚人数		17058	27523
		男性	9074	13987
		恢复结婚	1044	1618
涉外及华侨、港澳台居民登记结婚（对）			310	935
	内地居民		310	935
		男性	12	10
	香港居民		135	205
	澳门居民		5	
	台湾居民		153	562
	华侨		7	22
	外国人		15	141

2004 年 5 月，民政部在上海市召开全国婚姻登记工作会议，有 7 个婚姻登记机关和 10 名婚姻登记员受到表彰。6 月，根据民政部《关于启用新式婚姻登记证等问题的通知》和《关于印制新式婚姻登记证的补充通知》的要求，省民政厅下发《关于加强新式婚姻登记证管理工作的通知》，全省自 2004 年 7 月 1 日起全部启用新式婚姻证件。即新式婚姻登记证件选用的封皮用纸必须符合国家质量技术监督部门检验报告公布的

技术标准。封皮纸与证芯合成后的样本不再报民政部审批，但须将样本及指定的生产厂家报民政部备案。报部备案的样本经民政厅（局）审查合格后加盖民政厅（局）印章并附上由省级以上纸张产品质量检验机构出具的检验报告。

2005 年 5 月，根据民政部《关于开展婚姻登记工作规范化建设活动的通知》要求，省民政厅下发《关于全省婚姻登记工作规范化建设的实施意见》，拉开全省婚姻登记机关规范化建设的序幕。随后，省民政厅制定下发《安徽省婚姻登记工作规范化建设考评标准》等配套文件。截至 2005 年年底，全省 60% 以上的婚姻登记机关获得省、市、县级“文明窗口单位”称号。

2008 年，全省办理婚姻登记 52.8 万对，其中结婚登记 48.9 万对，离婚登记 3.9 万对，办理外国人和香港、澳门、台湾居民及华侨、留学生婚姻登记 861 对。登记合格率分别为 99.9% 和 100%。奥运期间，全省共办理婚姻登记 28127 对。其中，结婚登记 25969 对。8 月 8 日奥运会开幕当天，全省办理结婚登记 12068 多对，其中，结婚登记 12068 对，为常年日均登记量的 7 倍，最多的当天登记是平均的 20 多倍，达到新中国成立以来最大的日登记量。

图 11-1-1

登记机关建设 1985 年以来的婚姻管理工作经历管理体制由分散到集中、登记场所由混合到独立、登记人员由兼职到专业、登记手段由手工填写到电脑出证、管理方式由松散到规范、服务理念由以事为主到以人为本的“六个转变”。

20 世纪 80 年代中期以前，全省农村结婚不登记的现象比较普遍，登记率不到 50%，登记合格率较低。随着婚姻法规宣传的深入和婚姻登记工作的规范，从 80 年代后期开始，依法办理登记人数逐年增多，登记率逐渐提高。到 90 年代末，全省婚姻登记率达到 80%，登记合格率达 90%。2000 年以来，全省内地婚姻登记量年均达 50 万对以上，婚姻登记率和登记合格率分别达到 99% 和 99.8% 以上。

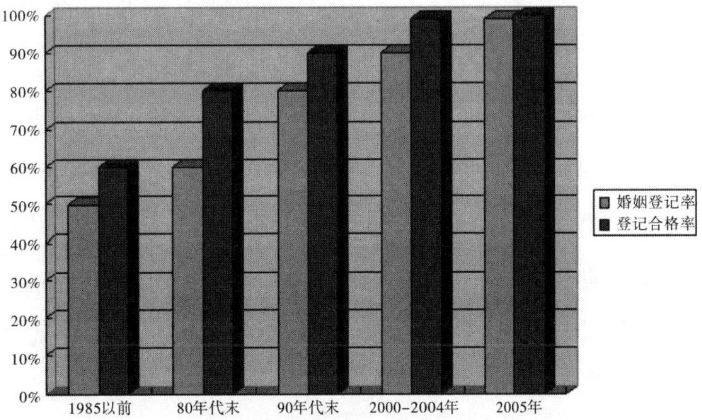

图 11-1-2 安徽省内地居民婚姻登记率和登记合格率示意图

截至 2005 年年底，全省共有县级以上婚姻登记机关 106 个，婚姻登记员 536 人。其中，各类在编人员 451 人，占 84%，行政编制和财政预算（补助）事业编制 301 人，占 56%；大专以上文化程度 376 人，占 70%；40 岁以下 403 人，占 75%。全省 90% 的县级民政部门婚姻登记机关拥有独立登记场所，平均面积超过 110 平方米。全省婚姻登记机关配有计算机300余台，平均每3人配有2台计算机，婚姻登记表格、证书、档案全部实行电脑打印和存储。全省半数的婚姻登记机关达到或基本达到全国婚姻登记规范化合格单位标准，多项推进措施得到民政部的肯定，总体水平跃上新台阶。

图11-1-3　安庆市大观区民政局婚姻登记处登记大厅

1989年7月和2004年6月，省民政厅分别召开全省婚姻登记总结表彰会，全省共有46个婚姻登记机关（单位）和38名婚姻登记员先后受表彰。2004年5月和2006年12月，民政部先后召开全国婚姻登记总结表彰会，合肥市庐阳区民政局婚姻登记处、蒙城县民政局婚姻登记处等7个婚姻登记机关被表彰为“全国先进婚姻登记机关”，合肥市包河区民政局婚姻登记处、和县民政局婚姻登记处被表彰为“全国婚姻登记规范化建设窗口单位”。全省60%以上的婚姻登记机关先后获得省、市、县级“文明窗口单位”称号。

2005年5月，根据民政部《关于开展婚姻登记工作规范化建设活动的通知》要求，省民政厅下发《关于全省婚姻登记工作规范化建设的实施意见》，就规范婚姻登记机关建设与管理、推行婚姻登记政务公开、规范婚姻登记程序、制定和完善婚姻登记员行为礼仪规范等方面作出了规定，拉开全省婚姻登记机关规范化建设的序幕。规定婚姻登记机关要建立婚姻登记印章、证书、档案以及相关数据的管理制度，建立健全登记员考勤、考评及奖惩制度，落实岗位责任制。进一步规范婚姻登记证件的管理。市、县（区）民政部门要切实加强对婚姻证件使用管理情况监督检查，严防丢失、损坏，严禁购买和使用假冒伪劣证件。污损、作废婚姻证件一律上交省民政厅，集中销毁。年底前，全省婚姻登记机关全部实行计算机管理，“结婚登记审查处理表”、“离婚登记审查处理表”、“补发婚姻登记证审查处理表”和婚姻登记证件等须由计算机打印，以适应婚姻登记全国联网要求。婚姻登记机关要公开展示有关内容，方便婚姻当事人，接受群众监督。

2005年下半年，省民政厅制定下发《安徽省婚姻登记工作规范化建设考评标准》，要求婚姻登记机关要从服务群众、保护群众利益的角度出发，在登记机关设置提示板，尽到告知的义务。要制作结婚登记告知单、离婚登记告知单。告知单应当注明禁止结婚的情形、不予结婚登记的情形、离婚登记不予受理的情形，以及如果隐瞒真实情况办理婚姻登记的后果等内容，帮助当事人了解法律规定，避免矛盾和纠纷，维护婚姻当事人的合法权益。结婚登记告知单、离婚登记告知单应当提供给每位申请结婚登记、离婚登记的当事人阅知，并要求当事人签名确认。婚姻登记机关要制定婚姻登记员行为礼仪规范，使婚姻登记员树立岗位意识、责任意识、效率意识和服务意识，做到态度热情、语言文明、行为得体、服装整洁。要把规范婚姻登记员行为礼仪作为民政系统行风建设的重要内容，把婚姻登记员队伍打造成为一支业务精通、行为规范、执法文明、服务周到的高素质队伍。

同年10月，省民政厅决定从2006年开始，用两年左右的时间，在全省婚姻登记机关开展文明创建活动，并将婚姻登记纳入2006年全省“万人评行风”活动范围，着力于加强婚姻登记机关的行风建设。同年12月，省机构编制委员会办公室、省民政厅、省财政厅就全省婚姻登记机构人员编制和经费问题联合发文，明确县级民政部门婚姻登记机关所需的编制由同级机构编制部门调剂解决，所需经费列入同级财政预算，由财政核拨。从而，较好地解决全省婚姻登记机关的机构、人员编制和经费问题。

2006年1月，省民政厅在和县举办全省婚姻登记信息化建设培训班，为全省婚姻登记信息化建设培养一批骨干。与此同时，省民政厅与各地共筹资金，为全省105个县级婚姻登记机关各配置一套计算机、打印机、扫描仪及相关软件，全省婚姻登记机关信息化建设初具规模。同年1月起，全省婚姻登记机关开办双休日、节假日值班或预约登记。12月，省民政厅在东至县举办全省婚姻登记档案管理培训班，规范全省婚姻登记档案管理。

2007年1月，省民政厅为全省17个市民政局婚姻登记主管科（处）配发1台笔记本电脑，为全省婚姻登记数据联网奠定了基础。同年，制定婚姻登记工作“十一五”规划，充实完善婚姻登记规范化信息化建设实施方案。派员赴山东省、广州市考察学习婚姻登记信息化工作，向省财政厅申报全省婚姻登记信息联网预算，婚姻登记信息联网工作提上日程。5月至7月，在全省婚姻登记机关中开展行风评议活动。通过文明创建和行风评议活动，有力地推动全省婚姻登记机关行风建设，涌现出一批文明窗口单位。年底，为全省496名婚姻登记员统一制作配发胸牌。

2008年年初，省民政厅对全省105个县级婚姻登记机关的机构、人员编制和经费保障状况进行调查统计，摸清全省婚姻登记机关的现状，督促部分婚姻登记机关解决人员编制和场地问题。3月，在绩溪县举办全省婚姻登记规范化建设培训班。4月至8月，开展全国婚姻登记规范化建设“合格单位”检查、申报工作，全省共有41个婚姻登记机关经民政部评审合格，全省婚姻登记规范化水平进一步提高。同年8月8日至8月24日，全省迎来北京奥运会期间婚姻登记高峰，办理结婚登记25969多对。全省各级民政部门积极应对登记高峰，有效防范了各种突发事件，最大限度地满足了婚姻当事人的美好愿望。合肥市庐阳区民政局婚姻登记处等4个登记机关和刘菲等6名个人作为“2008年奥运期间表现突出的婚姻登记机关和个人”，受到民政部的通报表彰。

第二节　涉外、涉港澳台及华侨、留学生婚姻登记

中国公民同外国人（包括常驻中国和临时来华的外国人、外籍华人、定居中国的侨

民）在中国境内自愿结婚的，男女双方当事人必须共同到中国公民一方户口所在地的省、自治区、直辖市人民政府指定的婚姻登记机关申请登记。申请结婚登记的男女双方，必须遵守中华人民共和国婚姻法和中国公民同外国人办理婚姻登记的几项规定的有关条款。中国公民申请和外国人结婚登记，须持有：本人的户籍证明；本人户口所在地的县级人民政府或工作所在单位的县级以上机关、学校、事业、企业单位出具的本人姓名、性别、出生年月、民族、婚姻状况（未婚、离婚、丧偶）、职业工作性质、申请与何人结婚的证明。外国人也要出具有关证件和证明材料。

1983年10月，省人民政府授权合肥市、芜湖市、蚌埠市人民政府民政部门办理内地居民同外国人和香港、澳门、台湾地区居民及华侨、留学生的婚姻登记。省人民政府根据民政部涉外婚姻管理规定，指定合肥、芜湖、蚌埠3市民政局为安徽省办理中国公民同外国人婚姻登记机关。安庆市和安庆、巢湖、六安地区所属各县（市）到合肥市民政局登记。马鞍山市、铜陵市和宣城、徽州地区所属各县（市）到芜湖市民政局登记；淮南市、淮北中和滁县、阜阳、宿县地区所属各县（市）到蚌埠市民政局登记。同年11月，省民政厅、省外事办公室、省公安厅联合规定：登记机关在办理涉外婚姻登记时，必须细心审查，鉴别证件，了解情况，严防差错。凡符合规定、证件齐全、手续完备者，经指定市民政局领导批准，方可办理登记。凡不符合规定或证件不齐者，应向当事人讲清政策，坚决不予登记。指定市民政局在办理涉外婚姻登记中，如有疑问或涉及对外交涉和国家安全方面的问题，可与外事办公室、公安厅共同研究处理。1983年至1989年，全省共办理涉外婚姻登记112对。

1983—1989年安徽省涉外婚姻登记统计表

表11-1-4

年度	结婚登记（对）							离婚登记（对）	复婚登记（对）
	全省合计	结婚当事人分类（人）							
		国内公民		外国人	外籍华人	华侨	港澳台胞		
		男	女						
1983	11	2	9	—	3	2	6	—	—
1984	12	2	10	3	—	—	9	2	1
1985	13	2	11	—	3	1	9	—	—
1986	14	2	12	2	2	2	8	1	—
1987	28	6	22	3	2	2	21	1	—
1988	23	5	18	4		5	14	—	—
1989	11	—	11	—	—	2	9	—	—

至1991年年底，全省办理涉外和涉港、澳、台地区及华侨、留学生婚姻登记216对。

1992 年,此项工作收归省民政厅集中办理。

2005 年 9 月,省编办批准设置“安徽省涉外婚姻收养登记服务中心”,作为承办涉外和涉港、澳、台地区及华侨、留学生婚姻登记的专门机构。

20 世纪 90 年代以来,随着安徽对外开放的扩大和经济社会的发展,全省涉外和涉港、澳、台地区及华侨、留学生婚姻登记数量呈总体上升趋势。

2000 年之后,全省年均办理涉外和涉港、澳、台地区及华侨、留学生婚姻登记均在 800 对以上,登记合格率达到 100%。

1992—2008 年安徽省涉外和涉港澳台及华侨、留学生婚姻登记情况统计表

表 11-1-5

年份	登记量（对）	登记合格率
1992	87	100%
1993	181	100%
1994	309	100%
1995	415	100%
1996	453	100%
1997	510	100%
1998	610	100%
1999	679	100%
2000	825	100%
2001	933	100%
2002	831	100%
2003	801	100%
2004	893	100%
2005	875	100%
2006	918	100%
2007	754	100%
2008	786	100%

第二章　收养登记管理

收养登记是国家通过主管部门对申请建立收养关系的当事人,依照收养法规定的收养条件进行审查,对符合法定收养条件的,准予登记,发给“收养证”,收养关系即成立的一项制度。它是中国公民收养查找不到生父母的弃婴、儿童以及社会福利机构抚养的孤儿和外国人收养中国儿童取得合法收养关系的必经程序。

1996 年 4 月,民政部《关于修改〈中国公民办理收养登记的若干规定〉的决定》规定,收养社会福利机构抚养的孤儿或弃婴,应当征得该社会福利机构和其业务主管机关的同意。社会福利机构和其业务主管机关对具备收养条件者,开具同意送养的证明。收养人申请收养登记时,应当提供以下证件和证明:居民身份证和户籍证明;申请人所在单位出具的,或村民委员会、居民委员会出具并加盖乡（镇）人民政府或街道办事处公章的本人年龄、婚姻、有无子女、有无抚养教育被收养人的能力等情况的证明（自出具之日起 3 个月内有效）。办理收养登记的机关,是县级以上人民政府的民政部门。收养查找不到生父母的弃婴和儿童,在弃婴和儿童发现地收养登记机关办理收养登记。收养社会福利机构抚养的孤儿,在社会福利机构所在地收养登记机关办理收养登记。

第一节　收养登记

收养是指公民依照一定的法律条件和法定程序领养他人子女为自己子女的法律行为。它是发生在无血缘关系或非直系血亲关系的人们之间的法律拟制血亲关系行为。它是一种变更身份关系和权利义务的法律行为,同时又是民事行为。

儿童收养现阶段分为国内儿童收养和涉外儿童收养。所谓国内儿童收养,指的是中国公民（含港、澳、台华侨）按照法定条件和程序收养他人子女为自己子女的民事法律行为。所谓涉外儿童收养,（亦称跨国儿童收养）指的是外国人依照中国有关的收养法律法规所规定的条件与程序,来华收养中国儿童为自己子女的国际民事法律行为。

1991 年 12 月 29 日,第七届全国人大常委会审议通过《中华人民共和国收养法》,1998 年 11 月 4 日,第九届全国人大常委会根据司法实践的需要,对“收养法”进行修订。1999 年 5 月 25 日,经国务院批准,民政部发布《中国公民收养子女登记办法》和《外国人在中华人民共和国收养子女登记办法》两个行政法规,从而建立起比较完善的具有中国特色的社会主义收养法律体系。

1999 年 5 月,民政部公布《外国人在中华人民共和国收养子女登记办法》,规定,外国人在华收养子女,应当符合中国有关收养法律的规定,并应当符合收养人所在国有关收养法律的规定;因收养人所在国法律的规定与中国法律的规定不一致而产生的问题,由两国政府有关部门协商处理。外国人在华收养子女,应当通过所在国政府或者政府委托的收养组织向中国政府委托的收养组织转交收养申请并提交收养人的家庭情况报告和证明。

1992 年 4 月,省民政厅及各地民政部门按照《中国公民办理收养登记的若干规定》,收养社会福利机构抚养的孤儿或弃婴,应当征得该社会福利机构和其业务主管机关的同意。社会福利机构和其业务主管机关对具备收养条件者,开具同意送养的证明。全省国内收养登记由司法公证改由县级民政部门办理,涉外收养登记由省民政厅集中办理。

1993 年以后,随着涉外儿童收养工作的开展,安徽省先后与美国、加拿大、法国、英国、爱尔兰、荷兰、西班牙、葡萄牙、比利时、挪威、瑞典、丹麦、澳大利亚、新西兰、新加坡等 15 个国家建立涉外儿童收养工作关系。

1998 年,修订后的《中华人民共和国收养法》扩大中国公民收养子女登记的范围,全省收养登记数量大幅度上升。

2001 年安徽省收养登记情况统计表

表 11-2-1　　单位:人

项目		2001
收养登记合计		2515
中国公民收养登记		1404
	港、澳居民	2
	台湾居民	15
	华侨	3
外国人收养登记		1111

2005 年,省机构编制委员会办公室批准设置"安徽省涉外婚姻收养登记服务中心",作为承办涉外收养登记工作的专门机构,涉外收养登记工作人员编制和经费得以保障。

2006 年,民政部《关于外国收养人和被收养儿童来华寻根回访接待工作的意见》下发后,全省涉外收养家庭和被收养儿童来皖寻根回访接待工作随即展开,当年接待到皖寻根回访人员 8 批 24 人次, 2007 年接待 108 批 340 人。

2007 年,省民政厅在歙县举办收养登记培训班。同年 7 月 1 日开始,全省统一启用新式 "收养登记证",收养登记全部实行电脑打印出证。

2008 年,全省依法办理收养登记 2079 件。其中,办理国内收养登记 1985 件,办理涉外收养登记 94 件,登记合格率为 100%,接待寻根回访家庭 55 个共 210 人。

第二节 规范管理

1998年全国人大常委会通过《关于修改〈中华人民共和国收养法〉的决定》，同时，民政部还发布三个与之相配套的办法、规定，即《中国公民收养子女登记办法》《外国人在中华人民共和国收养子女登记办法》《华侨及居住在香港、澳门、台湾地区的中国公民办理收养登记的管辖及所需要出具的证件和证明材料的规定》。合理确立收养条件，保护合法的收养关系，有效维护收养当事人特别是被收养人的权益。

收养原则 根据《中华人民共和国收养法》规定，（1）有利于被收养人的原则。有利于被收养的未成年人，是收养法的最高指导原则。《中华人民共和国收养法》就此做出明确规定，收养人必须具备抚养教育被收养人的条件和能力。其目的就在于要让孩子生活得幸福，受到良好的教育。（2）平等自愿的原则。遵循平等自愿的原则，是指收养关系的成立必须是基于当事人的自愿。如收养10周岁以上的孩子，必须首先征得孩子的同意。只有遵循平等自愿的原则，才能有效地保证拟制血亲关系的稳定，使被收养的儿童得以健康成长。（3）不得违背社会公德的原则。遵守社会公德和伦理道德，这是几千年来中华民族所形成的道德行为规范。因此规定：直系血亲间不能收养，旁系血亲间收养不能打破辈份关系，无配偶的男性收养女孩年龄差应当在40周岁。（4）不得违背计划生育的原则。所以限定只有无子女、年满30周岁的公民方可收养，而且只能收养一名，这是特指收养社会上的查找不到生父母的弃婴和儿童或者生父母有特殊困难无力抚养的子女。同时，还规定送养人不得以送养子女为由再生育子女，为此，在办理收养手续前，送养人要与计划生育部门签订不违反计划生育政策的协议。

收养条件 香港同胞申请收养登记时，应当分别提供以下证件和证明：1. 香港居民身份证、香港同胞回乡证或其他有效身份证件；2. 经国家主管机关委托的香港委托公证人证明的本人年龄、婚姻、有无子女、健康、职业、财产状况和有无受过刑事处罚的证明（自出具之日起6个月内有效）。澳门同胞申请收养登记时，应当分别提供以下证件和证明：1. 澳门居民身份证、澳门同胞回乡证或其他有效身份证件；2. 澳门政府民事登记或公证等部门签发的本人年龄、婚姻、有无子女、健康、职业、财产状况和有无受过刑事处罚的证明（自出具之日起6个月内有效）。该证明的中译文，须经新华社澳门分社审核，并加盖"外事部译文审核专用章"。台湾居民申请收养登记时，应当分别提供以下证件和证明：1. 在台湾地区居住的有效证明；2. 中华人民共和国国家主管机关签发或签注的在有效期内的旅行证件；3、经台湾公证机关公证的本人年龄、婚姻、有无子女、健康、职业、财产状况和有无受过刑事处罚的证明（自出具之日起6个月内有效）。

居住在与我国建立外交关系国家的华侨申请收养登记时，应当分别提供以下证件和证明：1. 护照或代替护照的证件；2. 经我驻其居住国使领馆公证的，或经居住国公证机关或公证人公证并经该国外交部门或外交部门授权的机构认证和我驻该国使领馆认证的本人年龄、婚姻、健康、职业、财产状况和有无受过刑事处罚的证明（自出具之日起6个月内有效）;3.我驻其居住国使领馆出具的有无子女的公证证明（自出具之日起6个月内有效）。居住在未与我国建立外交关系国家的华侨申请收养登记时,应当分别提供以下证件和证明:1.足以证明其有中国国籍的护照或代替护照的旅行证件;2.经其居住国公证机关或公证人公证并经该国外交部门或外交部门授权的机构认证和与我国有外交关系的国家驻该国使领馆认证的本人年龄、婚姻、健康、职业、财产状况和有无受过刑事处罚的证明以及收养人的子女状况声明书和两名知情人的关于收养人子女状况的证明书（自出具之日起6个月内有效）。

收养办法　收养登记工作自1992年改由民政部门办理以来,全省收养登记机关坚持以国内收养为主、国外收养为辅的原则,依法开展收养登记工作。成立收养登记工作机构,培养一支稳定的登记员队伍;加强收养登记规范化建设,收养登记条件和手段不断改善;收养登记量和登记合格率呈总体上升趋势,收养登记服务和管理水平不断提高。

2004年,全省收养工作继续保持增长势头,全年依法办理收养登记2681件,其中办理涉外收养登记802件。协议解除收养登记12件。2001至2008年,全省年均办理国内收养登记1700余件,办理涉外收养登记700余件,登记合格率分别达到99%和100%。

1992—2007年安徽省收养登记情况统计表

表11-2-2

年份	国内收养登记		涉外收养登记	
	登记量（件）	登记合格率%	登记量（件）	登记合格率%
1992年	275	98	2	100
1993年	305	98	29	100
1994年	367	99	156	100
1995年	450	99	465	100
1996年	512	99	438	100
1997年	582	99	372	100
1998年	788	99	538	100
1999年	1243	99	10361	100
2000年	1601	99	749	100
2001年	1404	99	1111	100
2002年	1633	99	864	100
2003年	1695	99	603	100
2004年	2033	99	802	100
2005年	1756	99	650	100
2006年	1858	99	401	100
2007年	1779	99	300	100

2008年9月，民政部根据《中华人民共和国收养法》《外国人在中华人民共和国收养子女登记办法》《中国公民收养子女登记办法》《华侨以及居住在香港、澳门、台湾地区的中国公民办理收养登记的管辖以及所需要出具的证件和证明材料的规定》，制定并发布《收养登记工作规范》要求收养登记实行政务公开，应当在收养登记场所公开展示下列内容：本收养登记机关的管辖权及依据；收养法的基本原则以及父母和子女的权利、义务；办理收养登记、解除收养登记的条件与程序；补领收养登记证的条件与程序；无效收养及可撤销收养的规定；收费项目与收费标准、依据；收养登记员职责及其照片、编号；办公时间和服务电话（电话号码在当地114查询台登记）；监督电话。

同时还规定，收养登记场所应当备有《中华人民共和国收养法》《外国人在中华人民共和国收养子女登记办法》《中国公民收养子女登记办法》《华侨以及居住在香港、澳门、台湾地区的中国公民办理收养登记的管辖以及所需要出具的证件和证明材料的规定》，及其他有关文件供收养当事人免费查阅。

2008年10月，省民政厅、公安厅、司法厅、卫生厅、人口与计划生育委员会下发《关于解决国内公民私自收养子女有关问题的通知》，规定1999年4月1日《中华人民共和国收养法》（以下简称《收养法》）修改决定施行前国内公民私自收养子女的，依据司法部《关于办理收养法实施前建立的事实收养关系公证的通知》、《关于贯彻执行〈中华人民共和国收养法〉若干问题的意见》和公安部《关于国内公民收养弃婴等落户问题的通知》的有关规定办理。依据司法部《关于贯彻执行〈中华人民共和国收养法〉若干问题的意见》的规定，对当事人之间抚养的事实已办理公证的，抚养人可持公证书、本人的合法有效身份证件及相关证明材料，向其常住户口所在地的户口登记机关提出落户申请，经县、市公安机关审批同意后，办理落户手续。

同时规定，1999年4月1日，《收养法》修改决定施行后国内公民私自收养子女的，按照下列情况办理：

1. 收养人符合《收养法》规定的条件，私自收养非社会福利机构抚养的查找不到生父母的弃婴和儿童，捡拾证明不齐全的，由收养人提出申请，到弃婴和儿童发现地的县（市）人民政府民政部门领取并填写《捡拾弃婴（儿童）情况证明》，经收养人常住户口所在地的村（居）民委员会确认，乡（镇）人民政府、街道办事处审核并出具《子女情况证明》，发现地公安部门对捡拾人进行询问并出具《捡拾弃婴（儿童）报案证明》，收养人持上述证明及《中国公民收养子女登记办法》（以下简称《登记办法》）规定的其他证明材料到弃婴和儿童发现地的县（市）人民政府民政部门办理收养登记。图五外国收养家庭在省涉外婚姻收养登记服务中心办理收养登记 2. 收养人具备抚养教育能力，身体健康，年满30周岁，先有子女，后又私自收养非社会福利机构抚养的查找不到生父母的弃婴和儿童，或者先私自收养非社会福利机构抚养的查找不到生父母的弃婴和儿童，后又生育子女的，由收养人提出申请，到弃婴和儿童发现地的县（市）人民政府民政部门领取并填写《捡拾弃婴（儿童）情况证明》，发现地公安部门出具《捡拾弃婴（儿童）报案证明》。弃婴和儿童发现地的县（市）人民政府民政部门应公告查找其生父母，并由发现地的社会福利机构办理入院登记手续，登记集体户口。对于查找不到生父母的弃婴、儿童，按照收养社会福利机构抚养的弃婴和儿童予以办理收养手续。由收养人常住户口所在地的村（居）民委员会确认，乡（镇）人民政府、街道办事处负责审核并出具收养前当事人《子女情况证明》。在公告期内或收养后有检举收养人政策外生育的，由人口计生部门予以调查处理。确属政策外生育的，由人口计生部门按有关规定处理。捡拾地没有社会福利机构的，可到由上一级人民政府民政部门指定的机构办理。

3. 收养人不满30周岁，但符合收养人的其他条件，私自收养非社会福利机构抚养的查找不到生父母的弃婴和儿童且愿意继续抚养的，可向弃婴和儿童发现地的县（市）人民政府民政部门或社会福利机构提出助养申请，登记集体户口后签订义务助养协议，监护责任由民政部门或社会福利机构承担。待收养人年满30周岁后，仍符合收养人条件的，可以办理收养登记。

4. 单身男性私自收养非社会福利机构抚养的查找不到生父母的女性弃婴和儿童，年龄相差不到40周岁的，由当事人常住户口所在地的乡（镇）人民政府、街道办事处，动员其将弃婴和儿童送交当地县（市）人民政府民政部门指定的社会福利机构抚养。夫妻双方在婚姻关系存续期间私自收养女性弃婴和儿童，后因离婚或者丧偶，女婴由男方抚养，年龄相差不到40周岁，抚养事实满一年的，可凭公证机构出具的抚养事实公证书，以及人民法院离婚判决书、离婚调解书、离婚证或者其妻死亡证明等相关证明材料，到县（市）人民政府民政部门申请办理收养登记。

5. 私自收养生父母有特殊困难无力抚养的子女、由监护人送养的孤儿，或者私自收养三代以内同辈旁系血亲的子女，符合《收养法》规定条件的，应当依法办理登记手续；不符合条件的，应当将私自收养的子女交由生父母或者监护人抚养。

进一步明确私自收养发生后，收养人因经济状况，身体健康等原因不具备抚养能力，或者收养人一方死亡、离异，另一方不愿意继续抚养，或者养父母双亡的，可由收养人或其亲属将被收养人送交社会福利机构抚养（被收养人具备完全民事行为能力的除外）。其亲属符合收养人条件且愿意收养的，应当依法办理收养登记。对于不符合上述规定的国内公民私自收养，依据《收养法》及相关法律法规的规定，由当事人常住户口所在地的乡（镇）人民政府、街道办事处，动员其将弃婴或儿童送交社会福利机构抚养。

省民政厅根据民政部《收养登记工作规范》和省直5厅（局、委）《关于解决国内公民私自收养子女有关问题的通知》精神，要求全省民政系统建立收养登记工作信息化平台，使所有收养登记情况能够实行全国联网，收养登记工作进一步规范。

第三章 殡葬工作

殡葬亦称丧葬，是指人们对死者遗体的处理方法和对死者的哀悼形式。殡是指遗体入殓到埋葬之前的停柩阶段，即对死者的哀悼和举丧形式；葬是指处理和掩埋死者的遗体，即对遗体的处理形式。

殡葬管理是国家对逝者殡与葬的社会事务管理，是对社会的殡葬理念、殡葬行为、殡葬习俗进行的改革、调节、监督、疏导与服务，它既是一项行政事务，又是一项移风易俗的社会改革工作。按照国务院的规定，殡葬管理工作由各级人民政府民政部门负责。

第一节 殡葬改革

殡葬管理，是一种政府行为，是各级人民政府管理的诸多事务中的一项。安徽省各地通过积极地、有步骤地推行火葬，改革土葬，破除封建迷信的丧葬习俗，提倡节俭、文明办丧事等方面的改革，建立科学、文明、健康的生活方式，促进社会的发展进步，促进社会风气的好转，继承发扬艰苦奋斗的优良传统，保护人民赖以生存的生态环境。

改革土葬 所谓改革土葬，指在不宜推行火葬或尚不具备推行火葬条件的地区，对落后的遗体埋葬方式和习俗所进行的社会变革。改革土葬区是指由省、自治区、直辖市划定的，暂不实行火葬的，地广人稀，交通不便的边远山区。有些地方县、市境内虽建有火葬场，但相距过远，运送尸体确有困难的地方，也可划为土葬改革区。在土葬改革区的平原地区要实行深埋，不留坟头，不占用耕地；山区则要尽量利用荒山瘠地建立公墓，并植树造林。

1981年7月，安徽省委办公厅转发省民政厅党组《关于积极推行殡葬改革工作的报告》，要求各地加强土葬管理，不准在自留地、生产用地、堤坝、山林和风景区建坟修墓，不准买卖坟地，严禁迷信活动及制造、出售棺木等丧葬物品。农村和城镇必须利用荒山瘠地建立公墓，或实行平地深埋，不留坟头，但对少数民族则应尊重其风俗。1983年3月和1984年6月，省人民政府和省人民政府办公厅先后批转和转发省民政厅《关于认真做好殡葬改革工作的报告》和《关于切实做好殡葬改革工作的报告》，要求尚未建立火葬场或离火葬场路程远、交通不便的偏僻地区，可暂行土葬。在暂行土葬区，必须加强土葬管理，严禁乱葬。城、镇、乡、村可选择远离村庄和水源的荒山、瘠地建立公墓。城、镇公墓由殡葬管理所经营管理；乡、村公墓由建墓单位管理。任何单位和个人都必须节约用地,不许转让、出售墓地。乱葬的坟墓应限期迁出,逾期不迁则处以罚款。同时禁止制造、出售丧葬物品及丧葬迷信活动,提倡丧事简办,反对铺张浪费。

1986 年,省民政厅在全省殡葬管理工作会议上再次要求各地加强土葬管理,推行公墓,限期平坟。至 1989 年,全省大部城市和少数乡(镇)、村建立公墓,推行土葬改革。2005 年年底,全省平均火化率达到 80%,共建成 73 个殡仪馆,94 个经营性公墓(陵园)和 3000 余个农村公益性公墓(骨灰公祭堂)。

1989 年安徽省部分市县公墓统计表

表 11-3-1

市、地区别	公墓数(处)	职工人数(人)
全省合计	13	106
合肥市	1	11
芜湖市	1	10
蚌埠市	2	14
淮南市	1	8
马鞍山市	2	13
铜陵市	1	7
安庆市	1	8
滁州市	1	11
六安市	1	9
巢湖市	1	6
贵池市	1	9

说明:1. 县、乡(镇)村建立的公墓未统计;

2. 滁州市、六安市、巢湖、池州市均为行署所在地

推行火化　殡葬改革是从老一辈无产阶级革命家签名倡导遗体实行火化开始的。并坚持积极地、有步骤地实行火葬,改革土葬,节约殡葬用地,革除丧葬陋俗,提倡文明节俭办丧事的殡葬方针。

1979 年以后,部分群众火化意识有所削弱,部分火葬场经营不善,以致火化率普遍下降。70 年代末,全省平均火化率仅为 7%。1979 年 9 月,针对全省殡葬工作中存在的突出问题,安徽省革命委员会批转省民政局《关于我省殡葬改革工作情况和存在问题的报告》。1980 年,全省 53 个火葬场中,除合肥、安庆两市和定远县火葬场盈余外,其余火葬场共亏损 70 余万元。安徽省《殡葬管理试行办法》试行以后,各市、县民政局派员进驻火葬场,协助调整人员,建立健全规章制度,开展创"优质服务、优美环境、优良作风"活动。同时,各级政府采取措施,提高火葬职工的政治地位和生活待遇,使火

葬职工队伍稳定，安心本职工作。蚌埠市火葬场女工曹金凤，不顾世俗偏见，亲自抬尸、防腐、整容，多次被评为先进工作者，并当选为蚌埠市人民代表和蚌埠市、安徽省妇联代表，1983年被评为全国殡葬工作先进工作者，受到民政部表彰。

1981年4月，经省政府批准，第一次全省殡葬改革工作会议在滁县行署召开。同年7月，安徽省委办公厅转发省民政厅党组《关于积极推进殡葬改革工作的报告》，要求全省各地切实加强对殡葬改革工作的领导，发挥党员、干部的模范带头作用，积极推进火葬，大力整顿丧葬市场，建立健全殡葬管理机构。1982年起，全省火化率缓慢回升。

1983年，省民政厅先后在合肥、庐江、当涂、五河分片召开殡葬工作座谈会，针对殡葬改革中存在的问题，制定具体措施。当年，中共中央办公厅批准民政部党组《关于共产党员应简办丧事、带头实行火葬的报告》。省民政厅也在《关于认真做好殡葬改革工作的报告》中提出殡葬改革的主要措施：（1）划分推行火葬和暂行土葬区域范围，凡属推行火葬的地区，必须坚持火葬。阻挠火化和偷运、强运遗体土葬者，给予行政、经济处罚和治安拘留。禁止制作和出售棺材。暂行土葬的城、镇、乡、村，要选择荒山、瘠地建立公墓，严禁乱葬乱埋。任何单位和个人都不准转让和出售坟地。少数民族是否实行火葬，应尊重其习俗。个人自愿实行殡葬改革的，他人不得干涉。（2）提倡丧事简办，干部、职工的丧葬费用超过规定标准部分，不准报销。(3）整顿殡葬事业单位，改善经营管理，逐步推行经营责任制，建立以岗位责任制为中心的各项规章制度，开展多项服务，多种经营，提高社会效益和经济效益。报请省政府批转各地施行。

1984年6月，省政府办公厅转发省民政厅《关于切实做好殡葬改革工作的报告》，其中规定：建有火葬场的市、县，凡能通行机动车辆的乡、镇，均属推行火葬区，必须坚持火葬，不准土葬，否则给以治安、行政或经济处罚。同年下半年起，全省部分市、县火葬场开始实行“经费包干，超亏不补，减亏分成”的经营承包责任制，其余火葬场暂行“定额补贴，超亏不补，减亏分成”的定额补贴办法。1985年，全省有22个火葬场实行经营承包责任制，43个火葬场实行定额补贴。其中23个火葬场实现盈利或扭亏为盈，42个火葬场亏损减少，全省统算亏损额较上年减少37%。

1985年2月，国务院下发《关于殡葬改革管理的暂行规定》，明确殡葬管理的方针是：积极地、有步骤地推行火葬，改革土葬，破除封建迷信的丧葬习俗，提倡节俭、文明办丧事。凡人口稠密、耕地较少、交通方便的地区，应逐步推行火葬；其他地区允许土葬，但应进行改革。推行火葬和不推行火葬的地区，由省、自治区、直辖市人民政府划定。省民政厅以此为契机，在淮南市召开全省第二次殡葬改革工作会议，总结全省5年来的殡葬改革工作情况，确定下一个阶段的工作目标。

1986年8月，省政府下发《安徽省关于殡葬管理的实施办法》，首次划定全省的火化区域，明确相关规定，即按照国家划定推行火葬地区的标准和安徽省各地建有火葬场的现实状况，确定合肥、马鞍山、铜陵、蚌埠、淮南、淮北市及所属各县，芜湖、安庆以及屯溪、六安市；阜阳、宿县、滁县、巢湖、宣城地区各市、县；芜湖、繁昌、六安、霍邱、寿县、舒城、霍山、怀宁、桐城、潜山、太湖、宿松、望江、枞阳和贵池县为我省实行火葬的地区。上述地、市、县境内，少数交通不便的偏僻乡村，可划为暂不实行火葬区。具体范围由市、县人民政府确定。在规定实行火葬地区死亡的人（少数民族除外），应一律火葬。对违返规定进行土葬的，责令限期就地深埋，并征收土地损失费。征收标准，由市、县人民政府确定。国家干部、职工死亡后，不实行火葬的，不发丧葬费、抚恤费，由此而造成遗属生活困难的亦不予补助。同时规定，暂未列入实行火葬地区的南陵、青阳、歙县、休宁、祁门、黟县、绩溪、石台、旌德、金寨、岳西、东至县和黄山市可实行土葬。但上述县、市（个别山区县除外），要抓紧做好规划，努力创造条件，于近几年内把火葬设施建立起来，逐步推行火葬；在火葬设施未建好前，如本市、县所辖的某些乡（镇）、村距离有火葬条件的邻市、县较近，交通方便，亦应做好说服动员工作，推行火葬。在暂时实行土葬的地区，当地人民政府应统一规划土葬用地，以乡、镇或自然村为单位，选择荒山瘠地建立公墓。提倡平地深埋、不留坟头的葬法。已占用耕地（包括个人承包耕地和自留地）的墓葬，限期迁入统一规划的墓地，迁移确有困难的，必须就地深埋。要求国家工作人员，尤其是各级领导干部，要带头实行殡葬改革。拒不执行国务院规定和本办法的，除给予批评教育外，还要视情给予经济和行政处分。各行各业要把改革旧的丧葬习俗、破除封建迷信，列入厂规、店规和乡（村）规民约，并作为评选文明单位和先进个人的条件之一。对在殡葬改革中作出显著成绩的单位和个人，由当地人民政府或民政部门给予奖励。在实行火葬的地区，任何单位和个人不得为土葬提供条件或服务，违者视情节轻重分别给予下列处罚：1. 买卖、出租、转让墓地或墓穴的，应没收其非法所得，并处以罚款。2. 机关、企事业单位和个人提供机动车辆为土葬服务的，应追究单位领导人和驾驶员的责任。3. 经营、出售棺木和其他土葬用品的，由工商行政管理部门给予批评教育，并处以罚款。干扰殡葬改革，煽动闹事，侮辱、殴打殡葬管理和殡葬改革工作人员的，公安部门要按照《治安管理处罚条例》严肃进行处理；触犯刑律的，依法追究其刑事责任。

安徽省各市、县火葬场建场时间与投资情况统计表

表 11-3-2

火葬场所有市县	批准建场时间	开始火化时间	省投资款数（万元）	1988 年		
				火化炉（台）	接尸车船	职工人数
总计			855.44	135	112	879
合肥市	1959	1961.1	2	4	58	
肥东县	1974.4	1976.6	15.50	1	1	15
肥西县	1977.7		14.00	2	2	8
长丰县	1974.4	1976.1	11.50	2	1	9
芜湖市	1958	1958.3	2.50	1	6	36

续表 11-3-2

火葬场所有市县	批准建场时间	开始火化时间	省投资款数（万元）	1988 年		
				火化炉（台）	接尸车船	职工人数
芜湖县	1976.7		15.00	2	1	14
繁昌县	1972.2	1974.4	9.48	2	3	11
蚌埠市	1959.7	1959.12	3	5	24	
固镇县	1975.6	1977.7	13.50	2	1	15
五河县	1976.7	1979.4	13.50	2	2	18
怀远县	1977.6	12	1	1	12	
安庆市	1957	1957	2	2	28	
马鞍山市	1959	1971.6	4.00	2	2	18
当涂县	1972.9	1975.5	12.00	2	3	10
铜陵市	1970	1973.9	8.50	2	2	17
淮南市	1964	1966.5	10.30	2	3	25
淮南潘集	1977.4		9.00	2	1	9
凤台县	1975.6		13.50	2	1	10
淮北市	1969.5	1972	11.00	2	2	17
溪濉县	1977.6		12.00	2	3	15
巢湖市	1969.9	1973.1	12.70	2	2	13
庐江县	1969.9	1977.4	12.00	2	2	14
无为县	1973.5	1976.6	9.70	2	3	11
含山县	1974.4	1977.5	11.40	2	1	11
和县	1974.4	1977.1	12.40	3	1	12
六安市	1969.9	1971.9	13.70	2	3	13
舒城县	1975.3		16.00	2	2	11
霍山县	1977.7		13.00	2	2	5
霍邱县	1973.10		18.00	2	1	12
寿县	1975.3	1978.7	17.00	2	2	12
怀宁县	1973.5	1975	10.30	2	1	9
枞阳县	1973.5	1977.5	14.00	2	1	9
桐城县	1972.9	1975.10	10.40	2	1	11
望江县	1974.4	1977.6	13.50	2	1	11
太湖县	1976.7		15.50	2	1	9
潜山县	1975.6	1978.5	13.00	2	1	7

续表 11-3-2

火葬场所有市县	批准建场时间	开始火化时间	省投资款数（万元）	1988 年		
				火化炉（台）	接尸车船	职工人数
宿松县	1974.4	1976.7	13.20	3	1	12
贵池县	1976.7	1978	15.00	2	1	8
宣城县	1973.10	1977.3	14.90	2	1	12
郎溪县	1974.8	1978.7	14.10	2	1	10
广德县	1974.8	1978.9	13.50	2	0	10
宁德县	1976.6		13.50	2	2	9
泾县	1976.7	1979	17.00	1	1	8
滁州市	1969.6	1971.6	9.50	2	2	13
来安县	1973.10	1975.11	9.00	2	1	13
全椒县	1973.10	1976.5	15.00	2	2	11
定远县	1974.8	1977.9	13.00	2	1	16
凤阳县	1974.8	1977.8	14.50	2	1	14
嘉山县	1972.5	1975.3	6.48	2	2	10
天长县	1973.2	1974.10	13.50	2	2	7
宿州市	1968	1970	5.48	2	2	14
泗县	1977.6	14.50	2	1	14	
灵璧县	1977.6	1979	14.50	2	1	9
萧县	1972.9		15.00	2	1	11
砀山县	1973.10	1977.5	12.00	3	2	14
阜南县	1974.8	1977.5	14.00	2	2	11
阜阳县	1976	1976	12.00	2	2	13
涡阳县	1974.8		14.00	2	2	14
蒙城县	1973.10	1976	11.50	2	1	13
太和县	1973.10	1976	11.50	2	1	12
亳县	1972.5	1976	12.00	2	2	7
界首县	1974.8	1976.9	12.00	2	1	8
临泉县	1975.6		14.00	2	1	14
颍上县	1977.4		20.40	2	2	11
利辛县	1975.3		14.50	2	1	12
屯溪市	1973.5	1977	15.00	2	1	10

说明：1. 合肥、蚌埠、安庆市火葬场系“文化大革命”前投资建场，经费未统计；

2.马鞍山市三次筹建火葬场。第一次1959年筹建，1961年建成，试炉失败。1964年第二次筹建，1966年6月建成试用，因烟筒被撞坏停产。1979年第三次筹建，1971年6月开始火化；

3.1976年至1978年先后拨给金寨、歙县、休宁、旌德、岳西5县建火葬场经费61万元（包括总数内）。1981年停建

此后，各市、县人民政府根据本实施办法，结合当地实际情况，制定具体的实施细则。各级民政部门作为殡葬工作的主管部门，积极主动，争取工商行政管理、公安、交通、卫生、宣传、人事、劳动等部门，以及工会、共青团、妇联、侨联等群众团体，配合民政部门做好殡葬管理和殡葬改革工作，全省殡葬管理工作开始走上法制轨道。但各地进展不平衡。至1989年，全省火化率仅为12%，远远落后于先进省份。

1975—1989年安徽省火葬统计表

表11-3-3

年度	火葬场数（个）			火化尸体数（具）			全省平均火化率（%）
	合计	省辖市数（含辖县）	地辖市和县数	合计	省辖市数（含辖县）	地辖市和县数	
1975	19	8	11	9112	7828	1284	
1976	28	9	19	14866	10006	4860	
1977	41	9	32	18592	11189	7403	
1978	45	9	36	19283	10990	8293	15.48
1979	49	9	40	15939	10300	5639	12.00
1980	53	11	42	14000	9145	4855	9.73
1981	60	12	48	12293	7924	4369	6.39
1982	65	13	52	12764	8034	4730	6.40
1983	65	19	46	14262	9776	4486	6.72
1984	65	19	46	17213	11703	5510	7.65
1985	65	19	46	20587	14199	6388	9.33
1986	65	19	46	22253	15369	6884	10.30
1987	66	20	46	25164	17283	7881	9.56
1988	66	28	38	28351	20851	7500	12.47
1989	66	28	38	27457	20287	7170	12.20

说明：1988年撤安庆地区、安庆市，另组安庆市，原地区辖县改由市辖。本表自当年起对有关数字作相应改变

1991年，安徽省殡葬协会成立。省殡葬协会是省民政厅主管的非营利性社团组织，

围绕党和政府的中心工作，秉承“为会员单位服务、为殡葬职工服务、为殡葬事业服务”的宗旨，积极发挥桥梁和纽带作用，为促进安徽殡葬事业发展积极建言献策。

1992 年 2 月，安徽省委下发《关于党政干部和共产党员逝世后丧事改革的通知》。同年 6 月，省人民政府下发《关于深化殡葬改革的通知》。10 月，全省第三次殡葬改革工作会议在安庆市召开，由此掀起全省殡葬改革第一次高潮。

从 20 世纪 90 年代中期开始，安徽省火化率大幅度提高，跻身于全国殡葬改革先进行列。1995 年，全省火化遗体 11 余万具，平均火化率达到 39.1%。1996 年，全省火化遗体 16 余万具，平均火化率达 53.6%，排名全国第 9 位，火化量和火化率增幅连续 4 年居全国第一。1996 年 4 月，民政部在北京召开纪念毛泽东等老一辈无产阶级革命家签名倡导火化 40 周年座谈会，省民政厅副厅长丁四金作为全国特邀代表参加会议。90 年代末，全省火化率达到 73%，巢湖、淮南等 8 个地市和寿县、当涂等 25 个县（区）火化率达到 100%。1997 年 6 月，巢湖行署、亳州市政府和寿县、凤台县被民政部表彰为全国殡葬改革工作先进集体。

进入 21 世纪后，安徽省的殡葬改革在波动中发展。其中，2001 年至 2004 年，安徽部分地区殡葬改革一度出现滑坡，2004 年全省平均火化率下滑至 62%。

2005 年 5 月，省民政厅在深入调研的基础上，认真分析全省殡葬改革工作的形势，提出深化殡葬改革的指导意见。同年 8 月，省政府办公厅下发《关于进一步加强殡葬管理工作的通知》，提出新时期殡葬改革的目标任务及其对策措施，明确政府有关部门的职责。为贯彻省政府通知精神，深入推进殡葬改革，省民政厅及时研究制定《关于开展殡葬管理专项整治活动的实施意见》，并在阜阳市召开全省深化殡葬改革工作会议。

从 2005 年下半年开始，全省各地陆续开展殡葬管理专项整治活动，掀起了新一轮的殡葬改革热潮，有效地遏制了火化率下降的趋势，推进了殡葬改革稳步健康地发展，全省平均火化率达到 80%。巢湖市火化率连续 10 多年保持 100%，合肥市、蚌埠市、马鞍山市、芜湖市、宣城市、铜陵市的火化率保持在 95% 以上。

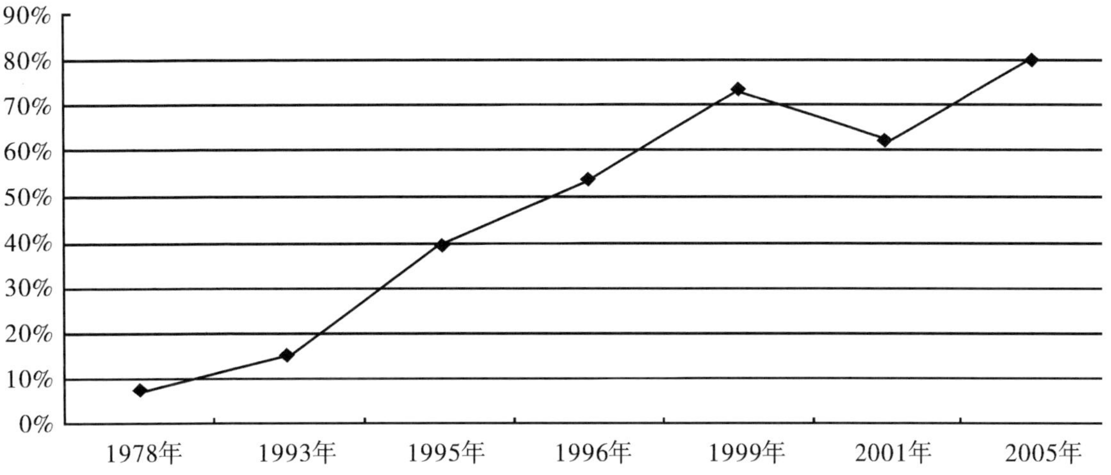

图 11-3-1　安徽省平均火化率变化示意图

规范殡葬 殡葬是人类自然的淘汰,是对死者遗体进行处理的文明形式,是社会发展的产物,也是文化传统的组成部分。殡葬改革是为经济社会发展的需要,在推行火葬的同时,积极改革土葬。坚持推行火葬,创新骨灰安葬方式。科学确定火葬区域和范围,根据人口密度、交通状况、设施配置和群众接受程度,逐步扩大火葬区。继续巩固提高火化率,推广节地葬法,着力治理“装棺二次葬”,倡导不保留骨灰,实现骨灰安葬多样化,降低占地安葬比例。积极改革土葬,依法管理殡葬活动。不具备火葬条件的地方,要加大宣传力度,引导群众转变观念,移风易俗,积极参与土葬改革,治理乱埋乱葬,逐步缩小土葬区。严格限制墓葬用地,尽可能选择荒山瘠地实行遗体相对集中安葬,推广不留坟头的遗体安葬方式。

安徽省地形复杂,南北差异较大,长江以南和大别山区地势高,交通不便。为方便山区农民群众安葬,减轻群众的丧葬负担,1986年8月11日颁布的《安徽省人民政府关于殡葬管理的实施办法》中,划定地处大别山区的金寨县、岳西县和皖南山区的南陵、青阳、歙县、休宁、祁门、黟县、绩溪、石台、旌德、东至县和黄山市共13个市县为土葬改革区,可暂实行土葬。1994年,省政府根据交通状况和殡葬服务设施改善情况,在深入调研、广泛征求意见的基础上,重新划定土葬改革区,将南陵县整个区域、休宁县县城、歙县县城以及黄山市的屯溪区、徽州区划出土葬改革范围。“十一五”期间,随着交通条件的改善,全省土葬改革区的多数城镇人口死亡后将不再实行土葬。

土葬改革地区大多是山区,荒山瘠地较多,消息比较闭塞。针对这些特点,一是利用媒体加大殡葬改革政策法规宣传力度,发挥乡村红白理事会在农村丧葬活动中的监督疏导作用,营造土葬改革氛围。二是利用土葬区山地林地较多、植被比较茂盛的特点,引导广大群众选择荒山瘠地安葬,提倡和鼓励遗体深埋不留坟头,遏制乱埋乱葬和“青山白化”现象。三是统一规划土葬用地,兴建遗体公墓。在城区,以县城为中心,由殡葬事业单位或利用社会资金兴建集体公墓,解决城镇死亡人口遗体的安葬问题。农村一般以村或乡镇

图 11-3-2 安徽省土葬改革区分布示意图(图中深颜色区域为土葬改革区)

为单位，由村民委员会兴建，政府给予一定的资金支持，属公益性公墓，引导和鼓励村民遗体入墓安葬。截至2005年年底，全省建有经营性遗体公墓12处，公益性公墓（含公共埋葬点）100余处。黄山市所辖多数县（区）积极推行草坪葬、树葬等生态型葬法，收到了较好的效果。

全省大部分土葬改革县（区）政府制定地方性政策法规，建立土葬改革工作机制，将土葬改革纳入政府目标管理，以此敦促各级政府加强对土葬改革的重视，加大土葬改革政策支持和资金投入，确保土葬改革健康有序推进。2005年，省人民政府办公厅专门下发文件，在全省范围内组织实施殡葬管理专项整治工作。"十一五"以来，安徽省土葬改革区先后平毁、迁移散葬坟墓8万多座，平坟（墓）还田（林）近3000亩，兴建生态型墓地300余处，新增植被、绿化近3000亩，多数地区"三沿、五区"可视范围内基本实现无坟化。

2008年年底，全省平均火化率达到82%，新建成1个殡仪馆、2个经营性公墓（陵园）和34个农村公益性公墓、12个骨灰公祭堂。

第二节　殡葬管理

殡葬管理内容包括：殡葬设施管理、遗体处理和丧事活动管理、殡葬设备和殡葬用品管理等。即：各级人民政府民政部门根据本行政区域的殡葬工作规划和殡葬需要，提出殡仪馆、火葬场、骨灰堂、公墓、殡仪服务站等殡葬设施的数量、布局规划，报本级人民政府审批。建设殡仪馆、火葬场，由县级人民政府和设区的市人民政府的民政部门提出方案，报本级人民政府审批；建设殡仪服务站、骨灰堂，由县级人民政府和设区的市人民政府的民政部门审批；建设公墓，经县级人民政府和设区的市、自治州人民政府的民政部门审核同意后，报省人民政府民政部门审批。利用外资建设殡葬设施，经省人民政府民政部门审核同意后，报国务院民政部门审批。农村为村民设置公益性墓地，经乡级人民政府审核同意后，报县级人民政府民政部门审批。任何单位和个人未经批准，不得擅自兴建殡葬设施。农村的公益性墓地不得对村民以外的其他人员提供墓穴用地。禁止建立或者恢复宗族墓地。

法规建设　根据国务院《殡葬管理条例》《安徽省殡葬管理办法》规定，安徽省的殡葬改革工作，在推行遗体火化为主的葬式改革，实行以"绿色殡葬"为主题的葬法改革，加强殡葬法规政策建设，改革殡葬管理服务体制为主要内容的体制改革，健全殡葬设施，完善殡葬服务，做好清明节管理、服务工作等方面，做大量卓有成效的工作，取得显著成绩，为促进经济社会发展作出积极贡献。

1986年8月，省人民政府制定《安徽省火葬场管理试行办法》，规定，按照国家划定推行火葬地区的标准和全省各地建有火葬场的现实状况，确定合肥、马鞍山、铜陵、蚌埠、淮南、淮北市及所属各县，芜湖、安庆以及屯溪、六安以及阜阳、宿县、滁县，巢湖、宣城地区各市、县；芜湖、繁昌、六安，霍邱、寿县、舒城、霍山、怀宁、桐城、潜山、太湖、宿松、望江、枞阳和贵池县为我省实行火葬的地区。上述地、市，县境内，少数交通不便的偏僻山村，可划为暂不实行火葬区。具体范围由市、县人民政府确定。各市、县人民政府可根据本实施办法，结合当地实际情况，制定具体实施细则。本实施办法由省民政厅负责解释。同时颁发《安徽省殡葬管理实施办法》。

1994 年 2 月，省人民政府颁布《安徽省殡葬管理办法》，规定民政部门是殡葬管理工作的主管部门，公安、卫生、建设、工商、土地等部门应协助民政部门做好殡葬管理工作。在本省范围内，除因条件限制的金寨、岳西、旌德、绩溪、休宁（不含县城）、歙县（不含县城）、黟县、祁门、石台、青阳、东至 11 个县和黄山区为土葬改革区外，其他各市、县均为实行火葬的地区。实行火葬的地区内少数交通不便难以开展火葬的边远乡、村，可暂不实行火葬。具体乡、村由当地县（市、区）人民政府提出，报省民政厅批准。土葬改革区应当进行土葬改革。当地市、县人民政府应当利用荒山瘠地，本着有利于发展生产建设、节约土地、文明节俭、方便群众的原则规划土葬用地。县可建立经营性公墓，乡（镇）、村可建立公益性公墓。公墓内的遗体应平地深埋，不留坟头。

1999 年，省民政厅制定《安徽省公墓建设规划》，建立公墓年检制度。要求各地切实加强公墓管理，坚决制止擅自建墓、滥建乱葬和公墓经营活动的不正当行为。年底前，各地要对现有公墓进行一次全面清理整顿，彻底摸清经营性公墓（塔、陵园）、公益性公墓（骨灰堂）的数量、规模和经营管理情况，针对存在的问题，采取有力措施，坚决予以整改。坚决执行《安徽省公墓建设规划》，严格审批制度，严禁乱批乱建。坚决禁止经批准兴建的经营性公墓（塔、陵园）炒买炒卖墓穴（格位），不得随意其扩大面积或超标准建墓；对擅自扩大墓穴面积、乱占土地及炒买炒卖墓地和骨灰格位的，要依法进行查处。未经批准擅自兴建或在禁止建墓的地方兴建墓园、墓地的，要立即停止建设活动，一年内移迁或平毁，恢复地貌。对违法建墓和非法经营的，要追究直接责任人和有关领导的责任。各地要把治理乱埋乱葬作为整治的重点，尽早恢复自然景观和生态环境。力争用一年左右的时间，较好地解决非法公墓的问题，使全省公墓建设规范化、合法化，逐步实现生态型、园林化的要求。2000 年以来，进一步健全完善相关管理制度，规范殡葬单位管理和殡葬服务收费，有效地保障殡葬工作健康有序地开展。

1997 年、2004 年分别对其部分条款进行修订。2004 年 6 月 21 日省人民政府常务会议审议通过修改《安徽省殡葬管理办法》，禁止占用耕地（包括个人承包耕地和自留地）作墓地。已占有耕地的坟墓，应限期迁出或就地深埋。禁止买卖或非法转让、出租墓地、墓穴。禁止恢复或建立宗族墓地。因国家基本建设或农田基本建设而迁移或平毁的坟墓，禁止返迁或重建。建设用地内的坟墓，建设单位应在用地前一个月通知墓主在规定的期限内认领起葬，所需费用按有关规定由建设单位承担。无主坟墓由建设单位负责遗骨火化或就地深埋。殡仪馆、经营性公墓由市、县人民政府统一规划，报省民政厅批准，市、县殡葬管理部门兴办。公益性公墓由乡（镇）人民政府统一规划，报县（市、区）民政部门批准，乡（镇）、村兴办。建造殡仪馆的费用，列入市、县基本建设计划。从事殡葬业务的单位，应自觉遵守殡葬管理的有关规定，方便群众，增强服务观念，提高服务质量。

安徽省殡仪馆统计表

表 11-3-4　　单位：个、人、万元

年份		1994	2001
单位数（个）		66	68
年末职工人数（人）		1070	1694
火化炉数（个）		138	168
全年处理遗体数（具）		69506	205325
资产合格		–	20452
	固定资产原值	11099	14040
负债合计		–	4514
净资产合计	–	15938.8	
	事业基金	–	2046.5
收入合计	–	10211.5	
	财政补助收入	–	503.6
	事业收入	–	9208.1
支出合计		–	9680.3
纳税总额		–	8.4
利润总额		275.4	460.1
亏损总额		–	–

2005 年 5 月，省人民政府办公厅下发《关于进一步加强殡葬管理工作的通知》（以下简称《通知》），指出全省各地认真贯彻落实国务院《殡葬管理条例》和《安徽省殡葬管理办法》，积极推行殡葬改革，不断加强殡葬管理工作，全省平均火化率保持了较好水平。但是，近一时期，一些地方殡葬改革工作出现较大滑坡，殡葬管理工作有所放松，主要表现在：一是少数地方殡葬改革工作进展缓慢，“以罚代葬”“以罚代化”问题突出，火化率大幅下降；二是毁林造墓、毁田造墓、滥建公墓现象屡屡发生，严重地破坏生态环境；三是殡葬活动中封建迷信活动、大操大办之风有所抬头，殡葬用品市场管理混乱；四是一些殡葬服务机构服务质量差，收费高，群众意见较大。为进一步推进殡葬改革，加强殡葬管理，推进“和谐安徽”“生态安徽”建设，加强殡葬管理，大力推进火葬实行火葬地区的各级政府要把推进火葬作为深化殡葬改革工作的重点，采取坚决有力的措施，

努力提高火化率。火化率高的地区要进一步深化改革，建立长效管理机制，防止滑坡反弹。火化率不稳定的地区，要认真剖析原因，落实责任，加强监督管理，确保火化率稳步上升。火葬工作尚未推开的地区，今年年底前要全面启动，加大力度，确保火化率不低于60%。对违反殡葬法规进行土葬的，要坚决起尸火化；骨灰入棺二次土葬的，要一律予以平毁，不留坟头。

《通知》下指出2005年年底前，各地要集中开展殡葬管理专项整治活动，加大对“以罚代葬”和“以罚代化”问题的查处力度，坚决打击和制止一切妨碍火化的行为，彻底清除城乡结合部、耕地、林地、风景名胜区、文物保护区、水库河流堤坝、水源保护区和铁（公）路两侧的坟头、墓碑。加强公墓管理，彻底清查非法经营公墓各地要切实加强公墓管理，坚决制止擅自建墓、滥建乱葬和公墓经营活动中的不正当行为。年底前，各地要对现有公墓进行一次全面清理整顿，彻底摸清经营性公墓（陵园）、公益性公墓（骨灰堂、塔）的数量、规模和经营管理情况，并针对存在的问题，采取有力措施，坚决予以整改。要加强公墓建设规划，严格审批制度，严禁乱批乱建。要坚决禁止炒买炒卖经营性公墓（陵园）的墓穴（格位），不得随意扩大面积或超标准建墓。对擅自扩大墓穴面积、乱占土地及炒买炒卖墓地和骨灰格位的，要依法进行查处。未经批准擅自兴建或在禁止建墓的地方兴建墓园、墓地的，要立即停止建设活动，一年内迁移或平毁，恢复地貌。对违法建墓和非法经营的，要追究直接责任人和有关领导的责任。要加强对农村兴建公益性公墓或骨灰堂的规划，严格控制建设规模和数量，严禁滥建和乱收费。公益性公墓、骨灰堂除收取成本费外，不得从事任何经营活动。大力提倡和推广骨灰树葬、花葬或草坪葬等安葬形式，鼓励和引导群众把骨灰撒入江河、湖海、森林或存放骨灰堂。规范殡葬服务和祭祀行为，全面清理整顿丧葬用品市场殡葬主管部门和服务单位，要根据殡葬管理法规和实际情况，合理确定服务项目和收费标准，并对外公开承诺，坚决纠正殡葬服务单位高收费、乱收费以及向丧户“吃、拿、卡、要”等行业不正之风。要大力倡导文明治丧，加强殡葬服务场所管理，规范丧葬用品市场，严禁在火化区生产、销售土葬用品，坚决整治大操大办丧事和祭祀活动中的封建迷信活动。未经批准，任何单位或个人不得擅自进行遗体火化和遗体运送服务。加快殡葬设施建设，改善殡葬服务条件各地要把殡葬设施建设纳入社会发展总体规划，抓紧制定和完善建设或改造方案。要逐步放开殡葬建设市场，鼓励、支持和引导社会资本进入殡葬业，逐步改善殡葬设施。殡葬设施的建设或改造，要统筹规划，加强管理，严格审批手续。兴建、扩建殡葬设施（公益性除外）或变更殡葬设施所有权和经营权的，须经县级人民政府和设区的市民政部门同意，报省民政厅批准。未经批准，任何单位或个人不得擅自兴建、扩建殡葬设施或改变其所有权和经营权。

《通知》根据省政府《殡葬管理办法》规定，各相关部门要各负其责，相互支持，密切配合，形成殡葬改革的合力。民政部门要认真研究制定深化殡葬改革的规划和措施，会同有关部门依法加强殡葬管理，加大殡葬法规宣传力度，并积极推进内部改革和管理,加强行业自律,不断提高服务质量。国土资源部门要依法加强对殡葬用地的审批管理,并会同民政等部门制定殡葬用地规划,查处非法殡葬用地、乱建坟墓的行为。林业部门要依法加强林地保护与管理,认真查处毁林造墓等违法行为,林业单位不得擅自利用林地建造公墓,开展经营活动。公安部门对丧葬活动中扰乱社会秩序、危害公共安全、侵害他人合法权益,构成违反治安管理行为的,要依法予以治安管理处罚;构成犯罪的,依法追究刑事责任。民政、工商行政管理部门要加强殡葬用品市场管理,坚决打击和查处非法生产、经营、销售丧葬用品以及利用墓穴(格位)进行炒买炒卖的不法行为。卫生部门要加强传染病患者遗体的防疫工作,指导殡葬管理部门做好传染病患者遗体的消毒处理工作,医疗机构要按照规定做好死亡病员的尸体处理,配合殡葬管理部门做好尸体管理和接运,严防尸体非法外运。市容管理部门要加强对城区治丧环境的管理,坚决制止沿街、沿路乱设灵堂、抛撒冥纸和燃放鞭炮等扰民行为。文化管理部门要加强对丧葬乐队的管理,坚决依法查处乐队违法演出行为。监察等有关部门要严肃查处国家工作人员在殡葬活动中的违规违纪问题,以及借殡葬改革之机为单位和个人捞取钱财等行为。新闻单位要广泛宣传殡葬改革的有关法规政策和各地涌现出来的正面典型,适时对反面典型案例进行曝光,使广大人民群众自觉树立移风易俗、文明治丧的新风尚。

改善环境　20世纪90年代至21世纪初,全省集中开展两次大的殡葬专项整治活动。一是90年代后期至2003年,先后开展非法公墓清理整顿和"以罚代葬"专项整治。按照省政府的部署,由省民政厅牵头,省公安厅、省监察厅、省林业厅、省工商行政管理局组成联合督查组,对全省经营性公墓建设进行清理整顿,依法查处肥西县东方功德园、青阳县九华佛国陵园的违规经营行为和一些地方"以罚代葬"的问题。二是从2005年下半年开始,集中两年多的时间,在全省集中开展殡葬管理专项整治活动,重点整治乱埋乱葬的行为和"青山白化"现象,打造"绿色殡葬""生态殡葬"。通过集中整治,全省清理整顿非法公墓20余处,查处违法违规案例100余起,平坟170余万宗,还田(林)2.6万余亩,收缴销毁非法生产、销售丧葬用品15万余件,"青山白化"现象基本得到遏制,殡葬环境明显得到改善。

2008年2月,省民政厅下发《关于治理"青山白化"改善殡葬环境的通知》,指出受传统观念影响,逝者火化后骨灰仍"二次入土",致使田间地头坟墓随处可见,尤其是城市周边地区的高速公路两侧乱埋乱葬现象屡见不鲜,"青山白化"现象日趋严重,影响了城市市容,破坏了生态环境。为巩固全省殡葬管理专项整治成果,推进文明创建工作,通过1年时间的集中治理,有效遏制"青山白化"和乱埋乱葬行为,进一步净化殡葬环境,保护生态环境,改善城市形象。本次集中整治的范围是城市机场周边地区、公(铁)路两侧、风景名胜区、水源保护区、文物保护区、耕地、林地擅自建设和乱埋乱葬的坟墓。要重点清理乱埋乱葬的坟墓;对经批准建设的公墓植被绿化、墓穴、墓碑面积等进行整治。要求各市、县(市)、区要结合当地实际,在充分尊重民俗的基础上,择时开展阶段性集中整治。对城市周边高速公路两侧乱埋乱葬坟墓进行重点整治，必须做到墓碑小型平置、绿化遮挡到位。对于绿化遮挡效果不佳，仍然有碍观瞻的，必须平坟深埋或者迁址集中安葬。经营性公墓和公益性公墓要加大植被绿化覆盖率，美化环境，恢复原来生态。公墓植被绿化情况以及墓穴、墓碑是否超面积，将作为今后公墓年检的必要条件。要督促墓主在规定时间内自行按要求将坟墓深埋或迁移。对逾期未按要求整治的坟墓，各市、县（市）、区要组织民政、规划、国土、园林、公安等部门开展联合执法，依法集中整治。整治结束后，整治范围内如再出现新建坟墓，或深埋坟墓重建、重修的，一律按无主坟墓进行平毁处理。同时强调治理“青山白化”，改善殡葬环境是一项长期性工作，各市、县（市）、区在专项治理工作结束后，要建立监管长效机制，并纳入工作目标责任考核范围，确保专项治理行动的成果从制度和机制上得以巩固。要确立变“堵”为“疏”的理念，规划、建设一批公益性公墓、公祭堂，将其作为民生工程扎实有效推进，为群众安葬、迁坟提供条件，引导群众文明、节俭、有序安葬骨灰，努力实现非公墓区无坟化目标。

“十一五”期间，全省各级民政部门进一步加大殡葬监督管理力度，扎实开展殡葬系统“优质服务月”活动，联合相关管理部门，对部分殡葬服务单位规范服务内容和程序进行检查指导，重点对清明节期间祭扫场所的安全、服务质量和殡葬用品销售等情况进行抽查，及时处理群众投诉，维护群众殡葬权益。2005 年，共接收处理群众来信来访 34 起，基本做到令当事人满意。特别是对媒体曝光、群众反映强烈的热点问题，及时组织调查并作出回应，不仅消除负面影响，还起到正面宣传作用，进一步增强殡改工作的透明度。按照民政部和省民政厅领导批示要求，组织对阜南县殡仪馆乱收费等问题进行查处，并及时向民政部反馈。组织清理殡葬服务价格，全面落实殡葬服务项目、收费标准、服务内容、服务程序、服务承诺、服务监督“六公开”，实施“阳光殡葬”，开展“一站式”服务。

2008 年清明节期间，全省清明祭扫人数达到 1600 万人次，车辆 55 万余辆次。其中清明节 3 天（4 月 3 日—5 日），全省清明祭扫人数达 320 多万人次，车辆近 39 万辆次。祭扫人数比上年有所增加，车辆同比增加 60%。由于提前谋划，应急响应，组织有序，全省祭扫活动安全有序，实现民政部提出的“文明祭祀、平安清明”的工作目标。

2008 年年底在江西赣州召开的全国殡葬改革推进会上，合肥市民政局、黄山市民政局、巢湖市民政局、马鞍山市殡仪馆、淮北市殡葬服务中心等 5 个先进单位和合肥市小蜀山陵园闫建平、铜陵市民政局蔡梅林、滁州市殡仪馆邵国庆、蚌埠市民政局计刚、淮南市殡葬管理处解厚金、六安市民政局沈荣善、宿州市殡葬管理处王惠、宁国市民政局于建军、芜湖市殡仪馆梅建明等 9 名个人分别被民政部表彰为全国殡葬改革先进单位和先进个人。

2009 年，全省各地认真落实民政部《关于进一步深化殡葬改革促进殡葬事业科学发展的指导意见》，进一步深化殡葬改革，强化殡葬管理，有效遏制“以罚代葬”“以罚代化”及乱埋乱葬现象，火化率稳步提高，全省平均火化率达到85%。巢湖市、马鞍山市、铜陵市火化率继续保持100%，滁州市、六安市、黄山市的火化率提高幅度较大。土葬改革稳步推进，黄山市土葬改革的经验在全国推广。合肥、铜陵等市先后出台惠民殡葬政策；开展“争创全国殡葬改革示范单位”活动，合肥市大蜀山文化陵园和蚌埠市殡仪馆被民政部确定为“全国殡葬改革示范单位”。

第三节　基础设施建设

殡葬基础设施建设包括殡仪馆、火葬场、骨灰堂、公墓、殡仪服务站建设等。根据国务院《殡葬管理条例》和安徽省殡葬管理有关规定，其中建设殡仪馆、火葬场，由县级人民政府和设区的市、自治区、直辖市人民政府的民政部门提出方案，报本级人民政府审批；建设殡仪服务站、骨灰堂，由县级人民政府和设区的市、自治州人民政府的民政部门审批；建设公墓，经县级人民政府和设区的市、自治州人民政府的民政部门审核同意后，报省、自治区、直辖市人民政府民政部门审批。任何单位和个人未经批准，不得擅自兴建殡葬设施。同时禁止在下列地区建造坟墓：耕地、林地；城市公园、风景名胜区和文物保护区；水库及河流堤坝附近和水源保护区；铁路、公路主干线两侧。严格限制公墓墓穴占地面积和使用年限。按照规划允许土葬或者允许埋葬骨灰的，埋葬遗体或者埋葬骨灰的墓穴占地面积和使用年限，由省、自治区、直辖市人民政府按照节约土地、不占耕地的原则规定。

殡仪馆建设　改革初期，由于殡葬法律制度不健全以及人民群众传统的丧葬观念根深蒂固，殡葬改革步履维艰。国务院《殡葬管理条例》和《安徽省殡葬管理办法》发布以后，全省各地扎实推进殡葬改革，依法加强殡葬管理，不断加快殡葬基础设施建设步伐，殡葬工作取得显著的变化和成就。截至2007年年底，共建成73个殡仪馆、94个经营性公墓（陵园）和3000余个农村公益性公墓（骨灰公祭堂）。全省拥有各类殡葬单位240个，殡葬职工和从业人员7600余人，全省平均火化率由1977年的7%提高到80%，跨入全国先进行列（全国平均火化率为52%）。

20世纪70年代末，全省建有殡仪馆47个，大部分按照“三五”（五亩地、五万元、五个人）的标准建设，条件比较简陋，服务功能单一。

1985年2月，国务院发布《关于殡葬管理的暂行规定》要求，在推行火葬的地区，市、县人民政府应制定推行火葬的具体规定；建立火葬设施和殡仪馆的费用，列入地方基本建设计划。有条件的地方，可因地制宜，集资兴建。凡不宜推行火葬或尚不具备推行火葬条件的地区，当地人民政府应本着有利于发展生产建设的原则，规划土葬用地。可以乡或自然村为单位，利用荒山瘠地建立公墓。提倡平地深埋、不留坟头的葬法。禁止占用耕地（包括个人承包耕地和自留地）作墓地。已占用耕地的坟墓，应限期迁出或就地深埋。禁止出租、转让、买卖墓地或墓穴。禁止恢复或建立宗族墓地。因国家基本建设或农田基本建设而迁移或平毁的坟墓，禁止返迁或重建。90 年代，全省新建殡仪馆 20 个。

1997 年 7 月，国务院发布《殡葬管理条例》，专门对殡葬管理提出要求。规定县级人民政府和设区的市人民政府应当制定实行火葬的具体规划，将新建和改造殡仪馆、火葬场、骨灰堂纳入城乡建设规划和基本建设计划。在允许土葬的地区，县级人民政府和设区的市人民政府应当将公墓建设纳入城乡建设规划。省、自治区、直辖市人民政府民政部门应当根据本行政区域的殡葬工作规划和殡葬需要，提出殡仪馆、火葬场、骨灰堂、公墓、殡仪服务站等殡葬设施的数量、布局规划，报本级人民政府审批。允许利用外资建设殡葬设施。此后，安徽省各地利用集资和招商引资，大力兴建和改善殡葬设施条件。

2003 年下半年开始，全省逐步开放殡葬建设市场，一些地方通过自筹资金和招商引资的方式，对殡仪馆进行改（扩）建或迁址重建，更新一部分火化设备。2004 年 8 月，安徽省人民政府公布《安徽省殡葬管理实施办法》，明确规定殡仪馆、经营性公墓由市、县人民政府统一规划，报省民政厅批准，市、县殡葬管理部门兴办。公益性公墓由乡（镇）人民政府统一规划，报县（市、区）民政部门批准，乡（镇）、村兴办。建造殡仪馆的费用，列入市、县基本建设计划。县可建立经营性公墓，乡（镇）、村可建立公益性公墓。公墓内的遗体应平地深埋，不留坟头。截至 2005 年年底，全省建成殡仪馆 73 个。其中，一级馆 1 个，二级馆 4 个，达到国家一级馆标准 6 个，二级馆标准 10 个。全省火化地区的市、县和县改区均建有一个殡仪馆，基本上满足群众遗体火化和殡仪服务的一般需求。

图 11-3-3　改建前的当涂县殡仪馆图

11-3-3　2004 年 5 月迁址新建后的当涂县殡仪馆

公墓建设　公墓分为经营性公墓和公益性公墓两种。20 世纪 90 年代，全省建有经营性公墓 50 余处。“十五”期间，各地积极筹措和引进社会资金，加快推进公墓建设，全省经营性公墓建设规模、档次和墓区环境有较大的改善。近年来，一些地方开始兴建或已经建成第二公墓区，建成以合肥市大蜀山文化陵园和铜陵市神仙山公墓为代表的园林化、生态型公墓。截至 2005 年年底，全省建成经营性公墓 94 个，火化区的各市、县和县改区均建有一个经营性公墓（陵园），合肥、芜湖、蚌埠、淮南等较大的市建有两个以上的经营性公墓。

从20世纪90年代后期开始，尤其是2005年，各地结合整治乱埋乱葬，加强公益性公墓建设规划，加大农村公益性公墓建设的投入。淮北市、亳州市等一些平原地区和六安市、巢湖市等地，因地制宜建起了骨灰公祭堂。全省已建成公益性公墓3000余个，骨灰公祭堂200余处，20%的乡镇或行政村建有公益性公墓或骨灰堂。

图11-3-5　大蜀山文化陵园草坪葬

2008年，省民政厅推广亳州市、蚌埠市、黄山市、马鞍山市公益性公墓建设的做法，启动公益性公墓生态建设试点，加强农村公益性公墓建设的指导。年内，全省新（扩）建经营性公墓5个，新建和改扩建殡仪馆10个，兴建农村公益性公墓200个，城乡殡葬条件逐步得到改善。2008年，全省投资近千万元，对200多个墓地进行植被绿化，新增植被绿化面积千余亩，对“三沿三区”散葬墓穴进行整治，平迁坟墓20余万宗，还田（林）2000余亩，公益建设及墓地环境进一步改善。

全省平均火化率从改革开放之初的7%提高至2008年年底的82%，全省的火化管理进入稳步推进的新阶段，跨入全国先进行列。并通过完善殡葬法规建设，开展殡葬管理专项整治活动，全省殡葬单位的经营服务行为日益规范，“以罚代葬”“以罚代化”等违规行为得到有效遏制，乱埋乱葬和“青山白化”现象逐步得到改善，健康文明的殡葬新风逐渐形成，全省殡葬环境明显好转。殡葬基础设施建设步伐加快。改革开放带来经济社会的快速发展，促进全省殡葬基础设施建设，逐步满足群众的殡葬需求。

第十二篇　民政事业管理

民政工作是各级党委和政府工作的重要组成部分；民政事业是中国特色社会主义事业的重要组成部分。民政工作直接面向社会公众，救助困难群众、抚恤优抚对象、造福老弱病残，事关广大人民群众的切身利益；民政部门肩负着基层政权建设、社会组织管理和其他专项社会事务管理的重任，事关社会和谐稳定大局。党和政府的爱民之情、亲民之义、为民之举，在一定程度上是通过民政工作来体现的；转变政府职能、加强社会建设、改善公共服务，很多决策是通过民政工作来落实的。可以说，民政工作是为改革发展稳定提供服务、营造环境、打好基础的重要工作，对改善民生、深化改革、推动发展、维护稳定、促进和谐具有重要意义。

安徽省委、省人民政府高度重视民政工作和民政事业发展，先后为加强民政工作作出一系列重大决策部署，指明民政事业前进的方向。全省民政系统以邓小平理论和"三个代表"重要思想为指导，认真贯彻落实科学发展观，紧紧围绕省委、省政府的中心工作，认真履职尽责、扎实工作，与时俱进、求真务实，主动适应形势、迎接挑战，不断取得新突破、新发展，开创全省民政工作的新局面。

进入21世纪以来，全省民政工作和民政事业取得长足发展，自然灾害应急救助有力、有序、有效，城乡居民最低生活保障制度全面建立，城市生活无着的流浪乞讨人员救助实现由强制性向关爱性的转变，覆盖全体人口的社会救助体系基本形成；老年人、残疾人和儿童社会福利服务事业快速发展，特殊群体基本生活权益得到保障；优抚安置政策不断完善、落实，军政军民团结的大好局面进一步巩固；村民自治和社区建设全面推进，基层民主建设不断加强；社会组织布局日益合理，整体质量明显提高；省、市、县（市、区）三级行政区域界线全面勘定，界线管理纳入法治化正常化轨道；婚姻、殡葬改革不断推进，"携手慈善、共创和谐"的时代旋律进一步弘扬。改革开放30年，是民政事业发展史上浓墨重彩的一页。民政部门在调节社会利益、化解社会矛盾、实现社会公平、维护社会稳定、促进社会和谐等方面，发挥重要作用，为安徽的崛起、改革开放和社会主义现代化建设作出积极贡献。

第一章　管理机构

民政工作内容广泛，在不同的历史时期，其任务也随着社会生产力水平和社会生活方式的发展变化而变化，其工作机构也相应地发生变化。省民政厅是安徽省管理全省民政工作的综合职能部门。主要任务是做好省内基层政权建设、优抚安置、救灾救济、社会福利、城乡低保、社会组织管理等工作，促进基层政权的巩固，促进部队建设，促进社会安定，为国家经济建设服务。

第一节　组织机构建设

根据2009年9月省人民政府办公厅印发的《安徽省民政厅主要职责内设机构和人员编制规定的通知》规定，省民政厅为省人民政府的组成部门，主要职责是：贯彻国家民政工作方针政策和法律法规，起草有关地方性法规规章草案；拟订全省民政事业发展规划和相关政策措施并组织实施和监督检查；承担依法对社会团体、民办非企业单位和基金会进行登记管理和监察责任；负责拥军优属、烈士褒扬和优抚对象的抚恤、补助、优待工作；拟订优抚相关政策、标准和办法；审核报批烈士称号，组织和指导拥军优属活动；承担省双拥工作委员会的有关具体工作；负责退役士兵、复员干部和军队离退休干部的接收安置工作；指导军队离退休干部休养所工作；指导和协调各地军供站工作；负责组织、协调救灾工作；组织自然灾害救助应急体系建设；负责组织核查、上报并统一发布灾情；负责救灾款物管理、分配及使用监督工作；组织、指导救灾捐赠工作；负责城乡居民最低生活保障、医疗救助、临时救助、生活无着人员救助工作；牵头拟订相关规划、政策和标准，指导城乡社会救助体系建设；拟订行政区划管理相关政策和行政区域界线、地名管理的有关办法；负责乡（镇）以上行政区域的设立、命名、变更和政府驻地迁移的审核报批工作；按规定承担行政区域界线的勘定和管理工作；负责省内重要和跨省市界的自然地理实体命名、更名的有关工作；拟订城乡基层群众自治建设和社区建设政策措施；指导社区服务体系建设，指导基层群众自治组织开展民主选举、民主决策、民主管理和民主监督工作；指导和协调村（居）务公开；推动基层民主政治建设；拟订社会福利事业发展规划和相关政策、标准；指导社会福利事业管理，组织指导社会捐助；促进慈善事业发展；组织和指导老年人、孤儿、残疾人等特殊群体权益保障工作；负责婚姻登记、儿童收养和殡葬的管理和业务指导工作；拟订相关政策措施，推进婚俗和殡葬改革；

按规定会同有关部门拟订社会工作发展规划、政策措施和职业规范，推进社会工作人才队伍建设和相关志愿者队伍建设；承办省政府交办的其他事项。

机构沿革 1980 年 1 月，省革命委员会民政局改为安徽省民政厅。同年 7 月，社会救济处撤销，分设城市福利处及农村救济处（下放居民办公室并入，对外保留建制）。1981 年，增设信访处；退休干部工作处改称军队退休干部安置处。全厅共设 11 个处室，编制 88 人。

1983 年，根据安徽省委、省人民政府部署，民政厅机构改革完成，厅机关原处室有增有减：信访处改为科，隶属于办公室，增设政策研究室（与办公室合署办公），选举办公室划出。全厅共设 10 个处室，定编 72 人。1985 年，军队退休干部安置处改为军队离休、退休干部安置办公室。1986 年 6 月增设老干部工作处。1988 年 10 月人事处改为人事教育处；12 月增设监察室。

1989 年 9 月，将原由民政处主办的基层政权建设及行政区划业务划出，另设基层政权建设处，并根据国务院批准的《民政部机构改革“三定”方案》确定业务范围，全厅共设业务处室 11 个（4 室 7 处），其职责如下：

办公室（含政策研究室）：文秘档案；通讯宣传；安全保卫；民政方针政策实施的调查研究；民政理论探索及民政法制建设研究；来信来访；行政后勤。

基层政权建设处：调查研究掌握基层政权建设情况，并提出改进和加强基层政权建设的意见；总结交流基层政权建设的经验；组织先进乡镇和先进村（居）民委员会的评比、表彰活动；培训乡镇长和村（居）民委员会主任；指导村（居）民委员会的组织建设和制度建设；制订和修改有关基层政权建设条例和规章制度；调整行政区划，调处边界纠纷。

优抚处：拥军优属；表彰先进；革命烈士审批褒扬；革命军人（包括武警）、机关工作人员、参战民兵民工牺牲、病故、残废抚恤；烈军属和残废、复员、退伍军人的优待补助；优抚事业单位管理；烈士事迹编辑、出版等。

复员退伍军人安置办公室：退伍义务兵、转业志愿兵接收安置；指导退伍军人两用人才的开发使用和军地共育人才的协调服务；指导军供站、供水站、军人接待站的建设与管理。

军队离退休干部安置办公室：军队离退休干部接收安置、服务、管理和干休所的建设。

生产救灾办公室：贯彻生产救灾方针政策；制定有关规章制度；掌握灾情；管理发放救灾款物；开展救灾工作改革；总结交流生产救灾工作经验。

城市社会福利处：城市社会福利事业单位规划建设与管理；组织与发展城镇福利生产，制定保护与扶持福利生产政策；培训生产技术人员；扶持有劳动能力的残疾人就业；残疾人康复工作；指导城市社区服务及假肢科研与生产。

农村救济处（包括扶贫办公室）：指导农村社会救济、“五保户”供养、敬老院建设与管理；规划与实施扶贫；举办农村扶贫经济实体；建立村级农民互助储金会；开展基层社会保障试点。

民政处：婚姻登记管理；婚姻习俗改革；培训基层婚姻登记工作人员；推进殡葬改革及殡葬单位服务管理。

计划财务处：民政事业费管理；厅直属单位基建投资、物资计划和固定资产管理；编制民政事业发展计划；制定财务管理规章制度；民政统计与编报工作。

人事教育处：组织与实施厅机关和直属事业单位的职工队伍建设；人事和劳动工资管理；指导民政系统干部队伍建设；制定民政教育发展规划；建立民政系统教育培训中心以及民政科技发展和职称评定。

在业务处室之外，厅内还设有：机关党委、监察室、老干部工作处、工会。按照省委、省政府和有关部门规定，做好机关组织建设、干部监督、职工政治思想教育和离退休干部服务工作。

此外，在合肥的厅以下机构有地名办公室、民政干部培训中心、生产救灾基金会、社会福利有奖募捐办公室4个二级事业单位。至1989年底，全厅编制工作人员138人（不包含事业单位及二级机构）。

1990年7月，增设社团管理处，定行政编制5名；12月，增设审计处。1991年6月，增设政策法规处；城市福利处更名为福利生产处，农村救济处更名为社会福利事业处。

1995年9月，根据中共中央、国务院《关于安徽省党政机关机构改革方案的通知》和安徽省委、省人民政府《关于实施省直党政机构改革方案的通知》要求，进行新的机构改革，保留省民政厅为省政府组成部门。根据职能配备，全厅共设17个职能处室及机关党委。

办公室：协助厅领导组织管理机关工作；协调机关各处室、直属事业单位的工作关系，制定机关各项工作制度，起草有关文件和报告，研究制订民政工作政策法规；负责会议组织、文秘、信息、宣传、档案、信访、保密和机关办公自动化等机关行政事务工作。

优抚处：负责拥军优属工作和优抚对象的抚恤、优待、补助及国家机关工作人员伤亡抚恤工作；制订抚恤优待政策法规，调整标准，完善优抚制度；审批、褒扬革命烈士；指导优抚医疗事业单位和烈士纪念建筑物的管理工作。

复员退伍军人安置处（省复员退伍军人安置办公室）：负责全省退伍义务兵、转业志愿兵和复员干部的接收安置；研究制订有关法规、制度并组织实施；指导地方退伍军人两用人才的开发使用和军地共育人才的协调服务工作；协助部队军运和指导军供站、供水站和军人接待站的管理工作。

军队离退休干部安置处（省军队离退休干部安置办公室）：负责军队（含武警）离退休干部、无军籍退休退职职工和退休志愿兵接收安置、服务管理和干休所的建设工作；研究制订军队离退休干部、无军籍退休退职职工安置管理的法规、政策。

生产救灾处（省生产救灾办公室）：研究制订有关生产救灾方针、政策并检查监督执行情况；管理发放救灾款物，接收分配外援和捐助的救灾款物；组织生产自救、互济互助活动；负责农村社会救灾工作和农村贫困户的扶持工作；负责救灾信息系统管理和救灾物资仓储管理；协调救灾抗灾协会工作。

农村社会保险处：负责全省农村（含乡镇企业）的社会养老保险工作；制定有关农村社会养老保险的政策法规和农村社会养老保险发展规划并组织实施；推动地、市、县建立和完善农村社会养老保险制度和管理体系；指导、监督农村社会养老保险基金的管理和使用。

社会福利事业处：负责全省社会福利事业工作，研究制订全省社会福利事业发展的方针、政策和法规；负责社会福利院、儿童福利院、麻疯病院的生活救济；负责农村敬老院和五保工作；主管城市社会救济和精减老职工、下放居民的社会救济工作；负责全省流浪乞讨人员收容遣送和孤儿、弃婴的收养工作；指导全省城市社区服务工作。

社会福利生产管理处：编制并组织实施全省福利生产发展规划；制订并监督落实全省福利生产扶持保护政策；负责全省各类福利企业的年检认证和技改项目的审报工作；指导全省有劳动能力的残疾人就业工作；管理全省假肢科研与生产。

基层政权建设处（省基层组织领导小组办公室）：负责全省城乡基层政权和基层群众自治组织建设的日常工作，制订、修改有关法规；指导先进乡镇、村委会、居委会的表彰活动和干部培训工作；负责村民委员会组织法和居民委员会组织法的贯彻实施，指导、推广村民自治活动。

区划地名处：拟订行政区划和地名管理的政策法规；研究行政区划总体布局，拟订设市、镇预测规划；承办县、乡行政区域的设立、撤销、更名、界线变更及驻地迁移的审核报批；负责全省行政区域界线的勘界工作；调处边界和地名争议，向省政府提出仲裁建议；拟订地名技术规范，定期向社会发布标准地名信息，管理监督地名标志。

社团管理处：研究制订社团管理工作地方性法规；负责全省性社团和全省各级各类基金会的审批、登记和监督管理；指导地市以下社团登记、管理工作；协调各业务主管部门与社团之间的关系；负责培训社团管理干部和社团干部；负责对全省社团、涉外社团违法行为的查处和地方社团不服处罚申诉的复议工作。

社会事务处：制订婚姻登记和管理工作的政策，承办省内及涉外、涉港澳台胞和华侨及留学生的婚姻登记与管理工作；指导婚姻习俗改革工作；拟订妇女儿童保护方面的政策法规；负责全省和涉外孤儿、弃婴的领养工作。负责全省殡葬改革，拟定有关政策法规，检查监督执行情况，并指导各地、市、县的有关业务工作。

计划财务处：负责全省民政事业费的管理工作；编制全省民政事业发展计划，制订有关计划、财务管理方面的政策法规；检查民政事业费的预算、管理使用以及物资、基建、技术引进、技术改造贷款等计划的落实情况。负责全省民政业务统计工作及其基础建设；指导、审核厅直属事业单位的经营服务活动。负责全省民政系统的科技工作。

离退休人员管理处：负责全省过去接收的地方党政机关、群众团体、事业单位的退休工人、易地安置的退休干部以及厅机关离退休干部和工人的管理工作；负责组织离退休人员的政治学习、文体活动、生活服务及福利工作。

省双拥工作委员会办公室：贯彻党中央、国务院、省委、省政府关于双拥工作的方针、政策，拟定全省双拥工作规划，并组织实施；指导全省开展创建双拥模范城（县）和军民共建活动，表彰全省双拥模范城（县）、单位和先进个人；协调军政军民关系，解决军地矛盾和军民纠纷，处理军地历史遗留问题；承办省双拥工作委员会交办的其他事项。

人事教育处：负责机关和直属单位人事与劳动工资管理、机构设置、人员编制及职称聘评工作；指导全省民政系统干部队伍建设；编制民政教育发展规划，进行民政人才需求预测；负责民政系统的职工培训和表彰工作。

机关党委：负责厅机关及所属单位的党群工作。

在这些处室之外，根据有关规定设置了监察室和审计处。

1995年机构改革，省机构编制委员会办公室核定省民政厅的行政编制为130名。1996年4月，省双拥工作委员会办公室更名为省双拥工作委员会联络处。同年12月，省机构编制委员会办公室同意省民政厅增加6名行政编制，1名用于省军队离退休干部安置办公室，5名用于省勘界工作。

2000年，安徽省委、省人民政府根据中共中央、国务院《关于安徽省人民政府机构改革方案的通知》，设置安徽省民政厅。同年8月，省政府办公厅印发《安徽省民政厅职能配置、内设机构和人员编制规定》。省民政厅是主管社会行政事务的省人民政府组成部门，根据承担的职责共设12个职能处（室、局）。部分职能进行调整：其中将农村社会养老保险职能交给省劳动和社会保障厅；将民办非企业单位的登记管理职能、组织协调救灾抗灾职能划归民政厅；将各类民政事业单位的管理服务和等级评定职能、福利企业经营管理和技术改造项目申报和审批职能、国内外对省政府以外的捐赠接收、社团和民办非企业单位年度检查的具体事务、指导残疾人康复、假肢科研职能，分别交给企业事业单位、社会中介组织或下级政府民政部门承担。处室职能如下：

办公室：协助管理厅机关日常工作，负责公文处理、督查督办、政务信息、信访、新闻宣传、机要保密、档案等工作；承办综合性文件的起草和重要会议的组织工作；负责全省民政系统的普法教育、法制宣传和行政执法责任制工作；负责厅机关的行政复议、行政诉讼案件处理工作。

民间组织管理局：研究拟定全省社团的政策法规；负责全省性社团的登记和年度检查；研究提出会费标准和财务管理办法；指导和监督全省社团活动，查处社团组织的违法、违纪行为，取缔未经登记而以社团名义开展活动的非法组织；负责全省基金会的登记、年度检查和基金使用稽核工作。指导和监督各市的社团登记管理工作。研究全省民办非企业单位发展规划，研究拟定管理民办非企业单位的政策法规；负责省直和中央驻皖单位所属和挂靠的民办非企业单位的登记和年度检查；研究提出有关财务、收费管理办法;查处民办非企业单位的违法行为,取缔未经注册登记的民办非企业单位;指导和监督各市的民办非企业单位登记管理工作。

优抚处:负责全省拥军优属工作和优抚对象的抚恤、优待、补助工作;执行国家制定的抚恤优待政策法规,完善优抚制度;审核报批革命烈士称号及负责烈士褒扬工作;指导优抚医疗事业单位和全省光荣院、烈士建筑物的管理工作;负责拥军优属基金、优待金的建立、管理工作。

安置处(省复员退伍军人和军队离退休干部安置领导小组办公室):研究拟定全省有关复员退伍军人和军队离退休干部安置管理方面的政策法规,负责全省退役士兵、伤残军人和复员干部的接收安置工作;指导各市退伍军人两用人才的开发使用和共育人才的协调服务工作;协调部队军运和指导军供站、供水站、军人接待站的管理工作;负责全省军队离退休干部、退休士官和无军籍退休退职职工的接收安置和干休所的建设工作。

救灾救济处(省生产救灾领导小组办公室):研究拟定全省救灾和社会救济工作的政策法规并监督实施;组织协调全省救灾抗灾工作;调查、掌握、上报灾情;管理发放救灾款物;承担国内外对省人民政府捐赠救灾款物的接收和分配工作;负责救灾信息系统管理和指导救灾物资仓储管理;建立和实施全省农村居民最低生活保障制度;组织和指导全省扶贫济困等社会互助活动。

社会福利处:研究拟定全省保障老年人、残疾人、孤儿和五保户等特殊困难群体社会福利救济政策、规章并指导实施;研究拟定全省福利事业发展规划及各类福利机构标准及管理规范;负责全省城市居民最低生活保障制度建设;指导全省社会福利院、儿童福利院、流浪儿童救助保护中心、收容遣送站、外流人员安置农场、农村敬老院、社区老年公寓的建设与管理工作;负责六十年代精减的老职、下放居民的救济管理工作;负责全省流浪乞讨人员收容遣送和孤儿、弃婴的收养及涉外领养材料的审核上报工作。负责全省福利企业的年检认证、新办福利企业审批和技改项目的申报工作;指导全省有劳动能力的残疾人就业工作;指导全省福利企业管理工作。

基层政权和社区建设处(省社区服务领导小组办公室):负责全省城乡基层政权、基层群众自治组织和社区建设工作;研究拟定有关政策法规并监督实施;指导基层群众自治组织和乡镇(街道)干部的培训和表彰工作;指导乡镇政务公开工作,推动村(居)民自治和基层民主政治建设。研究拟定有关全省社区服务和社区建设的政策法规和发展规划并监督实施;提出建立和完善全省社区服务体系及设施的实施办法;培育全省社区服务和社区建设典型,指导社区服务管理工作,推动城镇社区建设。

区划地名处(省地名办公室):研究拟定全省行政区划和地名管理的政策和法规;提出行政区划总体方案,研究拟定设市、镇预测规划;承办全省乡(镇)以上行政区域的设立、撤销、调整、命名、更名、界线变更及政府驻地迁移的审核报批;负责全省行政区域界线的勘定和边界线的管理、联检工作;负责省际边界的调研和境内县际边界争议的调处工作，提出仲裁建议；规范全省地名标志的设置和管理，定期向社会发布标准地名和行政区划变更公告，管理监督全省地名标志。

社会事务处：研究拟定全省婚姻登记和管理工作的政策和法规；承办全省涉外、涉香港和澳门特别行政区同胞及台湾同胞、华侨及留学生的婚姻登记与管理工作；指导婚姻习俗改革工作；配合有关部门承担全省妇女儿童保护方面的有关工作；负责全省和涉外孤儿、弃婴的领养登记工作；草拟全省殡葬改革政策法规。负责全省殡葬管理工作，推进全省殡葬改革。

计划财务和机关事务处：研究拟定全省民政事业费管理办法和民政财务规章制度，编制全省民政事业发展规划及有关计划；监督检查全省民政事业费的预算、管理使用以及物资、基建、技术改造贷款等计划的落实情况；负责全省民政统计工作；负责厅机关及直属单位民政事业经费、机关行政经费的预决算和日常管理；管理厅机关及厅属单位的国有资产和基建工作。

双拥联络处：拟定全省双拥工作规划及方针、政策并组织实施；指导全省开展创建双拥模范城（县）和军民共建活动；推广先进典型；协调军政、军民关系；处理军地历史遗留问题；承办省双拥工作委员会交办的其他事项。

人事教育处：拟定全省民政系统教育、科技、人才发展规划和管理办法并组织实施；负责厅机关和直属单位人事、机构编制管理等工作；指导全省民政系统教育培训工作；指导全省民政系统行风建设。

离退休工作处：负责机关离退休人员的服务管理工作。

核定人员编制 89 名，其中行政编制 73 名（含纪检监察编 3 名），离退休工作处编制单列 5 名，机关后勤行政管理服务人员编制单列 11 名；根据有关规定设立了监察室。

2001 年，增加军转干部单列编制 1 名。

2003 年，增加机关单列编制 5 名用于社团和民间组织登记管理工作，不再单独设立省民间组织管理中心。

2005 年 3 月，成立最低生活保障处，作为厅机关内设处室。省编委收回原安徽省城市居民最低生活保障管理中心 7 名事业编制，重新核定机关单列编制 6 名。

2005 年 4 月，增加军转干部专项行政编制 3 名。

2006 年 12 月，省编办核定省民政厅行政编制共 105 名。

2007 年 4 月，增加军转干部专项行政编制 2 名。

2008 年 4 月，增加军转干部专项行政编制 1 名。

2008 年 8 月，省民政厅民间组织管理局更名为安徽省民间组织管理局。

2009 年 2 月，增加军转干部专项行政编制 1 名。

2009 年，安徽省委、省人民政府根据中共中央办公厅国务院《关于印发〈安徽省人民政府机构改革方案〉的通知》，设立省民政厅，为省政府组成部门。调整部分工作职能：取消已由国务院、省政府公布取消的行政审批事项；取消提出福利彩票发行额度职责；将负责福利企业年检职责下放给市、县民政部门；将承办全省涉外婚姻、涉外收养和涉港、澳、台居民及华侨、留学生的婚姻登记等职责交给事业单位；加强社会救助职责，统筹城乡社会救助体系建设。同年9月，省政府办公厅印发《关于安徽省民政厅主要职责内设机构和人员编制规定》。根据所承担职责，省民政厅设14个内设机构：

办公室：综合协调机关政务工作；负责文电、会务、机要、档案等机关日常运转工作；承担安全保密、来信来访、政务公开、宣传和综合性文件起草等工作。

政策法规处：起草民政地方性法规规章草案和有关政策规定，承办有关行政复议和行政应诉工作；组织实施民政普法教育；承担机关规范性文件的合法性审核工作。

省民间组织管理局：拟订社会团体、民办非企业单位和基金会登记管理的相关政策办法；按照管辖权限承担相关登记管理和执法监察工作；指导和监督各市社会团体、民办非企业单位和基金会的登记管理工作。

优抚处：负责优抚对象的抚恤、补助、优待工作；会同有关部门开展拥军优属活动；承担烈士称号审核报批和烈士褒扬工作；指导优抚医疗事业单位和光荣院、烈士纪念建筑物的管理工作。

安置处（省复员退伍军人和军队离退休干部安置领导小组办公室）：拟订有关复员退伍军人和军队离退休干部安置政策；指导退役士兵、伤残军人和复员干部的接收安置工作；指导各市开展退役士兵职业技能培训和扶持就业工作；协调部队军运和指导军供站的管理工作；负责军队离退休干部、退休士官和无军籍退休退职职工的接收安置、服务管理和干休所（军休中心）的建设工作。

救灾救济处（省生产救灾领导小组办公室）：拟订救灾救济工作政策并监督实施；承办组织协调减灾抗灾救灾工作，落实防灾减灾规划；完善自然灾害救助应急预案体系建设，负责救灾信息系统管理；承办灾情调查、核实、上报和统一发布工作；承办救灾款物管理、分配及监督使用工作；会同有关方面组织协调紧急转移安置灾民、农村灾民毁损房屋恢复重建补助和灾民生活救助；承担境内外对省政府捐赠救灾款物的接收和分配工作，组织和指导救灾捐赠活动；承办有关救灾物资储备工作。

社会救助处：拟订社会救助规划、政策和标准，建立、健全城乡社会救助体系；组织城乡居民最低生活保障、医疗救助、临时救助工作；督促、指导基层开展有关社会救助工作；提出中央财政补助、省级财政安排的有关救助资金分配建议，协助相关部门加强对资金使用情况的监督管理；参与拟订司法、住房、教育等救助相关办法；承担全省社会救助信息管理工作。

社会福利和慈善事业促进处：拟订社会福利事业发展规划、政策和标准以及促进慈善事业发展政策并指导实施；拟订老年人、孤儿、残疾人、农村五保供养对象和城市流浪乞讨人员等特殊群体权益保护政策；指导社会福利机构的建设和管理工作；负责福利机构内孤儿、弃婴涉外送养材料的审核上报工作；负责新办福利企业的资格认定工作和福利企业技改项目申报工作，指导福利企业年检工作；管理省本级福利彩票公益金；指导六十年代精减老职工和上海下放居民救济工作。

基层政权和社区建设处（省社区服务领导小组办公室）：负责城乡基层群众自治建设和社区建设工作；拟订有关政策并监督实施；指导基层群众自治组织开展民主选举、民主决策、民主管理和民主监督工作；指导和协调村（居）务公开；提出加强和改进城乡基层政权建设的建议；指导社区服务体系建设，推进基层社会管理体制改革创新；指导开展城乡社区干部培训和表彰工作，指导社区专职、兼职和志愿者队伍建设；指导做好城乡社区图书室援建和管理工作。

区划地名处（省地名办公室）：拟订行政区划、行政区域界线和地名管理有关办法；拟订行政区划总体规划；承办乡（镇）以上行政区域的设立、命名、变更和政府驻地迁移的审核报批工作；组织指导行政区域界线的勘定和管理；承担省际行政区域界线争议的调研和境内县际行政区域界线争议的调处工作；编制全省行政区划图和县级行政区域界线详图；负责地名管理工作，推行地名标准化、规范化；承担省内重要和跨省市界的自然地理实体命名、更名有关工作；向社会发布标准地名、行政区划调整和行政区域界线变更公告。

社会事务处：拟订婚姻登记、儿童收养和殡葬管理政策，推进婚俗和殡葬改革；指导涉外婚姻、涉外收养和涉港、澳、台居民及华侨、留学生的婚姻登记工作；配合有关部门做好婚育宣传和妇女儿童保护方面的有关工作；负责婚姻、收养登记机关和殡葬单位的管理和业务指导。

规划财务处：拟订民政事业发展规划；负责部门预、决算及机关财务工作，指导直属单位财务管理；负责民政统计工作；负责机关及直属单位的国有资产管理和基建工作；监督检查民政事业费的管理使用和民政物资、基建、技术改造贷款等计划的落实情况。

双拥联络处：拟订双拥工作规划及方针、政策并组织实施；指导开展创建双拥模范城（县）和军民共建活动，推广先进典型；协调军政、军民关系，处理军地历史遗留问题；承担慰问部队的有关工作；承办省双拥工作委员会交办的其他事项。

人事教育处（社会工作处）：负责机关和直属单位机构编制、人事管理和教育培训等工作；拟订民政系统教育、科技、人才发展规划和管理办法并组织实施；按规定会同有关部门拟订社会工作发展规划、政策措施和职业规范，推进社会工作人才队伍建设和相关志愿者队伍建设。

离退休工作处：负责机关离退休人员的服务管理工作，指导直属单位离退休人员的服务管理工作。

机关党委：负责机关和直属单位的党群工作。

省纪委（监察厅）派驻省民政厅纪检组（监察室）：按照《省纪委省委组织部省编办省监察厅关于对省纪委省监察厅派驻机构实行统一管理的实施意见》的规定履行职责。

省民政厅机关行政编制109名（含纪检监察人员编制3名），其中处级领导职数

34 名（见表 12-1-1）。

安徽省民政厅领导班子成员一览表

表 12-1-1

职务	姓名	任职时间
厅长	李　灏	1980 年 2 月—1983 年 7 月
	姜德馨	1983 年 7 月—1988 年 10 月
	侯玉琨	1988 年 11 月—1993 年 2 月
	肖尚忠	1993 年 3 月—1998 年 3 月
	李宏塔	1998 年 4 月—2008 年 2 月
	刘　健	2008 年 2 月—2010 年 11 月
	吴旭军	2010 年 11 月—
副厅长	翁可业	1980 年 2 月—1981 年 11 月
	汪制均	1980 年 2 月—1982 年 12 月
	裴文忠	1980 年 2 月—1983 年 7 月
	胡克明	1980 年 2 月—1982 年 12 月
	陶云龙	1980 年 2 月—1983 年 7 月
	鲍　刚	1981 年 8 月—1982 年 12 月
	杨东林	1985 年 2 月—1989 年 12 月
	李胜冰	1983 年 7 月—1990 年 11 月
	崔清吉	1983 年 7 月—1985 年 2 月
	吴泰康	1983 年 7 月—1997 年 10 月
	李宏塔	1987 年 10 月—1998 年 3 月
	杨万鹏	1989 年 6 月—1994 年 6 月
	王家培	1990 年 12 月—1995 年 5 月
	丁四金	1994 年 4 月—2006 年 4 月
	陈文华	1995 年 11 月—2008 年 3 月
	严方才	1996 年 4 月—2001 年 12 月
	任伯鹏	2001 年 1 月—2004 年 7 月
	叶如强	2003 年 4 月—
	王佛生	2003 年 12 月—2010 年 11 月
	周　苏	2006 年 4 月—
	孙邦平	2009 年 2 月—
	谢　兵	2011 年 3 月—

续表 12-1-1

职务	姓名	任职时间
纪检组长	朱继华	1987 年 4 月—1990 年 5 月
助理巡视员	范先耀	1992 年 6 月—1993 年 6 月
纪检组长	李必胜	1996 年 3 月—2001 年 6 月
助理巡视员	熊乃富	1996 年 4 月—1999 年 2 月
纪检组长	杨一心	2001 年 6 月—2009 年 11 月
助理巡视员	徐太生	2001 年 6 月—2005 年 3 月
巡视员	任伯鹏	2004 年 7 月—2008 年 2 月
巡视员	陈文华	2008 年 3 月—
巡视员	王佛生	2010 年 11 月—
省老龄办专职	侯世标	2004 年 9 月—
		（2008 年 9 月任党组成员）
纪检组长	朱有龙	2009 年 12—

职能变更 1975 年 7 月，安徽省革命委员会民政局成立，内设办公室、民政处、优抚处、政治处和复员退伍军人安置办公室。9 月，省革命委员会决定将城镇居民下放工作由省知识青年办公室交给民政局管理。1978 年 4 月，增设社会救济处；同年 10 月，省生产救灾办公室由省农业委员会移交民政局。1980 年 1 月，省革命委员会民政局改为省民政厅。根据省委、省政府交办的任务，此时省民政厅的主要职责是：承办县、乡两级选举日常工作，掌握县、乡两级人民代表大会召开情况并总结交流经验；承办基层政权和居民委员会、村民委员会有关事项；承办抚恤、褒扬、优待及优抚事业单位、烈士纪念建筑物和烈士事迹编纂事项；承办复员退伍军人接收安置；军队退休干部安置和管理；军用饮食供应站、供水站的建设与管理；贯彻执行救灾方针、政策；掌握灾情；发放救灾款物等事项；承办农村“五保户”的供养；敬老院的建立、管理和农村贫困户的扶助；农村、城镇社会困难户救济及其他特殊救济等事项；承办城市社会福利生产单位、事业单位、收容遣送站、安置农场的管理；假肢事业的规划、生产和管理；承办各级行政区划变更及调查处理边界纠纷等事项；婚姻登记和殡葬改革；城镇居民下放的安置、巩固与有条件的回收；培训民政系统干部；全省民政事业费财务管理；处理有关民政工作的来信来访等。

1989 年 9 月，根据国务院批准的《民政部机构改革“三定”方案》确定业务范围，省民政厅共设业务处室 11 个，此时的主要职责是：负责指导村（居）民委员会的组织建设和制度建设；制订和修改有关基层政权建设条例和规章制度；调整行政区划，调处边界纠纷；负责拥军优属；革命烈士审批褒扬；革命军人（包括武警）、机关工作人员、参战民兵民工牺牲、病故、残废抚恤；烈军属和残废、复员、退伍军人的优待补助；优抚事业单位管理；退伍义务兵、转业志愿兵接收安置；指导退伍军人两用人才的开发使用和军地共育人才的协调服务；军队离退休干部接收安置、服务、管理和干休所的建设；贯彻生产救灾方针政策；制定有关规章制度；掌握灾情；管理发放救灾款物；开展救灾工作改革；负责城市社会福利事业单位规划建设与管理；组织与发展城镇福利生产；扶持有劳动能力的残疾人就业；残疾人康复工作；指导城市社区服务及假肢科研与生产；指导农村社会救济、“五保户”供养、敬老院建设与管理；规划与实施扶贫；举办农村扶贫经济实体；建立村级农民互助储金会；开展基层社会保障试点；负责婚姻登记管理；婚姻习俗改革；推进殡葬改革及殡葬单位服务管理；负责民政事业费管理；厅直属单位基建投资、物资计划和固定资产管理；编制民政事业发展计划；制定财务管理规章制度；民政统计与编报工作；指导民政系统干部队伍建设；制定民政教育发展规划；建立民政系统教育培训中心以及民政科技发展和职称评定。

1995 年 9 月，根据中共中央、国务院《关于安徽省党政机关机构改革方案的通知》和中共安徽省委、省人民政府《关于实施省直党政机构改革方案的通知》要求及其所定职能，省民政厅的主要职责是：研究制订民政工作政策法规；负责拥军优属工作和优抚对象的抚恤、优待、补助及国家机关工作人员伤亡抚恤工作；制订抚恤优待政策法规，调整标准，完善优抚制度；审批、褒扬革命烈士；指导优抚医疗事业单位和烈士纪念建筑物的管理工作。负责全省退伍义务兵、转业志愿兵和复员干部的接收安置；研究制订有关法规、制度并组织实施；指导地方退伍军人两用人才的开发使用和军地共育人才的协调服务工作；协助部队军运和指导军供站、供水站和军人接待站的管理工作。负责军队（含武警）离退休干部、无军籍退休退职职工和退休志愿兵接收安置、服务管理和干休所的建设工作；研究制订军队离退休干部、无军籍退休退职职工安置管理的法规、政策。研究制订有关生产救灾方针、政策并检查监督执行情况；管理发放救灾款物，接收分配外援和捐助的救灾款物；组织生产自救、互济互助活动；负责农村社会救灾工作和农村贫困户的扶持工作；负责救灾信息系统管理和救灾物资仓储管理；协调救灾抗灾协会工作。负责全省农村（含乡镇企业）的社会养老保险工作；制定有关农村社会养老保险的政策法规和农村社会养老保险发展规划并组织实施；推动地、市、县建立和完善农村社会养老保险制度和管理体系；指导、监督农村社会养老保险基金的管理和使用。负责全省社会福利事业工作，研究制订全省社会福利事业发展的方针、政策和法规；负责社会福利院、儿童福利院、麻疯病院的生活救济；负责农村敬老院和五保工作；主管城市社会救济和精减老职工、下放居民的社会救济工作；负责全省流浪乞讨人员收容遣送和孤儿、弃婴的收养工作；指导全省城市社区服务工作。编制并组织实施全省福利生产发展规划；制订并监督落实全省福利生产扶持保护政策；负责全省各类福利企业的年检认证和技改项目的审报工作；指导全省有劳动能力的残疾人就业工作；管理全省假肢科研与生产。负责全省城乡基层政权和基层群众自治组织建设的日常工作，制订、修改有关法规；指导先进乡镇、村委会、居委会的表彰活动和干部培训工作；负责村民委员会组织法和居民委员会组织法的贯彻实施，指导、推广村民自治活动。拟订行政区划和地名管理的政策法规；研究行政区划总体布局，拟订设市、镇预测规划；承办县、乡行政区域的设立、撤销、更名、界线变更及驻地迁移的审核报批；负责全省行政区域界线的勘界工作；调处边界和地名争议，向省政府提出仲裁建议；拟订地名技术规范，定期向社会发布标准地名信息，管理监督地名标志。研究制订社团管理工作地方性法规；负责全省性社团和全省各级各类基金会的审批、登记和监督管理；指导地市以下社团登记、管理工作；协调各业务主管部门与社团之间的关系；负责培训社团管理干部和社团干部；负责对全省社团、涉外社团违法行为的查处和地方社团不服处罚申诉的复议工作。制订婚姻登记和管理工作的政策，承办省内及涉外、涉港澳台胞和华侨及留学生的婚姻登记与管理工作；指导婚姻习俗改革工作；拟订妇女儿童保护方面的政策法规；负责全省和涉外孤儿、弃婴的领养工作。负责全省殡葬改革，拟定有关政策法规，检查监督执行情况，并指导各地、市、县的有关业务工作。负责全省民政事业费的管理工作；编制全省民政事业发展计划，制订有关计划、财务管理方面的政策法规；检查民政事业费的预算、管理使用以及物资、基建、技术引进、技术改造贷款等计划的落实情况。负责全省民政业务统计工作及其基础建设；指导、审核厅直属事业单位的经营服务活动。负责全省民政系统的科技工作。负责全省过去接收的地方党政机关、群众团体、事业单位的退休工人、易地安置的退休干部以及厅机关离退休干部和工人的管理工作；负责组织离退休人员的政治学习、文体活动、生活服务及福利工作。贯彻党中央、国务院、省委、省政府关于双拥工作的方针、政策，拟定全省双拥工作规划，并组织实施；指导全省开展创建双拥模范城（县）和军民共建活动，表彰全省双拥模范城（县）、单位和先进个人；协调军政军民关系，解决军地矛盾和军民纠纷，处理军地历史遗留问题；承办省双拥工作委员会交办的其他事项。负责机关和直属单位人事与劳动工资管理、机构设置、人员编制及职称聘评工作；指导全省民政系统干部队伍建设；编制民政教育发展规划，进行民政人才需求预测；负责民政系统的职工培训和表彰工作。

2000年8月27日，省人民政府办公厅印发《安徽省民政厅职能配置、内设机构和人员编制规定》，明确省民政厅是主管社会行政事务的省人民政府组成部门，并界定其主要职能。一、职能调整。（一）划出的职能：将农村社会养老保险职能交给省劳动和社会保障厅。（二）划入的职能：1. 民办非企业单位的登记管理职能；2. 组织协调救灾抗灾职能。（三）转变的职能：将各类民政事业单位的管理服务和等级评定职能、福利企业经营管理和技术改造项目申报和审批职能、国内外对省政府以外的捐赠接收、社团和民办非企业单位年度检查的具体事务、指导残疾人康复、假肢科研职能，分别交给企事业单位、社会中介组织或下级政府民政部门承担。二、经过以上职能调整，省民政厅的主要职责是：（一）根据国民经济和社会发展规划，研究拟定全省民政事业发展战略，编制民政事业中、长期发展规划和年度计划，指导全省民政工作的改革和发展；研究拟定全省民政工作的方针、政策、法规并监督实施。（二）负责全省性社团、涉外社团和在我省的香港、澳门特别行政区及台湾同胞社团的登记和年度检查；研究提出社团会费标准和财务管理办法；监督社团活动，查处社团组织的违法行为和未经登记而以社团名义开展活动的非法组织；指导、监督各市的社团登记管理工作。（三）负责省直单位、中央驻皖单位所属和挂靠的民办非企业单位的登记和年度检查；研究提出有关财务、收费管理办法；查处全省民办非企业单位的违法行为和未经登记的民办非企业单位；指导监督各市的民办非企业单位登记管理工作。（四）组织、指导拥军优属活动；负责全省拥军优属、烈士褒扬和优抚对象的抚恤、优待、补助及国家机关工作人员的伤亡抚恤工作；审核审批烈士称号和国家机关工作人员的伤残等级；指导全省优抚工作。（五）负责全省退伍义务兵、转业志愿兵、复员干部和军队离退休干部的接收安置工作；指导市、县的"两用人才"开发使用工作和军队离退休干部休养所工作；指导和协调各地军供站工作。（六）组织、协调和指导全省救灾抗灾工作；掌握和发布灾情，拨发救灾款物；组织接收、分配国内外救灾捐赠款物，监督检查救灾款物的使用；指导灾区生产自救；开展减灾活动。（七）建立和实施城乡居民最低生活保障制度；组织和指导全省扶贫济困等社会互助活动。（八）研究提出加强和改进基层政权建设的意见和建议；研究拟定城镇社区服务业的发展规划；建立和完善社区服务管理体系及设施；指导村（居）民委员会民主选举、民主决策、民主管理和民主监督工作，推动全省村务公开和基层民主政治建设。（九）负责婚姻登记工作；依法实施婚姻登记管理；承办涉外和涉香港、澳门特别行政区同胞、台湾同胞及华侨的婚姻登记工作；研究拟定婚姻服务机构管理办法。（十）研究和修订全省行政区域规划；负责全省乡（镇）以上行政区划的设立、撤销、更名、界线变更及政府驻地迁移的审核报批工作；负责全省行政区域界线的勘界和边界线的管理、联检工作；负责各市、县边界争议的调查和调处，并向省政府提出仲裁建议。（十一）负责全省地名管理工作；组织开展地名标准化建设活动，规范全省地名标志的设置和管理；负责全省标准地名图书资料的审定工作。（十二）研究拟定全省社会福利事业发展规划；指导全省社会福利事业管理工作；负责全省城乡社会救济工作；推动社会化服务体系的建设与发展；承担老年人、孤儿、五保户等特殊困难群体权益保护的行政管理工作；负责流浪乞讨人员的收容遣送工作；指导各市的收容遣送站和安置场所的管理工作。（十三）负责全省各类福利企业的年检认证和新办福利企业审核工作；指导全省残疾人的权益保护工作和全省有劳动能力的残疾人就业工作；研究提出全省福利彩票的发行额度和管理办法；负责管理本级福利资金。（十四）研究拟定全省殡葬改革的政策和法规，推行殡葬改革；指导全省殡葬事业单位的建设和管理工作。（十五）研究拟定全省儿童收养工作的政策法规，依法保护儿童的合法权益；负责全省儿童收养工作；承办外国人，香港、澳门特别行政区和台湾同胞及华侨在我省收养儿童的登记工作。（十六）负责全省民政事业财务工作；指导、监督民政事业费的使用和管理；负责编制汇总统计年报和民政事业费决算；监督、管理直属单位的国有资产工作。（十七）拟定全省民政系统教育、科技、人才工作发展规划，指导全省民政系统职工队伍建设。（十八）承办省政府交办的其他工作。

2009年，根据省人民政府办公厅印发的《安徽省民政厅职能配置、内设机构和人员编制规定》，省民政厅为省人民政府的组成部门，主要职责是：一、职责调整。（一）取消已由国务院、省政府公布取消的行政审批事项。（二）取消提出福利彩票发行额度职责。（三）将负责福利企业年检职责下放给市、县民政部门。（四）将承办全省涉外婚姻、涉外收养和涉港、澳、台居民及华侨、留学生的婚姻登记等职责交给事业单位。（五）加强社会救助职责，统筹城乡社会救助体系建设。二、主要职责是：（一）贯彻国家民政工作方针政策和法律法规，起草有关地方性法规规章草案；拟订全省民政事业发展规划和相关政策措施并组织实施和监督检查。（二）承担依法对社会团体、民办非企业单位和基金会进行登记管理和监察责任。（三）负责拥军优属、烈士褒扬和优抚对象的抚恤、补助、优待工作；拟订优抚相关政策、标准和办法；审核报批烈士称号，组织和指导拥军优属活动；承担省双拥工作委员会的有关具体工作。（四）负责退役士兵、复员干部和军队离退休干部的接收安置工作；指导军队离退休干部休养所工作；指导和协调各地军供站工作。（五）负责组织、协调救灾工作；组织自然灾害救助应急体系建设；负责组织核查、上报并统一发布灾情；负责救灾款物管理、分配及使用监督工作；组织、指导救灾捐赠工作。（六）负责城乡居民最低生活保障、医疗救助、临时救助、生活无着人员救助工作；牵头拟订相关规划、政策和标准，指导城乡社会救助体系建设。（七）拟订行政区划管理相关政策和行政区域界线、地名管理的有关办法；负责乡（镇）以上行政区域的设立、命名、变更和政府驻地迁移的审核报批工作；按规定承担行政区域界线的勘定和管理工作；负责省内重要和跨省市界的自然地理实体命名、更名的有关工作。（八）拟订城乡基层群众自治建设和社区建设政策措施；指导社区服务体系建设，指导基层群众自治组织开展民主选举、民主决策、民主管理和民主监督工作；指导和协调村（居）务公开；推动基层民主政治建设。（九）拟订社会福利事业发展规划和相关政策、标准；指导社会福利事业管理，组织指导社会捐助；促进慈善事业发展；组织和指导老年人、孤儿、残疾人等特殊群体权益保障工作。（十）负责婚姻登记、儿童收养和殡葬的管理和业务指导工作；拟订相关政策措施，推进婚俗和殡葬改革。（十一）按规定会同有关部门拟订社会工作发展规划、政策措施和职业规范，推进社会工作人才队伍建设和相关志愿者队伍建设。（十二）承办省政府交办的其他事项。

安徽省民政厅属（代管）单位职能一览表

表 12–1–2

名称	职能	说明
安徽省老龄工作委员会办公室	1. 研究制定老龄事业发展战略和重大决策，指导和协调有关部门实施老龄事业发展规划；2. 指导和协调有关部门做好维护老年人权益的保障工作；3. 督促和协调有关部门加强对老龄工作的宏观指导和管理，推动开展有利于老年人身心健康的各种活动；4. 指导、督促和检查各市、省直各部门的老龄工作；5. 组织协调全省老龄工作的重大活动。	2000 年由省人事厅划归省民政厅管理。2005 年列入依照公务员制度管理单位。
安徽省荣军医院	负责收治在乡复员退伍军人中精神病患者；面向社会开展医疗服务。	位于怀远县
安徽省荣军康复医院	负责在乡复员退伍军人中特等、一等残废军人的治疗和康复工作；面向社会开展医疗服务。	位于桐城市。1992 年由安徽省荣军休养院更名为安徽省荣军康复医院。
安徽省外流人员安置农场	负责全省外流人员收容安置和管教工作。	位于定远县
安徽省军供站	负责过往士兵中转和民政系统接待服务工作及向社会开展有偿住宿服务。	合肥市淮河西路
安徽省民政干部培训中心	负责全省民政系统在职干部的岗位培训工作。	1988 年 10 月设立
安徽省地名档案资料馆	负责全省地名档案资料的收集、整理、保管、利用等管理工作；负责指导地、市地名档案资料管理工作。	1996 年由原省地名办公室更名而来。省地名办于 1989 年由省城乡建设环境保护厅划归省民政厅。
安徽省福利彩票发行中心	负责全省社会福利彩票的组织、发行、销售和管理工作。	1988 年 4 月设立省社会福利有奖募捐委员会办公室，2001 年 11 月更名为省福利彩票发行中心。
安徽省革命烈士史	料编纂办公室负责全省知名烈士事迹材料的征集、编纂工作。	1979 年经省机构编制委员会批准，1985 年成立《江淮英烈》编辑部。
安徽省民政干部休养所	负责本所安置的退（离）休干部服务管理工作。	1975 年 12 月设立。
安徽省民政厅机关服务中心	负责统一管理机关后勤服务工作。	1996 年 10 月设立。
安徽省涉外婚姻收养登记服务中心	负责承办全省涉外婚姻和外国人在安徽省收养子女登记等相关服务工作。	2005 年 9 月设立。
安徽省救灾减灾中心（或称安徽省接收捐赠工作站）	负责国内外援助我安徽省救灾物资保管、转运，救灾减灾信息服务及有关专业人员培训组织工作；承办全省接收捐赠日常工作。	1998 年 10 月设立。

续表 12-1-2

名称	职能	说明
安徽省城市居民最低生活保障管理中心	承担全省城市居民最低生活保障的管理和服务工作。	2001 年 11 月设立。2005 年 3 月整建制划归机关处室
安徽省农村社会养老保险资金管理中心	负责全省农村社会养老保险资金管理工作。	1992 年 12 月设立。2000 年机构改革时划归劳动和社会保障厅。
安徽省民政印刷厂	负责民政系统的印刷业务及安置省直残疾人就业等社会福利工作。	2000 年 9 月改为国有企业。
安徽省凌家湖农场承担农业生产经营管理	负责农场国有资产增值保值。	位于定远县。2007 年 7 月改为国有企业。
安徽省民政假肢厂	负责为肢残军人及社会残疾人制作假肢及辅助器械,为全省肢残荣誉军人及社会残疾人提供医疗、康复服务。	2007 年 8 月改为国有企业。
安徽省救灾扶贫周转金管理委员会办公室	负责全省救灾扶贫周转金的管理工作。	1985 年 12 月成立省救灾扶贫基金会。1990 年 12 月更名为省救灾扶贫周转金管理委员会,下设办公室。2009 年 8 月与省福彩中心合并。
安徽省民政导刊杂志社	负责《民政导刊》杂志的编辑、出版、发行工作。	2003 年 2 月更名为《百姓生活》杂志社。2003 年 11 月撤销。

第二节 民政机构工作体系

民政机构工作体系是指民政工作的管理机构,或者说民政行政管理组织机构。它是根据中华人民共和国宪法及有关国家法律的规定而建立起来的,是国家政府行政管理机构的一个重要组成部分。民政行政管理机构是各项民政政务的物质承担者,是民政政务的组织保障;民政政务的顺利、充分、有效进行,有赖于整个组织机构的结构、功能的合理化设置和安排。经过 30 年的发展,安徽省的民政组织机构的设置日趋合理和完善,在保障民政政务的运作效能、促进民政工作的发展方面发挥着巨大作用。随着新时期民政政务的发展变化,其组织机构在稳定中发展。但是,民政工作对象和大量工作任务在基层,基层负责和承担民政政务、事务的组织机构却存在着不相适应的薄弱环节。

市县民政工作体系 1978 年,各专、市、县(市)民政劳动局先后分开,成立民政局。专、市民政局 4 至 5 个科室,县(市)民政局 2 至 3 个股室。据 1978 年 8 月统计,全省各专、市、县(市)民政机构工作人员共 1012 人,其中 7 个省辖市 181 人,8 个行政公署 126 人,73 个县(市)705 人;四分之一为事业编制。

据 1989 年 4 月统计,全省各地、市、县民政部门共配备行政编制工作人员 1935 人,较 1978 年增加 91.2%。干部素质较前提高,其中大专文化程度 319 人,占民政干部总数的 18.5%;中专、高中文化程度 842 人,占 47.5%;年龄在 45 岁以下 1388 人,占民政干部总数的71.7%。

进入21世纪以后，随着国家行政机关职能的调整和变化，民政工作职能有增有减，但县级以上的民政工作机构始终保留。全省各市、县（市、区）都设有民政局，其职责和业务范围与省级民政部门相同。市级民政局工作人员一般在20至30人，多的有40多人，少的则只有10多人；县级民政局工作人员一般在10至20人。截至2008年年底，全省共有17个地级市、44个市辖区、5个县级市、56个县。据统计，全省民政系统机关行政编制数共2744个，实际在编人数2847个；民政事业单位人员编制数3355个，实际在编人数2878个；各市县区民政部门主管的社会组织专职人员数量为75个；另有下属福利企业等若干。

市级民政部门内设科室，部分市局的人事教育、机关党委、纪检监察和离退休工作没有另设科室，多数由局办公室承担。还有一些业务科室对应省厅多个业务处室，有的把优抚、安置或把优抚、安置及双拥业务都由一个科室承担，也有把基层政权、区划地名或者把社会福利、社会事务等业务由一个科室承担。有的市低保工作由局属单位负责。

县级民政部门内设股室，大部分县级民政局的人事教育、机关党委、纪检监察、计划财务、机关事务和离退休工作都由局办公室承担。多数县级民政局的股室都承担多项业务工作。在大量繁重的民政事务工作中，基层民政干部不畏艰难，克服困难，坚持以民为本、以人为本、为民服务的理念，为全省民政事业作出积极的贡献。

1986年，为表彰民政战线的杰出职工和对我国民政事业做出重大贡献的其他人士，激励广大民政职工全心全意为人民服务，推动民政事业蓬勃发展，民政部特设最高荣誉奖——“孺子牛奖”。主要奖励各级民政部门包括所属民政企事业单位的职工，以及社会和国际上关心、支持民政事业作出重大贡献的人士。授奖的条件需要具备：勇于改革，为民政工作的发展作出突出贡献者；工作中有重大发明创造，并取得显著效益者；曾经担任民政部门领导工作，对我国民政事业的发展作出卓越贡献者；关心、支持民政工作，对民政事业的发展作出重要贡献的社会人士；关心、支持我国民政和社会保障事业，在国际交往和合作交流中做出突出贡献的爱国华侨、国际友好组织和人士。1993年，宣州市民政局局长陈建平荣获民政部最高荣誉奖——“孺子牛奖”，成为安徽省第一位荣获此奖者。2002年，祁门县民政局局长张武杰荣获此奖；2006年马鞍山市福利院院长刘春英荣获此奖。2002年，淮南市民政局局长王德富、当涂县马桥镇民政助理员蒋遵义、祁门县民政局局长张武杰、阜阳市颍东区民政局局长李盛普、舒城县民政局副局长王安坤（女）、无为县社会福利院副院长孔繁珍（女）获得全国民政系统先进工作者称号；蚌埠市研磨机厂厂长陈贵鹏获得全国民政系统劳动模范荣誉称号。

基层民政工作体系　1978年，全省2615个人民公社（镇），仅有32%的人民公社（镇）有民政专职或兼职人员，其余的公社（镇）民政工作无人管理。1978年第七次全国民政会议后，中共中央、国务院和安徽省委、省人民政府在多次加强民政干部队伍建设的指示中，特别强调各区、公社（镇）、街道民政干部所需编制应在各地总的行政编制内调剂解决。1983 年,实行政社分开,建立乡镇人民政府,各级党委和政府都指示要按照地方各级人民政府组织法规定,配备民政助理员。至 1989 年年底,全省区、乡、镇、街道已配备专职民政干部 1958 人,兼职 843 人,聘任 382 人（在行政编制内）,占全省 4020 个区、乡、镇、街道（不含市辖区）的 79%,基层民政工作有所加强。

随着改革开放的深入和经济社会的发展,基层民政工作机构和人员队伍也发生很多变化,但总体情况是呈削弱趋势。2000 年街道、乡、镇机构改革之前,全省各街道、乡、镇基本上都设置民政办公室。2000 年 9 月,安徽省委、省人民政府下发《关于乡镇党政机构改革的实施意见》,规定在机构设置上,中心建制镇和城关镇可设置 3 个综合性机构,即党政办公室、经济发展办公室、社会事务办公室;其他乡镇可设 1 至 2 个综合性机构,即党政办公室、经济发展办公室,或者只设必要的助理员。街道、乡、镇机构改革之后,随着政府职能的逐步转变、撤乡建镇和社区整合工作的完成,街道、乡、镇管辖范围增大,担负着社会专项事务管理和救助保障服务工作的基层民政机构理应得到充实和加强。但是,在部分基层街道、乡、镇,民政机构设置和人员配置不仅没有增加,反而越来越“精简”。据 2008 年调查,全省 60% 的街道、乡、镇虽然保留民政办公室的牌子,但只有 1 名工作人员,机构实际上是有名无实;尚有 40% 的街道、乡、镇既没有机构也没有牌子。部分街道、乡、镇在社会工作事务所里设一个民政专办员,还有部分街道、乡、镇的民政工作人员为兼职或聘用人员。

2009 年年初,省民政厅与池州市政府签署共推民政事业发展合作备忘录,就民政事业发展和民政基层基础建设,建立厅、市全面合作共建机制。2 月 26 日,池州市与省民政厅共推池州民政事业发展暨实施“夕阳红”计划工作会议在池州市召开。池州市委书记童怀伟,省民政厅厅长刘健,市长方西屏,市委副书记张曙光等出席会议。省民政厅在政策、资金、项目等方面加大支持力度,以池州市基层民政机构建设为突破口,以典型示范为带动,开辟民政基层建设的新路径。池州市以强有力的举措,在乡镇(街道)建立民政事务所,所长按副科级干部配备,每所落实 3 ~ 4 名工作人员,建设 150 平米左右的规范化办公场所。同时,健全服务制度,加强人员培训,完善一线依法办事机制,增强基层民政为民服务能力。这为加强民政基层基础建设、解决基层民政工作人员力量不足问题开创先河。

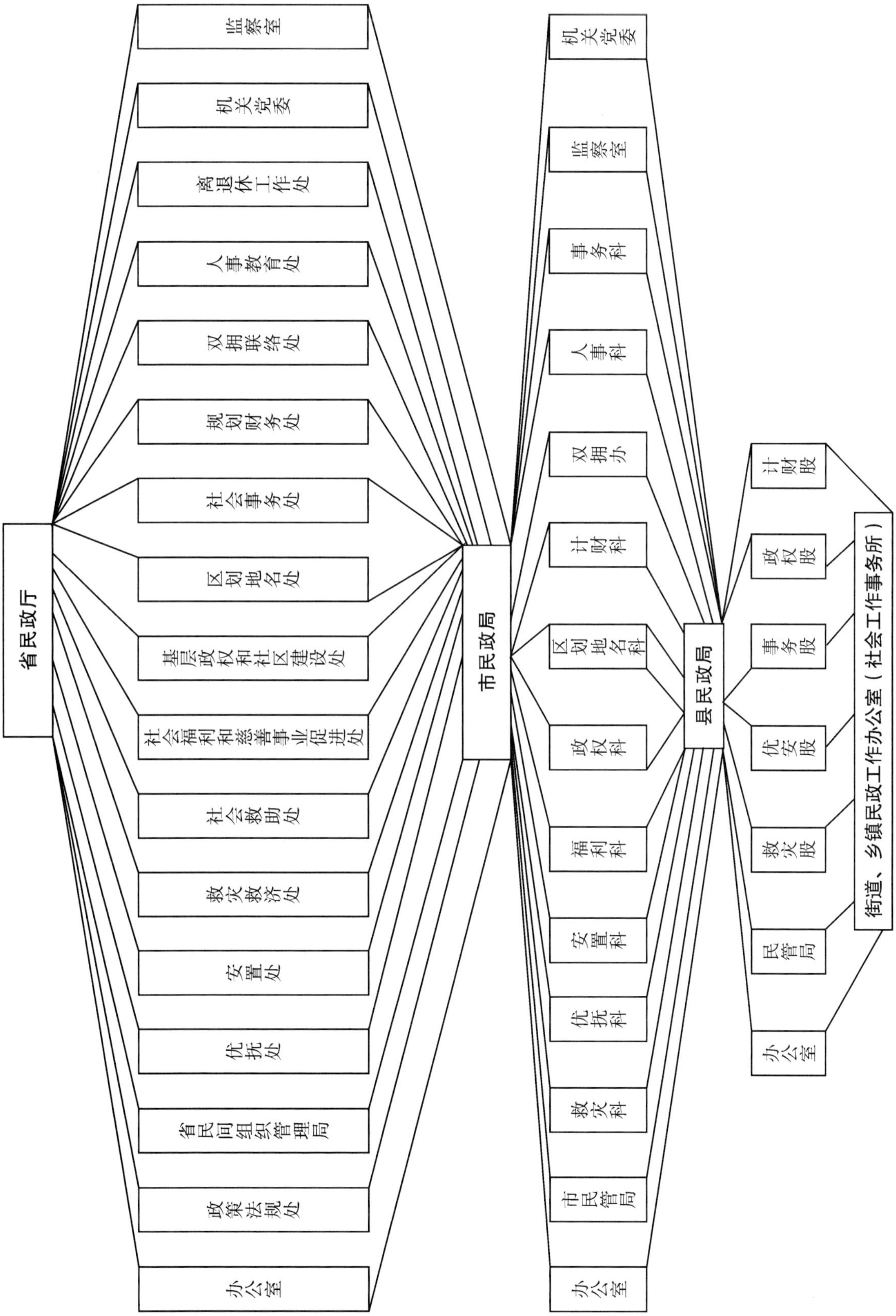

图 12-1-1 安徽省民政机构工作体系图

第三节 民政政务与法制建设

第十三次全省民政会议 1984年6月4日至10日，安徽省第十三次全省民政会议在合肥召开，这是1979年后时隔5年召开的一次全省性民政会议。安徽省第十三次全省民政会议原拟于1983年召开，因当年全省进行机构改革，全省灾情严重、生产救灾工作紧张，故推迟到1984年召开。会议的指导思想：以党的十二大为指针，以整党精神为动力，以全面贯彻落实第八次全国民政会议精神为中心，统一思想、协调步伐、振奋精神、立志改革，努力开创新局面，进一步把全省的各项民政工作纳入到为新时期总任务服务的道路上来。会议的主要任务是：传达贯彻全国民政厅（局）长会议精神，进一步学习第八次全国民政会议文件，总结5年来全省的民政工作，交流各地加强和改革民政工作的新情况、新经验，部署当前的民政工作任务。参加会议的人员：各行署、省辖市民政局长，各县、市民政局长，省民政厅厅属有关单位主要负责人，省军区、省直有关兄弟单位代表等。其中，民政部门参会人员70%以上是机构改革后走上民政工作岗位的。会议的主要议程包括：传达第八次全国民政厅（局）长会议精神，组织学习第八次全国民政厅（局）长会议文件，省民政厅厅长作工作报告，分组讨论、交流经验、批评和建议，省政府领导讲话，会议小结等。会议印发30份典型材料，有18人作典型发言。

省委副书记、省长王郁昭发表讲话。他在讲话中，评价第十三次全省民政会议是一次生动活泼、改革气氛比较浓的会议，对今后的民政工作将起到重要的推动作用。王郁昭对三个主要问题进行了阐述：关于形势和最近几年民政工作的成绩；明确民政工作的地位和作用，发动全社会力量做好民政工作；切实加强对民政工作的领导。在第三个问题中，王郁昭站在全省改革、发展的大局的高度，着重从四个方面进行强调：第一，加强民政工作的组织建设。坚决按照中央、省委的精神，民政部门力量只能加强不能削弱，干部要按照“四化”要求配备。民政部门的缺额一定要配齐，特别是区、乡、镇和街道的民政助理员一定要配齐。第二，进一步解放思想，大胆进行改革。第三，积极办好民政企事业单位，对这些单位要进行改革、整顿。第四，逐步改善民政部门的物质状况。

副省长侯永在讲话中提出四点要求：第一，要很好地总结民政工作的经验。第二，要很好地学习，很好地进行调查研究。第三，要从各方面做比较细致的研究，总结先进典型经验，进行改革。第四，工作中要突出重点，要注意运用社会舆论的力量。侯永同时着重就推行火葬问题进行强调，他要求把推行火葬作为移风易俗的大事来抓。他要求共产党员一定要按中央的规定办，号召各地在这项工作上来一个竞赛，努力把这项工作大大向前推进一步。他要求全省各乡政府要配备民政助理员，保证民政工作任务的有效落实。

省委政法委员会书记程光华看望会议代表。省民政厅厅长姜德馨作《加快改革步伐，努力开创全省民政工作新局面》的报告，对民政工作的根本任务、民政部门的改革问题以及当前要抓好的工作作了部署。省民政厅副厅长崔清吉作会议总结讲话。他从四个方面对会议的成果进行概括：对新时期民政工作的地位、作用有了进一步的认识；对民政工作的改革有了紧迫感；总结交流了民政工作改革创新的经验；坚定了做好工作的信心。副厅长崔清吉根据省长王郁昭、副省长侯永的讲话精神和讨论情况对八个方面的问题进行再强调和说明：一是关于切实做好基层政权建设的日常工作问题；二是关于民政事业费的改革问题；三是关于发展民政企事业单位的问题；四是关于退伍安置工作。五是关于殡葬改革问题；六是扶贫工作；七是关于加强民政队伍建设问题；八是关于大力改进工作方法和思想作风问题。

第十四次全省民政会议　1989年3月23日至26日，第十四次全省民政会议在合肥市稻香楼宾馆召开。参加这次会议的代表共280余人，分别为：各行署、市分管副专员、副市长；各行署、市民政局局长、办公室主任；各县（市）、市辖区民政局局长；省直有关单位负责人；民政厅各处（室）及直属单位的负责人。会议的主要任务是，以党的十三大精神为指针，传达贯彻第九次全国民政会议精神，总结过去五年我省民政工作的经验，进一步认识当前时期民政工作面临的形势，确定此后的战略目标、指导思想和基本任务，把全省民政工作推向新的发展阶段。

省委副书记杨永良，民政部办公厅主任王青争，省委常委、政法委书记、公安厅厅长王胜俊，省委常委、副省长邵明，省顾委副主任程光华，省人大常委会副主任郑锐，省军区副政委傅翠和，省政府副秘书长陈基余等领导出席会议。3月26日下午闭幕式时，省委、省顾委、省人大、省政府、省政协、省军区和民政部领导傅锡寿、王青争、程光华、郑锐、傅翠和等接见与会代表并与代表合影留念。王青争代表民政部向会议的召开表示热烈的祝贺，向全省民政系统广大干部职工致以亲切的问候，并就做好民政工作提出三点意见：第一，安徽省各级民政部门在过去五年，做了大量细致的工作，取得很大的成绩。第二，民政部对安徽省的民政工作将一如既往地施行积极尽力支持的方针。第三，第九次全国民政会议进一步明确民政工作今后五年的中心任务，就是要充分发挥稳定机制的作用。邵明在讲话中对全省此前五年的民政工作予以充分的肯定，指出此后五年全省民政工作的总方向是，认真贯彻中共十三届三中全会确定的治理整顿、深化改革的方针，按照第九次全国民政会议的要求，充分发挥民政部门的社会稳定机制和作用，为改革开放和四化建设创造良好的社会环境。他要求全省民政部门同志一定要有崇高的职业道德，发扬民政工作的光荣传统和“孺子牛”精神，热爱民政事业，献身民政事业，从社会稳定的大局出发，从维护党和政府在群众中的威信出发，做好每一项具体工作，为国分忧，为民解愁。发扬社会主义人道主义，关心群众疾苦，克服官僚主义，把耐心细致的思想工作和尽可能解决具体困难结合起来，努力把不安定的因素和不稳定的苗头消除在萌芽状态，消化在基层，避免矛盾的积累和激化。坚持为政清廉，对以权谋私，贪污受贿、中饱私囊等违法犯纪行为，一定要从严查处。

省民政厅厅长侯玉锟向大会作题为“充分发挥稳定机制作用，为改革开放和四化建设创造良好的社会环境”的报告。报告从八个方面对全省民政系统五年的工作作了回顾：探索解决贫困问题的途径，促进农村商品经济的发展；从单纯消费转变为消费、生产、经营相结合，发展壮大民政经济；基层政权和群众自治组织建设逐步加强，增强基层干部和群众的民主意识和法制观念；优抚工作逐步走向法制化、制度化，形成国家、社会、群众三结合的优抚体制；积极配合部队改革，为经济建设提供一支生力军；探索建立社会保障雏形，寻找旧体制向新体制转换时期民政事业新的增长点；行政区划、婚丧改革等社会行政管理工作走上行政手段、立法手段和群众自我管理相结合的道路；各项民政综合和基础工作普遍加强，民政事业的发展开始走向健康、科学的轨道。报告在分析当时工作形势的基础上提出了此后5年全省民政工作的四大战略目标：第一，加强基层政权建设，使乡（镇）政权普遍得到加强。第二，初步建立起不同类型、不同层次、具有中国特色的基层社会保障制度雏形。第三，完善国家、社会、群众三结合的优抚体制，保证优抚对象的生活能够随着当地生产发展和群众生活水平的提高得到相应改善；第四，初步实现社会行政事务管理的规范化、法制化，促进社会环境和道德风尚的好转。副厅长李胜冰传达第九次全国民政会议精神，副厅长杨东林作会议总结。

第十四次全省民政工作会议根据国务院批准的《民政部机构改革“三定”方案》，重新界定全省民政工作的职责，包括：城乡基层政权建设，村（居）委会建设，社团登记管理；救灾扶贫，社会救济，社会福利事业，社区服务工作，社会福利生产，假肢科研与生产，农村基层社会保障探索；优待抚恤和烈士褒扬，退伍军人和军队离退休干部接收安置；行政区划，边界争议调处，婚姻管理，殡葬管理，地名管理，流浪乞讨人员收容遣送；民政事业计划管理；以及指导残疾人联合会、领导社会福利有奖募捐委员会工作等。

第十五次全省民政会议 1991年4月8日至11日，安徽省第十五次全省民政会议在合肥召开。会议的主要任务是传达当年2月召开的全国民政厅（局）长会议精神，研究“八五”和此后10年全省民政事业的发展目标和思路。各地、市、县（市）民政局局长，地、市民政局办公室主任，典型材料单位代表，省厅各处室负责人及各省直有关单位代表共180余人参加会议。

省委常委、副省长邵明出席会议并讲话。他围绕如何做好此后10年特别是“八五”期间的民政工作，提出四点要求：一是认真制定好民政发展的十年规划和“八五”计划，二是积极推进民政工作的社会化，三是切实加强领导，为民政事业的发展创造良好的环境和条件，四是强化民政自身建设。省民政厅厅长侯玉琨作了总结讲话。出席会议的有关领导还有，省委常委、省委政法委员会书记王胜俊，省政府副秘书长陈者香等。

第十五次全省民政会议在3天的议程中，通过交流经验、部署任务、各地市代表所辖县（市）作表态发言等方式，完成“传达当年2月召开的全国民政厅（局）长会议精神，研究‘八五’和此后10年安徽民政事业的发展目标和思路”的会议任务。主要表现在以下几个方面：一是讨论中，与会者以积极的态度分析当时民政事业发展中存在的问题和困难，对此后工作的规划提出许多颇有见地的见解和修改意见，使全省民政事业发展“八五”计划和此后10年发展规划更加符合实际情况，更加切实可行。二是会议介绍和交流的典型经验和工作成果，充分反映了全省广大干部的改革意识和奉献精神，更加凝聚起全省民政干部共同努力、充分发挥主观能动性，不断争取有所创新、有所发明、有所创造。三是经会议初步讨论后的民政工作先进县和全优乡镇检测标准，使指标量化方面的工作大大迈进一步，为实现目标管理制度奠定基础。四是各地市都在结合实际认真研究工作的基础上，向大会汇报落实“八五”计划的初步意见。与会代表围绕省民政厅编制的《安徽省民政事业发展十年规划和“八五”计划纲要》（征求意见稿）开展了热烈的讨论。

会议印发《1991年全省民政工作意见》（以下简称《意见》）。《意见》指出，1991年是实施国民经济和社会发展十年规划和“八五”计划的第一年，各级民政部门要把工作的重点放在农村基层，推进城市社区服务，掀起新形势下的双拥热潮，改革完善、协调发展各项民政事业，积极推进民政工作的社会化、法制化和规范化。《意见》确定当年的主要工作任务有6项：制定“八五”计划和此后十年规划，扎扎实实打好基础；依法建设村（居）委会，按计划培训乡镇干部；切实搞好生产救灾，发展农村社会保障；高举拥军优属旗帜，完善优抚安置工作；提高福利企业素质，大力推进社区服务；强化社会事务管理，坚持依法行政。《意见》围绕完成上述6项任务提出6项具体措施：第一，理顺关系，发挥整体效益。第二，加强基础，多办实事。第三，分类指导，突出工作重点。第四，开放搞活，推动民政工作社会化。第五，治理整顿，提高内在素质。第六，争先创优，实现目标管理。

第十六次全省民政会议　安徽省政府于1995年4月2日至4日在合肥召开第十六次全省民政工作会议，会议的主要任务是：进一步贯彻第十次全国民政会议、省第六次党代会和八届人大三次会议精神，总结工作，分析形势，确定今后五年乃至20世纪末全省民政工作的奋斗目标和工作任务，动员全省民政工作者进一步解放思想，更新观念，加快民政工作改革与发展的步伐，为安徽经济发展和社会稳定作出更大的贡献。

全省各地、市、县领导和民政局局长及省直各有关部门参加会议。民政部副部长李宝库、省委书记卢荣景、省长回良玉出席会议并讲话。副省长杨多良代表省政府作题为“加快民政工作改革与发展步伐，为安徽的经济发展和社会稳定作出更大的贡献”的工作报告，并作了总结讲话。

会议对第十五次全省民政会议后的四年的工作作了全面的回顾和总结：4年间，全省民政系统紧紧抓住社会保障这个重点，依法维护和保障人民群众的基本生活权益，较好地发挥民政工作的社会稳定机制作用；从加强社会主义民主建设的高度来认识并努力推进基层政权建设和群众自治组织建设工作，促进基层民主政治的建设，增强基层干部群众的法制观念。依法开展各项社会行政管理工作，积极探索管理与服务相结合的道路；大力发展民政经济，给民政事业注入新的生机和活力。加强法制建设、自身建设和基层民政组织建设，保证民政工作的顺利进行。

会议认为，进一步深化民政改革、发展全省民政事业要坚持六个必须：必须不断解放思想，坚持深化改革；必须坚持实事求是，创造性第开展工作；必须发挥职能作用，服务于中心工作；必须紧紧抓住机遇，适时推动事业发展；必须强化基础工作，壮大自身实力；必须坚持社会化，拓宽事业发展道路。会议在全面总结经验、深入分析形势的基础上，确定此后 5 年乃至 20 世纪末全省民政工作改革与发展的基本思路：以维护和保障人民群众基本生活权益为基本任务，以建立和完善基层社会保障体系为重点，以深化改革、扩大开放为动力，以发展民政经济为突破口，以加强民政法制建设、自身建设和坚持社会化为手段，全面推进各项民政事业的改革和发展，为促进社会稳定，实现安徽省国民经济和社会发展第二步战略目标作贡献。

会议决定此后 5 年全省民政工作的六项主要任务：围绕农村社会保障体系的建立，深化救灾救济改革，大力推进农村社会养老保险；以社区服务为重点，建立和发展城市社会服务体系；深入开展双拥活动，改革和完善优抚安置制度，认真落实优抚安置政策；加强基层政权和群众自治组织建设，促进基层民主；在积极争取国家和各级财政对民政事业投入有效增长的同时，大力发展民政经济，强化发展民政事业的基础；不断提高依法行政水平，努力实现管理与服务相结合。

第十六次全省民政会议的召开，在一系列重要问题上形成共识，进一步坚定了改革和发展民政事业的信心，对全省民政工作在建立社会主义市场经济体制新的历史时期的改革和发展产生深远的影响，对促进安徽的经济发展和社会稳定发挥了重要作用。

第十七次全省民政会议　安徽省第十七次全省民政会议于 2002 年 9 月 24 日在合肥市召开。会议的主要任务是：以邓小平理论和“三个代表”重要思想为指导，贯彻落实第十一次全国民政会议精神，全面总结 1995 年第十六次全省民政会议以来的民政工作，明确新形势下民政工作的指导思想、基本思路、目标任务和主要措施，动员各地、各部门和社会力量共同做好民政工作，更好地为改革、发展和稳定大局服务。省委书记王太华、省长许仲林、省委副书记王昭耀，省委常委、省委秘书长王明方，省人大常委会副主任陈瑞鼎、副省长田维谦、省军区副司令员王明礼、省政府秘书长徐立全等出席会议。省委书记王太华等省、部领导与会议代表合影，并发表即席讲话。省长许仲林和民政部党组成员、纪检组长张印忠分别讲话。各市分管民政的副市长、民政局局长及办公室主任，各县（市、区）分管民政的副县（市、区）长及民政局局长，省直有关部门及省勘界工作领导小组成员单位负责人，先进集体和个人代表等参加会议。

副省长田维谦代表省政府在会上作题为“以‘三个代表’重要思想为指针，努力开创全省民政工作新局面”的工作报告。报告对第十六次全省民政会议以来的五个主要方面的成就进行了总结：一是建立完善救灾工作分级管理、救灾经费分级负担的救灾工作新体制，城市居民最低生活保障基本实现应保尽保。二是较好地落实各项优抚安置政策，推动双拥工作的深入发展。三是全省农村村民自治展开，城市社区建设取得初步成效。四是全省社会福利事业沿着社会化方向健康发展。五是不断强化管理职能，专项社会事务工作迈出新步伐。会议确定今后一个时期全省民政工作的总体目标是：以“为广大人民群众服务，为最需要帮助的困难群众服务，为改革发展稳定大局服务”为方向，以依法管理社会行政事务、保障人民群众基本生活权益和民主政治权利、促进社会公平、维护社会稳定、推动社会进步为基本目标，推进民政管理法制化、民政事业社会化、民政服务网络化和工作手段现代化，从而实现有效的社会救助、广泛的基层民主、优质的福利服务、牢固的军民团结和规范的社会事务管理，不断开创民政工作的新局面，为实现“加快发展、富民强省”的战略目标做出新的更大的贡献。报告在全面分析形势、系统理清思路的基础上，对当前和今后一个时期的全省民政工作进行总体部署：第一，认真扎实做好救灾救济和扶贫济困工作。第二，进一步巩固完善城市居民最低生活保障制度建设。第三，大力推进城市社区建设和农村基层民主政治建设。第四，继续做好双拥和优抚安置工作。第五，加快推进社会福利社会化进程。第六，加强民间组织等专项社会事务管理。

会上，合肥、淮南、芜湖、宣城、铜陵市政府和省勘界办公室负责人作典型发言。省民政厅厅长李宏塔作总结讲话。大会还对全省民政工作先进县（市、区），全省勘界工作先进集体、先进个人，全省民政系统先进单位、先进个人，民政系统省级文明窗口单位，“三五”普法先进集体和个人以及勘界工作先进集体与个人进行表彰。

第十八次全省民政会议　2007 年 5 月 15 日，安徽省第十八次全省民政会议在合肥召开。会议主要任务是，以科学发展观为指导，贯彻第十二次全国民政会议精神，总结五年来工作成绩，安排今后一个时期的目标任务，推动全省民政事业再上新台阶，为构建和谐安徽、加快崛起进程提供有力保障。省长王金山，民政部党组副书记、常务副部长李立国出席会议并讲话。省委常委、副省长赵树丛作工作报告。省人大常委会副主任高福明，省政协副主席俞祖彭，省军区政治部主任张维平等出席会议。各市、县（市、区）政府分管负责人，省直有关部门及群团组织负责人及民政局局长参加了会议。

王金山在讲话中指出，各级各有关部门要牢固树立“民政为民”的核心理念，着眼于加强社会建设和管理，着眼于促进社会公平、稳定和进步，着眼于改善民生、维护民权和保障民利，加强制度建设，完善服务体系，努力在新的起点上实现全省民政工作的新跨越。强调，要适应构建和谐社会的要求，按照以民为本、为民解困、为民服务的工作宗旨，统筹兼顾，突出重点，进一步延伸和拓展民政工作功能。要兼顾效率和公平，突出保障重点，加强对困难群体、特殊群体和重点优抚群体的救助，在实现全覆盖的基础上，逐步提高救助标准。要兼顾城市和农村，突出农村民生，以统筹城乡发展的思路推进民政工作，在经费支出、应急救助、抚恤安置以及最低生活保障标准等方面，加大对农村的倾斜，加快推进农村最低保障、义务教育、医疗救助、饮水安全等重点工程，促进占全省人口大多数的农民共享改革发展成果。要兼顾民生和民权，突出基层民主，全面加快城乡社区建设，推进居（村）民自治，扩大人民群众有序的政治参与，要兼顾政府和社会，突出群众参与，更好发挥民间组织服务社会的功能，促进和谐社会共享共建。要兼顾当前和长远，突出制度建设，以完善民主权利保障制度、公共财政制度和社会救助制度为重点，加快构建全省民政工作制度框架，为民政事业发展提供有力保障。

副省长赵树丛代表省政府作工作报告。报告认为第十七次全省民政会议以来，全省民政工作取得显著成绩：一是城乡社会救助体系初步建立。二是农村基层民主自治和社区建设扎实推进。三是拥军优抚安置体系不断完善。四是社会福利事业稳步健康发展。五是社会事务管理水平显著提升。报告全面分析新形势下民政工作在构建和谐安徽中的重要基础性作用，对“十一五”时期全省民政工作作出总体部署：第一，进一步完善城乡社会救助体系，切实改善民生。第二，进一步完善城乡社区管理服务体系，切实维护社会和谐稳定。第三，进一步完善自然灾害应急救援体系，切实提高减灾救灾效率。第四，进一步完善拥军优抚安置体系，切实增进军政军民团结。第五，进一步完善社会福利服务体系，切实满足人民群众福利服务需求。第六，进一步完善专项社会事务管理体系，切实增强服务社会功能。

会议对全省民政工作先进单位和先进个人进行了表彰。

第二章　干部人才队伍建设

第一节　民政干部教育培训

为了提高各级民政局长和基层民政干部的政治理论和民政理论素养,提升领导和管理民政工作的综合能力,安徽省编制委员会于1988年10月19日批准成立安徽省民政干部培训中心,作为民政厅下属事业单位,处级建制,定事业编制10名,列入差额预算事业单位管理序列。主要职责是负责全省民政系统在职干部的岗位培训和系统内各级各类民政业务培训及民政行业特有工种职业技能鉴定培训等。

专业证书学历教育　1988年至1991年与安徽大学联合举办民政专业大专班教学,全省民政系统在职干部职工共有2761人取得民政专业大专证书;1991年至1995年与省直职工大学联合办学,1995年至2000年与合肥市职工大学、合肥市科技职工大学联合办学,共有3220人参加学习并毕业。

1993年至1998年,委托民政部干部管理学院,培养部分在职职工脱产学习,大专学历教育,5期共320多人。

1993年至1998年,分别与省司法学校、省劳改警官学校联合办学,在全省统招民政专业学生约600人,并分别取得初中专、高中专学历证书。

1993年至1998年,分别为济南民政学校、长沙民政学校、重庆民政学校、民政部干部管理学院等民政院校的民政专业代办招收应届高中毕业生280人。

民政局长培训　以提高领导干部业务水平为龙头,重点抓好各级民政局局长培训。1997年至2000年,对全省县、区及以上民政局长、副局长举办8期培训班,参训1000余人。2002年至2008年,举办局长培训班12期,培训1062人次。全省县区以上的民政局局长、副局长参训率达到95%以上,业务素质、领导水平和管理能力显著提高。

乡镇民政干部培训　以夯实民政基础为目标,把乡镇民政干部培训作为一项战略任务来抓。2004年至2009年,对全省1500多个乡镇的分管副乡镇长和民政助理员进行分期轮训,共23期,培训2811人次。从2008年开始,开展第二轮乡镇民政干部培训,到2008年年底已举办10期,培训1362人次。9年来,乡镇民政干部班总计培训33期,4173人次。

民政业务培训　结合民政工作的实际需要,2002年至2008年,对城市社区建设、农村社区建设、优抚、救灾、社会救助、救助管理、社会组织登记管理、民政法制、基层民政工作未来规划、民政系统干部能力建设、社会工作专业人才队伍建设、民政系统信访、财务统计等业务工作和社会（儿童）福利院院长、敬老院院长、优抚事业单位负责人、婚姻登记员等人员，先后举办38期培训班，共培训4331人次。

2011年，承办省民政厅中青年干部教育培训班，培训85人。主要学习民政业务和公共管理知识，强化了公文写作训练，并赴铜陵、芜湖考察调研，效果良好，提高了中青年干部的业务素质，促进了学习型机关建设。

民政行业职业技能鉴定培训　2009年至2010年，举办13期，共计培训1837人次。其中殡葬4期，438人次；灾害信息员9期，1399人次。促进了民政行业特有职业技能的巩固提高，加快了民政队伍的职业化、正规化、专业化进程。

第二节　社会工作专业人才队伍建设

社会工作是一种坚持“助人自助”宗旨，遵循专业伦理规范，在社会服务与管理等领域，综合运用专业知识、技能和方法，帮助有需要的个人、家庭、群体、组织和社区，整合社会资源，协调社会关系，预防和解决社会问题，恢复和发展社会功能，促进社会和谐的职业活动。社会工作专业人才是具有一定社会工作专业知识和技能，在社会福利、社会救助、扶贫济困、慈善事业、社区建设、婚姻家庭、精神卫生、残障康复、教育辅导、就业援助、职工帮扶、犯罪预防、禁毒戒毒、矫治帮教、人口计生、应急处置、群众文化等领域直接提供社会服务的专门人员。2006年10月，中共十六届六中全会从构建社会主义和谐社会的全局出发，首次提出“建设宏大的社会工作人才队伍”重要任务；2006年7月20日，人事部、民政部正式印发了《社会工作者职业水平评价暂行规定》和《助理社会工作师、社会工作师职业水平考试实施办法》，将社会工作者纳入专业技术人员行列进行管理；2010年11月，中共中央《国家中长期人才发展规划纲要（2010—2020年）》将社会工作人才首次提升到与党政人才等相并列的第六类主体人才队伍地位。2011年10月、中组部、民政部等18部门联合出台《关于加强社会工作专业人才队伍建设的意见》，2012年4月，中组部、民政部等19部门联合出台《社会工作专业人才队伍建设中长期规划（2011—2020年）》。

完善党管人才的领导体制，形成了组织部门牵头抓总、民政部门具体负责，各有关部门、组织配合，社会力量参与的工作格局。建立联席会议制度，实现主管部门和协作部门共同协商议事。2008年，省民政厅成立了社会工作人才队伍建设领导小组。在行政管理和行业组织建设方面，2009年机构改革中，省民政厅设立社会工作处（和人事教育处合署办公），具体负责协同有关部门共同拟定全省社会工作发展规划、政策措施和职业规范，推进社会工作人才队伍建设和相关志愿者队伍建设。2004年，省民政厅发起成立安徽省社会工作（者）协会。至2012年年底，全省共有合肥、芜湖2家市级社工协会，芜湖市镜湖区、合肥市庐阳区、瑶海区、包河区、蜀山区先后成立了区级社工协会，合肥市蜀山区西园街道成立了首家街道社工协会。

全省社会工作专业人才队伍建设工作认真贯彻执行民政部、省委省政府相关政策要求。2012年7月，省民政厅与省委组织部联合出台了《安徽省“十二五”社会工作专业人才队伍建设规划》。2012年11月，省委组织部、省民政厅等19个部门联合出台《安徽省关于加强社会工作专业人才队伍建设的实施意见》，并以安徽省人才工作领导小组办公室名义印发了《实施意见的任务分工方案》。《规划》和《意见》根据我省实际，在社会工作专业人才培养、评价、使用、激励等方面作了明确规定。2012年7月，省民政厅出台了《关于加快培育发展民办社会工作服务机构的指导意见》，明确了民办社工服务机构的申办条件，在更宽领域、更多层次上倡导和促进专业社会工作服务机构的发展，拓宽社会工作专业人才的发展空间。

大力发展社会工作专业教育。自1997年起，安徽大学、安徽师范大学等12所高等院校开设了社会工作专业。截至2012年，先后培养了5000多名本科、专科毕业生和100多名硕士研究生。省民政厅与安徽师范大学历史和社会学院联合建立首批“安徽省社工人才培训基地”和“安徽省高校社会工作（社会学）专业教育实习基地”。探索建立分级培训制度。铜陵市委组织部、市民政局联合印发了《社会工作人才教育培训实施方案》，采取专题培训、以会代训、考前辅导、考察交流等方式，促进工作开展。近五年，我省结合实际开办了68个班次，培训人数达3447人次，并积极选派60余人参加民政部举办的社会工作专业知识培训。配合人力资源和社会保障部门，积极发动、组织、实施全国社会工作职业水平考试。2012年，全省有2033人取得社会工作者职业水平证书，其中社会工作师433人，助理社会工作师1600人，占全国总数的2.42%。在全省范围内推广使用《中华人民共和国社会工作者登记系统》，委托省社工协会负责社会工作者职业水平登记工作。

采取先试点后推开、试点与示范相结合的方法，推进社会工作专业人才队伍建设。

2007年和2009年，芜湖市镜湖区、省荣康医院、合肥市儿童福利院、六安市军队离退休干部管理服务中心、滁州市琅琊区琅琊街道建设路社区等5个单位和地区被列入民政部社会工作专业人才队伍建设试点，在社会工作专业人才岗位设置、业务培训、职业资格、薪酬体系等方面进行了有益探索。各试点单位和地区针对不同工作对象的需求确定服务内容和形式，发挥社会工作专业人才的作用。2012年6月，在全国试点基础上，结合实际，在16个市和2个省直管县选取确定20个地区（单位）开展省级社会工作专业人才队伍建设工作试点。

2012年8月，省民政厅、省人才办在芜湖联合召开全省社会工作专业人才队伍建设推进会，全面部署社会工作专业人才队伍建设工作，要求在抓好试点工作的同时，大力推动全省面上工作，全省社会工作专业人才队伍建设进入整体推进时期。

加强舆论宣传，提高社会认知度。充分利用广播、电视、报纸、网络等宣传媒介，加大宣传力度。2012年7月4日，《安徽日报》就社会工作专业人才队伍建设专版刊登了调研文章——《我省社工人才缺口如何填补》,赢得社会广泛热议;省社工协会创办《安徽社工》期刊,开通“江淮社会工作”网站,宣传社会工作发展的动态、热点和国家、省、市关于社会工作的政策方针,强化行业自律、提升服务水平、推动社工发展。厅机关招录公务员和厅属单位招聘人员时,突出民政系统社工专业岗位,利用编制空缺,专门招录高等院校社工专业毕业生,引导社会各方面对社会工作专业人才的使用,共录取了 11 名社会工作专业本科生和研究生。

安徽省参加全国社会工作者职业水平考试历年通过人数统计表

表 12-2-1　　单位:人

年份	助理社会工作师	社会工作师	合计
2008	888	173	1061
2009	165	75	240
2010	108	47	155
2011	136	45	181
2012	303	93	396
总计	1600	433	2033

第三章　民政事业计划与事业费管理

民政事业计划也称民政事业规划。民政事业是中国社会发展的重要组成部分。研究制定民政事业发展计划和长远规划，是关系民政事业全局发展的大事。制定民政事业发展规划要从正确处理好改革、发展、稳定三者之间的关系出发，研究民政部门基本建设纳入当地国民经济和社会发展计划总盘子的问题，切实保障人民群众的基本生活权益，改变民政事业发展相对滞后的局面，维护社会稳定，为国家改革、发展和稳定的大局服务。按照发展社会主义市场经济的要求，研究制定中长期民政事业发展规划。通过调查和预测，掌握市场经济体制下人民群众对生活权益的基本要求，从维护社会稳定的需要出发，作出规划，提出民政事业发展的目标、任务和方针政策。在制定规划时要认真地调查和研究，分析和总结民政各项业务的现状和经验，提出进一步促进民政事业发展的方案和方针政策，并对各种方案和政策进行反复论证和比较，选择和研究最佳的方案和政策。要认真研究中国建立社会主义市场经济体制所发生的深刻变化，以及随之可能带来的社会问题，特别是社会保障的问题，以建立合理有效的社会保障制度为重点，加快建立农村养老保险制度和城镇最低生活保障线制度，深化救灾工作、社会救济、优抚安置改革，并兼顾社会行政管理、基层政权建设等项改革，确保社会稳定，促进国民经济更好更快地发展。

民政事业费是指各级政府预算安排的，用于优抚安置、救灾救济和社会福利等方面工作，由民政部门负责使用与管理的专项资金。按照国家现行财政体制，各级财政部门要根据国家计划、民政事业的实际需要和财力状况安排民政事业费预算。同时，对其使用管理实施监督。民政事业费实行部门负责、权责结合的原则，由民政部门负责管理使用。各级民政部门要切实按照民政工作的方针政策和各项财务制度办事，严守财经纪律，加强财务管理，讲求使用效果。民政事业费是国民收入再分配中属于消费基金的一部分，是贯彻执行优抚安置、救灾救济、社会福利工作方针政策的主要财力保证。用好此项经费，对于促进部队建设，促进社会安定，促进社会主义物质文明和精神文明建设，体现社会主义制度的优越性具有重要意义。

第一节　民政事业计划与民政统计

根据民政部、财政部《关于发布民政事业费使用管理办法的通知》和民政部《关于进一步加强民政事业费的使用和管理的通知》精神，安徽省民政厅制发《安徽省民政事业费使用管理办法实施细则》，明确民政事业费的使用原则和使用范围。

民政事业费是国家用于民政事业的专款，必须按照规定的使用范围，实行专款专用。中央专项拨款的特大自然灾害救济费只用于遭受特大自然灾害地区的灾民救济，不能调作他用。各项补助、救济款应当重点使用于经济不发达，群众生活贫困，集体经济优待和供给补助有困难的地区，用于生活最贫困的优抚、救济对象；救灾款应重点用于灾情严重地区自身无法克服生活困难的灾民。不得平均分配和发放。民政事业单位经费和其他民政事业费必须贯彻勤俭办事业的方针，厉行节约，反对浪费，提高使用效果。逐步改革事业单位经费使用办法，实行经费包干。民政事业费的使用，应坚持民主理财的原则。预算安排、指标分配以及数额较大的开支，须经领导集体讨论决定。发放临时补助、救济费和救灾款，要贯彻群众路线，实行群众评议与领导审批相结合的办法。

20 世纪 90 年代后，民政事业费增加城乡最低生活保障、大病救助、社区建设、养老体系建设、各类专项经费等，民政事业费随着经济社会发展同步增长，数额也越来越大。全省各地民政部门严格按照规定使用和管理民政事业费，并自觉接受财政、审计、纪检监察部门的监督检查。

编制民政事业计划 1983 年，省民政厅按民政部要求，首次编制“七五”计划时期民政事业发展规划。1985 年修改调整，并纳入 1986 年省人民政府颁布的《安徽省“七五”计划社会保障事业》章中。1986 年年底，省计委首次下达《1987 年民政事业计划》。此后，各地、市相继制订民政事业计划，明确民政事业计划是国民经济计划的组成部分，必须切实组织实施。

1985 年 6 月，省民政厅、财政厅制发《安徽省民政事业费使用管理办法实施细则》对预、决算的编报作了规定：各级民政部门事业经费应根据各项事业发展计划和实际需要，参照上年度预算执行情况，编写民政事业费预算建议指标，报送同级财政部门，并抄报上级主管民政部门。民政事业费的年度预算指标，由同级财政部门和民政部门根据事业需要和财力进行安排。

1989 年，省民政厅、省计划委员会、省财政厅联合印发《安徽省民政事业计划管理暂行意见》，各级民政部门的计划管理工作逐步走向制度化、规范化。

1991 年，根据《国家国民经济和社会发展十年规划和“八五”计划》和民政部《民政事业发展十年规划和“八五”计划》要求，省民政厅编制《安徽省民政事业发展十年规划和“八五”计划纲要》，并经第十五次全省民政会议讨论通过后印发。该计划总结了“七五”期间全省民政事业在基层政权和群众自治组织建设、社会保障事业、优抚安置以及社会行政事务管理等方面取得的成绩，分析民政事业经费短缺、优抚救济对象保障标准低、基层民政力量薄弱、工作手段及设备设施不适应民政工作要求等问题；提出“八五”期间，全省要有 400 个左右乡镇、4000 个村委会村民自治达到标准；救灾扶贫周转金总额达 1.5 亿元以上；新办 1530 个敬老院；农民互助储金会由 20% 提高到50%、建会总数达15400个;福利企业产值以6%年增长率、期末达23000万元;社会(儿童)福利院床位数按6%年增速发展,社会福利院工副业总产值达到700万元、利润50万元;全省社区服务福利设施达4750个;农村义务兵、老复员军人优待面分别达到100%和30%;退伍军人两用人才使用率达85%;改建4个军供站,增设15个干休所(站)、配备50辆专用车辆;完成3个县级市、60个建制镇任务;城市结婚登记率达100%、农村达95%;期末全省火化率达20%等目标任务。明确“八五”期间(见表12.4),争取党委支持,优化外部环境;继续深化改革,加快社会化进程;理顺内部关系,提高整体效益;努力强化基础,重点抓好基层;改进计财工作,壮大民政经济;重视理论研究,加强宣传工作;加强法规配套,自觉依法行政等7项工作措施。

1995年,为贯彻民政部《关于制定民政事业发展“九五”计划和2010年长远规划有关事项的通知》,省民政厅对全省民政事业发展“八五”计划实施情况总结评估,分析“八五”期间社会保障水平低、保障面窄、城市退伍兵及残疾人就业“安置难”、优抚对象“医疗难”、民政事业发展资金缺、基础设施落后等问题。确定“九五”期间,养老保险工作要在全省95%乡镇启动运转,35%应保对象入保;各类服务设施、网点达到1.5万个,85%街道兴办一所多功能社区服务中心;中等城市实施最低生活保障线救济制度;保障优抚对象生活略高于当地一般群众生活;全省安置残疾职工总数和福利企业年增加值逐年分别递增8%和15%,期末全省社会福利企业增加值、利税指标在八五期末基础上再翻一番等目标。《安徽省民政事业发展“九五”计划和2010年长远规划》报送民政部和省委、省政府,并建议将此主要指标列入全省国民经济和社会发展计划,纳入全省行业规划下达各地执行。

针对民政事业费不足影响民政事业发展问题,制定安徽省“九五”民政事业费支出计划:抚恤和社会救济费总数由1995年预计22633.9万元、以年平均增长速度19.59%计算,2000年计划达55366.41万元,其中省财政8305万元、五年期间平均每年负担7323.79万元;抚恤事业费由1995年预计10500万元、以年平均增长速度23.18%、2000年达29780.01万元,其中省财政4467.01万元、平均每年负担4295.85万元;离休费由1995年预计2100万元、以年平均增长速度15%、2000年达4223.8万元,其中省财政633.57万元、五年期间平均每年负担325.66万元;退休退职费由1995年预计1400万元、以年平均增长速度15%、2000年达2815.9万元,其中省财政422.39万元、五年期间平均每年负担488.46万元;社会救济福利事业费由1995年预计5165.4万元、以年平均增长速度18%、2000年达11815.7万元,其中省财政1172.38万元、五年期间平均每年负担1435.36万元;其他民政事业费由1995年预计3346.5万元、以年平均增长速度15%、2000年达6731万元,其中省财政1009.65万元、五年期间平均每年负担778.44万元;自然灾害救济费由1995年预计5557.8万元、以年平均增长速度15%、2000年达11178万元,其中省财政2400万元、五年期间平均每年负担1580万元。

为加快推进民政基础设施建设,制定安徽省民政部门“九五”基本建设投资计划:

光荣院预计 1995 年年底累计完成投资 20 万元，“九五”计划建设面积 0.6 万平方米、总投资 365 万元，其中中央预算内投资 205 万元，地方投资 160 万元；社会福利院预计 1995 年年底累计完成投资 750 万元，“九五”计划建设面积 6.2 万平方米、总投资 3305 万元，其中中央预算内投资 205 万元，地方投资 3100 万元；烈士纪念建筑物预计 1995 年底累计完成投资 100 万元，“九五”计划建设面积 0.9 万平方米、总投资 405 万元，其中中央预算内投资 85 万元，地方投资 320 万元；收遣站和安置农场预计 1995 年年底累计完成投资 100 万元，“九五”计划建设面积 1 万平方米、总投资 500 万元均属地方投资；殡葬所（含公墓）预计 1995 年年底累计完成投资 550 万元，“九五”计划建设面积 5.6 万平方米、地方总投资 2400 万元；福利企业地方投资预计 1995 年年底累计完成投资 300 万元，“九五”计划建设面积 3.2 万平方米、地方总投资 1600 万元；其他预计 1995 年年底累计完成投资 450 万元，“九五”计划建设面积 3.6 万平方米、地方总投资 2100 万元。

2000 年，省民政厅编制《安徽省民政事业发展“十五”计划和 2015 年远景目标纲要》，总结“九五”期间民政事业发展情况，剖析“九五”期间城市居民最低生活保障标准偏低、覆盖面偏窄，部分优抚对象“三难”、退役士兵安置难、民办非企业单位登记难以及民政基础设施建设薄弱等问题。确定“十五”期间民政事业发展计划主要指标位：城市最低生活保障覆盖率 2000 年预计 0.9%、2005 年计划 3.4%、按年平均增长 30.5%、2015 年达 7.5%；社会福利床位数 2000 年预计 5.7 万张、2005 年计划 6 万张、按年平均增长 1%、2015 年达 6.5 万张；每万人老年人口拥有社会福利床位数 2000 年预计 83 张、2005 年计划 116 张、按年平均增长 7%、2015 年达 208 张；居委会设施建设标准 2000 年预计 31 平方米 / 个、2005 年计划 40 平方米 / 个、按年平均增长 5.2%、2015 年达 50 平方米 / 个；城镇社区服务中心数 2000 年预计 140 个、2005 年计划 223 个、按年平均增长 9.8%、2015 年达 235 个；城镇社区服务站数 2000 年预计 900 个、2005 年计划 1400 个、按年平均增长 9.2%、2015 年达 2000 个；综合优抚标准 2000 年预计 736 元 / 年、2005 年计划 1230 元 / 年、按年平均增长 10.8%、2015 年达 2210 元 / 年；每万名优抚对象拥有优抚床位数 2000 年预计 23 张、2005 年计划 25.5 张、按年平均增长 2.1%、2015 年达 30.5 张；殡仪馆数 2000 年预计 70 个、2005 年计划 75 个、按年平均增长 1.4%、2015 年达 77 个；民政事业占财政总支出比重 2000 年预计 2.4%、2005 年计划 3%、按年平均增长 0.12%、2015 年达 6%。

确定“十五”期间将安徽省民政厅机关办公楼建设、安徽省老年人活动中心建设、市地救灾仓库建设、安徽省地名档案馆建设、安徽省荣康医院续建和改建、市县光荣院改建、市县烈士陵园改建、军队离退休干部休养所维修改造、军供站更新改造、全省收容遣送站新建及改造、殡仪馆改造及搬迁、安徽省民政信息化系统建设等 12 个项目纳入基本建设计划建设项目，共需争取项目预算经费投入 3000 万元。

"十五"期间安徽省民政事业发展计划指标统计表

表 12–3–1

指标名称	计量单位	"九五"期间发展情况				2005年计划	年平均增长%	2015年目标	年平均增长%
		1955年	1999年	2000年预计	年平均增长%				
城市最低生活保障覆盖率	%	—	0.65	0.9	—	3.4	30.5	7.5	8.23
社会福利床位数	万张	5.5	5.7	5.7	0.7	6.0	1.0	6.5	0.8
每万名老年人口拥有床位数	张	72	82	83	2.8	116	7	208	6
居委会设施建设标准	平方米/个	26	30	31	3.6	40	5.2	50	2.3
城镇社会服务中心数	个	30	123	140	36.1	223	9.8	235	0.5
城镇社会服务站数	个	400	787	900	17.6	1400	9.2	2000	3.6
综合优抚标准	元/年	640	952	736	2.8	1230	10.8	2210	6.0
每万名优抚对象拥有优抚床位	张	20.05	22.5	23	2.8	25.5	2.1	30.5	1.8
殡仪馆数	个	66	66	70	1.2	75	1.4	77	0.3
民政事业费占财政总支出的比	%	2.4	2.4	2.4	0	3	0.12个百分点	6	0.11个百分点

2005年，省民政厅开展《安徽省民政事业发展第十一个五年规划》发展思路研究。2007年，根据国家《民政事业发展第十一个五年规划》和《安徽省国民经济和社会发展第十一个五年规划纲要》，省民政厅制定《安徽省民政事业发展第十一个五年规划》，并与省发改委联合印发。规划总结了"十五"期间全省民政城乡社会救助体系、农村基层民主自治和社区建设、拥军优抚安置体系、社会福利事业、社会事务管理水平等取得成绩及有益经验。分析思想观念、运行机制、基层队伍、经费投入等存在的问题。提出了"十一五"期间，以落实科学发展观、构建和谐社会建设为主线，以服务跨越发展、加快安徽崛起为主题，牢固树立"民政为民"核心理念，着眼于加强社会建设和管理，着眼于促进社会公平、稳定和进步，着眼于改善民生、维护民权、保障民利、服务民需，加强制度建设，完善服务体系，努力在新的起点上实现全省民政工作的新跨越的指导思想。确立了坚持以民为本、为民解困、为民服务，政府主导、社会参与，求真务实、改革创新，统筹兼顾、分类指导的基本原则。明确了"十一五"期间，建立完善社会救助体系、建立健全灾害应急救援体系、初步建立适度普惠型社会福利制度、规范民间组织发展、贯彻落实优待抚恤政策、深化退役士兵安置改革、加强社区建设和基层民主建设、依法治理行政区域界线、完成地名公共服务工程、推进婚姻登记信息化、规范化、深化民政直属事业单位改革、强化民政机关建设等目标任务。

民政统计工作 民政事业统计工作的任务是对民政事业发展情况进行统计调查和分析，提供统计资料，实行统计监督。其内容包括：优抚统计，安置统计，社会福利事业统计，社会福利企业统计，社会救济统计，自然灾害统计，扶贫统计，行政区划统计，基层政权建设统计，殡葬事业统计，婚姻登记统计，财务统计，固定资产投资统计等。

根据民政部相关规定，民政事业统计标准，包括统计分类目录、指标涵义、计算方法、统计编码等，由民政部制定，地方各级民政部门可以制定补充性的统计标准，但不得与民政部制定的标准相抵触。统计标准未经制定机关同意不得修改。同时规定各省、自治区、直辖市民政厅（局）统计机构负责本地区民政事业统计工作，其主要职责是：1. 执行国家和民政部制定颁发的统计调查任务、统计报表制度、统计标准，以及各项民政事业统计工作制度。2. 制定并实施本地区统计调查项目和方案，做好对本地区民政部门和所属事业企业单位报表的布置、统计资料审核汇总和报送工作。收集、整理、提供和公布本地区民政事业统计资料。3. 对本地区民政事业发展计划执行情况和民政事业管理工作进行分析，实行统计监督。4. 检查并督促本地区民政部门和所属事业企业单位认真执行国家各项统计法规。5. 组织协调本厅（局）的统计工作，统一管理本厅（局）制发的统计调查方案及其统计调查表。6. 配合本厅（局）人事教育部门，指导本地区民政事业统计人员培训和统计专业技术职务的评定；组织、指导本地区民政事业统计工作经验交流和统计科学研究工作。

改革开放初期，由于安徽民政统计基础薄弱，缺乏专业统计人员，统计资料零星分散。1979 年，省民政局成立计划财务处，对民政统计工作实行统一管理，并建立民政事业统计年报制度。地（市）、县民政部门根据统计任务配备专职统计干部或固定专人从事统计工作，乡级民政事业统计工作由民政助理员负责。

1984 年，省民政厅根据民政部要求，以嘉山县、黟县、黄山市为试点，进行基层统计台帐建设，并逐渐在全省全面展开。自 1985 年上半年起，全省各市、县民政完成统计台账建设，并进行统计年报质量评比。市、县民政部门以乡、镇、街道为单位，将民政工作对象登记建卡，按序排列，分类入账，装订成册。各级均固定专人管理，并根据民政工作对象变化及时调整统计台账。乡、镇、街道民政助理员按时填报统计台账、季报表和年报表，市、县民政部门编报民政事业统计年报。省民政厅自 1984 年起，每年将民政统计资料分类整理，编印全省民政统计分析资料。

1987 年，省民政厅制发《安徽省民政业务统计台账管理办法》，并开始每年公布安徽省民政事业发展通报。

1988 年，省民政厅实行民政事业半年表报制度，缩短统计信息反馈周期。

1989 年，省民政厅协助全省 16 个地、市民政局配置微型电子计算机，以科学手段加强民政统计。

自 1990 年开始，组织各行署、市民政局微机管理人员以及财务统计人员，参加中央电视台、中国计算机函授学校联合举办的微机应用电视函授班学习。至 2005 年年底，先后组织 8 次、近 600 人次参加了民政统计制度、统计台账及统计软件应用培训。

1991，省民政厅颁布《关于进一步加强全省民政统计法制建设的意见》，要求进一步提高对民政统计工作基础作用的认识，加强领导，健全统计机构，配备统计人员，严格依照统计法规，提高统计质量，加强统计数字管理，开展检查评比，促进民政统计工作依法、规范、有序、有效，保障统计资料真实可靠、准确及时。同年，安庆市在全省率先出台《安庆市民政业务统计台账管理实施细则》，并大力推进统计台账管理规范化建设。同年 8 月，省民政厅转发《安庆市民政业务统计台账管理实施细则》，民政部以参阅文件形式转发安庆市民政局关于全市民政业务统计台账工作有关资料，充分肯定统计台账管理的经验与做法。

1992 年以来，省民政厅先后组织两次全省性民政统计台帐检查，其中 1996 年要求自查、互查、抽查相结合，走访优抚救济对象不少于 1%，了解优抚救济政策落实情况，并结合台帐检查对各地民政统计机构及人员、设备配置以及统计调查项目规范等进行实际督察，制定检查评价标准，对先进地市、县予以表彰。

1996 年，省民政厅在明光市开展民政电子台账试点，并开发一套适应民政工作实际的台账软件；1997 年，省民政厅印发通知并转发《民政业务统计台账手册》，在已配齐微机的地市，试点推广该民政业务统计台账软件。

2000 年民政部统计软件开发投入使用， 2001 年民政电子台账试点成功，随后民政部推广贵州做法。2002 年，省民政厅根据民政部《民政事业统计台账制度》要求，坚持先行先试，建立五类 19 种包括民政对象、民政行业单位及民政业务统计电子台账，各地市县专人负责，各乡、镇、街道分类输入，专门管理，及时调整台账信息，力求从台帐中提取报表数字，统计数据真实性、可靠性较大提高。至 2004 年 6 月底，淮南、马鞍山、淮北、滁州、池州、宣城等地市已基本完成台账建设任务。2005 年，省民政厅对 2002 年统计台账制度进行修订，将民政统计台账扩展至三类 29 种台账，并建账到村（居）委会；各市、县（市、区）按照要求走村入户，查实情摸实底，按类建账，逐步完善。

2002 年，民政统计新增月报，省民政厅下发紧急通知，要求民政统计工作要由各市民政局主要领导负责，计财机构归口管理，配强综合统计人员，保持县级机构改革统计队伍稳定，切实加强城市低保等数字的审核。

同年 9 月 12 日，省民政厅印发《安徽省民政厅统计工作管理办法》，对民政统计基本任务、民政内部机构职责分工、统计表制发、统计资料发布以及加强统计基础工作等作出明确规定。强调切实保障民政统计工作资料的准确、及时、全面，严格执行《中华人民共和国统计法》及其实施细则、《部门统计调查项目管理暂行办法》、《民政部统计工作管理办法》和《安徽省统计管理监督条例》；同时规定凡属民政部制发的基础报表由省民政厅计划财务和机关事务处组织实施，各处（室、局）和厅属单位须按报表要求及时填报，上报民政部时须征求有关处（室、局）和厅属单位的意见；民政部制发的专项业务报表由对口处（室、局）或厅属单位组织实施，上报民政部时须抄送计划财务和机关事务处；各处（室、局）和厅属单位不得随意制发统计报表；统计资料的发布和对外提供，由省民政厅计划财务和机关事务处归口管理，在对外宣传工作中使用的民政统计数据，必须以省民政厅统一核定的数据为准。同时省民政厅还颁布《安徽省民政统计工作评价办法》，对各市统计报表和台帐报送情况实施月度通报。池州、滁州、芜湖、宿州等市积极响应，并切实执行。

1990 年至 2008 年，民政部先后四次对统计报表制度进行修改（见表 12.10）。省民政厅共召开统计年报部署会和年报汇总会 32 次，印发年度民政事业发展统计通报 16 次、报送民政统计报表 104 次，提供民政统计资料 50 多次，编印安徽省民政统计年鉴 16 期，参与省社会发展水平综合评价 16 次，编制《安徽省妇女事业发展纲要》及《安徽省儿童事业发展纲要》统计分析报告 20 篇，组织 2 次统计执法检查、2 次统计法规宣传月及 1 次统计普法教育活动，完成清理部门统计调查项目 2 次。

安徽省民政对象总人口统计表

表 12-3-2 单位：万人

项目	1994 年	2001 年	2008 年
优抚对象	175.8	174.2	170.1
离退休人员	0.5	0.5	4.9
主要社会救济对象	428.3	335.6	242.8
成灾人口	3473.0	3023.4	1436.1

第二节　民政事业费管理

民政事业经费是指国家财政预算用于民政事业方面的专款，是国民收入再分配中属于消费基金的一部分。在目前政府预算收支科目中，指抚恤和社会福利救济费类，包括抚恤费、安置费、城市居民最低生活保障费、农村及其他社会救济费、社会福利费、自然灾害生活救助费、其他民政费七大项。狭义上，就是通常所说的抚恤救济金等。民政主管部门及所属事业单位在组织兴办和资助社会福利事业，管理有关社会行政事务，开展社区建设和医疗救助等，都需要经费作保证。广义上讲的民政事业经费，不仅仅是指国家财政预算安排的消费基金部分，还包括用积累基金的一部分安排民政事业基本建设投资的部分，还包括民政部门为有效保障优抚和社会救助对象的生活，而通过多渠道、多形式以捐赠、募集等方式向国内外企事业单位、社会团体和个人筹措的（预算外）资金和其他资金（含事业创收）。

从某种程度上来说，民政事业的发展取决于两个方面，一方面受到国家经济和社会发展的制约和影响，有赖于国家财政预算安排的民政事业经费的增长；另一方面，取决于如何调度、管理、使用好有限的资金，建立适合民政事业特点的生财、聚财、理财体系。

近年来随着民政部门职能的增加、职责的加重,民政事业经费也在不断地增加。民政事业经费70%以上是民政对象的生活费、“救命钱”,因此民政资金能否合理、规范地使用,直接关系到广大民政对象的切身利益,影响着党和政府的形象,事关国家保障政策的落实,关系到社会的稳定和谐、国家的安全。

事业费管理体制　民政事业经费主要来源于国家预算安排的资金。民政事业经费预算管理体系是随着国家预算体制的逐步建立、完善而相应建立发展的。新中国成立初期,在国家实行高度集中的统收统支预算管理体制下,民政事业经费支出预算也相应地集中到中央和大的区域(如华东地区、华南地区等)两级,各地方、各单位支出的民政事业经费由中央将支出指标下达到各大区,地方和单位的支出逐级向各大行政区民政部核报。1954年随着大行政区的撤销和各级地方财政的建立,民政事业经费的预算指标则由中央内务部、财政部确定后,逐级下达到县级民政、财政部门。这种方法一直沿用到1979年。其中1968年至1978年的内务部被撤销期间,民政事业经费支出预算指标由财政部直接安排下达。

改革开放以后,国家财政体制改革逐步推进,民政事业费管理环境发生变化,管理体制不断变革。1980年,国家预算管理体制实行重大改革,施行“划分收支,分级包干”一定五年不变的体制。按照规定,国家用于抚恤和社会福利救济费属于地方财政包干范围。财政包干第一年由财政部根据1979年中央下达到地方的民政事业经费支出数额,扣除一次性拨款,作为地方财政包干的民政事业经费支出基数。1994年,中央实行“分税制”财政体制改革后,民政事业经费预算管理体制没有变化,中央财政逐步加大了对地方民政事业经费的转移支付拨款力度。

民政事业费预算管理　改革开放初期,安徽省预算编制形式是传统的单式预算模式。1981年,国家实行财政体制改革,民政事业经费列入省、市、县预算,由各级财政安排,特大自然灾害救济款仍报请中央或省专项拨款。同时规定,县和县以下民政事业经费统一由当地农业银行或信用社拨付。

1983年,县以下民政事业费列入乡(镇)财政。各地民政事业费相继列入乡(镇)财政管理后,多数民政部门深感权责分离,影响民政工作开展。

1984年,省政府发布《安徽省农村五保户供养暂行规定》,明确农村五保户供养经费以乡(镇)为单位统筹,也可以乡(镇)、村两级分别统筹负担。承担供粮、款(包括实物折款)应纳入生产责任制承包合同,由乡镇或村统一提取,每年分一次或两次兑现。钱款存入信用社,存折交给五保对象本人保存。各敬老院应根据实际情况制定生活和财务管理制度。

1985年1月,省政府发布《安徽省农村优待烈属、军属、革命残废军人暂行办法》,明确优待金的筹集实行乡(镇)统一筹款。规定,优待款、物必须专款(物)专用,严禁贪污挪用。对贪污、挪用的单位和个人,要严肃处理。并要求各级民政部门负责检查督促。

1984年,民政部、财政部发布《民政事业费使用管理办法》。1985年6月,省民政厅、省财政厅制发《安徽省民政事业费使用管理办法实施细则》，要求各级民政部门根据各项事业发展计划和实际需要，参照上年度预算执行情况，编制民政事业费预算建议指标，报送同级财政部门，并抄报上级主管民政部门。民政事业费的年度预算指标，由同级财政部门和民政部门根据事业需要和财力的可能进行安排。县级以下使用的民政事业费列入县级财政预算。同时规定，（一）各级民政部门及所属单位，应设立财务机构或配备与业务相适应的专职会计人员，统一管理民政事业费财会工作，并建立健全单位预算会计制度。各级民政部门都要有一名领导干部分管财务工作，要把民政财务管理工作列入议事日程，定期研究讨论，切实把民政事业费管好用好。（二）各级民政部门财务人员要执行《中华人民共和国会计法》和履行《会计人员职权条例》赋予的职权。其主要职责，概括地说，是通过财会工作，正确反映和监督经济活动，管好用好民政事业费，提高使用效果，保护国家财产，维护财经纪律，促进事业费管理水平的不断提高。（三）各级民政部门财务人员要严格遵守民政事业费使用管理的规定，对于不符合上级规定的使用范围和制度的开支，有权拒绝支付，并向领导或上级民政部门反映，否则，应负连带责任。对坚持原则、反映情况的财会人员，任何人都不准进行刁难、阻挠或打击报复，如有发现，要查明情况、严肃处理。（四）地、市民政部门对所属县（市）民政部门，每年要召开一二次财务工作会议；各级民政部门要定期召开经费互审会议，以便加强管理，及时解决存在的问题，交流总结经费使用和财务管理工作经验。各地召开财务工作会议及经费互审的总结，应报送省民政厅。（五）各级民政部门的财会人员和区、乡、镇民政助理员，一般不要过多调动，如确需调动，必须将经手的账目和款项造具清册，连同簿据办理移交后，经监交人员（区、乡、镇应经县〈市〉民政部门监交）和继任人员查核无误后方准离职，如发现账目不清或者情节可疑，必须认真查究处理。会计主管人员的任免并应经过上级主管单位同意。（六）各级民政部门和财政部门在当地党政统一领导下，各项财务工作应该加强联系和紧密配合，民政部门有关经费问题，应经常与财政部门联系协商研究解决。财政部门应主动帮助民政部门建立健全各项财务制度，加强财务管理，并监督各项事业费的使用，如发现问题应及时报告同级党政领导机关和省财政厅、民政厅。财政部门接到上级主管部门追加民政事业费专项拨款指标时，应及时通知民政部门，以利开展工作。

1989 年 4 月，经省政府办公厅邀集民政厅、财政厅协商，并由省民政厅、财政厅共同制发《关于安徽省民政事业费使用管理办法实施细则补充规定》，明确规定：县级民政部门编制年度民政事业费预算指标和分配方案建议数，送同级财政部门。县级财政部门应充分考虑民政事业发展的实际需要，合理安排民政事业费预算，并及时通知民政部门。优抚、救济对象固定经费，由县级民政部门提出分配意见后，会同同级财政部门下达到乡（镇）。乡（镇）财政所应及时将民政事业费转入乡（镇）信用社或营业所民政事业费专户。临时经费由县级财政部门分期拨给同级民政部门民政事业费账户。由县级民政部门集中掌握，统筹安排使用，不得层层下拨。

1992 年，适应市场经济发展的要求，安徽省预算编制形式改为复式预算。

1994 年，省级预算编制实行"零基预算"方法，通过对原有的各项开支重新审核并测算编制年度预算，人头费用按定额供给，专项经费按项目安排。

2000 年，省级民政事业费预算编制形式为部门预算，预算管理由按功能分处室管理转变为由财务处统一管理。五保供养经费、城镇退役士兵自谋职业补偿费列入地方一般转移支付预算，不列入部门预算。

2002 年，最低保障线补助资金（2003 年调整为城市居民最低生活保障资金）列入省民政厅部门预算。

2003 年，安徽试行"乡财县管"，实行预算共编、账户统设和集中收付。

2004 年，部分县（市、区）实行省直管县财政管理体制。

2007 年，省政府办公厅印发《安徽省省级部门预算编制管理办法》，建立完整的省级部门预算制度。农村特困群体基本生活补助费（2008 年调整为农村最低生活保障费并列入省民生工程项目）列入省民政厅部门预算。

民政事业费财务管理　1984 年，民政部、财政部发布《民政事业费使用管理办法》，规定民政事业费实行部门负责、权责结合的原则，由民政部门负责管理使用。县和县以下民政事业费统一由当地农业银行或信用社监督拨付。

1985 年 5 月，省民政厅制发《专项民政事业费使用管理若干规定》；同年 6 月，省民政厅、财政厅制发《安徽省民政事业费使用管理办法实施细则》，规定各级民政部门根据下达的年度预算指标和上年结余，编造分款项季度（分月）用款计划，报送同级财政部门审核拨款。省拨专项指标，由省民政厅、省财政厅商定后下达。一般自然灾害救济费，由地方预算统一安排解决。遭受特大自然灾害地区所需的特大自然灾害救济费，在各地财力确实无力全部解决时，由各级政府根据实际受灾情况编造预算报省人民政府。县级以下使用的民政事业费列入县级财政预算，年初由县级民政部门商同级财政部门提出分配方案，将指标一次下达乡（镇）财政所。救灾款根据灾情和救灾工作的需要另下指标，由财政部门单独拨款。区、乡（镇）民政助理员按县下达的民政事业费支出指标和使用计划办事，专款专用，不得改变项目、转移挪用。民政事业费年终结余结转下年度继续使用，列入下年度预算。

1986 年 2 月，省民政厅、财政厅、中国农业银行安徽省分行、省生产救灾办公室联合制发《安徽省救灾款使用管理暂行办法》，强调中央拨发的特大自然灾害救济费，省、地、市、县（市）地方财政安排的常年自然灾害救济费，社会集团和个人捐献支灾的款项，一律纳入此办法规定管理使用。必须坚持"专款专用，重点使用"的原则，只限用于遭受严重自然灾害的贫困地区。1. 抢救、转移、安置费：在发生特大自然灾害时，用于紧急情况下抢救、转移、安置灾民；2. 生活救济费：用于解决重灾地区困难灾民自力无法克服的吃饭、衣被、修复住房和因灾引起疾病方面的困难；在确保灾区保障对象基本生活的前提下，可用于扶持困难灾民开展生产自救，解决度荒困难。不允许超出上述使用原则和范围挪作他用。同时规定，各级救灾经费都要单独设账，在当地农业银行或信用社开设专户，接受农行账户管理。县以上民政（救灾）部门要确定负责人和财会人员负责管理救灾款的财会工作。会计、出纳要分设，账、钱、物要分人管理。区、乡、村都要明确负责人和专人管理救灾经费。区、乡民政干部具体办理发放救灾款的有关事项，乡镇财政所负责管理和监督救灾款的使用。乡、村均要建立发放救灾款物总帐和分户明细账。各级都要建立健全救灾款物的财务制度，做到手续清楚，有帐据可查，账证、账物、账账相符。凡不符合救灾款使用原则范围的开支，财会人员有权拒绝支付和报销。经管救灾经费的民政干部和财会人员调动工作时，必须办理交接手续，经接任人员复核无讹，主管领导批准后方可离职。

1989 年 4 月，省民政厅、财政厅制发《关于安徽省民政事业费使用管理办法实施细则补充规定》，明确规定：县级民政部门编制年度民政事业费预算指标和分配方案建议数，送同级财政部门。县级财政部门应充分考虑民政事业发展的实际需要，合理安排民政事业费预算，并及时通知民政部门。同时强调民政经费划分为固定经费和临时经费（临时救济经费、民政事业发展经费，以及其他未列入包干支出基数的专项经费）两部分，分别采取不同的管理办法；固定经费仍列入乡（镇）财政管理，由县级民政部门根据统计台账所掌握的基本数字，提出年度分配意见，由同级财政部门会民政部门下达到所辖乡（镇）财政，并通知乡（镇）民政助理员；临时经费由县级财政部门分期按计划拨给同级民政部门的民政事业费账户，由县级民政部门集中掌握，统筹安排使用，不得层层下放，已经下放的要收回；民政事业费全年预算指标分配下达到乡（镇）后，由县民政部门根据政策规定和实际需要，按月或按季向财政部门提交拨款意见，经同级财政部门审核后下达乡（镇）财政，同时核退同级民政部门一份，以便转知乡（镇）民政助理员，及时掌握发放；民政事业费下达到乡（镇）财政后，乡（镇）财政应及时将民政事业费转入银行营业所或信用社民政事业费专户，民政助理员履行规定的手续，向营业所或信用社提交发放花名册或三联单，由信用社监督拨付；民政助理员根据规定，按月或按季向乡（镇）财政所报账，并附固定经费发放花名册存根联，同时向县民政局报送收支明细表，对不报账或不报表的，县民政和财政部门不予拨款。未列入乡（镇）财政管理的其他民政经费，仍由民政助理员凭发款三联单或单据直接向县民政部门报账，并报收支明细表，同时报送乡（镇）财政部门报表一份。

1993 年 12 月，安徽省人民委员会转发阜阳专员公署《关于加强生产救灾财务管理工作若干规定》的通知，强调发放救灾款、物是党和政府扶持灾区生产、解决灾区群众生活困难的重要措施，各地必须根据“专款专用、专物专用”和“重点使用”的原则，严格救灾款物的财务管理，保证正确使用。同时指出，目前还有部分地区对救灾款物管理不严，以至使用不当、平均分配、甚至贪污挪用现象仍有发生。各地应对救灾款物进行一次彻底清查，总结经验教训，并根据本地区情况，督促民政、财政、银行等部门，具体制定生产救灾财务管理各项规定，健全各级财务管理机构，进一步做好救灾款物的发放工作。各地据此,进行普遍的清查,规范救灾款物的发放程序。

1995 年 8 月,省民政厅印发《民政厅机关预算外资金管理办法》和《预算外资金清理移交的实施办法》,撤销厅内设各处(室)预算外资金账号,资金归由计财处分别建账核算,统一管理。

安徽省民政事业基本建设投资情况统计表

表 12-3-3　　单位:万元、个、平方米

项目			1994 年	2001 年
计划总投资			4474	14410
本年计划投资			1896	6748
自开始建设至本年底累计完成投资			2322	9347
本年完成投资			1948	5578
	国家投资		695	912
	国内贷款		175	200
	自筹		830	3776
		社会福利基金	–	867
	其他		248	690
本年施工项目个数			27	45
本年施工房屋建筑面积			63038	106116
本年新增固定资产		–		3121

2003 年,省民政厅成立会计结算中心,将部分厅属单位及厅管协会纳入中心,在会计主体、资金使用权不变前提下,对纳入中心单位的财务实行统一管理、集中核算。

2007 年 6 月,省民政厅印发《安徽省民政厅主要业务工作规则》,规定各项民政事业经费的管理,坚持"专款专用、重点使用、统筹安排、综合平衡"、财权与事权相结合等原则,分类核算,统一管理。厅直属单位财务实行独立核算、集中管理或自主管理。用于全省民政事业的专项资金,业务处室以民政事业统计台账的数据为依据,提出分配方案,由计财处直接办理拨款或按规定送财政厅联合或单独下达指标。

福利彩票公益金管理　1988 年 6 月,安徽省社会福利有奖募捐委员会成立,负责组织实施有奖募捐活动,管理分配筹集的社会福利资金,资助兴办社会福利项目和其他社会福利事业。

1994 年 12 月,民政部制定《中国福利彩票管理办法》,规定省、地、县三级社会福利有奖募捐委员会受当地民政部门的领导,接受上一级募委会的业务指导,统一管理福利彩票在当地的发行销售,决定本级留成的社会福利资金的分配和使用。

1998年，财政部、民政部制定《社会福利基金使用管理暂行办法》，规定社会福利基金必须全额纳入预算外资金财政专户管理，实行收支两条线。经同级财政部门批准，民政部门可在指定银行开设预算外资金收入过渡账户和支出账户。本着社会福利基金筹集与管理分开的原则，收入过渡账户和支出账户应归口民政财务部门管理。

2001年，省级福利彩票公益金由省民政厅计划财务和机关事务处分配使用。

2005年，省级福利彩票公益金纳入部门预算。

2006年，省财政厅下发《关于调整彩票公益金分配政策的通知》，规定省级留成的彩票公益金，实行“统一管理，分户设账，分开核算”。根据各地彩票销量及分配比例，按季度将彩票公益金下拨市、县（市）财政部门设立的专户。民政部门按规定编制年度收支预算及决算，报同级财政部门批准。

2008年，省级福利彩票公益金预算单独编报非部门预算。1988年至2008年，全省筹集福利彩票公益金276057.7万元，其中：上缴中央126714.2万元，地方留成149343.5万元。1988年至2000年，全省福利彩票公益金由省社会福利有奖募捐委员会管理分配，决定本级留成的社会福利资金的分配和使用。2004年至2008年，省民政厅本级留用福利彩票公益金24965.2万元，按照福利彩票“扶老、助残、救孤、济困”的发行宗旨，主要用于困难群众救助、农村敬老院建设、城乡医疗救助等社会福利事业及其他社会公益事业和慈善事业。

1988—2008年安徽省福利彩票公益金筹集统计表

表12-3-4　　单位：万元

年度	筹集公益金			
	上缴中央	地方留成	其中：省本级留用	合计
1988	81.2	256.0		337.2
1989	82.0	238.6		320.6
1990	29.8	478.1		507.9
1991	70.0	605.3		675.3
1992	137.8	675.5		813.3
1993	551.4	1,912.8		2,464.2
1994	796.8	2,849.7		3,646.5
1995	1,002.8	4,723.7		5,726.5
1996	756.4	3,962.3		4,718.7
1997	557.7	2,457.4		3,015.1
1998	837.1	3,321.6		4,158.7

续表 12-3-4

年度	筹集公益金			
	上缴中央	地方留成	其中：省本级留用	合计
1999	1,259.5	6,251.1		7,510.6
2000	447.2	4,472.2		4,919.4
2001	4,730.5	5,785.9		10,516.4
2002	4,641.4	3,481.0		8,122.4
2003	5,204.7	4,390.2	324.9	9,594.8
2004	8,281.4	6,235.4	824.0	14,516.8
2005	17,485.6	17,485.6	4,486.0	34,971.2
2006	21,841.5	21,841.5	5,269.5	43,683.0
2007	31,582.3	31,582.3	7,459.9	63,164.6
2008	26,337.3	26,337.3	6,600.9	52,674.6
合计	126,714.2	149,343.5	25,150.2	276,057.7

事业费增长与需求　在构建和谐社会的过程中，民政事业发展起着社会稳定器的作用。民政事业费是民政事业发展的基础和保障，直接决定了民政事业发展的水平和规模。近年来，民政事业费管理的外部环境发生很大变化，积极财政政策逐步过渡为公共财政管理体制，因而，建立健全适应公共财政模式的民政事业费管理体制，对新形势下的民政事业发展有着重要的意义。

建立民政事业经费自然增长机制，不断完善民政资金保障体系，有效保障民政业务的开展。首先，继续保证财政资金在民政资金保障体系中的主渠道地位，民政部门作为政府提供公共服务的主要职能部门，民政资金的来源应该以财政资金为主，以政府在收入分配中的转移支付为主，要不断提高财政资金对民政事业的保障力度，争取民政事业费的增长幅度与财政支出同比例或更高幅度，力争以法律或者规章的形式确保同级财政部门安排的民政事业费占财政支出的比例不得低于一定额度；其次，加大福利彩票市场占有份额，以福利彩票公益金作为民政资金的有效组成部分。再次是吸收各类社会募捐资金，作为民政事业经费的重要补充。同时，为保障民政业务顺利开展，认真研究各类民政资金的不同特点，对优抚安置、低保、救灾、社会福利等专项资金给出相应数额的工作经费，以配套资金的形式同时下拨或者在专项资金中明确一定比例作为专项工作经费。同时，要研究制定建立并不断完善专项工作经费的使用管理办法和实施细则。

近年来，全省各项民政工作取得了新的进步，民政事业整体水平迈上一个新台阶，民政事业呈现出良好发展势头。从全省民政统计年鉴数据中显示，民政事业费呈逐年增长趋势。具体表现在:1990 年全省民政事业费支出 14475.5 万元（不含自然灾害救济款项),2009 年全省民政事业费支出 773615.7 万元,年增长率 23.3%;其他各项民政事业费也都有不同程度的增长。民政事业费快速增长为民政事业发展起到坚实的保障作用。

民政事业费投入大幅度增长 中共十一届三中全会后,民政事业费增长较快,1979 年至 1989 年 11 年间,共增支优抚、救济事业费 6.17 亿元,平均每年增支 5600 万元,年平均增长速度 8.65%。其中第七个五年计划前 4 年开支 3.55 亿元,平均每年增加 1550 万元。民政事业费总量逐年增长,但历年增长数的 80% 以上为政策性固定开支,即优抚、救济对象和军队离退休人员增加或提高标准所需经费,同当年物价上涨指数相比,优抚、救济对象的抚恤、救济标准仍然偏低。1989 年烈属定期抚恤金年平均每人 401 元,农村“五保”户集体供给和国家救济金额年平均每人 312 元,城镇散居孤老残幼 341 元,都未达到国家对“优抚对象生活水平应高于当地群众平均生活水平,社会孤老应维持当地群众平均生活水平”的规定要求（1989 年安徽农村人均纯收入 515.7 元,城镇居民可用于生活费的收入 1133.7 元）。由于民政事业费短缺,优抚和社会福利事业单位发展缓慢,难以扩大收养能力,社会福利生产发展较其他省、市滞后。

1990 年,中央、省、市、县各级安排民政事业预算指标 13698.5 万元（因自然灾害救济款项的安排具有特殊性,分析时不包括救灾款项）。2009 年,各级安排民政事业预算指标 793742.0 万元,年增长率 23.7%。

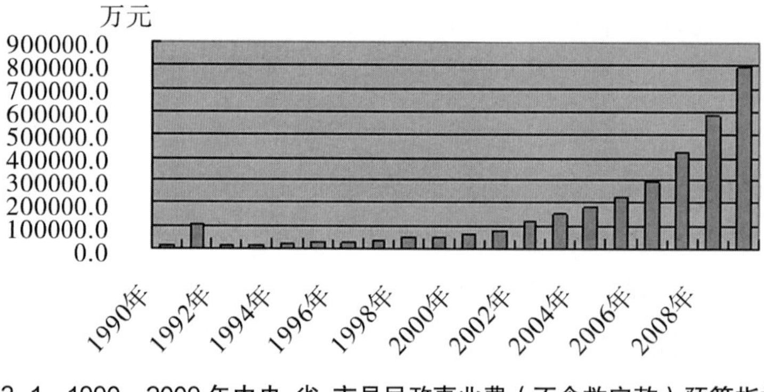

图 12-3-1 1990—2009 年中央、省、市县民政事业费（不含救灾款）预算指标图

1990 年,全省民政事业费支出 14475.5 万元（不含自然灾害救济款项),2009 年全省民政事业费支出 773615.7 万元,年增长率 23.3%。

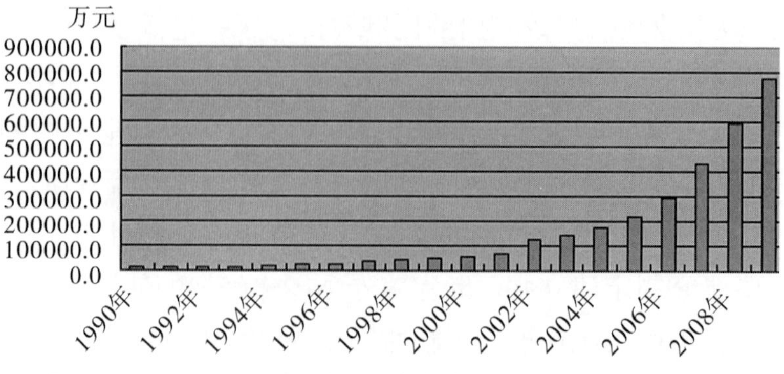

图 12-3-2 1990—2009 年民政事业费（不含救灾款）支出图

"十一五"以来,安徽省委、省人民政府实施民生工程,农村居民最低生活保障、农村"五保户"供养、城乡医疗救助、重大传染病病人医疗救治和生活救助、农村五保供养服务机构建设、光荣院建设等相继列入省民生工程,投入力度加大,全省民政事业费支出继续有效增长。

民政事业费支出水平持续增加　1990年,一次性抚恤人均1537.8元,定期定量抚恤人均1100元,在乡伤残抚恤482.2元,在乡老红军定补769.4元;军队干部离休金年均3376.7元,军队退休干部退休金年均1816.2元。

1999年,一次性抚恤人均5500元,定期定量抚恤人均1100元,在乡伤残抚恤1100元,在乡老红军定补9800元,红军失散人员定补1100元;军队干部离休金年均11100元,军队退休干部退休金年均7300元;农村五保户定期救助人均500元。

2009年,一次性抚恤人均41396.8元,定期定量抚恤人均4916.6元,在乡伤残抚恤7166.6元,在乡复退军人定补年均2050.1元,在乡老红军定补35000元,红军失散人员定补5959.8元;退役士兵自谋职业费人均4599.7元,军队干部离休金年均94954.5元,军队退休干部退休金年均59068.7元;城市居民最低生活保障年人均1934.7元,农村最低生活保障人均755.7元,农村五保户集中供养人均1860.4元,分散供养人均1296.5元,农村大病医疗救助人均1361.8元,城市大病医疗救助人均2152.2元,优抚对象医疗补助人均726.5元。

事业费监督检查　民政事业经费是民政部门和所属事业单位做好社会救助、社会福利、优抚安置的物质基础和财力保证。民政事业经费不同于一般的行政管理经费,具有涉及面广、法规政策性强、支出稳定等特点,专款专用、重点使用、民主管理是民政事业经费使用的最基本原则,尤其是救灾款、救济款、城乡居民最低生活保障经费等资金被称作"救命钱""高压线",这也从另外一个侧面说明了民政资金的严肃性。

1985年5月,省民政厅制发《专项民政事业费使用管理若干规定》,强调专项民政事业费是具有专门或指定用途的民政事业费,是用于民政对象、民政事业单位改善生活,发展事业的专项基金,兼有生产性和消费性,有偿性和无偿性的特点,必须按照规定用途,专款专用。

1985年6月,省民政厅、财政厅制发《安徽省民政事业费使用管理办法实施细则》,进一步明确民政事业费使用范围为抚恤事业费、离休退休退职费、社会救济和福利事业费、自然灾害救济事业费和其他民政事业费5项。

1987年3月,根据审计署部署,并经省人民政府同意,决定对全省部分县(市)1985、1986两年民政事业费(包括自然灾害救济费)进行财务收支审计。在3个月时间内,审计47个县(市)民政部门及57个民政事业单位,173个乡、镇、街道,审计金额17988.28万元。

嗣后,国务院转发审计署《关于审计民政事业费的报告》,民政部同时下达《关于认真贯彻国务院批准审计署关于审计民政事业费报告的通知》。省民政厅根据要求并针对实际情况，制发《关于进一步加强民政事业费使用管理的通知》。各级民政部门据此建立健全财务制度，加强会计基础建设，改善财务管理。

1990年8月，省审计局对省民政厅计财处事业费、机关工会经费财务收支进行定期审计。同年10月，省民政厅开展税收、财务、物价大检查工作。

1992年上半年，省审计局对全省392个直接负责救灾款物接收、分配、管理的县以上民政、生产救灾、卫生部门进行了审计检查，对305个有对口支援救灾款物的县以上其他部门进行了审计调查，跟踪审计525个乡（镇）、村和村民组，审计金额（含实物折款）7.74亿元。

1999年9月，省民政厅厅长办公会议决定，对省民政厅1989年以来，各有关业务处室经办借出的各类有偿使用专项资金及周转金进行全面、认真的清理。

2004年3月至4月，省审计厅对省民政厅2003年度预算执行情况及其他财务收支情况进行审计。同年4月至6月，省审计厅对省民政厅厅长李宏塔任期经济责任进行审计。

2004年4月，省民政厅组织人员对省荣军医院等厅属单位2003年度的会计基础工作、财务收支状况、执行财经纪律和财务规章制度方面的情况进行互审。

2005年8月至10月，省审计厅组织对全省2002年至2004年福利彩票资金进行审计和调查。全省组成87个审计组，审计125个资金管理机构，并对360个彩票销售投注站点和394个公益金资助项目进行了延伸审计或调查。

2005年8月，省民政厅派出3个工作组，对各市2004年度救灾款物管理使用情况进行全面检查，重点抽查寿县等19个县（区）以及有关乡镇，核查市、县、乡、村各级救灾款物的有关收支文件、资料、凭证和发放名册，深入农户走访28个村200户灾民家庭，核对救灾款物落实到户情况。同年12月，省财政厅、省监察厅、省审计厅对省民政厅及所属二级单位政府采购工作情况进行检查。

2007年4至6月，省民政厅开展全省救灾款物和福利彩票公益金管理使用情况专项执法监察。各级民政部门认真组织自查。省民政厅重点检查6个市、12个县（区）、24个乡镇、44个村、32个敬老院和43个救助特困户。

2008年4月，审计署京津冀特派员办事处审计组对全省2008年低温雨雪冰冻灾害的救灾资金和物资的分配、拨付、使用和管理情况进行审计。同年10月，省纪委、省监察厅、省审计厅、省财政厅、省民政厅在全省范围开展抗震救灾捐赠款物专项检查工作。

附　　录

安徽省革命烈士褒恤工作细则（试行）

民优字〔1992〕164号 1992年5月20日

第一章　总　则

第一条　为了进一步做好革命烈士褒恤工作，根据国务院《革命烈士褒扬条例》、《军人抚恤优待条例》，以及民政部关于贯彻执行《革命烈士褒扬条例》、《军人抚恤优待条例》若干具体问题的解释，结合我省实际情况，制定本细则。

第二条　革命烈士褒扬工作的宗旨是，发扬革命烈士忘我牺牲的精神，保障国家对革命烈士及其家属的抚恤和优待，教育人民为保卫祖国和建设祖国英勇奋斗。

第三条　各级民政部门必须严格遵循《革命烈士褒扬条例》的规定精神，坚持实事求是的原则，做好革命烈士的审批工作，维护烈士的荣誉称号。

第二章　追认烈士范围

第四条　凡系我国公民（包括未满18岁的青少年）和人民解放军、人民武装警察、边防、消防民警以及其前身中国工农红军、八路军、新四军、中国人民志愿军、中国共产党领导的其他人民武装的指战员，在革命斗争、保卫祖国和社会主义现代化建设事业中壮烈牺牲的，均可称革命烈士。

第五条　民主革命时期革命烈士的范围包括：

1.辛亥革命中因参加反满清统治而牺牲的将士和爱国人士。辛亥革命后在军阀混战中死亡者不在内。

2.1924年至1927年因参加东征和北伐战争而阵亡的将士。

1927年4月12日及7月15日蒋介石及汪精卫公开叛变革命后在军阀混战及反共战争中死亡的国民党军官兵不在内。

3.1927年至1937年因参加国内革命战争和武装起义而牺牲的将士和工农红军官兵。

4.1932年1月淞沪抗日战役、1933年3月长城抗日战役、1933年夏察北抗日战役、1936年冬绥远抗日战役中牺牲的官兵和东北义勇军抗日联军牺牲的官兵。

5.1937年至1945年因参加抗日战争牺牲的八路军、新四军和其他人民抗日部队官兵。国民党军官兵（系国民党正式序列部队，包括空军）确因抗日阵亡，有可靠证明的，也可个别从严掌握审批。但是此精神不登报，不作公开宣传，只供内部掌握，至于在此期间因参加反共内战而死者不在内。

6. 在人民解放战争中牺牲的人民解放军指战员，原国民党军官兵起义后参加人民解放战争而牺牲的。

7.1919 年 5 月 4 日以来，因参加各种革命斗争被帝国主义和国民党反动派杀害的爱国人士，因参加革命斗争入狱病死者。

第六条 在历次革命战争（含抗日战争）中配合部队作战，在前线从事担架运输战勤任务，或在敌后进行武装斗争而牺牲的民兵民工。

第七条 在对越自卫还击战和抗美援朝战争期间失踪的军人和参战民兵民工，以及建国以前失踪的军人和参加对敌作战、对敌斗争失踪的地方工作人员，凡未发现投敌、叛变、被俘、自杀、判刑的，都可称革命烈士。但对于 1953 年 7 月 27 日朝鲜停战以后在国内失踪的军人和解放后在国内失踪的革命工作人员，必须在情况调查清楚后，确认符合条件的，才能办理。

第三章 追认烈士条件

第八条 本细则第四条、第五条、第六条、第七条所述对象符合下列条件之一的，可报批为革命烈士；

(1) 对敌作战的；

(2) 对敌作战负伤后因伤亡或对敌作战致残医疗终结评残发证后，一年内因伤口复发死亡的；

(3) 在作战前线担任向导、修筑工事、救护伤员、执行运输等战勤任务牺牲，或者在战区守卫重点目标牺牲的；

(4) 因执行革命任务遭敌人杀害，或者被敌人俘虏，逮捕后坚贞不屈遭敌人杀害或受折磨致死的；

(5) 为保卫或抢救人民生命国家财产和集体财产壮烈牺牲的；

(6) 因在边防、海防执行巡逻任务被反革命分子、刑事犯罪分子或其他坏人杀害的；

(7) 因侦察刑事案件，制止现行犯罪或逮捕、追捕、看管反革命分子、刑事犯罪分子，被反革命分子、刑事犯罪分子杀害的；

(8) 因维护社会治安，同歹徒英勇斗争被杀害的；

(9) 因执行军事、公安、保卫、检察、审判任务，被犯罪分子杀害或被报复杀害的；

(10) 因正确执行党的路线、方针、政策，坚持革命原则，维护国家和人民利益，被犯罪分子杀害或被报复杀害的；

(11) 部队飞行人员在执行战备飞行训练中牺牲或执行试飞任务中牺牲的；

(12) 死难情节特别突出，足为后人楷模的。

第九条 因执行制止动乱和平息反革命暴乱任务，遭歹徒杀害和因公牺牲的军人、武警，亦可报批为革命烈士。

第十条 中国人民解放军在文化大革命中因执行军队命令而牺牲的人员已取得革

命烈士称号的，继续承认其为革命烈士，但对于非正常死亡或因贴大字报跌死，被人用刀刺死的人员，不再称革命烈士。

第十一条　1980年6月4日《革命烈士褒扬条例》公布以前，因保卫或抢救人民生命、国家财产和集体财产牺牲的；部队飞行人员在执行战备飞行训练或在执行飞行任务中牺牲的，不再报批为革命烈士。

第四章　审批权限和程序

第十二条　符合本细则第八条（1）至（3）款条件的，现役军人由军队团级（武警支队）以上单位的政治机关批准；符合本细则第八条（4）至（8）款条件的，现役军人由军队军级（武警总部）以上单位的政治机关批准。

第十三条　凡系现役军人之外的其他人员，要求称革命烈士的，均由县、市、市辖区人民政府逐级上报省人民政府审批。

第十四条　凡系抗美援朝失踪军人、参战民兵民工，建国以前失踪的军人和因参加对敌作战、对敌斗争失踪的地方工作人员，均由县（市）人民政府审批为革命烈士。但需将批准文件和有关证明材料送省民政厅，经复核后方可领取《革命烈士证明书》。

第十五条　社会主义建设时期牺牲人员，以及对日作战牺牲的国民党官兵，要求追认为革命烈士的请示文件和有关证明材料，应由县（市）人民政府先报行署和市人民政府审查同意并签注意见后，再由行署和市人民政府转报省人民政府审批。

第十六条　现役军人审批革命烈士的手续由军队系统办理，并通知其家属所在地的县市民政部门。但对于不符合批准权限和条件的，县、市、省民政部门有权审查有关附件材料，或不予办理抚恤登记手续。市、县、市辖区民政部门在未领取《革命烈士证明书》之前，一般不要先通知死亡军人家属，更不能先发抚恤金；待领到证明书后再通知家属发抚恤金。

第十七条　国家机关、人民团体、企业、事业单位人员和人民群众牺牲后，符合革命烈士条件的，填写《革命烈士审批表》一式三份，报死者工作单位所在地的县、市、市辖区人民政府审查，报行署、市人民政府复审，再转报省人民政府审批。

第十八条　申报革命烈士，除死者工作单位或乡×（镇）街道写出专题报告和填写《革命烈士审批表》外，还要具备以下材料：

1. 死者家属或工作单位的申请报告（无亲属者，可由乡、镇、街道代为申请）；
2. 部队或工作单位证明；
3. 和死者一起工作、战斗过的战友、首长的证明；
4. 知情群众证明或群众座谈记录；
5. 有关档案记载、历史佐证等；
6. 死者所在地县、市民政部门调查报告；
7. 县、市人民政府以正式文件请示。

第十九条 上报革命烈士审批材料必须一人一文，装订成卷；除历史资料可以复印（需加盖索取单位公章）外，其余附件均应为原件。每份证明材料需要有证明人的私章（或手印），并由证明人所在单位签字盖章以证实证明人韵身份和所证明情况的可靠程度。对于不符合手续要求或材料不足的，不予办理。

第二十条 社会主义建设时期的牺牲人员，还需要收集上报其生平事迹、遗文、遗墨、信件，日记，照片等。

第五章 发放证件办法

第二十一条 经批准为革命烈士的，由其所在地的县、市民政部门填写“领取《革命烈士证明书》申请表”（加盖公章），随同部队寄予的《革命烈士通知书》及有关材料或省民政厅批复，到省民政厅优抚处领取《革命烈士证明书》。

第二十二条 《革命烈士证明书》的发放顺序：

1. 有父母（抚养人）无配偶的，发给父母（抚养人）；

2. 有配偶无父母（抚养人）的，发给配偶；

3. 既有父母（抚养人），又有配偶的，由其自行商定。商量不通的，发给父母（抚养人）；

4. 没有父母（抚养人）、配偶的，发给子女；

5. 没有父母（抚养人）、配偶、子女的，发给兄弟姐妹。无上述亲属的，不发。

第二十三条 革命烈士在无任何直系亲属的情况下，其再婚配偶主动申请，可经县、市民政部门同意，准予领取《革命烈士证明书》。

第二十四条 持有《革命烈士证明书》的烈士兄弟姐妹，由县、市民政部门在证件备注栏内注明“不享受烈士家属的物质待遇”字样，并与其他直系亲属一样享受有关政治待遇。

第二十五条 领取《革命烈士证明书》后，由县、市民政部门建立烈士事迹档案，并将烈士姓名、籍贯、生平事迹补登《革命烈士英名录》，同时将《革命烈士证明书》隆重地送到持证家属手中，并由乡（村）、街道张榜公布或广播烈士事迹。

第二十六条 一位烈士只能有其直系亲属中一人持证，未持证的或分居异地的其他直系亲属，可凭持证家属所在地的县、市民政部门有关证明，享受国家和地方规定的有关待遇。

第二十七条 换发补发《革命烈士证明书》，均由省民政厅统一编号，县、市人民政府填发并加盖公章。但需具备以下材料和手续：

（一）换发《革命烈士证明书》的，应由家属提出申请，交出旧证，并由基层民政助理员填写“换发补发《革命烈士证明书》登记表”，逐级审查同意后，由县、市人民政府签署并加盖政府公章，报省民政厅裁证。

（二）补发《革命烈士证明书》的，除家属申请，填写登记表，乡（镇）、县、市人民

政府审查外,同时需上报有关证明:

1. 补证的原因说明;

2. 知情人证明;

3. 当地群众座谈记录;

4. 从未领过证件者,需补充烈士身份证明或有关档案记载;

5. 确认养亲关系,必须符合民政部规定连续抚养逾七年以上且有确切证明者,由县,市民政局报省民政厅优抚处批准;

6. 承认过继关系,必须系烈士生前或建国以前过继且有可靠证明者,由县、市民政局报请省民政厅优抚处批准。

第二十八条　填发《革命烈士证明书》必须按规定项目,用毛笔或黑墨水笔逐栏填写清楚。《革命烈士证明书》存根由发证单位随同有关材料装入烈士档案。革命烈士家属所持的证件必须是骑缝线右边裁下来的整个部分,连接有关烈士籍贯、牺牲时间地点、批准机关等部分内容不得裁剪下来。若被剪下,此烈士证即不再有效,必须及时找当地县、市民政部门重新换发。

第六章　发放抚恤的对象和标准

第二十九条　经批准为革命烈士的父母、配偶、子女和未满 18 周岁的弟妹,以及抚养烈士长大的其他亲属,享受革命烈士家属待遇。抚养关系必须是革命烈士出生至 18 周岁期间,因丧失父母或父母无抚养能力,其他亲属自愿或受托连续抚养烈士 7 年以上,经乡(镇)人民政府证明或法律公证,由县、市、市辖区人民政府批准;其他亲属以外的人员符合规定的抚养人条件的,也按抚养人对待。

第三十条　1988 年以后已经批准,并取得《革命烈士证明书》的革命烈士再婚配偶和过继子,亦享受革命烈士家属待遇。

第三十一条　革命烈士的父母、配偶、子女以及共同生活未满 18 岁的弟妹,按下列顺序享受国家发给的一次性抚恤金:

(一)有父母(抚养人)无配偶的,发给父母(抚养人);

(二)有配偶无父母(抚养人)的,发给配偶;

(三)既有父母(抚养人)又有配偶的,各发半数;

(四)无父母(抚养人)和配偶的,发给子女;

(五)无父母(抚养人)、配偶、子女的,发给未满 18 周岁的弟妹。无上述亲属的,不发。

第三十二条　一次性抚恤金的标准,应根据革命烈士牺牲的具体时间,按照各个时期规定的不同标准执行。

第三十三条　1950 年 12 月 10 日以前牺牲的革命烈士,不论其过去是否享受过一次性抚恤,均不再发给一次性抚恤金。但其直系亲属中的父母、配偶生活困难的,可给予适当的补助。

第三十四条 1950年12月11日至1979年1月31日牺牲的革命烈士，按照1955年3月28日公布的标准执行，即：师级650元、团级450元、营级350元、连排级280元、班长级230元、战士级180元、民兵民工150元。

第三十五条 1979年2月1日至1980年6月3日牺牲的革命烈士，按照1979年1月8日公布的标准执行，即：师级700元、团级650元、营级600元、连排级550元、班长级500元、战士级500元、民兵民工470元。

第三十六条 1980年6月4日至1984年3月31日牺牲的革命烈士，按照1980年8月18日公布的标准执行，即：师级1000元、团级950元、营级900元、连排级850元、班长战士800元、民兵民工群众800元。

第三十七条 1984年4月1日至1985年6月30日牺牲的革命烈士，按照1985年10月29日公布的标准执行，即：（一）烈士生前有工资收入（现役军人包括职务工资、级别工资、军龄津贴，下同）的，按其牺牲时的四十个月工资计发；（二）烈士生前无工资收入的或月工资低于军队二十三级正排职干部工资标准（57元）的，按其牺牲时军队二十三级正排职干部的四十个月计发。

第三十八条 1985年7月1日至1988年7月31日牺牲的革命烈士，按照1985年12月10日公布的标准执行，即：

（一）烈士生前有工资收入的，按其牺牲时的四十个月工资计发；

（二）生前没有工资收入或月工资低于军队二十三级正排职干部工资标准的，按军队二十三级正排职干部月工资中职务和级别工资两项之和(84元)计发。

第三十九条 1988年8月1日以后牺牲的革命烈士，按照现行的标准执行。即：

（一）烈士生前有工资收入的，按其牺牲时的工资(现役军人是指职务薪金、军衔薪金和军龄[含工龄]薪金三项之和)四十个月计发；

（二）生前没有工资收入或月工资低于正排职军官工资标准的，按基准军衔为少尉的正排职军官的职务薪金（第二档次）和军衔薪金两项之和（99元）四十个月计发。

第四十条 在国防和军队建设、科研事业或者作战中作出特殊贡献的牺牲人员被追认为革命烈士，除地方政府应按标准发给其家属一次性抚恤金外，国防部另发给特别抚恤金。

第四十一条 1980年6月4日至1988年7月31日现役军人中牺牲的革命烈士，被军委或大军区授予英雄模范称号的，增发应领一次性抚恤金的三分之一；荣立二等功以上的军人、参战民兵民工增发应领一次性抚恤金的四分之一。

第四十二条 1988年8月1日以后现役军人中牺牲的革命烈士，一次性抚恤金按下列比例增发：

（一）被国家主席或中央军委授予荣誉称号的增发35%；

（二）被军区(方面军)授予荣誉称号的，增发30%；

（三）立一等功的，增发 25%；

（四）立二等功的，增发 15%；

（五）立三等功的，增发 5%。

第四十三条　荣立多等或多次功勋的，按其中最高等的增发比例计算，不累计折算。

第七章　附　则

第四十四条　革命烈士家属在与其他群众同等条件下享受就业、入学、救济、贷款、分配住房的优先权，各地民政部门应积极维护其合法利益，并提供有关方面证明。革命烈士家属还可享受以下政治待遇：

1. 挂光荣牌；
2. 新年、春节慰问并发给年画；
3. 参加“八一”、新年春节期间地方召开的有关座谈会；
4. 在社会主义建设中事迹突出者，可推选参加优抚先代会；
5. 享受与其他群众同等条件下的优先权益。

第四十五条　市、市辖区民政部门应建立烈士档案。对军队系统批准的烈士，在接到《革命烈士证明书》时，应及时向其所在部队索取有关事迹材料；上报给省人民政府的追烈材料，各地要留有复制件。对烈士事迹材料不充分的，可向烈士生前战友、同事、首长索取。

第四十六条　革命烈士家属工作调动或户口迁移时，应同时办理烈属关系转移手续。户口迁出地的县、市民政部门要出具介绍信，户口迁入地的县、市民政部门要凭转移介绍信，接收登记，建立档案，继续给予享受规定的优待和抚恤待遇。

第四十七条　革命烈士家属被判处徒刑、剥夺政治权利或者被通缉期间，停止其烈属待遇。服刑期满，恢复政治权利之后，凭刑满释放通知书，经县、市（区）民政部门审核批准后，可以恢复烈属待遇。对犯罪情节特别严重的，经省人民政府批准，取消其烈属待遇，并由其所在地的民政部门收回原《革命烈士证明书》。

第四十八条　持证烈士家属病故，其他直系亲属可通过所在地的县、市民政部门签证变更持证人，并加盖公章。若无直系亲属可以继续持证，则由县、市、省辖市区民政部门收回证件，装入烈士档案。

第四十九条　本细则由民政厅优抚处负责解释。

第五十条　本细则自一九九二年五月二十日起试行。

安徽省革命烈士纪念建筑物管理工作细则（试行）

民优字〔1992〕164 号 1992 年 5 月 20 日

第一章 总 则

第一条 为贯彻《革命烈士褒扬条例》,管理好我省烈士纪念建筑物,特制定本细则。

第二条 烈士纪念建筑物的管理机构,是褒扬烈士的优抚事业单位。必须贯彻褒扬烈士、教育群众的工作方针,坚持以马列主义、毛泽东思想为指导,坚持为人民服务、为社会主义服务的宗旨。

第三条 烈士纪念建筑物管理工作的任务,应以革命烈士纪念建筑物、烈士资料为基础,实事求是地反映革命先烈在革命斗争历史中的地位和作用,正确表现他们的革命英雄主义精神,使烈士陵园（馆）真正成为对人民群众特别是青少年进行历史唯物主义、爱国主义、社会主义和革命英雄主义教育场所。

第四条 管理好烈士纪念建筑物的标准是:

（一）坚持管理工作方针和宗旨,全体职工团结一致,尽职尽责,使烈士纪念建筑物充分发挥教育作用;

（二）各项规章制度建立健全,坚持实施;

（三）烈士纪念建筑物维护管理好,不破不损,设施完好;

（四）经常保持整洁卫生,环境优美;

（五）纪念馆陈列的内容准确、充实、美观,经常开放;

（六）编制适当,开源节流,经济效益好。

第五条 省民政厅主管全省烈士纪念建筑物管理工作,负责给予业务上的指导;地、市民政局监督本地区烈士纪念建筑物的管理工作;县（市）民政局直接领导本县（市）烈士纪念建筑物维护管理工作。

第二章 保 护

第六条 革命烈士纪念建筑物,应当根据其纪念意义、历史价值、规模大小,分别确定为不同级别的人民政府保护单位。并由所在地人民政府划定保护范围,报省人民政府备案。

第七条 确定为重点保护单位的原则是:

（一）为纪念在各个革命历史时期的重大事件、重要战役（战斗）和主要革命根据地斗争中牺牲的烈士而修建的烈士纪念建筑物；

（二）为纪念有重大影响的著名烈士，以及为中国革命牺牲的知名国际友人而修建的纪念建筑物；

（三）在对外开放的重点地区、少数民族地区修建的规模较大的烈士纪念建筑物。

第八条　确定为重点保护单位的报批手续是：

（一）符合重点保护原则，在全国有影响的烈士纪念建筑物，需要列为国家重点保护的，由县（市）人民政府报行政公署、市人民政府审查同意后，向省民政厅提出申请；民政厅研究同意向国家民政部报告，再由民政部申请国务院批准。

（二）符合重点保护原则，在全省有影响的烈士纪念建筑物，需要列为省重点保护的，由县（市）人民政府报行政公署、市人民政府审查同意，向省民政厅提出申请；民政厅研究同意后申请省人民政府批准。

（三）符合重点保护原则，在本市有影响的烈士纪念建筑物，需要列为市重点保护，由县人民政府申请市人民政府批准。

（四）符合重点保护原则，在本县（市）有影响的，需要列为县（市）重点保护的烈士纪念建筑物，由县（市）民政局申请县（市）人民政府批准。未列入县（市）级以上重点保护单位的烈士纪念建筑物，都要确定为乡（镇）人民政府保护。

第九条　凡确定为省级以上重点保护单位的烈士纪念建筑物，必须同时也是所在地县（市）人民政府重点保护单位。

第十条　列入各级人民政府保护单位的烈士纪念建筑物，都要制作保护标志，标志一律采用横三竖二比例的横匾式，其规格可在 100×150 ~ 40×60 厘米范围内适当选择尺寸，文字一律采用规范简化汉字，用仿宋或楷书、隶书，由左至右书写、镌刻。材料一般用石料等耐久质料制作。

第十一条　各级人民政府都要把本行政区域内烈士纪念建筑物列入城乡建设规划，统一安排整修。

第十二条　在烈士纪念建筑物周围，要划出一定的建设控制地带。在这个地带内修建、新建建筑物和构筑物，不得破坏烈士建筑物的环境风貌。其设计方案须征得同级民政部门同意后，才能报城乡规划部门批准。

第十三条　因建设工程特别需要，必须对烈士纪念建筑物进行迁移或拆除的，应根据烈士纪念建筑物保护单位的级别，报重点保护批准机关，在恢复旧纪念建筑物之后，方可迁移、拆除旧纪念建筑物。拆除、恢复所需一切费用，均由建筑单位负责。

第三章　管　理

第十四条　革命烈士纪念建筑物，应设立专门管理机构，配备管理人员，或雇请专人管理。要建立健全观瞻、保卫、财务、卫生、奖惩、房屋和资料管理等规章制度。要由当地公安部门发布保护通告，并坚持不懈地遵照执行。

第十五条 有关革命烈士纪念建筑物的文字、资料和图片，烈士遗物，以及革命烈士纪念馆内的烈士图片、资料、实物，必须指定专人负责管理、登记，建立档案，妥善保管。并复印或拍成照片，报省民政厅备案。

第十六条 经常保护环境整洁、美观、幽静，注重绿化美化。禁止在保护区内燃放烟花、鞭炮，禁止在瞻仰区内嬉闹或进行文娱活动。

第十七条 烈士纪念建筑物保护区范围内的花草、木、竹等受到保护。未经负责管理的民政部门许可，不得采摘和砍伐。

第十八条 新建、扩建和迁建革命烈士纪念建筑物，应从严控制。必须新建、扩建的，由县（市）人民政府逐级报省人民政府批准；对在全国有重大影响的，由省人民政府报请国务院批准。

第十九条 按本细则第四条规定的标准，开展"达标创优"活动。在职工中开展争做"优秀职工"活动。优秀职工评选条件，由各管理机构自订，于每年末评选。县（市）民政局每年检查评比一次；地、市民政局每二至三年检查评比一次；省每四至六年检查评比一次。

第二十条 应热情宣传革命烈士英勇事迹。要积极主动与学校、部队、企事业单位联系，欢迎各单位组织学生、战士、职工来陵园开展瞻仰烈士纪念建筑物、学习革命先烈的活动。编辑出版烈士图片、资料和通俗易懂的烈士事迹画册、画页向群众发行。

第四章　职　工

第二十一条 烈士纪念建筑物管理机构的编制，要本着精简和加强第一线的原则确定。范围小的烈士纪念建筑物可雇请专人看管，不设管理机构。

第二十二条 职工应拥护"四项基本原则"，崇敬先烈，有强烈的事业心和高度的责任感。积极学习有关军史、党史基础知识，掌握本职专业知识，忠于职守，热心为群众服务。

第二十三条 实行陵园主任或馆长负责制。主任或馆长按民政局的授权行使管理职权。

第二十四条 积极推行职工聘任制、合同制和岗位责任制。对主要管理干部实行聘任制，规定任期目标、任务和职责。任期三年；如工作胜任，逾期可连续聘任。其他职工均采取合同制，一般每期一年，表现好的可连续聘用。

第二十五条 根据"按劳分配"的原则，实行奖勤罚懒制度。可把职工的工资、奖金、岗位津贴三项捆在一起浮动，经过出勤考核、群众评议、领导考察，按工作表现、成绩大小，逐项打分，进行公正合理的分配。对表现特别好、贡献较大的，予以奖励；对表现不好、违纪的要进行教育和必要的罚款，严重违纪违法的按法纪处理。

第五章　经　费

第二十六条 经费来源，应采取国家、社会、群众集资相结合的办法。除由政府拨款外，还可接受社会赞助。列入国家、省重点保护单位的，分别由国家和省酌予补助维修费；列入市、县以下人民政府保护单位的，由该级人民政府解决维修费。

第二十七条　向国家和省申请维修经费，必须由行署、市或县（市）人民政府向省人民政府书面申请，或由民政、财政局向省民政、财政厅书面申请，如实说明理由、所需维修项目和所需经费并附工程预算；取得了维修补助款后，必须在一周年内，将使用成果并附照片，报告拨款的民政部门，以接受检查验收。

第二十八条　在国家允许的政策范围内，在确保纪念建筑物庄严、肃穆的格局的前提下，可因地制宜，开展各种形式的服务、生产、经营活动，为观众服务，为社会服务，增加收入，补助经费不足。创收的50%用于发展基金，20%用于维修纪念建筑物，30%奖励职工。

第二十九条　坚持勤俭办园（馆）方针。遵守财务纪律，开支符合规定，做到合情合理合法。严禁贪污和侵占公物、公款、烈士史料。杜绝铺张浪费。

第六章　附　则

第三十条　本细则所称革命烈士纪念建筑物，包括革命烈士陵园、革命烈士纪念馆、纪念碑、纪念亭和烈士墓。

第三十一条　本细则由省民政厅优抚处负责解释。

第三十二条　本细则自一九九二年五月二十日起试行。

关于印发《安徽省灾区重点连片建房暂行办法》的通知

民救字〔1996〕194号 1996年9月1日

各地、市、县（市）民政局、生产救灾办公室：

现将《安徽省灾区重点连片建房暂行办法》印发给你们，请在重建家园工作中贯彻执行。安徽省灾区重点连片建房暂行办法

第一章 总 则

第一条 为认真贯彻国家有关救灾方针、政策、妥善安置因特大灾害连片倒塌房屋的农户，并帮助其重建家园，制定本办法。

第二条 贯彻“依靠群众，依靠集体，生产自救，互助互济，辅之以国家必要的救济和扶持”的救灾工作方针。

第三条 坚持自力更生，社会互助，分级负责，地方为主的原则。

第四条 在保证灾区群众生活，首先解决吃饭问题和保证倒房户安全过冬的前提下，量力进行。

第五条 要统一规划，近远结合，因地制宜，一步定位，分步实施，实行连片建房和分散建房相结合。

第六条 坚持“恢复与发展并重”的方针，把近期恢复和远期减灾结合起来，提高房屋的抗灾标准；把重建家园和村镇规划、土地管理结合起来，节约土地，方便群众的生产生活；把灾后恢复和发展经济、优化环境结合起来，加快社会主义新农村建设。

第二章 建房责任和组织

第七条 灾区建房实行分级负责，以地方为主。一般灾害倒房由有关地（市）、县两级和基层组织负责；大灾倒房由省级帮助，相关的地（市）、县和乡（镇）组织负责；特大灾害倒房由省和省以下各级负责为主，中央予以补助。

第八条 连片建房点由省级确认。凡有连片建房任务的地、市、县（市）都要成立灾区建房领导小组，有关乡镇都要成立建房办公室。县（市）、乡（镇）两级政府主管领导要亲自负责，以民政（救灾）部门为主，土地、水利、城建、监察等部门参加，对灾民建房工作中的规划、设计、建材生产及供应、施工进度、资金筹集、分配使用和工程质量检查验收等方面进行统一管理、协调和指导。

第九条　分散建房按分级负责的原则确定各级责任，由民政（救灾）部门组织实施。任务较重的地方，参照本办法第七条相应成立灾区建房领导小组和办公室，具体组织灾区建房。

第十条　凡连片建房的，要建立建房前后资料档案，将建房过程以文字、图片和录像等形式予以记载。连片建房要设立碑、牌等明显标志，并镌刻民政徽章。

第十一条　灾区连片建房要明确任务和要求，由省民政厅生产救灾办公室和地、市民政局及建房县（市）政府签定建房责任书。县（市）要把相关责任分解到建房乡（镇）。

第三章　建房规划和标准

第十二条　灾区建房要科学选址，立足抗灾减灾。平原和丘陵地区要避开洪水和风雹走向；山区要防范山洪和泥石流；圩区、分洪区和易发洪涝地区要提高庄台或护庄圩堤。

第十三条　灾区建房要从实际出发，既要有高起点，着眼未来；又要立足当前，从当地实际经济水平和群众的承受能力出发，安全适用，方便群众生产生活。

第十四条　灾区建房要坚持一步定位，分步实施。一步定位就是统一规划一步定位，先规划后建设，不经规划或规划未经规定程序审批的不得建房。分步实施就是在规划区内建房量力而行，在受灾当年翌年午收前建成主房。或打好楼房基础，先盖一层，后续建设待灾区经济发展后，由群众自已分次或分年完工。

第十五条　在方便群众生产生活的前提下，尽量实行集中连片建房，兴建灾民新村。灾区分散五保户倒房的恢复，以集中兴建敬老院为主要形式。灾民新村水、电、路、绿化、沼气、卫生和文教等方面的基础设施要统一规划，为今后逐步完善打好基础。对不宜集中建房的，应因地制宜分散建房。

第十六条　重建的房屋一般按每户三间主房、每间使用面积 15 至 20 平方米设计，一律采用砖混结构和水泥混合砂浆砌筑永久性房屋。圩区、分洪区和其他有条件的地方，应尽量按二层楼房标准设计，打好基础，先盖一层。

第四章　临时安置

第十七条　因倒房数量大和财力不足短时间内难以一次性恢复住房的，实行临时安置和逐步重建相结合。

第十八条　因灾倒房户的临时安置主要采取投亲靠友、暂借公房或组织未受灾乡（镇）、村对口安置解决。

第十九条　确需临时搭建庵棚和简易住房的，要就近相对集中，搭建形式和使用材料应因地制宜，勤俭节约，就地取材，利用旧料。要保证质量，防风、防雨、防雪、防寒。

第五章　建房施工

第二十条　连片建房的，一般要在县（市）组织下，由乡（镇）统一施工。分散建房的以灾民自建为主，乡（ ）统一施工为辅。

第二十一条 建房施工过程中，实行专业队伍技术指导和灾民建房户出工筹料相结合。要尽量利用倒房旧料。有条件的地方，应组织灾民采集石料，自烧砖瓦。

第二十二条 对集中连片建房的建筑施工单位实行公开招标，择优选定。同等条件下，优先选用本乡（镇）施工队伍。

第二十三条 灾民建房要统一管理，统一技术指导，加强质量检查、质量监督和质量验收。

第六章 资金筹集和补助

第二十四条 集中建房经费采取“一个为主、五个一点”的办法，即自筹为主，农行贷款、保险理赔、互借互助、社会捐赠、国家补助各一点，多渠道筹集。

第二十五条 建房补助要体现分级负担、地方为主原则。

第二十六条 建房补助经费要突出重点，无偿发放，不得平均分配，不得有偿周转。重点补助对象为倒房户中的社会保障对象，特别是其中分散供养的五保户、常年困难户和主房全倒户。其他部分倒房户原则上不补助或少补助。

第二十七条 境外捐赠的建房资金，凡有明确意向和标准要求的，原则上按其要求并参照此《办法》实施；对没有明确要求的，应列入国家建房款统筹安排。

第二十八条 集中连片建房对象的确定，实行本人申请、村民评议、村委会上报、乡（镇）民政办公室审查、乡（镇）政府上报县（市）民政局批准。县（市）要将建房对象的名册报省民政厅生产救灾办公室审查。

第二十九条 建房补助标准应当根据各级财力、倒房数量、经济水平、群众承受能力等因素综合确定。

第三十条 大灾年份，各级财政列支的建房补助标准：连片建房的全倒房，每户可掌握在1000元左右；分散建房的全倒户，每户可掌握在500元左右。

第七章 资金管理

第三十一条 灾区建房资金必须坚持专款专用。

第三十二条 所有建房资金的使用，乡（镇）政府必须建立专账管理，坚持集体研究，严格审批制度。

第三十三条 要严格建房补助资金发放手续，分散建房资金经乡（镇）政府批准，由民政办公室直接发放到户；也可由乡（镇）统一组织将建筑材料发放到户。

第三十四条 连片建房资金原则上不直接发放到户，由乡（镇）统一掌握，统一组织建房。

第三十五条 直接发放到户的建房补助资金和由乡镇统一组织建房的资金，都要逐村逐户制作一式两份的花名册，由补助对象签名、盖章，一份由乡（镇）政府留存，一份报县民政局，以备审查。

第三十六条　建房资金的下拨，要严格按照责任书所规定的工程质量和进度要求，分期分批拨付有关各级和施工单位。一般在墙基砌成1.5米左右和主体工程封顶两个阶段，分两次拨付建房补助资金；对分散自建的农户，也必须视其配套资金到位情况，再予以补助。

第三十七条　建房过程中，各级民政部门要会同审计、监察等有关部门，对建房经费使用情况进行不定期的检查和审计；工程结束后，要逐级上报建房总结，并主动接受上级有关部门的检查和审计。

第三十八条　对贪占挪用建房资金、物资等违纪、违法行为，一经查实，要严肃处理。

第八章　优惠政策

第三十九条　地方政府在灾区建房中，应免征投资调节税，免收图纸设计费、工程质量监督费、建筑管理费，对圩区和分洪区适当免收灾民建筑材料轮渡运输费，协商金融部门优先提供低息贷款。对按统一规划退出原有宅基地复垦而新建房占地不超过原有宅基地面积的，应免征耕地占用税、登记费等有关税费。

第四十条　各级都要结合当地实际，制定各项优惠政策。对灾区生产砖瓦、石灰、水泥制品的企业和建筑安装等企业，其产品用于灾民重建家园的，地方政府应批准适当减免有关税费。建材、建筑企业应通过降低价格、保本或微利服务。

第九章　附　则

第四十一条　本办法自1996年9月1日起施行。

第四十二条　本办法由省民政厅负责解释。

第四十三条　各地可根据本办法，结合实际制定具体实施细则。

安徽省实施《中华人民共和国城市居民委员会组织法》办法

（1997年7月26日安徽省第八届人民代表大会常务委员会第三十二次会议通过）

第一条 为了加强城市居民委员会的建设，由城市居民群众依法办理自己的事情，促进城市基层社会主义民主和城市社会主义物质文明、精神文明建设的发展，依据《中华人民共和国城市居民委员会组织法》，结合本省实际，制定本办法。

第二条 居民委员会是居民自我管理、自我教育、自我服务的基层群众性自治组织。不设区的市、市辖区的人民政府或其派出机关对居民委员会的工作给予指导、支持和帮助，居民委员会协助不设区的市、市辖区的人民政府或其派出机关开展工作。

第三条 居民委员会的任务：（一）宣传宪法、法律、法规和国家的政策，维护居民的合法权益；教育居民依法履行应尽的义务，爱护公共财产；（二）组织居民开展创建文明城市、文明小区和文明家庭等多种形式的社会主义精神文明建设活动；（三）办理本居住地区居民的公共事务和公益事业，开展社区服务活动；（四）调解民间纠纷，促进居民家庭和睦、邻里团结；（五）协助人民政府或其派出机关做好与居民利益有关的社会治安综合治理、公共卫生、计划生育、拥军优属、社会救济、青少年教育、再就业等项工作；（六）向人民政府或其派出机关反映居民的意见、要求和提出建议；（七）多民族居住地区的居民委员会，应当教育居民互相帮助，互相尊重，加强民族团结；（八）召集和主持居民会议，向居民会议报告工作，并执行居民会议的决议。

第四条 居民委员会根据居民居住状况，按照便于居民自治的原则，一般在100户至700户的范围内设立。居民委员会的设立、撤销、规模调整，由不设区的市、市辖区的人民政府决定，并报上一级人民政府民政部门备案。

第五条 居民委员会由主任、副主任和委员共5至7人组成，具体人数由不设区的市、市辖区人民政府根据居民委员会的规模大小确定。多民族居住地区，居民委员会应有少数民族的成员。

第六条 居民委员会应当遵守宪法、法律、法规和国家的政策，身体健康，有一定的办事能力，公道正派，热心为居民服务。

第七条 居民委员会主任、副主任和委员，由本居住地区全体有选举权的居民或者由每户派出代表选举产生；根据居民意见，也可以由每个居民小组选举代表2至3人选举产生。居民委员会每届任期3年，其成员可以连选连任。

第八条　居民委员会的选举工作，在不设区的市、市辖区的人民政府及其派出机关的指导下，由居民会议推选的选举委员会主持进行。

第九条　居民委员会成员的选举一般实行差额选举，差额选举的候选人数，应多出应选人数1至2人。

第十条　居民委员会成员候选人，由居民小组推荐；本居住地区有选举权的居民20人以上或者户代表10人以上联名，也可以推荐。经过民主协商，由选举委员会根据较多数居民的意见，确定正式候选人，并于选举日前3天，以姓氏笔划为序张榜公布。参加选举的选民对于正式候选人可以投赞成票，可以另选他人，也可以弃权。

第十一条　候选人得赞成票超过参加选举人员的半数，始得当选。获得半数赞成票的候选人超过应选名额时，以得赞成票多的当选。获得过半数赞成票的候选人数少于应选名额时，应当在没有当选的候选人中另行投票选举，以得赞成票多的当选，但是，所得的赞成票须超过投票人数的三分之一。当选的居民委员会成员应报不设区的市、市辖区的人民政府备案，并发给居民委员会成员证书。

第十二条　居民会议由18周岁以上的居民组成。居民会议可以由全体18周岁以上的居民或者每户派代表参加，也可以由每个居民小组选举代表2至3人参加。居民会议必须由全体18周岁以上的居民、户代表或者居民小组选举的代表的过半数出席，才能举行。会议的决定，由出席人的过半数通过。

第十三条　居民会议依法行使下列职权：（一）听取并审议居民委员会的工作报告；（二）讨论决定本居住地区居民的公共事务和公益事业的发展规划；（三）听取并审议居民委员会财务收支情况报告；（四）补选、撤换居民委员会成员；（五）制订、修改居民公约和有关规章制度；（六）改变或撤销居民委员会不适当的决定；（七）讨论决定涉及本居民委员会全体居民利益的其他重要事项。

第十四条　居民会议每年至少举行一次。涉及全体居民利益的重要问题，居民委员会必须提请居民会议审议。居民会议讨论决定的重要问题，必须及时告知全体居民。

第十五条　居民委员会决定问题，采取少数服从多数的原则。居民委员会进行工作，应当采取民主的方法，不得强迫命令。

第十六条　居民委员会根据需要，设立人民调解、治安保卫、公共卫生、计划生育、社区服务等委员会。居民委员会成员可以兼任下属委员会的成员。居民较少的居民委员会可以不设下属委员会，由居民委员会成员分工负责有关工作。

第十七条　居民委员会可以根据居民居住情况分设若干居民小组，小组长由居民小组推选。

第十八条　居民委员会办理本居住地区公益事业要从实际出发，量力而行，所需费用，经居民会议讨论决定，可以从居民委员会的经济收入中提取，可以根据自愿原则向居民筹集，也可以向本居住地区的受益单位筹集，但是必须经受益单位同意，不得硬性摊派；收支帐目应当公布，接受居民监督。

第十九条 居民委员会的工作经费和来源，居民委员会成员的生活补贴的范围、标准和来源，由不设区的市、市辖区的人民政府或其上级人民政府规定并拨付；经居民会议同意，可以从居民委员会的经济收入中给予适当补助。当地政府应保障居民委员会专职成员的收入不低于当地企事业单位职工收入的平均水平。

第二十条 对现任的居民委员会成员，应当给予适当的医疗补贴；对长期专职从事居民委员会工作，离开工作岗位后无固定收入的，应当给予适当的养老补贴。医疗补贴和养老补贴的范围、标准和资金来源，由不设区的市、市辖区人民政府或其上级人民政府规定。不设区的市、市辖区人民政府或其上级人民政府应当逐步建立居民委员会成员的医疗保险、养老保险制度。

第二十一条 不设区的市、市辖区的人民政府应当鼓励居民委员会积极发展经济，兴办便民利民的社区服务事业，并在资金、场地、设施等方面给予支持。新建小区的公共设施移交当地人民政府后，可交由居民委员会管理，用于发展社区服务事业。

第二十二条 居民委员会的办公用房，由当地人民政府统筹解决。新建、改建居民区的居民委员会的办公用房，应当纳入城市建设规划。

第二十三条 居民委员会管理本居民委员会的财产，任何单位和个人不得侵占和挪用。

第二十四条 机关、团体、部队、企业事业单位应当支持所在地的居民委员会的工作。其职工及家属、军人及随军家属参加居住地区的居民委员会；其家属聚居区可以单独成立家属委员会，承担居民委员会的工作，在不设区的市、市辖区的人民政府或其派出机关和本单位的指导下进行工作。家属委员会的工作经费、办公用房和家属委员会成员的生活补贴费，由所属单位解决。

第二十五条 市、市辖区人民政府有关部门，需要居民委员会或者它的下属委员会协助进行工作，应当经市、市辖区人民政府或其派出机关同意并统一安排。委托居民委员会办理有关事项，应当符合法律、法规的规定，明确相互间的权利和义务。

第二十六条 本办法适用于乡、镇人民政府所在地设立的居民委员会。

第二十七条 本办法具体应用中的问题，由省民政部门负责解释。

第二十八条 本办法自 1997 年 10 月 1 日起施行。

安徽省乡镇敬老院管理办法

（省政府令第30号1992年2月16日发布
1997年12月19日省人民政府第144次常务会议修订）

第一条　为进一步办好乡镇敬老院（以下简称敬老院），促进农村社会福利事业的发展，根据国家有关规定，结合我省实际，制定本办法。

第二条　敬老院是乡镇人民政府举办的集体福利事业单位。乡镇人民政府应把敬老院的建设列入乡镇发展规划。

第三条　敬老院由乡镇人民政府领导，县（市）民政部门负责业务指导。乡镇人民政府和县（市）民政部门应定期检查敬老院的工作，帮助、督促敬老院提高管理水平和服务质量。

第四条　敬老院贯彻依靠集体、勤俭办院、民主管理、以养为主的原则。

第五条　兴办、合并或撤销敬老院，由乡镇人民政府报县（市）民政部门批准。

第六条　兴办敬老院的经费，包括敬老院的兴建费、房屋维修费、管理费以及院民的生活费、医疗费，由乡镇人民政府统一筹集。鼓励社会组织或个人向敬老院捐赠款物。

第七条　敬老院主要供养五保老人。符合五保条件的残疾人、未成年人，也可以由敬老院供养。传染病、精神病患者以及危急病人不得入院。

第八条　有条件的敬老院，在做好五保对象供养的同时，可以向社会开展有偿代养业务。

第九条　敬老院实行入院自愿的原则。要求入院的，由本人提出申请，经村民委员会和乡镇人民政府同意，与敬老院签订供养协议后，方可入院。院民入院后，应当遵守敬老院的规章制度，支持、配合工作人员的工作。

第十条　敬老院的主要任务是：

（一）安排院民的物质生活，供给院民生活必需品；

（二）搞好院民的医疗、保健和卫生护理工作，及时治疗患病院民；

（三）开展适合院民特点的文娱体育活动；

（四）对院民进行政治思想教育；

（五）组织院民参加力所能及的生产劳动；

（六）建立五保服务网络，定期走访分散供养的五保户，检查供养情况，及时向乡镇人民政府反映存在的问题。

第十一条　敬老院院民的生活标准，应不低于当地群众的中等生活水平，并随着当地群众生活水平的提高而作相应调整。

第十二条 乡镇可以成立敬老院民主管理小组，由分管乡镇长、民政助理员、院长、院民代表等组成，其中院民代表应占三分之一以上。民主管理小组的主要职责是：

（一）讨论和决定敬老院生活、生产和财务等方面的事项；

（二）决定聘用、辞退敬老院的工作人员；

（三）监督敬老院的工作，对院务工作作出评价。

第十三条 敬老院实行院长负责制。院长负责敬老院的日常工作。院长应具有一定的文化水平和管理能力，热心敬老院工作，办事公道，身体健康。院长的工资福利待遇，参照当地集体企事业单位负责人的标准，由乡镇人民政府确定。

第十四条 敬老院的工作人员实行聘用合同制，其总数不得超过院民总数的百分之二十。工作人员应热爱敬老院工作，热心为院民服务，具有一定的文化水平，身体健康。工作人员的福利待遇，参照当地集体企事业单位职工的标准，由乡镇人民政府确定。

第十五条 敬老院应建立健全以岗位责任制为中心的各项规章制度。财务收支帐目要日结月清，定期张榜公布，物资进出要登记、验收。

第十六条 敬老院可根据实际，开展种植、饲养、加工、服务、商业等生产经营活动，搞好院办经济，增加经济收入，改善院民生活。有条件的敬老院可以兴办福利企业，税务部门应当给予减免税照顾。

第十七条 敬老院的财产及土地使用权受法律保护，任何单位或个人不得侵占。

第十八条 敬老院工作人员成绩显著的，乡镇人民政府或县（市）民政部门应给予表彰和奖励。

第十九条 违反本办法规定，失职渎职、虐待院民、贪污挪用敬老院经费的，由乡镇人民政府视情节给予批评教育、行政处分；构成犯罪的，由司法机关依法追究刑事责任。

第二十条 村办或其他形式的敬老院，可参照本办法进行管理。

第二十一条 各市、县人民政府可根据本办法，结合当地实际制定具体规定。

第二十二条 本办法由省民政厅负责解释。

第二十三条 本办法自发布之日起施行。

安徽省殡葬管理办法

（省政府令第53号1994年2月25日发布
1997年12月19日省人民政府第144次常务会议修订）

第一条 为加强殡葬管理,促进社会主义物质文明建设和精神文明建设,根据《殡葬管理条例》,结合本省实际,制定本办法。

第二条 殡葬管理的方针是:推行火葬,改革土葬,破除封建迷信的丧葬习俗,提倡节俭、文明办丧事。

第三条 民政部门是殡葬管理工作的主管部门,公安、卫生、建设、工商、土地等部门应协助民政部门做好殡葬管理工作。

第四条 在本省范围内,除因条件限制的金寨、岳西、旌德、绩溪、休宁(不含县城)、歙县（不含县城)、黟县、祁门、石台、青阳、东至11个县和黄山区为土葬改革区外,其他各市、县均为实行火葬的地区。实行火葬的地区内少数交通不便难以开展火葬的边远乡、村,可暂不实行火葬。具体乡、村由当地县(市、区)人民政府提出,报省民政厅批准。

第五条 在实行火葬地区死亡的人员的遗体应当火化。提倡用骨灰寄存或不占、少占土地处理骨灰。禁止土葬(包括骨灰入棺土葬)和遗体外运。遗体确需外运的,须经市、县民政部门批准。尊重少数民族丧葬习俗。对自愿实行丧葬改革的,他人不得干涉。

第六条 殡仪馆处理遗体,凭户籍所在地公安派出所出具的死亡证明,在医院死亡的,凭医院出具的死亡证明;在外地死亡的,凭死亡地公安派出所出具的死亡证明;无名尸体,凭所在地公安派出所出具的死亡证明和接尸通知。

第七条 遗体在殡仪馆的保存期限,除经市、县民政部门批准外,不得超过7天,逾期由殡仪馆火化。公安机关需要保存的无名尸体,保存期超过7天的,其逾期冷冻防腐费由公安机关负责,其他费用由民政部门负担。公安机关查明尸源的,费用由责任者或其亲属承担。

第八条 接运遗体应使用殡葬专用车。自运遗体的,殡仪馆应对其运载工具进行消毒。

第九条 对患有甲类急性传染病、炭疽病死者的尸体以及高度腐败的尸体,须经消毒处理并严密包扎。殡仪馆应及时接尸,立即火化。

第十条 土葬改革区应当进行土葬改革。当地市、县人民政府应当利用荒山瘠地,本着有利于发展生产建设、节约土地、文明节俭、方便群众的原则规划土葬用地。县可建立经营性公墓,乡(镇)、村可建立公益性公墓。公墓内的遗体应平地深埋,不留坟头。

第十一条 禁止占用耕地、林地（包括个人承包耕地和自留地）作墓地。已占用耕地的坟墓,应限期迁出或就地深埋。禁止非法买卖、转让、出租墓地、墓穴。禁止恢复或建立宗族墓地。因国家基本建设或农田基本建设而迁移平毁的坟墓,禁止返迁重建。

第十二条 建设用地内的坟墓,建设单位应在用地前1个月通知墓主在规定的期限内认领起葬,所需费用按有关规定由建设单位承担。无主坟墓由建设单位负责遗骨火化或就地深埋。

第十三条 禁止在城市公园、风景名胜区、文物保护区以及水库、河流堤坝两侧建造坟墓。上述区域内现有的坟墓,除受国家保护的具有历史、艺术、科学价值的墓地予以保留外,应当限期迁移或者深埋,不留坟头。

第十四条 禁止在丧葬中进行各种封建迷信活动。禁止生产、销售和使用丧葬迷信用品。实行火葬的地区内禁止任何单位或个人生产、销售棺木和土葬用品;土葬区内生产、销售棺木和土葬用品的单位或个人,须经民政部门批准,并经工商行政管理部门核准发给营业执照。具体管理办法由省民政厅、工商局另行制定。

第十五条 殡仪馆、经营性公墓由市、县人民政府统一规划,报省民政厅批准,市、县民政部门兴办。公益性公墓由乡(镇)人民政府统一规划,报县(市、区)民政部门批准,乡（镇）、村兴办。建造殡仪馆的费用,列入市、县基本建设计划。

第十六条 从事殡葬业务的单位,应自觉遵守殡葬管理的有关规定,方便群众,增强服务观念,提高服务质量。

第十七条 在殡葬改革中做出显著成绩的单位和个人,由当地人民政府或民政部门给予表彰、奖励。

第十八条 将应当火化的遗体土葬,或者在公墓和农村的公益性墓地以外的其他地方埋葬遗体、建造坟墓的,由民政部门责令限期改正,拒不改正的,可以强制执行。

第十九条 制造、销售封建迷信殡葬用品的,由民政部门会同工商行政管理部门予以没收,可以并处制造、销售金额1倍以上3倍以下的罚款。

第二十条 拒绝、阻碍殡葬管理人员依法执行职务,或者借丧葬活动扰乱社会秩序,违反社会治安管理规定的,由公安机关依照《中华人民共和国治安管理处罚条例》的规定进行处罚。

第二十一条 殡仪服务人员利用工作之便索取财物的,由民政部门责令退赔,构成犯罪的,依法追究刑事责任。

第二十二条 当事人对处罚决定不服的,可按《行政复议条例》和《中华人民共和国行政诉讼法》的规定,向行政机关申请复议或向人民法院提起诉讼。

第二十三条 各市、县人民政府可根据本办法,结合当地实际制定实施办法。

第二十四条 本办法由省民政厅负责解释。

第二十五条 本办法自发布之日起施行。

1986年8月11日发布的《安徽省人民政府关于殡葬管理的实施办法》同时废止。

关于印发《安徽省城市社会福利事业单位管理暂行办法》的通知

民事字〔1998〕35号 1998年3月20日

各行署、市、县（市）民政局：

现将《安徽省城市社会福利事业单位管理暂行办法》印发给你们，请认真贯彻执行。

安徽省城市社会福利事业单位管理暂行办法

第一章　总　则

第一条　为加强城市社会福利事业单位管理，根据国家有关规定，结合我省实际，制定本办法。

第二条　本办法所称社会福利事业单位是指民政部门在城市（包括城镇，下同）举办的收养孤老残幼、精神病人的社会福利院、儿童福利院和社会精神病院等，是国家社会保障体系的重要组成部分。

第三条　社会福利事业单位的业务指导思想是：解放思想，勇于改革，立足民政，面向社会，依靠社会力量，共同办好城市社会福利事业，全心全意为孤老残幼、精神病人（下称收养人员）服务。

第四条　社会福利事业单位的收养对象是：城市居民中无法定赡（抚）养人、无劳动能力、无生活来源的孤寡老人、孤儿、弃婴、残疾人和精神病人。在完成上述任务的前提下，创造条件，积极开展自费收养业务，逐步扩大收养范围。

第五条　社会福利事业单位对各类收养人员实行不同的具体工作方针：

（一）对老人实行供养与康复并举，使之老有所养、老有所医、老有所乐、老有所学、老有所为；

（二）对健全儿童实行养与教相结合，使之德、智、体全面发展；

（三）对残疾儿童实行养、治、教相结合，开展康复活动。对残疾青壮年进行职业技能培训，提高其生活自理能力与劳动能力；

（四）对精神病人实行养与治相结合，进行药物、文娱、劳动和心理教育的综合治疗。

第六条　社会福利事业单位应努力实现由救济型向福利型、由供养型向供养康复型、由封闭型向开放型的转变，对基层社区福利事业起示范、指导作用。

第七条　社会福利事业单位应积极开展群众性的文明共建活动，把福利事业单位办成精神文明的窗口、收养人员的乐园。

第八条 社会福利事业单位应认真贯彻落实上级民政部门制定的方针、政策，抓好本单位的组织、思想和业务建设，努力提高管理水平和服务质量。

第二章 机构设置与组织领导

第九条 社会福利事业单位的设置应由地、市、县（市、区）民政局统筹规划确定，报省民政厅备案。城区、镇可根据收养对象的情况，本着小型多样的原则，设立专一性或综合性的社会福利事业单位。

第十条 社会福利事业单位的内部机构，应本着提高工作效率的原则设定。规模较大的院可设立行政管理、医疗、康复、财务、后勤等职能机构。

第十一条 床位在100张以下的院设院长一人；100 ~ 200张床位的院，可设院长一人、副院长一人；200张以上的院，可设院长一人，副院长两人。200张床位以下的，不设专职书记，可由院长兼书记；200张床位以上的，可酌情设专职书记一人。院领导班子中需具备大学专科以上文化程度、且有卫生技术职称人员在一名以上。

第十二条 社会福利事业单位实行院长负责制。院长有如下职权：决定内部机构设置；任免本单位中层干部；聘请本单位需要的专业人员；决定招收合同工、临时工；处理玩忽职守、违法乱纪人员；决定本单位工作计划及规章制度；审批收养人员入院或出院手续；在财务制度规定的范围内，决定包干经费节余、劳动生产收入及自费代养等收入的经费开支。重大事项应实行院领导集体讨论决定制度。

第十三条 社会福利事业单位的工作人员配备，应根据不同的收养对象和人数，本着加强第一线的原则按比例确定。工作人员与正常老人之比为1∶4 ~ 6，与生活半自理的老人比例为1∶2 ~ 4，与生活不能自理老人的比例为1∶1.5，与健全儿童的比例为1∶4 ~ 6，与残疾儿童及婴儿的比例为1∶1.5，与精神病人的比例为1∶2.5。

第十四条 社会福利事业单位的工作人员中，行政人员不超过10%，炊事、公务、勤杂人员不超过25%，医疗康复、护理人员应占65%以上。

第三章 工作人员

第十五条 社会福利事业单位应加强职工队伍建设，实行以人为本、思想领先的管理原则，经常开展思想教育工作，开展以提高服务质量为主要内容的岗位评比活动。工作人员要增强事业心与工作责任感，关心收养人员疾苦，全心全意为收养人员服务。

第十六条 社会福利事业单位的工作人员应具备良好的职业道德和法制观念，做到语言规范，仪表端庄，举止得体，服务周到，实行全员挂牌上岗制度，并自觉做到：

（一）不侮辱、打骂、虐待收养人员；

（二）不索取收养人员的个人财物；

（三）不克扣供给收养人员的生活物资；

（四）不动用公款公物请客送礼；

（五）不压制民主，不打击报复；

（六）不让收养人员给职工和亲友干私活。

第十七条　社会福利事业单位应关心职工生活福利，妥善解决职工工作和生活中的实际困难。根据不同的工作性质和需要，按照有关规定，发给岗位津贴以及必要的劳动保护用品，添置必要的防疫消毒器具和防火、防寒等安全设备，办好职工食堂。

第十八条　社会福利事业单位对忠于职守、勤恳服务、表现突出的工作人员应给予表扬和奖励；对不负责任、玩忽职守的工作人员应给予严肃批评、纪律处分和经济处罚。对触犯刑律者，提交司法部门追究其刑事责任。

第十九条　社会福利事业单位应有计划、有步骤地采取多种形式，对干部、职工进行专业技术培训，并根据有关规定，进行考核上岗和职称评定。

第四章　收养人员

第二十条　对收养人员坚持入院自愿、出院自由原则。由国家供养的人员需要入院者，经健康检查后，由社会福利事业单位批准入院，并报主管民政部门备案。自费入院者，由本人写出书面申请，由所在单位或街道出具证明，经健康检查后，与社会福利事业单位签定有关生活、管理费用的合同（或协议书）方可接收入院，并报主管民政部门备案。自费收养人员要求出院者，缴清一切费用，征得本单位街道书面同意后，经社会福利事业单位批准，可办理出院手续。

第二十一条　收养人员应认真学习时事政策，增强法纪规念，自觉遵守院内的各项制度。应加强团结，发扬友爱精神，互相关心照顾。应尊重工作人员的劳动，主动协助干部职工共同做好院内工作。应视院如家，爱护院内的一切公共设施。做到：

（一）不侮辱、打骂、诬告、陷害工作人员；

（二）不毁坏公共财物；

（三）不巧托借口、无理取闹。

第二十二条　由国家供养的人员，其生活标准应不低于当地居民平均生活水平，并根据居民生活水平的不断提高和物价因素等，进行适时调整。自费收养人员的伙食、被服、医疗等费用均由本人自理，并缴纳规定的管理费（包括护理费）。管理费由自费入院者本人或所在单位支付。具体标准由各地根据情况自行确定。

第二十三条　建立收养人员档案管理制度。收养人员的户口、粮油关系按照规定办理。

第二十四条　对于被社会福利事业单位收养的儿童，确经当地公安部门证明其身份的或以公告形式查找其亲生父母无下落者，社会福利事业单位可依据《中华人民共和国收养法》及《外国人在中华人民共和国收养子女实施办法》的有关规定，准许国内、国外公民依法收养。

第二十五条　由国家供养的学龄儿童，社会福利事业单位应解决他们的入学问题，提供学习费用。

第二十六条 国家供养的人员入院后，其所有不动产应由收养单位代为管理，其动产可携带入院自己管理或交院代管。收养人员死亡后，属国家供养对象的，其遗产、遗物由收养单位接收处理，用于本单位的社会福利事业。有家属的自费收养人员，其遗物遗产应交其家属领回或按死者遗嘱办理。

第五章 医护与康复

第二十七条 社会福利事业单位应有一支适应工作需要的医疗康复技术队伍，医护人员结构合理，具有基本的医疗诊断及康复设备。做好医疗、护理、康复人员的进修、培训工作。社会福利事业单位应贯彻预防为主的医疗方针，经常向收养人员宣传卫生保健知识，发动群众搞好个人、环境和饮食卫生，搞好卫生消毒和防疫注射，消灭传染源。加强厨房、食堂、浴室、厕所等公共设施的卫生管理，提高抗病防病能力。开展经常性的检查评比活动，并加以制度化。

第二十八条 社会福利事业单位应根据不同收养对象的病情、年龄、身体及生理状况实行分级护理，严格实施护理规程，杜绝护理事故。处于发病状态的精神病人，卧床不起、生活不能自理的老人以及婴儿，要作为护理工作的重点，实行一级护理。对病情处于波动状态的精神病人和行走不便、病情较重、生活需要半护理的老人以及残疾儿童，实行二级护理。对病情处于基本稳定状态的精神病人和一般老人、儿童实行三级护理。

第二十九条 社会福利事业单位对新入院的孤老残幼和精神病人要进行健康检查，对在院收养人员定期进行身体检查，建立医疗档案，实行每周至少一次的医疗查房制度。

第三十条 做好收养人员的疾病防治工作。对患病的收养人员要及时诊断，认真治疗。对传染病患者要实行隔离治疗，并及时向当地卫生防疫部门备案。对本单位无力救治的疑难病患者、危重病人，要及时送医院救治。对因病死亡的收养人员应及时做好善后处理，建立死亡登记表及保管好死亡档案。对医疗事故应及时做出鉴定，严肃处理，对非正常死亡事故应及时报告主管民政部门。

第三十一条 建立严格的药政管理制度。各类药品有专人保管，建立药品进出库制度，禁止使用霉变、过期、失效、淘汰药品。

第三十二条 社会福利事业单位应根据收养人员的身体状况，积极有效地开展康复活动，提高康复参与率与康复有效率。对智力、肢体等残疾的儿童进行功能训练和康复治疗，使他们减轻残疾程度。对老人要经常开展以增进健康为目的的各种康复活动，增强体质，颐养天年。

第三十三条 社会福利事业单位可利用现有条件和医疗设备，向社会开放，开展社区康复工作。要创造条件，建立康复科研小组，开展康复理论和科学研究，不断提高医疗康复水平。

第六章　生活管理

第三十四条　社会福利事业单位应有较为完善的生活服务及后勤保障设施。应办好收养人员食堂,配备专（兼）职营养师,根据不同对象制定科学食谱。对病人、婴幼儿童和八十岁以上的高龄老人,应予以特殊照顾。尊重少数民族饮食习惯。严格执行卫生部门颁布的"五四"制度。炊事人员按有关规定定期进行体检,持健康合格证上岗。食堂卫生整洁,具备排油烟设备,有食品冷藏、保温设备。食堂应经常征求收养人员的意见,成立有收养人员参加的伙食管理委员会,定期公布账目,接受监督。

第三十五条　做好收养人员衣、被、鞋、袜等生活必需品的供应工作,并根据季节及时更换,做到收养人员衣着整洁、适时得体。

第三十六条　努力改善居住条件,家具配套规范。房间力求实用,空气流通,无异味,采光良好。有使用方便、防滑、通气、卫生良好的浴室、卫生间。设置必要的理发室、小卖店等,努力为收养人员创造一个方便的生活场所。

第三十七条　丰富收养人员的精神生活,设置必要的阅览室、游艺室以及文体健身器械,经常组织收养人员开展喜闻乐见、丰富多采的文体活动,增进身心健康。

第三十八条　努力创造一个优美、安静、舒适的生活环境,积极种树养花,逐步实现绿化、净化、美化、园林化。

第七章　生产经营

第三十九条　社会福利事业单位应在完成任务确保服务质量的前提下,因地制宜,广开门路,开展多种形式的生产经营活动,增加收入,增强社会福利事业单位的活力。

第四十条　社会福利事业单位应根据投资少、见效快、收益高的原则,组织种植、养殖、加工、商贸等经济活动,并按国家对福利生产的优惠政策规定,免交或减缓有关税费。

第四十一条　社会福利事业单位应根据收养人员的身体状况和特长,组织收养人员参加力所能及的生产经营活动,并抽出懂生产会经营的专门人员负责组织领导。负责生产经营的人员从院内编制中调剂解决,不另增加人员编制。

第四十二条　生产经营的纯收入和自费收养的收入所得,要单独核算,单独立帐,不得抵销正常核拨的事业经费。

第四十三条　生产经营纯收入的分配原则,一般是:40%用于改善收养人员的生活和集体福利设施，30%用于扩大再生产，30%用于职工奖励。

第八章　规章制度

第四十四条　社会福利事业单位应建立健全以定岗位、定任务、定职责、定指标为中心内容的岗位责任制度。岗位责任制应明确每个工作人员的工作岗位和任务与要求,做到人人有专职，事事有人管，办事有章可循，不断提高管理水平和服务质量，使福利事业单位的管理工作做到责任指标化和管理科学化。

第四十五条 社会福利事业单位应制定以优质服务、劳动纪律、团结互助、工作质量、清洁卫生等为考核内容的奖惩制度，做到检查经常化，考核数据化。要运用经济手段进行管理，把各项考绩同职工的经济利益相挂勾，奖优罚劣，真正做到按劳分配。

第四十六条 建立严格的交接班责任制度，建立工作日志。交班人员必须详细地向接班人员介绍本班次发生的问题和有待处理的事宜，做好工作衔接，防止事故的发生。

第四十七条 社会福利事业单位应健全严格规范的财务制度，预算内、预算外资金严格分开，各种开支项目清楚，凭证、帐簿符合财务规定。建立保密制度，教育广大职工遵守外事纪律。

第四十八条 社会福利事业单位应加强物资管理，建立账册，登记卡片，专人保管，严格出入库的验收、领发手续，做到账、卡、物相符。对物资妥善保管，严防丢失、损坏和霉变。

第四十九条 建立健全安全防范制度，增强职工的安全意识，配备必要的安全设备，提高职工处置紧急情况的能力。

第九章　附　则

第五十条 本暂行办法由省民政厅负责解释。

第五十一条 本办法自公布之日起施行。

第五十二条 老人公寓的管理办法参照本办法执行。

安徽省基层双拥工作纲要（试行）

皖拥字〔1998〕4号 1998年5月26日

为进一步做好新形势下的双拥工作，根据党中央、国务院、中央军委关于双拥工作抓基层、抓落实的指示精神，推进双拥工作的经常化、制度化、社会化，特制定本纲要。

一、指导思想

（一）基层双拥工作必须高举邓小平理论伟大旗帜，以党的十五大精神为指导，按照江泽民总书记提出的“同呼吸、共命运，心连心”的总要求，服从和服务于党和国家的工作大局，为党的基本路线服务。

（二）基层双拥工作必须坚持全民办国防的方针，坚持军政军民一致的原则，以地方领导为主，以思想政治建设为主，发动群众自觉参与，统一领导，齐抓共管；经济建设与国防建设统筹兼顾，双向奉献，协调发展，做到“团结——协商——团结”。

（三）基层双拥工作必须坚持以促进社会生产力的发展和部队战斗力的提高为主要目标，加强军政军民团结，推动精神文明建设在基层的落实，努力开创社会主义市场经济条件下双拥工作的新局面。

二、标准要求

（四）组织健全。县（市、区）有双拥工作领导组织和办事机构，乡镇、街道和村（居）委会有拥军优属工作领导小组，各直属部门和机关团体、企事业单位有拥军优属服务组织。部队团及其以下单位有群众工作领导小组，连队有群众工作组。

（五）政策落实。地方基层单位严格执行拥军优属政策法规，军队、军人和军属合法权益得到维护；优抚对象权益得到保障，生活水平略高于当地群众平均水平，军队转业干部和退役士兵得到妥善安置，开发使用两用人才成效明显；地方接收安置的军队离退休干部政治、生活待遇得到落实。部队官兵法纪政策观念和拥政爱民意识强，严格按国家和地方政府的有关政策规定办事，尊重地方政府，维护群众利益。

（六）活动经常。军地既重视做好重大节日的双拥工作，又坚持开展经常性的双拥活动；做到年度有计划安排，节日有联谊走访，平时有互帮互学，各项活动主题鲜明，内容实在，形式活泼，广大军民积极参与。坚持开展岗位双拥活动，从日常工作做起，把拥军优属、拥政爱民工作贯穿于业务工作的全过程，落实到基层工作的各个岗位。

（七）关系融洽。军民团结友爱，亲如一家。地方把军人当亲人，象关心经济建设一样关心部队建设；部队视人民如父母，把驻地当故乡一样热爱；真正做到干部战士无违纪，优抚对象无怨言，军地之间无纠纷，军政军民“同呼吸、共命运、心连心”。

三、工作内容

（八）深入进行国防和双拥宣传教育，增强全民国防观念和双拥意识。国防和双拥宣传教育要坚持以马列主义、毛泽东思想和邓小平理论为指导，以爱国主义为核心，以拥军优属拥政爱民为主要内容；根据国际国内形势变化，结合党和国家的中心任务，常抓不懈。通过宣传教育，使广大军民牢固树立军队与人民相互依存、不可分离，经济建设与国防建设相互促进、不可偏废的思想，打牢双拥工作的思想基础。宣传教育要纳入全民教育体系和经常性宣传教育之中。

（九）开展军民共建社会主义精神文明活动。军民共建要坚持重在建设的方针，坚持以地方领导为主，以做思想政治工作为主，以发动群众自建为主，纳入当地精神文明建设总体规划，纳入部队政治思想建设计划，统一部署，统一安排，统一管理；部队选择共建点要经旅团以上政治机关批准，同地方协商确定。要从实际出发，量力而行。共建对象主要是街道、工厂、乡村、学校和企事业单位以及车站、港口、商店等“窗口”行业单位。开展创建文明家庭、文明村镇、文明单位、文明营院、文明城市活动，搞好军地基层单位的文化建设。

（十）关心和支持部队现代化建设。地方要支持部队搞好教育训练、战备执勤、国防施工，做好所需场地、交通、安全、生活等保障工作。大力开展智力拥军，培养军地两用人才。积极配合部队搞好思想政治建设，支持部队开展“争创先进连队、争当优秀士兵”活动，对立功受奖人员实行政治奖励和物质优待。帮助部队解决好“米袋子”、“菜篮子”、水、电、路等方面的实际问题，每年为驻军基层单位办几件好事、实事。积极输送合格兵员，圆满完成征兵任务，确保无责任退兵。维护军人、军属的合法权益，解决好部队干部子女上学、入托、家属就业、住房、生活等实际困难。在实施“再就业工程”中，对军属要优先培训、优先上岗。做好军事设施保护工作，维护营区秩序。

（十一）积极参加和支援驻地经济建设。军队要在完成战备、训练、执勤等各项任务的前提下，自觉为驻地的经济发展做贡献。积极支援地方重点工程建设、农田水利基本建设和社会公益事业建设，参加地方植树造林，开展智力和科技助民，帮助群众抢收抢种，扶贫帮困，抢险救灾，完成各项急难险重任务。参加地方经济建设要以义务支援为主，落实三总部规定的义务劳动日。

（十二）认真落实优抚安置政策。基层单位应依法履行各自的职责和义务，大力宣传优抚安置政策法规，强化依法优抚安置意识。坚持国家、社会、群众三结合的优抚制度，制定完善落实上级政策法规的配套措施，保证抚恤、定补、优待款项足额按时兑现。优待标准随着本地经济发展同步增长。推行优待金社会统筹，建立拥军优属资金和初级优抚合作医疗保健制度，帮助优抚对象解决好生活、住房、医疗等方面遇到的实际问题。做好军队转业、离退休干部和退役士兵的安置工作。积极接收军队转业干部和符合安置条件的退役士兵以及随军家属、子女，使他们的工作、就学、生活得到妥善安排。搞好转业干部和退役士兵的培训，努力搞好农村退伍军人两用人才开发使用。按期安置军队离退休干部，落实政治、生活待遇，搞好服务与管理工作。

四、措施制度

（十三）定点结对制度。军地基层单位应就近就地，定点结对，开展双拥共建活动，突出“家门口”的军民共建。一般一个基层单位可建立一至两个军民共建示范点。要广泛建立扶贫、帮助、协作、育才等对子，并与优抚户、贫困户联系挂钩，把双拥工作落实到单位、落实到户。

（十四）工作计划制度。军地基层单位要把双拥工作纳入本地、本单位整体发展规划，做到年有计划，季有安排，月有活动。制订计划要从实际出发，广泛征求意见，注重办实事、解难题，做到任务明确，措施得力，切实可行。

（十五）联席会议制度。县（市、区）和乡镇、街道原则上每年召开二至三次军地联席会议，分别安排在“八一”、征兵、元旦春节前夕，遇有重大情况随时召开。会议内容主要是通报情况，交流信息，分析形势，研究工作，协调和解决存在的问题，针对薄弱环节，制定改进措施。

（十六）走访慰问制度。重大节日、部队执行重要任务、地方组织重要活动以及军地主要领导变动时，都要坚持走访。军地之间的走访，要坚持经常，注重思想交流，增进了解，加深感情，密切关系。元旦春节、“八一”和部队执行重要任务期间，县（市、区）和乡镇、街道都要组织开展慰问当地驻军和优抚对象活动。

（十七）定期活动制度。坚持元旦春节期间，开展“双拥月”活动；3月，开展学雷锋、树新风活动和共同绿化祖国活动；“五四”期间，开展联欢联谊活动；“六一”期间，开展共建“希望工程”活动；“七一”、“八一”、“十一”期间，开展爱党、爱军、爱国等庆祝联欢活动。

（十八）岗位责任制度。基层双拥工作按行业分工，以岗位定责，逐级完善目标责任制。要根据实际情况，定任务，定标准，定时限，定人员，定奖惩。采取岗位承包、签定协议（合同）等办法，把双拥工作真正落到岗位、落到人头、落到实处。

（十九）检查监督制度。军地基层单位对双拥工作政策法规、任务计划、措施制度的落实情况，要经常进行检查，定期述职报告，半年和年终总结时，组织全面检查。对检查发现的问题，及时纠正，督促落实。

五、评比表彰

（二十）为调动广大军民开展双拥工作的积极性和创造性，在全省军地基层单位和军民中广泛开展争创双拥模范单位和争当模范个人活动。

（二十一）争创基层双拥模范单位，要把着眼点放在促进工作落实上。评比以四项“标准要求”和五项“工作内容”为依据，坚持质量第一，严格把关，实行动态管理。

（二十二）争当双拥模范个人，以爱国奉献意识强、模范带头作用好、工作实绩突出为基本条件。拥军优属模范个人，必须是地方干部群众中关心国防、热爱军队、支持部队建设、为优抚对象排忧解难的带头人。拥政爱民模范个人，必须是部队官兵中爱人民、学人民、为人民的榜样。

（二十三）基层双拥模范单位和个人的评比表彰，要结合军地年终工作总结进行。对基层双拥模范单位和个人的表彰奖励，由批准单位实施。要举行一定仪式，发给奖牌、证书，给予适当的物质奖励。县团以上各级对基层双拥模范单位和个人的评比表彰，要结合双拥模范城（县）评比表彰一并进行，原则上每三年组织一次。

六、组织领导

（二十四）各级党委、政府、驻军领导机关要切实把基层双拥工作列入党政工作的议事日程，纳入经济社会发展和精神文明建设的总体规划，纳入部队思想政治建设的重要内容，认真抓紧抓好抓落实。要坚持把双拥工作的重点放在基层，把基层双拥工作的落实，作为检验领导政绩和机关工作的一项重要内容。

（二十五）各级都要认真贯彻党中央、国务院、中央军委关于加强基层双拥工作的指示，结合本级实际，提出一个时期抓基层双拥工作的规划、任务和要求，制定配套措施，一级抓一级，层层抓落实。上级要帮助协调解决下级难以解决的重大问题。下级要立足本级，抓好落实。县、团以上各级要经常深入基层，调查研究，检查督促，现场指导，抓好典型，做到领导到位、工作到位、服务到位。

（二十六）强化整体合力，按照职责抓落实。要形成抓基层的领导合力，做到主要领导亲自抓，分管领导具体抓，班子成员积极抓。各级双拥办要充分发挥好组织、参谋、协调、指导作用。省军区系统和民政部门要成为双拥工作的桥梁和纽带。军地要统一思想，齐抓共管；部门、行业要履行职责，发挥优势，创造性地抓好落实，把基层双拥工作提高到一个新的水平。

（二十七）本纲要自颁布之日起施行。各地、市、县双拥工委可依据本纲要，结合实际，制定具体的实施规划和细则。

安徽省实施《中华人民共和国村民委员会组织法》办法

（1999年1月27日安徽省第九届人民代表大会常务委员会第八次会议通过）

第一条　为了保障村民实行自治，由村民群众依法办理自己的事情，发展农村基层民主，促进农村社会主义物质文明和精神文明建设，根据《中华人民共和国村民委员会组织法》（以下简称《村民委员会组织法》），结合本省实际，制定本办法。

第二条　村民委员会是村民自我管理、自我教育、自我服务的基层群众性自治组织，实行民主选举、民主决策、民主管理、民主监督。

第三条　中国共产党在农村的基层组织，按照中国共产党章程进行工作，发挥领导核心作用；依照宪法和法律，支持和保障村民开展活动，直接行使民主权利。

第四条　乡、民族乡、镇人民政府指导、支持和帮助村民委员会开展工作。但是不得干预依法属于村民自治范围内的事项。村民委员会协助乡、民族乡、镇的人民政府开展工作。

第五条　村民委员会的主要职责：（一）支持和组织村民依法发展各种形式的合作经济和其他经济，承担本村生产的服务和协调工作，促进农村生产建设和社会主义市场经济的发展；（二）尊重集体经济组织依法独立进行经济活动的自主权，维护以家庭承包经营为基础、统分结合的双层经营体制，保障集体经济组织和村民、承包经营户、联户或者合伙的合法财产权及其合法的权利和利益；（三）依照法律规定，管理本村属于村农民集体所有的土地和其他财产；管理本村财务；（四）编制并实施本村建设规划，办理本村的公共事务和公益事业；（五）教育村民爱护公共财产，依法合理开发利用自然资源，保护和改善生态环境；（六）宣传宪法、法律、法规和国家政策，教育和推动村民履行法律规定的义务，督促村民遵守村民自治章程、村规民约，维护村民合法权益；（七）发展文化教育，普及科技知识，开展多种形式的精神文明建设活动；（八）调解民间纠纷，促进村民之间、村与村的团结和家庭和睦；（九）协助维护社会治安，促进社会稳定；（十）召集村民会议、村民代表会议；执行村民会议、村民代表会议的决定、决议；（十一）向人民政府反映村民意见、建议和要求；（十二）法律、法规规定的其他职责。

第六条　村民委员会根据村民居住状况、人口多少，按照便于群众自治的原则设立。村民委员会的设立、撤销、范围调整，由乡、民族乡、镇人民政府提出，经村民会议表决通过后，报县级人民政府批准。

第七条 村民委员会由主任、副主任和委员共三至七人单数组成，由村民直接选举产生。任何组织或个人不得指定、委派或撤换村民委员会成员。村民委员会每届任期三年，届满应当及时举行换届选举。村民委员会成员可以连选连任。村民委员会成员中，妇女应当有适当的名额。有两个或两个以上民族村民居住的村应当有人数较少的民族的成员。村民委员会的选举，按照《安徽省村民委员会选举办法》进行。

第八条 村民委员会可以按照村民居住状况、人口数量、历史沿革分设若干村民小组，小组长由村民小组会议推选、撤换。

第九条 本村五分之一以上有选举权的村民联名，可以要求罢免村民委员会成员。罢免要求应当提出罢免理由。被提出罢免的村民委员会成员有权提出申辩意见。村民委员会应当在三十日内召开村民会议，投票表决罢免要求。罢免村民委员会成员须经有选举权的村民过半数通过。村民委员会逾期不召开村民会议投票表决罢免要求的，由乡、民族乡、镇人民政府召集村民会议投票表决。

第十条 村民会议由本村十八周岁以上的村民组成。召开村民会议，应当有本村十八周岁以上村民的过半数参加，或者有本村三分之二以上的户代表参加，所作决定应当经到会人员的过半数通过。村民会议可以邀请驻在本村的企业、事业单位和群众组织派代表列席。村民会议每年应至少召开二次。有十分之一以上的村民或者有二分之一以上的村民代表提议，应当召集村民会议。

第十一条 村民会议行使下列职权：（一）制定、修改村民自治章程、村规民约；（二）讨论决定本村发展规划和年度计划；（三）审议村民委员会工作报告、村财务收支情况报告，评议村民委员会成员的工作；（四）讨论决定计划生育指标安排的方案；（五）罢免、补选村民委员会成员；（六）撤销或者改变村民委员会不适当的决定；（七）撤销或者改变村民代表会议不适当的决定；（八）讨论决定涉及村民利益的重大事项。

第十二条 涉及村民利益的下列事项，村民委员会必须提请村民会议讨论决定，方可办理：（一）乡统筹的收缴方法，村提留的收缴及使用；（二）本村享受误工补贴的人数及补贴标准；（三）从村集体经济所得收益的使用；（四）村办学校、村建道路等村公益事业的经费筹集方案；（五）村集体经济项目的立项、承包方案及村公益事业的建设承包方案；（六）村民的承包经营方案；（七）宅基地的使用方案；（八）村民会议认为应当由村民会议讨论决定的涉及村民利益的其他事项。

第十三条 人数较多或居住分散的村，可以推选产生村民代表。村民代表由村民按每五户至十五户推选一人，或者由各村民小组推选若干人。村民代表总人数不得少于三十人。村民代表每届任期三年。村民代表由原推选的户或村民小组撤换。其他任何组织和个人不得指定、委派或者撤换村民代表。

第十四条 本办法第十一条第一、五、七项规定外的职权及第十二条 规定外的事项，村民会议可以授权村民代表会议行使或讨论决定；对村民会议未授权的事项，村民代表会议可以进行讨论提出意见，但不作决定。召开村民代表会议，必须有三分之二的代表参加,所作决定应当经全体代表的过半数通过,且不得与村民会议的决议、决定相抵触。

第十五条　村民自治章程、村规民约以及村民委员会、村民会议或者村民代表会议讨论决定的事项应当符合法律、法规和国家政策,不得有侵犯村民的人身权利、民主权利和合法财产权利的内容。

第十六条　村民委员会实行村务公开制度。村民委员会应当设立村务公开栏,及时公布下列事项,其中涉及财务的事项至少每三个月公布一次:(一)村民会议、村民代表会讨论决定的事项及其实施情况;(二)村财务收支详细情况;(三)救灾救济款物的发放情况;(四)国家投入的扶贫、农业开发、以工代赈等资金的使用情况;(五)征用土地和宅基地审批情况;(六)农民承担费用和劳务情况;(七)水、电等费用收缴情况;(八)计划生育政策执行情况;(九)涉及本村村民利益和村民普遍关心的其他事项。村民委员会应当保证公布内容的真实性,并接受村民的查询。

第十七条　村民委员会不及时公布应当公布的事项或者公布事项不真实的,村民有权向乡、民族乡、镇人民政府或者县人民政府及其有关主管部门反映,有关政府机关应当负责调查核实,责令改正;经查证确有违法行为的,有关人员应当依法承担责任。

第十八条　村民委员会决定问题,采取少数服从多数的原则。村民委员会进行工作,应当坚持群众路线,充分发扬民主,认真听取不同意见,坚持说服教育,不得强迫命令,不得打击报复。

第十九条　村民委员会成员应当遵守宪法、法律、法规和国家政策,办事公道,作风民主,廉洁奉公,热心为村民服务。

第二十条　村民委员会根据需要设人民调解、治安保卫、文教卫生、计划生育等委员会,并确定其组成人员。人口较少的村,可不设下属委员会,由村民委员会成员分工负责有关工作。

第二十一条　《村民委员会组织法》和本办法由各级人民政府组织实施,民政部门负责日常工作。

第二十二条　各级人民代表大会和县级以上人民代表大会常务委员会保证《村民委员会组织法》和本办法在本行政区域内实施,保障村民依法行使自治权利。

第二十三条　本办法自一九九九年二月一日起施行。《安徽省实施〈村民委员会组织法(试行)〉办法》同时废止。

安徽省村民委员会选举办法

（1999 年 1 月 27 日安徽省第九届人民代表大会常务委员会第八次会议通过）

第一章　总　则

第一条　为了保障村民依法直接选举村民委员会，根据《中华人民共和国村民委员会组织法》，结合本省实际，制定本办法。

第二条　村民委员会由主任、副主任和委员共三至七人单数组成。其具体人数由村民选举委员会根据本村实际确定。

第三条　村民委员会的选举，坚持公平、公正、公开的原则。村民委员会主任、副主任和委员由选民直接选举产生，任何组织或者个人不得指定、委派或者撤换村民委员会成员。

第四条　村民委员会每届任期三年，届满应当及时换届选举。村民委员会成员可以连选连任。

第五条　村民委员会换届选举工作由省人民政府统一部署，各级人民政府组织实施。民政部门负责指导本行政区域内村民委员会的选举工作。

第六条　各级人民政府组织指导村民委员会选举工作所需经费，由本级财政列支。村民委员会选举所需费用一般由本村解决。

第二章　选举工作机构

第七条　县（市、区）、乡（镇）成立村民委员会选举工作领导机构，负责本行政区域村民委员会换届选举工作。其主要职责是：（一）宣传有关法律、法规；（二）制定村民委员会换届选举工作计划，并组织实施；（三）指导村民委员会选举工作；（四）培训换届选举工作人员；（五）受理有关选举的来信来访；（六）承办换届选举工作中的其他事项。

第八条　村成立村民选举委员会，主持村民委员会选举工作。村民选举委员会由主任、副主任和委员共七至九人组成，人口特多的村，不得超过十一人。村民选举委员会成员由村民会议或各村民小组推选产生。村民选举委员会的主要职责是：（一）做好选举的宣传发动工作；（二）依法制定选举工作方案，并报乡（镇）村民委员会选举工作领导机构备案；（三）组织选民登记，审查选民资格，公布选民名单，发放选民证；（四）组织村民委员会成员候选人的提名，审查村民委员会候选人的资格，公布正式候选人的名单；（五）确定并公布选举日期、投票时间、地点、投票方法；（六）做好投票选举前的准备工作;(七)主持召开选举大会,组织投票,公布并上报选举结果;(八)处理选举中出现的问题;(九)总结选举工作,整理、建立选举工作档案。村民选举委员会成员被确定为村民委员会成员正式候选人的,应退出村民选举委员会。村民选举委员会履行职责至新一届村民委员会召开第一次会议时止。

第三章　选民登记

第九条　在选举日前已满十八周岁的村民,不分民族、种族、性别、职业、家庭出身、宗教信仰、教育程度、财产状况、居住期限,都有选举权和被选举权。依照法律被剥夺政治权利的人除外。计算村民的年龄以身份证为依据;无身份证的,以户籍登记为依据。

第十条　有选举权和被选举权的村民应当在户籍所在地的村进行选民登记。有下列情形之一的,经村民选举委员会确认,在经常居住地进行选民登记:(一)结婚后居住在配偶所在地的村,户口未迁移的;(二)转为非农业户口的人员,仍在原村居住并履行该村村民义务的;(三)因其他原因,不能在户籍所在地的村进行选民登记的。精神病患者不能行使选举权利的,经村民选举委员会确认,不列入选民名单。

第十一条　村民选举委员会应当在选举日的二十日前张榜公布选民名单。村民对公布的选民名单有异议,可在选举日三日前向村民选举委员会提出,村民选举委员会应当在选举日前作出解释或者纠正。

第四章　候选人的产生

第十二条　村民委员会主任、副主任、委员候选人分别由本村有选举权的村民按下列方式之一直接提名:(一)由村民选举委员会召集过半数的有选举权的村民投票,按得票多少确定正式候选人;(二)以村民小组为单位召集过半数的有选举权的村民投票提名候选人,然后在村民选举委员会主持下集中计票,按得票多少确定正式候选人。提名村民委员会候选人应当有适当的妇女名额;多民族居住的村应当有人数较少的民族的人员。提名村民委员会候选人,不得委托他人投票。

第十三条　村民委员会实行差额选举。村民委员会主任、副主任和委员候选人数应分别比应选人数多一至二人。对依法确定的村民委员会成员候选人,任何组织或者个人不得调整或变更。

第十四条　村民委员会成员候选人应具有遵纪守法,办事公道,廉洁奉公,有一定文化程度和较强工作能力,热心为村民服务的素质。

第十五条　候选人产生后,村民选举委员会应当在选举日五日前按候选人得票多少的顺序张榜公布。

第五章　选举程序

第十六条　选举村民委员会,由村民选举委员会主持召开选举大会。人口较多或者居住分散的村,可设若干个投票站。投票站的票箱必须集中到选举大会主会场开箱、计票。

第十七条 选举大会应当当场推选唱票人、计票人、监票人，负责核对投票人数、唱票、计票、监票。投票前，村民选举委员会应当介绍大会选举办法，提出具体要求。

第十八条 选举采取无记名投票的方式进行。每一选民在一次选举中只有一个投票权。选民对候选人可以投赞成票，可以投反对票，可以另选其他选民，也可以弃权。

第十九条 选举现场设发票处、秘密写票处。选民凭选民证依次领取选票，由选民本人到秘密写票处填写选票，然后投票。选民是文盲或者因残疾不能填写选票的，可以由他人按该选民意愿代为填写选票。不能到场直接投票的选民，应在选举日三日前向村民选举委员会提出书面委托申请并指明受托人，经村民选举委员会同意后办理委托投票证。每一选民接受的委托不得超过一人。委托投票的人数不得超过选民总数的五分之一。

第二十条 投票结束后，由唱票人、计票人、监票人当众开箱，公开唱票、计票，宣布选票统计结果。村民选举委员会应当当场公布选举结果，并当众封存选票。每次选举所投的票数等于或少于投票人数的，选举有效；多于投票人数的，选举无效。选票无法辨认的，经监票人认定，作废票处理。废票计入选票总数。

第二十一条 选举村民委员会，由本村有选举权的村民过半数参加投票，选举有效。候选人获得参加投票的村民过半数的选票，始得当选。获得半数以上选票的候选人人数多于应选名额时，以得票多的当选；如果票数相同，不能确定当选人时，应当就票数相同的候选人再次投票，以得票多的当选。当选人数达到三人，但是仍不足应选人数时，不足的名额可以暂缺。若主任暂缺，由得票多的副主任临时主持村民委员会工作；若主任、副主任都暂缺，由村民选举委员会指定一名村民委员会委员临时主持村民委员会工作。当选人数不足三人，不能组成村民委员会的，不足的名额应当另行差额选举。另行选举的候选人可从第一次选举中未当选人员中按得票多少产生。另行选举以得票多的当选，但得票数需超过参加投票村民的三分之一。另行选举可当场举行，也可在第一次选举日后五日内进行。

第二十二条 村民委员会选举结果由村民选举委员会报县级民政部门和乡（镇）人民政府备案，乡（镇）人民政府向当选人颁发省统一印制的当选证书。

第二十三条 村民选举委员会在不违背直接选举规定的前提下，可以根据本村实际，制定选举村民委员会的具体实施方案。

第六章 罢免、辞职的补选

第二十四条 村民委员会成员接受村民监督。本村五分之一以上有选举权的村民联名，可以要求罢免村民委员会成员。罢免要求应当以书面形式向村民会议和所在乡（镇）人民政府提出，并写明罢免理由。村民委员会应当在接到罢免要求之日起三十日内召开村民会议，进行投票表决。村民会议在讨论表决罢免要求时，被提出罢免的村民委员会成员有权提出申辩意见。罢免村民委员会成员,须经有选举权的村民过半数通过。表决结果由村民委员会报乡（镇）人民政府和县级人民政府民政部门备案。村民委员会逾期不召开村民会议投票表决罢免要求的,由乡（镇）人民政府召集村民会议投票表决。

第二十五条　村民委员会成员要求辞去职务的,应当以书面形式向村民会议或者村民代表会议提出,由村民会议或者村民代表会议按照少数服从多数的原则讨论决定。

第二十六条　村民委员会成员被依法追究刑事责任的,自人民法院判决书生效之日起,其村民委员会成员职务自行终止。

第二十七条　村民委员会成员缺额,应当在六个月内召开村民会议补选,补选的村民委员会成员的任期,到本届村民委员会届满为止。

第七章　监督管理

第二十八条　对有下列行为之一的,村民有权向乡(镇)人民代表大会和人民政府或者县级人民代表大会常务委员会和人民政府及其有关主管部门举报:(一)以威胁、贿赂、伪造选票等不正当手段,妨害选民行使选举权和被选举权,破坏村民委员会选举的;(二)违反本办法规定调整、变更村民委员会成员候选人或者指定、委派、撤换村民委员会成员的;(三)对检举村民委员会选举中违法行为的村民或者提出要求罢免村民委员会成员的村民打击报复的;(四)破坏村民委员会选举的其他违法行为。有关机关应当在接到举报之日起三十日内负责调查,根据事实和情节,依法处理。经威胁、贿赂、伪造选票等不正当手段当选的,其当选无效。

第二十九条　村民对选举程序或者选举结果有异议的,可以向乡(镇)人民代表大会和人民政府或者县级人民代表大会常务委员会和人民政府及有关部门提出书面申诉,有关部门应当在接到申诉之日起十五日内调查处理。

第八章　附　则

第三十条　本办法自一九九九年二月一日起施行。

安徽省民政厅、省财政厅关于印发《安徽省救灾款使用管理暂行办法》的通知

民救字〔1999〕78号1999年5月20日

各地级市、行署、县第八章民政局、财政局：

现将《安徽省救灾款使用管理暂行办法》印发给你们，请遵照执行。各地可结合本地实际情况制定具体的实施细则。安徽省救灾款使用管理暂行办法

第一章　总　则

第一条　救灾款是中央和地方政府拨给受灾地区用于灾民生活困难救助的专项资金。为进一步加强救灾款的使用管理，切实保障灾民的基本生活和维护灾区社会稳定，根据中央有关救灾款使用管理规定，结合我省实际情况，制定本办法。

第二条　本办法所称救灾款是指中央财政下达的特大自然灾害救济补助费、特大自然灾害灾后重建补助费，各级地方财政安排的自然灾害救济事业费。

第二章　救灾款的使用

第三条　救灾款的使用必须严格按照国家有关法律、法规和财务规章制度，坚持专款专用、重点使用的原则。

第四条　救灾款的使用范围：

（一）解决灾民因自然灾害造成的无力克服的衣、食、住、医等生活困难；

（二）紧急抢救、转移和安置灾民；

（三）灾民倒房恢复重建；

（四）加工及储运救灾物资。

第五条　救灾款发放使用的重点是重灾区和重灾户，特别是自救能力较差灾民的基本生活。自救能力较差的灾民主要指：

1. 无依无靠无劳动能力，因灾无法兑现生活供给的五保户（孤老、孤残、孤幼）；

2. 家庭无主要劳动力，无经济来源，无法维持基本生活的严重困难户（寡妇幼子，主要劳动力重病、久病、残疾等）；

3. 因灾造成重大损失，家庭非常困难，在二、三年内确实难以恢复元气的特殊困难户（农田绝收、房屋全倒、财产毁光户；主要劳动力因灾死亡或重伤致残的农户）。

第六条　救灾款不得平均分配，不得截留、挪用，不得向无灾地区拨款，不得有偿使

用,不得直接或间接用救灾款设置和投放周转金,不得用于扶贫支出,不得用于社会救济,不得用于农村最低生活救助制度的建立,不得擅自扩大使用范围。

第七条　乡（镇）救灾款发放程序:乡（镇）民政办提出指标分配到村的方案,乡（镇）政府审定;村委会召开村民代表会议,提出评发到户的名单和金额,报乡（镇）政府批准后,由村委会张榜公布;救济户凭身份证或私章到民政办领取,或由民政办直接送发到户并办理相应手续。

第三章　救灾款的管理

第八条　救灾款的预算安排。根据救灾工作分级管理的原则和现行的财政体制,救灾款实行分级负担。各级财政部门在年初编制预算时,要根据民政部门提出的支出计划和上年灾情及救灾资金需求,编制相应的自然灾害救济事业费预算。在预算执行中要根据灾情进行调整,不得虚列或列而不支。

第九条　救灾款的申报。当地方遭受特大自然灾害,地方政府通过自身努力确实难以解决时,可以向上一级政府提出救灾款的申请报告,上一级政府可以给予适当补助。各级政府向上一级政府申请救灾款的报告中,必须如实说明灾害损失程度,地方政府已投入和准备投入的救灾资金数额,不得虚列。对不实报告,一经查实,上一级政府一律不予安排救灾款。

第十条　救灾款的审批。民政部门在准确核实灾情的基础上,结合受灾地区经济发展水平、综合承受能力以及救灾款安排使用情况,确定具体补助方案,会商财政部门后,报同级政府审批。

第十一条　救灾款的下拨。救灾款通过财政部门逐级下达,各级民政、财政部门在接到上级拨款后 20 天内安排使用救灾款,并将有关分配使用情况上报上级民政、财政部门。逾期不报,将视为资金没有安排使用,上级民政、财政部门在今后拨款中可以不予安排或在应补助数额中扣除已下拨未安排的部分。各市、地民政、财政部门要分别于每年的 3 月底、8 月底和 12 月底填报《救灾款支出情况统计表》报省民政厅、财政厅。

第十二条　救灾款的核销。各级民政、财政部门在次年一月要向上级民政、财政部门办理上年救灾款校销手续。

第十三条　各级民政、财政部门应及时拨付救灾款,不得预留机动救灾款。任何单位和部门不得将救灾款用作任何抵扣。

第十四条　建立健全救灾款的财务管理制度。各级都要单独设立救灾款专户、专账,专人管理。凡不符合救灾款使用原则和范围的,财会人员有权拒绝支付和核销。

第四章　救灾款的监督检查

第十五条　救灾款的发放要坚持公开的原则。基层不论是发放现金还是实物,都要做到政策公开,数额公开,对象公开,结果公开。在发放过程中必须坚持民主评议、登记造册、张榜公布、公开发放的程序,自觉接受社会监督。

第十六条 各级经管救灾款的人员工作变动、调离时，必须办理交接手续，经审计和主管领导批准后方可离任。

第十七条 各级民政、财政部门要积极配合审计、监察部门，对救灾款的使用管理情况进行监督和检查。

第十八条 对截留、挪用救灾款，造成资金不能及时、足额到位的，要严肃查处领导和当事人责任。对贪污、私分救灾款，构成犯罪的人员，要依法移交司法机关追究刑事责任。

第五章 附 则

第十九条 本办法由安徽省民政厅、财政厅共同负责解释。

第二十条 本办法自公布之日起施行。此前发布的与本办法不一致的有关规定一律停止执行。

安徽省拥军优属条例

（2000 年 3 月 27 日安徽省第九届人民代表大会常务委员会第十五次会议通过）

第一章　总　则

第一条　为了加强拥军优属工作，提高全民的国防观念，促进国防建设，根据《中华人民共和国国防法》、《中华人民共和国兵役法》和国务院《军人抚恤优待条例》、《退伍义务兵安置条例》等法律、法规，结合本省实际，制定本条例。

第二条　本省行政区域内的国家机关、社会团体、企业事业单位以及其他组织和公民，依照本条例履行拥军优属的职责和义务。

第三条　尊重、优待军人，妥善安置退出现役的军人，开展多种形式的拥军优属活动，保护军人及其他优抚对象的合法权益。

第四条　各级人民政府应加强对拥军优属工作的领导，把拥军优属工作纳入国民经济和社会发展计划，保障拥军优属工作所需的经费。

第五条　县级以上人民政府民政部门是同级人民政府拥军优属工作的主管部门；其他有关部门按照各自的职责负责拥军优属的有关工作。乡、镇人民政府和街道办事处以及城乡基层群众性自治组织负责落实拥军优属的有关工作。

第二章　拥　军

第六条　中国人民解放军和武装警察部队从事军事训练、战备执勤、国防施工、教学科研等活动，需要协助的，当地人民政府和有关单位应当予以支持、配合，提供必要的物质保障，并保守军事秘密。

第七条　各级人民政府和有关单位按照有关规定保障驻皖部队生产、生活必需品的供应，落实各项补贴，帮助部队改善物质、文化生活条件和发展农副业生产。

第八条　国防建设需要征用土地时，人民政府及其土地管理部门应当依法及时办理。

第九条　驻皖部队建造营房及其他军用设施，除法律、法规规定的税费外，不得收取其他费用。

第十条　通往部队驻地的道路，负责修建和养护的交通、城市建设部门，应保证道路完好。

第十一条　军用机动车通过本省行政区域内的公路、桥梁、隧道、城市道路、渡口，以及在各类停车场停放，免交通行费和停车费。

第十二条 各级人民政府应当采取有效措施，协助部队管理和保护国防设施，加强人民防空建设，维护部队营地、库区的安全。

第十三条 各级人民政府应当建立征兵工作责任制，发动和鼓励适龄青年履行兵役义务，保证兵员质量，完成征兵任务。

第十四条 任何单位和组织不得向部队集资、摊派。

第三章 优 抚

第十五条 现役军人、革命伤残军人、军队离休退休人员乘坐火车、轮船、飞机、长途汽车、缆车，优先购票；革命伤残军人按照规定减价优待，参观纪念馆、博物馆、公园，免购门票。现役军人、革命伤残军人、军队离休人员乘坐城内公共汽车免费；在公共停车场所停放自行车等交通工具，免交停车费。

第十六条 民航、铁路、公路和轮船客运部门应当设立军人售票窗口；有条件的，开设军人候车（机、船）室。其他服务行业，应当提供优先、优质服务，并设立显著服务标志。义务兵从部队出发的平信，免费邮递。

第十七条 优抚经费必须及时发放给优抚对象，任何单位和个人不得拖欠、截留、挪用。

第十八条 义务兵服现役期间，其家属由当地人民政府给予优待，优待的标准不低于当地平均生活水平，具体办法由省人民政府规定。实行优待金县（市、区）社会统筹制度。鼓励通过社会捐赠、赞助等方式，筹集拥军优属保障资金，解决优抚对象的特殊困难。

第十九条 各级人民政府及其有关部门应当妥善解决优抚对象的生活、住房、医疗等困难，从资金、项目、技术、信息等方面，扶持优抚对象发展生产，改善生活；对年老体弱、没有工作、生活困难的在乡老复员军人，地方各级人民政府应给予定期定量补助，并根据当地经济发展状况，逐步提高其补助标准，保证他们的生活达到当地农村居民平均生活水平。在建立最低生活保障制度中，优抚对象的抚恤补助不计入其家庭收入。

第二十条 对农村缺乏劳动力的优抚对象，乡、镇人民政府和村民委员会应当安排劳力，帮助收、种农作物。对收入水平在本村平均线以下的农村革命烈士家属、因公牺牲军人家属、病故军人家属、现役军人家属和革命伤残军人、在乡退伍红军老战士、复员军人、带病回乡退伍军人，应当减免乡、村规定的负担。农村义务兵入伍前承包的土地、山林等，服役期间应予保留，并免除乡、村规定的负担。

第二十一条 随军随调的现役军人家属，需要调动、安置工作的，人事、劳动部门应当帮助调动、安置。

第二十二条 企业事业单位裁减人员时，应根据优抚对象的实际情况，予以适当照顾。企业破产，其主管部门或劳动部门应优先安排优抚对象培训、就业。

第二十三条 分居两地的现役军人配偶，其所在单位在安排工种、班次等方面应予以照顾;对按规定探亲的,应安排假期,准予报销路费,其原有工资、福利等不得扣减。未随军的现役军人配偶,有工作单位的,在子女医疗、入托、入学等方面享受本单位双职工待遇。

第二十四条　出售、出租公有住房,对优抚对象应按规定给予优待。农村的优抚对象申请自建住房的,乡、镇人民政府按规定应优先安排宅基地。

第二十五条　革命伤残军人、在乡退伍红军老战士、军队离休退休人员享受国家规定的医疗待遇。其他优抚对象因病医疗,有关部门在制定医疗收费项目和标准时,应当予以优待,或者根据实际予以减、免。

第二十六条　现役军人子女、异地安置的转业军官子女和革命烈士子女入托上学,应予优先安排,不得收取国家和省规定外的费用。革命烈士子女、夫妻双方均为海、边防部队现役军人的子女,需到监护人所在地学校借读的,应就近安排,免收转学、借读费用。革命烈士子女报考高等院校、中等学校,按规定加分;革命伤残军人子女和退出现役的军人报考高等院校、中等学校,按照有关规定予以优待。

第二十七条　各级人民政府应当增加优抚事业投入,改善荣军医院、荣康医院、光荣院、军队离休退休干部休养所、军供站、烈士陵园等优抚事业单位的设施。

第四章　安　置

第二十八条　对退出现役的军人,按照《中华人民共和国兵役法》等法律、法规的规定接收安置。用人单位招聘、录用人员,在同等条件下应优先聘用或录用退出现役的军人。

第二十九条　义务兵退出现役后,由原征集的市、县、市辖区人民政府在规定的时限内完成接收安置任务。机关、团体、企业事业单位对当地人民政府分配的安置任务,应当保证完成,不得拒绝。安置工作应当做到公开、公平、合理。城镇退伍军人待安置期间,由县级人民政府按照不低于当地最低生活水平的原则发给生活补助;自谋职业的,由县级人民政府给予一次性经济补助。

第三十条　士官退出现役后,服现役不满十年的,按照《中华人民共和国兵役法》第五十六条　的规定安置;满十年的,由原征集的市、县、市辖区人民政府安排工作,也可以由上一级或者省人民政府在本地区范围内统筹安排;自愿回乡参加农业生产或者自谋职业的,给予鼓励,由原征集的市、县、市辖区人民政府增发安家补助费;服现役满三十年或者年满五十五岁的作退休安置,根据地方需要和本人自愿也可以作转业安置。

第三十一条　对在部队获二等功以上奖励、因战因公致残、长期在边远艰苦地区工作以及从事飞行、舰艇工作的转业退伍军人,在接收安置及工作分配中应给予优待。军官退出现役,根据其在部队的职务和专长,合理安置使用。

第三十二条　保障军队离休退休人员的政治、生活待遇。随迁配偶和子女就业、上学,应优先安排。

第五章 奖励与处罚

第三十三条 有下列情形之一的，由人民政府或有关部门予以表彰、奖励：（一）开展拥军优属活动，成绩显著的；（二）支持国防建设，事迹突出的；（三）优待抚恤工作，成绩显著的；（四）接收、安置退出现役的军人，成绩显著的；（五）优抚对象在发展经济和社会事业方面，有突出贡献的；（六）现役军人在部队立功或者获得荣誉称号的。

第三十四条 违反本条例第九条、第十四条规定的，由县级以上人民政府有关部门责令限期改正，并可对直接责任人员给予行政处分。

第三十五条 机关、团体、企业事业单位违反规定拒绝接收、安置退出现役的军人的，由县级以上人民政府责令限期改正，并可以处以 1 万元至 3 万元罚款；拒不改正的，对单位直接负责的主管人员和其他责任人员依法予以处罚。

第三十六条 拖欠、截留、挪用、贪污优抚经费的，侵犯军队、军人和优抚对象合法权益的，由有关部门依法追究行政责任；造成损失的，依法责令赔偿；构成犯罪的，依法追究刑事责任。

第六章 附 则

第三十七条 本条例所称优抚对象，是指中国人民解放军和武装警察部队的现役军人、革命伤残军人、复员退伍军人、革命烈士家属、因公牺牲军人家属、病故军人家属、现役军人家属。

第三十八条 本条例自 2000 年 8 月 1 日起施行。

安徽省退伍义务兵安置实施细则（省政府令第 7 号 1989 年 5 月 15 日发布）

第一条 根据国务院《退伍义务兵安置条例》（以下简称《条例》），结合我省实际情况，制定本实施细则。

第二条 凡符合《条例》第二条规定的退伍义务兵，以及根据国务院、中央军委有关规定，提前退出现役的退伍义务兵，其安置工作均按《条例》和本实施细则执行。

第三条 退伍义务兵安置工作，按照从哪里来、回哪里去的原则和妥善安置、各得其所的方针，由原征集地的市、县人民政府接收安置。

第四条 县以上（含县级）人民政府应设置退伍军人安置领导小组，下设安置办公室（设在民政部门），负责办理退伍义务兵接收安置的日常工作。区、乡、镇不设安置办公室，指定专职工作人员负责退伍义务兵安置工作。

第五条 退伍义务兵回到原征集地时，当地人民政府应热情欢迎，亲切接待。人民武装、计划、劳动、人事、财政、物资、商业、公安、粮食等有关部门协助民政部门做好退伍义务兵的安置工作。

第六条 退伍义务兵回到原征集地后，应在三十天内持退伍证和部队介绍信到县（市）、市辖区兵役机关办理预备役登记，然后到退伍军人安置办公室报到，凭安置办公室介绍信到公安、粮食部门办理户口、粮油关系手续。退伍义务兵的档案，须由部队派人送达或邮寄到原征集地退伍军人安置办公室。凡个人携带档案的，安置办公室不予接收。

第七条　退伍义务兵原是农业户口的，由当地退伍军人安置办公室按下列规定安置:（一）对确无住房或者严重缺房、靠自建和集体帮助又确有困难的，各级人民政府应安排一定数量的经费和建筑材料帮助解决。（二）在服役期间荣立个人二等功（含二等功，下同）以上，或获得中央军委、大军区分别授予的一级、二级英雄模范奖章的，退伍后可安排到全民所有制单位工作；本人愿意到集体所有制单位工作的，应当允许。（三）入伍前与父母共同生活，服役期间其父母双方转为城镇户口，或入伍前父母一方已迁入城镇，另一方在其服役期间由农村迁入到城镇，原征集地无直系亲属，退伍时要求到父母所在地落户安置的，由父母所在单位和当地公安机关证明，经省退伍军人安置办公室核准，由其父母所在地接收，与当地城镇退伍义务兵一样安排。（四）当年退伍的女性义务兵，可安排到集体所有制单位工作。（五）革命烈士的兄弟姐妹，经烈士生前所在部队批准入伍的，退伍后可安排到全民或集体所有制单位工作。（六）对有一定专长的退伍义务兵，各地军地两用人才服务机构应向有关单位推荐。（七）城镇各用人单位和乡镇企业向农村招收工人、招聘干部时，在同等条件下，应优先录用退伍义务兵。对在服役期间荣立三等功，或超期服役的退伍义务兵应当给予适当照顾。

第八条　原是城镇户口、服役前没有参加工作的退伍义务兵，按照“根据表现，区别对待”的原则，按系统包干安置，统一分配工作。各部门、各单位，包括中央和省属企事业，对分配的安置任务必须落实，不得拒绝。要求自谋职业的，由本人在报到后的两个月内提出书面申请，所在市、县退伍军人安置办公室应当允许。

第九条　义务兵入伍前是国家机关、人民团体、企事业单位正式职工的，退伍后回原单位复工复职。原工作单位已撤销或合并的，由其上一级机关或合并后的单位负责安置。

第十条　因残、因病退伍的义务兵，按下列规定安置:（一）因战、因公致残的农村二等、三等革命伤残军人，由原征集地的退伍军人安置办公室安排力所能及的工作。（二）患有精神病的退伍义务兵，由部队与原征集地的退伍军人安置办公室联系，落实有关事宜后再办理退伍手续。病情较重需住院治疗的，当地卫生、民政部门应及时安排住院治疗；病情较轻的，回家休养，并妥善安排其生活。城镇户口的退伍精神病员，治愈后由当地退伍军人安置办公室安排力所能及的工作。城镇退伍义务兵在待安排期间患病的，其医药费自理。患病住院医药费用较大，自理确有困难的，经本人申请，由其父母所在单位给予适当补助；其父母无工作单位，经所在街道居民委员会证明，由当地民政部门给予适当补助。

第十一条　军事院校学员因战、因公致残，不能继续学习的，由军事院校发给《革命伤残军人抚恤证》，按照本实施细则第十条的规定安置。

第十二条　原是城镇户口的义务兵，服役期间家庭住址变迁，退伍时要求到父母或配偶所在地落户的，应当允许。国家另有规定者除外。从省外入伍的城镇义务兵，服役期间，其父母或配偶的户口迁入我省，原征集地已无直系亲属，本人要求来我省落户的，经其父母或配偶所在单位和当地公安机关证明，应当允许。

第十三条 有下列情况之一者，退伍军人安置办公室负责接收，但不负责安排工作，由当地人民政府按社会待业人员对待：(一)除《条例》第二条第二项规定的原因外，被部队作提前退役处理的；(二)在部队或者在退伍后待安排期间犯罪(过失犯罪除外)，被判处有期徒刑以上处罚的；(三)从一九八九年春季征兵起，没有“退伍安置卡”的城镇退伍义务兵；(四)退伍义务兵退出现役后，无正当理由，三个月不到退伍军人安置办公室报到；或接到安排工作的通知后，无正当理由不服从分配，经多次教育仍不报到，逾期半年的。

第十四条 被部队开除军籍或除名的；军事院校入学新生经复查不符合招生条件，被取消入学资格的；被军事院校勒令退学或开除学籍的；军事院校学生无正当理由退学或拒不服从分配以及擅自离校的，由原征集地街道办事处或乡人民政府接收，准予落户。其中家住城镇的，按社会待业人员对待。

第十五条 本实施细则由省民政厅负责解释。

第十六条 本实施细则自发布之日起施行。

关于婚姻登记管理工作统一收归由县级民政部门办理的通知

民务字〔2001〕73号 2001年5月22日

各市、县（市、区）民政局：

近年来，在省委、省政府的领导和有关部门的积极配合下，各级民政部门认真贯彻执行《婚姻法》，坚持依法办理婚姻登记，婚姻登记管理工作取得了很大成绩。婚姻登记管理工作的健康开展，对保护公民的合法权益，促进婚姻家庭的稳定，推动社会主义精神文明建设，起到了积极的作用。但是，当前我省婚姻管理工作也还存在着一些亟待解决的问题。一是部分乡镇的婚姻管理人员变动频繁，有的没有经过培训即上岗工作，导致违法婚姻呈上升趋势。同时，乡镇机构改革后，已很难保证婚姻登记有专人管理。二是有些部门借结婚登记随意附加条件和"搭车"收取其它费用，引起群众的强烈不满。这不仅破坏了《婚姻法》的严肃性，损害了婚姻登记管理机关的声誉，影响了政府与人民群众的关系，而且也为一些群众不办理结婚登记手续提供了借口，严重影响了《婚姻法》的贯彻执行。为了加强婚姻管理，确保《婚姻法》和即将出台的新的《婚姻登记管理条例》的贯彻执行，解决多年来民政部门登记权与管理权分离的矛盾，稳定婚姻管理队伍，排除外部干扰，杜绝借婚姻登记"搭车"收费现象的发生，特就有关事项通知如下：

一、原由各乡镇、街道办事处承办的婚姻登记管理工作统一收归由县级民政部门负责，实行集中办理，自2001年7月1日起正式执行。各乡镇、街道民政助理员要继续做好出具婚姻关系证明，依法处理违法婚姻行为，宣传婚姻法律、法规，倡导文明婚俗等婚姻管理工作。

二、各乡镇、街道办事处婚姻登记管理机关要尽快整理各种档案资料，确保档案资料的完整，不得丢失、损坏，并于2001年6月30日前向县级民政部门移交。

三、各市、县（市、区）民政局要认真做好有关的宣传、解释工作，确保各项交接工作的顺利实施。要明确专人负责，完善有关规章制度，公开办事程序，切实为婚姻当事人提供优质、高效的服务。

安徽省实施
《中华人民共和国老年人权益保障法》办法

（2001年7月28日安徽省第九届人民代表大会常务委员会第二十四次会议通过）

第一条 为了保障老年人合法权益，发展老龄事业，弘扬中华民族敬老、养老的美德，根据《中华人民共和国老年人权益保障法》和有关法律法规的规定，结合本省实际，制定本办法。

第二条 本办法所称的老年人，是指60周岁以上的公民。

第三条 保障老年人合法权益是全社会的共同责任。国家机关、社会团体、企业事业单位、村民委员会、居民委员会、社区组织以及其他社会组织，应当依照各自职责，做好老年人权益和服务工作。

第四条 全社会应当广泛开展敬老、养老宣传教育活动，树立尊重、关心、帮助老年人的社会风尚。广播、电影、电视、报刊等应当反映老年人的生活，开展维护老年人合法权益的宣传。青少年组织、学校和幼儿园应当对青少年和儿童进行敬老、养老的道德教育和法制教育。

第五条 每年农历九月初九为本省老年节。

第六条 各级人民政府领导老年人权益保障工作。各级人民政府老龄工作机构负责组织实施有关老年人权益保障的法律、法规，检查、监督、协调有关部门和组织做好老年人权益保障和服务工作。县级以上人民政府老龄工作机构办公室设在同级人民政府民政部门，并负责处理老龄工作日常事务。

第七条 各级人民政府应当制定老龄事业发展规划，并将其纳入当地国民社会发展计划，逐步增加对老龄事业的投入，使老龄事业与社会、政治、经济、文化等协调发展。

第八条 全社会都应重视、珍惜老年人的知识、技能和经验。各级人民政府应当鼓励老年人从事关心教育下一代、传授科学文化知识、开展咨询服务、参与社会公益事业和社会精神文明建设等活动。

第九条 各级人民政府应当根据当地经济、社会发展水平和实际需要，兴办老年学校、老年福利院、敬老院、托老所、老年公寓以及老年医疗康复中心、老年文化体育活动场所等老年福利、服务设施；鼓励、引导、扶持社会组织和个人兴办老年福利、服务设施。

第十条 各级人民政府和社会组织及个人兴办老年福利、服务设施，按照国家有关规定减免税费。非营利性的老年福利、服务设施等老龄公益事业使用国有土地，依法经县级以上人民政府批准,可以以划拨方式取得。享受减免税费等优惠条件兴建的老年福利、服务设施,不得擅自改变性质和用途。

第十一条　国家机关或者其他组织使用国有资金兴建的老年福利、服务设施,应当逐步向全社会老年人开放。

第十二条　鼓励社会组织和个人资助老龄事业。福利彩票的福利金、体育彩票的公益金,应当有一定比例用于发展老龄事业。

第十三条　社区组织应当建立社区老年管理与服务体系,完善其为老年人服务的功能;组织开展各种形式的养老、助老活动和老年人自我服务活动;组织开展老年文化、体育活动。

第十四条　新建或者改建城市居住区,应当按照《中华人民共和国国家标准城市居住区规划设计规范》和《老年人建筑设计规范》等规定,建设适合老年人生活、活动的配套设施。已建成的居住区,没有老年人生活、活动配套设施的,应当逐步补建或者利用闲置的设施改建。

第十五条　老年人的养老主要依靠家庭,家庭成员应当关心和照料老年人,保障老年人的身心健康。赡养人应当履行对老年人经济供养、生活照料、疾病医治、精神慰藉的义务,保障老年人的生活水平不低于家庭成员的平均水平。老年人生活不能自理的,由赡养人及赡养人家庭中有护理能力的成员护理,或者由赡养人支付费用雇佣他人护理。赡养人不得强行将老年人与其配偶分开生活。

第十六条　老年人有选择养老方式的权利。赡养人之间可以就履行赡养义务签订协议,并征得老年人同意。赡养协议不得损害老年人的合法权益。老年人居住地所在的村民委员会、居民委员会或者赡养人所在的单位和组织监督协议的履行。

第十七条　老年人的财产依法由老年人自主支配。老年人的子女或其他亲属不得侵占、骗取老年人的财产。任何组织和个人不得以老年人婚姻关系变化为理由,强占、分割老年人的财产或者限制老年人对自有财产的使用和处分。赡养人不得强行换住老年人的住房。任何组织和个人不得非法改变老年人自有住房的产权关系。

第十八条　老年人的婚姻自由受法律保护。赡养人及其他亲属不得以任何方式干涉老年人离婚、再婚以及老年人离婚、再婚后的生活。提倡老年人对再婚前个人财产进行公证。赡养人不得以声明放弃继承权或者以老年人婚姻关系变化为理由不履行赡养义务。

第十九条　对无劳动能力、无生活来源、无赡养人和抚养人,或者其赡养人、抚养人确无赡养、抚养能力的老年人,户口在农村的,由农村集体经济组织负担保吃、保穿、保住、保医、保葬的五保供养;户口在城市的,作为城市居民最低生活保障对象,由其户口所在地县级人民政府发给生活保障费,或者由政府兴办的老年福利机构供养。

第二十条　提倡组织和个人资助或扶养孤寡、贫困老年人。鼓励和支持社会志愿者为老年人服务。

第二十一条 老年人不承担集体劳务和社会集资。农村老年人丧失承包经营能力，要求变更或者解除农业承包合同的，农村集体经济组织应予办理。

第二十二条 老年人随赡养人异地居住的，可以将户口关系迁入赡养人户口所在地，公安机关应当按规定给予办理户口迁移手续。

第二十三条 对百岁以上的老年人，所在地县级人民政府应当按月发给不低于100元的长寿保健费；并指定非营利性医疗机构每年至少提供一次免费保健服务。

第二十四条 老年人依法享有的养老保险金和其他待遇应当优先保障，不得拖欠、克扣和挪用养老保险金，不得降低标准。

第二十五条 制定和实施医陪保险制度，应当保障老年人的基本医陪需求。社会医疗保险机构或者其他组织按照有关规定承担的老年人医疗费，应当优先支付。农村老年人参加合作医疗等形式的医疗保障，村民委员会应当给予照顾；有条件的地方，老年人可以免交合作医疗费。

第二十六条 各级医陪卫生机构应当开展多种形式的老年医疗保健服务，增加社区老年医疗保健设施，发展家庭病床，采取定点、巡回、上门服务等多种形式，为老年人提供预防、医疗保健、护理、康复和心理咨询等服务。

第二十七条 老年人合法权益受到侵害提起诉讼，交纳诉讼费确有困难的，人民法院给予缓交、减交或者免交的优待。

第二十八条 公证处、律师事务所和其他法律服务机构应当免费提供有关维护老年人合法权益方面的法律咨询。对需要获得法律服务帮助但又无力支付法律服务费用的老年人，法律援助机构应当按照有关规定提供法律援助。

第二十九条 老年人持《安徽省老年人优待证》或居民身份证，可以享受下列优待：（一）免费进入公园、博物馆、纪念馆、纪念性陵园、开放文物点、美术馆、科技馆、文化宫等场所；（二）优先购买车船票、飞机票，优先上下车船、飞机，优先托运行李、物品；（三）在各类医疗机构优先就诊、化验、检查、交费、取药，需要住院治疗的，优先安排床位；（四）免费使用收费公共厕所；（五）70周岁以上的本省老年人免费乘坐城市市内公共汽车，免费进入风景名胜区，在医疗机构就诊免收普通门诊挂号费；（六）法律、法规规定的其他优待。依照前款规定，应当为老年人提供优待服务的场所，须挂牌明示优待服务内容。车站、码头、机场、医疗机构应当设立老年人优待服务窗口。

第三十条 "安徽省老年人优待证"由省人民政府老龄工作机构监制。本省60周岁以上的公民可以向县级以上人民政府老龄工作机构申请领取《安徽省老年人优待证》。农村老年人领取优待证，由乡、镇统一办理。

第三十一条 老年人的合法权益受到侵害时，老年人或者其代理人有权要求村民委员会、居民委员会、乡（镇）人民政府、街道办事处、老龄工作机构、公安机关以及其他有关部门处理，或者依法向人民法院提起诉讼。人民法院和有关部门，对侵犯老年人合法权益的申诉、控告和检举，应当依法及时受理，不得推诿、拖延。

第三十二条　对不履行赡养、扶养老年人义务的，侵害老年人合法权益的家庭成员，有关部门和组织应当给予批评教育，责令改正；对拒不改正的，可以支持和协助老年人或其代理人向人民法院提起诉讼。

第三十三条　不履行保护老年人合法权益职责的部门或者组织，由其上级主管部门、老龄工作机构责令改正。国家工作人员不履行规定的职责，致使老年人合法权益受到损害的，由其所在单位、组织或者上级机关责令改正，情节严重的，依法给予行政处分。

第三十四条　违反本办法规定，拒绝向老年人提供优待服务的，由其主管部门责令改正；拒不改正的，老龄工作机构可以建议有关主管部门追究直接负责的主管人员和其他直接责任人员的责任。

第三十五条　各级人民政府对保护老年人合法权益和开展敬老、养老活动中做出显著成绩的单位、家庭和个人，应当给予表彰和奖励。

第三十六条　县级以上人民政府可以依照本办法的规定，结合经济和社会发展实际，制定优待老年人的具体规定，逐步扩大优待范围。

第三十七条　本办法自 2001 年 10 月 1 日起施行，1991 年 12 月 23 日安徽省人民代表大会常务委员会公布的《安徽省保护老年人合法权益的规定》同时废止。

安徽省地名管理办法

（省政府令第135号2001年8月21日发布）

第一章 总 则

第一条 为了加强对地名的管理，实现地名的标准化、规范化，适应社会主义现代化建设和国际交往的需要，根据国务院颁布的《地名管理条例》（以下简称《条例》），结合我省实际，制定本办法。

第二条 本办法所称地名是指：

（一）省、市、县（含县级市、市辖区，下同）、乡、民族乡、镇等行政区划名称，街道办事处和居民委员会、村民委员会名称；

（二）自然村（集镇）和城镇内的居民区名称；

（三）城镇内的街、路、巷、楼（含门牌号码，下同）、广场、立交桥和具有地名意义的单位、建筑物名称；

（四）山（峰、岭、岗、关隘……）、河、湖、溪、沟、泉、滩、洞、潭、谷、岛、礁、矶、洲、平原、山地、丘陵、盆地等自然地理实体名称；

（五）开发区、保税区、示范区、农场、林场、牧场、盐场、油田、矿山等名称；

（六）机场、港口、铁路（线、站）、公路、桥梁、隧道、船闸、交通站点等具有地名意义的名称；

（七）水库、灌区、堤防、闸坝、发电站等具有地名意义的名称；

（八）公园、自然保护区、风景名胜区、纪念地等名称。

第三条 对地名实行统一管理、分级负责的制度。县级以上人民政府民政部门主管本行政区的地名管理工作，其主要职责是：

（一）贯彻执行有关地名的法律、法规和规章；

（二）制定并组织实施本行政区地名工作规划；

（三）推行地名的标准化、规范化；

（四）审核、承办本行政区地名的命名、更名；

（五）组织编纂地名图书资料；

（六）监督地名的使用，对地图、牌匾中的地名实施审查；

（七）收集、整理、鉴定、保管地名档案；

（八）组织地名科学研究。公安、建设、规划、交通、工商行政管理、旅游、邮政、通信、水利等部门应配合民政部门做好地名管理的有关工作。

第四条　实行地名申请、登记、审核、批准、公告制度。

第五条　使用标准地名,保护地名标志是每个单位和公民应尽的义务。

第二章　地名的命名、更名

第六条　地名的命名应遵循下列原则:

(一)有利于国家统一、主权和领土完整,有利于人民团结;

(二)反映当地人文、自然地理特征;

(三)一般不用人名作地名。禁止用外国人名、地名命名地名;

(四)在全国范围内市、县名称,一个县内乡、镇、街道办事处名称,一个乡、镇内自然村(集镇)名称,不应重名,并应避免同音;

(五)一个城镇内的街、路、巷、居民区、广场名称,具有地名意义的单位和建筑物名称不应重名,并应避免同音;

(六)各专业部门使用的台、站、港、场、桥、渡口等名称一般应与当地地名一致;

(七)地名用字避免使用生僻字、同音字和字形、字音易混淆的字;

(八)新建的城镇街、路、巷、居民区应按照层次化、序列化、规范化的要求予以命名。

第七条　地名的更名应遵循下列原则:

(一)凡有损我国领土主权和民族尊严的,带有民族歧视性质和妨碍民族团结的,违反国家方针、政策、法律、法规的,带有侮辱劳动人民性质和极端不文明、不健康、庸俗的地名,必须更名。

(二)不符合本办法第六条第三项至第七项规定的地名,应予以更名。

(三)一地多名,一名多写的,应当确定一个统一的名称和用字。

(四)不属于上述范围的,可改可不改的和当地群众不同意改的地名,不予更改。

第八条　行政区划名称的命名、更名,按照国务院《关于行政区划管理的规定》办理。其审批权限和程序如下:

(一)县及县以上行政区划的命名、更名,由县级以上人民政府提出,逐级上报,经省人民政府同意后,报国务院审批;

(二)乡、民族乡、镇和不设区的市的街道办事处的命名、更名,由乡、民族乡、镇人民政府和街道办事处提出,逐级上报省人民政府审批;设区的市的街道办事处的命名、更名,由设区的市人民政府审批,报省人民政府备案;

(三)居民委员会、村民委员会和自然村(集镇)的命名、更名,由其所在的乡、民族乡、镇人民政府或街道办事处提出申请,报市、县人民政府审批,抄上一级民政部门备案。

第九条　城镇内街、路、巷、居民区、楼、广场和具有地名意义的单位、建筑物的命名、更名,由所在地地名主管部门提出方案,报市、县人民政府审批,并抄上一级民政部门备案。

第十条 跨市、县的自然地理实体命名、更名，分别由省、市民政部门提出申请，报本级人民政府批准。国内外著名的或涉及邻省的自然地理实体命名、更名，按国家有关规定执行。

第十一条 本办法第二条第五项至第八项规定的具有地名意义名称的命名、更名，由其主管部门负责承办，但应事先征求所在地县级以上地名管理部门同意，报其上级主管部门审批。

第十二条 因行政区划变更、城镇改造、工程建设等原因消失的地名应予废止。废止的地名，由县级以上人民政府予以公告。

第三章 地名的使用和管理

第十三条 县级以上人民政府应当将批准的标准地名及时向社会公告。

第十四条 县级以上人民政府民政部门负责编纂本行政区标准地名出版物，其他部门不得编纂。

第十五条 机关、团体、企业、事业单位和其他组织，在公告、文件、证件、广播和电视节目、报刊、教材、广告、牌匾、商标、地图等方面使用的地名，除特殊需要外，均应使用标准地名（包括规范化译名）。

第十六条 城镇的街、路、巷、居民区、楼、自然村（集镇）、桥梁、纪念地、风景名胜区、台、站、港、场等必须设置地名标志。一定区域内的同类地名标志应当统一。

第十七条 地名标志中地名的书（拼）写形式及地名标志的设置，必须符合国家规定的标准。

第十八条 地名标志的设置和管理费用，可采取受益单位出资、工程预算列支、同级财政拨款等方式筹措。

第十九条 县级以上人民政府民政部门负责收集、整理、鉴定、保管地名档案，保证地名档案安全、完整。在业务上接受同级档案行政管理部门的监督、指导。

第四章 奖励与处罚

第二十条 对推广使用标准地名及保护、管理地名标志成绩显著的单位和个人，各级人民政府或有关部门应予以表彰、奖励。

第二十一条 擅自对地名命名、更名的，县级以上人民政府应责令其改正。

第二十二条 偷窃、损毁或擅自移动、更改地名标志的，责令恢复原状，违反《中华人民共和国治安管理处罚条例》规定的，由公安机关予以处罚；构成犯罪的，由司法机关依法追究刑事责任。造成损失的，应当赔偿损失。

第五章 附 则

第二十三条 本办法具体应用中的问题由省民政部门负责解释。

第二十四条 本办法自 2001 年 10 月 1 日起施行。

1990 年 2 月 24 日省人民政府发布的《安徽省地名管理办法》同时废止。

安徽省财政厅、省民政厅关于印发《安徽省救灾资金专户管理暂行办法》的通知

财社〔2001〕952号2001年10月9日

各市、县(市、区)财政局、民政局:

现将《安徽省救灾资金专户管理暂行办法》印发给你们,请遵照执行。

安徽省救灾资金专户管理暂行办法

第一条 救灾资金是用于灾区群众生活困难救助的专项资金。为确保救灾资金及时足额拨付到位,根据《安徽省救灾款使用管理暂行办法》第十四条规定,制定本办法。

第二条 县(市、区)、乡(镇)财政部门要设立救灾资金专户,实行专项拨付、专户管理,并且实行报账制。

第三条 纳入财政救灾资金专户的救灾资金,包括中央下拨的特大自然灾害救济补助费、特大自然灾害灾后重建补助费、地方各级政府安排的自然灾害救济事业费(含动支预备费安排用于救灾的资金)、上年结转的救灾资金和其他纳入救灾专户用于救灾的资金。

第四条 各级民政部门根据灾情提出救灾资金的初步分配意见,会商财政部门后,报同级人民政府批准执行。救灾资金专项用于:解决灾民因灾无力克服的衣、食、住、医等生活困难;紧急抢救、转移和安置灾民;灾民倒房恢复重建;加工及储运救灾物资。

第五条 救灾专户资金要按规定及时足额拨付,不得截留或挪用。因特殊情况形成年终结余的,结转下年度继续使用。

第六条 财政救灾资金专户内的资金属于专项资金,只能用于救灾,不得发生超出救灾款使用范围以外的其他支出项目,不得从财政救灾资金专户中扣还各种借款,不得用财政救灾资金专户内资金抵缴税款,不得以任何理由冻结财政救灾资金专户。财政救灾资金专户的利息收入,年终全部上缴国库。

第七条 市、县(市、区)两级的救灾资金,由省财政通过资金调拨的方式下达到市、县(市、区)金库;县(市、区)、乡(镇)政府在收到救灾资金后,应将上级政府拨付的救灾款及时划入财政部门设置的救灾资金专户,县(市、区)、乡(镇)政府安排的自然灾害救济事业费,由县(市、区)、乡(镇)财政部门根据灾情和进度直接拨入本级的救灾资金专户。

第八条 财政救灾资金专户按照《行政单位会计制度》采用借贷记账法进行核算。

（1）县（市、区）、乡（镇）财政部门将救灾资金拨入财政救灾资金专户时，其会计分录为：

借：银行存款

贷：拨入经费——上级拨入救灾款

——本级拨入救灾款接受捐赠时，其会计分录为：

借：银行存款或现金

贷：其他收入

——救灾款捐赠收入

（2）县（市、区）、乡（镇）财政救灾资金专户根据有关救灾款支付的文件规定发生支出时，其会计分录为：

借：经费支出——救灾支出

贷：银行存款或现金

（3）县（市、区）、乡（镇）财政救灾资金专户发生利息收入时，其会计分录为：

借：银行存款

贷：其他收入——利息收入年终利息收入上缴国库时：

借：其他收入——利息收入

贷：银行存款

（4）县（市、区）、乡（镇）财政救灾资金专户年终结账时，其会计分录为：

借：拨入经费——上级拨入救灾款

——本级拨入救灾款

其他收入——救灾款捐赠收入贷：结余

借：结余

贷：经费支出——救灾支出第九条各级财政、民政部门要定期审核财政救灾专户资金的到位、使用和结余情况，在共同签注审核意见后，于每年的3月、5月、10月的5日前分别报上级财政和民政部门。

第十条　各级财政、民政部门要接受审计、监察等部门的监督检查。对专户管理工作成绩突出的单位和个人，要给予表彰；对专户管理不善的单位和个人，视情节依法追究有关人员的责任。

第十一条　本办法自公布之日起执行。

安徽省人民政府办公厅关于印发《安徽省城镇退役士兵安置任务有偿转移管理暂行办法》的通知

皖政办〔2001〕86号 2001年11月19日

各市、县人民政府，省政府各部门、各直属机构：

省委、省政府同意《安徽省城镇退役士兵安置有偿转移管理暂行办法》，现印发给你们，请结合实际，认真贯彻执行。

安徽省城镇退役士兵安置任务有偿转移管理暂行办法

一、为进一步做好社会主义市场经济体制下退役士兵安置工作，拓宽安置渠道，保证退役士兵得到妥善安置，根据《中华人民共和国兵役法》和国家现行的安置政策，结合我省实际，制定本办法。

二、安置任务有偿转移，是指各接收单位执行当地人民政府依据国防义务"均衡负担"原则确定的退役士兵指令性安置计划，因受客观条件限制，确实难以落实，而自愿以提供经济补偿形式履行其所承担的安置义务。

三、安置任务有偿转移，适用于有接收退役士兵指令性安置任务的我省境内的机关、团体、企业和事业单位。

四、有安置任务的单位自愿实行安置任务有偿转移，应在接到退役士兵安置计划20日内，向当地安置主管部门提出书面申请，填写《退役士兵安置任务有偿转移申报审批表》(略)，经当地安置部门审核并报同级人民政府退役士兵安置领导小组审批后实施。

五、安置任务有偿转移补偿标准，原则上每少接收一名退役士兵，按当地上年度城镇职工年平均工资的5～6倍缴纳。企业交纳的有偿转移金，可在企业管理费中列支，机关、团体和事业单位交纳的有偿转移金自筹解决。

六、各级人民政府要建立退役士兵安置保障资金制度。安置保障资金的来源为：各级人民政府安排的专项资金；安置任务有偿转移资金；通过其它合法渠道筹集的资金。经批准自愿实施安置任务有偿转移的单位，在收到当地人民政府安置部门签发的《退役士兵安置任务有偿转移缴款通知书》(略)后，将有偿转移资金一次性划拨到指定的安置保障专项资金帐户。安置保障资金纳入财政预算外资金管理，由安置部门专项用于自谋职业退役士兵的一次性补偿和奖励超计划接收退役士兵的单位。安置保障资金收支使用省财政部门统一印制的票据,并接受同级财政部门和审计部门的监督检查。

七、自愿自谋职业的城镇退役士兵,可以书面形式向当地县级以上人民政府安置部门提出申请,填写《安徽省城镇退役士兵自谋职业申请表》(略),经受理申请的安置部门批准后发给一次性经济补助金。一次性经济补助金的发放标准为:服役期为2年的,发给数额为当地上年度城镇职工年平均工资2倍的补助金;服役期每增加1年,增发当地上年度城镇职工年平均工资40%的补助金;服役期为10年以上的,发给数额为当地上年度城镇职工年平均工资5倍的补助金。服役期间有立功表现的,增发一次性经济补助金,其标准为:荣立个人一等功(含一等功)以上的,增发以上述方法计算的补助金数额50%的补助金;荣立个人二等功的,增发30%补助金,荣立个人三等功的,增发10%补助金。

申请自谋职业的退役士兵领取一次性经济补助金后,由当地人民政府安置部门发给"退役士兵自谋职业证书",其个人档案由落户地人民政府安置部门交当地劳动保障部门所属的职业介绍机构免费保管3年,以后实行有偿保管。

城镇退役士兵自谋职业,享受国家、省和当地人民政府规定的有关优惠政策。二、三等伤残军人退役后自谋职业的,由当地人民政府按照国家规定的在职退役伤残军人的抚恤标准发给保健金。

八、本办法自发布之日起施行,由省民政厅负责解释。各市政府可依据本办法制定具体实施意见。

中共安徽省委办公厅、省人民政府办公厅关于全面推进城市社区建设的意见

皖办发〔2001〕21号 2001年12月14日

大力推进城市社区建设,对于促进经济和社会协调发展,提高人民生活水平和生活质量,扩大基层民主,维护社会稳定,推动城市改革和发展,具有十分重要的意义。根据《中共中央办公厅、国务院办公厅关于转发〈民政部关于在全国推进城市社区建设的意见〉的通知》(中办发〔2000〕23号)精神,结合我省实际,现就全面推进城市社区建设提出以下意见。

一、城市社区建设的指导思想、基本原则和主要目标

城市社区建设的指导思想是:以邓小平理论和“三个代表”重要思想为指导,以社区党组织和群众性自治组织建设为重点,以发展社区服务为龙头,改革城市基层管理体制,强化社区功能,扩大基层民主,密切党群关系,维护社会政治稳定,促进城市经济和社会的协调发展。

城市社区建设的基本原则是:

(1)以人为本、服务居民。把服务社区居民作为社区建设的出发点和落脚点,不断满足社区居民的社会需求,提高居民的生活质量和文明程度。

(2)资源共享、共驻共建。充分调动社区内一切社会力量参与社区建设,实现社区资源共有、共享,营造共驻社区、共建社区的良好氛围。

(3)责权统一、管理有序。改革城市基层社会管理体制,建立健全社区组织,明确社区组织的职责和权利,改进社区管理与服务。

(4)扩大民主、居民自治。按照地域性、认同感等社区构成要素科学合理划分社区;在社区内实行民主选举、民主决策、民主管理、民主监督,逐步实现社区居民自我管理、自我教育、自我服务、自我监督。

(5)因地制宜、循序渐进。一切从实际出发,突出本地特色,从居民关注的热点、难点问题入手,有计划、有步骤地推进社区建设。城市社区建设的主要目标是:

适应城市现代化的要求,加强社区党的组织和社区居民自治组织建设,建立起以地域性为特征、以认同感为纽带的新型社区,构建新的社区组织体系。以拓展社区服务为龙头,不断丰富社区建设内容,增加服务项目,促进社区服务社会化、产业化和网络化,不断提高居民生活质量,满足人民群众日益增长的物质文化需求。理顺社区关系,力争

通过几年的努力，逐步建立与社会主义市场经济体制相适应的“便于管理、有利自治、条块结合、以块为主”的城市社区管理体制，基本形成功能完善、服务规范的工作运行机制。坚持政府指导和社会共同参与相结合，充分发挥社区力量，合理配置社区资源，大力发展社区事业，不断提高居民的素质和社区的文明程度，努力建设环境舒适优美、管理规范有序、服务设施配套、人际关系和谐、社会治安良好的现代化社区。

二、城市社区建设的主要内容

（一）社区服务。社区服务是社区建设重点发展的项目，是社会保障体系和社会化服务体系的重要方面，也是安置下岗职工再就业、拓展第三产业的一个新的经济增长点。

推进社区服务总的要求是：深化改革，健全网络，拓展服务，规范管理，加快发展。社区服务主要开展面向老年人、残疾人、儿童、社会贫困户、优抚对象的社会救助和福利服务，面向社区居民的家政、维修、治安、环卫、婚丧、文化、教育、体育、计划生育等便民利民服务，面向社区单位的社会化服务，面向下岗职工的再就业服务和社会保障社会化服务。要继续贯彻落实国家对发展社区服务的各项扶持政策和省人民政府《关于加快发展社区服务业的意见》（皖政〔2003〕34 号）精神。重点抓好区、街道办事处社区服务中心和社区居委会社区服务站的建设与管理，逐步建立起以市、区、街道、居委会四级社区服务中心（站）为载体的服务网络，不断完善街道办事处、社区居委会的服务功能，逐步实现管理、协调、服务一体化。要从实际出发，研究制定符合当地实际的优惠政策，在资金投入、税收、设施建设等方面给予扶持。“十五”期间，省每年将从社区服务示范区中选择若干社区服务项目列入全省三产发展计划，择优给予资金扶持，并安排一定数量的财政专项资金，以“以奖代补”的形式对社区服务工作开展比较好的市、区予以支持。各市、区政府也要将社区服务基础设施建设作为财政重点投入项目予以统筹考虑。要坚持社会化、产业化的方向，引入市场机制，大力发展各类社区服务设施网点，拓宽服务领域，扩大服务范围，把发展社区服务业与产业结构调整、安置下岗职工、城市建设与推进物业管理等结合起来，统筹规划，使社区服务在改善居民生活、扩大就业、建立社会保障社会化服务体系等方面发挥更加积极的作用。

（二）社区卫生。认真落实卫生部、民政部等十部委联合下发的《关于发展城市社区卫生服务的若干意见》（卫基妇发〔2003〕第 326 号），把城市卫生工作的重点放到社区，积极开展以疾病预防、保健、医疗、康复、健康教育为主要内容的社区卫生服务。逐步建立较完善的社区卫生服务网络，增加社区老年、妇女儿童和残疾人的医疗保健设施，开办家庭病床、定点服务项目，促进医疗服务向社区医院和居民家庭延伸，改善社区居民的医疗卫生条件。

（三）社区计划生育。积极宣传贯彻党和国家有关人口与计划生育的方针政策和法律法规，普及计划生育、生殖保健方面的科学知识，为社区育龄群众提供优生优育、避孕节育、生殖保健等服务。做好流动人口、下岗职工、无业人员中育龄群众的计划生育管理与服务。

(四)社区文化。积极发展社区文化事业,加强思想文化阵地建设,不断完善图书馆、文化馆、体育活动场所等公益性群众文化体育设施,建设和发展街道文化站网络。充分利用社区现有设施,创造条件,组织群众开展丰富多彩、健康有益的文化、体育、科普、教育、娱乐等活动。加强对社区成员的社会主义教育、政治思想教育和科学文化教育,不断提高居民群众的思想道德水平、文化素质和文明程度,倡导科学、文明、健康的生活方式,形成健康向上、文明和谐的社区文化氛围。

(五)社区环境。努力做好社区的环境保护工作,绿化、净化、美化、亮化社区。提高社区居民的环境保护意识,赋予社区居民对社区环境建设的知情权、参与权、监督权。不断改善社区的卫生条件和生活环境,建设干净、整洁、优美的社区。

(六)社区治安。建立社会治安综合治理网络,按照“一区(社区)一警”的模式调整民警责任区,设立社区警务室,逐步实现按社区实有人口每2500人左右配备一名民警,健全社会治安防范体系,实行群防群治;建立社区治保会,在社区警务室的指导下,开展治安防范工作;组织开展经常性、群众性的法制教育,加强对刑释解教人员的安置帮教和流动人口的管理教育,及时消除各种不稳定因素,努力达到秩序好、发案少、群众满意的要求,为居民、驻区单位创造稳定安全的生活和工作环境。

三、科学划定社区,建立新型社区组织

(一)科学划定社区。社区是聚居在一个地域范围内的人们所组成的社会生活共同体。目前城市社区的范围,一般是经过社区体制改革后作了规模调整的居民委员会辖区。各地要按照便于服务管理、便于社区资源开发、便于社区居民自治的原则,考虑地域性、认同感等社区构成要素,对原有街道办事处、居民委员会所辖区域作适当调整或合并,以调整或合并后的居民委员会辖区作为社区地域,并冠名社区。新的社区可以是按居民居住自然地域划分的“板块型社区”,也可是以封闭型居民小区为单位的“小区型社区”,还可是以职工家属聚集区为主体的“单位型社区”等。

(二)建立新型社区组织。社区组织包括社区党组织、社区居民代表大会、社区居民委员会、社区议事委员会,任期均为3年。

1. 社区党组织。根据《中国共产党章程》的有关规定,结合社区党员的分布情况,在社区建立党的基层组织。社区党组织是社区组织的领导核心,在街道党组织的领导下开展工作。其主要职责是:宣传贯彻党的路线、方针、政策和国家的法律法规,团结、组织党员和居民群众完成本社区所担负的各项任务;加强党组织自身建设,搞好党员的教育、管理和监督,做好发展党员工作,发挥党员在街道、社区工作中的先锋模范作用;支持和保证居民委员会依法自治,履行职责;按照街道党委的要求,做好居民区干部的教育、培训、考核和监督工作;密切联系群众,反映群众的意见和要求;搞好精神文明建设,加强社区思想政治工作,教育居民遵纪守法,保证和促进辖区的经济发展和社会稳定。根据属地管理原则,凡暂住人口中的党员、无工作单位人员中的党员、尚未就业学生中的党员、退伍军人中的党员、异地安置的离退休人员中的党员和民办非企业单位中的党员，其组织关系均转入所在社区党组织，并逐步实现离退休人员中的党员属地管理。

2. 社区居民代表大会。社区居民代表大会是社区的决策机构，一般由50—100名社区居民代表组成。社区居民代表由本社区居民和驻社区单位依照规定程序推选产生。社区居民代表大会每年不少于两次，由社区居民委员会主持召开。其主要职责是：选举产生社区居民委员会；听取和审议社区居民委员会年度工作报告和下一年工作计划；评议社区居民委员会成员，对不称职的成员进行罢免；讨论决定社区建设重大事项；反馈居民意见和建议。

3. 社区居民委员会。社区居民委员会是社区的办事机构，其成员一般由3～9人组成，也可按每200至300户配一名，实行专职制，经社区居民代表大会选举产生。根据需要，社区居民委员会可设立人民调解、治安保卫、社区保障、公共卫生、计划生育、妇女工作等专门委员会。社区居民委员会是社区的主体组织，按照自我管理、自我教育、自我服务、自我监督的自治原则管理社区内的公共事务。对社区中介组织、社区志愿者组织以及其他社区组织负有综合指导、协调和监督的责任。其主要职责是：在当地政府和街道办事处的指导下，落实社区居民代表大会的决定和决议，做好社区服务、社区卫生、社区计划生育、社区文化、社区环境、社区治安等日常管理工作；引导和组织社区居民共建文明社区，开展创建文明小区、文明楼院、五好文明家庭等活动。社区居民委员会要向社区居民代表大会负责并报告工作，自觉接受社区党组织的领导。

4. 社区议事委员会。社区议事委员会是社区居民代表大会闭会期间的常设民主议事机构。其成员按管辖规模设若干名，由辖区知名人士、人大代表、政协委员、居民代表、离退休老同志组成。其主要职责是：讨论涉及社区公共利益的重大事项，对社区居民委员会及社区其他工作机构的工作进行监督和评议，提出意见和建议。

（三）理顺社区关系。改革社区管理体制，逐步建立起条块结合、以块为主的城市社区管理新体制。一是要正确处理城市基层政权机关与社区居民委员会的关系。区政府和街道办事处，要切实转变职能，转变工作方式和工作作风。当前重点是解决好简政放权、重心下移问题。社区居民委员会既要坚持社区居民自治组织的性质，又要自觉接受区政府和街道办事处的指导，积极协助城市基层政权机关做好工作。二是要正确处理依法办事与社区居民自治的关系。社区居民自治是党领导下的依法自治。社区居民委员会制订章程、处理事务，既要体现和满足社区居民的意愿，又必须符合国家的法律法规，自觉接受党的领导，执行党的各项政策和决定。三是要正确处理社区内部的各种关系。社区居民委员会要协调处理好与各种服务组织和驻社区各单位的关系，充分调动他们参与社区建设的积极性，优化配置社区资源，实现资源共享，共驻共建。

四、加强社区居民委员会建设

（一）进一步改善社区居民委员会基础设施建设。凡新建、改建居住区的建设单位，要将社区居民委员会办公用房和公共配套设施纳入居住区详细规划，规划设计方案，应征求区有关部门或街道办事处的意见。住户在1500户以下的应有使用面积不少于50平方米的办公用房，住户在1500户以上的根据实际需要可以适当增加。工程竣工后，建设单位要将社区居民委员会办公用房无偿交给所在地的区政府或街道办事处，社区居民委员会建立后移交给社区居民委员会使用，任何组织和个人不得侵占。凡因各类建设需要拆迁的社区居民委员会办公用房，由建设单位按照拆一还一的原则重建。社区居民委员会规模调整与合并后腾出的办公用房和服务用房，要用于开展社区服务，不得挪作它用。市、区政府要保证社区居民委员会的办公经费，确保工作的正常开展。

（二）提高社区居民委员会成员的生活待遇。各级政府要从实际出发，切实解决社区居民委员会成员生活补贴过低的问题，保障他们的收入不低于当地企事业单位职工收入的平均水平。对无固定收入的离任老社区居民委员会成员，按从事居委会工作年限，每月或一次性酌情给予生活补贴。逐步将未参保的社区居民委员会成员按规定纳入当地养老保险社会统筹，以解决他们的后顾之忧。

（三）调整社区居民委员会人员结构。社区居民委员会要采取向社会公开选聘、民主选举、竞争上岗等办法，把年轻、政治素质好、文化程度高、热心为居民服务的同志选聘到社区居民委员会工作。要拓宽社区居民委员会成员选聘渠道，把社区居民委员会成员的选聘与下岗职工的再就业和大中专毕业生的就业结合起来，努力建设一支专业化、知识化、年轻化的社区居民委员会工作者队伍。要加强对社区居民委员会成员的培训，提高他们的政治素质和业务能力。

五、加强组织领导，形成社区建设整体合力

（一）各级党委、政府要高度重视社区建设，切实加强领导，做到认识到位，工作到位，职责到位。主要领导要亲自过问，分管领导要切实负起责任，将工作落到实处。尤其是市、区党委、政府，要把社区建设列入重要议事日程，经常研究解决社区建设工作中的重大问题；建立社区建设的财力保障机制，加大对社区建设的资金投入。要把社区建设纳入当地经济和社会发展总体规划，制定社区建设五年规划和年度实施计划。要建立党委和政府领导、民政部门牵头、有关部门配合、社区居民委员会主办、社会力量支持、群众广泛参与的社区建设工作运行机制。市、区要成立由党、政领导及各有关部门负责同志参加的社区建设工作领导小组，统一领导和组织协调本地的社区建设。领导小组办公室设在民政部门，负责社区建设的日常工作。

（二）各级民政部门要认真履行职责，积极发挥职能作用。特别是市、区民政部门要把社区建设作为民政工作的重点。要深入调查研究，当好党委、政府的参谋，做好有关部门、单位的协调工作。要及时反映和帮助解决社区建设中的问题和困难，总结推广先进经验，抓好社区建设示范活动，树立典型，表彰先进。要加强督促检查，加大推进社区建设的工作力度，促进城市经济和社会的全面发展。

（三）各有关部门要明确职责，相互配合，为社区建设创造良好的工作环境。要坚持政府指导和社会参与相结合的原则，充分发挥工会、共青团、妇联、残联以及老龄等组织的作用，广泛动员驻社区的机关、团体、部队、企事业单位的力量，共同参与和推动社区建设。

安徽省城市居民最低生活保障实施办法

（省政府令第 144 号 2002 年 4 月 26 日发布）

第一章　总　则

第一条　为了规范城市居民最低生活保障制度，保障城市居民基本生活，根据国务院《城市居民最低生活保障条例》（以下简称《条例》），结合本省实际，制定本办法。

第二条　本省行政区域内持有非农业户口的城市居民，以及远离城市的军工、矿山企业的非农业人口，凡共同生活的家庭成员人均收入低于当地城市居民最低生活保障标准的，均有权获得本办法规定的城市居民最低生活保障待遇。

第三条　实施城市居民最低生活保障制度，遵循保障城市居民基本生活的原则，坚持国家保障与社会帮扶相结合、鼓励劳动自救的方针，实行属地管理。

第四条　城市居民最低生活保障工作实行各级人民政府负责制。县级以上人民政府民政部门负责本行政区域内城市居民最低生活保障的管理工作。财政部门按照规定落实城市居民最低生活保障资金。统计、物价、审计、劳动保障、人事等部门按照各自职责做好城市居民最低生活保障的有关工作。工商行政管理、税务、教育、卫生、建设等部门对保障对象在就业、个体经营、义务教育、医疗、住房等方面给以必要的扶持和照顾。

第五条　县级人民政府民政部门以及街道办事处和镇人民政府（以下统称管理机关，承担管理审批工作）负责城市居民最低生活保障的具体管理审批工作。居民（社区）委员会受管理机关的委托，负责辖区内城市居民最低生活保障申请受理、调查核实、民主评议、汇总上报等日常管理、服务工作。

第六条　城市居民最低生活保障标准，由市、县人民政府依照《条例》第六条　规定合理确定。

第七条　城市居民最低生活保障所需资金，由各级人民政府列入财政预算，纳入财政社会保障补助资金专户，实行专项管理，专款专用。民政部门根据本年度核定的保障对象所需资金向同级财政部门提出下一年度的城市居民最低生活保障资金支出计划，经财政部门审核后纳入财政预算。财政部门应当按照核准的支出预算据实拨付，保证使用。省级财政根据各地财政状况、投入情况和最低生活保障任务，通过专项转移支付给予必要的补助。

第八条　鼓励社会组织和个人为城市居民最低生活保障捐赠、资助。所提供的捐赠资助由民政部门负责接收，全部用于当地城市居民最低生活保障。

第二章 家庭收入的确定

第九条 本办法所称家庭收入是指具有法定的赡养、扶养、抚养关系且共同生活的家庭成员的全部货币收入和实物收入。包括：

（一）工资、奖金、津贴、补贴、补助；

（二）退（离）休费、养老保险金、失业保险金、下岗职工基本生活费、职工遗属生活费；

（三）赡养费、扶养费、抚养费；

（四）投资和经营性收入；

（五）继承的遗产和接受的赠与；

（六）其他劳务收入；

（七）县级以上人民政府确定的其他收入。

第十条 下列所得不计入家庭收入：

（一）优抚对象的抚恤金、补助金；

（二）住房公积金、独生子女费、见义勇为奖金；

（三）丧葬费。

第十一条 计算家庭收入，应按照申请人申请享受城市居民最低生活保障时前3个月家庭收入的平均数额计算。

第三章 申请、审批、发放程序

第十二条 申请享受城市居民最低生活保障待遇，以户为单位，由户主向户籍地的街道办事处或镇人民政府提出申请，申请材料送交户籍的居民（社区）委员会，并出具其户口薄，填写《城市居民最低生活保障待遇审批表》。家庭共同生活成员的居住地与户籍地不一致的，还应递交其居住地的居民（社区）委员会开具的家庭共同生活成员的证明。

第十三条 居民（社区）委员会调查核实后，应张榜公布，进行民主评议和征求群众意见，提出初步审查意见，并将有关材料和初审意见报街道办事处或镇人民政府审核。街道办事处或镇人民政府须在15日内完成审核工作，报县级民政部门审批。管理机关或其委托的居民（社区）委员会，可以通过入户调查、邻里访问和信函索证等方式，对申请人的家庭经济状况和实际生活水平进行调查核实。申请人及有关单位、组织或个人应当接受调查，如实提供有关情况。

第十四条 县级人民政府民政部门审查后，应当区分不同情况，做出下列决定：

（一）对无生活来源、无劳动能力又无法定赡养人、扶养人或抚养人的，批准其按当地城市居民最低生活保障标准全额享受；

（二）对家庭人均收入低于当地城市居民最低生活保障标准的，批准其按照家庭人均收入低于当地城市居民最低生活保障标准的差额享受；

（三）对不符合享受城市居民最低生活保障待遇条件的，应书面通知申请人，并说明理由，审批手续应在 10 日内办结。

第十五条 管理机关在审批过程中应当坚持公平、公正、公开原则。对被批准享受城市居民最低生活保障待遇的城市居民家庭及其享受最低生活保障的标准，通过居民（社区）委员会在居民区（社区）予以公布，接受群众监督。

第十六条 县级人民政府民政部门对批准享受城市居民最低生活保障待遇的居民家庭，发给城市居民最低生活保障金领取凭证。发放城市居民最低生活保障金领取凭证，不得收取工本费、手续费和其他费用。城市居民最低生活保障金由街道办事处、镇人民政府按月发放，也可以委托居民（社区）委员会、银行或社会服务机构按月发放。最低生活保障金的发放，应做到安全、及时、准确、规范。

第四章 管理与监督

第十七条 管理机关应当建立、健全保障对象档案管理制度，对保障对象家庭收入情况实行动态管理，每 6 个月核查 1 次。保障对象家庭收入发生变化的，保障对象家庭应在 1 个月内主动告知居民（社区）委员会，由居民（社区）委员会根据变化情况提出停发、减发或增发该保障对象家庭最低生活保障金的意见，报管理机关审批。对停发的，应收回城市居民最低生活保障金领取凭证。

第十八条 在就业年龄内有劳动能力但尚未就业的城市居民，在享受城市居民最低生活保障待遇期间，应当参加其所在的居民（社区）委员会组织的公益性社区服务劳动。安排保障对象参加公益性社会服务劳动时，应当根据保障对象的身体状况、劳动自救等情况合理安排。

第十九条 县级以上人民政府民政部门、镇人民政府和街道办事处应有工作人员从事城市居民最低生活保障工作。城市居民最低生活保障工作所必需的工作经费和人员经费，由各级财政予以安排。

第二十条 各级人民政府民政部门负责城市居民最低生活保障资金的管理使用。财政、审计、监察等部门依法监督城市居民最低生活保障资金的管理使用。

第五章 法律责任

第二十一条 从事城市居民最低生活保障管理工作的人员有下列行为之一的，给予批评教育，依法给予行政处分；构成犯罪的，依法追究刑事责任：

（一）对符合享受城市居民最低生活保障待遇条件的家庭，拒不审核审批、无故拖延审核审批的；

（二）对不符合享受城市居民最低生活保障待遇条件的家庭，批准其享受城市居民最低生活保障待遇的；

（四）玩忽职守、徇私舞弊或贪污、挪用、扣压、拖欠城市居民最低生活保障款物的。

第二十二条 享受城市居民最低生活保障待遇的城市居民有下列行为之一的，由县级人民政府民政部门给予批评教育或警告，追回冒领的城市居民最低生活保障款物；情节恶劣的，处以冒领金额1倍以上3倍以下的罚款：

（一）采取虚报、隐瞒、伪造等手段，骗取享受城市居民最低生活保障待遇的；

（二）在享受城市居民最低生活保障待遇期间家庭收入情况好转，不按规定告知管理机关，继续享受城市居民最低生活保障待遇的。

第二十三条 城市居民对县级人民政府民政部门作出的不批准享受城市居民最低生活保障待遇，或减发、停发城市居民最低生活保障金的决定，或给予的行政处罚不服的，可以依法向县级人民政府或上一级人民政府民政部门申请行政复议；对行政复议决定仍不服的，可依法提起行政诉讼。

第六章 附 则

第二十四条 市、县（市、区）人民政府可依照本办法规定并结合实际，制定具体规定。

第二十五条 本办法应用中的具体问题，由省民政厅负责解释。

第二十六条 本办法自2002年6月1日起施行。以前本省有关城市居民最低生活保障的规定，与本办法不一致的，以本办法为准。

安徽省委、省人民政府关于贯彻《中共中央、国务院关于加强老龄工作的决定》的实施意见

皖发〔2002〕8号 2002年6月26日

为认真贯彻落实《中共中央、国务院关于加强老龄工作的决定》(中发〔2000〕13号)精神,进一步推动我省老龄事业的发展,现结合我省实标,提出如下实施意见。

一、从改革、发展、稳定的大局出发,高度重视和切实加强老龄工作

老龄问题是关系国计民生和国家长治久安的一个重大社会问题。据全国第五次人口普查统计,2000年我省60周岁以上人口达659万,占人口总数的11%,其中65周岁以上人口占总人口的7.45%。按照国际通行标准,我省人口年龄结构已进入老龄化阶段。人口老龄化将给我省经济和社会发展带来一系列深刻影响。做好老龄工作,满足老年人日益增长的物质和文化生活需要,切实保障老年人的合法权益,对于促进我省两个文明建设,保持社会政治稳定,具有十分重要的意义。多年来,各级党委、政府认真贯彻落实党和国家有关老龄工作的方针政策,在营造尊老敬老氛围,建立基本养老、医疗保障制度和老年服务体系,维护老年人合法权益等方面做了大量工作,有力地促进了全省老龄事业的发展。但是,我省老龄工作的基础还比较薄弱,不能适应人口老龄化迅速发展的要求。为此,各级党委、政府要进一步加强对老龄工作的领导,加大工作力度,从实际出发,建立和完善适应社会主义市场经济要求和人口老龄化趋势的老龄工作机制;建立和完善老年社会保障制度和社会互助制度;建立以家庭养老为基础、社区服务为依托、社会养老为补充的养老机制;逐步建立比较完善的以老年福利、生活照料、医疗保健、体育健身、文化教育和法律服务为主要内容的老年服务体系,切实提高老年人的物质和精神文化生活水平,努力实现老有所养、老有所医、老有所教、老有所学、老有所为、老有所乐。

二、加强法制和保障制度建设,切实维护和保障老年人的合法权益

(一)严格执行《中华人民共和国老年人权益保障法》和《安徽省实施<中华人民共和国老年人权益保障法>办法》,依法维护老年人的合法权益。各地、各有关部门要结合实际,完善有关政策措施。要加大执法和监督力度,依法处理和打击各种侵犯老年人合法权益的不法行为,依法取缔伤害老年人身心健康、宣传迷信邪说、侵害老年人合法权益的非法组织。要重视和加强老年人来信来访工作。

(二)广泛开展维护老年人合法权益的法制教育和普法工作。司法行政部门要把

老年人权益保障法等相关法律法规纳入普法计划；宣传部门要加大宣传教育力度，进一步提高全体公民维护老年人合法权益的自觉性和法律意识，提高老年人依法维护自身合法权益的意识和能力。

（三）健全法律援助制度，加强老年人法律服务工作。乡镇、街道要依托法律服务所，开设法律援助服务网点，保证老年人能够就地、就近、及时得到法律服务。倡导广大法律工作者义务为老年人提供法律援助。各级人民法院对老年人因合法权益受到侵害而提起诉讼的，应依法及时受理；对交纳诉讼费确实有困难的，要给予缓交或减免照顾。

（四）大力弘扬中华民族传统美德。各级党委、政府要把敬老、养老、助老的道德教育纳入当地精神文明建设规划，与创建文明社区、文明村镇、文明家庭等活动结合起来。要综合运用行政、法律和宣传、教育等手段，引导社会各方面共同关心老年人，支持老龄事业，在全社会树立尊重、关心、帮助老年人的社会风尚。中小学校要把敬老、养老、助老作为德育的重要内容纳入教育计划。对老龄工作中涌现出的先进单位、家庭和个人，要给予表彰和奖励。

（五）完善城乡养老保障制度。各级政府要切实保证离退休人员养老金按时足额发放。对实际收入低于所在城市最低生活保障线的老年人，要纳入最低生活保障范围，按时发放最低生活保障金。要采取切实措施，扩大基本养老保险覆盖面。要加强养老金征缴工作。要继续推进基本养老保险市级统筹，完善省级调剂制度，企业离退休职工养老金全部实行社会化发放。鼓励和支持城乡居民积极参加商业性养老保险和养老储蓄。积极探索适合我省特点的农村养老保险形式，继续巩固完善农村“五保”供养制度。

（六）建立完善医疗保障制度。要加快建立和完善城镇职工基本医疗保险制度，落实离退休人员的医疗保障政策，逐步建立多层次的医疗保障体系。要积极探索多种形式的农村医疗保障制度，逐步建立健全县、乡、村三级卫生服务网，努力满足农村老年人基本医疗需求。建立城乡老年人医疗政府救助制度，不断提高特困老人和高龄老人的医疗保障水平。切实解决贫困地区老年人缺医少药问题。

（七）完善家庭养老制度。倡导赡养人之间签订《家庭赡养协议书》，由基层组织监督执行。切实保障老年人住房、财产、继承等合法权益，重视解决好老年妇女问题。维护老年人婚姻自由的权利。

（八）重视发挥老年人的作用。鼓励老年人从事关心教育下一代、传授科学文化知识、开展咨询服务、参与社会公益事业和精神文明建设等活动。倡导农村老年人从事力所能及的劳动，提高自养能力。县级以上人事、劳动和社会保障部门要做好老年人才的开发利用工作。

三、坚持以政府为主导，以社会为主体，大力发展老年服务业

（一）依托社区发展老年服务业。要充分利用现有设施，积极兴办不同形式、不同档次的老年福利院、老年公寓、托老所、老年活动中心等。增加社区老年医疗保健设施，发展家庭病床为老年人提供多方面的服务。党政机关、企事业单位的老年活动室（中心)及其他老年服务设施要逐步向社会开放,逐步形成一个以街道为中心,居委会和志愿者组织相结合,社会各方面力量共同参与,设施配套、功能完善、管理规范的老年服务体系。

(二)重视和发展老年教育事业。鼓励、支持和引导社会力量按有关规定兴办各类老年学校。市、县要因地制宜设立老年大学,有条件的乡镇、街道和村(居)委会要开办老年学校。要重视发展广播、电视、网络和函授教育,使更多的老年人能就地就近参加学习。各级教育、文化部门要加强对老年教育工作的指导和管理,促进老年教育法制化、规范化。

(三)积极组织和开展有益于老年人身心健康的文体活动。各地、各部门要提供必要的场地和经费。文化、体育、广播电视等部门和工会、妇联等群众团体要进一步加强老年文化体育工作,发展老年文化体育事业。

(四)积极培育和发展老年消费市场。有关部门要积极开展老年消费需求趋势、老年产品和服务标准化、老年产品开发等方面的研究,制定相关政策,鼓励、引导开发适合老年人特点的产品和服务项目,引导老年人合理消费,满足老年人不同层次、不同类型的消费需求。

(五)老年服务业的发展要坚持走社会化、产业化的道路。政府除加强宏观管理和兴办少数福利性的老年服务设施外,要鼓励和引导社会力量参与兴办老年服务机构,逐步形成多渠道投资、多种经济成分共同发展,老年服务机构按市场化要求自主经营的运行机制。要把发展社区老年服务业与各类学校毕业生、军转人员安置和下岗职工再就业结合起来,鼓励和引导各类人员参与社区老年服务业。

四、重视和加强老年思想政治工作

积极探索新形势下加强和改进老年思想政治工作的新形式、新办法。各级党委、政府要加强同老年群众之间的联系,建立必要的走访和慰问制度,及时了解和掌握老年人的思想动态。要建立社区老年人思想教育工作机制,经常开展党的路线、方针、政策和时事政治的宣传教育,加强民主法制和科学文化知识的教育,使广大老年人树立正确的世界观、人生观和价值观。要根据老年人的特点,把思想教育与开展健康有益的文体活动、解决思想问题与解决实际问题结合起来。坚持以理服人,以情感人,寓教于乐,把老年思想政治工作做实、做活、做深、做细。要重视和发挥基层党组织的战斗堡垒作用和老年党员的先锋模范作用。所有老年党员都要编入党的基层组织,参加党组织的活动。

五、加强领导、加大扶持,努力开创我省老龄工作新局面

(一)各级政府要把老年事业纳入国民经济和社会发展规划。要根据实际需要和建设条件,在充分利用现有设施的基础上,新建和扩建一批社区老年服务设施、福利设施和活动场所。城市建设、旧城改造、居住区建设要将老年服务设施纳入规划统筹考虑,力争到“十五”末期,基本实现每个县(市、区)至少有一所老年活动场所,街道办事处有老年综合福利服务设施。乡镇要将敬老院逐步建设成综合性、多功能的老年福利服务中心。

（二）各级财政部门要加大对老龄事业的资金投入，主要用于老年社会保障、老年福利与老年服务设施建设、老龄宣传、老龄教育、老龄科研、开展有关大型活动等。要将老年福利事业经费纳入财政预算，并随当地经济发展和财力增长逐步增加。

（三）各级政府要积极制定和落实老龄事业发展的优惠政策。统筹安排社区老年福利设施、服务设施和活动场所建设用地，采用行政划拨方式或优惠有偿方式供地。对新建老年服务设施的市政基础设施配套建设费酌情给予减免，降低征地和拆迁补偿费。对社会力量投资兴办的福利性、非营利性老年服务机构和公益、救济性捐赠，要实行减免税等优惠政策。

（四）各级党委、政府要把老龄工作列入日常工作议程，及时研究解决老龄工作中出现的新情况和新问题。各市、县要参照全国老龄工作委员会的设置，建立健全老龄工作议事协调机构，并在民政部门建立精干的办事机构。要重视和加强基层老龄工作。乡镇、街道党政领导班子中要有人分管老龄工作，配备兼职的老龄工作干部。社区要尽快建立一支专兼职和志愿者相结合的老龄工作队伍。在农村要注意发挥村老年协会的作用。要加强老龄工作者队伍建设，强化业务培训，努力建立一支爱岗敬业、开拓创新的老龄工作队伍。

安徽省人民政府关于印发《实行城市居民最低生活保障工作责任制及责任追究的暂行规定》的通知

皖政〔2002〕72号 2002年12月10日

各市、县人民政府，省政府各部门、各直属机构：

现将《实行城市居民最低生活保障工作责任制及责任追究的暂行规定》印发给你们，请遵照执行。

实行城市居民最低生活保障工作责任制及责任追究的暂行规定

第一条　为了加强城市居民最低生活保障制度建设，确保城市居民最低生活保障金按时足额发放，维护社会稳定，根据国务院《城市居民最低生活保障条例》和《安徽省城市居民最低生活保障实施办法》，制定本规定。

第二条　城市居民最低生活保障工作实行各级政府负责制，各级政府主要负责人负总责，分管负责人具体负责。县级以上民政部门负责本行政区域内城市居民最低生活保障的管理工作。财政部门按照规定落实城市居民最低生活保障资金。统计、物价、审计、劳动保障、人事等部门各负其责，行政监察部门负责监督监察。

第三条　市、县（含县级市、区，下同）政府应当履行以下职责：

（一）必须保证财政预算安排的城市居民最低生活保障资金按时足额到位。必须建立城市居民最低生活保障资金专户，对城市居民最低生活保障资金实行专项管理，专款专用。

（二）必须按照省政府规定的比例落实城市居民最低生活保障配套资金。社会组织和个人为城市居民最低生活保障提供的捐赠、资助，必须全部用于城市居民最低生活保障，纳入低保资金专户。

（三）必须保证按时足额发放城市居民最低生活保障金，并将发放情况按月汇总，经市、县政府主要负责人签字后，分别报上一级民政部门、财政部门，不得虚报、瞒报。

（四）必须将城市居民最低生活保障的政策公开、资金公开、保障对象公开，规范操作程序，接受群众监督。

（五）必须加强督促检查，建立举报制度，及时解决城市居民最低生活保障工作中存在的问题，防止因城市居民最低生活保障金不能按时足额发放等问题而引发影响社会稳定的事件。

第四条 各级财政部门必须将应当承担的城市居民最低生活保障资金按时足额拨付到位，不得挤占、挪用、拖欠，并会同有关部门加强对城市居民最低生活保障资金使用情况的监督检查。

第五条 各级民政部门应当履行以下职责：

（一）据实编制城市居民最低生活保障用款计划。

（二）依法确定城市居民最低生活保障对象，会同有关部门依法核定保障对象的最低生活保障标准。

（三）及时、足额发放城市居民最低生活保障金。

第六条 省政府按季度通报各市、县城市居民最低生活保障工作和资金发放情况，对不能按时足额发放城市居民最低生活保障金的市、县人民政府予以通报批评，并责成该市、县政府主要负责人说明情况，提出限期解决措施。

第七条 各级政府要把城市居民最低生活保障工作列入目标管理考核范围。不能按时足额发放城市居民最低生活保障金的，该市、县政府及其有关部门当年目标考核不得评为优秀等次。

第八条 市、县政府及其有关部门，以及省政府有关部门有下列情形之一的，给予其主要负责人、分管负责人和直接责任人行政记过或者记大过处分；情节严重的，给予降级或者撤职处分：

（一）预算安排的城市居民最低生活保障资金不能按时足额到位的；

（二）具备财力保障或上级已对其财力缺口进行补助后，由于不按时足额发放或不按规定发放城市居民最低生活保障金等原因，引发影响社会稳定事件的；

（三）挤占、截留、挪用、拖欠城市居民最低生活保障资金的；

（四）虚报、瞒报城市居民最低生活保障金发放情况的。

第九条 从事城市居民最低生活保障管理审批工作的人员有下列行为之一的，给予行政记过或者记大过处分；情节较重的，给予降级或者撤职处分；情节严重的，给予开除处分。构成犯罪的，依法追究刑事责任：

（一）对符合享受城市居民最低生活保障待遇条件的家庭，拒不审批、无故拖延审批的；

（二）对不符合享受城市居民最低生活保障待遇条件的家庭，批准其享受城市居民最低生活保障待遇的；

（三）玩忽职守、徇私舞弊，或者贪污、挪用、扣压、拖欠城市居民最低生活保障款物的。

第十条 依照本规定对有关责任人给予行政处分，由行政监察部门或者任免机关按照管理权限和规定程序办理。

第十一条 本规定自 2003 年 1 月 1 日起施行。

安徽省委组织部、省民政厅关于印发《安徽省村“两委”工作规则（试行）》的通知

皖组字〔2002〕63号 2002年12月19日

各市、县（市、农业区）委组织部，各市、县（市、农业区）民政局：

现将《安徽省村“两委”工作规则（试行）》印发给你们，请认真贯彻执行。

安徽省村“两委”工作规则（试行）

第一章　总　则

第一条　为认真贯彻党的十六大精神，把“三个代表”重要思想全面落实到农村基层，健全村党组织领导的充满活力的村民自治机制，理顺村党支部委员会（总支部委员会、党的委员会，下同）与村民委员会（以下简称村“两委”）的关系，促进农村改革、发展和稳定，根据《中国共产党章程》、《中国共产党农村基层组织工作条例》和《中华人民共和国村民委员会组织法》、《安徽省实施<中华人民共和国村民委员会组织法>办法》、《安徽省村民委员会选举办法》以及《中共安徽省委关于进一步加强农村基层组织建设的意见》(皖发〔2002〕20号)的规定和要求，制定本规则。

第二条　村党支部是村级各种组织和各项工作的领导核心，是贯彻“三个代表”重要思想的组织者、推动者和实践者。村党支部对村民委员会的领导主要体现在：团结和带领村民委员会成员学习、贯彻党的路线方针政策，充分发挥党员在村民自治及村级各项工作中的先锋模范作用；支持和保障村民委员会依法开展工作，督促、帮助村民委员会执行村民(代表)会议的决定、决议；领导村民委员会民主选举，对村民委员会成员进行教育、管理和监督。

第三条　村民委员会是农村基层群众性自治组织，在乡镇党委、村党支部的领导下和乡镇人民政府的指导下，依照《中华人民共和国村民委员会组织法》、《安徽省实施〈中华人民共和国村民委员会组织法〉办法》开展工作。

第四条　村党支部委员会和村民委员会任期三年，由省统一部署换届选举。“两委”一般分别由3～5人组成。村党支部委员会换届选举实行“两推一选”，村民委员会换届选举实行直接民主选举。提倡具备条件的村党支部书记与村民委员会主任依法按章实行“一人兼”，提倡具备条件的村党支部其他成员与村民委员会其他成员依法按章实行“交叉任职”。

第二章　职责任务

第五条　村党支部的主要职责任务是：

1. 宣传、贯彻、执行党的路线方针政策，完成上级党组织交给的各项工作任务，执行村党员大会的决定、决议；

2. 领导村民委员会、共青团、妇代会、民兵、集体经济组织等各种村级组织，支持和保障这些组织按照法律法规、章程和职责开展工作；

3. 加强对村经济工作的领导，主持制定村经济发展规划，讨论研究村经济和社会发展中的重要问题；

4. 支持和保障村民依法开展自治活动，领导和推进村级民主选举、民主决策、民主管理、民主监督；

5. 负责村、组干部和村集体经济组织管理人员的教育、管理和监督；

6. 搞好本村的社会主义精神文明建设和社会治安综合治理、计划生育工作；

7. 加强村“两委”班子和党员队伍建设，坚持学习培训、民主评议党员和干部、民主生活会、密切联系群众等制度，大力培养和发展优秀青年农民入党，积极培养村级后备干部。

第六条　村民委员会的主要职责任务是：

1. 支持和组织村民依法发展各种形式的合作经济和其他经济，承担本村生产经营的服务和协调工作，促进农村生产建设和经济发展；

2. 尊重集体经济组织依法独立进行经济活动的自主权，维护以家庭承包经营为基础、统分结合的双层经营体制，保障集体经济组织和村民、承包经营户、联户或者合伙的合法财产权及其他合法的权利和利益；

3. 依照法律法规，管理本村属于村民集体所有的土地和其他财产，管理本村财务；

4. 制定并实施本村建设规划，办理本村的公共事务和公益事业；

5. 教育村民爱护公共财产，依法合理开发利用自然资源，保持和改善生态环境；

6. 宣传宪法、法律、法规和国家的政策以及社会主义道德，教育和推动村民履行法律规定的义务，督促村民遵守村民自治章程、村规民约，维护村民合法权益；

7. 发展文化教育，普及科技知识，开展多种形式的社会主义精神文明建设活动；

8. 调解民间纠纷，促进家庭、邻里和睦；

9. 协助维护社会治安，促进社会稳定；

10. 召集村民会议、村民代表会议，执行村民会议、村民代表会议的决定、决议；

11. 向乡镇人民政府反映村民的意见、建议和要求；

12. 法律法规规定的其他职责。

第三章　重要村务的决策

第七条　重要村务主要包括：

1. 党的路线、方针、政策和国家法律法规的贯彻执行,上级党委、政府交办的各项任务;

2. 村党支部、村民委员会及其他村级组织、党员队伍和干部队伍建设;

3. 村经济和社会发展规划、年度工作计划和年度财务计划,较大数额资金的支出;

4. 村公益事业和集体经济项目建设的立项、筹资筹劳和工程招投标方案,村集体企业的经营、承包、租赁、出售、转让及其费用的收缴,村集体所有的土地、水面、山场等资源的开发、承包、租赁;

5. 土地征用补偿费的使用,宅基地的规划和申报;

6. 农业税、农业特产税及其附加的委托代征,生产性水费、电费的协助收缴;

7. 生育对象的申报,社会抚养费的协助征收;

8. 优抚对象和五保户的保障,筹资和筹劳的减免,农业"两税"的社会减免和灾歉减免到户的分配与落实,国家投入的扶贫、农业开发、以工代赈等资金的使用,社会力量救灾救济、扶贫、助残等款物的接受、分配、发放;

9. 享受村补贴人员及其补贴标准、数额,民主评议干部以及干部的任期和离任审计;

10. 村民自治章程、村规民约的制定与修改等。

第八条 属村党支部实施决策的,按以下方式进行:

1. 村党支部委员会会议议事范围:主要讨论研究上级党委的工作部署在本村的贯彻落实;党组织工作规划和年度工作计划、"两委"班子建设和党员队伍建设;重要村务;需提交村"两委"联席会议、党员大会或村民(代表)会议决定事项的意见、方案等。决策方式:会议由村党支部书记主持,须有三分之二以上的委员参加。会议要充分发扬民主,形成的决定、意见和建议须经应到会委员过半数同意。如情况紧急,村党支部书记可临机处置,事后应及时向村党支部委员会报告。村党支部委员会会议每月至少召开一次,根据需要可随时召开。

2. 党员大会议事范围:讨论贯彻党的路线、方针、政策和上级党组织的决定、指示;讨论党组织的工作规划、发展党员、预备党员转正、表彰和处分党员;听取和审议村党支部委员会的工作报告;讨论研究村党支部委员会提交讨论的其它重要事项;改选村党支部委员会。决策方式:会议由村党支部委员会组织,党支部书记主持,全体党员参加。会议讨论的议题先由村党支部委员会研究提出初步意见和方案,经党员充分酝酿、讨论后,作出决定或决议。会议进行选举时,有选举权的到会人数须超过应到会人数的五分之四,被选举人获得的赞成票超过实到会有选举权人数的一半,始得当选;会议决定其他重要事项时,到会人数须超过党员总数的三分之二,所作决定须经应到会有表决权党员的过半数通过。党员大会每季度至少召开一次,根据需要可随时召开。

第九条 属村民委员会实施决策的,按以下方式进行:

1. 村民委员会会议议事范围:主要研究本村的公共事务和公益事业、民间纠纷、社会治安、计划生育、本村生产经营的服务和协调工作；讨论提出需提交村党支部委员会或“两委”联席会议讨论决定事项，以及提请村民（代表）会议表决通过事项的意见、方案；组织实施村党支部委员会、村民（代表）会议的决定、决议。决策方式：会议由村民委员会主任主持，村民委员会成员参加。决定事项时，应按少数服从多数的原则表决通过。所作决定应及时向村党支部报告。如情况紧急，村民委员会主任可临机处置，事后应及时向村党支部委员会、村民委员会报告。村民委员会会议每月至少召开一次，根据需要可随时召开。

2. 村民（代表）会议议事范围：按照《安徽省实施〈中华人民共和国村民委员会组织法〉办法》中第十一、十二条规定的内容执行。决策方式：村民会议由村民委员会负责召集，村民委员会主任主持，有本村十八周岁以上的村民过半数参加，或由本村三分之二以上的户代表参加；人数较多、居住分散的村，也可以同时以村民小组为单位或分片召开，然后集中意见。会议所作决定应经到会人员的过半数通过。村民会议每年至少召开一次，有十分之一以上的村民或者有二分之一以上的村民代表提议，应召开村民会议。经村民会议授权，可以召开村民代表会议讨论决定除法律法规规定必须由村民会议讨论决定的事项外的相关事项。村民代表会议由村民委员会主任主持召开，必须有五分之四以上的代表参加，所作决定，应经全体村民代表的三分之二以上通过，且不得与村民会议的决定、决议相抵触。

第十条 属村党支部委员会、村民委员会共同实施议事、决策的，应召开村“两委”联席会议进行：议事范围：主要讨论研究本村经济和社会发展规划、年度工作计划和财务计划，涉及村民切身利益的重要决策，较大数额的资金支出，村务公开内容，以及需要村民（代表）会议决定事项的意见或方案等。决策方式：会议由村党支部书记主持，村“两委”成员参加。根据需要，可吸收党小组长、村民组长、村集体经济组织负责人、村务公开监督组组长参加。会议须有三分之二以上村“两委”成员参加，形成的决定、意见或建议须经应到会村“两委”成员过半数同意。

第四章 工作制度

第十一条 工作目标责任制。村党支部、村民委员会分别根据乡镇党委、政府提出的党的建设、经济建设、精神文明建设等目标任务，联系本村实际，制定任期目标、年度目标和工作计划，并量化到人，加强考核，兑现奖惩。

第十二条 报告工作制度。村党支部委员会每年至少向党员大会报告一次工作，接受党员审议和监督；村民委员会每年至少向村民（代表）会议报告一次工作，接受村民审议和监督。村民委员会每半年至少向村党支部委员会汇报一次工作，重要事务要及时向村党支部委员会请示汇报。

第十三条 财务管理制度。执行《安徽省村集体财务管理办法（试行）》（财农〔2002〕813号）。村一般财务开支要由经办人签字、会计审核、村民委员会主任审批、村党支部书记复核、村务公开监督组审查后入账。较大开支应经村“两委”联席会议讨论决定;重大开支要经村民（代表）会议讨论通过,并报乡镇人民政府审核、备案。村“两委”换届前,乡镇要对村干部进行任期审计;村主要干部离任前,乡镇要对其进行离任审计,审计结果要公布于众。

第十四条　村务公开制度。执行《安徽省村务公开暂行办法》。

第十五条　印章管理、使用制度。村党支部印章一般由村党支部组织委员保管,村民委员会印章一般由村文书保管。日常工作使用印章,须经村党支部书记或村民委员会主任按职责分工签字同意。重大事项使用印章,应在相应会议作出决定后,经相关组织主要负责人签字同意。

第十六条　档案管理制度。按照档案管理的规定,建立村务档案,及时收集整理有关文件、资料、会议记录等。档案实行分类归档,专柜存放,专人保管。

第十七条　村“两委”自身建设的制度。

1. 学习制度。村“两委”成员每月要集中学习一至二次。主要学习“三个代表”重要思想、党的路线方针政策和国家的法律法规、市场经济知识、现代农业科技知识以及重要时事政治。

2. 谈心制度。村党支部委员会成员特别是党支部书记每半年要与村民委员会成员集中开展一次谈心活动,交流情况,沟通感情,听取意见和建议,促进团结合作。

3. 廉洁自律制度。村“两委”成员要坚持做到自重、自省、自警、自励、自律,严格遵守财经纪律,不贪污受贿,不挪用公款,不用公款请客送礼或大吃大喝,不侵占公物,不搞宗族宗派和封建迷信活动,切实按规矩办事。

4. 民主生活会制度。村“两委”成员每年底召开一次民主生活会,开展批评与自我批评。

5. 民主评议干部制度。每年春节前后,在乡镇党委领导和指导下,村党支部组织召开党员、村民代表和村民组长会议,听取村“两委”成员年度述职报告,进行满意度测评。对多数群众不满意的,应依法按章作出相应处理。

第五章　附　则

第十八条　本规则由中共安徽省委组织部、安徽省民政厅负责解释。

第十九条　本规则自发布之日起试行。

安徽省委组织部、省农委、省民政厅关于印发《安徽省村务公开暂行办法》的通知

皖组字〔2003〕5号 2003年1月17日

各市、县（市、农业区）委组织部，各市、县（市、农业区）农业委员会、民政局：

现将《安徽省村务公开暂行办法》印发给你们，请认真贯彻执行。

安徽省村务公开暂行办法

第一章 总 则

第一条 为认真贯彻党的十六大精神，把“三个代表”重要思想全面落实到农村基层，进一步推进农村基层民主政治建设，使村务公开经常化、制度化规。范化，根据《中华人民共和国村民委员会组织法》、《中共中央办公厅、国务院办公厅关于在农村普遍实行村务公开和民主管理制度的通知》、《安徽省实施〈中华人民共和国村民委员会组织法〉办法》和《中共安徽省委关于进一步加强农村基层组织建设的意见》（皖发〔2002〕20号）的规定和要求，制定本办法。

第二条 村务公开是村民自治的重要内容，是民主管理和民主监督的有效形式，是保障村民行使民主权利、促进农村经济发展、维护社会稳定的重要措施。

第三条 村务公开的基本要求是“六规范、一满意”，即公开的内容规范、程序规范、形式规范、时间规范、监管规范、公开栏建设规范，公开结果多数村民满意。

第四条 村务公开在村党组织的领导下，由村民委员会组织实施，村务公开监督组进行内部监督。有关党务公开由村党组织具体组织实施。

第二章 村务公开的内容

第五条 凡是村里的重大事项和群众普遍关心的问题，都应向村民公开。公开的重点是财务情况。具体内容包括：

1. 财务情况。村年度财务计划及执行情况，各项收入和支出，各项财产、债权债务和收益分配等。

2. 工作安排情况。村经济社会发展规划，村党组织、村民委员会年度工作计划，村干部分工，村民（代表）会议形成的决定、决议及落实情况等。

3. 公益事业建设情况。村级道路、水利、文教卫等的立项、经费筹集、工程招标、承包方案及实施情况等。

4. 集体资产管理情况。村集体企业的经营、承包、租赁、出售、转让及费用的收缴，村集体所有的土地、水面、山场等经济资源的开发、承包、租赁、入股，土地征用补偿费的使用，宅基地的规划和申报等。

5. 农民负担情况。农业税、农业特产税及附加数额，生产性水费和电费，“一事一议”筹资筹劳情况等。

6. 计划生育情况。当年计划内生育对象的申报和获准生育者名单，社会抚养费的征收情况等。

7. 社会优抚情况。优抚对象和五保户的保障，筹资、筹劳的减免，农业“两税”的社会减免和灾歉减免的分配与落实，国家投入的扶贫、农业开发、以工代赈等资金的使用情况，社会力量救灾救济、扶贫、助残等款物的接受、分配、发放等。

8. 村干部管理情况。村干部报酬、民主评议、任期和离任审计以及奖惩情况等。

9. 党建工作情况。党组织的重要决策，党员大会的重要决定、决议，发展党员，党费收缴，民主评议党员，“双培双带”和干部联系群众情况等。

10. 其他。村民询问的答复和处理情况，村民要求公开的其它事项等。村务要逐项进行公开，财务收支要逐笔据实进行公开，并不得设置“其他”支出项目。

第三章　村务公开的程序

第六条　村务公开要按照规定的程序进行。公开内容由村“两委”联席会议（吸收村务公开监督组组长参加）研究确定，村民委员会制作公开内容清单，村务公开监督组审核签字，以村民委员会名义公开。需经村民（代表）会议决定的事项，须在会议通过后进行公开。

第七条　村务公开后，村“两委”成员要广泛听取村民的意见，接受村民询问，并做好解释、核查或整改工作。

第八条　村民委员会要建立村务公开档案。每次公开内容都要及时立卷，一式两份，一份报乡镇，一份村里留存，以备查证。档案资料要真实、完整、规范，并保留 5 年以上。

第四章　村务公开的形式和时间

第九条　村务公开以设立固定公开栏和制作村务公开清单为主要形式。同时，通过广播、会议及村民组组务公开等辅助形式，扩大村务公开覆盖面。村民委员会要在村部设立固定村务公开栏。公开栏设置的基本要求是，能容纳所公开的全部内容，方便群众观看，公开的内容至少能保留一个月时间。提倡建立橱窗式公开栏。村务公开清单要张贴到所有村民组。张贴的位置要醒目、固定。

第十条　村务至少每季度公开一次。根据公开事项的具体情况和多数群众的要求，常规性工作按季度公开，固定性工作长期公开，单项工作在任务完成后一次性公开，临时性工作随时公开。每季度首月的 15 日为全省村务公开日。

第五章　村务公开的领导和监管

第十一条　村务公开监督组具体负责对村务公开的监督和评议。具体职责是:督促村民委员会认真落实村务公开制度;参与研究村务公开工作;审查村务公开的各项内容,逐笔审核财务收支项目;每年组织一次对村务公开的评议,广泛听取村民的意见和要求,及时督促村民委员会进行整改。

第十二条　村务公开监督组由 5 ～ 7 人组成,设正、副组长各 1 名。村务公开监督组成员由村民(代表)会议推选产生,任期三年。其条件是:遵纪守法、公道正派、热爱集体、关心群众,在群众中有较高威信,有一定的文化、财会知识和议事能力。村“两委”成员及其直系亲属、村财会人员不得担任村务公开监督组成员。村务公开监督组成员出现空缺时,应及时推选补充。

第十三条　村务公开监督组成员应认真履行职责,切实行使好村民赋予的权利。对不认真履行职责的,给予批评教育;严重失职、引起村民不满的,村民（代表）会议可以进行撤换。

第十四条　村民对村务不公开或者公开不及时、弄虚作假等问题,有权向上级反映、举报,上级有关部门应及时调查核实,情况属实的,要根据情节轻重,作出相应处理。村民委员会每年召开一次村民（代表）会议,对村务公开工作进行评议,多数群众不满意的,要制定整改意见,公布于众,并认真落实。村务公开监督组要对落实情况进行监督。

第十五条　市、县（市、农业区）、乡镇党委要把村务公开作为“三级联创”活动的重要内容,建立健全责任制和齐抓共管的工作机制,采取随机抽查、暗访、调阅村务公开档案等方式,每半年检查考核一次,并把考核结果作为评先评优和干部任用的重要依据之一。

第十六条　村务公开由组织、农业、民政部门牵头,有关部门积极配合,分工协作,齐抓共管。

第六章　附　则

第十七条　本办法由中共安徽省委组织部、安徽省农业委员会、安徽省民政厅负责解释。

第十八条　本办法自发布之日起执行。

关于印发《安徽省乡（镇）勘界档案管理暂行规定》的通知

（皖民界字〔1998〕9 号 1998 年 4 月 2 日）各地、市、县、区勘界工作领导小组办公室:为加强我省乡（镇）勘界档案管理工作,现将《安徽省乡（镇）勘界档案管理暂行规定》印发给你们,请遵照执行。

安徽省社会福利机构涉外送养工作的若干规定

民福字〔2003〕165号 2003年10月20日

为进一步规范社会福利机构的涉外送养行为,切实维护被送养儿童的合法权益,根据民政部《关于社会福利机构涉外送养工作的若干规定》(民发〔2003〕112号)和全国涉外送养工作会议要求,保证涉外送养工作的健康发展,结合我省实际,作如下规定:

一、涉外送养儿童必须是社会福利机构抚养的丧失父母的孤儿(以下简称孤儿)或查找不到生父母的弃婴、儿童。

二、社会福利机构送养儿童,应向省民政厅报送以下证明材料:

(一)社会福利机构负责人身份证复制件。

(二)被送养儿童的户籍证明复制件。

(三)被送养儿童成长情况报告。成长情况报告应包括以下内容:入院经过(包括捡拾时间、地点、捡拾人、随身物品及被捡拾当时的情景描述)、入院初期的身体状况(包括年龄的测定、身体检查情况、观察期情况的描述)、在院期间各阶段的身心发育状况及免疫接种情况、性格特征及表现、喜好、与他人交往等情况。被送养儿童年龄为0—6岁的,还应提交《被送养儿童成长状况表》(略),此表每3个月填写一次。

(四)《被送养儿童体格检查表》及化验检查报告单(略)。体检应当在定点医院进行。定点医院应当是县级以上具有二级甲等以上资质的儿童医院或设有儿科的综合性医院。定点医院由社会福利机构提出,报社会福利机构的主管民政部门批准后,由社会福利机构与定点医院签订合作协议,明确双方的权利和责任,报省民政厅社会福利处备案。体检结果有效期为6个月,超过期限的应当重新体检和补充报送体检资料。被送养的是病残儿童,还应提交病残诊断证明、检查报告、治疗情况报告等。

(五)被送养儿童2寸免冠彩色照片4张、5寸近期全身生活照片2张。被送养的是病残儿童且病残有外部表现的,还应提供病残部位照片。

(六)被送养儿童是孤儿的,应当提交《社会福利机构接受孤儿入院登记表》(略)、孤儿父母死亡或者宣告死亡的证明、其他有抚养义务的人同意送养的书面意见。被送养儿童是弃婴的,应当提交公安机关出具的捡拾弃婴报案的证明、《捡拾弃婴登记表》(略)、《社会福利机构接受弃婴入院登记表》(略)。

(七)被送养儿童年满7周岁以上的,应由社会福利机构的主管民政局会同社会福利机构在与该儿童面谈的基础上,共同提出同意涉外送养的书面意见,并由民政局分管局长签字加盖公章，同时提交该儿童有关情况的报告。

（八）被送养儿童年满 10 周岁以上的，应提交该儿童同意送养的书面意见。

三、社会福利机构送养的儿童、弃婴，由省民政厅社会福利处负责在省级报纸上刊登查找儿童、弃婴生父母的公告。自公告刊登之日起满 60 日，儿童、弃婴的生父母或者其他的监护人未认领的，视为查找不到生父母的儿童、弃婴。公告应包括以下内容：儿童、弃婴的姓名、年龄、性别、身体特征、被捡拾的时间、地点、随身携带物品、公告期限、认领方式，并附 1 寸入院初期的正面免冠照片。儿童、弃婴入院前姓名不详、年龄为估算的，要特别注明。

四、省民政厅社会福利处负责审查社会福利机构报送的材料，着重应从以下几个方面加以审查：

（一）报送的材料是否齐全、有效。

（二）被送养的儿童身体发育指标是否达到相应的发育水平；体检结果是否达到涉外送养各项指标的要求，是否患有智力低下、脑瘫及其他潜在性的不宜涉外送养的疾病。

（三）儿童来源是否清楚，身心发育是否健康，道德品质是否良好。

（四）有无其他不宜涉外送养的问题。省厅社会福利处审查合格后，填写《涉外送养审查意见表》（略），由省厅社会福利处负责人和主管厅长签署意见，并加盖省厅印章。

五、省本级民政部门应向中国收养中心报送以下材料：

（一）涉外送养儿童名单。

（二）本规定第二条所列材料的复印件。

（三）《涉外送养审查意见表》。

六、被送养儿童的材料报送省民政厅社会福利处后，省厅应与报送被送养儿童材料的社会福利机构共同做好以下工作：

（一）所报送儿童寄养在家庭的，由社会福利机构负责及时解除与家庭的寄养关系。

（二）如有国内公民申请收养，社会福利机构应及时以书面报告形式报省厅社会福利处，由省厅及时通报中国收养中心。若该儿童尚未选配外国收养家庭，则优先安排国内公民收养；若外国收养人已同意收养该儿童，则不再安排国内公民收养。

（三）如发生儿童重病或死亡等重大情况不能送养时，社会福利机构应当及时书面通报省厅社会福利处，由省厅社会福利处报中国收养中心。

七、中国收养中心为被送养儿童选择到外国收养人后，向省民政厅发出《涉外送养通知》，由省厅社会事务处书面通知社会福利机构。

八、社会福利机构接到被送养儿童已被同意收养的通知后，应做好以下工作：（一）复查被送养儿童身心发育等方面的情况，如果情况发生较大变化不宜涉外送养的，应及时书面报告省厅社会福利处，由福利处审查后报中国收养中心。（二）将收养父母的情况如实告诉 7 周岁以上的被送养儿童，并为其提供心理咨询和辅导。（三）做好交接被送养儿童收养登记的各项准备工作。

九、收养登记前，为便于收养人和被送养儿童相互了解和融合，确定在办理收养登记前的48小时内为融合期。省厅社会事务处在法定工作日和指定的办公地点安排外国收养人与被送养儿童、送养人见面，在确认收养关系当事人的身份无误后，由送养人向收养人介绍被送养儿童的情况和有关事项，并向外国收养人交接被送养儿童。交接被送养儿童时，送养人和收养人应当签订《融合期间委托监护协议》（略），协议一式三份。融合期满后，收养关系当事人对收养事宜无疑义的，收养人和送养人应当订立书面收养协议（略），协议一式三份。

十、收养协议订立后，收养关系当事人应当共同到省民政厅社会事务处所指定的地点，依照《外国人在中华人民共和国收养子女登记办法》的规定，办理收养登记。收养登记完毕后，由省民政厅社会事务处及时将收养登记结果转交中国收养中心，并附收养登记证件的复制件。

十一、从事涉外收养工作的人员应当严格依法办事，增强组织纪律观念，遵守外事工作纪律，恪守职业道德，保守工作秘密；不得私自联系涉外收养事务，不得指定收养；严禁在工作中弄虚作假，严禁从涉外收养中获取不正当收益。未经中国收养中心同意，禁止向外国收养人、外国收养组织提供被送养儿童的信息资料；未经省级民政部门同意，社会福利机构不得擅自接洽外国收养人、外国收养组织。

十二、本规定自下发之日起执行。

安徽省民政厅、省财政厅关于印发《安徽省部分企业军转干部特困救助实施办法》的通知

民优字〔2004〕41号 2004年2月23日

各市民政局、财政局：

为进一步做好部分企业军转干部特困救助工作，我们根据中办发〔2003〕29号、皖办发〔2003〕29号文件精神，制定了《安徽省部分企业军转干部特困救助实施办法》。现印发给你们，请遵照执行。

安徽省部分企业军转干部特困救助实施办法

第一条 为进一步做好部分企业军转干部特困救助工作，根据中共中央办公厅、国务院办公厅《转发人事部等部门〈关于进一步落实人发〔2002〕82号文件精神切实解决部分企业军转干部生活困难问题的意见〉的通知》（中办发〔2003〕29号）和安徽省委办公厅、省政府办公厅《关于认真贯彻落实中办发〔2003〕29号文件精神切实解决部分军转干部生活困难问题的通知》（皖办发〔2003〕29号）精神，结合本省实际，制定本实施办法。

第二条 本省行政区域内企业军转干部家庭生活确有特殊困难的（家庭成员中患有癌症、尿毒症及因突发事件造成家庭生活发生困难的），可以享受特困救助。对于曾荣立三等功以上，或革命伤残军人，或患有严重疾病的应当予以重点救助。

第三条 本办法所称特困救助只限于因家庭生活特殊困难给予的临时性救济。

第四条 救助标准全年按不低于当地上年度城市居民可支配收入的10%～30%幅度掌握。其中：被国家主席或中央军委授予荣誉称号或获全国劳动模范称号的为30%；被军区（军兵种）授予荣誉称号或获省级劳动模范称号的为25%；荣立一等功的为20%；荣立二等功的为15%；荣立三等功的为10%；特等、一等伤残军人为20%；一等伤残军人为15%；三等伤残军人为10%；患有癌症、尿毒症没有享受大病医疗救助的为20%，享受大病医疗救助的为10%；患有严重慢性疾病或生活不能自理的为15%。特困救助金每年发放一次。一人符合两种以上救助条件的，按最高救助标准执行。特困救助金不计入申请享受城市居民最低生活保障待遇的家庭收入。

第五条 申请享受特困救助，遵循下列程序：

（一）由本人向户籍所在地的街道办事处或乡（镇）人民政府提出书面申请，申请材料（个人书面申请、单位或社区居民委员会出具的家庭收入证明和病历、转业证、伤

残军人证、荣誉证、立功证复印件）交户籍所在地的社区居民委员会，并填写《安徽省企业军转干部特困救助申请表》。

（二）社区居民委员会接到申请后，可通过入户调查和征求群众意见等方式，提出初步审查意见，并将有关材料和初审意见报街道办事处或乡（镇）人民政府审核。街道办事处或乡（镇）人民政府审核后，报县级民政部门审批。

（三）县级民政部门审查后，对不符合享受特困救助条件的，应书面通知申请人并说明理由，对家庭生活确有特殊困难的，应批准享受特困救助。

（四）负责审核、审批的机关在审核、审批过程中应当坚持公平、公正、公开原则。对被批准享受特困救助的企业军转干部家庭及其享受的标准，通过社区居民委员会张榜公布，接受群众监督。

第六条　各市、县企业军转干部特困救助资金由当地财政部门按照财政支持一点、社会捐赠筹集一点、福利彩票公益金调剂一点的办法统筹解决。省财政设立企业军转干部特困救助专项资金，并按各地企业军转干部人数和财政困难的程度给予适当补助。企业军转干部特困救助资金实行财政专户管理，由县级民政部门负责审批与发放，专款专用，不得挪作他用。财政、审计、监察等部门依法对企业军转干部特困救助资金的使用和管理实施监督和检查。

第七条　本办法从发布之日起执行。

安徽省人民政府办公厅转发省民政厅等部门《关于扶持城镇退役士兵自谋职业优惠政策实施意见》的通知

皖政办〔2004〕19号 2004年3月12日

各市、县人民政府，省政府各部门、各直属机构：

根据《国务院办公厅转发民政部等部门关于扶持城镇退役士兵自谋职业优惠政策意见的通知》（国办发〔2004〕10号），省民政厅、省教育厅、省公安厅、省财政厅、省人事厅、省劳动保障厅、省建设厅、省卫生厅、省国税局、省地税局、省工商局、省新闻出版局和人民银行南京分行提出了《关于扶持城镇退役士兵自谋职业优惠政策的实施意见》，经省政府同意，现转发给你们，请认真贯彻执行。

积极引导和鼓励城镇退役士兵自谋职业，已成为社会主义市场经济条件下安置城镇退役士兵的一条重要途径；对退役士兵自谋职业实行优惠政策，体现了党和国家对退役士兵自谋职业的支持，对于维护退役士兵合法权益，促进国防和军队建设，保持经济发展和社会稳定具有重要意义。各级人民政府要以“三个代表”重要思想和党的十六大精神为指导，着眼于国防和军队建设大局，从党和国家的根本利益出发，加强领导，精心组织，狠抓落实。各有关部门要各司其职，协调配合，加强督查，认真研究解决工作中遇到的困难和问题，切实落实好扶持城镇退役士兵自谋职业的各项优惠政策。

关于扶持城镇退役士兵自谋职业优惠政策的实施意见

为适应社会主义市场经济发展的要求，促进国防和军队建设，维护退役士兵的合法权益，根据《中华人民共和国兵役法》和《国务院办公厅转发民政部等部门关于扶持城镇退役士兵自谋职业优惠政策意见的通知》（国办发〔2004〕10号）和省有关政策规定，现就扶持城镇退役士兵自谋职业的有关优惠政策提出如下实施意见：

一、享受优惠政策的资格

（一）符合城镇安置条件，并与安置地民政部门签订《退役士兵自谋职业协议书》，领取《城镇退役士兵自谋职业证》的士官和义务兵，可以在全省范围内享受自谋职业优惠政策。符合转业安置条件，在部队办理了复员手续的退役士官，安置地民政部门可为其办理《城镇退役士兵自谋职业证》，享受上述优惠政策。“城镇退役士兵自谋职业证”由省民政厅根据民政部统一制定的式样印制，安置地民政部门负责核发。

二、就业服务和社会保障

（二）全省各类就业培训和职业教育等机构，要根据劳动力市场变化和产业结构调整需要，为自谋职业的城镇退役士兵提供就业培训。其培训费待培训结业后，由退役士兵凭县以上劳动保障部门核发的“安徽省职业培训合格证书”或“职业资格证书”及培训发票到当地退伍安置部门按每人300元的标准核报，由当地财政列支，并纳入财政预算。各级民政、财政、教育、劳动保障等部门要各司其职，相互配合。民政部门负责退役士兵培训的组织、协调；财政部门负责培训经费保障；教育、劳动保障等部门负责培训管理与考核发证工作。

（三）各类人才交流服务机构和公共职业介绍机构，要设置窗口为自谋职业的城镇退役士兵免费提供职业介绍和指导服务。公共职业介绍机构要为自谋职业的城镇退役士兵提供档案管理及劳动保障事务代理服务，并在3年内免收有关服务费用，以后按有关规定给予适当优惠。对开展此项工作所需经费由各级财政部门负责保障。

（四）用人单位在面向社会招聘员工时，同等条件下要优先录用自谋职业的城镇退役士兵。各级行政机关考录公务员或财政补助的事业单位录用人员时，应允许符合报考条件的自谋职业的城镇退役士兵参加考试，服役期视为具有社会实践的年限，在同等条件下优先录用。其中退役两年内被录用的人员，要将《城镇退役士兵自谋职业证》交回民政部门，并退回发给的一次性经济补助金，不再享受自谋职业优惠政策。

（五）自谋职业的城镇退役士兵就业后，要按照国家和当地政府有关规定，参加基本养老、基本医疗、失业等社会保险，军龄视同社会保险缴费年限，与实际缴费年限合并计算，享受相应社会保险待遇。安置地社会保险经办机构凭县级以上民政部门核发的《城镇退役士兵自谋职业证》，为自谋职业的城镇退役士兵办理社会保险登记接续手续，及时建立基本养老、基本医疗等社会保险个人账户。在服役期间参加基本养老、基本医疗保险的个人账户储存额，并入新建立的基本养老、基本医疗保险个人账户。

（六）符合城镇安置条件的伤残军人退役后自谋职业的，由当地人民政府按照国家规定的政策和标准，及时足额发放伤残抚恤金。

三、成人教育和普通高等教育

（七）自谋职业的城镇退役士兵报考成人高等学校的，投档总分可增加10分，其中服役期间荣立三等功以上的，投档总分可增加20分。自谋职业的城镇退役士兵报考普通高等学校的，投档总分可增加10分，其中服役期间荣立二等功以上或被大军区以上单位授予荣誉称号的，投档总分可增加20分。自谋职业的城镇退役士兵具有本科学历报考研究生的，在同等条件下，可优先予以复试或录取。

四、个体经营

（八）自谋职业的城镇退役士兵从事个体经营的，除国家限制的行业（包括建筑业、娱乐业以及广告业、桑拿、按摩、网吧、氧吧等）外，自工商部门批准其经营之日起，凭《城镇退役士兵自谋职业证》，3年内免缴下列费用：

1. 工商部门收取的个体工商户注册登记费（包括开业登记、变更登记）、个体工商户管理费、集贸市场管理费、经济合同示范文本工本费。

2. 卫生部门收取的民办医疗机构管理费、年审费；从事食品生产经营和餐饮业的，凡符合条件，卫生部门优先给予办理卫生许可证，同时免收健康证初审费。

3. 劳动保障部门收取的劳动合同鉴证费。

4. 新闻出版部门收取的书刊市场管理费。

5. 省、市、县（市、区）人民政府及其财政、价格主管部门批准设立的涉及个体经营的登记类和管理类收费项目。

6. 其他有关登记类、管理类的收费项目。

五、税收

（九）新办的服务型企业（除广告业、桑拿、按摩、网吧、氧吧外）当年新安置自谋职业的城镇退役士兵达到职工总数 30% 以上，并与其签订 1 年以上期限劳动合同的，经县级以上民政部门认定，税务机关审核，3 年内免征营业税及其附征的城市维护建设税、教育费附加和企业的所得税。

上述企业当年新安置自谋职业的城镇退役士兵不足职工总数 30%，但与其签订 1 年以上期限劳动合同的，经县级以上民政部门认定，税务机关审核，3 年内可减征企业所得税，减征比例 =(企业当年新招用的自谋职业的城镇退役士兵 ÷ 企业职工总数 ×100%)×2。

（十）新办的商贸企业（从事批发、批零兼营以及其他非零售业务的商贸企业除外），当年新安置自谋职业的城镇退役士兵达到职工总数 30% 以上，并与其签订 1 年以上期限劳动合同的，经县级以上民政部门认定，税务机关审核，3 年内免征城市维护建设税、教育费附加和企业所得税。

上述企业当年新安置自谋职业的城镇退役士兵不足职工总数 30%，但与其签订 1 年以上期限劳动合同的，经县级以上民政部门认定，税务机关审核，3 年内可减征企业所得税，减征比例 =(企业当年新招用的自谋职业的城镇退役士兵 ÷ 企业职工总数 ×100%)×2。

（十一）对自谋职业的城镇退役士兵从事个体经营（除建筑业、娱乐业以及广告业、桑拿、按摩、网吧、氧吧外）的，自领取税务登记证之日起，3 年内免征营业税、城市维护建设税、教育费附加和个人所得税。

（十二）本意见所称新办企业是指 2004 年 1 月以后新组建的企业。原有的企业合并、分立、改制、改组、扩建、搬迁、转产以及吸收新成员、改变领导或隶属关系、改变企业名称的，不能视为新办企业。

本意见所称服务型企业是指从事现行营业税“服务业”税目规定的经营活动的企业。

（十三）对自谋职业的城镇退役士兵从事开发荒山、荒地、荒滩、荒水的，从有收入年度开始，3年内免征农业税。对从事种植、养殖业的，其应缴纳的个人所得税按照国家有关种植、养殖业个人所得税的规定执行。对从事农业机耕、排灌、病虫害防治、植保、农牧保险和相关技术培训业务以及家禽、牲畜、水生动物的繁殖和疾病防治业务的，按现行营业税规定免征营业税。

六、贷款

（十四）自谋职业的城镇退役士兵从事个体经营或创办经济实体，经营资金不足时，可持“城镇退役士兵自谋职业证”向商业银行申请贷款。符合贷款条件的，商业银行应优先予以信贷支持。

（十五）自谋职业退役士兵可比照下岗失业人员享受小额担保贷款优惠政策，具体按照人民银行合肥中心支行、省财政厅等部门《关于印发〈安徽省下岗失业人员小额担保贷款实施细则〉的通知》（合银发〔2003〕179号）的有关政策规定执行。

七、户籍

（十六）自谋职业的城镇退役士兵在县级以下城镇具有合法固定住所、稳定职业或生活来源的，应准予其凭《城镇退役士兵自谋职业证》和相应证明办理落户手续，其家属和子女是农业户口的，允许办理“农转非”手续并随其落户。自谋职业的城镇退役士兵在地级以上城市落户的，按照当地的有关规定办理。

各地在办理自谋职业城镇退役士兵及其随调（迁）配偶、子女落户手续时，不得收取国家政策规定以外的费用。

安徽省城市生活无着的流浪乞讨人员救助管理办法

省政府令第164号2004年4月1日发布

第一条 为了救助在城市生活无着的流浪、乞讨人员（以下简称流浪乞讨人员），保障其基本生活权益，完善社会救助制度，根据国务院《城市生活无着的流浪乞讨人员救助管理办法》，结合我省实际，制定本办法。

第二条 本办法所称流浪乞讨人员，是指因自身无力解决食宿，在所处城市无亲友投靠，又不享受城市最低生活保障或者农村五保供养，正在城市流浪乞讨的人员。

第三条 设区的市人民政府设立流浪乞讨人员救助站，县级市人民政府根据需要设立救助站。救助站应当具有与救助管理任务相适应的设施和人员。救助站的地址和求助电话应当向社会公布。

第四条 县级以上地方人民政府应当将救助流浪乞讨人员所需经费列入财政预算，予以保障，并根据当年救助工作实际情况予以调整。对救助任务重、安排经费有困难的，由省级财政给予适当补助。鼓励、支持社会组织和个人通过捐款捐物等形式救助流浪乞讨人员。

第五条 县级以上地方人民政府民政部门负责流浪乞讨人员的救助工作。设立救助站的市人民政府民政部门还应当履行以下职责：

（一）监督、指导救助站落实救助措施；

（二）对救助站工作人员进行教育、培训；

（三）协调救助站与其他部门、单位的工作。机构编制管理部门应当做好救助站设立（变更）、人员编制核定和登记管理工作。卫生行政部门应当监督、指导和帮助救助站开展卫生防疫工作，监督医疗机构收治突发急病和患传染病、疑似传染病的受助人员。财政、交通等部门应当在各自的职责范围内做好救助流浪乞讨人员的相关工作。

第六条 公安、城管和其他有关行政机关的工作人员在执行职务时发现流浪乞讨人员，应当告知其可以向救助站求助；对要求救助的未成年人和行动不便的老年人、残疾人，应当引导、护送到救助站。

第七条 流浪乞讨人员可以向所在城市的救助站求助。流浪乞讨人员向救助站求助时，应当如实提供本人下列情况：

（一）姓名、年龄、性别，居民身份证或者能够证明身份的其他证件，户籍所在地、住

所地的地址;

（二）是否享受城市最低生活保障或者农村五保供养;

（三）流浪乞讨的原因、时间、经过;

（四）近亲属和其他关系密切亲属的姓名、住址、联系方式;

（五）随身携带的物品。

第八条　救助站负责对求助人员的情况进行核查、登记。对符合本办法第二条规定的求助人员,救助站应当及时救助。对因年老、年幼、残疾等原因无法提供个人情况的求助人员,救助站应当先救助,再查明情况。对拒不提供本办法第七条规定的个人情况,或者虽有流浪乞讨行为,但不符合本办法第二条规定的求助人员,救助站不予救助,并告知其不予救助的理由。对故意提供虚假个人情况的求助人员,救助站不予救助或者终止救助,并告知其不予救助或者终止救助的理由。

第九条　救助站应当给予符合本办法第二条规定的求助人员下列救助:

（一）提供符合卫生要求的食物和饮用水;

（二）提供符合基本条件的住处;

（三）帮助与其亲属或者所在单位联系;

（四）对在站内突发急病或者患传染病、疑似传染病的,及时送医疗机构治疗;

（五）对没有交通费返回其住所地或者所在单位的,提供乘车（船）凭证。受助人员的食宿标准,由省人民政府民政部门会同财政部门制定。医疗机构治疗突发急病或者患传染病、疑似传染病的受助人员的标准和经费结算办法,由救助站所在市人民政府民政、财政、卫生行政部门共同制定。铁路、公路、水运等运输单位,应当将受助人员持有的乘车（船）凭证置换为相应的车（船）票,及时安排其搭乘相应的公共交通工具。乘车（船）凭证使用和结算的具体办法,由救助站与运输单位协商确定。

第十条　救助站应当按照性别分室安排受助人员住宿。女性受助人员应当由女性工作人员管理。救助站对受助的未成年人、老年人、残疾人等应当给予照顾。

第十一条　救助站对流浪乞讨人员的救助是一项临时性社会救助措施,救助期限一般不超过 10 天。有下列情形之一的,救助站可以适当延长救助期限,并报主管的民政部门备案:

（一）等待亲属、所在单位或者户籍地、住所地民政部门、救助站接回的;

（二）正在接受治疗的;

（三）等待安置的。

第十二条　对受助的未成年人和行动不便的老年人、残疾人,救助站应当通知其亲属或者所在单位接回。其亲属或者所在单位拒不接回的,省内的,由流入地民政部门或者救助站通知流出地民政部门或者救助站接回,并送至其亲属或者所在单位;流至省外的,由省人民政府民政部门通知其户籍所在地或者住所地的市人民政府民政部门或者救助站接回,送至其亲属或者所在单位;外省（直辖市、自治区）流入我省的,由省人民政府民政部门通知受助人员户籍地或者住所地的省（直辖市、自治区）人民政府民政部门接回。

第十三条 对无亲属、无单位或无法查明其亲属或者所在单位，但可以查明其户籍所在地或者住所地的受助未成年人和行动不便的老年人、残疾人，省内的，由流入地民政部门或者救助站通知流出地民政部门或者救助站接回，送至其户籍所在地或者住所地安置；流至省外的，由省人民政府民政部门通知受助人员户籍所在地或者住所地的市人民政府民政部门或者救助站接回，送至其户籍所在地或者住所地安置；外省（直辖市、自治区）流入我省的，由省人民政府民政部门通知受助人员户籍地或者住所地的省（直辖市、自治区）人民政府民政部门接回。

第十四条 对无法查明其亲属或者所在单位，也无法查明其户籍所在地、住所地的未成年人、老年人和残疾人，由救助站的主管民政部门提出安置方案，报本级人民政府批准后予以安置。

第十五条 受助人员自愿放弃救助离开救助站的，应当事先告知，救助站不得限制。未成年人和其他无民事行为能力、限制民事行为能力的受助人员自行离开救助站，须经救助站同意。受助人员擅自离开救助站的，视同放弃救助，救助站终止救助。

第十六条 受助人员接受救助站提供的必要救助后，应当离开救助站；无正当理由不离站的，救助站终止救助。

第十七条 受助人员住所地的县级、乡级人民政府应当帮助返回的受助人员解决生产、生活困难，避免其再次外出流浪、乞讨；对遗弃未成年人、老年人、残疾人的近亲属或者其他监护人进行教育，并责令其履行抚养、扶养、赡养义务；对无家可归的未成年人、老年人、残疾人予以安置。

第十八条 救助站应当建立健全岗位责任制、安全责任制和工作人员行为规范等各项制度，实行规范化管理。救助站应当如实记载受助人员入站、离站、获得救助的情况等，制作救助档案，并妥善保管。

第十九条 救助站不得向受助人员及其亲属或者所在单位收取或者变相收取任何费用，不得以任何借口组织受助人员从事生产。

第二十条 救助站工作人员应当尊重受助人员的人格，不准拘禁或者变相拘禁受助人员；不准打骂、体罚、虐待受助人员或者唆使他人打骂、体罚、虐待受助人员；不准敲诈、勒索、侵吞、损坏受助人员的财物；不准克扣受助人员的生活供应品；不准扣压受助人员的证件、申诉控告材料；不准任用受助人员担任管理工作；不准使用受助人员干私活；不准调戏妇女等。

第二十一条 受助人员在救助站期间应当遵守救助管理制度，不得骚扰、辱骂、殴打救助站工作人员或者其他受助人员；不得毁坏、盗窃公私财物；不得吸毒、赌博；不得携带和私藏危险品、违禁品；不得传播色情、淫秽物品；不得无理取闹、扰乱救助管理工作秩序；不得有其他违法违规行为。受助人员在救助站内违反救助管理制度或者有违法行为的，救助站工作人员应当及时制止；违反治安处罚管理规定，或者有犯罪嫌疑的，救助站应当及时向当地公安机关报告，接到报告的公安机关应当依法及时处理。

第二十二条　救助站不履行救助职责的，求助人员可以向主管救助站的民政部门举报。经查证属实的，主管民政部门应当责令救助站及时提供救助，依法给予直接负责的主管人员和其他直接责任人员行政处分。

第二十三条　主管救助站的民政部门不及时受理求助人员举报，不及时责令救助站履行职责，或者对应安置的受助人员不报请当地人民政府予以安置的，依法给予直接负责的主管人员和其他直接责任人员行政处分。

第二十四条　救助站违反本办法第十九条规定的，由主管救助站的民政部门责令改正；情节严重的，依法给予直接负责的主管人员和其他直接责任人员行政处分。救助站工作人员违反本办法第二十条规定，构成犯罪的，依法追究刑事责任；尚不构成犯罪的，依法给予行政处分。

第二十五条　本办法自 2004 年 5 月 1 日起施行。

安徽省人民政府办公厅转发省民政厅等部门《关于建立城市医疗救助制度试点工作实施意见》的通知

皖政办〔2005〕40号 2005年8月1日

各市、县人民政府,省政府各部门、各直属机构:

经省政府同意,现将省民政厅、省卫生厅、省劳动保障厅、省财政厅《关于建立城市医疗救助制度试点工作的实施意见》转发给你们,请认真贯彻执行。

关于建立城市医疗救助制度试点工作的实施意见

根据《国务院办公厅转发民政部等部门关于建立城市医疗救助制度试点工作意见的通知》(国办发〔2005〕10号)精神,结合实际,现就我省建立城市医疗救助制度试点工作提出如下实施意见:

一、救助对象

(一)城市居民最低生活保障对象(以下简称"城市低保对象")中未参加城镇职工基本医疗保险人员;

(二)城市低保对象中已参加城镇职工基本医疗保险但个人负担仍然较重的人员;

(三)家庭月人均收入高于本地城市低保标准但低于本地区最低工资标准,且未参加城镇职工基本医疗保险,因病造成家庭生活特别困难的人员。

(一)起付线:起付线由个人全年实际负担的(二)类人员为1000元左右,(三)类人员为3000元左右。

(二)救助比例:按起付线以上部分的适当比例支付。

(三)救助额度:对大病患者全年救助原则上不超过8000～10000元;对常见病患者全年救助原则上不超过2000～3000元。对救助对象在扣除各项医疗保险可支付部分、单位应报销部分及社会互助帮困等后,个人负担超过起付线的医疗费用给予一定比例的补助。对特别困难的救助对象,可适当提高医疗费用补助标准。

三、救助医疗服务

各试点县(市、区)指定1～2所公立医院负责本地区城市特困对象的医疗救助任务,并参照本地区基本医疗保险用药甲类目录、诊疗项目目录及医疗服务设施目录,制定医疗救助对象的医疗服务标准。城市低保对象患病时需持"城市居民最低生活保障金领取证”、户口簿和身份证到定点医院就诊。其中，享受基本医疗保险待遇的人员按照基本医疗保险有关政策规定执行。

四、救助的申请、审批程序

由救助对象向户口所在地社区居委会提出书面申请，并提供医疗救助定点医院本年度的诊断病历、正式医疗收费收据、处方、必要的病史材料及医疗保险部门的有关单据等证明材料；街道办事处（乡镇人民政府）对上报的申请表和有关的证明材料进行审核；县（市、区）民政部门对街道办事（乡镇人民政府）上报的有关材料进行审批，并报同级财政部门复核。经县（市、区）民政、财政部门审核确定后，城市医疗救助补助资金实行社会化发放。对不符合救助条件的，要书面说明理由，通知申请人。

五、救助基金的建立与管理

医疗救助基金通过财政预算拨款、专项彩票公益金、社会捐助等渠道建立。各试点县（市、区）要根据本地开展城市医疗救助工作的实际，在年度财政预算中安排城市医疗救助资金，并划入低保资金财政专户，专账管理，专款专用。省和市级财政对试点县（市、区）给予适当补助。鼓励和支持红十字会、慈善协会等社会各界以各种形式参与医疗救助工作。

六、组织领导

省政府已成立由省政府负责同志任组长，省民政厅、卫生厅、劳动保障厅、财政厅负责同志为成员的城市医疗救助制度试点工作协调小组，各试点县（市、区）也要成立相应机构，指导和协调本地城市医疗救助制度试点工作。有关部门要各负其责，积极配合，共同抓好落实。民政部门要牵头研究拟定城市医疗救助政策，建立健全城市医疗救助管理有关规章制度，认真组织实施；卫生部门要会同民政部门制定医疗救助对象的医疗服务标准，引导医疗机构合理检查，合理用药，因病施治，控制医药费用，保证医疗质量，为救助对象提供安全、便捷、优惠的服务；劳动保障部门要配合做好医疗救助制度试点与城镇职工基本医疗保险制度的有关衔接工作；财政部门要研究制定城市医疗救助资金管理办法，筹集并及时拨付医疗救助资金，根据工作实际安排必要的工作经费。民政、财政、监察、审计等部门要加强对医疗救助资金的管理和使用情况的监督检查，确保医疗救助资金按时拨付和合理使用。

七、有关要求

医疗救助工作必须坚持公示制度，有关单位、组织和个人应当如实提供所需情况，配合医疗救助工作的调查，确保公开、公平、公正。对违反有关规定、营私舞弊者，要予以严肃处理，依法追究责任。对骗取的医疗救助资金，民政部门要如数追回，并取消申请人的医疗救助资格。

各地应根据本实施意见，结合当地实际，制定具体实施办法（细则）。本意见从下发之日起开始实施。实施中的具体问题由省民政厅负责解释。

安徽省人民政府办公厅关于进一步加强殡葬管理工作的通知

皖政办〔2005〕39号 2005年8月1日

各市、县人民政府，省政府各部门、各直属机构：

近年来，全省各地认真贯彻落实国务院《殡葬管理条例》和《安徽省殡葬管理办法》，积极推行殡葬改革，不断加强殡葬管理工作，全省平均火化率保持了较好水平。但是，近一时期，一些地方殡葬改革工作出现较大滑坡，殡葬管理工作有所放松，主要表现在：一是少数地方殡葬改革工作进展缓慢，"以罚代葬"、"以罚代化"问题突出，火化率大幅下降；二是毁林造墓、毁田造墓、滥建公墓现象屡屡发生，严重地破坏了生态环境；三是殡葬活动中封建迷信活动、大操大办之风有所抬头，殡葬用品市场管理混乱；四是一些殡葬服务机构服务质量差，收费高，群众意见较大。为进一步推进殡葬改革，加强殡葬管理，推进"和谐安徽"、"生态安徽"建设，经省政府同意，现就有关问题通知如下：

一、加强殡葬管理，大力推进火葬实行火葬地区的各级政府要把推进火葬作为深化殡葬改革工作的重点，采取坚决有力的措施，努力提高火化率。火化率高的地区要进一步深化改革，建立长效管理机制，防止滑坡反弹。火化率不稳定的地区，要认真剖析原因，落实责任，加强监督管理，确保火化率稳步上升。火葬工作尚未推开的地区，今年年底前要全面启动，加大力度，确保火化率不低于60%。对违反殡葬法规进行土葬的，要坚决起尸火化；骨灰入棺二次土葬的，要一律予以平毁，不留坟头。今年年底前，各地要集中开展殡葬管理专项整治活动，加大对"以罚代葬"和"以罚代化"问题的查处力度，坚决打击和制止一切妨碍火化的行为，彻底清除城乡结合部、耕地、林地、风景名胜区、文物保护区、水库河流堤坝、水源保护区和铁（公）路两侧的坟头、墓碑。

二、加强公墓管理，彻底清查非法经营公墓各地要切实加强公墓管理，坚决制止擅自建墓、滥建乱葬和公墓经营活动中的不正当行为。今年年底前，各地要对现有公墓进行一次全面清理整顿，彻底摸清经营性公墓（陵园）、公益性公墓（骨灰堂、塔）的数量、规模和经营管理情况，并针对存在的问题，采取有力措施，坚决予以整改。要加强公墓建设规划，严格审批制度，严禁乱批乱建。坚决禁止炒买炒卖经营性公墓（陵园）的墓穴（格位），不得随意扩大面积或超标准建墓。对擅自扩大墓穴面积、乱占土地及炒买炒卖墓地和骨灰格位的，要依法进行查处。未经批准擅自兴建或在禁止建墓的地方兴建墓园、墓地的，要立即停止建设活动，一年内迁移或平毁，恢复地貌。对违法建墓和非法经营的，要追究直接责任人和有关领导的责任。加强对农村兴建公益性公墓或骨灰堂的规划，严格控制建设规模和数量，严禁滥建和乱收费。公益性公墓、骨灰堂除收取成本费外，不得从事任何经营活动。大力提倡和推广骨灰树葬、花葬或草坪葬等安葬形式，鼓励和引导群众把骨灰撒入江河、湖海、森林或存放骨灰堂。

三、规范殡葬服务和祭祀行为，全面清理整顿丧葬用品市场殡葬主管部门和服务单位要根据殡葬管理法规和实际情况，合理确定服务项目和收费标准，并对外公开承诺，坚决纠正殡葬服务单位高收费、乱收费以及向丧户“吃、拿、卡、要”等行业不正之风。要大力倡导文明治丧，加强殡葬服务场所管理，规范丧葬用品市场，严禁在火化区生产、销售土葬用品，坚决整治大操大办丧事和祭祀活动中的封建迷信活动。未经批准，任何单位或个人不得擅自进行遗体火化和遗体运送服务。

四、加快殡葬设施建设，改善殡葬服务条件各地要把殡葬设施建设纳入社会发展总体规划，抓紧制定和完善建设或改造方案。要逐步放开殡葬建设市场，鼓励、支持和引导社会资本进入殡葬业，逐步改善殡葬设施。殡葬设施的建设或改造，要统筹规划，加强管理，严格审批手续。兴建、扩建殡葬设施（公益性除外）或变更殡葬设施所有权和经营权的，须经县级人民政府和设区的市民政部门同意，报省民政厅批准。未经批准，任何单位或个人不得擅自兴建、扩建殡葬设施或改变其所有权和经营权。

五、加强对殡葬改革工作的领导，加大监督检查力度深化殡葬改革，是社会主义精神文明建设的一项重要内容。各级政府要从落实科学发展观、构建和谐社会的高度，充分认识殡葬改革工作的重要意义，把推进殡葬改革工作列入重要议事日程，切实加强领导，强化措施，落实责任，加大投入，保障殡葬改革必需的工作力量和经费，确保殡葬改革政策真正落到实处。党员干部要带头执行殡葬法规政策，文明节俭办理丧事。要建立监督约束机制，可聘请人大代表和政协委员担任殡葬改革工作监督员，设立殡葬改革工作举报信箱或举报电话，接受社会和群众的监督。各相关部门要各负其责，相互支持，密切配合，形成殡葬改革的合力。民政部门要认真研究制定深化殡葬改革的规划和措施，会同有关部门依法加强殡葬管理，加大殡葬法规宣传力度，并积极推进内部改革和管理，加强行业自律，不断提高服务质量。国土资源部门要依法加强对殡葬用地的审批管理，并会同民政等部门制定殡葬用地规划，查处非法殡葬用地、乱建坟墓的行为。林业部门依法加强林地保护与管理，认真查处毁林造墓等违法行为，林业单位不得擅自利用林地建造公墓，开展经营活动。公安部门对丧葬活动中扰乱社会秩序、危害公共安全、侵害他人合法权益，构成违反治安管理行为的，要依法予以治安管理处罚；构成犯罪的，依法追究刑事责任。民政、工商行政管理部门要加强殡葬用品市场管理，坚决打击和查处非法生产、经营、销售丧葬用品以及利用墓穴（格位）进行炒买炒卖的不法行为。卫生部门在加强传染病患者遗体防疫工作同时，指导殡葬管理部门做好传染病患者遗体的消毒处理工作，医疗机构要按照规定做好死亡病员的尸体处理，配合殡葬管理部门做好尸体管理和接运，严防尸体非法外运。市容管理部门不断加强对城区治丧环境的管理，坚决制止沿街、沿路乱设灵堂、抛撒冥纸和燃放鞭炮等扰民行为。文化管理部门加强对丧葬乐队的管理，坚决依法查处乐队违法演出行为。监察等有关部门严肃查处国家工作人员在殡葬活动中的违规违纪问题，以及借殡葬改革之机为单位和个人捞取钱财等行为。新闻单位在广泛宣传殡葬改革的有关法规政策和各地涌现出来的正面典型的同时，适时对反面典型案例进行曝光，使广大人民群众自觉树立移风易俗、文明治丧的新风尚。

编纂始末

2007年7月，按照安徽省地方志编纂委员会关于《〈安徽省志〉（1986—2005）编纂工作方案》的要求，省民政厅厅长办公会议研究决定成立《安徽省志·民政志》（以下简称民政志）编纂委员会，由1名副厅长担任编委会主任，各承编处室、单位负责人任编委会成员，下设民政志编辑室，由承编处室（单位）联络员组成。2009年2月，因人事变动，《安徽省志·民政志》编纂委员会及其办公室成员作了部分调整，编委会主任由厅长担任，其他厅领导担任副主任，各承编处室、单位负责人担任委员。编辑室设主编、副主编，另返聘1名退休老同志和1名大学生任专职编辑。

2008年下半年，厅各承编处室、单位指派专人分两批共计23人参加由省地方志办公室组织的业务培训。2008年9月，民政志编辑室在经过几上几下和多次征求有关专家、学者意见的基础上，形成了基本篇目方案，报安徽省地方志办公室审核。2009年3月，研究制定并以省民政志编纂委员会的名义正式向各承编处室、单位印发了《〈安徽省志·民政志〉(1986—2005) 编纂工作方案》。从2009年4月开始，各承编处室、单位指定专人负责搜集1986年以来各处室、单位的资料，并撰写初稿。在撰稿过程中，编辑办先后召开了5次编纂工作会议，其中邀请省地方志办公室专家指导1次。截至2010年8月底，16个承编处室、单位的初稿陆续完成并上交民政志编辑室，进行汇总、整理、编辑和初审，提出初步修改意见并反馈各承编处室、单位。在一年内经过“三下三上”和9易其稿，于2010年年底进行统稿总纂、汇编成册。

2010年12月，编辑室又组织人员对志稿进行二审并形成征求意见稿。2011年2月将征求意见稿分别送厅领导、承编处室（单位）及本厅部分离退休老同志征求意见。

2011年8月—11月，为争取民政志独立成册出版，经请示省地方志办公室同意，编辑室对原稿进行扩编，将时间下限由原定2005年延伸至2008年，从原80万字扩增到120万字以上。2011年12月上旬，编辑室成员分工包干对志稿进行了三审修改。至此，《安徽省志·民政志（1986—2008）》在经过制定方案、设计篇目、收集材料、编写初稿、初审修改、统稿汇编、再审修改、征求意见、原稿扩编、三审修改等环节后，于2012年3月正式形成了民政志评议稿。

2012年6月，省民政厅主持召开了有省地方志办公室、省人社厅、省残联、省人大法工委、省档案局等单位的专家、学者参加的《安徽省志·民政志(1986—2008)》评议会。会后，集中专家评审意见，分类整理，综合分析，制定修改方案，由编辑室指定专人修改并综合总纂。至2012年10月，形成送审稿，报送省地方志办公室和方志出版社三审。

2014年11月，编辑办接到省地方志办公室三审意见后，重点对志书中的标点符号、时间起止、数值范围、目录标题、表格形式及表序的规范使用方面进行详细修改与校正。同时增加了“凡例”和目录的英译等内容。2017年7月至年底，针对方志出版社审稿意见，进行了又一轮的修改。

2018年2月至5月，根据省地方志办公室和方志出版社三审意见修改后，形成会审稿送安徽新华印刷股份有限公司进行校印。6月15日，在省民政厅举行会审会，参加会议的有省地方志办公室党组书记、主任郭德成，党组成员、副主任吴静，省志处处长吴良琴，副处长余祖本，主任科员张军，省民政厅党组成员、副厅长陈超英，民政志主编段贤来，副主编胡前义，编辑阚家安、濮宜平。会议重点对志稿政治关、体例关、资料关进行了会审。会后，根据会审提出的意见进行了进一步修改及完善后，正式形成了民政志出版稿。

《安徽省志·民政志（1986—2008）》上起1985年，下迄2008年。全书共约122.4万字，共收录56幅图片、63幅插图、133张表格和36篇重要文件辑存。除“概述”外，分12篇36章122个小节。

《安徽省志·民政志（1986—2008）》志稿在编纂体例上采取“横排竖写”即横分门类、纵述始末的方式编写，做到横不缺项、纵不断线；在论述方法上体现述而不论、秉笔直书，做到寓褒贬于论述之中，彰明因果，凸显经验教训；在著述文体上真正体现论述体六要素（即人物、事件、时间、地点、原因和结果），做到以物（事）系人，人从事出。

《安徽省志·民政志（1986—2008）》编纂任务得以顺利完成，主要是省民政厅党组的高度重视、省地方志办公室的精心指导以及省民政厅各处室、厅属单位大力支持的结果。省民政厅各承编处室、单位负责搜集资料并编写志书初稿的同志有（按编目顺序排名）：段贤来、关朝升、钱贵健、肖文卫、王芳、王海礼、费增庆、左会斌、高男、周龙艳、韩焱、杨晶、王新涛、王璇、吴冬梅、张庆、汪明忠、曹增岭、耿海英、朱继臣、万士林、洪婧。参加志稿审核的同志有：侯世标、段贤来、胡前义、阚家安、濮宜平、万士林。上述同志分别在为民政志收集资料、编写稿件、统稿审稿和编辑总纂中付出了辛勤劳动，作出了相应的贡献，省志办原副巡视员严希在志稿编纂中给予业务指导，安徽大学外语学院傅悦对目录进行了英文翻译和审核。在此一并表示感谢。

由于民政工作千头万绪、内容繁杂、信息量大、涉及面广，在编写中难免出现差错，诚请读者谅解。

编　者

2018年5月